2e édition

RÉGIONS du MONDE

H. J. de Blij
Université de l'État du Michigan

Peter O. Muller
Université de Miami

Jan Nijman
Université de Miami

ADAPTATION
Christian Sabourin
Collège de Rosemont

Isabelle Gagnon
Collège de Rosemont

TRADUCTION
Lyne Mondor
Johanne Tremblay

RÉVISION SCIENTIFIQUE
Florent Bégasse
Cégep de l'Outaouais

Nathalie Bélisle
Cégep de l'Outaouais

Vincent Grimard
Cégep de Sherbrooke

Jean-Philippe Leblond
Université du Québec à Montréal

MODULO

Régions du monde, 2e édition est la traduction de la 15e édition de *Geography. Realms, Regions, and Concepts* (ISBN 978-1-118-09360-3) de H. J. de Blij, Peter O. Muller et Jan Nijman.

Nous reconnaissons l'aide financière du gouvernement du Canada par l'entremise du Fonds du livre du Canada (FLC) pour nos activités d'édition.

Catalogage avant publication de Bibliothèque et Archives nationales du Québec et Bibliothèque et Archives Canada

De Blij, Harm J.

Régions du monde

2e éd.

Traduction de la 15e éd. de : Geography.
Comprend un index.
Pour les étudiants du niveau collégial.

ISBN 978-2-89650-489-3

1. Géographie. 2. Géographie humaine. 3. Géographie économique. I. Muller, Peter O. II. Nijman, Jan. III. Sabourin, Christian. IV. Gagnon, Isabelle, 1981- . V. Titre.

G128.D4214 2012 910 C2012-940870-0

Éditrice : Bianca Lam
Chargée de projet de contenu : Suzanne Champagne
Chargée de projet des cartes : Julie Benoit
Révision linguistique : Nathalie Vallière
Correction d'épreuves : Isabelle Canarelli
Montage : Interscript inc.
Coordination de la mise en pages : Nathalie Ménard
Maquette et couverture : Dessine-moi un mouton
Recherche photos : Julie Saindon
Gestion des droits : Gisèle Séguin

Régions du monde, 2e édition
(1re édition : 1998)

MODULO

5800, rue Saint-Denis, bureau 900
Montréal (Québec) H2S 3L5 Canada
Téléphone : 514 273-1066
Télécopieur : 514 276-0324 ou 1 800 814-0324
info.modulo@tc.tc www.groupemodulo.com

Dépôt légal - Bibliothèque et Archives nationales du Québec, 2012
Bibliothèque et Archives Canada, 2012
ISBN 978-2-89650-489-3

Dans cet ouvrage, certaines règles de l'orthographe rectifiée ont été appliquées.

Imprimé au Canada
2 3 4 5 6 ITIB 17 16 15 14 13

AVANT-PROPOS

UN MONDE EN MUTATION

Plusieurs parties du globe ont connu des changements exceptionnels au cours des dernières années. Certains ont profondément modifié le monde contemporain. Voici quelques développements parmi les plus marquants :

- La périphérie actuelle de l'Union européenne est très différente de ce qu'elle était il y a seulement quelques années.
- La croissance économique soutenue de la Chine et de l'Inde exerce une pression sur la demande mondiale de matières premières et continue de transformer les paysages dans une foule de pays, de la Mongolie au Chili.
- L'envolée des cours mondiaux des matières premières a des conséquences sur les économies des pays moins développés.
- Le printemps arabe, qui a commencé à la fin de 2010, a provoqué de profonds bouleversements dans de nombreux pays d'Afrique du Nord et d'Asie du Sud-Ouest. Il a reconfiguré les relations entre ces pays et contraint plusieurs États de l'Union européenne, les États-Unis et même le Canada à réexaminer leur participation stratégique dans cet ensemble géographique.
- La crise de la dette qui accable plusieurs pays de l'Union européenne a des répercussions sur leur population et l'économie mondiale en subit les contrecoups.
- Les questions environnementales et géopolitiques liées au réchauffement climatique préoccupent le monde entier et l'impact de ce phénomène a déjà commencé à transformer certains ensembles géographiques.

La pertinence de la réédition

Le monde change aujourd'hui si rapidement que les interprétations fondées sur les conceptions antérieures sont dépassées par les faits nouveaux. Ces derniers nous forcent alors à repenser certains ensembles géographiques, certaines régions ou certains pays en particulier, ou même à reconsidérer le système mondial qui les relie. Les exemples énumérés ci-dessus sont éloquents. Ainsi, cette nouvelle édition du manuel *Régions du monde* ne contient pas seulement des mises à jour précieuses, mais aussi une réévaluation de la géographie du globe.

Régions du monde est une adaptation de la quinzième édition de *Geography Realms, Regions and Concepts* de H. J. de Blij, Peter O. Muller et Jan Nijman. Il s'agit d'une réédition de l'ouvrage *Régions du monde*, paru en 1998. Tout comme à la première édition, nous avons, cette fois encore, le souci d'offrir du matériel à jour aux cours qui abordent l'étude de la carte du monde.

Nous avons conservé tous les chapitres de l'édition étasunienne, mais nous en avons modifié, réorganisé, condensé et mis à jour le contenu. Nous avons traduit et uniformisé la toponymie de toutes les cartes et incorporé les changements adoptés récemment, tels que l'indépendance du Soudan du Sud en juillet 2011. Plusieurs sections ont été réécrites, d'autres ont été ajoutées de façon à rendre les explications plus claires ; d'autres sections encore ont été synthétisées pour ne présenter que certains concepts géographiques essentiels aux cours. De plus, nous avons introduit des notions qui reflètent davantage la réalité de la discipline dans le monde francophone.

Véritable porte d'entrée sur le monde en pleine mutation politique, économique, sociale et environnementale, le manuel fait découvrir les différentes réalités géographiques du globe et de ses régions pour que les étudiants les comprennent mieux.

L'ouvrage est constitué d'une introduction suivie de douze chapitres. L'introduction présente des composantes de la géographie physique et humaine à l'échelle de la planète : le milieu physique, la tectonique des plaques, les climats, la géographie culturelle (langues et religions), la répartition de la population mondiale et des éléments touchant la géographie tant politique qu'économique. La notion d'échelle est également abordée pour définir les régions et les ensembles géographiques afin de mieux les positionner les uns par rapport aux autres.

Chacun des douze autres chapitres traite d'un grand ensemble qui est ensuite subdivisé en régions. Nous expliquons pourquoi les ensembles et les régions sont délimités de la façon dont ils le sont, puis nous décrivons leurs caractéristiques géographiques dominantes. Nous situons également les évènements récents survenus dans le monde dans leur contexte géographique. En cours de route, nous introduisons plus de deux cents termes et concepts relatifs à la discipline en les intégrant dans un contexte régional spécifique. La plupart de ces termes et de ces concepts, énumérés en ouverture de chaque volet, font partie d'un vocabulaire que devraient posséder, selon nous, tous les étudiants en géographie et plus généralement les étudiants en sciences humaines. Bien évidemment, cette liste n'est pas exhaustive ; nous croyons que de nombreux enseignants souhaiteront établir leurs propres ensembles de termes et de concepts.

Comme le montre la table des matières, chacun des ensembles du monde (à l'exception de l'ensemble australien et des archipels du Pacifique) est traité dans un chapitre à deux volets: le volet A aborde les pricipales caractéristiques géographiques de l'ensemble tout entier, tandis que le volet B fournit une analyse plus détaillée de ses régions constitutives et d'une sélection de pays représentant les principales régions.

Cette structure offre deux avantages. Le premier réside dans le fait qu'elle procure une plus grande flexibilité à l'enseignant, car elle offre la possibilité d'orienter les lectures préparatoires pour mieux profiter des heures de cours en classe. En principe, chacun des volets A ou B d'un chapitre peut être lu séparément. Si les enseignants souhaitent réduire le nombre de lectures préparatoires, ils peuvent se concentrer sur les volets A; l'approche opposée portant sur les volets B est tout aussi envisageable. Aucune échelle (que ce soit celle de l'ensemble géographique ou celle de la région) ne peut être considérée comme plus importante que l'autre. Bien entendu, en raison de leur caractère complémentaire, l'une éclaire l'autre.

Le second avantage, plus substantiel, est ancré dans les tendances actuelles de la discipline. L'échelle est l'un des concepts généraux les plus fondamentaux en géographie. La compréhension des évènements géographiques exige presque toujours une perspective multiscalaire. En privilégiant la structure A-B, il nous est possible d'aborder de manière cohérente les phénomènes et les éléments géographiques selon des échelles différentes. D'abord, nous recourons à l'échelle de l'ensemble géographique. Celle-ci permet de faire une analyse générale de la physiographie, des climats, des questions de géopolitique, d'intégration économique, et des interactions à l'intérieur de l'ensemble ou dans des parties importantes de celui-ci. Par la suite, nous observons de plus près les régions comprises dans l'ensemble afin d'en examiner les caractéristiques plus en détail. Le volet B des chapitres permet d'analyser le rôle des différentes régions et de différents pays faisant partie des ensembles.

La structure A-B ne doit cependant pas être considérée comme une configuration rigide qui scinde la réalité géographique en deux échelles fixes. Les réalités sont dynamiques: même s'il y a continuité, à certains égards, il y a aussi beaucoup d'action et de mouvement. Quelle que soit l'échelle, l'espace géographique (le territoire) est constamment réorganisé et remodelé. L'étude des ensembles et des régions est plutôt fondée sur un glissement allant de l'ensemble géographique vers ses parties constituantes. Ainsi, les degrés de différenciation des informations qu'il contient varient en fonction des portions du territoire à analyser.

Les questions internationales, supranationales, environnementales qui ne concernent pas toujours l'ensemble géographique en entier peuvent être discutées dans les volets A ou B, ou même les deux. Chaque enseignant choisira l'approche qui lui convient le mieux.

Un cours de géographie axé sur la carte du monde constitue une entreprise complexe mais stimulante, car le monde, si vaste et diversifié, est source de multiples sujets et d'angles d'approche variés.

LES SOURCES DES DONNÉES

Pour mettre à jour le présent manuel, nous nous sommes référés à de nombreux documents imprimés ainsi qu'à des sources Internet. Pour toutes les questions de géographie, beaucoup de revues spécialisées publiées régulièrement en Amérique du Nord, de même qu'un ensemble de périodiques similaires publiés dans les pays anglo-saxons ont été consultés.

Les données statistiques qui constituent l'annexe A sont tirées d'un grand nombre de sources. Comme les utilisateurs de ces données le savent, il existe de nombreuses divergences entre les diverses sources, et il est souvent nécessaire de prendre des décisions éclairées devant des renseignements contradictoires. Par exemple, certaines références ne reflètent pas encore le déclin rapide de la croissance démographique ou de l'espérance de vie dans les pays frappés par le sida en Afrique. D'autres présentent des données démographiques sans tenir compte des différences entre les hommes et les femmes.

Parmi les documents utilisés pour la rédaction de l'annexe A figurent ceux de l'Organisation des Nations Unies, du Population Reference Bureau, de la Banque mondiale, l'*Encyclopædia Britannica Book of the Year*, la Economist Intelligence Unit, *The Statesman's Yearbook* et *The New York Times Almanac*. Les données concernant la population urbaine – lesquelles comportent les principaux problèmes de fiabilité et de comparabilité – sont principalement tirées de la base de données la plus récente, intitulée «Dynamique de la population», publiée par les Nations Unies. Pour les villes de moins de 750 000 habitants, des estimations ont été effectuées à partir d'un éventail de sources. Quoi qu'il en soit, les statistiques de la population urbaine utilisées ici sont des estimations pour 2012 et elles s'appliquent à la région métropolitaine en entier, sauf indication contraire.

LA STRUCTURE DE L'OUVRAGE

L'ouvrage a été structuré de façon à aider les étudiants à maîtriser les notions et les concepts géographiques importants et à donner un sens au monde complexe et en rapide mutation dans lequel nous vivons.

Les cartes en ouverture de chapitre

Une carte complète de l'ensemble géographique ouvre chaque volet A. Ces cartes se voient attribuer le numéro de la première figure dans chaque volet A. Une carte des régions constitutives de l'ensemble géographique ouvre chaque volet B; cette carte se voit également attribuer le numéro de la première figure du volet.

Le sommaire, les concepts et les termes

Chaque volet A et B débute par un sommaire du chapitre et par une liste de concepts géographiques et de termes clés expliqués dans le chapitre à l'étude. Lorsque ces éléments sont introduits dans le texte, ils apparaissent en caractères orange.

Les principales caractéristiques géographiques

Cette rubrique se trouve au début de chaque volet A. Elle résume les principales caractéristiques géographiques qui brossent un portrait de l'ensemble dont il est question.

Les encadrés

Certains sujets présentant un intérêt particulier sont traités dans des encadrés de façon à ne pas interrompre le propos principal.

L'une des métropoles de l'ensemble géographique

Cette rubrique est un reflet du processus d'urbanisation grandissant partout dans le monde. Plus d'une vingtaine de grandes villes sont présentées et chacune est accompagnée d'une carte spécialement dessinée pour en éclairer la description.

Les données démographiques des principales villes des ensembles géographiques

Au début de chaque volet B, les données sur les populations des principales agglomérations urbaines de l'ensemble géographique sont regroupées dans un tableau. Toutes ces données, tirées des sources précitées, sont des projections pour l'année 2012, effectuées par les auteurs de l'édition étasunienne (sauf exception).

Les aires et les données démographiques des États du monde

L'annexe A définit et étaye de brèves considérations sur les données présentées dans le tableau des aires géographiques et démographiques les plus importantes pour près de 200 entités politiques du monde. Ces données sont des projections pour 2012. En complément, l'annexe B présente une carte des États du monde en 2012.

Le glossaire et l'index

À la fin du manuel, un glossaire donne les définitions des termes fondamentaux. Ceux-ci se distinguent en orange dans le texte courant des chapitres. À la suite du glossaire et des annexes, un index général reprend les différents thèmes et renvoie aux sections du livre où ceux-ci sont abordés.

LE MATÉRIEL COMPLÉMENTAIRE

L'enseignant trouvera sur Modulo en ligne divers outils d'enseignement tels que des cartes muettes et un grand nombre de questions de révision.

REMERCIEMENTS

Nous désirons remercier toutes les personnes qui ont collaboré à la réalisation de ce manuel, en particulier les professeurs de géographie qui ont manifesté leur enthousiasme pour le projet et nous ont transmis leurs commentaires. Ils nous ont convaincus de la pertinence de publier cette adaptation qui permettra à de nombreux étudiants et étudiantes de faire une nouvelle lecture géographique du monde.

Un projet comme celui-ci est le fruit du travail de toute une équipe. Nous tenons donc à remercier toutes celles et ceux qui ont contribué à la réalisation de ce projet, et plus particulièrement les réviseurs scientifiques de cet ouvrage, Florent Bégasse et Nathalie Bélisle du Cégep de l'Outaouais, Vincent Grimard du Cégep de Sherbrooke et Jean-Philippe Leblond de l'Université du Québec à Montréal. Nos remerciements s'adressent aussi à tous les membres de l'équipe de Groupe Modulo pour leur professionnalisme.

TABLE DES MATIÈRES

INTRODUCTION

LA GÉOGRAPHIE RÉGIONALE DU MONDE : UNE VUE D'ENSEMBLE 1

Une planète cartographiée, organisée et territorialisée 4
- La révolution cartographique et la complexité des phénomènes 4
- Les projections cartographiques 4
- Les échelles et leur portée 7

La géographie : une perspective territoriale 8
L'environnement et la société 8
Les ensembles géographiques du monde 8
- Les catégories de critères d'ensembles géographiques 9
- La définition des ensembles : les frontières et les zones de transition 9
- Les ensembles géographiques sont des entités dynamiques 10
- Deux types d'ensembles géographiques 11

Les régions au sein des ensembles 12
- Les critères qui définissent les régions 12
- Des régions en interrelation 13

Les régions physiographiques 13
- La tectonique des plaques et les risques de catastrophes naturelles 13
- Le climat et les changements climatiques 15

La répartition de la population mondiale 16
Les ensembles géographiques et les paysages culturels 17
Les langues et les religions 19
Les États du monde 22
- L'État moderne 23
- Les États et les frontières 26
- Les subdivisions de l'État 26
- L'État et la puissance territoriale 26

La géographie politique 27

La géographie du développement 27
- Une mise en garde sur les statistiques 27
- Le développement cartographié 28
- Un développement inégal 28

La mondialisation 28
- Des défis planétaires, des intérêts communs 29
- L'avenir 29

Les ensembles géographiques et les régions 30
- L'Europe ① 30
- La Russie ② 30
- L'Amérique du Nord ③ 31
- L'ensemble centraméricain ④ 31
- L'Amérique du Sud ⑤ 31
- L'Afrique subsaharienne ⑥ 32
- L'Afrique du Nord et l'Asie du Sud-Ouest ⑦ 32
- L'Asie du Sud ⑧ 33
- L'Asie de l'Est ⑨ 33
- L'Asie du Sud-Est ⑩ 33
- L'ensemble australien ⑪ 34
- Les archipels du Pacifique ⑫ 34

1A L'EUROPE : UNE PUISSANCE AUX PIEDS D'ARGILE? 36

Le portrait de l'Europe 38
- La limite orientale : où s'arrête l'Europe ? 38
- Les régions physiographiques et les atouts du milieu naturel 39
- Les climats et les ressources 41
- Les avantages de sa localisation géographique 41

La Grèce antique et la Rome impériale 42

Le déclin de l'Empire romain et la Renaissance 43

Les révolutions de l'Europe en voie de modernisation 43
- Les cités-États du début de l'Europe moderne 43
- La révolution agraire 43
- La révolution industrielle 44
- La primauté britannique 44
- L'expansion de la révolution industrielle sur le continent 44
- Les révolutions politiques 44

L'Europe contemporaine : un ensemble dynamique 46
- La langue et la religion : synonymes de diversité culturelle 46
- Le facteur d'unité : les échanges et les interactions entre les régions 48
- Un ensemble très urbanisé 48

Une population changeante 49
- La croissance démographique aujourd'hui ralentie 49
- L'immigration 49
- Le défi multiculturel croissant 49

L'unification européenne 51
- Le processus d'unification 51
- Les conséquences de l'unification 51

La délimitation de l'Europe : des choix difficiles 53
- L'élargissement de l'UE 53
- Les pays en marge de l'UE 53
- Les perspectives d'avenir de l'UE 55

1B LES RÉGIONS DE L'EUROPE 56

La complexité régionale de l'Europe 58
- Les régions traditionnelles et les réseaux interdépendants de l'Europe actuelle 59

Le noyau continental européen 59

L'Allemagne 60
La France 61
Le Benelux 63
Les États alpins 64
La République tchèque 65

La partie insulaire du noyau : les îles britanniques 65
Le Royaume-Uni 65
La République d'Irlande 69

Le Sud discontinu 69
L'Italie 69
L'Espagne, le Portugal et Malte 70
La Grèce et Chypre 72
Les Balkans (l'ex-Yougoslavie) 73

L'Europe septentrionale 76
La Suède 76
La Norvège 77
Le Danemark 77
La Finlande 78
L'Estonie 79
La Lettonie 79
La Lituanie 79
L'Islande 79

La périphérie orientale 80
Le centre de l'Europe orientale 80
Le sud-est de l'Europe : la Roumanie et la Bulgarie 81
La marge de l'Europe orientale 82

2A LA RUSSIE : LE DÉFI DU TERRITOIRE 86

Les régions physiographiques 90
La plaine de Russie 91
La Sibérie 91
Le Kamtchatka et Sakhaline 91
La zone frontière méridionale 91

Des environnements hostiles 92

Les changements climatiques et l'avenir de l'Arctique 93

Les richesses naturelles de la Russie 94

L'héritage russe 94
L'invasion mongole 94
La grande principauté de Moscou 95

La construction de l'Empire russe 95
La Russie tsariste 95
L'expansion au XIXe siècle 96

L'héritage soviétique : une structure politique complexe 100

La nouvelle Russie : un ensemble en transition 100

2B LES RÉGIONS DE L'ENSEMBLE RUSSE 102

La nouvelle structure fédérale de la Russie 105

Une population en déclin 105

Une économie instable 105

Les régions de l'ensemble russe 108

Le noyau russe 108
La région industrielle centrale 111
La région de la Volga 112
La région de l'Oural 112

Le front pionnier du sud-est 112
Le Kouzbass 112
La zone du lac Baïkal 113

La Sibérie 113

L'Extrême-Orient russe 114

Le sud agité du noyau russe 115

La Transcaucasie et la zone de transition russe 116

Un avenir incertain 116

3A L'AMÉRIQUE DU NORD : DEUX FÉDÉRATIONS AUX UNIONS SOLIDES ? 118

La répartition de la population 121

La géographie physique de l'Amérique du Nord 123
Les régions physiographiques 123
Les Grands Lacs et les grands fleuves 124

La colonisation européenne et l'expansion 125

La carte des divisions administratives de l'Amérique du Nord 126

La répartition des ressources naturelles 128

L'urbanisation et les régions industrielles 130
Les villes industrielles 130
La désindustrialisation et la banlieusardisation 130
L'économie de l'information et les régions urbaines 131

L'Ouest et le Sud : les prochains centres de gravité ? 135

3B LES RÉGIONS DE L'AMÉRIQUE DU NORD 136

Le Canada : une fédération tournée vers le sud 138
La structure de base du territoire canadien 138
Les contrastes culturels 139
La montée des peuples autochtones 141
Les forces centrifuges 141

Les régions et les communautés ethnoculturelles aux États-Unis 141

Les neuf régions de l'Amérique du Nord 144
Le noyau nord-américain (1) 144
La Nouvelle-Angleterre et les provinces atlantiques (2) 144
Le principal bassin francophone (3) 145
Le Sud-Est (4) 147

Le Sud-Ouest ⑤ 148
La côte du Pacifique ⑥ 149
La cordillère de l'Ouest ⑦ 150
L'intérieur continental ⑧ 151
Le front pionnier nordique ⑨ 152
Les enjeux de l'Arctique 153
La géopolitique du bassin arctique 153
Les litiges et la navigation 154

4A L'ENSEMBLE CENTRAMÉRICAIN : LE CHOC DES CULTURES 156

Les caractéristiques géographiques 159
Les régions 161
La géographie physique 161
Le pont continental 161
Le bassin des Antilles 161
Un environnement physique dangereux 162
La zonation en altitude des environnements 163
La déforestation tropicale 163
La géographie historique et culturelle 164
L'héritage méso-américain 164
Les Mayas des basses terres 164
Les Aztèques des hautes terres 164
Le choc de la conquête 165
L'enjeu des Antilles 166
Le mélange des cultures 167
La fragmentation politique et économique 167
L'indépendance 167
Les haciendas et les plantations 168
L'importance des liaisons 169
Des solutions pour stimuler l'économie 169
Le tourisme 169
Une meilleure intégration régionale 169

4B LES RÉGIONS DE L'ENSEMBLE CENTRAMÉRICAIN 170

Le Mexique 172
La physiographie du Mexique 172
Les régions du Mexique 173
La géographie de la population 173
Le mélange culturel 174
L'agriculture : une modernisation inégale 174
Une géographie économique en changement 174
L'Amérique centrale 176
Un pont continental 176
Le Guatemala 177
Le Costa Rica 178
Le Panama 179
Le bassin des Antilles 180
Les Grandes Antilles 180
Les Petites Antilles 183

5A L'AMÉRIQUE DU SUD : L'AFFIRMATION D'UN CONTINENT 184

La physiographie 186
Les climats et les milieux naturels 186
Les civilisations anciennes et la conquête ibérique 187
L'Empire inca 187
Les envahisseurs ibériques 187
L'isolement et l'indépendance 188
La mosaïque culturelle 188
Le réveil des peuples autochtones 188
Les descendants africains 188
La réorganisation ethnoculturelle du territoire 189
La géographie économique 189
Les terres agricoles et la déforestation 189
Le développement industriel 190
L'intégration économique 192
L'essor du marché des matières premières 192
L'urbanisation 193
Les problèmes d'inégalité et de violence 193

5B LES RÉGIONS DE L'AMÉRIQUE DU SUD 196

Le Nord antillais 199
La Colombie, sa population, ses ressources et les obstacles à son essor économique 199
L'Ouest Andin 201
Le Pérou et ses trois sous-régions 201
La Bolivie, la richesse de son sous-sol et l'exploitation des autochtones 203
Le Cône Sud 204
L'Argentine 205
Le Chili et ses trois sous-régions 207
Le Brésil 208
La population et la culture 208
Les inégalités et la pauvreté 209
Les perspectives de développement 209
Les sous-régions du Brésil 209

6A L'AFRIQUE SUBSAHARIENNE : LA MÉMOIRE DE L'HUMANITÉ 216

La physiographie de l'Afrique 218
Le milieu naturel 220
Le climat 220
La végétation et la biodiversité en péril 220
La population, les terres agricoles et le milieu naturel 222

La subsistance permanente 223
Le climat tropical et la santé 223
La trypanosomiase et le paludisme 224
Le sida 224
La géographie historique de l'Afrique 224
La genèse de l'Afrique 224
La transformation coloniale 225
La mosaïque culturelle 227
Les langues africaines 229
La religion en Afrique 230
L'urbanisation et le changement social 230
Au-delà des stéréotypes: la croissance remarquable des économies africaines 233

6B LES RÉGIONS DE L'AFRIQUE SUBSAHARIENNE 234

L'Afrique australe 237
La région la plus riche de l'Afrique 237
L'Afrique du Sud 239
L'Afrique orientale 243
Le Kenya 245
Le Rwanda et le Burundi: les tensions interethniques et le génocide 245
L'Éthiopie 246
Madagascar: un État à part 247
L'Afrique équatoriale 248
La République démocratique du Congo (RDC) 248
Le Soudan du Sud: un nouveau pays de l'Afrique équatoriale 250
L'Afrique occidentale 250
Le Nigeria 252
La côte et l'arrière-pays 254
Le Sénégal 254
L'emprise du Sahara 255
La zone de transition africaine 255
La Corne de l'Afrique 256

7A L'AFRIQUE DU NORD ET L'ASIE DU SUD-OUEST: LE THÉÂTRE D'UNE RÉVOLUTION HISTORIQUE 260

Les généralités sur l'ensemble 263
Ce n'est pas un monde complètement aride 264
Cet ensemble n'est pas synonyme de « Moyen-Orient » 265
Ce n'est pas la même chose que le monde arabe 265
Il ne se résume pas non plus au monde musulman 266
L'entrée en scène de l'islam 267
L'Empire arabo-musulman 268
Les conquêtes ottomanes 268
Le pétrole, source de puissance et de conflits 268
L'emplacement des réserves connues 268
L'économie et le choc des cultures 269
Les régimes autocratiques 270
Les soulèvements populaires de 2011: le printemps arabe 271
La révolution tunisienne et l'effet domino 271
La religion et la révolution 273

7B LES RÉGIONS DE L'AFRIQUE DU NORD ET DE L'ASIE DU SUD-OUEST 274

L'Égypte et le bassin inférieur du Nil 277
La générosité du Nil 278
La vallée et le delta du Nil 278
Le mécontentement politique et économique des Égyptiens 279
Les bouleversements politiques 279
Le Maghreb et ses voisins 279
Le système montagneux de l'Atlas 280
Les pays du Maghreb 281
La Libye 282
Le Moyen-Orient: une poudrière 283
L'Irak 283
La Syrie 285
La Jordanie 285
Le Liban 286
Israël et les territoires palestiniens 286
La péninsule arabique 290
Les États impériaux 293
La Turquie 293
L'Iran 295
Le Turkestan: six États au cœur de l'Asie 297
L'Afghanistan 298

8A L'ASIE DU SUD: LE DÉFI DU NOMBRE 302

Le panorama géographique 304
La géographie physique de l'Asie du Sud 304
La mousson 304
Les régions physiographiques 306
La civilisation de la vallée de l'Indus 307
Les influences étrangères 308
Les Aryens et les origines de l'hindouisme 308
La portée de l'islam 309
L'intrusion européenne 309
La transformation par le colonialisme 309
La géopolitique de l'Asie du Sud moderne 310
La partition et l'indépendance 310
L'Inde et le Pakistan 310
Le Cachemire, un territoire convoité 311
Les revendications territoriales de la Chine 312

Des marchés émergents 312
La géographie de la population sud-asiatique 314
La densité de la population et l'enjeu de la surpopulation 314
La transition démographique 316
La pyramide des âges: un outil pour étudier les populations 316
Les perspectives d'avenir 317

8B LES RÉGIONS DE L'ASIE DU SUD 318

Le Pakistan 320
Un pays difficile à gouverner 320
Les provinces du Pakistan 322
L'avenir du Pakistan 324
L'Inde 324
La géopolitique 324
Les tensions intercommunautaires 325
La géographie économique 328
L'urbanisation 330
L'avenir de l'Inde 333
Le Bangladesh 333
Le Nord montagneux 334
Le Népal 334
Le Bhoutan 335
Les îles du Sud 335
Les Maldives 335
Le Sri Lanka 335

9A L'ASIE DE L'EST: L'ATELIER DU MONDE 338

Le panorama géographique 340
L'importance de la Chine au sein de l'ensemble 342
La géographie physique et la géographie de la population 342
Les dangers sismiques 342
Les grands fleuves 343
Le long de la côte 343
Les ressources naturelles 344
La carte culturelle 347
La géographie historique de l'Asie de l'Est 348
Les Empires chinois et les dynasties 348
La Chine en déroute 350
La Chine révolutionnaire 350
Le rôle historique du Japon en Asie de l'Est 351
De l'isolationnisme à l'impérialisme 351
L'Empire colonial japonais 351
L'après-guerre 352
La Chine communiste 352
La défaite du Japon 352
La transformation économique 352
Le miracle économique japonais 352
Les dragons asiatiques 352
Le miracle économique chinois 353
Le facteur coréen 353

9B LES RÉGIONS DE L'ASIE DE L'EST 354

Un survol de la Chine 356
Les divisions politiques et administratives 357
Le problème démographique 359
La transformation urbaine de la Chine 360
Le noyau côtier de la Chine 360
Les zones économiques spéciales 360
Le développement du noyau 362
L'intérieur de la Chine 363
Le Nord-Est 363
La Chine centrale 363
Le Sud 364
La périphérie occidentale de la Chine 365
La région autonome du Tibet (Xizang) 365
Le Xinjiang 366
La Mongolie 368
La péninsule coréenne 368
Le Japon 369
Le développement côtier 369
Une nation commerçante 371
Les défis du Japon 372
Taiwan 372
La géographie de l'île 372
L'avenir de Taiwan 373

10A L'ASIE DU SUD-EST: DANS LE SILLAGE DES GÉANTS ASIATIQUES 374

Un aperçu géographique 376
La géographie physique de l'Asie du Sud-Est 376
L'importance de l'eau 378
Le majestueux Mékong 378
La géographie de la population 380
La mosaïque ethnolinguistique 381
La présence chinoise en Asie du Sud-Est 383
Les religions en Asie du Sud-Est 383
L'héritage du colonialisme: pour comprendre l'évolution de la carte politique 384
L'Indochine 384
L'impérialisme britannique 384
Les Hollandais 385
De l'Espagne aux États-Unis 386

Les marchés émergents de l'Asie du Sud-Est et le cas de Singapour 386

10B LES RÉGIONS DE L'ASIE DU SUD-EST 388

L'Asie du Sud-Est continentale 391
Le Vietnam 391
Le Laos 394
Le Cambodge 395
La Thaïlande 396
Le Myanmar (Birmanie) 399

L'Asie du Sud-Est insulaire 400
La Malaisie: à la fois continentale et insulaire 400
Singapour 401
L'Indonésie 402
Les Philippines 406

11 L'ENSEMBLE AUSTRALIEN: LES MOUVEMENTS ABORIGÈNES ET LA RECONNAISSANCE TERRITORIALE 408

UN PORTRAIT DE L'ENSEMBLE AUSTRALIEN 410
Le territoire et l'environnement 411
Les climats 413
L'océan Austral 413
La biogéographie 413

LES RÉGIONS DE L'ENSEMBLE AUSTRALIEN 414
L'Australie 414
La géographie historique 414
L'immigration 416
Une culture urbaine 417
La géographie économique 417
Les défis de l'Australie 421

La Nouvelle-Zélande 423
L'occupation du territoire 424
La protection de l'environnement 425
La question des Maoris et l'avenir de la Nouvelle-Zélande 425

12 LES ARCHIPELS DU PACIFIQUE: L'ENJEU DES ESPACES MARITIMES 426

UN APERÇU DE L'ENSEMBLE 429
Le peuplement, la colonisation et l'indépendance 429
Le peuplement 429
La colonisation 430
L'indépendance 430

Les archipels du Pacifique et l'espace maritime 431
Les États côtiers 431
La portée des ZEE 432

LES RÉGIONS DU PACIFIQUE 433
La Mélanésie 433
La Micronésie 435
La Polynésie 438

L'ANTARCTIQUE 439

Glossaire **441**
Annexe A: Les aires et les données démographiques des États du monde **451**
Annexe B: Les États du monde **458**
Bibliographie **460**
Index **462**

INTRODUCTION

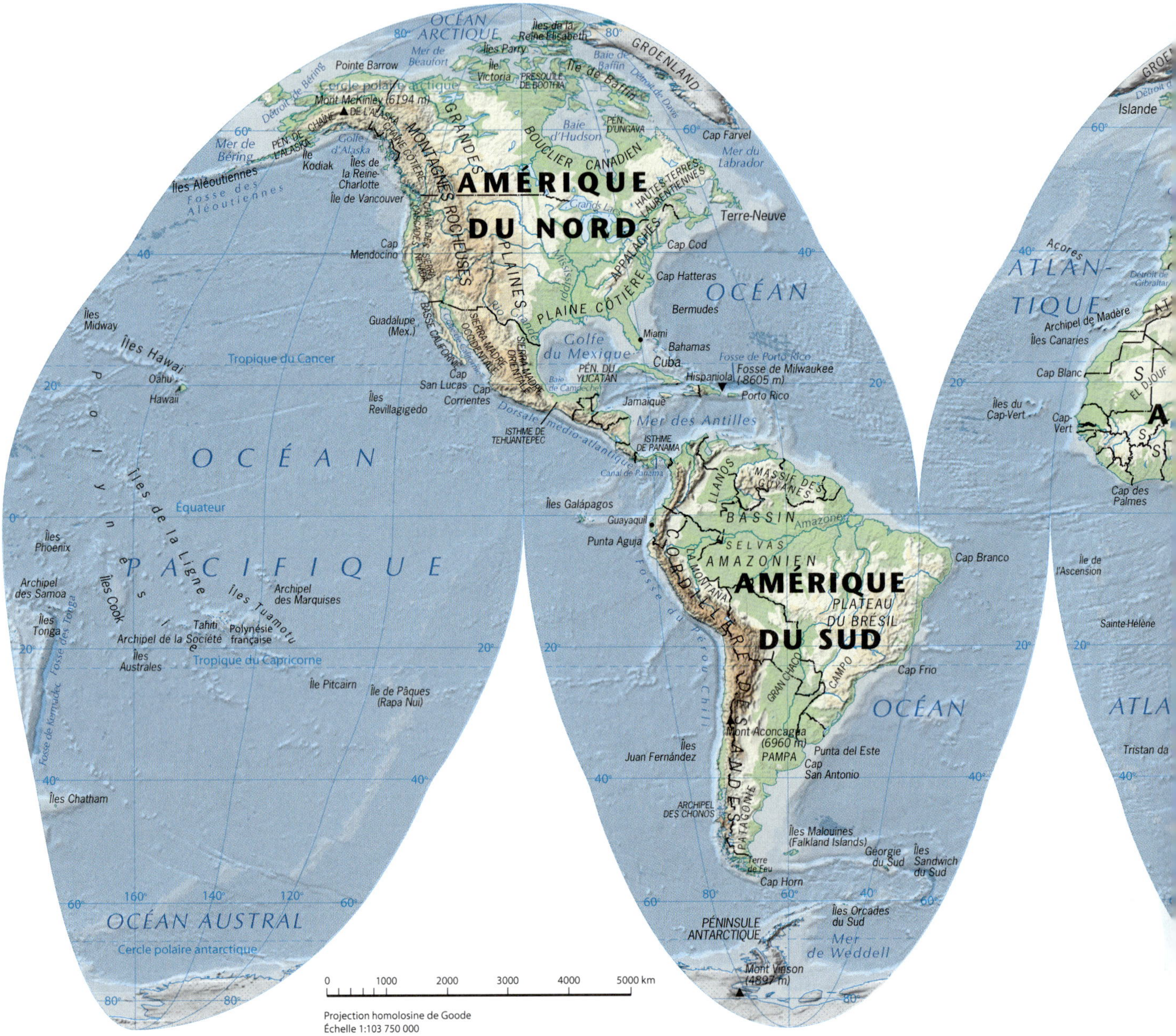

FIGURE I-1

LA GÉOGRAPHIE RÉGIONALE DU MONDE : UNE VUE D'ENSEMBLE

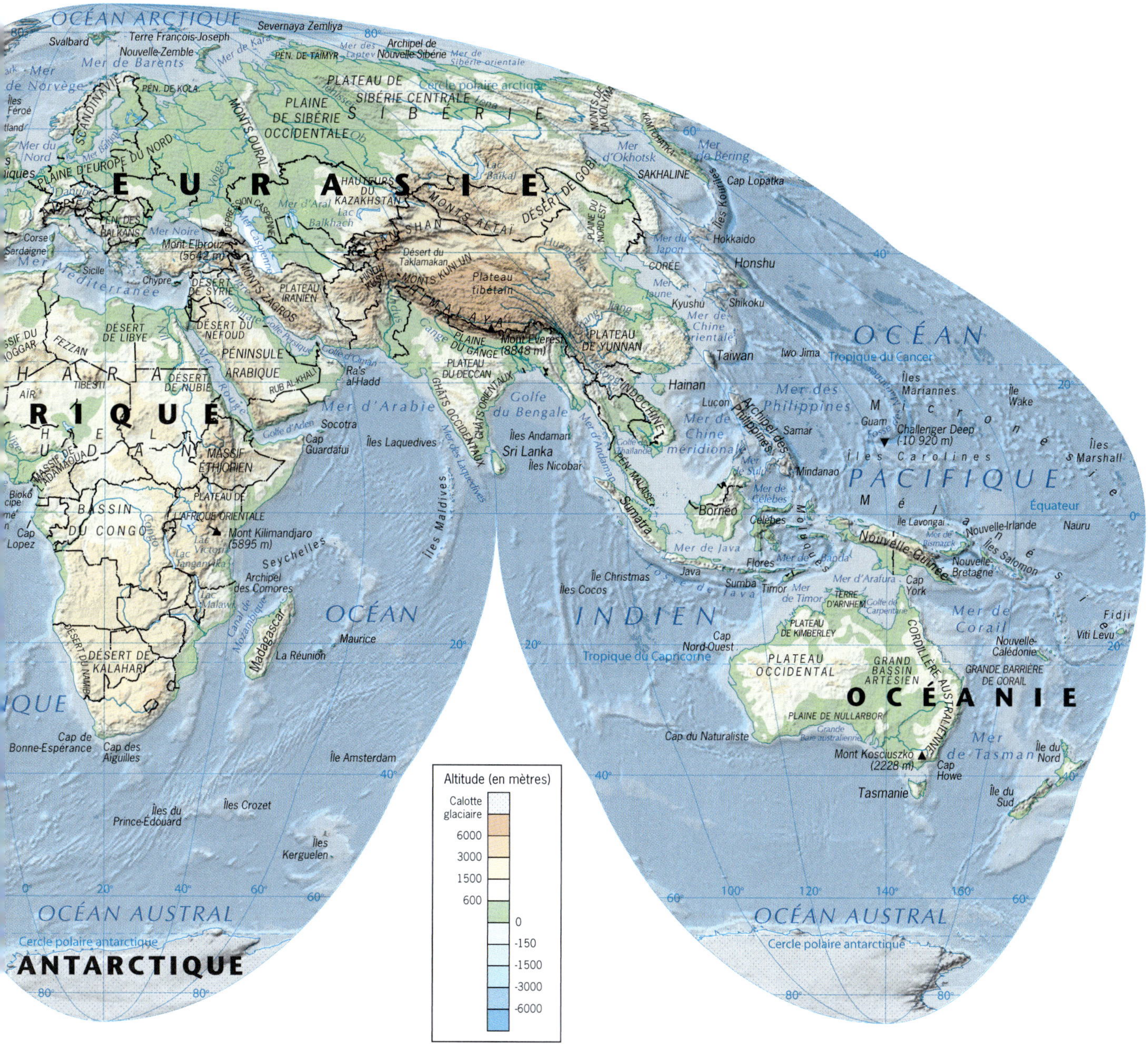

SOMMAIRE

- UNE PLANÈTE CARTOGRAPHIÉE, ORGANISÉE ET TERRITORIALISÉE
- LA GÉOGRAPHIE : UNE PERSPECTIVE TERRITORIALE
- L'ENVIRONNEMENT ET LA SOCIÉTÉ
- LES ENSEMBLES GÉOGRAPHIQUES DU MONDE
- LES RÉGIONS AU SEIN DES ENSEMBLES
- LES RÉGIONS PHYSIOGRAPHIQUES
- LA RÉPARTITION DE LA POPULATION MONDIALE
- LES ENSEMBLES GÉOGRAPHIQUES ET LES PAYSAGES CULTURELS
- LES LANGUES ET LES RELIGIONS
- LES ÉTATS DU MONDE
- LA GÉOGRAPHIE POLITIQUE
- LA GÉOGRAPHIE DU DÉVELOPPEMENT
- LA MONDIALISATION
- LES ENSEMBLES GÉOGRAPHIQUES ET LES RÉGIONS

CONCEPTS ET TERMES

Ensemble géographique
Zone de transition
Région
Position absolue
Position relative
Réseau
Périphérie
Région fonctionnelle
Région physiographique
Dérive des continents
Plaques tectoniques
Ceinture de feu du Pacifique
Ère glaciaire
Pléistocène
Glaciation
Interglaciaire
Inlandsis
Changement climatique mondial
Climat
Répartition de la population
Urbanisation
Paysage culturel
État
Modèle de l'État européen
Zone centrale
Processus de mondialisation

Vous voilà inscrit à un cours qui vous entraînera autour du monde afin de mieux comprendre son fonctionnement actuel. Vous découvrirez aussi tout l'intérêt que recèle la géographie, une discipline qui permet de saisir toute la complexité du monde dans lequel nous vivons. Nous espérons que ce cours et ce manuel élargiront vos horizons et vous feront entrevoir de nouvelles perspectives.

Peut-on imaginer une période plus intéressante pour étudier la géographie ? Le monde change à plusieurs égards ; il est régulièrement secoué par des bouleversements politiques, économiques et sociaux qui redéfinissent l'ordre établi. Le printemps arabe de 2011 a montré à quel point notre monde est en mutation. Les grandes puissances économiques et politiques comme les États-Unis et l'Union européenne subissent, elles aussi, des pressions pour que des rapports différents soient établis. Elles doivent désormais composer avec de nouveaux pôles de développement dans le monde. Ainsi, la Chine et l'Inde sont maintenant des acteurs importants dans le nouvel ordre économique mondial. Tous ces changements influencent aujourd'hui les conditions de vie de tous les peuples de la planète. Les questions environnementales, notamment celle des changements climatiques, sont aussi au cœur de cette réorganisation mondiale. Par la fonte des glaces, de nouvelles voies maritimes s'ouvrent dans l'océan Arctique, rendant cette région plus sujette aux désastres écologiques et aux tensions géopolitiques, tandis que l'élévation du niveau moyen des océans oblige des habitants du Pacifique à quitter leurs îles.

Au terme de la présente session, vous serez en mesure, d'une part, de participer à des discussions sur les questions de géographie mondiale ou régionale et, d'autre part, de mettre à profit une conscience globale et des connaissances qui vous seront des plus utiles au cours de vos études en sciences humaines.

UNE PLANÈTE CARTOGRAPHIÉE, ORGANISÉE ET TERRITORIALISÉE

La géographie est la discipline la plus étroitement associée aux cartes. Celles-ci permettent de lire l'organisation des territoires, de mettre en relation différents phénomènes géographiques qui les marquent et d'interpréter ces phénomènes à la lumière des connaissances du territoire. On dit souvent qu'une image vaut mille mots ; les cartes sont un exemple probant de ce dicton. Lorsque nous vous invitons à « voir la figure xx », c'est qu'elle mérite qu'on s'y attarde : elle synthétise mieux qu'un texte ce que nous voulons démontrer. Nous espérons que vous prendrez l'habitude de consulter ces figures.

Nous savons que les sociétés humaines territorialisent l'espace terrestre depuis fort longtemps. Les frontières qui bordent les quelque 200 pays du monde témoignent de l'une des formes de division du territoire. Or, d'autres frontières moins visibles – entre les religions, les langues, les riches et les pauvres – divisent également notre planète. Lorsque surviennent des conflits politiques ou culturels, rien ne vaut une carte pour en cerner les circonstances. Il suffit de se pencher sur les cartes de l'Afghanistan et de l'Irak qui se trouvent dans les chapitres 7A et 7B du présent ouvrage. Ceux qui ont décidé d'envoyer des troupes armées dans cette région, en 2001 et en 2003, mesuraient-ils bien l'importance des documents cartographiques ? Est-ce que ces documents représentaient bien la complexité des réalités humaines et physiques inhérentes à ces territoires ?

La révolution cartographique et la complexité des phénomènes

Les cartes contenues dans ce manuel montrent des régions, tantôt grandes, tantôt petites, du monde dans divers contextes. Certaines décrivent des configurations politiques alors que d'autres présentent des caractéristiques culturelles, économiques ou environnementales. La cartographie (la conception et l'édition de cartes) a traversé et traverse encore une spectaculaire révolution technologique. Des satellites de télédétection (équipés de numériseurs et de caméras) en orbite autour de la Terre transmettent les données captées à des ordinateurs terrestres. C'est ainsi que nous documentons l'expansion des déserts, la fonte des glaciers, la déforestation, l'étalement urbain et une myriade d'autres phénomènes géographiques. Les ordinateurs terrestres présentent des fonctionnalités de plus en plus grandes non seulement pour organiser toute cette information, mais aussi pour la traduire en images. Les géographes ont développé des systèmes d'information géographique (SIG) qui affichent à l'écran et en quelques secondes de l'information qui aurait nécessité des mois de travail quelques décennies auparavant.

Cela dit, les satellites – même espions – ne peuvent enregistrer tout ce qui se produit à la surface de la Terre. Parfois, ces engins peuvent discerner les frontières entre des groupes ethniques ou des secteurs culturels, par exemple lors du changement de type d'habitation ou de lieux de pèlerinage, mais cette information doit être vérifiée sur le terrain au moyen de recherches et de comptes rendus. Aucune image satellite de l'Irak ne peut montrer la distribution des musulmans sunnites et chiites. Un grand nombre des frontières que présentent les cartes de ce manuel ne sont pas visibles de l'espace, car nul ne s'est préoccupé de les marquer sur le sol. Aussi les cartes que vous vous apprêtez à lire ont leur propre usage continu. Elles sont souvent une combinaison réfléchie de données quantitatives et qualitatives qui résument des situations complexes comme les phénomènes culturels. Comment cartographier l'intensité de la ferveur religieuse ? Pour bien lire une carte, il faut prendre en compte sa légende. Constituée de symboles et de couleurs, la légende est ce qui révèle le code de la carte. C'est pourquoi il est essentiel de la consulter en premier lieu.

Les projections cartographiques

Il convient de souligner un autre point important en ce qui a trait aux cartes du monde : n'oubliez jamais que la Terre est une sphère, et que sa projection sur une surface bidimensionnelle entraîne nécessairement des distorsions considérables. Tentez l'expérience en pelant une orange et en aplatissant l'écorce entière sur une surface : vous devrez la déchirer à certains endroits et essayer de l'étirer à d'autres pour arriver à l'étaler. Jetez un coup d'œil sur la figure I-1 et remarquez les interruptions dans l'océan Atlantique et d'autres régions. Il existe plusieurs façons de produire une carte de ce genre, mais la réalité finit toujours par en être déformée. Lorsqu'on examine une mappemonde, il n'y a rien de tel que d'avoir un globe terrestre à portée de la main pour garder à l'esprit que le monde dans lequel nous vivons est en trois dimensions !

Pour représenter sur une surface plane (comme une feuille de papier) le tracé des continents qui occupent une surface courbe (la Terre), les cartographes recourent à des procédés qu'on appelle projections cartographiques. Les représentations de la Terre ainsi obtenues sont plus ou moins fidèles à l'image que nous avons des continents vus de l'espace, car le choix de la projection utilisée résulte d'un compromis entre la volonté de préserver les aires, les distances, les directions, les angles, etc. C'est ainsi que la carte de la figure I-14, par exemple, comporte d'inévitables distorsions.

Selon le principe géométrique sous-jacent à leur construction, les projections les plus courantes sont de trois types, soit cylindrique, conique ou azimutal. Chaque type de projection présente des avantages et des inconvénients dont il faut être conscient lorsqu'on étudie des mappemondes. Le choix de la projection doit logiquement dépendre du but recherché. Si on privilégie l'exactitude des surfaces (aires des régions), les angles seront déformés ; la projection est alors qualifiée d'équivalente. Si les angles de la carte sont fidèles à ceux du globe, alors les surfaces ne le seront plus et la projection sera dite conforme. Dans ces deux grandes catégories de projections (équivalente et conforme), il existe des centaines de possibilités. Comme aucune ne parvient à représenter la totalité du globe sans déformation, il faut choisir la projection qui convient le mieux à nos besoins. Il faut également tenir compte de l'échelle de la carte, car le degré de distorsion augmente avec l'étendue représentée. Enfin, il faut retenir que les déformations sont surtout importantes le long des bords des cartes géographiques. Ainsi, l'image de certains pays et continents varie beaucoup non seulement en fonction de la projection adoptée, mais aussi selon le lieu choisi pour représenter le centre de la carte.

Les projections cylindriques

Dans les projections cylindriques, la carte est traitée comme une feuille de papier enroulée en un cylindre autour du globe (voir la figure I-2). Le résultat de cette projection, une fois la feuille déroulée, est un quadrillage où les parallèles ne sont plus courbes mais droits. Il en est de même pour les méridiens qui ne se rejoignent plus aux pôles. Les pôles ne sont plus des points mais des lignes. Les latitudes polaires et les régions des latitudes moyennes de l'hémisphère nord sont donc considérablement agrandies, tandis que les régions près de l'équateur (ligne tangente, le long de laquelle le papier était le plus près du globe) ont conservé leurs proportions. Sur l'ensemble du planisphère, les projections cylindriques faussent les proportions des continents. Par exemple, le Groenland apparaît aussi grand que l'Afrique, alors qu'il est en réalité 15 fois plus petit (voir la figure I-3). Ce type de projection est encore couramment utilisé, avec des variantes qui permettent de réduire les distorsions. Ainsi, les cartes topographiques du Canada sont construites au moyen d'une adaptation de la projection cylindrique de Mercator, la projection MTU (Mercator Transverse Universelle). Dans le cas de cette projection, l'axe du cylindre croise perpendiculairement l'axe des pôles.

La projection de Peters est une autre adaptation de type cylindrique. Elle traduit un souci de donner à tous les territoires leur surface réelle (voir la figure I-4). Elle restitue à la zone intertropicale sa véritable extension, mais, pour arriver à ce résultat, elle déforme l'image des continents : leur aspect allongé ne correspond pas à ce que nous montrent les vues de la Terre prises de l'espace.

Les projections coniques

Les projections coniques consistent à transposer un hémisphère sur une feuille de papier enroulée en forme de cône et placée tangentiellement à un parallèle quelconque de cet hémisphère (voir la figure I-5). En déroulant la feuille, nous constatons que les parallèles sont courbes et que les méridiens deviennent des droites convergeant au-delà des pôles. Les rapports de surface sont respectés, mais les angles qui déterminent le tracé des continents sont modifiés d'autant plus que nous nous éloignons de la ligne de tangence. D'un méridien à l'autre, la direction du nord varie. Ce type de projection convient particulièrement pour les latitudes moyennes (voir la figure I-6).

Les projections azimutales

Dans les projections azimutales, la feuille de papier est simplement placée en contact avec un point quelconque

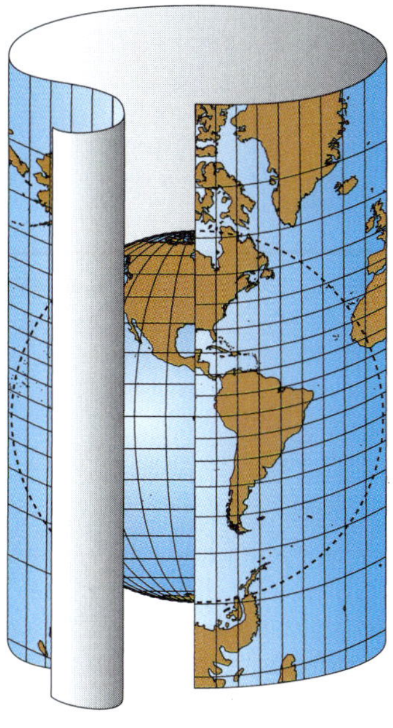

FIGURE I-2 Le principe des projections cylindriques.

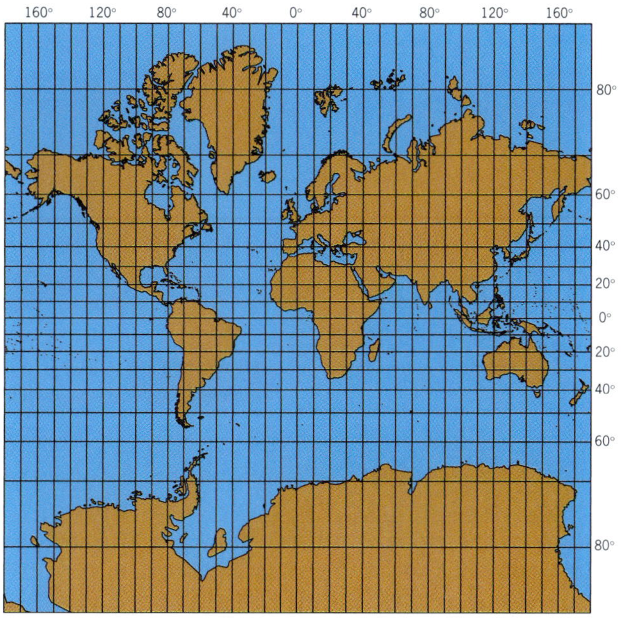

FIGURE I-3 Un exemple de projection cylindrique : la projection de Mercator.

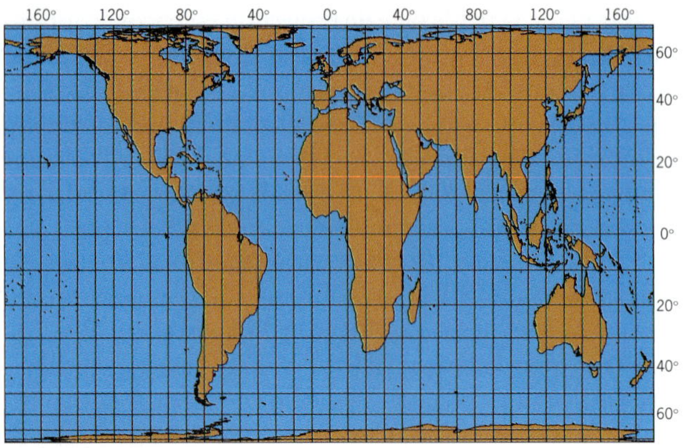

FIGURE I-4 Un exemple de projection cylindrique : la projection équivalente de Peters.

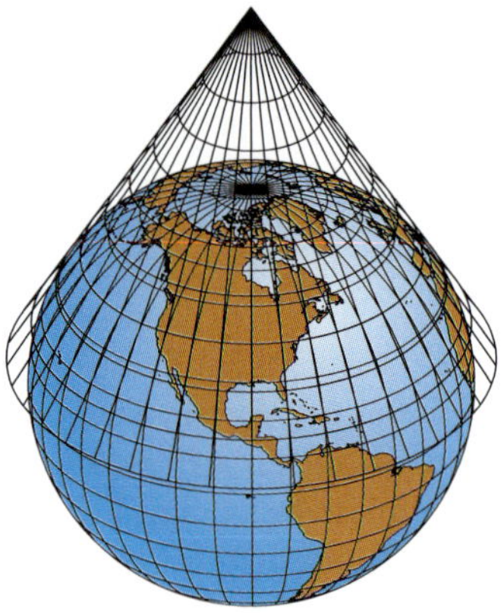

FIGURE I-5 Le principe des projections coniques.

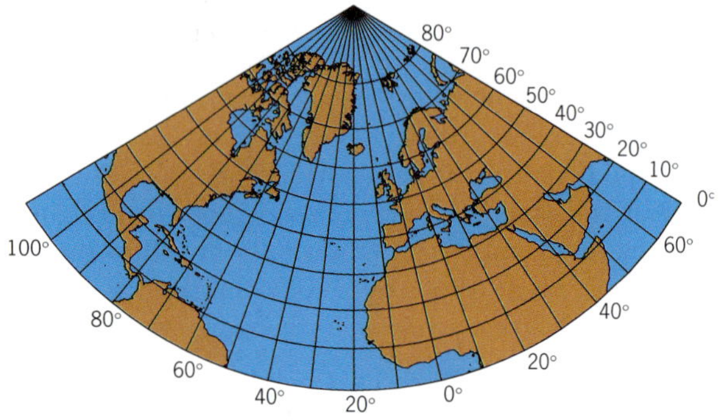

FIGURE I-6 Un exemple de projection conique : la projection conforme de Lambert.

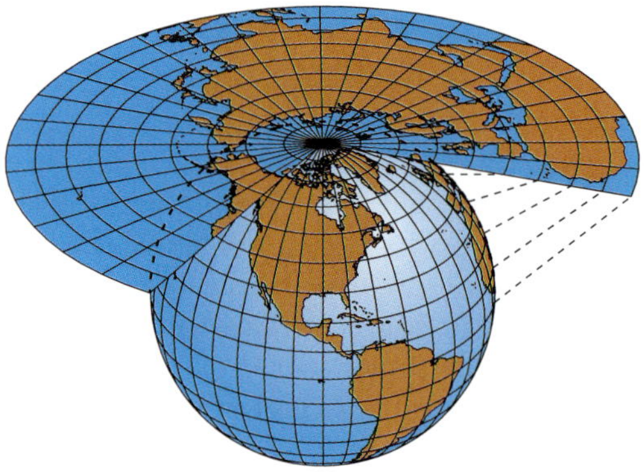

FIGURE I-7 Le principe des projections azimutales.

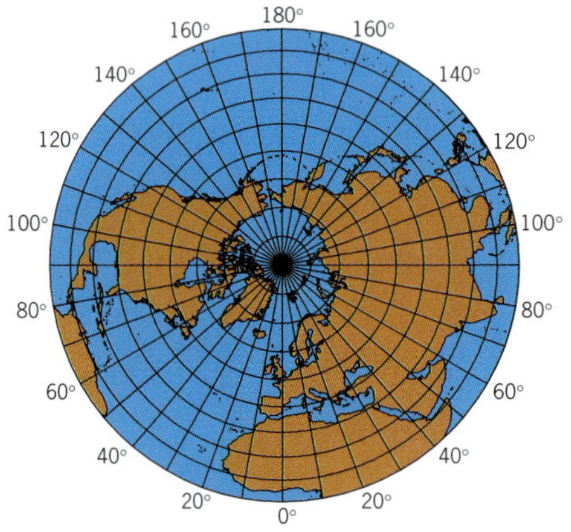

FIGURE I-8 Un exemple de projection azimutale : la projection polaire.

du globe (voir la figure I-7). Sur la feuille, méridiens et parallèles convergent vers le point de tangence ; plus nous nous éloignons de celui-ci, plus la déformation est importante. Bien que des variantes permettent de corriger ces distorsions, ce type de projection ne devrait être utilisé que pour représenter des régions peu étendues. L'une de ses variantes les plus connues est la projection polaire qui s'impose pour toute représentation à caractère géostratégique, car elle restitue les distances et les positions relatives réelles entre les États qui possèdent une frontière commune dans les régions polaires (voir la figure I-8). Elle répond aussi aux besoins de la circulation maritime et du trafic aérien sous les latitudes froides.

Les échelles et leur portée

Le terme « échelle » est un élément important du vocabulaire propre à la géographie. Toute carte représente soit une partie de la surface terrestre, soit son intégralité, et s'accompagne d'un certain degré de détail. Visiblement, la figure I-1 offre un degré de détail très faible ; il s'agit tout au plus d'une impression générale de la distribution des terres et des eaux, ainsi que des altitudes les plus faibles et les plus hautes de la surface terrestre. Quelques éléments importants, comme la chaîne de l'Himalaya et le Sahara, y sont indiqués, mais pas les plus modestes comme les Appalaches ou le désert de Gobi. Vous remarquerez au bas de la carte l'échelle graphique et l'échelle numérique. Sur l'échelle graphique, 1 centimètre représente 1037,5 kilomètres réels, ce qui laisse peu de place au géographe qui souhaite insérer plus d'informations.

C'est ce qu'on appelle une carte à petite échelle parce que le rapport entre la distance illustrée et la distance réelle, exprimé par une fraction, est très faible à 1:103 750 000 (très petite fraction). Augmentez cette fraction et vous devrez réduire la proportion de territoire représentée, mais vous pourrez y intégrer plus de détails. Dans la figure I-9, voyez comment la fraction passe du plus petit (1:103 000 000) au plus grand (1:1 000 000). Montréal n'est qu'un point sur la carte A, mais une zone urbaine sur la carte D. Cela signifie-t-il que les mappemondes comme la figure I-1 sont moins utiles que les cartes à plus grande échelle ? Tout dépend de l'objectif visé. Dans cette introduction, nous utilisons souvent les mappemondes pour montrer des distributions mondiales, car nous préparons le terrain pour les exposés qui suivront. Plus loin dans cet ouvrage, l'échelle est plus grande à mesure que nous traitons d'aires plus petites, voire d'un pays ou d'une ville. Néanmoins, tenez toujours compte de l'échelle d'une carte puisqu'elle vous renseigne sur son utilité.

L'importance du concept d'échelle ne se limite pas aux cartes. Les échelles jouent un rôle fondamental dans la recherche en géographie et dans la conceptualisation des problèmes de géographie ; elles définissent alors le degré

DIFFÉRENTES ÉCHELLES

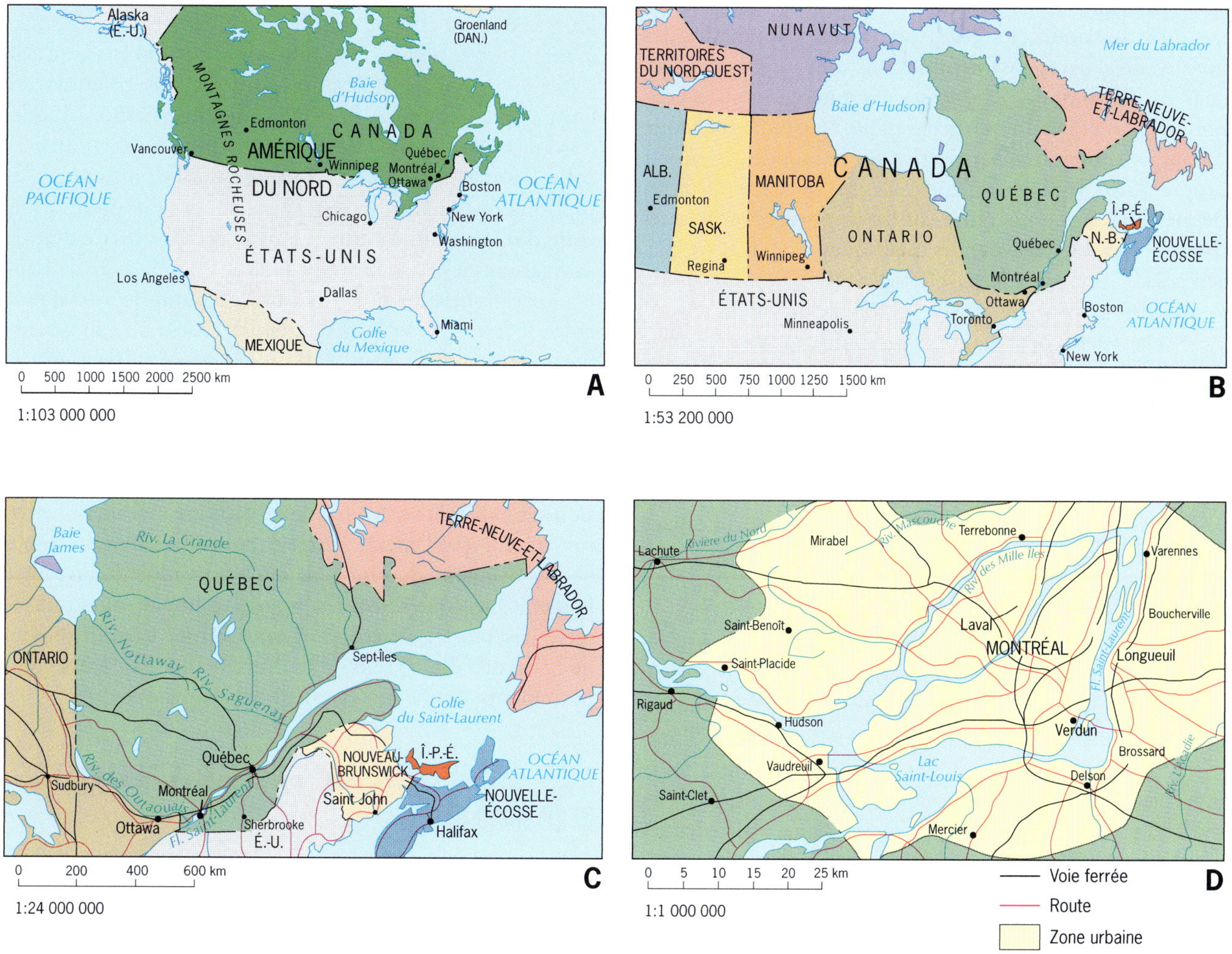

FIGURE I-9

d'analyse. C'est ce qu'on appelle parfois l'échelle opérationnelle, c'est-à-dire l'échelle à laquelle s'exercent des processus sociaux ou naturels. On peut, par exemple, documenter la concentration géographique de la richesse aux États-Unis à l'aide de diverses échelles: celle d'un quartier, d'une ville, d'une circonscription, d'un État ou d'un pays. Il s'agit de choisir l'échelle qui convient le mieux à l'objectif poursuivi, bien que l'exercice ne soit pas si simple. Imaginons que vous deviez étudier la répartition des communautés culturelles à Montréal: quelle(s) serai(en)t, selon vous, l'échelle ou les échelles les plus pertinentes?

LA GÉOGRAPHIE : UNE PERSPECTIVE TERRITORIALE

La géographie est considérée parfois comme la plus interdisciplinaire des disciplines. Cette idée témoigne des liens historiques qui l'unissent à de nombreuses autres disciplines, de la géologie à l'économie en passant par la sociologie et les sciences politiques. Aujourd'hui plus que jamais, l'interdisciplinarité caractérise la recherche et les études du fait que les barrières entre les disciplines disparaissent.

De nos jours, les étudiants peuvent apprendre des notions de géographie fort utiles s'ils sont inscrits dans les facultés d'économie, et quelques bonnes notions d'économie dans les facultés de géographie. Cependant, chaque discipline adopte une perspective sur le monde qui lui est propre. Ainsi, la plupart d'entre elles se concentrent sur un thème clé: l'économie porte sur les rapports économiques dans la société; les sciences politiques s'intéressent aux acteurs du pouvoir; la psychologie aux phénomènes de l'esprit des individus alors que la biologie explore le vivant.

Dans cette optique, la géographie s'attarde au territoire et aux nombreux paysages qui le composent. La notion de territoire intègre ici l'idée de nature et d'espace. Plus précisément, les géographes examinent les liens qu'entretiennent les acteurs de la société (individus, groupes de pression, collectivité locale, entreprises d'État) sur un territoire donné. Habité et partagé, le territoire est un espace commun que les acteurs organisent de façon singulière. La configuration de l'espace social (les villes, les bâtiments, les frontières politiques, etc.) et l'utilisation des milieux naturels (les montagnes, les plaines, les cours d'eau, etc.) ne relèvent pas du hasard. Un ordre particulier prévaut généralement dans l'organisation du territoire. Il s'agit tantôt de l'œuvre délibérée de projets de société, tantôt de l'œuvre de la nature. La géographie se distingue donc comme une science des sociétés humaines dans leurs rapports au territoire. Nous allons observer, grâce à une visite des régions du monde, que l'organisation des territoires comporte de multiples facettes; celles-ci varient souvent en fonction des différents niveaux de développement économique d'un pays ou d'une région, selon son histoire, sa culture. Ainsi, les territoires ne sont pas utilisés, aménagés et organisés partout de la même façon. Les géographes jugent ces différentes facettes non seulement intéressantes, mais aussi cruciales pour interpréter nos sociétés.

L'ENVIRONNEMENT ET LA SOCIÉTÉ

Depuis fort longtemps, les liens qui se tissent entre les sociétés humaines et l'environnement naturel constituent un autre fondement de la géographie. Presque chaque jour, les transformations environnementales font les manchettes par le biais d'importants phénomènes climatiques autour du globe. Or le réchauffement planétaire dont on parle tant aujourd'hui ne représente que l'étape la plus récente d'incessantes fluctuations atmosphériques et écologiques. Les géographes cherchent à comprendre les enjeux environnementaux non seulement sous l'angle des changements climatiques par rapport à l'histoire, mais aussi en examinant soigneusement les répercussions de ces derniers sur les sociétés humaines.

De façon plus générale, on peut considérer ce rapport entre l'humain et son environnement comme une voie à double sens. D'une part, les êtres humains ont toujours exercé un effet de transformation sur leur environnement naturel, depuis la combustion des forêts jusqu'à la création de villages. D'autre part, ils ont toujours été lourdement tributaires de l'environnement naturel, duquel découlent largement leurs comportements individuels et collectifs. Les exemples sont innombrables: on mange les produits de la nature et le régime alimentaire traditionnel varie d'une région à l'autre; les cours d'eau permettent la navigation et le contact avec d'autres peuples, et ils tiennent parfois lieu de frontière naturelle, comme le Rio Grande entre le Mexique et les États-Unis; l'accès à l'eau ou aux ports de mer a d'ailleurs fait l'objet de conflits armés; la culture des pays sans littoral semble différente de celle des pays insulaires, et ainsi de suite.

Il arrive que les humains doivent composer avec leur dépendance envers l'environnement. Par exemple, les émissions grandissantes de dioxyde de carbone modifient l'environnement (par l'effet de serre) et, par conséquent, les populations riveraines doivent s'adapter à l'élévation du niveau de la mer. Quels que soient les progrès technologiques que réserve l'avenir, les sociétés humaines auront toujours besoin de la nature. En ce sens, elles doivent modifier leurs comportements afin de protéger leur environnement.

LES ENSEMBLES GÉOGRAPHIQUES DU MONDE

La mondialisation et l'interdépendance sont les traits caractéristiques de notre époque marquée par le commerce international, la migration et le mouvement, le tourisme et la télévision, les flux financiers et le trafic de données sur Internet. C'est un monde qui, à certains égards, intègre les propriétés d'un village planétaire, bien qu'il compte néanmoins des quartiers. Ceux-ci ont pour nom Europe, Amérique du Sud, Asie du Sud-Est, par exemple. Comme les quartiers ou les arrondissements d'une ville, ces quartiers du monde n'ont pas forcément de frontières clairement définies, mais nul ne saurait contester leur pérennité, puisque leur territoire est investi par les humains depuis des dizaines de milliers d'années. Les géographes désignent ces quartiers du monde sous l'expression « **ensembles géographiques** ». Chacun de ces ensembles présente une combinaison particulière de propriétés environnementales, culturelles et organisationnelles. Ces propriétés sont inscrites dans le paysage et donnent à chaque ensemble ses propres attributs traditionnels et contextes sociaux. À mesure qu'on comprend les dimensions humaines et environnementales de ces ensembles, on peut en expliquer différents aspects : leur emplacement, les raisons de leur emplacement (une question clé en géographie), ce qui les constitue et ce que l'avenir leur réserve dans un monde où tout change vite. Par conséquent, la figure I-10 présente le cadre de travail général de la démarche sur laquelle repose cet ouvrage.

Les catégories de critères d'ensembles géographiques

L'existence et la délimitation des ensembles géographiques du monde relèvent d'une combinaison de facteurs. L'environnement mondial est complexe et diversifié : il comprend de petits et de grands continents, de vastes océans et d'innombrables cours d'eau, un nombre incalculable d'îles, une variété d'habitats et de cultures et autant de géographies politiques contrastées. Outre les circonstances, pour définir l'existence d'un ensemble géographique, on peut s'appuyer sur trois grandes catégories de critères :

- Les ensembles géographiques physiques et humains sont définis en fonction de critères territoriaux, et ils constituent les plus grandes unités de partition du monde habité. Les caractéristiques qui définissent le type de régionalisation générale sont des mesures physiques (ou naturelles) et humaines. L'Amérique du Sud, par exemple, est un ensemble géographique parce qu'elle forme un continent sur le plan physique et qu'elle se compose, sur le plan culturel, de sociétés comparables. L'Asie du Sud, pour sa part, se trouve sur la masse continentale eurasienne qu'elle partage avec plusieurs autres ensembles géographiques. Ce sont des sommets vertigineux, de vastes déserts et des forêts denses, combinés à un tissu social distinct, qui créent cet ensemble bien défini dont l'Inde constitue le noyau.
- Les ensembles géographiques fonctionnels sont le fruit de l'interaction entre les sociétés humaines et les environnements naturels, une interaction fonctionnelle dont témoignent les fermes, les mines, les ports de pêche, les corridors de transport, les barrages, les ponts, les villages et une multitude d'autres caractéristiques du paysage. D'après ce critère, l'Antarctique n'est pas un ensemble géographique, bien qu'il soit un continent.
- Les ensembles géographiques historiques représentent sans doute de la manière la plus globale et la plus complète les grands regroupements contemporains de l'humanité. Comme l'Inde, la Chine se trouve au cœur d'un tel regroupement. L'Afrique constitue un ensemble géographique à partir de la limite méridionale du Sahara (un mot arabe qui signifie *désert*) jusqu'au cap de Bonne-Espérance, et de sa côte atlantique jusqu'à sa côte indienne.

La figure I-10 présente les 12 ensembles géographiques reposant sur ces 3 catégories de critères. Nous verrons en détail, plus loin, que les plans d'eau, les déserts et les montagnes, de même que les changements culturels ou politiques caractérisent les frontières de ces ensembles. Nous traiterons de la position de ces frontières au moment d'examiner chaque ensemble.

La définition des ensembles : les frontières et les zones de transition

Les océans et les mers sont les frontières naturelles les plus courantes des ensembles géographiques, que l'on pense à l'Atlantique Sud pour la côte ouest de l'Afrique subsaharienne ou à l'Atlantique Nord pour la côte est de l'Amérique du Nord. Or, le point de rencontre de deux ensembles géographiques est plus souvent marqué par des **zones de transition** plutôt que par de nettes délimitations.

Il suffit de songer à la zone frontalière qui délimite l'Amérique du Nord et l'ensemble centraméricain adjacent. La ligne apparaissant dans la figure I-10 correspond à la frontière entre le Mexique et les États-Unis ; elle traverse le golfe du Mexique, puis sépare la Floride de Cuba et des Bahamas. L'influence hispanique est forte, cependant, dans les régions situées au nord de cette frontière, alors que celles qui se trouvent au sud ressentent fortement l'influence économique des États-Unis. La ligne représente donc une zone d'interaction régionale soumise à des changements constants. À nouveau, de nombreux liens unissent le sud de la Floride et les Bahamas, mais ces îles ressemblent plus à une société antillaise que nord-américaine. Voici un autre exemple : on dénombre tant de résidents cubains et cubano-américains à Miami que cette agglomération est parfois désignée comme la deuxième ville cubaine en importance après La Havane.

En Afrique, la zone de transition qui sépare la région subsaharienne de l'Afrique du Nord est si large et nettement définie qu'elle trouve sa place sur la mappemonde ;

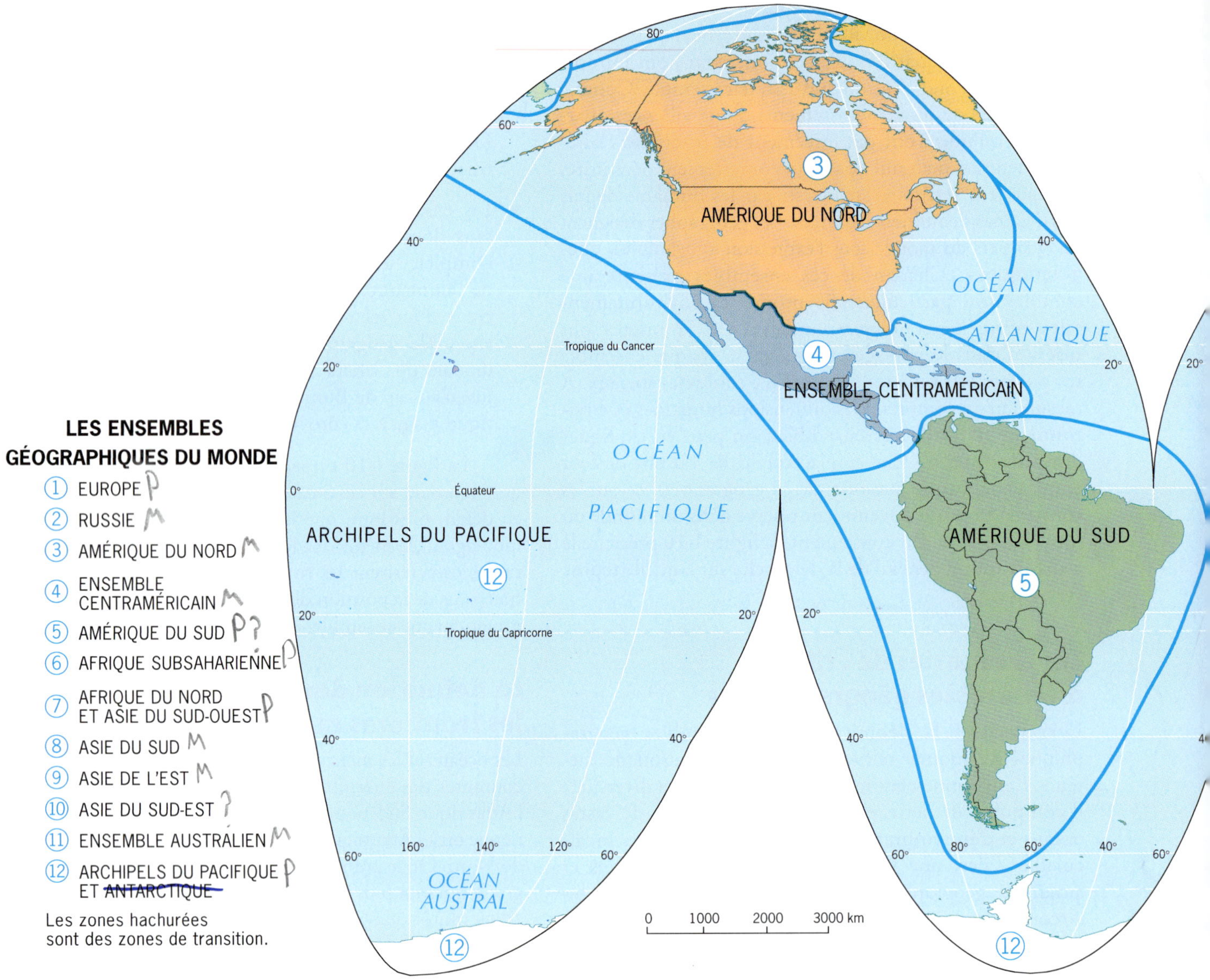

FIGURE I-10

ailleurs, les zones de transition sont généralement plus étroites et moins faciles à repérer. Au début de cette deuxième décennie du XXIe siècle, des pays comme la Biélorussie (située entre l'Europe et la Russie) et le Kazakhstan (situé entre la Russie et l'Asie du Sud-Ouest musulmane) évoluent dans des zones de transition. En fait, sur presque toute leur longueur, les limites entre les ensembles sont des zones de changement régional.

Les zones de transition sont des espaces fascinants. Elles apparaissent un peu comme des actes de rébellion contre la netteté de l'ordre géographique mondial. Elles nous rappellent que le monde est un lieu tumultueux sillonné de frontières instables et de destins géographiques changeants. Il arrive d'ailleurs souvent que les zones de transition soient marquées par des tensions et des conflits. Ces zones mettent à l'épreuve les talents des cartographes et soulignent la complexité de l'étude de la géographie.

Les ensembles géographiques sont des entités dynamiques

Si la figure I-10 datait d'avant les expéditions de Christophe Colomb (de 1492 à 1504), nous aurions droit à une carte fort différente : les États et les peuples amérindiens auraient défini les frontières des Amériques ; l'Australie et la Nouvelle-Guinée constitueraient un ensemble et la Nouvelle-Zélande ferait partie de l'ensemble du Pacifique. La colonisation, l'européanisation et l'occidentalisation du monde ont entraîné une transformation radicale de cette carte. Les quatre décennies qui ont suivi la Seconde Guerre

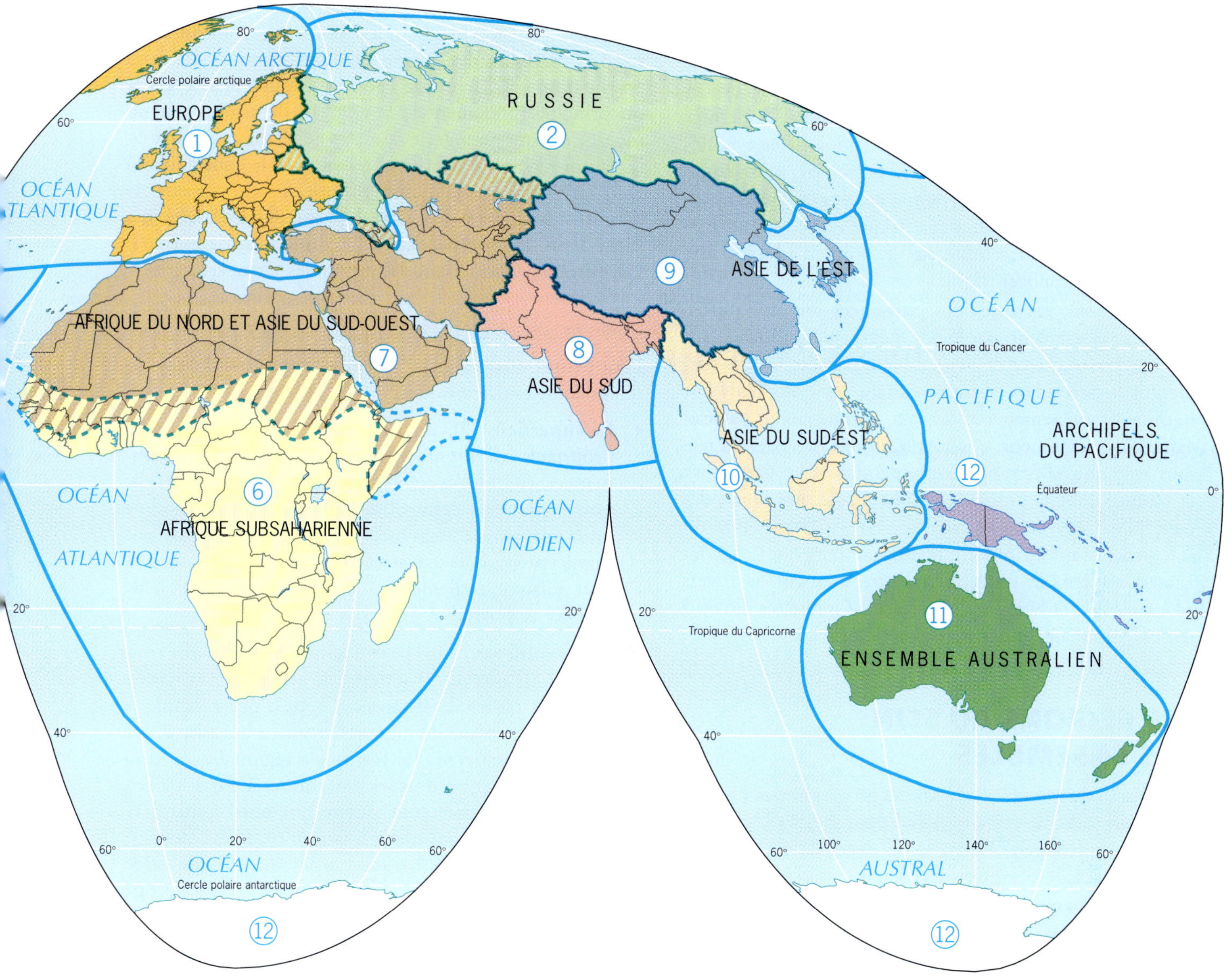

mondiale n'ont peut-être pas été le théâtre de grands changements, mais depuis 1985, on assiste à l'établissement d'un nouvel ordre politique et économique à l'échelle de la planète.

Deux types d'ensembles géographiques

On peut diviser les ensembles géographiques mondiaux en deux types. Un premier réunit des ensembles monocentriques dominés par une grande entité politique territoriale ou démographique. L'Amérique du Nord (États-Unis), l'ensemble centraméricain (Mexique), l'Asie de l'Est (Chine), l'Asie du Sud (Inde), la Russie et l'ensemble australien (Australie) sont tous des ensembles monocentriques. Ils sont complètement et lourdement influencés par la présence d'un pays prééminent autour duquel un ensemble paraît s'organiser.

Le second type d'ensembles est de nature polycentrique. L'apparence, le fonctionnement et l'organisation d'un ensemble donné sont distribués entre des régions ou des pays d'influence relativement comparable. C'est le cas de l'Europe, de l'Afrique du Nord et l'Asie du Sud-Ouest, de l'Afrique subsaharienne et des archipels du Pacifique. Les ensembles polycentriques peuvent s'avérer plus instables à certains égards puisque leur interdépendance les rend vulnérables. Quand un des pays de l'ensemble connaît des difficultés, tous en sont affectés.

Tous les ensembles géographiques ne sont pas aussi faciles à catégoriser. L'Asie du Sud-Est, par exemple, est un ensemble dynamique comprenant près d'une douzaine de pays dont certains sont considérés comme des économies émergentes. Personne ne doute que l'Indonésie soit en voie de devenir la puissance la plus influente de cet ensemble, mais il serait prématuré de qualifier ce dernier de monocentrique. L'Amérique du Sud se trouve également entre les deux types. Le Brésil présente la plus grande population ainsi qu'une économie de plus en plus importante et influente. Plus nettement que l'Asie du Sud-Est, l'Amérique du Sud semble sur le point d'adopter une organisation monocentrique.

Bien sûr, certaines des puissances ont une portée mondiale et exercent, par le fait même, une influence qui dépasse les frontières de l'ensemble dont elles font partie. Depuis la Seconde Guerre mondiale, les États-Unis ont dominé les événements mondiaux comme jamais auparavant. Plus récemment, cependant, ils ont dû céder du terrain à de nouvelles puissances émergentes, en particulier la Chine, dont la croissance alimente de nombreux débats. Nous verrons, par exemple, que la Chine joue un rôle grandissant en Amérique du Sud alors que celui des États-Unis semble y décliner. Notre examen des divers ensembles accordera une juste place à l'influence des tendances mondiales et des puissances extérieures.

LES RÉGIONS AU SEIN DES ENSEMBLES

La division du monde en ensembles géographiques fournit, certes, un cadre de travail général pour étudier le monde, mais notre démarche nécessite un degré de classification plus pointu. C'est ici qu'entre en jeu un important concept d'organisation en géographie, la **région**. Il faut, pour déterminer les régions comprises dans chaque ensemble géographique, des critères plus précis.

L'ensemble de l'Amérique du Nord permettra d'illustrer la notion de région. Lorsqu'on fait référence à une partie des États-Unis ou du Canada (par exemple le Sud, le Midwest ou les provinces des Prairies), on utilise un concept régional. On ne le fait pas de manière scientifique, mais de façon courante, dans ses échanges quotidiens. On révèle ainsi sa perception de l'espace local ou distant ainsi que l'image qu'on a de la région en question.

Mais que sont au juste les provinces des Prairies? Comment les représenteriez-vous sur une carte de l'Amérique du Nord? Il est parfois plus facile d'imaginer et de décrire les régions que de les délimiter sur une carte. On pourrait circonscrire les provinces des Prairies à partir des frontières des provinces qui en font partie. L'agriculture pourrait aussi constituer le critère principal: les provinces des Prairies forment une région où le blé occupe un certain pourcentage des terres cultivées. Faites un saut à la figure 3B-1; vous verrez qu'un autre nom désigne cette région – intérieur continental. Chaque méthode entraîne une délimitation différente; les provinces des Prairies définies selon les provinces qui les composent sont différentes des provinces des Prairies définies en fonction de la production agricole ou de l'activité industrielle. C'est là un principe fondamental: le concept de régions est un mécanisme qui permet de faire des généralisations spatiales et qui repose sur le critère retenu pour le construire. Si vous étudiez la géographie politique, il sera logique de définir la région du Midwest à partir des frontières des États. Vous devrez cependant utiliser une autre définition si votre étude porte sur la distribution des terres agricoles.

Les critères qui définissent les régions

Pour définir une région, il faut tenir compte des cinq critères décrits ci-dessous.

- **La superficie** Il convient d'abord de déterminer des propriétés communes à toutes les régions. Pour commencer, toutes ont une superficie. Si évidente qu'elle puisse paraître, cette observation n'est pas anodine pour autant. Les régions ont beau être des construits intellectuels, elles ne sont pas des abstractions, car elles existent réellement et occupent une portion de l'espace terrestre.
- **Les frontières** On peut logiquement déduire que les régions ont des frontières. Il arrive que la nature trace des lignes de séparation nettes, par exemple le long d'une chaîne de montagnes ou en bordure d'une forêt. Plus souvent, les frontières régionales ne sont pas si claires et on doit les déterminer à partir de critères qu'on aura retenus à cette fin. Ainsi, pour définir les régions agrumicoles, on pourrait décider que les régions admissibles sont celles où plus de 50 % des terres cultivables sont consacrées à la culture d'agrumes.
- **La position** Toutes les régions ont une position. Il n'est pas rare que le nom d'une région contienne un déterminant de position, comme le bassin de l'Amazone ou l'Indochine (une région de l'Asie du Sud-Est située entre l'Inde et la Chine). Lorsqu'ils font référence à la **position absolue** d'un lieu ou d'une région, les géographes en donnent l'étendue latitudinale et longitudinale à l'aide des coordonnées de quadrillage de la Terre. Quant à la **position relative**, c'est-à-dire la localisation par rapport à d'autres régions, elle constitue une mesure plus utile. À nouveau, le nom de certaines régions révèle des aspects de leur position relative; pensons à l'Asie du Sud-Est continental ou à l'Afrique équatoriale.
- **L'homogénéité** De nombreuses régions se caractérisent par une certaine homogénéité, car elles partagent des similitudes. L'homogénéité peut faire référence aux attributs humains (culturels) d'une région, à ses caractéristiques physiques (naturelles) ou aux deux. La Sibérie, une vaste région du nord-est de la Russie, se distingue

par une faible population vivant dans des villages très dispersés et d'allure semblable, par un climat rigoureux, par des aires étendues de pergélisol (sous-sol gelé en permanence) et par une végétation adaptée au climat. Cette uniformité fait de la Sibérie une région naturelle et culturelle de la Russie s'étirant de l'Oural, à l'ouest, jusqu'à l'océan Pacifique, à l'est. Or les régions ne sont pas toutes visiblement uniformes. Par exemple, une région peut être délimitée par un critère linguistique si 90 % des gens y parlent une même langue. Le paysage ne traduit rien de cette caractéristique, mais la région existe néanmoins et on peut utiliser ce critère pour en tracer les frontières avec précision. Selon ce critère, il s'agit aussi d'une région.

- **Les régions en tant que réseaux** D'autres régions sont marquées par leur intégration fonctionnelle – c'est-à-dire par leur fonctionnement – plutôt que par leur uniformité. Elles sont alors définies en tant que **réseaux** et sont déterminées par l'étendue des activités qui s'y déroulent.

  Prenons le cas d'une grande ville et de ses banlieues, de la campagne environnante, des villes satellites et des fermes. La grande ville approvisionne sa couronne en biens et services et s'y procure les denrées agricoles et autres produits dont elle a besoin. La grande ville est le cœur, le noyau de cette région, et la zone environnante d'interactions est ce que nous appelons la **périphérie**. Cependant, l'influence de la grande ville s'estompe dans la frange extérieure de la périphérie, là où se trouve la limite de la région fonctionnelle dont la grande ville est le centre d'intérêt. Par conséquent, une **région fonctionnelle** est habituellement formée d'un réseau d'interactions structuré et urbanisé. Elle comprend un noyau et une périphérie.

Des régions en interrelation

Aujourd'hui, toutes les régions humaines sont plus ou moins liées les unes aux autres. Comme nous le verrons, la mondialisation entraîne une intégration continue et crée des liens entre les quatre coins du monde. Le commerce, l'immigration, l'éducation, la télévision, Internet et d'autres formes d'interactions brouillent parfois les identités régionales. La mondialisation a tendance à produire un effet similaire, bien que paradoxal : à certains égards, les régions et les lieux deviennent plus semblables, plus homogènes (pensons à certains modèles de consommation), alors qu'à d'autres, les contrastes s'accentuent (lorsqu'on assiste à une réaffirmation des identités ethniques ou religieuses, notamment).

LES RÉGIONS PHYSIOGRAPHIQUES

Les terres émergées de la planète présentent différentes **régions physiographiques** allant des chaînes de montagnes accidentées aux plaines littorales nivelées (voir la figure I-1). On associe volontiers certains continents à une caractéristique physique dominante ; pensons aux Rocheuses de l'Amérique du Nord, aux Andes et au bassin de l'Amazone de l'Amérique du Sud, aux Alpes, aux bassins du Rhin et du Danube de l'Europe, à l'Himalaya et aux nombreux bassins fluviaux de l'Asie, ou au bassin du Congo de l'Afrique. L'influence des caractéristiques physiques sur l'activité et les déplacements humains ne date pas d'hier. Les chaînes de montagnes forment des barrières au mouvement, tout comme elles ont canalisé la diffusion de l'agriculture et des innovations techniques. De même, les grands déserts constituent des obstacles, à l'instar des fleuves, bien que ceux-ci favorisent les contacts et l'accessibilité entre les peuples. Les bassins fluviaux d'Asie attirent toujours les plus importantes concentrations de population de la planète. Ainsi, les sols fertiles et les réserves d'eau abondantes permettent encore aujourd'hui de nourrir les centaines de millions de personnes qui peuplent l'Asie du Sud et de l'Est.

En examinant chacun des ensembles géographiques, vous constaterez que les paysages physiques continuent de jouer un rôle prépondérant aujourd'hui. C'est l'une des raisons pour lesquelles l'étude de la géographie des régions du monde est si importante : elle enrichit la carte humaine d'une perspective environnementale et régionale.

La tectonique des plaques et les risques de catastrophes naturelles

En dépit de son âge vénérable, 4,6 milliards d'années, notre planète est loin d'être calme. Au moment même où vous lisez ces lignes, des secousses sismiques ébranlent la mince croûte terrestre, des volcans entrent en éruption et des tempêtes se déchaînent. Chaque décennie, des catastrophes naturelles ont emporté des centaines de milliers de vies humaines, et certaines de ces calamités ont même changé le cours de l'histoire. Les continents ne sont pas en reste ; ils se déplacent sensiblement, s'éloignant les uns des autres ou se rapprochant.

Il y a un siècle environ, un scientifique allemand, le géographe Alfred Wegener, a recouru à l'étude comparative des paléoclimats, de la géologie et de la cartographie pour expliquer sa théorie. En regardant la carte à la figure I-1, on observe l'apparente correspondance entre la forme des continents, comme autant de pièces d'un casse-tête, particulièrement ceux qui se trouvent dans l'Atlantique Sud. Il en conclut que les terres émergées visibles sur la carte étaient en fait les portions d'un supercontinent – qu'il a appelé la Pangée – ayant existé des centaines de millions d'années plus tôt. Pour une raison qu'on ignorait à l'époque, ce supercontinent s'est fragmenté et ses morceaux, les continents, ont dérivé. Son hypothèse de la **dérive des continents** a lancé des scientifiques d'autres disciplines à la recherche du mécanisme susceptible de l'expliquer ; il appert que la clé réside dans la croûte terrestre qui se trouve sous les océans. On sait aujourd'hui que les continents reposent sur des ensembles géologiques appelés **plaques tectoniques** (voir la figure I-11) et dont le mouvement est propulsé par des cellules de circulation géantes (courants de convexion) provenant de points chauds situés à l'intérieur du manteau. Inévitablement, les plaques tectoniques se heurtent les unes contre les autres, provoquant des séismes et des éruptions volcaniques qui modifient de façon spectaculaire la physiographie de la Terre. Les Andes, en Amérique du Sud, et l'Himalaya, dans le nord de l'Inde, notamment, sont le résultat de ce mouvement.

En comparant les figures I-11 et I-12, vous pourrez voir l'ombre des plaques tectoniques dans la distribution des risques qu'elles présentent pour la vie humaine.

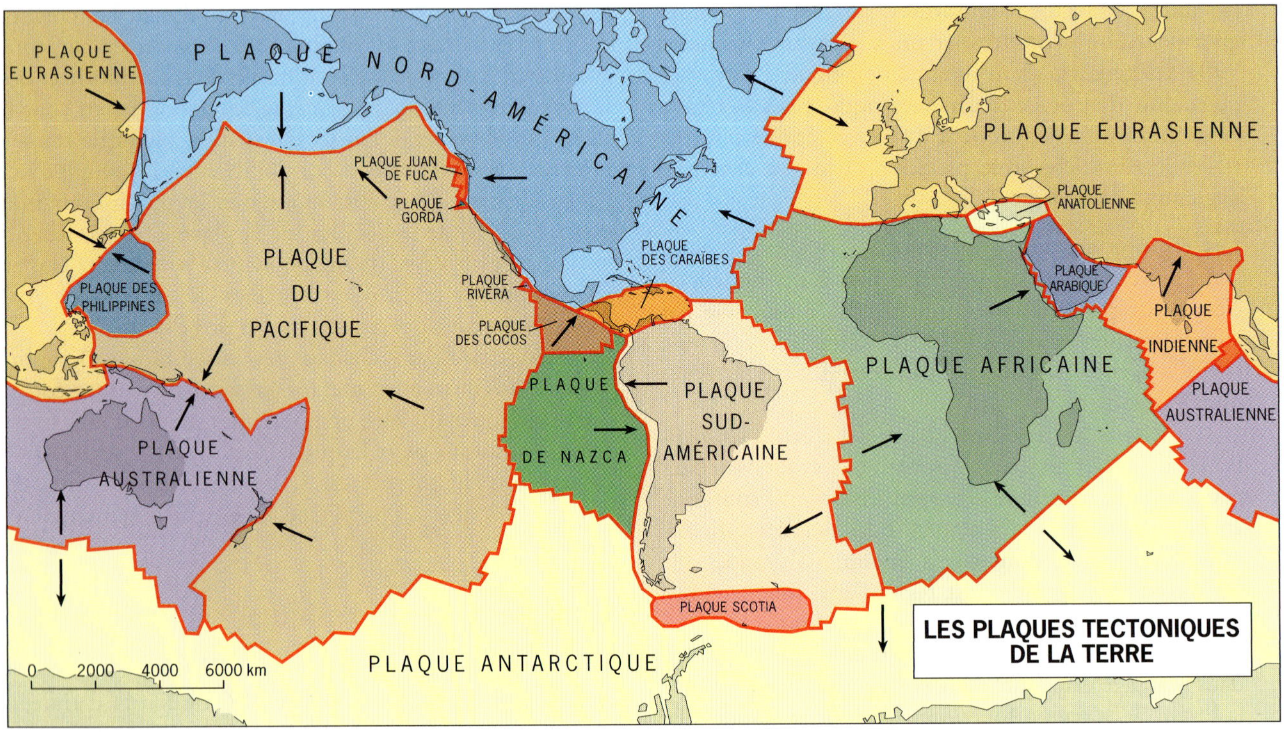

FIGURE I-11

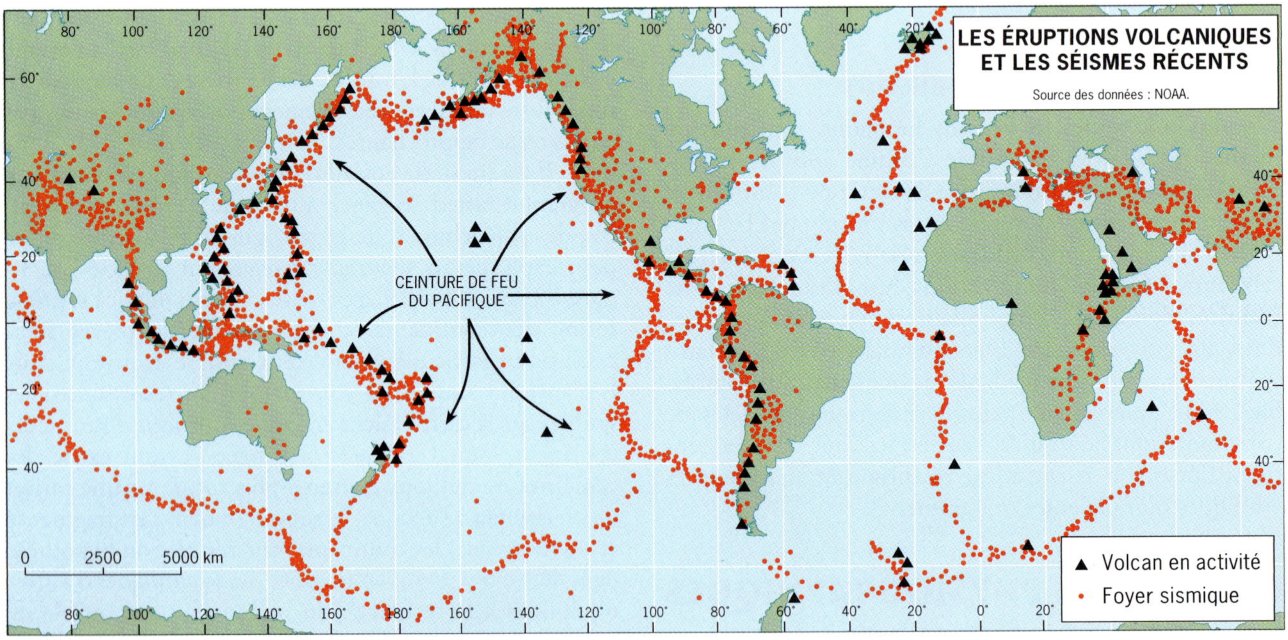

FIGURE I-12

Le séisme survenu près de Port-au-Prince, en Haïti, le 12 janvier 2010, avait une magnitude de 7,0 sur l'échelle de Richter. Bien que peu profond, son épicentre se trouvait dans une zone très densément peuplée. Le séisme a causé la mort de plus de 300 000 personnes, en a blessé à peu près autant et jeté à la rue 1,3 million d'habitants. L'océan Pacifique, pour sa part, est presque entièrement cerné de volcans actifs et de foyers sismiques. Ce n'est pas sans raison que cette zone porte le nom de **ceinture de feu du Pacifique**.

En comparant maintenant les figures I-12 et I-10, il est possible de discerner, parmi les ensembles géographiques de la planète, ceux qui sont les plus exposés aux risques associés à l'instabilité de la croûte terrestre. La Russie, l'Europe, l'Afrique et l'Australie sont relativement hors de danger; d'autres ensembles courent des risques beaucoup plus grands dans certaines de leurs régions (l'ouest plus que l'est des Amériques, notamment). Pour certaines parties du monde, les détails de la figure I-12 montrent qu'il existe une menace évidente et réelle. Ainsi, des métropoles parmi les plus grandes du monde (Tokyo et Mexico, entre autres) se trouvent dans des zones extrêmement vulnérables aux catastrophes comme celles survenues au Japon en mars 2011, lorsque des séismes et des tsunamis ont frappé la région située à quelque 200 kilomètres au nord de Tokyo.

Le climat et les changements climatiques

Le climat actuel constitue un facteur clé dans la géographie des ensembles et de leurs régions. En fait, certaines régions sont même définies essentiellement par le climat. Or ce dernier change; celui que connaissent certaines régions aujourd'hui n'est pas nécessairement le même qui y régnait il y a plusieurs milliers d'années. C'est pourquoi toute carte climatique, y compris celles présentées dans ce manuel, n'est qu'un instantané de notre monde changeant.

Les conditions climatiques fluctuent depuis aussi longtemps qu'existe l'atmosphère terrestre. De façon périodique, une **ère glaciaire** de quelques dizaines de millions d'années refroidit la planète et entraîne une transformation écologique radicale. L'une de ces ères s'est produite avant la fragmentation de la Pangée, il y a de 300 à 250 millions d'années. Une autre a commencé il y a environ 35 millions d'années, et nous n'en sommes toujours pas sortis. Cette ère glaciaire, la plus froide que la Terre ait connue en moyenne, est survenue au **Pléistocène** et dure depuis près de deux millions d'années.

En raison des préoccupations actuelles au sujet du réchauffement planétaire, ce fait peut sembler surprenant, mais on oublie alors qu'une ère glaciaire n'est pas une période de froid glacial ininterrompue. Elle est plutôt marquée par des pointes de froid propices au développement des glaciers et à la réduction de l'espace vital, et des périodes plus clémentes au cours desquelles les glaces cèdent du terrain et la vie s'étend à nouveau vers les pôles. Les périodes froides, appelées **glaciations**, ont tendance à durer plus longtemps, bien que des épisodes plus doux créent un soulagement temporaire. Les périodes vraiment chaudes, qui entraînent le retrait des glaces vers les pôles et la fonte des glaciers, sont des **interglaciaires**. Celui qui est en cours est appelé « Holocène ».

Imaginez la scène : il y a tout juste 18 000 ans, de vastes **inlandsis** (calottes glaciaires) arctiques ont recouvert le continent jusqu'à la vallée de l'Ohio en emprisonnant l'essentiel du Midwest sous les glaces. C'était le point culminant d'une glaciation qui a duré environ 100 000 ans, la glaciation du Wisconsin (voir la figure I-13). L'inlandsis antarctique, quant à lui, était (dans l'hémisphère sud) plus vaste que jamais, et même sous les tropiques, d'imposants glaciers recouvraient les plaines et les plateaux. Or, avec le réchauffement de l'Holocène, les glaciers et les inlandsis ont reculé et les zones écologiques coincées entre eux ont alors pu s'étendre vers le nord et le sud. En Europe particulièrement, où les humains étaient arrivés d'Afrique par l'Asie du Sud-Ouest durant l'un des épisodes plus doux de la glaciation du Wisconsin, l'espace vital s'est agrandi au profit d'une croissance démographique.

Le changement climatique mondial

La Terre traverse actuellement une période de **changement climatique mondial**, en particulier de réchauffement planétaire naturel que des causes anthropiques (d'origine humaine) ont accéléré. Depuis la révolution industrielle, les humains émettent des gaz qui ont accentué l'effet de serre naturel, par lequel les rayons du soleil restent emprisonnés dans l'atmosphère terrestre.

Ce phénomène a entraîné de nombreux changements climatiques et, particulièrement, le réchauffement planétaire. En 2007, le Groupe d'experts intergouvernemental sur l'évolution du climat (GIEC) diffusait une influente série de documents présentant la preuve scientifique irréfutable du changement climatique mondial et de ses conséquences possibles. Les experts prédisent une hausse générale de 2 à 3 °C des températures mondiales, assortie d'importantes variations régionales (par exemple, des températures plus élevées sous les hautes latitudes et plus faibles sous les basses latitudes). La configuration des précipitations est censée devenir plus variable, particulièrement dans les régions qui connaissent déjà une saison de pluie.

Aussi mineure qu'elle puisse sembler, cette augmentation de température devrait produire un impact considérable sur les régimes climatiques mondiaux, les zones agricoles et la qualité de vie des populations. Certains pays ont à leur tête des dirigeants plus sceptiques que d'autres qui ont déjà apporté des correctifs pour contrer les effets. Même si on ne mesure pas encore toutes les implications, les scientifiques modélisent des scénarios pour aider les sociétés à composer avec les changements à venir. L'une des plus importantes conséquences du changement climatique est la fonte des calottes glaciaires de la banquise glaciaire arctique qui

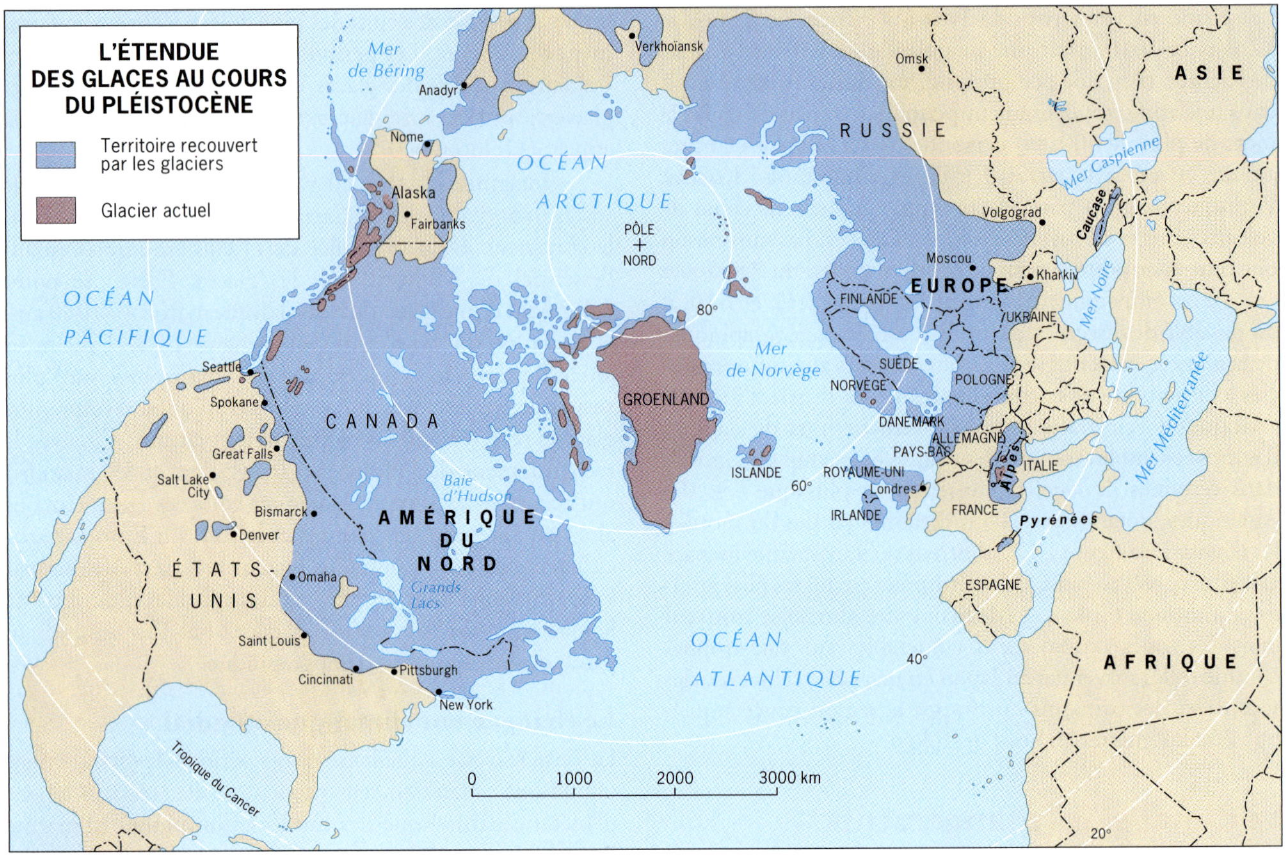

FIGURE I-13

devance les prédictions les plus récentes, non sans répercussions environnementales et géopolitiques importantes. Nous en discuterons dans les chapitres 2A et 12.

Les régions climatiques

Nous venons de voir à quel point le climat peut varier, mais ses fluctuations ne sont pas observables au cours d'une vie. On parle volontiers du temps qu'il fait (la condition atmosphérique immédiate) dans un lieu et à un moment donné, mais dans son acception technique, le **climat** définit le cumul des conditions météorologiques enregistrées dans un lieu ou une région durant toute la période pour laquelle on détient des statistiques.

À première vue, la figure I-14 peut sembler très complexe, mais il n'est nul besoin d'un examen attentif pour trouver cette carte utile. Conçue il y a longtemps par Wladimir Köppen, puis modifiée par Rudolf Geiger, elle transpose les régions climatiques au moyen d'une combinaison de couleurs et de symboles littéraux. Remarquez dans la légende que les A autour de l'équateur et sous les tropiques (rose, orange et pêche) désignent des climats équatoriaux et tropicaux. De part et d'autre de ces climats, les B (jaune pâle et jaune foncé) correspondent à des climats secs. Plus au nord et plus au sud, on trouve les climats C (gamme des verts) tempérés. Progressivement vers les pôles, les D (gamme des mauves) représentent des climats froids ; aux pôles, les E (bleu) indiquent des climats polaires et les H (gris) désignent les climats de montagne, comme l'Himalaya et la cordillère des Andes.

La figure I-14 mérite que nous y prêtions attention puisqu'elle permet de comparer les climats entre chacune des régions du monde. La température quotidienne représentée par le code de couleur est relativement standard parmi les régions. Par exemple, la température des zones cartographiées sous le code Cfa dans l'est des États-Unis se retrouve en Uruguay (Amérique du Sud), dans le Kwazulu-Natal (Afrique du Sud), en Nouvelle-Galles du Sud (Australie) et, entre autres, dans le Fujian (Chine).

LA RÉPARTITION DE LA POPULATION MONDIALE

Nous avons mentionné précédemment que les populations en soi ne définissent pas les ensembles géographiques ou les régions. En fait, la répartition d'une population et la société qui l'abrite sont des critères plus importants. C'est ce qui explique l'existence d'un ensemble géographique (l'ensemble australien) comptant moins de 30 millions de personnes tandis qu'un autre (l'Asie du Sud) rassemble plus de 1,6 milliard d'habitants. Une population et la taille d'un territoire ne peuvent délimiter à elles seules un ensemble géographique. Néanmoins, la carte de répartition de la population mondiale montre d'importants regroupements faisant partie d'ensembles précis (voir la figure I-15).

En examinant ces regroupements, il importe de garder à l'esprit que la population mondiale dépasse les 7 milliards et qu'elle se trouve confinée aux continents, lesquels représentent moins de 30 % de la surface du globe dont la plus grande partie est constituée de déserts, de terrains montagneux hostiles ou de toundra polaire. N'oubliez pas non plus que la figure I-15 est un instantané d'une scène qui change constamment, car la croissance de la population mondiale ne s'arrête jamais. Après des milliers d'années de croissance lente, la population mondiale a augmenté à un rythme de plus en plus rapide durant les XIXe et XXe siècles. Ce rythme a quelque peu ralenti et même implosé dans certaines régions du globe. Cela dit, il a fallu environ 17 siècles pour que la population franchisse le cap des 250 millions ; il suffit désormais de trois ans pour compter autant d'habitants de plus sur la planète.

La carte de **répartition de la population** (voir la figure I-15) donne un bon aperçu des foyers actuels de concentration humaine. Comme l'indique la légende, chaque point représente 100 000 habitants, si bien que l'agrégation d'un grand nombre de personnes dans certaines régions et leur quasi-absence dans d'autres sont bien visibles. Trois grands foyers de concentration se démarquent. C'est ainsi qu'en regroupant plusieurs pays très peuplés, on obtient des données différentes de la population par pays.

- Le foyer de l'**Asie du Sud**

  La population de l'Asie du Sud est massée en Inde et comprend ses populeux voisins que sont le Pakistan et le Bangladesh. Ce regroupement colossal se trouve principalement dans les vallées du Gange, de l'Indus et du Brahmapoutre (voir A, sur la figure I-15). L'Asie du Sud a dépassé en 2010 l'Asie de l'Est au titre de la zone la plus densément peuplée du monde avec 1,6 milliard d'habitants. Une majorité de gens, soit près de 70 %, y vit en milieu rural.

- Le foyer de l'**Asie de l'Est**

  Maintenant supplantée par l'Asie du Sud, la population de l'Asie de l'Est, la deuxième du monde avec 1,5 milliard d'habitants, se concentre en Chine et comprend la zone littorale asiatique du Pacifique, allant de la péninsule coréenne jusqu'au Vietnam. Il n'y a pas si longtemps, nous aurions décrit cette population comme étant principalement rurale, mais la croissance économique rapide et l'urbanisation qui y est associée ont changé la donne. Dans les bassins fluviaux intérieurs du Huang He (ou fleuve Jaune) et du Chang Jiang (voir B et C, sur la figure I-15), et dans le bassin du Sichuan (situé entre les deux), la plupart des habitants vivent toujours de l'agriculture ; comme le montre l'annexe A, les agriculteurs y demeurent plus nombreux que les citadins dans l'ensemble de la Chine. Cependant, les mégapoles qui poussent le long du littoral de ce pays attirent des millions de nouveaux résidents, tout comme les grandes villes situées à l'intérieur des terres. D'ici 2020, la population de l'Asie de l'Est sera majoritairement urbaine.

- Le foyer **européen**

  Troisième population en importance, l'Europe se trouve sur la masse continentale eurasienne, à l'extrémité opposée de la Chine. La population européenne, qui comprend la Russie occidentale, compte quelque 700 millions d'habitants, ce qui la place dans la même catégorie que les deux plus grandes concentrations d'Eurasie. Là s'arrêtent cependant les similitudes. L'orientation linéaire est-ouest de la population européenne (voir D, sur la figure I-15) n'est pas due à la présence d'un bassin fluvial, mais à une zone d'exploitation de matières premières qui a été utile à l'industrie émergente du XIXe siècle. L'Europe est l'un des ensembles les plus urbanisés. De plus, on y trouve des industries agroalimentaires et de haute technologie parmi les plus performantes de la planète.

Ces trois grands groupes humains constituent près de 4 des 7 milliards de personnes qui composent la population mondiale. Aucun autre groupe ne s'en approche. Celui qui occupe le quatrième rang, la partie est de l'Amérique du Nord, ne représente qu'environ le quart des plus faibles concentrations eurasiennes. Comme en Europe, la population de cette région est concentrée dans de grands complexes métropolitains ; les zones rurales sont maintenant peu peuplées. Les ensembles géographiques et les régions présentent donc divers degrés d'**urbanisation**. Au cours des dernières décennies, la population mondiale est devenue majoritairement urbaine. Comme nous allons le voir, certaines régions du monde connaissent actuellement un processus d'urbanisation très rapide.

LES ENSEMBLES GÉOGRAPHIQUES ET LES PAYSAGES CULTURELS

Imaginez-vous sur le Nil, dans une embarcation voguant vers le sud depuis Khartoum, capital du Soudan. Sous le ciel bleu du désert, la chaleur est torride. Sous vos yeux, les villages défilent tous pareils, composés d'habitations basses et carrées ou rectangulaires, certaines blanchies récemment, d'autres grises, toutes percées d'une porte en bois et de petites fenêtres. Le minaret d'une petite mosquée s'élève au-dessus des maisons, et vous apercevez une petite place publique. Ici et là, un palmier increvable se dresse dans une cour. Les gens sur la route sont vêtus d'une longue tunique blanche et coiffés d'un bonnet, blanc aussi, rappelant une casquette sans visière. Quelques chèvres somnolent à l'ombre. Bordant la rive, des champs cultivés ont conquis le désert, en arrière-plan. Sur la rive escarpée du fleuve, des canots attendent leur propriétaire.

LA RÉPARTITION MONDIALE DES CLIMATS
D'après Köppen-Geiger

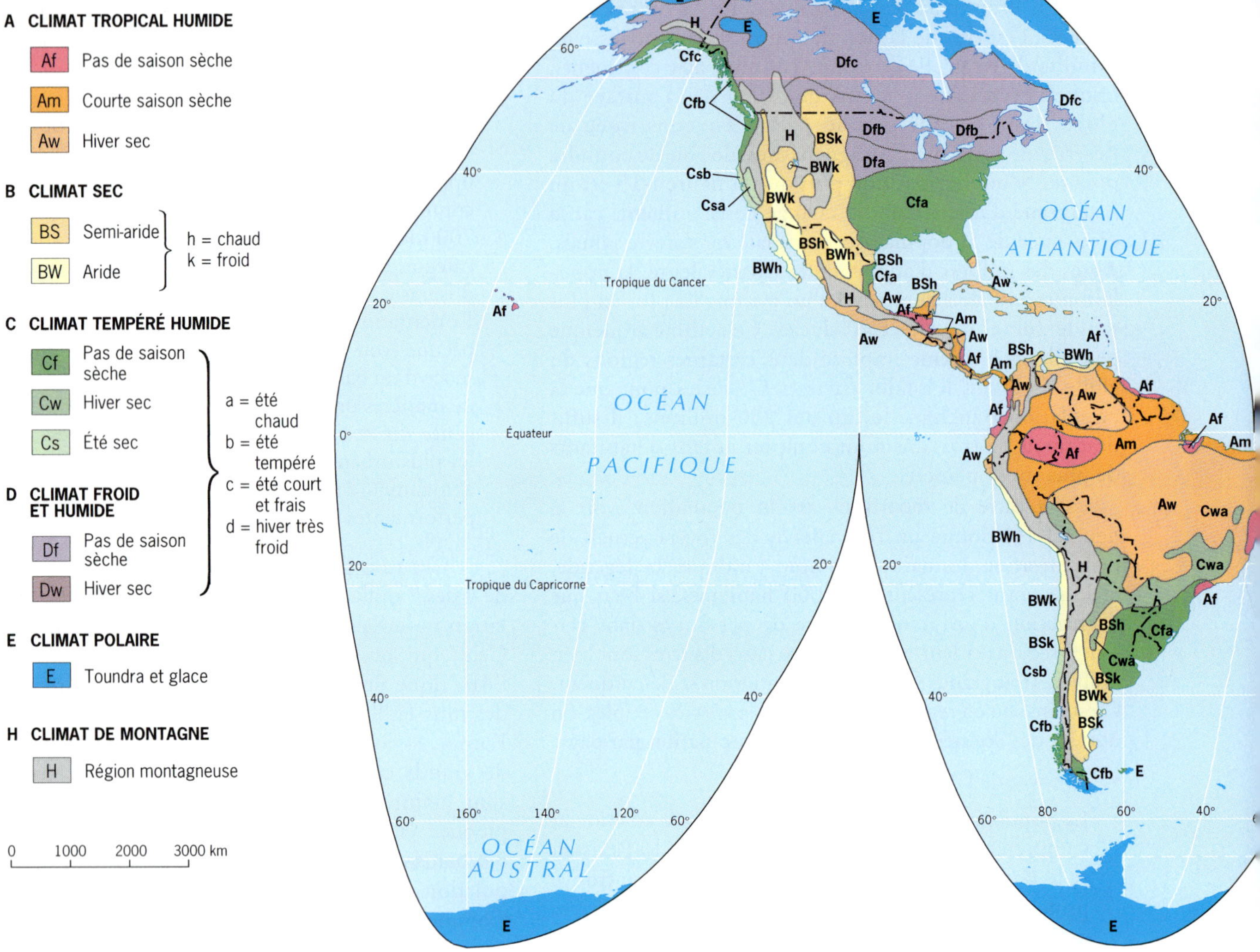

FIGURE I-14

C'est là une description partielle du mode de vie et du **paysage culturel** rural du Soudan. Le concept de « paysage culturel » nous vient de Carl Sauer, géographe à l'Université de Californie, qui l'a proposé dans les années 1920. Selon Sauer, un paysage culturel est façonné à partir d'un paysage naturel par un groupe culturel. Il affirme aussi que si la culture est l'agent, l'environnement naturel est le média. Cela signifie que les peuples créent, à l'aide de leur environnement physique et au moyen de leur culture, un paysage composé de formes – bâtiments, jardins, routes, etc. – et de modes, comme les vêtements, les arômes culinaires et la musique.

En poursuivant votre voyage sur le Nil, vous assisterez bientôt à une remarquable transition. Sans crier gare, les habitations carrées à toit plat du Soudan céderont la place à des huttes rondes en clayonnage et à toit de chaume conique du Soudan du Sud. Vous remarquerez peut-être quelques nuages dans le ciel : cette région reçoit plus de pluie, et les toits plats ne conviennent donc pas. La verdure a remplacé le désert. Naturelle ou cultivée, la végétation pousse entre les habitations et borde les sentiers étroits. Les villages semblent moins ordonnés et uniformes. Sur les rives, les gens sont vêtus de diverses façons : robes colorées pour les femmes, chemise et pantalon pour les hommes. En passant de l'Afrique musulmane à l'Afrique chrétienne et animiste, vous avez à la fois changé de paysage culturel et franchi la frontière séparant deux ensembles géographiques.

Aucun ensemble géographique, pas même l'ensemble australien, n'abrite qu'un seul paysage culturel. Celui-ci contribue cependant à définir les ensembles et les régions. Le paysage culturel des métropoles nord-américaines et de leurs banlieues tentaculaires se distingue de celui du Brésil ou de l'Amérique du Sud ; les rizières aménagées en terrasses dans l'Asie du Sud-Est ne ressemblent en rien à ce qu'on trouve dans les paysages culturels ruraux de l'Australie. Les variations observables entre les paysages culturels d'un ensemble géographique – par exemple le contraste entre

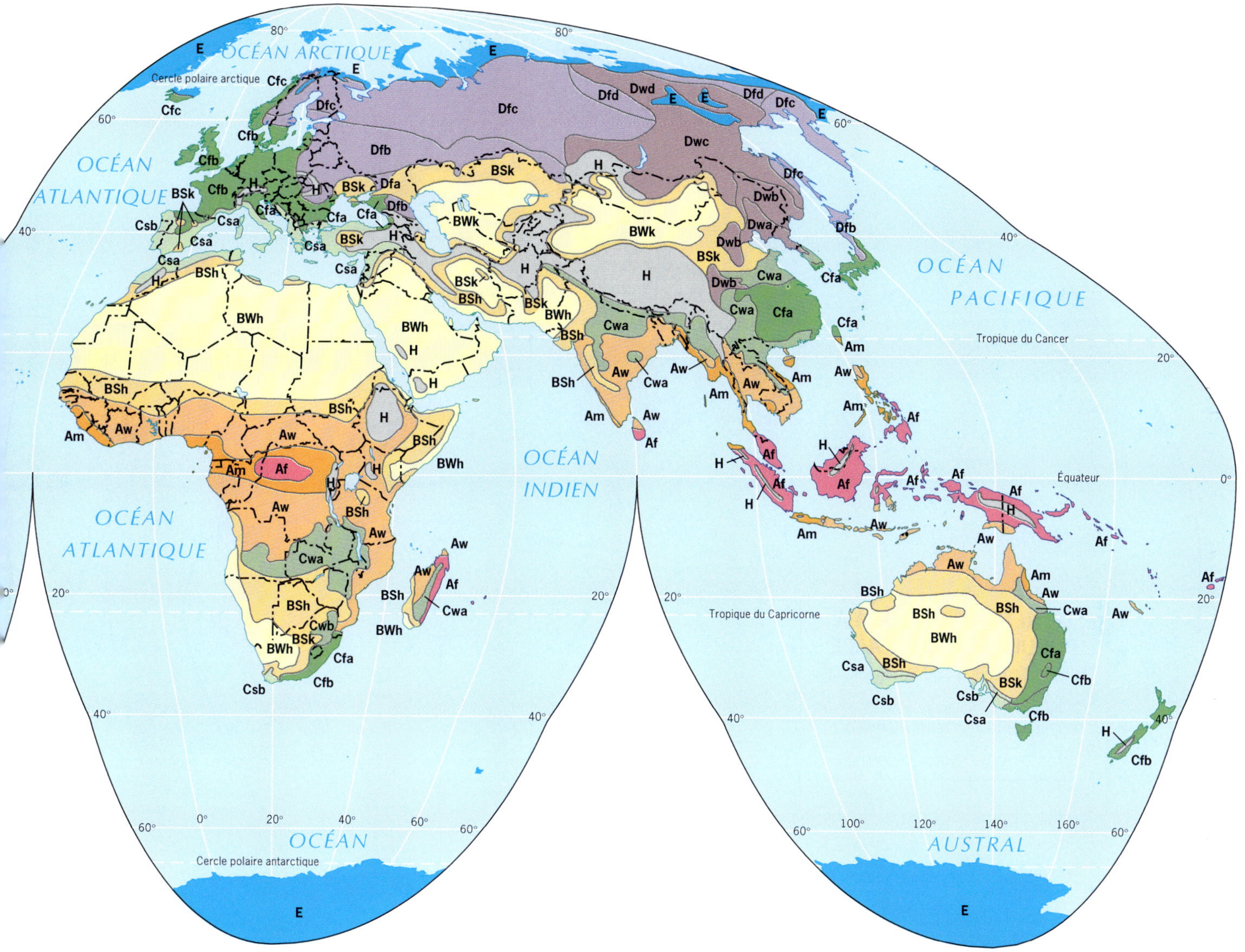

Le *hadj* est le pèlerinage annuel des musulmans vers La Mecque, ville sainte de l'Arabie saoudite. Désigné comme le cinquième pilier de l'islam, il consiste en l'obligation pour tout musulman physiquement apte à venir prier Allah à La Mecque au moins une fois dans sa vie. Ici, la Mosquée sacrée de La Mecque, photographiée le 17 novembre 2010, alors que plus de 2 millions de pèlerins se livrent à la dernière étape du rituel du plus important pèlerinage du monde.

les régions très urbanisées et celles surtout rurales (et plus traditionnelles) – nous aident à délimiter les régions du monde.

LES LANGUES ET LES RELIGIONS

La langue est l'essence d'une culture. Les gens sont rarement tièdes à propos de leur langue, particulièrement lorsqu'ils la jugent menacée. Aux États-Unis, aujourd'hui, des mouvements comme English Only et English First témoignent des craintes qu'éprouvent certaines personnes à l'égard de l'immigration qui compromettrait la primauté de l'anglais comme langue nationale. D'ailleurs, beaucoup d'États dans le monde ont mis en œuvre des politiques linguistiques qui encadrent l'utilisation de la langue sur

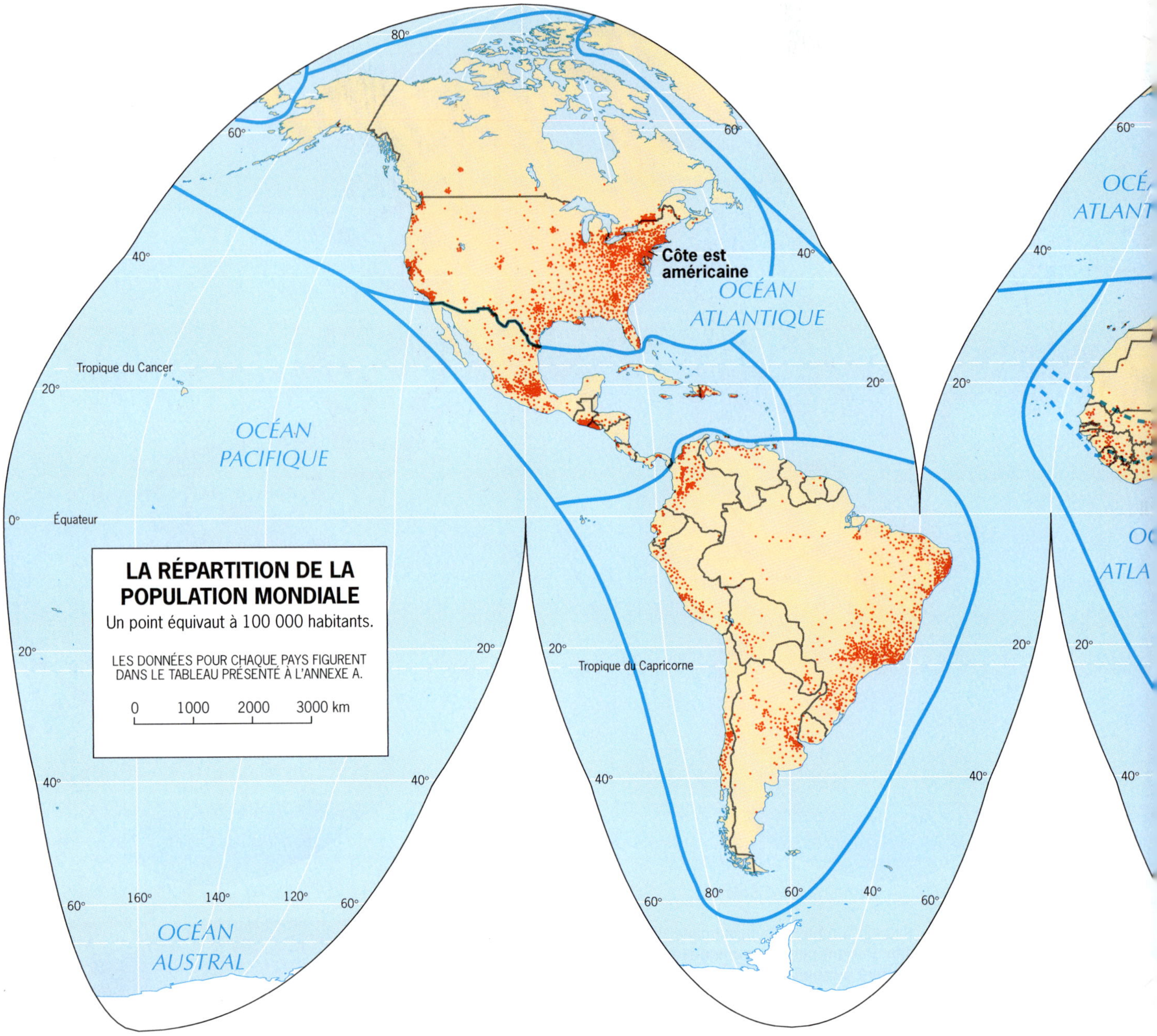

FIGURE I-15

leur territoire. C'est le cas du Québec avec la Charte de la langue française (loi 101).

Comme nous le verrons, certains gouvernements suscitent des réactions de violence lorsqu'ils tentent de réprimer l'usage de la langue (et donc de la culture) de leurs minorités par des politiques linguistiques d'assimilation qui visent, souvent de façon autoritaire, à renforcer l'unité nationale.

En fait, les langues naissent, se développent et meurent au fil du temps. Selon des linguistes, celles qui ne sont plus en usage se comptent par dizaines de milliers, et d'autres connaîtront sous peu le même sort. Douze mois après que vous aurez lu ces lignes, 25 autres langues auront disparu sans laisser de traces. En Amérique du Nord seulement, 115 langues autochtones se sont éteintes au cours des 50 dernières années.

On dénombre aujourd'hui dans le monde quelque 7000 langues. Certains linguistes prévoient qu'au cours du présent siècle, de 50 à 90 % des langues parlées actuellement disparaîtront, c'est-à-dire de 3000 à 4000 langues. L'Amazonie, la Sibérie, le nord de l'Australie et les Andes constituent des points chauds à cet égard. À un moment donné, la majorité de la population mondiale ne parlera plus que quelques centaines de langues ; et des millions de

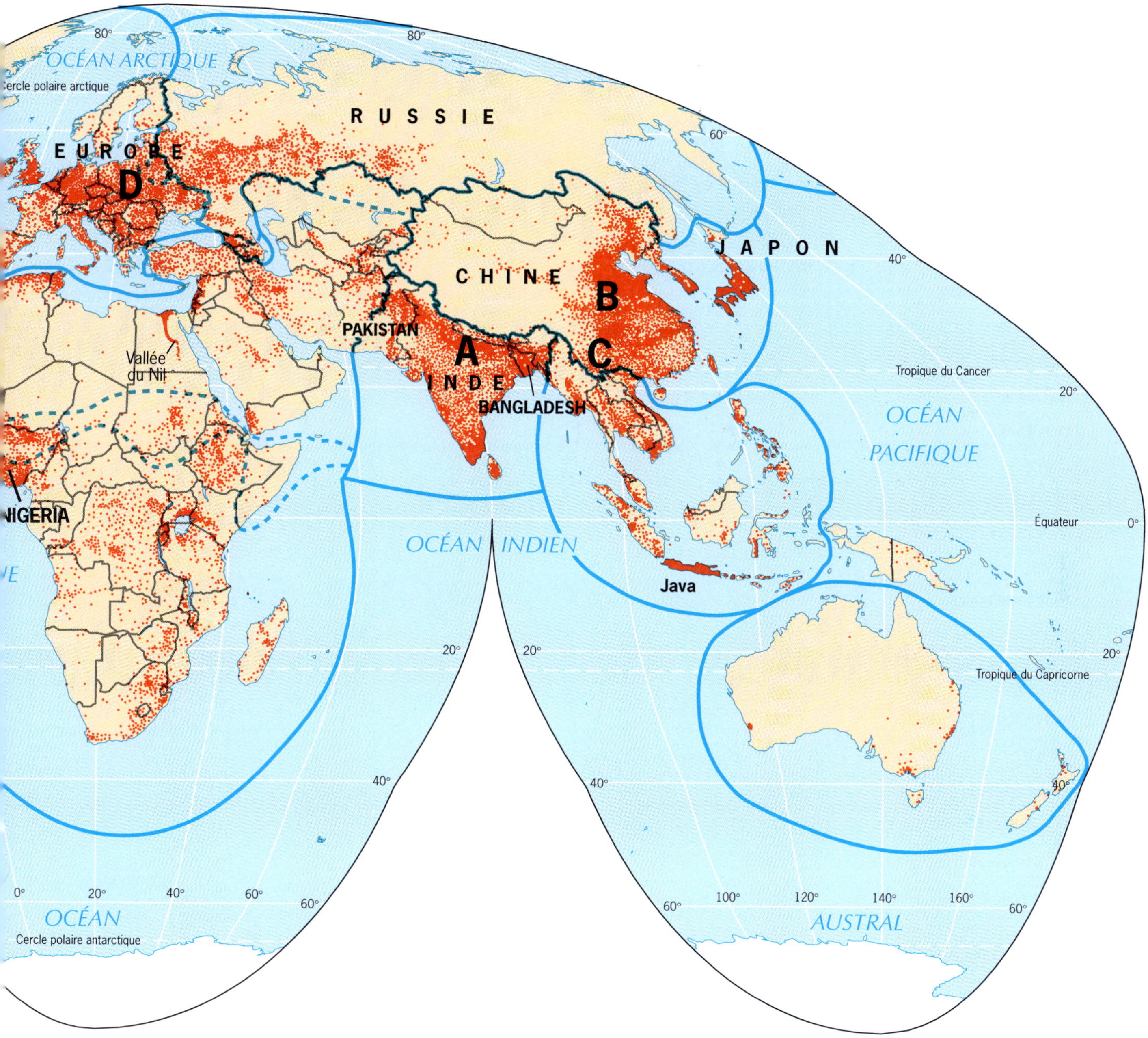

personnes ne s'exprimeront plus dans la langue de leurs ancêtres, ni même dans leur langue maternelle.

Des chercheurs s'emploient depuis de nombreuses années à comprendre les racines et les ramifications de l'arbre des langues. Les géographes qui tentent de cartographier les fruits de ces recherches ne cessent d'en modifier le tracé ; considérez la figure I-16 comme la version en cours d'un travail inachevé. Il existe au moins 15 familles linguistiques, comme on appelle ces groupes de langues qui partagent une même – et habituellement lointaine – origine. De l'indo-européen, la famille la plus répandue (en jaune sur la carte), découlent, entre autres, l'anglais, le français, l'espagnol, le russe, le persan et l'hindi. Ce groupe comprend les langues impériales que les colonisateurs européens ont diffusées aux quatre coins du monde, à commencer par l'anglais. De nos jours, en raison des échanges économiques et culturels intenses entre les nations, l'anglais est la langue nationale ou officielle dans beaucoup de pays, et elle demeure la langue véhiculaire (la langue seconde commune) dans les gouvernements, les commerces et les établissements d'enseignement supérieur de nombreuses sociétés multiculturelles.

Or, compte tenu de sa diffusion, l'anglais pourrait finir par connaître le même sort que le latin et se transformer

FIGURE I-16

en d'autres versions que vous entendrez (et apprendrez à utiliser) pendant vos voyages. Ces formes nouvelles de l'anglais pourraient, dans quelques générations, lui succéder, tout comme l'italien et l'espagnol se sont substitués au latin. À Hong Kong, la cohabitation du chinois et de l'anglais a produit le « chiglais » (ou *chinglish,* en anglais), que vous risquez d'entendre dès que vous monterez dans un taxi. À Lagos, au Nigeria, où la langue et la culture dominantes sont le yoruba, une nouvelle langue a fait son apparition, le « yorlais » (ou *yorlish* en anglais). L'évolution constante des langues est impossible à illustrer sur une carte.

À l'instar de la langue, la religion est un autre marqueur identitaire. Les religions ont souvent unifié leurs fidèles autour de systèmes de croyances et de pratique de rituels. La religion a joué un rôle crucial dans l'émergence des civilisations anciennes et façonné le cours de l'histoire. L'hindouisme, par exemple, est l'une des religions les plus anciennes et elle a eu une influence considérable sur tout un ensemble, l'Asie du Sud. Plus tard, le bouddhisme, le christianisme et l'islam sont devenus d'importants systèmes de croyances, non sans produire diverses variantes qui se sont répandues dans les ensembles et les régions. La figure I-17 montre la distribution actuelle des religions dans le monde. Bien souvent, une seule famille de religions domine dans les grands ensembles géographiques : le christianisme en Europe et dans les Amériques, l'islam en Afrique du Nord et en Asie du Sud-Ouest, l'hindouisme en Asie du Sud, le bouddhisme en Asie du Sud-Est.

LES ÉTATS DU MONDE

Jetez un coup d'œil à une carte récente du monde politique, comme celle qui est présentée à l'annexe B, à la fin

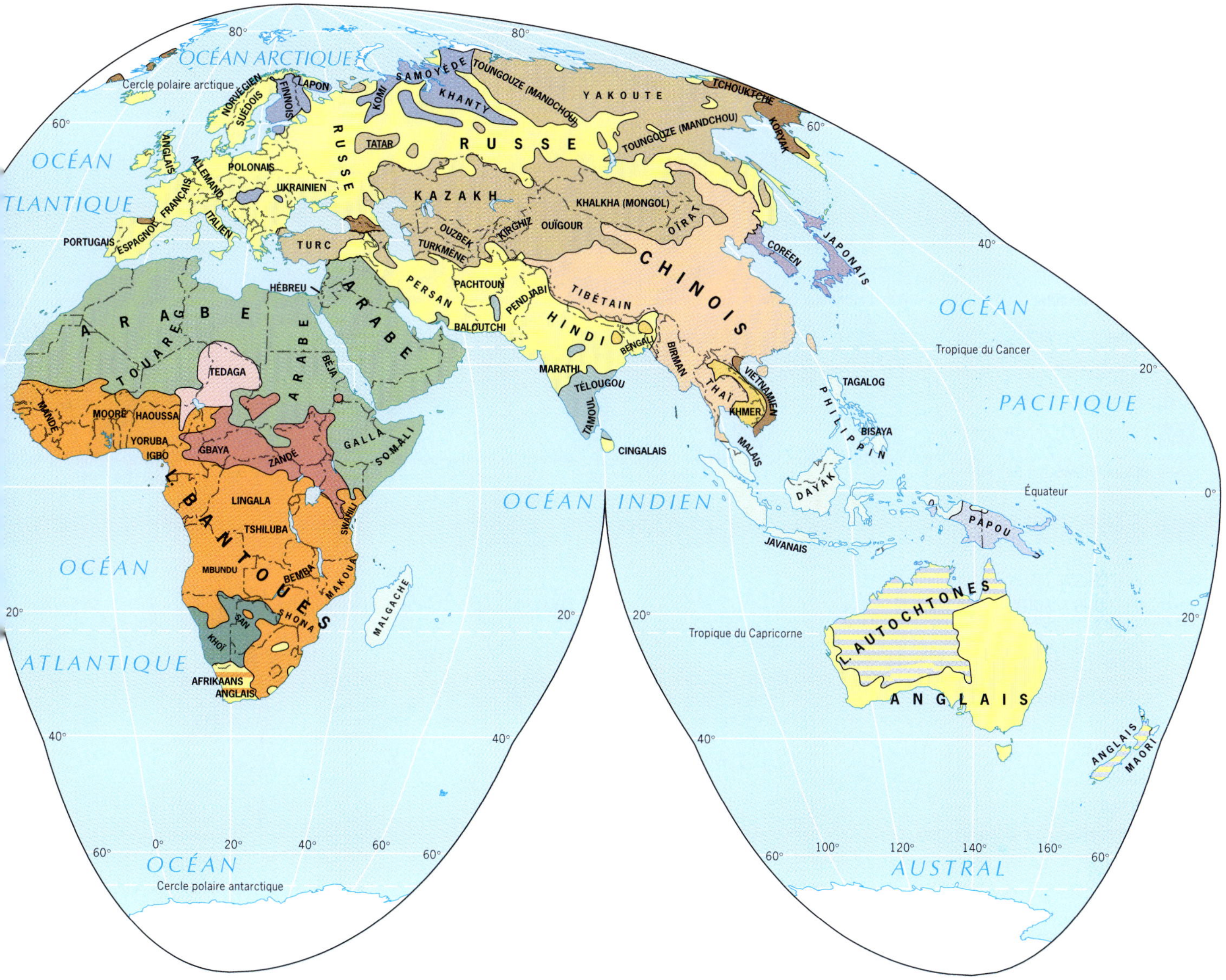

du manuel. On dirait un casse-tête de quelque 200 pièces. Comme nous l'avons signalé précédemment, nous désignons souvent les entités politiques représentées sur la mappemonde comme des pays, mais selon la terminologie de la géographie, il s'agit plutôt d'**États**.

L'exploration des États du monde n'est pas une tâche aussi difficile qu'il y paraît puisque vous en avez déjà une certaine connaissance. Sur le plan de l'étendue territoriale, la Russie est le plus vaste État qui soit. L'Australie, quant à elle, occupe un continent à elle seule. Le Brésil, pour sa part, couvre près de la moitié de l'Amérique du Sud. Les choses se compliquent à l'autre bout de l'échelle, où les petits pays semblent se disputer l'espace disponible. Cependant, la taille n'est pas un indicateur de l'importance d'un État. La Suisse et ses banques, Israël et sa capacité militaire pour assurer la sécurité de son territoire, tout comme le Koweït et son pétrole en sont autant de preuves.

L'État moderne

L'organisation politique et territoriale de notre monde en un système d'États repose sur la notion de souveraineté. Ce concept issu du droit international signifie que le gouvernement d'un État détient le pouvoir à l'intérieur de ses frontières. Les États reconnaissent généralement leur souveraineté respective, bien que celle-ci puisse faire l'objet de contentieux en période de conflit, armé ou non.

Dans le cadre de l'histoire de l'humanité qui s'échelonne sur des dizaines de milliers d'années, l'État moderne est une invention relativement récente, au même titre que le système international dont il est la pierre angulaire. L'État moderne est né des autres types d'organisation politico-territoriale qui ont existé depuis le début des civilisations complexes. Les spécialistes de l'Antiquité utilisent parfois les termes « régime » ou « proto-État » pour marquer

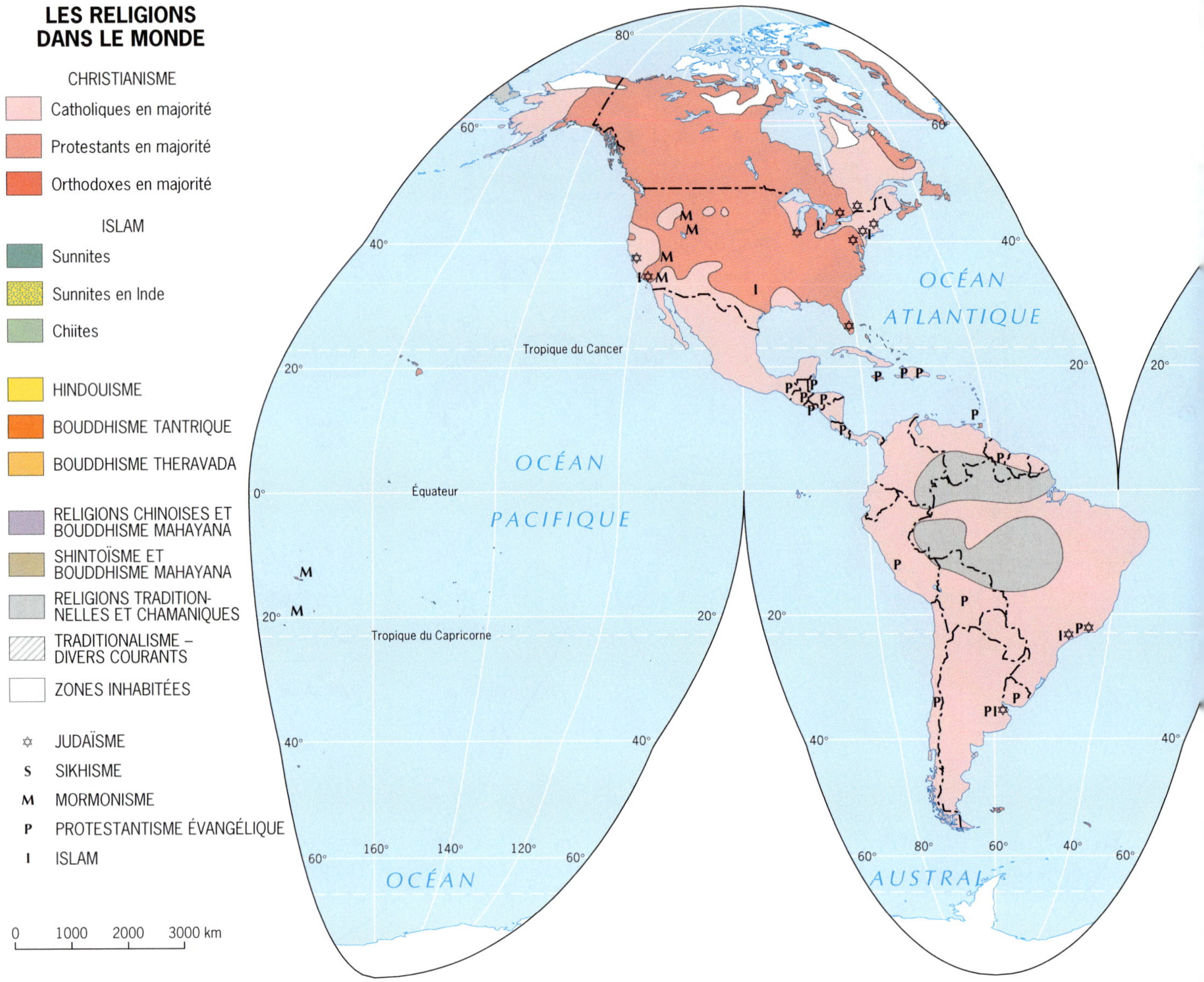

FIGURE I-17

la différence. La production de surplus agricoles a rendu possible la croissance de villes prospères et, avec elles, la mise en place d'une forme plus sophistiquée et centralisée de l'exercice du pouvoir et de l'organisation politique. C'est alors que se sont établis les premiers États.

Même si les États de l'Antiquité, tels que les cités-États grecques ou encore l'Empire romain, présentaient plusieurs caractéristiques des États modernes, il a fallu attendre le XVIIe siècle pour que des dirigeants et des gouvernements européens entreprennent la négociation de traités qui ont permis de définir l'État en droit international. C'est pourquoi on dit souvent que l'État moderne s'inspire du **modèle de l'État européen**. Le modèle qui met en avant les notions de nationalité et de souveraineté présumait qu'État et nation devaient idéalement aller de pair afin qu'un État-nation puisse désigner un peuple ethniquement et culturellement homogène vivant à l'intérieur des mêmes frontières. Ce n'était jamais vraiment le cas ; même la France, mère de tous les modèles, comptait des minorités. De nos jours, l'État idéal est décrit comme un territoire clairement défini par des lois et habité par un ensemble de citoyens dont le gouvernement représentatif siège dans la capitale. Comme nous le verrons dans les chapitres 1A et 1B, même en Europe, les gouvernements ne sont pas tous représentatifs. Malgré ce fait, le modèle de l'État européen a été adopté partout dans le monde, pour le meilleur et pour le pire.

L'État moderne est donc un phénomène historique, et des signes portent à croire qu'il ne durera peut-être pas éternellement. Le système étatique et son territoire national sont remis en question sur deux fronts. D'une part, à l'échelle régionale, des mouvements d'autonomie et d'indépendance politique (l'Écosse au Royaume-Uni, la Catalogne

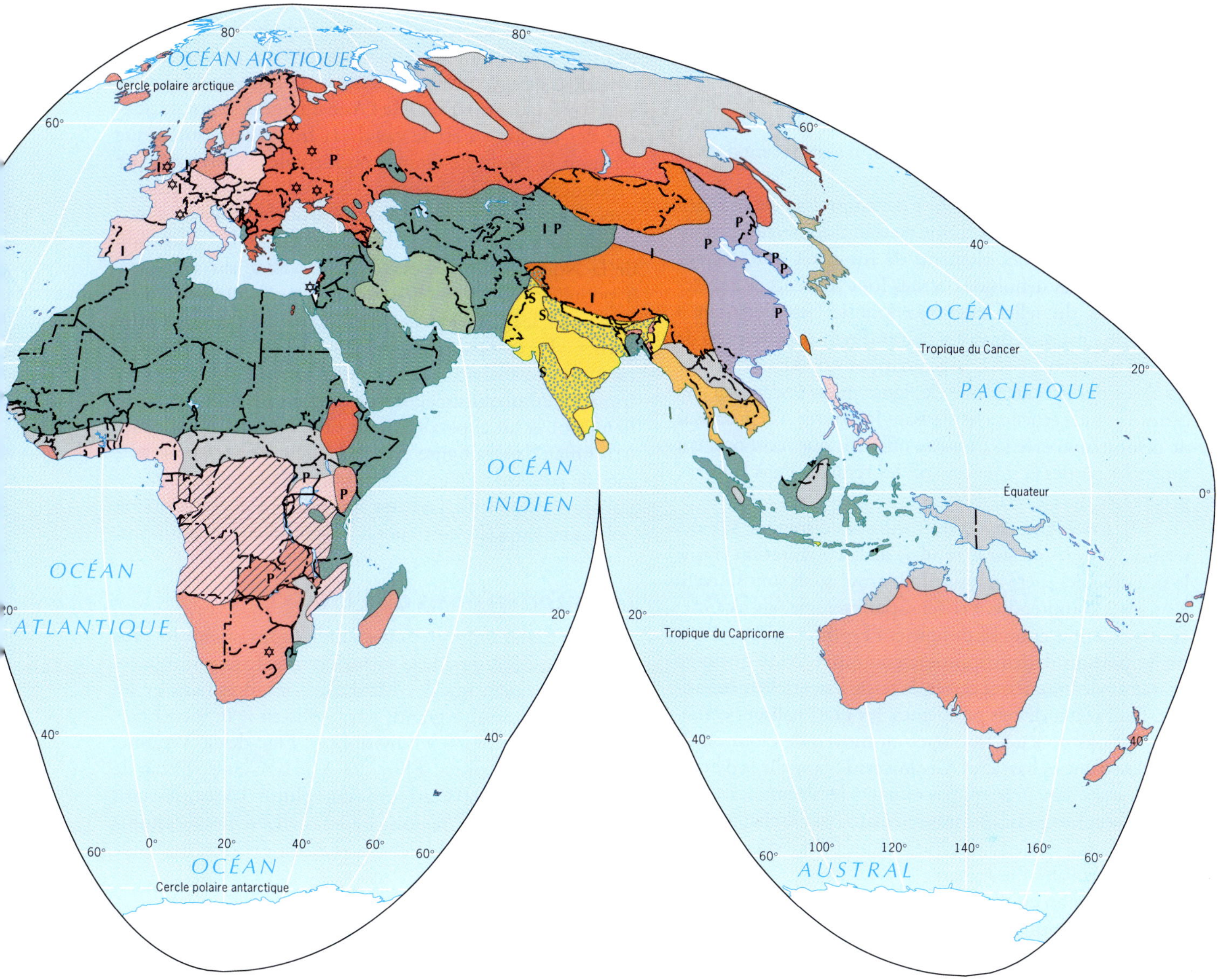

en Espagne et le Québec au Canada, par exemple) ébranlent la forme moderne de l'État. Les gouvernements doivent de plus en plus gérer une décentralisation des pouvoirs économiques et politiques vers les régions. D'autre part, la contestation provient également d'en haut, en l'occurrence d'organisations internationales de plus en plus puissantes, telles que l'Union européenne. Les États membres ont volontairement transféré une partie de leurs pouvoirs législatifs au Parlement européen.

La mondialisation des économies et leur interdépendance transforment aussi le rôle des États. Les organisations politiques, économiques et les entreprises transnationales leur imposent parfois des décisions qui limitent leur capacité à exercer leur souveraineté. C'est le cas de la Grèce qui, à l'automne 2011, s'est vue contrainte d'adopter des politiques économiques dictées par l'Union européenne.

Bien que de nombreux États gèrent ces difficultés par la décentralisation du pouvoir vers les gouvernements régionaux ou par le transfert d'une partie de leur autorité à des organismes internationaux, ils le font presque toujours moyennant la possibilité de conserver leur autorité ou de reprendre les rênes du pouvoir lorsqu'ils le souhaitent.

En dépit de tous les efforts déployés pour favoriser la coopération diplomatique (par l'Organisation des Nations Unies), économique (par l'Union européenne), stratégique (par l'Organisation du traité de l'Atlantique Nord) ou autres, il n'en demeure pas moins que l'État et son gouvernement – et non les régions ou les ensembles – détiennent toujours le pouvoir et l'autorité de prendre les décisions sur la scène internationale. En somme, notre monde continue d'être dominé par les États.

Les États et les frontières

On conceptualise généralement les frontières comme des lignes sur des cartes ou des clôtures plantées dans le sol. Cependant, la définition juridique d'une frontière va bien plus loin. En fait, les frontières sont des plans verticaux invisibles qui s'élèvent vers le ciel et qui s'enfoncent dans le sol, la roche ou l'eau.

Elles sont en quelque sorte des contrats entre les États. Ces contrats prennent la forme de traités contenant la définition de chacun des segments de frontières qui séparent deux États. Ces définitions écrites font référence à des éléments réels du relief que traversent les frontières, qu'il s'agisse de ruisseaux, de vastes points d'eau, de collines ou de chaînes de montagnes. Des géomaticiens traduisent ensuite ces descriptions sous forme de lignes qu'ils tracent sur des cartes à grande échelle schématisant le paysage. Ce processus de délimitation crée la frontière officielle que reconnaissent toutes les parties et dont on voit les résultats dans la forme généralisée des cartes d'un atlas.

Il arrive que des États voisins se disputent sur des termes du traité ou sur le résultat de la délimitation et que la situation dégénère en un conflit armé qu'ils sont souvent les seuls à comprendre. Pensons, par exemple, au récent et coûteux conflit entre l'Éthiopie et l'Érythrée autour d'une petite portion de leur frontière commune et de quelques centaines de kilomètres carrés de terres essentiellement arides. Pour éviter de tels problèmes, les États balisent certaines portions de leurs frontières au moyen de clôtures, de murs ou d'autres barrières. Ce processus s'appelle la démarcation, mais il ne prévient pas toujours les disputes. La barrière de sécurité qu'Israël a mise en place (voir le chapitre 7B) ne correspond en rien à une quelconque définition qu'aurait reconnue la Palestine voisine.

Lorsqu'on étudie les bases sur lesquelles les frontières sont établies, on comprend mieux pourquoi certaines d'entre elles ont tendance à provoquer plus de difficultés que d'autres. Plusieurs frontières suivent des éléments du paysage naturel (une chaîne de montagnes, un fleuve, etc.) et présentent des origines physiographiques. D'autres coïncident avec des ruptures ou des transitions historiques du paysage culturel et sont parfois appelées « frontières anthropogéographiques » ou, plus récemment, « frontières ethnoculturelles ». Comme le montrent toutes les cartes géopolitiques, de nombreuses frontières se résument à des lignes droites définies par les coordonnées de leurs limites, sans référence à des caractéristiques du paysage physique ou culturel. Ces frontières dites géométriques sont souvent source de problèmes lorsqu'elles traversent des territoires abritant des ressources naturelles convoitées.

L'Asie du Sud-Est comporte des exemples qui illustrent bien les difficultés que peut susciter ce type de tracé. Les puissances coloniales et les gouvernements qui leur ont succédé ont défini dans cet ensemble les frontières plus judicieusement qu'ils ne l'ont fait dans plusieurs autres parties du monde, notamment en Afrique, dans la péninsule arabique et au Turkestan. Les puissances coloniales qui ont rédigé les traités originaux ont tenté de tracer les frontières dans des régions éloignées ou peu peuplées, comme celle qui traverse l'intérieur de Bornéo. Malgré ce souci, plusieurs frontières de l'Asie du Sud-Est ont déclenché des conflits ; c'est le cas de la frontière géométrique séparant la Nouvelle-Guinée occidentale – gouvernée par l'Indonésie – de la Papouasie–Nouvelle-Guinée, qui occupe la partie est de l'île. Ce tracé artificiel suscite un sentiment sécessionniste grandissant auprès de la population de la Nouvelle-Guinée occidentale. Même sur une carte à petite échelle comme celles que nous utilisons dans le manuel, les frontières de cet ensemble sont faciles à catégoriser. Une comparaison des figures 10A-1 et 10A-3 montre que la Thaïlande et le Myanmar sont délimités par une frontière ethnoculturelle sur de longues portions, particulièrement là où apparaît le mot « Karens », la minorité du Myanmar, dans la figure 10A-3. La figure 10A-1 nous permet de constater qu'un long segment de la frontière séparant le Vietnam du Laos est de type physiographique et politique, et qu'elle correspond à la cordillère annamitique.

Les subdivisions de l'État

Tous les États comportent des subdivisions, même les plus petits sont découpés de la sorte. Comme le savent tous les Étasuniens ainsi que les Mexicains, les Brésiliens et les Australiens, certains grands pays utilisent le terme « État » pour désigner leurs subdivisions : l'État de la Virginie, l'État de Chihuahua, l'État de Minas Gerais, l'État de Victoria. D'autres États utilisent plutôt les expressions province (Canada), région (Italie), collectivité autonome (Espagne), district fédéral (Russie) ou division administrative (Myanmar).

L'État et la puissance territoriale

Les États varient non seulement selon leurs dimensions, leur population, leur position relative, leurs ressources intérieures, leur capacité de production et d'autres caractéristiques physiques et culturelles, mais aussi en fonction de leur influence sur la scène mondiale. Trois critères sont généralement retenus pour décrire la puissance d'un État.

L'étendue du territoire que couvre un État est souvent représentative de l'importance des ressources naturelles que son sol recèle. Potentiellement, plus le territoire est vaste, plus les possibilités d'abriter des milieux naturels et des ressources variées sont nombreuses. L'eau, l'énergie fossile, les mines et les forêts demeurent encore des ressources économiques importantes. Toutefois, un vaste territoire crée aussi des obligations de mise en valeur et de contrôle qui exigent des investissements considérables d'ordre politique, militaire, économique et administratif. En ce sens, l'étendue du territoire n'est pas automatiquement synonyme de grande puissance territoriale. Certains pays relativement petits exercent, malgré leur taille, une grande influence à l'échelle mondiale. C'est le cas du Royaume-Uni et du Japon, si on compare leur superficie à celle de l'Inde.

L'aptitude à se défendre, c'est-à-dire la force des armées, constitue un autre critère pour décrire la puissance d'un État. Il convient de prendre en compte non pas le nombre de soldats, mais plutôt la maîtrise des nouvelles technologies de guerre. Pensons aux États-Unis, puissance militaire encore inégalée, ou à Israël, tout petit pays qui, par sa force militaire moderne, est en mesure de tenir à distance les États qui l'entourent. La puissance des technologies militaires, c'est aussi celle du nucléaire ; plusieurs États développent actuellement des technologies reposant sur cette arme stratégique et dissuasive.

Un troisième critère de puissance réside dans le capital humain. Tout d'abord, le nombre. Une population nombreuse permet d'occuper le territoire, de créer potentiellement un marché intérieur pour l'économie et de mettre en valeur ce territoire, c'est-à-dire d'en aménager et d'en utiliser l'ensemble des ressources. En Chine, avant la politique de planification des naissances, les dirigeants disaient qu'un enfant de plus, c'était une bouche de plus à nourrir, mais c'était aussi deux bras pour construire le pays ! Certes, mais une forte population s'accompagne d'obligations, car elle doit être nourrie, éduquée, soignée, logée et apte à occuper des emplois. Ensuite, le niveau de scolarisation est un facteur déterminant dans le capital humain et conditionne la capacité d'innovation culturelle et technologique d'un État. Ces capacités d'innovation entraînent, dans le monde actuel, des hausses des niveaux de production (en particulier dans les industries de haute technologie) et stimulent la performance économique. Enfin, l'efficacité du système de régulation sociale, soit la nature des relations dans une société, est un élément dont il faut tenir compte lorsqu'il est question de capital humain. Cette régulation assure la cohésion sociale et la légitimité de l'État sur son propre territoire. Nous verrons que là où règne le désordre social et politique, l'État n'est plus en mesure d'assumer ses principaux rôles tels que celui de veiller à la sécurité de sa population partout à l'intérieur de ses frontières.

LA GÉOGRAPHIE POLITIQUE

La structure frontalière mondiale ne cesse de subir des modifications. De nouvelles frontières sont parfois créées, comme celle qui délimite maintenant la Serbie du Kosovo depuis que celui-ci a déclaré son indépendance en 2008, ou celle qui divise le Soudan et le Soudan du Sud depuis 2011. À l'occasion, des frontières disparaissent, comme celle qui a séparé l'Allemagne de l'Est et l'Allemagne de l'Ouest jusqu'en 1990. Et bien sûr, la signification des frontières peut changer lorsque les pays en cause conviennent de nouvelles relations politiques ; l'Union européenne constitue à cet égard un cas patent. Néanmoins, le système dans son ensemble demeure le même.

Le chapitre 12 aborde cependant un développement récent sur le plan frontalier, soit l'extension des frontières vers les océans et les mers. Ce phénomène a remis en question les dernières frontières ouvertes de la planète et on en ignore encore les conséquences.

LA GÉOGRAPHIE DU DÉVELOPPEMENT

Comme nous le verrons, nul ne peut ignorer que les ensembles, les régions et les États ne jouissent pas tous du même degré de prospérité. Le domaine de la géographie économique s'intéresse aux aspects spatiaux des moyens de subsistance et du rapport qu'entretiennent les peuples avec la production, la distribution et la consommation de biens et de services. Comme pour tout le reste, ces tendances comprennent de nombreuses variations. Les États communiquent à l'Organisation des Nations Unies et à d'autres agences internationales la nature et la valeur de leurs importations et de leurs exportations, de leur production agricole et manufacturière ainsi que quantité d'autres données économiques. À partir de ces données, les spécialistes en géographie économique mesurent le bien-être comparatif des pays du monde. Le concept de développement sert à évaluer la croissance économique, sociale et institutionnelle des États.

Une mise en garde sur les statistiques

Quand on le définit à coup de données reflétant des totaux et des moyennes pour des populations entières, le concept de développement comporte des risques dont il faut être conscient dès le départ. Lorsqu'un État connaît une croissance générale de son économie, voire un boum économique par rapport à d'autres États, cela ne signifie pas que tous les citoyens voient leur sort s'améliorer et que tous les travailleurs enregistrent une hausse de leur revenu. Les moyennes n'ont pas leur pareille pour masquer les variations régionales et la stagnation locale. Dans les très grands États, comme l'Inde et la Chine, les données économiques régionales et même locales sont utiles parce qu'elles permettent de constater dans quelle mesure le pays partage son développement avec l'ensemble de ses régions. Elles révèlent aussi d'importantes disparités. Dans le cas de l'Inde, il faut savoir que l'État du Maharashtra (qui abrite Mumbai, deuxième ville en importance du pays) est nettement avantagé par rapport à tous les autres en ce qui a trait à la part de l'économie nationale qui lui revient. En Chine, les provinces du littoral du Pacifique devancent considérablement celles de l'intérieur. En Espagne, les membres de la communauté autonome de Catalogne (concentrés dans la province de Barcelone) se targuent d'avoir la meilleure productivité du pays. Ainsi, bien que les statistiques nationales puissent révéler certaines réalités, il faut garder à l'esprit qu'elles peuvent en masquer d'autres.

Le développement cartographié

On a vu émerger et disparaître divers systèmes de classification économico-géographique des États. Si d'autres encore seront créés, nous utiliserons ici le système qui s'avère le plus indiqué pour nos besoins, celui de la Banque mondiale, l'une des agences qui évaluent les conditions économiques des États. Ce système classe les pays selon quatre catégories définissant leur économie: le revenu élevé, le revenu intermédiaire – tranche supérieure, le revenu intermédiaire – tranche inférieure et le faible revenu. Lorsqu'elles sont cartographiées, ces catégories présentent des regroupements régionaux intéressants (voir la figure I-18). Comparez cette carte à la mappemonde de la figure I-10, et vous pourrez constater le rôle que joue la géographie économique dans la configuration des ensembles géographiques du monde. La figure I-18 révèle également les frontières régionales à l'intérieur des ensembles, par exemple entre le Brésil et ses voisins à l'ouest, entre l'Afrique du Sud et presque tout le reste de l'Afrique subsaharienne, et entre l'Europe de l'Ouest et l'Europe de l'Est.

Un développement inégal

Il est évident depuis très longtemps que les grandes réussites humaines se sont concentrées dans certaines régions tandis que d'autres ont été laissées pour compte. Les premières grandes cités et les premiers États du croissant fertile, les Empires inca et aztèque, la Rome antique et beaucoup de centres d'activité sont autant de récits de croissance et de chute, d'essor et de déclin passés. Durant leurs beaux jours, ces sièges de l'autorité, de l'innovation, de la production et de l'expansion constituaient les **zones centrales**, dont les gouvernements régnaient sur des kilomètres à la ronde. Ces zones centrales se sont enrichies et, dans bien des cas, ont connu de nombreuses années de gloire parce que leurs dirigeants ont habilement exploité les ressources à leur disposition, en contrôlant et en taxant les populations locales et en les contraignant à cultiver la terre et à extraire les richesses du sol. Ce faisant, ils ont produit une périphérie au service de la zone centrale, et cette relation à sens unique entre le centre et sa périphérie a créé de la richesse pour le premier et renforcé la soumission de la seconde.

Par conséquent, le développement inégal existe à l'échelle tant locale que mondiale. En effet, les régions les plus fonctionnelles sont essentiellement des réseaux émaillés de nœuds plus ou moins centraux et importants, ce qui se traduit souvent par différents niveaux de développement économique. À l'exception de quelques cas particuliers, tous les pays comportent des zones centrales. Ces zones se trouvent habituellement dans la capitale ou la métropole du pays: Paris (France), Tokyo (Japon), Buenos Aires (Argentine) et Bangkok (Thaïlande) ne sont que quelques exemples notables. Parfois, les vastes États abritent plus d'une zone centrale. Ainsi, l'Australie possède des zones centrales situées sur la côte est avec les agglomérations de Brisbane, Sydney et Melbourne et sur la côte ouest avec la région urbaine de Perth; cependant, toutes ces zones partagent la même périphérie.

Le monde contemporain présente toujours d'importants écarts sur les plans de la productivité et du bien-être. La zone centrale mondiale, dont le siège est l'Amérique du Nord, flanquée de l'Europe à l'ouest et du Japon et de l'Australie à l'est, constitue un assemblage des États les plus riches et des villes les plus prospères du globe, en plus d'être le foyer d'empires financiers et de grandes sociétés qui nourrissent la mondialisation économique. Cette zone abrite environ 15 % de la population mondiale, mais celle-ci empoche quelque 75 % des revenus annuels totaux. Cela dit, cette situation n'est pas immuable. En effet, l'une des conséquences géographiques les plus intrigantes de la mondialisation est le nombre grandissant de pays qui ont vu leur développement s'accélérer, même si cette croissance est souvent confinée à des régions métropolitaines précises alors que la plus grande pauvreté continue d'affliger le reste du pays. On trouve aujourd'hui des zones centrales et des périphéries à presque toutes les échelles. On pourrait dire qu'il existe une relation centre-périphérie, par exemple, entre l'Amérique du Nord et l'Amérique centrale, entre la région sud-est du Brésil et le reste du pays de même qu'entre les pays développés et les pays moins favorisés.

LA MONDIALISATION

Le **processus de mondialisation** continue de transformer notre monde. Il s'agit essentiellement d'un processus géographique par lequel les relations spatiales – économiques, culturelles, politiques – se font à l'échelle de la planète. Concrètement, cela signifie que ce qui se produit dans un endroit a des répercussions dans des lieux encore plus éloignés et le monde, par le fait même, devient un village planétaire. La mondialisation investit les foyers par la télévision: les nouvelles circulent plus vite que jamais, et les élus se tournent parfois vers les chaînes d'information continue pour connaître les derniers développements d'événements internationaux. Ce processus s'explique en partie par l'accélération des progrès en matière de télécommunication et de technologie des transports. La mondialisation n'est toutefois pas un phénomène complètement nouveau. Le milieu et la fin du XIXe siècle ont également été témoins de progrès importants dans l'intensification de l'interdépendance entre les États. De nouvelles technologies comme le bateau à vapeur, le chemin de fer et le télégraphe, associées aux premières voitures et aux avions, ont fait basculer les sociétés d'alors vers la mondialisation.

De nos jours, la télévision par satellite, le cellulaire et, bien sûr, Internet sont les technologies déterminantes de la mondialisation. Si le monde et ses régions deviennent de plus en plus interconnectés, la géographie et notre connaissance des ensembles géographiques s'avèrent encore plus importantes, puisque ce qui se produit ailleurs aura des conséquences chez vous, où que vous soyez.

Des défis planétaires, des intérêts communs

On observe les effets de la mondialisation dans toutes les sphères, qu'elle soit environnementale, économique ou culturelle. Parmi les enjeux environnementaux, le réchauffement planétaire est sans aucun doute le plus pressant aujourd'hui parce qu'il menace le monde entier. Manifestement, ce problème commande une démarche concertée, mais tous ne s'entendent pas sur les stratégies à adopter. Certains pays sont de grands pollueurs, d'autres détiennent plus de ressources et d'autres encore sont plus développés. Comment répartir le fardeau ? À la Conférence de Copenhague sur le changement climatique, tenue en 2009, quatre pays (l'Inde, la Chine, le Brésil et l'Afrique du Sud) ont menacé de se retirer des négociations pour protester contre les démarches des pays développés visant à imposer des réductions d'émissions que les quatre États jugeaient nuisibles à leur développement industriel. Pourquoi devraient-ils faire de tels sacrifices alors que les pays riches (qui sont essentiellement dans une phase postindustrielle) n'ont jamais eu à affronter ce type d'obstacles pendant leur essor économique ?

Les mouvements migratoires à l'échelle planétaire témoignent pour leur part des effets culturels de la mondialisation. La migration a longtemps été un phénomène marginal ou à sens unique, car la plupart des gens passaient leur vie au même endroit ou bien ils quittaient un milieu de vie pour un autre où ils s'installaient pour de bon. À l'ère de la mondialisation, la migration s'est accrue, en partie parce que les gens sont maintenant beaucoup mieux renseignés sur les possibilités qui s'offrent à eux en d'autres points du globe. En outre, il est désormais beaucoup plus facile de se déplacer, si bien que les individus n'ont plus à rompre complètement le lien avec leur mère patrie. Les migrants transnationaux sont très mobiles et contribuent largement à faire connaître leur culture partout dans le monde. Les Algériens parisiens, les Haïtiens montréalais, les Cubains de Miami, les Mexicains de Los Angeles, les Indiens de Singapour et les Indonésiens de Sydney constituent autant d'exemples de ce phénomène.

Il est cependant important de rappeler que si les inégalités caractérisent notre monde et que certaines régions s'en tirent nettement mieux que d'autres, la mobilité des personnes demeure souvent limitée. Les émigrants ont beau rêver des pays riches, ils y ont rarement accès. Des millions de travailleurs souhaitent quitter la périphérie, qui abrite les régions les plus pauvres du monde, dans l'espoir d'améliorer leur sort quelque part dans la zone centrale du globe. En voulant réaliser leur rêve, nombre d'entre eux périssent chaque année dans les eaux de la Méditerranée, des Antilles et de l'Atlantique. D'autres risquent leur vie en tentant de s'introduire clandestinement dans la zone centrale, qu'il s'agisse de franchir la barrière de sécurité entre le Mexique et les États-Unis, les murs dont s'est entouré Israël pour assurer sa sécurité ou les barbelés qui ceinturent les enclaves espagnoles situées sur les rives de l'Afrique du Nord.

L'avenir

Comme pour toutes les grandes transformations, on ignore quelles seront les conséquences générales de la mondialisation. Les détracteurs de ce phénomène soulignent que l'écart grandissant entre les riches et les pauvres en est une, et que cette polarisation de la richesse risque de déstabiliser le monde. Ses partisans, quant à eux, font valoir qu'à l'instar de la révolution industrielle, les avantages de la mondialisation prendront du temps à se propager, mais que ceux-ci finiront par profiter à tous. Le monde rapetisse effectivement. Or le village planétaire conserve ses différents quartiers et la mondialisation n'en a pas effacé les caractéristiques ; dans certains cas, elle a plutôt contribué à en souligner les contrastes. Dans les prochains chapitres, la géographie nous servira de véhicule pour explorer chacun de ces quartiers.

Au moment de préparer cette édition de *Régions du monde*, l'économie mondiale était en pleine récession et d'âpres disputes s'élevaient sur les avantages et les inconvénients de la mondialisation, du capitalisme à modèle étasunien, du socialisme à l'européenne et d'autres systèmes d'économie et de gouvernance. Alors que la crise s'enlisait, les dirigeants du G20 – c'est-à-dire les 20 économies les plus importantes et les plus influentes de la planète – se sont réunis à Cannes en novembre 2011 pour coordonner leurs actions. Pendant ce temps, des milliers de contestataires indignés se sont installés dans les parcs et près des centres d'affaires des grandes villes pour remettre en question le système économique et financier.

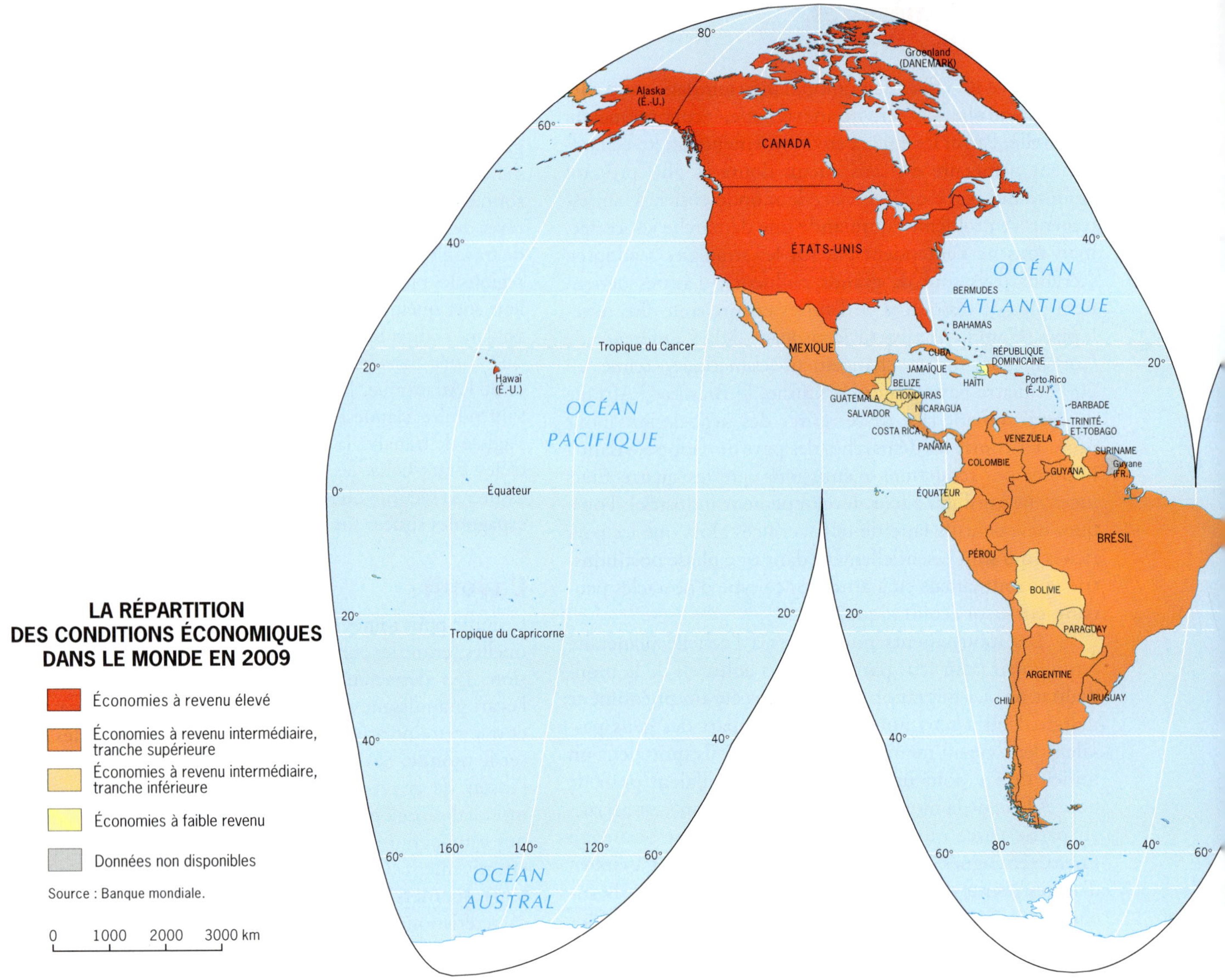

FIGURE I-18

LES ENSEMBLES GÉOGRAPHIQUES ET LES RÉGIONS

Nous avons présenté, dans ce chapitre, une carte des grands ensembles géographiques du monde (voir la figure I-10). Nous avons ensuite entrepris de diviser ces ensembles en régions, selon divers critères. La figure I-19 est le résultat de cette démarche.

Remarquez que cette carte ne présente pas seulement les ensembles géographiques du monde, mais aussi les régions qui les composent. Les numéros dans la légende indiquent l'ordre dans lequel ces ensembles sont examinés dans le manuel, l'Europe étant le premier (1) et les archipels du Pacifique, le dernier (12).

Avant d'approfondir notre étude du monde, voici un résumé des 12 ensembles géographiques et de leurs composantes régionales.

L'Europe (1)

Petite sur le plan territorial et encore aujourd'hui fragmentée en de nombreux États, l'Europe s'est unie sur les plans économique et politique. Historiquement, cet ensemble géographique a exercé son influence sur la planète entière et continue de le faire à plusieurs endroits dans le monde. En ce qui concerne la dynamique qui prévaut sur son territoire, l'ouest de l'Europe constitue le noyau principal et sa vaste périphérie couvre les régions sud, est et extrême nord.

La Russie (2)

Son vaste territoire et sa politique unique ont fait de la Russie la principale force de l'ex-Union soviétique jusqu'en 1991. Deux décennies après l'effondrement de l'URSS, cette puissance territoriale est en pleine recomposition. Sur

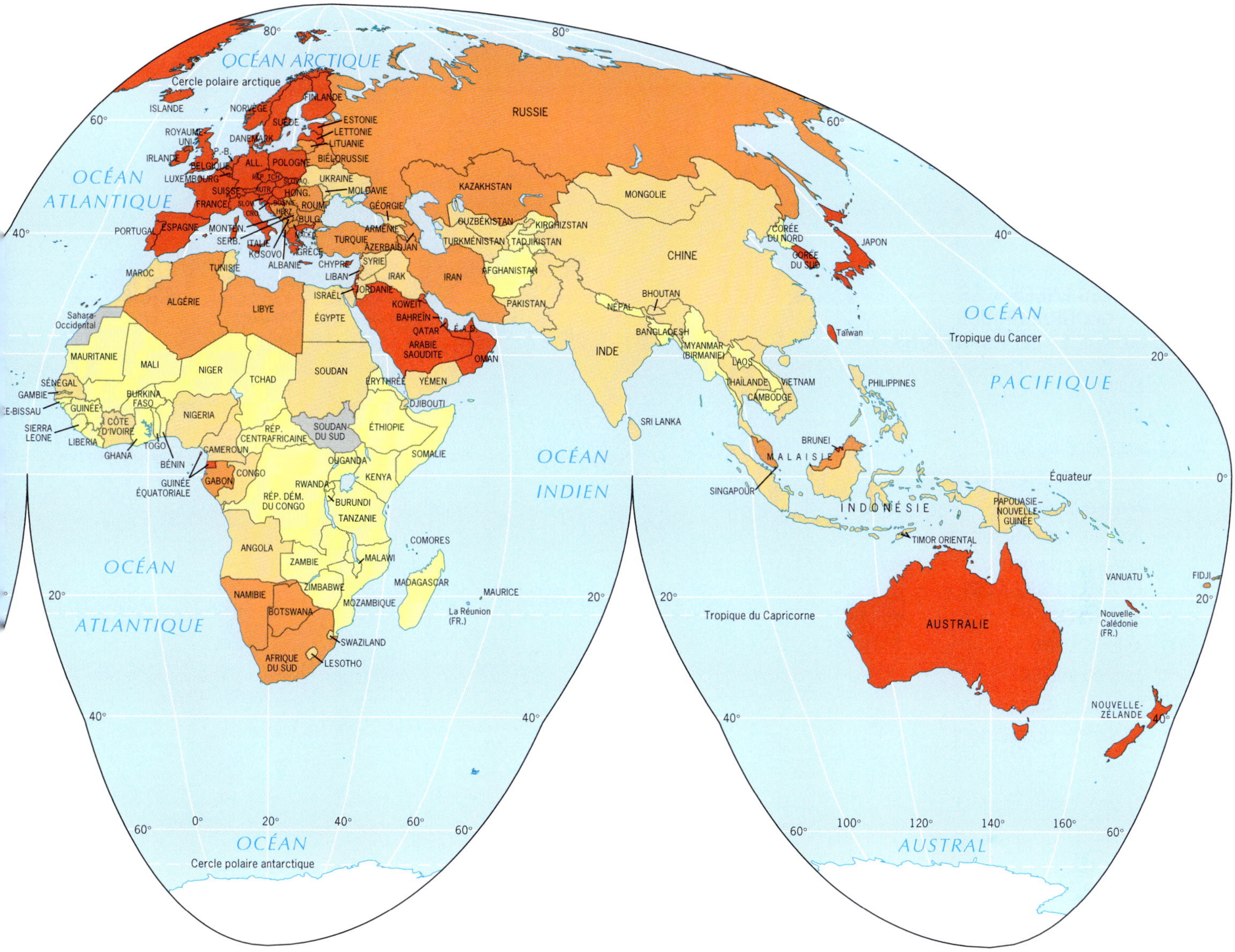

le plan géographique, le pouvoir économique et politique centré à Moscou laisse croire à une marginalisation de ses régions éloignées. Cet ensemble, qui est le plus vaste de la planète, est subdivisé en cinq régions : le noyau russe situé à l'ouest, le front pionnier du sud-est, la Sibérie, l'Extrême-Orient russe et la Transcaucasie.

L'Amérique du Nord (3)

L'Amérique du Nord fait partie des points centraux de la planète et se compose des États-Unis et du Canada. Cet ensemble compte neuf régions : le noyau nord-américain, la Nouvelle-Angleterre et les provinces atlantiques, le principal bassin francophone, le sud-est, le sud-ouest, la côte du Pacifique, la cordillère de l'ouest, la région de l'intérieur continental et le front pionnier nordique. Cinq de ces régions s'étendent de part et d'autre de la frontière canado-américaine.

L'ensemble centraméricain (4)

La démarcation entre l'Amérique du Nord et l'ensemble centraméricain est très nette en ce qui concerne la relation centre/périphérie. Sur le plan de la géographie culturelle, cet ensemble se distingue par son caractère euro-amérindien (influence espagnole et amérindienne) sur le continent et par son caractère euro-africain dans les îles (influence européenne et africaine). Ce petit ensemble fragmenté comporte trois régions, soit le Mexique – qui en est le géant territorial –, l'Amérique centrale formée de sept États ainsi que le bassin des Antilles qui comprend les Grandes Antilles et les Petites Antilles.

L'Amérique du Sud (5)

L'Amérique du Sud est à la fois un continent et un ensemble géographique où les influences ibériques (espagnoles et

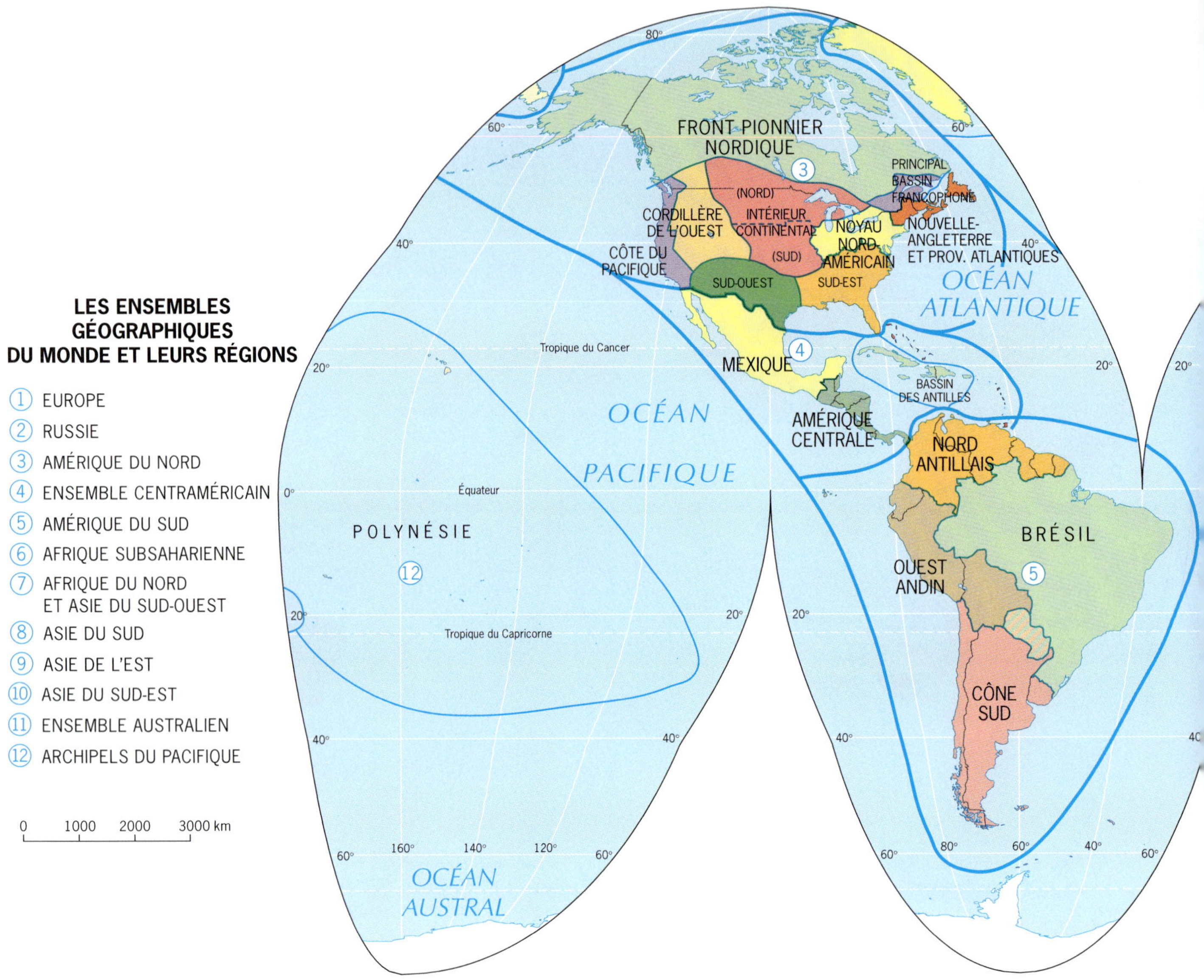

FIGURE I-19

portugaises) dominent la géographie culturelle, sans pour autant avoir effacé les traces amérindiennes. Quatre régions la composent : le Nord antillais, formé des pays donnant sur la mer des Antilles, l'Ouest andin et ses fortes influences amérindiennes, le Cône Sud et le Brésil, géant du continent.

L'Afrique subsaharienne (6)

Comme son nom l'indique, cet ensemble est situé au sud du Sahara. On trouve l'Afrique subsaharienne entre la zone de transition africaine, au nord, et le cap de Bonne-Espérance, à la pointe sud du continent. Berceau de l'humanité, cet ensemble présente des traits culturels très nombreux et variés ; de plus, des centaines de langues y sont encore en usage. C'est, parmi les ensembles, celui qui est le moins industrialisé et le moins urbanisé. La sécurité sanitaire et alimentaire y est toujours très précaire. L'ensemble géographique comprend six régions : l'Afrique australe, l'Afrique orientale, l'Afrique équatoriale, l'Afrique occidentale et la zone de transition africaine, sans oublier Madagascar, un État à part.

L'Afrique du Nord et l'Asie du Sud-Ouest (7)

À ce vaste ensemble géographique, on donne divers noms : monde de l'islam, monde arabe, monde de l'aridité. La religion – l'islam – y est le trait culturel dominant et elle se manifeste de façon marquée dans le paysage. Le milieu naturel est caractérisé par un climat aride. Cet ensemble regroupe six régions : l'Égypte et le bassin inférieur du Nil, le Maghreb et ses voisins à l'ouest, le Moyen-Orient, la péninsule arabique et, à l'est, les États impériaux et le Turkestan.

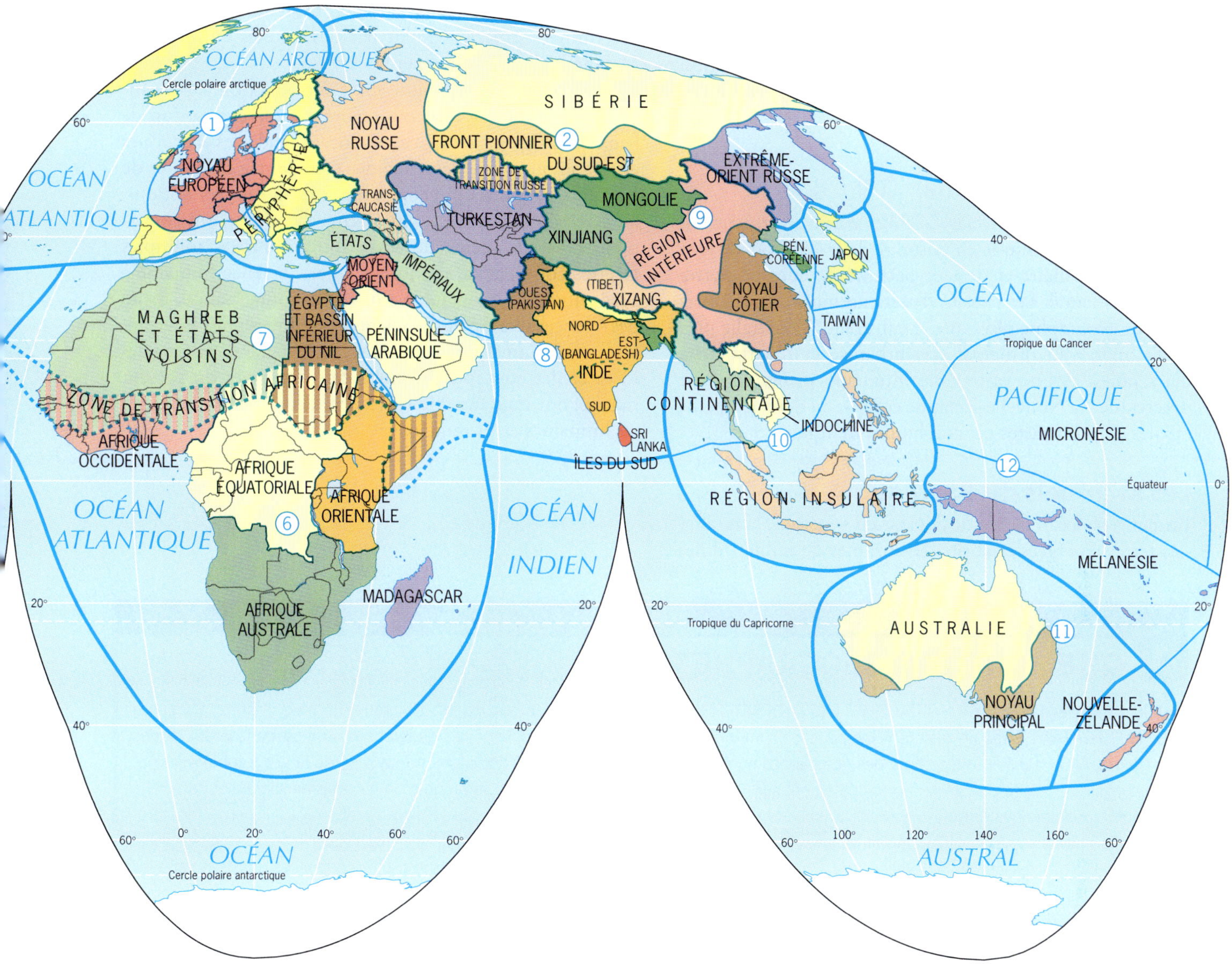

L'Asie du Sud ⑧

L'Asie du Sud est l'un des ensembles géographiques les plus clairement définis sur le plan physique par les chaînes de montagnes et les mers qui le bordent. Sa géographie culturelle n'en est pas moins complexe : l'islam et l'hindouisme sont des religions qui représentent le cœur culturel de plus de 1 milliard d'habitants vivant dans cet ensemble. Celui-ci se compose de cinq régions : l'Inde, le géant démographique et territorial au centre, l'ouest avec le Pakistan, l'est avec le Bangladesh, le Nord montagneux et les îles du Sud (le Sri Lanka et les Maldives).

L'Asie de l'Est ⑨

Ce vaste ensemble géographique s'étend des déserts de l'Asie centrale jusqu'au littoral tropical de la mer de Chine méridionale, et du Japon jusqu'à la frontière entre l'Himalaya et l'Inde. La Chine est au centre de la vaste sphère est-asiatique. Considérée comme l'atelier du monde, la Chine – de concert avec le Japon – domine une grande part de l'économie de la planète.

L'ensemble réunit sept régions, soit le littoral de la Chine, qui en est le noyau côtier, la région intérieure, la périphérie occidentale constituée du Tibet (Xizang) et du Xinjiang, la Mongolie, la péninsule coréenne, le Japon et Taiwan.

L'Asie du Sud-Est ⑩

Cet ensemble forme une mosaïque fascinante de paysages naturels, de cultures et d'économies. Influencée par l'Inde, la Chine, l'Europe et les États-Unis, l'Asie du Sud-Est abrite des dizaines de religions, des centaines de langues et des économies à l'image de la zone centrale et de la périphérie mondiales. Sur le plan physique, l'Asie du Sud-Est se compose d'une vaste péninsule continentale et d'un immense chapelet d'îles se comptant par milliers. Cette distinction facilite la division de l'ensemble en deux régions : continentale et insulaire.

L'ensemble australien (11)

L'Australie et la Nouvelle-Zélande voisine forment un ensemble géographique en raison de leur étendue, de leur isolement insulaire et de leur patrimoine culturel nettement occidental. Les régions de cet ensemble sont définies par leur géographie physique et culturelle : l'Australie présente un noyau principal très urbanisé et réparti entre deux pôles, et une vaste zone intérieure principalement désertique ; la Nouvelle-Zélande comprend deux îles principales aux contrastes géographiques marqués.

Les archipels du Pacifique (12)

Immense, l'océan Pacifique dépasse en superficie la totalité des terres émergées et abrite des dizaines de milliers d'îles de toutes tailles. Cet ensemble comprend trois régions, déterminées principalement par des critères culturels : la Mélanésie, la Micronésie et la Polynésie.

Comme en témoigne cette introduction, notre inventaire du monde n'est pas qu'une simple description de lieux et de régions. Nous avons abordé l'étude des ensembles géographiques et de leurs régions sous l'angle d'idées et de concepts propres à la géographie, c'est-à-dire les notions, les généralisations et les fondements théoriques qui constituent l'essence même de la discipline dont les multiples facettes couvrent de nombreux sujets. Science humaine à part entière, la géographie utilise des connaissances issues des sciences sociales et des sciences physiques pour interpréter l'action humaine sur les territoires. Un grand nombre des idées et des concepts présentés dans les pages du présent manuel ont trait aux différentes interactions entre les sociétés humaines et les milieux naturels.

QUE FONT LES GÉOGRAPHES ?

UNE PERSPECTIVE TERRITORIALE ET UN INTÉRÊT POUR LE FAIT HUMAIN : voilà les raisons principales de s'intéresser à la géographie. La discipline compte des géographes en géographie physique, qui se concentrent principalement sur l'étude de la géomorphologie (les formes du relief), la recherche sur le climat et la météorologie, la végétation et les sols, et la gestion de l'eau et d'autres ressources naturelles. Il y a aussi des géographes dont les travaux et l'enseignement portent sur les relations réciproques des milieux naturels et humains. Ces spécialistes étudient l'empreinte de la société sur les environnements naturels de notre planète et les influences de l'environnement (y compris les influences artificielles comme la pollution de l'eau ou de l'air) sur les personnes et les sociétés. Certains sont appelés à se pencher sur la gestion des risques liés aux catastrophes naturelles.

D'autres géographes sont des spécialistes des régions et travaillent souvent auprès des gouvernements, des agences de planification et des multinationales implantées dans une région du monde en particulier. Le groupe le plus important, cependant, est constitué de géographes qui se consacrent à des sujets ou à des domaines précis comme la géographie urbaine, la géographie économique et la géographie sociale et culturelle (voir la figure I-20). Leur travail vise souvent à cerner des problèmes socioterritoriaux, tels que la pauvreté, la violence ou le manque d'infrastructures récréatives dans les quartiers, et à les résoudre par la formulation de politiques et par la planification.

Et comme par le passé, de nombreux géographes allient leur fascination pour les questions territoriales à leur expertise en cartographie. Les phénomènes cartographiés restent au cœur des explications géographiques. Celles-ci permettent de synthétiser un phénomène en représentant son organisation sur un territoire donné.

La cartographie informatisée, les systèmes d'information géographique (SIG), la télédétection comptent parmi les spécialisations des quelque 10 000 géographes professionnels actifs en Amérique du Nord.

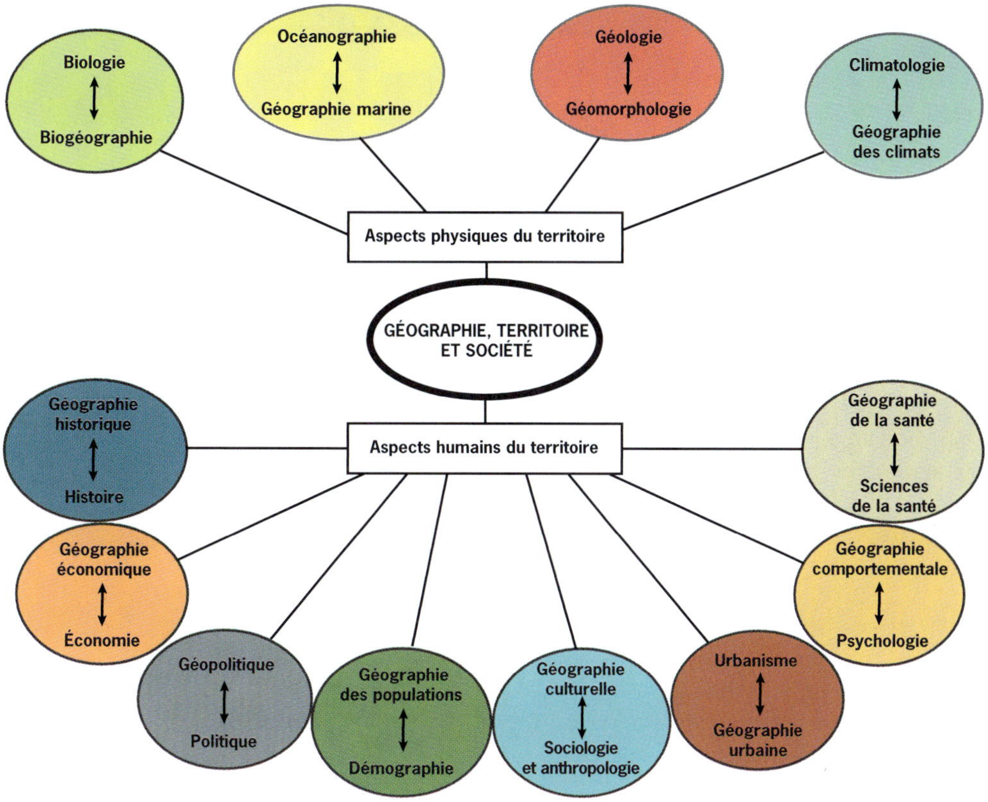

FIGURE I-20 Géographie, territoire et société : les interdépendances disciplinaires.

1A L'EUROPE

GROENLAND (KALAALLIT NUNAAT) (DANEMARK)
Jan Mayen (NORVÈGE)
Détroit du Danemark
Cercle polaire arctique
Reykjavik
Akureyri
ISLANDE
Vik
Mer de Norvège
Îles Féroé (DANEMARK)
OCÉAN ATLANTIQUE
Îles Shetland (R.-U.)
Îles Orcades
Hébrides extérieures
Hébrides intérieures
Inverness
Hautes-Terres d'Écosse
Glasgow
Édimbourg
Îles Britanniques
Londonderry
Belfast
Newcastle
Irlande
IRLANDE
Dublin
Limerick
Cork
Île de Man (R.-U.)
Mer d'Irlande
ROYAUME-UNI
Grande-Bretagne
Liverpool
Leeds
Manchester
MONTS CAMBRIENS
Birmingham
Canal Saint George
Cardiff
Bristol
LONDRES
Mer Celtique
Plymouth
Land's End
Île de Wight
Manche
Pas de Calais
Îles Anglo-Normandes (R.-U.)
Mer du Nord
Mer de Barents
Hammerfest
Mourmansk
PÉNINSULE DE KOLA
Mer Blanche
Golfe de Dvina
Golfe d'Onega
Arkhangelsk
Lac Onega
Narvik
Kiruna
Bodø
Rovaniemi
Kemi
Luleå
Oulu
NORVÈGE
SCANDINAVIE
SUÈDE
FINLANDE
Golfe de Botnie
Kuopio
Joensuu
Vaasa
Umeå
Östersund
Sundsvall
Trondheim
Petrozavodsk
Lac Ladoga
SAINT-PÉTERSBOURG
Tampere
Lahti
Turku
Helsinki
Åland (FINLANDE)
Golfe de Finlande
Gävle
Bergen
Oslo
Uppsala
Stockholm
Västerås
Skien
Stavanger
Lac Vänern
Lac Vättern
Norrköping
Tallinn
ESTONIE
Hiiumaa
Saaremaa
Tartu
Lac Peipous
Pskov
Novgorod
Réservoir de Rybinsk
Golfe de Riga
Riga
LETTONIE
Kristiansand
Skagerrak
Göteborg
Ålborg
Kattegat
Århus
Jönköping
Växjö
Visby
Gotland (SUÈDE)
Öland
Mer Baltique
Liepaja
Daugavpils
Vitebsk
LITUANIE
Kaunas
Klaipeda
Vilnius
Maguilev
MINSK
DANEMARK
COPENHAGUE
Odense
Malmö
Bornholm (DANEMARK)
Kaliningrad
RUSSIE
BIÉLORUSSIE
Gomel
Gdańsk
Archipel Frison
HAMBOURG
Brême
Szczecin
Bydgoszcz
VARSOVIE
Brest
Pripyat
Tchernobyl
Amsterdam
La Haye
Rotterdam
PAYS-BAS
PLAINE DU NORD
Hanovre
BERLIN
Poznań
POLOGNE
Łódz
KIEV
Anvers
BRUXELLES
Essen
Düsseldorf
Leipzig
Dresde
Wroclaw
Rivne
Lille
BELGIQUE
Cologne
Bonn
ALLEMAGNE
PRAGUE
Katowice
Cracovie
Lviv
Vinnytsia
UKRAINE
Le Havre
Rouen
LUXEMBOURG
Luxembourg
Francfort
RÉPUBLIQUE TCHÈQUE
CARPATES
Brest
PARIS
Nuremberg
Stuttgart
Brno
SLOVAQUIE
Košice
Tchernivtsi
MOLDAVIE
Chisinau
Strasbourg
Danube
VIENNE
Bratislava
BUDAPEST
Debrecen
Iasi
Nantes
Tours
FRANCE
MUNICH
Salzbourg
AUTRICHE
Zurich
Berne
SUISSE
LIECHT.
Graz
HONGRIE
Oradea
Cluj-Napoca
ROUMANIE
Brasov
Galati
Genève
ALPES
SLOVÉNIE
Ljubljana
Zagreb
Pécs
Timisoara
ALPES DE TRANSYLVANIE
Golfe de Gascogne
Limoges
Lyon
Mont Blanc (4807 m)
MILAN
Venise
Trieste
Rijeka
CROATIE
BELGRADE
BUCAREST
Craiova
Constanța
Bordeaux
MASSIF CENTRAL
Turin
Vérone
Gênes
Bologne
BOSNIE-HERZ.
Sarajevo
SERBIE
PÉNINSULE DES BALKANS
Varna
La Corogne
Gijón
MONTS CANTABRIQUES
Bilbao
Pic d'Aneto (3404 m)
Montpellier
Toulouse
Nice
Cannes
MONACO
Florence
SAINT-MARIN
APENNINS
Mer Adriatique
ALPES DINARIQUES
Split
KOSOVO
Niš
Pristina
SOFIA
BULGARIE
Vigo
PYRÉNÉES
ANDORRE
Andorra-la-Vieille
Marseille
Mer Ligurienne
Île d'Elbe
Bastia
MONTÉNÉGRO
Podgorica
Skopje
Plovdiv
Porto
Valladolid
Saragosse
Corse (FRANCE)
Tirana
ALBANIE
MACÉDOINE
Xanthi
PORTUGAL
PÉNINSULE IBÉRIQUE
MADRID
ESPAGNE
BARCELONE
ROME
Naples
Bari
Thessalonique
Olympe (2917 m)
Lisbonne
Tage
Valence
Majorque
Minorque
Palma de Majorque
Ibiza
Îles Baléares
Sassari
Olbia
Sardaigne (ITALIE)
ITALIE
Golfe de Tarente
Larissa
MONTS PINDE
GRÈCE
Mer Égée
Guadiana
Cordoue
Séville
Guadalquivir
SIERRA NEVADA
Murcie
Alicante
Carthagène
Mer Tyrrhénienne
Cagliari
Patras
Athènes
Cyclades
PÉLOPONNÈSE
Mer Ionienne
Cadix
Algésiras
Málaga
GIBRALTAR (R.-U.)
Ceuta (ESPAGNE)
Détroit de Gibraltar
Mer d'Alboran
Tanger
Tétouan
MAROC
Melilla (ESPAGNE)
Oran
ALGER
Bejaïa
Constantine
ALGÉRIE
Tunis
TUNISIE
Détroit de Sicile
Palerme
Messine
Sicile
Etna (3350 m)
Catane
Pantelleria (ITALIE)
MALTE
La Valette
Mer Méditerranée
Kalamata
Mer de Crète
Héraklion
Crète (GRÈCE)
Dodécanèse
Ouest de Greenwich
Est de Greenwich

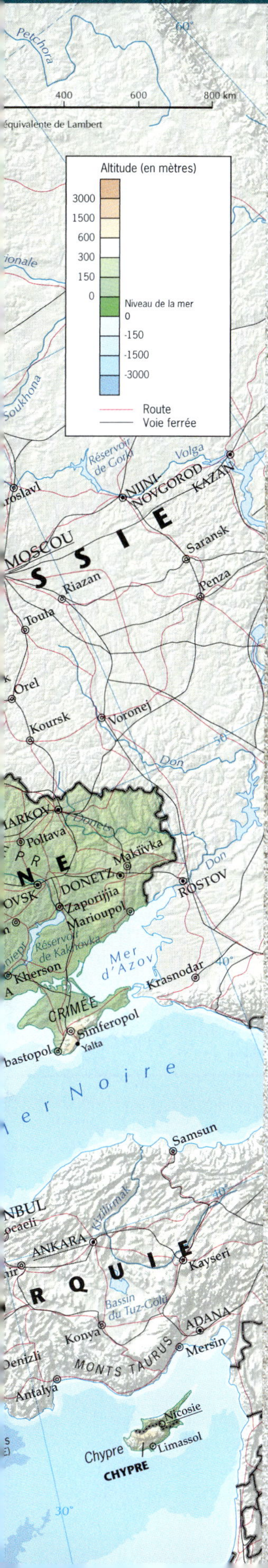

FIGURE 1A-1

UNE PUISSANCE AUX PIEDS D'ARGILE ?

SOMMAIRE

- LE PORTRAIT DE L'EUROPE
- LA GRÈCE ANTIQUE ET LA ROME IMPÉRIALE
- LE DÉCLIN DE L'EMPIRE ROMAIN ET LA RENAISSANCE
- LES RÉVOLUTIONS DE L'EUROPE EN VOIE DE MODERNISATION
- L'EUROPE CONTEMPORAINE : UN ENSEMBLE DYNAMIQUE
- UNE POPULATION CHANGEANTE
- L'UNIFICATION EUROPÉENNE
- LA DÉLIMITATION DE L'EUROPE : DES CHOIX DIFFICILES

CONCEPTS ET TERMES

Géomorphologie
Hémisphère continental
Cité-État
Spécialisation fonctionnelle régionale
Révolution industrielle
État-nation
Nation
Famille des langues indo-européennes
Langue véhiculaire
Complémentarité régionale
Transportabilité
Forces centrifuges
Forces centripètes
Supranationalité
Quatre Moteurs pour l'Europe

Au cours des cinq derniers siècles, l'Europe et les Européens ont influencé et transformé le reste de la planète plus que tout autre ensemble ou peuple l'a fait. En bien ou en mal, une grande partie du monde serait très différente aujourd'hui si l'Europe n'avait pas existé. Les empires de cet ensemble se sont étendus sur tout le globe et ont changé les sociétés, proches et éloignées. Le colonialisme européen a déclenché l'une des premières vagues de mondialisation. Des millions d'Européens ont quitté leur pays d'origine pour s'installer tantôt ailleurs dans le Vieux Monde, tantôt dans le Nouveau Monde. Ils ont transformé – et parfois presque effacé – l'existence des communautés traditionnelles et fondé de nouvelles sociétés, de l'Australie à l'Amérique du Nord. Les puissances coloniales européennes pour satisfaire leurs besoins économiques ont contraint des millions d'hommes et de femmes à abandonner leurs foyers ancestraux pour des terres lointaines : des Africains ont été déplacés dans les Amériques, des Indiens sont allés en Afrique ; des Chinois, en Asie du Sud ; des Malais, au Cap en Afrique du Sud ; et des Amérindiens de l'est se sont déplacés vers l'ouest. Dans les secteurs agricole, industriel et politique, et dans d'autres sphères aussi, l'Europe a été le théâtre de grandes révolutions qu'elle a ensuite exportées dans la quasi-totalité du globe, ce qui a contribué à consolider sa suprématie et à européaniser le monde.

Toutefois, durant la majeure partie de ces cinq cents ans d'hégémonie européenne, l'Europe a également été un foyer de conflits. Des litiges religieux, territoriaux et politiques ont entraîné des guerres violentes qui se sont même répandues dans les colonies. Au cours du XXe siècle, l'Europe a plongé le monde dans la guerre à deux reprises. Le bouleversement sans précédent qu'a constitué la Première Guerre mondiale (1914-1918) n'a pas suffi à conjurer la Seconde Guerre mondiale (1939-1945) qui s'est terminée avec la toute première utilisation de l'arme nucléaire au Japon. À la suite de cette guerre, les puissances affaiblies de l'Europe ont perdu la plupart de leurs possessions coloniales et une nouvelle rivalité a émergé : une guerre froide idéologique entre l'Union soviétique communiste et les États-Unis capitalistes. Cette guerre a redessiné les frontières politiques et économiques de l'Europe. La guerre froide a conduit à l'érection du rideau de fer en plein cœur de l'Europe, séparant les États européens sous contrôle soviétique, à l'est, des États européens sous influence américaine, à l'ouest. L'Europe de l'Ouest a fait preuve de courage en surmontant la destruction subie durant la guerre et la perte de sa puissance coloniale, et en redressant son économie. Avec le temps, l'expérience soviétique communiste a échoué en Russie, en Europe de l'Est et ailleurs dans le monde ; en 1990, les derniers vestiges du rideau de fer ont disparu. Depuis lors, un effort monumental a été entrepris en vue de réintégrer et de réunifier l'Europe, de la côte atlantique à la frontière russe, ce qui résume l'histoire géographique du présent chapitre.

LE PORTRAIT DE L'EUROPE

Comme le montre la figure 1A-1, l'Europe est un ensemble constitué de péninsules et d'îles ; elle est située sur la marge occidentale de la plus grande masse continentale du monde, l'Eurasie. Il s'agit d'un ensemble composé de près de 700 millions d'habitants répartis entre une quarantaine de pays. Son territoire n'est pas très étendu (5,9 millions de km^2), si on le compare aux autres ensembles géographiques. Pourtant, malgré ses proportions modestes, l'Europe a exercé – et continue d'exercer – une profonde influence sur les affaires du monde. Pendant de nombreux siècles, elle a été un haut lieu de réussites, d'innovations, d'inventions et de domination.

La limite orientale : où s'arrête l'Europe ?

L'Europe est bordée à l'ouest par l'océan Atlantique, au nord par l'océan Arctique et au sud par la mer Méditerranée. Mais où donc se trouve sa limite orientale ? Chaque épisode de la géographie historique de l'Europe orientale a laissé un héritage particulier dans le paysage culturel. Il y a vingt siècles, l'Empire romain gouvernait une grande partie de l'Europe orientale. La Roumanie possède d'ailleurs un certain patrimoine culturel issu des peuples latins : elle est l'héritière d'une langue romane. Puis, durant la majeure partie de la seconde moitié du XXe siècle, c'est l'Empire soviétique qui a presque entièrement contrôlé le territoire.

En l'espace de deux millénaires, le christianisme s'est propagé à la quasi-totalité de l'Europe. Depuis le schisme de 1054, l'Église orthodoxe s'est diffusée dans l'est de l'Europe alors que l'Église catholique et le christianisme protestant se sont principalement répandus dans l'ouest. Les musulmans turcs ont envahi l'Europe orientale et ont créé un empire (l'Empire ottoman) qui s'est étendu jusqu'aux portes de Vienne. Au moment où l'Empire austro-hongrois a évincé les Turcs, des millions d'Européens de l'Est avaient déjà été convertis à l'islam. L'Albanie et le

Les principales CARACTÉRISTIQUES GÉOGRAPHIQUES de . . .

L'EUROPE

1. L'ensemble géographique européen se situe sur le flanc ouest de la masse continentale eurasienne.
2. Bien que l'Europe occupe un territoire peu étendu comparativement aux autres ensembles géographiques du monde, elle est très peuplée et compte plus d'une quarantaine d'États.
3. L'influence persistante qu'exerce l'Europe sur le monde résulte principalement d'avantages accumulés au cours des siècles de domination coloniale et impériale.
4. L'Europe possède des milieux naturels très variés, et ses ressources sont riches et diversifiées.
5. La diversité géographique, culturelle et aussi physique de l'Europe a favorisé l'apparition de fortes identités locales, d'un haut degré de spécialisation spatiale et de circonstances favorables aux échanges et au commerce.
6. Les États-nations européens, situés dans les régions centrales durables et influentes, ont survécu à la perte des colonies et se sont transformés en États démocratiques modernes.
7. Les États européens ont entrepris un effort historique en vue d'accomplir une intégration économique multinationale et une coordination politique encore plus poussée.
8. La population relativement prospère de l'Europe est fortement urbanisée, elle vieillit rapidement et elle est en déclin démographique dans plusieurs États où cette tendance est en partie contrebalancée par une immigration importante.
9. Les régions qui exigent une plus grande autonomie ainsi que les défis culturels que pose l'immigration mettent à rude épreuve le tissu politique et social européen.
10. Malgré les efforts d'unification de l'Europe, les contrastes est-ouest marquent toujours la géographie régionale de cet ensemble.
11. Les relations entre l'Europe et la Russie ont souvent été difficiles et le demeurent aujourd'hui.

Kosovo d'aujourd'hui demeurent des pays majoritairement musulmans.

L'histoire tumultueuse de l'Europe de l'Est – elle-même une expression de l'absence de frontières naturelles claires – s'est jouée sur une scène physique d'une immense diversité. Ses paysages s'étendent des plaines ouvertes de la Hongrie et des bassins fluviaux du Danube à des montagnes stratégiques, comme les Alpes et les Carpates. Nulle part en Europe, la géographie culturelle n'est aussi complexe que dans la partie sud-est. Les Illyriens, les Slaves, les Turcs, les Magyars et d'autres peuples y ont convergé, venant de près ou de loin. Les différences ethniques et culturelles les ont maintenus en situation de conflit chronique.

Comme nous le verrons, l'étendue géographique de l'Europe a toujours été contestable. Aujourd'hui, elle constitue une question particulièrement controversée dans le contexte de l'élargissement de l'Union européenne et des relations avec la Russie. La frontière de l'Europe orientale est dynamique et s'est déplacée selon l'histoire. Certains diront qu'aucune limite définie n'existe. À l'heure actuelle, on place la frontière orientale de l'Europe entre la Russie et ses nombreux voisins européens, à l'ouest. Cette définition se fonde sur certains critères géographiques, entre autres les contrastes européens et russes en ce qui a trait aux dimensions territoriales, aux développements géopolitiques et à l'histoire. Si nous demandions aux habitants de la Russie s'ils se considèrent comme des Européens, quelle serait leur réponse ?

Les régions physiographiques et les atouts du milieu naturel

Dans l'introduction, nous avons souligné l'importance de la géographie physique dans la définition des ensembles géographiques. Les régions physiographiques avec leurs nombreux reliefs, tels que les montagnes et les plateaux, sont un élément clé de la **géomorphologie**, c'est-à-dire des formes du relief.

La superficie de l'Europe est peut-être modeste, mais les paysages physiques qu'on y trouve sont variés et complexes. À l'échelle régionale, on peut identifier quatre ensembles : les massifs anciens du centre, le système alpin du sud, les massifs anciens de l'ouest et, enfin, la plaine nord-européenne (voir la figure 1A-2).

Les massifs anciens du centre forment le cœur de l'Europe. Il s'agit d'une région composée de bas plateaux et de reliefs arrondis aux altitudes généralement comprises entre 500 et 1800 mètres (le point le plus haut est le Puy de Sancy, un ancien volcan aujourd'hui éteint que l'on trouve en France dans le Massif central, il culmine à 1886 mètres d'altitude). Les villages agricoles se sont peu à peu développés pour devenir des villes et des cités à la suite de la révolution industrielle qui a transformé cet ensemble.

Le système alpin du sud, qui doit son nom aux Alpes, est une région montagneuse dont les plus hauts sommets dépassent les 4800 mètres d'altitude. Ce système s'étend des Pyrénées sur la frontière franco-espagnole jusqu'aux montagnes des Balkans, à proximité de la mer Noire. Il comprend les Alpes, les Apennins en Italie et les Carpates de l'Europe de l'Est.

Les massifs anciens de l'ouest, géologiquement plus anciens et plus stables que le système alpin du sud, s'étirent de la Scandinavie (chaîne scandinave), en passant à l'ouest de la Grande-Bretagne (Hautes Terres d'Écosse) et de l'Irlande, jusqu'au cœur de la péninsule ibérique en Espagne.

La plaine nord-européenne forme un immense arc de cercle qui se dessine du sud-est de la Grande-Bretagne et du nord de la France à travers l'Allemagne, le Danemark, la Pologne et l'Ukraine pour pénétrer profondément en Russie. Aussi connue comme la Grande Plaine européenne, cette région a servi, maintes et maintes fois, de route aux migrations humaines de sorte que de complexes mosaïques culturelles et économiques s'y sont développées, donnant

FIGURE 1A-2

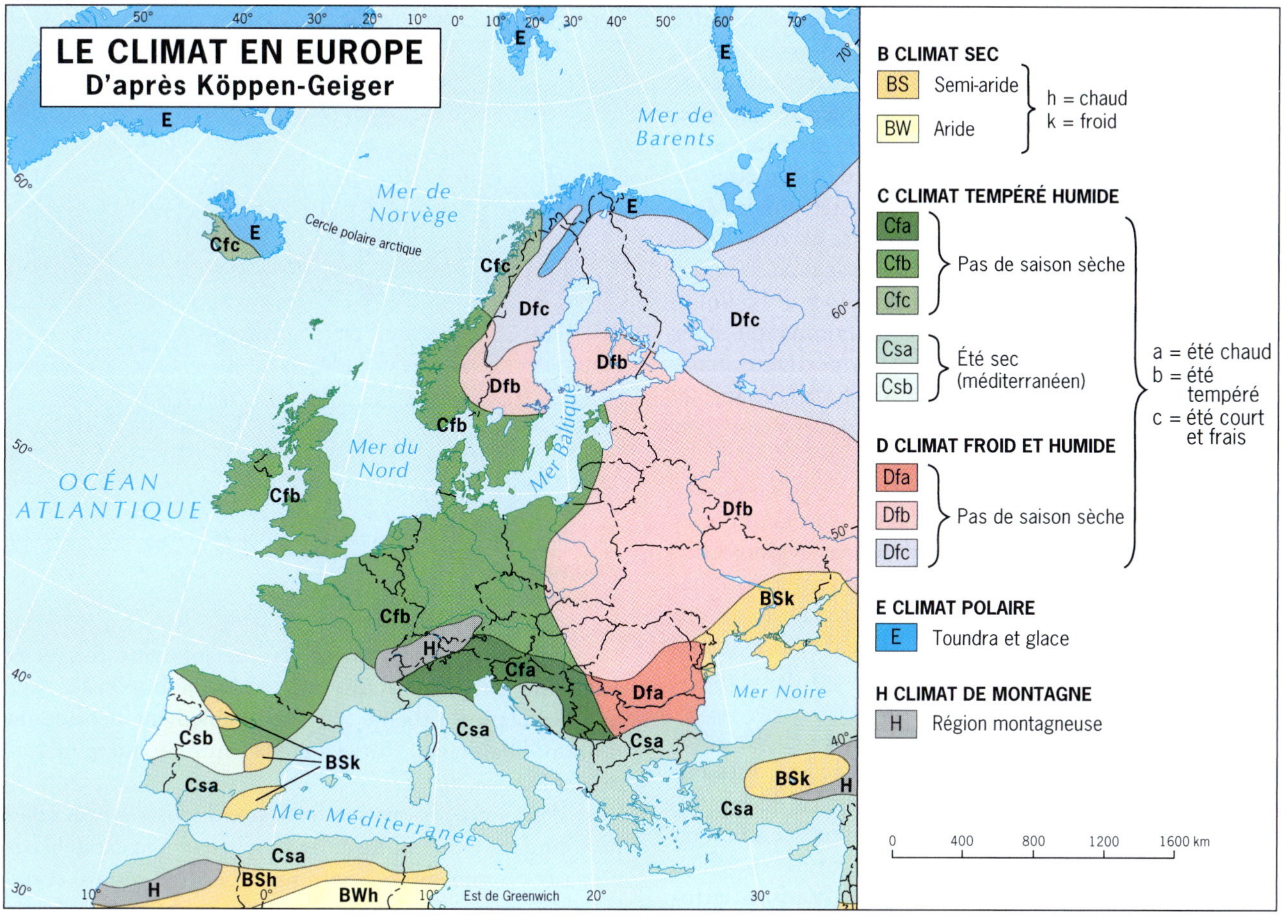

FIGURE 1A-3

naissance à une carte politique semblable à un casse-tête. Comme le montre la figure 1A-2, plusieurs grands fleuves et des voies navigables de raccordement desservent cette région plus densément peuplée, où sont situées un certain nombre de métropoles européennes (Londres, Paris, Amsterdam, Copenhague, Berlin, Varsovie).

Sur l'ensemble du territoire européen, de nombreux fleuves tels que le Rhin, le Danube, le Pô, la Loire, le Rhône ont été aménagés depuis plusieurs siècles, ce qui donne à ces régions une variété de paysages.

Les climats et les ressources

Des chaudes rives de la Méditerranée aux sommets glacés des Alpes, depuis les bois humides et les landes de la frange atlantique jusqu'aux prairies semi-arides du nord de la mer Noire, la variété de climats (voir la figure 1A-3) fait en sorte qu'il existe, sur le territoire européen, une grande diversité de milieux naturels. Un élément singularise les régimes climatiques européens : l'effet de réchauffement du courant marin du Gulf Stream le long de la façade atlantique. Cet effet se fait particulièrement sentir en hiver, car le courant donne lieu à des températures moyennes plus élevées que celles qu'on retrouve aux mêmes latitudes sur la côte est de l'Amérique du Nord.

L'Europe dispose d'une riche diversité de ressources naturelles. L'histoire démontre que le continent a toujours contenu tout ce qui était nécessaire à la survie de sa population et à son développement économique. À l'origine, les éléments essentiels comprenaient des sols cultivables, des eaux poissonneuses et des animaux sauvages pouvant être domestiqués. De plus, de vastes forêts fournissaient le bois qui servait à la construction des maisons et des bateaux. Plus tard, le charbon et les minerais ont propulsé de nombreux pays d'Europe dans l'ère industrielle. Plus récemment, l'Europe s'est avérée contenir des réserves considérables de pétrole et de gaz naturel, et ce, particulièrement en mer du Nord.

Les avantages de sa localisation géographique

La diversité des composantes du milieu physique ne constitue pas en soi le principal atout du continent. En fait, l'Europe jouit de certains avantages exceptionnels en ce qui a trait à sa localisation géographique. Sur la carte du monde, la position de l'Europe semble centrale dans l'**hémisphère continental**, au carrefour entre l'Asie, l'Afrique et la côte est de l'Amérique. Ceci lui confère une situation idéale pour entretenir des relations avec la plupart des parties du monde (voir la figure 1A-4). Rares sont les régions d'Europe éloignées des voies de commerce et de conquête que sont les zones maritimes. De ses conquêtes, l'Europe tissera un réseau d'échanges centré sur elle, contribuant ainsi à consolider sa position géostratégique dans le monde. De plus, des centaines de kilomètres de rivières navigables, complétées par un système inégalé de canaux, ouvrent l'intérieur de l'Europe à ses mers avoisinantes et aux couloirs de navigation vers le monde entier. Les façades maritimes des mers Méditerranée et Baltique, et de l'océan Atlantique, ont été déterminantes dans le développement de nombreuses villes portuaires marchandes d'Europe, comme Venise (en Italie), Marseille (en France) au sud, Lübeck (en Allemagne) et Rotterdam (Pays-Bas) au nord.

Dans ce chapitre, il faut garder à l'esprit l'échelle des cartes de l'Europe, car il s'agit d'un continent où les distances entre les villes et les différentes régions sont modérées, où tout est à proximité. Ces caractéristiques combinées à l'importance de la diversité culturelle ont favorisé une interaction intense et une circulation continuelle des biens et des idées. C'est ce qui distingue la géographie de l'Europe depuis l'Antiquité.

L'Europe moderne a commencé à se peupler après la dernière phase de retrait des grands glaciers continentaux (inlandsis), il y a environ 10 000 ans. Un réchauffement progressif a amené la toundra à faire place à la forêt de feuillus et les vallées glaciaires à se transformer en vallées verdoyantes. Les premières grandes civilisations européennes se sont développées sur les rives de la Méditerranée, dans les îles et les péninsules de la Grèce et, plus tard, en Italie.

LA GRÈCE ANTIQUE ET LA ROME IMPÉRIALE

La Grèce antique était exposée aux influences de civilisations déjà avancées qui prospéraient en Mésopotamie et dans la vallée du Nil. Sur leur territoire maritime fragmenté, les Grecs ont jeté les bases de la civilisation européenne. Leurs réalisations en science politique, en philosophie, en art et dans d'autres sphères ont traversé vingt-cinq siècles d'histoire. L'un des principaux héritages qu'a légué la Grèce antique est celui des **cités-États**, telles qu'Athènes et Sparte. La fragmentation du territoire de la Grèce et les guerres intestines ont mené à son déclin. En 146 avant notre ère, les Romains ont eu raison de la dernière résistance militaire grecque.

Les Romains, à leur apogée survenu au IIe siècle de notre ère, ont créé un empire qui s'étendait du nord de la Grande-Bretagne jusqu'en Afrique, au sud, et qui atteignait, à l'est, le Danube, une grande partie du pourtour de la mer Noire et le golfe Persique. De la Méditerranée, ils ont fait une mer romaine, qu'ils ont appelée *mare nostrum*, pour transporter des armées vers de lointains rivages et acheminer des marchandises vers la Rome impériale. Avec une population urbaine qui a probablement dépassé un million d'habitants, Rome a été la toute première métropole d'Europe.

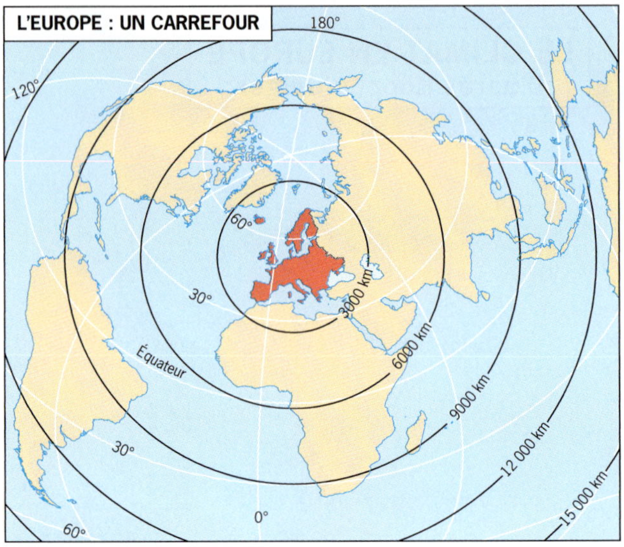

FIGURE 1A-4

Les Romains ont fondé de nombreuses autres villes partout dans leur empire et ils les reliaient à la capitale par un vaste système de voies terrestres (ponts et routes) et navales, facilitant ainsi le contrôle politique et permettant la croissance économique dans leurs provinces. Il s'agissait d'une infrastructure sans précédent, dont une grande partie a longtemps survécu à l'empire lui-même. Certaines portions subsistent encore de nos jours.

Le règne romain a rassemblé dans sa sphère impériale politique et économique des peuples hétérogènes et isolés. En amenant ou en contraignant ces groupes à produire des biens ou des matériaux particuliers, les Romains ont lancé l'Europe sur une voie qui allait la rendre notoire : la **spécialisation fonctionnelle régionale**. Les travailleurs d'Elbe, une île méditerranéenne, se chargeaient d'extraire du minerai de fer, tandis que ceux de la région de Carthagène, en Espagne, exploitaient l'argent et le plomb. Certains agriculteurs avaient appris l'irrigation afin de s'adonner à des cultures spécialisées. D'autres encore élevaient du bétail pour obtenir de la viande ou de la laine. La production de biens particuliers par des personnes déterminées dans des lieux précis est devenue et est restée une caractéristique de l'ensemble européen.

Les Romains ont aussi diffusé leur langue à travers l'empire, créant un terreau fertile pour l'émergence des langues romanes. Ils ont propagé le christianisme et ont établi des systèmes durables d'éducation, d'administration, de commerce et de gestion du territoire. En ce sens, les Romains avaient jeté les bases d'une unité territoriale.

LE DÉCLIN DE L'EMPIRE ROMAIN ET LA RENAISSANCE

La fragmentation de l'Empire romain, puis son effondrement au Vᵉ siècle de notre ère s'accompagnent d'un véritable brassage des peuples. Des vagues de migrations massives de populations d'origine germanique et slave ont largement déterminé les limites géographiques des États actuels sur le continent européen. Ainsi, les Angles et les Saxons gagnent la Bretagne, les Francs entrent en Gaule, et les Alamans quittent les plaines d'Europe du Nord pour s'installer en Germanie. Des rois, des ducs, des barons profitent de l'effondrement de la puissance romaine pour s'imposer comme dirigeants de ces nouveaux royaumes. Au VIIᵉ siècle, misant sur la faiblesse de l'Europe aux prises avec des guerres de royaumes, les Maures arabo-berbères d'Afrique du Nord, stimulés par l'islam, conquièrent la majeure partie de l'Ibérie (Espagne et Portugal) et tentent de pénétrer en France. Plus tard, aux XVᵉ et XVIᵉ siècles, les Turcs ottomans envahissent l'Europe orientale et atteignent la périphérie de Vienne.

Après avoir été fragmentée en royaumes féodaux pendant le quasi-millénaire qu'a duré le Moyen Âge, l'Europe connaît un nouvel essor; la Renaissance commence dans la seconde moitié du XVᵉ siècle. Les monarchies accroissent leurs pouvoirs aux dépens des seigneurs féodaux et de l'aristocratie terrienne (les ducs et les comtes) et, ce faisant, posent les fondements des États modernes. La découverte de nouveaux continents et des richesses qu'ils recèlent ouvre une nouvelle ère de mercantilisme, c'est-à-dire d'accumulation concurrentielle de la richesse principalement sous forme d'or et d'argent. Les régions les mieux placées pour réagir à cette concurrence sont celles de l'Europe occidentale. L'Europe s'engage alors sur la voie de l'expansion coloniale et de la domination du monde.

Bien que les puissances émergentes de l'Europe visent la domination mondiale sur les territoires d'outre-mer, elles se battent néanmoins les unes contre les autres en Europe même. Les puissantes monarchies et les aristocraties foncières, soit la noblesse terrienne, voient leur statut et leurs privilèges contestés par les marchands et les hommes d'affaires de plus en plus fortunés. Les demandes de reconnaissance politique se font plus nombreuses. Les villes se multiplient avec le développement des industries et les marchés de produits agricoles bourgeonnent. La population en Europe, stabilisée à environ 100 millions d'habitants depuis le XVIᵉ siècle, commence à s'accroître.

Le pont du Rialto, l'un des lieux les plus célèbres de Venise, remonte à une époque où cette ville italienne était l'une des cités-États les plus puissantes de l'Europe. Le premier pont du Rialto sur le Grand Canal date du XIIᵉ siècle. Il s'est toutefois écroulé au XVᵉ siècle; sa reconstruction a été achevée en 1591.

LES RÉVOLUTIONS DE L'EUROPE EN VOIE DE MODERNISATION

Les cités-États du début de l'Europe moderne

Du XIVᵉ au XVIIᵉ siècle, l'excédent croissant de production agricole associé à l'expansion du commerce interrégional favorise l'émergence d'un assez grand nombre de cités-États. Ces villes sont dominées par les classes marchandes qui détiennent de puissants intérêts économiques. Les concentrations des plus importantes cités-États se trouvent autour de la Méditerranée et de la mer Baltique, des emplacements propices au commerce sur de longues distances. Parmi les cités-États les plus célèbres, citons Venise – qui, pendant quelque temps, a été le lieu le plus riche de la planète –, Gênes et Florence, toutes situées dans l'Italie d'aujourd'hui; Lübeck et Hambourg dans ce qui est maintenant le nord de l'Allemagne; puis Bruges dans l'actuelle Belgique. Ces cités-États ont existé en Europe alors que l'État-nation moderne n'était pas encore né et que la géographie politique était fragmentée en petits territoires. Toutefois, en matière économique, l'Europe connaît à cette époque un processus d'intégration sans précédent. Des régions économiques en étroite interrelation, comme la ligue hanséatique – une association de villes marchandes –, se dessinent de plus en plus le long de la mer Baltique, de la mer du Nord, de la Méditerranée ainsi que le long du Rhin et d'autres grands fleuves d'Europe.

La révolution agraire

Nous savons que l'Europe est le foyer d'origine de la révolution industrielle, mais avant même que cette transformation d'une importance capitale ne survienne, une autre était déjà en cours: la révolution agraire.

Les villes portuaires et les capitales ont prospéré et se sont élargies, et leurs marchés en croissance ont créé des circonstances économiques favorables pour les agriculteurs. Cette situation a entraîné des changements révolutionnaires dans la propriété terrienne et les méthodes agricoles. L'habitat rural s'est complètement transformé grâce à des pratiques agricoles améliorées, à un meilleur équipement, à des installations de stockage supérieures et au transport plus efficace vers les marchés urbains. Les marchands coloniaux ont même introduit de nouvelles cultures ; ainsi, la pomme de terre en provenance du Nouveau Monde est rapidement devenue un aliment de base européen. De plus, les prix courants ont augmenté, ce qui a attiré un nombre croissant d'agriculteurs dans l'économie. Cette révolution a contribué à l'augmentation constante de la population au cours des XVIIe et XVIIIe siècles.

La révolution industrielle

L'expression « **révolution industrielle** » suggère que l'Europe agricole a été soudainement entraînée dans un mouvement d'industrialisation qui l'aurait changée en quelques décennies. En réalité, aux XVIIe et XVIIIe siècles, de nombreuses sphères étaient déjà industrialisées, bien avant que la chaîne des évènements connus sous le nom de « révolution industrielle » n'ait commencé. Du textile de l'Angleterre et de la Flandre aux instruments aratoires de la Saxe (aujourd'hui en Allemagne), du mobilier scandinave aux étoffes françaises, l'Europe était déjà entrée dans une nouvelle ère de spécialisation fonctionnelle régionale. Cela dit, ce n'est qu'à la fin du XVIIIe siècle que l'Europe industrielle a pris son essor comme jamais auparavant.

La primauté britannique

La Grande-Bretagne est l'épicentre de cette révolution. Dans les années 1780, l'Écossais James Watt et ses collaborateurs mettent au point un moteur à vapeur, qui est bientôt l'objet de nombreuses applications industrielles. À peu près au même moment, on s'aperçoit que le charbon (converti en coke à haute teneur en carbone) est un substitut nettement supérieur au charbon de bois utilisé pour la fonte du fer. Ces innovations majeures ont un effet rapide. Les fonderies de fer, longtemps dépendantes des forêts décroissantes d'Europe comme source de combustible, peuvent désormais être concentrées près des gisements de houille. Les nouveaux moteurs peuvent faire fonctionner des locomotives aussi bien que des métiers à tisser mécaniques. Le métier à tisser révolutionne l'industrie du tissage. De plus, le transport maritime entre dans une ère nouvelle. Les temps de transport sont considérablement raccourcis ; et les liens maritimes, intensifiés.

La Grande-Bretagne possède un énorme avantage, puisque la révolution industrielle se produit au moment où elle jouit d'une grande influence dans le monde entier et à une époque où d'importantes innovations surviennent sur son sol même. Les Britanniques contrôlent la circulation des matières premières, ils ont le monopole des produits qui sont en demande mondiale, sans compter qu'eux seuls détiennent les compétences requises pour construire les appareils servant à fabriquer ces produits. Bientôt, les fruits de la révolution industrielle sont exportés, et l'organisation spatiale moderne des industries de l'Europe commence à prendre forme. En Grande-Bretagne, des zones industrielles se développent à proximité de gisements houillers dans le centre de l'Angleterre, à Newcastle dans le nord-est, dans le sud du Pays de Galles, et en Écosse, le long de la rivière Clyde, qui arrose Glasgow.

L'expansion de la révolution industrielle sur le continent

À partir de la Grande-Bretagne, la révolution industrielle se propage vers l'est sur le continent européen tout au long du milieu et de la fin du XIX siècle (voir la figure 1A-5), dans un corridor qui s'étend d'ouest en est. Ce corridor part du sud de l'Angleterre et traverse le nord de la France, la Belgique, l'Allemagne (la Ruhr), la République tchèque (en Bohême), le sud de la Pologne (la Silésie) et l'est de l'Ukraine (le bassin du Donbass).

Cette période se caractérise par trois phénomènes : un accroissement démographique sans précédent, un vaste mouvement d'émigration surtout à destination de l'Amérique et un exode rural conduisant des flots de personnes des zones rurales vers les nouvelles cités industrielles. Ainsi, en Angleterre, seulement 9 % de la population vivait dans les agglomérations urbaines en 1800, alors qu'en 1900, cette proportion était passée à 62 %. Elle s'élève aujourd'hui à 90 %.

Les révolutions politiques

La révolution industrielle se déroule dans le contexte de la formation des États nationaux, un processus en cours depuis les années 1600. Les révolutions politiques en Europe ont pris de nombreuses formes et se sont répercutées sur divers peuples et pays. En général, ces révolutions visaient la centralisation continue du pouvoir par les cours royales et l'appropriation des anciennes cités-États par les grands territoires nationaux. Elles ont fréquemment donné lieu à une reconfiguration particulièrement violente de la géographie politique. Les historiens citent souvent les traités de Westphalie de 1648 comme une étape clé dans l'évolution du système d'États de l'Europe, car ils ont mis fin à la dévastatrice guerre de Trente Ans (1618-1648) et amené la reconnaissance des territoires, des frontières et de la souveraineté des pays. Plusieurs États, comme la France, ont ainsi accru leur territoire et d'autres, tels que les Pays-Bas, ont vu une reconnaissance de leur indépendance. Ce n'était toutefois que le début. Les États dits absolutistes, dans lesquels les monarques détenaient tout le pouvoir alors que le peuple avait peu de

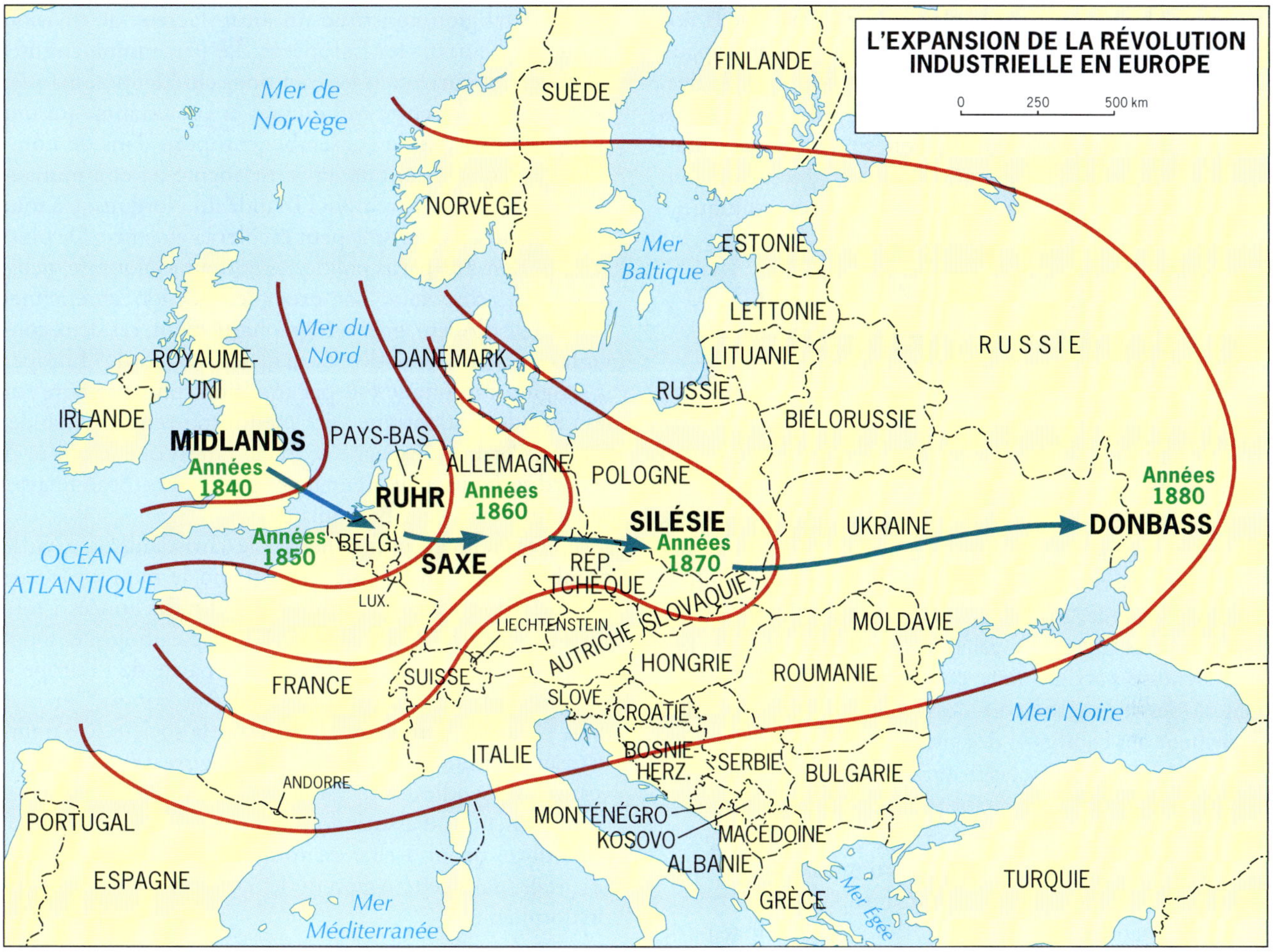

FIGURE 1A-5

droits, voire aucun, n'allaient pas durer. La Révolution française (1789-1795) a été le point culminant de cette période qui a ébranlé toutes les monarchies du continent. Avec la diffusion du modèle de la Révolution française et de l'idéal de l'État-nation aux pays voisins, le rêve d'États unifiés permettra au fil des siècles d'aboutir à la carte de l'Europe que l'on connaît aujourd'hui. L'Italie est ainsi née au XIXe siècle de l'union d'États autrefois concurrents.

Une carte fragmentée

La carte politique de l'Europe a toujours été d'une complexité fascinante. En tant qu'ensemble géographique, l'Europe occupe seulement 5 % de la superficie des terres émergées de la planète. Toutefois, ce domaine est fragmenté en quelque 40 pays, qui représentent plus d'un cinquième de tous les États du monde actuel. Par conséquent, lorsque nous observons la carte politique de l'Europe, une question se pose : comment un si petit ensemble géographique en est-il venu à être divisé en autant d'entités politiques ? La carte de l'Europe reflète son héritage des périodes féodales et royales. Durant ces périodes, des rois, des barons, des ducs et d'autres souverains assez riches pour financer des armées et assez puissants pour lever des taxes et forcer les habitants à leur payer un tribut ont délimité des territoires dans lesquels ils régnaient en maîtres absolus. Les mariages royaux, les alliances et les conquêtes ont, en fait, simplifié la carte politique de l'Europe. Au début du XIXe siècle, par exemple, on comptait toujours 39 États (*Länder*) allemands. L'Allemagne unifiée telle qu'on la connaît aujourd'hui n'est pas apparue avant les années 1870. On estime qu'il y avait environ 500 entités politiques en Europe au XVIe siècle, mais plus qu'une trentaine au début du XIXe siècle.

L'État et la nation

La révolution politique de l'Europe a engendré une forme d'organisation politique et territoriale reconnue comme un « État-nation », un État incarné par sa population culturellement distincte. Mais qu'est-ce, au juste, qu'un **État-nation** ? Le terme « **nation** » comporte diverses significations. Parfois, il renvoie à un peuple partageant la même langue, ayant une histoire commune et des antécédents ethniques similaires. Lorsqu'il se rapporte à la nationalité, il correspond à l'appartenance juridique à l'État, c'est-à-dire à la citoyenneté. Très peu d'États sont aujourd'hui

1A

à ce point homogènes sur le plan culturel pour que la notion de culture coïncide avec celle d'État. Les principaux États-nations de l'Europe d'il y a un siècle – la France, l'Espagne, le Royaume-Uni et l'Italie – sont devenus des sociétés multiculturelles. La nation se définit désormais davantage par un esprit national intangible et un lien affectif que par une homogénéité culturelle ou ethnique.

L'EUROPE CONTEMPORAINE : UN ENSEMBLE DYNAMIQUE

La langue et la religion : synonymes de diversité culturelle

L'ensemble européen est le foyer de peuples qui présentent une grande richesse culturelle et linguistique. Ces peuples comprennent non seulement les groupes linguistiques des Latins, des Germains et des Slaves, mais aussi des minorités telles que les Finlandais, les Magyars (Hongrois), les Basques et les Celtes. La variété des ascendances est à la fois une richesse patrimoniale et une responsabilité. Elle a généré des interactions et des échanges, bien sûr, mais également des conflits et des guerres.

Il est utile de rappeler que le territoire de l'Europe, de la frontière de la Russie jusqu'à l'Atlantique, représente à peine plus de 60 % de celui des États-Unis, mais que la taille de la population de l'Europe contenue dans sa quarantaine de pays y est environ deux fois plus grande. Cette population de près de 700 millions d'habitants parle de nombreuses langues, dont presque toutes appartiennent à la **famille des langues indo-européennes** (voir les figures 1A-6 et I-16). Toutefois, la plupart de ces langues ne sont pas mutuellement compréhensibles. Certaines, comme le finnois, le hongrois et le basque, ne font pas partie de la famille indo-européenne. Lorsque les efforts d'unification de l'Europe ont commencé après la Seconde Guerre mondiale, un problème majeur consistait à déterminer quelles langues allaient être reconnues comme officielles. Ce problème prévaut toujours, même si l'anglais est devenu, sans être officiel, la **langue véhiculaire** ou la *lingua franca* (la langue commune) de l'ensemble européen. On constate toutefois que l'anglais est plus couramment compris et parlé dans les grandes villes que dans les campagnes, et aussi mieux compris et parlé en Europe occidentale qu'en Europe orientale. Bien que le multilinguisme en Europe représente un riche héritage culturel, il constitue un défi à l'intégration. Pour le relever, l'Union européenne reconnaît 23 langues officielles. Le problème réside dans la reconnaissance des langues régionales à l'intérieur des frontières de plusieurs États européens. Soucieux d'unifier leur population, des États centralisateurs ont ainsi volontairement affaibli certaines langues régionales.

La religion constitue un autre facteur de division auquel se heurtent les Européens. Le patrimoine culturel européen est ancré dans les traditions chrétiennes, mais les conflits sectaires entre catholiques et protestants, qui ont plongé des parties de l'ensemble européen dans de nombreux et violents conflits, divisent encore les communautés. Comme en a été témoin l'Irlande du Nord jusqu'à tout récemment, le sectarisme peut éveiller la violence. De plus, certains noms de partis politiques portent toujours le qualificatif de « chrétien », par exemple, l'Union chrétienne-démocrate d'Allemagne. Géographiquement, ces deux courants chrétiens se sont divisés au fil de l'histoire de l'Europe : la religion catholique est, par tradition, plus présente sur les façades atlantique et méditerranéenne (Irlande, France, Portugal, Espagne et Italie) tandis que le centre et le nord sont plus majoritairement protestants (Scandinavie, Royaume-Uni, Pays-Bas, Suisse).

De manière plus générale, le christianisme a vu le nombre de ses fidèles diminuer quand le mouvement de sécularisation a pris de l'ampleur à la fin des années 1960, surtout en Europe occidentale. L'Église catholique, longtemps très puissante dans la majeure partie de l'Europe – au point où elle pouvait être considérée comme un État dans l'État – a perdu son emprise sur la société. De nombreuses institutions ecclésiales, qu'il s'agisse d'écoles, d'universités, de syndicats, de partis politiques, d'organismes de bienfaisance ou d'associations, ont été désertées. L'Église orthodoxe, quant à elle, est toujours présente en Europe orientale, dans cette région où les cultures slave et grecque prédominent.

Aujourd'hui, un nouveau facteur modifie le paysage religieux : la montée de l'islam. Dans le sud-est de l'Europe, ancien bastion musulman, elle prend la forme d'une nouvelle affirmation identitaire islamique. L'Empire ottoman (turc) a laissé derrière lui des millions de convertis, de la Bosnie à la Bulgarie, parmi lesquels nombreux sont ceux qui exigent une plus grande représentation politique et des pouvoirs accrus. En Europe de l'Ouest, cette résurgence islamique résulte de l'arrivée, relativement récente, de millions d'immigrants musulmans en provenance d'Afrique du Nord et d'autres parties du monde musulman. Dans cette région, alors que le nombre de mosquées est insuffisant pour répondre à la hausse du nombre des fidèles de l'islam, les églises sont presque vides, car la laïcité gagne du terrain. Certains chercheurs sont même allés jusqu'à soutenir que l'Europe est entrée dans une ère postchrétienne.

Pour un si petit continent, la géographie culturelle de l'Europe est très variée. L'image populaire qu'on s'en fait évoque l'éclat solennel britannique, les vignobles français ou les villes historiques telles que Venise ou Amsterdam. Pourtant, si on se déplace au-delà de cette zone centrale, on trouvera des communautés slaves isolées dans les montagnes qui donnent sur l'Adriatique, des villes musulmanes d'une grande pauvreté en Albanie, des villages

PRINCIPALES BRANCHES INDO-EUROPÉENNES

GROUPE GERMANIQUE

GERMANIQUE OCCIDENTAL: 0 Néerlandais, 1 Alsacien, 2 Allemand, 3 Frison, 4 Anglais

GERMANIQUE SEPTENTRIONAL: 5 Danois, 6 Suédois, 7 Norvégien, 8 Islandais, 9 Féroïen

GROUPE ITALIQUE

10 Portugais, 11 Espagnol, 12 Catalan, 13 Provençal, 14 Français, 15 Italien, 16 Romanche, 17 Roumain, 18 Corse, 19 Sarde, 20 Wallon

GROUPE SLAVE

SLAVE OCCIDENTAL: 21 Polonais, 22 Slovaque, 23 Tchèque, 24 Sorabe

SLAVE ORIENTAL: 25 Russe, 26 Ukrainien, 27 Biélorusse

SLAVE MÉRIDIONAL: 28 Slovène, 29 Serbo-croate, 30 Macédonien, 31 Bulgare

AUTRES BRANCHES INDO-EUROPÉENNES

GROUPE CELTIQUE

BRETON: 32 Breton, 33 Gallois

GAÉLIQUE: 34 Gaélique d'Irlande, 35 Gaélique d'Écosse

GROUPE BALTE

36 Letton, 37 Lituanien

GROUPE HELLÉNIQUE

38 Grec

GROUPE THRACO-ILLYRIEN

39 Albanais

GROUPE INDO-IRANIEN

40 Romani (locuteurs dispersés)

FAMILLE OURALIENNE

GROUPE FINNO-OUGRIEN

41 Finnois, 42 Carélien, 43 Lapon, 44 Estonien, 45 Hongrois, 46 Komi

GROUPE SAMOYÈDE

47 Samoyède

FAMILLE ALTAÏQUE

GROUPE TURC

48 Turc

AUTRE LANGUE

BASQUE

49 Basque

Concentration importante de locuteurs d'une autre langue (habituellement adjacente aux langues nationales)

Frontière linguistique

D'après Alexandre B. Murphy, 1998.

FIGURE 1A-6

roms (tsiganes) à l'intérieur de la Roumanie, des agriculteurs qui utilisent des méthodes traditionnelles inchangées depuis des siècles dans les régions rurales de Pologne. La carte de l'Europe, même si elle montre une quarantaine de pays, n'est pas suffisante pour refléter la diversité des nombreuses cultures qu'elle abrite.

Si on vous demandait quelle ville représente la photo ci-dessus, est-ce que Paris vous viendrait à l'esprit? La plupart des images de la capitale de France montrent des monuments tels que la tour Eiffel, l'Arc de triomphe ou d'autres trésors de la vieille ville. Ce qu'on voit ici est un tout autre Paris: il s'agit du quartier des affaires appelé « La Défense », où Paris exhibe un visage ultramoderne. Ce lieu, situé à l'écart du centre-ville historique, échappe aux règlements qui limitent la hauteur des immeubles et aux restrictions architecturales auxquelles est soumis son centre historique. C'est donc là où les gratte-ciels de verre reflètent la vibrante ville mondiale et où on trouve aussi le cube connu sous le nom de « Grande Arche ». Cette immense structure évidée en son centre est admirée par les uns et vilipendée par les autres, tout comme l'a été la tour Eiffel au moment de sa construction. Situé légèrement hors de l'axe historique des Champs-Élysées, le cube surplombe le centre de la haute technologie et des affaires qu'est devenue La Défense. Au loin, on aperçoit l'Arc de triomphe, puis la tour Eiffel à sa droite, comme une aiguille sortant de la vaste tapisserie urbaine que constitue le Paris d'aujourd'hui.

Le facteur d'unité : les échanges et les interactions entre les régions

Si ce n'est pas la culture, alors qu'est-ce qui unifie l'Europe? La réponse réside dans la capacité remarquable de cet ensemble à exercer une coopération productive. L'Europe doit être considérée comme une vaste région fonctionnelle, un tout dont les parties sont interdépendantes et sont maintenues ensemble au moyen de réseaux économiques et politiques. L'Europe moderne a saisi les nombreuses possibilités géographiques qu'offre son territoire afin de créer un immense réseau largement exploité grâce à des interactions reliant les secteurs, les communautés et les pays d'innombrables façons. Ces interactions reposent sur deux principes clés: la complémentarité et la transportabilité.

En premier lieu, il y a **complémentarité régionale** quand une région produit un surplus de marchandises qui sont requises par une autre. La simple existence d'une ressource ou d'un produit n'en garantit pas le commerce: la ressource ou le produit doit être en demande ailleurs. Lorsque deux régions ont chacune besoin des produits de l'autre, on parle de double complémentarité. L'Europe présente d'innombrables exemples de ce type de complémentarité, que ce soit à l'échelle de communautés locales ou de pays entiers. Ainsi, les zones industrielles de l'Italie se procurent du charbon du nord de l'Europe, tandis que l'Europe du Nord achète des produits agricoles de l'Italie.

En second lieu, la facilité avec laquelle une ressource peut être transportée par le producteur jusqu'au consommateur définit sa **transportabilité**. La distance et les obstacles physiques peuvent augmenter le coût d'un produit au point d'atteindre un seuil de non-rentabilité. L'Europe est petite, les distances sont courtes, et les Européens ont construit le système le plus efficace du monde en matière de transport routier, de voies ferrées et de canaux reliant les cours d'eau navigables. En somme, l'extraordinaire diversité de l'Europe combinée à des infrastructures de transport particulièrement efficaces place les régions dans un état d'étroite interdépendance sur le plan économique.

Un ensemble très urbanisé

Environ trois Européens sur quatre vivent dans les villes, une moyenne qui est largement dépassée dans l'ouest de l'Europe (voir le tableau de données de l'annexe A), mais qui n'a pas encore été atteinte dans la majeure partie de l'est. Les grandes villes sont des centres de production ainsi que des marchés, et constituent également des creusets de cultures. Les métropoles d'Europe sont denses et ont une longue histoire. De façon générale, le paysage urbain de l'Europe est très différent de celui des États-Unis ou du Canada.

UNE POPULATION CHANGEANTE

La croissance démographique aujourd'hui ralentie

Jusqu'au milieu du XXe siècle, l'Europe a vécu une véritable explosion démographique. Et même si des millions d'individus sont partis vers le Nouveau Monde et dans les colonies, la population a continué de croître progressivement sur le continent européen. Aujourd'hui, dans de nombreux pays d'Europe, le nombre moyen d'enfants par femme n'est plus suffisant pour assurer le renouvellement des générations. Afin d'empêcher le déclin de la population, statistiquement parlant, chaque femme devrait donner naissance, en moyenne, à 2,1 enfants. Pour l'ensemble de l'Europe, ce chiffre était de 1,6 en 2010. Plusieurs pays, notamment l'Allemagne, le Portugal, la Roumanie et la Hongrie, ont enregistré un taux aussi faible que 1,3. Un pays de l'Europe de l'Est, la Bosnie, bat tous les records avec 1,2 enfant par femme ! Cette faible fécondité entraîne, dans certains cas, une croissance négative de la population (voir l'annexe A), un phénomène exceptionnel en temps de paix.

L'immigration

En ce moment, l'immigration compense partiellement l'accroissement naturel déficitaire de la population dans plusieurs pays d'Europe. Toutefois, ce bienfait pourrait être relatif, puisque la stabilité démographique s'obtient au prix de certaines tensions sociales. Des millions de Turcs, de Kurdes turcs, d'Algériens, de Marocains, d'Africains de l'Ouest, de Pakistanais et d'Antillais sont venus en Europe et ont, par le fait même, changé le tissu social des États-nations tels que la France, l'Allemagne, le Royaume-Uni, l'Espagne, la Belgique et les Pays-Bas. Comme nous l'avons mentionné précédemment, une dimension marquante de ce changement est la propagation de l'islam en Europe. Si les populations musulmanes en Europe de l'Est (comme celles de l'Albanie, du Kosovo et de la Bosnie) sont des peuples intégrés depuis des siècles sur ce territoire, la présence musulmane en Europe occidentale, quant à elle, est le fruit d'immigrations récentes, survenues après la Seconde Guerre mondiale.

La majorité de ces immigrants sont généralement plus pratiquants que les populations déjà implantées dans leur terre d'accueil. Ils sont arrivés dans une Europe où les populations locales étaient souvent stagnantes ou en déclin ; les institutions religieuses, généralement affaiblies ; et certaines valeurs sociales, incompatibles avec les traditions islamiques. La situation économique actuelle en Europe rend l'intégration des communautés musulmanes très difficile. Le sous-emploi et le chômage sont le lot de bon nombre d'immigrants. Souvent, leurs revenus sont nettement inférieurs à la moyenne. Dans les pays d'Europe occidentale en particulier, les immigrants musulmans sont fortement concentrés dans les métropoles. Ainsi, dans des villes comme Amsterdam, Londres et Bruxelles, la proportion de musulmans est considérablement plus élevée que la moyenne nationale.

Le défi multiculturel croissant

Les conséquences sociales et politiques de la transformation culturelle de l'Europe sont nombreuses et d'une portée considérable. Longtemps reconnues pour leur tolérance et leur ouverture, les sociétés européennes tentent maintenant de restreindre l'immigration de différentes manières et les partis politiques qui proposent des plateformes électorales anti-immigrationnistes gagnent en popularité. La nouvelle présence islamique a été une cause de tensions sociales, quelquefois sérieuses, dans certains pays. Elle a parfois aussi donné lieu à un spectacle politique populiste. En 2009, dans le cadre d'un référendum controversé, l'électorat suisse a approuvé une loi interdisant la construction de minarets, des tours intégrées aux mosquées pour permettre l'appel à la prière. Une majorité de Suisses

En Suisse, le référendum de 2009 qui portait sur la construction de nouveaux minarets a entraîné l'apparition d'un symbolisme parfois odieux : on remarquera sur les affiches la représentation des minarets en forme de missiles sur le drapeau suisse.

semblaient croire que leur culture était menacée par l'islam et que ce type d'architecture traduisait l'expression d'une minorité trop affirmée, même si on ne comptait que quatre minarets dans tout le pays. D'autres étaient fermement opposés à la loi, soutenant que les organisateurs de la pétition avaient fait valoir des peurs infondées en exacerbant la xénophobie et qu'une telle loi violait les libertés religieuses fondamentales. Les 400 000 musulmans de la Suisse (5 % de la

VERS LE SUPRANATIONALISME EN EUROPE

1944 Signature d'une convention d'union douanière par les trois pays du Benelux (Belgique, Pays-Bas et Luxembourg).

1947 Élaboration du plan Marshall ; en vigueur de 1948 à 1952.

1948 Fondation de l'Organisation européenne de coopération économique (OECE).

1949 Fondation du Conseil de l'Europe.

1951 Signature du traité de la Communauté européenne du charbon et de l'acier (CECA) ; entré en vigueur en 1952.

1957 Signature du traité de Rome instituant la Communauté économique européenne (CEE), aussi connue sous les noms de « Marché commun européen » et « Europe des six » ; entré en vigueur en 1958. Signature du traité instituant la Communauté européenne de l'énergie atomique (Euratom) ; entré en vigueur en 1958.

1959 Signature du traité créant l'Association européenne de libre-échange (AELE) ; entré en vigueur en 1960.

1961 Demande d'adhésion à la CEE par le Royaume-Uni, l'Irlande, le Danemark et la Norvège.

1963 Véto de la France à l'adhésion du Royaume-Uni à la CEE ; retrait des candidatures de l'Irlande, du Danemark et de la Norvège.

1965 Signature du Traité de fusion (ou traité de Bruxelles) des structures exécutives des trois Communautés : CEE, CECA et Euratom ; entré en vigueur en 1967.

1967 Inauguration de la Communauté européenne.

1968 Suppression des droits de douane à l'intérieur de la CEE et établissement d'un tarif douanier commun pour l'extérieur.

1973 Adhésion du Royaume-Uni, du Danemark et de l'Irlande à la CEE, d'où l'« Europe des neuf » ; la Norvège refuse l'adhésion par référendum. Première élection du Parlement européen au suffrage universel direct ; la nouvelle Assemblée législative de 410 membres se réunit à Strasbourg.

1979 Création du Système monétaire européen.

1981 Adhésion de la Grèce à la CEE, d'où l'« Europe des dix ».

1985 Retrait du Groenland, qui a obtenu son autonomie du Danemark, de la CEE.

1986 Adhésion de l'Espagne et du Portugal à la CEE, d'où l'« Europe des douze ». Signature de l'Acte unique européen visant à créer une Union européenne fonctionnelle au cours des années 1990.

1987 Première demande d'adhésion de la Turquie et du Maroc à la CEE. La candidature du Maroc est rejetée ; des pourparlers sont entamés avec la Turquie.

1990 Signature de la Charte de Paris pour une nouvelle Europe par 34 membres de la Conférence sur la sécurité et la coopération en Europe (CSCE). L'ancienne Allemagne de l'Est, désormais une partie de l'Allemagne réunifiée, est intégrée à la CEE.

1991 Rencontres à Maastricht pour planifier l'entrée en vigueur et l'évolution de l'Union européenne (UE) au cours des années 1990.

1993 Entrée en vigueur du grand marché unique européen assurant la libre circulation des biens, des services et des capitaux à l'intérieur de l'Union. Ratification du traité de Maastricht. La CEE devient l'UE.

1995 Adhésion de l'Autriche, de la Finlande et de la Suède à l'UE, d'où l'« Europe des quinze ».

1999 Mise en œuvre de l'Union économique et monétaire européenne (UEM).

2002 Mise en circulation de pièces et de billets d'euros ; douze pays remplacent leurs devises nationales par la nouvelle monnaie unique européenne.

2003 Publication du Projet de traité établissant une Constitution pour l'Europe, qui reçoit un accueil mitigé de la part des États membres.

2004 Élargissement de l'UE, qui passe de 15 à 25 États membres avec l'adhésion de Chypre, de la République tchèque, de l'Estonie, de la Hongrie, de la Lettonie, de la Lituanie, de Malte, de la Pologne, de la Slovaquie et de la Slovénie.

2005 Rejet du projet de Constitution européenne par la France et les Pays-Bas.

2007 Adhésion de la Roumanie et de la Bulgarie à l'UE, ce qui porte le nombre d'États membres à 27. Adoption de l'euro par la Slovénie.

2008 Adoption de l'euro par Chypre et Malte.

2009 Adoption de l'euro par la Slovaquie.

2010 Endettement des pays de la zone euro : une crise financière frappe la Grèce lourdement endettée, forçant l'UE à élaborer un plan de sauvetage. Plus tard dans l'année, l'Irlande est à son tour confrontée à une grave crise, faisant craindre un risque de contagion à d'autres pays comme le Portugal, l'Espagne et l'Italie. L'avenir de l'UEM est assombri : la valeur de l'euro est en baisse après une longue montée par rapport au dollar américain.

2011 Adoption de l'euro par l'Estonie.

population, principalement des Turcs, qui n'ont d'ailleurs pas la réputation d'être parmi les plus fervents) ont assurément dû se sentir mal à l'aise devant ce vote. Dans les semaines qui ont précédé le référendum, les organisateurs favorables à la loi avaient distribué des affiches qui avaient ensuite été placardées sur les murs dans tout le pays.

Cette situation n'est pas propre à la Suisse. Dans certains pays d'Europe, des mouvements politiques prônent souvent un retour aux valeurs culturelles dites nationales et à la fin du multiculturalisme. Ces positions politiques sont parfois reprises par des individus qui s'en prennent à l'islam et au multiculturalisme. Le tireur qui a tué 77 personnes et en a blessé plusieurs, en juillet 2011 en Norvège, en est un exemple extrême.

L'UNIFICATION EUROPÉENNE

Les ensembles, les régions et les pays peuvent tous être soumis à des forces de division et d'unification, qui les transforment en entités politiques plus ou moins cohérentes et stables. Lorsqu'une région ou un pays rassemblent des populations diverses qui appuient des programmes politiques différents, il peut s'avérer difficile d'éviter les divergences et la fragmentation territoriale. Les spécialistes en géopolitique utilisent l'expression « **forces centrifuges** » pour décrire cette division et en évaluer l'importance. Elle peut résulter de facteurs religieux, raciaux, linguistiques, politiques, économiques ou encore d'autres facteurs régionaux.

Les forces centrifuges se mesurent par rapport aux **forces centripètes** ; celles-ci constituent le ciment qui maintient l'intégrité de l'État ou de la région. La satisfaction générale à l'égard du système gouvernemental et de l'administration, des institutions juridiques, et d'autres fonctions de l'État (y compris le traitement des minorités) peut assurer la stabilité. Dans le cas de l'ex-Yougoslavie, les forces centrifuges qui se sont déployées après la fin de la guerre froide ont surpassé les forces centripètes affaiblies qui subsistaient dans cet État relativement jeune. Il s'est alors effrité en entraînant des conséquences néfastes.

À l'inverse, depuis la Seconde Guerre mondiale, l'Europe a connu un processus constant d'intégration et d'unification. Une majorité croissante de pays européens et de dirigeants a reconnu qu'une association plus étroite et une coordination régionale constituent la clé d'un avenir plus stable, plus prospère et plus sécuritaire. Une union de l'Europe est en cours depuis maintenant plus d'un demi-siècle. Malgré les défis tenaces et les reculs occasionnels, les forces centripètes ont prévalu.

Le processus d'unification

Avant même la fin de la guerre, les dirigeants de trois petits pays – la Belgique, les Pays-Bas et le Luxembourg – ont discuté d'une association de ce genre pendant qu'ils étaient en exil en Grande-Bretagne. En 1944, ils y ont formulé et signé le traité instituant l'Union économique Benelux, destinée à réaliser une intégration économique totale.

On comptait sur le fait que les mesures économiques mèneraient à une plus grande coopération politique. En 1949, les gouvernements participants ont créé le Conseil de l'Europe, le préambule de ce qui allait devenir le Parlement européen, dont le siège est à Strasbourg, en France. L'Europe avait entrepris une autre révolution politique, la formation d'une union multinationale intégrant un nombre croissant d'États européens. Il s'agit d'un exemple classique de **supranationalité**, que les géographes définissent comme une association volontaire dans les sphères économique, politique ou culturelle de trois États indépendants ou plus, disposés à céder, dans une certaine mesure, leur souveraineté au profit d'avantages mutuels.

En vertu du traité de Rome, six pays se sont regroupés en 1957 pour former la Communauté économique européenne (CEE), aussi appelée « Marché commun ». En 1973, le Royaume-Uni, l'Irlande et le Danemark s'y sont joints, et l'organisation comptait désormais neuf membres. Comme le montre la figure 1A-7, le nombre d'États membres en 1995 est passé à 15, après que l'organisation a été renommée l'Union européenne (UE). Depuis lors, le nombre d'États membres a grimpé à 27.

La structure administrative, économique et même politique de l'UE est devenue si perfectionnée que l'organisation a maintenant des attributs typiques d'un État à part entière, avec sa capitale, son parlement et tous ses organes institutionnels. Dès le début, les planificateurs de l'UE ont choisi Bruxelles (la capitale nationale de la Belgique) en tant que centre de gouvernance de l'organisation. Strasbourg, en France, accueille le siège du Parlement européen, dont les 736 membres élus représentent les pays de l'UE. Enfin, la ville de Francfort en Allemagne abrite la Banque centrale européenne.

Les conséquences de l'unification

L'Union européenne n'est pas seulement une organisation établie sur papier : elle a une réelle influence sur les économies nationales, le rôle des États et la vie quotidienne des citoyens de ses pays membres.

Le marché unique

Les directives européennes visent la création d'un marché unique pour les producteurs et les consommateurs, les entreprises et les travailleurs. Les sociétés doivent être en mesure de produire et de vendre dans toute l'Union, sans contraintes juridiques, tandis que les travailleurs doivent pouvoir s'y déplacer partout et y trouver un emploi, sans restrictions légales. Afin d'atteindre cet objectif et de faire en sorte que les choses soient gérables, les États membres ont eu à harmoniser un large éventail de lois nationales, allant de la fiscalité jusqu'aux normes en matière d'éducation en passant par la protection de l'environnement. L'une des avancées majeures a été l'introduction d'une banque centrale unique (qui détient un pouvoir considérable, par exemple, sur les taux d'intérêt) ainsi que d'une monnaie unique, l'euro. La monnaie unique symbolise aussi le renforcement de l'unité de l'Europe et fait office de contrepoids au dollar américain autrefois incontournable. En 2002, 12 des 15 pays de l'UE ont retiré leur monnaie nationale pour commencer à utiliser l'euro. Seuls le Royaume-Uni, le Danemark et la Suède ont refusé de l'adopter (voir la figure 1A-7). Plus récemment, la Slovénie s'est convertie à cette monnaie en 2007, Chypre et Malte ont fait de même en 2008 ainsi que la Slovaquie en 2009. L'Estonie est devenue le 17e pays à passer à l'euro en 2011.

Une nouvelle géographie économique

L'établissement de l'Union européenne et sa croissance continue ont généré un nouveau paysage économique qui aujourd'hui non seulement transcende l'ancien paysage, mais remodèle radicalement la géographie régionale de l'ensemble. En investissant massivement dans de nouvelles infrastructures et en facilitant la circulation des capitaux, le déplacement de la main-d'œuvre et le flux des produits, les planificateurs européens ont considérablement réduit les effets de division de leurs frontières nationales. De plus, en reconnaissant les demandes des provinces, des États, des départements et d'autres

FIGURE 1A-7

unités administratives pour une plus grande liberté d'action, les dirigeants européens ont déclenché une vague d'énergie économique qui a transformé certaines de ces unités infranationales en puissants moteurs de croissance. Quatre de ces centres de croissance sont particulièrement remarquables, au point que les géographes les appellent les « **Quatre Moteurs pour l'Europe** ». Il s'agit des régions suivantes : la région Rhône-Alpes, située dans le sud-est de la France, centrée sur Lyon, la deuxième ville en importance du pays ; la Lombardie, dans le centre-nord de l'Italie, axée sur la ville industrielle de Milan ; la Catalogne, dans le nord-est de l'Espagne, ancrée dans le centre culturel et de fabrication de Barcelone ; et le Bade-Wurtemberg, dans le sud-ouest de l'Allemagne, qui se concentre dans la technopole de Stuttgart.

La diminution du pouvoir de l'État et le nouveau régionalisme

Comme les États ont cédé certains de leurs pouvoirs à l'Union européenne et ont exprimé leur accord avec l'idéal d'intégration à l'UE, certaines des provinces et des régions au sein des États ont saisi l'occasion pour affirmer leur identité culturelle et, en particulier, leurs intérêts économiques. Souvent, les autorités locales de ces sous-régions contournent simplement les gouvernements de leur capitale nationale non seulement en traitant les unes avec les autres, mais en négociant même avec des gouvernements étrangers puisque leurs réseaux d'affaires couvrent le monde entier. En cela, elles sont imitées par d'autres provinces qui cherchent toutes à promouvoir leur économie locale et, ce faisant, à renforcer leur position politique par rapport à l'État.

Les provinces, les États et d'autres unités politiques territoriales situés de part et d'autre de frontières internationales peuvent désormais coopérer dans la poursuite des objectifs économiques communs. Cette coopération transfrontalière crée une nouvelle carte économique qui semble ignorer l'ancienne carte politique ; on voit se dessiner des régions économiquement puissantes qui sont plus ou moins indépendantes des États nationaux qui les entourent. On remarquera que l'unification européenne tend à éroder le pouvoir des États à la fois par le sommet et par la base. En effet, afin de conserver leur adhésion, les États sont obligés de concéder d'importants pouvoirs de décision à Bruxelles alors qu'au même moment, les demandes des autorités régionales infranationales (et transnationales), de la Catalogne à la Lombardie, ébranlent leur contrôle territorial.

Ainsi, même si les États de l'Europe ont travaillé à unir leurs forces au sein de l'UE, plusieurs de ces mêmes États sont confrontés à des mouvements autonomistes. Le terme « mouvement autonomiste » est entré dans l'usage pour décrire les forces qui surgissent dans des régions ou des populations afin de réclamer à l'État, par la négociation ou par la rébellion active, des pouvoirs politiques accrus ou parfois plus d'autonomie au détriment du centre. La plupart des États sont aux prises avec une forme ou une autre de régionalisme interne. Toutefois, pour qu'un processus autonomiste se déclenche, il faut qu'une force de cohésion, par exemple la croyance commune dans ce que représente le pays, s'effrite au point qu'un mouvement pour l'autonomie régionale, voire pour la sécession naisse. Comme le montre la figure 1A-8, de nombreux pays européens sont touchés par des mouvements autonomistes.

Les États réagissent aux revendications autonomistes de diverses manières, allant de l'accommodement à la répression. Une façon d'y faire face consiste à donner aux régions historiques, comme l'Écosse ou la Catalogne, certains droits et privilèges antérieurement détenus exclusivement par le gouvernement national. Une autre solution pour les États membres de l'UE passe par la création de nouvelles divisions administratives qui permettent à l'État de répondre aux demandes régionales. Les États y recourent soit en consultation avec la Commission européenne – l'administration centrale de l'Union européenne établie à Bruxelles – soit parce que celle-ci a exercé des pressions dans ce sens.

LA DÉLIMITATION DE L'EUROPE : DES CHOIX DIFFICILES

L'élargissement de l'UE

L'élargissement a toujours été un objectif de l'UE, et ce choix n'a jamais cessé de susciter des débats passionnés. Est-ce que l'intégration des économies les plus faibles finira par saper la force de l'ensemble ? Est-ce que les liens et la coopération entre les membres existants devraient d'abord être approfondis et solidifiés avant d'inviter d'autres pays, moins préparés, à se joindre à l'Union ? Rappelons que les États membres doivent se conformer à de strictes politiques économiques et harmoniser leurs systèmes politiques. Il est beaucoup plus facile d'y parvenir pour les pays prospères qui ont une longue tradition démocratique que pour les nations plus pauvres dont le passé politique est instable.

Les pays en marge de l'UE

Les élargissements successifs ont eu d'importantes conséquences géographiques sur l'ensemble de l'Europe, et pas seulement de l'UE. Comme le montre la figure 1A-7, après l'adhésion de la Roumanie et de la Bulgarie en 2007, un certain nombre de pays restent toujours en marge de l'Union, et leurs perspectives d'y être admis semblent mitigées. Le premier groupe comprend les États issus de l'ex-Yougoslavie et l'Albanie. Dans ce groupe d'États, situés dans l'ouest des Balkans, la plupart vivent des difficultés politiques et économiques ; seule la Slovénie a obtenu la pleine adhésion. Les autres États se classent parmi les plus pauvres et les plus fracturés de l'Europe sur le plan ethnique. Cependant, ils abritent plus de 20 millions de personnes dont la situation pourrait s'aggraver s'ils restent en dehors de l'Union. Il vaut mieux, jugent les dirigeants de l'UE, les inciter à adhérer, en exigeant des réformes politiques, sociales et économiques, même si le processus prendra plusieurs années. Les discussions avec la Croatie ont commencé en 2005 et avec le Monténégro en 2006. En 2011, la Commission européenne a proposé d'engager des pourparlers avec le Monténégro en vue d'une adhésion et d'octroyer le statut de candidat à la Serbie, un geste toutefois conditionnel à son rapprochement en cours avec le Kosovo. La Bosnie, divisée sur le plan ethnique et politique, semble loin d'être prête pour des négociations, et l'Albanie est encore moins bien préparée.

Un second groupe de pays candidats à une future adhésion à l'UE est constitué de l'Ukraine et de la Turquie. Le gouvernement de l'Ukraine a manifesté son intérêt à se joindre à l'UE, bien que son électorat soit fortement partagé entre les pro-UE, à l'ouest, et les pro-Russes, à l'est. Enfin, la Turquie est un autre candidat important. Certains dirigeants de l'UE souhaiteraient accueillir un pays musulman dans ce que les États islamiques appellent parfois le « club chrétien ». Toutefois, la Turquie doit accomplir des progrès sur le plan des normes sociales, des droits humains et des politiques économiques avant que son

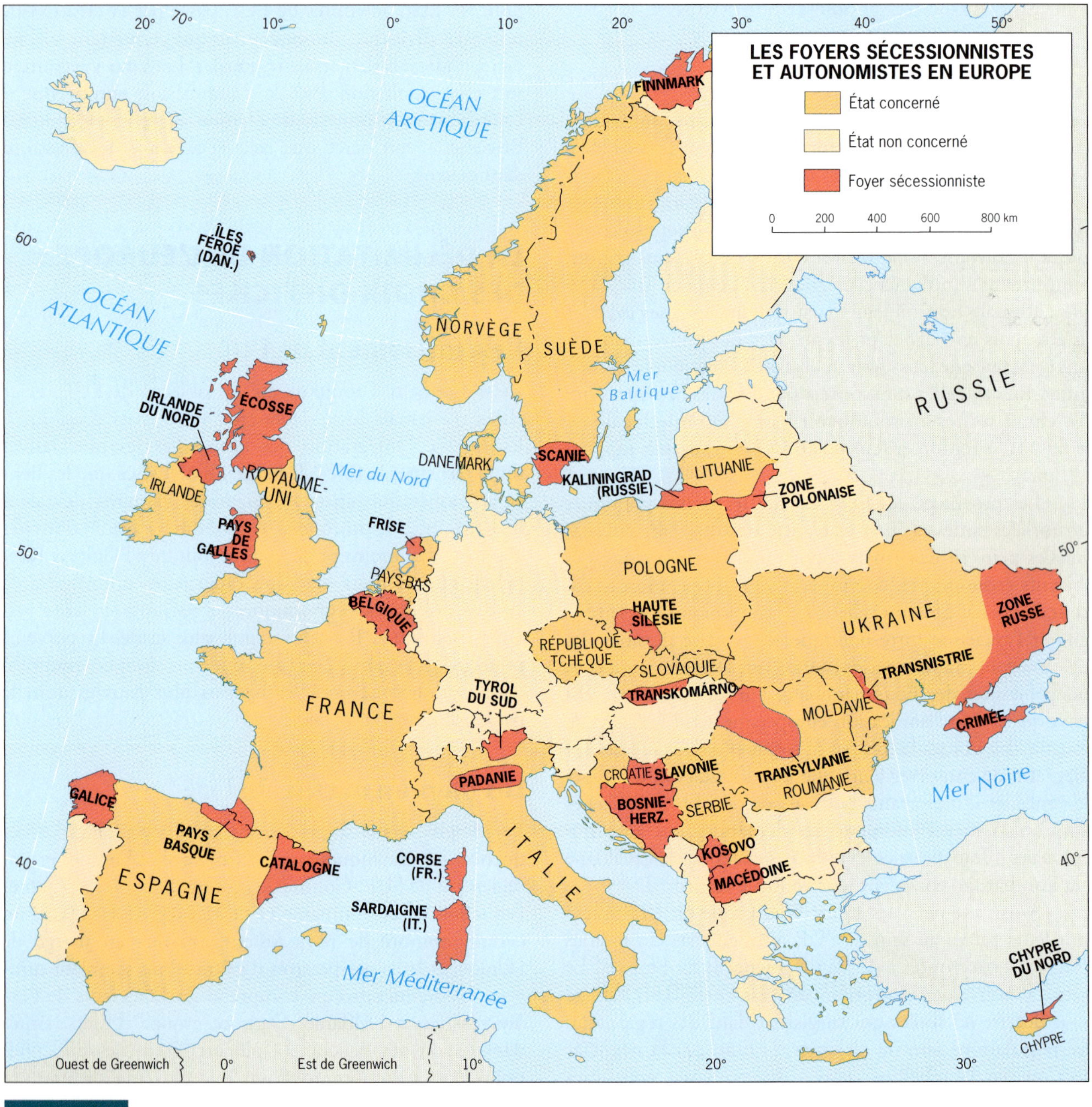

FIGURE 1A-8

adhésion puisse être envisagée. Par ailleurs, elle aura à surmonter un préjugé tenace selon lequel elle ne serait tout simplement pas assez européenne.

Les perspectives d'avenir de l'UE

L'histoire de l'unification décrite ci-dessus met en évidence la portée considérable du courant en apparence irréversible qui transforme actuellement l'Europe, et ce, même si ses objectifs supranationaux ultimes n'ont pas encore été atteints. L'unification d'un ensemble de cette taille et d'une diversité déconcertante sera toujours confrontée à des défis structurels. Les difficultés de l'ancienne Europe de l'Est restent évidentes et la faiblesse de son économie continue de poser problème. Les notions de « nanti » et de « défavorisé », de « centre » et de « périphérie », imprègnent toujours le fonctionnement et les négociations de l'UE. Pour que tous s'entendent, il faut non seulement des bureaucraties gigantesques, mais surtout une patience infinie et une propension au compromis. Les cultures nationales sont très lentes à changer et elles tiennent fortement à leur identité. Il suffit de consulter le site officiel de l'Union européenne (http://europa.eu) : il compte 23 portails et chacun d'eux est écrit dans une langue différente. De nombreux Européens, peut-être la majorité d'entre eux, estiment que le projet de l'UE est un édifice bureaucratique construit par des dirigeants déconnectés de la base européenne. Ils évoquent le déficit démocratique de l'UE, c'est-à-dire un sentiment de rupture entre les citoyens et les institutions européennes, qui leur paraissent s'éloigner toujours plus d'eux chaque fois que l'Union accepte un nouveau membre en ses rangs. Malgré tout, la quête de l'Europe pour une union durable se poursuit.

Aujourd'hui, l'UE compte 27 membres, dont 17 font partie de la zone euro. Elle possède un parlement et est en voie de développer une constitution. De plus, elle étend profondément son action en Europe orientale et envisage même un élargissement au-delà des frontières de l'ensemble européen. Tout cela représente une réalisation remarquable dans cette partie historiquement instable et turbulente du monde. L'UE regroupe maintenant une population d'un peu plus de 500 millions d'habitants qui, tous ensemble, constituent l'un des marchés les plus riches de la planète. Plus de 40 % des exportations mondiales sont réalisées par les États membres de l'UE.

Il est remarquable que ceci ait été accompli en à peine plus de cinq décennies. Certains des dirigeants de l'UE veulent plus que l'union économique : ils envisagent les États-Unis d'Europe, un concurrent à la fois politique et économique aux États-Unis d'Amérique. Pour d'autres, cette notion fédéraliste est une abomination qui ne mérite même pas d'être examinée. Les Britanniques, en général, se méfient particulièrement d'une telle idée. Quoi qu'il en soit, l'Europe subit une autre de ses transformations révolutionnaires : le cas de la crise financière en Grèce à l'automne 2011 et du rôle de l'Allemagne et de la France pour régler les finances de ce pays nous montre à quel point nous sommes les témoins d'une histoire qui s'écrit.

1B LES RÉGIONS DE L'EUROPE

FIGURE 1B-1

SOMMAIRE

- LA COMPLEXITÉ RÉGIONALE DE L'EUROPE
- LE NOYAU CONTINENTAL EUROPÉEN
- LA PARTIE INSULAIRE DU NOYAU : LES ÎLES BRITANNIQUES
- LE SUD DISCONTINU
- L'EUROPE SEPTENTRIONALE
- LA PÉRIPHÉRIE ORIENTALE

CONCEPTS ET TERMES

Micro-État
Plan Marshall
Produit intérieur brut (PIB)
Site
Situation
Estuaire
Conurbation
Enclavement
Hégémonie
Ville mondiale
Périurbanisation
Balkanisation
Déchargement des navires vraquiers
Entrepôt
Enclave
Rideau de fer

L'objectif de la partie B de chacun des chapitres est de présenter la structure régionale et nationale des ensembles étudiés, puis de montrer comment les diverses régions et les États, considérés dans leur individualité, s'insèrent dans la mosaïque géographique.

Même en cette ère de mondialisation et d'unification de l'Europe, l'État joue un rôle clé dans ces processus. C'est pourquoi nous nous concentrons surtout sur la géographie des États et des régions, la manière dont ils interagissent et leurs perspectives d'avenir dans un monde changeant.

LA COMPLEXITÉ RÉGIONALE DE L'EUROPE

L'Europe présente un défi particulier en raison de ses nombreux pays et territoires ainsi que des changements constants qui se répercutent sur sa géographie. Les personnes qui vivent en Amérique du Nord ont l'habitude de consulter une carte géographique plutôt stable qui représente deux pays avec lesquels ils sont familiarisés, les États-Unis et le Canada. En Europe, depuis 1990 seulement, pas moins de 15 nouvelles entités politiques sont apparues. Certaines d'entre elles sont, en fait, d'anciens États rétablis, comme l'Estonie et la Lituanie, d'autres, moins connus, ont surgi : c'est le cas du Monténégro et de la Moldavie. Et d'autres encore viendront peut-être : le Kosovo est devenu théoriquement indépendant en 2008 et la Belgique pourrait un jour se séparer en deux entités distinctes, comme la Tchécoslovaquie à la fin de 1992, année où la République tchèque et la Slovaquie ont été créées.

LES PRINCIPALES VILLES DE L'EUROPE

VILLE	POPULATION* (en millions)
Paris (France)	10,6
Londres (Royaume-Uni)	8,7
Madrid (Espagne)	6,0
Francfort (Allemagne)	5,9
Barcelone (Espagne)	5,2
Berlin (Allemagne)	5,1
Milan (Italie)	4,3
Stuttgart (Allemagne)	3,7
Rome (Italie)	3,4
Athènes (Grèce)	3,3
Kiev (Ukraine)	2,9
Bruxelles (Belgique)	1,9
Hambourg (Allemagne)	1,8
Vienne (Autriche)	1,7
Budapest (Hongrie)	1,7
Varsovie (Pologne)	1,7
Lyon (France)	1,5
Stockholm (Suède)	1,3
Prague (République tchèque)	1,2
Amsterdam (Pays-Bas)	1,1
Dublin (Irlande)	1,1

* Nombre approximatif d'habitants des agglomérations urbaines d'après les données projetées de 2012

L'Europe se distingue aussi de l'Amérique du Nord par sa longue et tumultueuse histoire. Beaucoup de villes européennes se sont développées longtemps avant que les colons n'aient atteint les rivages du Nouveau Monde. Une promenade dans Venise, Bruges ou Prague ramène le visiteur plusieurs siècles en arrière. Les cultures et les frontières politiques de l'Europe du XXIe siècle sont le résultat de longs processus historiques profondément enracinés, qui ont été conditionnés, en partie, par la géographie. Nous devons garder ce détail à l'esprit lorsque nous examinons le cadre spatial actuel de l'ensemble.

L'Europe présente une autre caractéristique qu'on ne retrouve pas en Amérique du Nord : les **micro-États**. Ces derniers ne possèdent pas tous les attributs des États complets, mais, si minuscules soient-ils, ils sont sur la carte en tant qu'entités distinctes, comme Monaco, Saint-Marin, Andorre et le Liechtenstein. À eux s'ajoutent l'enclave russe de Kaliningrad sur la mer Baltique et la dépendance britannique de Gibraltar à l'embouchure de la mer Méditerranée. L'Europe semble afficher une mosaïque politique déconcertante.

Les régions traditionnelles et les réseaux interdépendants de l'Europe actuelle

Autrefois, l'Europe pouvait aisément se diviser en quatre régions : l'ouest, le nord (pays nordiques), la Méditerranée (pays du sud) et l'est ; les États étaient regroupés en conséquence. Une partie de cette géographie historique traditionnelle persiste dans les paysages culturels et a toujours de la pertinence. Cependant, à l'ère de l'unification européenne, un cadre « centre-périphérie » plus prépondérant s'est superposé à ce plan régional. Celui-ci se définit selon la proximité des pays par rapport au centre ou à la périphérie dans le contexte des rouages de l'UE. En d'autres termes, l'Europe peut être vue comme un ensemble de régions culturelles formelles, plus ou moins homogènes (l'Europe latine, l'Europe germanique, l'Europe slave, l'Europe scandinave, etc.). Toutefois, en même temps, l'ensemble tout entier fonctionne comme un système régional politique et économique étroitement interdépendant, et même comme un réseau de régions.

Les six États à l'origine du Marché commun de 1957 sont toujours au cœur de ce qui est devenu le noyau continental européen. En portant une attention particulière à la figure 1B-1, on peut noter qu'aujourd'hui, la zone centrale de l'ensemble européen ne coïncide pas avec des frontières nationales. En fait, le noyau est largement défini sur la base des résultats économiques régionaux, et non sur la géographie politique. Par exemple, l'Italie du Nord (mais pas du Sud) ou le sud de la Suède (mais pas le nord) font partie de ce noyau. On voit combien le travail des géographes peut être ardu quand il s'agit de comprendre la logique de l'organisation et la dynamique des régions du monde. L'ensemble européen illustre très bien ce défi.

LE NOYAU CONTINENTAL EUROPÉEN

Sans compter le micro-État du Liechtenstein, il y a 10 États, dont le territoire est entièrement à l'intérieur du noyau : l'Allemagne et la France, les trois pays du Benelux[1], le Royaume-Uni, le Danemark, les deux États enclavés dans les montagnes que sont la Suisse et l'Autriche, ainsi que la République tchèque (voir la figure 1B-2). Il s'agit du cœur économique de cette région européenne qu'on nomme « Europe occidentale ». Son pays le plus peuplé, l'Allemagne, constitue la plus grande puissance économique d'Europe.

Ensuite, nous retrouvons six États dont une partie du territoire se trouve à l'intérieur du noyau et une autre en périphérie. C'est le cas de l'Espagne, de l'Italie, de la Norvège, de la Suède, de la Finlande et de la Pologne

1. Ces pays sont collectivement désignés par la première syllabe de leur nom en anglais : *Be*lgium, *Ne*therlands, *Lux*emburg.

(voir la figure 1B-1). Ces portions de territoire intégrées au noyau continental sont des régions constituées de villes qui sont reliées, à différents degrés, aux réseaux de l'économie européenne et mondiale.

L'Allemagne

Deux fois au cours du XXe siècle, l'Allemagne a précipité l'Europe et le monde entier dans la guerre, jusqu'à ce que l'État allemand vaincu et dévasté soit, en 1945, divisé en deux parties, l'une occidentale (Allemagne de l'Ouest) et l'autre orientale (Allemagne de l'Est).

Ces pays ont alors pris des trajectoires politiques et économiques très différentes. La domination russe en Allemagne de l'Est a été établie selon le modèle soviétique communiste. Compte tenu des rudes épreuves que l'URSS avait subies aux mains des Allemands pendant la guerre, le régime a été répressif. Pour leur part, les autorités étasuniennes, britannique et française en Allemagne de l'Ouest ont été moins strictes et ont davantage misé sur la réhabilitation. Lorsque le **plan Marshall** a été institué, l'Allemagne de l'Ouest en a fait partie, et son économie a connu un rapide redressement. Durant cette période, la politique de l'Allemagne de l'Ouest a été réorganisée pour donner naissance à un État fédéral moderne reposant sur la démocratie.

L'économie ouest-allemande a rapidement prospéré. Entre 1949 et 1964, son revenu national brut (RNB) a triplé, alors que sa production industrielle a augmenté de 60 %. Simultanément, les dirigeants politiques de l'Allemagne de

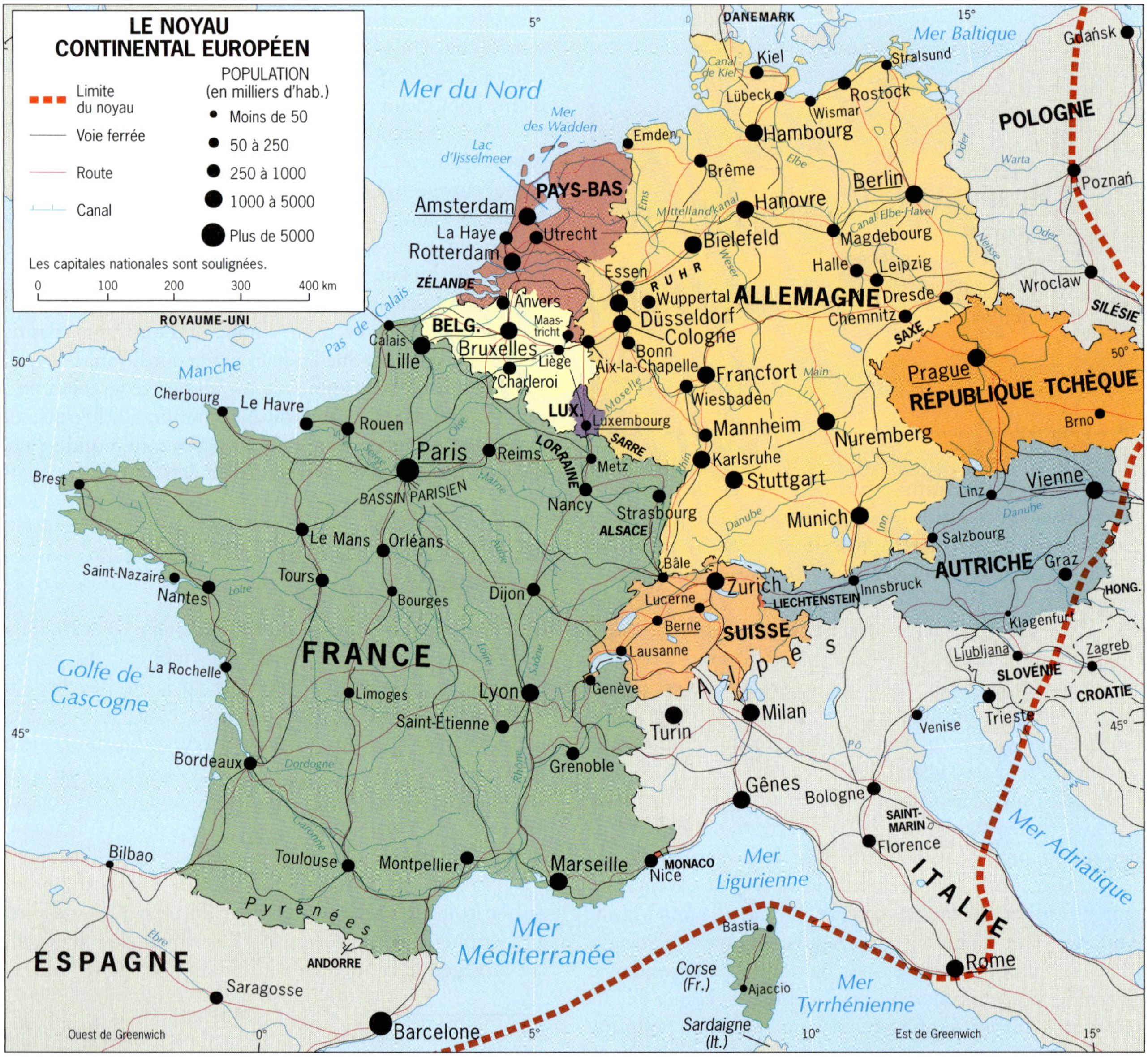

FIGURE 1B-2

l'Ouest ont participé avec enthousiasme aux négociations qui ont conduit à la création du Marché commun de 1957, comprenant alors six membres. La géographie de l'Allemagne de l'Ouest a joué en sa faveur : elle avait des frontières communes avec tous les États membres de la période initiale, à l'exception de l'Italie. Ses infrastructures de transport, rapidement reconstruites, étaient inégalées en Europe. L'élargissement de la Ruhr (située dans l'arrière-pays du port de Rotterdam) et l'émergence de nouveaux complexes industriels centrés sur Hambourg dans le nord, sur Francfort (centre financier de premier plan) au centre, et sur Stuttgart dans le sud, ont bien plus que compensé la perte de la Saxe, annexée à la Pologne, et de la Silésie, située dans l'Allemagne de l'Est communiste. L'Allemagne de l'Ouest exportait d'énormes quantités de fer, d'acier, de véhicules automobiles, de machinerie, de textiles et de produits agricoles. Ces dernières années, l'Allemagne occupait encore le haut du classement mondial pour la valeur de ses exportations, mais elle est aujourd'hui vivement concurrencée dans ce classement par la Chine.

En 1990, l'Allemagne de l'Ouest avait une population d'environ 62 millions d'habitants, et l'Allemagne de l'Est, de 17 millions. En raison de la piètre gestion communiste à l'est, le pays a vite périclité et le spectacle, après la chute du mur de Berlin, était navrant : usines obsolètes, infrastructures en ruine, pollution, villes mornes, agriculture inefficace et institutions juridiques ou autres complètement inadéquates. La réunification qui a eu lieu en 1990 tenait davantage d'une opération de sauvetage que d'une fusion. Le coût en a été colossal pour l'Allemagne de l'Ouest. Quand le gouvernement ouest-allemand a imposé des hausses de taxe de vente et une surtaxe d'impôt sur le revenu à ses citoyens, plusieurs d'entre eux ont commencé à douter du bien-fondé de la réunification. On prévoyait qu'il faudrait des décennies pour reconstruire l'Allemagne de l'Est, d'une superficie comparable à celle de la région administrative du Saguenay–Lac-Saint-Jean. Dix ans plus tard, les exportations de l'ex-Allemagne de l'Est ne contribuaient qu'à environ 7 % du total national. Vingt ans plus tard, en 2010, le taux de chômage à l'Est était deux fois plus élevé qu'à l'Ouest. Tout porte à croire que des disparités régionales continueront d'affliger l'Allemagne pendant un certain temps encore.

Après la réunification, l'Allemagne de l'Est a été réorganisée en six nouveaux États afin de se conformer au système fédéral de l'Allemagne de l'Ouest. Aujourd'hui, la République fédérale d'Allemagne se compose de 16 États ou *Länder*. Les disparités régionales, si elles sont mesurées en fonction du **produit intérieur brut (PIB)** par habitant, demeurent un problème sérieux entre l'ex-Allemagne de l'Est et l'ex-Allemagne de l'Ouest. La conjoncture n'aide pas non plus. Dans la première décennie de notre siècle, l'économie allemande a stagné, ce qui a entraîné une augmentation du chômage et un ralentissement de la relance de l'ex-Allemagne de l'Est.

L'Allemagne, ainsi que d'autres pays d'Europe occidentale, affronte un autre défi de taille : l'intégration d'importantes minorités issues de l'immigration. En 2009, l'Allemagne comptait 81,8 millions d'habitants, dont 7,1 millions d'étrangers. Généralement, les nouveaux venus sont culturellement différents et économiquement moins nantis. Près de 40 % des ménages immigrés vivent sous le seuil de la pauvreté, et les immigrants sont beaucoup plus susceptibles d'être au chômage. Ils se concentrent principalement dans les grandes villes, et leurs enfants fréquentent des écoles où enseigner un programme en langue allemande s'avère parfois difficile. Seulement 8 % des adolescents immigrants poursuivent une formation professionnelle (l'une des forces traditionnelles du système d'éducation allemand), comparativement à 37 % des jeunes de souche allemande. Actuellement, l'immigration suscite des réactions négatives, comme ailleurs en Europe occidentale. Il est à espérer que ces sentiments se dissipent dans un avenir rapproché à mesure que l'économie reprendra de la vigueur, car les économies du noyau continental, y compris celle de l'Allemagne, ont besoin de cette main-d'œuvre immigrée.

L'Allemagne résiste à la récession mondiale mieux que tout autre pays de l'ensemble, et elle exerce à nouveau son influence sur l'Europe où elle n'a pas de rival. L'UE a d'ailleurs besoin que l'Allemagne prenne des initiatives. À l'automne 2011, l'Allemagne, épaulée par la France, a joué un rôle de premier plan pour tenter de sortir la zone euro de l'impasse économique dans laquelle l'a plongée la crise de l'endettement en Grèce.

La France

La domination allemande au sein de l'Union européenne est une préoccupation constante de cet autre important pays du noyau continental. Les Français et les Allemands sont des rivaux depuis des siècles. La France, dont la population s'élève à 63,5 millions d'habitants, en excluant les départements et territoires d'outre-mer, est un ancien État et également le plus vieux de cette région. En revanche, l'Allemagne est un pays jeune créé en 1871 à la suite d'une guerre victorieuse menée contre les Français par une association d'États de langue allemande.

Sur le plan territorial, la superficie de la France est plus grande que celle de l'Allemagne (551 497 km^2 contre 256 978 km^2). La carte suggère que la France dispose d'une situation géographique plus avantageuse grâce aux zones littorales de la Méditerranée, de l'océan Atlantique, de la Manche et à son ouverture sur la mer du Nord. Cependant, aucun des principaux ports européens ne se trouve en France et les navires océaniques à très grande capacité ne peuvent pas se déplacer sur ses cours d'eau ni pénétrer très profondément dans ses terres intérieures.

La carte du noyau continental européen (voir la figure 1B-2) révèle un contraste significatif entre la France et l'Allemagne en ce qui a trait à la répartition de la population. La France se distingue par une métropole, Paris, et aucune autre ville ne s'en approche, que ce soit par la taille

L'une des MÉTROPOLES de . . .

L'EUROPE — PARIS

SI LA GRANDEUR d'une ville devait uniquement se mesurer à la taille de sa population, Paris et sa région, qui comptent 10,6 millions d'habitants, ne figure même pas parmi les 20 plus grandes métropoles du monde. Toutefois, si la grandeur d'une ville est fonction de son patrimoine historique, de sa vitalité culturelle et de son influence internationale, la Ville lumière est unique. Le vieux Paris offre un assemblage incomparable de monuments architecturaux et artistiques, anciens et récents. L'île de la Cité, qui abritait autrefois le village d'origine où la ville a pris naissance (voir la figure 1B-3 A), est le site de la cathédrale Notre-Dame de Paris, vieille de huit siècles. L'Arc de triomphe, construit de 1808 à 1835 sur ordre de Napoléon, commémore les victoires de cet empereur. Il se présente comme un monument à l'architecture néoclassique française, donnant sur l'une des avenues les plus célèbres du monde, les Champs-Élysées qui conduisent à la grandiose place de la Concorde et au Louvre, un magnifique palais converti en un musée d'envergure mondiale.

Même la tour Eiffel, construite pour l'Exposition universelle de 1889 en dépit des objections des Parisiens qui la considéraient comme inesthétique et dangereuse, est devenue un trésor national. De ses magnifiques ponts qui enjambent la Seine jusqu'à ses palais et à ses parcs, Paris incarne la culture et les traditions françaises. En 2011, elle a attiré près de 29 millions de visiteurs, ce qui en fait une des villes les plus visitées dans le monde.

En tant que capitale d'un empire, Paris a été le foyer d'où irradiaient les forces culturelles d'assimilation au monde francophone. Elles ont d'ailleurs profondément modifié, conformément au modèle français, les sociétés de l'Afrique septentrionale, occidentale et équatoriale, de Madagascar, de l'Indochine et d'autres colonies plus petites. Certaines villes éloignées, telles que Dakar, Abidjan, Brazzaville et Saigon, ont recréé une atmosphère toute parisienne. La France a beaucoup investi afin de maintenir sa métropole en bon état, le vieux Paris en particulier, et pas seulement comme une relique de

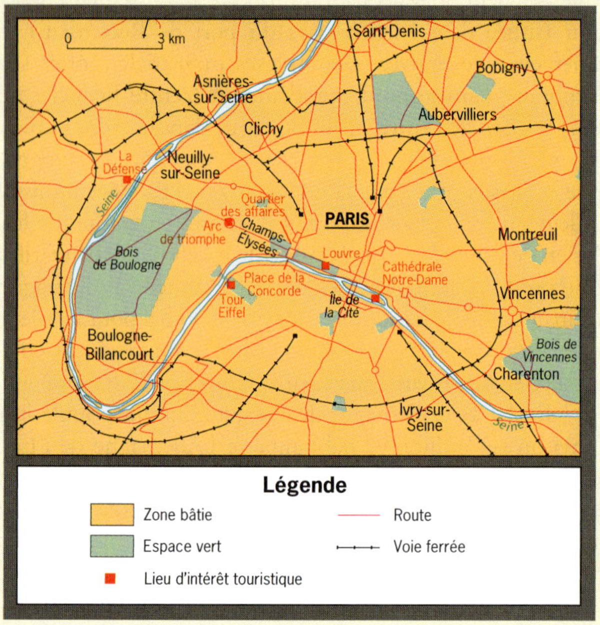

l'histoire, mais en tant que centre fonctionnel et dynamique, un exemple qui puisse servir d'inspiration à d'autres villes.

Aujourd'hui, le vieux Paris est entouré d'un nouveau et différent Paris. Si un spectateur se plaçait au sommet de l'Arc de triomphe et qu'il portait son regard sur les Champs-Élysées, il verrait une avenue bordée d'arbres qui s'ouvre sur La Défense, un complexe de gratte-ciels ultramodernes qui est l'un des plus importants quartiers des affaires en Europe (voir la photo à la page 48). Toutefois, du haut de la tour Eiffel, le spectateur peut voir jusqu'à 80 kilomètres à la ronde et découvrir un décor que peu de visiteurs soupçonnent : des quartiers industriels vieillissants et crasseux, des banlieues pauvres et populeuses où le mécontentement et le chômage s'accroissent et où les immigrants forment des communautés en marge des splendeurs qu'offre la vieille ville.

ou la localisation géographique centrale. L'agglomération parisienne englobe plus de 10 millions d'habitants, alors que sa plus proche rivale, l'agglomération lyonnaise, n'en compte que 1,5 million. L'Allemagne n'a pas de ville qui se compare à Paris par la taille de sa population, mais le pays est jalonné de plusieurs agglomérations de taille moyenne et, globalement, il est plus fortement urbanisé (89 %) que la France (77 %).

Pour quelles raisons Paris, qui n'a aucune matière première essentielle à proximité, a-t-elle pris tant d'envergure ? Quand les géographes étudient l'évolution d'une ville, ils se concentrent sur deux importantes qualités relativement à sa localisation géographique : son **site** et sa **situation**. Le site de la colonie d'origine de Paris était implanté sur une île de la Seine, dans un lieu défendable et où le fleuve se traversait facilement. Cette île, l'île de la Cité (voir la photo à la page 58), était un avant-poste romain, il y a 2000 ans. Pendant des siècles, sa sécurité a assuré sa pérennité. Avec le temps, l'île est devenue surpeuplée et la ville s'est étendue le long des berges du fleuve (voir la figure 1B-3 A).

La France bénéficie de l'une des économies les plus productives et diversifiées du monde. Cette économie qui s'appuie sur l'une des cultures les plus riches de l'humanité est vigoureusement défendue et protégée. Son secteur agricole, par exemple, est fortement subventionné. L'agriculture française du nord est d'ailleurs demeurée la plus productive et la plus diversifiée de l'Europe. Elle exploite la gamme variée des sols et des microclimats du pays tout en profitant de protections et de subventions de l'État.

Lyon, la deuxième ville de France en importance est le siège de la région nommée « Rhône-Alpes ». Point de mire des industries en croissance et des multinationales, cette région est en train de se transformer en une puissance économique autonome et de devenir une force motrice dans l'économie européenne. Elle est l'un des Quatre Moteurs pour l'Europe (voir la page 53) et entretient ses propres liens d'affaires internationaux avec des pays aussi éloignés que la Chine et le Chili.

Aujourd'hui, la géographie économique de la France est marquée par de nouvelles industries de haute technologie. Le pays est un important producteur de trains à grande vitesse, d'avions, de systèmes de communications par fibre optique et de technologies spatiales. Il est également le chef de file mondial dans le domaine de l'énergie nucléaire. Cette dernière lui fournit actuellement plus de 80 % de son électricité, réduisant d'autant sa dépendance à l'égard des importations de pétrole étranger et contribuant à maintenir ses émissions de gaz à effet de serre par habitant inférieures à celles de plusieurs de ses voisins.

Le Benelux

Trois petits pays sont situés dans le coin nord-ouest du noyau continental, soit la Belgique, les Pays-Bas et le Luxembourg. Au total, 28 millions d'habitants vivent sur l'un des territoires les plus densément peuplés du monde. Les Pays-Bas sont situés dans l'**estuaire** du Rhin et de l'Escaut et ont accès aux mers qui, à travers l'histoire, ont fait l'envie des Allemands et des Français. Ce trio d'États est très productif : les Pays-Bas et la Belgique se rangent tous deux parmi les 20 premières économies mondiales. Pour sa part, le minuscule Luxembourg enregistre le revenu total brut par habitant le plus élevé de la planète. Les navigateurs hollandais avaient une économie agricole prospère et un riche empire colonial. Les Belges, de leur côté, ont accompli d'importants progrès pendant la révolution industrielle. Quant au Luxembourg, il a acquis ses lettres de noblesse après la Seconde Guerre mondiale en tant que centre financier de l'Union européenne, alors en pleine évolution, et aussi du monde.

Les Pays-Bas, l'une des plus anciennes démocraties d'Europe et aujourd'hui une monarchie constitutionnelle, ont étendu leur territoire pendant des siècles, non pas en faisant la guerre à leurs voisins, mais en gagnant du terrain

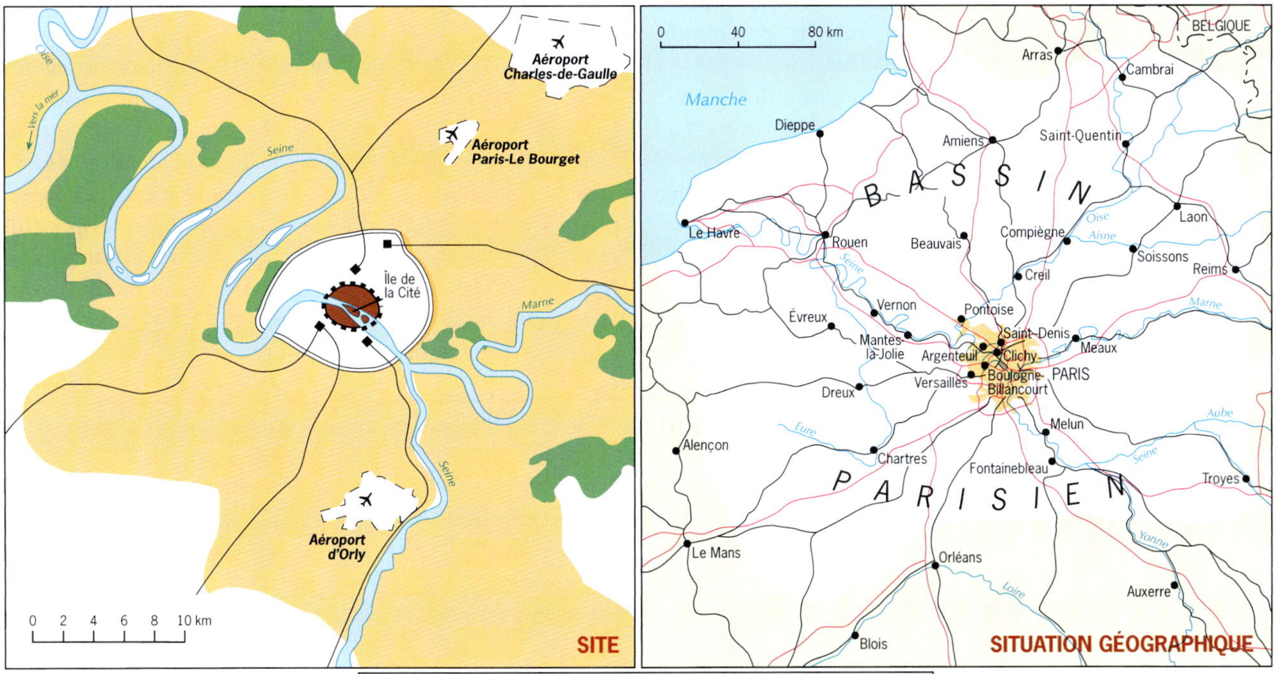

A B

LE SITE ET LA SITUATION GÉOGRAPHIQUE DE PARIS

Espace vert — Enceinte du XIIe siècle — Route
Zone bâtie — Fortifications des années 1840 — Voie ferrée

FIGURE 1B-3

1B

sur la mer. Leur plus grand projet jusqu'ici, le drainage et l'assèchement de la quasi-totalité du Zuiderzee qui était autrefois une baie de la mer du Nord, a commencé en 1932 et se poursuit toujours. Dans la province du sud-ouest des Pays-Bas, la Zélande, les îles sont reliées par des digues, et l'eau pompée est rejetée, créant ainsi sur le territoire national des polders. C'est le nom que les Hollandais donnent aux terres habitées qui sont isolées par des digues et situées sous le niveau de la mer. Comme on s'en doute, les Néerlandais sont passés maîtres dans l'ingénierie des systèmes côtiers visant à contrôler la mer et à protéger le littoral contre les tempêtes.

La géographie régionale de ce pays hautement urbanisé (90 %) est reconnue pour la *Randstad*, une zone urbaine centrale presque triangulaire ancrée autour de trois villes : Amsterdam, la capitale constitutionnelle, Rotterdam, le plus grand port d'Europe et La Haye, le siège du gouvernement. Cette **conurbation** forme désormais un complexe en forme d'anneau qui entoure un cœur rural (en néerlandais, *rand* signifie « bord » ou « marge » et *stad* veut dire « ville »).

La géographie économique des Pays-Bas, comme celle des autres États de cette sous-région, est fortement dominée par les services, la finance et le commerce. L'industrie manufacturière contribue à environ 15 % de la valeur du PIB annuel, alors que l'agriculture, autrefois un pilier de l'économie, représente moins de 3 % du PIB. L'aéroport d'Amsterdam, Schiphol, est le quatrième en importance en Europe pour son trafic de passagers après ceux de Londres, de Paris et de Francfort. La ville de Rotterdam abrite l'un des ports les plus actifs du monde, après Shanghai en Chine, Singapour et Zhejiang également en Chine.

La Belgique jouit aussi d'une économie florissante et dispose d'un important port dans la ville d'Anvers. La Belgique, devenue indépendante en 1830 dans ses frontières actuelles, est toutefois un État beaucoup plus jeune que les Pays-Bas. La géographie régionale de la Belgique, qui compte 10,8 millions d'habitants est caractérisée par une ligne de faille culturelle qui traverse le pays en diagonale. Celle-ci sépare la majorité flamande (58 % de la population), qui se concentre dans le nord du pays, en Flandre, de la minorité de langue française, regroupée dans le sud, en Wallonie (32 % de la population). Bruxelles, la capitale majoritairement d'expression française, est comme une enclave culturelle dans un secteur néerlandophone. Cette ville représente également l'un des grands atouts de la Belgique, car elle sert, à bien des égards, de capitale fonctionnelle de l'UE et est le siège de la plupart de ses institutions. Il est toutefois important de souligner que l'UE n'a pas de capitale officielle. En raison des partis politiques qui promeuvent le séparatisme flamand et qui troublent le paysage social, la menace d'une scission plane sur la Belgique.

Le Luxembourg, l'un des nombreux petits États de l'Europe, est entouré de l'Allemagne, de la Belgique et de la France. Un grand-duc est le chef de ce pays dont le nom officiel est d'ailleurs le Grand-Duché de Luxembourg. Son territoire couvre seulement 2600 km^2, pour une population d'un demi-million d'habitants. La souveraineté, la position relative et la stabilité du Luxembourg se sont traduites par la création d'un havre de paix pour les industries financières, de services et de technologies de l'information. En 2007, on dénombrait plus de 160 banques dans ce minuscule pays et près de 14 000 sociétés de portefeuille. Il s'agit de sociétés qui détiennent le contrôle des actions dans d'autres entreprises en Europe et dans le monde. Avec un revenu par habitant inégalé (64 320 $ US), le Luxembourg est en quelque sorte le plus grand bénéficiaire de l'avènement de l'Union européenne. Nulle part ailleurs en Europe, le soutien populaire pour l'UE n'est aussi large que dans ce pays.

Les États alpins

La Suisse, l'Autriche et le Liechtenstein, un micro-État, sont tous les trois dépourvus de littoraux et implantés dans le relief montagneux des Alpes (voir la figure 1B-2). En Autriche, on ne s'exprime qu'en une seule langue, l'allemand, tandis qu'en Suisse on en parle quatre : l'allemand dans le nord, le français dans l'ouest, l'italien dans le sud-est et le romanche dans les régions montagneuses éloignées (voir la figure 1A-6). Vienne domine l'Autriche, alors que la Suisse multiculturelle n'a pas qu'une seule ville principale. L'Autriche a une superficie deux fois plus grande que celle de la Suisse et une population plus importante. Cependant, la Suisse effectue beaucoup plus d'échanges commerciaux que l'Autriche au-delà des Alpes vers l'ouest de l'Europe et vers l'Europe méditerranéenne.

La Suisse, et non l'Autriche, est à bien des égards l'État principal de la sous-région alpine du noyau continental européen. Le relief montagneux et l'**enclavement** peuvent constituer des obstacles majeurs au développement économique mais, comme c'est souvent le cas, la géographie impose des contraintes tout en offrant des opportunités. C'est ainsi que la Suisse nous enseigne une leçon importante dans la complexité de la géographie humaine. En faisant des contraintes naturelles de leur territoire un avantage stratégique, les Suisses ont transformé leur environnement en apparence restrictif en un État prospère. Ils ont habilement utilisé les eaux provenant de leurs montagnes pour produire de l'énergie hydroélectrique qui leur a servi ensuite à développer des industries hautement spécialisées. Les agriculteurs suisses ont perfectionné des méthodes leur permettant d'optimiser la productivité des pâturages de montagne et les sols des vallées. Les dirigeants suisses ont su transformer l'isolement de leur pays en stabilité, en sécurité et en neutralité, ce qui a fait de leur État un géant bancaire mondial qui attire les grandes fortunes de la planète. Zurich, sise dans le secteur germanophone, est le centre financier de la Suisse, tandis que Genève, située dans la partie francophone, jouit d'un rayonnement politique international. Les Suisses estiment qu'ils n'ont pas besoin d'adhérer à l'UE et ils ne l'ont pas encore fait à ce jour.

L'Autriche, qui a grossi les rangs de l'UE en 1995, correspond à ce qui subsiste de l'Empire austro-hongrois. Elle présente une géographie historique qui rappelle davantage l'instable Europe de l'Est que la Suisse. Même la géographie physique de l'Autriche semble inviter le pays à se tourner vers l'est: dans sa partie orientale, le territoire est plus large, l'altitude à son plus bas et le pays y est le plus productif. C'est aussi à l'est que le Danube relie l'Autriche à la Hongrie, son vieil allié durant les guerres contre l'Empire ottoman. Vienne, de loin la plus grande ville de la sous-région alpine, se trouve également dans le secteur est du pays.

La République tchèque

La République tchèque est issue de la révolution dite de velours, c'est-à-dire de la dissolution plutôt paisible de la Tchécoslovaquie survenue le 31 décembre 1992. La province historique de la Bohême, qui compose la partie centrale du jeune pays, est une région bordée par des chaînes de montagnes et axée sur Prague, la capitale. Celle-ci est une ville classique dominante et constitue le principal centre industriel du pays. Son paysage culturel reflète bien les traditions tchèques. Les montagnes environnantes renferment de nombreuses vallées abritant de petites villes qui se spécialisent, sur le modèle suisse, dans la fabrication de biens de première qualité. Dans l'ancienne Europe de l'Est, même pendant la période communiste, les Tchèques ont toujours été des meneurs dans la technologie et l'ingénierie, et leurs produits se retrouvaient sur les marchés des pays étrangers, proches ou lointains. Aujourd'hui, la République tchèque, qui compte 10,5 millions d'habitants, réclame sa place dans le feu de l'action européenne.

LA PARTIE INSULAIRE DU NOYAU : LES ÎLES BRITANNIQUES

Comme le montre la figure 1B-1, deux pays forment la partie insulaire du noyau principal européen : le Royaume-Uni et l'Irlande. Ceux-ci se trouvent sur deux îles principales, entourées d'une constellation d'îlots. La plus grande île, située à 34 kilomètres à peine au large du continent à son point le plus proche, est la Grande-Bretagne. L'île voisine, à l'ouest, est beaucoup plus petite; il s'agit de l'Irlande (voir la figure 1B-4).

Il existe une certaine confusion dans les noms associés à ces îles et aux pays qu'elles regroupent. Ensemble, elles sont toujours désignées sous le nom d'îles Britanniques, bien que la domination britannique sur l'ensemble de l'Irlande ait pris fin en 1921. Le Royaume-Uni de Grande-Bretagne et d'Irlande du Nord est le nom officiel de l'État qui englobe la Grande-Bretagne et la partie nord-est de l'Irlande. Le Royaume-Uni est souvent appelé à tort « Grande-Bretagne » ou même « Angleterre » ; ses habitants sont connus comme les Britanniques. L'État d'Irlande, officiellement la République d'Irlande (*Eire* en gaélique irlandais), n'occupe pas toute l'île d'Irlande. Elle couvre la partie la plus importante, soit 83 %, alors que la partie nord-est de l'île, appelée Irlande du Nord, appartient au Royaume-Uni.

Pendant la longue occupation britannique de l'Irlande, qui est majoritairement catholique, de nombreux protestants du nord de la Grande-Bretagne se sont installés dans le nord-est de l'Irlande. En 1921, lorsque la domination britannique a cessé, les Irlandais qui habitaient la région située dans le nord-est sont restés sous la Couronne britannique. Londres a conservé le contrôle de cette région afin de protéger les colons protestants qui s'y étaient implantés au fil des siècles. C'est pourquoi le pays porte officiellement le nom de Royaume-Uni de Grande-Bretagne et d'Irlande du Nord.

L'Irlande du Nord était le foyer non seulement des protestants de Grande-Bretagne, mais aussi d'une importante population d'Irlandais catholiques qui s'est retrouvée du mauvais côté de la frontière lorsque l'Irlande a été libérée. Depuis, l'Irlande du Nord a été le théâtre de conflits intermittents entre catholiques et protestants, et les dissensions ont même débordé sur la Grande-Bretagne.

Bien que l'île entière de Grande-Bretagne fasse partie du Royaume-Uni, des divisions politiques existent là aussi. L'Angleterre occupe la majeure partie de l'île ; elle est le centre du pouvoir sous lequel, à l'origine, les autres royaumes (du pays de Galles, d'Écosse et l'Irlande du Nord) ont été unifiés au fil du temps pour former le Royaume-Uni en 1801.

Au XVe siècle, les Britanniques ont commencé à construire ce qui allait devenir le plus grand empire colonial du monde. L'ère de mercantilisme qui s'est ouverte au XVIe siècle et qui s'est poursuivie au XVIIe siècle leur a permis d'accumuler le plus de richesses possible par le commerce et l'acquisition de colonies. En fait, ce modèle a préfiguré la révolution industrielle qui allait transformer le Royaume-Uni et une vaste partie du monde.

Toutefois, l'**hégémonie** (domination politique) britannique, contestée par la montée d'autres puissances comme la France, la Russie, l'Allemagne, le Japon et les États-Unis, s'est achevée au début du XXe siècle. La Seconde Guerre mondiale a marqué la fin de l'ère des empires coloniaux et a annoncé le début de la domination mondiale américaine ; le Royaume-Uni a alors été relégué au rang de partenaire subalterne.

Le Royaume-Uni

Le Royaume-Uni, avec une superficie qui correspond à environ le quart de la Colombie-Britannique et une population de 62,7 millions d'habitants, est un grand pays si on le compare à la moyenne européenne. Selon une combinaison de critères physiographiques, historiques, culturels, économiques et politiques, le Royaume-Uni peut se diviser en quatre sous-régions (voir la figure 1B-4).

1. L'Angleterre. Cette sous-région est à ce point dominante que beaucoup de personnes utilisent souvent

FIGURE 1B-4

son nom pour parler du Royaume-Uni entier. Il n'en demeure pas moins que cette habitude véhicule une importante inexactitude.

L'Angleterre s'appuie sur la métropole de Londres, qui concentre plus d'un septième de la population totale du Royaume-Uni. Avec New York, Londres est considérée comme l'une des **villes mondiales** les plus éminentes de l'ère actuelle de mondialisation. Son secteur financier, ses industries de haute technologie, de communication, d'ingénierie et ses industries connexes témoignent du dynamisme de sa croissance à long terme et de l'importance de son agglomération. Le nord et l'ouest de l'Angleterre ont été des foyers de la révolution industrielle. Ses villes sont synonymes de produits fabriqués d'une variété incomparable.

2. Le Pays de Galles. Ce territoire accidenté presque rectangulaire était un refuge pour les anciens peuples celtiques. Dans les comtés de l'ouest, plus de la moitié des habitants parlent encore le gallois. Grâce aux réserves

En Irlande du Nord, le conflit, aussi appelé « les Troubles », qui a sévi entre les catholiques et les protestants et entre les factions pro et anti-Britanniques, a déchiré le pays pendant des décennies. Il a coûté la vie à plus de 3000 personnes et reste gravé dans le paysage culturel. Les « murs de la paix » qu'on voit ici, érigés dans l'ouest de Belfast pour séparer les quartiers catholiques des quartiers protestants, constituent un monument tragique de l'échec de la conciliation et des compromis, une manifestation physique de la profonde division émotionnelle qui existe encore. À l'été 2010, il y a eu une recrudescence des attaques dans tout Belfast, menées par les républicains extrémistes qui ont posé des bombes et utilisé des voitures piégées. Les négociations politiques et les accords sont devenus plus difficiles depuis que l'Armée républicaine irlandaise (IRA) s'est divisée en de nombreuses factions, chacune avec des stratégies et des perspectives différentes.

Ce qu'a déclaré un analyste en 2005 représente toujours l'opinion qui se reflète dans le paysage urbain que montre la photo: « Les bonnes clôtures font les bons voisins... Les murs de la paix devront rester en place pendant encore quelques décennies. »

de charbon de haute qualité qui se trouvaient dans ses sols du sud, le pays de Galles a lui aussi participé à la révolution industrielle. Cardiff, la capitale, était autrefois le premier exportateur mondial de charbon. La fortune du pays de Galles a toutefois connu des revers, et beaucoup de Gallois ont dû émigrer. Chez les trois millions qui sont restés, la flamme du nationalisme brille encore. En 1997, les électeurs ont approuvé la création d'une Assemblée galloise pour administrer les services publics au pays de Galles, une première étape vers la décentralisation.

3. L'Écosse. Environ deux fois plus grande que les Pays-Bas avec une population de seulement 5,3 millions d'habitants, l'Écosse est une composante importante du Royaume-Uni. La grande majorité de la population est implantée dans les Lowlands (ou Basses Terres), entre deux pôles: Édimbourg, la capitale, à l'est, et Glasgow, à l'ouest. Les réserves de charbon et de fer que recelait la région ont attiré beaucoup de travailleurs; la révolution industrielle avait créé un grand besoin de main-d'œuvre. Grâce à la matière première locale, les Écossais ont développé une industrie de la construction navale d'envergure mondiale. Le déclin et la désuétude ont fini par avoir raison de ces activités, mais elles ont été suivies par l'émergence d'une industrie de haute technologie, notamment dans l'arrière-pays de Glasgow. À cela s'est ajoutée la participation de l'Écosse dans l'exploitation des gisements pétrolifères et gaziers dans la mer du Nord, ce qui a transformé les ports d'Aberdeen et de Leith (Édimbourg), tous deux situés sur la côte est. De nombreux Écossais s'estiment cependant défavorisés au sein du Royaume-Uni et pensent que leur pays devrait jouer un rôle majeur dans l'UE. Par conséquent, lorsque le gouvernement britannique a proposé l'option d'un Parlement écossais aux électeurs en 1997, 74% d'entre eux l'ont approuvée. Beaucoup d'Écossais souhaitent toujours que leur souveraineté se concrétise un jour. Durant les élections locales de 2007, le Scottish National Party (SNP), un parti national écossais pour l'indépendance, a recueilli plus de sièges au Parlement écossais que tout autre parti. Le scénario s'est répété aux élections de mai 2011, alors que le SNP a remporté 65 sièges sur 129. Le premier ministre Alex Salmond a promis la tenue d'un référendum sur l'indépendance durant son mandat.

4. L'Irlande du Nord. Cette région compte 1,8 million d'habitants. Sa population est majoritairement protestante, mais une minorité croissante, autour de 46%, est catholique. Cette minorité qui gagne en importance partage sa religion avec la République d'Irlande, située de l'autre côté de la frontière. Bien que la figure 1B-4 suggère la présence de zones majoritairement protestantes et catholiques en Irlande du Nord, aucune séparation claire n'existe. Protestants et catholiques vivent le plus souvent en groupes sur tout le territoire, y compris dans les quartiers emmurés des villes de Belfast et de Londonderry. La partition n'est pas une solution à un conflit qui fait rage depuis plus de quatre décennies et qui a coûté la vie à des milliers de personnes. Les catholiques accusent Londres ainsi que l'administration locale à majorité protestante de discrimination, tandis que les protestants, pour leur part, reprochent aux catholiques de vouloir l'union avec la République d'Irlande.

L'une des MÉTROPOLES de...

L'EUROPE

LONDRES

EN NAVIGUANT en direction ouest dans les méandres de la Tamise vers le cœur de Londres, on doit s'attendre à une déception. En effet, personne n'est frappé d'émerveillement à la vue de la ville : on n'y trouve ni horizons spectaculaires ni beauté séduisante. Londres est plutôt un amalgame de quartiers : Chelsea, Chiswick, Dulwich, Hampstead, Islington, chacun ayant son propre caractère social et son propre paysage urbain. Certaines de ces zones peuvent être aperçues depuis les rives du fleuve sur lequel voguaient les Romains il y a 2000 ans : Silvertown et son secteur riverain revitalisé ; Greenwich et son célèbre observatoire ; Thamesmead, la communauté de banlieue modèle et moderne. Les zones ont su conserver leur identité dans cette vaste métropole, qui est demeurée, à bien des égards, la ville la plus cosmopolite d'Europe. Chaque partie de Londres, semble-t-il, préserve ses souvenirs de l'empire et possède ses monuments commémoratifs célébrant les héros ou le courage en temps de guerre.

Le long des rives de la Tamise, Londres affiche son double héritage historique en tant que capitale à la fois d'un État et d'un empire : la tour de Londres et le Tower Bridge, les Chambres du Parlement (officiellement connues comme le Palais de Westminster) et le Royal Festival Hall. Londres est un mélange inextricable d'éléments historiques et modernes, d'équipements désuets et de pointe, de secteurs pauvres et de quartiers prospères. Le système de transport en commun, selon les normes mondiales, est excellent, même si les installations vieillissent rapidement. La circulation routière, cependant, est souvent chaotique, les rues étroites étant propices aux embouteillages. En ce qui a trait aux infrastructures culturelles et de loisirs, elles sont inégalées. En somme, Londres tient à la fois du XXIe et du XIXe siècle. Ses aéroports sont ultramodernes. Pourtant, le TGV *Eurostar* en provenance de Paris a dû attendre pendant de longues années pour que des voies à grande vitesse soient finalement installées en 2007, lui permettant d'atteindre sa vitesse optimale entre le tunnel sous la Manche et la gare de Saint Pancras à Londres. Le prolongement du réseau ferroviaire à grande vitesse dans d'autres parties de la Grande-Bretagne demeure seulement un rêve à l'heure actuelle.

À l'été 2012, Londres sera la première ville dans le monde à accueillir les Jeux olympiques pour la troisième fois (1908 et 1948). Pourquoi les pays et les villes se livrent-ils à une concurrence si passionnée afin que leur candidature soit retenue pour les Jeux ? C'est une question de prestige, mais aussi de visibilité, car l'évènement entraîne une augmentation

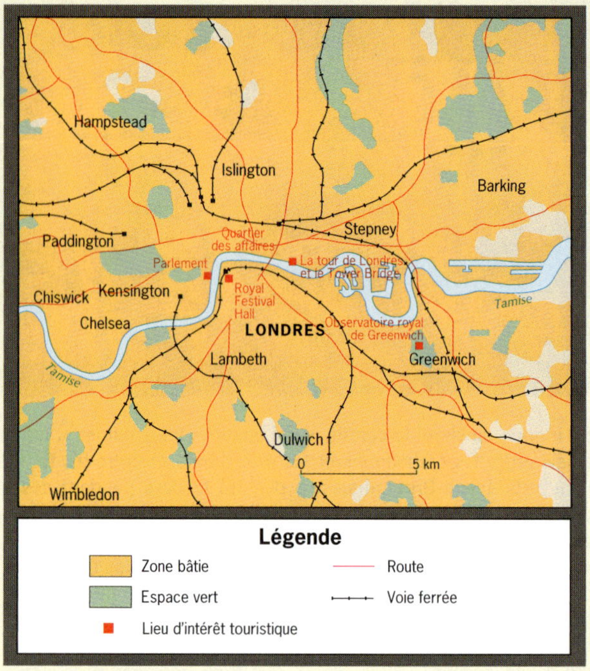

de la fréquentation touristique et des investissements. Souvent, il s'agit également d'une façon de revitaliser certains secteurs de la ville, ce qui exige des investissements financiers considérables qui seraient autrement indisponibles. C'est le cas de Londres. En effet, l'ancienne friche industrielle de sa partie orientale, la zone la plus pauvre de la ville pendant plus d'un siècle, est aujourd'hui transformée en parc olympique et abrite désormais un grand nombre de nouvelles installations et de logements mis à la disposition des citoyens après les Jeux d'été.

En dépit de sa population de 8,7 millions d'habitants, Londres reste l'une des métropoles les plus viables du monde, essentiellement grâce à sa planification urbaine prévoyante. Londres a réussi à créer et à conserver, tout autour de sa partie centrale, une ceinture verte réservée aux activités de loisirs, à l'agriculture et à d'autres utilisations non commerciales et non résidentielles. Bien que la croissance de l'agglomération ait réduit la taille de cette ceinture de verdure, n'en laissant par endroits que des parcelles, le plan d'urbanisme a su préserver les indispensables espaces ouverts à l'intérieur et autour de la ville en déployant la **périurbanisation** dans la couronne située à 40 kilomètres au-delà du centre. La carte actuelle révèle les effets durables de ce plan d'urbanisme.

La République d'Irlande

Jusqu'à la crise financière de 2008-2009, la République d'Irlande a connu la plus forte croissance grâce à sa participation à l'UE, à l'adoption de l'euro, aux politiques fiscales favorables aux entreprises, aux salaires relativement bas, à une main-d'œuvre anglophone et à une position relative avantageuse. Cette économie de services en plein essor de 1995 à 2007 a stimulé l'expansion des villes, l'augmentation rapide des prix de l'immobilier, la multiplication des parcs industriels et une circulation trépidante et, par le fait même, transformé le pays en un pôle d'attraction pour les travailleurs industriels. Le boum a entraîné de nouveaux défis sociaux pour cette société repliée sur elle-même, isolée et longtemps caractérisée par l'émigration. Parmi les immigrants se trouvaient d'ailleurs des milliers de personnes d'origine irlandaise revenues de l'étranger pour décrocher un emploi dans leur pays. Des travailleurs en provenance d'autres États de l'Union européenne, notamment de la Pologne, et des demandeurs d'emploi originaires de pays africains et des Caraïbes étaient également du nombre.

C'est à la fin du XXe siècle que l'Irlande s'est fait connaître comme le « tigre celtique », une désignation qui évoque le développement économique miraculeux des États d'Asie surnommés les « tigres asiatiques ». Pendant un certain temps, l'Irlande a enregistré le plus fort taux de croissance économique de l'UE, faisant de Dublin un centre d'affaires international presque du jour au lendemain.

En 2007, cependant, l'économie de l'Irlande a commencé à ralentir, et un an plus tard, la situation s'est mise à déraper : le marché immobilier a baissé, les industries de services ont trouvé des conditions plus avantageuses en Europe orientale et le chômage a augmenté. Au début de 2011, l'économie de l'Irlande était en récession depuis deux années complètes et le chômage, qui se chiffrait à près de 14 %, frappait durement les nouveaux immigrants étrangers qui représentaient plus de 10 % de la population. L'économie irlandaise devrait être en mesure de se rétablir, mais les investisseurs, les sociétés et le peuple irlandais devront d'abord traverser des temps difficiles. Aujourd'hui, de nombreux jeunes sont victimes du fort taux de chômage et du coût de la vie élevé. Ne leur resterait-il, pour seul espoir, que l'émigration ?

LE SUD DISCONTINU

Comme l'illustrent les figures 1B-1 et 1B-5, les régions septentrionales des deux principaux États de l'Europe du Sud (l'Italie et l'Espagne) font partie du noyau continental européen. Quant au Portugal, accroché au flanc ouest de la péninsule ibérique, il est à l'extérieur, ou encore en périphérie, du noyau continental européen. Il est peu urbanisé, très agraire et peu intégré au noyau. La quatrième entité de ce domaine du Sud est l'île de Malte, un petit État situé au sud de la Sicile. Il s'agit d'un carrefour historique important qui compte une population d'environ 400 000 habitants et une industrie touristique florissante.

L'Italie

L'Italie est située au centre du Sud discontinu. Avec ses 60,5 millions d'habitants, ce pays est le plus peuplé des États du sud de l'Europe et le plus développé sur le plan économique. Il est l'un des membres fondateurs du Marché commun européen et entretient de solides liens avec le noyau continental.

L'Italie est divisée en 20 régions administratives, dont certaines correspondent à des régions historiques séculaires. Plusieurs d'entre elles sont devenues d'importants centres économiques grâce au développement de leurs villes principales respectives ; c'est le cas notamment de la Lombardie avec Milan et du Piémont avec Turin. D'autres, telles que la Toscane avec Florence et la Vénétie avec Venise, sont des foyers historiques de la culture italienne. Toutes ces régions, situées dans la partie nord de l'Italie, contrastent vivement sur les plans social, économique et politique avec les régions typiques de la partie sud, comme la Calabre (la pointe de la botte) et les deux grandes îles de la Méditerranée, la Sicile et la Sardaigne. Il n'est pas surprenant que l'Italie soit souvent décrite comme deux pays, le Nord dynamique et le Sud stagnant, qu'on appelle aussi le *Mezzogiorno*. Le Nord urbanisé et industrialisé fait partie du noyau continental européen, alors que le Sud, dont les revenus sont faibles, est caractéristique de la périphérie.

Le siège antique qu'est Rome fait le pont entre le nord et le sud de l'État. Rome, en effet, se trouve dans l'étroite zone de transition entre les deux moitiés du pays. En Italie, on appelle « ligne d'Ancône » la manifestation du contraste centre-périphérie (nord-sud). Elle tire son nom de la ville du littoral adriatique, Ancône, où la ligne atteint l'autre côté de la péninsule. Bien que Rome demeure la capitale et le centre culturel de l'Italie, le cœur fonctionnel du pays s'est déplacé vers le nord, en Lombardie, dans le bassin du fleuve Pô. C'est à cet endroit que se trouve le complexe manufacturier de pointe de l'Europe. Depuis la zone triangulaire que forment Milan, Turin et Gênes, on exporte des appareils, des instruments de haute technologie, des automobiles, des bateaux et quantités de produits spécialisés. Le bassin du Pô, à la limite septentrionale du sud de l'Europe, jouit du climat méditerranéen, caractérisé par des étés chauds et secs, et d'un régime de précipitations dont la répartition est uniforme tout au cours de l'année. C'est pourquoi cette région fertile se distingue également sur le plan agricole.

La métropole de Milan incarne l'Italie moderne. Peuplée de 4,3 millions d'habitants, elle est la plus grande ville du pays. Elle constitue aussi un important centre de fabrication, ce qui fait de la Lombardie l'un des Quatre Moteurs pour l'Europe. En outre, elle est le centre de la finance et des industries de services de l'Italie. La région de Milan, une pierre angulaire du noyau continental européen, ne rassemble peut-être que 7 % de la population italienne, mais elle génère le tiers du revenu national.

L'Espagne, le Portugal et Malte

À l'extrémité ouest du sud de l'Europe se trouve la péninsule ibérique, séparée de la France et de l'Europe occidentale par les Pyrénées, une chaîne montagneuse accidentée, et de l'Afrique du Nord par le détroit de Gibraltar. L'Espagne, qui compte une population de 47 millions d'habitants, occupe la majeure partie de ce petit territoire méditerranéen, alors que le Portugal se limite à la pointe sud-ouest. Ces deux pays ont énormément profité de leur adhésion à l'Union européenne en 1986.

L'Espagne a suivi l'exemple de l'Allemagne et de la France et a décentralisé sa structure administrative en réaction aux pressions que les régions exerçaient pour une déconcentration des pouvoirs. Ces pressions ont été particulièrement fortes en Catalogne, au Pays basque et en Galice. Le gouvernement de Madrid a alors créé ce qu'on appelle les « Communautés autonomes ».

Comme les Catalans aiment bien le rappeler, même si les matières premières qui servent aux industries sont principalement exploitées dans le nord-ouest du pays, la plupart des développements industriels majeurs sont néanmoins survenus dans le nord-est, où les innovations et les compétences sont les moteurs d'une économie régionale de haute technologie. Ces dernières années, la Catalogne, qui compte pour 6 % du territoire de l'Espagne et 15% de sa population en 2010, a produit 25 % de toutes les exportations espagnoles annuelles et près de 40 % de ses exportations industrielles. Cette puissance économique confère à la région un pouvoir politique accru, ce qui n'empêche pas, cependant, la question du séparatisme catalan de rester à l'ordre du jour.

Madrid, la capitale et la principale ville d'Espagne, se situe en plein cœur de l'État. Elle se trouve également au sein d'une zone de transition économique et géographique. Les communautés autonomes les plus prospères sont la Catalogne et Madrid. Dans celles du nord de l'Espagne, l'économie a tendance à se porter mieux à l'est, où le tourisme et la production vinicole – en particulier dans La Rioja, région célèbre pour son vin rouge – en sont les

FIGURE 1B-5

piliers. Les communautés autonomes situées les plus au sud de l'Espagne ont longtemps été les moins développées et sont plus emblématiques de la périphérie de l'Europe. À l'extrémité méridionale, trois enclaves minuscules caractérisent la carte politique de l'État (voir l'encadré « Gibraltar, Ceuta et Melilla » à la page 72).

Sur le plan économique, l'Espagne traverse une période difficile. En 2009 et en 2010, la croissance économique a baissé. On a craint que les secteurs bancaire et financier du pays ne suivent ceux de la Grèce, de l'Irlande et du Portugal. Le chômage au début de 2011 a touché près de 20 % de la population, et la dette publique était classée parmi les plus élevées de l'UE. Dans ce pays qui comptait parmi ceux où l'immigration était en plus forte croissance lors de la première décennie des années 2000, les demandeurs d'emploi venus de l'étranger sont désormais

L'une des MÉTROPOLES de . . . L'EUROPE

ROME

VUE DES AIRS, Rome ressemble à une mer infinie de toits de tuiles, au-dessus desquels s'élèvent de nombreuses coupoles blanches, ocre et grises de différentes tailles. Rome est peut-être la ville historique où les vestiges du passé sont les mieux intégrés : la circulation intense contourne le Colisée, le Forum, le Panthéon et d'autres monuments faisant partie de l'héritage du plus grand empire de l'Antiquité.

Fondée il y a quelque 3000 ans à environ 25 kilomètres de la mer, sur l'île Tibérine, où il était possible de traverser le Tibre aisément, Rome était sise sur un site en hauteur et défendable. Un millénaire plus tard, soit au début de notre ère, la population y était aussi élevée qu'un million d'habitants, selon l'estimation de certains chercheurs. À cette époque, Rome était la capitale d'un domaine qui s'étendait de la Grande-Bretagne au golfe Persique et des rives de la mer Noire jusqu'au Maghreb. Les empereurs romains ont doté la ville de magnifiques édifices publics à colonnes et à façades de marbre, de bains, de stades, d'obélisques, d'arcs et de statues. Quand Rome est devenue une ville chrétienne, les dômes des églises et des chapelles sont venus ajouter à son éclat.

Il est presque inconcevable qu'une ville aussi prospère ait pu s'effondrer, mais c'est bien ce qui s'est produit après que le siège de l'autorité romaine a été déplacé vers l'est, à Constantinople (aujourd'hui Istanbul). À la fin du VIe siècle, Rome abritait probablement moins de 50 000 personnes, et au XIIIe siècle, seulement 30 000. Aux XVe et XVIe siècles, la papauté a restauré Rome, qui était alors le centre de la Renaissance italienne. Néanmoins, en 1871, quand cette ville est devenue la capitale de l'Italie nouvellement unifiée, sa population ne s'élevait qu'à 200 000 habitants.

En tant que centre politique, religieux et culturel de l'Italie, Rome est ensuite entrée dans un prodigieux cycle de croissance. En 1930, sa population est passée à un million d'habitants, puis en 1960, à deux millions et, de nos jours, elle s'est stabilisée à 3,4 millions.

Par ailleurs, Rome est une double capitale, puisque la Cité du Vatican, siège de l'Église catholique, forme une enclave à l'intérieur de la ville. Le Vatican constitue un État

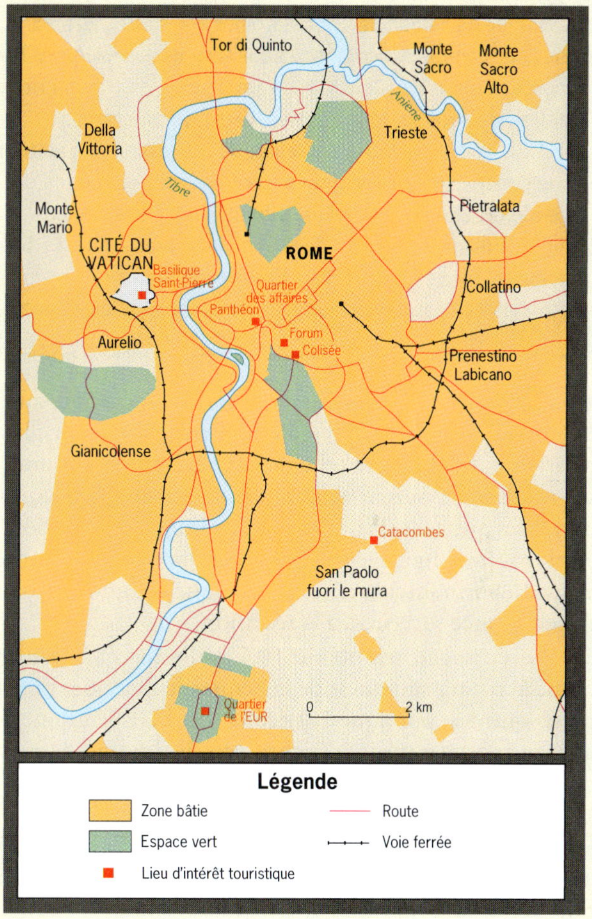

souverain, dont l'influence dans le monde surpasse de loin celle de l'Italie. L'économie contemporaine de Rome est dominée par les industries de services : administrations nationales et locales, secteur bancaire, assurances, vente au détail et tourisme ; elles emploient d'ailleurs les trois quarts de la population active. La nouvelle ville s'étend bien au-delà de l'ancien centre historique fortifié, qui semble aujourd'hui isolé et asphyxié par la circulation et les touristes.

GIBRALTAR, CEUTA ET MELILLA

BIEN QUE L'ESPAGNE et le Royaume-Uni soient tous les deux membres de l'UE et qu'ils se soient engagés à collaborer pour résoudre les problèmes territoriaux, les deux pays sont mêlés à un litige portant sur une bande de terre située à l'extrémité méridionale de la péninsule ibérique: il s'agit du légendaire Gibraltar. En 1713, l'Espagne cède à l'Angleterre le rocher de Gibraltar à perpétuité, mais pas la zone qui relie la péninsule à la masse continentale, que les Britanniques ont occupée plus tard. Gibraltar est depuis ce temps un territoire britannique d'outre-mer. Ses quelque 30 000 habitants sont habitués aux institutions britanniques, à ses règles juridiques et à ses écoles. Les gouvernements espagnols successifs ont revendiqué le retour de Gibraltar sous l'autorité de Madrid, mais une grande majorité des habitants de la colonie y est opposée. Selon leur Constitution de 1969, les Gibraltariens ont droit de vote sur tout transfert de souveraineté.

Les gouvernements britannique et espagnol tentent actuellement de parvenir à un accord en vertu duquel ils partageraient l'administration de Gibraltar pour une période indéfinie. Puisque les deux pays sont membres de l'UE, peu de choses auraient à changer. Et les bienfaits seraient nombreux: le développement économique cesserait d'être entravé par le conflit en cours, la libre circulation des biens et des personnes serait facilitée. Toutefois, les Gibraltariens entretiennent des doutes et veulent soumettre la question à un référendum. Puisque l'Espagne ne souscrit pas à l'idée d'un plébiscite, la situation est loin d'être réglée.

Le refus de l'Espagne de permettre à Gibraltar la tenue d'un référendum et de s'y conformer contraste nettement avec son attitude envers ses deux enclaves, Ceuta et Melilla, situées sur la côte du Maroc. Le Maroc a maintes fois demandé la restitution de ces deux petites villes, mais l'Espagne a toujours refusé au motif que les habitants des enclaves s'y opposent. Pendant longtemps, la question n'a pas fait grand bruit, mais elle a été portée à l'attention de la communauté internationale en 2002, quand un petit détachement de soldats marocains a débarqué sur l'îlot Persil, une possession espagnole inhabitée, sise au large des côtes marocaines, également revendiquée par le Maroc. Dans la foulée des tensions diplomatiques qui ont suivi, toute la question des possessions espagnoles en Afrique du Nord de même que l'attitude antimarocaine de l'Espagne dans l'histoire du Sahara-Occidental ont fait ressortir certaines contradictions que Madrid aurait préféré passer sous silence.

largement considérés comme un problème social. Puisque l'économie espagnole représente une part beaucoup plus importante de l'UE que celle de la Grèce ou de l'Irlande, une défaillance pourrait avoir des conséquences beaucoup plus graves que celle d'autres pays. Il faudra patienter pour voir si le secteur financier espagnol tiendra et s'il permettra au pays de surmonter la crise économique quand une nouvelle croissance succèdera à la récession.

Le Portugal, peuplé de 10,7 millions d'habitants, occupe la région sud-ouest de la péninsule ibérique. Étant donné que les politiques agricoles de l'UE entraînent des transferts des régions riches vers les moins nanties de l'Union et que l'UE finance de grands projets d'infrastructures dans des zones jusqu'ici isolées, le Portugal a énormément tiré profit de son adhésion à l'UE. Il se situe néanmoins bien loin des principales économies de l'Europe. En Espagne, des agglomérations importantes se sont développées sur les plateaux intérieurs de même que dans les basses terres côtières. Au Portugal, en revanche, la population est concentrée sur le littoral atlantique et à proximité de cette zone. Lisbonne, ainsi que Porto, la deuxième ville en importance, sont des agglomérations côtières. Les meilleures terres arables se trouvent dans les zones humides de l'ouest et du nord du pays, mais les exploitations agricoles y sont modestes et peu performantes. C'est pourquoi le Portugal, pourtant hautement rural, doit importer jusqu'à la moitié de sa consommation de produits agroalimentaires. La mauvaise situation financière du Portugal et sa lutte pour surmonter la récession ont nécessité un plan de sauvetage de l'UE en 2011, ce qui a soulevé de grandes préoccupations concernant la stabilité de l'Union.

Les limites méridionales de l'Europe abritent aussi le petit État de Malte, situé au centre de la mer Méditerranée, juste au sud de la Sicile. Malte est un petit archipel dont deux îles sont habitées et trois ne le sont pas, avec une population d'à peine plus de 400 000 habitants (voir la carte en médaillon dans la figure 1B-5). Ancien carrefour culturellement riche en apports arabes, phéniciens, italiens et britanniques, Malte est devenue, en 1800, une dépendance de l'Empire britannique et a servi la marine britannique et son armée. Elle a terriblement souffert des bombardements pendant la Seconde Guerre mondiale, mais en dépit de ses ressources naturelles limitées, elle s'est redressée durant la période d'après-guerre et a accédé à l'indépendance en 1964. Elle a été l'un des 10 nouveaux États à se joindre à l'Union européenne dans le contexte de l'élargissement historique de 2004. Aujourd'hui, Malte possède une industrie touristique en plein essor et jouit d'un niveau de vie relativement élevé. Seule ombre au tableau: l'archipel est aux prises avec un important problème d'immigration clandestine en provenance du continent africain.

La Grèce et Chypre

Si l'étiquette « géographie discontinue » s'applique en un lieu précis, c'est bien dans la zone située entre l'Autriche et la mer Égée, couvrant les Balkans (l'ex-Yougoslavie) et la Grèce. Il s'agit d'une zone qui englobe plusieurs religions et groupes linguistiques, des nations tant prospères que défavorisées, des régions dont l'histoire est marquée par l'instabilité et la violence, de même que des États membres et non membres de l'UE. Parmi ces derniers, certains n'ont même aucun espoir d'adhésion dans un avenir rapproché. Bien que passablement éloignée du noyau continental, la Grèce est néanmoins le berceau de la civilisation occidentale, membre de l'UE de longue date.

Située à l'extrémité sud de l'Europe orientale, la Grèce, sa péninsule et les îles qui la composent sont bordées par la Turquie, à l'est, et par la Bulgarie, la Macédoine et l'Albanie, au nord (voir la figure 1B-6). Certaines des îles de la Grèce qui baignent dans la mer Égée sont au seuil même de la Turquie.

Devenue membre de la CEE en 1981, puis de l'UE, la Grèce a connu une histoire moderne mouvementée. Après une alternance de partis de gauche et de dictatures militaires, les années 1980 ont été marquées par l'arrivée au pouvoir d'un gouvernement plus démocratique. La stagnation économique des années 1980 a été suivie par de tels progrès que la Grèce en est venue à être surnommée la « locomotive des Balkans », devenant un phare de l'UE dans ce secteur de la périphérie. La métropole d'Athènes a bourgeonné, grâce au soutien de l'UE, à la tenue des Jeux olympiques d'été de 2004 et à son adhésion à l'Union économique et monétaire. En arrivant par avion, les voyageurs découvrent l'un des aéroports les plus modernes du monde, puis des autoroutes et un métro de calibre mondial. La région métropolitaine d'Athènes avec son port animé, Le Pirée, rassemble environ le tiers de la population du pays qui s'élève à 11,3 millions d'habitants.

L'adhésion de la Grèce à l'UE a également eu des conséquences moins favorables. Lorsque l'Union s'est élargie pour inclure des pays moins prospères, comme la Bulgarie et la Roumanie, la Grèce a perdu une bonne partie de ses subventions de l'UE, car Bruxelles a dû procéder à une redistribution de son fonds de péréquation pour tenir compte des membres moins nantis. La Grèce a alors dû prendre de sérieuses mesures d'austérité économique, ce qui a été d'autant plus difficile que les citoyens grecs s'étaient habitués aux retraites anticipées, au relâchement du recouvrement des taxes, aux emplois gouvernementaux garantis à vie et à la protection contre la concurrence. La seule évocation d'universités privées, par exemple, a provoqué de vives protestations. Vers 2008, la Grèce s'est trouvée au centre d'une crise alors que son gouvernement inefficace et paralysé s'enfonçait dans la dette. Les efforts d'une réforme douloureuse ont donné lieu à des émeutes meurtrières dans les rues des grandes villes. La Grèce a revécu cette situation difficile à l'été et à l'automne 2011. Encore une fois, le peuple grec a été contraint de se conformer aux conditions du plan de sauvetage imposées par l'UE.

La région sud-est de la périphérie européenne renferme également un pays insulaire, Chypre, qui est membre de l'UE depuis 2004. La géographie politique de cette île mérite une attention particulière en raison des complications qu'elle a créées – et continue de créer – au sein de l'UE. Le cas de Chypre est une bonne illustration de la complexité politique et des défis que représente le processus d'unification. Comme en témoigne la figure 1B-1, cette île se trouve plus proche de la Turquie que de n'importe quelle partie de l'Europe, mais elle est principalement peuplée par des Grecs qui y sont implantés depuis des siècles. Ainsi, la majorité de la population de l'île est de langue grecque. En 1571, l'Empire ottoman s'est emparé de Chypre, jusque-là gouverné par Venise. La Turquie a conservé le contrôle de l'île jusqu'en 1878, date à laquelle elle l'a cédée au Royaume-Uni. La plupart des Turcs de l'île sont, en fait, arrivés durant la période ottomane.

Après la Seconde Guerre mondiale, alors que les Britanniques s'apprêtaient à accorder à Chypre son indépendance, les Chypriotes de langue grecque, qui représentaient – et représentent toujours – la majorité de la population, souhaitaient plutôt une union avec la Grèce. Des conflits ethniques s'en sont suivis. En 1960, Chypre a obtenu son indépendance régie par une constitution établissant un système majoritaire et garantissant les droits des minorités. Cet ordre précaire s'est effondré en 1974, et une guerre civile a éclaté dans l'île. La Turquie a envoyé des troupes, provoquant d'importants déplacements de population. Ces évènements ont entraîné la partition de Chypre en deux secteurs : l'un turc dans la partie nord de l'île et l'autre grec dans sa partie sud (voir les cartes en médaillon dans la figure 1B-6). En 1983, la partie de Chypre sous contrôle turc, représentant environ 40 % du territoire et comptant près de 100 000 habitants (plus quelque 30 000 soldats turcs), s'est autoproclamée la République turque de Chypre du Nord (RTCN). Seule la Turquie a reconnu ce petit État, qui abrite aujourd'hui une population de 400 000 habitants. La communauté internationale a cependant reconnu la légitimité du gouvernement du secteur grec de l'île.

En 2004, les choses se sont compliquées encore davantage lorsque seule la partie grecque de l'île a été admise au sein de l'UE. Le ressentiment était puissant du côté turc et en Turquie même, qui avait alors entamé des pourparlers en vue de sa propre adhésion à l'UE. Cet évènement est un rappel que la ligne verte ou « ligne Attila », érigée par les Turcs pour séparer les deux communautés de l'île, ne constitue pas seulement une frontière régionale, mais aussi une limite entre des ensembles géographiques.

Les Balkans (l'ex-Yougoslavie)

La moitié sud de l'Europe orientale est appelée « les Balkans » ou « péninsule balkanique ». Bien que la Grèce fasse partie de cette péninsule, nous employons ici l'adjectif « balkanique » pour désigner une réalité qui évoque l'éclatement politique de la fédération yougoslave en 1992. Cette partie de l'Europe a connu une histoire particulièrement instable, et elle constitue un exemple classique de l'éclatement politique

FIGURE 1B-6

d'un territoire. L'une des expressions qui désignent ce phénomène est la **balkanisation**. Ce processus a débuté avec le violent démantèlement de la Yougoslavie communiste durant la dernière décennie du XXe siècle et se poursuit aujourd'hui, mais fort heureusement avec moins de brutalité. L'Union européenne n'a fait que peu de progrès dans cette région, et un seul des pays qui ont émergé de la désintégration de la Yougoslavie, la Slovénie, est venu grossir les rangs de l'UE jusqu'à présent. La Croatie, le pays voisin de la Slovénie, est toutefois en cours de négociation pour son adhésion à l'UE prévue le 1er juillet 2013. À l'heure actuelle, aucun autre État de cette région n'est un candidat sérieux à l'adhésion.

L'État clé de la nouvelle carte géopolitique de la région est la Serbie. Ce pays est né de la fragmentation d'un domaine beaucoup plus vaste autrefois dirigé par les Serbes qui étaient dominants dans l'ex-Yougoslavie. La Serbie, dont la capitale historique est Belgrade, se situe au confluent du Danube et de la Save ; elle comptait 7,2 millions d'habitants. Ce nouveau pays est le plus étendu de la région et potentiellement le plus important. Les Serbes doivent toutefois prendre en compte certains changements majeurs. Tout d'abord, plus d'un million d'entre eux vivent en Bosnie-Herzégovine, où ils entretiennent des relations difficiles avec les musulmans et les Croates du pays (voir la figure 1B-7). Ensuite, la province côtière du Monténégro s'est séparée en 2006, lorsque les électeurs ont décidé de former un État indépendant. Par ailleurs, la province autonome du Kosovo, majoritairement musulmane, a proclamé son indépendance en 2008. Sa souveraineté a immédiatement été reconnue par les États-Unis et bon nombre de gouvernements européens. Enfin, la Serbie abrite toujours une minorité hongroise d'environ 400 000 personnes dans sa province septentrionale de Voïvodine, située au nord du Danube. Comme le montre la figure 1B-7, les Balkans constituent une mosaïque ethnique dont les contours territoriaux créent une géographie régionale très singulière.

Le prochain élargissement de l'UE touchera la Croatie, un État en forme de croissant dont les pointes suivent la frontière hongroise et le littoral de la mer Adriatique. Ce pays éprouve lui aussi des difficultés. Environ 90 % de la population de la Croatie, qui compte 4,4 millions d'habitants, sont des Croates. La minorité serbe du pays a été victime de discrimination, passant de 12 % à environ 4 % de la population d'après le dernier recensement de 2001. L'UE a vu d'un mauvais œil la façon dont la Croatie a traité la question des droits humains. Le statut des minorités s'est cependant amélioré, ce qui a permis à Zagreb de réaliser des progrès dans les négociations d'adhésion. Parallèlement, environ 800 000 Croates vivent en Bosnie, où leurs relations avec les musulmans et les Serbes ne sont pas toujours harmonieuses.

Lorsque l'ex-Yougoslavie s'est effondrée, la Bosnie a été le théâtre d'une terrible guerre civile. Aucun groupe ethnique ne dominait cet État. Ce territoire multiculturel de forme triangulaire est enclavé entre la communauté serbe à l'est et la République de Croatie à l'ouest et au nord. La Bosnie-Herzégovine a été victime d'un conflit meurtrier entre les Serbes, les Croates et les Bosniaques – nom désormais officiel pour désigner les musulmans de Bosnie, qui représentaient environ 50 % de la population de 4,8 millions d'habitants. Près de 250 000 personnes ont péri dans les camps de concentration liés aux pratiques de purification ethnique. En 1995, un effort diplomatique des États-Unis a abouti à une trêve qui a mené à la partition du pays selon la figure 1B-7. Cette zone de l'Europe a été marquée par d'intenses manifestations de violence et de tensions ethniques.

La république située la plus au sud de l'ex-Yougoslavie est la Macédoine. Dans la foulée de l'effondrement de la

FIGURE 1B-7

Fédération yougoslave, elle a déclaré son indépendance, faisant d'elle un État indépendant d'environ 2 millions d'habitants, dont les deux tiers sont des Macédoniens d'origine slave. Comme en témoigne la figure 1B-7, la Macédoine est contiguë à l'Albanie et au Kosovo à majorité musulmane et sa région nord-ouest abrite 25 % de Macédoniens de tradition musulmane. Le reste de cette population culturellement diversifiée est formé de Turcs, de Serbes et de Roms (voir l'encadré « Une nation apatride d'Europe » à la page 82). La Macédoine, qui est enclavée et dont l'économie est vulnérable, est l'un des pays les plus pauvres d'Europe. Son nom même a été une source de dissensions. La Grèce, en effet, s'opposait à ce que le pays porte le nom de « Macédoine », arguant que cette appellation est intimement liée à l'histoire grecque. La Grèce a donc refusé de reconnaître la Macédoine. Par ailleurs, ce nouvel État se heurte à un autre problème, celui du mouvement autonomiste de la minorité albanaise; elle doit y affecter des ressources déjà limitées afin de préserver son unité. Les Macédoniens s'accrochent à l'espoir que leur adhésion éventuelle à l'UE leur apportera une aide sous forme de subventions ainsi que de meilleures possibilités économiques.

Le petit État du Monténégro rassemble à peine 630 000 habitants dont un tiers sont des Serbes. Il possède une capitale, Podgorica, quelques paysages de montagnes et un littoral modeste, mais spectaculaire qui longe la mer Adriatique. Ce pays mise avant tout sur le tourisme et les investissements privés pour son développement.

En 1999, au milieu du chaos engendré par la désintégration de la Yougoslavie, l'OTAN a déployé, après une brève campagne militaire, des forces au Kosovo qui était alors une province de Serbie. Avec une population d'un peu moins de 2 millions d'habitants à 90 % musulmane d'origine albanaise et une minorité serbe d'environ 150 000 personnes principalement localisées dans la région nord du territoire, le Kosovo, un pays enclavé, possède peu des caractéristiques qu'on attribue habituellement à un État à part entière. L'OTAN a éventuellement transféré l'administration du Kosovo à l'ONU. L'État a pu ensuite se doter d'un gouvernement national élu en 2007. En 2008, la capitale, Pristina, a organisé des célébrations pour souligner son indépendance.

Le seul autre pays d'Europe où domine l'islam est l'Albanie, dont la population, qui se chiffre à 3 millions d'habitants est musulmane à plus de 75 %. Avec la Macédoine et la Moldavie, l'Albanie est l'un des États les plus pauvres d'Europe. Ce pays a cependant l'une des croissances démographiques naturelles les plus élevées du continent. De nombreux Albanais, qui veulent profiter des bienfaits de l'UE, tentent d'émigrer en Italie en traversant la mer Adriatique. En Albanie, la majorité de la population subsiste grâce à l'élevage du bétail et à l'agriculture. Deux groupes ethniques de même origine occupent le territoire : les Guègues du nord et les Tosques du sud. Tirana, la capitale du pays, se trouve presque au centre de ce fossé économique. En dépit de l'unification de l'Europe, l'Albanie, du point de vue du développement, demeure en marge des autres États européens. Son sort est, en fait, semblable à celui de tous les autres pays du monde qui font partie de la périphérie.

L'EUROPE SEPTENTRIONALE

Entre les Balkans et la région baltique, il y a d'énormes différences en ce qui a trait à la distance par rapport au noyau continental, à la géomorphologie et à la culture. L'éloignement et l'isolement qui caractérisent le Nord, la dureté de son climat, en particulier sous les latitudes plus élevées, ont eu des effets contraignants, mais bénéfiques sur une partie de ce domaine et semblent avoir favorisé le regroupement de cultures similaires. La péninsule scandinave a été tenue à l'écart de la plupart des guerres qui ont dévasté l'Europe continentale. Elle s'est développée dans des conditions relativement paisibles, bien que la Norvège ait été envahie par l'Allemagne nazie pendant la Seconde Guerre mondiale. Les trois langues principales, le suédois, le norvégien et le danois, sont mutuellement intelligibles. En matière de religion, l'Église luthérienne domine les trois pays scandinaves ainsi que l'Islande, la Finlande, l'Estonie et la Lettonie. La Lituanie et la Lettonie possèdent des langues distinctes et, en Lituanie, cependant, c'est la religion catholique qui prévaut. Malgré ces différences, tous les États baltes ont une histoire commune, ancrée sur les rives de la mer Baltique, à proximité de la Russie. En Scandinavie, les gouvernements démocratiques et représentatifs sont apparus très tôt dans l'histoire. De plus, les droits humains et le bien-être collectif font depuis longtemps l'objet d'une grande vigilance. Dans cette région, les femmes participent plus pleinement à la vie politique et à l'action gouvernementale que dans toute autre partie du monde.

En observant les figures 1B-1 et 1B-8, nous pouvons constater que les régions côtières et urbaines du sud font partie du noyau continental européen, mais que le reste du territoire en est exclu. De façon générale, les indicateurs économiques de l'ensemble de cette région sont très élevés, mais presque tout le développement se concentre dans la petite zone centrale du sud. D'un point de vue territorial, le nord de la Norvège, de la Suède et de la Finlande fait partie de la périphérie européenne.

Les pays de cette région de l'Europe septentrionale ont une population combinée d'environ 32 millions d'habitants, soit près de la moitié de celle de l'Italie.

La Suède

Par sa superficie et sa population de 9,4 millions d'habitants, la Suède est le plus grand des pays de l'Europe septentrionale. La plupart des Suédois vivent au sud du 60e parallèle de latitude nord, lequel traverse la ville d'Uppsala, située au nord de la capitale, Stockholm. Il s'agit de la partie du pays où le climat est le plus tempéré (voir la figure 1B-8). C'est là que se trouvent Stockholm, la ville dominante, ainsi que le cœur du pays et les plus importants centres industriels. C'est également là que sont concentrées les principales zones agricoles grâce au relief moins élevé, aux sols plus fertiles et au climat plus clément.

Pendant longtemps, la Suède s'est contentée d'exporter des matières premières ou des produits semi-finis vers les pays industrialisés. Aujourd'hui, cependant, les Suédois fabriquent eux-mêmes des produits finis, comme des automobiles, des appareils électroniques, du mobilier et de la verrerie. Une grande partie de cette production est basée sur les ressources locales. C'est le cas de l'aciérie de Luleå qui utilise le minerai de fer de l'important gisement de Kiruna, ville située dans le nord du pays. Les industries manufacturières suédoises, contrairement à celles de plusieurs pays d'Europe de l'Ouest, sont réparties dans une douzaine de villes, petites et moyennes, chacune ayant ses spécialités. La Suède, dont les ressources énergétiques sont limitées, a été une pionnière dans le développement de l'énergie nucléaire. Un débat national portant sur les risques liés à cette source d'énergie a toutefois conduit à une diminution progressive de son usage et à la promotion des énergies vertes.

La Norvège

La Norvège n'a pas besoin d'une industrie nucléaire pour subvenir à ses besoins en énergie grâce à ses abondantes ressources hydroélectriques. Elle a axé son développement économique sur, dans et sous la mer. La marine marchande norvégienne sillonne les mers du globe, et l'industrie des pêches, à laquelle s'ajoutent des exploitations piscicoles très efficaces, a longtemps été la pierre angulaire de l'économie du pays. Depuis les années 1970, cependant, la vie économique de la Norvège s'est transformée grâce à la découverte d'importants gisements de pétrole et de gaz naturel sous la mer du Nord.

Avec ses parcelles réduites de sol arable, ses pentes abruptes, ses vastes forêts, sa région boréale glaciale et ses fiords spectaculaires, la Norvège ne possède pas de zones industrielles ou agricoles comparables à celles de la Suède. En outre, les villes norvégiennes – à partir d'Oslo, la capitale, et du port de Bergen sur la mer du Nord, jusqu'à l'ancienne capitale Trondheim ainsi que Hammerfest dans l'Arctique – sont toutes situées le long du littoral, et les liaisons terrestres sont malaisées. Le comté de Finnmark, qui s'étend dans l'extrémité nord du pays, est même devenu le siège d'un mouvement autonomiste mené par les Lapons, des éleveurs autochtones de rennes (voir la figure 1A-8). La répartition de la population de la Norvège, qui s'élève à 4,9 millions d'habitants se décrit parfois comme un chapelet d'agglomérations disséminées. Cette particularité n'a cependant pas freiné le développement du pays. À la fin des années 2000, la Norvège enregistrait le taux de chômage le plus bas en Europe, après le minuscule État du Luxembourg. En ce qui concerne le revenu par habitant, la Norvège compte aujourd'hui parmi les États les plus riches du monde.

Les Norvégiens ont une forte conscience nationale doublée d'un esprit d'indépendance. Dans le milieu des années 1990, alors que la Suède et la Finlande ont voté pour devenir membres de l'Union européenne, les Norvégiens, eux, se sont opposés à l'adhésion de leur pays lors d'un deuxième référendum sur la question. Une fois de plus, ils n'ont pas voulu renoncer à leur indépendance économique ni se soumettre aux règlements d'une Europe plus grande et peut-être même pourtant plus sûre.

Le Danemark

Le plus petit État de l'Europe septentrionale est le Danemark. Sa population est de 5,5 millions d'habitants, la deuxième en importance dans la région, après celle de la Suède. Le Danemark se compose essentiellement de la péninsule du Jutland et des îles adjacentes, situées à l'est, à l'entrée de la mer Baltique. C'est sur l'une de ces îles, Sjælland, que se trouve Copenhague, la capitale du pays. Cette ville, qu'on surnomme la « Singapour de la Baltique », est depuis longtemps le premier port du pays, qui recueille, entrepose et transborde des quantités importantes de marchandises. Sa fonction de **déchargement des navires vraquiers** est nécessaire, car les navires de fort tonnage ne peuvent pas naviguer sur la mer Baltique, trop peu profonde. La ville sert donc d'**entrepôt**, où prédominent les installations et les activités de transfert. En 2000, l'achèvement du pont de l'Øresund qui relie le pays à la Suède a amélioré la situation de Copenhague (voir la figure 1B-8).

Le Danemark demeure un royaume et, au cours des siècles passés, son influence s'est propagée bien au-delà de ses frontières actuelles. Aujourd'hui, les vestiges de cette période représentent, pour ce pays, un défi en matière de gouvernance. En 1380, à la suite de l'unification des Couronnes danoise et norvégienne, le Groenland a été placé sous domination danoise. En 1814, date à laquelle cette union a été dissoute, un traité a reconnu la souveraineté du Danemark sur le Groenland. En 1953, le statut du Groenland est passé de celui de colonie à celui de province. En 1979, les 60 000 habitants ont accédé à l'autonomie interne, et leur territoire a reçu le nom inuit de *Kalaallit Nunaat*. Les Groenlandais ont rapidement exercé leurs droits en se retirant, en 1985, de l'Union européenne à laquelle ils étaient liés lorsque le Danemark en est devenu membre.

Le Groenland est toujours dépendant du soutien financier du Danemark, mais cette situation pourrait changer dans un proche avenir. Après des décennies d'exploration, du pétrole a été découvert en 2010 au large de la côte ouest du Groenland, au nord du cercle polaire arctique. L'extraction du pétrole dans l'Arctique comporte cependant des risques environnementaux considérables. Par conséquent, il s'écoulera un certain temps avant que

FIGURE 1B-8

les exploitations ne soient mises en service et qu'elles ne génèrent des revenus. Il y a fort à parier qu'elles mèneront un jour à des changements profonds au Groenland.

Les îles Féroé, situées entre l'Écosse et l'Islande, forment une autre province autonome du Danemark. Les 45 000 habitants de ces 17 petites îles jouissent d'une autonomie gouvernementale depuis 1948. Bien qu'ils aient leur propre drapeau et leur propre monnaie, pour certains d'entre eux ce n'est pas suffisant : ils aspirent à l'indépendance de l'archipel. Un référendum organisé en avril 2004 s'est soldé par une faible majorité (50,72 %) en faveur de l'indépendance. Le gouvernement du Danemark n'a pas reconnu ce plébiscite. Cette situation politique démontre que même le Danemark n'est pas à l'abri des forces décentralisatrices.

La Finlande

Presque aussi étendue que l'Allemagne, la Finlande n'abrite que 5,4 millions d'habitants dont la majorité se concentre dans la partie méridionale du triangle que forment Helsinki, la capitale, Tampere, le centre de production textile, et Turku, axée sur la construction navale (voir la figure 1B-8). La Finlande est un pays de forêts, de conifères et de lacs glaciaires, et son économie a longtemps été dépendante de l'exportation de bois et de produits ligneux. Toutefois, les Finlandais ont réussi à développer une économie plus diversifiée reposant sur la culture vivrière ainsi que sur la fabrication de machinerie de précision et d'équipements de télécommunications, dont les téléphones mobiles Nokia.

Bien que les défis environnementaux et la position relative de la Finlande aient contribué à façonner des paysages culturels semblables à ceux de la Suède et de la Norvège, le peuple finlandais n'est pas de souche scandinave. Les Finlandais entretiennent des liens linguistiques et historiques avec les Estoniens installés au sud, de l'autre côté du golfe de Finlande. De plus, les groupes ethniques parlant les langues finno-ougriennes sont largement dispersés à travers ce qui est aujourd'hui la Russie occidentale.

L'Estonie

L'Estonie, qui est le plus septentrional des trois États baltes, noue depuis fort longtemps des liens ethniques et linguistiques avec la Finlande. Toutefois, pendant la période de domination soviétique qui s'est étendue de 1940 à 1991, la structure démographique de l'Estonie a profondément changé : aujourd'hui, sur 1,3 million d'habitants, environ 25 % sont des Russes, dont la plupart sont venus à titre de colonisateurs.

Après une difficile période d'ajustement, l'Estonie contemporaine a pris une avance sur ses voisines baltes, la Lettonie et la Lituanie (voir l'annexe A). Des voies de circulation maritimes très fréquentées relient Tallinn, la capitale, à Helsinki, en Finlande, et une zone franche dans le port de Muuga facilite le commerce avec la Russie. Plus important encore, l'adhésion de l'Estonie à l'Union européenne en 2004 a marqué un tournant dans la destinée de ce pays. Celui-ci a attiré l'attention ces dernières années en raison de ses progrès économiques et surtout de son esprit d'entreprise créatif dans les industries de haute technologie et des logiciels. Le gratuiciel Skype, par exemple, a été développé à l'origine par une société estonienne. L'Estonie a intégré la zone euro en 2011 et semble sur la bonne voie pour se tailler une place, dans un proche avenir, au sein du noyau continental européen.

La Lettonie

Comme l'illustre la figure 1B-8, la limite du noyau continental européen qui traverse l'Europe du Nord comprend le sud de la Norvège et de la Suède, mais exclut l'Estonie et les deux autres États baltes. Ces derniers ont vu leur situation économique s'améliorer au cours des dernières années, mais ils ne sont pas encore sur un pied d'égalité avec l'Estonie, et restent loin derrière la Scandinavie. La Lettonie, l'État du centre des pays baltes, dont Riga est le port et la ville capitale, a été étroitement intégrée au système soviétique pendant la longue domination de Moscou. Encore aujourd'hui, seulement 59 % de la population de 2,2 millions d'habitants est lettone, alors qu'environ 28 % est russe.

Après l'indépendance, des tensions ethniques ont surgi entre les secteurs baltes et slaves. La perspective d'adhésion à l'UE exigeait toutefois l'éradication des pratiques discriminatoires. Les Lettons se sont alors plutôt concentrés sur l'économie, qui s'était retrouvée dans un état lamentable après l'effondrement de l'URSS. C'est seulement en 2004 que cet État balte est parvenu à devenir un État membre de l'UE. Il y a 25 ans, la quasi-totalité des échanges commerciaux de la Lettonie se faisait avec l'Union soviétique. Aujourd'hui, ses principaux partenaires commerciaux sont l'Allemagne, le Royaume-Uni et la Suède. La Russie figure dans une seule catégorie : l'importation de pétrole et de gaz.

La Lituanie

Cet État balte méridional de 3,3 millions d'habitants renferme une minorité résiduelle russe de seulement 5 %. Les relations que la Lituanie entretient avec son voisin géant sont plus difficiles que celles de la Lettonie avec Moscou, et ce, malgré une plus grande dépendance de la Lituanie envers la Russie à titre de partenaire commercial. Cette relation tendue s'explique en partie par le territoire voisin de Kaliningrad, une **enclave** sur la mer Baltique (voir la figure 1B-8), annexée à la Russie au lendemain de la Seconde Guerre mondiale. La Lituanie s'est retrouvée avec seulement 80 kilomètres de côte et un petit port qui n'était même pas relié par voie ferrée à l'intérieur du pays où se situe la capitale, Vilnius. À l'époque de la guerre froide, alors que l'OTAN progressait vers la frontière de la Russie, Moscou voyait l'enclave comme un avant-poste stratégique. Depuis, le contexte politique a bien changé et la Lituanie a demandé, en 2005, la démilitarisation de Kaliningrad en tant que mesure pour assurer sa sécurité nationale.

Malgré ces problèmes, en 2003, l'économie lituanienne présentait l'un des taux de croissance les plus élevés d'Europe. L'économie de la Lituanie, stimulée par les investissements étrangers et par les profits provenant de sa raffinerie de pétrole à Mažeikiai, a facilité son adhésion à l'UE en 2004.

L'Islande

L'Islande, une île volcanique en partie couverte de glace, est isolée dans les eaux glaciales de l'océan Atlantique Nord, juste au sud du cercle polaire arctique. Avec sa population de 340 000 d'habitants, elle représente le huitième pays de l'Europe du Nord. Habitée par des personnes ayant des ascendances scandinaves, l'Islande et son petit archipel voisin, constitué des îles Westman, sont d'un intérêt scientifique particulier parce qu'ils se trouvent sur la dorsale médio-atlantique. Ici, les plaques tectoniques eurasienne et nord-américaine s'éloignent l'une de l'autre (voir la figure I-11). Ces conditions entraînent la formation de nouvelles terres et de spectaculaires éruptions volcaniques périodiques. L'une des plus récentes s'est produite en avril 2010: le volcan Eyjafjallajökull a même provoqué un arrêt de plusieurs jours du trafic aérien dans le nord de l'Europe et des vols transatlantiques sous certaines latitudes.

La population de l'Islande est presque entièrement urbaine, et la capitale, Reykjavik, regroupe environ la moitié des habitants du pays. La géographie économique de cette nation dépend traditionnellement des eaux environnantes. Les produits de la mer ont d'ailleurs contribué à procurer un haut niveau de vie aux Islandais. Dans les années 1990, l'île a entrepris des politiques de libéralisation économique. Ses industries financières et ses banques ont enregistré une croissance rapide. Pendant un certain temps, l'Islande a même été appelée le « tigre nordique ». Semblablement à ce qui est survenu en Irlande, qui a connu une explosion similaire, l'économie islandaise est tombée en chute libre au début de la récession mondiale de 2008-2009. Le gouvernement islandais, étroitement associé à certaines des banques en difficulté, a dû être renfloué par le Fonds monétaire international (FMI).

LA PÉRIPHÉRIE ORIENTALE

La périphérie orientale de l'Europe est une région fascinante, notamment parce qu'il est si difficile d'en déterminer les limites. Il s'agit d'une région qui, à certains égards, semble moins européenne vers l'est et moins slave vers l'ouest, pour ainsi dire. À travers l'histoire, cette région s'est retrouvée dans la voie des visées expansionnistes des grandes puissances qui la bordent. Après la Seconde Guerre mondiale, les pays de l'Europe de l'Est ont été forcés de devenir des satellites de l'URSS. L'Europe de l'Est a alors vu ses différentes identités nationales réprimées, y compris ses libertés fondamentales, tandis que son économie a été subordonnée aux intérêts de Moscou.

L'Europe a fondamentalement changé au cours des deux décennies qui ont suivi la fin de la guerre froide en 1991. L'ancienne Europe de l'Est, nettement délimitée par le **rideau de fer**, n'existe plus. À certains égards, nous avons assisté à la renaissance de la région culturelle plus ancienne, connue sous le nom d'Europe centrale ou dans sa dénomination allemande courante, *Mitteleuropa* (littéralement « Europe médiane »). Beaucoup de ces changements ont été consolidés à mesure que l'UE s'est élargie vers l'est. Comme nous l'avons vu, la République tchèque a déjà intégré le noyau continental européen, et la Slovénie est susceptible d'être le premier État d'ex-Yougoslavie à obtenir une inclusion similaire. En 2007, un nombre relativement important de pays de l'Est avaient déjà adhéré à l'Union, et d'autres sont des candidats. Il ne fait aucun doute que ce secteur de l'ensemble européen continuera de se transformer de façon constante dans les années 2010 et au-delà.

FIGURE 1B-9

Le centre de l'Europe orientale

Comme le montrent les figures 1B-1 et 1B-9, les quatre États de ce groupe se trouvent tous à proximité immédiate du noyau continental européen ou y sont déjà partiellement intégrés. Le plus important de ces quatre pays est la Pologne, qui était également l'État le plus grand et le plus peuplé parmi les 10 qui ont adhéré à l'UE en 2004. Avec une population de 38,3 millions d'habitants, la Pologne, coincée entre deux ennemis historiques, a vu ses frontières se déplacer à maintes reprises. Son statut actuel sera peut-être plus durable qu'il ne l'a été par le passé. Comme en témoigne la carte, Varsovie, sa capitale historique et autrefois au centre du pays, se trouve désormais plus proche de la Russie que de l'Allemagne. Économiquement et politiquement, la Pologne semble toutefois plus tournée vers l'ouest que vers l'est.

Après être entrée dans l'UE, la Pologne a assisté au départ vers le noyau continental européen de centaines de milliers de travailleurs à la recherche d'emplois. Depuis, beaucoup sont rentrés au pays, et l'économie est en croissance. Aujourd'hui, la Pologne est dans un état bien meilleur qu'elle ne l'a été depuis très longtemps. L'économie, en dépit de la récession mondiale, n'a jamais été plus solide, la position géopolitique du pays est également plus sûre qu'avant – d'autant plus que la Pologne a grossi les rangs de l'OTAN en 1999 –, et son gouvernement est stable et respecté. Les principaux objectifs de la Pologne visent à stimuler encore davantage la croissance économique et à rester fermement ancrée dans les organisations européennes économique et politique.

L'exercice du pouvoir politique a aussi posé problème dans le pays voisin enclavé, la Slovaquie. Pendant la période communiste, la population de ce pays était beaucoup plus pro-soviétique que ne l'était la population tchèque voisine. Beaucoup de ceux qui observaient l'expansion de l'UE en 2004 se demandaient si la Slovaquie, mal gouvernée, devait être admise, car sa capitale, Bratislava, était devenue synonyme de corruption et d'inefficacité. Par ailleurs, la minorité hongroise de la Slovaquie, qui comprend environ 10 % de la population de 5,4 millions d'habitants et qui se concentre dans le sud, le long du Danube, était en conflit avec le régime slovaque. En outre, d'autres préoccupations ont été soulevées concernant des comptes rendus relatant de mauvais traitements administrés à la petite communauté rom (tsigane), une minorité ethnique (voir l'encadré « Une nation apatride d'Europe » à la page 82). Une fois de plus, cependant, la promesse d'une adhésion à l'UE a favorisé certaines réformes et, après 2004, l'économie du pays s'est redressée. À la suite d'une récession en 2007, une administration plus efficace a pris la relève et, en 2008, la Slovaquie a surpris plusieurs observateurs en respectant les conditions d'admission à l'UEM, puis en adoptant l'euro en 2009, avant même la Pologne et la Hongrie.

Après l'effondrement de l'Empire soviétique et la disparition du rideau de fer, de nombreux spécialistes en géographie économique ont annoncé un brillant avenir à la Hongrie, un pays enclavé. Les Hongrois (ou Magyars), venus d'une lointaine région d'Asie et donc dépourvus de racines slaves ou germaniques, se sont installés dans le bassin du Danube moyen, il y a plus de 1000 ans. Ils ont transformé les plaines fertiles en un État-nation florissant et ont donné naissance à une puissance impériale qui a autrefois régné sur un territoire bien plus vaste que l'actuelle Hongrie. On peut encore trouver des vestiges magyars de cette Grande Hongrie dans certaines régions de la Roumanie, de la Serbie et de la Slovaquie (voir la figure 1B-10). Le Parlement hongrois, qui siège à Budapest, la capitale qui chevauche le Danube et qui est issue de la fusion de trois villes en 1873, a d'ailleurs longtemps souhaité l'annexion de ces minorités hors frontières.

Avec une population de 9,9 millions d'habitants, une culture distincte et des ressources considérables et variées, la Hongrie devrait voir de belles perspectives d'avenir s'ouvrir devant elle. Son potentiel économique a d'ailleurs été un facteur important dans son adhésion à l'UE en 2004. Plus récemment, le nouveau statut de ce pays a été confirmé, lorsque son tour est venu, en 2011, d'assumer la présidence de l'UE pendant six mois.

Le sud-est de l'Europe : la Roumanie et la Bulgarie

Comment la Roumanie a-t-elle réussi à convaincre les dirigeants de l'UE d'approuver son adhésion à l'UE en 2007 ? La réponse demeure un mystère pour de nombreux Européens. Comme l'indique le tableau de données de l'annexe A, la Roumanie présente certains des pires indicateurs sociaux de l'Europe : son économie est anémique, ses revenus sont faibles, les conflits politiques internes de même que la corruption sont endémiques.

Située au nord du bassin inférieur du Danube, la Roumanie, avec ses 21,4 millions d'habitants, est toutefois un pays important, qui occupe une grande partie du cœur de l'Europe orientale. Bordé à l'est par la mer Noire, cet État constitue un pont entre l'Europe centrale et la région sud-est de l'Europe. La capitale de la Roumanie, Bucarest – déjà surnommée le « Paris des Balkans » –, et la zone entourant son centre se trouvent à l'intérieur des terres, mais elles sont reliées par voie ferrée au port de Constantza s'ouvrant sur la mer Noire. Les gisements pétrolifères autrefois productifs du pays ont été entièrement épuisés. Environ le tiers de la population active travaille dans l'agriculture ; la pauvreté est très répandue dans les campagnes comme dans les villes, et le taux de chômage est élevé. Beaucoup de Roumains talentueux continuent à quitter le pays à la recherche de débouchés ailleurs.

Au sud, de l'autre côté du Danube, se trouve la Bulgarie. Le Grand Balkan et les monts Rhodopes forment l'ossature physiographique de la Bulgarie. Ces chaînes montagneuses orientée est-ouest encadrent les bassins de la Marica, au sud. Comme l'illustre la figure 1B-10, la Bulgarie a cinq voisins, dont plusieurs sont plongés dans la tourmente politique.

L'État bulgare est apparu en 1878, lorsque les armées du tsar de Russie ont conduit les Turcs, vaincus, hors de

UNE NATION APATRIDE D'EUROPE

CHAQUE GROUPE ETHNIQUE de la mosaïque sociale complexe de l'Europe a, semble-t-il, sa propre patrie, qu'elle soit au sein d'un État ou d'un territoire infranational. Des Frisons aux Corses et des Norvégiens aux Grecs, tous les habitants se rattachent historiquement à un lieu – un État, une province ou une autre entité politique –, peu importe sa taille.

Il existe cependant une exception notoire: les Roms qui vivent, pour la plupart, dans une situation de grande pauvreté. Autrefois péjorativement appelés «romanichels», les Roms forment une communauté déstabilisée et apatride d'Europe dont la population est estimée à 11 millions d'individus. Bien que les origines des Roms restent obscures, certaines études suggèrent qu'ils pourraient être venus de l'Inde. Ils auraient migré en direction de l'ouest, le long de plusieurs corridors, dont un les aurait conduits en Europe en passant par l'Iran et la Turquie. Ils n'ont jamais créé de domaine ni d'État. La plupart d'entre eux vivent dans un arc de cercle discontinu qui s'étend à travers la Bulgarie, la Roumanie, la Hongrie, la Slovaquie et la République tchèque. Ils se sont heurtés partout à la discrimination, au ressentiment, au chômage et aux mauvaises conditions sanitaires (voir la photo ci-dessous). Leur mode de vie nomade contribue à leur faible niveau d'éducation et soulève le problème de la criminalité, perçue ou réelle.

Les Roms ont été un enjeu du débat qui a précédé l'élargissement de l'UE en 2004. De nombreux Européens ont évoqué le «déluge rom» pour justifier leur opposition à cet élargissement. Avant 2004, des Roms étaient entrés dans le noyau continental européen en tant que demandeurs d'asile. Ils avaient débarqué dans les villes britanniques, puis installé leurs campements dans les parcs publics et les villages. Lorsque certains pays ont renforcé leurs procédures d'asile, ils visaient non seulement à endiguer le flot de demandeurs provenant des pays islamiques, mais aussi d'autres régions de l'UE; les Roms étaient alors leur cible principale.

Ces mesures ne les ont pourtant pas découragés. Il y a maintenant près d'un million de Roms en Espagne et peut-être la moitié de ce nombre en France. En août 2010, le gouvernement français a expulsé des groupes comptant plus d'un millier de Roms, à la suite de violents affrontements avec la police de Saint-Aignan et de Grenoble, villes où les Roms avaient dressé des campements illégaux. La situation de ces apatrides est encore pire dans les États d'Europe de l'Est. Les efforts de l'UE pour leur venir en aide dans leur pays d'origine au moyen de subventions et d'autres initiatives ont été entravés en raison du degré élevé de corruption qui sévit dans ces pays.

Les apatrides roms forment la plus grande minorité d'Europe et ils sont aussi les plus pauvres. La Slovaquie est l'un des nombreux pays européens qui abritent d'importantes populations roms. L'UE a d'ailleurs critiqué son gouvernement en raison du traitement qu'elle leur réserve. Cette photo déprimante d'un peuplement de Roms, à Hermanovce, montre un groupe d'habitations de fortune entourées d'un fossé au-dessus duquel une passerelle fait office de pont. Le village de Hermanovce n'est certes pas très prospère, mais ce fossé représente néanmoins le gouffre social qui existe entre les habitants qui jouissent d'un certain confort et ceux qui mènent une vie de privations.

cette région. Les Bulgares slaves, qui forment 85 % de la population de 7,5 millions d'habitants, ont été les fidèles alliés de Moscou pendant la période soviétique, contrairement aux Roumains. Ils n'ont toutefois pas respecté tous les droits civiques de leur minorité turque qui représentait environ 10 % de la population en 2011.

La Bulgarie possède deux ports importants sur le littoral de la mer Noire: Burgas et Varna. Le principal avantage qu'elle tire de sa situation côtière vient du commerce touristique qu'offrent ses plages. La capitale, Sofia, n'est pas sur la côte, mais près de la frontière avec la Serbie. Au cœur de l'arrière-pays, des investissements étrangers changent lentement le paysage économique (voir la figure 1B-11). Le PNB de la Bulgarie est sensiblement égal à celui de la Roumanie, bien que le secteur agricole soit beaucoup plus modeste ici.

Les Bulgares aussi émigrent massivement, libres depuis peu de tenter leur chance sur le marché du travail des autres États de l'UE. Ce mouvement inquiète les pays d'Europe occidentale, qui doivent gérer un afflux incontrôlé d'immigrants.

La marge de l'Europe orientale

À l'extrémité est de l'Europe, aux portes de la Russie, se trouvent trois pays, dont l'un, l'Ukraine, est le plus grand de toute l'Europe en ce qui a trait à la superficie. Avec une population de 45,5 millions, l'Ukraine occupe le sixième rang des États européens. Comme le montre la figure 1B-11, la position relative de l'Ukraine est cruciale. Non seulement fait-elle le trait d'union entre le noyau russse et la périphérie de l'Union européenne, mais elle possède la rive nord de la mer Noire, de la Russie à la Roumanie, y compris la péninsule de Crimée, particulièrement stratégique. Plus important encore, les oléoducs et les gazoducs relient les gisements russes aux marchés européens à travers le territoire ukrainien.

La capitale de l'Ukraine, Kiev, est un haut lieu historique, culturel et politique. Avant l'arrivée des communistes de Russie en 1917, le pays a brièvement été indépendant. Ce n'est qu'en 1991 que l'Ukraine, transformée, a finalement recouvré sa souveraineté. Autrefois une terre de paysans labourant ses sols renommés pour leur fertilité, le pays possède aujourd'hui un énorme complexe industriel à l'est, témoignage de l'époque soviétique. L'Ukraine compte d'ailleurs une forte minorité russe qui représente 17 % de sa population.

Le fleuve Dniepr constitue une référence géographique utile pour comprendre la division spatiale de l'Ukraine (voir la figure 1B-11). À l'ouest du Dniepr s'étend l'Ukraine agraire et rurale, principalement catholique; du côté sud-est de son méandre s'est développée l'Ukraine industrielle, urbaine et russifiée, surtout russe orthodoxe. Les planificateurs soviétiques de l'ère communiste avaient transformé l'est du pays en une dense région industrielle – semblable à la Ruhr en Allemagne – basée sur le charbon local abondant et le minerai de fer. C'est ainsi que le bassin du Donetsk a été converti en un complexe industriel majeur. Pendant cette période, la République soviétique de Russie fournissait à l'Ukraine le pétrole et le gaz dont elle avait besoin.

La figure 1B-10 permet de constater que, à l'exception de la minorité russe de l'est du pays, concentrée en zone

FIGURE 1B-10

urbaine, l'Ukraine a une population ethniquement homogène si on la compare aux autres pays de l'Europe orientale. Cet État revêt une importance primordiale pour l'avenir de l'Europe, car il possède un accès aux voies maritimes internationales, en plus de ressources importantes, d'une énorme production agricole, d'une main-d'œuvre éduquée et compétente ainsi que d'un grand marché intérieur. Toutefois, il est affligé de nombreux problèmes: mauvaise gestion politique, corruption, économie chancelante, taux de criminalité à la hausse.

En 2004, l'élection présidentielle a attiré l'attention internationale sur la géographie politique unique de l'Ukraine. La tendance observée alors s'est clairement reproduite à l'élection présidentielle de 2010. En effet, l'électorat du pays est divisé entre pro-Occidentaux (et pro-UE), dans le nord-ouest, et pro-Russes, dans le sud-est. La position géographique même de l'Ukraine est problématique, car c'est à travers son territoire que transitent les approvisionnements en énergie. La dépendance de l'Ukraine par rapport aux approvisionnements russes la rend vulnérable aux décisions de Moscou en matière de prix ainsi que de distribution. En 2009, la Russie a même interrompu ses livraisons de gaz à l'Ukraine à la suite d'un différend, ce qui a eu des répercussions sur plusieurs pays à l'ouest. Certains des dirigeants ukrainiens encouragent l'intégration rapide du pays dans la sphère européenne, alors que d'autres favorisent une voie médiane, entre l'Europe et la Russie.

Voisine de l'Ukraine, la Moldavie, l'un des pays les plus pauvres d'Europe, était autrefois une province roumaine. Les Soviétiques s'en sont emparés en 1940 et l'ont transformée en une République socialiste soviétique. Un demi-siècle plus tard, elle a obtenu son indépendance au même moment que d'autres républiques analogues, lorsque l'Union soviétique s'est effondrée. Parmi les 4,1 millions d'habitants que compte ce pays enclavé, les Roumains sont restés majoritaires. Toutefois, la plupart des Russes et des Ukrainiens, formant ensemble 13 % de la population, ont traversé le fleuve Dniestr et se sont installés sur une bande de terre industrialisée, située entre ce cours d'eau et la frontière ukrainienne. Ils y ont proclamé la République moldave de Transnistrie (voir la figure 1A-8).

Les mouvements autonomistes ne constituent que l'un des nombreux problèmes de la Moldavie. Son économie, dominée par l'agriculture, est en déclin. On estime que 40 % de la population travaille hors de ses frontières, car le taux de chômage en Moldavie tourne autour des 30%. La contrebande et le trafic illégal d'armes sont florissants. À ces problèmes qui fragilisent le pays s'ajoute celui du soutien de la Russie aux séparatistes de Transnistrie. En 2007, à la suite de pressions exercées par la Russie, le président élu de la Moldavie a été contraint de reconnaître la légitimité du régime autonomiste de Transnistrie.

La Biélorussie, souvent appelée « Bélarus », est le troisième État de la marge orientale de la périphérie de l'Europe. À maints égards, elle est la plus périphérique de ce groupe. Pays enclavé et dépourvu d'accès maritime, autocratique, mal gouverné et soutenu en partie grâce au transit des approvisionnements en énergie en provenance de la Russie vers les pays du noyau continental européen, la Biélorussie a peu de liens fonctionnels avec l'Europe et peu de perspectives d'avenir. Plus de 80 % de la population de cet État, qui abritait 9,5 millions d'habitants, est constituée de Biélorusses, un peuple slave occidental. Seuls 11 % sont russes (d'origine slave orientale). Dévastée pendant la Seconde Guerre mondiale, elle est devenue l'un des satellites les plus fidèles de Moscou. Les Soviétiques ont fait de Minsk, la capitale du pays, un grand centre industriel. Toutefois, durant l'ère postsoviétique, la Biélorussie a accusé un grand retard, et son gouvernement fonctionne d'une façon qui rappelle l'époque communiste.

L'économie de la Biélorussie est d'une époque révolue. Pas moins des quatre cinquièmes de la population active sont employés par l'État et bénéficient d'un logement de fonction. Pour la plupart des citoyens, la propriété privée n'existe pas, pas plus que les chambres de commerce ou les syndicats.

Contrairement à l'Ukraine, la Biélorussie a jusqu'à présent manifesté peu d'intérêt envers une adhésion à l'UE. D'ailleurs, elle reçoit de la Russie des subventions à l'énergie.

Enfin, il y a la Turquie, un imposant pays de 75 millions d'habitants, qui chevauche l'Europe et l'Asie. La Turquie est le successeur de l'Empire ottoman, qui a régné sur de grandes parties de l'Asie, de l'Afrique du Nord et de l'Europe du Sud-Est. Au début des années 1920, elle a connu la sécularisation et l'occidentalisation sous la gouverne du charismatique Mustafa Kemal, dit Atatürk. La Turquie est un pays musulman qui exerce une influence considérable dans le monde arabe et islamique, mais qui est aussi une alliée militaire de l'Occident et membre de longue date de l'OTAN. Bordant pas moins de huit pays, contrôlant le détroit entre la mer Noire et la Méditerranée et s'ouvrant sur trois mers, la Turquie occupe sans contredit une position géostratégique de premier plan (voir la figure 1B-1).

La Turquie s'est officiellement portée candidate à la CEE, et plus tard à l'UE; son entrée officielle dans l'UE est en cours de négociation depuis 2005. Est-elle suffisamment européenne ou trop différente ? Est-elle trop grande – seule l'Allemagne est plus peuplée qu'elle – et potentiellement déstabilisatrice? Est-elle trop proche d'un Moyen-Orient instable? Ou le cas turc est-il moins urgent que d'autres, puisque le pays est déjà fermement ancré dans une structure de sécurité occidentale, soit l'OTAN, dirigée par les États-Unis? Quoi qu'il en soit, l'adhésion de la Turquie est en attente. Certains diront que le traitement réservé aux Kurdes et aux femmes dans la partie orientale du pays ainsi que l'incapacité du gouvernement turc de se conformer aux normes économiques et démocratiques de l'UE représentent autant de problèmes qui ne sont pas susceptibles d'être résolus dans un proche avenir.

LETTONIE
Riga
Liepaja
Mer Baltique
Klaipėda
LITUANIE
Kaunas
KALININGRAD (RUSSIE)
Kaliningrad
Vilnius
Dvina occidentale
Minsk
BIÉLORUSSIE
Gomel
Brest
Varsovie
POLOGNE
Lublin
Tver
Moscou
Toula
RUSSIE
Briansk
Orel
Voronej
Koursk
Don
Tchernihiv
Tchernobyl
Kiev
Kharkiv
Poltava
Dniepr
Cracovie
Lviv
Vinnytsia
Dnipropetrovsk
DONBASS
Louhansk
Horlivka
Yenakiyevo
Makiivka
Donetsk
Rostov-sur-le-Don
SLOVAQUIE
Košice
Dniestr
UKRAINE
Zaporijjia
Tchernivtsi
TRANSNISTRIE
Kryvyi Rih
Marioupol
Debrecen
HONGRIE
Oradea
Cluj-Napoca
Chisinau
MOLDAVIE
Odessa
Mer d'Azov
Szeged
Arad
ROUMANIE
Timişoara
Braşov
Galati
Brăila
Crimée
Novorossiysk
Krasnodar
Sébastopol
Belgrade
Bucarest
Constanţa
Mer Noire
SERBIE
Danube
Ruse
Niš
Varna
Priština
KOSOVO
Sofia
BULGARIE
Burgas
Marica
Plovdiv
Skopje
Edirne
Zonguldak
Samsun
Ordu
MACÉDOINE
TURQUIE
Istanbul
Gebze
Izmit
Corum
Thessalonique
ALBANIE
Bursa
Ankara
Sivas
Eskişehir
TURQUIE
Balıkesir
Larisa
Vólos
GRÈCE
Mer Égée
Kayseri
Afyon
Uşak
Est de Greenwich
20°
25°
30°
35°
40°
45°
50°
POPULATION (en milliers d'hab.)
Moins de 50
50 à 250
250 à 1000
1000 à 5000
Plus de 5000
Les capitales nationales sont soulignées.
Route
Voie ferrée
Gazoduc
Oléoduc
LES PÉRIPHÉRIES ORIENTALES DE L'EUROPE
0
100
200
300 km

FIGURE 1B-11

2A LA RUSSIE

0 200 400 600 800 1000 1200 km
Projection azimutale équivalente de Lambert
Échelle 1:20 000 000
Pôle Nord
OCÉAN AR
Svalbard (NORV.)
Île Alexandre
Île George
Terre François-Joseph (RUSSIE)
Î. Graham Bell
Î. Wilczek
Î. Ouchakova
Terre du N
Î. Komsomole
Î. de la Révolution d'Octobre
Î. Bolchevique
Mer de Barents
Nouvelle-Zemble
Mer de Kara
Î. de Kolgouev
Île Vaïgatch
Î. Bely
Dikson
PÉNINSULE DE
PÉNINSULE DE IAMAL
PÉNINSULE DE GYDAN
Doudinka
Norilsk
PLATEAU DE POUTORANA
Mer du Nord
Mer Baltique
Golfe de Botnie
NORVÈGE
SUÈDE
SCANDINAVIE
FINLANDE
DANEMARK
Copenhague
PAYS-BAS
Amsterdam
HAMBOURG
ALLEMAGNE
BERLIN
POLOGNE
VARSOVIE
Kaliningrad
RUSSIE
LITUANIE
LETTONIE
ESTONIE
Riga
Tallinn
Helsinki
Stockholm
BIÉLORUSSIE
MINSK
Vilnius
UKRAINE
MOLDAVIE
Kiev
ODESSA
DNIPROPETROVSK
DONETSK
KHARKOV
Sébastopol
Mer Noire
Mer d'Azov
Mourmansk
Péninsule de Kola
Mer Blanche
Severodvinsk
Arkhangelsk
Petrozavodsk
SAINT-PÉTERSBOURG
Pskov
Novgorod
Tver
Iaroslavl
Vologda
Kostroma
Ivanovo
Vladimir
MOSCOU
Smolensk
Kalouga
Toula
Briansk
Orel
Koursk
Belgorod
Voronej
Lipetsk
Riazan
Tambov
Penza
Saratov
Volgograd
VOLGOGRAD
Volga
ROSTOV
Krasnodar
Novorossiisk
Sotchi
Armavir
Stavropol
Elista
Naltchik
Vladikavkaz
Grozny
Makhatchkala
Astrakhan
DÉPRESSION CASPIENNE
Mer Caspienne
Mt Elbrouz (5642 m)
CAUCASE
GÉORGIE
TBILISSI
ARMÉNIE
EREVAN
AZERBAÏDJAN
BAKOU
TURQUIE
IRAK
IRAN
TABRIZ
TÉHÉRAN
MASSIF DE L'ELBOURZ
MONTS ZAGROS
PLATEAU IRANIEN
GRAND DÉSERT SALÉ
ISPAHAN
MECHHED
NIJNI NOVGOROD
Tcheboksary
Iochkar-Ola
KAZAN
Oulianovsk
Saransk
Togliatti
SAMARA
Engels
Balakovo
Kirov
Viatka
Syktyvkar
Koudymkar
Ijevsk
Kama
PERM
Naberejnye Tchelny
Nijnekamsk
IEKATERINBOURG
Nijni Taguil
Oufa
Sterlitamak
Magnitogorsk
Orenbourg
Orsk
TCHELIABINSK
Kourgan
Tioumen
MONTS OURAL
Petchora
Narian-Mar
BASSIN DE LA PETCHORA
Vorkouta
Mt Narodnaia (1895 m)
Salekhard
Novy Port
Estuaire de l'Ob
Ob
Ourengoy
Sergino
Khanty-Mansiisk
Nijnevartovsk
Sourgout
PLAINE DE SIBÉRIE OCCIDENTALE
RUSSIE
Kalpachevo
Lessossibirsk
Petropavlovsk
OMSK
NOVOSSIBIRSK
Tomsk
Krasnoïarsk
Kemerovo
Prokopievsk
Novokouznetsk
Barnaoul
Biisk
Abakan
Gorno-Altaïsk
Kyzyl
MONTS SAIAN
Mt Mounkou
Roubtsovsk
Semeï
Mt Bieloukha (4506 m)
MONTS ALTAÏ
Astana
HAUTEURS DU KAZAKHSTAN
KAZAKHSTAN
PLATEAU D'OUST-OURT
Mer d'Aral
OUZBÉKISTAN
DÉSERT DU KYZYL-KOUM
MOYYNKUM
Lac Balkhach
DÉSERT DE SARYESIKATYRAU
TURKMÉNISTAN
Achgabat
Golfe de Garabogaz
TACHKENT
BICHKEK
ALMATY
KIRGHIZSTAN
TADJIKISTAN
Douchanbé
Amou-Daria
AFGHANISTAN
BASSIN DE DZOUNGARIE
Ürümqi
Est de Greenwich

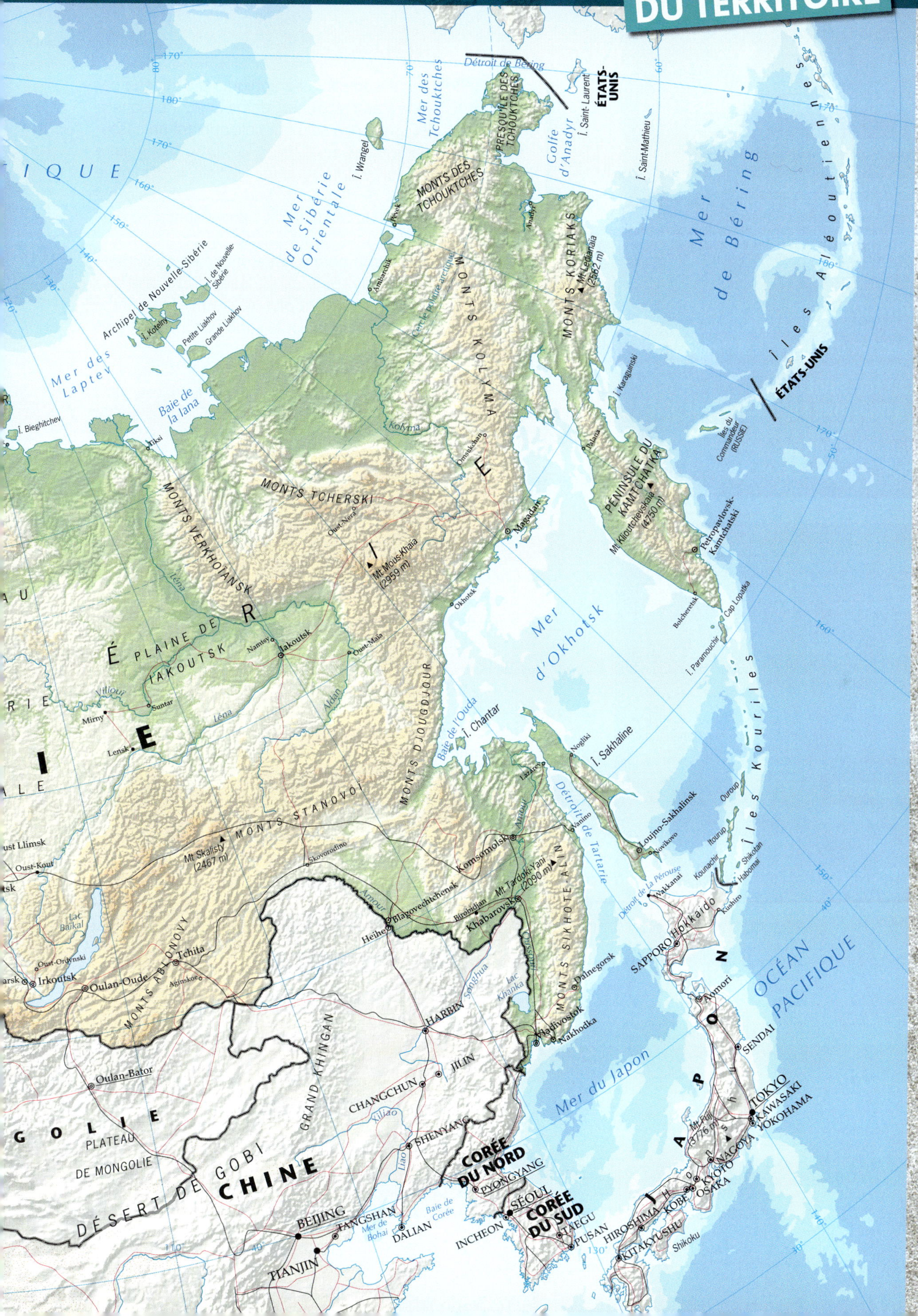
Détroit de Béring
ÉTATS-UNIS
PRESQU'ÎLE DES TCHOUKTCHES
Mer des Tchouktches
Golfe d'Anadyr
Î. Saint-Laurent
Î. Saint-Mathieu
Î. Wrangel
Mer de Sibérie Orientale
MONTS DES TCHOUKTCHES
MONTS KORIAKS
Mer de Béring
Îles Aléoutiennes
ÉTATS-UNIS
Îles du Commandeur (RUSSIE)
Î. Karaguinski
Archipel de Nouvelle-Sibérie
Î. de Nouvelle-Sibérie
Î. Kotelny
Petite Liakhov
Grande Liakhov
Mer des Laptev
Baie de la Iana
Î. Bieghitchev
Tiksi
MONTS KOLYMA
Kolyma
MONTS TCHERSKI
MONTS VERKHOÏANSK
Mt Mous-Khaïa (2959 m)
Magadan
PÉNINSULE DU KAMTCHATKA
Mt Klioutchevskaïa (4750 m)
Petropavlovsk-Kamtchatski
Cap Lopatka
Mer d'Okhotsk
Okhotsk
PLAINE DE IAKOUTSK
Iakoutsk
Léna
Mirny
Lensk
Suntar
Aldan
MONTS DJOUGDJOUR
Baie de l'Ouda
Î. Chantar
Î. Sakhaline
Îles Kouriles
Î. Paramouchir
Iouino-Sakhalinsk
Détroit de Tartarie
MONTS STANOVOÏ
Mt Skalisty (2467 m)
Oust-Ilimsk
Oust-Kout
Lac Baïkal
Irkoutsk
Oulan-Oude
Tchita
MONTS IABLONOVY
Amour
Blagovechtchensk
Heihe
Komsomolsk
Khabarovsk
Mt Tardoki-Yani (2090 m)
MONTS SIKHOTE ALIN
Détroit de La Pérouse
Hokkaido
SAPPORO
Lac Khanka
Vladivostok
Nakhodka
HARBIN
JILIN
CHANGCHUN
SHENYANG
Oulan-Bator
PLATEAU DE MONGOLIE
DÉSERT DE GOBI
GRAND KHINGAN
CHINE
CORÉE DU NORD
PYONGYANG
SÉOUL
CORÉE DU SUD
INCHEON
TAEGU
PUSAN
Baie de Corée
Mer de Bohai
BEIJING
TANGSHAN
TIANJIN
DALIAN
Mer du Japon
OCÉAN PACIFIQUE
JAPON
Aomori
SENDAI
TOKYO
KAWASAKI
YOKOHAMA
Mt Fuji (3776 m)
NAGOYA
KYOTO
OSAKA
KOBE
HIROSHIMA
KITAKYUSHU
Shikoku
Honshu

SOMMAIRE

- LES RÉGIONS PHYSIOGRAPHIQUES
- DES ENVIRONNEMENTS HOSTILES
- LES CHANGEMENTS CLIMATIQUES ET L'AVENIR DE L'ARCTIQUE
- LES RICHESSES NATURELLES DE LA RUSSIE
- L'HÉRITAGE RUSSE
- LA CONSTRUCTION DE L'EMPIRE RUSSE
- L'HÉRITAGE SOVIÉTIQUE : UNE STRUCTURE POLITIQUE COMPLEXE
- LA NOUVELLE RUSSIE : UN ENSEMBLE EN TRANSITION

CONCEPTS ET TERMES

Pergélisol
Toundra
Continentalité
Steppe
Taïga
Capitale avancée
Économie planifiée
Russification
Fédération

Tout ensemble géographique se distingue par une caractéristique dominante. Pensons à l'Europe et à sa carte politique, tel un casse-tête d'une quarantaine de pays ; à la forme triangulaire de l'Amérique du Sud ; aux allures éclatées des mille îles et péninsules de l'Asie du Sud-Est. La Russie est cependant l'ensemble affichant le signe distinctif le plus spectaculaire : l'étendue remarquable de son territoire. Cet ensemble doit son nom à l'État dominant qu'il abrite et qui couvre presque toute sa surface. À elle seule, la Russie est presque deux fois plus vaste que le Canada, le deuxième pays du monde par la superficie. Elle est trois fois plus grande que l'Europe voisine. La Russie s'étend d'est en ouest, de l'océan Pacifique à la mer Baltique, et comprend neuf fuseaux horaires. Lorsque les Moscovites se couchent, leurs compatriotes de Vladivostok, sur la côte pacifique, déjeunent. Ils sont séparés, à vol d'oiseau, par plus de 9000 kilomètres !

On peut voir sur la figure 2A-1 – un globe terrestre le montre encore mieux – que toute la côte nord de la Russie, de la frontière de la Finlande, à l'ouest, jusqu'à la mer de Béring, à l'est, donne sur l'océan Arctique, ce qui laisse peu de doute sur le climat qui règne dans cette région. En outre, la majeure partie de cet ensemble géographique, aussi grand soit-il, se trouve sous des latitudes élevées, sans compter que des montagnes et des déserts l'isolent des régions plus chaudes et humides de l'Eurasie. Tous les dirigeants et gouvernements de la Russie ont dû composer avec ces contraintes du milieu naturel. Par exemple, les ports russes donnant sur l'océan Pacifique à l'est ne sauraient être plus éloignés des principaux centres urbains du pays. À l'ouest, où se trouve le noyau russe, les ports donnant sur l'océan Arctique n'offrent qu'un accès saisonnier, à l'exception de celui de Mourmansk, libre de glaces toute l'année.

Si l'ensemble russe est vaste, sa population est modeste. Comme l'indiquent les données de l'annexe A, la population totale de cet ensemble qui englobe la Russie, l'Arménie, l'Azerbaïdjan et la Géorgie est de 158 millions. À titre comparatif, le nombre d'habitants aux États-Unis est de 313 millions, au Japon, de 127 millions, et en Indonésie, de 242 millions. La chute de l'Union soviétique en 1991 a entraîné des conditions politiques, économiques et sociales dont les effets démographiques négatifs perdurent encore aujourd'hui. Cet enjeu est devenu d'autant plus préoccupant pour la Russie que ses dirigeants aspirent à restaurer la puissance et le prestige de leur pays. Pour y parvenir, ils devront renforcer les institutions sociales du pays, diversifier l'économie, rétablir la confiance auprès

← FIGURE 2A-1

Les principales CARACTÉRISTIQUES GÉOGRAPHIQUES de . . .

LA RUSSIE

1. La Russie est le plus vaste État du monde (17 millions de km²). Sa superficie est presque deux fois plus grande que celle du Canada (9,9 millions de km²) qui arrive au deuxième rang. La Russie est de loin l'ensemble le plus étendu d'est en ouest, couvrant quelque 10 000 kilomètres et neuf fuseaux horaires.

2. De tous les pays ayant une superficie et une population importantes, la Russie est celui qui se trouve le plus au nord ; la majeure partie de son territoire se situe dans des zones très froides ou très arides. D'imposants systèmes montagneux empêchent l'air subtropical doux de souffler sur la Russie, tandis que rien ne freine les masses d'air froid qui descendent de l'Arctique.

3. La Russie a été l'une des grandes puissances coloniales du monde. Sous les tsars, les Russes ont créé le plus vaste empire continental qui ait jamais existé ; les dirigeants soviétiques qui ont succédé aux tsars après la révolution de 1917 ont poursuivi l'expansion du territoire.

4. La population russe de 141,3 millions est faible par rapport à l'immensité du pays. Elle est actuellement en décroissance et est regroupée en partie dans sa portion la plus à l'ouest, qui représente le cinquième de la superficie de la Russie.

5. Le développement de la Russie se concentre à l'ouest de l'Oural ; c'est là que se retrouvent les villes principales, les grandes régions industrielles, les réseaux de transport les plus denses et les zones agricoles les plus productives. À l'est de l'Oural, les villes et les centres économiques s'égrainent principalement le long d'un étroit corridor allant de la région méridionale de l'Oural jusqu'à Vladivostok, dans le sud de l'Extrême-Orient russe.

6. La Fédération de Russie est un État multiculturel, dont les divisions territoriales intérieures s'appuient sur des structures complexes.

7. En dépit de son vaste territoire, la Russie est désavantagée par sa position géographique à l'intérieur de l'Eurasie, car elle ne peut compter que sur quelques ports bien situés.

8. Des régions qui ont longtemps fait partie des Empires russe et soviétique cherchent encore à se redéfinir. Des pays du Turkestan, une région musulmane de l'Asie du Sud-Ouest, empiètent sur les frontières de la Russie impériale.

9. L'effondrement de l'Empire soviétique en 1991 a confronté la Russie à de grandes difficultés sociales et économiques. La transition actuelle devrait aboutir à la création d'un nouvel ordre.

10. Considérée comme une « puissance pauvre » depuis une décennie, la Russie compte sur la mise en valeur (extraction et transformation) de ses ressources naturelles. La vente d'hydrocarbures, de fer, de nickel, d'aluminium assure l'essentiel des entrées de devises. De très grandes entreprises, comme Gazprom et Rusal, sont aussi des acteurs importants de l'économie russe.

Une scène hivernale au cœur de la Russie méridionale

de la population, et ce, sur l'ensemble du territoire afin d'en éviter la désintégration.

Les défis géopolitiques de la Russie demeurent nombreux. Des mésententes de frontières subsistent avec la Chine et le Japon, ses voisins. La Chine conteste la frontière (nord-est) marquée par le fleuve Amour et la rivière Oussouri. Quant au Japon, il revendique, dans l'archipel des Kouriles, les îles adjacentes à son territoire. Une question plus préoccupante encore concerne le poids politique de la Russie. Elle a vu son rôle fortement diminuer en Europe de l'Est. Progressivement, les pays qui avaient été des États satellites de l'URSS se sont tournés vers l'Union européenne et l'Organisation du traité de l'Atlantique Nord (OTAN), une alliance militaire. À l'intérieur de ses frontières, la Russie doit aussi gérer la crise tchétchène. La forte présence militaire russe en Tchétchénie (voir la figure 2B-5), depuis les deux conflits sanglants de 1994 à 1996 et de 1999 à 2000, montre à quel point la Russie lutte contre tout morcellement de son territoire dans cette région.

Enfin, les autorités doivent gouverner un territoire aux disparités régionales de plus en plus prononcées. De nombreuses régions, en périphérie lointaine, sont en déclin démographique et économique. Le manque d'investissement y cause de graves problèmes de développement et d'intégration à l'économie du reste du pays. Les écarts grandissants de revenus entre la classe possédante des nouveaux Russes et ceux qui ont subi les effets pervers de la libéralisation des prix et de la privatisation posent de sérieux problèmes sociaux dans les villes du pays.

La modernité n'a pas encore atteint le village de Tara, situé sur la rivière Irtych, près d'Omsk, dans la plaine de Sibérie occidentale. Ses maisons de bois et ses remises bancales de l'époque des tsars sont illuminées par un soleil d'été. Or, bien que le village se trouve dans l'une des régions administratives les plus méridionales de la Russie (voir la figure 2B-2), elle n'est pas à l'abri pour autant du dur hiver sibérien. Durant la courte saison agricole, les habitants des villages fermiers qui parsèment la plaine cultivent le blé de printemps et d'autres produits à maturation hâtive.

LES RÉGIONS PHYSIOGRAPHIQUES

L'élément le plus frappant de la carte physiographique de la Russie (voir les figures 2A-1 et 2A-2) est cette longue chaîne de montagnes qui traverse le territoire du nord

FIGURE 2A-2

au sud – de l'océan Arctique au Kazakhstan – et qui divise l'ensemble en deux parties : la plaine à l'ouest et la Sibérie à l'est. On désigne parfois cette chaîne de montagnes comme la « vraie » frontière de l'Europe. Or, comme nous l'avons souligné dans les chapitres 1A et 1B, la Russie n'est pas européenne. La vie culturelle à l'est de l'Oural est très semblable à celle qui se déroule à l'ouest, et rien ne justifie de situer Samara (voir la figure 2A-1) en Europe, et pas Tcheliabinsk, qui se trouve de l'autre côté de l'Oural. Ni l'une ni l'autre n'est européenne, mais toutes les deux sont russes.

La plaine de Russie

La plaine de Russie ①, qui s'étend à l'ouest de l'Oural, est le prolongement de la plaine nord-européenne ; c'est là que s'est formé le noyau originel de l'État russe. Le bassin de la Moskova occupe le centre de cette région aujourd'hui très peuplée. En direction nord depuis Moscou – la capitale située au centre –, le paysage change rapidement pour faire place à des forêts de conifères semblables à celles du Canada. La Volga coule vers le sud en formant un grand arc dans la plaine à partir des forêts du nord. Ce long fleuve se jette dans une mer enclavée, la mer Caspienne. Aujourd'hui, la plaine de Russie au sud de Moscou se caractérise par des champs de céréales et de pâturages. À l'est, les monts Oural ②, qui s'étirent sur plus de 3200 kilomètres depuis les rives de la mer de Kara jusqu'à la frontière du Kazakhstan, ne sont pas suffisamment hauts pour constituer un obstacle à la circulation, mais ils sont importants parce qu'ils séparent la plaine de Russie de la plaine de Sibérie occidentale. Le sud de l'Oural est plutôt densément peuplé, en raison, notamment, de la présence de gisements de minéraux et de combustibles fossiles.

La Sibérie

La plaine de Sibérie occidentale ③, immédiatement à l'est de l'Oural, est souvent décrite comme la plus vaste plaine du monde. Elle est formée de deux grands bassins : celui de l'Ob et celui de l'Irtych. Les cours d'eau s'y écoulent du sud vers l'océan Arctique au nord. Sur les 1 600 derniers kilomètres de son cours, l'Ob descend doucement vers cet océan selon une dénivellation inférieure à 90 mètres. Des forêts bordent ses méandres immenses jusqu'à ce que le froid quasi arctique réduise la végétation à de la mousse et à des lichens. En empruntant une route imaginaire filant vers l'est, on découvre, à peu près au milieu de la Russie, que la plaine se fond dans un relief plus élevé du plateau de Sibérie centrale ④, l'une des régions les moins peuplées du monde habitable. Les hivers y sont longs et extrêmement rigoureux ; les étés, courts. La figure 2A-2 indique, par un pointillé, la limite sud du **pergélisol**. Au nord de cette ligne, les sols sont gelés en permanence et représentent un véritable obstacle à la construction d'habitations permanentes. On est dans la **toundra**. Le changement de paysage, au point de rencontre de la plaine et du plateau, est marqué par la présence de l'Ienisseï qui se déverse aussi dans l'océan Arctique. En poursuivant notre route vers l'est, on croise ensuite le bassin de Iakoutsk ⑤, irrigué par la Léna, et dernière portion de territoire plat avant que la topographie ne redevienne montagneuse. On s'approche alors du périmètre montagneux de l'ensemble. Cet enchevêtrement de chaînes de montagnes est désigné sous le nom de système montagneux de l'Est ⑥. C'est une région aux paysages naturels spectaculaires, constituée de chaînes de montagnes, de vallées aux pentes abruptes et de volcans. Au sud se trouve le lac Baïkal, le plus profond du globe (1637 mètres). Dans cette région, les forêts alimentent des industries de bois et de fourrures, et de riches gisements d'or et de diamants y ont été découverts.

Le Kamtchatka et Sakhaline

À son extrémité orientale, l'ensemble russe rejoint la Ceinture de feu du Pacifique (voir la figure I-12). La Sibérie n'abrite aucun volcan actif et les séismes y sont rares, contrairement à la péninsule du Kamtchatka. Avec près de 70 volcans, la plupart actifs ou endormis, qui forment son épine dorsale, cette péninsule constitue l'un des segments les plus instables de la ceinture de feu du Pacifique. Rien, ici, ne ressemble à la Sibérie ; le climat est tempéré par les eaux du Pacifique et la végétation se compose de forêts mixtes. Pratiquement coupée du reste de la Russie, la presqu'île est inaccessible par voie terrestre. L'une de ses parties est désormais inscrite sur la liste du patrimoine naturel mondial de l'UNESCO.

À Sakhaline, une île de l'ensemble russe qui baigne dans les eaux du Pacifique, les séismes, bien plus que les volcans, constituent le principal risque naturel. Longtemps convoitée par les Russes et les Japonais, Sakhaline a fini par tomber aux mains des Russes à la fin de la Seconde Guerre mondiale. Après la guerre, on a découvert que l'île et ses eaux environnantes recelaient d'importantes réserves de pétrole et de gaz naturel, ce qui en faisait un actif précieux pour la Russie dont l'économie repose sur l'exportation.

La zone frontière méridionale

Un dernier coup d'œil aux figures 2A-1 et 2A-2 rappelle que la topographie montagneuse ne caractérise pas seulement l'est de la Russie. Certains des dénivelés les plus hauts d'Eurasie se trouvent au centre de l'ensemble géographique, au point de rencontre du système montagneux de l'Est et de la chaîne d'Asie centrale ⑦. Ces sommets vont de la frontière avec le Kazakhstan à l'ouest au lac Baïkal à l'est. Les massifs d'Asie centrale se dressent au-dessus de la ligne des neiges éternelles et comprennent d'immenses glaciers. Ce n'est pas tout. Entre la mer Caspienne et la mer Noire s'élève le Caucase ⑧ qui, sur le plan géologique, est un prolongement du système alpin d'Europe. Telle une muraille séparant la Russie des pays plus au sud, le Caucase a fait l'objet de guerres entre les Russes et leurs voisins pendant des siècles. Depuis la

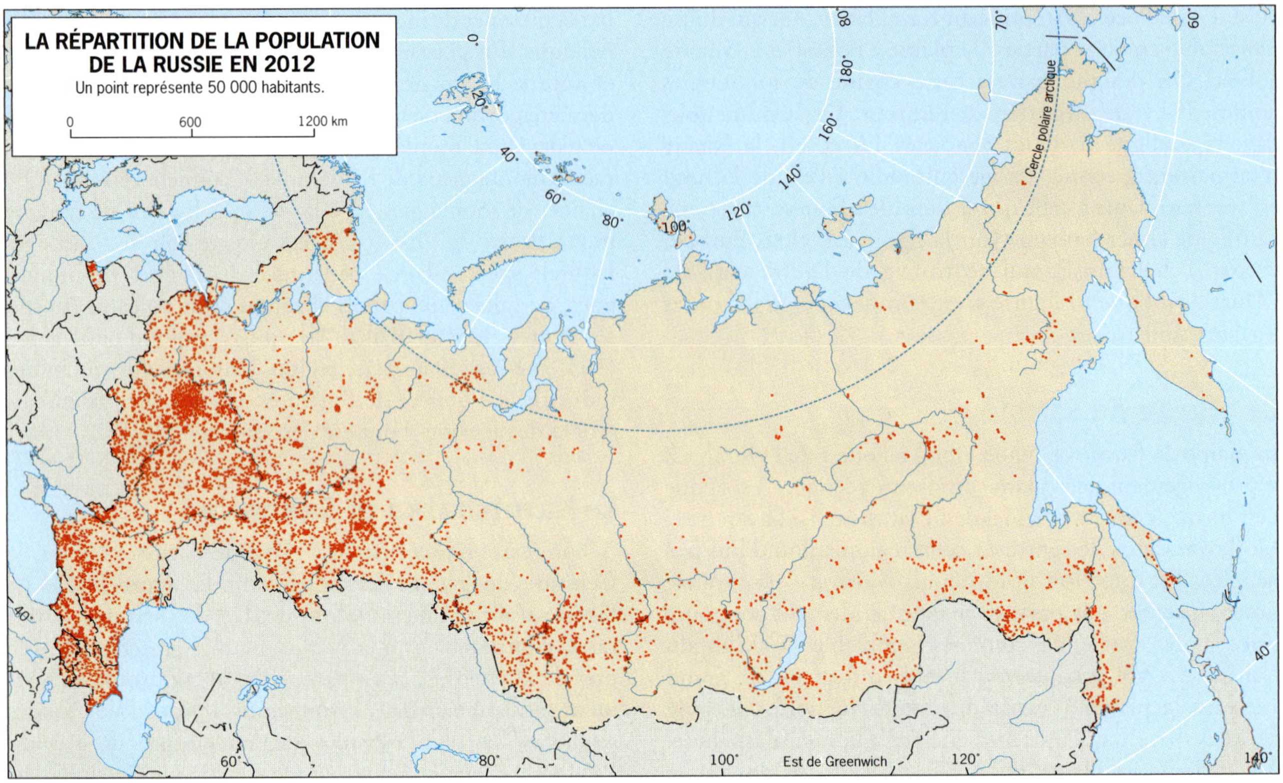

FIGURE 2A-3

plaine de Russie, au nord, les montagnes du Caucase semblent impénétrables. Toute la zone méridionale de la Russie est donc nettement délimitée par la topographie. Il est facile de comprendre pourquoi si peu de routes la traversent, même aujourd'hui.

DES ENVIRONNEMENTS HOSTILES

La Russie partage avec le Canada la nordicité. Une grande partie de leur territoire respectif est à vocation nordique et polaire. Toutefois, ce sont les Russes qui subissent davantage l'effet de la nordicité. Moscou se situe bien plus au nord qu'Edmonton, capitale de l'Alberta, ou que Schefferville dans le nord du Québec. Saint-Pétersbourg se trouve à 60° de latitude nord, soit la même latitude que la pointe sud du Groenland. L'hiver est long, les nuits également et le froid est mordant dans presque toute la Russie; l'été est court, tout comme la période de végétation.

Il est donc impensable de considérer le passé, le présent et l'avenir de la Russie sans tenir compte de son climat. Même à notre ère marquée par le réchauffement planétaire, la Russie souffre toujours du froid cinglant et des sècheresses qui y sont associées. À l'ouest, les précipitations sont modestes, voire minimales parce que l'air chaud et humide qui traverse l'Europe depuis l'Atlantique Nord ne l'est plus lorsqu'il parvient à la Russie. La figure I-14 en montre les conséquences. La **continentalité** de la Russie s'exprime dans ses conditions climatiques dominantes (Dfb et Dfc). Il suffit de comparer la Russie et l'Amérique du Nord (voir la figure I-14) pour constater que – à l'exception d'un petit coin près de la mer Noire – les conditions climatiques de la Russie ressemblent à celles du Haut-Midwest des États-Unis et de la majeure partie du Canada. Le climat polaire de zone E, le plus froid de la planète, prévaut sur toute la côte nord de la Russie. Les masses d'air polaire provenant de ces latitudes arctiques dominent les environnements de ce pays.

Comme nous l'avons mentionné dans l'introduction et comme nous le soulignons à maintes reprises dans le présent manuel, la dépendance de l'humanité à l'agriculture demeure gravée sur la carte démographique, malgré l'urbanisation galopante de notre planète et la mondialisation de l'économie. Les climats de la Russie en disent long sur la distribution de sa population (voir la figure 2A-3). La très grande majorité des personnes qui y vivent se concentre dans l'ouest et le sud-ouest, là où les conditions du milieu physique étaient les moins difficiles lorsque l'agriculture était le principal moyen de subsistance. À l'est, la population se raréfie, et encore plus à l'est du lac Baïkal, elle suit surtout la limite méridionale (le long de la voie de chemin de fer du Transsibérien) de l'ensemble géographique. Considérant que près des trois quarts de la population de cet ensemble vivent aujourd'hui dans des villes, on imagine sans peine à quel point de vastes étendues du territoire restent inoccupées, particulièrement sous les latitudes glaciales plus élevées.

LES CHANGEMENTS CLIMATIQUES ET L'AVENIR DE L'ARCTIQUE

Comme le montrent toutes les cartes de cet ensemble géographique, sa côte nord se trouve entièrement à l'intérieur du cercle polaire arctique. Le fait d'avoir un si long littoral donnant sur l'océan Arctique ne constitue pas précisément un avantage: cet océan est gelé en grande partie presque toute l'année, et les ports de Mourmansk et d'Arkhangelsk ne doivent qu'à la chaleur résiduelle du Gulf Stream de rester en activité un peu plus longtemps. Ces ports, même celui de Saint-Pétersbourg (au fond du golfe de Finlande, un bras de la mer Baltique), ne se seraient jamais développés de la sorte si la Russie avait eu un meilleur accès aux océans; comme nous l'avons souligné précédemment, cette particularité géographique est l'un des handicaps historiques du pays.

Or tout porte à croire que les changements climatiques donneront peut-être un coup de main à la Russie. Si, comme l'anticipent la plupart des climatologues, le réchauffement planétaire entraîne la fonte à long terme de grandes portions de la couche de glace qui recouvre l'océan Arctique, celui-ci pourrait jouer un rôle nouveau dans l'avenir de la Russie. Des masses d'air plus humide amélioreraient les conditions agricoles dans la plaine de Russie; des eaux plus chaudes assureraient le maintien des activités portuaires dans l'Arctique toute l'année; enfin, le passage du Nord-Est pourrait même s'ouvrir entre le détroit de Béring et la mer du Nord, ce qui réduirait de milliers de kilomètres certaines routes maritimes internationales et lancerait une nouvelle ère commerciale. Pour l'instant, grâce à des brise-glaces nucléaires, la Russie maintient des chenaux de navigation le long des côtes de la Sibérie, ce qui lui permet un accès à la route maritime du nord qui relie l'Atlantique au Pacifique.

Ces développements éventuels pourraient même avoir pour effet de repousser plus loin dans l'Arctique les limites de l'ensemble géographique russe. Comme nous le verrons dans le chapitre 3B, les États, comme le Canada, qui ont un littoral dans l'Arctique risquent d'exiger certains droits exclusifs non seulement sur les eaux qui le bordent, mais également sur les ressources que celles-ci contiennent et sur les richesses enfouies dans leurs fonds. Ces États ont donc tout intérêt à étendre leurs droits aussi loin que possible du littoral, voire à des centaines de milles nautiques au large. Dans cet esprit, le gouvernement russe a même planté, en 2007, un drapeau russe métallique, symbole de ses intentions, dans le fond océanique du pôle Nord, sous la couche de glace permanente de l'océan Arctique (voir la photo à la page 154). La carte du périmètre septentrional de la Russie change, mais pas forcément à l'avantage de ses voisins circumpolaires.

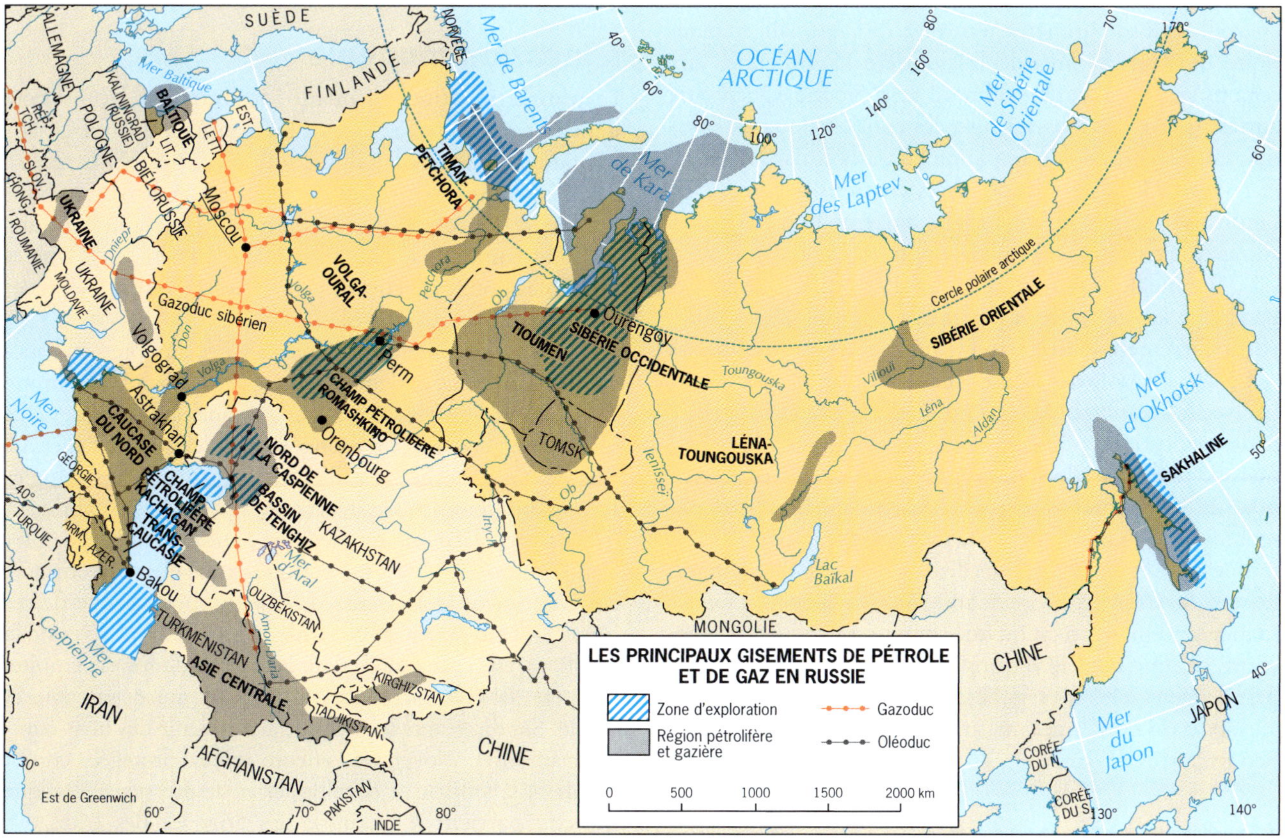

FIGURE 2A-4

LES RICHESSES NATURELLES DE LA RUSSIE

Compte tenu de l'immensité du territoire de l'ensemble russe, l'abondance et la diversité de ses ressources naturelles n'ont rien d'étonnant. Les réserves énergétiques qui restent à découvrir et à exploiter sous les eaux de l'Arctique sont une grande source d'excitation pour les Russes aujourd'hui. Cela dit, cet ensemble est déjà un important producteur et exportateur de pétrole et de gaz naturel. Ses puits de plus en plus nombreux sont dispersés sur de vastes portions du territoire, du nord du Caucase, à l'ouest, jusqu'à l'île Sakhaline, à l'est, et de la Sibérie occidentale, dans le nord, au bassin caspien dans le sud (voir la figure 2A-4).

Par ailleurs, le pétrole et le gaz naturel ne sont pas les uniques richesses que renferme le sol de la Russie. Celui-ci abrite une telle variété de minéraux qu'à peu près toutes les matières premières qu'utilise l'industrie moderne s'y trouvent. Le pétrole et le gaz naturel ne constituent pas non plus les seules ressources énergétiques. On trouve de nombreux gisements houillers à l'est comme à l'ouest de l'Oural, en Sibérie et sous les latitudes plus méridionales. D'ailleurs, le chapelet de mines de charbon de grande qualité qui longeait le corridor du Transsibérien a été d'une importance vitale dans le développement industriel de la Russie à partir de la Seconde Guerre mondiale. Le sous-sol russe recèle aussi d'importants gisements de minerai de fer éparpillés sur son immense territoire, de l'anomalie magnétique de Koursk, près de la frontière ukrainienne, aux régions les plus éloignées du nord de la Sibérie. Quant aux autres métaux, le sous-sol russe les contient tous ou presque tous, allant de l'or au plomb en passant par le platine et le zinc. De plus, l'Oural et ses environs – berceau de l'industrie métallurgique russe – abritent l'une des plus vastes concentrations de métaux non ferreux du monde.

Le meilleur reste probablement à venir. De grandes parties de la Russie n'ont pas encore été explorées à fond, particulièrement dans l'extrême nord-est. Étant donné ses richesses, on pourrait penser que la Russie s'est toujours trouvée à l'avant-garde de la production industrielle et de la diversification économique. Les forêts russes sont d'immenses réservoirs de matières ligneuses. Elles comptent pour 22 % des forêts du monde. Les surfaces boisées représentent 45,3 % de la superficie du pays et l'activité économique de près de 20 millions de personnes est directement liée aux forêts. Malgré cette abondance, la disponibilité des matières premières n'est qu'une composante du développement, comme nous le verrons dans le chapitre 2B. La plupart des gens achètent régulièrement des produits fabriqués au Japon ou en Chine, mais en possèdent sans doute très peu importés de Russie.

L'HÉRITAGE RUSSE

Il y a 1000 ans, les peuples eurasiens de différentes origines ethniques et d'horizons culturels variés migrent à travers les **steppes** au sud de la **taïga** en quête d'une nouvelle patrie sûre. Les Scythes, les Sarmates, les Goths, les Huns et d'autres encore se rendent à l'ouest de l'Oural, se battent, puis s'installent dans la plaine où ils survivent et annexent leurs voisins lorsqu'ils ne sont pas chassés par ces derniers. Finalement, les Slaves, qui arrivent bien après cette époque turbulente, s'établissent dans la région de l'Ukraine actuelle, au nord de la mer Noire et dans le coin sud-ouest de la plaine de Russie (voir la figure 2A-2).

Les peuples slaves y ont trouvé des sols fertiles, un climat relativement tempéré et un paysage physique qui comportait plusieurs avantages et possibilités : le Dniepr et ses affluents, de vastes forêts, un relief relativement plat et une facilité de contact entre les communautés. Les Slaves appelaient ces dernières des « Rus ». La plus grande et la plus florissante de ces premières Rus, la Rus de Kiev (*Kiiv* en ukrainien), était sise au même endroit que la capitale de l'Ukraine moderne. Les Slaves ont étendu leur territoire depuis ce poste à travers la plaine de Russie, en fondant d'abord leurs quartiers généraux nordiques à Novgorod, près du lac Ilmen (voir la figure 2A-1). Cette Rus du nord était bien placée pour profiter des activités commerciales qui reliaient les ports hanséatiques sur la mer Baltique et les lieux d'échanges donnant sur la mer Noire et la Méditerranée. Au cours des XIe et XIIe siècles, les Rus de Kiev et de Novgorod fusionnèrent pour former un vaste État prospère qui englobait les forêts du nord et la steppe du sud.

L'invasion mongole

La prospérité attire cependant l'attention, et la notoriété des Rus ne tarde pas à franchir les frontières. Dans l'Orient lointain, au nord de la Chine, une autre entité prospère se développe aussi : l'Empire mongol de Gengis Khan. Sous l'influence de cet empereur légendaire, les Tatars, groupe nomade composé de peuples turcs, s'allient aux armées mongoles pour chevaucher vers l'ouest, envahir les Rus et ravir le pouvoir aux Slaves.

La géographie est étroitement liée aux premiers succès des Rus, mais également à leur perte. Exposées comme elles le sont dans les steppes de la plaine de Russie, les Rus sont à la merci des forces mongoles qui déferlent sur elles. La Rus de Kiev tombe au milieu du XIIIe siècle. Les réfugiés slaves s'enfuient dans les forêts du nord, où ils s'établissent et se réorganisent pour affronter leurs ennemis. La forêt devient alors leur alliée : les tactiques mongoles sont efficaces en terrain découvert, mais pas dans un boisé. L'une de ces Rus, Moscou, située au cœur de la forêt, sur les rives de la Moskova, est destinée à devenir la capitale d'un vaste empire. De plus, la ville est construite sur un site défendable et reculé. Ses dirigeants se mettent à entretenir des liens commerciaux avec Novgorod, encore mieux protégée, ce qui permet à la ville de se développer et de prospérer. Lorsque Moscou parvient à repousser les attaques des Mongols, préoccupés par l'influence et le pouvoir grandissants de la capitale russe, celle-ci s'établit comme le chef-lieu des Rus, scellant par le fait même son destin. La campagne des Mongols et des Tatars a pour ainsi dire échoué.

La grande principauté de Moscou

Au cours du XIVe siècle, la grande principauté de Moscou devient puissante sous le règne successif de princes et de ducs. Ceux-ci prolongent les routes commerciales moscovites pour atteindre les rives de la mer Baltique ainsi que celles de la mer Noire et tissent de précieux liens avec l'Église orthodoxe à Constantinople. Dès lors, à partir de 1450 environ, commence un long règne de plus de trois siècles pendant lequel de puissants dirigeants russes laisseront leur marque sur la carte de la Russie et de l'Eurasie (voir la figure 2A-5).

À partir du XVIe siècle, durant le règne d'Ivan IV, mieux connu sous le nom tristement célèbre d'Ivan le Terrible, la grande principauté de Moscou devient une puissance militaire et un empire. Ivan le Terrible agrandit son territoire en conquérant les régions islamiques au sud et en prenant les rênes de ce qui est aujourd'hui l'Estonie et la Lettonie, sur la mer Baltique. C'est une période de guerres incessantes, et Ivan le Terrible doit sa réputation au règne de terreur qu'il impose par son penchant pour la discipline militaire, la centralisation de l'administration et les représailles contre de nombreux membres de la noblesse.

LA CONSTRUCTION DE L'EMPIRE RUSSE

La Russie tsariste

Lorsque Pierre le Grand devient tsar (son règne dure de 1682 à 1725), Moscou est déjà le cœur d'un vaste empire, du moins en ce qui a trait à la superficie des territoires qui le composent. La défaite des Tatars a mis un terme à leurs conquêtes. L'architecture religieuse (voir la photo à la page 104) et l'influence des évêques de l'Église orthodoxe témoignent du poids de celle-ci. Pierre le Grand consolide les acquis de la Russie et s'évertue à faire de son Empire peu structuré un État moderne de style européen. Il fonde Saint-Pétersbourg, **capitale avancée** aux portes de la Finlande, alors sous domination suédoise, et la fortifie au moyen de vastes installations militaires pour en faire le principal port de Russie.

Pierre le Grand est un dirigeant exceptionnel et, à plusieurs égards, le père de la Russie moderne. Déterminé à transformer la Russie, à l'extirper des forêts de l'intérieur pour l'amener sur les côtes occidentales, à l'exposer aux influences européennes et à déplacer sa population vers la nouvelle capitale, il ne laisse rien au hasard. Pendant ce temps, les armées tsaristes continuent de conquérir des territoires et des peuples : l'annexion de l'Estonie en 1721 élargit la fenêtre de la Russie vers l'ouest et une vaste région au sud de la ville de Tomsk est intégrée au royaume.

Sous la tsarine Catherine II, qui règne de 1762 à 1796, l'Empire russe prend de l'expansion dans le bassin de la mer Noire aux dépens des Ottomans. La péninsule de Crimée, la ville portuaire d'Odessa et tout le littoral septentrional de la mer Noire passent aux mains des Russes. Au cours de la même période, les Russes entreprennent une manœuvre décisive en investissant le territoire compris entre les mers Noire et Caspienne, où se trouvent le Caucase et ses nombreux peuples, qui pratiquent l'islam. Les Russes s'emparent des villes de Tbilissi (dans la Géorgie actuelle), de Baki (Bakou) en Azerbaïdjan et d'Erevan (en Arménie). Finalement, les Britanniques, qui contrôlent la Perse (l'Iran actuel), et les Turcs stoppent la marche des Russes qui convoitent une fenêtre sur l'océan Indien.

DES RUSSES EN AMÉRIQUE DU NORD

LES PREMIERS COLONS BLANCS en Alaska ne sont pas venus d'Europe occidentale, mais bien de Russie. Ils ont traversé la Sibérie et le détroit de Béring plutôt que l'Atlantique et l'Amérique du Nord.

Les chasseurs de loutres de mer, dont la peau était très prisée, ont formé leur premier établissement russe en 1784 dans l'île Kodiak, en Alaska. En suivant la côte nord-américaine vers le sud, les Russes ont ainsi fondé un chapelet de villages et de forts pour protéger leurs établissements précaires. Leurs incursions les ont menés jusqu'au nord de la baie de San Francisco, où ils ont construit Fort Ross en 1812.

Ces établissements russes étaient cependant aussi isolés que vulnérables. Les commerçants de fourrures européens ont commencé à exercer des pressions sur leurs compétiteurs russes, et Saint-Pétersbourg n'a pas tardé à considérer ces postes éloignés comme un fardeau risqué. De plus, les chasseurs étasuniens, britanniques et canadiens étaient en voie de décimer la population de loutres de mer et les profits déclinaient. Lorsqu'en 1867, William Seward, secrétaire d'État des États-Unis, propose aux Russes d'acheter leurs établissements nord-américains, Saint-Pétersbourg s'empresse d'accepter les 7,2 millions de dollars offerts. C'est ainsi que l'Alaska, et sa côte qui se prolonge longuement vers le sud, devient une partie du territoire américain et, en 1959, le 49e État du pays. La décision de Seward lui a valu de nombreuses moqueries – les gens ont surnommé l'Alaska *Seward's Folly* (la fantaisie de Seward) et *Seward's Icebox* (la glacière de Seward). Son honneur a vite été rétabli lorsqu'on y a découvert des mines d'or dans les années 1890. Le XXe siècle n'a fait que consacrer la sagesse de sa décision sur le plan tant stratégique qu'économique. À Prudhoe Bay, un village situé sur la côte arctique de l'Alaska, de vastes gisements de pétrole sont exploités depuis les années 1970. Et à l'instar de la Sibérie, l'Alaska n'a sans doute pas révélé toutes ses richesses. Pour les États-Unis, cette opération de 7,2 millions de dollars est souvent considérée comme la transaction la plus lucrative de toute l'histoire.

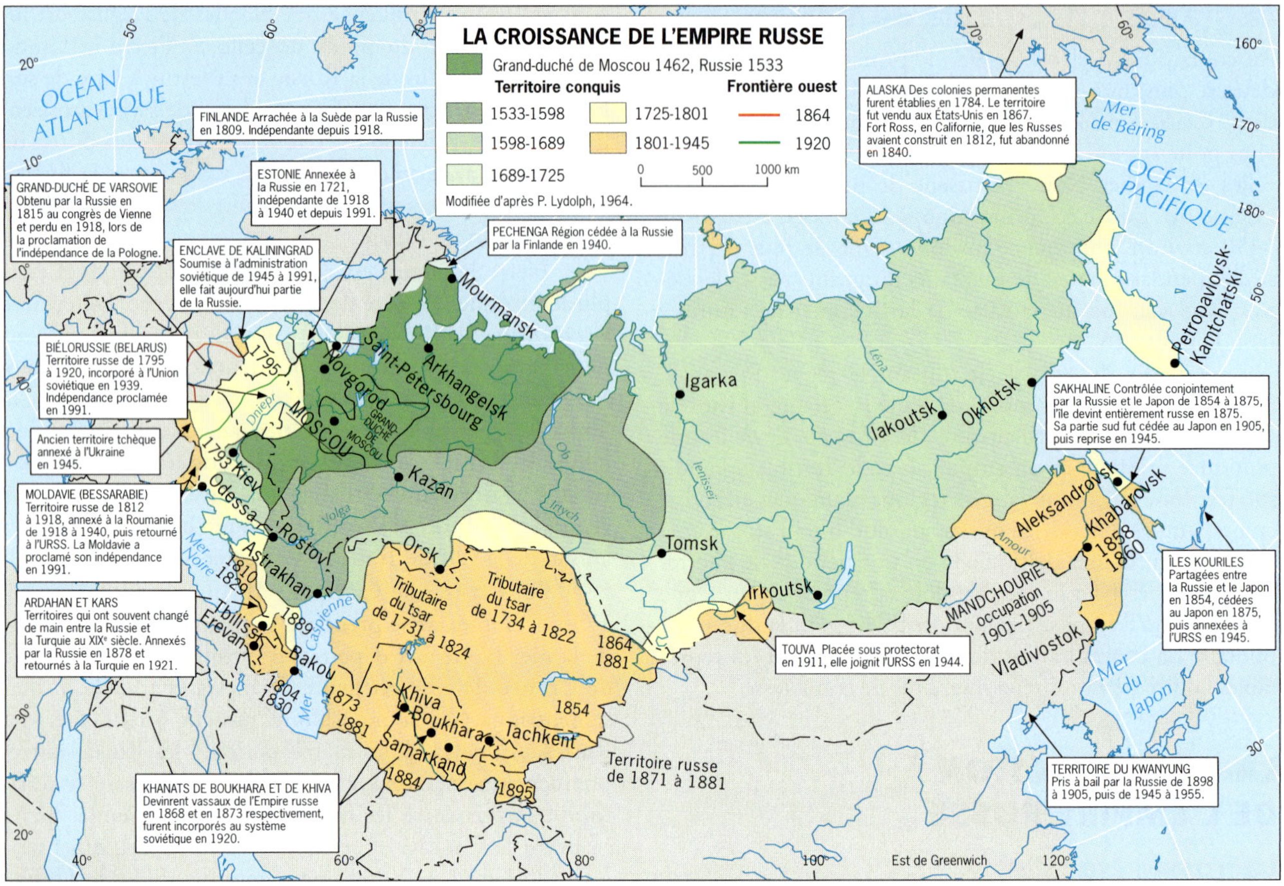

FIGURE 2A-5

Entretemps, les colons russes – des descendants des Cosaques venus d'Ukraine et du sud-ouest de la Russie – progressent considérablement vers l'est ; ils s'établissent le long de la frontière sud-est, franchissent le détroit de Béring et arrivent en Alaska. Catherine II a fait de la Russie une grande puissance coloniale, bien que les Russes aient renoncé, au cours du siècle suivant, à leurs avant-postes nord-américains (voir l'encadré « Des Russes en Amérique du Nord »).

L'expansion au XIXe siècle

Bien que la Russie ait vendu aux États-Unis son territoire situé en Amérique du Nord en 1867, l'expansionnisme russe pendant le XIXe siècle s'est poursuivi en Eurasie. En étendant leur empire vers le sud-ouest, les Russes s'en prennent aux Polonais, leurs vieux ennemis, et réussissent à s'emparer de la plupart de ce qu'est aujourd'hui l'État polonais, y compris Varsovie, la capitale. Dans le nord-ouest, la Russie reprend la Finlande des Suédois en 1809.

Durant la majeure partie du XIXe siècle, cependant, les Russes concentrent leurs efforts sur l'Asie centrale – la région comprise entre la mer Caspienne et la frontière occidentale de la Chine – où ils conquièrent les villes de Tachkent et de Samarkand (voir la figure 2A-5).

Beaucoup plus à l'est, l'expansionnisme japonais combiné au déclin de l'influence de la Chine amène la Russie à annexer plusieurs provinces chinoises situées à l'est du fleuve Amour. Peu de temps après, en 1860, les Russes fondent le port de Vladivostok sur le Pacifique. En 1892, ils entreprennent la construction du Transsibérien et demandent à la Chine un droit de passage concernant le tracé de la voie ferrée à travers la Mandchourie. Or, la Chine refuse. Vers 1900, les forces russes profitent d'un conflit interne en Chine pour occuper la Mandchourie et y poursuivre la construction du chemin de fer. Cette manœuvre menace cependant les intérêts japonais dans la région, ce qui donne lieu à la guerre russo-japonaise en 1904 et 1905. Les Russes perdent non seulement la guerre, mais aussi la Mandchourie. Le Japon s'empare même de la portion sud de l'île Sakhaline, qu'il renomme Karafuto et conserve jusqu'en 1945.

À l'époque de cette guerre avec le Japon, l'empereur de Russie règne sur un territoire de 22 millions de km^2. Même si elles n'ont pas permis de créer le plus grand empire du monde, les conquêtes russes ont néanmoins produit le plus vaste empire continental. L'empire duquel se réclamaient les communistes en 1917 était donc davantage le fait de la Russie tsariste que celui de la révolution socialiste.

FIGURE 2A-6

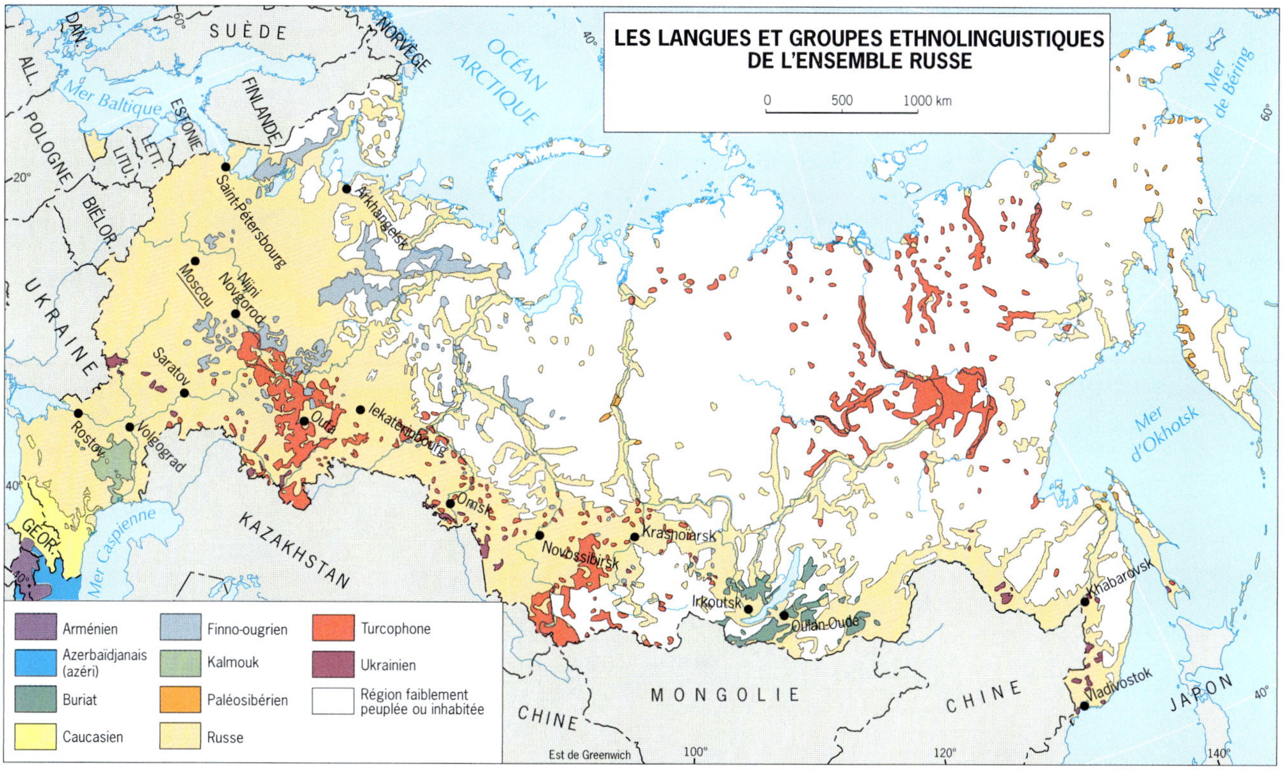

FIGURE 2A-7

2A

LES VILLES ET LE RÉSEAU DE TRANSPORT TERRESTRE DE LA RUSSIE
POPULATION (en milliers d'hab.)
Moins de 50
50 à 250
250 à 1000
1000 à 5000
Plus de 5000
Route
Voie ferrée construite avant 1917
Voie ferrée construite entre 1917 et 1991
Les capitales nationales sont soulignées.
0 200 400 600 800 1000 km
NORVÈGE
SUÈDE
FINLANDE
DAN.
ALLEMAGNE
POLOGNE
KALININGRAD (Russie)
Kaliningrad
LETTONIE
LITUANIE
ESTONIE
Helsinki
Tallinn
Riga
Vilnius
Varsovie
BIÉLOR.
Minsk
UKRAINE
MOLDAVIE
Kiev
Odessa
Kharkiv
Crimée
Sébastopol
Mer Baltique
Mer Noire
Mer d'Azov
Saint-Pétersbourg
Novgorod
Moscou
Doubna
Ivanovo
Iaroslavl
Briansk
Toula
Koursk
Riazan
Voronej
Saratov
Penza
Nijni Novgorod
Kazan
Viatka
Ijevsk
Perm
Iekaterinbourg
Nijni-Taguil
Togliatti
Samara
Oufa
Magnitogorsk
Orenbourg
Tcheliabinsk
Rostov
Volgograd
Astrakhan
Krasnodar
Novorossiisk
Grozny
Petrozavodsk
Mourmansk
Arkhangelsk
Vorkoutu
Mer Blanche
Mer de Barents
Mer de Kara
Nouvelle-Zemble
Terre François-Joseph
Svalbard (Nor.)
L. Ladoga
Lac Onega
Lac Peipous
Dvina septentrionale
Petchora
Vytchegda
Kama
Volga
Don
Dniepr
Dniestr
Oural
Tobol
Ichim
Irtych
Ob
Igarka
Ourengoy
Sergino
RUS
Petropavlovsk
Kostanaï
Kokchetaou (Kokchetav)
Astana
Omsk
Novossibirsk
Tomsk
Novokouzn
Pavlodar
Barnaoul
Semeï (Semipalatinsk)
Karaganda
Öskemen (Oust-Kamenogor
ZONE DE TRANSITION RUSSE
KAZAKHSTAN
Mer d'Aral
L. Balkhach
Syr-Daria
Amou-Daria
OUZBÉKISTAN
TURKMÉNISTAN
Achgabat
Tachkent
Bichkek
Almaty
KIRGHIZSTAN
TADJIKISTAN
CHINE
GÉORGIE
Tbilissi
ARMÉNIE
Erevan
AZERBAÏDJAN
Bakou
ZONE DE TRANSITION TRANS-CAUCASIENNE
TURQUIE
IRAK
IRAN
TÉHÉRAN
Mer Caspienne
Est de Greenwich

FIGURE 2A-8

ÉAN ARCTIQUE
ÉTATS-UNIS
Î. Wrangel
Mer de Sibérie Orientale
Mer de Béring
Cercle polaire arctique
Archipel de Nouvelle-Sibérie
Mer des Laptev
Kolyma
Léna
Oust-Nera
Magadan
Péninsule du Kamtchatka
Petropavlovsk-Kamtchatski
Okhotsk
Mer d'Okhotsk
Aldan
Vilioui
Iakoutsk
Toungouska inférieure
Suntar
E
Sakhaline
Aleksandrovsk
Îles Kouriles
Angara
Amour
Vanino
Komsomolsk
Magistrale Baïkal-Amour
Transsibérien
Taïchet
Bratsk
Krasnoïarsk
Khabarovsk
Lac Baïkal
Blagovechtchensk
Oussouri
Tchita
Oulan-Oude
Irkoutsk
L. Khanka
Harbin
Vladivostok
Nakhodka
Oulan-Bator
CHINE
Changchun
MONGOLIE
Mer du Japon
Shenyang
CORÉE DU NORD
JAPON
Pyongyang
Séoul
CORÉE DU SUD
BEIJING

2A

L'HÉRITAGE SOVIÉTIQUE : UNE STRUCTURE POLITIQUE COMPLEXE

Après la révolution de 1917, les communistes organisent la division politique de l'empire tsariste. Comme premier geste, en 1918, ils déménagent la capitale de Saint-Pétersbourg, symbole du tsarisme, à Moscou. Ensuite, ils s'affairent à créer une union fédérative de républiques. Entre 1924 et 1991, cette fédération sera connue sous le nom d'Union des républiques socialistes soviétiques (URSS) ou Union soviétique. La structure politique de l'Union soviétique reposait sur les identités ethniques des nombreux peuples qui y avaient été intégrés. Compte tenu de la taille et de la complexité culturelle de l'empire, il était impossible d'accorder un territoire de même valeur à toutes les nationalités. Il faut garder à l'esprit que les communistes contrôlaient la destinée de plus de 100 peuples, parmi lesquels on trouvait à la fois de grandes nations et de petits groupes isolés. Il a été décidé, en 1924, de diviser le vaste ensemble géographique en 15 républiques socialistes soviétiques (RSS), chacune étant délimitée de façon à correspondre *grosso modo* à l'une des principales nationalités qui la peuplaient (voir la figure 2A-6). Les Russes ne représentaient qu'environ la moitié de la population de l'Union soviétique, mais ils formaient – et forment toujours – le groupe ethnique le plus disséminé sur le territoire (voir la figure 2A-7). La république russe était donc de loin la plus grande RSS et couvrait plus des trois quarts du territoire soviétique.

Au sein des RSS, on a accordé à des minorités plus petites des entités politiques de moindre importance. Ces Républiques socialistes soviétiques autonomes (RSSA) étaient en quelque sorte des républiques à l'intérieur des républiques. D'autres territoires ont été désignés comme des régions autonomes ou comme d'autres entités fondées sur la nationalité. En matière d'occupation du territoire, la politique soviétique consistait à déplacer des peuples entiers. Cette pratique avait cours pour récompenser ou punir ou encore pour servir les dessins des planificateurs. Ainsi, des minorités forcées de quitter leur terre natale pour aller s'établir plus à l'est ont été remplacées par des russophones qui, avec le temps, ont formé eux-mêmes d'importantes minorités dans toutes les républiques soviétiques.

LA NOUVELLE RUSSIE : UN ENSEMBLE EN TRANSITION

Le 25 décembre 1991, l'Union soviétique a implosé. L'approche socialiste d'**économie planifiée** s'est avérée un échec sur le plan structurel. La production des biens et des denrées alimentaires faisait grandement défaut depuis longtemps. La course aux armements avec les États-Unis pendant la guerre froide avait siphonné les ressources de l'URSS. La répression politique et le manque de démocratie avaient surtout attisé le désir de liberté de parole. Les tentatives de **russification** n'avaient fait que nourrir le désir d'indépendance de nombreux peuples qui avaient intégré l'Union contre leur gré. En 1985, au moment où Mikhaïl Gorbatchev est devenu président, le processus de dislocation de l'Union soviétique était déjà amorcé : les systèmes économique, politique et social de l'Union s'effritaient.

L'environnement de Toula, une ville de 530 000 habitants située à quelque 150 kilomètres au sud de Moscou, est typique des centres urbains de la Russie occidentale. Le paysage urbain de Toula combine des bâtiments historiques d'autrefois, de ternes immeubles de l'ère soviétique et des habitations unifamiliales. Ces cultivateurs urbains, au premier plan, ne sont pas inhabituels dans un pays où les terres agricoles sont limitées et où la période de végétation est courte. Les produits frais sont particulièrement convoités et servent de monnaie d'échange entre amis ou voisins prêts à troquer d'autres produits de base difficiles à trouver. L'agriculture informelle sur des lopins de terre du territoire urbain a connu une augmentation depuis 1991, lorsque la pauvreté dans les campagnes russes a poussé les migrants ruraux vers les grandes villes. Leur lente intégration à la société urbaine les incite souvent à se rabattre sur leur aptitude à cultiver la terre et à conserver les aliments pour mieux se nourrir et arriver à joindre les deux bouts.

Malgré quelques réformes audacieuses, ce dernier président soviétique a remis sa démission en 1991 et le drapeau de l'URSS est descendu une dernière fois de son mât du Kremlin pour être aussitôt remplacé par le drapeau de la Fédération de Russie. C'était le début d'une ère nouvelle de turbulences, et l'ombre des structures et des systèmes soviétiques planerait longtemps sur la nouvelle Russie.

Après l'échec du système soviétique et la conversion des républiques socialistes soviétiques en Communauté des États indépendants (CEI), la Russie s'est retrouvée privée de l'empire qu'elle avait mis des siècles à bâtir et à consolider, et qui abritait des ressources agricoles et minérales cruciales. Les fermes de l'Ukraine et les réserves de pétrole et de gaz naturel de l'Asie centrale ne lui appartenaient plus désormais. Or, en observant les figures 2A-1 et surtout 2B-2, on constate que même sans ses colonies d'Europe et d'Asie centrale, la Russie demeure un empire. Elle a perdu les « républiques » de sa périphérie, mais son noyau principal et ses grandes villes industrielles (voir la figure 2A-8) ont été préservés. Ainsi, Moscou continue de régner sur un territoire qui s'étend de la frontière de la Finlande à celle de la Corée du Nord. À l'intérieur de ce domaine, les Russes sont largement majoritaires, bien que des représentants de nombreuses nationalités assujetties (notamment des Tatars, des Tchétchènes, des Iakoutes) habitent toujours sur leurs terres ancestrales. Entre autres défis qui l'attendent, la Russie moderne doit composer avec des revendications autonomistes et sécessionnistes de plus en plus pressantes de la part des minorités nationales.

L'effondrement et la désintégration de l'Empire soviétique se sont produits il y a 20 ans. Il n'en reste aujourd'hui que son élément central, la vaste **Fédération** de Russie. Même si ce laps de temps peut sembler long, la réalité actuelle conserve toujours les traces de l'ère soviétique, et la Russie représente un ensemble encore en transition. Tout porte à croire que des ajustements démographiques, économiques, politiques et géostratégiques attendent ce pays au cours des prochaines années. Au moins, les relations avec ses voisins demeurent cordiales et paisibles, et la Russie veille à préserver cette cohésion. Manifestement, cet état de fait ne relève pas uniquement des décisions prises à Moscou. Par sa géographie, l'ensemble russe se trouve au cœur du continent eurasien et c'est ainsi que la Fédération de Russie partage des frontières avec pas moins de 14 pays et 4 autres ensembles. Tout bien considéré, il est peut-être illusoire de croire à une stabilité durable.

Une chose est certaine, la gestion d'un pays aussi vaste et d'une telle diversité comporte des défis. Dans le chapitre 2B, nous traiterons de la structure administrative du territoire de la nouvelle Russie et nous examinerons de plus près les régions qui composent cet ensemble unique.

2B LES RÉGIONS DE L'ENSEMBLE RUSSE

FIGURE 2B-1

SOMMAIRE

- LA NOUVELLE STRUCTURE FÉDÉRALE DE LA RUSSIE
- UNE POPULATION EN DÉCLIN
- UNE ÉCONOMIE INSTABLE
- LES RÉGIONS DE L'ENSEMBLE RUSSE
- LE NOYAU RUSSE
- LE FRONT PIONNIER DU SUD-EST
- LA SIBÉRIE
- L'EXTRÊME-ORIENT RUSSE
- LE SUD AGITÉ DU NOYAU RUSSE
- LA TRANSCAUCASIE ET LA ZONE DE TRANSITION RUSSE
- UN AVENIR INCERTAIN

CONCEPTS ET TERMES

État unitaire
Implosion démographique
BRICS
Centralité
Complémentarité

Aucun autre État ne domine aussi parfaitement l'ensemble géographique dont il fait partie que la Russie. Il ne faut surtout pas oublier les nombreuses transformations survenues au cours des dernières décennies dans la périphérie de cet ensemble. Après l'implosion de l'URSS, en 1991, et la sécession des autres Républiques socialistes soviétiques, la Russie fut laissée à elle-même : elle demeurait un vaste pays aux proportions inégalées, mais avait perdu les rênes des grandes régions limitrophes d'Europe et d'Asie du Sud-Ouest, de l'Estonie au Kazakhstan. Aujourd'hui, l'ensemble russe désigne la Russie ainsi que trois pays transcaucasiens, minuscules en comparaison : la Géorgie, l'Azerbaïdjan et l'Arménie. Bien sûr, les influences historiques russes continuent de s'exercer dans les pays fraîchement affranchis qui bordent les frontières de la Russie, de la mer Baltique jusqu'à l'Extrême-Orient russe, mais dans ce dernier cas, la plupart des pays subissent de plus en plus l'attraction des autres ensembles. Ce n'est toutefois pas le cas de la Transcaucasie, qui reste très étroitement liée à la sphère russe.

La Russie est immense et présente une grande diversité physiographique, ethnique et économique. Nous pourrions la subdiviser de multiples façons et selon diverses échelles. Par souci de simplicité, nous délimitons ici ce que nous pourrions appeler les régions de premier ordre, tout en convenant que chacune d'entre elles contient de nombreuses subdivisions. Quatre des cinq régions présentées dans le chapitre 2B sont entièrement situées à l'intérieur de la Russie (voir la figure 2B-1) :

1. Le noyau russe
2. Le front pionnier du sud-est
3. La Sibérie
4. L'Extrême-Orient russe

   Une seule région se trouve hors de la Russie :

5. La Transcaucasie

LA NOUVELLE STRUCTURE FÉDÉRALE DE LA RUSSIE

En 1992, la plupart des républiques internes, des oblasts (provinces) et des kraïs (territoires) – autant de composantes de la hiérarchie administrative russe – ont signé le traité fédéral russe, qui les engage à coopérer au sein du nouvel appareil fédéral. Quelques unités ont d'abord refusé d'adopter le traité, dont le Tatarstan, théâtre de la brutale conquête d'Ivan le Terrible survenue plus de quatre siècles auparavant, et une république située dans la lointaine périphérie caucasienne, la Tchétchénie-Ingouchie, où les rebelles musulmans militaient pour l'indépendance (voir la figure 2B-2).

En 2000, puis en 2010, les présidents Vladimir Poutine et Dimitri Medvedev ont pris des mesures pour réduire l'influence des régions en créant une nouvelle structure territoriale qui regroupait les 83 régions, républiques et autres entités en 8 nouvelles unités administratives (districts fédéraux). Cette nouvelle structure ne visait pas à accroître l'influence des régions à Moscou, mais à affirmer l'autorité de Moscou sur elles. Comme le montre la figure 2B-2, chacun de ces nouveaux districts fédéraux possède sa capitale, ce qui accorde à des villes comme Rostov et Novossibirsk un statut de second niveau après Moscou.

Dans le cadre d'une manœuvre semblable, le président russe a obtenu l'appui du Parlement lorsqu'il a proposé que les gouverneurs généraux soient nommés plutôt qu'élus, ce qui a eu pour effet d'accroître encore un peu plus le pouvoir de Moscou. L'appareil fédéral russe semble s'orienter vers une gestion centralisée du pouvoir. Dans l'histoire, l'URSS et la Fédération de Russie n'ont jamais été gouvernées comme une véritable fédération. Le pouvoir a toujours été très centralisé. Avec la révision de la carte territoriale en 2000 et en 2010, tout porte à croire que la Russie fonctionne beaucoup plus comme un **État unitaire** où tous les citoyens sont soumis au même et unique pouvoir et que le fédéralisme n'est qu'un mécanisme régionalisé (districts fédéraux, oblasts) sous la direction d'un fonctionnaire qui supervise les actions administratives et juridiques des autorités régionales.

UNE POPULATION EN DÉCLIN

Certains des problèmes administratifs qu'affronte la Russie sont décuplés par une tendance alarmante : depuis deux décennies, la population russe connaît un déclin constant. En outre, comme l'illustre la figure 2B-2, certaines régions du pays ont assisté à une véritable **implosion démographique**. Au moment de la désintégration de l'URSS, en 1991, la Russie avait une population d'environ 149 millions d'habitants. Vingt ans plus tard, ce nombre est tombé à moins de 141 millions, et ce, malgré l'immigration de plusieurs millions de Russes de souche en provenance d'anciennes républiques socialistes soviétiques situées hors des frontières de la Russie. Depuis la fin du régime communiste, le nombre de décès en Russie dépasse de plus de 10 millions celui des naissances. La principale cause de mortalité serait attribuable aux graves bouleversements économiques et sociaux survenus dans tout le pays.

La transition qui a suivi la fin du régime soviétique est certainement une cause du déclin démographique. L'incertitude économique et les conditions de vie difficiles incitent généralement les familles à avoir moins d'enfants. En 2009, le nombre d'enfants par femme était de 1,4, un taux qui ne permet pas le renouvellement des générations. Le taux de mortalité, quant à lui, a fait un bond prodigieux et dépasse maintenant les 14 décès par millier de personnes. Ce ratio produit une perte de population de plus de 0,2 % ou, autrement dit, de plus de 250 000 personnes par année.

Les hommes sont les plus touchés. Leur espérance de vie en Russie est passée de 71 ans en 1991 à 62 ans en 2010. L'espérance de vie des femmes a également fluctué mais beaucoup moins que celle des hommes, elle s'établit à 74 ans. Les hommes risquent davantage de souffrir d'alcoolisme et de maladies qui en dérivent ainsi que du sida, dont on déclare nettement moins de cas en Russie selon les agences internationales. De plus, le tabagisme, le suicide, les accidents et les homicides affligent plus fréquemment les hommes. En moyenne, un Russe court neuf fois plus de risques de connaître une mort violente ou accidentelle qu'un Européen. Il est consternant d'apprendre que moins de la moitié des garçons qui sont aujourd'hui des adolescents en Russie célèbreront leur 60e anniversaire.

De 2009 à 2010, les dernières années pour lesquelles des statistiques étaient disponibles, la Russie semblait en voie de freiner la tendance : pour la première fois en 20 ans, sa population augmentait, bien que de 25 000 personnes à peine. À l'échelle régionale, le portrait reste sombre, à en juger par les pourcentages de déclin démographique indiqués sur la carte des districts (voir la figure 2B-2). Visiblement, le phénomène de l'exode joue aussi un grand rôle. Les gens ne sont plus contraints de continuer à vivre dans un milieu difficile et choisissent de tenter leur chance dans les régions occidentales, beaucoup plus prospères, de la Russie. L'exode rural a eu lieu dans toute la Russie : quelque 15 000 villages ont ainsi été complètement désertés, ce qui représente pas moins de 10 % de tous les villages que comptait le pays 20 ans plus tôt. Que faire ? Les dirigeants russes espèrent que l'amélioration de la situation sociale du Russe moyen ralentira le déclin général démographique. L'immigration constitue aussi une avenue, et pour peu que la Russie assouplisse ses règles, des centaines de milliers de Coréens et de Chinois émigreraient volontiers vers l'Extrême-Orient russe pour contrebalancer l'exode russe qui s'y produit. Cependant, Moscou ne souhaite pas que le littoral du Pacifique devienne un prolongement de l'Asie de l'Est. Les chances de voir renaître les villages fantômes sont donc bien minces.

UNE ÉCONOMIE INSTABLE

Au cours des 15 dernières années, l'économie russe a fait un virage à 180 degrés. La propriété privée, les jeunes entreprises prometteuses, le commerce, les investissements étrangers

LES DIVISIONS ADMINISTRATIVES DE LA RUSSIE
République et région autonome
Région russe
Les capitales nationales sont soulignées.
0 200 400 600 km
37,1 Estimation de la population en 2009, en millions
-9% Baisse de la population depuis 1991
Capitale de district fédéral
Limite de district fédéral
NORD-OUEST
13,5
-9%
CENTRE
37,1
-0,2%
VOLGA
30,2
-2%
SUD
13,6
-12%
NORD-CAUCASE
9,2
-12%
OURAL
12,2
-2%
Moscou
Saint-Pétersbourg
Nijni Novgorod
Rostov
Piatigorsk
Iekaterinbourg
Novossibirsk
RÉP. DE CARÉLIE
MOURMANSK
ARKHANGELSK
NÉNETSIE
RÉP. DES KOMIS
VOLOGDA
KIROV
PERM
RÉP. D'OUDMOURTIE
RÉP. DU TATARSTAN
RÉP. DE BACHKIRIE
RÉP. DE MORDOVIE
RÉP. DE TCHOUVACHIE
NIJNI-NOVGOROD
IEKATERINBOURG
TIOUMEN
IAMALIE
KHANTYS-MANSIS
TOMSK
ALTAÏ
RÉP. DE ALTAÏ
RÉP. KHAKA
RÉP. DE KALMOUKIE
RÉP. DE L'ADYGUÉE
RÉP. DE KARATCHAÉVO-TCHERKESSIE
RÉP. DE KABARDINO-BALKARIE
RÉP. D'OSSÉTIE DU NORD
RÉP. DU DAGHESTAN
RÉP. DE TCHÉTCHÉNIE
RÉP. D'INGOUCHIE
KALININGRAD (fait partie du district Nord-Ouest)
NORVÈGE
SUÈDE
FINLANDE
DANEMARK
ALLEMAGNE
POLOGNE
LITUANIE
LETTONIE
ESTONIE
BIÉLORUSSIE
UKRAINE
MOLDAVIE
Crimée
GÉORGIE
ARMÉNIE
AZERBAÏDJAN
AZER.
TURQUIE
IRAK
IRAN
TURKMÉNISTAN
OUZBÉKISTAN
KIRGHIZSTAN
KAZAKHSTAN
CHINE
Mer Baltique
Mer de Barents
Mer Blanche
Mer de Kara
Mer Noire
Mer d'Azov
Mer Caspienne
Nouvelle-Zemble
Terre François-Joseph
Lac Peïpous
Lac Ladoga
Lac Onega
Volga
Don
Dniestr
Dniepr
Dvina septentrionale
Petchora
Vytchegda
Kama
Oural
Tobol
Ichim
Irtych
Ob
Ienisseï
Est de Greenwich
UNITÉS ADMINISTRATIVES RUSSES
(identifiées par le nom de leur capitale)
1. Astrakhan
2. Belgorod
3. Briansk
4. Iaroslavl
5. Ivanovo
6. Kalouga
7. Kemerovo
8. Kostroma
9. Kourgan
10. Koursk
11. Krasnodar
12. Lipetsk
13. Mari El
14. Moscou
15. Novossibirsk
16. Omsk
17. Orel
18. Orenbourg
19. Oulianovsk
20. Penza
21. Pskov
22. Riazan
23. Rostov
24. Saint-Pétersbourg
25. Samara
26. Saratov
27. Smolensk
28. Stavropol
29. Tambov
30. Tcheliabinsk
31. Toula
32. Tver
33. Vladimir
34. Volgograd
35. Voronej

FIGURE 2B-2

N ARCTIQUE
ÉTATS-UNIS
Mer de Sibérie Orientale
Î. Wrangel
Cercle polaire arctique
Mer de Béring
TCHOUKOTKA
Mer des Laptev
Archipel de Nouvelle-Sibérie
Kolyma
MAGADAN
KAMTCHATKA
Léna
RÉP. DE SAKHA (IAKOUTIE)
EXTRÊME-ORIENT
6,5
–17%
Mer d'Okhotsk
Vilioui
ASNOÏARSK
Toungouska inférieure
Aldan
KHABAROVSK
BÉRIE
19,6
–5%
ÎLE SAKHALINE
Îles Kouriles
Angara
AMOUR
Amour
IRKOUTSK
RÉP. DE BOURIATIE
ÉVREYSKAYA (oblast autonome juif)
Khabarovsk
TRANSBAÏKALIE
Lac Baïkal
Oussouri
PRIMORIE
RÉP. DE TOUVA
Lac Khanka
Mer du Japon
MONGOLIE
CHINE
CORÉE DU NORD
CORÉE DU SUD
JAPON

et les transactions boursières – autant d'éléments incontournables du marché libre – font maintenant partie du paysage russe. Principalement survenu dans les villes, ce virage économique contribue à amplifier l'exode des populations vers les centres urbains. Métamorphosée, Moscou s'enorgueillit de nombreux gratte-ciels et de relations économiques sans précédent avec le reste de la planète. Après quelques ajustements économiques majeurs et pénibles pour beaucoup de gens, le PIB a connu une vigoureuse croissance et la Bourse de Moscou a atteint des sommets. La Russie fait partie des pays du **BRICS** (Brésil, Russie, Inde, Chine, Afrique du Sud) qui forment les plus grands marchés émergents du monde. On a beaucoup parlé de ces Russes nouveaux riches qui s'offrent de tapageuses virées dans les boutiques de luxe de Paris, de Milan ou de New York et qui envoient leurs enfants dans les meilleurs pensionnats d'Angleterre. Certains milliardaires ont même acheté des équipes européennes de football (soccer).

Or l'ascension de la Russie semble précaire pour plusieurs raisons : la majeure partie de son essor repose exclusivement sur l'exportation pétrolière et gazière ; l'apport d'investissements étrangers demeure limité comparativement aux autres marchés émergents ; les combines qui ont permis à un petit nombre d'hommes d'affaires (les femmes sont à peu près absentes de ce groupe) de s'enrichir rapidement ne profitent pas aux masses ; enfin, l'énorme appareil étatique qu'ont laissé les Soviétiques est responsable de la corruption endémique et de la présence envahissante du crime organisé. On estime à 20 % de l'économie nationale la valeur du « marché des pots de vin ». Contrairement aux autres pays du BRICS, la Russie a subi les effets de la crise financière mondiale de 2008-2009 et sa croissance économique est momentanément devenue négative. Au début de la présente décennie, les dépenses publiques représentaient environ 40 % du PIB.

Il est évident que 70 ans de socialisme soviétique ont laissé des traces. Si les statistiques sur l'économie russe laissent entendre que le pays connaît actuellement une robuste croissance, de nombreux signes prouvent aussi que la majorité de la population n'en goûte pas les fruits. Cette situation ne fait que compliquer davantage la préservation de la fédération, déjà empêtrée dans une structure administrative du territoire extrêmement complexe, en proie à la corruption.

LES RÉGIONS DE L'ENSEMBLE RUSSE

Attardons-nous maintenant à la géographie régionale de l'ensemble russe. Comme nous l'avons signalé, la Russie est si vaste, sa physiographie si variée et son paysage culturel tellement diversifié que, pour aborder ce pays, il faut adopter une perspective à petite échelle et un degré élevé de généralisation. Nous utiliserons pour ce faire le modèle à cinq régions présenté dans la figure 2B-1 : ① le noyau russe, correspondant à la zone située à l'ouest de l'Oural ; ② le front pionnier du sud-est, qui est un prolongement du noyau russe vers le centre de l'Eurasie, à l'est ; ③ la Sibérie, territoire glacial qui s'étend sur tout le cadran nord-est du pays ; ④ l'Extrême-Orient russe, fenêtre allongée sur l'océan Pacifique ; et ⑤ la Transcaucasie, dont les trois petites républiques se trouvent aux portes de la Russie, dans le couloir situé entre les mers Noire et Caspienne. Chacune de ces régions de premier ordre abrite également de grandes sous-régions.

LES PRINCIPALES VILLES DE L'ENSEMBLE RUSSE

VILLE	POPULATION* (en millions)
Moscou (Russie)	10,6
Saint-Pétersbourg (Russie)	4,6
Bakou (Azerbaïdjan)	2,0
Novossibirsk (Russie)	1,4
Iekaterinbourg (Russie)	1,4
Nijni Novgorod (Russie)	1,3
Kazan (Russie)	1,2
Tcheliabinsk (Russie)	1,1
Tbilissi (Géorgie)	1,1
Erevan (Arménie)	1,1
Volgograd (Russie)	1,0
Vladivostok (Russie)	0,6

* Nombre approximatif d'habitants des agglomérations urbaines d'après les données projetées de 2012

LE NOYAU RUSSE

Le noyau d'un État correspond à sa zone centrale où est concentrée la majorité de la population et des activités économiques. C'est là qu'on trouve les grandes villes, les industries les plus importantes, les réseaux de transport les plus denses, les zones de culture intensive et les grands centres de décision du pays (Parlement, sièges sociaux d'entreprises, haute finance). Lorsqu'il est établi depuis longtemps, le noyau témoigne particulièrement bien de la culture et de l'histoire du pays. Le cœur de la Russie s'étend de la frontière occidentale de l'ensemble russe jusqu'à l'Oural, à l'est (voir la figure 2B-1). En d'autres termes, c'est la Russie de Moscou et de Saint-Pétersbourg, de la Volga et de ses villes industrielles.

Moscou est la plaque tournante d'une région plus vaste où vivent quelque 50 millions d'habitants, soit plus du tiers de la population du pays. La plupart d'entre eux sont rassemblés dans de grandes villes qui, durant la période soviétique, s'étaient spécialisées dans des industries désignées, comme Nijni Novgorod (le foyer de l'industrie automobile soviétique qu'on a comparée à Détroit) et

L'une des MÉTROPOLES de . . .

L'ENSEMBLE RUSSE

MOSCOU

DANS L'IMMENSITÉ du territoire national, Moscou, la capitale fédérale près de la frontière occidentale du pays, semble excentrée. En tenant compte de la répartition de la population (voir la figure 2A-3), Moscou se trouve au centre même du noyau russe et constitue le point de convergence de tous les réseaux de transport.

Sur les rives de la sinueuse Moskova se profilent les dômes des églises byzantines et les immeubles modernes. Émergeant des forêts de la plaine de Russie, Moscou s'élève telle une oasis géante dans un écrin de verdure. Bien que la ville ne s'inscrive dans l'histoire officielle qu'au milieu du XIIe siècle, des fouilles archéologiques permettent de croire que l'occupation du site remonte à des temps bien plus anciens. La forêt et la rivière protégeaient l'emplacement des raids ennemis, et Moscou a confirmé sa primauté en repoussant l'armée tatare, à la fin du XIVe siècle. Immense, le Kremlin (qui signifie « citadelle » ou « forteresse ») bâti pour garantir la sécurité de la ville comporte deux kilomètres de murailles et 18 tours de brique. Cette première fortification a permis à Ivan le Terrible de développer Moscou et de jeter les fondations du vaste Empire russe.

Devant le Kremlin, de forme triangulaire, se dresse l'immense place Rouge. Avec pour voisins la cathédrale Basile-le-Bienheureux et la Moskova, le Kremlin constitue le cœur historique de la ville (voir la photo à la page 110) et le centre de cette métropole de 10,6 millions d'habitants. De ce noyau, les avenues et les rues rayonnent dans toutes les directions vers l'autoroute périphérique qui ceinture la ville. Jusque dans les années 1970, cette dernière encerclait à peu près toute la région métropolitaine, mais aujourd'hui, l'agglomération s'étend bien au-delà. En dépit de sa taille, Moscou et son centre-ville ne se sont jamais dotés des gratte-ciels typiques des métropoles. La politique communiste avait voulu créer une ville dite socialiste dont les quartiers – composés d'immeubles d'habitation, d'entreprises, d'écoles, d'hôpitaux, de boutiques et d'autres commodités – seraient aménagés de façon à réduire les déplacements vers le centre-ville.

Bien que la capitale de la Russie ne soit pas réputée pour son architecture, elle abrite néanmoins des bâtiments historiques et modernes qui valent le détour, dont la cathédrale de l'archange Michel et les tours de l'Université d'État.

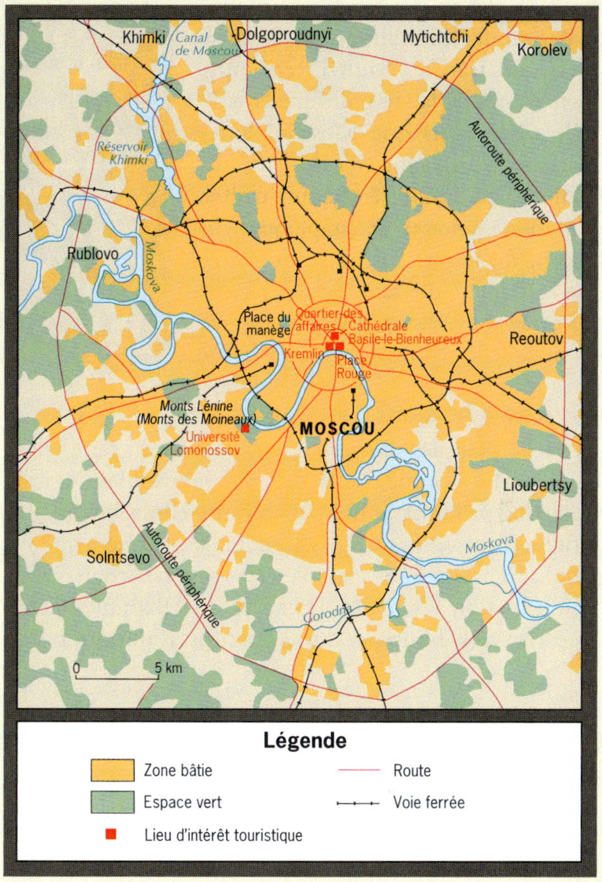

Durant l'époque postcommuniste, le cœur de Moscou s'est métamorphosé et l'urbanisme soviétique a cédé le pas à un centre de commerce international rappelant de plus en plus les grandes métropoles du monde. Lorsque le marché libre s'est installé, bien que de façon imparfaite, le centre de Moscou est devenu le lieu de prédilection des investisseurs étrangers, des multinationales, des boutiques haut de gamme et des immeubles d'habitation de luxe. Il s'est rapidement transformé en l'une des zones résidentielles les plus chères du monde et son caractère exclusif contraste grandement avec le reste de la métropole encore aujourd'hui dominée par la terne architecture soviétique. Pour la grande majorité des Moscovites, cependant, cette métamorphose s'est simplement soldée par une augmentation du coût de la vie.

Ivanovo (connue pour ses textiles). De nos jours, cependant, la Russie se définit moins comme un pays à la production diversifiée que comme un producteur et un exportateur de produits de base, surtout de pétrole et de gaz naturel. Les hautes tours d'acier et de verre qui s'élèvent au-dessus des quartiers des affaires, à l'instar de celle qui a récemment surgi du quartier historique de Saint-Pétersbourg, appartiennent pour la plupart à des sociétés du secteur énergétique relevant de l'État comme Gazprom. Quant aux voitures qu'on y construit, elles risquent fort d'arborer des noms étrangers tels que Fiat et Volkswagen.

Saint-Pétersbourg demeure la deuxième ville en importance, avec une population de 4,6 millions d'habitants. À l'époque tsariste, Saint-Pétersbourg était le centre de la vie politique et culturelle russe, alors que Moscou, lointaine, était la deuxième ville de l'empire. Or aujourd'hui, Saint-Pétersbourg n'offre aucun des avantages géographiques de Moscou, du moins pas en ce qui concerne le marché intérieur. Située dans le nord-ouest du pays, à 650 kilomètres de la capitale, elle est très éloignée de la région industrielle centrale (voir la figure 2B-3). Elle n'est pas avantagée non plus sur le plan des ressources puisqu'elle doit faire venir d'ailleurs – souvent de très loin – les combustibles, les métaux et les produits alimentaires dont elle a besoin. La politique d'autosuffisance de l'époque soviétique a même neutralisé l'atout que Saint-Pétersbourg possédait grâce à sa localisation géographique sur la mer Baltique. Cette ouverture vers l'Europe aurait permis d'importer des matières premières à faible coût plutôt que de se les procurer de sources nationales situées dans la lointaine Asie centrale. Le sous-sol des environs, notamment Tikhvin, n'abrite que de la bauxite, et c'est pourquoi l'importation a toujours été nécessaire. Aujourd'hui, les industries de

Au cœur de Moscou, le Kremlin de forme triangulaire (à droite) s'étend devant la place Rouge.

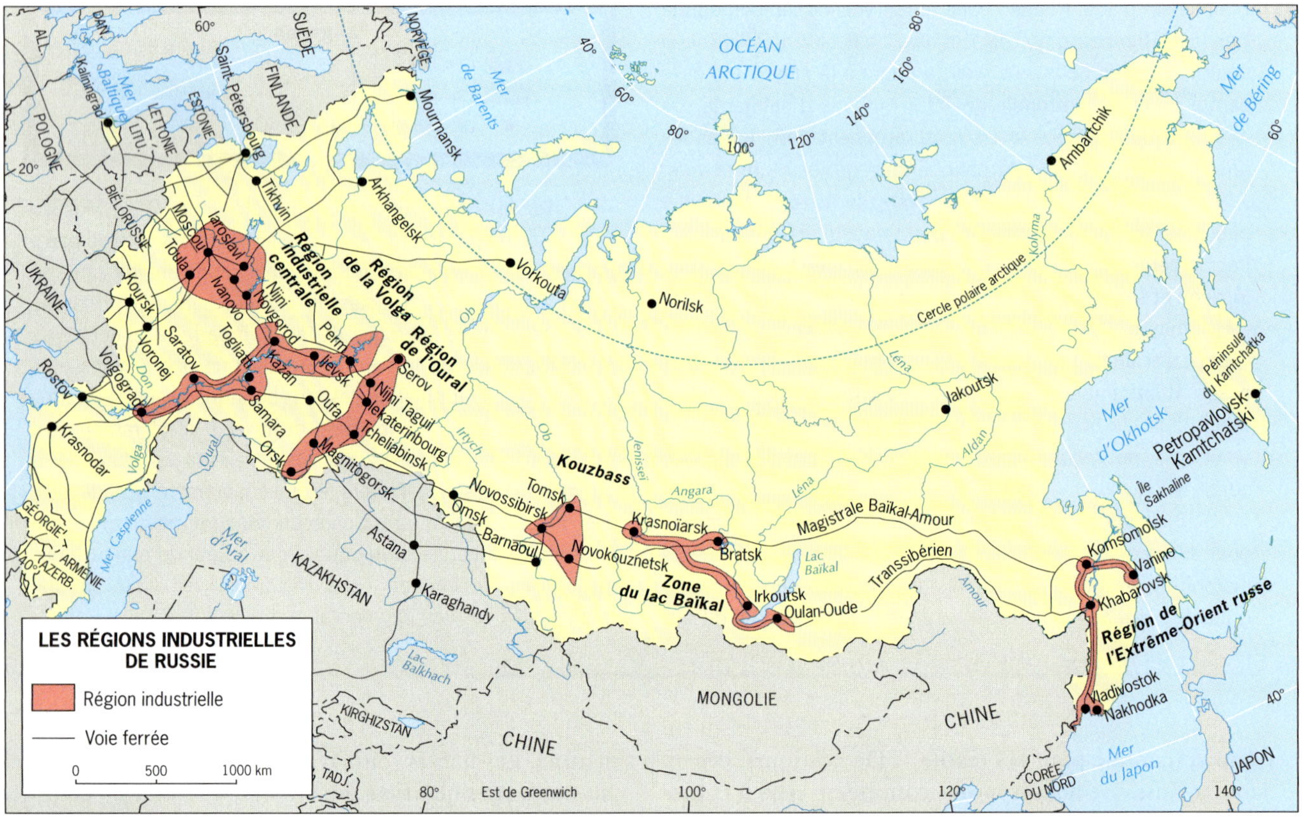

FIGURE 2B-3

L'une des MÉTROPOLES de . . .

L'ENSEMBLE RUSSE

SAINT-PÉTERSBOURG

LE TSAR PIERRE LE GRAND et ses architectes ont transformé les îles du delta de la Neva, situées au fond du golfe de Finlande en une Venise du Nord. Ses palais, ses églises, ses façades tournées vers le golfe, ses ponts et ses monuments donnent à Saint-Pétersbourg une facture européenne que ne possède aucune autre ville russe. Après avoir bouté les Suédois hors de la région, Pierre le Grand a jeté les fondations de la forteresse Pierre-et-Paul sur les rives de la Neva en 1703 et proclamé la ville capitale de Russie en 1712.

Véritable fenêtre du tsar sur l'Europe, Saint-Pétersbourg (en l'honneur du saint et non du tsar) allait rivaliser avec Paris, Londres, Rome et les autres capitales européennes. Au cours du XVIIIe siècle, Saint-Pétersbourg s'est dotée de bâtiments somptueux dont les flèches élancées, les coupoles ornées et l'architecture baroque et classique magnifient la silhouette. Au cœur de la cité, le palais impérial d'hiver et l'Ermitage contigu, l'un des plus grands musées d'art du monde, ne sont que quelques-uns des trésors architecturaux qui ont traversé les siècles (voir la photo à la page 104).

D'importants bouleversements allaient marquer l'histoire de Saint-Pétersbourg. En 1917, la révolution russe éclate dans la ville alors appelée Petrograd. Après la victoire des communistes, elle perd son titre de capitale au profit de Moscou et elle est rebaptisée Leningrad en l'honneur de Lénine. Durant la Seconde Guerre mondiale, elle subit un siège de 872 jours, résistant avec héroïsme à la faim et aux incessants bombardements nazis qui ont emporté près d'un million de personnes et endommagé de nombreux bâtiments.

La négligence et la destruction de certaines des plus belles églises de Leningrad, la construction de monuments dépourvus de raffinement et d'austères complexes immobiliers marquent l'époque communiste, de même que l'industrialisation et la croissance rapides de la ville. Peu après la chute de l'Union soviétique, la ville retrouve son nom d'origine et entre dans une nouvelle ère. L'Église orthodoxe de Russie a connu un renouveau, la restauration des bâtiments a été lancée et le tourisme a explosé. Le passage du communisme au capitalisme s'est cependant

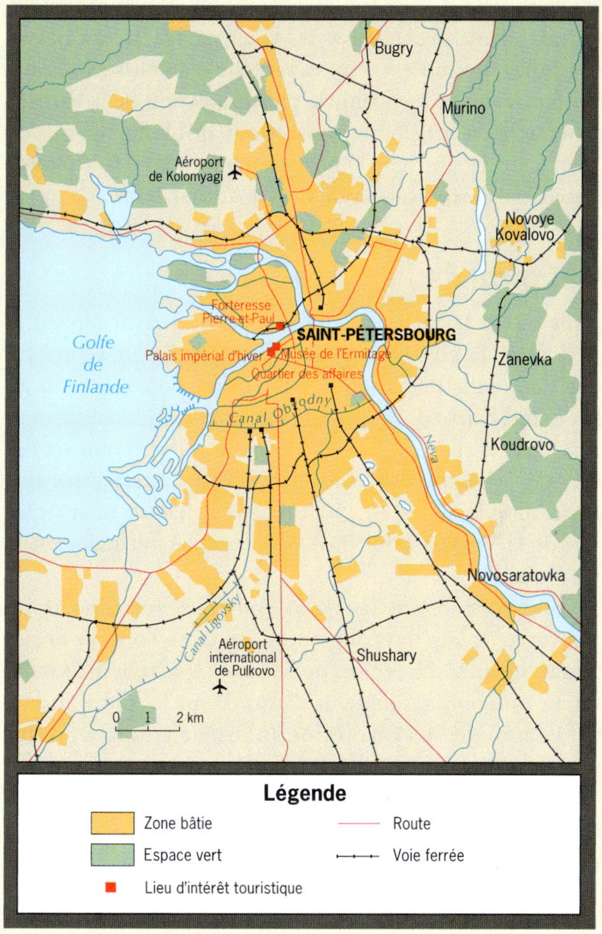

accompagné de problèmes sociaux, notamment de criminalité et de pauvreté.

Aujourd'hui, les ports de Saint-Pétersbourg sur le golfe de Finlande continuent de jouer un rôle déterminant dans les échanges commerciaux de la Russie avec le monde, et la ville est une escale importante pour de nombreux navires de croisière. Si Moscou se définit surtout, de nos jours, par la finance mondiale et les services à la production, Saint-Pétersbourg a trouvé son créneau dans le commerce, la culture et le tourisme.

transformation à Saint-Pétersbourg se résument à la fabrication de machinerie de haute qualité et de composantes électroniques pour le secteur de l'aérospatiale ainsi qu'à la construction navale.

Le noyau russe se compose de trois grandes sous-régions cruciales : la région industrielle centrale, la région de la Volga et celle de l'Oural.

La région industrielle centrale

La région industrielle centrale se trouve au cœur du noyau russe (voir la figure 2B-3). Au même titre que toutes les régions de l'ensemble, la définition précise de cette sous-région fait l'objet de débats. Certains géographes préfèrent parler de la « région de Moscou » en soulignant que tout, à 400 kilomètres à la ronde, est orienté vers la capitale, centre historique du pays. Comme en témoigne la figure 2B-3 (et, mieux encore, la figure 2A-8), la **centralité** de Moscou n'est plus à démontrer, puisque les routes et les voies ferrées y convergent depuis toutes les directions: d'Ukraine au sud, de Minsk, en Biélorussie, et du reste de l'Europe de l'Est, à l'ouest; de Saint-Pétersbourg et de la côte baltique, au nord-ouest; de Nijni Novgorod et de l'Oural, à l'est; des villes et des voies navigables du bassin de la Volga, au sud-est – un canal relie d'ailleurs Moscou à la Volga, le fleuve navigable le plus important de la Russie; et même de la périphérie subarctique qui longe la mer de Barents, où se trouvent le port stratégique de Mourmansk et le centre d'exportation de bois d'Arkhangelsk.

La région de la Volga

La région de la Volga s'étend le long du bassin moyen et inférieur de la Volga et de son affluent, la rivière Kama, au nord de la ville de Kazan. Cette région doit son nom au plus grand fleuve de Russie, qui est aussi son artère principale et sur les rives duquel se sont construites la plupart des villes de la région (voir la figure 2B-3). Les Russes ont creusé, dans les années 1950, un canal reliant le cours inférieur de la Volga à celui du Don et, par le fait même, à la mer Noire.

Le corridor de la Volga était autrefois une route importante, mais il a longtemps été dans l'ombre de ses régions voisines. La région de Moscou ainsi que l'Ukraine avaient une bonne longueur d'avance sur les plans industriel et agricole. La révolution industrielle, qui a atteint le noyau russe à la fin du XIXe siècle seulement (voir la figure 1A-5), n'a pas eu beaucoup d'effets sur la région de la Volga. Celle-ci servait surtout de zone de transit pour les denrées alimentaires et les matières premières provenant d'autres régions ou leur étant destinées.

La région de la Volga forme le flan oriental de la région industrielle centrale le long du grand fleuve russe auquel s'abreuvent les villes et les fermes qui la composent. Cette sous-région a longtemps été ignorée par l'élan d'industrialisation soviétique, mais elle est brusquement devenue beaucoup plus importante durant la Seconde Guerre mondiale, car ses villes étaient relativement éloignées des troupes allemandes qui avançaient vers l'ouest. L'accélération du développement industriel a permis aux agglomérations de la vallée de la Volga de tirer leur épingle du jeu comme elles ne l'avaient jamais fait auparavant. D'abord, dans les années 1950, l'ouverture du canal Volga-Don a favorisé la création de nouveaux réseaux et de nouvelles occasions d'affaires. Ensuite, on a pris conscience de l'étendue des champs gaziers et pétrolifères dans la région de la Volga (voir la figure 2A-4); ces réserves ont été pendant un certain temps les plus importantes de toute l'Union soviétique. Enfin, les voies d'accès vers le nord-ouest du pays, par les canaux de Moscou et de Mariinsk jusqu'à la mer Baltique, ont été améliorées et alimentées par des liens routiers et ferroviaires. La composition industrielle des villes riveraines de la Volga a alors connu de nouveaux changements. Il est certain que, si la région industrielle centrale constitue le noyau russe, la région de la Volga en est l'artère principale.

La région de l'Oural

L'Oural constitue la frontière orientale du noyau russe. Ses montagnes ne sont pas particulièrement élevées. Au nord, l'Oural est formé d'une chaîne unique, mais il s'élargit vers le sud et forme une zone de collines qui ne freine en rien la circulation est-ouest. Les réserves considérables de minerais et de métaux de l'Oural et des environs en ont fait un lieu de développement industriel naturel, et ce, particulièrement au cours de la Seconde Guerre mondiale. Aujourd'hui, la région de l'Oural s'étend de Serov, au nord, jusqu'à Orsk, au sud, et jouit d'accès nombreux à la région de la Volga et à la région industrielle centrale (voir la figure 2B-3).

LE FRONT PIONNIER DU SUD-EST

Du versant oriental de l'Oural jusqu'aux sources du fleuve Amour, et de la latitude de Tioumen jusqu'à la zone septentrionale du Kazakhstan s'étend la frontière du sud-est, qui est le produit d'un gigantesque projet d'expansion du noyau russe vers l'est (voir la figure 2B-1). Comme le laissent deviner la carte des villes et du réseau de transport terrestre (voir la figure 2A-8) et celle de la répartition de la population (voir la figure 2A-3), cette région est plus densément peuplée et plus développée dans sa partie ouest. À l'est de l'Ienisseï, les peuplements linéaires dominent, comme en témoignent les points de concentration de la population le long des voies ferrées orientées est-ouest. Deux sous-régions caractérisent la géographie humaine: le Kouzbass (forme contractée de «bassin de Kouznetsk») à l'ouest et la zone du lac Baïkal à l'est.

Le Kouzbass

À quelque 1500 kilomètres à l'est de l'Oural se trouve le Kouzbass (voir la figure 2B-3), un autre grand centre d'industrie lourde développé dans le cadre de la planification nationale à l'époque communiste. À sa création dans les années 1930, le Kouzbass était un fournisseur de matières premières, en particulier de charbon, pour la région de l'Oural. À l'origine, il s'agissait de transporter le charbon du Kouzbass occidental jusqu'à la région de l'Oural et d'en rapporter par les mêmes trains du minerai de fer. C'était un exemple classique de **complémentarité** réciproque. Cependant, on a découvert plus tard des gisements de minerai de fer de qualité près du Kouzbass. Les industries primaires s'y sont développées, et avec elles, les centres urbains. Novossibirsk, ville principale située à l'extrémité ouest du Kouzbass, se trouve au croisement du Transsibérien et de l'Ob, tel un symbole de l'entrepreneuriat russe dans le vaste intérieur oriental. Tomsk, dans le nord-est, est

Oïmiakon détient le titre de la ville la plus froide du monde. Elle se trouve au nord de Iakoutsk, en Sibérie orientale. La température diurne moyenne durant l'hiver oscille autour de -46 °C, et le record de froid, enregistré en 1933, est de -68 °C. La ville compte quelques centaines d'habitants et aussi une école qui reste fermée si le mercure descend sous -52 °C. Même s'il y avait une couverture satellite, les téléphones cellulaires ne fonctionneraient pas, et le port de lunettes est déconseillé, car elles gèlent contre la peau du visage. Comme on peut s'y attendre, il n'y a aucun hôtel à Oïmiakon.

l'une des plus vieilles villes russes à l'est de l'Oural. Fondée au XVIIe siècle, elle participe aujourd'hui pleinement au développement moderne du Kouzbass. Au sud-est de Novossibirsk, Novokouznetsk produit de l'acier pour ses usines de mécanique et d'usinage ainsi que des produits d'aluminium à partir de la bauxite de l'Oural.

La zone du lac Baïkal

À l'est du Kouzbass, les villes sont plus isolées et l'éloignement devient un obstacle important. Au nord de la zone frontalière avec la Mongolie et vers l'est, autour du lac Baïkal, des agglomérations de toutes tailles jalonnent les deux voies ferrées menant à la côte du Pacifique (voir la figure 2B-3). À l'ouest du lac, ces couloirs ferroviaires traversent le bassin supérieur de l'Ienisseï et ses affluents. Des barrages et des projets hydroélectriques alimentent la vallée de l'Angara, particulièrement la ville de Bratsk. Bien que l'économie locale repose en partie sur l'exploitation minière, forestière et agricole, l'isolement demeure une caractéristique de la région. Irkoutsk, près de l'extrémité méridionale du lac Baïkal, est le principal point de service de l'immense région que constitue la Sibérie au nord et du vaste territoire qui s'étend d'est en ouest dans le sud-est de la Russie.

À l'est du lac Baïkal se trouve la portion du sud de la Russie la plus accidentée, la plus difficile d'accès et la plus inhospitalière. Les villages y sont rares et ne se résument parfois qu'à des camps. La république de Bouriatie (voir la figure 2B-2) en fait partie ; le territoire qui la borde à l'est a été ravi jadis à la Chine par les tsars et risque de faire l'objet d'éventuels conflits. L'économie de cette république traversée par le Transsibérien s'appuie sur l'élevage, l'agriculture et les mines de charbon, d'or, de nickel et de fer. La frontière du sud-est se termine au point de bifurcation vers le sud, le long du fleuve Amour, de la frontière sino-russe, là où commence l'Extrême-Orient russe.

LA SIBÉRIE

Avant d'évaluer le potentiel du littoral pacifique russe, gardons à l'esprit que les zones de développement présentées plus haut sont concentrées le long de la frontière méridionale de ce vaste ensemble qu'est la Russie ; aucune ne se trouve dans la vaste région sibérienne qui occupe le nord du territoire (voir la figure 2B-1). La Sibérie, immense espace glacial et hostile, s'étend de l'Oural à la péninsule du Kamtchatka. Plus vaste que les États-Unis, mais habitée par 15 millions de personnes seulement, la Sibérie symbolise les rigueurs de la nordicité et du froid arctique : zones désertes sur de longues distances, temps froid que les vents polaires ne font qu'accentuer, relief accidenté, sols pauvres et moyens de survie limités.

Le tigre de Sibérie, le plus grand félin qui soit, est ici chez lui. Son habitat immense et désert lui convient parfaitement. Sa fourrure qui devient blanche l'hiver pour lui servir de camouflage le préserve du froid. Malheureusement, la présence grandissante de l'humain et le braconnage, même dans ces régions éloignées, ont réduit la population de tigres à quelques centaines d'individus seulement, si bien que l'espèce est désormais protégée. Le tigre de Sibérie ne vit plus que dans les forêts et les chaînes montagneuses de la Russie orientale où on le voit rarement.

La Sibérie abrite cependant des ressources. Depuis l'époque des premiers explorateurs russes et des aventuriers cosaques, les richesses de la région ont été une source d'attraction. Parmi elles, de l'or, des diamants et d'autres métaux précieux ont été découverts, puis des minerais métalliques, dont du fer et de la bauxite. Plus récemment encore, des chercheurs ont localisé au cœur même de la Sibérie d'importants gisements de pétrole et de gaz naturel (voir la figure 2A-4) qui représentent une partie considérable des ressources énergétiques de la Russie et de ses exportations.

La carte des régions physiographiques de la figure 2A-2 montre que les grands fleuves – l'Ob, l'Ienisseï et la Léna – coulent paisiblement vers le nord à travers la Sibérie et la plaine de l'Arctique pour se jeter dans l'océan Arctique. Dans les bassins fluviaux de ces fleuves, des centrales hydroélectriques produisent l'énergie nécessaire à l'extraction et au raffinage des minerais ainsi qu'aux scieries qui exploitent les vastes forêts de la région.

La Sibérie présente une géographie humaine fragmentée, et la majeure partie de la région est virtuellement inhabitée (voir la figure 2A-3). Les Soviétiques ont toutefois colonisé des bandes de terres : la présence de communautés russes le long de l'Ienisseï, par exemple, est marquée sur la carte par une suite de petites agglomérations au nord de Krasnoïarsk, et le bassin supérieur de la Léna comporte des franges analogues de communautés russes de souche. Néanmoins, des centaines de kilomètres de territoire désert séparent ces lambeaux de population et autres îlots habités.

La Sibérie regorge de ressources encore inexploitées qui pourraient devenir le pivot du développement futur du pays. Déjà, des métaux précieux et des combustibles minéraux stimulent l'économie russe. On peut s'attendre à ce que les ressources de la Sibérie jouent un rôle croissant dans le développement économique du front pionnier du sud-est et de l'Extrême-Orient russe. La construction, dans les années 1980, de la BAM (Magistrale Baïkal-Amour) a été un pas dans cette direction. Cette ligne ferroviaire construite au nord du Transsibérien, et selon le même axe, s'étend sur 3500 kilomètres vers l'est, depuis Krasnoïarsk jusqu'à la ville orientale de Komsomolsk (voir la figure 2B-3). Au cours de la période postsoviétique, la BAM a souffert de nombreux bris d'équipement et de grèves des travailleurs. Elle n'en demeure pas moins un élément incontournable de l'infrastructure nécessaire à la croissance économique de la région la plus à l'est de la Russie.

L'EXTRÊME-ORIENT RUSSE

En 2000, lorsqu'il a superposé sa structure de districts fédéraux sur la matrice de régions de l'ère soviétique (voir la figure 2B-2), le gouvernement russe a donné à son plus grand district en ce qui a trait à la superficie le nom d'Extrême-Orient. Du coup, celui-ci incorporait quatre républiques ethniques et six régions russes. Or de nombreux citoyens russes n'ont pas la même perception de ce que constitue cette région. Ils considèrent à juste titre que la zone septentrionale de cet Extrême-Orient officiel est, en fait, le prolongement de la Sibérie. À leurs yeux, le véritable Extrême-Orient russe est formé de la zone à l'est de la frontière du sud-est jusqu'au littoral du Pacifique, de l'île Sakhaline, du Kamtchatka et d'une étroite bande de terre le long de la côte septentrionale de la mer d'Okhotsk (voir les figures 2B-1, 2B-3 et 2B-4).

Même si la proximité de l'océan Pacifique tempère quelque peu l'environnement naturel de la région, la vie dans l'Extrême-Orient russe est difficile. Les populations disséminées dans des villages isolés vivent de la pêche et des activités forestières. Avec la chute du communisme et la libéralisation de l'économie russe, cette région sera probablement progressivement oubliée. Considérée comme non prioritaire sur le plan économique par les nouveaux dirigeants de Moscou, la région a subi l'exode de centaines de milliers d'habitants. Petropavlovsk-Kamtchatski, la plus grande ville de la péninsule du Kamtchatka n'a pas été épargnée. Sa population de 248 000 habitants en 1991, soit juste avant l'effondrement de l'Union soviétique, ne se chiffrait plus qu'à 198 000 en 2002. Elle dépasse à peine les 180 000 résidents aujourd'hui. Le déclin n'est pas anodin considérant que Petropavlovsk-Kamtchatski a aussi la particularité d'être la plus grande ville de la planète à être dépourvue de tout lien terrestre avec le monde : aucune route ne permet de quitter la péninsule. L'essentiel de l'économie de la ville dépend des activités de la pêche et du tourisme de plein air.

Le sentiment d'avoir été abandonné par Moscou est présent presque partout en Extrême-Orient. À Vladivostok (qui signifie « l'Orient nous appartient »), la célèbre base navale semble assoupie, les usines ferment les unes après les autres et lorsque des résidents explorent de nouvelles avenues – l'importation clandestine de voitures japonaises d'occasion, par exemple –, l'État y dépêche la police fédérale pour faire cesser les activités. Pendant ce temps, dans la ville voisine de Nakhodka, le terminal portuaire à conteneurs accumule les pannes, le commerce transfrontalier avec la Chine est réduit au minimum, les échanges commerciaux avec le Japon sont insignifiants et les deux lignes ferroviaires censées stimuler la circulation et le commerce entre les pays ne parviennent pas à être les éléments moteurs qui génèreraient un volume d'échanges suffisant pour maintenir l'économie de cette région. Certains comparent l'Extrême-Orient russe au Far West américain d'une autre époque. Les vols, les crimes violents, la corruption et un gouvernement régional autoritaire font de la région un endroit où il est difficile de faire des affaires.

Pourtant, le potentiel économique est considérable. L'Extrême-Orient russe renferme d'importantes réserves de pétrole et de gaz naturel – le pivot de l'économie russe – dans l'île Sakhaline et ses environs. Comme l'illustre la figure 2B-4, l'île est entourée de gisements d'hydrocarbures et de pays avides d'énergie, en l'occurrence la Chine et le Japon. Déjà, ces deux pays misent sur la construction de pipelines et d'autres structures propres à cette industrie pour satisfaire leur demande en énergie. Par contre, les désaccords à propos de la reconnaissance

FIGURE 2B-4

des frontières entre la Russie et ses deux voisins constituent un frein aux échanges commerciaux que la Chine et le Japon pourraient entretenir avec cette région. Or, ce dont cette dernière a besoin, c'est d'une économie diversifiée du même ordre que celle qui anime le nord-est de la Chine, de l'autre côté des fleuves Amour et Oussouri. Pour l'heure, rien ne laisse cependant entrevoir le début d'un changement.

LE SUD AGITÉ DU NOYAU RUSSE

Après ce survol des territoires orientaux de la Russie, revenons à la carte des régions de l'ensemble (voir figure 2B-1) et examinons la plus complexe de toutes : celle où l'influence grandissante du pays sous la pression de ses dirigeants – communistes ou tsars – s'est fait sentir en dépit de l'obstacle physique que représente le Caucase. À en juger par cette carte, on dirait que le noyau russe déborde la frontière internationale qui coïncide plus ou moins avec la ligne de crête de cette impressionnante chaîne de montagnes. Le portrait n'est pas si simple, cependant. Ainsi, un voyageur qui va vers le sud depuis Volgograd ou Rostov constatera que le paysage physique et culturel ne change pas ; le paysage ondoyant de la plaine de Russie, ses villages et ses fermes ressemblent beaucoup à ce qu'on trouve au sud de Moscou. En prenant un train vers le sud depuis Astrakhan, dans le delta de la Volga, notre voyageur apercevra bientôt le Caucase se profiler à l'horizon, mais il n'aura pas forcément conscience d'être entré dans un autre monde avant d'arriver à Grozny, capitale de la Tchétchénie, l'une des républiques fédératives autonomes de la Russie (voir la figure 2B-5). Le voyageur verra un paysage culturel fort différent de celui de la région centrale de Moscou.

En 1917, les dirigeants communistes qui ont succédé aux tsars dans cette région ont dû affronter la difficulté d'intégrer de nombreuses minorités nationales à leurs projets. Les Tchétchènes avaient combattu les armées des tsars pour garder leur indépendance et se retrouvaient maintenant face à de nouveaux dirigeants. Indépendants et fiers de leurs traditions, les Tchétchènes ont dû intégrer l'URSS en 1936. Comme nous l'avons déjà mentionné plus haut, afin de prendre en compte les aspirations des minorités nationales, dont certaines (mais pas toutes) étaient musulmanes, l'administration communiste a créé des Républiques socialistes soviétiques autonomes (RSSA) fondées sur l'appartenance ethnique. Ce qu'il subsiste aujourd'hui de celles-ci est coloré en rose, sur la carte, pour les distinguer du reste de la Russie, de couleur pêche.

La chute du régime communiste en 1991 a ravivé les aspirations à l'indépendance de nombreux peuples de la région. Des rebelles tchétchènes proclament aussitôt l'indépendance et se retirent de la nouvelle fédération russe. Ils affirment leur pouvoir en contrôlant le transit de pétrole dans la région (voir la figure 2B-5). Toutefois, la Russie, qui ne veut pas perdre son pouvoir dans cette région qu'elle considère comme stratégique, interviendra à deux reprises pour déloger les rebelles, une première fois en 1994-1995 et une autre en 1999-2000. Cette intervention militaire s'est embourbée dans un long et violent conflit. Les conséquences ont été dévastatrices pour la population et les infrastructures tchétchènes (Grozny, la capitale, a été entièrement détruite). Le conflit, qui perdure encore aujourd'hui, est également désastreux pour le gouvernement russe. Au printemps 2010, un attentat suicide fait 39 morts dans le métro de Moscou, puis en janvier 2011, un autre attentat suicide fera 35 morts et de nombreux blessés à l'aéroport de Moscou. Tous les soupçons sont tournés vers les rebelles de la région du Caucase. La Russie semble payer un prix de plus en plus élevé dans ses efforts pour contrôler le sud.

LA TRANSCAUCASIE ET LA ZONE DE TRANSITION RUSSE

La Transcaucasie, formée des trois anciennes républiques de l'Union soviétique que sont la Géorgie, l'Arménie et l'Azerbaïdjan (voir la figure 2B-5), est un territoire compris entre le noyau russe et l'ensemble géographique qui réunit l'Afrique du Nord et l'Asie du Sud-Ouest. Cette région complexe se distingue sur les plans du relief, de l'histoire et de la culture. En ce qui a trait à la topographie, la zone est dominée par le Caucase, une chaîne de montagnes dont les vallées ont été le théâtre d'innombrables guerres. Historiquement, la Transcaucasie a été, et est encore, le lieu de tensions entre chrétiens et musulmans, entre Russes et Turcs, Arméniens et Iraniens. Du point de vue culturel, elle forme une mosaïque de langues et de religions.

Le terme géographique « périphérie sud » indique que la Transcaucasie fait partie de l'aire d'influence que les Russes appellent leur proche étranger.

La région est bornée au nord par la Russie. Presque tout son flanc nord, qui va de la mer Caspienne – riche en pétrole – à la mer Noire, est occupé par des républiques fédératives de la Russie ; certaines sont stables ; d'autres, comme la Tchétchénie, sont en ébullition. Au sud, cette région est flanquée par l'Iran et la Turquie, deux pays musulmans avec lesquels elle entretient des liens historiques.

Ces trois républiques sont peu étendues et leur influence est relativement limitée. Alors que plusieurs États voisins ne demanderaient pas mieux que d'imposer leur autorité sur la région, voire en intégrer certaines parties, les Russes veillent à conserver leur influence dans le nord tandis que la pression islamique se fait sentir dans le sud.

En ce qui concerne la zone de transition russe (voir les figures 2B-1 et I-19), elle correspond à la partie septentrionale du Kazakhstan. Il s'git d'une zone de grande importance en ce qui concerne l'extraction et le transport du gaz et du pétrole vers les grands marchés, notamment le marché chinois.

Comme toutes les régions qui se trouvent en zone de transition géographique, les républiques de Transcaucasie et la zone de transition russe doivent composer avec des situations géopolitiques complexes.

UN AVENIR INCERTAIN

La Russie n'a pas encore trouvé l'équilibre en ce qui a trait à son économie, à la légitimité de ses dirigeants, à ses liens avec l'Occident, à la façon d'accommoder ses minorités ou d'établir des relations stables avec les anciennes républiques soviétiques qui l'entourent. Elle doit également composer avec des défis grandissants, dont le déclin de sa population. Elle n'en demeure pas moins un pays très puissant qui continuera d'exercer une influence considérable sur tout le continent eurasien.

LES RÉGIONS PÉRIPHÉRIQUES INTERNES ET EXTERNES DE LA RUSSIE DU SUD
POPULATION (en milliers d'hab.)
Moins de 50
50 à 250
250 à 1000
1000 à 5000
Plus de 5000
Les capitales nationales sont soulignées.
Route
Voie ferrée
Canal
Oléoduc
Projet d'oléoduc
0 50 100 150 200 250 300 350 km
KAZAKHSTAN
Volgograd
Rés. de Tsimliansk
UKR.
Marioupol
Rostov
Mer d'Azov
KALMOUKIE
Elista
Astrakhan
RUSSIE
Tikhoretsk
Kropotkin
Krasnodar
Novorossiisk
Armavir
Stavropol
Boudionnovsk
Maïkop
ADYGUÉE
Tcherkessk
Mineralnïe Vody
Piatigorsk
KARATCHAEVO-TCHERKESSIE
KABARDINO-BALKHARIE
Naltchik
Sotchi
ABKHAZIE
Soukhoumi
Vladikavkaz
OSSÉTIE DU NORD
INGOUCHIE
Nazran
Grozny
TCHÉTCHÉNIE
Makhachkala
Mer Caspienne
DAGHESTAN
CAUCASE
Mer Noire
Vallée de Pankisi
OSSÉTIE DU SUD
Khinvali
Gori
Koutaïssi
Samtredia
Soupsa
Rioni
Batoumi
ADJARIE
GÉORGIE
Tbilissi
Roustavi
Borcka
TURQUIE
Trabzon
Rés. de Minguetchaour
AZERBAÏDJAN
Soumgaït
Bakou
Gumri
ARMÉNIE
Gandja
L. Sevan
Erevan
HAUT-KARABAGH
Khankandi (Stepanakert)
NAKHITCHEVAN AZERB.
Sous contrôle arménien
PROVINCE D'AZERBAÏDJAN
Ağri
Van
Lac de Van
Marand
Tabriz
IRAN
Ardabil
Lac d'Ourmia
Est de Greenwich
TCHÉTCHÉNIE
Kargalinskaya
Nord russe (plaines)
Ischerskaya
Selkovskaïa
Chervlënnaja
Terek
Grozny
Goudermiess
Argun
Sounja
Sali
Zone médiane urbaine-industrielle
Vedeno
Sud tchétchène (montagnes)
Shatoy
Argoun
INGOUCHIE
OSSÉTIE DU NORD
CAUCASE
DAGHESTAN
GÉORGIE
0 20 40 km

FIGURE 2B-5

3A L'AMÉRIQUE DU NORD

DEUX FÉDÉRATIONS AUX UNIONS SOLIDES ?

SOMMAIRE

- LA RÉPARTITION DE LA POPULATION
- LA GÉOGRAPHIE PHYSIQUE DE L'AMÉRIQUE DU NORD
- LA COLONISATION EUROPÉENNE ET L'EXPANSION
- LA CARTE DES DIVISIONS ADMINISTRATIVES DE L'AMÉRIQUE DU NORD
- LA RÉPARTITION DES RESSOURCES NATURELLES
- L'URBANISATION ET LES RÉGIONS INDUSTRIELLES
- L'OUEST ET LE SUD : LES PROCHAINS CENTRES DE GRAVITÉ ?

CONCEPTS ET TERMES

Mégalopole
Pluralisme culturel
Bassin hydrographique
Peuples autochtones
Combustible fossile
Migration
Système urbain
Zone industrielle américaine
Ville périphérique
Désindustrialisation
Migration intramétropolitaine
Économie postindustrielle
Secteur quaternaire
Technopole
Ceinture du soleil

FIGURE 3A-1

3A

Nous abordons à présent l'hémisphère occidental qui abrite deux continents reliés l'un à l'autre. Ils séparent les océans Atlantique et Pacifique et s'étendent presque d'un pôle à l'autre. Dotés d'une vaste gamme de ressources naturelles, ils sont entourés de nombreuses îles, grandes et petites, et leurs côtes dessinent des golfes et des baies d'importance historique et économique. Deux continents forment les Amériques, mais trois ensembles géographiques les couvrent (au nord, au centre et au sud). Sur le plan de la géographie physique, l'Amérique du Nord – de l'île d'Ellesmere située dans l'extrême nord du Canada jusqu'au Panama – constitue un continent. En ce qui a trait à la géographie humaine moderne, la partie nord du continent se divise en Amérique du Nord et en Amérique centrale. Cette dernière longe, au nord, une zone de transition marquée par une frontière politique aussi bien que physique entre les États-Unis et le Mexique (voir la figure 3A-1). Du golfe du Mexique à El Paso-Ciudad Juárez, le Rio Grande sert de frontière naturelle entre les deux pays, puis, d'El Paso jusqu'à l'océan Pacifique, une frontière en ligne droite, renforcée par des clôtures et des murs, sépare l'Amérique du Nord de l'Amérique centrale.

L'Amérique du Nord est constituée de deux pays qui partagent de nombreuses similitudes en ce qui a trait au développement économique ainsi qu'à plusieurs aspects sociaux et culturels. Possédant un éventail presque illimité de ressources naturelles, le Canada et les États-Unis sont liés tant par des échanges commerciaux que par la culture. Ils ont tissé une étroite collaboration mutuellement productive dont rendent compte les statistiques économiques : dans une année moyenne typique, plus de 80 % des exportations canadiennes sont destinées aux États-Unis, et environ les deux tiers des importations du Canada proviennent de son voisin du sud. Les États-Unis ne sont pas aussi dépendants à l'égard du Canada, mais celui-ci demeure néanmoins l'un de leurs principaux marchés d'exportation et d'importation.

On peut également définir cet ensemble géographique sur la base de certains critères, tels que les traits culturels, les paysages urbains, la propension de la population à la mobilité, les croyances religieuses, la langue et les convictions politiques. La société nord-américaine est l'une des plus urbanisées du globe et rien ne la représente mieux que les gratte-ciels de New York, de Chicago ou de Toronto ou les vastes zones de banlieues en périphérie de Los Angeles, Washington et Houston. Les Nord-Américains forment également l'une des populations les plus mobiles du monde ; des réseaux d'autoroutes, de chemins de fer et de couloirs aériens relient efficacement les villes et les nombreuses régions sur un territoire très étendu. Un va-et-vient de gens de la banlieue se fait matin et soir entre les centres-villes et les périphéries urbaines.

Malgré un multilinguisme notable, l'anglais est la langue véhiculaire de la plupart des régions des deux pays. Par ailleurs, en dépit de toutes les religions qu'observent les minorités, la très grande majorité des Canadiens et des Étasuniens pratiquants adhèrent au christianisme. Les deux États sont des démocraties stables et tous deux sont des fédérations.

Si un voyageur conduit du Michigan en passant par le sud de l'Ontario jusqu'à la partie nord de l'État de New York, il ne remarquera pas de forts contrastes entre les paysages culturels. Les Étasuniens qui visitent les villes

Le secteur nord de la ville de San Francisco : le quai des pêcheurs (au premier plan), le quartier Telegraph Hill où se dresse la Coit Tower (au centre), et la silhouette de la ville.

Les principales CARACTÉRISTIQUES GÉOGRAPHIQUES de . . .

L'AMÉRIQUE DU NORD

1. L'Amérique du Nord englobe deux des plus grands États du monde en ce qui a trait à la superficie : le Canada arrive au deuxième rang derrière la Russie, les États-Unis (avec leurs territoires incorporés), au troisième rang, tout juste devant la Chine.
2. Le Canada et les États-Unis sont des fédérations, mais leur système politique diffère. Le système canadien est une adaptation du régime parlementaire britannique ; la fédération canadienne comprend 10 provinces et 3 territoires. Aux États-Unis, les pouvoirs exécutif et législatif sont séparés ; l'Union se compose de 50 États, du Commonwealth de Porto Rico et de territoires insulaires, sous administration américaine, situés dans les Antilles et le Pacifique.
3. Le Canada et les États-Unis sont tous les deux des sociétés pluralistes et multiculturelles. Au Canada, cette caractéristique se manifeste par la promotion de deux langues officielles et d'une immigration diversifiée, alors qu'aux États-Unis, les divisions reposent essentiellement sur des critères de nature ethnique, sociale et salariale.
4. Un nombre important de francophones du Québec soutiennent le mouvement indépendantiste de cette province. Lors du référendum de 1995, c'est par seulement 54 288 voix (50,6 % de l'électorat) que les partisans du « non » ont assuré le maintien du Québec dans la fédération canadienne. L'éventualité d'une séparation au sein de l'État canadien a diminué depuis les années 2000, mais n'a pas disparu.
5. L'Amérique du Nord est l'un des ensembles géographiques les plus urbanisés bien que la densité de sa population soit relativement faible à l'échelle du continent. C'est également l'un des ensembles où les habitants sont le plus mobiles. Accueillant une vague continue d'immigration, la population totale de cet ensemble devrait s'accroître de plus de 40 % au cours du prochain demi-siècle.
6. L'Amérique du Nord est un ensemble géographique prospère, où le revenu et le niveau de vie moyens sont élevés. Ses ressources naturelles sont très diversifiées, mais la consommation des combustibles fossiles et l'exploitation des gisements minéraux se font à un rythme effréné.
7. L'Amérique du Nord comprend l'un des complexes industriels les plus importants du monde. L'industrialisation du continent a entraîné une croissance sans précédent des centres urbains. Dans les deux pays, cependant, la société et l'économie se transforment rapidement sous l'influence de la mutation postindustrielle.
8. Les deux pays dépendent fortement l'un de l'autre pour leur approvisionnement en matières premières essentielles. Ainsi, le Canada est un important fournisseur énergétique pour les États-Unis. Depuis longtemps, les deux pays sont les principaux partenaires commerciaux l'un de l'autre. Depuis 1994, l'Accord de libre-échange nord-américain (ALENA), qui a également été signé par le Mexique, a créé des liens encore plus étroits entre les économies des trois États. Les obstacles aux échanges commerciaux de même qu'aux investissements internationaux ont été aplanis.
9. L'immigration continue et l'importante mobilité transnationale font de cet ensemble géographique un lieu multiculturel et diversifié.

canadiennes (et vice versa) se retrouvent dans des décors plutôt familiers. La frontière qui sépare les deux États, longue de 8891 kilomètres[1], rend son contrôle difficile, malgré les mesures prises depuis les attentats du 11 septembre 2001. Les populations de ces deux pays traversent régulièrement la frontière pour consommer des biens et des services.

Cela ne signifie pas pour autant qu'il n'existe pas de différences entre les Canadiens et les Étasuniens. La plupart d'entre elles peuvent sembler ténues pour les observateurs de l'extérieur de cet ensemble géographique, mais elles sont néanmoins importantes, en particulier pour les Canadiens qui se sentent parfois dominés par les Étasuniens avec qui ils ne partagent pas toujours les mêmes valeurs politiques ou culturelles.

LA RÉPARTITION DE LA POPULATION

Bien que le Canada et les États-Unis se ressemblent sur les plans historique, culturel et économique, ils se distinguent également par des différences importantes qui contribuent à la diversification de cet ensemble géographique. Les États-Unis, dont la superficie est légèrement inférieure à celle du Canada, occupent le centre de l'Amérique du Nord, d'où la plus grande diversité de

1. En fait, elle est constituée de 6414 kilomètres le long de la frontière sud et de 2477 kilomètres supplémentaires le long de l'Alaska.

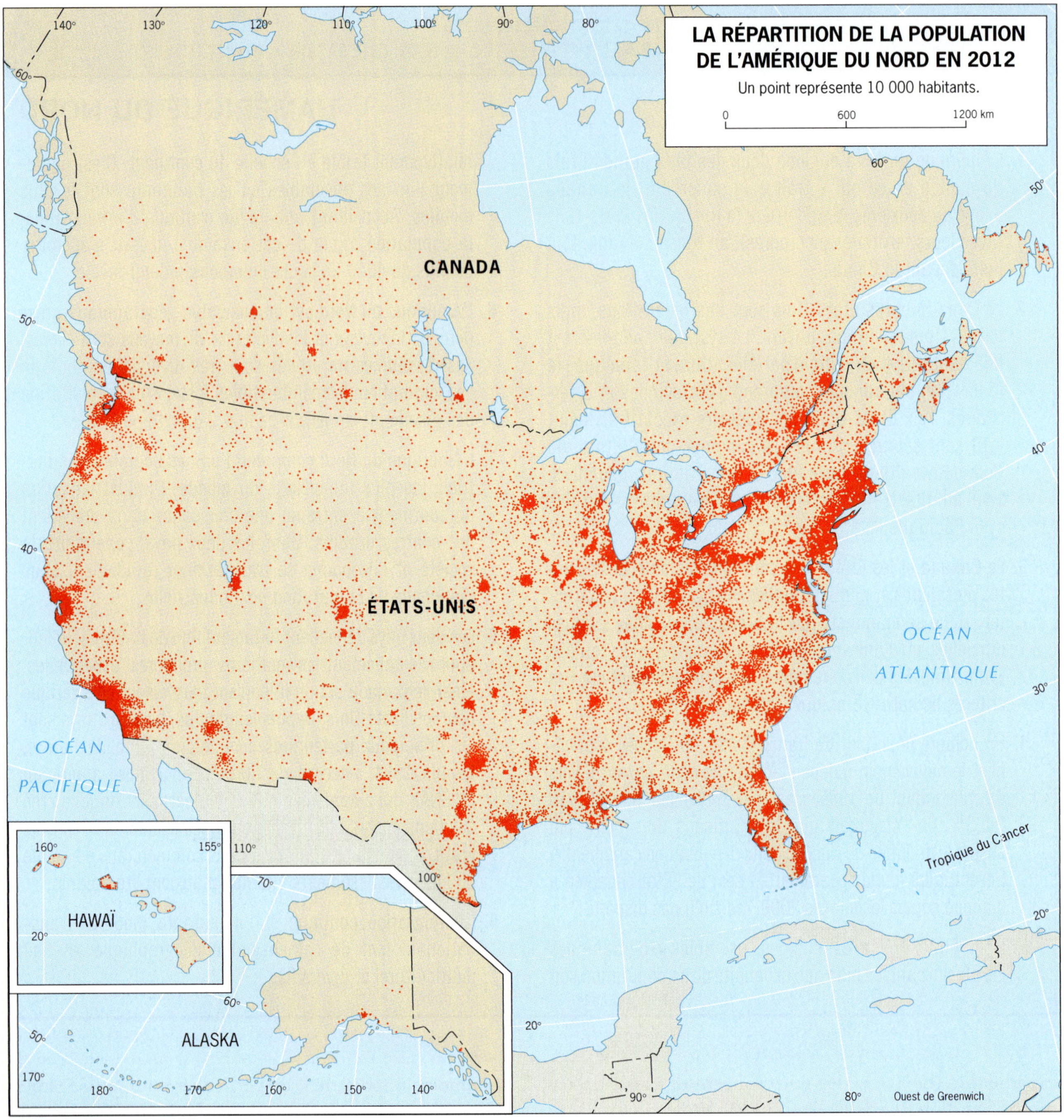

FIGURE 3A-2

leurs milieux naturels. La population étasunienne est dispersée dans la quasi-totalité du pays, mais les côtes de l'Atlantique et du Pacifique sont plus densément peuplées (voir la figure 3A-2). Par contre, une très forte majorité des Canadiens vivent à l'intérieur d'un corridor orienté est-ouest qui longe la frontière avec les États-Unis et dont la largeur ne dépasse pas 300 kilomètres. Contrairement au Canada, les États-Unis constituent un pays dont le territoire est discontinu, car ils englobent deux autres États lointains : l'Alaska, situé dans le prolongement nord-ouest du continent nord-américain ; et Hawaï, dans les archipels du Pacifique.

La figure 3A-2 montre que la grande majorité des populations étasuniennes et canadiennes résident à l'est d'une ligne verticale correspondant approximativement au 100e méridien ouest et tracée au milieu de l'ensemble. Cette figure reflète le développement historique du territoire par les Européens, qui a débuté à l'est et qui s'est ultérieurement déplacé (et continue de se déplacer) vers l'ouest et, aux États-Unis, également vers le sud.

La prédominance de la population nord-américaine à l'est du 100e méridien ouest est aussi liée à la géographie physique de cette région (voir la figure 3A-3). En effet, la topographie et le climat sont généralement plus propices à l'établissement de vastes bassins de populations à l'est que dans la région des montagnes Rocheuses ou dans l'ouest désertique. La figure 3A-2 montre également la répartition de la population urbaine en Amérique du Nord. On peut facilement identifier le corridor Québec-Montréal-Toronto-Détroit et Chicago, la **mégalopole** de la côte constituée de Boston-Pittsburgh-Washington avec New York au centre et les archipels urbains de la côte ouest avec Vancouver, Seattle-Portland, San Francisco, Los Angeles-San Diego. Presque 80 % de la population de cet ensemble géographique est concentrée dans les villes, une proportion plus élevée encore qu'en Europe.

Comme l'indique le tableau de données de l'annexe A, la population des États-Unis, qui compte 313 millions d'habitants, s'accroît à un taux deux fois plus rapide que celle du Canada; les États-Unis pourraient franchir la barre des 400 millions d'habitants dès 2040. Ce taux de croissance démographique plus élevé que dans la plupart des pays industrialisés résulte de la combinaison d'un accroissement naturel assez fort et d'une immigration substantielle.

Bien que le volume de la croissance démographique globale au Canada soit nettement inférieur, toute proportion gardée, à celui des États-Unis, l'immigration y joue un rôle plus prépondérant dans la croissance démographique. Avec près de 35 millions d'habitants, le Canada – à l'instar des États-Unis – a été relativement ouvert à l'immigration et, par conséquent, les deux sociétés présentent un haut degré de **pluralisme culturel**. Certains comparent cette réalité, en termes plus colorés, à une mosaïque culturelle ou, aux États-Unis, à un *salad bowl*. Le Canada reconnaît deux langues officielles, l'anglais et le français. De plus, en vertu de leur appartenance au Commonwealth britannique, les communautés issues de l'immigration arrivée de l'Asie de l'Est et du Sud forment une part importante de la population canadienne. Les États-Unis n'ont pas désigné l'anglais comme langue officielle à l'échelle fédérale; toutefois, c'est le cas dans 28 États. Par ailleurs, le pluralisme culturel aux États-Unis se manifeste par l'existence de deux minorités principales, hispanique (16 %) et afro-américaine (13 %), en plus des minorités d'origines culturelles diverses.

L'importante urbanisation, la forte immigration et le pluralisme culturel sont des caractéristiques de la géographie humaine de l'ensemble nord-américain.

Toutefois, avant d'examiner plus en détail la géographie humaine des États-Unis et du Canada, il convient de prendre connaissance du cadre physique dans lequel ces deux pays se sont développés.

LA GÉOGRAPHIE PHYSIQUE DE L'AMÉRIQUE DU NORD

Les régions physiographiques

L'une des caractéristiques distinctives de la masse continentale nord-américaine, qui se trouve sur la plaque tectonique nord-américaine, est sa variété remarquable de paysages physiques régionaux. Beaucoup de ces régions ont un paysage si homogène et si bien défini, qu'on utilise leurs noms dans la langue quotidienne, quand on dit, par exemple, qu'on a survolé les montagnes Rocheuses, traversé les Grandes Plaines ou fait une randonnée dans les Appalaches. Ces paysages sont appelés « régions physiographiques » (voir la figure 3A-3).

Dans l'extrême ouest, les chaînes côtières du Pacifique s'étirent le long de la côte occidentale de l'Amérique du Nord, du sud de la Californie à l'Alaska. Dans la région intérieure occidentale, les montagnes Rocheuses forment une ossature continentale, du centre de l'Alaska jusqu'au Nouveau-Mexique. Autour des Grands Lacs, les paysages

Les quartiers des affaires des grandes villes d'Amérique du Nord ont une silhouette distinctive, montrant souvent des monuments architecturaux comme l'Empire State Building, à New York. Le centre-ville photographié ici est facile à identifier: la silhouette noire du John Hancock Center, un gratte-ciel situé au bord du lac Michigan, est l'une des structures les plus célèbres de Chicago, la troisième ville en Amérique du Nord. En fait, le seul édifice plus renommé de cette ville est la Willis Tower, l'un des plus hauts gratte-ciels de l'hémisphère occidental (cette photo a d'ailleurs été prise depuis son 110e étage). Cette tour est mieux connue sous son ancien nom de Sears Tower, soit celui du premier locataire en 1973, qui a déménagé son siège social dans la banlieue de Hoffman Estates il y a maintenant plus d'une décennie. Aujourd'hui, selon son site Internet, la Willis Tower se présente comme l'un des édifices les plus écologiques du monde, à l'avant-garde du mouvement qui élève Chicago au rang des chefs de file américains en matière de ville durable.

3A

FIGURE 3A-3

peu accidentés des Grandes Plaines et de la Plaine centrale sont partagés entre le Canada et les États-Unis. La frontière internationale divise même les Grands Lacs. Dans l'est, les Appalaches tracent un couloir de crêtes, de vallées et de plateaux qui représentent une topographie caractéristique, de l'Alabama et de la Géorgie jusqu'à la Nouvelle-Écosse et Terre-Neuve. S'il existe une région physiographique majeure qui appartient principalement à l'un des deux pays, c'est bien celle du Bouclier canadien. Cet immense territoire, inscrit dans des roches de plus de 1 milliard d'années et au relief le plus souvent modéré, a été marqué par plusieurs épisodes glaciaires entre -2 millions d'années et -10 000 ans. Des glaciers de plusieurs milliers de mètres d'épaisseur appelés « inlandsis » ont alors à plusieurs reprises recouvert et érodé la région, repoussant les sols fertiles dans les basses terres jusque dans le Midwest américain.

Les Grands Lacs et les grands fleuves

Les deux principaux **bassins hydrographiques** de l'Amérique du Nord se situent entre les Rocheuses et les Appalaches. Le bassin des Grands Lacs se compose des lacs Supérieur, Michigan, Huron, Érié et Ontario ainsi que du fleuve Saint-Laurent qui s'écoule sur 1140 kilomètres depuis le lac Ontario jusqu'à l'océan Atlantique. Le bassin du puissant système fluvial du Missouri-Mississippi, quant à lui,

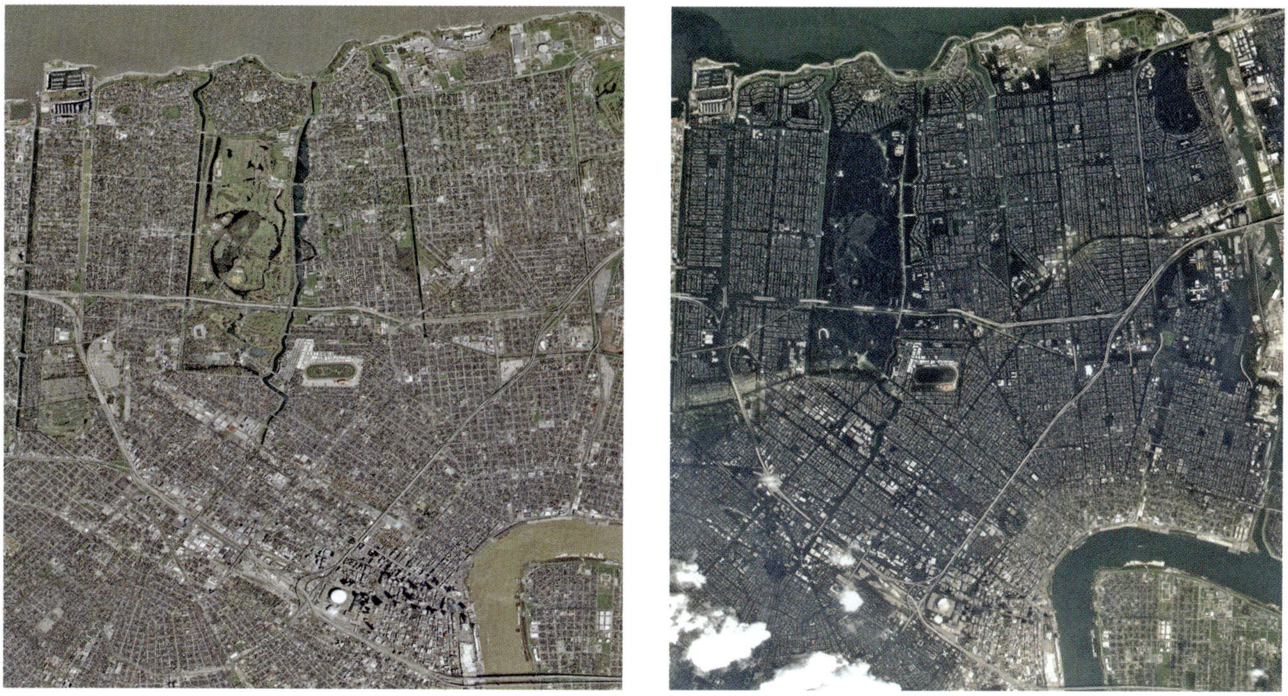

Le 29 août 2005, l'ouragan Katrina, de catégorie 4, s'est frayé un chemin meurtrier qui a couvert 230 000 km² le long de la Louisiane et du golfe du Mississippi après avoir touché terre, juste à l'ouest de l'embouchure du fleuve Mississippi. La Nouvelle-Orléans a été dévastée : 80 % du territoire s'est trouvé inondé au lendemain de la tempête. La première des deux photos aériennes ci-dessus montre le centre-ville dans des conditions normales au printemps 2004 (à gauche) et la seconde témoigne de son état deux jours après le passage du cyclone tropical (à droite). L'ouragan Katrina a été de loin la catastrophe naturelle la plus onéreuse de l'histoire américaine. Son bilan est vraiment stupéfiant : plus de 1800 personnes ont perdu la vie, au moins 200 000 maisons ont été détruites, près d'un million de personnes ont dû être déplacées et il en a coûté plus de 25 milliards de dollars en dommages matériels assurés.

achemine l'eau à partir d'un vaste réseau hydrographique intérieur jusqu'au golfe du Mexique, où le Mississippi forme l'un des plus grands deltas du monde. Ces deux systèmes naturels ont été massivement aménagés au cours de l'histoire. Dans le cas de la voie maritime du Saint-Laurent, une série d'écluses et de canaux a ouvert, en 1959, une route maritime reliant le Midwest des États-Unis à l'océan Atlantique. Le fleuve Mississippi et son affluent, le Missouri, sont pourvus de digues artificielles qui, bien qu'elles n'aient pu contenir les pires inondations comme la crue de mai 2011, ont permis aux agriculteurs de cultiver les sols les plus fertiles des États-Unis. Dans l'Ouest américain, le Colorado et le fleuve Columbia ont favorisé la mise en valeur de cette région puisqu'ils constituent d'importantes sources d'eau potable, en plus de jouer un rôle crucial dans l'irrigation et la production d'électricité.

LA COLONISATION EUROPÉENNE ET L'EXPANSION

Lorsque les premiers Européens ont foulé le sol nord-américain, le continent était habité par des millions de personnes dont les ancêtres avaient rejoint les Amériques depuis l'Asie en passant par l'Alaska, et possiblement aussi en traversant le Pacifique, il y a plus de 14 000 ans, voire 30 000 ans, selon certaines sources. Les explorateurs européens, qui étaient à la recherche d'un passage plus court vers l'Asie, ont mis le cap vers l'ouest. Ils croyaient avoir atteint les Indes orientales et ont donc appelé « Indiens », par erreur, les habitants de l'Amérique. Ces Amérindiens ou **peuples autochtones**, comme on les désigne aujourd'hui, se divisaient en centaines de nations possédant une grande diversité de langues et de cultures (voir la figure 3A-4). Au Canada, on reconnaît actuellement trois groupes de peuples autochtones : les Premières Nations qui comptent 616 bandes constituées de 1 172 790 membres (en 2006), les Métis de descendance à la fois autochtone et européenne qui sont au nombre de 389 785 et les Inuits qui, eux, représentent une population de 50 485 personnes. Ces trois groupes ont leur propre histoire ainsi que leurs propres langues.

Les nations qui habitaient dans l'est du continent ont été les premières à faire les frais des invasions européennes. À la fin du XVIIIe siècle, les politiques de colonisation des terres avaient chassé la plupart des peuples autochtones vivant le long des côtes de l'Atlantique de leurs foyers et de leurs terres, amorçant une poussée vers l'ouest, qui allait dévaster ces nations. De nos jours, les peuples autochtones vivent principalement dans des réserves fédérales au Canada comme aux États-Unis.

3A

FIGURE 3A-4

La géographie de la population actuelle de l'Amérique du Nord est enracinée dans l'ère coloniale des XVIIe et XVIIIe siècles qui a été dominée par la Grande-Bretagne et la France. Les Français cherchaient essentiellement à organiser un réseau lucratif de traite des fourrures, tandis que les Britanniques établissaient des colonies le long de ce qui est aujourd'hui la côte est des États-Unis. La plus ancienne de celles-ci, Jamestown, a été fondée en Virginie il y a un peu plus de quatre siècles.

À partir du début du XIXe siècle, la colonisation vers l'ouest, appelée « conquête de l'Ouest », s'accélère et les colons revendiquent de nouvelles terres qui appartiennent aux Premières Nations. Considérés comme un obstacle à l'expansion vers de nouvelles contrées, les peuples autochtones seront mis à l'écart du développement du territoire par des guerres, par des traités non respectés, puis par des politiques d'assimilation. Les Premières Nations seront finalement confinées à des réserves.

LA CARTE DES DIVISIONS ADMINISTRATIVES DE L'AMÉRIQUE DU NORD

Le Canada et les États-Unis ont peut-être établi leur cadre administratif chacun à son propre rythme et selon des motifs

FIGURE 3A-5

3A

différents, mais le résultat est indéniablement semblable. Pour des raisons de commodité administrative, leur géographie politique interne est dominée par des limites dont le tracé est généralement rectiligne (voir la figure 3A-5). À quelques rares endroits, des caractéristiques physiques telles que les rivières ou les crêtes des montagnes marquent les frontières intérieures, mais, dans la plupart des cas, la norme est celle de la ligne droite qui correspond à la latitude (parallèles) et à la longitude (méridiens). Même la majeure partie de la frontière internationale entre le Canada et les États-Unis à l'ouest des Grands Lacs coïncide avec le 49e parallèle nord.

Les raisons ne sont que trop évidentes : la structure a été décidée avant, et dans certaines régions, longtemps avant que les colonies ne s'y installent. Ces délimitations étaient donc arbitraires. Toutefois, en déterminant les subdivisions administratives internes clairement et à l'avance, les gouvernements ont prévenu les conflits concernant le partage du territoire et des ressources. Cette façon de faire était d'une importance capitale puisque ni le Canada ni les États-Unis n'allaient devenir des États unitaires : les deux pays sont des États fédéraux. Les Canadiens appellent leurs subdivisions principales des provinces, alors qu'aux États-Unis, comme le nom du pays l'indique, elles portent le nom d'États.

Il est utile de s'attarder sur des provinces et des États en particulier de cet ensemble géographique, car certains jouent un rôle plus important que d'autres. Nous avons déjà noté l'existence de la province majoritairement francophone, le Québec, qui occupe toujours une place distincte au sein de la fédération canadienne. À bien des égards, la province clé du Canada est l'Ontario. Celle-ci englobe Toronto, la métropole qui constitue le véritable noyau économique du pays avec ses 5,6 millions de résidents, selon une projection pour 2012, ainsi qu'Ottawa, la capitale nationale située dans l'est, près du Québec.

Aux États-Unis, les États clés de la géographie politique et économique de la fédération correspondent également aux quatre États les plus peuplés en 2010. Les voici, en ordre décroissant : la Californie (37,3 millions d'habitants) qui longe le Pacifique ; le Texas (25,1 millions) en bordure du Mexique ; New York (19,8 millions) avec son ouverture sur l'Atlantique ; et la Floride (18,8 millions) qui pointe vers les Antilles et l'Amérique centrale. L'équilibre territorial des fédérations américaine et canadienne est fort distinct. Contrairement au Canada, les États-Unis ont une répartition de la population et des activités économiques beaucoup plus équilibrée. Leurs moteurs économiques sont distribués sur l'ensemble du territoire, du nord au sud et de l'est à l'ouest. De plus, c'est une fédération dont les États sont politiquement très unis. Dans le cas du Canada, la fédération est si tournée vers le sud démographiquement et économiquement que les provinces échangent peu entre elles. Sur le plan politique, des tensions se font régulièrement sentir, notamment en raison de la question nationale au Québec, de l'exploitation des sables bitumineux en Alberta et des réserves de pétrole au large des côtes de Terre-Neuve. Le partage des juridictions fait en sorte que la fédération est souvent mise à rude épreuve.

Les projets en faveur de l'énergie propre, visant à produire de l'électricité au moyen de ressources autres que les combustibles fossiles, reçoivent de plus en plus d'appuis. Dans cette foulée, on voit apparaître des parcs éoliens dans de nombreux endroits en Amérique du Nord.

La structure fédérale elle-même, qui procure une autonomie considérable aux États et aux provinces, reflète une culture de liberté et d'indépendance. Le fédéralisme a ses avantages, mais il comporte également certains inconvénients importants.

LA RÉPARTITION DES RESSOURCES NATURELLES

L'un des inconvénients du fédéralisme réside dans le fait que les États et les provinces ne recèlent pas tous la même quantité ou qualité de ressources naturelles. Au Canada, l'Alberta est favorisée par de grandes réserves énergétiques, mais son gouvernement provincial n'apprécie pas toujours de voir l'administration fédérale le priver d'une partie des fruits de cette richesse pour venir en aide aux provinces moins nanties. Aux États-Unis, lorsque les prix du pétrole sont élevés, l'économie du Texas et de l'Oklahoma est en plein essor alors que celle de la Californie ralentit. Il est donc important de comparer la carte des ressources naturelles (voir la figure 3A-6) avec celle des États et des provinces. Elle nous aide à mieux comprendre la dynamique des régions.

L'eau aussi est une ressource naturelle et l'Amérique du Nord, en tant qu'ensemble géographique, en est relativement

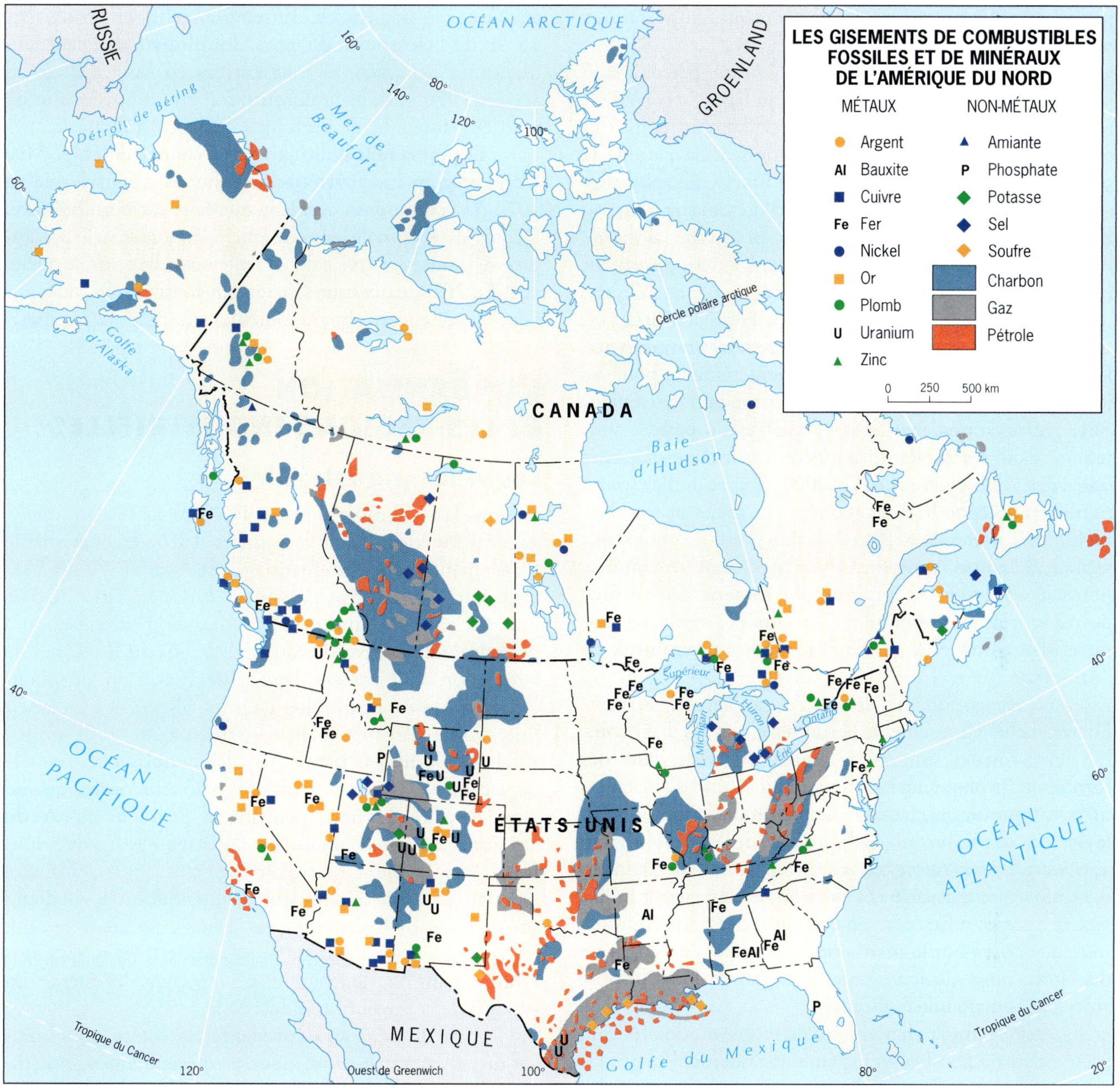

FIGURE 3A-6

bien dotée. Les perspectives à long terme soulèvent toutefois des inquiétudes dans le Sud-Ouest américain et les Grandes Plaines, où certains États dépendent d'autres États pour leur approvisionnement. De plus, la baisse du niveau des nappes phréatiques (réserves d'eau souterraines) dans certains des aquifères les plus importants d'Amérique du Nord représente un autre sujet de préoccupation. En effet, la surexploitation de la ressource combinée à l'apport réduit en eau laisse entrevoir des problèmes d'approvisionnement dans l'avenir.

L'Amérique du Nord jouit d'abondantes réserves de minéraux qui sont concentrées principalement dans trois zones : le Bouclier canadien, situé au nord des Grands Lacs, les Appalaches, à l'est, et les chaînes de montagnes de l'Ouest. Le Bouclier canadien renferme de grands dépôts de fer, de nickel, de cuivre, d'or, d'uranium et de diamants. Les Appalaches abritent du plomb, du zinc et du charbon. Enfin, la zone de montagnes occidentale contient d'importants gisements de cuivre, de plomb, de zinc, de molybdène, d'uranium, d'argent et d'or.

En ce qui concerne les **combustibles fossiles**, l'Amérique du Nord en détient également une assez bonne quantité. La figure 3A-6 y montre la répartition du pétrole, du gaz naturel et du charbon. Toutefois, en raison de sa très grande consommation en énergie, la plus élevée du monde, l'Amérique du Nord ne peut subvenir à ses besoins uniquement par les sources d'approvisionnement intérieures. D'importantes importations sont donc nécessaires.

Les principales zones d'exploitation pétrolière se situent dans trois régions : le long et au large de la côte du golfe du Mexique, où des réserves abondantes découvertes sous le fond du golfe fournissent une grande part de la production totale ; dans le centre des États-Unis, plus précisément dans l'ouest du Texas, l'Oklahoma et l'est du Kansas ; et dans la partie centrale du versant nord de l'Alaska, donnant sur l'océan Arctique. Un développement important se trouve dans le nord du Canada, en Alberta, dans le voisinage de la communauté de Fort McMurray, où du pétrole brut est extrait des dépôts de sables bitumineux. Le processus est coûteux et ne devient rentable pour les investisseurs que lorsque le prix du pétrole est relativement élevé. Selon les estimations, les réserves de pétrole contenues dans les sables bitumineux pourraient dépasser celles de l'Arabie saoudite. En 2008, le prix de l'or noir a monté en flèche et les activités liées à ce domaine ont augmenté de façon appréciable. Lorsque le prix a chuté plus tard dans l'année, la production a ralenti pour rebondir à nouveau en 2009. Il s'agit d'un phénomène qui va sans doute se poursuivre pendant les années à venir. Le chapitre 3B aborde plus en détail les sables bitumineux de l'Alberta.

La répartition des dépôts de gaz naturel est semblable à celle des gisements pétrolifères, car ces deux combustibles fossiles sont généralement localisés dans des formations géologiques identiques, soit le fond d'anciennes mers peu profondes. La carte ne peut toutefois pas révéler la capacité de production. Cela dit, celle de l'ensemble nord-américain est très élevée, faisant de lui un chef de file mondial, bien que la Russie et l'Iran mènent en ce qui a trait aux réserves confirmées. Le gaz naturel est un combustible de choix pour la production électrique en Amérique du Nord, mais plusieurs experts craignent que l'offre ne suive pas la demande croissante.

Les réserves de charbon de l'ensemble nord-américain figurent parmi les plus importantes du monde. Les principaux bassins houillers se trouvent, entre autres, dans les Appalaches, dans les Grandes Plaines des États-Unis et du Canada et dans le centre des États-Unis, ou Midwest. Ces réserves garantissent un approvisionnement suffisant pour les siècles à venir, même si le charbon est devenu un combustible moins prisé en raison de ses émissions polluantes qui contribuent au réchauffement planétaire.

Compte tenu de la rareté relative du pétrole et des inconvénients géopolitiques d'avoir à importer plus de la moitié de ce qui leur est nécessaire (51 % en 2009), les États-Unis envisagent de revenir à l'énergie nucléaire comme source d'énergie de choix, surtout depuis qu'elle est devenue relativement peu coûteuse à produire. Il y a plus de 100 centrales nucléaires qui fournissent environ le cinquième de toute l'énergie électrique du pays. Le Canada, en revanche, ne compte que sept centrales en exploitation, soit cinq en Ontario, une au Québec et une au Nouveau-Brunswick. Ensemble, celles-ci produisent 15 % de l'électricité du pays. La plupart des centrales nucléaires canadiennes sont entrées en service dans les années 1970 et doivent aujourd'hui être rénovées afin de voir leur durée de vie prolongée, mais ce, à fort prix.

Depuis la fuite radioactive bien connue de Three Mile Island et sa quasi-catastrophe survenue en Pennsylvanie en 1979, la crainte d'un accident nucléaire est omniprésente. Depuis ce temps, le gouvernement étasunien n'a pas approuvé la mise en service d'une seule nouvelle centrale nucléaire. En 2010, deux usines étaient en construction, mais aucune n'avait encore obtenu toutes les autorisations requises.

L'URBANISATION ET LES RÉGIONS INDUSTRIELLES

Les villes industrielles

Lorsque la révolution industrielle a traversé l'Atlantique et gagné l'Amérique dans les années 1870, le phénomène s'est répandu si rapidement que seulement 50 ans plus tard, les États-Unis surpassaient l'Europe à titre de plus puissant complexe industriel du monde. L'urbanisation a progressé de pair avec l'industrialisation, car les usines de fabrication, qui avaient besoin de beaucoup de main-d'œuvre, ont été construites dans les villes ou à leur proximité. Cette tendance a entraîné une **migration** du milieu rural vers le milieu urbain en pleine croissance, dont le déplacement, aux États-Unis, des Afro-Américains du sud vers les villes du nord pendant la première moitié du XXe siècle. À l'échelle nationale, un ensemble de villes nouvelles a rapidement émergé. Celles-ci se sont spécialisées dans la collecte, le traitement et la distribution des matières premières et de biens fabriqués. Dans ce **système urbain**, les villes étaient reliées par un réseau ferroviaire en constante expansion, le chemin de fer étant lui-même un produit de la révolution industrielle.

À mesure que les nouvelles technologies et les innovations sont apparues et que les spécialisations, notamment l'industrie automobile de Détroit, se sont renforcées, une **zone industrielle américaine** (*American Manufacturing Belt*), qui s'étendait jusqu'au sud de l'Ontario, s'est transformée en noyau principal formant le cœur industriel de l'Amérique du Nord (voir la figure 3A-7). C'est dans cette zone, alors en voie de devenir la plus productive et importante du monde, que se concentrait la majorité des activités industrielles de l'Amérique du Nord ; elle renfermait aussi de grandes villes, dont New York, Chicago, Toronto et Pittsburgh (surnommée la « ville de l'acier »).

La désindustrialisation et la banlieusardisation

Les villes évoluent selon la nature de l'économie et selon le développement des nouvelles technologies de transport et de communication. L'introduction massive de l'automobile

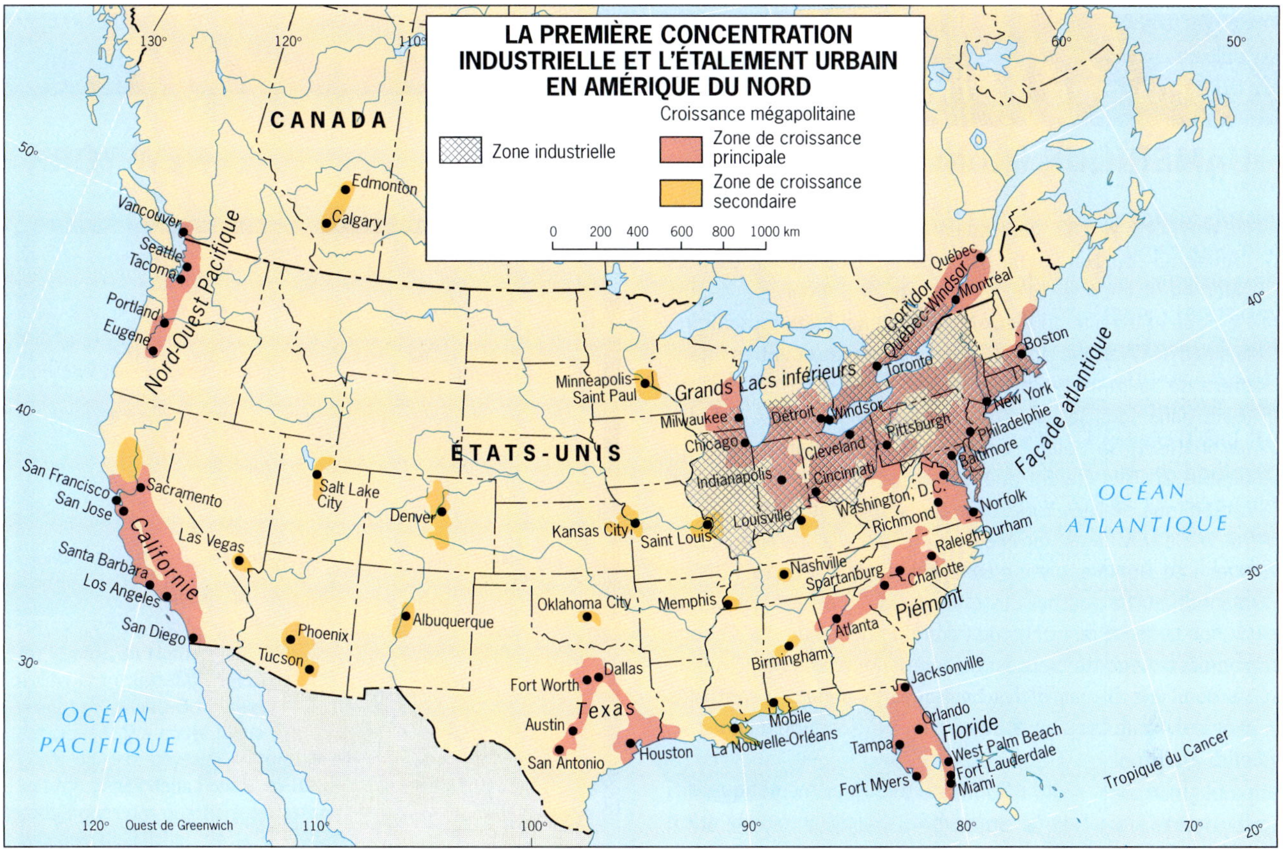

FIGURE 3A-7

et la construction d'un réseau routier à grande échelle, surtout après la Seconde Guerre mondiale, ont eu deux effets majeurs sur les villes. Premièrement, ces facteurs ont entraîné une mobilité beaucoup plus élevée des gens et une grande interconnectivité entre les villes. Deuxièmement, ils ont déclenché un processus de banlieusardisation : les villes compactes ont été remplacées par des métropoles largement dispersées. Ainsi, les banlieues, dont la vocation était à l'origine essentiellement résidentielle, se sont transformées en **villes périphériques** disposant de leurs propres entreprises et industries, de complexes sportifs et de divertissement, et d'autres commodités. Étant donné que les villes périphériques se sont emparées des principales activités économiques, de nombreuses villes centrales ont vu leur situation décliner.

Cette transformation a coïncidé avec la **désindustrialisation** qui a frappé les villes nord-américaines dans les années 1960. L'automatisation et la délocalisation de la production vers des pays où la main-d'œuvre est bon marché ont mené au déclin de l'industrie manufacturière et à la perte des emplois dans ce secteur. Alors que les villes périphériques sont devenues la destination de la **migration intramétropolitaine** et le lieu de l'activité économique et de l'emploi dans le secteur des services, de nombreux quartiers des affaires autrefois prospères et dominants sont maintenant réduits à desservir les populations moins aisées qui envahissent de plus en plus les villes centrales. Le destin de Détroit est souvent cité en exemple pour illustrer cette séquence d'évènements, bien que la plupart des grandes villes nord-américaines aient aussi vécu cette transformation, chacune à leur échelle.

L'économie de l'information et les régions urbaines

Depuis le début des années 1980, de nombreuses villes nord-américaines ont réussi à se remettre des effets destructeurs de la désindustrialisation et du chômage en prenant le virage vers une **économie postindustrielle**. Elles se consacrent désormais à la production et au traitement de l'information, aux services spécialisés et accueillent des entreprises de haute technologie (robotique, informatique, aérospatiale, aéronautique, biotechnologie, etc.). Beaucoup de villes du nord des États-Unis ont vu leur population décroître pendant près de deux décennies, mais le vent a tourné. L'emploi dans le secteur tertiaire a commencé à augmenter rapidement, surtout dans le domaine de la haute technologie, des services fournis aux producteurs (comme la consultation, la publicité et la comptabilité), de la finance, de la recherche et du développement, etc. Avec l'avènement de l'informatisation, la plupart de ces services se sont transformés en activités du

L'une des MÉTROPOLES de . . .

L'AMÉRIQUE DU NORD

NEW YORK

NEW YORK N'EST pas seulement la plus grande ville de l'Amérique du Nord, elle est aussi l'un des lieux les plus célèbres du monde. Elle est la porte de l'Amérique depuis l'Europe et le reste du Vieux Monde, un haut lieu touristique, le siège des Nations Unies, l'un des principaux centres financiers de la planète, bref une véritable métropole mondiale dans tous les sens du terme. Malheureusement, les terroristes qui ont planifié et exécuté les attentats du 11 septembre 2001 n'étaient que trop conscients de l'importance symbolique de New York sur la scène internationale.

Cette ville est formée de cinq subdivisions administratives (en anglais *boroughs*) ayant comme centre l'île de Manhattan. Le quartier des affaires est situé sur cette île, au sud de la 59ᵉ Rue, qui borde Central Park au sud. Le paysage composé de gratte-ciels est caractéristique. Les monuments, les rues, les places et les boutiques de renom y sont plus nombreux que dans toute autre ville, à l'exception de Londres et de Paris.

New York, cette capitale culturelle et médiatique des États-Unis, ne cesse de rayonner à l'échelle mondiale grâce aux réseaux de télévision, aux journaux et revues, aux éditeurs, aux grands couturiers, aux artistes innovateurs et aux spécialistes des médias qui ont choisi de s'y installer.

À l'échelle métropolitaine, New York est le centre d'une vaste agglomération urbaine de 250 km^2, qui compte 22,3 millions d'habitants et s'étend partiellement sur trois États, dans le cœur de la mégalopole atlantique. Cet immense espace urbain est jalonné d'importants centres d'affaires et de technologie, de villes périphériques florissantes et de banlieues gigantesques dont la population dépasse les 14 millions de résidents.

Par ailleurs, en dépit de son succès mondial, New York est aux prises avec les mêmes problèmes que les autres métropoles nord-américaines. Les ghettos peuplés de gens défavorisés ne cessent de s'étendre. Les installations portuaires vieillissantes se détériorent et les principales industries sont en déclin. La communauté des affaires subit une pression toujours plus grande à cause des coûts d'exploitation exorbitants dans Manhattan, où tout est excessivement cher. En outre, à la suite de la crise économique de 2008-2009, le secteur financier de Wall Street ne retrouvera peut-être jamais sa notoriété internationale d'autrefois.

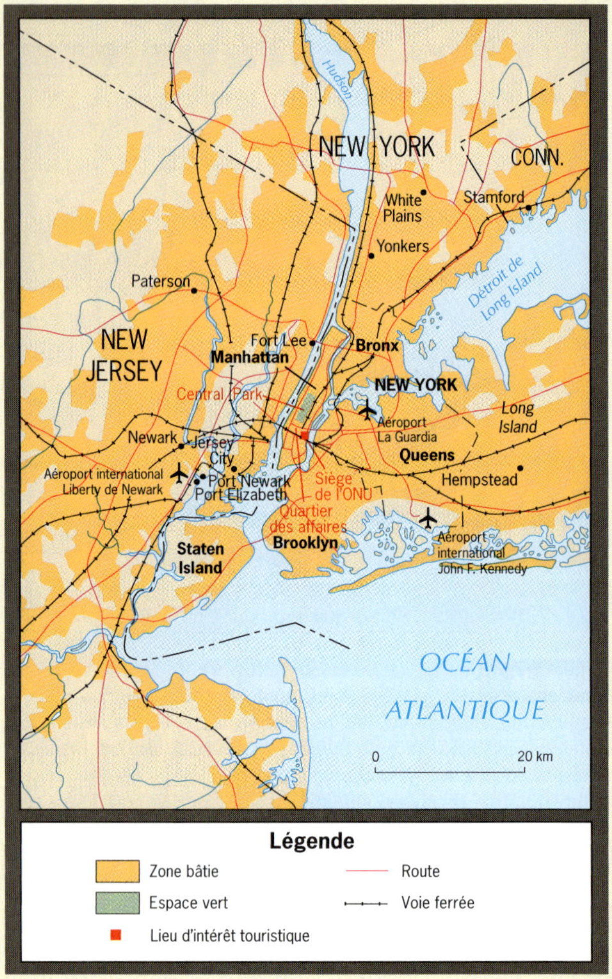

Malgré ces défis, New York cherche aujourd'hui à renforcer sa position en tant que ville de premier plan dans l'économie du XXIᵉ siècle. Elle déploie des efforts pour continuer d'attirer une élite mondiale extrêmement mobile et opulente. Pour résoudre les principaux problèmes, la Ville prévoit la construction de logements à prix abordable pour la population croissante, une mise à niveau de son infrastructure et un développement important de parcs et autres espaces récréatifs extérieurs.

secteur quaternaire. La géographie de l'économie de l'information est très différente de celle des industries manufacturières d'autrefois et n'est pas encore parfaitement comprise.

Certaines de ces nouvelles activités se concentrent dans les centres des affaires établis, comme celui du Midtown de Manhattan. D'autres prennent place autour de centres de recherches universitaires afin de profiter au

L'une des MÉTROPOLES de . . .

L'AMÉRIQUE DU NORD — TORONTO

CAPITALE DE L'ONTARIO et noyau historique du Canada anglophone, Toronto est la plus grande métropole du pays avec ses 5,6 millions d'habitants. Le paysage de la vieille ville est dominé par une architecture raffinée de style victorien et le centre-ville, qui accueille un quartier des affaires florissant, est le plus important centre économique du Canada. Les points de repère abondent dans ce quartier : le stade au toit rétractable motorisé (le centre Rogers, autrefois connu sous le nom de SkyDome) ; le célèbre hôtel de ville avec ses tours jumelles incurvées qui se font face ; et la tour du CN en forme de mât, qui s'élève à 553 mètres, ce qui en fait, par sa hauteur, la quatrième structure autoportante du monde. Toronto est, en outre, un port important et un centre industriel dont les installations bordent le lac Ontario.

La qualité de vie est l'un des premiers traits mentionnés par les Torontois lorsqu'ils parlent de leur ville. Celle-ci a été moins touchée par le phénomène de l'étalement urbain que les métropoles américaines de taille identique. La diversité est une autre caractéristique majeure de Toronto, qui abrite une mosaïque ethnique urbaine parmi les plus riches de toute l'Amérique du Nord. Les Italiens, les Portugais, les Chinois, les Grecs et les Ukrainiens figurent parmi les communautés culturelles les plus importantes de la ville. Toronto accueille des résidents en provenance d'environ 170 pays. Par conséquent, on y parle plus de 100 langues. L'afflux d'immigrants se poursuit et ceux-ci constituent près de la moitié de la population de la ville. Enfin, le dynamisme est également remarquable dans cette métropole qui a fait preuve d'une grande capacité d'organisation lors de l'éclatement de l'épidémie provoquée par le virus du SRAS en 2003.

Toronto a su tirer son épingle du jeu durant les dernières décennies, grâce à sa structure administrative métropolitaine qui a favorisé une coopération entre la ville centrale et ses banlieues. Toutefois, cette relation est de plus en plus éprouvée à mesure que s'accroissent la masse critique de la population, l'activité économique et l'influence politique des banlieues. Pour surmonter cette difficulté, Toronto a déjà envisagé la possibilité de devenir une « cité-État », mais elle doit tout d'abord résoudre ses problèmes de finances municipales et d'infrastructures vieillissantes.

maximum des réseaux Internet à haut débit (par exemple, à Dallas). D'autres encore se regroupent dans les zones périurbaines, tels que la Silicon Valley en Californie ou le *Research Triangle Park* en Caroline du Nord, où vit une importante main-d'œuvre hautement qualifiée.

Dans le nord de la Californie, la Silicon Valley (en français, « vallée du silicium ») – centre mondial de la recherche et du développement en informatique et siège de l'industrie des microprocesseurs aux États-Unis – illustre la dynamique liée à la situation géographique de ce nouveau secteur économique. En effet, cette région présente un ensemble exceptionnel de caractéristiques susceptibles d'attirer une masse critique d'entreprises de pointe dans une localité donnée : la présence de l'Université Stanford, un établissement de recherche de réputation mondiale ; la proximité de San Francisco, un centre urbain cosmopolite ; la disponibilité d'un vaste bassin de travailleurs instruits et qualifiés ; une forte culture d'entreprise ; un climat économique local favorable à la prospérité des grandes entreprises ; des logements de bonne qualité ; enfin, un paysage pittoresque et un climat agréable. La combinaison de toutes ces caractéristiques fait de la Silicon Valley un modèle pour le développement de complexes similaires ailleurs dans le monde. Sous différentes dénominations (« **technopole** » au Brésil, en France et au Japon ; « parc scientifique » en Chine, à Taiwan et en Corée du Sud),

LE PROCESSUS DE MIGRATION

LE CANADA ET LES ÉTATS-UNIS sont tous deux le produit de la migration internationale, c'est-à-dire de déplacements destinés à être définitifs vers un autre pays. Au début du XVIIe siècle, les Européens ont traversé l'Atlantique avec l'intention d'établir des colonies permanentes. De ces colonies sont nés deux pays. L'européanisation de l'Amérique du Nord a toutefois sonné le glas des sociétés autochtones. Entre 1835 et 1935, jusqu'à 75 millions d'Européens ont quitté leur pays, en direction des Amériques pour la plupart d'entre eux (voir la figure 3A-8). Certains recherchaient la liberté religieuse, d'autres fuyaient la pauvreté et la famine, d'autres encore étaient simplement en quête d'une vie meilleure. Quelques-uns, aussi, ont été transportés contre leur gré dans des colonies pénitentiaires telles que l'Australie au début de sa colonisation.

Les études portant sur la décision migratoire montrent que les flux migratoires varient en taille selon trois facteurs principaux : la différence perçue entre la source (le pays d'origine) et la destination (le pays d'accueil) ; la facilité des échanges d'information, soit les nouvelles concernant la destination que les immigrants envoient à ceux qui sont restés au pays d'origine et qui attendent avant de prendre une décision ; et la distance qui sépare la source de la destination (les déplacements plus courts attirent davantage les émigrants que les déplacements plus longs).

Chaque flux de migration produit également un flux de migrants qui retournent à leur point de départ parce qu'ils n'ont pas su s'adapter, n'ont pas réussi, se sont fait persuader de retourner au pays ou ont été forcés de le faire. Les études portant sur les migrations concluent que deux types de facteurs distincts sont à l'œuvre dans le processus. D'une part, les facteurs d'incitation qui peuvent motiver les émigrants à quitter leur lieu d'origine parce que la famine, un conflit armé, la persécution religieuse ou toute autre forme d'adversité y frappe durement. D'autre part, les facteurs d'attirance qui poussent les émigrants vers les destinations perçues comme garantissant la sécurité des individus et offrant des circonstances favorables ou l'espoir de réaliser tout autre but poursuivi.

Pour les premiers immigrants européens, l'Amérique du Nord représentait une nouvelle frontière, un lieu permettant d'échapper aux persécutions et d'acquérir un lopin de terre. On croyait que les possibilités y étaient illimitées. Cette perception de l'Amérique comme terre de promesses n'a d'ailleurs jamais changé. L'immigration continue de façonner la composition des collectivités humaines des États-Unis et du Canada dans une mesure importante. L'immigration d'aujourd'hui représente au moins 40 % de la croissance démographique annuelle des États-Unis. Jamais dans leur histoire, cependant, les États-Unis n'ont reçu un si grand afflux d'immigrants clandestins en plus des immigrants légaux. L'afflux continu d'habitants de l'Amérique centrale vers l'Amérique du Nord constitue l'un des plus vastes déplacements de population qu'a connu l'histoire humaine ainsi qu'un enjeu de plus en plus important.

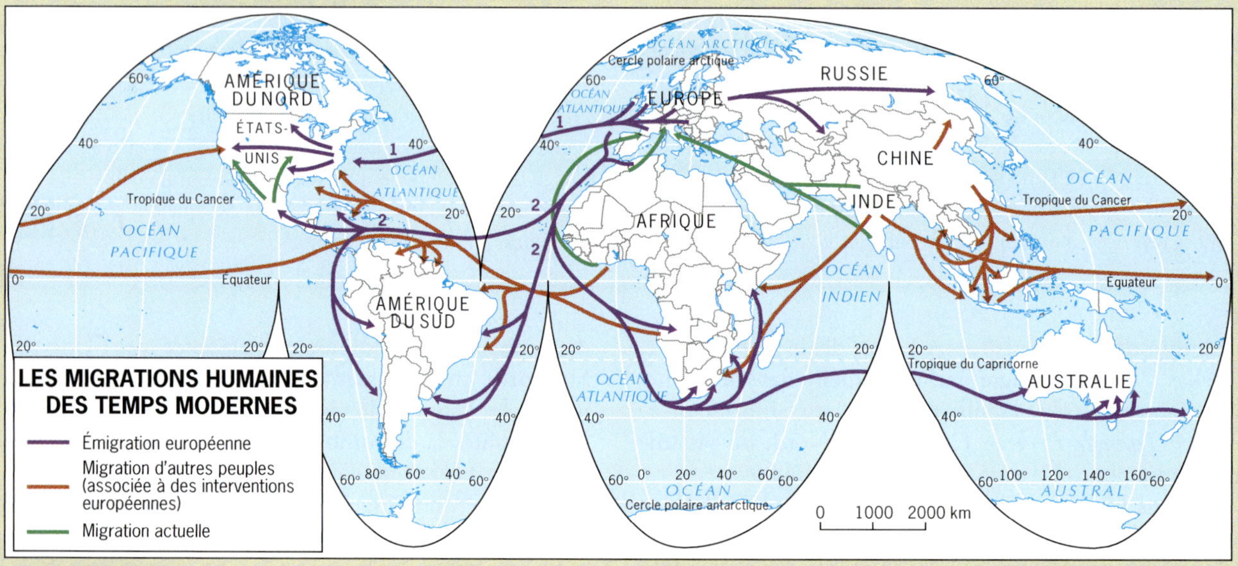

FIGURE 3A-8

ces complexes ultramodernes symbolisent notre époque dominée par les technologies de l'information, tout comme les usines rejetant une épaisse fumée caractérisaient autrefois l'ère industrielle.

L'OUEST ET LE SUD : LES PROCHAINS CENTRES DE GRAVITÉ ?

Compte tenu de la mobilité de la population en Amérique du Nord, des afflux d'immigrants qui continuent à la diversifier, des changements économiques qui la transforment et des forces agissant sur elle, la carte illustrant la répartition de la population (voir la figure 3A-2) devrait être considérée comme la plus à jour d'une histoire qui s'écrit depuis quatre siècles. Lentement d'abord, puis à un rythme accéléré à partir du XIXe siècle (voir l'encadré intitulé « Le processus de migration »), les États-Unis comme le Canada ont repoussé les frontières de la colonisation vers l'ouest, jusqu'au Pacifique. Encore aujourd'hui, ce flux se poursuit. Au Canada, pour la première fois dans son histoire, la population vivant à l'ouest de l'Ontario (30,7 %) a dépassé celle vivant à l'est (30,6 %). Le poids démographique penche donc maintenant en faveur de l'ouest. Non seulement le centre de gravité de la population nord-américaine continue de se déplacer vers l'ouest, mais aux États-Unis, il progresse également vers le sud. Ce phénomène a connu une forte accélération au cours des années 1970 avec l'avènement de la climatisation généralisée qui a fait des États de la **ceinture du soleil** (*Sun Belt*) une zone encore plus attrayante pour les migrants à l'intérieur même du pays.

3B LES RÉGIONS DE L'AMÉRIQUE DU NORD

FIGURE 3B-1

SOMMAIRE

- LE CANADA : UNE FÉDÉRATION TOURNÉE VERS LE SUD
- LES RÉGIONS ET LES COMMUNAUTÉS ETHNOCULTURELLES AUX ÉTATS-UNIS
- LES NEUF RÉGIONS DE L'AMÉRIQUE DU NORD
- LES ENJEUX DE L'ARCTIQUE

CONCEPTS ET TERMES

Dévolution (poussée de)
Relation transfrontalière
Sécession
Friche industrielle
Région motrice
Profilage racial
Bassin du Pacifique
Ombre pluviométrique
Sables bitumineux
Forêt boréale

La géologie, le climat, la culture et l'histoire se sont agencés pour créer un ensemble intéressant de régions en Amérique du Nord (voir la figure 3B-1). Les chaînes de montagnes, les zones côtières, les déserts, les plaines et une large gamme d'environnements climatiques ont exigé que les humains s'adaptent de différentes façons. Les immigrants, venus en vagues successives, ont apporté une variété de cultures ; parfois, les différences entre celles-ci étaient ténues, d'autres fois, elles étaient tout à fait saisissantes. L'émergence de deux vastes pays, les États-Unis et le Canada, a donné lieu à de grandes structures politiques et institutionnelles territoriales dans lesquelles les différences régionales ont pu s'exprimer. Comme en témoigne la figure 3B-1, certaines régions de l'Amérique du Nord chevauchent les deux États, indépendamment de la frontière internationale. Cependant, certains développements régionaux sont mieux compris dans leur contexte national. Ainsi, dans l'étude qui suit, nous commencerons d'abord par aborder la géographie régionale de chacun des deux pays. Par la suite, nous examinerons les neuf régions en évolution de l'Amérique du Nord par rapport à l'ensemble qu'elles forment.

LE CANADA : UNE FÉDÉRATION TOURNÉE VERS LE SUD

La structure de base du territoire canadien

Sur le plan territorial, le Canada est le deuxième pays du monde par sa superficie (9,9 millions de km^2), après la Russie. Sur le plan administratif, il est divisé en seulement 13 entités infranationales : 10 provinces et 3 territoires. (En comparaison, les États-Unis comptent 50 États et 14 territoires insulaires.) Les provinces, où vivent 99,7 % des Canadiens, sont de dimensions variées. La minuscule Île-du-Prince-Édouard, par exemple, est de la taille du Delaware, tandis que le Québec fait près de deux fois celle du Texas (voir la figure 3A-5).

LES PRINCIPALES VILLES DE L'AMÉRIQUE DU NORD

VILLE	POPULATION* (en millions)
New York (New York)	22,3
Los Angeles (Californie)	18,2
Chicago (Illinois)	9,9
San Francisco (Californie)	7,8
Dallas-Fort Worth (Texas)	7,0
Philadelphie (Pennsylvanie)	6,7
Houston (Texas)	6,2
Washington (District de Columbia)	5,9
Miami-Fort Lauderdale (Floride)	5,7
Toronto (Ontario)	5,6
Atlanta (Géorgie)	5,5
Détroit (Michigan)	5,1
Boston (Massachusetts)	4,6
Phoenix (Arizona)	4,5
Seattle (Washington)	4,4
Montréal (Québec)	3,8
Denver (Colorado)	3,2
San Diego (Californie)	3,2
Vancouver (Colombie-Britannique)	2,3
Ottawa (Ontario)	1,2

*Nombre approximatif d'habitants des agglomérations urbaines d'après les données projetées de 2012

La population du Canada est concentrée dans le sud du territoire, sur une bande de terre d'environ 300 kilomètres de largeur qui longe la frontière des États-Unis. Les cartes montrant la répartition de la population au Canada (voir les figures 3A-2 et 3B-2) font ressortir l'importance du climat. Les habitants choisissent de vivre dans les zones plus agréables du sud, bien que le contrôle territorial des abondantes ressources du nord demeure très important. Dans plusieurs endroits, la répartition spatiale de la population crée des affinités transfrontalières avec les grandes villes étasuniennes (Toronto avec Buffalo, Windsor avec Détroit, Vancouver avec Seattle). Les trois provinces des Prairies, toutefois, n'entretiennent pas vraiment de tels liens avec leurs voisins, le Dakota du Nord et le Montana, car ces États sont peu peuplés. Au Canada, on distingue trois zones principales de peuplement (voir la figure 3B-2). La première – et la plus importante – est celle du corridor Québec-Windsor, où se concentre 60 % de la population canadienne. Cette zone comprend trois grandes villes : Toronto, centre démographique et financier du pays ; Ottawa, la capitale politique ; et Montréal, centre manufacturier majeur et ville culturelle importante. La deuxième zone est constituée du triangle ALSAMA (Alberta, Saskatchewan et Manitoba) avec les villes d'Edmonton, la capitale du pétrole, Calgary, celle de l'élevage bovin et Winnipeg, celle du blé. Enfin, la troisième zone en importance est centrée sur Vancouver, une métropole sise sur la côte du Pacifique et ouverte sur l'Asie. Ces trois zones de peuplement sont reliées entre elles par un corridor d'agglomérations éparpillées, qui s'étire d'est en ouest. La limite nord de ce peuplement discontinu est marquée par le chemin de fer du CN (Canadien National).

La singularité du Canada, tourné démographiquement vers le sud, réside dans la présence d'une faible population habitant au nord du 60e parallèle. Le cas du Nunavut mérite qu'on s'y attarde. Créé en 1999, ce nouveau territoire est le fruit d'un accord sur les revendications territoriales que le peuple inuit avait adressé au gouvernement fédéral. Ce territoire englobe l'ensemble de l'Arctique oriental canadien et s'étend vers le nord jusqu'à l'île d'Ellesmere (voir la figure 3B-2). Sa superficie de 1,9 million de km^2 est supérieure à celle de toutes les autres provinces et des deux autres territoires. Couvrant près de 20 % de l'étendue totale du Canada, le Nunavut, qui signifie « notre terre » en inuktitut, compte environ 34 000 habitants, répartis entre une trentaine de localités. La majorité (63 %) des Inuits du Nunavut sont des Nunavummiuts ou Nunavois, en français, et ils parlent l'inuktitut. La capitale, Iqaluit, est située dans le sud-ouest de l'île de Baffin et abrite un peu plus de 6000 habitants. Cependant, l'étendue du territoire oblige une décentralisation gouvernementale du pouvoir entre une dizaine de localités. La fonction publique composée d'environ 200 travailleurs est le principal employeur. Les transferts fédéraux assurent 90 % des revenus. Outre le tourisme, l'économie traditionnelle qui repose sur la pêche, la chasse et le piégeage ainsi que l'art, notamment la sculpture et la gravure, fournissent un revenu supplémentaire à la population locale. Les ressources naturelles, en particulier la mine de diamants Jericho, et les réserves potentielles de pétrole et de gaz naturel sont d'autres secteurs économiques en devenir. Enfin, en raison du recul estival de la banquise, qui survient chaque année de plus en plus tôt dans l'Arctique, le Nunavut devient moins isolé. Sa saison navigable est passée de deux mois et demi en 1970 à près de cinq en 2011. Cette situation est appelée à favoriser l'ouverture d'une route maritime permanente. À la fois enthousiastes et perplexes, les Inuits s'interrogent toutefois sur les conséquences économiques et environnementales d'une telle route.

Les contrastes culturels

Au recensement de 2006, l'anglais était la langue maternelle de 57 % des Canadiens, alors que le français était celle de 22 % de la population ; 20 % des répondants ont dit avoir une autre langue maternelle et environ 1 % avaient plusieurs langues maternelles.

Bien qu'elle soit relativement petite, la population canadienne connaît des divergences associées à la culture et aux traditions, et ces dissentiments se manifestent fortement à l'échelle régionale. Par exemple, la région bilingue de la capitale nationale du Canada, Ottawa-Gatineau, est symboliquement située de part et d'autre de la rivière des Outaouais, qui marque la frontière entre l'Ontario et le Québec, le centre historique de la culture francophone au Canada. C'est d'ailleurs au Québec que se trouve la plus forte concentration de francophones (plus de 85 %) dans tout le pays (voir la figure 3B-2). Au cours du dernier demi-siècle, un mouvement d'affirmation nationale, qui prône la souveraineté, a pris de l'importance au Québec. Par deux fois, dans le cadre des référendums de 1980 et de 1995, la ferveur politique a ébranlé l'unité de la fédération canadienne. Depuis, cependant, dans la province, il semble qu'on assiste, de façon générale, à une baisse du soutien à la souveraineté. Ce désintérêt serait dû, en partie, à différentes lois qui protègent la culture québécoise dans la province. En 2006, une motion du Parlement fédéral a même reconnu que le Québec formait une nation distincte… au sein d'un Canada uni. En outre, un nombre croissant de citoyens de langue française prennent conscience qu'une intégration continue dans le Canada, combinée à un haut degré d'autonomie, représenterait la meilleure option possible. La lutte pour la souveraineté n'en est pas pour autant abandonnée ; elle se poursuit et s'accompagne parfois de tensions politiques.

Pour leur part, les Premières Nations, les Métis et les Inuits ne comptent que pour environ 2 % de la population canadienne, et ces nations utilisent généralement l'anglais comme langue véhiculaire. Les communautés sont néanmoins en voie de se réapproprier leur culture et les langues autochtones reprennent tranquillement leur place. Dans les réserves, c'est de plus en plus dans la langue des ancêtres que se fait l'enseignement. Certaines langues qui étaient presque disparues, comme le mohawk, sont aujourd'hui en usage dans les écoles primaires.

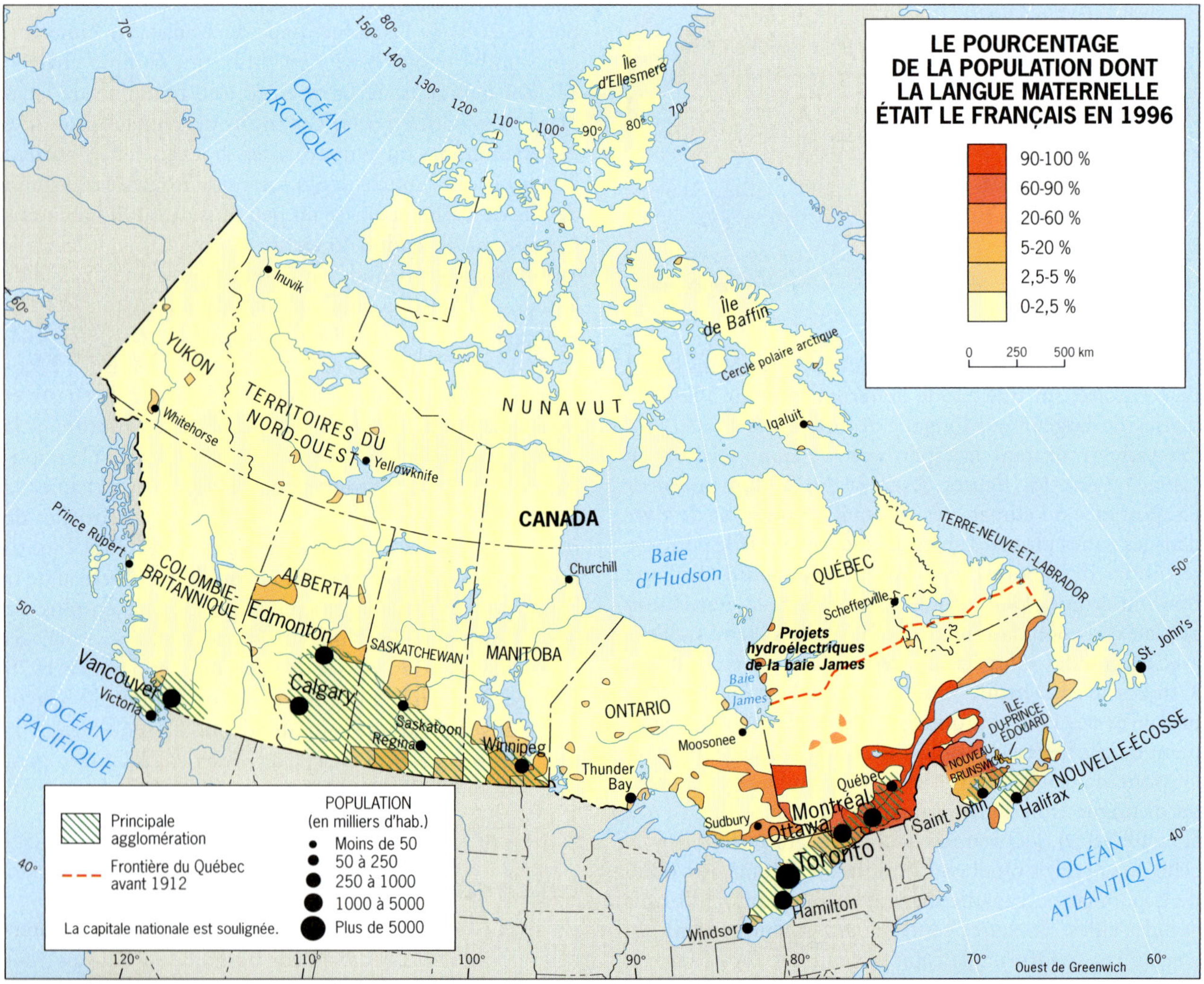

FIGURE 3B-2

Au Canada, la diversité linguistique s'accroît encore aujourd'hui du fait d'une immigration continue et importante de populations venant de partout dans le monde. Ainsi, le nombre de personnes allophones, n'ayant ni le français ni l'anglais comme langue maternelle, devrait prochainement dépasser le nombre de Canadiens ayant le français comme seule langue maternelle.

La montée des peuples autochtones

Les Premières Nations, les Métis et les Inuits ont revendiqué plus d'autonomie auprès du gouvernement fédéral ; quelques avancées ont eu lieu ces dernières années, notamment avec la création du Nunavut et la signature de traités accordant une autonomie gouvernementale aux autochtones du nord de la Colombie-Britannique.

La principale préoccupation de ces peuples est de s'assurer que leurs droits ancestraux sont respectés. Pour ce faire, il arrive qu'ils fassent appel au gouvernement fédéral qui les protège parfois contre les provinces où ils résident. Le cas des Cris, l'une des Premières Nations du Québec, constitue un bon exemple. Leur territoire historique, qui couvre la moitié nord de la province, n'est pas dépourvu d'intérêt : il englobe les installations hydroélectriques de la baie James, un système massif de digues et de barrages qui a transformé une grande partie du nord-ouest du Québec. Celui-ci génère l'énergie hydroélectrique destinée à un énorme marché tant intérieur qu'extérieur. En 2002, les tribunaux fédéraux ont appuyé les demandes des Cris visant à bloquer la construction de nouveaux aménagements sur leur territoire. Les Cris ont ensuite négocié une entente mémorable avec le gouvernement du Québec, la Paix des Braves. Les Cris ont également obtenu une responsabilisation accrue dans leur développement économique et communautaire en partenariat avec le Québec. Les chefs cris du nord québécois, à la suite de négociations conclues en 2011, soutiennent le Plan Nord du gouvernement du Québec, un projet dont l'objectif principal est l'exploitation des ressources naturelles du Nord québécois.

Les forces centrifuges

Les actions et les revendications du mouvement souverainiste du Québec au cours des quatre dernières décennies ont eu une incidence importante sur la géographie politique non seulement de la province elle-même, mais aussi du Canada tout entier. Les dirigeants des provinces de l'Ouest se sont opposés aux concessions fédérales faites au Québec, alléguant que le traitement égal des 10 provinces est un principe fondamental qui exclut la désignation d'un statut spécial au profit d'une seule. Les récentes élections fédérales et les sondages d'opinion ont clairement révélé un nouveau clivage politique entre le Québec et le reste du Canada. Bien que les **poussées de dévolution** semblent avoir perdu en intensité dernièrement au Canada, l'unité nationale demeure un défi au sein de la fédération. En effet, selon les conjonctures écomomique et politique du pays, les provinces de l'Ouest canadien pourraient à leur tour mettre la fédération canadienne au défi. En Alberta, le Separation Party of Alberta milite en faveur de la sécession tout comme le Western Independence Party of Saskatchewan et le Western Canada Concept Party of British Columbia.

De plus, la fédération canadienne doit affronter un autre défi, celui que posent les relations transfrontalières. L'intégration économique continue du Canada et des États-Unis, encadrée par l'Accord de libre-échange nord-américain de 1994, a tendance à intensifier les relations des parties sud des provinces canadiennes avec leurs voisins des États-Unis plutôt qu'avec leurs compatriotes. Ces **relations transfrontalières** axées vers le sud sont déjà passablement développées et elles sont susceptibles de se renforcer encore plus à l'avenir. En raison de traits géographiques et historiques, les liens s'établissent comme suit : les provinces de l'Atlantique échangent avec la Nouvelle-Angleterre ; le Québec, avec les États de New York et du Vermont ; l'Ontario, avec le Michigan, l'État de New York et les États voisins du Midwest ; les provinces des Prairies, avec la partie nord du Midwest ; et, enfin, la Colombie-Britannique, avec le nord-ouest des États-Unis.

LES RÉGIONS ET LES COMMUNAUTÉS ETHNOCULTURELLES AUX ÉTATS-UNIS

Rien, aux États-Unis, ne se compare aujourd'hui aux poussées de dévolution qu'a connues le Canada tout au long de son évolution comme État moderne. Les États-Unis possèdent environ quatre fois plus de subdivisions politiques que le Canada, mais aucune d'entre elles, depuis la guerre de **Sécession** (1861-1865), n'a organisé de campagnes sérieuses en vue d'une séparation. Cela dit, il existe à Hawaï un mouvement politique qui revendique la reconnaissance d'une partie de l'État en tant que territoire souverain pour les populations autochtones, et en Alaska, l'Alaskan Independence Party milite aussi pour l'indépendance de cet État.

Au Canada, les peuples autochtones ont réussi à négocier leurs droits sur les régions peu peuplées du nord. Aux États-Unis, la colonisation vers l'ouest a eu pour effet de déposséder les peuples autochtones de leurs territoires et de les décimer. Cette poussée les a finalement confinés dans quelque 300 réserves localisées principalement dans la moitié ouest du pays (voir la carte, dans le coin supérieur gauche, de la figure 3B-3). Aujourd'hui, on compte seulement 5,2 millions d'autochtones aux États-Unis, les Navajos et les Cherokees étant les plus grandes nations à avoir survécu. Alors que les Premières Nations du Canada détiennent un certain pouvoir sur le plan territorial, les peuples autochtones des États-Unis, en revanche, occupent une position beaucoup plus fragile qui rend difficiles les négociations avec Washington.

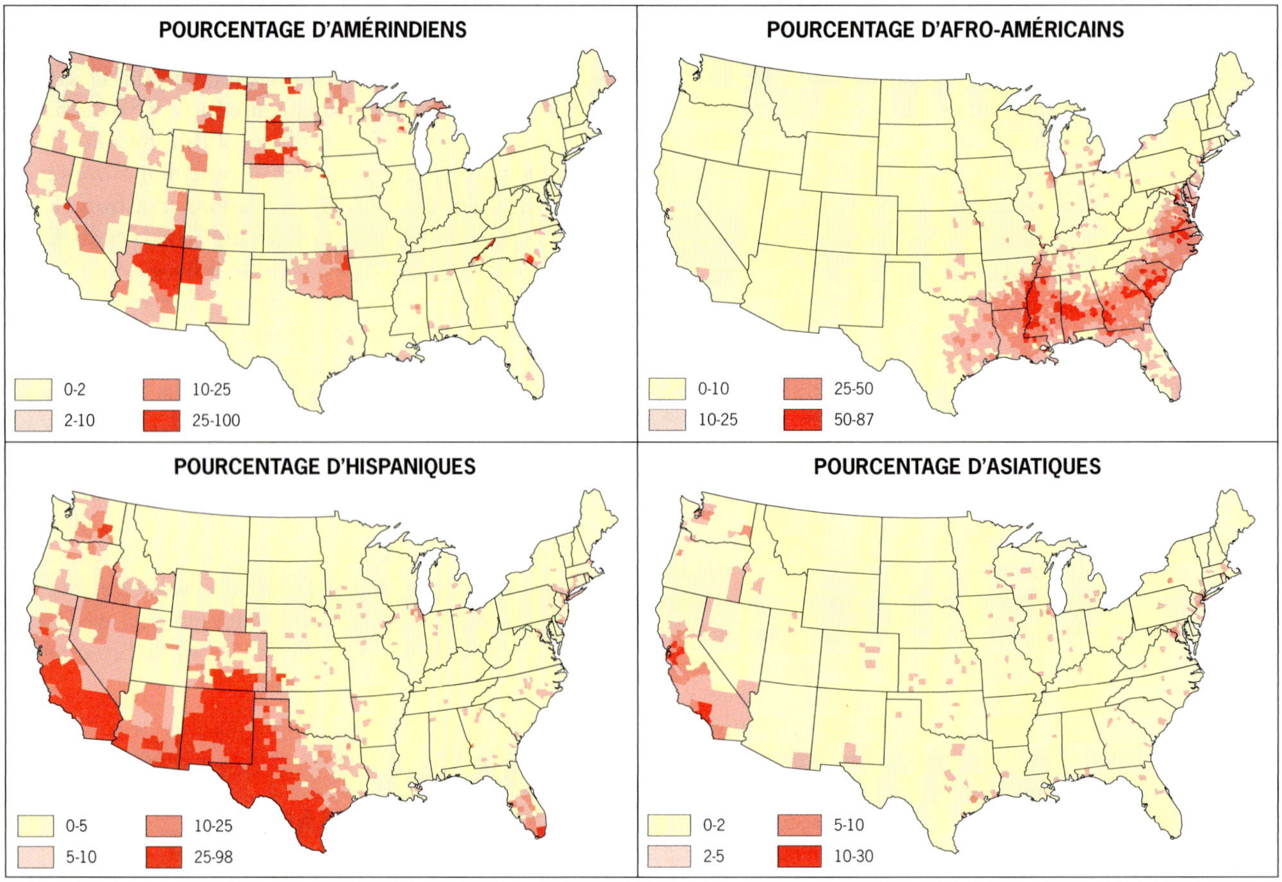

FIGURE 3B-3

Aux États-Unis, beaucoup plus qu'au Canada, les vagues passées et présentes d'immigration déterminent le tissu social et les relations interculturelles. Dans certains cas, l'immigration a contribué à forger une géographie régionale distinctive. Pensons aux centaines de milliers d'Africains qui ont été amenés de force aux États-Unis, du XVIIe siècle jusqu'au milieu du XIXe siècle, pour travailler comme esclaves dans les plantations.

L'esclavage a été aboli en 1865 aux États-Unis, mais la ségrégation raciale a continué d'exister sous diverses formes juridiques jusqu'à ce que le mouvement des droits civiques marque un tournant dans les années 1960. En violation de la Constitution, un large éventail de lois nationales et locales (les « lois Jim Crow ») avaient été promulguées pour codifier la répression des Afro-Américains. Cet héritage historique est encore visible aujourd'hui dans la géographie culturelle des États-Unis. En effet, les populations noires sont concentrées dans le sud-est, de l'est du Texas jusqu'au Maryland (voir la carte, dans le coin supérieur droit, de la figure 3B-3). Dans le chapitre 3A, nous avons souligné qu'un nombre important de Noirs avaient migré, dans la première moitié du XXe siècle, vers le nord pour travailler dans les centres industriels. Par conséquent, la population afro-américaine a formé des quartiers communautaires qui existent toujours dans les villes du nord, mais elles ne sont pas clairement visibles à l'échelle de la carte nationale.

La question du racisme continue d'être un sujet délicat aux États-Unis, plus qu'au Canada, en raison des évènements historiques et aussi parce que, jusqu'à tout récemment, de nombreux Afro-Américains se sont vu refuser l'égalité des chances. L'élection en 2008 de Barack Obama, le premier président noir, pourra peut-être servir de catalyseur et entraîner un changement progressif.

La présence d'une population d'origine mexicaine dans le sud-ouest des États-Unis (voir la carte, dans le coin inférieur gauche, de la figure 3B-3) constitue une autre expression de la diversité ethnoculturelle des États-Unis. Cette présence doit être considérée à partir des contextes historique et géographique. Dans ces parties du pays, de nombreux noms de lieux d'origine hispanique rappellent le passé colonial espagnol en terre d'Amérique. Le Mexique a fait partie du Royaume d'Espagne jusqu'à son indépendance en 1821 et couvrait une superficie deux fois plus grande que son territoire actuel. À cette époque, le nord du Mexique englobait la Californie, l'Arizona, le Nevada, le Nouveau-Mexique et le Texas. Ces régions n'avaient été investies que par une poignée de colons et quelques postes de l'armée espagnole. Cette faible présence espagnole sur une si grande superficie a eu des conséquences

Depuis des siècles, les peuples érigent des murs et des barrières, comme le rappelle la Grande Muraille de Chine ou le mur d'Hadrien (construit par les Romains dans le nord de l'Angleterre actuelle). Toutefois, aucun mur – que ce soit celui de Berlin durant la guerre froide ou la barrière de sécurité en Israël aujourd'hui – n'a jamais ciblé les migrations. Cela dit, ce n'est pas une barrière fortifiée, dressée le long de la frontière mexicaine de la côte du Pacifique jusqu'au golfe du Mexique, qui empêchera les migrations. Néanmoins, de longues sections de la frontière américano-mexicaine ressemblent déjà à la photo ci-contre. Celle-ci montre une vue du mur qui prend une direction oblique vers l'ouest, entre Tijuana, au Mexique, et la banlieue sud de San Diego, en Californie. Cette partie de Tijuana, dont le paysage reflète la pauvreté, s'étend presque jusqu'à la barrière rouillée elle-même, tandis que le développement situé du côté étasunien reste en arrière-plan de ce segment bien patrouillé de la frontière.

fâcheuses pour le futur État indépendant. Très tôt après son indépendance, le Mexique a perdu près de 50 % de son territoire. Le Texas lui a déclaré son indépendance en 1836, puis en 1848, à la suite de la signature du traité de Guadelupe Hidalgo, qui a mis fin à la guerre américano-mexicaine, les États-Unis ont annexé des territoires mexicains. Par ce traité, qui a établi le Rio Grande en tant que frontière entre l'État du Texas et le Mexique, le Mexique a cédé aux États-Unis un immense territoire couvrant pas moins de 1,3 million de km^2, qui comprend l'actuelle Californie, l'Arizona, le Nevada, le Nouveau-Mexique, le Texas, le sud du Colorado et l'Utah. Cet évènement désastreux, qui a contribué à précipiter la révolution mexicaine (1910-1917), est beaucoup plus vivant dans la conscience nationale et la mémoire collective mexicaine qu'il ne l'est aux États-Unis. Certains nationalistes mexicains soutiennent même que la migration qui se produit de nos jours à la frontière américano-mexicaine, aussi illégale qu'elle puisse être, est une question de repeuplement des terres injustement perdues.

Depuis 1980, le nombre d'hispanophones, particulièrement d'origine mexicaine, cubaine et portoricaine, installés aux États-Unis a plus que triplé et dépasse maintenant les 50 millions. Ils sont désormais plus nombreux que les Afro-Américains, ce qui modifie la carte ethnoculturelle des États-Unis. Bien que les hispanophones soient aujourd'hui dispersés dans plusieurs régions du pays – y compris dans les zones rurales du sud-est et du Midwest ainsi que dans les communautés urbaines allant du Massachusetts jusqu'à l'État de Washington –, ils restent fortement concentrés dans le sud-ouest, en Californie et en Floride (voir la carte, dans le coin inférieur gauche, de la figure 3B-3). En fait, le long de la quasi-totalité des États situés au nord de la frontière mexicaine se trouve une zone de transition culturelle (pensons à l'expression « tex-mex »), où l'immigration, tant légale que clandestine, est devenue une question épineuse. La langue, qui n'est pas un sujet de controverse pour la communauté afro-américaine, est une affaire sérieuse pour certains Étasuniens anglophones qui craignent l'érosion du statut de leur langue dans leurs communautés et dans le pays tout entier. D'ailleurs, depuis 1984, 29 États ont adopté une loi qui protège l'usage de l'anglais dans l'administration publique.

Enfin, la population d'origine asiatique, dont le poids démographique a également augmenté au cours des dernières décennies, est la plus concentrée des principales communautés culturelles sur le plan géographique (voir la carte, dans le coin inférieur droit, de la figure 3B-3). Quelles que soient leurs origines, la grande majorité des communautés asiatiques sont restées en Californie, où plusieurs de leurs membres ont connu une réussite économique remarquable, accompagnée d'une ascension sociale. Les 17 millions d'Étasuniens d'origine asiatique sont répartis entre différents groupes ethniques : les Chinois, qui sont les plus nombreux ; les Japonais, implantés aux États-Unis depuis plusieurs générations ; les Philippins, qui ont commencé à arriver après la Seconde Guerre mondiale ; les Coréens, qui immigrent depuis les années 1950 ; les Vietnamiens, qui se sont installés aux États-Unis après la guerre d'Indochine. Ces communautés comprennent aussi des insulaires du Pacifique, parmi lesquels se trouvent des Hawaïens, ainsi qu'un nombre considérable d'Indiens et d'autres populations de l'Asie du Sud, arrivés durant les dernières décennies.

Cette géographie des communautés ethnoculturelles dans le contexte national des États-Unis a été largement façonnée par l'histoire des migrations ainsi que par les processus d'inclusion et d'exclusion, volontaire ou involontaire. Élargissons à présent la portée de notre examen et abordons le territoire nord-américain dans son ensemble en établissant certaines distinctions régionales plus détaillées, fondées sur la géographie physique, culturelle et historique.

LES NEUF RÉGIONS DE L'AMÉRIQUE DU NORD

Le noyau nord-américain (1)

Le noyau historique de l'ensemble nord-américain englobe des territoires qui sont, depuis longtemps, les plus dynamiques des États-Unis et du Canada (voir la figure 3B-1). Ceux-ci contiennent les plus grandes villes et les capitales fédérales des deux pays, les principaux marchés financiers, le plus grand nombre de sièges sociaux, les centres médiatiques dominants, les autoroutes et les aéroports les plus fréquentés, de même que des universités prestigieuses et des complexes de recherche de pointe. Par ailleurs, les parties étasunienne et canadienne du noyau nord-américain réunissent plus du tiers de la population nationale respective des deux pays. Les décisions politiques et commerciales, les investissements et beaucoup d'autres engagements pris ici se répercutent non seulement sur toute l'Amérique du Nord, mais sur le monde entier.

À mesure que les villes industrielles ont prospéré, elles se sont étalées et aussi construites en hauteur. Les centres urbains ont acquis des silhouettes caractéristiques et symboliques, comme celle de Manhattan, la plus spectaculaire de toutes. Les périphéries urbaines se sont élargies au point que les villes à proximité l'une de l'autre ont fusionné. Dans les années 1960, le géographe Jean Gottmann a combiné les termes grecs *megalos* (grand) et *polis* (ville) pour forger le mot « mégalopole », concept servant à décrire une telle fusion d'agglomérations urbaines. La plus éminente de toutes s'étend le long de la côte atlantique, du nord de Boston jusqu'au sud de Washington, et est connue sous le nom de « Megalopolis » (avec un « m » majuscule). Parfois aussi surnommé en anglais « Bosnywash » pour Boston-New York-Washington, cet immense espace urbanisé a été le point d'ancrage économique du noyau nord-américain. On y trouve le siège du gouvernement étasunien, le centre de l'entrepreneuriat et de la finance, le foyer de la culture, et l'interface commerciale entre une grande partie de l'Amérique du Nord et de l'Europe.

Sur la figure 3A-7, on notera que la mégalopole prédominante du Canada est sa zone la plus fortement urbanisée, qui s'étend de Windsor (près de Détroit) à Québec, en passant par Toronto et Montréal. Les géographes urbains appellent cette zone le « corridor Québec-Windsor », qui fait également partie du noyau nord-américain.

Grâce aux innovations introduites dans d'innombrables domaines d'activité et à leur rayonnement, le noyau de l'Amérique du Nord est aussi l'un des principaux centres de la mondialisation. Dans la nouvelle ère de l'économie de l'information, ses centres de haute technologie rivalisent avec la Silicon Valley californienne. Pensons à l'*Internet Alley* qui borde la voie rapide jusqu'à l'aéroport Dulles dans la banlieue de Washington, en Virginie, ainsi qu'au *Beltway*, le corridor formé par la route périphérique 128 qui encercle Boston.

Malgré tout, l'influence du noyau historique a diminué, tout comme celle de la zone industrielle américaine (*Manufacturing Belt*), également comprise dans le noyau, et qui a autrefois connu une ascension inégalée. La désindustrialisation et l'avènement subséquent de l'économie de l'information ont porté atteinte à la position dominante du noyau nord-américain, car les activités économiques concurrentes du sud et de l'ouest (Floride, Texas, Californie), telles que l'aérospatiale, l'informatique, l'agroalimentaire, le tourisme, continuent de le supplanter dans plusieurs secteurs. Comme nous l'avons mentionné dans le chapitre 3A, l'État du Michigan connaît un déclin économique inéluctable, étant donné que les emplois liés à l'industrie automobile ont disparu progressivement au cours des dernières décennies. En fait, les revenus des ménages du Michigan ont reculé de plus de 21 % entre 2000 et 2009 seulement, la chute la plus abrupte qu'ait enregistrée la nation. L'Indiana et l'Ohio se classent au deuxième et au troisième rang de cette liste peu enviable.

La Nouvelle-Angleterre et les provinces atlantiques (2)

Lorsqu'on voyage au nord de Boston et qu'on traverse le New Hampshire, le Vermont et le Maine, on se déplace dans l'un des foyers historiques de la culture nord-américaine, qui possède une forte identité régionale dont les origines remontent à plus de quatre siècles. Bien qu'ils soient devenus des parties intégrantes du noyau, le Massachusetts, le Connecticut et le Rhode Island, trois des

De petits ports de pêche parsèment toujours la côte de la Nouvelle-Angleterre. On voit ci-dessous celui de Chatham, dans le Massachusetts, qui se trouve à la pointe sud-est de la presqu'île du Cap Cod.

six États traditionnels de la Nouvelle-Angleterre, partagent toujours des traits communs avec les trois autres. Ainsi, sur une base fonctionnelle et formelle, la région de la Nouvelle-Angleterre et des provinces atlantiques s'étend de la frontière nord du Massachusetts jusqu'à Terre-Neuve, englobant par le fait même les quatre provinces atlantiques du Canada (voir la figure 3B-1).

Le développement économique de cette région accuse un certain retard notamment en raison des activités saisonnières telles que la pêche et la foresterie. Les industries primaires, soit la pêche, l'exploitation forestière et les activités agricoles, occupent le premier rang, même si le secteur récréatif et le tourisme ont stimulé l'économie régionale au cours des dernières décennies. Le nord de la Nouvelle-Angleterre profite, jusqu'à un certain point, de la prospérité de la région de Boston, mais pas suffisamment pour lui assurer une croissance économique stable et soutenue. Les provinces de l'Atlantique ont, elles aussi, connu une période économique difficile dans un passé récent, notamment en raison de la pêche excessive qui a épuisé les populations de poissons. Toutefois, les paysages spectaculaires et les touristes qu'ils attirent ont permis à l'économie de prendre un nouvel essor. La découverte d'importantes réserves pétrolières sous-marines a également stimulé les perspectives économiques de la province la plus pauvre du Canada, Terre-Neuve-et-Labrador.

Un paysage culturel visiblement francophone en Amérique du Nord : la rue Saint-Jean, dans la ville de Québec, la capitale de la province du même nom. Dans ce centre de la culture francophone et québécoise, on voit très peu d'enseignes en anglais. Le commerce J.A. Moisan, fondé en 1871, a la réputation d'être la plus vieille épicerie en Amérique du Nord. La ville de Québec se trouve au centre du bassin francophone.

Le principal bassin francophone (3)

Le principal bassin francophone en Amérique comprend la partie peuplée du sud du Québec, qui s'étend du sud-ouest du Québec jusqu'au golfe du Saint-Laurent (voir la figure 3B-1). Il englobe également des zones majoritairement francophones au Nouveau-Brunswick où vivent les Acadiens de langue française ainsi que dans l'est ontarien qui regroupe une importante communauté franco-ontarienne (voir la figure 3B-2). L'empreinte culturelle française laissée sur les villes de la région est aussi visible dans les zones rurales. En effet, celles-ci se distinguent par le découpage des terres effectué durant la période coloniale française : les fermes occupent des parcelles (des lots) rectangulaires, étroites et perpendiculaires aux cours d'eau.

Comme dans les autres régions du nord-est des États-Unis à ses débuts, la vie rurale et l'agriculture ont dominé l'économie et la culture du bassin francophone. Au XIXe siècle, l'ère industrielle marquée par l'urbanisation transforme profondément le mode de vie des populations. Des villes comme Québec, Trois-Rivières, Sherbrooke attirent une forte concentration de francophones nouvellement urbanisés. Développée par la bourgeoisie britannique, Montréal devient le principal centre industriel, financier et manufacturier du Canada. Jusqu'au milieu des années 1950, cette ville joue un rôle prépondérant dans l'économie canadienne. Dès le début des années 1960, toutefois, elle est surpassée par Toronto. De nombreux quartiers de Montréal périclitent et l'économie de la ville a du mal à amorcer la transition vers une économie postindustrielle. Ces dernières années, le rôle économique de Montréal a progressé grâce à des activités du secteur tertiaire, au commerce, au tourisme, à la culture et à la présence d'industries postindustrielles (technologies de l'information, télécommunications et biopharmacie). Ces dernières se développent dans les **friches industrielles**, donnant ainsi un second souffle aux anciens quartiers. La région métropolitaine de Montréal réunit près de 50 % de toute la population du Québec et représente le cœur économique, démographique et culturel du bassin francophone.

À bien des égards, cette région est très prospère et constitue une partie très riche de l'Amérique du Nord. En effet, le nord du Québec produit tellement d'hydroélectricité que les surplus sont exportés vers l'Ontario et le nord des États-Unis. Une part importante de cette électricité est générée grâce au complexe hydroélectrique de la baie James, formé d'une série de barrages et de centrales située du côté est, le long de la rivière La Grande (voir la figure 3B-2). Le Québec est si bien pourvu en énergie renouvelable que l'exploitation des gaz de schiste dans la vallée du Saint-Laurent a été très mal accueillie. Beaucoup de Québécois estiment qu'ils n'ont pas besoin de ce gaz qui, contrairement à l'hydroélectricité, est une énergie non renouvelable. Ils craignent également que l'exploitation du gaz accentue les émissions de carbone et qu'elle entraîne des risques de pollution des eaux souterraines.

Nous avons signalé que la question nationale au Québec a eu des conséquences majeures sur les sociétés québécoise et canadienne. Durant les années 1970 et 1980, le gouvernement du Québec a voté des lois visant à rendre obligatoire l'usage du français, plutôt que de l'anglais, au travail. Les Québécois ont ensuite pu concentrer leurs efforts sur le développement économique de la province et l'intégration des communautés culturelles à leur société.

La principale communauté francophone hors Québec en Amérique du Nord est établie en Ontario, surtout à Ottawa et dans l'est de la province.

Les Acadiens, pour leur part, forment une nation distincte de celle des Québécois. On compte environ 500 000 Acadiens regroupés principalement au Nouveau-Brunswick. Des communautés sont aussi présentes en Nouvelle-Écosse, à Terre-Neuve-et-Labrador ainsi qu'à l'Île-du-Prince-Édouard. L'histoire de ce peuple a été marquée par un nettoyage ethnique survenu en 1755 et appelé le « Grand Dérangement », au cours duquel 12 000 Acadiens ont été

L'une des MÉTROPOLES de . . .

L'AMÉRIQUE DU NORD — MONTRÉAL

MONTRÉAL OCCUPE une grande île, de forme triangulaire, située en bordure du fleuve Saint-Laurent. La ville tire son nom du mont Royal (que les Montréalais appellent la « montagne »). Avec les 3,8 millions d'habitants qu'abrite sa région métropolitaine, elle est l'une des plus grandes villes de langue française après Paris et Kinshasa, ce qui représente à la fois un atout et un défi. Elle offre, en été comme en hiver, de nombreux festivals culturels, ce qui en fait une capitale culturelle et un pôle touristique important pour les Nord-Américains. Elle est également l'une des métropoles les plus cosmopolites de l'ensemble nord-américain. Son centre des affaires, ses quartiers vibrants et ses rues très fréquentées ont conservé un certain aspect européen. Pour échapper aux hivers longs et rigoureux, une grande partie des immeubles du centre-ville ont été reliés par des corridors souterrains, bordés de boutiques, de restaurants et de salles de cinéma, et débouchant sur des stations de métro.

En dépit de l'éclat du centre-ville, tout ne va pas pour le mieux à Montréal. La période de désindustrialisation a précipité dans la pauvreté certains quartiers, notamment en périphérie, où des usines ont fermé, entraînant un fort taux de chômage. Ces quartiers se démarquent par des indicateurs socioéconomiques les plus bas de la ville. On estime qu'en 2011, il y avait entre 12 000 et 20 000 sans-abris dans la ville qui peine à leur venir en aide.

Historiquement, le boulevard Saint-Laurent a longtemps marqué la division entre les anglophones et les francophones. À l'est de cette démarcation ethnolinguistique, on retrouvait la majorité des francophones. À l'ouest, les anglophones étaient en plus grand nombre. Une zone de transition composée de différentes communautés unissait les anglophones et les francophones. De nos jours, cependant, les choses ont changé du fait que des communautés de langues diverses, issues de l'immigration, s'installent partout à Montréal. Ces immigrants, qui proviennent de l'extérieur de l'Amérique du Nord, s'établissent aussi bien dans les quartiers

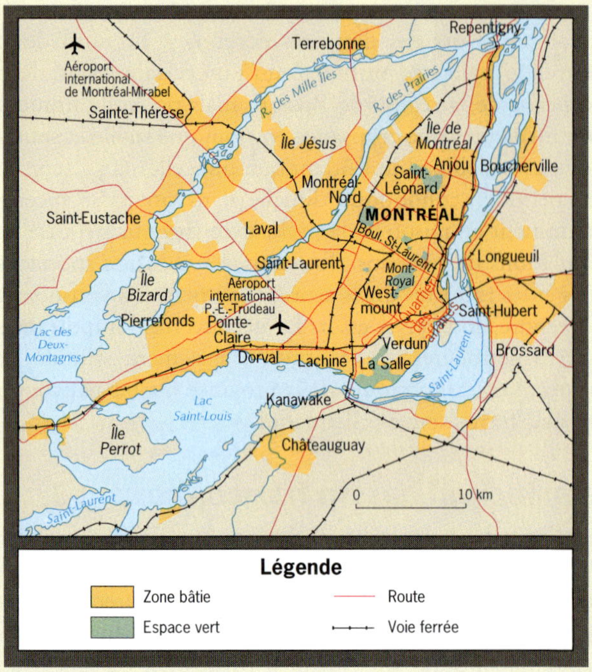

anglophones que francophones. Les démographes constatent que les nouveaux arrivants ont une forte attirance vers l'anglais comme langue d'usage. C'est pourquoi l'un des défis que Montréal doit surmonter est celui de garder son caractère francophone. Aujourd'hui, étant donné que la question de la souveraineté occupe moins l'avant-scène au Québec, Montréal concentre ses efforts sur son développement économique et culturel. Des centaines de milliers de personnes y viennent à l'occasion des grands festivals culturels. De nouveaux liens commerciaux avec l'étranger, en particulier avec les États-Unis, ont ravivé la communauté des affaires et les banlieues vibrantes ont poussé la métropole à se redéfinir en tant que plaque tournante des technologies de l'information, des télécommunications et de l'industrie biopharmaceutique.

FIGURE 3B-4

déportés par les Britanniques qui ont alors pris possession de leurs terres. Depuis, la valorisation de l'identité acadienne ainsi que les mouvements pour la défense de la langue française dans les années 1970 ont permis la reconnaissance du statut bilingue du Nouveau-Brunswick.

En ce qui concerne la question nationale, les Acadiens sont d'un avis différent de celui des Québécois. Non seulement rejettent-ils la notion d'indépendance pour eux-mêmes, mais ils déploient aussi des efforts pour maintenir le Québec au sein de la fédération canadienne.

Le Sud-Est (4)

Des neuf régions de l'ensemble nord-américain, le Sud-Est est celle qui a connu les changements les plus considérables. Pendant plus d'un siècle après la guerre de Sécession (1861-1865), le Sud-Est des États-Unis (voir les figures 3B-1 et 3B-4) est resté dans un état de stagnation économique et d'isolement culturel par rapport au reste du pays. Au cours des années 1970, cependant, les choses ont changé si rapidement que la région a montré un tout nouveau visage presque du jour au lendemain. Un climat généralement clément, de nombreuses installations récréatives et d'autres commodités constituent les atouts de cette région aujourd'hui connue sous le nom de « ceinture du soleil » (*Sun Belt* en anglais). De nombreux individus et entreprises ont ainsi migré vers cette région et ses villes autrefois peu actives. Les entreprises du noyau nord-américain qui cherchaient un endroit où implanter leurs sièges sociaux ou leurs bureaux secondaires ou encore où déménager, se sont tournées vers Atlanta, Charlotte, Miami-Fort Lauderdale, Tampa et d'autres agglomérations urbaines avantageuses et attrayantes, les transformant, en très peu de temps, en métropoles florissantes.

Par ailleurs, dans le sillage de l'économie postindustrielle, un nouvel ordre économique a surgi aux États-Unis. Le Sud-Est est devenu une nouvelle **région motrice** grâce à de nouveaux aéroports, comme ceux de Miami et d'Atlanta, parmi les plus fréquentés du monde, à des installations touristiques majeures dotées de grands parcs d'attractions thématiques et de chaînes hôtelières, à des chaînes télévisées comme CNN, dont le siège social est à Atlanta, et à des centres de recherche gravitant autour de la base aérospatiale du cap Canaveral. Enfin, l'exploitation du pétrole dans le golfe du Mexique contribue à faire de cette région l'un des principaux pôles économiques des États-Unis.

La géographie du développement du Sud-Est est cependant très inégale. Alors que de nombreuses métropoles et certaines zones agricoles ont fait d'immenses progrès, d'autres n'ont tiré aucun avantage de la relance. La région abrite en effet certaines des zones rurales les plus défavorisées du pays, et l'écart entre les riches et les pauvres y est plus grand qu'ailleurs au pays. Il est vrai que les banlieues de Washington dans le nord de la Virginie, le *Research Triangle Park* de la Caroline du Nord, le laboratoire national d'Oak Ridge dans le Tennessee et les sièges sociaux des entreprises d'Atlanta sont des lieux qui caractérisent le « Nouveau Sud ». Toutefois, les zones rurales du Kentucky, du Tennessee, de l'Alabama et du Mississippi représentent toujours le Vieux Sud (*Old South*), appelé aussi « le Sud profond », où les régions agricoles pauvres et les petites industries en stagnation restent en marge de l'économie et du changement.

Sur le plan climatique, le Sud-Est est plus chaud que le noyau nord-américain et plus humide que le Sud-Ouest. C'est pour cette raison que les cultures de tabac et de coton

3B

ainsi que les plantations sucrières y ont prospéré. Toutefois, la chaleur de l'été représente une sérieuse menace pour la plaine côtière atlantique du sud, en raison des ouragans susceptibles de la balayer. Les côtes de la Floride et du sud de la Louisiane ont été particulièrement touchées ces dernières décennies. Pensons seulement à l'ouragan Katrina qui a dévasté la Nouvelle-Orléans en 2005.

Une catastrophe écologique majeure d'un autre genre a frappé la côte du golfe du Mexique en 2010. Le 20 avril, une plateforme pétrolière que louait la compagnie BP et qui était située à environ 100 kilomètres au sud du delta du Mississippi a explosé et provoqué la pire marée noire de l'histoire américaine. Il a fallu cinq mois à la compagnie pour réussir à colmater la fuite au fond de la mer. On estime que 4,9 millions de barils de pétrole brut se sont répandus dans le golfe, la plus grande partie ayant été rejetée sur la côte, de l'ouest de la Louisiane jusqu'au littoral du nord-ouest de la Floride (voir la figure 3B-4 ainsi que la photo ci-contre). La faune et la flore des zones côtières ont été durement touchées. Les industries locales de la pêche et du tourisme ont été complètement paralysées. Ce désastre environnemental a mis au jour les risques élevés associés à l'extraction pétrolière en haute mer. Depuis, les projets de forage de nouveaux puits sous-marins ailleurs dans les eaux américaines éveillent des craintes.

Le forage pétrolier pose toujours des risques écologiques. Le 20 avril 2010, l'explosion de la plateforme *Deepwater Horizon*, louée par BP, nous l'a rappelé. La marée noire qui s'en est suivie dans le golfe du Mexique, juste au sud du delta du Mississippi, est rapidement devenue l'un des pires désastres environnementaux de l'histoire américaine. On voit ci-dessus le littoral souillé de Grand Isle, en Louisiane. Sur la photo, le banc de sable, situé du côté ouest du delta, reçoit les premiers assauts, un mois après le début de la marée noire.

Il existe une autre partie relativement petite de cette région qui mérite une attention particulière. Le sud de la Floride était autrefois une région éloignée et presque inhabitée des États-Unis. Avant le XXe siècle, il était trop éloigné du noyau nord-américain et même des centres urbains les plus proches, comme Atlanta, pour que le développement y soit envisageable. En outre, le climat et les moustiques posaient un redoutable défi aux colons potentiels, sans compter qu'il n'y avait pas de ressources naturelles à exploiter. Il a fallu attendre les années 1960 pour que cette sous-région du Sud-Est s'intègre pleinement à l'économie nationale et au système urbain, grâce à l'introduction généralisée de la climatisation et du transport aérien à prix abordable, de même qu'à l'immigration massive de Cubains qui fuyaient le régime communiste de Fidel Castro. Très vite, le sud de la Floride, en plein essor, est devenu une partie intégrante de la *Sun Belt* et de la région internationale qui englobe le bassin des Antilles et une grande partie du centre et du sud des États-Unis.

Dans les années 1980, Miami, le plus grand centre urbain du sud de la Floride, a acquis le statut de ville mondiale avec ses 5,7 millions d'habitants. Elle est souvent considérée comme l'interface entre le nord et le sud des Amériques. Ce nouveau profil est sans aucun doute lié à la croissance de son importante population hispanique, majoritaire à 57 % et hautement éduquée. Mais ce n'est pas tout. Il suffit de poser le regard sur la carte du monde illustrée à la figure I-1 et d'observer la longitude de Miami : la ville est située non seulement sur la côte atlantique de l'extrémité méridionale de l'Amérique du Nord, mais également sur le même méridien que Guayaquil, la capitale économique de l'Équateur. En comparant la position relative de Miami à celle de Los Angeles (trois fuseaux horaires plus loin vers l'ouest), on comprend pourquoi Miami est si bien reliée à des pays comme le Brésil, la Colombie et le Venezuela, tandis que les liens qu'entretient Los Angeles avec le sud se limitent presque exclusivement au Mexique. En fait, Los Angeles fait essentiellement partie de la côte du Pacifique, alors que Miami est une ville mondiale axée sur les Amériques, et tout particulièrement sur l'Amérique latine.

Aujourd'hui, la Floride poursuit son évolution dans la zone de transition entre l'Amérique du Nord et le reste des Amériques.

Le Sud-Ouest (5)

Au cours des dernières années, le Sud-Ouest a acquis une identité régionale propre et celle-ci est désormais fermement ancrée dans la conscience nord-américaine pour plusieurs raisons. L'une d'entre elles réside dans son environnement physique et humain. Dans cette région, les steppes et les déserts dominent. Une autre relève des différentes cultures présentes : les Anglo-Américains, les Hispaniques et les peuples autochtones y coexistent, généralement d'une façon amicale, mais parfois dans l'hostilité.

Comme le montre la figure 3B-1, le Sud-Ouest commence à la frontière est du Texas et s'étend jusqu'à l'extrémité orientale du sud de la Californie. Le Texas domine cette région à plusieurs égards. Son économie, qui dépendait autrefois du pétrole et du gaz naturel, a été restructurée et diversifiée de sorte qu'aujourd'hui le triangle formé par Dallas-Fort Worth, Houston et San Antonio, avec Austin au centre, est devenu l'une des technopoles les plus productives du monde. Le Texas est également une plaque tournante du commerce international et le point d'ancrage nord du corridor de développement transnational qui a découlé de l'Accord de libre-échange nord-américain (ALENA) et qui s'étend vers le Mexique, jusqu'à Monterrey.

Le Nouveau-Mexique, qui se trouve au centre de la région Sud-Ouest, est l'État le moins développé sur le plan économique et il se classe au bas de l'échelle de nombreux indices sociaux aux États-Unis. Toutefois, ses attraits environnementaux et culturels profitent à Albuquerque et à Santa Fe, ainsi qu'à Los Alamos, un lieu célèbre de recherche et développement. Plus à l'ouest, le désert de l'Arizona, que la technologie a transformé grâce à aux méthodes d'irrigation modernes et au creusement de canaux, abrite deux métropoles fusionnées, Phoenix et Tucson. L'État de l'Arizona poursuit sa croissance, mais les changements climatiques ajoutent aux incertitudes de l'approvisionnement en eau déjà très limité dans certaines de ses régions.

Le Texas, qui est plus grand que la France, est l'État le plus vaste des États-Unis après l'Alaska. Il est également le plus peuplé après la Californie (respectivement 25,1 et 37,3 millions d'habitants). C'est un État très prospère, et une grande partie de sa richesse provient toujours du secteur de l'énergie : le Texas possède environ le quart de toutes les réserves de pétrole du pays et près du tiers de ses gisements de gaz naturel. Aujourd'hui, le *Lone Star State* (surnom donné au Texas en référence à l'étoile qui orne son drapeau) est devenu un meneur dans la production d'énergie éolienne, et les éoliennes marquent le paysage de sa partie ouest peu peuplée.

Le Texas et les autres États du Sud-Ouest qui bordent la frontière du Mexique abritent tous d'importantes populations mexicaines, tant légales que clandestines. En Arizona, la population hispanique a presque triplé depuis 1990, tandis que la part de majorité blanche non hispanique est passée de 72 à 57 % de la population totale. Parmi les personnes âgées, 83 % sont des Blancs non hispaniques, alors que la cohorte des 18 ans et moins est constituée de 44 % d'Hispaniques. En 2010, l'Arizona a voté une loi qui a fait l'objet de nombreux débats et de critiques, car elle autorise la police à arrêter tout individu qu'elle soupçonne d'être un immigrant clandestin. Le défaut de présenter une preuve de résidence entraîne la détention et, selon toute vraisemblance, la déportation. Une grande partie du débat a porté sur la conséquence évidente qu'implique cette loi, soit le **profilage racial**. En effet, à qui demande-t-on de montrer les documents en question ? Bien que des contestations judiciaires et des interjections en appel aient eu lieu, le sentiment qui prévaut parmi les citoyens de l'Arizona semble clair : 81 % des électeurs étaient favorables à la loi. Au début de 2011, on estime que 100 000 Latino-Américains s'étaient dirigés vers d'autres États ou étaient retournés au Mexique.

La côte du Pacifique ⑥

La pointe méridionale de la région appelée la côte du Pacifique se situe près de la ville côtière de San Diego, non loin de la frontière mexicaine. De là, la région s'étend vers le nord jusqu'au Canada, où Vancouver, en Colombie-Britannique, forme son point d'ancrage septentrional (voir la figure 3B-1). Alors que la quasi-totalité de la Californie est comprise dans cette région, seules les parties occidentales de l'Oregon et de l'État de Washington y sont incluses. Une moitié de leur territoire est tournée vers le Pacifique ; et l'autre, vers l'intérieur. La côte du Pacifique est une région particulièrement importante de l'Amérique du Nord et, à l'instar du Sud-Est, elle fait de plus en plus contrepoids au noyau historique situé dans le nord-est du pays.

Avec de grandes villes comme San Diego, Los Angeles, San Francisco, Portland et Seattle, et avec un État prospère et populeux comme la Californie, la côte du Pacifique constituerait une zone centrale de premier plan dans de nombreuses parties du monde. En fait, si la Californie constituait un pays, son économie se classerait sensiblement au même niveau que l'Italie et serait la huitième économie mondiale de par son PIB. La côte du Pacifique comprend également l'une des zones agricoles les plus productives des États-Unis, située dans la vallée centrale de Californie. Une population diversifiée sur le plan culturel s'y épanouit, séduite par la croissance économique, les conditions de vie agréables et les paysages magnifiques de ce lieu.

De plus, cette région est étroitement liée au développement des pays de l'Asie orientale. Elle se définit également par ses liens commerciaux qui s'intensifient avec les territoires situés de l'autre côté de l'océan Pacifique. Durant l'après-guerre, le succès du Japon a eu un effet salutaire de ce côté de l'Amérique, et les boums économiques survenus depuis en Chine, en Corée du Sud, à Taiwan, au Vietnam, à Singapour et dans d'autres pays de l'Asie-Pacifique ont créé des occasions d'affaires sans précédent. L'expression « **bassin du Pacifique** » est désormais courante pour décrire les pays ou les régions en bordure de l'océan Pacifique qui ont connu une forte croissance économique au cours des trois dernières décennies. Il s'agit de la Chine côtière et de diverses parties de l'Asie de l'Est et du Sud-Est, mais également de l'Australie-Méridionale, du Chili, de même que de la côte ouest du Canada et des États-Unis. La côte du Pacifique est une zone de jonction clé entre l'ensemble nord-américain et le bassin du Pacifique.

Le grand Los Angeles, une conurbation californienne, est le plus vaste et dynamique complexe d'activités de la région (voir l'encadré à la page 150). Plus au nord, l'agglomération autour de la baie de San Francisco a connu un élargissement urbain un peu plus ordonné grâce à la technopole de la Silicon Valley, l'élément clé de sa réussite en matière de haute technologie. Dans le nord de la côte

L'une des MÉTROPOLES de...

L'AMÉRIQUE DU NORD

LOS ANGELES

LOS ANGELES EST probablement la ville qui a le plus souvent fait parler d'elle dans les journaux au cours des dernières années et, la plupart du temps, en termes négatifs. Pourtant, les tremblements de terre, les glissements de terrain, les feux de brousse, les alertes concernant le taux élevé de pollution atmosphérique, les procès retentissants et les émeutes n'ont pas réussi à ternir l'image prestigieuse de la ville. Ce fait confirme l'endurance et la vigueur de Los Angeles, de même que son statut indiscutable de capitale du monde du divertissement en Occident.

L'approche vers l'aéroport international de Los Angeles, qui permet presque toujours de survoler le cœur de la métropole, offre une perspective sur l'immensité de l'agglomération. Celle-ci occupe non seulement le bassin de Los Angeles, qui a la forme d'un vaste amphithéâtre, mais aussi les lisières adjacentes du littoral, les vallées et les collines en marge des montagnes et même la zone en bordure du désert Mojave, situé à 90 kilomètres de la côte. Cette métropole, exemple par excellence de l'étalement urbain, n'aurait pu exister sans l'avènement de l'automobile. En fait, la plus grande partie de la ville a été construite à partir de 1920, concurremment à l'expansion rapide de son réseau autoroutier qui surpasse celui de toutes les autres métropoles nord-américaines. Par la suite, le grand Los Angeles s'est dispersé en plusieurs noyaux urbains comme Pasadena, San Fernando, Malibu, Beverly Hills, Santa Ana, etc.

La métropole compte 18,2 millions d'habitants, ce qui en fait la deuxième agglomération d'Amérique du Nord après New York. Elle est également le centre de la mégalopole qui s'étire le long du littoral du Pacifique, depuis San Francisco jusqu'à la frontière mexicaine. Los Angeles est, en outre, le principal centre commercial, industriel et financier de la côte du Pacifique et, à l'échelle mondiale, la plus grande ville de la partie est de l'aire Pacifique, de même que le point de départ en Amérique du Nord de la majorité des liaisons aériennes et maritimes à destination de l'Asie.

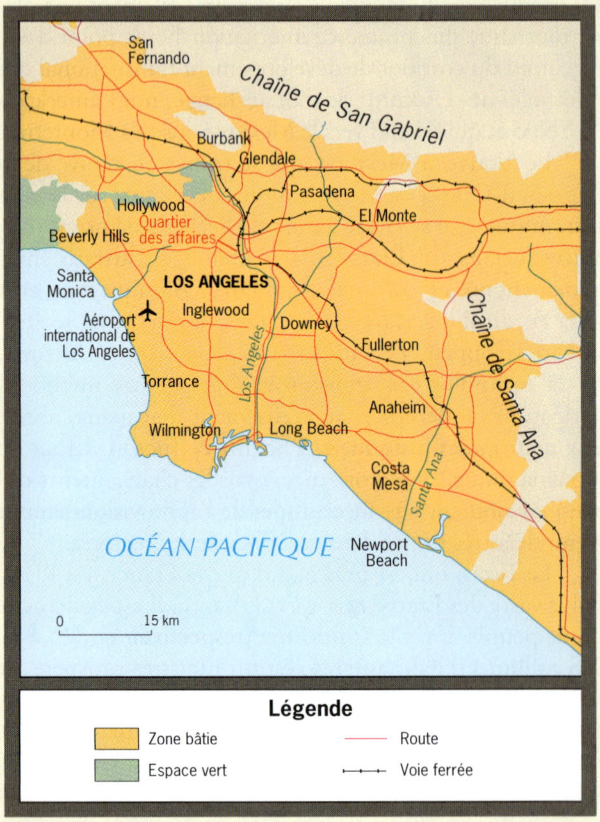

du Pacifique, la région de Seattle-Tacoma a bénéficié de l'énergie à faible coût produite par les nombreuses installations hydroélectriques sur la rivière Columbia. Les prix avantageux de l'électricité ont attiré des industries de production d'aluminium et des avionneurs, en particulier Boeing. Parallèlement, la technopole située au cœur de la banlieue de Redmond (où se trouvent le siège social de Microsoft et le siège nord-américain de Nintendo) prélude à la transformation de Seattle en une métropole de la nouvelle économie de l'information.

La ville canadienne de Vancouver, située à l'extrémité nord de la côte du Pacifique, a l'avantage de se trouver plus près, par air et par mer, de l'Asie de l'Est que toute autre grande ville nord-américaine. Traditionnellement concentrée sur les activités de la pêche et de la forêt, Vancouver s'est vu transformer dans les années 1990 par des investissements économiques importants de la part d'immigrants en provenance de l'Asie de l'Est, principalement de Hong-Kong. Le profil sociodémographique et socioéconomique de la ville en a été complètement modifié. Aujourd'hui, les résidents d'origine chinoise constituent près de 20 % de la population métropolitaine, et le nombre total de Vancouvérois d'origine asiatique frôle maintenant les 50 %. Son dynamisme économique, sa situation le long du Pacifique et le style de vie ont fait de cette ville un pôle d'attraction, tout comme Seattle et Portland, aux États-Unis.

La cordillère de l'Ouest (7)

Là où les forêts de la côte du Pacifique cèdent leur place aux broussailles de l'**ombre pluviométrique** sur les versants est des montagnes qui longent le littoral, et où le terrain se

Pendant des années, la vallée de Las Vegas, qui se trouve dans la partie sud-ouest de la cordillère de l'Ouest, a connu la plus forte croissance démographique de la région. Le Nevada, qui était l'un des États dont la croissance économique était la plus dynamique de l'Amérique, attirait annuellement des centaines de milliers de nouveaux résidents et des dizaines de millions de visiteurs venus profiter de son industrie récréative en plein essor. Entre 1990 et 2000, Henderson City, située dans l'agglomération de Las Vegas, a été la municipalité qui a connu la plus forte croissance des États-Unis. Le développement tentaculaire à grande échelle a converti l'étendue désertique en un damier urbain de faible densité dont l'expansion semble illimitée. Toutefois, en 2009, l'élan s'est interrompu. Le chômage à la hausse a perturbé l'économie, et des milliers de propriétaires ont assisté, impuissants, au plus grand nombre de saisies de maisons au pays. Les crises économiques nationale et mondiale ont assombri l'avenir de cette ville champignon.

transforme en bassins intramontagneux et en plateaux, se trouve une région qui s'étend de la Sierra Nevada et de la chaîne des Cascades jusqu'aux Rocheuses. Elle englobe des parties du sud de l'Alberta et de la Colombie-Britannique, de l'est de l'État de Washington et de l'Oregon, tout le Nevada, l'Utah et l'Idaho, de même que les parties ouest du Montana, du Wyoming et du Colorado. Cette région est dénommée la cordillère de l'Ouest. Comme en témoigne la figure 3B-1, Edmonton, Calgary et Denver sont situées le long de la lisière intérieure de la cordillère de l'Ouest, et Salt Lake City, qui est le point d'ancrage de la *Software Valley* et qui symbolise la nouvelle ère de la haute technologie, se trouve au cœur de celle-ci.

L'éloignement, la sècheresse, de même qu'une faible densité de population ont longtemps caractérisé cette région. Devenu la forteresse de la foi mormone, cet endroit est connu pour ses cycles de croissance et de déclin dans les secteurs minier et forestier ainsi que dans l'élevage. Cependant, au cours des dernières décennies, les progrès qui ont été accomplis dans les technologies des communications et des transports, alliés au climat ensoleillé, aux vastes espaces ouverts, au coût de la vie plus abordable et aux meilleures possibilités d'emploi, ont été des facteurs déterminants pour attirer d'innombrables étrangers. De plus, chaque fois qu'un séisme a frappé la Californie, les migrations vers l'est ont augmenté. Ainsi, durant la dernière décennie, des millions de Californiens ont quitté la côte du Pacifique surpeuplée et inabordable pour le haut désert.

Le développement de la cordillère de l'Ouest se réalise principalement dans ses zones urbaines très dispersées. Ces dernières connaissent la croissance la plus rapide (quoiqu'elles partent de taux très bas) de l'ensemble nord-américain. Ici, des milliers de nouveaux emplois dans le secteur de la haute technologie et dans les services spécialisés ainsi que dans la fabrication ont assuré un excellent rythme de croissance pendant deux décennies. Toutefois, ce phénomène a donné lieu à certaines difficultés. Les résidents ont subi une augmentation de la valeur des terres (voir la photo ci-dessus). De plus, un ralentissement se fait sentir en raison de la crise économique qui a débuté en 2008.

Las Vegas, l'une des grandes villes dont la croissance est la plus rapide en Amérique du Nord, se trouve dans le sud-ouest près de la frontière occidentale, entre la côte du Pacifique et le Sud-Ouest. Bien plus qu'un centre de jeu et de divertissement qui accueille quelque 40 millions de visiteurs par année, Las Vegas attire les immigrants en raison de l'abondance d'emplois, des terres relativement bon marché, des habitations abordables, des impôts modérés et du fort taux d'ensoleillement. La proximité de la Californie du Sud est sans aucun doute liée à la croissance effrénée de Las Vegas, mais la ville est aussi connue mondialement comme la *Sin City* (ville du péché), où presque tout est permis.

L'intérieur continental (8)

La ligne qui marque le point de contact entre la cordillère de l'Ouest et l'intérieur du continent (aussi appelé « Midwest ») se distingue par la présence de villes qui influencent ces deux régions, soit Denver, dans le sud, Calgary plus au nord, et Edmonton, à l'extrême nord. Cette vaste étendue va de l'intérieur du Canada jusqu'aux frontières du Sud-Est et du Sud-Ouest (voir la figure 3B-1). La région abrite de nombreuses villes remarquables, notamment Kansas City, Omaha, Minneapolis et Winnipeg. L'agriculture domine dans cette région qui est le grenier de l'Amérique du Nord. C'est la terre de la « ceinture du maïs » (*Corn Belt*) qui atteint la partie ouest du noyau nord-américain. L'intérieur continental se caractérise par des élevages bovins et porcins de même que par de grandes productions agricoles, parmi

3B

lesquelles on compte le soya – la culture qui a pris le plus d'expansion en Amérique et ailleurs dans le monde au cours des 20 dernières années –, le blé de printemps dans le Dakota et les Prairies canadiennes ainsi que le blé d'hiver au Kansas. Dans les villes et les villages de cette région, on trouve des usines d'emballage et de transformation des aliments, des services de commercialisation, des minoteries ainsi que des usines de production d'huile de soya, de tournesol et de colza. C'est aussi là que se déroule une lutte pour la survie de la ferme familiale menacée par l'arrivée des grandes sociétés agricoles implacables.

Les terres agricoles ne sont pas non plus à l'abri de la question énergétique. Le maïs continue d'être cultivé principalement pour subvenir à l'alimentation des animaux de boucherie. Toutefois, une proportion non négligeable des récoltes est désormais utilisée dans la fabrication d'éthanol, un carburant censé remplacer l'essence (ou servir d'additif). Alors que les agriculteurs espèrent que la hausse des prix du maïs redynamisera la *Corn Belt*, d'autres craignent que cette augmentation ne pèse sur les consommateurs de viande. Quoi qu'il en soit, la quantité de maïs nécessaire pour réduire sensiblement la consommation d'essence aux États-Unis est très élevée, plusieurs fois supérieure à la récolte annuelle entière. En 2007, pendant que des groupes s'inquiétaient de possibles pénuries alimentaires un peu partout dans le monde, près de la moitié du maïs cultivé dans le Midwest a été converti en biocarburants. Pourtant, l'éthanol n'a représenté qu'un maigre 4 % de la consommation nationale de carburant.

Le front pionnier nordique (9)

La figure 3B-1 ne laisse planer aucun doute quant à la dimension de cette région de l'Amérique du Nord : elle est de loin la plus importante de l'ensemble nord-américain, couvrant près de 90 % du Canada et la totalité du plus grand État des États-Unis, l'Alaska. Non seulement cette région englobe les parties nord de sept provinces du Canada, mais elle comprend également le Yukon et les Territoires du Nord-Ouest, ainsi que le plus jeune territoire canadien, le Nunavut. Le front pionnier nordique, peu peuplé, demeure une terre de collectivités isolées, basées sur l'exploitation de ressources nouvellement découvertes. Le Bouclier canadien, situé dans la moitié orientale de la région, est riche en minerais métalliques comme le nickel, l'uranium, le cuivre, l'or, l'argent, le plomb et le zinc. Le Yukon et les Territoires du Nord-Ouest se sont révélés particulièrement avantagés en raison de gisements d'or et de diamants ; le Canada se classe désormais parmi les cinq premiers producteurs mondiaux de ces pierres précieuses. Enfin, à la bordure orientale du Bouclier, près de la baie de Voisey, sur la côte du Labrador, on a découvert la plus importante réserve qu'on ait jamais vue de minerai nickélifère à haute teneur.

La province de l'Alberta connaît l'un des boums économiques les plus spectaculaires de l'histoire de l'ensemble nord-américain. Selon de récentes estimations, on pense que les réserves de pétrole de l'Alberta, y compris celui contenu dans les **sables bitumineux** autour de Fort McMurray, sont les deuxièmes en importance dans le monde, après celles de l'Arabie saoudite, et qu'elles sont peut-être même plus grandes. L'Alberta est la province qui connaît la plus forte croissance économique au Canada. Il reste à savoir combien de temps durera cette prospérité, car ces ressources ne sont pas renouvelables et la demande en combustible fossile est exponentielle.

Les zones productives du front pionnier nordique forment un réseau dispersé de mines, d'installations pétrolières et gazières, d'usines de pâte à papier et de centrales hydroélectriques qui ont fait naître des centaines de petits peuplements reliés grâce à des milliers de kilomètres de lignes de transport et de communication. Ces activités ont inévitablement empiété sur les terres des peuples autochtones, sans que des traités ou des accords les aient autorisées. Cette situation a conduit à de récentes négociations sur le développement des ressources dans le front pionnier nordique entre le gouvernement et les chefs des Premières Nations.

La géographie régionale de l'Alaska se distingue du reste de celle du front pionnier nordique par le fait que cet État américain contient plusieurs petites agglomérations urbaines et une zone centrale qui s'est développée sur la côte, autour d'Anchorage. La population de l'Alaska, qui compte maintenant presque 750 000 citoyens, représente plus du tiers de la population totale du front pionnier nordique. En Alaska se trouve aussi la seule grande ville de la région, soit Anchorage avec ses 300 000 habitants. Les communications internes (aériennes et terrestres) y sont également mieux développées.

Une autre différence réside dans l'exploitation pétrolière de la région de North Slope (le « versant nord de l'Alaska »), l'une des sources stratégiques d'énergie de l'hémisphère nord. Depuis 1977, ce pétrole est acheminé vers le sud par l'oléoduc trans-Alaska, sur une distance de 1300 kilomètres. La région de North Slope est située au nord de la chaîne de Brooks qui borde l'océan Arctique. La diminution des réserves de son gisement principal à Prudhoe Bay incite maintenant les producteurs à se tourner vers les autres énormes réserves du nord, mais les environnementalistes ont réussi à freiner leurs plans. La question demeure cependant d'actualité, puisqu'on parle de construire un gazoduc qui longerait l'oléoduc actuel afin d'acheminer le gaz, un sous-produit du forage pétrolier, vers le marché américain où la demande ne cesse de croître.

Les changements climatiques sont susceptibles d'affecter la frontière septentrionale de manière encore imprévisible. Cette immense région s'étend jusqu'au nord de l'île d'Ellesmere et comprend donc des eaux qui pourraient être navigables toute l'année dans l'éventualité où le réchauffement planétaire provoquerait la fonte permanente de la glace qui recouvre l'océan Arctique. Si les prédictions en ce sens se réalisent, il sera alors possible de créer de nouvelles voies navigables naturelles, ce qui modifiera radicalement les routes maritimes et les distances intercontinentales.

Étant donné que le prix du baril de pétrole et, par conséquent, celui du litre d'essence, augmente, il devient profitable d'extraire l'or noir à partir d'autres sources que les réserves liquides conventionnelles. L'Alberta contient de vastes dépôts de sables bitumineux dans lesquels le pétrole est mélangé au sable, ce qui nécessite un processus relativement coûteux et compliqué pour l'en extraire. La quantité de pétrole que renferment les sables bitumineux de l'Athabasca constitue, selon les estimations, l'une des plus grandes réserves pétrolifères du monde. L'exploitation à ciel ouvert a cours au nord de Fort McMurray. De nombreux environnementalistes désapprouvent ce type d'exploitation pour plusieurs raisons : la taille énorme de la zone exploitée, ses conséquences néfastes sur les écosystèmes, les grandes quantités de gaz à effet de serre produites et l'immense quantité d'eau consommée et polluée. Une partie de ce pétrole est destiné au marché étasunien, mais la Chine propose maintenant de financer la construction d'un oléoduc qui passerait à travers les montagnes pour atteindre le littoral canadien du Pacifique. Le prix croissant du pétrole entraîne des conséquences à la fois économiques et politiques.

La question de la propriété de ces eaux – et du fond marin exploitable – fera l'objet d'une concurrence internationale importante au cours des prochaines décennies.

LES ENJEUX DE L'ARCTIQUE

La géopolitique du bassin arctique

Afin de bien comprendre la situation physiographique et politique du bassin arctique, examinons la figure 3B-5. L'Arctique est un océan entouré de mers peu profondes, elles-mêmes bordées par des terres. Ces dernières appartiennent à des États côtiers dont la zone économique exclusive (ZEE), délimitée selon les règles de la Convention des Nations Unies sur le droit de la mer (CNUDM), leur alloue un espace maritime sur lequel ils peuvent exercer des droits souverains. Cet espace s'étend jusqu'à 200 milles marins à partir de la côte. Par ailleurs, toujours selon les règles de la CNUDM, les États peuvent réclamer des droits sur le fond océanique encore plus loin s'ils sont en mesure de prouver que leur plateau continental se poursuit au-delà de la limite prescrite, ce qui peut alors repousser leur espace maritime.

Comme le montre la figure 3B-5, le plateau continental sibérien est de loin le plus important dans l'Arctique ; en fait, il est le plus grand du monde. Il s'étend de la côte nord de la Russie et se prolonge sous les eaux de l'océan Arctique et sous la banquise, qui se trouve au centre de l'océan. En vertu de la règlementation en vigueur, les Russes peuvent prétendre à la quasi-totalité du plateau continental septentrional de l'Eurasie, puisque plusieurs groupes d'îles au large du continent sibérien (tels que la Terre François-Joseph, la Terre du Nord et l'archipel de Nouvelle-Sibérie) leur appartiennent. Il semble néanmoins que cela ne suffise pas : les Russes veulent étendre leurs revendications jusqu'au pôle Nord. En 2007, ils ont d'ailleurs envoyé un sous-marinier planter un drapeau russe sur le fond océanique, à près de 4000 mètres de profondeur, en plein centre du pôle Nord (voir la photo à la page 154).

Afin de soutenir leurs revendications, les Russes affirment que la dorsale de Lomonosov, une chaîne de montagnes immergées, est un prolongement naturel du plateau continental sibérien. Parmi les observateurs neutres, peu en conviendraient. Comme il s'agit de différends internationaux sur les frontières maritimes, les querelles juridiques risquent fort probablement de durer des décennies.

La figure 3B-5 distingue les États en bordure de l'océan Arctique : la Norvège, par son archipel Svalbard (y compris celui du Spitzberg) ; le Danemark, par la province autonome du Groenland ; le Canada, par ses dizaines de milliers de kilomètres de côte arctique, mais qui, toute proportion gardée, a un plateau continental modeste ; les États-Unis, par l'Alaska qui leur procure un vaste plateau continental au nord et à l'ouest. Les États-Unis, qui ne désiraient pas se soumettre à la règlementation de la CNUDM, sont le seul pays de ce groupe à ne pas en avoir ratifié le traité. Quoi qu'il en soit, il est clair que les différends entre les États requérants présentent de nombreux risques. Les enjeux sont importants : selon les estimations, la quantité de pétrole et de gaz naturel que recèle le « sous-sol » arctique (terme par lequel les juristes de la CNUDM désignent le fond marin et tout ce qui se trouve à sa surface et en dessous) pourrait représenter jusqu'à 25 % des réserves mondiales. Quelle que soit la méthode utilisée pour calculer la taille du plateau continental de chacun des pays, celui qui en sortira vainqueur sera la Russie, et ce, quoi qu'il advienne de ses prétentions concernant la dorsale de Lomonosov.

Les litiges et la navigation

Parallèlement aux litiges sur les frontières maritimes de l'Arctique, un autre problème se manifeste; celui-là, cependant, est lié aux effets du récent réchauffement planétaire. La calotte glaciaire du Groenland, beaucoup plus petite que celle de l'Antarctique à bien des égards, est actuellement en train de fondre, et la zone d'expansion et de contraction saisonnière de la banquise de l'Arctique a montré des pertes importantes, aussi bien en étendue qu'en épaisseur. Dans un article scientifique, le géographe Frédéric Lasserre (2006), de l'Université Laval, affirme que la banquise (la couverture de glace de l'océan Arctique) « a diminué de 21,3 % de 1992 à 2006 ». Des chercheurs du Greenland Ice Core Project (GRIP) ont rapporté, dans un numéro du magazine *Science*, publié en 2007, que lors d'un réchauffement précédent, survenu il y a plus de 450 000 ans, la partie méridionale du Groenland était recouverte d'une **forêt boréale**. Cela suggère que la calotte glaciaire ainsi que la glace marine pourraient disparaître entièrement si le réchauffement planétaire actuel se poursuit.

Les conséquences écologiques seraient considérables : les habitats des ours polaires, des baleines, des morses, des phoques et d'autres espèces seraient menacés. Les répercussions sur la géographie du transport maritime aussi seraient majeures. Lorsque la glace marine fond en été et qu'elle ne se reforme pas en hiver, des voies auparavant obstruées s'ouvrent et deviennent accessibles à la navigation (voir les deux cartes secondaires de la figure 3B-5). Le passage du Nord-Ouest, une route légendaire entre les océans Atlantique et Pacifique, a fait l'objet de plusieurs tentatives de traversée pendant des siècles, au prix de nombreuses pertes de vies humaines. En 2007, pour la première fois de son histoire connue, ce passage a été complètement exempt de glace pendant quelque temps. Imaginons à présent ce qui pourrait arriver si des navires en partance de l'ouest de l'Europe ou de la côte est des États-Unis vers l'Asie de l'Est pouvaient circuler toute l'année de la mer du Labrador (entre le Groenland et le Canada) à la mer de Béring (entre l'Alaska et l'Extrême-Orient russe), en empruntant cette voie navigable.

Mais à qui appartiennent les voies navigables libres de glaces ? Le Canada soutient que le passage du Nord-Ouest fait partie de ses eaux intérieures, ce qui lui donne le droit d'y contrôler la navigation. Les États-Unis contestent la souveraineté canadienne sur ces eaux et sont d'avis qu'il s'agit d'une voie navigable internationale. Des navires étasuniens et russes ont d'ailleurs emprunté ce passage sans l'autorisation du Canada. Ce dernier a durci sa position en amorçant la construction d'un port en eau profonde à Nanisivik, situé sur l'île de Baffin dans le territoire du Nunavut, à l'embouchure orientale du passage du Nord-Ouest. Il a également entrepris la construction d'une base militaire à Resolute Bay, à l'ouest de ce passage, puis a annoncé la construction de huit patrouilleurs arctiques pour surveiller cette voie. Entretemps, les États-Unis ont décidé d'ouvrir un nouveau poste pour leur garde côtière afin qu'elle patrouille dans le détroit de Béring. Des zones frontalières se dessinent de plus en plus en Arctique. Souhaitons qu'elles ne mènent pas à un affrontement de soldats placés en ligne de bataille.

L'accroissement de la population mondiale et de la demande en énergie, ainsi que les problèmes environnementaux et les moyens technologiques, transforment même les régions les plus éloignées de notre planète. Aucune résolution internationale n'est plus importante que l'évitement de conflits destructeurs dans cet environnement polaire si fragile.

Le 3 août 2007, des dizaines de millions de téléspectateurs russes ont observé, en direct, la scène photographiée ci-dessus : l'opérateur d'un mini sous-marin russe plante un drapeau russe fait de titane au pôle Nord, sur le fond de l'océan Arctique, sous la calotte polaire. Comme l'indique la figure 3B-5, le pôle Nord se situe bien au-delà du plateau continental russe. Lors des prochaines négociations internationales relatives aux revendications nationales dans le bassin de l'Arctique, les Russes vont néanmoins soutenir que la dorsale océanique de Lomonosov forme une extension de leur plateau continental. Si cette revendication était déclarée valide, elle autoriserait la Russie à tracer ses frontières internationales jusqu'au pôle Nord, et même au-delà. D'autres pays riverains de l'océan Arctique, qui peuvent prétendre à une extension de leur territoire maritime, ont également fait des gestes, moins spectaculaires que ceux de la Russie, certes, mais tout aussi autoritaires. Dans cette course aux négociations, qui a le potentiel de transformer la carte de la région arctique et qui met en jeu des réserves pétrolières et gazières ainsi que de nouvelles routes maritimes, l'exercice de la diplomatie sera difficile, mais essentiel.

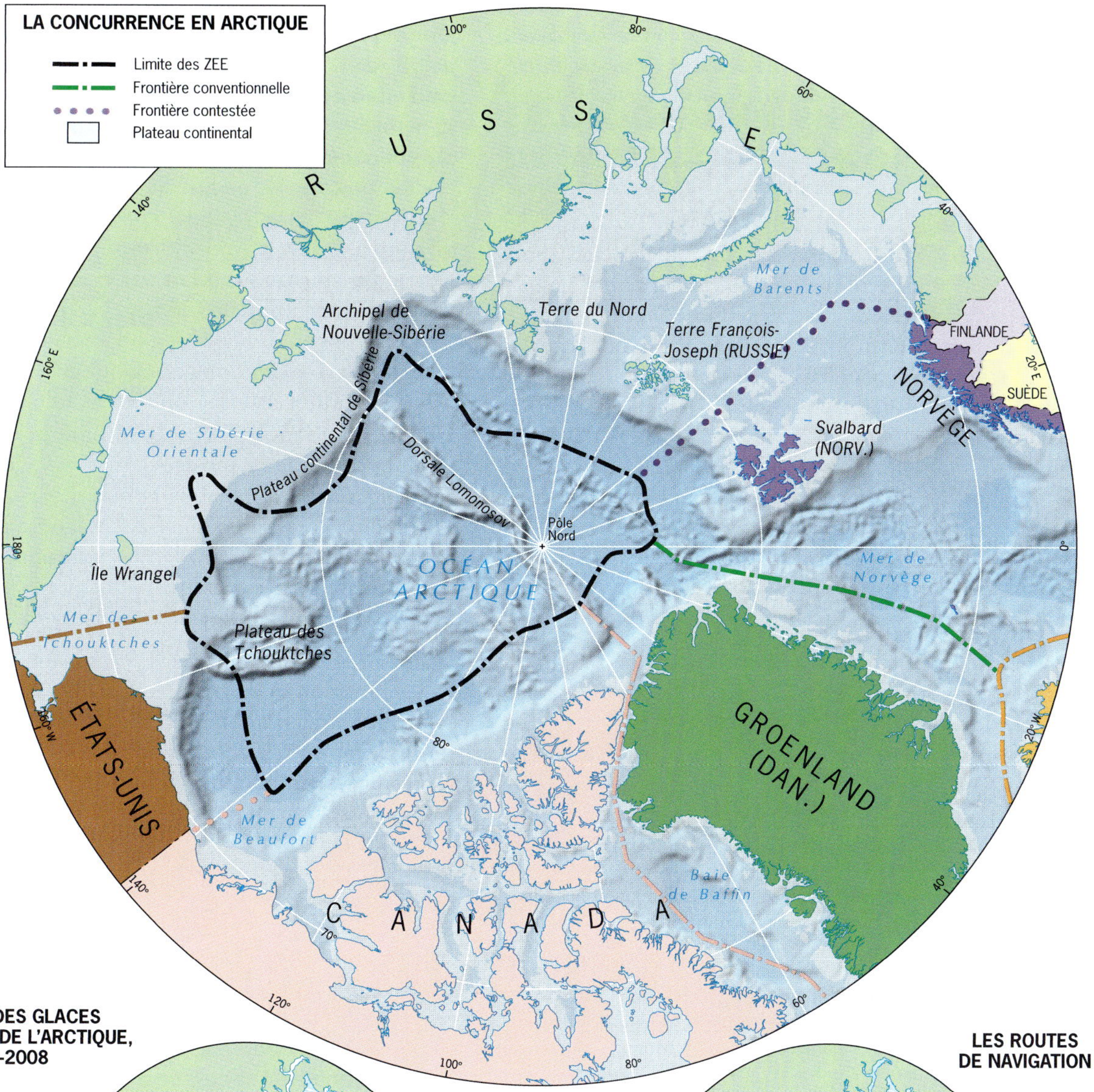

LA FONTE DES GLACES SUR LES EAUX DE L'ARCTIQUE, 1980-2008

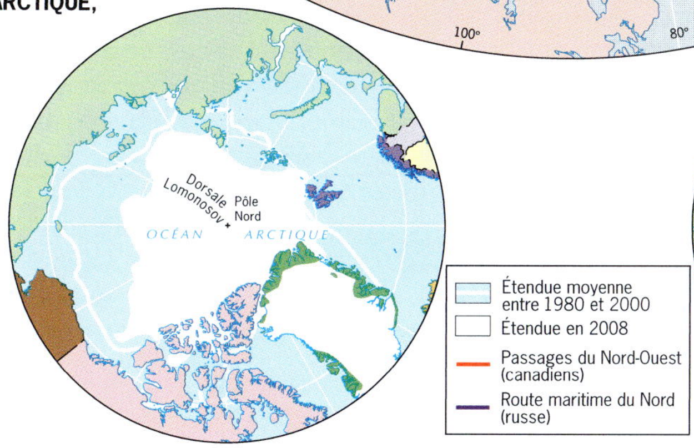

LES ROUTES DE NAVIGATION

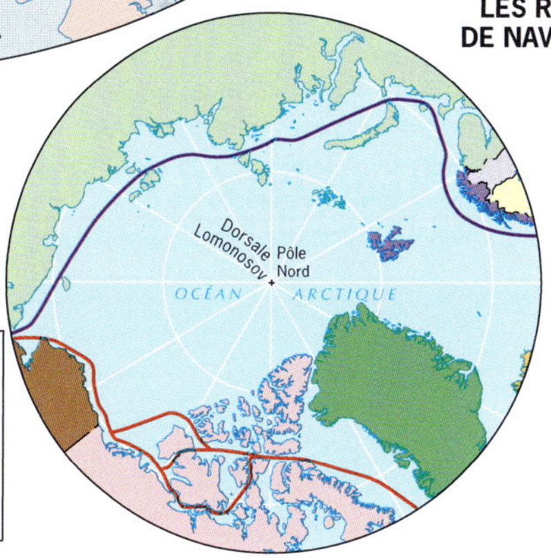

FIGURE 3B-5

4A L'ENSEMBLE CENTRAMÉRICAIN

FIGURE 4A-1

OCÉAN ATLANTIQUE
Mer des Antilles
Grandes Antilles
Petites Antilles
Tropique du Cancer
Charlotte
Columbia
Atlanta
Wilmington
Cap Lookout
Cap Fear
Charleston
Savannah
Jacksonville
Orlando
Cap Canaveral
Tampa
Saint Petersburg
Sarasota
Lac Okeechobee
West Palm Beach
Fort Myers
Fort Lauderdale
Miami
Everglades
Cayes de Floride
Détroit de Floride
Hamilton
Bermudes (R.-U.)
BAHAMAS
Grand Bahama
Freeport
Îles Abaco
New Providence
Nassau
Eleuthera
Andros
Cat
San Salvador
Grande Exuma
Longue
Crooked
Acklins
Mayaguana
Grande Inagua
Îles Turks-et-Caïcos (R.-U.)
Cockburn Town
LA HAVANE
Matanzas
CUBA
Golfe de Batabanó
Cienfuegos
Santa Clara
Ciego de Ávila
Camagüey
Las Tunas
Holguín
Bayamo
Santiago de Cuba
Guantánamo
Base navale (É.-U.)
Île de la Jeunesse
Passage du Vent
RÉPUBLIQUE DOMINICAINE
Fosse de Milwaukee (-8605 m)
Cap-Haïtien
Santiago de los Caballeros
Gonaïves
HAÏTI
Hispaniola
PORT-AU-PRINCE
Carrefour
Les Cayes
San Pedro de Macorís
SAINT-DOMINGUE
Passage de Mona
Mona (É.-U.)
Porto Rico (É.-U.)
San Juan
Ponce
Îles Vierges (É.-U.)
Îles Vierges (R.-U.)
Charlotte Amalie
Sainte-Croix (É.-U.)
Anguilla (R.-U.)
Saint-Martin (FR.) / Sint Maarten (P.-B.)
Saint-Barthélemy (FR.)
Barbuda
ANTIGUA-ET-BARBUDA
Saint John's
Antigua
Basse-Terre
SAINT-KITTS-ET-NEVIS
Montserrat (R.-U.)
Grande-Terre
Guadeloupe (FR.)
Pointe-à-Pitre
Basse-Terre
DOMINIQUE
Roseau
Fort-de-France
Martinique (FR.)
Castries
SAINTE-LUCIE
BARBADE
Bridgetown
Kingstown
SAINT-VINCENT-ET-LES-GRENADINES
Saint-Georges
GRENADE
TRINITÉ-ET-TOBAGO
Tobago
Port-of-Spain
Trinidad
San Fernando
Golfe de Paria
Georgetown
Îles Caïmans (R.-U.)
Montego Bay
JAMAÏQUE
Kingston
Lagune de Caratasca
Cayes Moskito (NICAR.)
Puerto Cabezas
Providence (COL.)
Îles du Maïs
San Andrés (COL.)
CÔTE DE MOSQUITOS
Bluefields
Lac Managua
COSTA RICA
Limón
Alajuela
San José
ISTHME DE PANAMA
Canal de Panama
Colón
Golfe des Mosquitos
Panama
Golfe d'Urabá
PÉN. D'OSA
David
PANAMA
Yaviza
DARIÉN
Puerto Armuelles
Pointe Burica
Golfe de Chiriquí
Chitré
PÉN. D'AZUERO
Golfe de Panama
Coiba
Pointe Mariato
Pointe Mala
Malpelo (COL.)
Aruba (P.-B.)
Oranjestad
Willemstad
Curaçao (P.-B.)
Kralendijk
Bonaire (P.-B.)
Los Roques (VEN.)
Blanquilla (VEN.)
Margarita
La Tortuga
PÉN. DE LA GUAJIRA
Golfe du Venezuela
Santa Marta
BARRANQUILLA
CARTAGENA
MARACAIBO
MARACAY
VALENCIA
CARACAS
Barcelona
Barquisimeto
CHAÎNE CÔTIÈRE
CORDILLÈRE DE MÉRIDA
Ciudad Guayana
Orénoque
VENEZUELA
LLANOS
MASSIF DES GUYANES
GUYANA
Turbo
Magdalena
MEDELLÍN
CORDILLÈRE ORIENTALE
CORDILLÈRE CENTRALE
CORDILLÈRE OCCIDENTALE
Cauca
BOGOTA
CALI
Buenaventura
COLOMBIE
Negro
Casiquiare
Vaupés
Équateur
Branco
Tumaco
Esmeraldas
Pointe Galera
QUITO
Cotopaxi (5897 m)
Chimborazo (6267 m)
Manta
Cap San Lorenzo
ÉQUATEUR
PÉROU
Caquetá
Putumayo
BRÉSIL
BASSIN DE L'AMAZONE
Amazone
80°
70°
60°
30°
20°
10°
0°

SOMMAIRE

- LES CARACTÉRISTIQUES GÉOGRAPHIQUES
- LES RÉGIONS
- LA GÉOGRAPHIE PHYSIQUE
- LA GÉOGRAPHIE HISTORIQUE ET CULTURELLE
- LA FRAGMENTATION POLITIQUE ET ÉCONOMIQUE
- DES SOLUTIONS POUR STIMULER L'ÉCONOMIE

CONCEPTS ET TERMES

Pont continental
Archipel
Isthme
Maquiladoras
Couloir d'ouragans
Zone altitudinale
Tierras calientes
Tierras templadas
Tierras frías
Tierras heladas
Tierras nevadas
Déforestation tropicale
Foyer culturel
Métis
Codex
Hacienda
Plantation
Culture vivrière
Connectivité
État insulaire en développement

Un coup d'œil à une mappemonde permet de constater que les Amériques se divisent en deux masses continentales : l'Amérique du Nord, qui s'étend de l'Alaska au Panama ; et l'Amérique du Sud, de la Colombie à l'Argentine. C'est aussi la démonstration que les continents ne coïncident pas toujours avec les ensembles géographiques.

Nous avons traité, dans les chapitres 3A et 3B, de l'ensemble nord-américain dont la limite méridionale correspond à la frontière entre le Mexique et les États-Unis et au golfe du Mexique. On trouve, entre l'Amérique du Nord et l'Amérique du Sud, un petit ensemble, mais non moins important, connu sous le nom d'ensemble centraméricain (voir la figure 4A-1). Très fragmenté, ce dernier se compose d'un **pont continental** et des nombreuses îles des Antilles.

En ce qui a trait à la superficie totale, l'ensemble centraméricain arrive à l'avant-dernier rang parmi les ensembles géographiques définis dans ce manuel, le plus petit étant celui des **archipels** du Pacifique. Le Mexique, qui est plus grand que tous les autres pays et territoires de l'ensemble réunis, en est visiblement l'État dominant et il représente près de 60 % du poids démographique.

Aussi petit soit-il à l'échelle du monde, l'ensemble centraméricain est pourtant densément peuplé. Sa population dépasse les 200 millions, et son taux d'accroissement naturel (1,6 %) demeure supérieur à la moyenne mondiale. La figure 4A-2 montre très clairement la populeuse zone centrale du Mexique. Soulignons aussi que les populations du Guatemala et du Nicaragua se concentrent sur la côte du Pacifique plutôt que dans la zone côtière des Antilles. En ce qui concerne les îles, la carte indique une forte concentration de population à Hispaniola (qui comprend Haïti et la République dominicaine), mais l'échelle ne permet pas de discerner la répartition sur les îles plus petites des Antilles orientales et des Bahamas, dont certaines sont également densément peuplées.

Les principales CARACTÉRISTIQUES GÉOGRAPHIQUES de...

L'ENSEMBLE CENTRAMÉRICAIN

1. Relativement petit, l'ensemble centraméricain se compose des huit pays de l'**isthme**, allant du Mexique au Panama, et de toutes les îles de la mer des Antilles.
2. L'isthme centraméricain forme une barrière entre les océans Atlantique et Pacifique. Sur le plan géomorphologique, il s'agit d'un pont continental reliant l'Amérique du Nord et l'Amérique du Sud.
3. Cet ensemble se caractérise par une intense fragmentation culturelle et politique. La présence de nombreux petits pays insulaires et isolés complique considérablement le développement économique de l'ensemble.
4. L'ensemble centraméricain présente une géographie culturelle complexe. Diverses influences africaines et européennes dominent dans les Antilles, alors que les traditions espagnoles et autochtones sont toujours présentes sur la partie continentale.
5. L'ensemble abrite quelques-uns des pays les moins développés des Amériques. De nouvelles possibilités économiques pourraient contribuer à soulager la pauvreté endémique qui y règne.
6. Le Mexique occupe le premier rang des pays de l'ensemble sur le plan de la superficie, de la population et du potentiel économique.
7. Le Mexique et le Panama jouissent de relations uniques avec l'extérieur de l'ensemble, le premier par sa frontière avec les États-Unis, le second, grâce au canal de Panama qui le relie à l'Amérique du Sud. Le reste de l'ensemble est relativement isolé.

La diversité culturelle et le milieu physique de l'ensemble centraméricain compense sa taille réduite. Constellé de volcans et de littoraux spectaculaires, de forêts tropicales et de déserts arides, de plateaux balayés par les vents et d'îles pittoresques, il abrite le patrimoine architectural, scientifique et technique de civilisations locales disparues. Aujourd'hui, la riche musique et les arts visuels qui en portent l'héritage reflètent parfaitement cette mosaïque de cultures issues d'Afrique, d'Europe et d'ailleurs. La pauvreté matérielle y est cependant endémique: Haïti est le pays le plus pauvre des Amériques; sur le continent, le Nicaragua et le Honduras ne sont guère en meilleure posture. Comme nous le verrons, les difficultés de cet ensemble distinct coincé entre les Amériques du Nord et du Sud sont imputables à une combinaison de facteurs.

LES CARACTÉRISTIQUES GÉOGRAPHIQUES

Certaines sources désignent parfois l'Amérique centrale et l'Amérique du Sud sous l'appellation «Amérique latine», en référence à leur patrimoine ibérique. Ce terme, tout comme «Amérique anglo-saxonne», est incorrect puisqu'il fait référence à la domination historique d'une ancienne puissance et sous-entend, par le fait même, l'exclusion des peuples d'autres origines.

En Amérique du Nord, le terme «anglo-saxon» déplaît également aux Amérindiens, aux Afro-Américains, aux Hispano-Américains, aux Québécois et à d'autres collectivités dont le bagage culturel est différent. L'adjectif «latine» qu'on accole globalement aux Amériques centrale et du Sud fait abstraction des millions de personnes d'origine autochtone, africaine, asiatique et européenne

Des voitures font la queue pour entrer aux États-Unis par la frontière de Tijuana-San Ysidro (San Diego). Ce poste frontalier est réputé être le plus occupé du monde: quelque 50 000 véhicules et 25 000 piétons passent chaque jour aux États-Unis par ce point d'entrée. Chaque année, environ 300 millions de personnes traversent cette frontière. Des travaux de construction entrepris en 2011 permettront de faire passer le nombre de guérites de 24 à 46 afin de réduire le temps d'attente habituel qui est de deux à trois heures.

4A

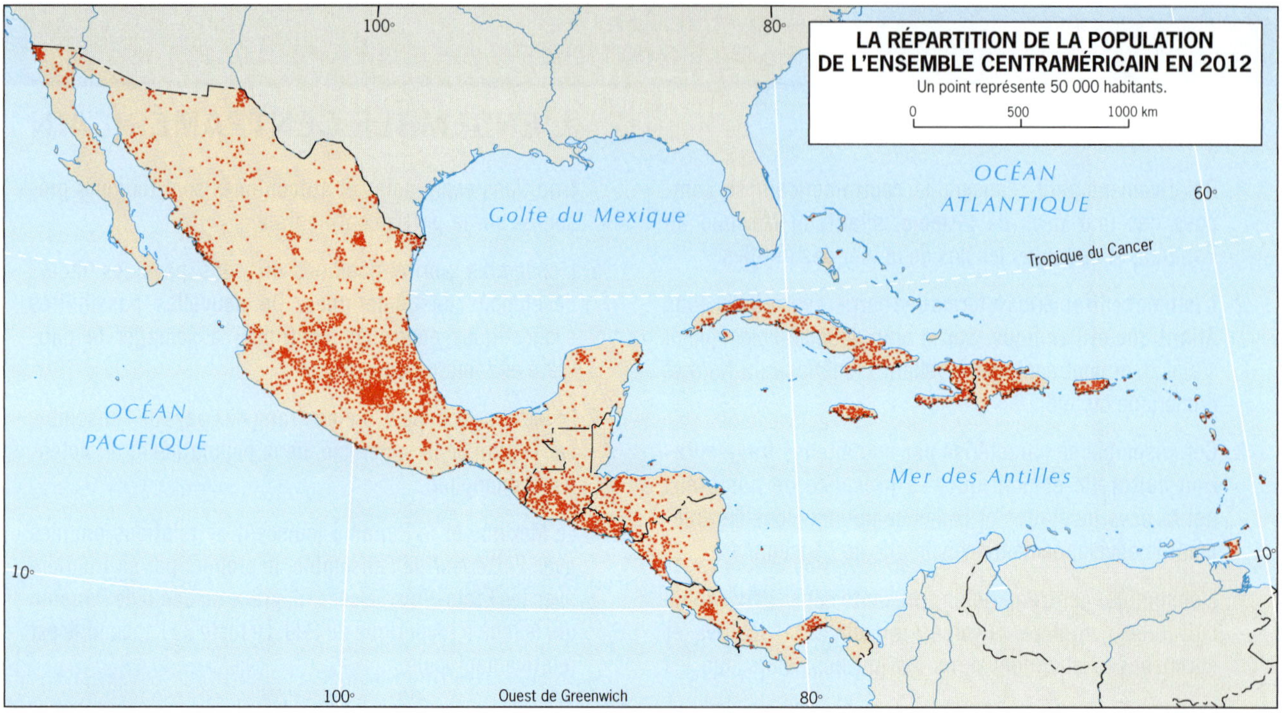

FIGURE 4A-2

La frontière entre le Mexique et les États-Unis présente des contrastes frappants. Ici, la populeuse ville de San Luis Río Colorado s'arrête à la haute clôture de métal derrière laquelle s'étend le désert de l'Arizona. Cette photo montre donc une vue vers l'est et le sud-est à droite. Comme d'autres villes mexicaines agglutinées près de la frontière, San Luis Río Colorado s'est développée rapidement et de façon anarchique au rythme des ouvertures d'usines d'assemblage que sont les maquiladoras. Ces usines fabriquent des produits destinés à l'exportation vers les États-Unis. Les villes adjacentes, le long de la frontière du côté étasunien, sont généralement beaucoup plus petites que celles qui se trouvent du côté mexicain. Ainsi, San Luis Río Colorado compte une population de 160 000 habitants, alors que San Luis Arizona, qu'on ne voit pas sur cette photo, en abrite moins de 30 000.

qui y vivent. On chercherait en vain une influence latine dans les paysages culturels des Bahamas, de la Barbade, de la Jamaïque, du Belize et de vastes portions du Guatemala et du Mexique. Optons donc pour la neutralité géographique des Amériques du Nord, centrale et du Sud.

Cela dit, l'ensemble centraméricain est-il suffisamment différent de l'Amérique du Nord ou de l'Amérique du Sud pour former un ensemble géographique distinct? En cette ère de mondialisation et d'émigration qu'est la nôtre, de nombreuses zones frontalières se transforment en zones de transition, comme c'est le cas pour la frontière séparant les États-Unis du Mexique. Il faut néanmoins garder à l'esprit que l'Amérique du Nord ne comprend que deux pays ; et l'Amérique du Sud, à peine 12 (en plus d'un territoire français d'outre-mer). Pourtant beaucoup plus petit, l'ensemble centraméricain regroupe au-delà de trois douzaines d'entités politiques, y compris plusieurs territoires d'outre-mer des Pays-Bas, du Royaume-Uni et de la France, mais sans compter les territoires étasuniens. Contrairement à l'Amérique du Sud, l'ensemble centraméricain se définit largement par son pluralisme culturel et géographique.

Il se compare à une courtepointe multilingue d'États indépendants, de territoires en transition politique et de dépendances coloniales résiduelles qui entretiennent des liens étroits avec les États-Unis et l'Europe.

Des centaines de milliers de retraités nord-américains et de nombreux propriétaires aisés en quête d'une résidence secondaire ont opté pour le soleil et la faiblesse du marché de l'immobilier centraméricain, au point où certaines zones sont devenues de véritables enclaves du Nord. Du Mexique au Panama, les résidences de bord de mer attirent les migrants permanents ou saisonniers, notamment ici, à Cabo San Lucas, à la pointe méridionale de la péninsule de Basse-Californie.

LES RÉGIONS

Comme le laisse deviner la figure 4A-1, l'ensemble centraméricain se divise aisément en trois régions distinctes. Le Mexique, région dominante, occupe la plus grande part du territoire de l'ensemble ; au nord, le Rio Bravo (appelé « Rio Grande » aux États-Unis) constitue sa frontière d'El Paso jusqu'au golfe du Mexique. Au sud-est du Mexique se trouve l'Amérique centrale, qui comprend sept républiques : le Guatemala, le Belize, le Honduras, le Salvador, le Nicaragua, le Costa Rica et le Panama. Le bassin des Antilles à l'intérieur duquel se trouvent les Grandes Antilles, soit les quatre grandes îles du secteur nord, Cuba, la Jamaïque, Porto Rico et Hispaniola – que se partagent Haïti et la République dominicaine –, ainsi que les Petites Antilles. Ces dernières sont constituées de petites îles décrivant un arc allongé allant des îles Vierges, au large de Porto Rico, jusqu'à Aruba, près de la côte nord-ouest du Venezuela. Les Bahamas, situées au nord des Grandes Antilles, en font également partie. Dans la région, les alizés – des vents humides en provenance de l'est – balaient les Antilles, Petites et Grandes, arrosant les côtes exposées (îles du Vent) tout en laissant au sec les zones protégées (îles Sous-le-Vent). Il ne faut pas croire pour autant que les îles Sous-le-Vent et les îles du Vent sont respectivement « arides » et « humides » ; ces appellations s'adressent bien davantage aux navigateurs.

LA GÉOGRAPHIE PHYSIQUE

Le pont continental

La portion continentale en forme d'entonnoir, longue de 4800 kilomètres, qui relie l'Amérique du Nord et l'Amérique du Sud est assez large au nord pour abriter deux grands systèmes montagneux et un vaste plateau intérieur. Dans sa partie méridionale, cependant, elle ne forme qu'un étroit ruban de 65 kilomètres de large à la hauteur du Panama. La portion continentale de l'ensemble centraméricain constitue ce que les spécialistes de la géographie physique appellent un pont continental, soit un lien isthmique entre les deux continents.

Examiner un globe terrestre permet de relever d'autres ponts continentaux présents et passés : la péninsule du Sinaï, en Égypte, située entre l'Asie et l'Afrique ; l'isthme (aujourd'hui disparu) de Béring, qui reliait la Sibérie orientale et l'Alaska ; de même que celui, à peine submergé, qui sépare la Nouvelle-Guinée de l'Australie. Ces ponts continentaux, bien que temporaires à l'échelle des temps géologiques, ont joué un rôle crucial dans la dissémination des espèces animales, dont *l'homo sapiens*. Or, même si l'ensemble centraméricain constitue un tel pont, son relief a toujours représenté un frein au mouvement. Les systèmes montagneux, les littoraux marécageux et les forêts tropicales denses n'ont facilité ni les contacts ni les interactions.

Le bassin des Antilles

Comme le montre la figure 4A-1, les quelque 7000 îles qui baignent dans la mer des Antilles dessinent un grand arc depuis Cuba et les Bahamas jusqu'à Trinité-et-Tobago, au sud. De nombreuses autres se trouvent à l'extérieur (comme la Barbade) ou à l'intérieur (comme les îles Caïmans). D'un point de vue géomorphologique, ces archipels sont composés des crêtes et des sommets de chaînes montagneuses qui émergent du fond marin, résultat des collisions survenues entre la plaque tectonique des Caraïbes

Cette scène de rue au cœur de Port-au-Prince, la capitale d'Haïti, illustre parfaitement la dévastation causée par le séisme survenu dans ce pays en janvier 2010. Le bilan des pertes humaines est très lourd, des milliers d'immeubles sont devenus inhabitables, les gravats encombrent les rues et l'économie est au point mort. Aujourd'hui encore, les survivants dépendent presque exclusivement de l'aide des gouvernements étrangers et des organismes de secours internationaux. Quoi qu'il en soit, la vie continue, comme le montrent ces gens pleins de ressources. Leur drame a disparu trop vite des manchettes, car le pays n'est pas au bout de ses peines. État le plus pauvre de l'hémisphère, Haïti ploie sous la tâche colossale de reconstruction qui l'attend. Cette épreuve promet d'être pendant longtemps l'un des récits géographiques les plus fascinants des Antilles.

et ses voisines (voir la figure I-11). Certaines de ces crêtes sont relativement stables, mais d'autres renferment des volcans actifs, et les séismes représentent un danger constant partout dans l'ensemble centraméricain, tant dans les îles que sur le continent (voir la figure I-12). En outre, le retour saisonnier des ouragans dans l'Atlantique et la mer des Antilles contribue à faire de cet ensemble géographique le milieu de vie où les citoyens doivent régulièrement composer avec les risques naturels les plus dangereux de la planète.

Un environnement physique dangereux

La localisation géographique d'Haïti, qui occupe la moitié occidentale d'Hispaniola, est particulièrement représentative du danger qui sommeille dans le sol: le pays repose sur des lignes de faille qui rejoignent la jonction entre la plaque nord-américaine et la plaque des Caraïbes (voir le carton extérieur de la figure 4B-9). Le 12 janvier 2010, un important séisme frappait Haïti; l'épicentre du tremblement de terre de 7,0 sur l'échelle de Richter se trouvait aux portes de Port-au-Prince et a littéralement détruit la populeuse capitale de 2,2 millions d'habitants (voir la photo ci-dessus). Au moins 300 000 personnes sont mortes et, en une semaine, plus d'un million de sinistrés ont fui la ville pour trouver refuge à la campagne. Il s'agit de la pire catastrophe naturelle de l'histoire d'Haïti, mais pas la première, hélas. En 2008, trois ouragans et une tempête tropicale avaient balayé le pays coup sur coup, inondant les villes et les villages, détruisant les maisons et jetant à la rue des centaines de milliers de citoyens.

Ainsi, les ouragans, qui sont de puissants cyclones tropicaux, menacent chaque année le bassin des Antilles et les côtes environnantes. L'ensemble centraméricain est l'une des deux régions du monde les plus propices aux ouragans, l'autre étant la zone de littoraux maritimes et d'îles longeant la côte sud-est de l'Asie où les cyclones tropicaux, appelés typhons, sont encore plus fréquents. La température élevée de l'eau des océans est une condition clé à la formation d'ouragans, car elle contribue au réchauffement de l'air chaud et humide qui monte de la masse d'eau et qui nourrit, pour ainsi dire, la tempête. La saison des ouragans dans l'Atlantique et la mer des Antilles s'étend du 1er juin au 1er décembre et culmine en août et en septembre, lorsque l'eau de mer atteint ses températures les plus chaudes.

La plupart des tempêtes qui s'abattent sur la région arrivent de l'est: elles prennent naissance au large des côtes de l'Afrique occidentale, avant de franchir l'Atlantique sous la poussée des alizés et de rejoindre la mer des Antilles. De là, nombre de ces cyclones empruntent des routes à l'intérieur d'un «**couloir d'ouragans**» dont l'axe longe les Grandes Antilles avant de s'élargir pour inclure le sud de la Floride, la péninsule du Yucatán et le golfe du Mexique. En moyenne, de quatre à huit forts ouragans se développent chaque année, et rares sont les années (2010 en fut une) où une telle tempête ne cause pas un glissement de terrain meurtrier dans au moins une de ces régions densément peuplées.

Aucune région de l'ensemble centraméricain n'est à l'abri d'une catastrophe naturelle, mais certains endroits sont plus à risque que d'autres. Cela dit, un important séisme est beaucoup plus tragique quand il se produit en Haïti que lorsqu'il survient en Californie, et un ouragan qui frappe Cuba est beaucoup plus dévastateur qu'une catastrophe identique en Floride, parce que dans les pays plus pauvres, les populations sont plus vulnérables et les infrastructures moins résistantes. Bien sûr, la capacité à se protéger des caprices de la nature est une question de géographie, mais elle relève aussi des moyens économiques et techniques dont disposent les pays qui affrontent les catastrophes. Malgré la menace constante de catastrophes naturelles, des gens, pauvres ou non, peuplent quand même ces zones à risque, comme c'est le cas dans les pays de la ceinture de feu du Pacifique. La population s'y accroît et de grands centres urbains s'y développent.

La zonation en altitude des environnements

La portion continentale de l'ensemble centraméricain et la frange occidentale de l'Amérique du Sud sont des régions au relief très accidenté, marquées par des contrastes naturels. Même si les pionniers ont toujours préféré le climat tempéré des vallées et des bassins intramontagneux, des populations vivent aussi sous le climat tropical des basses terres et sur les plateaux situés en altitude. Chacune de ces **zones altitudinales** présente une variété de climats, de sols, de végétation, de cultures, d'animaux domestiques ainsi que de modes de vie et porte un nom précis, comme s'il s'agissait de régions aux propriétés distinctes (voir la figure 4A-3). À vrai dire, c'est ce qu'elles sont.

La moins élevée de ces zones verticales, qui va du niveau de la mer à 750 mètres d'altitude, est celle des ***tierras calientes***, c'est-à-dire les terres chaudes des plaines côtières et des bassins intérieurs de faible altitude où dominent les cultures tropicales. Juste au-dessus, les hautes terres tropicales abritent les plus grandes agglomérations de l'ensemble centraméricain et de l'Amérique du Sud : ces ***tierras templadas***, ou terres tempérées, s'étendent jusqu'à 1800 mètres d'altitude. Les températures y sont plus fraîches ; le café y constitue la principale culture commerciale, même si le maïs et le blé sont des produits de base pour les habitants qui occupent ces terres. Plus haut encore, de 1800 à 3600 mètres environ, il y a les ***tierras frías***, qui correspondent au climat froid des hautes Andes où dominent les cultures robustes comme celles de la pomme de terre et de l'orge. Au-dessus de la limite forestière, qui marque la limite supérieure des *tierras frías*, se trouvent les ***tierras heladas***. Cette quatrième zone d'altitude qui s'échelonne entre 3600 et 4500 mètres environ est froide et aride, et seuls des moutons et d'autres animaux d'élevage robustes, comme le lama, viennent y paître. La zone la plus élevée est celle des ***tierras nevadas***, la partie glacée des sommets enneigés des Andes. Comme nous le verrons, la géographie humaine de l'ensemble centraméricain et de l'ouest de l'Amérique du Sud reflète, par sa variété, ces divers environnements.

La déforestation tropicale

Avant l'arrivée des Européens, les deux tiers du territoire de faible altitude qu'englobe le continent centraméricain étaient recouverts de forêts tropicales humides. Selon les estimations, il ne reste plus aujourd'hui qu'environ 10 % de cette végétation. Au cours de la dernière décennie seulement, quelque 1,2 million d'hectares de forêt du Mexique et de l'Amérique centrale ont disparu chaque année. Le Salvador a déjà perdu la quasi-totalité de ses forêts et la plupart des six autres républiques de l'isthme se trouveront bientôt dans la même situation.

La **déforestation tropicale** s'explique par les difficultés économiques et démographiques persistantes des pays défavorisés. Nous en évoquerons ici les trois causes principales. D'abord, plusieurs États d'Amérique centrale, particulièrement le Costa Rica, sont devenus des producteurs et des exportateurs de viande et, à ce titre, ils ont besoin de dégager des terres pour nourrir le bétail. Or comme les sols tropicaux sont pauvres en nutriments, les nouvelles zones déboisées ne peuvent servir de pâturages que pendant quelques années seulement. Ces champs, qui sont ensuite abandonnés au profit d'autres terres nouvellement déboisées, se transforment rapidement en paysages dévastés (voir la photo à la page 164). La disparition des arbres entraîne l'érosion des sols et les inondations ne tardent pas à devenir un véritable problème, car elles n'épargnent pas les zones productives

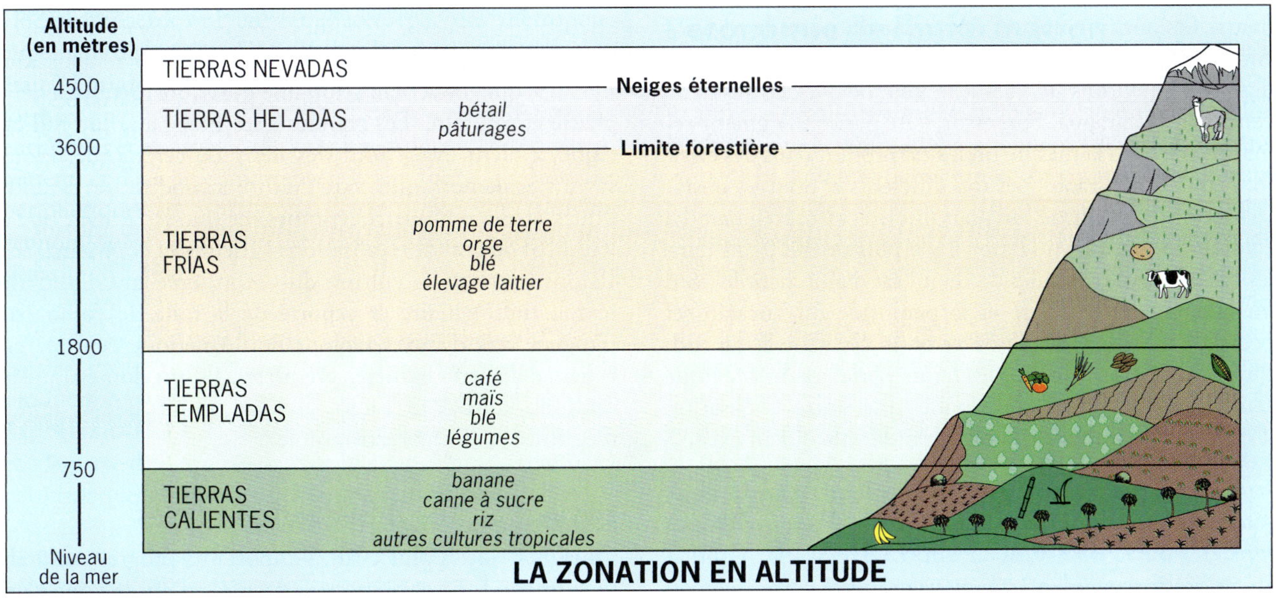

FIGURE 4A-3

situées à proximité. L'exploitation forestière effrénée est une deuxième cause de la déforestation. Pour répondre à l'augmentation de la demande en construction, en papier et en meubles, l'industrie du bois délaisse de plus en plus les forêts moins généreuses des latitudes tempérées pour se tourner vers l'abondante ressource forestière des zones équatoriales. La troisième cause importante du problème a trait à la croissance démographique que connaît la région: de plus en plus de paysans sans terre doivent, par stratégie de survie, tirer leur subsistance des basses terres et n'ont d'autre choix que de raser ce qui reste de forêt pour se chauffer et libérer des terres afin de les destiner à la culture. Cette façon de faire empêche évidemment la forêt de se renouveler.

Malgré des tentatives isolées de renverser la déforestation, cette pratique afflige toujours l'ensemble centraméricain. Ses pires effets se manifestent sur les flancs les plus abrupts des montagnes intérieures, comme ceux-ci, dans la région ouest du Panama. En raison de la récente déforestation, l'érosion a commencé à rogner le sommet de cette colline: en l'absence de racines et de souches capables de retenir les sols, les pluies tropicales ont tôt fait de lessiver le paysage.

LA GÉOGRAPHIE HISTORIQUE ET CULTURELLE

L'héritage méso-américain

L'isthme centraméricain a été le berceau de deux grandes civilisations anciennes. C'est aussi l'un des principaux **foyers culturels** mondiaux, c'est-à-dire une région fondatrice d'où ont rayonné des idées nouvelles et dont la population a prospéré et innové sur le plan tant matériel qu'intellectuel. Cette civilisation a présidé au développement de l'agriculture, de l'urbanisation et des réseaux de transport, pendant que l'écriture, la science, l'art et d'autres sphères de réalisation connaissaient des progrès déterminants. Les anthropologues désignent du nom de «Méso-Amérique» ce foyer culturel qui s'étend vers le sud-est depuis les environs de l'actuelle ville de Mexico jusqu'au centre du Nicaragua. Son essor a été particulièrement remarquable dans la mesure où il s'est produit dans des environnements géographiques très différents et dont les obstacles n'ont pas facilité l'intégration de si vastes régions. La civilisation maya a vu le jour il y a plus de 3000 ans dans les basses terres tropicales de ce qui est maintenant le nord du Guatemala, le Belize et la péninsule du Yucatán, et peut-être aussi sur les hautes terres du Guatemala, au sud. Plus tard et plus loin, sur les hauts plateaux du Mexique central, les Aztèques ont fondé une autre civilisation d'importance autour de la plus grande ville qui ait existé à l'époque précolombienne.

Les Mayas des basses terres

La civilisation maya est la seule au monde à s'être développée dans une zone de basses terres tropicales. Les archéologues ne cessent d'apprendre des pyramides de pierre et des temples imposants qui se dressaient dans les grandes cités de ce peuple. Leur culture a connu son âge d'or du IVe au IXe siècle de notre ère. Reposant sur une série de cités-États, cette civilisation a régné sur une région plus vaste que n'importe quel pays actuel de l'ensemble centraméricain, à l'exception du Mexique. Sa population a probablement oscillé entre deux et trois millions de personnes; encore maintenant, certaines langues mayas résonnent dans la région. La civilisation maya a prospéré sous une dynastie qui gouvernait selon une puissante hiérarchie religieuse et militaire. Les grandes cités-États, aujourd'hui en ruine, étaient avant tout des lieux de cérémonie. Nous savons également que cette culture a produit des scientifiques et des artistes chevronnés, et que les Mayas ont à leur actif de grandes réalisations agricoles et commerciales. Ils ont pratiqué la culture du coton, créé une industrie textile rudimentaire et exporté de la toile de coton par pirogues vers d'autres régions de l'Amérique centrale en échange d'autres matières premières. Ils ont domestiqué le dindon, cultivé le cacao, mis au point des systèmes d'écriture et étudié l'astronomie.

Les Aztèques des hautes terres

Quelques siècles plus tard, d'importants progrès culturels se sont produits dans ce qui est aujourd'hui la zone centrale du Mexique. Tout juste au nord de l'actuelle ville de Mexico se trouvait Teotihuacán, le premier centre urbain digne de ce nom dans les Amériques, qui a prospéré durant près de sept siècles après sa fondation au début de notre ère.

Sommet de l'organisation et du pouvoir en Méso-Amérique, l'Empire aztèque aurait vu le jour au commencement du XIVe siècle avec la fondation d'un établissement dans une île de la vallée de Mexico, où est située aujourd'hui la ville de Mexico. Ce complexe urbain appelé Tenochtitlán était à la fois une ville fonctionnelle et un lieu de cérémonie. Il est vite devenu la plus grande ville d'Amérique et la capitale d'un puissant État.

L'Empire aztèque a rapidement entrepris la conquête de territoires à l'est et au sud. Cette expansion était mue par un désir de soumettre des peuples et des villes pour en tirer des impôts et des tributs. À mesure que s'est étendue l'influence des Aztèques en Méso-Amérique, l'empire s'est enrichi, sa population a augmenté et ses villes ont prospéré.

Les Aztèques comptent aussi de nombreuses réalisations. Ils ont été moins portés sur l'innovation que les Mayas; en revanche, ils se sont davantage concentrés sur l'emprunt et l'amélioration. Ainsi, ils ont mis au point des systèmes d'irrigation et construit des murs de remblai pour aménager des terrasses et prévenir l'érosion en terrain montagneux. En fait, les plus grandes contributions des civilisations méso-américaines de l'époque ont sans contredit enrichi le domaine agricole. Le maïs, la pomme de terre, divers types de haricots, la tomate, la courge, la fève de cacao (matière première du chocolat) et le tabac ne sont que quelques-unes des cultures qui étaient répandues en Méso-Amérique lorsque les Européens y ont débarqué pour la première fois.

Le choc de la conquête

La prise de l'Empire aztèque par les conquistadors espagnols – des soldats-explorateurs et aventuriers à la solde de l'Espagne – au début du XVIe siècle (1519-1521) a ouvert la porte à l'occupation et à la suprématie espagnoles en Méso-Amérique. Les Espagnols étaient d'impitoyables conquérants, comparables à cet égard aux autres puissances d'Europe qui ont soumis différents peuples. Ils ont d'abord réduit les peuples autochtones à l'esclavage et ne souhaitaient rien de moins que leur annihilation. Toutefois, en 1591, Bartolomé de Las Casas, un prêtre dominicain espagnol, a réussi à convaincre les instances papales et l'empereur Charles Quint de reconnaître l'évangélisation pacifique des autochtones et de mettre fin à l'esclavage de ces enfants de Dieu. Cet effort n'a cependant pas empêché les maladies introduites par les Espagnols et par les esclaves transportés d'Afrique de tuer des millions d'autochtones.

Le paysage culturel de la Méso-Amérique s'en est trouvé profondément transformé. Contrairement aux autochtones qui avaient fait de la pierre leur principal matériau de construction, les Espagnols utilisaient d'énormes quantités de bois et recouraient au charbon pour se chauffer, cuisiner et faire fondre les métaux. Ils ont commencé à abattre les forêts dès leur arrivée, et les zones de déboisement se sont agrandies rapidement autour des villes coloniales. Les Espagnols ont également importé des bovins et des moutons en grand nombre, et les populations locales ont dû rivaliser avec le bétail pour se nourrir. L'élevage nécessitait l'ouverture de vastes terres peu productives, ce qui a eu pour effet d'accentuer le déséquilibre agricole de la région. Les conquérants ont introduit leurs propres cultures, dont le blé, et leur équipement agricole, si bien que de vastes champs de blé n'ont pas tardé à empiéter sur les petits champs de maïs que cultivaient les autochtones.

Le changement culturel le plus lourd de conséquences a cependant découlé des traditions urbaines espagnoles. La cité-État du centre de l'Amérique a été démolie. Les pyramides de la capitale de l'empire de Tenochtitlán ont été rasées pour faire place à un nouveau centre du pouvoir espagnol. Une cathédrale et un palais y ont été construits. Dans les campagnes, les autochtones ont été délogés et confinés à des villes et à des villages groupés, conçus et aménagés par les Espagnols afin qu'ils puissent y exercer le type de gouvernement et de gestion auquel ils étaient habitués (voir la figure 4A-4). Le cœur de toute ville espagnole était la place d'armes (*plaza de armas*) ou la place royale (*plaza real*), autour de laquelle s'élevait le centre du pouvoir religieux, administratif et militaire : les églises ou la cathédrale, des palais, la mairie, la caserne militaire, les collèges et les hôtels. Les

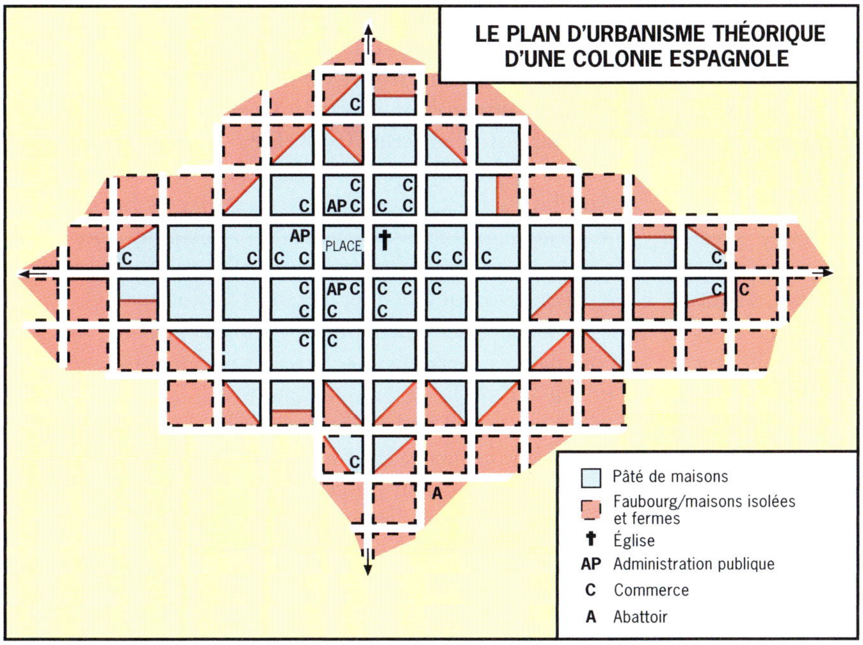

FIGURE 4A-4

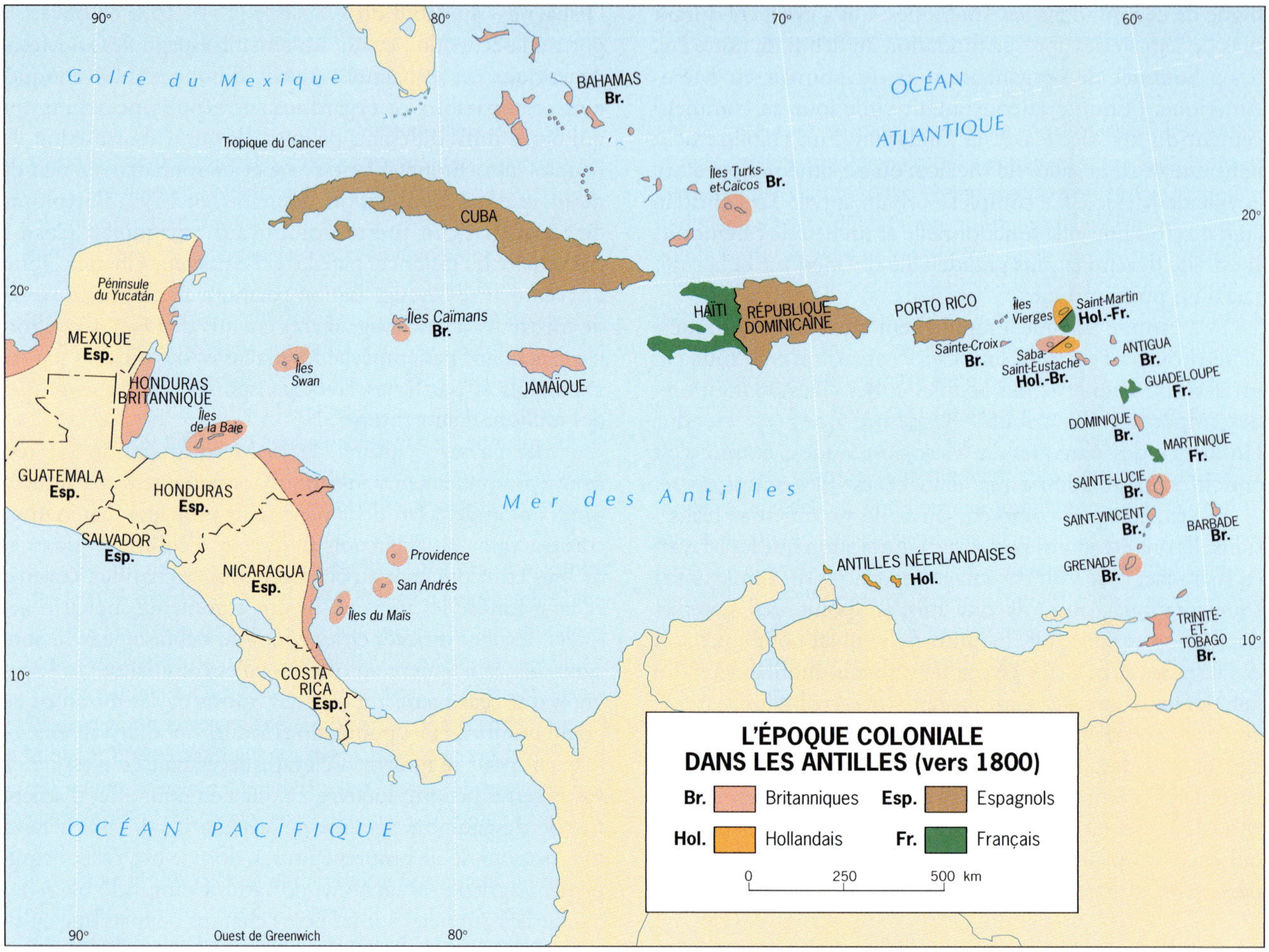

FIGURE 4A-5

rues avoisinantes étaient aménagées en système orthogonal. Puis, du centre vers la périphérie, se succédaient les différentes classes sociales: les seigneurs espagnols allant des plus fortunés aux moins bien nantis, les **Métis** et les populations indigènes dans les faubourgs. Beaucoup de grandes villes de l'ensemble centraméricain portent encore aujourd'hui l'empreinte de cette organisation coloniale espagnole.

Chaque ville était censée être aménagée près de bonnes terres agricoles – mais elles l'étaient rarement – où pouvaient aller travailler les autochtones. Ainsi entassés dans ces villes et villages, on leur a inculqué de force la culture espagnole. Ils ont été convertis au catholicisme et ont été contraints d'apprendre la langue de leurs conquérants. Et pratiquement tous les **codex**, sur lesquels ils avaient consigné leur histoire, ont été brûlés.

L'enjeu des Antilles

Le tissu ethnoculturel de l'arc antillais est le résultat de plusieurs siècles marqués par le commerce des esclaves et les luttes coloniales entre les Européens et contre eux.

Outre le Mexique, seul le Panama, en raison de sa voie navigable interocéanique et de ses gisements d'or, est rapidement devenu un centre espagnol d'activité. Les Britanniques y ont trouvé un point d'ancrage sur le continent en contrôlant une bande étroite du littoral, du Yucatán jusqu'à l'actuel Costa Rica. Comme en témoigne une carte de l'époque (voir la figure 4A-5), la mer des Antilles était occupée non seulement par les Britanniques, mais aussi par les Français et les Hollandais, qui s'intéressaient au lucratif commerce du sucre. Tous aspiraient à s'enrichir rapidement et à étendre leur empire.

Puis, après des siècles de rivalités entre les puissances coloniales européennes, les États-Unis sont entrés en jeu à la fin du XIXe siècle, ce qui a donné lieu à la guerre hispano-américaine de 1898. Après ce conflit, les Étasuniens ont exercé leur influence dans les îles et sur les zones côtières de l'isthme. Or au lieu de conquérir des territoires, ils ont instauré la culture bananière sur des milliers d'hectares. Ces plantations ont eu dans les Antilles autant d'effets négatifs que le colonialisme. Les maladies qu'avaient introduites les Européens avaient fait des ravages dans ces contrées chaudes et humides ainsi que dans les îles antillaises, à l'est.

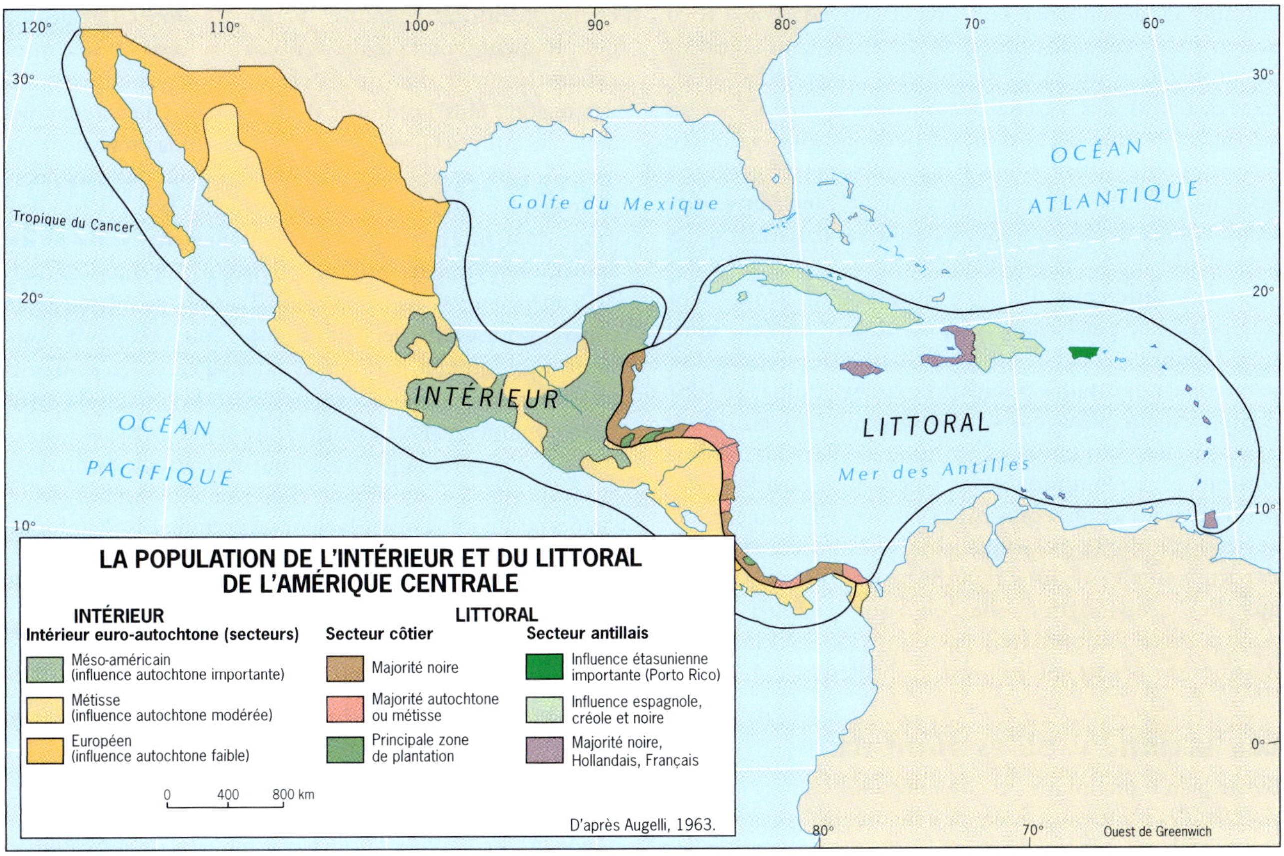

FIGURE 4A-6

La population autochtone qui y avait survécu était trop réduite pour composer une main-d'œuvre suffisante. Afin de remédier à la pénurie, les États-Unis, à l'instar de leurs prédécesseurs européens, se sont tournés vers la traite d'esclaves en provenance d'Afrique, ce qui a profondément modifié la démographie du bassin des Antilles.

Le mélange des cultures

Le mélange culturel est particulièrement frappant dans les îles où le patrimoine d'influence espagnole est loin d'occuper tout l'espace. Métis, créoles, mulâtres, Afro-Américains, Européens et Asiatiques forment, dans les îles et sur le littoral de l'Amérique centrale, une mosaïque ethnoculturelle éclatée (voir les influences coloniales et locales sur les figures 4A-5 et 4A-6). Ainsi, la Jamaïque, qui compte 2,8 millions d'habitants, principalement d'origine africaine, montre de nombreux signes de l'influence britannique, tandis qu'à l'est, Haïti, qui abrite 10,2 millions d'habitants d'origine majoritairement africaine, a conservé une empreinte française perceptible notamment dans la langue. Les Petites Antilles aussi se distinguent par leur grande diversité culturelle. On y trouve les îles Vierges des États-Unis (autrefois danoises), la Guadeloupe et la Martinique (des départements français), un groupe d'îles anciennement britanniques comprenant la Barbade, Sainte-Lucie, Trinité-et-Tobago, sans oublier les Antilles néerlandaises, constituées de Saint-Martin, à la fois française et hollandaise, et de trois îles aujourd'hui autonomes – Aruba, Curaçao et Bonaire –, situées au large de la côte nord-ouest du Venezuela.

LA FRAGMENTATION POLITIQUE ET ÉCONOMIQUE

L'indépendance

Sur le plan politique, l'ensemble centraméricain a connu ses premiers mouvements d'indépendance assez tôt. Dès 1810, sur l'isthme, les révoltes contre l'autorité espagnole ont mené à l'indépendance du Mexique en 1821 et à celle des autres républiques centraméricaines au cours de la même décennie, entraînant la création de huit pays. Préoccupés par les intentions des Européens à l'égard de l'ensemble, les États-Unis ont énoncé en 1823 la doctrine de Monroe, qui visait à dissuader toute tentative, de la part des puissances européennes, de réaffirmer leur autorité sur les républiques fraîchement affranchies ou d'étendre leurs possessions restantes.

À la fin du XIXe siècle, les États-Unis étaient à leur tour devenus une force incontournable dans l'ensemble centraméricain. La guerre hispano-américaine de 1898 a entraîné l'indépendance de Cuba et converti Porto Rico en territoire étasunien; peu après, les États-Unis lançaient la construction du canal de Panama (1904-1914). Pendant ce temps, des sociétés étasuniennes connaissaient un tel succès et jouissaient d'un tel pouvoir politique grâce aux immenses plantations bananières des républiques centraméricaines que celles-ci s'étaient pour ainsi dire transformées en colonies (des républiques bananières) des États-Unis.

Les différentes îles des Antilles ont acquis leur indépendance par vagues successives. La Jamaïque ainsi que Trinité-et-Tobago, où les Britanniques avaient fait venir une importante population sud-asiatique, se sont complètement affranchies du Royaume-Uni en 1962. D'autres îles britanniques, comme la Barbade, Saint-Vincent et la Dominique, ont accédé plus tard à l'indépendance. En ce qui concerne la France, elle a su conserver la Martinique et la Guadeloupe et les convertir en départements et régions d'outre-mer (DROM). Quant aux îles néerlandaises, elles en sont à divers stades d'autonomie. Aujourd'hui, pas moins de 33 États sont dessinés sur la carte politique des Antilles.

Les haciendas et les plantations

Sur le plan économique, les littoraux antillais sont caractérisés par des plantations de canne à sucre et de bananes. Leur orientation vers la mer les rend très accessibles, facilite l'exportation par voie maritime et les expose aux contacts et aux métissages culturels. Deux modes d'exploitation des terres sont ici à l'œuvre: les **haciendas** et les **plantations**. Les deux illustrent d'ailleurs la dichotomie entre l'intérieur et le littoral. Dans l'intérieur, les influences européenne (espagnole) et amérindienne prédominent, tandis que sur le littoral, ce sont les héritages européen et africain qui prévalent (voir la figure 4A-6). L'hacienda est une institution espagnole alors que la plantation est un concept issu des régions plus nordiques de l'Europe. À l'époque coloniale, les propriétaires terriens des haciendas régnaient sur leur domaine et ne ressentaient pas le besoin de l'exploiter à plein rendement: le seul fait de posséder une si vaste propriété était source de prestige et de bienêtre. Les ouvriers autochtones vivaient sur la propriété qui, souvent, leur avait déjà appartenu et ils disposaient d'un lot qu'ils pouvaient cultiver pour assurer leur subsistance. Tout cela semble provenir d'un lointain passé, mais l'héritage des haciendas, et cette utilisation inefficace des terres et de la main-d'œuvre, existe toujours partout dans l'isthme centraméricain.

À l'opposé, la plantation est une affaire d'efficience et de profit. La propriété étrangère, l'investissement et l'exportation en sont les facteurs déterminants. La plupart des plantations sont des monocultures, qu'il s'agisse de la canne à sucre, de la banane ou du café. La main-d'œuvre est principalement saisonnière – beaucoup d'effectifs sont nécessaires durant la saison des récoltes – et provient en grande partie d'ailleurs en raison de la rareté des travailleurs autochtones. Les champs étant exploités de façon industrielle (voir la photo du bas de la page à gauche), la plantation fait une utilisation plus optimale du sol et de la main-d'œuvre que l'hacienda. Le profit et la richesse, plutôt que le prestige, sont les principaux moteurs de la création et de l'exploitation d'une plantation.

Si par le passé, les plantations ont procuré des fortunes considérables à leurs propriétaires, les travailleurs n'en ont pas vu la couleur, et les inégalités semblent faire partie de la vie. Au cours des récentes décennies, le quasi-monopole de certaines plantations antillaises, particulièrement de canne à

Géographiquement, l'intérieur centraméricain est isolé de la mer des Antilles par une chaîne de montagnes. Ainsi, l'utilisation très différente des sols à l'intérieur de l'isthme et sur son littoral donne lieu à des paysages culturels ruraux très diversifiés. De vastes étendues de terres fertiles demeurent la mainmise de propriétaires terriens (souvent des non-résidents) dont les haciendas produisent des cultures généralement non vivrières (café, cacao, coton, tabac) destinées à l'exportation. Des sociétés étrangères aussi y cultivent des fruits en vue de l'exportation vers leurs marchés intérieurs. La plantation de bananes ci-dessous (à gauche) prospère près du littoral antillais du Costa Rica. Les bananiers à perte de vue tranchent avec la photo (à droite) du paysan solitaire trimant sur son petit lopin de terre pour en tirer de quoi survivre. Certaines portions des terres que cultivent les paysans se trouvent le plus souvent en région montagneuse et ne servent qu'à faire paître quelques chèvres ou d'autres animaux.

sucre et de bananes pour l'exportation vers l'Europe, a cessé avec la concurrence venue d'ailleurs, notamment des États-Unis. Les revenus ont décliné et le taux de chômage a bondi. Des millions de travailleurs ont été contraints de mener une vie de subsistance, et nombre d'entre eux ont trouvé refuge dans les villes où les conditions de vie et les perspectives d'avenir ne sont guère plus reluisantes.

L'importance des liaisons

La configuration particulière de l'ensemble centraméricain invite à s'interroger sur le rôle de facteurs spatiaux dans le développement économique. La fragmentation géographique et la taille ont une incidence indéniable sur la **connectivité**, tout comme l'isolement en a une sur l'accessibilité. Cette observation vaut tant pour les Antilles que pour l'isthme. Comme nous l'avons souligné, la proximité du Mexique avec les États-Unis stimule l'économie mexicaine (nous en traitons dans le chapitre 4B). Parmi les pays d'Amérique centrale, le Panama profite de relations singulières avec l'économie mondiale ; le canal de Panama permet effectivement une vaste gamme de liaisons mondiales en matière de commerce, de finance, de service à la production ainsi que dans d'autres secteurs qui touchent les affaires internationales.

Des huit pays de l'isthme illustrés sur la figure 4A-7, le Mexique et le Panama affichent le PIB par habitant le plus élevé. En fait, plus on s'éloigne des frontières de l'ensemble avec les Amériques du Nord et du Sud pour s'avancer à l'intérieur du couloir Mexique-Panama, plus le PIB par habitant diminue. Coincés au milieu de cet étroit pont continental, le Nicaragua, le Honduras et le Salvador sont le plus en retrait des économies fortes et dynamiques des ensembles voisins et souffrent visiblement du manque de liaisons externes dont jouit le Panama. C'est pourquoi beaucoup de citoyens centraméricains tentent, au risque de leur vie, la longue migration économique vers les maquiladoras, ces villes ateliers du nord du Mexique, une étape dans le cadre d'un mouvement qui va encore plus vers le nord, jusqu'aux États-Unis.

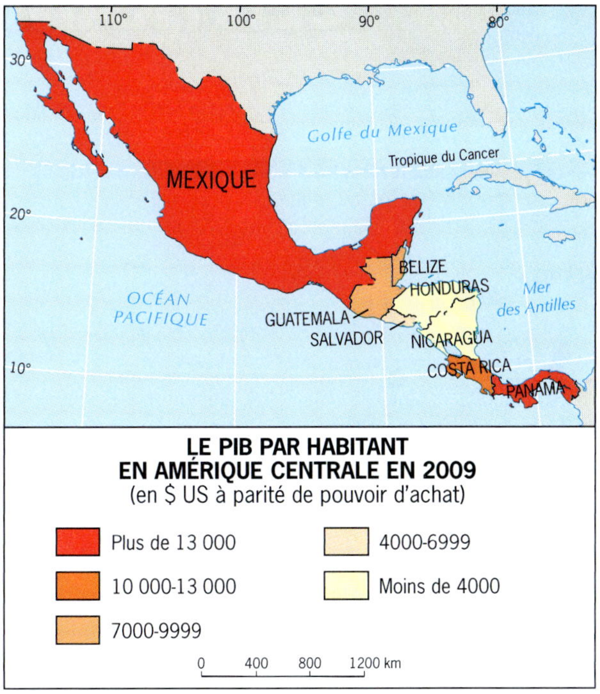

FIGURE 4A-7

DES SOLUTIONS POUR STIMULER L'ÉCONOMIE

Le tourisme

L'ensemble centraméricain est exceptionnellement modeste, tant par son territoire que par sa population. Il n'en regroupe pas moins de nombreux pays, bien que petits dans la plupart des cas. Les Antilles évoquent pour nombre d'entre nous des scènes idylliques de plages de sable blanc, de palmiers, de boissons exotiques et de flots bleus scintillants. Or la réalité économique de toutes les îles est dure. Chacune de celles qui forment les Petites Antilles abrite sur son territoire réduit une population moyenne de moins d'un demi-million de personnes. Ce facteur combiné à l'insularité, à l'éloignement et à la faible connectivité des îles crée des difficultés redoutables que partagent la plupart de ces petits **États insulaires en développement**.

Le tourisme antillais recèle indéniablement un grand potentiel lucratif pour de nombreuses îles. On estime que cette industrie attire de 15 à 20 millions de visiteurs chaque année. En Jamaïque seulement, le tourisme représente environ le cinquième du PIB et emploie plus du quart de la population active. Cependant, l'industrie touristique dans les Antilles ne comporte pas que des avantages. Les croisières, par exemple, ont tendance à monopoliser les recettes (hébergement, repas, alcool, divertissement), ne laissant que relativement peu d'argent dans l'économie locale.

Une meilleure intégration régionale

L'ensemble centraméricain aurait avantage à favoriser une meilleure intégration économique. Plusieurs des États de l'isthme et de l'arc antillais n'entretiennent pas suffisamment de liens avec le reste de l'ensemble et sont, par conséquent, très dépendants d'autres grands pays extérieurs, particulièrement des États-Unis. Pour la majorité de ces pays, les États-Unis constituent le principal partenaire commercial. Les chiffres sont éloquents : moins de 10 % des activités commerciales auxquelles se livrent les États centraméricains restent à l'intérieur des frontières de l'ensemble. Pire, le commerce entre les Antilles et le continent centraméricain représente moins de 1 % des échanges.

4B LES RÉGIONS DE L'ENSEMBLE CENTRAMÉRICAIN

FIGURE 4B-1

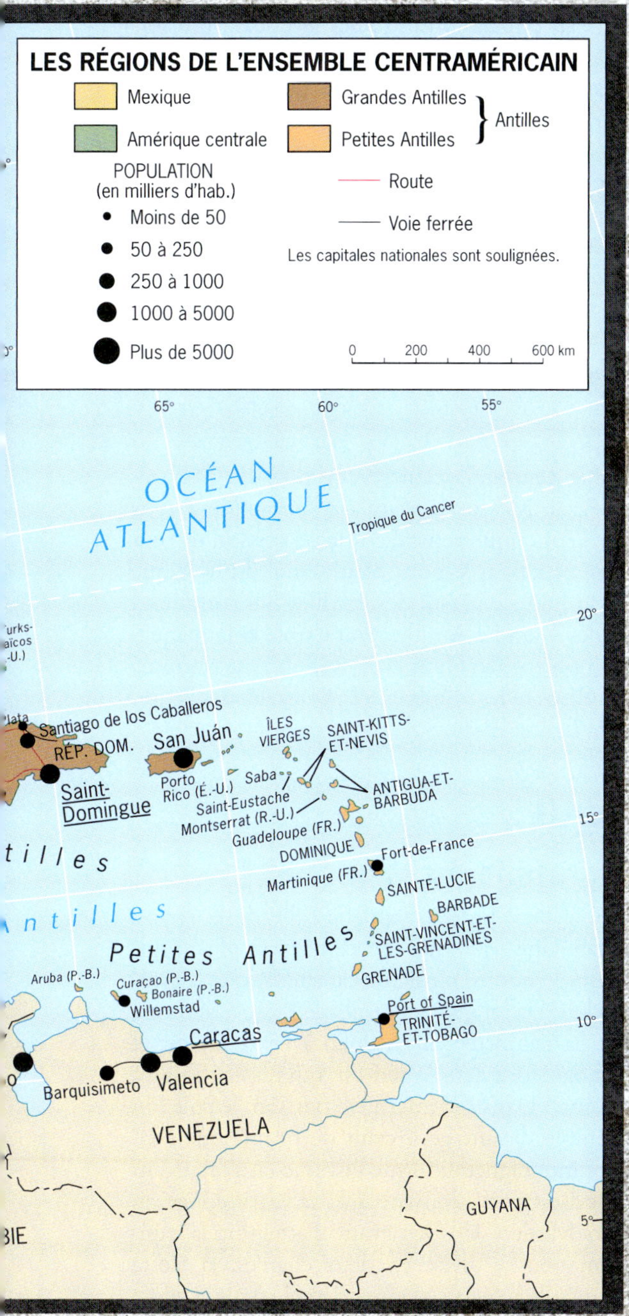

SOMMAIRE

- LE MEXIQUE
- L'AMÉRIQUE CENTRALE
- LE BASSIN DES ANTILLES

CONCEPTS ET TERMES

Ejidos

Agriculture de subsistance

Pays atelier

État en déroute

Déforestation

Point chaud de la biodiversité

Écotourisme

Arc insulaire

L'ensemble centraméricain se distingue par sa population réduite, sa couverture terrestre limitée, la fragmentation de son territoire et l'isolement de plusieurs des pays qui en font partie. Le Mexique, qui représente 72 % du territoire de l'ensemble et qui abrite près de 60 % de sa population, constitue l'exception notable ; tous les autres pays sont petits, voire minuscules. La fragmentation et l'isolement ont tendance à aller de pair ici en raison des nombreuses îles. Sur l'isthme, cependant, les territoires comptent des kilomètres de côtes, souvent sur les deux flancs.

L'ensemble centraméricain se compose de trois régions distinctes : le Mexique, géant de l'ensemble à tous points de vue ; l'Amérique centrale, une succession de sept républiques qui occupent le pont continental du Mexique à l'Amérique du Sud ; le bassin des Antilles qui comprend les quatre îles des Grandes Antilles, soit Cuba, la Jamaïque, Hispaniola (où on trouve Haïti et la République dominicaine) et Porto Rico ; et les nombreuses petites îles des Petites Antilles (voir la figure 4B-1).

LE MEXIQUE

La physiographie du Mexique

La physiographie du Mexique rappelle celle de la région voisine aux États-Unis, quoique son climat soit plus tropical. La figure 4B-1 montre plusieurs caractéristiques dominantes du Mexique : la longue péninsule de Basse-Californie au nord-ouest, la péninsule du Yucatán à l'extrême est et l'isthme de Tehuantepec dans le sud-est, qui rétrécit jusqu'à devenir une pointe. Dans cette dernière portion, le relief du Mexique ressemble davantage à celui de l'Amérique centrale. Une crête montagneuse forme l'isthme en s'incurvant en direction sud-est vers le Guatemala et se prolonge au nord-ouest vers Mexico. Un peu avant d'atteindre la capitale, cette formation se divise en deux chaînes, la Sierra Madre occidentale et la Sierra Madre orientale (voir la figure 4B-1). Celles-ci encadrent le cœur du pays en dessinant un entonnoir au centre duquel s'étend un vaste plateau au relief

accidenté appelé le plateau du Mexique. Quant à la vallée de Mexico, elle se situe près de la pointe sud-est de l'entonnoir. Comme le montre la figure I-14, le climat du Mexique est sec, particulièrement dans le nord marqué par des montagnes et des déserts. La plupart des zones plus humides se trouvent dans la moitié sud du pays.

Les régions du Mexique

Le Mexique se caractérise par sa grande diversité régionale. Plusieurs aspects en témoignent. Pensons à la longue presqu'île de la Basse-Californie et aux basses terres tropicales de la péninsule du Yucatán sur le plan physiographique, ou au dynamisme de l'ALENA sur le plan économique, ou encore à l'histoire et à la culture des peuples amérindiens du Chiapas, dans le sud-est (voir la figure 4B-2). La zone centrale – à la hauteur des villes de Mexico et de Guadalajara – est, en fait, une zone de transition divisant le nord d'influence hispanique plus forte et le sud, où l'influence autochtone est plus importante. À l'est de la zone centrale, la côte du golfe du Mexique où dominaient les grands projets tentaculaires d'irrigation et d'élevage bovin est devenue le noyau de l'industrie pétrolière du pays. À l'ouest, les basses terres semi-arides, qui séparent la zone centrale des régions montagneuses du sud donnant sur le Pacifique, accueillent de luxueux complexes hôteliers qui tranchent de façon saisissante avec les villages autochtones et les établissements agricoles de l'arrière-pays.

Vaste et aride, le nord du pays est très différent des régions plus au sud. Les États à proximité de la frontière nord sont résolument tournés vers les États-Unis, pays avec lequel ils entretiennent des liens économiques et culturels particulièrement forts. En revanche, le sud regroupe des États à forte proportion autochtone comme ceux du Chiapas, d'Oaxaca, du Yucatán et de Quintana Roo (voir la figure 4B-3). Au centre du pays se trouve la ville de Mexico, le cœur démographique, économique et politique du Mexique.

La géographie de la population

La population du Mexique a connu une forte croissance démographique au cours des trois dernières décennies du XXe siècle. Après avoir mis 28 ans seulement à doubler (elle s'élève à 113,7 millions d'habitants), elle affiche un brusque ralentissement de sa natalité. Les démographes prédisent que la population cessera de croître autour de 2050.

FIGURE 4B-2

LES PRINCIPALES VILLES DE L'ENSEMBLE CENTRAMÉRICAIN

VILLE	POPULATION* (en millions)
Mexico (Mexique)	29,7
Guadalajara (Mexique)	4,5
Monterrey (Mexique)	4,0
San Juán (Porto Rico)	2,8
Puebla (Mexique)	2,4
Saint-Domingue (Rép. dominicaine)	2,3
Port-au-Prince (Haïti)	2,2
La Havane (Cuba)	2,1
Tijuana (Mexique)	1,7
San José (Costa Rica)	1,6
San Salvador (Salvador)	1,6
Panama (Panama)	1,5
Ciudad Juárez (Mexique)	1,3
Guatemala (Guatemala)	1,2
Tegucigalpa (Honduras)	1,1
Managua (Nicaragua)	1,0

* Nombre approximatif d'habitants des agglomérations urbaines d'après les données projetées de 2012

La figure 4B-3 présente la répartition de la population du Mexique entre les 31 États du pays (la figure 4A-2 en brosse un portrait encore plus précis). La concentration la plus importante – elle représente plus de la moitié de la population mexicaine – est regroupée dans la ceinture du pays, c'est-à-dire dans une bande qui traverse le pays de l'État de Veracruz, sur le golfe du Mexique, à l'État de Jalisco, sur le Pacifique. Le centre de cette zone abrite l'État le plus populeux du pays, Mexico (le chiffre 3 sur la figure 4B-3), au milieu duquel se trouve le district fédéral de Mexico. Au nord de la ceinture s'étend une région accidentée et aride qui englobe le désert de Chihuahua et qui est la moins peuplée du Mexique. Le sud présente aussi une zone périphérique de basses terres chaudes et humides peu peuplée dans le Yucatán, mais la plupart des zones montagneuses de l'ossature continentale rassemblent des populations importantes.

L'urbanisation constitue une autre caractéristique dominante de la population du Mexique. Attirés par les villes où ils espèrent améliorer leur niveau de vie, les Mexicains fuient l'économie stagnante des zones rurales. Aujourd'hui, 77 % des Mexicains sont des citadins, une proportion étonnamment élevée pour un pays en développement. Ces données sont indubitablement influencées par la récente explosion démographique dans l'agglomération de Mexico, qui frôle les 30 millions d'habitants et où vit 26 % de la population du pays (voir la figure 4B-3).

Le mélange culturel

L'empreinte autochtone sur la culture mexicaine demeure profonde. Aujourd'hui, 62 % des Mexicains sont métis et près de 30 % se disent de souche autochtone. Un peu moins de 10 % sont, pour la plupart, d'origine européenne. Les bouleversements qui ont commencé à façonner le pays il y a un peu plus d'un siècle ont mené à cette fusion d'héritages où la culture autochtone occupe une place bien visible, comme le laisse deviner la figure 4B-4. Le métissage a fait du Mexique ce qu'il est aujourd'hui.

L'agriculture : une modernisation inégale

Le Mexique moderne est né d'une révolution amorcée en 1910 et dont les conséquences n'ont pas fini de se déployer. Cette révolution visait essentiellement la redistribution des terres, une question que le Mexique n'avait pas encore réglée, même après s'être affranchi du contrôle colonial de l'Espagne au début du XIXe siècle.

Au Mexique, depuis 1917, plus de la moitié des terres cultivées a été redistribuée, principalement à des communautés paysannes formées de 20 familles ou plus. Le gouvernement détient les titres de propriété de ces terres agricoles, qu'on appelle ***ejidos***, mais les droits d'exploitation sont répartis entre les communautés paysannes, puis entre des cultivateurs. Les réformes n'ont cependant pas entraîné un accroissement de la production. Certaines terres sont excessivement fragmentées, si bien que le rendement des cultures est faible. Dans certaines régions rurales, on pratique même toujours une **agriculture de subsistance** et la pauvreté y est endémique.

Dans le nord et sur la côte ouest du pays, de vastes projets d'irrigation ont été réalisés à partir des cours d'eau qui descendent des montagnes de l'arrière-pays. Le long de la florissante côte ouest, située à moins d'une journée de route du sud de la Californie, de grandes exploitations de coton approvisionnent un marché d'exportation de plus en plus rentable. À cela s'ajoute la culture du blé et des fruits et légumes, dont les marchés nord-américains sont friands durant la saison froide.

Une géographie économique en changement

Dans le nord du pays, les maquiladoras (voir la photo à la page 160) représentent plus du cinquième des emplois industriels et environ la moitié des exportations totales du Mexique. En 1982, il y avait 558 maquiladoras qui employaient 122 000 personnes ; en 1995, on en comptait 2300 qui versaient un salaire à 600 000 travailleurs. Il faut souligner que la signature de l'ALENA, en 1994, a eu des conséquences énormes sur l'économie du Mexique. Le nord a attiré des milliers de Mexicains, mais ceux-ci font de longues journées de travail pour un maigre salaire et peu d'avantages sociaux. De plus, un grand nombre d'entre eux

L'une des MÉTROPOLES de . . .

L'ENSEMBLE CENTRAMÉRICAIN

MEXICO

AVEC SES 29,7 MILLIONS D'HABITANTS, Mexico abrite plus du quart de la population du pays. À cet égard, elle dépasse Tokyo dont la population s'élève à 26,8 millions de personnes. Mexico est aujourd'hui la plus grande agglomération urbaine du globe. En moins d'un siècle, elle est passée de 1 à 30 millions d'habitants.

Il y a sept siècles, les Aztèques construisaient Tenochtitlán dans cette zone alors recouverte de lacs et de canaux. Les conquistadors y installèrent leur quartier général et les Mexicains, leur capitale. Sa position centrale et ses réseaux de transport qui la relient au reste du pays font de Mexico la zone centrale nationale, la ville dominante par excellence.

De vibrants contrastes sociaux caractérisent le paysage urbain. Le centre-ville regorge de places historiques, de palais somptueux, d'églises, de villas, de musées exceptionnels, de gratte-ciels ultramodernes et de boutiques de luxe. Les quartiers qui entourent le centre-ville abritent une classe moyenne aisée ainsi que la classe ouvrière plus pauvre, mais stable. À l'extérieur de cette ceinture, cependant, s'agglutinent plus de 500 bidonvilles et d'innombrables *ciudades perdidas,* cités perdues où vivent dans une pauvreté désolante et des conditions sordides les nouveaux arrivants des campagnes. En fait, pas moins du tiers de la population de la région métropolitaine squatte de misérables baraquements. Les résidents mieux nantis de Mexico ont aussi eu leur part de difficultés en 2009 lorsque l'ordre social et politique du pays a frôlé le gouffre en raison de la crise financière. Aujourd'hui, la criminalité endémique demeure une plaie sociale, aggravée par des forces policières corrompues.

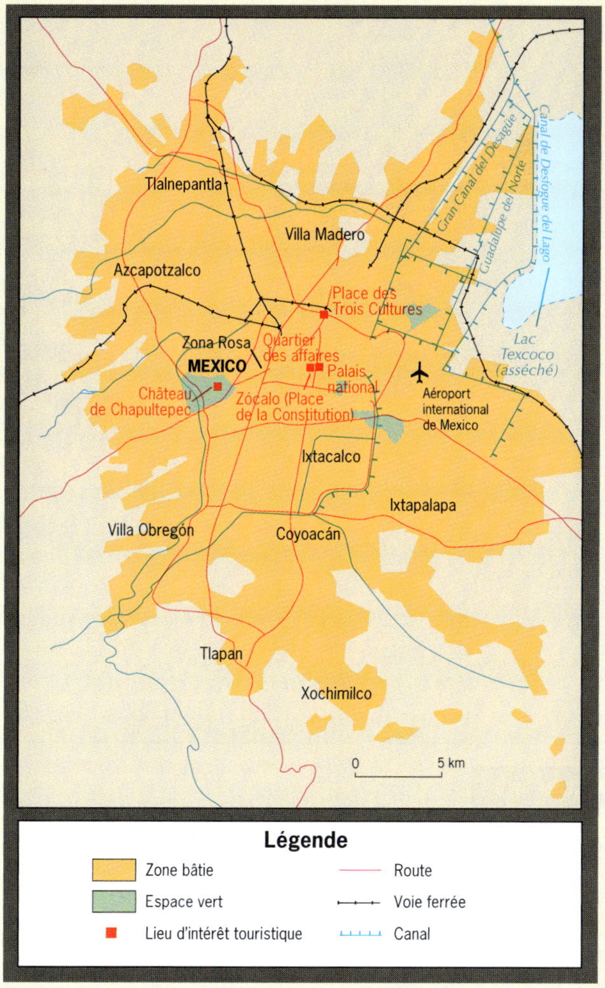

Les crises environnementales sont de l'ampleur des problèmes sociaux. Les eaux de surface ont tari il y a longtemps et les réserves souterraines s'épuisent. Pour répondre à la demande, la métropole doit importer le tiers de son eau au moyen d'aqueducs qui traversent les montagnes. Malheureusement, 40 % se perd en chemin en raison des fuites qui affligent le réseau d'approvisionnement en eau de Mexico.

Le taux de pollution atmosphérique est l'un des pires au monde ; plus de 4 millions de véhicules automobiles et 40 000 usines contribuent au smog qui, dans l'air raréfié de Mexico, située à haute altitude, atteint parfois 100 fois la limite acceptable. De nombreux risques géologiques complètent le tableau. Le pompage excessif des eaux souterraines entraîne de graves affaissements du sol alors qu'un séisme risque à tout instant de dévaster la ville (le dernier tremblement de terre important remonte à 1985). Le Popocatépetl, qui se dresse à proximité, montre des signes d'activité volcanique après être resté endormi pendant des siècles.

Malgré tout, Mexico garde son pouvoir d'attraction et, chaque année, plus de 100 000 nouveaux arrivants démunis y convergent avec l'espoir pour seul bagage.

habitent des taudis ou grossissent les bidonvilles en périphérie des centres urbains comme Tijuana, Mexicali et Ciudad Juárez, tous situés le long de la frontière mexicano-étasunienne (voir la figure 4B-2).

Toutefois, au cours des dernières années, la région a encaissé deux coups durs. D'abord, la récession qui a frappé les États-Unis a fait chuter la demande en matière d'exportations, et ce ralentissement s'est aussitôt fait sentir sur la production, les profits, la croissance et l'emploi dans toute la région nord du Mexique. On estime que 300 000 emplois auraient été perdus durant la récession de 2008-2009. Le second coup dur relève davantage de la menace structurelle : des centaines de fabricants des États-Unis et d'ailleurs, qui avaient délocalisé leurs usines au

FIGURE 4B-3

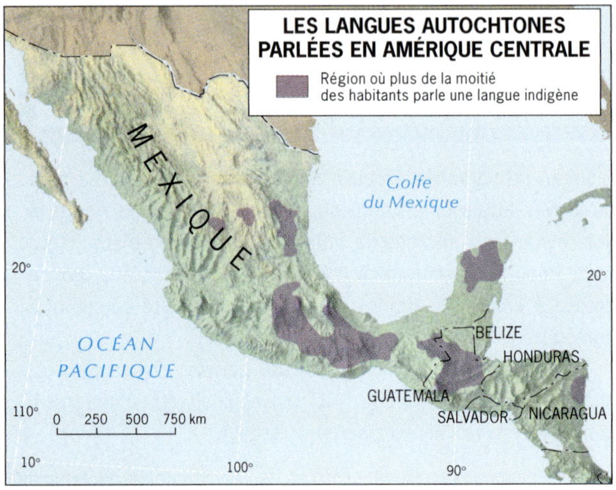

FIGURE 4B-4

Mexique après 1990, ont décidé de les déplacer vers de nouveaux **pays ateliers** situés en Asie de l'Est et du Sud-Est, où les salaires sont considérablement inférieurs au taux horaire moyen de deux dollars américains que reçoivent les travailleurs des maquiladoras.

La stratégie pour renverser la tendance est de miser sur les emplois mieux rémunérés des industries de pointe, particulièrement l'électronique, moins susceptibles de s'envoler vers d'autres pays en développement. L'investissement dans l'éducation et la formation dans les secteurs des hautes technologies et de la gestion constituent un premier pas crucial. À cet égard, Monterrey, ville du nord-est, dans l'État de Nuevo León où les revenus sont relativement élevés, arrive à tirer son épingle du jeu. La ville a su développer une communauté d'affaires internationales substantielle tout en conservant une masse critique d'installations industrielles qui attirent de grandes multinationales.

L'AMÉRIQUE CENTRALE

Un pont continental

Sept pays d'Amérique centrale s'entassent sur l'étroit segment de l'isthme qui relie le Mexique et l'Amérique du Sud (voir la figure 4B-6). Tous ces pays ont une petite superficie. Quant à leur population, elle varie de 300 000 habitants au Belize à plus de 15 millions au Guatemala. Le pont continental est formé d'une région de hautes terres,

LA GUERRE DES NARCOTRAFIQUANTS AU MEXIQUE

DEPUIS LA FIN DES ANNÉES 2000, un autre obstacle empêche le Mexique d'améliorer sa situation économique. Ce problème a mobilisé l'attention mondiale lorsque les cartels colombiens de la drogue ont installé de nouveaux postes dans le nord du Mexique, c'est-à-dire dans les villes limitrophes de la frontière des États-Unis. Ils ont lancé une guerre sans merci pour prendre le contrôle du marché de la cocaïne. Les narcotrafiquants réagissaient en partie au succès de la campagne antidrogue de la Colombie, mais ils convoitaient aussi le potentiel du territoire mexicain, situé aux portes de leur marché principal. La situation s'était tellement détériorée en 2010 que les barons de la drogue et leurs alliés semaient la terreur : ils assassinaient des policiers par centaines et des rivaux par milliers – sans compter d'innocentes victimes qui se trouvaient au mauvais endroit au mauvais moment –, multipliaient les manœuvres d'intimidation auprès des gouvernements et menaçaient quiconque leur barrait la route. L'entrée massive au pays d'armes achetées aux États-Unis à même les profits de la vente de drogue alimentait d'ailleurs le problème en armant les cartels jusqu'aux dents.

La figure 4B-5 trace un portrait géographique de cette guerre des narcotrafiquants. La cocaïne est produite en Colombie, en Bolivie et au Pérou (voir le chapitre 5B), et la majeure partie de cette production entre aujourd'hui aux États-Unis par le Mexique. La cocaïne bolivienne et péruvienne, qui représente environ la moitié des « importations » du Mexique, est envoyée par mer et introduite illégalement au pays par les États de Guerrero, Michoacán, Colima et Sinaloa, tous situés sur la côte du Pacifique. L'autre moitié provient de la Colombie et transite par voie terrestre en empruntant l'isthme depuis le Guatemala ou par bateau dans la mer des Antilles et le golfe du Mexique, avant d'entrer en contrebande dans les États du Yucatán, de Quintana Roo et de Veracruz. La drogue est alors réemballée (et souvent transformée sous forme de crack) en petites quantités pour être vendue au détail. Son transfert aux États-Unis se fait principalement par les villes frontalières de Reynosa, Nuevo Laredo, Ciudad Juárez et Tijuana (voir la figure 4B-5).

À mesure que s'intensifiait le conflit, certains observateurs étasuniens ont commencé à voir le Mexique non seulement comme une menace à la sécurité de leur pays, mais aussi comme un **État en déroute**, puisque le gouvernement mexicain n'arrivait plus à contrôler des portions de son propre territoire. La situation était d'autant plus ironique que les États-Unis constituent le principal marché des barons de la drogue et que les profits engendrés dans les rues étasuniennes retournent en toute clandestinité au Mexique. De plus, les armes qui alimentent la guerre des narcotrafiquants proviennent en très grande majorité des États-Unis. Par conséquent, il est difficile de voir dans ce conflit un problème exclusivement mexicain.

encadrée de littoraux de basses terres donnant sur le Pacifique et la mer des Antilles (voir la figure 4B-7). Ces hautes terres sont parsemées de volcans et couvertes de terres volcaniques fertiles.

Pendant quelque 50 millions d'années, l'Amérique du Nord et l'Amérique du Sud ont été séparées. La formation de l'isthme ne remonte qu'à trois millions d'années et c'est seulement alors que ce pont est devenu une sorte d'autoroute de l'évolution. La région représente 1 % seulement des surfaces émergées de la planète, mais elle abrite 7 % des espèces. Bien que la **déforestation** y constitue un problème important (voir la photo à la page 164), la portion sud de l'isthme (le Costa Rica et le Panama) est l'un des **points chauds de la biodiversité** mondiale.

L'Amérique centrale n'est pas une grande région, mais sa physiographie a créé de nombreuses niches écologiques inaccessibles. Les habitants se concentrent généralement dans les hautes terres beaucoup plus fraîches – les *tierras templadas* – et la densité des populations est plus importante vers la côte du Pacifique que vers la côte de la mer des Antilles (voir la figure 4A-2). Le Salvador constitue l'exception notable puisque ses frontières politiques confinent la majorité de ses habitants aux basses terres tropicales de la côte du Pacifique, les *tierras calientes* que l'air du large tempère quelque peu.

La pression démographique constitue un problème à plusieurs endroits dans l'ensemble centraméricain et dans la région de l'Amérique centrale en particulier. L'explosion démographique, qui a débuté au milieu du XXe siècle, a fait passer la population de la région de 9 millions de personnes à près de 45 millions en 2012.

Aujourd'hui, la région s'extrait lentement d'une période trouble qui a sévi durant les années 1980 et même dans les années 1990. L'histoire moderne de l'Amérique centrale est marquée par des inégalités sociales criantes entre les privilégiés et les défavorisés, entre les paysans et les grands propriétaires terriens, par des gouvernements de répression, l'interférence des États-Unis et la violence des juntes militaires. Trois pays de l'Amérique centrale méritent qu'on s'attarde sur leurs particularités : le Guatemala, le Costa Rica et le Panama.

Le Guatemala

République située le plus à l'ouest de l'Amérique centrale, le Guatemala compte plus de pays limitrophes que tous ses voisins. Ses frontières en ligne droite traversent la forêt tropicale le long du Mexique, créant la région de Petén entre l'État du Chiapas à l'ouest et le Belize à l'est ; ses frontières dans le sud-est le séparent aussi du Honduras et du Salvador

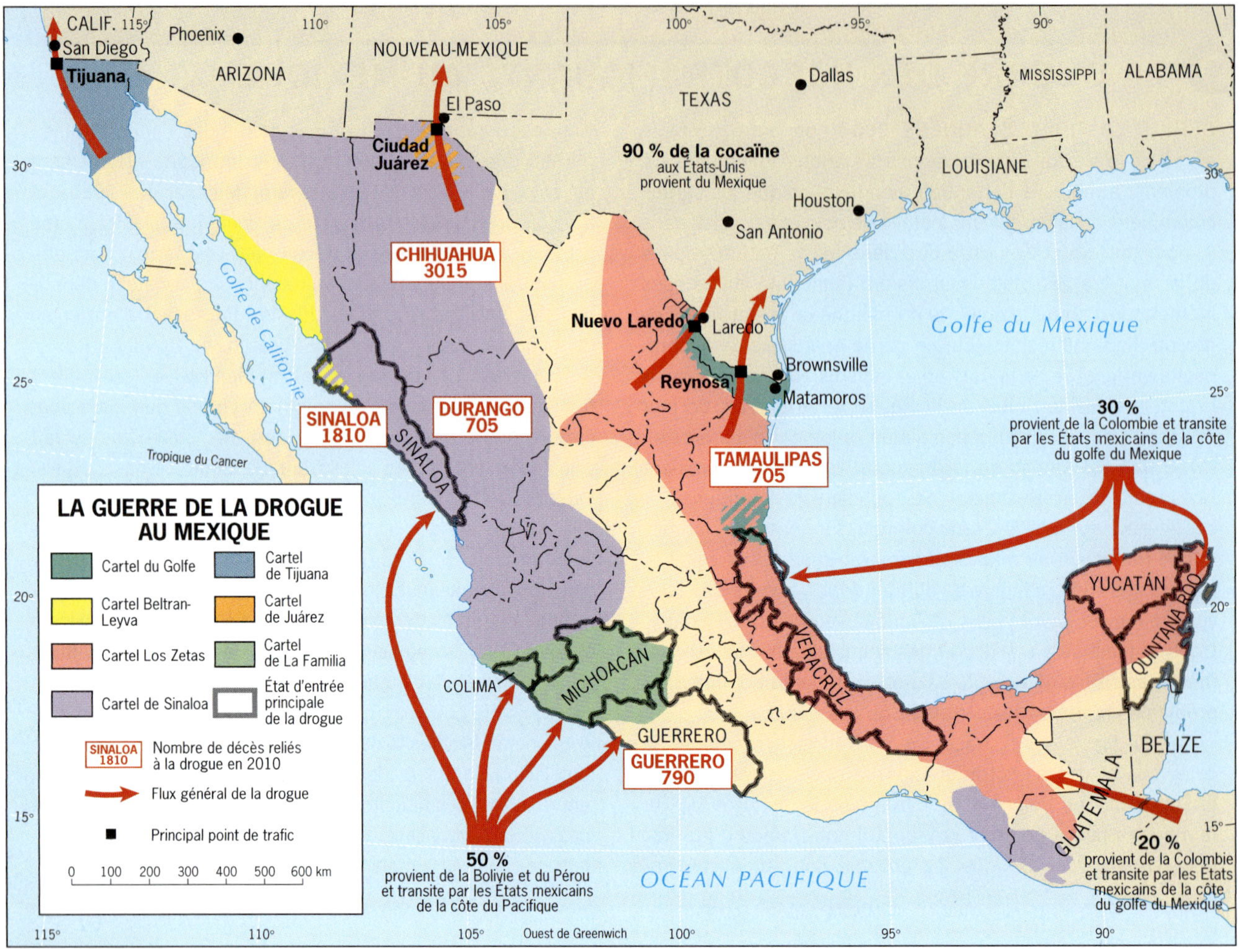

FIGURE 4B-5

(voir la figure 4B-6). Le Guatemala forme le cœur de l'ancien Empire maya et demeure profondément imprégné de la culture et des traditions autochtones. Le pays ne dispose que d'une petite fenêtre sur la mer des Antilles, mais jouit d'un long littoral sur l'océan Pacifique. Le Guatemala faisait toujours partie du Mexique lorsque les Mexicains se sont affranchis du joug espagnol en 1821, mais il n'est devenu une république distincte qu'en 1839. Le pays doit son indépendance aux *Mestizos*, les Métis, et non à la majorité autochtone.

Sa population de 15,2 millions d'habitants, composée de 59 % de Métis et de 41 % d'autochtones, fait du Guatemala la plus populeuse des sept républiques. Le pays a souffert de nombreux conflits. Des régimes de répression ont signé avec les États-Unis et d'autres intérêts étrangers des ententes qui ont permis à l'élite des affaires et aux grands propriétaires terriens métis de conserver leur pouvoir économique. La situation du Guatemala est d'autant plus tragique que le pays renferme un formidable potentiel économique. Or celui-ci n'a pas encore été exploité en raison des conflits internes incessants et du fossé grandissant entre les riches et les pauvres – le pire de tout l'hémisphère.

Le Costa Rica

Aucun pays n'incarne mieux la variété et la diversité de l'ensemble centraméricain que le Costa Rica. Très différent de ses voisins, ce pays s'écarte aussi des normes de l'Amérique centrale. Encadré par deux républiques – le Nicaragua au nord et le Panama à l'est – , le Costa Rica est depuis longtemps un État de tradition démocratique, malgré l'agitation qui règne dans l'ensemble centraméricain. Ce pays de 4,7 millions d'habitants jouit d'une stabilité politique qui prévaut depuis 175 ans. À l'instar de ses voisins, le Costa Rica se divise en zones altitudinales parallèles à ses côtes. La zone centrale des hautes terres, la plus densément peuplée, correspond aux *tierras templadas* plus fraîches, dont le cœur est le *Valle Central* (vallée centrale), un bassin

FIGURE 4B-6

fertile où l'on trouve les principales cultures de café du pays ainsi que la capitale, San José (voir la figure 4B-6). Il s'agit du centre urbain le plus cosmopolite entre Mexico et les métropoles d'Amérique du Sud.

La stabilité de l'économie d'exportation costaricaine, axée sur le café, le cacao, le coton, les bananes, les fruits tropicaux, les fleurs et les fruits de mer, a assuré à la population le niveau de vie, le taux d'alphabétisation et l'espérance de vie les plus élevés de la région. Cela dit, un cinquième de la population demeure, même ici, englué dans la pauvreté. En ce qui a trait au tourisme, il connaît une croissance constante, notamment dans les activités d'**écotourisme**.

Le Panama

Le Panama doit son existence au canal qui relie les océans Pacifique et Atlantique, et qui évite aux bateaux la circumnavigation de l'Amérique du Sud. Inauguré en 1914, le canal de Panama (voir le carton extérieur de la figure 4B-6) est un symbole de la puissance et de l'influence des États-Unis en Amérique centrale. Les États-Unis ont conservé le contrôle de la zone du canal en vertu d'un traité qui stipulait que tous les droits, les pouvoirs et l'autorité leur étaient accordés dans la région, comme s'ils avaient la souveraineté du territoire. Selon cette clause, on pourrait croire que les États-Unis détenaient ces droits à perpétuité. Or le traité ne mentionnait nulle part que le Panama renonçait pour toujours à sa souveraineté sur ce couloir de transit. Des négociations délicates ont commencé et, en 1977, les parties se sont entendues sur les modalités du retrait graduel des États-Unis, d'abord de la zone du canal, puis du canal proprement dit. Le processus s'est achevé le 31 décembre 1999.

Le Panama présente certaines des caractéristiques géographiques propres aux républiques d'Amérique centrale. Sa population de 3,6 millions d'habitants se compose majoritairement de Métis (70 %), mais aussi d'importantes minorités autochtones, européennes et noires. L'espagnol

FIGURE 4B-7

est la langue officielle du pays, bien que l'anglais y soit également très répandu. Étroit pays d'orientation est-ouest, le Panama est montagneux et vallonné. L'est du territoire, particulièrement la province du Darién, voisine de la Colombie, est couvert de denses forêts tropicales humides. C'est d'ailleurs là le seul point de rupture de la route panaméricaine (voir la figure 4B-6). La majorité de la population rurale s'est installée dans les hautes terres situées à l'ouest du canal, où sont concentrées les plantations de bananes, de café, de canne à sucre et les rizières. Le long de l'étroit littoral, on exploite la crevette et d'autres fruits de mer. La population urbaine vit majoritairement à proximité de la voie maritime, notamment dans les villes qui se sont développées aux extrémités du canal.

Près de l'extrémité nord du canal, sur la mer des Antilles, se trouve la ville de Colón, site de la zone franche, une immense plaque tournante de commerce de transit et de distribution pour l'Amérique du Sud. S'y ajoute le Terminal international de Manzanillo, installations portuaires ultramodernes en mesure de transborder plus de 1000 conteneurs par jour. À l'extrémité sud du canal, la ville de Panama est souvent comparée à Miami en raison de son emplacement au bord de la mer et des tours qui dominent sa silhouette. La capitale est le centre financier qui gère les revenus issus du canal. L'image moderne de la métropole contraste avec la pauvreté rurale qui afflige le tiers de la population panaméenne.

La situation est toutefois appelée à s'améliorer grâce à l'expansion du canal (voir le schéma à la page 181) qui stimulera sans doute le trafic interocéanique et les occasions d'affaires au Panama.

LE BASSIN DES ANTILLES

Comme en témoigne la figure 4B-1, le bassin des Antilles, où baignent les îles de l'ensemble centraméricain, se compose de nombreuses îles dessinant un grand arc allant de la pointe occidentale de Cuba jusqu'à la côte méridionale de Trinité-et-Tobago. Les quatre îles les plus grandes (Cuba, Hispaniola, la Jamaïque et Porto Rico) sont désignées sous le nom de Grandes Antilles; elles se trouvent réunies dans la portion occidentale de cet **arc insulaire**. Les îles plus petites, collectivement appelées les Petites Antilles, constituent la portion orientale de l'arc qui descend vers le sud pour former un chapelet qui s'égrène des îles Vierges jusqu'à Trinité-et-Tobago. Il convient de préciser que d'autres îles s'écartent de cette ligne tectonique, dont les Bahamas et les îles Turks-et-Caïcos au nord des Grandes Antilles, ainsi qu'une multitude d'autres îles trop petites pour apparaître sur une carte de l'échelle représentée à la figure 4B-1.

Cette myriade d'îles, dont les superficies additionnées ne comptent que pour 9 % de l'ensemble centraméricain, abritent 33 États et plusieurs autres entités politiques, car les drapeaux coloniaux européens n'ont pas entièrement disparu de la région. De plus, le drapeau étasunien flotte sur Porto Rico et sur les îles Vierges. Les populations combinées de ces États et territoires représentent cependant 21 % de la population totale des 42 millions de personnes qui habitent dans l'ensemble, ce qui en fait une région densément peuplée.

Les États insulaires du bassin des Antilles sont généralement (très) petits et isolés des autres îles par des distances souvent importantes. Ces conditions géographiques fragmentées s'avèrent difficiles. Les îles offrent peu de possibilités sur le plan économique, tout ou presque y est relativement cher et le manque d'interaction avec le monde extérieur rend, dans certains cas, les sociétés insulaires plutôt statiques.

Les Grandes Antilles

Les quatre îles qui forment les Grandes Antilles (et dont les populations représentent 90 % de la population totale du bassin des Antilles) abritent cinq entités politiques : Cuba,

Haïti, la République dominicaine, la Jamaïque et Porto Rico (voir la figure 4B-1). Haïti et la République dominicaine se partagent l'île d'Hispaniola. Trois États des Grandes Antilles se distinguent particulièrement : Cuba, Haïti et la République dominicaine.

Cuba

Le plus grand État insulaire des Antilles, tant sur le plan du territoire (111 000 km²) que de la population (11,3 millions d'habitants), ne se trouve qu'à 145 kilomètres de la pointe méridionale de la Floride (voir la figure 4B-8). La Havane, sa capitale actuellement en grande rénovation, se situe presque directement sous Key West, une île de l'archipel des Keys dans le sud de la Floride. Cuba a été une possession espagnole jusqu'à la fin des années 1890, lorsque la guerre hispano-américaine lui a fourni l'occasion d'acquérir son indépendance avec l'aide des États-Unis. Mais après avoir été sous le joug des intérêts étasuniens pendant plus de 50 ans, le pays était mûr pour une révolution. En 1959, en pleine guerre froide, les insurgés, avec Fidel Castro à leur tête, ont pris le contrôle de Cuba pour y instaurer le socialisme. Malgré de nombreuses réformes sociales, le régime cubain s'est rapidement transformé en une dictature où l'opposition n'avait plus aucun droit de parole.

Près d'un million de Cubains ont préféré fuir l'île vers les États-Unis ; Miami est ainsi devenue la deuxième ville cubaine en importance, après La Havane.

Comme on peut le voir sur la figure 4B-8, la canne à sucre était depuis des années le pilier économique de Cuba ; les plantations, qui appartenaient autrefois à de riches propriétaires terriens, couvraient de vastes portions de l'île. La canne à sucre n'est cependant plus la culture privilégiée de Cuba pour obtenir des devises étrangères. Les moulins ont fermé et les champs sont désormais mis au service d'autres cultures ou convertis en pâturages. L'État compte sur d'autres possibilités économiques, particulièrement dans les hautes terres comme en témoignent l'exploitation des vastes forêts tropicales et la diversité des sols propice à la culture du tabac, du café, du riz ainsi que des fruits tropicaux et subtropicaux. Le riz et les haricots ont beau constituer les aliments de base, Cuba ne peut toutefois pas combler tous ses besoins en produits alimentaires et doit donc recourir à l'importation. Au centre et à l'ouest, la savane sert de pâturages au bétail. En ce qui a trait aux ressources naturelles,

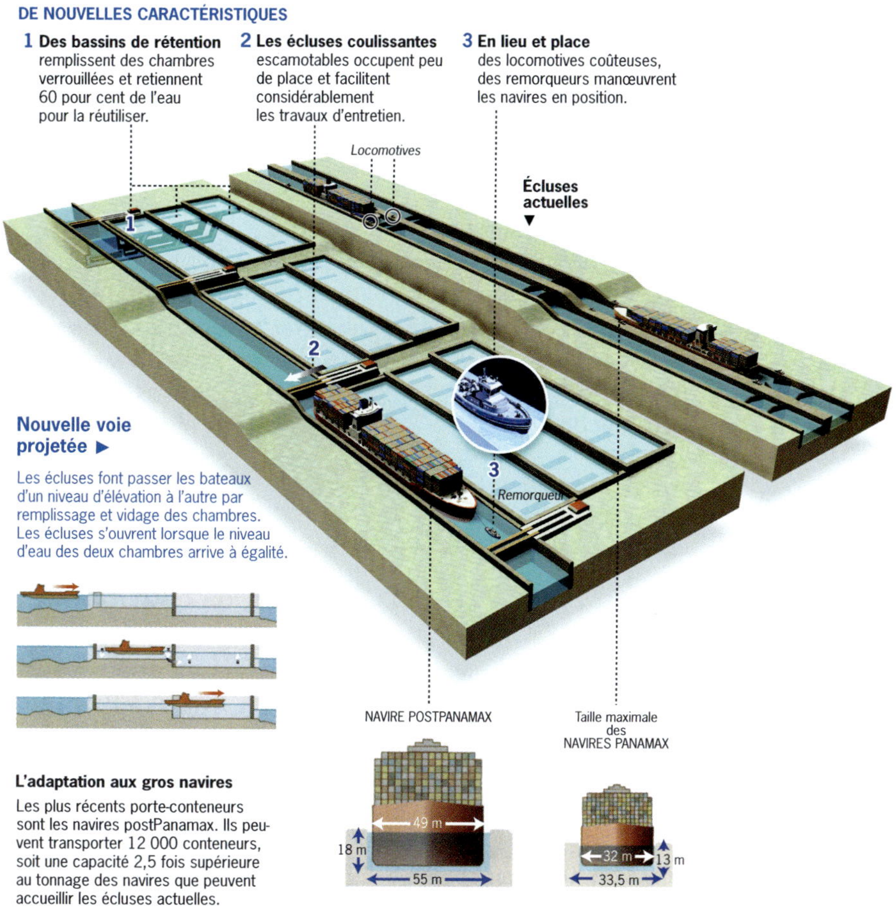

Ce schéma montre le projet d'agrandissement et de mise à niveau des écluses du canal de Panama afin qu'elles puissent accueillir les navires qui excèdent présentement la capacité maximale (« Panamax ») de la voie navigable. La date butoir d'achèvement des travaux est le 15 août 2014, qui correspond au 100ᵉ anniversaire de l'inauguration du canal par le paquebot mixte *S.S. Ancon*.

même si l'île dispose de réserves minérales limitées, ses gisements de nickel sont abondants et en exploitation depuis plus d'un siècle. Cependant, les derniers forages au large des côtes cubaines laissent croire à un potentiel de réserve d'hydrocarbures plutôt intéressant pour l'avenir économique du pays. Il n'en demeure pas moins que le tourisme représente toujours une source importante de devises étrangères pour l'État.

La pauvreté, les infrastructures délabrées, les quartiers miséreux et populeux ainsi que le chômage caractérisent le paysage de bien des villes de Cuba. En dépit de cette situation, la population jouit d'une bonne espérance de vie, d'un faible taux de mortalité infantile et du système d'éducation parmi les meilleurs de l'ensemble centraméricain. En 2006, la santé défaillante de Fidel Castro l'empêche de continuer à diriger le pays et il décide de céder les rênes du pouvoir à son frère Raúl. La gestion du pays est demeurée à peu près la même, outre quelques mesures modestes de libéralisation mises en place dans les années qui ont suivi. Cela dit, des

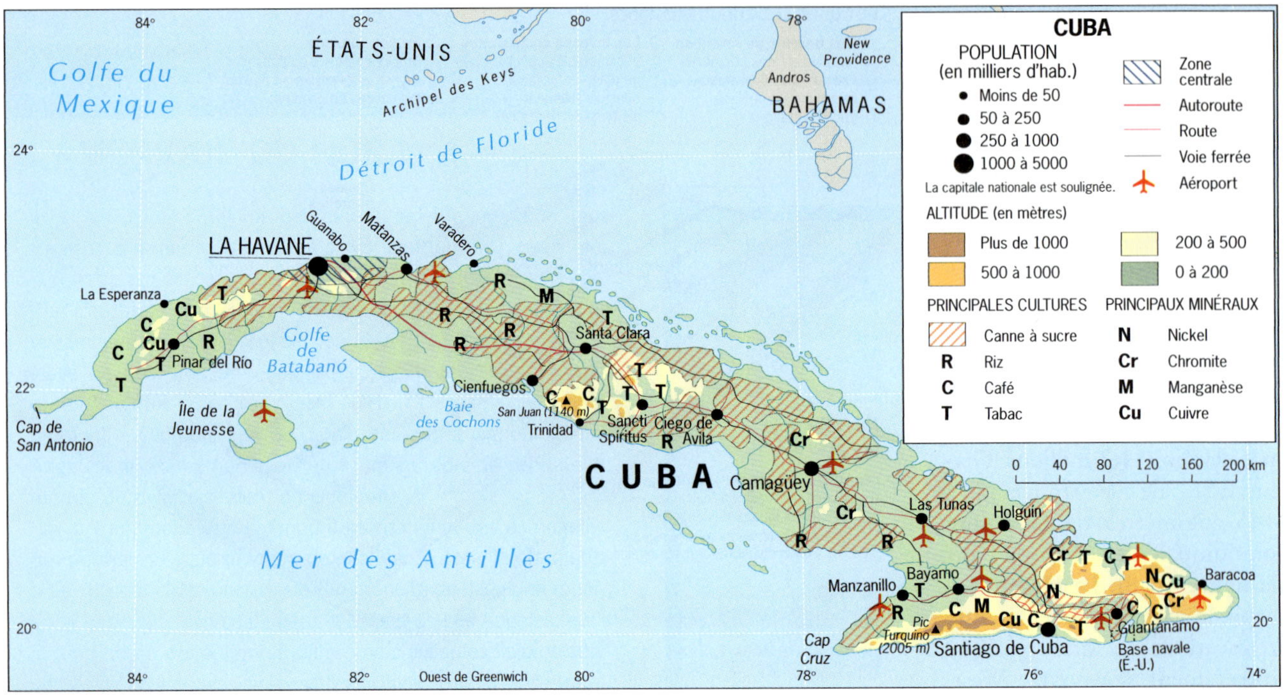

FIGURE 4B-8

changements économiques ne sauraient tarder sur l'île. Dans cette perspective, de plus en plus de banques étrangères et d'entreprises européennes cherchent à bien s'y positionner.

Haïti

Déjà détenteur du titre d'État le plus pauvre de l'hémisphère occidental depuis plusieurs décennies, Haïti, sur l'île d'Hispaniola, essuyait pas moins de trois ouragans et une tempête tropicale à quelques semaines d'intervalle en 2008. Les intempéries et les inondations ont entraîné la mort de plus de 800 personnes et en ont délogé quelque 800 000. À peine 15 mois plus tard, le 12 janvier 2010, un important tremblement de terre causait des dommages difficiles à imaginer (voir la photo à la page 162). Port-au-Prince, la capitale, a vu ses infrastructures détruites et le gouvernement haïtien est devenu pour ainsi dire invisible. Les écoles, les hôpitaux et les trains, de même que les ports et les aéroports, ont tous cessé de fonctionner. Des millions d'Haïtiens se sont retrouvés au chômage du jour au lendemain. Tout cela n'est cependant rien comparativement à la perte de vies humaines. Dans les mois qui ont suivi le séisme, le bilan a atteint, puis dépassé 300 000 décès et au moins 300 000 personnes ont été blessées. Craignant d'éventuelles répliques, près de 1,5 million de sans-abris ont fui la capitale. L'aide internationale a été déployée, mais il est rapidement apparu évident que toute la région allait devoir, en fin de compte, être reconstruite. Dans les semaines suivant le séisme, des millions d'Haïtiens ont continué de vivre dans des conditions précaires inimaginables. À la fin de 2010, les pluies abondantes saisonnières et l'absence de système sanitaire ont provoqué une épidémie de choléra qui a fait plus de 1000 victimes. Malgré tout, de nombreuses personnes gardent toujours l'espoir qu'Haïti se relève de cette calamité si le pays réussit à se reconstruire pour le mieux. La tâche s'annonce titanesque, entre autres raisons parce que la nature n'a pas été tendre pour cet État peuplé de 10,2 millions d'habitants. Haïti est géographiquement localisé sur une zone de faille particulièrement dangereuse où se touchent la plaque nord-américaine et celle des Caraïbes.

Aux dires des géologues, le séisme de 2010 couvait depuis des siècles et d'autres pourraient suivre (voir le carton extérieur de la figure 4B-9). Le pays se trouve aussi au milieu du corridor d'ouragans, et une seule année sans tempête majeure (2010 en était une) est une occasion de réjouissance. Enfin, Haïti compte peu de ressources naturelles et a peu à offrir dans le domaine du commerce international. Son histoire en dents de scie se compare à peu d'autres dans le monde : l'instabilité politique, la répression, les privations matérielles constituent la trame d'Haïti depuis plus d'un siècle. En 2009, le revenu national brut par habitant avait sombré et représentait tout juste le cinquième de celui de la Jamaïque, ce qui plaçait Haïti en plus mauvaise posture que de nombreux pays pauvres. Le taux de mortalité infantile y est presque trois fois plus élevé que celui des États centraméricains et sud-américains. Seulement 50 % des fillettes d'âge scolaire reçoivent une éducation. La plupart des dépenses publiques, pourtant limitées, ont été rendues possibles grâce à l'aide étrangère, et la consommation des particuliers dépend largement de l'argent provenant

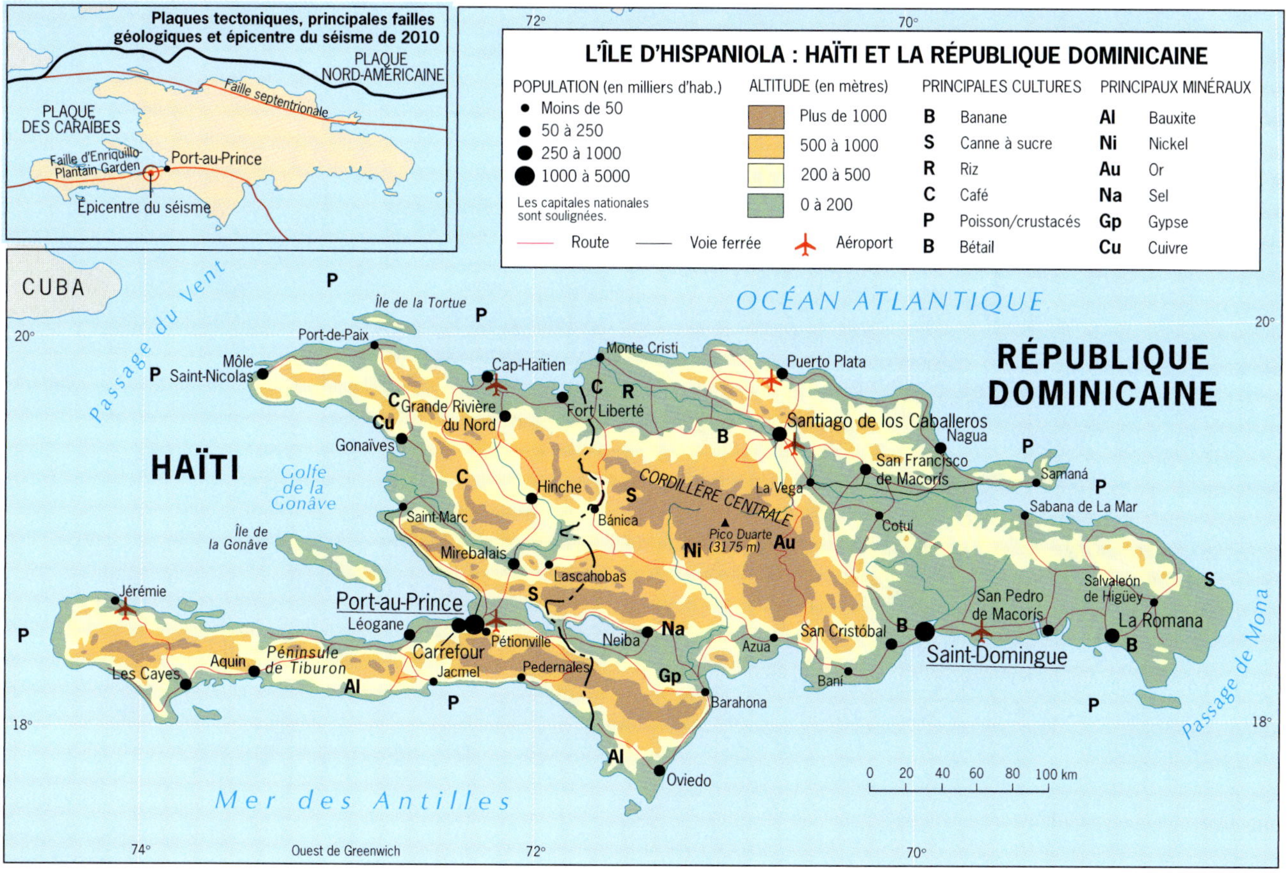

FIGURE 4B-9

de la diaspora haïtienne établie notamment à Miami, Paris, New York et Montréal.

L'économie d'Haïti repose sur une agriculture de subsistance et d'exportation axée sur le café, la canne à sucre, le rhum et le tabac.

La République dominicaine

Des deux pays de l'île d'Hispaniola, la montagneuse République dominicaine occupe la plus grande portion (voir la figure 4B-9), soit 64 % du territoire, mais sa population (10,2 millions d'habitants) équivaut à celle d'Haïti. Là s'arrête la ressemblance. Ce pays renferme toute une variété d'environnements naturels et beaucoup plus de ressources naturelles que son voisin à l'ouest. La République dominicaine exporte depuis longtemps du nickel, de l'or et de l'argent, en plus du sucre, du tabac, du café et du cacao, mais le tourisme – une occasion d'affaires inaccessible pour Haïti – demeure l'industrie principale.

Une nouvelle économie fondée sur la fabrication, les industries de pointe et l'argent comptant envoyé par les Dominicains expatriés a connu une croissance moyenne annuelle de 7 % dans les années 1990. Au début des années 2000, cependant, elle implosait non seulement à la suite du ralentissement de l'économie mondiale, mais aussi à cause de fraudes bancaires et de la corruption au sein du gouvernement. Le chômage a augmenté et la situation économique est devenue critique, ce qui a donné lieu à des manifestations populaires qui se sont soldées par des morts, tandis que, à l'arrière-scène, l'élite reprochait aux institutions financières étrangères leur manque de volonté à prêter des fonds supplémentaires au gouvernement.

Les Petites Antilles

Il serait difficile de présenter en détail les caractéristiques géographiques de chacune des îles des Petites Antilles. Notons cependant que toutes partagent la condition d'insularité et les risques environnementaux propres à la région (séismes, éruptions volcaniques et ouragans). Elles doivent toutes également composer à des degrés divers avec des difficultés socioéconomiques semblables : ressources intérieures réduites, surpopulation, détérioration des sols, morcellement des terres et marchés limités. Pour subsister, nombre d'entre elles ont fait du tourisme leur principale industrie. D'autres ont développé les secteurs bancaires qui offrent des abris fiscaux considérables à de nombreux millionnaires.

5A L'AMÉRIQUE DU SUD

L'AFFIRMATION D'UN CONTINENT

SOMMAIRE

- LA PHYSIOGRAPHIE
- LES CLIMATS ET LES MILIEUX NATURELS
- LES CIVILISATIONS ANCIENNES ET LA CONQUÊTE IBÉRIQUE
- LA MOSAÏQUE CULTURELLE
- LA GÉOGRAPHIE ÉCONOMIQUE
- L'URBANISATION
- LES PROBLÈMES D'INÉGALITÉ ET DE VIOLENCE

CONCEPTS ET TERMES

Altiplano
Ibérique
Agriculture commerciale
Développement inégal
Migration urbaine
Mégapole
Favéla

FIGURE 5A-1

L'Amérique du Sud se délimite facilement; elle correspond à un vaste triangle allongé relié à l'Amérique du Nord par l'isthme centraméricain. L'Amérique du Sud s'étend au sud-est de sa contrepartie septentrionale et s'avance plus loin que cette dernière dans l'océan Atlantique. Ainsi, sa côte orientale est beaucoup plus proche de l'Afrique et de la péninsule ibérique que le sont l'isthme centraméricain ou la côte est de l'Amérique du Nord. En revanche, l'Amérique du Sud est très éloignée du monde asiatique: la distance entre eux est le double de celle qui sépare Vancouver, au Canada, de Tokyo, au Japon.

LA PHYSIOGRAPHIE

Les Andes, dans la marge occidentale du continent, forment un système montagneux parmi les plus longs et les plus élevés du monde. Ils constituent une gigantesque muraille depuis la Terre de Feu, située dans la pointe australe du triangle, jusqu'au Venezuela dans le nord (voir la figure 5A-1). L'Amérique du Sud se distingue par une autre caractéristique physiographique majeure qui occupe son centre-nord: le bassin de l'Amazone. Cette vaste étendue tropicale humide est drainée par le puissant fleuve Amazone, qui est alimenté par plusieurs importantes rivières tributaires. La majeure partie du reste du continent est dominée par des plateaux, dont les trois principaux sont les suivants: le plateau du Brésil qui couvre la plupart des secteurs situés au sud-est du bassin de l'Amazone; le massif des Guyanes, qui s'étend au nord du bassin de l'Amazone; et le froid plateau patagonien qui englobe le tiers sud de l'Argentine. La figure 5A-1 révèle également deux autres bassins fluviaux remarquables: le bassin du Paraná-Paraguay dans le centre-sud et le bassin de l'Orénoque dans l'extrême nord, qui draine l'intérieur de la Colombie et du Venezuela.

Le centre historique de Salvador, capitale du Brésil durant la période coloniale (1549-1763), a été le port d'entrée de dizaines de milliers d'Africains.

LES CLIMATS ET LES MILIEUX NATURELS

Si l'ensemble géographique russe est le plus large du monde sur son axe est-ouest, l'ensemble sud-américain, pour sa part, est le plus long dans son étendue nord-sud. Aucun autre pays n'est plus emblématique de cette géographie allongée que le Chili qui, en moyenne, ne fait que 150 kilomètres de largeur, mais dont la longueur atteint 4300 kilomètres. L'étendue latitudinale du continent, qui couvre un dixième de la circonférence de notre planète, fait en sorte que l'Amérique du Sud possède une vaste gamme de climats et de végétation. Si l'on ajoute à cela les variations importantes du relief d'ouest en est, on comprend aisément pourquoi cet ensemble recèle une diversité si impressionnante d'habitats naturels.

La carte de la répartition mondiale des climats (voir la figure I-14) nous permet de noter les divers types de climat qui marquent l'Amérique du Sud, en particulier dans le nord-ouest et dans la moitié sud du continent. Si on part de Lima, au Pérou, et qu'on se dirige vers le nord-est sur une distance d'environ 600 kilomètres, on ne traverse pas moins de quatre zones climatiques différentes: une étendue aride, une région montagneuse et deux types de climat chaud et humide. Si on parcourt une distance semblable dans le sens est-ouest, à partir de Santiago, au Chili, jusqu'à Buenos Aires, en Argentine, on passe à travers cinq zones climatiques: le climat de montagne, des climats secs (aride et semi-aride) et deux types de climat tempéré humide. La végétation de l'Amérique du Sud, qui varie en fonction du climat, est constituée, notamment, de forêts tropicales luxuriantes, de peuplements de conifères dans les montagnes chiliennes aux sommets couverts de neige et de prairies fertiles ou desséchées. Cette diversité du milieu naturel a contribué

Les principales CARACTÉRISTIQUES GÉOGRAPHIQUES de . . .

L'AMÉRIQUE DU SUD

1. Les traits dominants du relief de l'Amérique du Sud sont la chaîne montagneuse des Andes dans l'ouest et le bassin de l'Amazone dans l'est, le reste de la masse continentale étant en majorité formé de plateaux.
2. Le Brésil occupe à lui seul la moitié de la masse continentale et il abrite aussi la moitié de la population de l'ensemble.
3. La population sud-américaine reste concentrée dans les marges de la masse continentale. L'intérieur est en général très peu peuplé, bien que certaines zones fassent l'objet d'importants développements.
4. Les relations entre les États de l'Amérique du Sud s'intensifient rapidement. L'intégration économique représente un atout important.
5. Les inégalités et les contrastes entre les économies régionales sont très prononcés, à l'échelle tant continentale que nationale.
6. Le pluralisme culturel est un trait distinctif de la majorité des pays sud-américains et il se manifeste souvent à l'échelle régionale.
7. L'Amérique du Sud connaît une croissance urbaine rapide et son taux d'urbanisation équivaut aujourd'hui à celui de l'Amérique du Nord et de l'Europe de l'Ouest.
8. L'Amérique du Sud possède beaucoup de richesses naturelles et a profité, ces dernières années, de l'augmentation de la demande mondiale en matières premières.

aux différents modes de vie, aux différents paysages culturels, et elle explique une logique de concentration des populations humaines sur le territoire.

LES CIVILISATIONS ANCIENNES ET LA CONQUÊTE IBÉRIQUE

Des milliers d'années avant que les premiers Européens n'atteignent les rivages de l'Amérique du Sud, des peuples y avaient déjà émigré. Ils sont arrivés par l'Amérique du Nord (il y a possiblement 18 000 ans, voire 30 000 ans) et sont descendus dans l'isthme centraméricain. Sur le continent sud-américain, ils ont fondé des sociétés dans les vallées côtières et les bassins fluviaux, sur les plateaux et dans les régions montagneuses. Il y a environ 1000 ans, certains de ces peuples, qui s'étaient remarquablement adaptés à leurs milieux naturels variés, ont prospéré dans les vallées qui s'allongent entre les chaînes de montagnes de la cordillère des Andes, notamment dans l'actuelle Colombie, dans le sud de la Bolivie et au Chili. Ces plateaux de haute altitude, appelés ***altiplanos***, leur procuraient des sols fertiles, des approvisionnements fiables en eau, des matériaux de construction et une protection naturelle.

L'Empire inca

Chaque région de l'*altiplano* était habité par une ethnie distincte. Les Incas se sont d'abord installés dans la vallée de Cuzco, et c'est depuis cet endroit qu'ils ont conquis les peuples des autres bassins et du littoral du Pacifique pour ensuite exercer leur autorité sur eux. Les Incas étaient des bâtisseurs, comme en témoigne le célèbre Machu Picchu, situé près de Cuzco. Les structures de pierres, les routes et les ponts qu'ils ont construits leur ont permis d'unifier leur vaste empire. Ils se sont également révélés être des administrateurs efficaces, des agriculteurs et des éleveurs accomplis et des fabricants qualifiés. Leurs savants ont étudié les cieux et leurs médecins ont même pratiqué des chirurgies du cerveau. Grands stratèges militaires, les Incas ont intégré à leur société stable et organisée les peuples vaincus ; il s'agit là d'une réalisation étonnante compte tenu du relief de leur territoire.

Bien qu'ayant toujours été minoritaires sur leur vaste territoire, les Incas constituaient l'élite dirigeante d'une société structurée selon un modèle rigide de classes. L'État était à ce point centralisé et autoritaire qu'il suffisait de renverser le chef pour s'emparer du pouvoir et régner sur l'empire tout entier, comme l'ont découvert les Espagnols peu après leur arrivée, au début des années 1530. Les envahisseurs européens ont soudainement mis un terme au développement de cette civilisation millénaire et ont irrémédiablement changé l'organisation du terrritoire de l'Amérique du Sud.

Les envahisseurs ibériques

La carte actuelle de l'Amérique du Sud s'est esquissée progressivement lorsque les conquérants **ibériques** ont commencé à comprendre la situation et l'économie des peuples indigènes. À l'instar des Mayas et des Aztèques, les Incas avaient accumulé de l'or et de l'argent dans leur capitale ; en outre, ils pratiquaient une agriculture productive et disposaient d'une main-d'œuvre servile. Peu après la défaite de l'Empire aztèque au Mexique, en 1521, Francisco Pizarro a mis les voiles vers le sud pour longer la côte nord-ouest du continent où il a appris l'existence de l'Empire inca. Or pour en organiser la conquête, il a préféré retourner en Espagne

Désigné site du patrimoine mondial par l'UNESCO, le centre de Cuzco, capitale historique de l'Empire inca, attire plus d'un million de touristes chaque année. Au début du XVIe siècle, Francisco Pizarro a mis à sac la capitale inca; seules quelques ruines subsistent en son centre. En revanche, à l'extérieur de la ville, on peut voir l'impressionnante forteresse de Sacsahuamán dont la plupart des murs sont restés intacts.

et, en 1531, il s'est alors rendu sur la côte péruvienne avec 183 hommes et deux douzaines de chevaux. La suite des évènements est bien connue: en 1533, les Espagnols, victorieux, entraient dans Cuzco et exécutaient l'empereur inca Atahualpa

Lima, la capitale des conquistadors située sur la côte ouest, est rapidement devenue l'une des villes les plus prospères du monde grâce aux vastes gisements d'argent exploités dans les Andes.

Entretemps, d'autres conquérants ibériques avaient atteint le centre-est du continent, soit la zone côtière du Brésil actuel. Dès 1494, cette région faisait d'ailleurs partie de la sphère d'influence portugaise.

L'isolement et l'indépendance

En dépit de leur appartenance à un même continent, de leur langue et de leur patrimoine culturel semblables ainsi que de leurs problèmes nationaux de même nature, les pays issus des vice-royautés espagnoles d'Amérique du Sud (y compris le Brésil) ont évolué indépendamment les uns des autres jusqu'à très récemment. Les distances et les barrières physiographiques ont accentué l'isolement des pays, et les plus grandes agglomérations sont encore aujourd'hui situées sur le littoral, principalement dans l'est et dans le nord. En réalité, les vice-royautés avaient été créées principalement pour amasser des richesses qui servaient à remplir les coffres de l'Espagne et du Portugal. En raison de leurs activités lucratives, les monarchies ibériques avaient développé le territoire en fonction de l'exportation des matières premières, donc autour de villes portuaires. Dans cette perspective, l'intérieur du continent ne représentait que peu d'intérêt.

Les choses ont commencé à changer seulement après que les colons qui s'étaient établis en permanence sur le continent sud-américain et qui y avaient des intérêts se furent rebellés contre les autorités ibériques. Étant donné que les forces militaires espagnoles ont toujours été concentrées à Lima, les territoires les plus éloignés de ce centre de pouvoir, soit l'Argentine et le Chili, ont été les premiers à obtenir leur indépendance de l'Espagne (en 1816 et en 1818, respectivement). Dans le nord, Simón Bolívar a pris la tête du mouvement d'indépendance naissant et, en 1842, deux défaites militaires décisives ont permis de mettre un terme à la domination espagnole en Amérique du Sud.

Cette lutte commune n'a cependant pas mené à l'unification. Les Andes forment une barrière entre l'Argentine et le Chili, et le désert d'Atacama sépare le Chili du Pérou; par conséquent, les distances par voie de terre semblent plus grandes qu'elles ne le sont en réalité. Ainsi, l'isolement des pays sud-américains s'est accru toujours davantage, et les disputes à propos des frontières ont certainement rendu leur rapprochement plus difficile. C'est seulement depuis deux décennies que les pays d'Amérique du Sud ont commencé à prendre conscience des avantages que chacun pouvait tirer d'une meilleure coopération, puis à déployer des efforts pour orienter leurs relations dans cette voie.

LA MOSAÏQUE CULTURELLE

Le paysage culturel de l'Amérique du Sud, au même titre que celui de l'Amérique centrale, est formé d'éléments identitaires superposés. Au fil des siècles, les autochtones ont cultivé et façonné des paysages variés dans tout le continent, certains produisant des effets plus marquants que d'autres.

Le réveil des peuples autochtones

Aujourd'hui, les autochtones d'Amérique du Sud, longtemps opprimés, connaissent un réveil social, politique et économique. Dans plusieurs pays de ce continent où leur nombre est assez grand pour former une force politique, ils ont commencé à prendre conscience de leur potentiel. Les autochtones constituent au Pérou 47 % de la population, et ceux de la Bolivie, 57 %; ils y sont donc majoritaires.

Des dirigeants politiques autochtones, nouvellement investis de pouvoirs, portent à l'attention des communautés locale et internationale les souffrances des peuples indigènes. Les autochtones ont été conquis, décimés par les maladies étrangères, dépouillés de leurs meilleures terres et soumis au travail forcé. Ils se sont vu nier le droit de faire pousser leurs cultures traditionnelles, ils ont subi la discrimination sociale et ont été privés de leur juste part des recettes tirées des ressources de leurs territoires traditionnels. Ils sont peut-être toujours les plus pauvres parmi les défavorisés d'Amérique du Sud, mais ils s'affirment de plus en plus.

Les descendants africains

Les Espagnols ont initialement été avantagés dans le partage territorial de l'Amérique du Sud, tant par la qualité des terres que par la taille de la main-d'œuvre indigène. Lorsque les Portugais ont commencé à développer leur territoire, ils se sont tournés vers la même activité lucrative que leurs rivaux espagnols des Antilles, soit l'établissement de plantations de canne à sucre dont la production était destinée aux marchés européens. Ils ont, eux aussi, eu recours à la même source de main-d'œuvre que les autres conquérants. Ainsi, ils ont fait venir des millions d'esclaves de l'Afrique, près de la moitié de tous ceux qui ont été amenés de force dans les Amériques. Les Portugais les ont installés dans la zone côtière tropicale du Brésil, au nord de Rio de Janeiro (voir la figure 6A-4). Il n'est donc pas étonnant que la population noire de ce pays soit maintenant la plus importante du continent et qu'elle soit encore aujourd'hui largement concentrée dans les États brésiliens du nord-est, marqués par la pauvreté. Les Brésiliens de descendance africaine, directe ou métissée, comptent pour un peu plus de la moitié de la population de leur pays.

La réorganisation ethnoculturelle du territoire

Lorsque les Européens sont arrivés, la transformation culturelle qui a résulté du choc démographique s'est gravement répercutée sur le territoire. Les peuples indigènes sont aujourd'hui devenus des minorités sur leurs propres terres. Les Européens y ont introduit des cultures, des animaux et des concepts de propriété foncière différents, en plus d'aménager le territoire à leur façon. Par conséquent, l'Amérique du Sud a changé de manière irréversible.

Outre des résidents de la péninsule ibérique, d'autres Européens ont aussi commencé à immigrer en Amérique du Sud, en particulier pendant la première moitié du XXe siècle. Des immigrants japonais sont arrivés au Brésil et au Pérou au cours de la même époque. Tous ces éléments ont contribué à brosser l'actuel tableau des différentes communautés de cet ensemble géographique. La figure 5A-2 présente les principales communautés de l'Amérique du Sud. On peut identifier, entre autres, les zones où prédominent les cultures autochtone et africaine, ainsi que celles où l'influence européenne prime. Ainsi, la population du Cône Sud est majoritairement d'origine européenne.

L'Amérique du Sud, par conséquent, est un continent constitué de communautés de diverses origines, où vivent dans des régions avoisinantes des peuples autochtones, des descendants issus de la péninsule ibérique et d'autres parties de l'Europe (Allemands, Français, Italiens), des descendants d'Africains arrachés principalement à l'Afrique tropicale occidentale, des descendants d'Asiatiques en provenance de l'Inde, du Japon et de l'Indonésie. Ils ont collectivement créé une mosaïque culturelle d'une impressionnante variété.

FIGURE 5A-2

LA GÉOGRAPHIE ÉCONOMIQUE

Les terres agricoles et la déforestation

Les divisions internes de ce kaléidoscope culturel se reflètent également sur le paysage économique du continent. En Amérique du Sud, l'**agriculture commerciale** à grande échelle et à but lucratif de même que l'agriculture de subsistance à petite échelle et principalement destinée à l'autoconsommation se développent côte à côte, comme nulle part ailleurs dans le monde (voir la figure 5A-3). L'emplacement des plantations et des autres activités agricoles commerciales était initialement lié à la distribution géographique des propriétaires terriens d'origine européenne, alors que l'agriculture de subsistance (telle que l'agriculture de subsistance mixte qui se pratique sur les hauts plateaux, l'agroforesterie et l'agriculture itinérante) est historiquement associée à la répartition spatiale des populations indigènes ainsi qu'à celle des populations d'origine africaine et asiatique non représentée sur la carte (voir la figure 5A-2).

Comme on peut s'y attendre, d'un point de vue général, les activités agricoles et l'usage des terres en Amérique du Sud sont intimement liés. La foresterie et l'agriculture commerciale et traditionnelle sur brûlis prévalent dans le bassin de l'Amazone ; l'élevage domine dans les prairies du Cône Sud ; et différentes formes d'agriculture, recourant ou non à l'irrigation, se pratiquent dans une vaste zone qui s'étend du nord-est du Brésil jusqu'au nord de l'Argentine, ainsi que dans des poches dispersées de la cordillère des Andes où l'altitude est modérée. L'usage des terres en Amérique du Sud change rapidement aujourd'hui, princi-

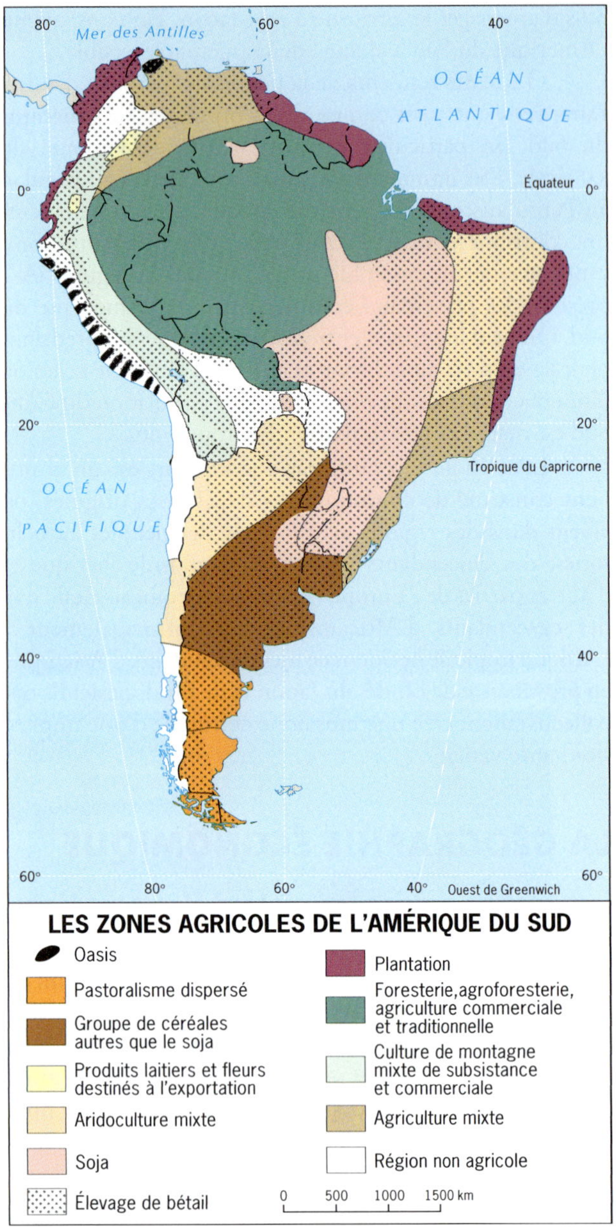

FIGURE 5A-3

palement en raison de la déforestation en cours et de l'introduction de nouvelles cultures ou de leur expansion. La culture du soja connaît la plus forte croissance : elle domine désormais la majeure partie du centre-est du Brésil et se répand dans les zones avoisinantes du Paraguay, de l'Uruguay et de l'Argentine (voir la figure 5A-3).

La déforestation est un problème particulièrement aigu dans le nord du Brésil. Par le passé, le déboisement était principalement attribuable aux petits propriétaires terriens, soit des colons qui exploitaient la forêt amazonienne pour en tirer leur subsistance. Depuis le milieu des années 1970, le processus de colonisation se déroule généralement comme suit : à mesure que des routes sont aménagées dans la forêt, les colons suivent ce développement, souvent en réponse à des plans d'occupation des sols parrainés par le gouvernement. Ils se déplacent parallèlement aux voies, où ils défrichent des terres agricoles (voir la photo à la page 214) pour y planter des cultures de subsistance. Cependant, au bout d'un an ou deux, les infestations de mauvaises herbes et le déclin de la fertilité du sol rendent ces parcelles improductives. Sur ces terres devenues moins fertiles, les exploitants plantent des espèces fourragères avant de vendre leur lot à des éleveurs et d'aller défricher d'autres zones inexploitées. Et le cycle se répète.

Malheureusement, cette pratique non seulement entraîne l'exploitation de sols de qualité inférieure sur de vastes étendues, mais cause également la destruction de peuplements forestiers. Depuis les années 1980, l'agriculture sur brûlis et le défrichement font disparaître chaque année dans le nord du Brésil 116 000 km^2 de forêt tropicale, ce qui correspond à plus de deux fois la superficie de la Nouvelle-Écosse. Pour aggraver la situation, la crise de la déforestation s'est intensifiée depuis que les exploitations agroindustrielles se sont lancées dans la production à grande échelle pour satisfaire les marchés d'exportation ; pour ce faire, elles s'enfoncent plus loin dans la forêt amazonienne qui voit sa couverture végétale s'amenuiser.

Bien que les économies sud-américaines se modernisent, l'agriculture reste néanmoins très importante. Un cinquième de la main-d'œuvre de l'Amérique du Sud travaille dans le secteur primaire, qui comprend l'agriculture, l'élevage et la pêche, une part beaucoup plus grande qu'en Amérique du Nord. La contribution de l'Amérique du Sud au commerce mondial de céréales, de soja, de café, de jus d'orange, de sucre et de nombreuses autres cultures est considérable et en pleine croissance. Outre toutes ces réussites agricoles, l'agriculture illégale reposant sur la production de plantes servant à la fabrication de stupéfiants prospère également (voir l'encadré intitulé « La géographie de la cocaïne »).

Le développement industriel

L'industrie manufacturière, qui est en croissance rapide en Amérique du Sud, s'étend des produits chimiques à l'électronique et du textile aux biocarburants. La géographie de la production industrielle varie grandement. Traditionnellement, le Brésil, le Chili et l'Argentine ont été en avance sur les autres, tandis que les États comme le Pérou, l'Équateur et la Bolivie ont longtemps lutté pour moderniser leur économie respective et améliorer le niveau de vie de leurs citoyens. Au sein de ces pays, le **développement inégal** est marquant. L'industrie manufacturière se concentre principalement dans les grands centres urbains et en périphérie, ce qui laisse de vastes espaces inoccupés.

Le Brésil, en particulier, attire de plus en plus l'attention en raison de sa forte croissance et du rapide perfectionnement de nombreux secteurs de son économie. Par le passé, les exportations brésiliennes typiques se limitaient aux aliments et aux chaussures. Aujourd'hui, ses principales exportations sont le pétrole – grâce à la découverte fortuite

LA GÉOGRAPHIE DE LA COCAÏNE

AUCUNE ÉTUDE DE LA GÉOGRAPHIE du nord-ouest de l'Amérique du Sud ne peut passer sous silence l'économie de l'une des activités les plus répandues de cette région : la production illégale de stupéfiants. En effet, une grande quantité de drogues franchit chaque année les frontières étasuniennes. La cocaïne, qui est certainement celle dont l'usage est le plus courant, provient en totalité d'Amérique du Sud, surtout de la Bolivie, du Pérou et de la Colombie. La cocaïne rapporte à ces trois pays combinés des milliards de dollars américains annuellement et emploie des dizaines de milliers de travailleurs, constituant ainsi une industrie qui représente une puissante force économique. Ceux qui dirigent cette industrie détiennent un pouvoir considérable qu'ils acquièrent par différents moyens : corruption des politiciens, enlèvements et autres formes d'intimidation, menaces terroristes et alliances avec des groupes de guérilla installés dans les régions isolées, à l'écart de tout contrôle gouvernemental.

La première étape de la production de la cocaïne est l'extraction de la pâte de coca des feuilles de l'arbrisseau nommé coca. Les Incas cultivaient cette plante dans les Andes il y a plusieurs siècles, et des millions de leurs descendants mâchent encore des feuilles de coca pour leurs vertus stimulantes ou les infusent pour en faire du thé. La coca est principalement cultivée sur le versant oriental des Andes et dans les basses terres tropicales adjacentes de la Bolivie et du Pérou.

Aujourd'hui, cinq régions dominent la culture des feuilles de coca destinées à la production de stupéfiants : le district de Chaparé, en Bolivie, situé dans les basses terres amazoniennes, dans le nord-est du département de Cochabamba ; les hauteurs des Yungas, au nord de La Paz, la capitale de la Bolivie ; la vallée de Huallaga et les vallées avoisinantes, dans le centre-nord du Pérou ; la vallée de l'Apurimac, dans le centre-sud du Pérou et au sud-est de la ville de Huancayo ; et les zones situées autour des territoires contrôlés par les guérillas du sud de la Colombie (voir la figure 5A-4).

Ces régions, qui peuvent produire jusqu'à neuf récoltes de coca par an, sont particulièrement propices à une culture de haut rendement, sans compter que leur climat et leur sol favorisent l'immunité des plants contre un certain nombre de maladies et d'insectes. Malgré les efforts du gouvernement qui envoie des équipes épandre des herbicides par voie aérienne et détruire manuellement les plants sur le terrain, toutes ces régions continuent de prospérer.

Les exploitations dans les zones de la Colombie contrôlées par la guérilla ont atteint la taille de plantations, entraînant des milliers d'agriculteurs locaux, parfois sous la menace d'armes à feu, à venir grossir les rangs de la main-d'œuvre sur le terrain plutôt que de continuer à se consacrer à l'agriculture de subsistance moins lucrative. Au Pérou et en Bolivie, les zones spécialisées dans la production de coca ont incité un nombre encore plus grand de paysans à abandonner les cultures vivrières au profit de cette activité dont le revenu à l'acre est sept fois plus élevé que celui du cacao. Cette situation réduit encore davantage la capacité de ces pays à subvenir à leurs besoins alimentaires.

Les feuilles de coca récoltées dans les zones de culture des Andes et à proximité des plaines intérieures sont ensuite acheminées vers les centres de transformation locale, situés à la confluence des rivières et des sentiers, où la pâte de coca est extraite et préparée. La deuxième étape de la production peut alors commencer. Celle-ci comprend le raffinage de cette pâte (contenant environ 40 % de cocaïne), qui est convertie en chlorhydrate de cocaïne (dont la teneur en cocaïne est de plus de 90 %), un concentré mortel qui est dilué avec des substances telles que le sucre ou la farine, avant d'être vendue dans la rue aux consommateurs.

La dernière étape de la production comprend la distribution de la cocaïne sur les marchés par un réseau efficace de transport clandestin vers les États-Unis. Jusqu'à il y a une dizaine d'années, la méthode d'exportation privilégiée des contrebandiers reposait sur l'emploi de petits avions privés et de pistes d'atterrissage isolées. Toutefois, les mesures vigoureuses qu'ont appliquées les États-Unis le long des côtes de la Floride et du golfe du Mexique ont mis fin, avec succès, aux vols au-dessus des Antilles. La majeure partie de la cocaïne est

LA PRODUCTION DE COCA DANS LE NORD-EST DE L'AMÉRIQUE DU SUD

Zone de culture de la coca (les régions colombiennes ne sont pas identifiées– voir la figure 5B-3)

FIGURE 5A-4

aujourd'hui introduite clandestinement par voie maritime par les ports du nord-ouest de l'Amérique du Sud et des Antilles. Comme nous l'avons mentionné dans le chapitre 4A, la principale destination est le Mexique. L'augmentation du flux de marchandises vers les États-Unis, favorisée par l'ALENA, a contribué au changement d'itinéraire via le Mexique, car cette route offre des possibilités toujours plus grandes aux contrebandiers qui tirent avantage des millions de camions traversant la frontière chaque année. Cette situation a également entraîné une hausse rapide du crime organisé (voir les pages 177 et 178).

d'énormes réserves dans les fonds marins au cours des dernières années –, l'acier ainsi que les avions de pointe. Depuis près d'une décennie maintenant, le Brésil, au même titre que la Russie, l'Inde, la Chine et l'Afrique du Sud, compte parmi les cinq grands marchés émergents du globe, qu'on désigne sous l'acronyme BRICS.

Malgré l'impressionnante croissance économique survenue récemment dans la majeure partie de l'Amérique du Sud, il apparaît clairement que l'isolement qui a longtemps marqué les pays de cet ensemble géographique demeure un obstacle important. La plupart des gouvernements conviennent toutefois qu'une intégration resserrée, aussi bien des infrastructures politiques que de transport, améliorerait grandement les possibilités économiques.

L'intégration économique

En 2011, les pays sud-américains étaient regroupés au sein de quatre grandes organisations commerciales. Les voici en détail :

- Le **Mercosur** (en espagnol) ou **Mercosul** (en portugais) : L'entrée en vigueur du Marché commun de l'Amérique du Sud en 1995 a créé une zone de libre-échange et une union douanière entre le Brésil, l'Argentine, l'Uruguay et le Paraguay. La Colombie, le Chili, l'Équateur, le Pérou et la Bolivie en sont des membres associés. L'admission du Venezuela a été bloquée pendant des années, d'abord par le Brésil et ensuite par le Paraguay. Cependant, ce pays est en voie d'intégration. Le Mercosur est en train de devenir la principale organisation de libre-échange en Amérique du Sud.
- La **Communauté andine des nations (CAN)** : Instauré en 1969, le Pacte andin a été relancé en 1996 sous le nom de Communauté andine. Celle-ci constitue une union douanière (tarifs douaniers uniformes sur les importations) regroupant la Colombie, le Pérou, l'Équateur et la Bolivie. Le Venezuela était un membre jusqu'en 2006, année où il s'en est retiré.
- L'**Union des nations sud-américaines (UNASUR)** : L'UNASUR, qui a remplacé la Communauté sud-américaine des nations (CSN), a été créée en 2008 à Brasilia, au Brésil. Cette organisation regroupe 12 pays d'Amérique du Sud qui représentent 360 millions d'habitants. Ces pays ont signé un traité visant à former une union sur le modèle de l'Union européenne, dont les objectifs comportent la création d'un Parlement continental, un effort coordonné de défense, l'introduction d'un passeport unique pour tous les citoyens et une coopération accrue dans le domaine du développement des infrastructures. Toutefois, d'importants désaccords entre les États membres concernant certains détails ont repoussé la conclusion de cette union, qui pourrait, selon certains, servir de contrepoids à la Zone de libre-échange des Amériques (ZLEA).
- La **Zone de libre-échange des Amériques (ZLEA)** : Les États-Unis et d'autres partisans de l'ALENA comme le Canada poussent fortement ce concept de coopération hémisphérique, qui est vivement critiqué par les paysans et les travailleurs d'Amérique du Sud, et auquel s'oppose officiellement le Mercosur. Tant que les modalités des échanges seront dictées par les partenaires d'Amérique du Nord, les pays de l'Amérique du Sud seront réticents à participer à ce projet.

L'essor du marché des matières premières

De 2005 à 2010, l'économie sud-américaine a enregistré une croissance soutenue d'environ 5 % annuellement. Cette croissance s'est produite principalement au Brésil, au Chili, au Pérou et en Argentine, mais l'ensemble du continent a également connu une assez bonne progression. L'augmentation de la demande mondiale en matières premières est l'une des principales raisons de cet essor qui repose en grande partie sur la croissance explosive des économies de la Chine et de l'Inde. Ces deux géants asiatiques sont de grands consommateurs de soja brésilien, de cuivre chilien, d'argent péruvien, de pétrole vénézuélien et plus encore. Jusqu'en 2011, les prix des matières premières se sont fortement accrus en raison de l'augmentation de la demande et l'Amérique du Sud en a récolté les bénéfices. Certaines ressources demeuraient inexploitées parce qu'elles étaient trop chères à extraire ou à produire dans un endroit donné. L'augmentation des prix a rendu cette exploitation rentable. De plus, cette situation a engendré des concentrations de population importantes autour des sites d'extraction de ces matières premières et dans les villes industrielles où elles sont transformées. Le cas du centre-sud du Brésil est notoire en raison de son fort potentiel agricole. En conséquence, une grande partie du continent n'a pas souffert de la crise financière mondiale qui a culminé en 2008-2009.

Voici une photo aérienne, prise au milieu de l'année 2009, de l'un des sites d'exploitation de matières premières les plus spectaculaires de l'Amérique du Sud. Il s'agit de la réserve de minerai ferreux de Carajás, dans le nord du Brésil au centre de l'État du Pará. Ce site constitue le plus grand gisement de minerai de fer du monde. Ses mines à ciel ouvert s'approfondissent et s'étalent, au fur et à mesure que les minéraux en sont extraits. Chaque bande excavée entraîne toutefois une dégradation de l'environnement. Dans une année typique, 300 millions de tonnes de minerai sont extraites et transportées par chemin de fer sur une distance de 850 kilomètres de long, pour aboutir au port de São Luis, sur la côte atlantique (voir la figure 5B-6).

L'URBANISATION

Comme c'est le cas dans la majorité des pays en développement, les habitants des pays sud-américains délaissent les campagnes pour s'installer dans les villes. Ce phénomène d'urbanisation a débuté très tôt dans l'ensemble du continent et s'est grandement intensifié depuis les années 1950, à un rythme moyen de 5 % par année. Pendant les six dernières décennies, le taux de croissance de la population des régions rurales a été inférieur à 2 % par an, si bien que le pourcentage de la population urbaine en Amérique du Sud s'élève aujourd'hui à 82 %, ce qui la classe au même rang que l'Europe de l'Ouest et l'Amérique du Nord en matière d'urbanisation. Ces données mettent en évidence l'importance et le flux continu de la migration des régions rurales vers les zones urbaines, aussi appelée **migration urbaine**.

On peut visualiser le modèle de concentration urbaine en Amérique du Sud en étudiant la figure 5A-5, qui montre un cartogramme de la population du continent. On observe ainsi non seulement la taille des populations des pays les unes par rapport aux autres, mais aussi celle des grandes villes par rapport à leur population nationale totale. Dans cette figure, la taille du territoire des pays ou des villes n'a pas d'importance. La proportion de l'espace occupé par le pays est fonction de son poids démographique par rapport à tout l'ensemble sud-américain. C'est pourquoi le Brésil occupe un si grand espace et la Guyane française un si petit. Pour ce qui est des villes, le cercle correspond à la taille de la population. Ainsi, São Paulo est représentée par un grand cercle jaune, indiquant que la ville a une population de 10 à 25 millions d'habitants. Son cercle est plus grand que celui de Rio de Janeiro, par exemple, parce que bien que cette dernière ait aussi une population de 10 à 25 millions d'habitants, elle demeure plus petite, sur le plan démographique, que São Paulo.

À l'échelle régionale, c'est le Cône Sud (en vert) qui présente le taux le plus élevé d'urbanisation. Aujourd'hui, en Argentine, au Chili et en Uruguay, presque toute la population réside dans les villes. Le Brésil arrive au deuxième rang. Quant à la région qui se classe au troisième rang (en beige), elle s'étend le long de la mer des Antilles, dans le nord. Il était prévisible que les pays andins (en brun) constituent la zone la moins urbanisée de l'Amérique du Sud. La figure 5A-5 indique les positions relatives des grandes métropoles dans leur pays. Trois d'entre elles, São Paulo et Rio de Janeiro au Brésil et Buenos Aires en Argentine, se classent parmi les **mégapoles** du monde. L'Amazonie n'est guère peuplée, bien qu'aujourd'hui 70 % de la population du bassin de l'Amazone vive en milieu urbain.

LES PROBLÈMES D'INÉGALITÉ ET DE VIOLENCE

Même si la croissance économique se poursuit, les gouvernements d'Amérique du Sud devront s'attaquer à la question de la très grande inégalité entre les classes sociales d'une manière plus efficace que par le passé. Selon certaines estimations, aucun autre ensemble géographique ne présente un clivage aussi marqué entre les riches et les pauvres. En effet, la richesse est concentrée de façon disproportionnée dans les mains d'une petite minorité. Le cinquième de la population la mieux nantie détient 70 % de toutes les richesses, tandis que le cinquième des plus démunis n'en possède que 2 %. Les dirigeants de l'Amérique du Sud doivent maintenir un équilibre délicat entre, d'une part, la croissance et, d'autre part, l'amélioration du niveau de vie des populations. Certains, comme Luiz Inácio da Silva, dit Lula, l'ancien président du Brésil, semblent avoir eu un meilleur sens de l'équité en matière de répartition de la richesse du pays. Est-ce que d'autres dirigeants sud-américains suivront son exemple ? Par ailleurs, dans certaines parties du continent, la résurgence de l'identité autochtone parmi les peuples indigènes et leurs revendications d'une plus juste répartition des richesses exacerbent les

L'une des MÉTROPOLES de . . .

L'AMÉRIQUE DU SUD

RIO DE JANEIRO

L'UNE DES PREMIÈRES IMAGES qui vient à l'esprit lorsque on pense à l'Amérique du Sud est le Pain de Sucre à Rio de Janeiro, l'emblème de la ville, qui surplombe la pittoresque baie de Guanabara. Surnommée « la Magnifique » en raison de la beauté renversante de son site, Rio de Janeiro a été la capitale du Brésil de 1763 à 1960 avant que le siège du gouvernement soit déménagé à Brasilia, dans l'arrière-pays. Malgré le déclin de son économie, Rio abrite encore une population de 12,2 millions d'habitants. Elle remplit toujours la fonction d'entrepôt et de plaque tournante du trafic aérien, en plus de demeurer un important centre d'affaires international. Également ville touristique, Rio est la capitale culturelle du Brésil, et les Cariocas (le gentilé des habitants de la ville) continuent de définir les tendances nationales grâce à leur industrie du divertissement, leurs universités, leurs musées et leurs bibliothèques.

Hélas, l'image de Rio dans le monde est de plus en plus ternie par le fossé qui ne cesse de se creuser entre les nantis et les démunis. Cet effroyable état de fait constitue l'une des iniquités les plus criantes du globe. L'ancienne capitale est actuellement aux prises avec des problèmes de drogue et de violence dont la principale source réside dans les favélas. Installés sur les collines entourant la ville, ces bidonvilles continuent de croître à un rythme effarant. En novembre 2010, après des jours de violence ininterrompue durant lesquels 25 personnes ont péri et près de 100 voitures et autobus ont été incendiés, les policiers, soutenus par 800 soldats de la milice fédérale, sont entrés dans le *Complexo do Alemão*, un ensemble de favélas bien connu, pour y fouiller les maisons des principaux suspects. Environ 190 membres de gangs criminalisés qui y avaient élu domicile ont été arrêtés.

Les urbanistes de Rio ont lancé récemment un grand projet appelé « Projet Rio Ville », ayant pour but d'améliorer la vie de tous les résidents. Cet ambitieux plan permettra de remodeler une vingtaine de quartiers vieillissants de la ville et d'y introduire une autoroute urbaine ultramoderne afin de réduire la congestion routière cauchemardesque. Ce développement vise également, et surtout, à installer l'électricité et un réseau d'égout dans les favélas insalubres, en plus d'y asphalter les rues.

En 2014, Rio sera l'hôte de la Coupe du monde de football (soccer) et, en 2016, des Jeux olympiques. Les autorités locales et fédérales feront tout ce qui est en leur pouvoir pour que cette ville se montre sous un jour glorieux et décontracté, caractéristique du foot brésilien. Pour les habitants indigents de la ville, cette période de croissance économique au Brésil constituera peut-être une occasion inespérée d'améliorer leur sort.

divisions internes entre les classes sociales. Cette situation exige que les gouvernements nationaux traitent les populations de façon plus équitable afin d'assurer la cohésion sociale au pays. En Bolivie, Evo Morales, un autochtone d'origine aymara réélu pour un deuxième mandat en 2009, représente un exemple en ce sens.

En effet, l'inégalité socioéconomique a des conséquences néfastes sur la société civile et sur la cohésion sociale, comme nous pouvons l'observer dans toute l'Amérique du Sud. En Colombie, la guerre civile, qui a coûté la vie à près d'un million de personnes, a été la norme pendant presque un demi-siècle. Elle a divisé le pays, poussé des paysans pauvres à se tourner vers la culture de la coca et a profondément politisé la population. En Argentine, malgré la forte croissance économique des dernières années, des milliers de sans-abris ont occupé à la fin de 2010 un parc dans le centre de Buenos Aires pour revendiquer des logements ; lorsque les policiers les ont expulsés, deux personnes ont été tuées par

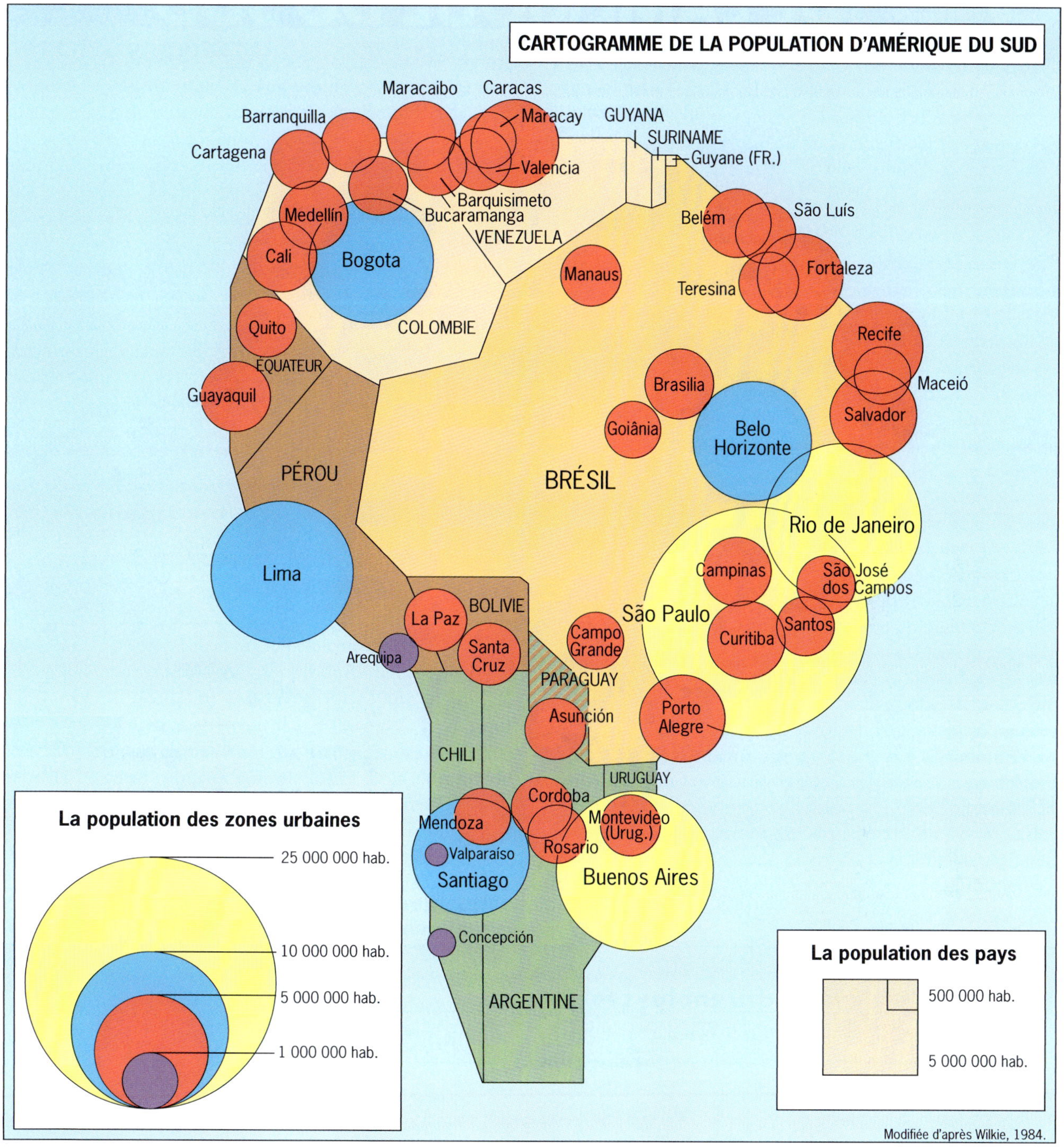

FIGURE 5A-5

balle. Le taux d'homicides au Venezuela est près de dix fois supérieur à celui des États-Unis. À São Paulo et dans d'autres grandes villes, les quartiers résidentiels privés dont l'accès est réservé aux classes moyenne et aisée sont devenus la norme. Ces quartiers sont munis de systèmes de sécurité hautement perfectionnés afin de se prémunir contre les crimes. Les **favélas** de Rio de Janeiro sont des milieux où règnent pauvreté et violence, ils sont aussi très dangereux. Selon un sondage réalisé en 2007, 13 % des habitants de ces bidonvilles ont été victimes ou témoins d'une fusillade, et 8 % avaient un ami, un voisin ou un membre de leur famille qui avait connu une mort violente.

Pour éliminer ces problèmes si caractéristiques de l'Amérique du Sud (et aussi de l'Amérique centrale), il y aurait lieu de commencer par offrir aux démunis de meilleures possibilités économiques, concevoir le développement de manière plus inclusive et améliorer la gestion gouvernementale.

5B LES RÉGIONS DE L'AMÉRIQUE DU SUD

SOMMAIRE

- LE NORD ANTILLAIS
- L'OUEST ANDIN
- LE CÔNE SUD
- LE BRÉSIL

CONCEPTS ET TERMES

Communalisation
Opération Condor
Capitale pionnière
Cerrado
Pôle de croissance

5B

FIGURE 5B-1

Sur la base de critères physiographiques, culturels et politiques, il est possible de diviser l'Amérique du Sud en quatre régions (voir la figure 5B-1). Ces régions partagent des points communs importants sur le plan de l'environnement physique ainsi que des origines historiques et culturelles. Toutefois, elles se différencient à d'autres égards, en particulier en ce qui a trait au développement économique, à la démocratie et à la stabilité sociale.

1. Le Nord antillais situé presque entièrement au nord de l'équateur, se compose de cinq entités qui ont des caractéristiques à la fois antillaises et sud-américaines. Il s'agit de la Colombie et du Venezuela, deux pays bordant la mer des Antilles, et des trois États voisins (les « trois Guyanes ») où les colonisateurs européens ont posé le pied : la Guyana, anciennement la Guyane britannique (Grande-Bretagne), le Suriname, anciennement la Guyane hollandaise (Pays-Bas) et la Guyane (France).
2. L'Ouest andin est formé de quatre États qui partagent un patrimoine culturel autochtone ainsi que des influences qui résultent de la physiographie andine : l'Équateur, le Pérou, la Bolivie et le Paraguay, un pays en transition.
3. Le Cône Sud occupe la majeure partie du territoire au sud du tropique du Capricorne (latitude 23° 27' S) et comprend trois pays : l'Argentine, le Chili et l'Uruguay. Ce sont les trois États les plus marqués par l'influence européenne et où l'empreinte autochtone subsiste à peine. Cette région couvre également une partie du Paraguay. L'extrême nord du Cône Sud, qui se trouve à l'est des Andes, correspond au Gran Chaco, une savane chaude et semi-aride, qui s'étend dans l'ouest du Paraguay et où la population est clairsemée.

LES PRINCIPALES VILLES DE L'AMÉRIQUE DU SUD

VILLE	POPULATION* (en millions)
São Paulo (Brésil)	26,2
Buenos Aires (Argentine)	12,8
Rio de Janeiro (Brésil)	12,2
Lima (Pérou)	9,4
Bogota (Colombie)	8,9
Santiago (Chili)	6,1
Belo Horizonte (Brésil)	6,1
Brasilia (Brésil)	4,1
Caracas (Venezuela)	3,2
Guayaquil (Équateur)	2,8
Asunción (Paraguay)	2,1
Manaus (Brésil)	1,9
Quito (Équateur)	1,9
La Paz (Bolivie)	1,7
Montevideo (Uruguay)	1,6

* Nombre approximatif d'habitants des agglomérations urbaines d'après les données projetées de 2012

4. Le Brésil s'étend sur une vaste partie de l'intérieur et de l'est de l'Amérique du Sud. Il constitue à lui seul une région puisqu'il occupe la moitié du continent sud-américain et qu'il abrite aussi la moitié de sa population. Au nord, son territoire intérieur est couvert en grande partie par la forêt amazonienne qui est la plus grande forêt tropicale du globe avec ses 5,9 millions de km^2, dont 63 % se trouvent au Brésil. Ce géant de l'Amérique du Sud connaît un développement rapide qui fera bientôt de lui la deuxième puissance de l'hémisphère occidental. Au Brésil, l'influence ibérique dominante est portugaise et non espagnole. De plus, les populations noires, et non les autochtones, y forment une importante composante de la démographie et de la culture. Étant donné que le Brésil est en quelque sorte un pont entre les Amériques et l'Afrique, nous en discutons en dernier dans ce chapitre, juste avant de nous tourner vers l'Afrique subsaharienne dont il est question dans le chapitre 6A.

LE NORD ANTILLAIS

Les pays de la marge septentrionale du continent sud-américain ont plus de choses en commun que le simple fait d'être situés sur le littoral. Chacun renferme une zone tropicale de plantation dont l'origine remonte à l'époque de la colonisation européenne. C'est cette activité agricole qui a mené à l'introduction d'une main-d'œuvre noire, tout particulièrement dans les trois Guyanes, puis à l'intégration subséquente de ce groupe d'ascendance africaine à la population. (Cela dit, beaucoup moins d'esclaves ont été amenés sur les rives septentrionales de l'Amérique du Sud que sur la côte atlantique du Brésil.) À ces millions d'ouvriers agricoles noirs sont venus s'ajouter des dizaines de milliers de Sud-Asiatiques, principalement de l'Inde (50 % en Guyana et 37 % au Suriname), arrivés en qualité de travailleurs contractuels et restés sur place en tant que colons. La situation globale de cette région n'est donc pas comparable à celle du Brésil, ni d'ailleurs à celle du reste de l'Amérique du Sud.

Dans l'histoire de l'Amérique du Sud, l'indépendance de deux des trois Guyanes est relativement récente : la Guyana s'est affranchie du Royaume-Uni en 1966 et le Suriname a obtenu son indépendance des Pays-Bas en 1975. Quant à la Guyane, elle est toujours rattachée à la France et constitue un Département et Région français d'outre-mer (DROM). La Guyane dépend entièrement de l'aide économique de la France. C'est aussi à partir de ce territoire que l'Agence spatiale européenne met en orbite des satellites grâce au lanceur français Ariane 5 et qu'elle inaugure son lanceur Vega en 2012. Dans le cas de ces trois entités territoriales, la population est essentiellement concentrée sur la côte et l'économie de plantation, surtout la canne à sucre et la banane, issue de la période coloniale, prédomine toujours, bien que l'exploitation forestière et minière (bauxite, or et diamant) progresse de plus en plus vers l'intérieur des pays.

En Colombie et au Venezuela, cependant, l'agriculture, l'élevage et l'exploitation minière ont fait se déplacer la population vers l'intérieur des terres et ont supplanté les plantations côtières en créant des économies plus diversifiées (voir la figure 5B-2). Le tourisme est aussi un élément moteur dans l'économie de ces deux pays. Les villes historiques, comme Cartagena, les parcs naturels et les nombreuses stations balnéaires sur le littoral des Antilles attirent chaque année en Colombie et au Venezuela près d'un million de vacanciers en provenance de l'Amérique du Nord, de l'Espagne, de l'Argentine et du Brésil.

La Colombie, sa population, ses ressources et les obstacles à son essor économique

Comme l'illustre la figure 5B-2, la Colombie est montagneuse dans le prolongement nord-ouest des Andes, alors que son arrière-pays est relativement plat. La population colombienne est dispersée et tend à se regrouper dans l'ouest et le nord, où se trouvent les ressources et les activités agricoles, dont la culture du café qui fait la renommée du pays. La population de 46,8 millions d'habitants est divisée en plus d'une douzaine de groupes isolés, peu reliés entre eux et éparpillés dans les plaines du littoral antillais, dans les vallées encastrées entre les chaînes andines et dans les hautes vallées au sein même des cordillères. Bogota, la capitale à 2640 mètres d'altitude, abrite 8,9 millions de

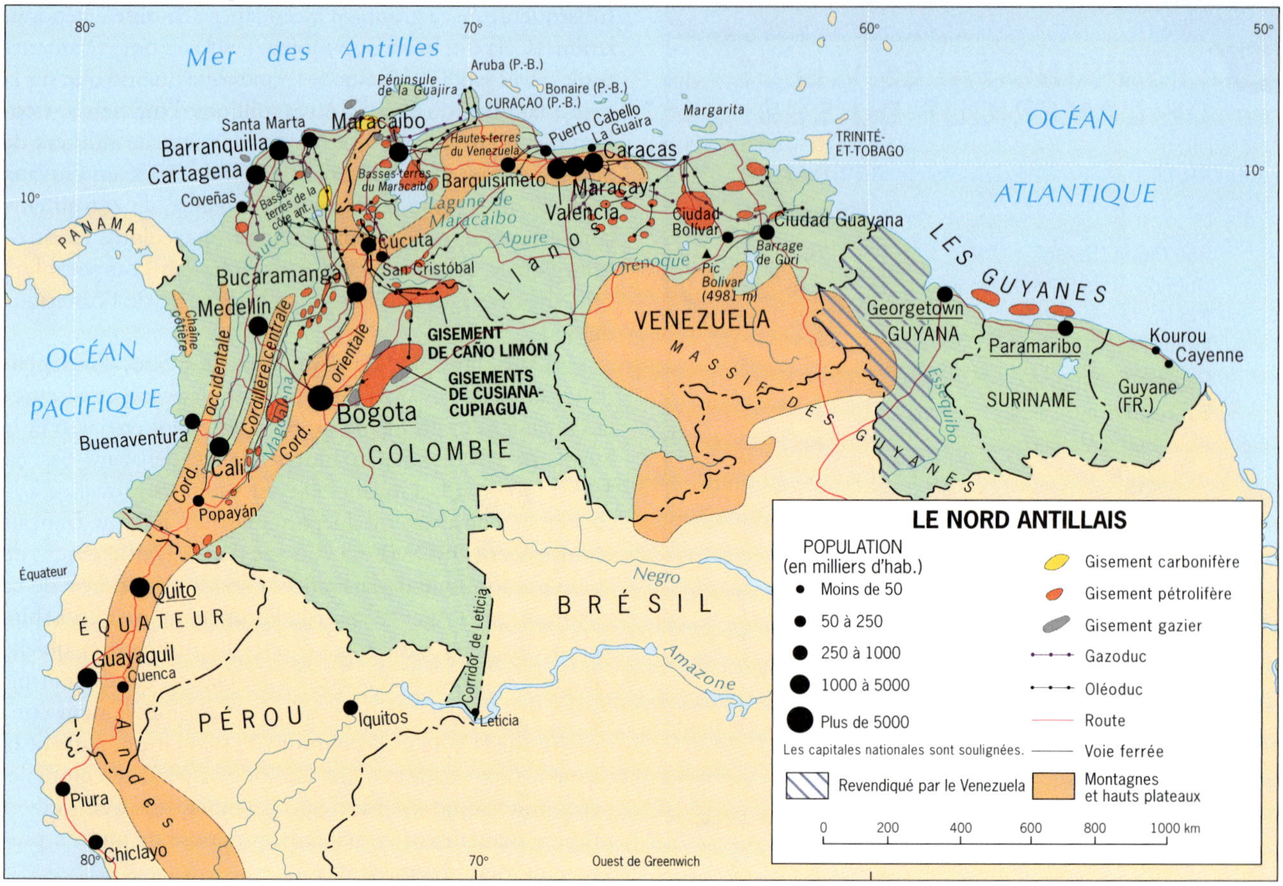

FIGURE 5B-2

résidents ; elle est située dans la vallée du fleuve Magdalena, principal corridor routier de la Colombie.

Outre dans de grandes villes comme Medellín et Cali, la population se concentre sur la côte antillaise, où sont situés les trois grands ports colombiens que sont Barranquilla, Cartagena et Santa Marta, également d'anciens points d'entrée coloniaux. La figure 5B-2 montre que, à l'exception de la ville portuaire de Buenaventura, qui est séparée de Cali par un massif montagneux, la longue côte pacifique du pays est peu développée. Aujourd'hui, même avec environ 800 kilomètres de routes à quatre voies qui sillonnent ce grand pays, les villes sont encore trop peu desservies pour favoriser pleinement l'intégration du territoire.

La carte permet d'observer que la Colombie et le Venezuela partagent les réserves de pétrole et de gaz naturel de la région de la lagune de Maracaibo. C'est toutefois le Venezuela qui en possède la quasi-totalité. De récentes découvertes, cependant, dans le bassin de la cordillère orientale des Andes, ont stimulé la production pétrolière de la Colombie. La figure 5B-3 montre un réseau de pipelines entre l'intérieur et la côte antillaise. Par ailleurs, le vaste intérieur isolé est un terreau fertile pour une autre activité lucrative : la cocaïne, une véritable calamité pour le pays. Les économies légitimes de la Colombie, allant de la culture du café au tourisme, en ont d'ailleurs terriblement souffert.

La Colombie est certes un pays en crise, mais elle n'en est pas entièrement responsable. Environ 70 % de la cocaïne consommée aux États-Unis provient de la Colombie ; la majeure partie du reste de la production colombienne est expédiée au Brésil et en Europe. Le soutien étasunien, logistique et financier, à la campagne antidrogue du gouvernement (le Plan Colombie) soulève des questions politiques à Bogota, où les extraditions des barons de la drogue colombiens vers les États-Unis ne font pas l'unanimité. De son côté, le Congrès américain a refusé d'approuver un accord de libre-échange avec la Colombie en raison de la complicité du gouvernement colombien avec les groupes paramilitaires d'extrême droite et du programme d'amnistie. La Colombie soutient que la cocaïne n'arrête pas de circuler parce que les Nord-Américains continuent d'en acheter et que, conséquemment, les États-Unis devraient faire leur autocritique avant d'accuser les autres de mal se comporter.

La cocaïne n'est pas l'unique problème de la Colombie. Le développement économique est entravé par une inégalité extrême qui n'a fait qu'empirer au fil du temps, surtout dans les campagnes. En 1954, 3 % des propriétaires terriens contrôlaient 55 % des terres ; en 2005, moins de 0,5 % des propriétaires fonciers détenaient 63 % de toutes les terres agricoles. Si le gouvernement veut restaurer la confiance des paysans pauvres – dont beaucoup se sont tournés vers l'industrie de la cocaïne ou ont été engagés par les rebelles – dans le système politique, il doit mettre en œuvre une réforme agraire. Le gouvernement élu en 2011 fait déjà face à un avenir assombri.

L'OUEST ANDIN

La cordillère des Andes caractérise la deuxième région d'Amérique du Sud, l'Ouest andin (voir la figure 5B-4). Cette région, à dominante autochtone historiquement, englobe le Pérou, l'Équateur, la Bolivie et, en partie, le Paraguay, un État en zone de transition qui, selon certains aspects, s'apparente à l'Ouest andin et, selon d'autres, au Cône Sud (voir la figure 5B-1). La Bolivie et le Paraguay sont les deux seuls États d'Amérique du Sud sans littoral. Il y a plusieurs décennies maintenant, les trois principaux pays de cette région, le Pérou, l'Équateur et la Bolivie, se sont regroupés pour former la Communauté andine des nations (CAN), une communauté économique dont fait aussi partie la Colombie.

Les conquérants espagnols ont vaincu les nations autochtones des Andes, mais ils ne les ont pas réduites à de petites minorités, comme cela a été le sort de tant de peuples indigènes dans d'autres endroits du monde. En 2012, 47 % des habitants du Pérou, le pays le plus peuplé de la région, sont des autochtones ; en Bolivie, ces derniers forment la majorité et comptent pour 57 % de la population.

Environ 25 % de la population équatorienne se dit autochtone, et au Paraguay, les peuples de diverses origines ethniques, qui ne sont pas regroupés régionalement comme c'est le cas dans les trois autres pays, sont très majoritairement d'ascendance amérindienne.

Comme le montre le tableau de données de l'annexe A, sur le plan économique, cette région est la plus pauvre d'Amérique du Sud : les revenus y sont inférieurs, le nombre de paysans qui pratiquent l'agriculture de subsistance y est plus élevé et les chercheurs d'emploi y trouvent moins de possibilités. Pendant longtemps, la vie aisée des propriétaires terriens qui formaient l'élite a été aux antipodes de l'existence difficile des péons sans terre. Le terme *péon* est un emprunt de l'ancien espagnol et désigne un « paysan pauvre ».

Aujourd'hui cependant, cette région, tout comme le continent sud-américain dans son ensemble, est en effervescence. Le pétrole et le gaz naturel sont en partie responsables de cet essor. En Bolivie, le premier président d'origine autochtone à remporter les élections tente de reprendre le contrôle sur le secteur de l'énergie, dont les acteurs n'ont toutefois pas l'habitude de se faire dicter la conduite. Aux élections de 2006, en Équateur, Rafael Correa Delgado a gagné la présidence sur la promesse d'allouer aux besoins nationaux une plus grande partie des recettes pétrolières du pays. Au Pérou, où une nouvelle ère énergétique semble être née depuis que de nouvelles réserves ont été découvertes, le gouvernement subit des pressions pour protéger les peuples autochtones et l'environnement de l'Amazonie, pour limiter la participation étrangère dans l'exploitation des ressources et pour traiter en priorité les besoins et les droits de la population.

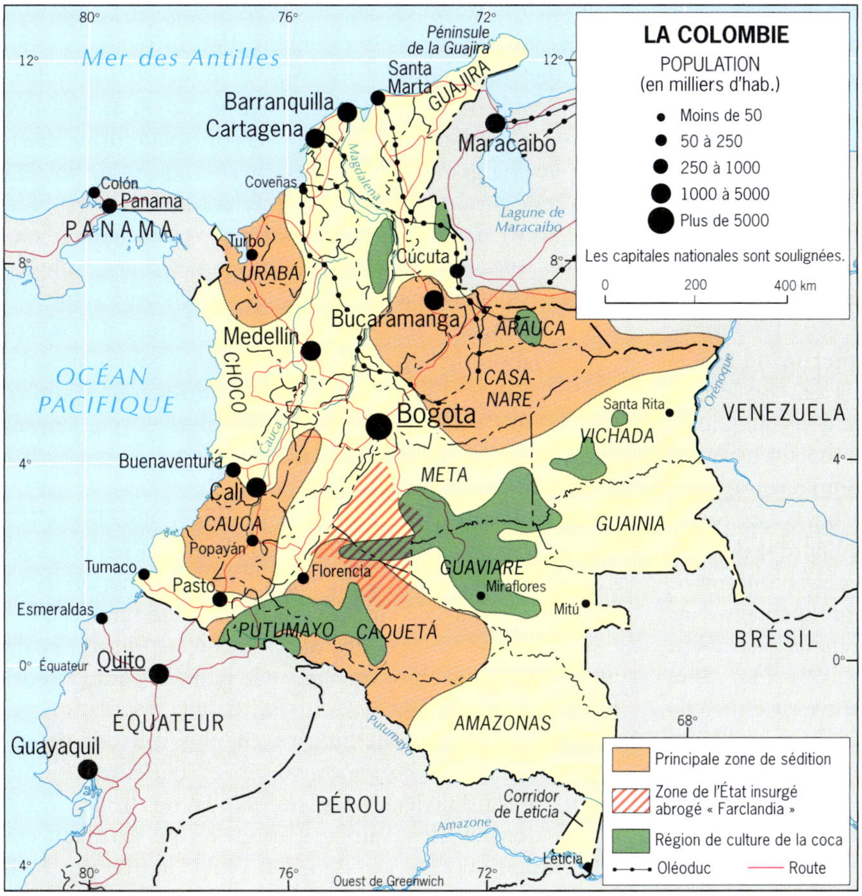

FIGURE 5B-3

Le Pérou et ses trois sous-régions

Le Pérou se répartit de part et d'autre de la crête des Andes sur une distance de plus de 1600 kilomètres.

Par son étendue et sa population de 30,4 millions d'habitants, il est la plus grande des républiques de l'Ouest andin. Son territoire se divise en trois sous-régions naturelles et culturelles : la côte désertique à dominante européenne et métisse ; la cordillère des Andes, ou *Sierra*, à dominante autochtone ; le piémont oriental et le bassin de l'Amazone adjacent, appelés *la montaña*, une zone intérieure faiblement peuplée, à dominante autochtone et métisse (voir la figure 5B-4).

Lima, la capitale et son port, Callao, se trouvent au centre de la côte désertique, ce qui reflète bien les divisions culturelles qui, encore aujourd'hui, caractérisent le Pérou : depuis près de 500 ans, la métropole s'agrandit dans la zone côtière et non dans la vallée des Andes, au centre de l'État. Du point de vue économique, le site que les conquistadors ont choisi pour établir leur capitale s'est avéré judicieux, car la région côtière est devenue la zone commerciale la plus productive du pays. L'industrie de la pêche contribue pour une large part aux exportations nationales. L'agriculture pratiquée dans une quarantaine d'oasis irriguées, dispersées dans la plaine côtière aride, fournit des fruits, tels que les citrons et les olives, ainsi que des légumes, comme les asperges (dont le commerce est très lucratif) et la laitue.

La cordillère des Andes, la *Sierra*, occupe environ le tiers du territoire péruvien et elle abrite la majorité des communautés autochtones, dont la langue d'usage est le quéchua, la langue véhiculaire de la civilisation inca. Sous le brutal régime colonial espagnol, les autochtones ont survécu grâce à leur capacité d'adaptation aux climats de haute altitude, où ils vivaient. Toutefois, la **communalisation**, la culture forcée des sols, la persécution religieuse et l'émigration vers les villes et les haciendas, où beaucoup sont devenus serfs, sont tous des facteurs qui ont déchiré leur tissu social. Bien que les autochtones constituent presque la moitié de la population du Pérou, leur influence politique est restée modeste jusqu'à tout récemment.

L'apport de la sous-région andine dans l'économie nationale se limite au secteur minier, qui procure du cuivre, du zinc et du plomb, et dont Cerro de Pasco est le plus important centre. Le Pérou est également le cinquième producteur d'or du monde. Le prix de ce métal précieux a grimpé en flèche ces dernières années, ce qui a contribué à la croissance économique constante du pays. Les mines aurifères sont exploitées dans les Andes, au nord de Lima.

Dans les hautes vallées et les bassins intramontagneux, la population autochtone est regroupée soit dans les villages isolés autour desquels les habitants pratiquent une agriculture de subsistance précaire, soit dans les zones mieux situées et fertiles où les paysans pauvres (les péons) sont locataires dans les haciendas détenues par des Blancs ou des Métis. À l'époque de l'Empire inca, lorsque la structure sociale indigène était encore intacte et que la région fournissait des récoltes abondantes, la situation était très différente. Aujourd'hui, il existe un contraste saisissant entre, d'une part, la côte, Lima et le nord qui jouissent d'une grande prospérité et, d'autre part, le sud de la zone andine où sévit la misère. Cette dichotomie pourrait menacer la stabilité du Pérou à long terme.

Le piémont oriental et le bassin de l'Amazone forment *la montaña*, soit la plus isolée des trois sous-régions péruviennes, dont le centre est Iquitos. Cette ville, orientée vers l'est, est accessible aux navires océaniques qui doivent cependant remonter l'Amazone sur une distance de 3700 kilomètres pour l'atteindre. Il y a un peu plus d'un siècle, Iquitos a connu une croissance économique rapide grâce à l'exploitation du caoutchouc sauvage, un épisode surnommé la « fièvre du caoutchouc », qui a été suivi d'un déclin. Aujourd'hui, la ville est de nouveau en croissance, ce qui traduit la volonté péruvienne de rendre plus accessible la région est de l'intérieur du pays.

Le piémont oriental et le bassin de l'Amazone, et peut-être le Pérou dans son ensemble, sont au seuil d'une ère nouvelle. Des gisements pétrolifères ont été découverts à l'ouest d'Iquitos et, depuis les années 1970, le précieux liquide est transporté jusqu'au port de Bayovar sur le Pacifique au moyen d'un pipeline construit à travers les Andes. Par ailleurs, la découverte de nouvelles réserves pétrolifères et gazières au tournant du millénaire semble prometteuse (bien que, selon certains, la découverte soit plutôt menaçante). Elle changera le pays et aura des répercussions sur les peuples autochtones qui vivent encore une existence isolée dans cette région éloignée et boisée de l'est. On y trouve déjà des gazoducs qui transportent le gaz naturel depuis le gisement de Camisea (située au nord de Cuzco) jusqu'à une usine de transformation dans la péninsule de Paracas, au sud de Lima, d'où un gazoduc sous-marin achemine le liquide vers une plateforme maritime de chargement de navires-citernes, qui transportent ensuite le produit vers les marchés étasuniens (voir la figure 5B-4). D'autres réserves seront éventuellement raccordées à ces réseaux de transport, mais déjà des écologistes et des défenseurs des droits des autochtones soulèvent des objections. Même des militants politiques dénoncent les modalités de l'échange que le Pérou a conclu avec les compagnies pétrolières. À la suite de fortes contestations, une loi oblige désormais l'État à consulter les populations autochtones de l'Amazonie sur la gestion et l'exportation des ressources naturelles.

Le Pérou n'a jamais eu de président autochtone. Le chef d'État actuel, Ollanta Humala Tasso du Parti nationaliste péruvien (PNP), a été élu à 51 % des voix en 2011 pour un mandat de cinq ans. Il propose une nationalisation des ressources stratégiques et fait la promotion du multiculturalisme qui caractérise le pays. Les autochtones forment désormais la quasi-majorité de la population péruvienne et s'affirment de plus en plus, surtout depuis qu'un autochtone d'origine aymara s'est fait élire en 2006 à la tête de la Bolivie, le pays voisin du Pérou. Ils ont maintenant des modèles d'émancipation, ce qui ne s'était encore jamais vu dans cette région. Qui sait si le prochain président péruvien ne sera pas, lui aussi, issu d'une communauté autochtone ?

FIGURE 5B-4

La Bolivie, la richesse de son sous-sol et l'exploitation des autochtones

Les problèmes si typiques de l'Ouest andin sont à leur paroxysme dans le pays enclavé et instable qu'est la Bolivie. Avant de poursuivre la lecture, il convient d'observer la géographie régionale de la Bolivie à l'aide des figures 5B-1 et 5B-4. Cet État est bordé par le Brésil, le Paraguay et l'Argentine, par les Andes et l'*Altiplano* du Pérou ainsi que par les zones côtières convoitées du nord du Chili. Comme le montrent les cartes, les Andes dans cette vaste région montagneuse s'élargissent pour atteindre quelque 700 kilomètres de large.

À cheval sur la frontière entre le Pérou et la Bolivie, le lac Titicaca s'étend à une altitude de 3700 mètres au-dessus du niveau de la mer. Cette grande nappe d'eau douce contribue à rendre l'*Altiplano* habitable (voir la figure 5B-4) en adoucissant le climat du plateau situé juste sous la limite des neiges éternelles. Depuis des siècles, même à l'époque préinca, les pommes de terre et les céréales poussaient sur les terres cultivables qui entourent ce lac. Le bassin du Titicaca abrite encore aujourd'hui une importante communauté de paysans indigènes (des Aymaras) qui pratiquent une agriculture de subsistance.

Cette partie de l'*Altiplano* constitue le cœur de la Bolivie. C'est là que se trouve la capitale la plus élevée de la planète, La Paz, à une altitude de 3660 mètres. Cette ville regroupe 1,7 million d'habitants. La population bolivienne, urbaine à 65 %, compte 10,8 millions de citoyens. De ce nombre, les autochtones d'origine quéchua et aymara représentent 55 %, les Métis, 30 %, et les Européens, 15 %.

Les nations autochtones qui peuplaient la Bolivie à l'arrivée des Européens ont été dépossédées de leurs terres, tout comme les autochtones du Pérou et de l'Équateur. En Bolivie, cependant, la principale source de richesse des Européens n'était pas la propriété foncière, mais plutôt l'exploitation des mines. De riches gisements d'argent découverts dans les environs de la ville de Potosí, à 4070 mètres dans la cordillère orientale, ont d'ailleurs rendu cette ville célèbre. On y a également trouvé de l'étain, du zinc, du cuivre et des alliages ferreux. Les travailleurs autochtones avaient été forcés autrefois de travailler dans les mines dans des conditions effroyables. Aujourd'hui, le gaz naturel et le pétrole, exportés vers l'Argentine et le Brésil, sont les principales sources de revenus d'exportation, et le zinc, non plus le fer, est au premier rang des exportations de minerais. Les perspectives économiques du pays seront toujours assombries par la perte de son corridor vers le Pacifique aux mains des Chiliens dans les années 1880, même si la Bolivie a des droits de transit et des installations portuaires à Antofagasta.

La difficile situation sociale de la Bolivie est encore plus cruciale que ses contraintes économiques ou son enclavement. L'histoire de la maltraitance des peuples indigènes et de leur exploitation cruelle en tant que main-d'œuvre pèse sur la population dont près des deux tiers, presque tous des autochtones, vivent dans une pauvreté extrême. Ces dernières années, cependant, cette majorité indigène sous-représentée a commencé à exercer une influence croissante sur les affaires nationales. En 2003, un plan gouvernemental visant à exporter du gaz naturel vers les États-Unis en faisant passer un gazoduc par la côte chilienne a suscité une violente opposition qui a conduit au chaos, puis à la démission du gouvernement. En 2005, les Boliviens ont élu leur premier président de descendance autochtone (d'origine aymara), Evo Morales, qui a procédé à la nationalisation du gaz naturel. Cette décision politique a toutefois provoqué des dissensions régionales en mai 2008 (voir les deux photos ci-dessous).

LE CÔNE SUD

Cette région d'Amérique du Sud, qui tire son nom de sa forme conique (voir la figure 5B-5), englobe les pays australs, soit l'Argentine, le Chili et l'Uruguay. Comme nous l'avons souligné précédemment, le Paraguay entretient des liens étroits avec cette région et d'une certaine manière en fait partie, bien que les contrastes sociaux et économiques entre ce pays et ceux du Cône Sud restent vifs.

Depuis 1995, les pays du Cône Sud se sont regroupés au sein d'une union économique appelée le Mercosur (en espagnol, *Mercado Común del Sur;* en portugais, *Mercado Comum do Sul*, ou Mercosul, littéralement « Marché commun du Sud »), la deuxième communauté économique des Amériques, après l'ALENA. Ses membres sont l'Argentine, le Brésil, l'Uruguay et le Paraguay, alors que l'adhésion du Venezuela est toujours en cours de négociation. En dépit de revers et de différends, le Mercosur s'est élargi et le Chili, la

La géographie politique de la Bolivie est aussi divisée que sa géographie physique. Le fief de la population indigène se trouve dans l'*Altiplano* et les montagnes, alors que celui de la minorité métisse se situe au centre des basses terres, autour de la ville de Santa Cruz (voir la figure 5B-4), une région gazière du pays. Ces photos, prises à un jour d'intervalle à Santa Cruz, montrent une différence radicale d'opinion : la majorité des Métis revendiquent l'autonomie de leur province, dans l'est (photo de gauche), car ceux-ci veulent gérer leurs ressources gazières. La majorité indigène, en revanche, dénonce cette volonté autonomiste, perçue comme un prélude à la sécession qui fracturerait inévitablement leur pays (photo de droite).

FIGURE 5B-5

Bolivie, le Pérou, l'Équateur et la Colombie y participent aussi en tant que membres associés.

L'Argentine

Avec sa superficie de 2,8 millions de km², l'Argentine est le plus grand État du Cône Sud et le deuxième du continent sud-américain, après le Brésil. Sur le plan démographique, sa population de 41,3 millions d'habitants le classe au troisième rang, derrière le Brésil et la Colombie. L'Argentine offre tout un éventail de milieux naturels, et sa population est largement concentrée dans la sous-région de la Pampa, un terme qui signifie «plaine». La figure 5B-5 montre les principales villes de la Pampa, de même que le vide relatif des six autres sous-régions (cartographiées en couleur ci-dessus). Il s'agit du Chaco couvert de forêts sèches dans le nord-ouest; de la cordillère des Andes à l'ouest, dont le mont Aconcagua culmine à 6960 mètres (la ligne de crête des Andes marque d'ailleurs la frontière avec le Chili) ; des plateaux arides de Patagonie au sud du Colorado ; et de trois zones intermédiaires de collines : le Cuyo, l'Entre Ríos (une sous-région également appelée la Mésopotamie argentine en raison de sa position entre les fleuves Paraná et Uruguay) et le Nord.

La Pampa d'aujourd'hui est le résultat de 150 ans de développement. Cette sous-région longtemps dormante a commencé à émerger durant la seconde moitié du XIXe siècle, au moment où de grandes étendues de terres cultivables étaient défrichées partout dans le monde, y compris aux États-Unis, en Russie et au Canada. Les besoins en denrées alimentaires des pays européens industrialisés de même que les progrès issus de la révolution industrielle (les chemins de fer, les transports océaniques améliorés, les navires réfrigérés et la machinerie agricole) ont rendu très rentables la culture commerciale des céréales et l'élevage à grande échelle. C'est à cette époque que sont apparues les grandes haciendas exploitées par des métayers. Les liaisons ferroviaires qui rayonnaient depuis Buenos Aires, la capitale en pleine croissance, ont été prolongées afin de desservir toute la Pampa et d'en acheminer la production vers les ports en vue de l'exportation.

Une culture urbaine raffinée

À la fin du XIXe siècle et au début du XXe siècle, l'Argentine était l'un des pays les plus riches du monde. Sa prospérité d'alors se reflète encore dans ses villes à l'architecture splendide, dont les avenues et les jardins sont bordés de demeures privées et d'édifices publics très ornés. Cela est vrai non seulement de la capitale, Buenos Aires, située au nord de l'estuaire du Rio de la Plata, mais également des villes de l'intérieur, telles que Mendoza et Cordoba. L'empreinte espagnole domine le paysage culturel argentin, mais celui-ci a toutefois été diversifié par un afflux important d'Italiens et, bien que moins nombreux, mais influents, par des immigrants britanniques, français, allemands et libanais.

Le taux d'urbanisation de l'Argentine, qui se chiffre à 91 %, est plus élevé encore que celui des pays d'Europe de l'Ouest ou qu'en Amérique du Nord. Près du tiers des Argentins habitent dans la région métropolitaine de Buenos Aires, où se concentre l'activité industrielle du pays. La ville de Cordoba est devenue la deuxième agglomération industrielle en importance et a été choisie par les constructeurs automobiles étrangers comme le centre d'assemblage automobile pour le marché en expansion du Mercosur. Les activités de transformation des produits provenant du vaste intérieur peu peuplé tendent également à regrouper les populations dans les milieux urbains : Tucumán (sucre), Mendoza (vin), Santa Fe (produits forestiers) et Salta (bétail). La gamme des produits argentins est très large. Il existe même une réserve de pétrole près de Comodoro Rivadavia, sur la côte de la Patagonie.

L'instabilité économique

En dépit de toutes les richesses de l'Argentine, l'économie du pays n'a cessé de fluctuer au fil de l'histoire. Avec sa population de 41,3 millions d'habitants, son vaste territoire riche de ressources naturelles variées, ses infrastructures satisfaisantes et ses réseaux internationaux supérieurs à la moyenne, l'Argentine devrait figurer parmi les pays les plus riches du monde, comme ce fut le cas il y a un siècle. Les querelles politiques combinées à une mauvaise gestion ont entraîné la ruine d'une économie qui serait autrement dynamique et diversifiée.

Le problème en apparence insoluble de l'Argentine réside en partie dans la corruption associée à une mauvaise gestion, au moins depuis le milieu du XXe siècle. L'épisode le plus sombre de son histoire a été la « guerre sale », aussi connue sous le nom d'**opération Condor** et menée dans plusieurs pays d'Amérique du Sud. De 1976 à 1983, au nom de la sécurité nationale, une junte militaire répressive portée au pouvoir dans le cadre de cette guerre sale, a fait disparaître sans laisser de traces plus de

Au cœur de Buenos Aires se trouve la Plaza San Martín, entourée de bâtiments impressionnants, mais inhabituels pour un petit jardin public d'influence ibérique, tapissé de vastes pelouses que des arbres centenaires ombragent. Du haut de la tour des Anglais, on peut observer cet ensemble architectural et apercevoir (dans le parc) le lieu qu'occupe le célèbre monument à la mémoire des 649 militaires argentins morts durant la guerre des Malouines survenue en 1982 ; une flamme éternelle, derrière une carte de laiton des îles, symbolise la volonté intacte de l'Argentine de reprendre le contrôle de cet archipel.

10 000 Argentins (et peut-être même jusqu'à 30 000), souvent des dissidents potentiels. En 1982, les troupes de la junte militaire d'Argentine, alors au pouvoir dans ce pays, ont envahi les îles Malouines, détenues par les Britanniques (îles que les Argentins appellent *Malvinas* et que les Britanniques dénomment *Falkland*). Cette invasion s'est soldée par une humiliante défaite de l'Argentine (voir la photo en bas à gauche à la page 206). Lorsque le gouvernement civil a remplacé la junte discréditée, l'inflation et la dette nationale ont monté en flèche. La relance économique survenue au cours des années 1990 a été suivie d'une autre grave récession, qui a exposé les failles du système fiscal de l'Argentine, en particulier la perception scandaleusement inefficace des impôts et les subventions fédérales sans condition accordées aux provinces puissantes sur le plan politique.

Depuis 2007, l'administration au pouvoir est, pour la première fois, dirigée par une femme, Cristina Fernández de Kirchner dont le défunt mari l'a précédée en tant que président. Le gouvernement actuel a concentré son énergie principalement sur la responsabilité financière, autrement dit le contrôle de l'inflation, et sur la stabilité économique. En mettant fin à la parité du peso argentin avec le dollar américain par sa politique monétaire et en refusant de se soumettre aux politiques du Fonds monétaire international (FMI), l'administration a favorisé la relance des exportations du pays, surtout celles des produits agricoles, dont le soja. En 2011, l'Argentine enregistrait une croissance de 8 %. Le défi, toutefois, consiste à guérir les plaies de la « guerre sale », en continuant de poursuivre les coupables et en permettant une certaine forme de réconciliation.

En 2010, au moment où la Grande-Bretagne s'apprêtait à effectuer des forages pétroliers dans le fond marin potentiellement riche qui entoure les îles Malouines, situées au large de la Patagonie, l'ancienne querelle au sujet de cet archipel a éclaté de nouveau. De vives protestations ont eu lieu à Buenos Aires, et l'Argentine a réitéré que les îles Malouines doivent lui être rendues.

Le Chili et ses trois sous-régions

Entre la ligne de crête des Andes et le littoral du Pacifique, la République du Chili est coincée sur une étroite bande de terre longue toutefois de 4000 kilomètres, dont la largeur est de 150 kilomètres en moyenne et de 250 kilomètres au maximum. La forme allongée du Chili a des incidences sur l'organisation géographique du pays. En raison de son orientation nord-sud, le Chili traverse de nombreuses zones climatiques, ce qui contribue aux obstacles que doit surmonter le pays sur le plan de son administration, particulièrement en ce qui concerne les différences socioéconomiques régionales.

Néanmoins, durant l'essentiel de son histoire moderne, le Chili a su tirer parti de sa géographie singulière. Les Andes constituent une véritable barrière à toute intrusion venant de l'est, et la mer est une voie de communication longitudinale. Lorsque des conflits ont surgi aux extrémités du pays, l'histoire a montré que le Chili était parfaitement apte à se mesurer à ses voisins du nord (le Pérou et la Bolivie) et du sud (l'Argentine).

Les trois sous-régions

Comme l'illustre la figure 5B-5, le Chili comprend trois sous-régions. Environ 90 % des 17,4 millions d'habitants sont concentrés dans le centre du pays (en vert), là où se trouvent la capitale et ville principale, Santiago, ainsi que le port le plus important, Valparaíso. Le nord (en jaune) est en grande partie occupé par le désert d'Atacama, qui est plus vaste, plus sec et plus froid que le désert du Pérou. Dans le sud (en orangé), la côte dentelée comporte de nombreux fiords, et une myriade d'îles longent le littoral. Le relief de cette sous-région est montagneux et le climat est frais et humide sur la côte, mais froid et sec dans les Andes. Au sud de la latitude de l'île de Chiloé, on ne trouve que très peu de voies permanentes de communications terrestres et presque aucun peuplement.

Les terres situées au centre du Chili sont les plus fertiles et celles qui ont la plus grande valeur agricole. Il faut noter que l'agriculture se pratique très peu dans le nord et dans le sud du pays (voir la figure 5A-3). De plus, les trois sous-régions décrites ci-dessus correspondent à des aires culturelles distinctes (voir la figure 5A-2) : le nord à dominante métisse, le centre à dominante européenne et le sud où vivent des communautés autochtones. Ces trois composantes représentent respectivement 44,1 %, 52,7 % et 3,2 % de la population.

Jusque dans les années 1990, le désert d'Atacama, situé dans le nord du pays, fournissait la majeure partie du revenu d'exportation du Chili. Cette zone aride renferme les plus vastes gisements de nitrate exploitables du monde, et ceux-ci ont longtemps constitué le pivot de l'économie nationale. Cependant, la découverte, il y a bientôt un siècle, d'une méthode de production de nitrates synthétiques a entraîné le déclin de cette industrie. Le cuivre est alors devenu le principal produit d'exportation, car le Chili possède également la plus grande réserve de ce minerai de la planète. D'ailleurs, en 2010, l'exploitation de ce métal a compté pour plus de la moitié du revenu extérieur du pays. Bien que le cuivre soit extrait à plusieurs endroits, les principales mines se trouvent dans la marge orientale du désert d'Atacama, à proximité de la ville de Chuquicamata (voir la photo à la page 208), non loin du port d'Antofagasta. Cette région a fait la manchette des quotidiens du monde entier lorsque, en octobre 2010, les 33 mineurs piégés dans la région d'Atacama ont été miraculeusement secourus après avoir passé 69 jours sous terre.

Pendant presque toute la dernière décennie, le prix des matières premières était très élevé et les recettes d'exportation chiliennes ont connu une hausse fulgurante. Les prix ont toutefois fortement chuté durant la récente récession mondiale, ce qui montre qu'il est important et nécessaire pour un pays de diversifier son économie.

Le gisement de cuivre de Chuquicamata, dans le nord du Chili, est la plus grande mine à ciel ouvert du monde et la deuxième par sa profondeur. Pendant près d'un siècle, soit depuis 1915, Chuquicamata a été le plus important producteur de cuivre de la planète. Cependant, l'impact de plus en plus négatif sur l'environnement de ce paysage lunaire de terrils et de matières toxiques a forcé la relocalisation de la ville de Chuquicamata et la fermeture de la mine à ciel ouvert, prévue pour 2013. Néanmoins, d'énormes quantités de cuivre continueront d'être extraites de ce gisement encore riche après qu'une nouvelle mine souterraine aura été aménagée sous ce site. L'exploitation débutera en 2018, et on prévoit poursuivre l'agrandissement de la mine au moins jusqu'en 2060.

La fin de la dictature et le renouveau économique

Tout comme l'Argentine, le Chili a été soumis à une brutale dictature militaire (1973-1989). À partir des années 1990, les nouveaux dirigeants créent un climat stable et engagent le pays dans la démocratie. Le Chili connaît alors une période de croissance qui va transformer son économie. Grâce à de nouvelles relations commerciales, il a pu diversifier son économie fondée sur l'exportation et la développer tout en la réorientant. Même si le cuivre vient toujours en tête des exportations principales du Chili, la production de fruits et de légumes destinés à l'exportation a monté en flèche ; la saison de croissance des plantes au Chili coïncide avec la saison hivernale des pays riches de l'hémisphère nord. L'industrie de la pêche aux fruits de mer, la pisciculture, l'exploitation forestière, notamment la production de papier, comptent parmi les autres activités économiques qui contribuent à l'augmentation des revenus d'exportation. En raison de l'internationalisation rapide de son économie, le Chili participe maintenant au commerce mondial. Il est membre de l'APEC, de l'OCDE (depuis 2010), un membre associé du Mercosur et il est aussi un partenaire dans le cadre d'accords de libre-échange signés avec les États-Unis ainsi qu'avec le Canada. Malgré la croissance économique du Chili, le nouveau président élu en 2010, Sebastián Piñera Echenique, doit relever le défi du partage équitable des richesses entre les mieux nantis de la société et les démunis.

LE BRÉSIL

Le Brésil est en tous points le géant de l'Amérique du Sud. Il est tellement vaste qu'il a des frontières communes avec tous les autres États de l'ensemble, à l'exception de l'Équateur et du Chili (voir la figure 5B-1). Ses divers milieux naturels tropicaux et subtropicaux vont des forêts équatoriales du bassin de l'Amazone aux zones de climat tempéré humide de l'extrême sud. Avec ses 8,5 millions de km², le Brésil occupe presque la moitié de la masse continentale sud-américaine et se classe, en ce qui a trait à sa superficie, au cinquième rang à l'échelle mondiale après la Russie, le Canada, la Chine et les États-Unis. Sa population correspond à près de la moitié de celle du continent et elle est la cinquième du globe après celles de la Chine, de l'Inde, des États-Unis et de l'Indonésie. L'économie brésilienne, dont le secteur industriel – notamment l'aéronautique et l'aérospatiale – est ultramoderne, arrive au huitième rang mondial, compte tenu du PIB de 2088 milliards de dollars américains ; à titre de comparaison, le Canada se classe au neuvième rang avec un PIB de 1577 milliards de dollars américains. Et elle continue de progresser. Ce pays s'est taillé une place parmi les grands marchés émergents de la planète, aux côtés de la Russie, de l'Inde, de la Chine et de l'Afrique du Sud. Ces cinq États sont d'ailleurs souvent désignés par l'acronyme formé de la première lettre de leur nom en anglais : BRICS.

La population et la culture

La population du Brésil a doublé entre 1972 et 2012, passant de 100 millions à près de 200 millions d'habitants. Durant les dernières décennies, la natalité a toutefois diminué. Les Brésiliennes qui avaient en moyenne 4,4 enfants en 1980 n'en avaient plus que 2,0 en 2010. Il s'agit d'une tendance qui va de pair avec la modernisation globale (économie, santé, éducation) du Brésil, mise en œuvre au cours des dernières décennies. De plus, le Brésil est une société aussi diversifiée que celle du Canada ou des États-Unis. Comme presque partout ailleurs dans les Amériques, les peuples indigènes ont été décimés à l'arrivée des Européens. Aujourd'hui, on estime leur nombre à moins de 200 000 personnes qui vivent dans les régions de l'intérieur de l'Amazonie. Un grand nombre d'esclaves d'origine africaine ont également été amenés sur le continent à l'époque des premières grandes plantations, de sorte que la population du Brésil compte quelque 13 millions d'Afro-Brésiliens.

Les inégalités et la pauvreté

Le Brésil reste un pays d'inégalités sociales criantes. Bien que ce déséquilibre soit difficile à mesurer, l'Amérique du Sud est souvent citée comme l'ensemble géographique où le clivage entre les nantis et les démunis est le plus contrasté dans le monde. Sur le continent sud-américain, c'est au Brésil que l'écart entre les revenus est le plus grand.

On estime que 10 % de la population du Brésil possède plus de la moitié de la richesse nationale et que 1 % détient près de la moitié des terres cultivables. Ainsi, 20 % des Brésiliens vivent dans des conditions de grande pauvreté, pires encore que celles qui prévalent dans certaines mégapoles d'Afrique et d'Asie. Selon les estimations de l'ONU, près de la moitié de la population du Brésil souffre d'une forme ou d'une autre de malnutrition ; dans les États du Nordeste, elle est même aux prises avec la famine. Des groupes de jeunes orphelins et d'enfants abandonnés errent dans les villes, dormant là où ils le peuvent et volant ce qu'ils peuvent pour survivre. Certaines des villes principales (Rio de Janeiro et São Paulo), parmi les plus magnifiques du monde, sont entourées de favélas misérables où règnent la pauvreté, la misère et le crime.

Même si, depuis 2002, des mesures – notamment des plans d'aide aux familles démunies – ont été mises en œuvre pour remédier à la pauvreté, aux maladies qui touchent les enfants et au manque de logements, les campagnes contre la pauvreté ne parviennent pas à réduire le fossé déjà énorme entre les régions motrices d'un Brésil moderne et prospère et les zones du pays qui sont exclues de la croissance. Si d'autres mesures ne sont pas mises de l'avant pour redistribuer plus équitablement les richesses, l'essor du Brésil sera toujours entravé par les conséquences néfastes d'un développement aussi inégal.

Les perspectives de développement

Le Brésil possède des ressources minérales considérables, qui comprennent de riches gisements de minerais de fer et d'aluminium, d'étain et de manganèse, ainsi que des champs pétroliers et gaziers prometteurs (voir la figure 5B-6). Sur le plan énergétique, les développements sont axés sur la construction de complexes hydroélectriques immenses et sur le remplacement de l'essence par l'éthanol dérivé de la canne à sucre (l'alco-essence). Grâce à celui-ci, plus de la moitié des voitures au Brésil consomment du biocombustible au lieu de l'essence importée, dont le prix est plus élevé.

En outre, le Brésil possède plus de terres arables que tout autre pays dans le monde. Grâce à des sols fertiles qui permettent une production agricole intensive, le pays est devenu le plus important producteur et exportateur de café, de jus d'orange, de sucre, de tabac, d'éthanol, de bœuf et de poulet. Tout comme sa voisine l'Argentine, il exporte aussi de grandes quantités de soja. Le gouvernement brésilien s'est fixé comme objectif de devenir, en 2015, le premier exportateur de produits alimentaires du monde, devançant ainsi les États-Unis. L'agriculture industrielle est en fait aujourd'hui le secteur économique dont la croissance est la plus rapide, grâce notamment à la mécanisation et au développement de fermes pionnières dans les plaines fertiles du sud-ouest du Brésil (voir la photo ci-dessous). Mais l'agriculture industrielle, particulièrement la culture du soja transgénique dans l'État du Mato Grosso, contribue grandement au recul de la vaste forêt amazonienne.

L'industrialisation rapide du Brésil au début des années 1990 a fait du pays une nouvelle puissance économique. Étant donné que ses matières premières et leur transformation (industrie de l'acier) sont en forte demande vers la Chine, le Brésil inaugure, en 2012, à 400 kilomètres au nord-est de Rio de Janeiro, un port gigantesque (*Superporto do Açu*) capable d'accueillir les plus grands cargos du monde.

Les sous-régions du Brésil

La République fédérale du Brésil se divise en 26 États et un district fédéral, Brasilia (voir la figure 5B-6). Bien que ce pays soit presque aussi vaste que les 48 États contigus des États-Unis, il ne présente pas les caractéristiques habituellement associées aux paysages d'Amérique du Sud. Ainsi, les Andes ne le traversent pas et il est essentiellement formé de plateaux et de collines (voir la figure 5A-1). Même la

La culture du soja se pratique à grande échelle dans le *cerrado* brésilien, l'une des régions agricoles les plus riches du monde. Cette vaste savane tropicale, plate, fertile et bien irriguée est parfaitement adaptée à la production mécanisée.

région la plus basse, à savoir le bassin de l'Amazone qui occupe 60 % du territoire brésilien, n'est pas une plaine sur toute son étendue : de grands plateaux de faible altitude s'insèrent entre les affluents du grand fleuve Amazone qui, sur 6500 kilomètres, draine un bassin de 6,9 millions de km^2. Dans le sud-est, le plateau du Brésil s'élève vers l'est, en direction du littoral atlantique. Le long de la côte elle-même, l'escarpement abrupt qui marque la limite entre la zone de hauts plateaux et le littoral ne laisse à sa base qu'un espace habitable extrêmement étroit. Bien que la plaine côtière soit relativement exiguë, le Brésil a la chance exceptionnelle de disposer de plusieurs très bons ports naturels.

La taille, la population et le développement économique des États varient beaucoup sur ce territoire fédéré. L'État d'Amazonas est le plus étendu, avec une superficie de 1,6 million de km^2, soit l'équivalent du Québec, mais il abrite moins de 4 millions d'habitants ; la densité y est de 2 habitants par km^2. À titre de comparaison, le Québec compte 8 millions d'habitants et sa densité est de 4,97 habitants par km^2. L'État le moins peuplé est le Roraima, dans le nord du pays, avec environ 475 000 habitants ; la densité y est de 1,7 habitant par km^2. À l'opposé, l'État de Rio de Janeiro, situé sur la côte sud-est, a une superficie de 44 000 km^2 et une population de plus de 15 millions de résidents, avec une densité de 352 habitants par km^2. Il n'est toutefois pas le plus peuplé ; c'est l'État de São Paulo qui détient ce titre, car il compte plus de 40 millions d'habitants et sa croissance démographique est phénoménale. C'est l'un des grands pôles économiques du Brésil.

On peut diviser le Brésil en six sous-régions (voir la figure 5B-6). Les frontières de celles-ci ont été tracées de manière à les faire coïncider avec les limites des États pour faciliter leur repérage.

Le Nordeste, une région toujours pauvre

Noyau initial et foyer culturel du Brésil, le Nordeste a été la première région où l'économie de plantations s'est développée. Cette activité a attiré les Portugais qui, devenus planteurs, ont fait venir plus d'esclaves africains que tout autre pays d'Amérique du Sud pour travailler dans les champs de canne à sucre. La zone de précipitations abondantes et régulières qui s'étire le long de la côte fait rapidement place, en direction de l'intérieur, à une zone de précipitations plus faibles et plus saisonnières. C'est dans l'arrière-pays qu'habitent près de la moitié des quelque 50 millions de personnes qui peuplent la région. L'intérieur au climat semi-aride, appelé *sertão*, est non seulement surpeuplé, mais également frappé par une grande pauvreté, l'une des pires des Amériques. Le Nordeste génère moins d'un sixième du produit intérieur brut du Brésil, mais ses habitants représentent plus du quart de la population nationale. Compte tenu de ce profond déséquilibre, il n'est pas surprenant que cette sous-région abrite la moitié des citoyens pauvres du pays, que le taux d'alphabétisation y soit de 20 % inférieur à la moyenne brésilienne, et le taux de mortalité infantile deux fois plus élevé que la moyenne nationale.

Une grande partie de la misère du Nordeste est enracinée dans son système inégalitaire de possession des terres. Dans l'aride *sertão*, les exploitations agricoles doivent être d'au moins 100 hectares pour être rentables, une superficie que seuls les grands propriétaires terriens peuvent s'offrir. Le Nordeste est aujourd'hui la région la plus contrastée du Brésil. L'architecture des villes de Recife et de Salvador porte toujours la marque de l'ancienne période de prospérité, alors que de nombreux paysans désespérés continuent d'affluer dans les bidonvilles qui encerclent ces deux agglomérations. Les généralisations à propos du Brésil en pleine croissance s'appliquent bien peu au Nordeste, mais il y a tout de même quelques lueurs d'espoir. Un vaste complexe pétrochimique, construit près de Salvador, a créé des milliers d'emplois et suscite l'intérêt des investisseurs étrangers. Des projets d'agriculture sur terrains irrigués ont rendu possible la création de bon nombre de nouvelles entreprises agricoles commerciales. Le tourisme, en plein essor, attire des dizaines de milliers de vacanciers européens le long de la côte du Nordeste grâce aux luxueux complexes hôteliers en bord de mer. Recife a donné naissance à une industrie du logiciel prometteuse et à un important complexe médical. Enfin, Fortaleza est le centre de l'industrie du vêtement et de la chaussure, ce qui a permis de placer la ville sur l'échiquier de l'économie mondiale.

Le Sudeste, une région motrice du pays

Le Sudeste, avec ses grandes villes et ses fortes concentrations de population, est le noyau initial du Brésil moderne. Ce sont d'abord les gisements d'or qui ont attiré les colons, puis la découverte d'autres minerais a contribué à accroître le flux d'immigrants. Durant la ruée vers l'or, Rio de Janeiro a été le principal port d'exportation de ce métal et, jusqu'en 1960, cette ville a été la capitale du pays. Aujourd'hui, elle est la capitale culturelle du Brésil. Rio remplit également la fonction d'entrepôt du pays, elle est un centre d'affaires international ainsi qu'une importante ville touristique (voir l'encadré à la page 194).

L'État du Minas Gerais, situé dans le nord-ouest du Sudeste, est riche en mines. L'industrie de la région s'est rapidement développée et diversifiée, d'abord avec l'ouverture du centre métallurgique de Belo Horizonte. Cette ville en croissance se trouve maintenant à l'extrémité septentrionale d'une zone manufacturière ultramoderne qui s'étend vers le sud-ouest, sur une distance de 500 kilomètres, jusqu'à la mégapole de São Paulo (voir la zone hachurée sur la figure 5B-6).

L'État de São Paulo : où industrie et agriculture riment avec performance

La sous-région formée par l'État de São Paulo occupe la première place du secteur industriel brésilien et constitue le principal moteur de croissance du pays. Ce n'est donc pas étonnant que cet État fournisse près de la moitié du PIB du pays. Avec une économie qui, dans son ensemble, est sur un pied d'égalité avec celle de l'Argentine, l'État de

FIGURE 5B-6

São Paulo, en plein développement, représente un pôle d'attraction pour les migrants, principalement en provenance du Nordeste. La croissante y est si fulgurante que cet État abrite actuellement plus du cinquième de la population brésilienne.

La prospérité agricole de l'État de São Paulo est historiquement attribuable aux plantations de café, appelées *fazendas*. Même si le Brésil est toujours le premier producteur de café du monde, cette denrée a été supplantée par d'autres produits agroalimentaires. L'un d'entre eux est le concentré de jus d'orange et, là encore, le Brésil est le chef de fil mondial. Aujourd'hui, la production annuelle de jus de l'État de São Paulo est supérieure au double de celle de la Floride, notamment grâce à l'absence de gel en hiver, à des usines ultramodernes et à une flotte de navires-citernes spécialement conçus pour

La ville de São Paulo ne possède pas une silhouette imposante comme celle de New York, ni de gratte-ciels se mesurant à la tour Willis (autrefois Sears) de Chicago. En fait, ce qui caractérise cette mégapole brésilienne, c'est la masse. São Paulo n'est pas une ville ordinaire, c'est une vaste conurbation comptant plus de 26 millions d'habitants, ce qui en fait la troisième agglomération du monde. Cette photo montre une partie des abords, clairement définis, du quartier des affaires, une jungle de béton qui a une architecture indifférenciée, mais une culture urbaine dynamique. Au premier plan, juxtaposé à la richesse du centre-ville, l'intérieur de la ville dévoile l'extrémité opposée du spectre social : une organisation singulière de favélas où résident principalement les nouveaux migrants urbains, surtout ceux originaires du Nordeste. Selon certains démographes, São Paulo nous donnerait un aperçu du monde urbain de l'avenir.

exporter le concentré de jus vers les marchés étrangers. Le soja est un autre produit rentable pour le Brésil : ce dernier se classe au deuxième rang mondial des pays producteurs.

Le Sud : agriculture et technologie

La sous-région située à l'extrême sud du Brésil, dont la population dépasse 27 millions d'habitants, comprend les États du Paraná, de Santa Catarina et du Rio Grande do Sul (voir la figure 5B-6). L'afflux d'immigrants de divers pays européens, à la fin du XIXe siècle, a permis, entre autres, d'introduire des techniques agricoles modernes dans plusieurs sphères de l'agriculture. Ainsi, les riziculteurs portugais se sont regroupés dans les vallées du Rio Grande do Sul, où aujourd'hui la production de tabac est en voie de faire du Brésil le premier exportateur du monde. Pour leur part, les immigrants allemands, qui se spécialisaient dans la culture des céréales et l'élevage du bétail, se sont installés dans les régions un peu plus au nord et dans l'État de Santa Catarina. Quant aux Italiens, ils ont choisi les plus hauts versants des montagnes, où ils ont implanté des vignobles prospères. Toutes ces terres fertiles se sont avérées très productives. Avec la demande des vastes centres urbains plus au nord, cette sous-région est devenue particulièrement florissante.

Le développement économique du Sud ne repose pas uniquement sur l'agriculture. Le charbon de Santa Catarina et du Rio Grande do Sul est expédié vers les usines d'acier du Minas Gerais, plus au nord. Le secteur manufacturier est également en croissance, particulièrement dans les villes de Porto Alegre et de Tubarão. Durant les années 1990, un important centre consacré à l'industrie du logiciel a été créé à Florianópolis, capitale de l'État de Santa Catarina et ville située sur l'île du même nom. Cette technopole (*tecnópolis*) prometteuse poursuit sa croissance en tirant profit de ses attraits maritimes, de sa main-d'œuvre qualifiée, de son transport aérien et de ses réseaux de communication mondiale. De plus, pour venir en aide à ces nouvelles entreprises, tant le gouvernement que le secteur privé ont mis sur pied des mesures incitatives.

Le Centre-Ouest : la conquête du territoire

La sous-région du Centre-Ouest englobe les États de Goiás, du Mato Grosso et du Mato Grosso do Sul. En déplaçant, en 1960, la capitale nationale à Brasilia, au cœur d'une région inhabitée à 650 kilomètres de Rio de Janeiro, les dirigeants brésiliens ont voulu souligner le début d'une ère nouvelle de développement, de même que leur avancée vers l'ouest (voir la figure 5B-6). Brasilia représente une **capitale pionnière**. Le centre du pays était une frontière intérieure que la nation brésilienne, en pleine croissance, se devait de conquérir : cette ville est aujourd'hui la capitale politique et administrative et elle occupe une position importante.

En dépit de la croissance subséquente de Brasilia – fondée sur un site inhabité, cette ville a aujourd'hui une population de 4,1 millions d'habitants –, ce n'est qu'au début des années 1990 que le Centre-Ouest a été intégré à l'économie du reste du Brésil. Ce qui a joué le rôle de catalyseur, c'est l'exploitation du vaste ***cerrado***, une savane fertile, qui couvre le Centre-Ouest et en fait l'une des zones agricoles pionnières les plus prometteuses du globe. En réalité, plus des deux tiers de ses sols arables restent encore à exploiter. Le sol nivelé du *cerrado*, comme l'est celui des Grandes Plaines des États-Unis, constitue un avantage, car il facilite la mécanisation de l'agriculture à grande échelle et exige une main-d'œuvre minimale (voir la photo à la page 209). Le *cerrado* profite également d'un autre avantage : des précipitations saisonnières encore

L'une des MÉTROPOLES de . . .

L'AMÉRIQUE DU SUD

SÃO PAULO

SITUÉE SUR UN PLATEAU à 50 kilomètres de Santos, son port sur l'Atlantique, São Paulo ne jouit pas à première vue d'une situation géographique avantageuse. Pourtant, cette métropole est la troisième du monde par sa population: celle-ci a tellement augmenté que la ville a plus que doublé au cours des trois dernières décennies, passant de 11 millions à un peu plus de 26 millions d'habitants.

Fondée en 1554 par les Jésuites, São Paulo a connu un premier essor au XIXe siècle grâce à l'exportation de café. Depuis, la ville n'a cessé de croître en tant que centre de l'industrie agroalimentaire (soja, concentré de jus d'orange, sucre et café) et du secteur manufacturier; elle fournit d'ailleurs près de la moitié des emplois du secteur industriel de tout le Brésil. Cette métropole est également devenue le principal centre commercial et financier du pays. Aujourd'hui élevée au rang de capitale des affaires du Mercosur, la ville de São Paulo possède un imposant quartier des affaires (voir la photo ci-contre), symbole même de l'Amérique du Sud urbaine, et attire la majorité des investissements étrangers sur le continent ainsi que les activités liées au commerce.

Néanmoins, même si São Paulo est une grande métropole industrielle de l'hémisphère sud, elle doit, en tant que société postindustrielle, s'adapter pour éviter de faire partie, comme Détroit, d'une « ceinture de la rouille » (*Rust Belt*). Située dans les banlieues sud de la métropole, la zone manufacturière, dominée par l'industrie vieillissante de l'automobile, attire aujourd'hui de nouvelles industries. Les entreprises Internet, en particulier, y ont afflué en si grand nombre que São Paulo constitue déjà le plus important centre d'activités de commerce électronique du Brésil, ce qui lui vaut parfois le surnom de « Silicon Village ».

Ailleurs dans la vaste constellation urbaine de São Paulo, dont les banlieues s'étalent jusqu'à 100 kilomètres au-delà du quartier des affaires, on voit se transformer le paysage économique. Dans le secteur périphérique nord-est, de nouvelles installations de recherche ainsi que des usines de matériel informatique et de télécommunications font leur apparition. À l'ouest du centre de São Paulo, bordant la rocade qui longe la rivière Pinheiros, se trouve le plus grand complexe de bureaux de banlieue d'Amérique du Sud, caractérisé par des gratte-ciels ultramodernes. Cependant, la croissance

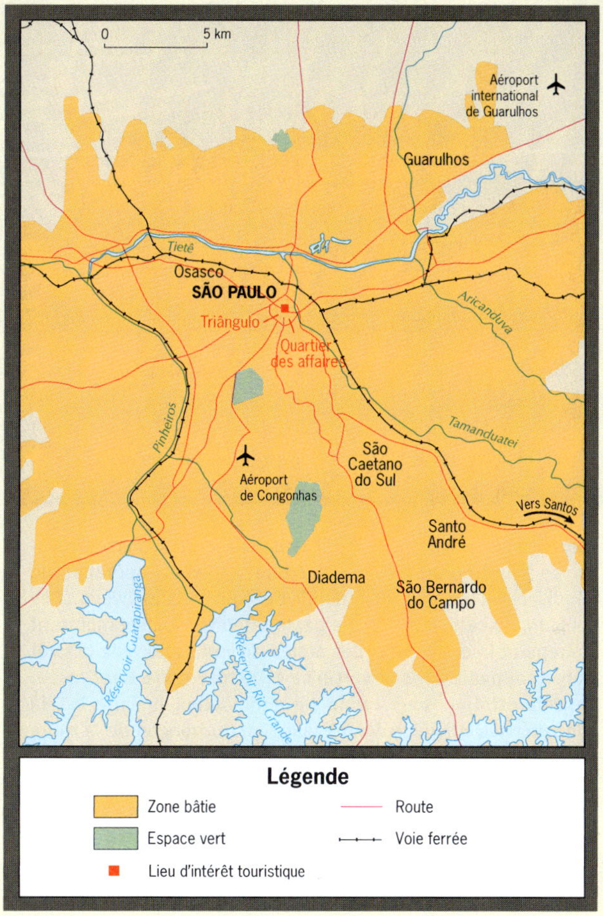

fulgurante de la métropole a entraîné de graves problèmes de surpopulation, de pollution et de congestion routière. Les embouteillages qui y surviennent figurent parmi les pires dans le monde et immobilisent, chaque jour, au moins deux fois plus de véhicules qu'à Manhattan. La pauvreté, d'une ampleur effarante, comparable à celle de la ville de Mexico, est néanmoins le problème le plus sérieux, et les bidonvilles de la périphérie, en constante expansion, resserrent leur étreinte sur la métropole prospère. Si le taux de croissance prodigieux de la population urbaine persiste, la ville pourrait abriter 50 millions d'habitants d'ici à peine 20 ans.

plus fréquentes que dans les Grandes Plaines ou la Pampa argentine.

La principale culture est le soja dont le rendement à l'hectare dépasse même celui de la « ceinture du maïs » (*Corn Belt*) des États-Unis. Bien que d'autres céréales et du coton soient aussi cultivés dans le *cerrado*, le rythme de croissance du Centre-Ouest est freiné par de graves problèmes d'accessibilité. Les produits de l'intérieur doivent emprunter de mauvaises routes et des voies ferrées intermittentes pour atteindre les marchés et les ports de la côte de l'Atlantique. Aujourd'hui, cependant, plusieurs projets sont enfin en cours pour venir à bout de ces difficultés.

Voici à quoi ressemble la forêt équatoriale de l'Amazonie observée à partir d'un satellite en orbite, après une opération de déboisement en vue d'accueillir de nouveaux arrivants. Les couleurs de cette image prise par le satellite *Landsat* montrent clairement la destruction des arbres : le vert sombre de la forêt vierge contraste avec le vert pâle et le rose de la forêt rasée. La déforestation sous forme de ramification linéaire est la configuration privilégiée dans la région du tronçon de la route BR-364 de l'État de Rondônia. L'agriculture a malheureusement peu de chances de s'y développer très longtemps, et beaucoup de terres seront abandonnées peu après. On défrichera alors d'autres terres, et le cycle recommencera.

Ainsi, une nouvelle liaison ferroviaire, le Ferronorte, dont la construction est financée par des investisseurs privés, devrait éventuellement relier le port de Santos au sud-est de l'État du Mato Grosso. On a aussi beaucoup amélioré la « route du soja », comme on la surnomme. Elle part du sud du Mato Grosso et rejoint la ville de Santarém, au bord du fleuve Amazone (voir la route BR-163 sur la figure 5B-6).

Le Nord amazonien : une colonisation rapide

Formé de sept États, le Nord amazonien (voir la figure 5B-6) est la sous-région la plus vaste et la plus éloignée du cœur économique et démographique du Brésil, en plus d'être celle qui connaît la croissance la plus rapide. En 1910, après la période florissante de l'exploitation du caoutchouc dans les selves (forêts tropicales humides), et dont avait profité la ville de Manaus, la stagnation s'est installée dans le Nord amazonien pendant plus de sept décennies. Ce n'est qu'au cours des années 1980 que de nouvelles zones de développement sont apparues un peu partout dans la sous-région. Depuis, le Nord amazonien est devenu le lieu de la plus grande migration en territoire vierge à se produire dans le monde. Près de 200 000 nouveaux arrivants s'y installent chaque année. Le nord du Brésil est tristement célèbre pour la destruction de ses forêts amazoniennes (une question abordée dans le chapitre 5A). La déforestation résulte, certes, de l'exploitation forestière, mais encore davantage de l'urbanisation, de l'occupation des sols utilisés par des paysans sans terre venus d'autres régions et de l'industrie agricole à grande échelle.

Le pire pourrait cependant être passé. De 1995 à 2005, chaque année, quelque 20 000 km^2 de forêt ont été défrichés. Selon les données les plus récentes, la tendance est maintenant à la baisse. De plus, en 2008, le gouvernement brésilien s'est engagé à réduire la déforestation de 80 % d'ici 2020 et d'y mettre fin complètement en 2030. Ces décisions reposent sur l'idée que le Brésil a un potentiel énorme grâce à des sols abondants, de l'eau en quantité et un bon ensoleillement, et que le pays a tout intérêt à pratiquer une économie respectueuse de l'environnement. Aujourd'hui, environ 40 % de l'énergie du pays est obtenue à partir de sources renouvelables, contre moins de 12 % aux États-Unis. Il semble désormais possible d'envisager que le Brésil puisse devenir un acteur majeur du développement durable.

Les projets de développement abondent dans le Nord amazonien. L'un d'entre eux est celui de Grande Carajás, dans l'est de l'État du Pará. Il repose sur l'un des plus riches gisements de minerai de fer du globe, situé dans les collines de la Serra dos Carajás (voir la figure 5B-6 et la photo de la page 193). En plus du développement de ce vaste complexe minier s'ajoutent la construction du barrage hydroélectrique de Tucuruí sur le fleuve Tocantins et celle d'un chemin de fer de 850 kilomètres jusqu'au port de São Luis sur la côte de l'Atlantique. Ce développement ambitieux aux nombreuses facettes est une bonne illustration du concept de **pôle de croissance** ; il a entraîné l'exploitation d'autres minéraux, de même que l'élevage, l'agriculture et la foresterie, qui ont un effet stimulant sur le développement des régions voisines.

La réalisation de la première phase de cette entreprise gigantesque a rendu plusieurs villes prospères. Manaus, dans le nord-ouest de la Serra dos Carajás, a connu une renaissance spectaculaire. Un complexe industriel prospère, spécialisé dans la production de biens électroniques, s'est établi dans la zone franche adjacente à la ville, attiré par les exceptionnelles installations de manutention du fret aérien de l'aéroport ultramoderne de Manaus. Cependant, la croissance économique et démographique dans cette région de l'Amazone a également provoqué de nombreux problèmes, dont le plus tragique est certainement la situation critique dans laquelle se sont trouvés les Yanomamis, l'une des dernières tribus autochtones à avoir conservé un mode de vie ancestral. À la suite de la découverte, en 1987, de gisements d'or sur leur territoire traditionnel, dans l'État de Roraima, les Yanomamis ont vu des milliers de nouveaux arrivants envahir leur territoire et revendiquer la propriété des terres, ce qui a déclenché des affrontements violents. Par conséquent, le fragile mode de vie des Yanomamis a été anéanti.

Un autre projet d'envergure, celui du Polonoroeste, situé à environ 1600 kilomètres au sud-ouest de Grande Carajás, s'est développé dans le corridor de la BR-364, une route en terre battue longue de 2400 kilomètres, qui relie les villes de Cuiabá, Porto Velho et Rio Branco (voir la figure 5B-6). Même si le gouvernement avait prévu que l'occupation de l'Amazonie occidentale se ferait via la Transamazonienne – une route traversant le Brésil sur un axe est-ouest –, les migrants des années 1980 et 1990 ont préféré emprunter la route BR-364, puis se sont installés dans la marge sud-ouest du bassin de l'Amazone, principalement dans l'État de Rondônia (voir la photo ci-contre), où l'agriculture était l'activité principale. Cependant, la quête de terres par les nouveaux paysans a engendré – et cause encore – d'âpres conflits avec les propriétaires terriens, tandis que le gouvernement brésilien étudie toujours l'épineuse question de la réforme agraire.

Le Brésil est la pierre angulaire de l'Amérique du Sud, la force économique dominante du Mercosur et le seul pays de l'hémisphère occidental à faire contrepoids aux États-Unis. Par ailleurs, la démocratie au sein de ce géant mondial s'affermit. Ses relations avec des partenaires économiques internationaux s'intensifient rapidement, un signe manifeste que le Brésil – et l'Amérique du Sud en général – n'agit plus dans l'ombre des États-Unis. Le gouvernement de centre gauche du pays a réussi à mettre le cap sur la croissance économique et sur la réduction de la pauvreté. Il semble que la présidente Dilma Rousseff, entrée en fonction le 1er janvier 2011, va poursuivre dans cette voie. L'avenir de l'Amérique du Sud tout entière repose sur la stabilité du Brésil de même que sur ses progrès économiques et sociaux.

6A L'AFRIQUE SUBSAHARIENNE

LA MÉMOIRE DE L'HUMANITÉ

SOMMAIRE

- LA PHYSIOGRAPHIE DE L'AFRIQUE
- LE MILIEU NATUREL
- LE CLIMAT TROPICAL ET LA SANTÉ
- LA GÉOGRAPHIE HISTORIQUE DE L'AFRIQUE
- LA MOSAÏQUE CULTURELLE
- L'URBANISATION ET LE CHANGEMENT SOCIAL
- AU-DELÀ DES STÉRÉOTYPES : LA CROISSANCE REMARQUABLE DES ÉCONOMIES AFRICAINES

CONCEPTS ET TERMES

Évolution humaine
Hominidé
Savane
Bouclier
Terres rares
Rift
Révolution verte
Endémique
Ankylostomiase
Pandémique
Culte animiste
Secteur formel
Secteur informel

FIGURE 6A-1

Le continent africain occupe une place particulière dans le monde physique et dans l'histoire de l'humanité. Bien assise sur son socle précambrien, l'Afrique constitue le point de départ de l'**évolution humaine**. C'est ici qu'on a assisté à la formation des premières collectivités et ce continent a été le théâtre des premières manifestations de la culture humaine. Depuis l'Afrique, les **hominidés** se sont dispersés en Eurasie il y a plus de 2 millions d'années. Il y a quelque 130 000 ans, notre espèce (*homo sapiens*) a commencé à émigrer de l'Afrique vers le nord – ce qu'on appelle aujourd'hui l'Europe – et vers l'est, en passant par le sud de l'Asie, puis vers l'Australie et, beaucoup plus tard, vers les Amériques. Nos ancêtres ont atteint les quatre coins de la Terre et, par conséquent, nous pouvons dire que nous sommes tous de souche africaine.

L'Afrique a donc été le berceau de l'humanité. Pendant des millions d'années, elle a été à l'avant-garde dans une multitude de domaines, allant de la fabrication d'outils à la domestication des plantes en passant par l'établissement de relations commerciales. C'est aussi vraisemblablement en Afrique que résident les origines du langage humain et que se sont établies les premières communautés sédentaires.

Or les chapitres 6A et 6B présentent une Afrique frappée par des problèmes économiques, politiques, sociaux et écologiques d'une ampleur considérable. En mesurant ces difficultés, on doit garder à l'esprit que celles-ci ne s'enchaînent que depuis des centaines d'années et que, malgré les obstacles, des lueurs d'espoir commencent à apparaître pour ce continent. Déjà, dans certains pays, les choses changent et les indicateurs socioéconomiques permettent de croire qu'il existe de grandes possibilités de développement en Afrique subsaharienne.

Au Kenya, un village constitué de fermes, dans la fertile vallée du Rift, un couloir déterminant dans l'évolution de l'espèce humaine.

Il y a plus de 2000 ans, l'Afrique entière constituait un tout géographique. Ce sont des facteurs comme l'expansion de l'islam et du monde arabe, la colonisation de l'Afrique du Nord par les Européens et le développement du désert du Sahara qui ont divisé l'Afrique en deux entités culturelles : le Nord, qui appartient au monde arabe, fait maintenant partie du même ensemble géographique que l'Asie du Sud-Ouest, alors qu'au sud du Sahara, l'Afrique subsaharienne forme un ensemble à lui seul en raison des langues qui y sont parlées, des modes de vie qui y ont cours et des paysages culturels qui lui sont propres. Entre ces deux Afriques s'est développée d'ouest en est une zone de transition bioclimatique et culturelle.

Avant d'explorer la géographie humaine de l'Afrique subsaharienne, il est impératif de jeter un regard sur la géographie physique unique de ce continent (voir les figures 6A-1 et 6A-2).

LA PHYSIOGRAPHIE DE L'AFRIQUE

L'Afrique représente environ le cinquième de la superficie des terres émergées de la planète. La côte nord de la Tunisie se trouve à 7700 kilomètres de la côte méridionale de l'Afrique du Sud. D'est en ouest, 7200 kilomètres séparent la côte du Sénégal, en Afrique occidentale, et la pointe de la Corne de l'Afrique, en Somalie. Aucune autre masse continentale n'est aussi également répartie de part et d'autre de l'équateur : entièrement située sous des latitudes tropicales et subtropicales, l'Afrique s'étend presque aussi loin au nord de 0° qu'au sud. Cette position géographique explique en grande partie la distribution des climats, des sols, de la végétation, du potentiel agricole et de la population humaine de l'Afrique.

Les principales CARACTÉRISTIQUES GÉOGRAPHIQUES de ...

L'AFRIQUE SUBSAHARIENNE

1. Sur le plan physiographique, l'Afrique est un plateau continental dépourvu d'ossature montagneuse importante, mais doté d'un ensemble de grands lacs, de plusieurs bassins fluviaux, de sols généralement peu fertiles. Ce plateau est dominé par les **savanes** et les steppes où la pluie ne tombe que de façon irrégulière.
2. L'Afrique doit sa richesse et sa diversité culturelle à la présence de dizaines de nations et de centaines de groupes ethniques. Ceux-ci dépassent nettement le nombre d'États qui les abritent.
3. L'agriculture demeure le principal moyen de subsistance de la majorité des habitants de l'Afrique subsaharienne.
4. L'incidence élevée de maladies et les carences nutritionnelles dont souffre la population de cet ensemble témoignent de la nécessité d'améliorer les conditions sanitaires et alimentaires. La pandémie de sida y constitue une crise majeure dans le domaine de la santé.
5. L'ensemble regorge de matières premières cruciales pour les pays industrialisés, mais dont seulement une partie est transformée sur place.
6. L'ensemble doit sa célébrité à ses espèces sauvages, mais nombre d'entre elles sont menacées. La conservation de la biodiversité dans le cadre d'un développement durable représente un défi de taille.
7. Durant la guerre froide, la rivalité qui opposait les grandes puissances a exacerbé des conflits dans plusieurs pays de l'Afrique subsaharienne, conflits dont les conséquences se feront sentir encore pendant des générations.
8. De graves bouleversements déchirent de nombreux pays de l'Afrique subsaharienne, du Liberia au Burundi en passant par le Zimbabwe et le Nigeria. Cet ensemble compte la plus importante population de réfugiés du monde.
9. La mauvaise gestion gouvernementale et l'absence de leadership affligent les économies de nombreux pays de l'ensemble.
10. Au cours de la dernière décennie, un petit nombre de pays se sont écartés de la tendance générale de l'ensemble en enregistrant une croissance économique notable. En 2012, on estimait que la classe moyenne était constituée de plus de 300 millions d'Africains qui stimulaient l'économie grâce à leur consommation.

Ces distances déterminent en grande partie le milieu naturel. Dans le nord du continent, beaucoup de terres africaines sont loin de l'humidité générée par les océans. De plus, comme l'illustre la figure I-14, de nombreuses zones de masses terrestres se trouvent sous des latitudes où les systèmes atmosphériques mondiaux créent des climats arides. Ces systèmes atmosphériques sont des cellules de haute pression dont l'air descendant est chaud et sec. Le Sahara, dans le nord, et le Kalahari, dans le sud, font partie de la zone désertique qui ceinture le globe à la hauteur des tropiques du Cancer et du Capricorne. Dans ces régions, l'approvisionnement continu en eau constitue l'une des graves difficultés auxquelles les populations doivent faire face. De plus, le Sahara gagne toujours plus de terrain vers le sud en raison, notamment, de la déforestation et de la surexploitation des sols qui, ensemble, accentuent l'érosion.

La topographie de l'Afrique révèle plusieurs caractéristiques qu'on ne trouve nulle part ailleurs. Il suffit d'examiner une carte du relief pour s'en convaincre. Chaque grande masse continentale comprend au moins une chaîne de montagnes linéaires : les Andes en Amérique du Sud, les Rocheuses en Amérique du Nord, les Alpes en Europe, l'Himalaya en Asie. Par contre, l'Afrique, si vaste soit-elle, est le seul continent dépourvu de toute ossature montagneuse d'envergure continentale. L'Atlas, situé dans le nord-ouest, n'occupe qu'une étroite bande de terre et les montagnes du Cap, dans le sud, ne se comparent pas à la cordillère des Andes ni à l'Himalaya. L'Afrique a bien quelques massifs montagneux en Éthiopie et en Afrique du Sud, mais il s'agit de hauts plateaux profondément érodés ou, comme en Afrique orientale, de volcans aux sommets enneigés.

On peut décrire l'Afrique comme un vaste plateau. À l'exception de quelques plaines côtières au Mozambique et en Somalie, presque tout le continent se trouve à plus de 300 mètres au-dessus du niveau de la mer, et au moins la moitié s'élève à plus de 800 mètres. Comme le montre la figure 6A-2, la surface du grand plateau s'est affaissée sous le poids des sédiments accumulés dans une demi-douzaine de vastes bassins (dont trois sont situés dans le Sahara). Les extrémités du plateau africain sont escarpées, souvent aussi abruptes que des escaliers. Le Grand Escarpement, dans le sud-est de l'Afrique du Sud, qui marque la limite orientale des monts Drakensberg, un système montagneux, en est l'exemple le plus célèbre. D'un point de vue géologique, l'Afrique est un continent riche. Cet immense **bouclier** dont la formation remonte à plus de 650 millions d'années renferme des ressources minières importantes, telles que du cuivre, de l'uranium, du minerai de fer, de l'or, du chrome, du nickel et de nombreux métaux issus des **terres rares** et utilisés dans les hautes technologies.

Par ailleurs, la carte physique de l'Afrique (voir la figure 6A-2) révèle une particularité : la présence de grands lacs concentrés dans le centre-est. À l'exception du lac Victoria, tous ces lacs se sont créés à partir de failles profondes, comme en témoigne leur forme oblongue, appelées fossés d'effondrement ou **rifts**. Ces rifts se produisent lorsqu'apparaissent d'immenses failles parallèles dans la croûte terrestre et que la bande située entre les deux s'effondre, formant ainsi d'imposantes vallées linéaires aux parois abruptes (voir la photo à la page 218). Ils sont dessinés en rouge dans la figure 6A-2. Ainsi, la vallée du Rift, qui s'étend sur plus de 9600 kilomètres de la mer Rouge au Swaziland, est délimitée par les frontières de plaques tectoniques (voir la figure I-11) qui s'éloignent les unes des autres et révèle l'importance des forces qui sont à l'œuvre dans les profondeurs de la Terre. Les cours d'eau de l'Afrique sont également particuliers : leur portion supérieure bifurque fréquemment vers l'intérieur des terres, comme si rien ne les reliait à la côte où ils finissent néanmoins par se déverser. Plusieurs fleuves, dont le Nil et le Niger, s'égarent à l'intérieur des terres et forment de vastes réseaux de canaux, marécages et lacs qu'on appelle « deltas intérieurs ». Le fleuve Congo se situe au cœur de l'Afrique équatoriale. Il draine un bassin hydrographique de 3,7 millions de km^2, soit le deuxième en importance après l'Amazone (7 millions de km^2). De nombreuses chutes rendent toutefois la navigation impossible sur plusieurs sections de son cours.

Certaines chutes sont très célèbres dans le monde en raison de leur beauté et de leurs impressionnantes dimensions. C'est le cas des chutes Victoria, qui ont une largeur de 1600 mètres et une hauteur de plus de 90 mètres. Elles alimentent le Zambèze.

LE MILIEU NATUREL

Le climat

La seule région qui se trouve hors des tropiques est la pointe située à l'extrême sud de l'Afrique subsaharienne.

Bien que le relief africain soit relativement élevé, il ne l'est pas assez pour contrer la chaleur tropicale, sauf dans des endroits particulièrement favorables comme les montagnes du Kenya et des portions de l'Éthiopie. Rappelons aussi que son imposante masse signifie que la majeure partie du continent africain est privée de l'humidité provenant des océans. Les sècheresses fréquentes représentent un danger constant pour des centaines de milliers d'habitants en Afrique subsaharienne.

Comme le montre la figure I-14, les régions climatiques de l'Afrique sont réparties de façon quasi symétrique de part et d'autre de l'équateur. Toutefois, dans l'est du continent, les montagnes permettent une diversité climatique basée sur une répartition altitudinale des climats (voir la figure 4A-3). Le climat chaud et humide du bassin du Congo se fond graduellement, au nord comme au sud, aux climats marqués par des hivers secs. Or l'hiver dans ces régions se caractérise davantage par des sècheresses que par le froid. Dans certaines portions des régions de climat Aw (la savane tropicale), le cycle des saisons produit deux saisons de pluie – que les Africains appellent souvent les longues pluies et les petites pluies – entrecoupées de deux périodes hivernales sèches. À mesure qu'on s'éloigne du bassin du Congo pour aller vers le nord ou vers le sud, les saisons sèches s'allongent et les précipitations diminuent tout en devenant de moins en moins régulières.

La végétation et la biodiversité en péril

Comme dans les autres régions du globe où domine le climat équatorial humide, le bassin du Congo et une partie de l'Afrique occidentale sont couverts d'importantes forêts tropicales. Celles-ci occupent cependant une zone relativement restreinte et elles diminuent constamment à cause du déboisement et des contraintes imposées par le peuplement. Au-delà de cette zone, là où la diminution graduelle des précipitations amène une saison sèche de plus en plus longue, les forêts tropicales cèdent la place à la savane arborée et à ses vastes étendues d'herbes hautes ; ces zones de savane ont longtemps été le principal habitat des derniers grands troupeaux d'animaux sauvages de l'Afrique. Au-delà, la savane se change en steppe tropicale, plus aride ; ces étendues d'herbes clairsemées résistent difficilement aux contraintes exercées par le bétail, d'où le risque accru que le désert poursuive son expansion.

Les forêts tropicales et l'immense savane africaine sont les derniers refuges de nombreuses espèces sauvages, allant des primates aux gnous. Les populations décroissantes de gorilles et de chimpanzés survivent dans des habitats forestiers menacés pendant que des millions d'herbivores sillonnent en grands troupeaux les plaines de la savane que leur disputent les humains. Les colons européens, qui ont importé la chasse sportive au début du siècle dernier (jusqu'alors inconnue en Afrique), ainsi que des activités dévastatrices pratiquées tant par les humains que par les animaux ont contribué à décimer la flore et la faune sur de vastes zones, parfois jusqu'à l'extinction.

Par la suite, les régimes coloniaux et les gouvernements nationaux qui leur ont succédé ont créé des réserves de gibier et d'autres types de zones de conservation qui, en plus d'être insuffisamment grandes ou inadéquatement aménagées, ne permettaient pas aux troupeaux de suivre leurs routes migratoires annuelles et saisonnières. Les conditions climatiques ont les mêmes effets sur la faune et la flore que sur les cultivateurs : lorsque s'amenuisent les grands pâturages libres, les animaux en cherchent d'autres ailleurs. En l'absence de clôtures autour des parcs ou des réserves

FIGURE 6A-2

d'animaux, les bêtes sauvages prennent d'assaut les terres agricoles environnantes et détruisent les cultures, s'exposant ainsi à des représailles de la part des humains. L'équilibre qui durait en Afrique depuis des milliers d'années est rompu, et la compétition que se livrent les peuples et la faune a pris une nouvelle tournure.

Les statistiques ont de quoi faire réfléchir. Globalement, la population de grands animaux a chuté de 55 % au cours des quatre dernières décennies, et certaines espèces et sous-espèces, comme le rhinocéros blanc, sont menacées de disparition. Il y a un siècle, la population de rhinocéros – toutes espèces confondues – de l'ensemble subsaharien atteignait plusieurs centaines de milliers de bêtes. Il en reste aujourd'hui environ 2000. Pour sa part, la population de lions est passée de 400 000, il y a 50 ans, à moins de 20 000 actuellement.

C'est la fin d'une époque, mais il est encore temps de préserver ce qui peut l'être et de gérer la nature de façon responsable.

La population, les terres agricoles et le milieu naturel

Avec ses 24 millions de km^2, l'Afrique subsaharienne semble bien assez vaste pour accueillir les 863 millions de personnes qui y vivent. À en juger par la figure 6A-3, l'ensemble ne paraît pas si densément peuplé; sa densité arithmétique est de 36 hab./km^2 . Toutefois, on trouve des concentrations de peuplements importants en Afrique occidentale (au Nigeria, le pays le plus peuplé de l'ensemble), en Afrique orientale (autour du lac Victoria) et dans la Corne de l'Afrique (particulièrement sur les hauts plateaux d'Éthiopie). Partout ailleurs, la population semble généralement disséminée. Le tableau de données de l'annexe A corrobore cette réalité: la population *combinée* de tous les pays de l'ensemble ne représente que les deux tiers de celle de la Chine.

Or la population de l'Afrique subsaharienne vit toujours de l'agriculture, et comme nous l'avons indiqué plus haut, le milieu naturel africain est difficile pour des millions d'agriculteurs. Les fermiers des zones les plus arides ne peuvent pas compter sur des précipitations suffisantes d'une année à l'autre. Cela dit, l'Afrique compte quand même quelques régions de bonnes terres bien irriguées et productives, mais celles-ci ne sont pas étendues. L'importante concentration de population dans la région des Grands Lacs correspond aux sols volcaniques très fertiles du Kilimandjaro et de la vallée du Rift en Afrique orientale. À une autre époque, les hauts plateaux d'Éthiopie étaient désignés comme le grenier du nord-est de l'Afrique, mais les périodes de sècheresse et la surexploitation des sols ont changé la donne. Malgré ces facteurs, la productivité des terres agricoles pourrait y être plus grande qu'elle ne l'est actuellement. Pour leur part, les zones de latitude élevée de l'Afrique du Sud, plus fraîches et plus humides, offrent des rendements exceptionnels et une production très variée. Certaines régions d'Afrique occidentale, enfin, sont propices à une agriculture intensive. Même réunies, toutes ces zones productives ne se comparent pas aux immenses vallées alluviales de la Chine ou de l'Inde, ni même à la vallée et au delta du Nil. La grande majorité des agriculteurs africains doivent composer avec des obstacles insurmontables, dont les trois principaux: la variabilité du climat, les politiques économiques des gouvernements nationaux et la difficulté d'accéder aux marchés mondiaux.

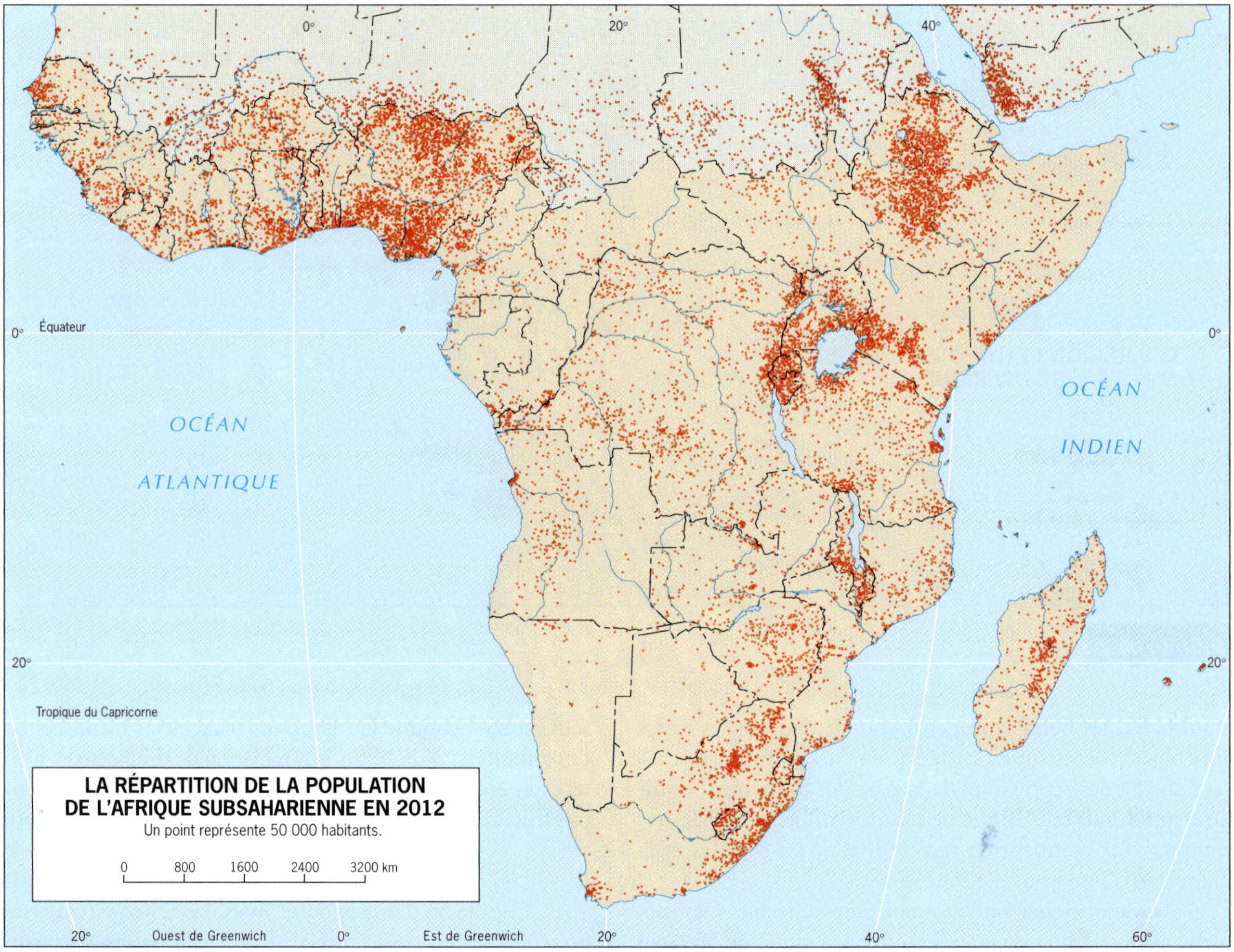

FIGURE 6A-3

La subsistance permanente

Si l'agriculture commerciale existe dans certains pays d'Afrique comme c'est le cas au Sénégal, au Kenya et en Côte d'Ivoire, la plupart des fermiers africains pratiquent une agriculture de subsistance en cultivant des céréales (maïs, millet, sorgho) dans les zones plus arides et des légumes-racines (igname, manioc et patate douce) dans celles qui sont humides. Le pastoralisme – surtout l'élevage de bovins et de chèvres – permet à d'autres de composer avec les variations climatiques. Or les agriculteurs et les éleveurs n'arrivent toujours pas à assurer leur présence sur les marchés et à obtenir un prix stable pour leurs produits. Cette situation s'explique principalement par les politiques gouvernementales qui favorisent souvent un type de culture réservé à l'exportation – par exemple, les arachides en Gambie, le thé et le café au Kenya ou le cacao en Côte d'Ivoire – au détriment de cultures qui se vendent moins cher sur les marchés mondiaux.

Même si les fermiers africains ont appris à s'adapter à ces difficultés, les rendements de leurs cultures sont demeurés modestes pendant plusieurs années. Par la suite, en réaction aux politiques de la Banque mondiale, les gouvernements ont accordé une attention accrue aux projets agro-industriels prestigieux et ont négligé, par le fait même, l'agriculture destinée à la population locale. Selon des estimations récentes, les femmes ont été les premières à souffrir du déclin de l'agriculture : ce sont elles qui produisent 75 % de la nourriture en Afrique subsaharienne. Les politiques de développement accordent souvent trop peu d'attention à cette donnée et à la dynamique familiale qui en découle, si bien que de nombreux projets agricoles locaux ne voient jamais le jour.

La **révolution verte** – qui vise le développement de céréales plus résistantes à la sècheresse et aux prédateurs et donnant de meilleurs rendements – a eu moins d'impact en Afrique qu'ailleurs dans le monde. Dans les régions où les populations se nourrissent principalement de riz et de blé, la révolution verte a eu pour effet de repousser le spectre de la faim. Cependant, les cultures dominantes de l'Afrique subsaharienne, surtout des légumes-racines, n'ont pas fait l'objet de recherches importantes, si bien que la révolution verte a fait peu de progrès en Afrique. Quoi qu'il en soit, ce mouvement n'est pas une panacée : les fermiers les plus pauvres et ceux qui ont les plus grands besoins sont aussi ceux qui ont le moins accès aux semences à haut rendement et aux pesticides coûteux, mais souvent nécessaires. D'ailleurs, ces méthodes de production agricole soulèvent des doutes en ce qui concerne l'environnement. Il se dessine dans bien des régions rurales d'Afrique une agriculture coopérative locale pratiquée selon des principes agronomiques respectueux de l'environnement.

L'avènement du cellulaire a eu un impact colossal sur la vie de nombreux agriculteurs des pays en développement, particulièrement en Afrique subsaharienne où les distances sont importantes, les lignes terrestres inexistantes et l'information sur les marchés livrée au compte-goutte. Désormais, les fermiers et les marchandes, comme celle-ci, peuvent s'informer du meilleur moment pour vendre leurs récoltes.

LE CLIMAT TROPICAL ET LA SANTÉ

L'Afrique tropicale est la région d'où proviennent de nombreuses maladies graves, ce qui lui a valu d'être l'objet d'importantes recherches en géographie de la santé et des maladies. Les chercheurs s'intéressent aux vecteurs de maladies infectieuses, aux conditions environnementales qui favorisent leur éclosion de même qu'aux dimensions sociales et culturelles associées à la dispersion et à la transmission des maladies. En compilant des données provenant de la cartographie des maladies, du milieu physique et des indicateurs économiques, les chercheurs peuvent faire des recoupements cruciaux qui permettent de combattre ces fléaux.

En Afrique, aujourd'hui, des centaines de millions de personnes sont porteuses d'une ou de plusieurs maladies, et beaucoup ne savent pas exactement ce qui les afflige. Une maladie est dite **endémique** lorsqu'elle infecte un grand nombre d'individus (les hôtes) au sein d'une population, de façon relativement équilibrée, sans provoquer de vagues de décès. Les personnes atteintes ne meurent pas brusquement ou subitement, mais l'affaiblissement de leur santé mine leur qualité de vie et leur productivité ; leur condition peut se détériorer rapidement advenant une infection. L'hépatite, les infections transmissibles sexuellement et l'**ankylostomiase** comptent parmi les nombreuses menaces à la santé publique en Afrique subsaharienne.

La trypanosomiase et le paludisme

La trypanosomiase humaine africaine, communément appelée maladie du sommeil et dont la mouche tsétsé est le vecteur, a aussi pris des proportions endémiques. Les vastes troupeaux de bêtes sauvages qui vivent dans la savane servent de réservoirs à la maladie. Les mouches tsétsé de ces régions peuvent alors contaminer les animaux d'élevage et les humains. La maladie est endémique dans la faune, mais elle tue également des bovins, si bien que les éleveurs africains tentent de garder leur bétail loin des zones où sévit la mouche tsétsé.

Une maladie est dite **pandémique** lorsqu'elle se propage à l'échelle du globe. La maladie transmise par un vecteur – un moustique – la plus mortelle en Afrique et dans le monde est le paludisme (malaria), qui tue environ un million de personnes chaque année. Le paludisme est une calamité très ancienne; les hommes préhistoriques en ont probablement souffert. Il s'est propagé dans le monde et règne dans les régions tropicales et tempérées.

Les campagnes d'éradication du moustique qui en est le vecteur ont connu un certain succès, mais il est revenu en force. On compte aujourd'hui près de 250 millions de personnes atteintes de paludisme dans le monde, dont environ 80 % en Afrique. Malgré les résultats probants des campagnes actuelles, qui misent sur une utilisation accrue de moustiquaires pour prévenir les infections, les principales victimes – un million de décès chaque année – sont des Africains âgés de 5 ans ou moins. Cette statistique explique en partie l'espérance de vie réduite dans les pays tropicaux de l'Afrique subsaharienne (voir l'annexe A).

Le sida

Si le paludisme demeure la maladie la plus mortelle en Afrique aujourd'hui, le sida domine l'actualité médicale depuis trois décennies. Le sida a pris naissance en Afrique subsaharienne et est rapidement devenu une pandémie. Aucun ensemble géographique n'a été épargné.

Le sida – ou syndrome d'immunodéficience acquise – se traduit par l'incapacité de l'organisme à se protéger d'un virus. Faute d'un meilleur nom pour le désigner lorsqu'ils tentaient de l'identifier, les chercheurs l'ont appelé virus de l'immunodéficience humaine, ou VIH. Depuis les premiers signalements, au début des années 1980, le fléau a tué plus de 30 millions de personnes dans le monde, dont 75 à 80 % sont des Africains.

Au début des années 1990, le VIH/sida s'était répandu avec tant de virulence en Afrique équatoriale et en Afrique orientale que la cartographie des maladies laissait paraître une « ceinture du sida » qui allait du Congo au Kenya. Or 10 ans plus tard, les pays les plus touchés étaient ceux du sud de l'Afrique. En 2012, les plus grandes populations infectées par le VIH sont celles de l'Afrique du Sud (près de 6 millions de personnes atteintes) et du Nigeria (environ 2,6 millions). Le Mozambique, la Tanzanie et le Zimbabwe suivent avec 1,5 million de victimes chacun. Dans certains autres pays comme le Congo, l'épidémie est grave, mais on ne dispose d'aucune statistique. Après normalisation selon la taille des populations, on ne peut que constater l'étendue du désastre dans plusieurs pays. Au Lesotho, dans le Swaziland et au Botswana, environ 25 % de la population âgée de 15 à 49 ans est séropositive; elle est de 18 % en Afrique du Sud et de 14 % au Zimbabwe, en Zambie et en Namibie.

La situation demeure préoccupante, mais on observe des progrès. Le gouvernement sud-africain a adopté une approche musclée pour contrer la maladie. Ailleurs, les campagnes de santé publique produisent des résultats encourageants. L'aide internationale trouve un accès grandissant aux médicaments génériques – et moins chers – contre le VIH.

LA GÉOGRAPHIE HISTORIQUE DE L'AFRIQUE

Nous l'avons dit, l'Afrique est le berceau de l'humanité. Les recherches en paléoanthropologie ont permis de remonter la trame de 7 millions d'années de transition depuis l'hominidé jusqu'à l'*homo sapiens*. Il est par conséquent ironique qu'on en sache si peu sur l'Afrique subsaharienne telle qu'elle était de 5000 avant notre ère jusqu'à il y a 500 ans, c'est-à-dire avant le début de la colonisation par les Européens. La colonisation est d'ailleurs en partie la cause de cette ignorance puisque l'histoire africaine suscitait alors peu d'intérêt. Cette période correspond à la destruction d'innombrables traditions et artéfacts et à la cristallisation de nombreuses idées fausses sur les cultures et les institutions africaines. Notre manque d'information s'explique aussi par l'absence de documents écrits sur l'ensemble de l'Afrique subsaharienne datant d'avant le XVIe siècle et même plus tard pour une grande part du continent.

La genèse de l'Afrique

Peu avant l'époque coloniale, l'Afrique était un continent en transition. Depuis au moins 2000 ans, l'Afrique vivait, sur les plans culturel et économique, une période riche marquée par l'innovation et l'adoption d'idées venues d'ailleurs. L'arrière-pays de l'Afrique occidentale comptait de nombreuses villes de taille impressionnante. En Afrique centrale et australe, les peuples migraient, s'adaptaient et se disputaient parfois des territoires. Les Romains avaient investi le territoire jusqu'à l'actuel Soudan du Sud, les peuples nord-africains faisaient du commerce avec ceux d'Afrique occidentale, et les boutres arabes (des bateaux à voiles triangulaires) qui voguaient le long des côtes orientales importaient des produits d'Asie qu'ils troquaient contre de l'or, du cuivre et, dans une moindre mesure, des esclaves.

On sait que les cultures africaines ont prospéré dans les différents milieux naturels pendant des milliers d'années, soit bien avant les premiers contacts avec le monde arabo-musulman ou avec les Européens. Par exemple, pendant plus de huit siècles, de 500 ans avant notre ère jusqu'au IIIe siècle, l'actuel Nigeria a été le foyer de la culture nok. Les Noks fabriquaient des outils de pierre et de fer; ils ont laissé une mine d'art sous la forme de figurines de terre cuite représentant des personnes et des animaux. Rien n'indique, cependant, que les Noks aient commercé avec des peuples éloignés. Il leur restait à découvrir les possibilités qu'offraient l'environnement et les technologies.

Les débuts du commerce

L'Afrique occidentale, qui s'étend sur quelques centaines de kilomètres du nord au sud, présente d'énormes contrastes sur le plan du milieu naturel. Les peuples des forêts tropicales ne produisaient pas les mêmes types de biens que ceux des régions arides, plus au nord, pas plus qu'ils n'avaient les mêmes besoins. Le sel, par exemple, est une denrée rare et précieuse dans la zone forestière où le taux d'humidité empêche la formation de cette substance, alors qu'on en trouve en abondance dans le désert et la steppe semi-aride. Les peuples du désert procuraient donc du sel aux peuples des forêts en échange d'ivoire, d'épices et d'aliments séchés. Ces transactions témoignaient d'une relative complémentarité régionale entre les peuples des forêts et ceux des régions arides. Les peuples de la savane – établis entre les deux – servaient d'intermédiaires, ce qui les mettait dans une position lucrative.

Les marchés où s'effectuait ce commerce se sont si bien développés que des centres urbains ont vu le jour dans toute la savane d'Afrique occidentale. L'une de ces vieilles villes, Tombouctou, située au Mali, a été aux XVe et XVIe siècles un centre de commerce et d'apprentissage florissant et l'une des grandes cités du monde. En fait, son université est l'une des plus anciennes de la planète et abrite une bibliothèque où sont préservés des documents de grande valeur. Malgré cela, Tombouctou incarne aujourd'hui l'isolement. D'autres villes fondées avant et après Tombouctou ont décliné et certaines ont même disparu. Contrairement à cette situation, ailleurs dans la savane, des villes comme Kano, dans la zone septentrionale du Nigeria, demeurent importantes.

Les premiers États

Des États forts et durables sont nés à l'intérieur de l'Afrique occidentale. L'ancien royaume du Ghana est l'État le plus vieux qu'on connaisse. Il se trouvait au nord-ouest du Ghana actuel et comprenait ce que sont aujourd'hui le Mali, la Mauritanie et des territoires adjacents. Le royaume du Ghana s'élevait sur le cours supérieur du Niger et abritait des ruisseaux riches en or qui s'écoulaient du massif du Fouta-Djalon, où le Niger prend sa source. Entre les IXe et XIIe siècles, peut-être même plus tard, le royaume du Ghana était un État stable où cohabitaient divers peuples. Il comptait une importante capitale dont les marchés, les temples religieux à quelque distance de la retraite royale fortifiée et les marchands étrangers installés en périphérie. Les citoyens payaient un impôt et les peuples conquis situés en périphérie du royaume devaient verser un tribut; les produits importés dans le royaume étaient taxés et une armée assurait le maintien de l'ordre. Le Ghana avait déjà amorcé son déclin en 1067, lorsque des peuples sahariens musulmans l'ont attaqué. Les Ghanéens sont parvenus quand même à défendre leur capitale pendant 14 ans. Les envahisseurs avaient cependant détruit les terres cultivables et anéanti les liens commerciaux avec le nord. Les jours du royaume étaient dès lors comptés, et il a fini par se désintégrer en unités plus petites.

Le déplacement vers l'est

Au cours des siècles qui ont suivi, le centre de l'organisation politico-territoriale de ce foyer culturel de l'Afrique occidentale s'est déplacé presque continuellement vers l'est; d'abord vers le Mali, successeur de l'ancien royaume, et dont le cœur était Tombouctou et la vallée du Niger moyen, puis vers le Songhaï, dont la capitale Gao, sise sur le Niger, existe encore aujourd'hui. L'influence et la puissance grandissantes de l'islam pourraient expliquer ce mouvement vers l'est. Les religions traditionnelles dominaient dans le royaume du Ghana, mais le Mali et les États qui lui ont succédé participaient à de grands pèlerinages; des caravanes chargées d'or défilaient vers La Mecque. Des dizaines de milliers de pèlerins empruntaient le couloir de la savane situé au sud du Sahara et remontaient vers le nord le long du Nil, traversant les villes actuelles de Khartoum et du Caire. De nos jours, l'arbre généalogique de nombreux Soudanais compte des ancêtres issus des royaumes de la savane d'Afrique occidentale, puisque certains s'y sont attardés, puis installés.

La transformation coloniale

Les Européens ont commencé à s'intéresser à l'Afrique subsaharienne au XVe siècle. Leur arrivée allait interrompre la course du développement des peuples d'Afrique et transformer irrémédiablement le caractère culturel, économique, politique et social de l'ensemble. Les premières incursions ont débuté discrètement à la fin du XVe siècle, lorsque des navires portugais, à la recherche d'une voie maritime vers les épices et autres richesses de l'Orient, ont longé la côte ouest de l'Afrique pour finalement franchir le cap de Bonne-Espérance. À leur tour, d'autres pays européens n'ont pas tardé à dépêcher des navires dans les eaux africaines. Une série de comptoirs et de forts sont alors apparus rapidement le long de la côte.

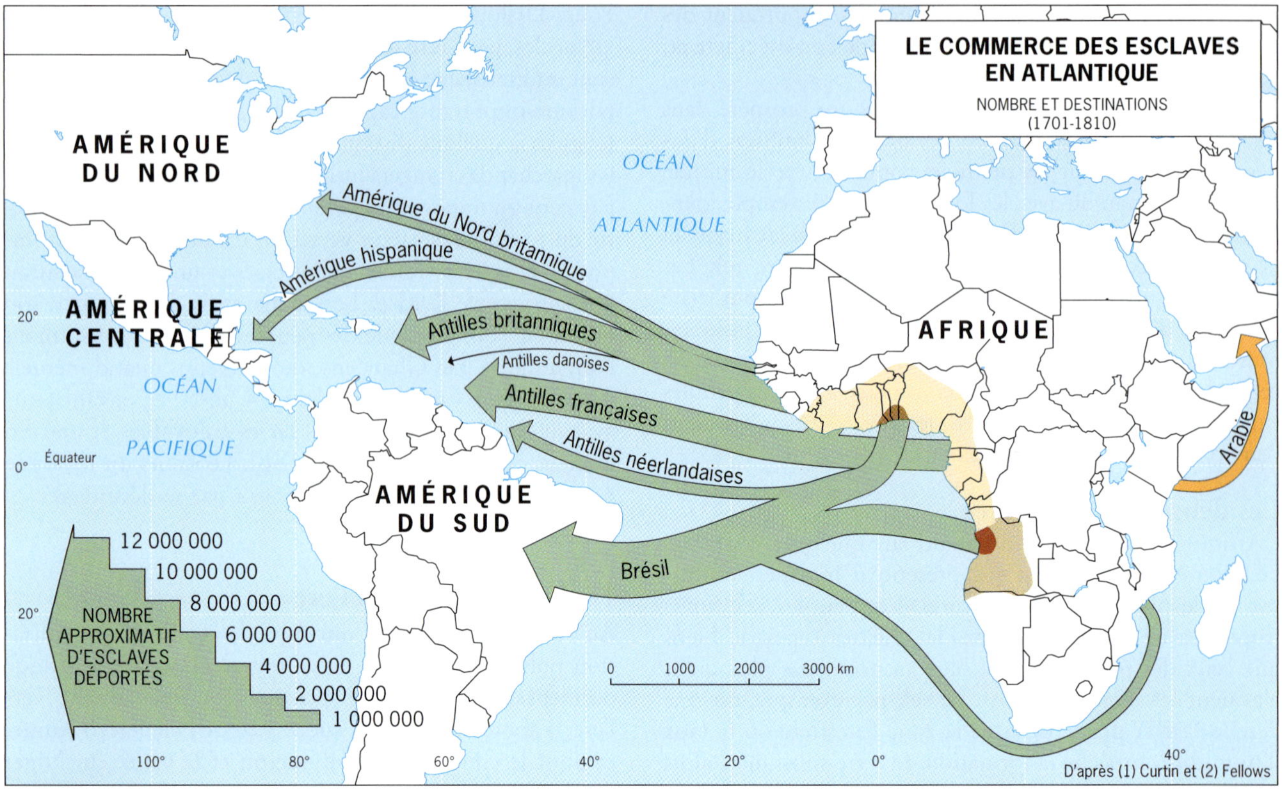

FIGURE 6A-4

Le choc initial n'a jamais été aussi violent qu'en Afrique occidentale, cette portion du continent la plus proche des colonies européennes situées en Amérique centrale et en Amérique du Sud. Les Européens utilisaient leurs comptoirs commerciaux pour négocier auprès d'intermédiaires africains l'achat non seulement d'esclaves destinés aux plantations du Nouveau Monde, mais également d'or – qui transitait jusque-là par le désert vers le nord –, d'ivoire et d'épices.

Une réorientation vers la côte

Bientôt, les centres d'activité ne se sont plus trouvés dans les villes de la savane, mais autour des comptoirs étrangers installés sur la côte de l'Atlantique. Les cités de l'intérieur ont décliné à mesure que prospéraient les villes côtières. De petits États situés en forêt se sont enrichis comme jamais auparavant en déplaçant des esclaves capturés dans l'arrière-pays et en les vendant à des marchands européens postés sur la côte. Le Dahomey (l'actuelle République du Bénin) et le Royaume du Bénin (qui fait aujourd'hui partie du Nigeria) sont nés de la traite des esclaves. Lorsque l'Europe a fini par abolir l'esclavage, ceux qui – sur l'un ou l'autre des deux continents – en avaient tiré puissance et fortune ont protesté vigoureusement contre la fin de cette pratique.

La traite des esclaves

Si l'Afrique occidentale connaissait déjà l'esclavage avant la découverte des Amériques, les pratiques en cours ne se comparaient en rien au type de raid et de commerce que les Européens ont introduit. Dans les régions et dans les cités-États, les rois, les chefs et les familles importantes comptaient bien quelques esclaves, mais leur sort n'avait rien à voir avec celui des esclaves envoyés dans le Nouveau Monde.

En fait, la traite à grande échelle avait commencé en Afrique orientale bien avant que les Européens ne s'y mettent en Afrique occidentale. Les intermédiaires africains écumaient l'arrière-pays en quête d'hommes et de femmes robustes qu'ils emmenaient, enchaînés, dans les marchés arabes de la côte (Zanzibar, entre autres, était un marché d'esclaves notoire). Les esclaves étaient alors transportés à bord de boutres vers l'Arabie, la Perse et l'Inde. Cependant, le nombre d'esclaves capturés en Afrique occidentale dans l'intérêt des Européens était considérablement plus élevé. Entre le XVIIe et le milieu du XIXe siècle, le nombre d'esclaves ayant quitté l'Afrique lors de la traite européenne transatlantique a été estimé à 11 à 13 millions (voir la figure 6A-4). Au Brésil seulement, on estime à 4 millions le nombre d'esclaves qui auraient débarqué entre 1550 et 1850. Au total, les traites européennes, arabes et intra-africaines ont ravagé le continent en le privant de quelque 30 millions de ses habitants. Des familles, des villages entiers et des sociétés ont ainsi été détruits. Ceux qui ont survécu à leur exil ont, pour leur part, connu une détresse innommable.

La présence des Européens sur la côte occidentale de l'Afrique a bouleversé les routes commerciales traditionnelles en provoquant le déclin des États de la savane et l'expansion des États des zones forestières du littoral. En outre, la demande insatiable d'esclaves a décimé les populations de l'arrière-pays, mais n'a pas poussé les Européens à investir ou à coloniser le territoire intérieur. Les intermédiaires africains étaient puissants et bien organisés. Ils ont ainsi pu tenir les Européens à distance pendant des siècles, si bien que ces derniers ont commencé à morceler l'Afrique occidentale seulement près de 400 ans après leur première visite au XVe siècle. Ils n'ont d'ailleurs pas conquis beaucoup d'autres régions avant le début du XXe siècle.

La colonisation

Au cours de la seconde moitié du XIXe siècle, les puissances européennes ont fini par revendiquer jusqu'à la moindre parcelle de l'Afrique, même si elles n'en contrôlaient pas le territoire. La rivalité coloniale était intense et les sphères d'influence commençaient à se chevaucher; le domaine des uns empêchait souvent l'expansion du domaine des autres. Les puissances devaient maintenant négocier entre elles, et la partition de l'Afrique a donc fait l'objet d'une conférence à Berlin en 1884. Les principaux prétendants étaient la Grande-Bretagne, la France, le Portugal, la Belgique et l'Allemagne. Sur les cartes déployées pour l'occasion, les représentants de ces puissances ont tracé de nouvelles frontières, échangé des propriétés et conçu une nouvelle carte qui allait devenir, des décennies plus tard, un boulet pour l'Afrique (voir l'encadré intitulé « La conférence de Berlin » ci-dessous). Comme l'illustre la figure 6A-5, la majeure partie de l'Afrique était toujours gouvernée par des dirigeants traditionnels africains au moment où s'est tenue la conférence, qui a duré trois mois. Les puissances coloniales ont quand même dû patienter jusqu'en 1910 avant de contrôler toutes les régions qu'elles avaient revendiquées sur leurs nouvelles cartes.

LA MOSAÏQUE CULTURELLE

On perçoit généralement l'Afrique en fonction de ses pays les plus éminents, de ses villes célèbres, de ses problèmes de développement et de ses luttes politiques. Or les peuples africains ont un point de vue différent. La période coloniale a créé des États et des capitales, elle a imposé des langues étrangères censées tenir lieu de langue véhiculaire et produit des voies ferrées et des routes. Les colonisateurs ont stimulé le déplacement des ouvriers vers les mines qu'ils ont exploitées et ont perturbé d'autres migrations qui faisaient partie de la vie africaine depuis des siècles. Ils

LA CONFÉRENCE DE BERLIN

EN NOVEMBRE 1884, le chancelier et architecte de l'Empire allemand, Otto von Bismarck, a réuni en conférence les représentants de 14 États pour convenir de la partition politique du continent africain. Bismarck souhaitait non seulement développer les sphères d'influence de l'Allemagne en Afrique, mais aussi monter ses rivaux les uns contre les autres pour mieux profiter de la situation. Les principaux prétendants coloniaux en Afrique étaient au nombre de cinq : les Britanniques, qui détenaient des comptoirs commerciaux sur les côtes occidentales, australes et orientales de l'Afrique; les Français, dont la plupart des activités étaient concentrées dans le bassin fluvial du Sénégal de même que dans le nord et le nord-ouest du bassin du Congo; les Portugais, qui souhaitaient étendre leurs établissements côtiers de l'Angola et du Mozambique; le roi des Belges, Léopold II, qui régnait sur un domaine bien à lui dans le bassin du Congo; l'Allemagne, enfin, qui s'activait dans les régions où les desseins des autres puissances coloniales pouvaient être contrecarrés, notamment au Togo (entre des intérêts britanniques), au Cameroun (une percée dans les sphères d'activité françaises), dans le sud de l'Afrique occidentale (ravie aux Britanniques par une habile manœuvre stratégique) et en Afrique orientale (où le Tanganyika allemand s'est opposé aux prétentions britanniques sur une vaste portion de territoire, du Cap jusqu'au nord du Caire).

Lorsque s'est ouverte la conférence de Berlin, plus de 80 % de l'Afrique était toujours sous l'autorité de régimes traditionnels africains, ce qui n'a pas empêché les représentants des puissances coloniales de redessiner la carte de l'Afrique sans les consulter. Ils ont tracé de nouvelles frontières sur des régions connues et inconnues, marchandé des portions de territoires, effacé et déplacé des frontières, et ils se sont échangé des propriétés africaines. L'exercice a eu pour effet de diviser des peuples africains, de morceler des régions unifiées, de réunir des sociétés ennemies, de perturber des régions de l'arrière-pays et de fermer des routes migratoires. Ces conséquences ne se sont pas toutes fait sentir sur-le-champ, bien sûr, mais plutôt au fur et à mesure que les puissances coloniales ont consolidé leurs intérêts et que les frontières sur papier sont devenues de véritables barrières dans le paysage africain (voir la figure 6A-5).

La conférence de Berlin a causé la perte de l'Afrique à plusieurs égards. Les puissances coloniales ont plaqué leurs nouvelles « propriétés » sur la carte du continent africain. Lorsque l'Afrique a reconquis son indépendance à partir de la fin des années 1950, elle a dû composer avec une fragmentation politique qu'elle ne pouvait ni occulter ni gérer de façon satisfaisante. La carte géopolitique de l'Afrique est un carcan permanent, le produit de trois mois de 1884, au cours desquels se sont imposées l'ignorance et la cupidité d'une Europe avide de ressources minières et de marchés.

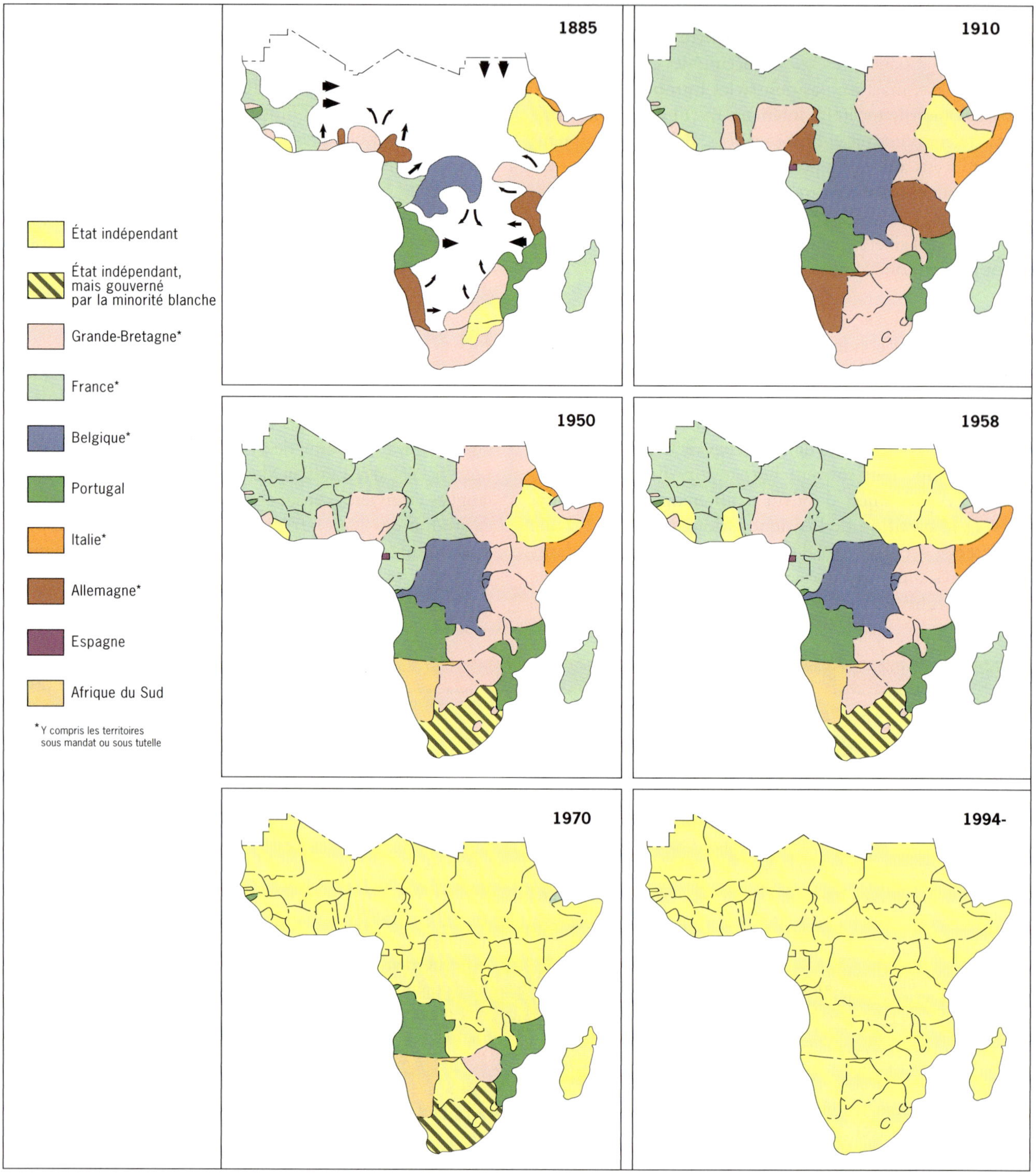

LA COLONISATION ET LA DÉCOLONISATION DEPUIS 1885

FIGURE 6A-5

n'ont cependant pas changé le mode de vie de la majorité des Africains. Au moins 65 % de la population habite dans l'un des centaines de milliers de villages de l'ensemble géographique et travaille à proximité. On estime que quelque 1800 langues sont en usage dans cette partie du globe. Les préoccupations des villageois sont très semblables à celles de bien des villageois dans le monde : elles ont trait à leur famille, à leur subsistance, à leur santé et à leur sécurité. Ils craignent de faire les frais des luttes de pouvoir régionales ou des idéologies politiques, comme l'ont vécu des millions de personnes au Liberia, en Sierra Leone, en Éthiopie, au Rwanda, au Congo et en Angola depuis les années 1970. Les plus grands groupes de personnes (en chiffres) en Afrique sont de grandes nations comme les Yoruba du Nigeria et les Zoulous d'Afrique du Sud. Les groupes les moins nombreux ne comptent que quelques milliers d'individus. Aucun ensemble géographique ne présente une mosaïque culturelle aussi complexe que celle de l'Afrique subsaharienne.

Les langues africaines

La géographie linguistique de l'Afrique est une composante clé de cette complexité culturelle. La plupart des quelque 1800 langues en usage en Afrique subsaharienne n'ont aucune tradition écrite, ce qui complique considérablement leur classification et leur cartographie. Des universitaires ont tenté de dessiner une carte géolinguistique de l'Afrique, et la figure 6A-6 est un condensé de leurs démarches. Toutes les cartes linguistiques de ce continent ont un point commun : l'ensemble géographique commence à peu près là où cesse l'usage des langues chamito-sémitiques, parlées en Afrique du Nord (illustrées en jaune sur la carte), bien que la tendance soit plus nette en Afrique occidentale qu'à l'est.

La famille linguistique dominante en Afrique subsaharienne est celle des langues nigéro-congolaises, dont fait partie la sous-famille de langues kordofaniennes, en usage dans une petite enclave historique située dans le nord-est (voir la figure 6A-6). L'autre sous-famille réunit toutes les autres langues nigéro-congolaises. Cette sous-famille (en mauve sur la carte) est parlée d'ouest en est et jusqu'en Afrique du Sud. Les langues bantoues (plus de 400) forment la principale branche de cette sous-famille, mais les langues nigéro-congolaises, comme le yoruba et l'akan, en Afrique occidentale, comptent également des millions de locuteurs. Les langues sahariennes (en orangé sur la carte) constituent une autre famille linguistique importante et s'étendent du pays massaï, dans le nord-ouest du Kenya, jusqu'auprès des Tedas, au Tchad. Pour leur part, les langues khoïsanes, d'origine ancienne, survivent chez les peuples khoï et san, en déclin, qui vivent dans le Kalahari, dans le sud-ouest. La petite minorité blanche d'Afrique du Sud s'exprime dans des langues indo-européennes ; les langues austronésiennes, enfin, dominent à Madagascar, dont les premiers habitants provenaient de l'Asie du Sud-Est.

Quelque 40 langues africaines sont parlées par un million de personnes ou plus, et une demi-douzaine sont adoptées par 10 millions de locuteurs ou plus : le haoussa (50 millions), le yoruba (23 millions), l'igbo, le swahili, le lingala et le zoulou. Bien que l'anglais et le français soient devenus d'importantes langues véhiculaires dans les pays multiculturels, comme le Nigeria et la Côte d'Ivoire, les langues africaines remplissent également cette fonction. La langue haoussa est répandue dans la savane d'Afrique occidentale et le swahili est très courant en Afrique orientale. Quant au pidgin, qui est un mélange de langues africaines et européennes, il résonne le long des côtes de l'Afrique occidentale ; on dénombre des millions de locuteurs de pidgin anglais (qu'on appelle les « Wes Kos ») au Nigeria et au Ghana. Les langues ne survivent pas toutes, cependant. L'UNESCO rapporte qu'à lui seul, le Nigeria compte

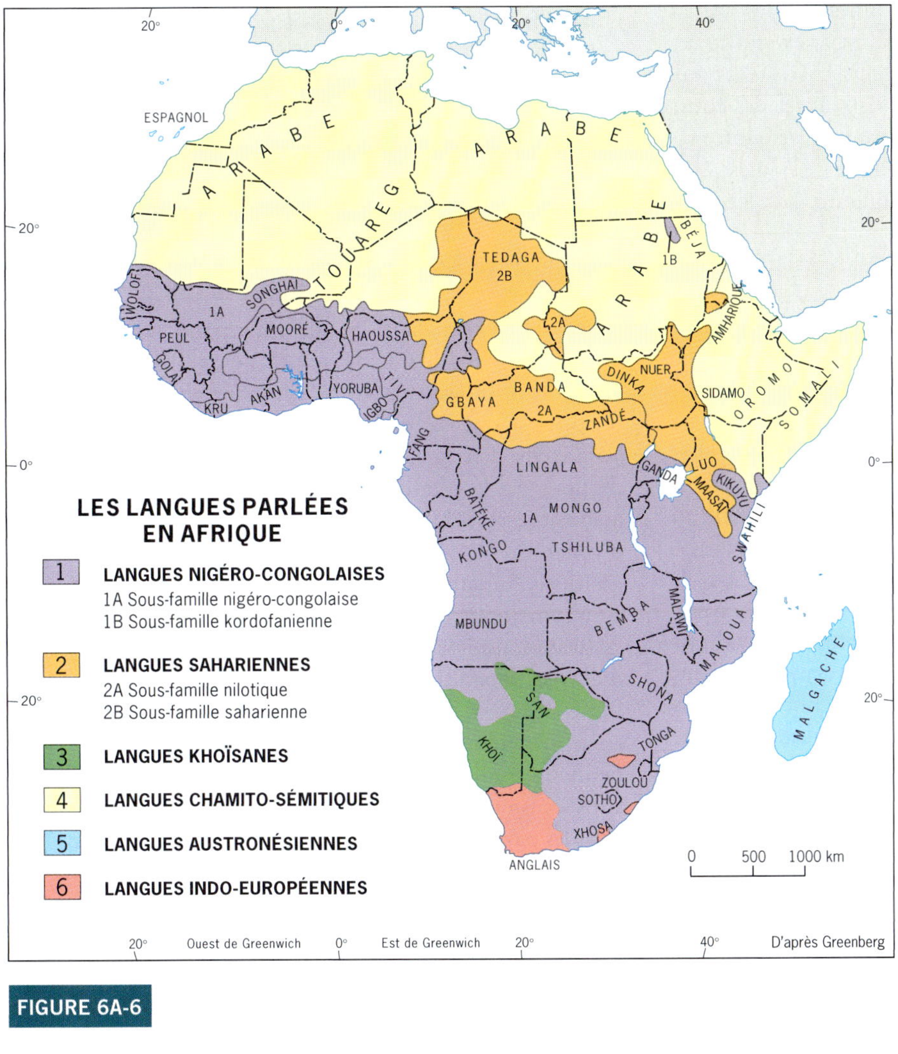

FIGURE 6A-6

15 langues en voie de disparition; en Afrique, en général, quelque 46 langues sont sur le point de disparaître.

La religion en Afrique

La carte de la répartition des religions traditionnelles africaines serait tout aussi complexe que celle des aires linguistiques. Les **cultes animistes** dominaient et les peuples africains avaient leur propre système de croyances bien avant que les chrétiens et les musulmans n'entreprennent de les convertir. Aussi diversifiée que soit la culture de l'Afrique subsaharienne, ses populations avaient une vision assez cohérente de leur place dans la nature. Dans la tradition africaine, les forces spirituelles sont manifestes partout autour des personnes et ne sont pas la chasse gardée d'un dieu suprême trônant dans quelque lieu inaccessible. Les dieux et les esprits exercent leur influence sur le quotidien des gens en étant témoins de leurs moindres gestes, en récompensant les vertueux et en punissant les fautifs d'une blessure ou d'une mauvaise récolte, par exemple. Les esprits des ancêtres peuvent infliger leurs châtiments aux vivants. Ils sont d'ailleurs partout: dans la forêt, les cours d'eau et les montagnes. Ainsi, le culte vaudou, religion animiste pratiquée principalement en Afrique de l'Ouest, soit au Bénin, au Togo et au Ghana, est toujours présent dans la vie sociale et quotidienne.

Les fidèles se recueillent pour les prières du vendredi devant une mosquée de Kano, dans le nord du Nigeria. À ce jour, ce pays a réussi à survivre comme État unifié. Les Nigérians ont surmonté de puissantes forces centrifuges dans un pays multiethnique dont le nord est principalement musulman, et le sud, majoritairement chrétien. Dans les années 1990, certains mollahs ont réclamé la conversion du Nigeria en république islamique. Après la mort du dictateur Sani Abacha et l'élection d'un président non musulman, la poussée islamique s'est intensifiée. Dans le nord du pays, des États ont adopté la charia (loi islamique très stricte), ce qui a provoqué des émeutes sanglantes entre la majorité musulmane et la minorité chrétienne qui se sent menacée par ce changement. En 2011, des attentats dans les églises et les mosquées ont fait des centaines de morts (voir la photo à la page 254, dans le chapitre 6B). Le Nigeria connaîtra-t-il le même sort que le Soudan?

Les croyances religieuses des Africains étaient en profonde contradiction avec celles des colons. Le christianisme monothéiste a fait son entrée en Afrique par le nord-est: la Nubie et Aksoum ont d'abord été converties. L'Éthiopie était un château fort de la religion copte depuis le IVe siècle. Cependant, la véritable vague de christianisme n'a débuté qu'avec le colonialisme, après le tournant du XVIe siècle. Les diverses confessions du christianisme ont fait des gains dans différentes régions: l'Afrique équatoriale a été convertie au catholicisme, principalement sur ordre des Belges; l'anglicanisme s'est répandu dans les colonies britanniques, tandis que le presbytérianisme et d'autres confessions se sont imposés ailleurs. De nos jours, les églises évangéliques comptent de plus en plus d'adeptes et progressivement des millions de chrétiens de l'Afrique subsaharienne ont amalgamé des croyances traditionnelles (chant, musique, danse et divinités) à la doctrine chrétienne.

L'arrivée et l'impact de l'islam ont été différents. Aujourd'hui, 30 % environ de la population de l'Afrique subsaharienne est de confession musulmane. Au moment de l'époque coloniale, l'islam avait dépassé l'Arabie et traversé le Sahara, pour ensuite rejoindre une partie des côtes de l'Afrique, particulièrement le long de l'océan Indien. Les prosélytes musulmans ont converti les chefs des États africains et leur ont enjoint de convaincre leurs sujets d'embrasser leur religion. Les États de la savane ont adopté l'islam, qui a même fait des avancées dans ce qui correspond aujourd'hui au nord du Nigeria, du Ghana et de la Côte d'Ivoire. Le nombre croissant de croyants a fait en sorte que les chrétiens coptes d'Éthiopie ont été encerclés et isolés, et ils ont rallié les Somaliens, dans la Corne de l'Afrique. Ils ont établi des têtes de pont sur la côte du Kenya et conquis Zanzibar. L'islam arabe et le christianisme européen se disputaient les âmes d'Afrique, et l'influence de l'islam s'est avérée beaucoup plus marquée. Aujourd'hui, du Sénégal à la Somalie, la population est très majoritairement musulmane (voir la figure 6B-9), et la doctrine musulmane domine les moindres aspects du quotidien. Les mollahs sunnites n'autoriseraient jamais d'amalgame (animisme et islam) comme celui qui a cours dans les anciennes colonies entre les croyances traditionnelles et chrétiennes. Cette distinction entre les principes de l'islam et du christianisme est susceptible de mener à davantage de conflits dans les pays qui comptent des fidèles des deux religions.

L'URBANISATION ET LE CHANGEMENT SOCIAL

Comme le montrent les données de l'annexe A, l'Afrique subsaharienne est l'ensemble géographique le moins urba-

Voici un paysage urbain typique de l'Afrique subsaharienne. Il s'agit d'Arusha, vue du ciel. Cette ville située dans le nord de la Tanzanie a une population d'environ 600 000 habitants. Arusha présente une caractéristique typique de l'aménagement urbain de l'Afrique : des immeubles peu élevés et éparpillés dans tous les sens. Le développement témoigne d'une absence de planification, de problèmes complexes de propriété foncière et d'investissements à la pièce.

régions rurales et travaillent comme domestiques, apprentis, manœuvres ou dénichent divers emplois subalternes.

Des millions d'autres migrants restent sans travail pendant des mois, voire des années. Ils vivent dans des conditions sordides, sans le sou, et les gouvernements font peu pour les aider. Les colonies de squatteurs qu'ils forment autour (et à l'intérieur) de la plupart des villes sont dangereuses : ces bidonvilles malsains n'offrent à leurs habitants aucun abri adéquat, ni eau potable, ni installations sanitaires. Jonchés d'immondices, puisqu'il n'y a pas de collecte d'ordures, boueux et infestés d'insectes pendant la saison des pluies, suffocants et nauséabonds durant la saison sèche, ils créent un terreau idéal de maladies. Leurs habitants préfèrent néanmoins y rester plutôt que de retourner dans les villages qu'ils ont quittés, car bien souvent la vie en milieu rural est encore plus difficile. C'est ainsi que s'accroissent les villes dans bien des pays d'Afrique. Un pôle urbain réunit les activités économiques et les services (eau, égout,

nisé. Cependant, l'exode des populations vers les villes et les métropoles s'accélère. Le pourcentage de citadins a dépassé les 35 %, ce qui signifie que plus de 300 millions d'Africains (l'équivalent de la population étasunienne) vivent maintenant dans des villes dont un grand nombre ont été fondées et développées à l'époque coloniale. Malheureusement, dans la majorité des villes, le développement des infrastructures n'a pas suivi le rythme de l'urbanisation.

Les grandes villes africaines sont devenues les noyaux de zones centrales nationales embryonnaires. Elles abritent le siège des gouvernements et de grandes entreprises privées. Le **secteur formel** domine généralement dans les villes en imposant à la fonction publique, aux entreprises, aux industries et à leurs travailleurs des règles et des mécanismes de contrôle gouvernemental. Cependant, depuis une vingtaine d'années, le portrait des villes africaines a changé. Dans les rues et sous les fenêtres des commerces officiels, colporteurs, vanniers, vendeurs de bijoux, tailleurs et autres sculpteurs font tourner une deuxième économie qui passe habituellement sous le radar du gouvernement. Ce **secteur informel** occupe maintenant le premier rang dans de nombreuses villes africaines. Plusieurs de ses acteurs viennent des

Une photo récente du marché de Jankara au cœur de la seule mégapole de l'ensemble géographique, soit Lagos (11,3 millions d'habitants), au Nigeria. Au loin, les gratte-ciels semblent distants les uns des autres ; il n'y a pas de quartier des affaires ici. Les minarets d'une imposante mosquée se distinguent clairement dans le paysage. Au premier plan, la rue est relativement ordonnée et spacieuse, à des années-lumière des bidonvilles qui encerclent la ville. Comme en témoigne la photo, l'île de Lagos, où sont concentrés les immeubles commerciaux et résidentiels, est relativement moderne. Cette mégapole est plutôt dense, considérant que sa population équivaut à celle de la Grèce, mais sur une surface 440 fois moins grande.

L'une des MÉTROPOLES de . . .

L'AFRIQUE SUBSAHARIENNE — LAGOS

SI L'AFRIQUE SUBSAHARIENNE présente un taux d'urbanisation d'à peine 35 %, Lagos, ancienne capitale de la fédération du Nigeria, constitue l'exception : cette fourmilière de 11,3 millions d'habitants est parfois désignée comme la Kolkata de l'Afrique.

En trois siècles, Lagos a été successivement un village de pêche yoruba, un comptoir portugais de traite d'esclaves, puis le siège de l'administration britannique coloniale avant de devenir la plus grande ville du Nigeria, un port important, un centre industriel majeur et la première capitale du pays. Située sur la côte sud-ouest du Nigeria, Lagos est constituée d'un groupe de basses terres insulaires et de langues de sable qui serpentent entre la rive marécageuse et la lagune. Le cœur de la ville se trouve toujours sur l'île de Lagos, où les gratte-ciels voisins de la marina surplombent le port et, de l'autre côté de la lagune, le port et la zone industrielle d'Apapa. La ville s'est développée vers le sud sur les îles Ikoyi et Victoria, mais après les années 1970, l'étalement urbain s'est déplacé vers le nord, sur le flanc occidental de la lagune.

Le paysage de Lagos est un mélange de gratte-ciels modernes, de quartiers résidentiels délabrés et de bidonvilles (voir la photo à la page 231). Du haut des gratte-ciels, on peut distinguer les toits de tôle rouillée qui s'étendent à perte de vue, les habitations de béton ou de boue séchée construites en pâtés irréguliers et séparées par d'étroites ruelles. Dans les bidonvilles qui ceinturent la ville, les résidents les plus pauvres vivent dans des abris faits de contreplaqué et de carton, et dépourvus des installations sanitaires les plus élémentaires.

La congestion routière à Lagos est un cauchemar, et les travailleurs mettent généralement trois ou quatre heures pour se rendre au travail. Aux heures de grande affluence (c'est-à-dire presque tout le temps), les voitures roulent à environ 5 km/h. Les seuls à profiter de ce chaos sont les *okadas*, qui ont pris la métropole d'assaut il y a quelques années. Ces mototaxis transportent parfois des familles entières en louvoyant entre les voitures au mépris du code de la route. Leur usage s'est répandu à une telle vitesse qu'elles sont devenues un problème, au point où leur présence est interdite sur certaines routes et dans certains quartiers.

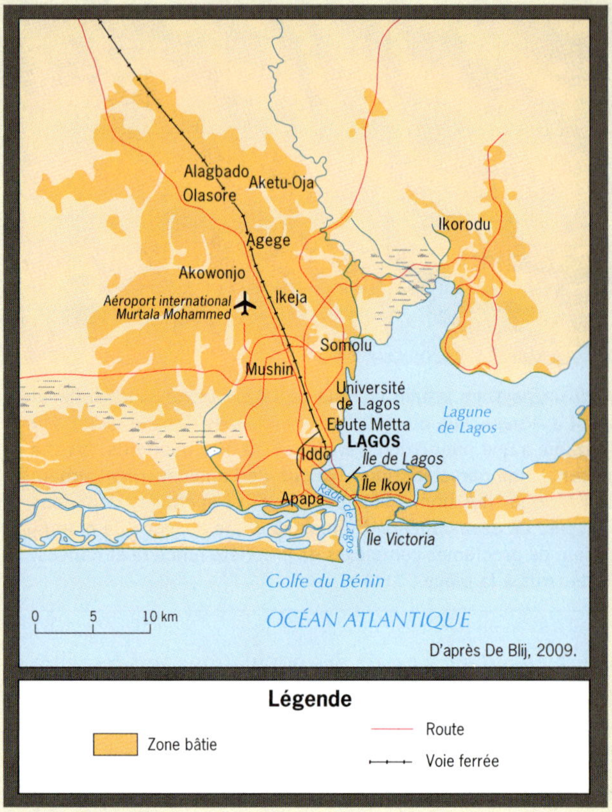

Selon les normes mondiales, Lagos est l'une des villes les plus polluées, congestionnées et chaotiques de la planète. La mauvaise gestion et la corruption des fonctionnaires y sont endémiques. Les lois et les règlementations y sont généralement ignorées, qu'il s'agisse du zonage ou du code de la route. L'aéroport international est reconnu pour ses manquements à la sécurité et pour l'extorsion que pratiquent ses agents d'immigration et ses douaniers. Cette mégapole est, à plusieurs égards, l'incarnation de l'anarchie.

électricité, écoles, soins de santé) tandis que sur le reste du territoire, le monde rural souffre d'un manque d'emplois et de services. Cette concentration des activités urbaines en un seul pôle pose le problème de la répartition de la richesse entre les villes et les régions rurales. Comme l'a souligné le démographe Alfred Sauvy, « [s]i les richesses ne vont pas là où sont les hommes, les hommes vont naturellement là où sont les richesses ». C'est pourquoi de nombreuses personnes des régions rurales optent pour une stratégie de survie et vont tenter leur chance à la ville ; loin de céder au découragement, elles y espèrent chaque jour des lendemains meilleurs.

AU-DELÀ DES STÉRÉOTYPES : LA CROISSANCE REMARQUABLE DES ÉCONOMIES AFRICAINES

L'Afrique subsaharienne est, de tous les ensembles géographiques, celui qui fait le plus l'objet de jugements stéréotypés. Sur le plan économique, on le dépeint trop souvent comme une cause désespérée, où les gouvernements dysfonctionnels vont de pair avec la mauvaise performance économique, les famines et la violence. Ces observations trouvent un certain fondement puisque, comme nous l'avons vu, l'Afrique subsaharienne connaît de nombreux problèmes. Cette généralisation ne reflète cependant pas la réalité lorsque l'on tient compte de la diversité économique de l'ensemble.

Nous consacrons le prochain chapitre aux différences importantes que présentent les régions et les pays de l'Afrique subsaharienne. Soulignons pour l'instant les écarts économiques énormes qui la caractérisent : selon le Fonds monétaire international (FMI), des 10 pays dont la croissance économique a été la plus rapide de 2001 à 2010, 6 (!) se trouvaient en Afrique subsaharienne. L'Angola, dont le PIB a connu une croissance annuelle moyenne de 11,1 %, remporte la palme devant la Chine, en deuxième place. Pour leur part, le Nigeria, l'Éthiopie, le Tchad, le Mozambique et le Rwanda occupaient respectivement les quatrième, cinquième, septième, huitième et dixième rangs. De plus, le FMI prévoit que de 2011 à 2015, ce palmarès comptera non plus six, mais sept pays de l'Afrique subsaharienne. Peut-on parler de miracle africain ? Une chose est certaine : la situation change. En 2011, la Chine est devenue le premier partenaire commercial de l'Afrique ; ses investissements se chiffrent en milliards de dollars et plus de 2000 entreprises chinoises y sont présentes. Le secteur des matières premières (pétrole, gaz, mines) vient gonfler le PIB de nombreux pays subsahariens. De plus, avec la croissance des villes africaines, ce sont aussi d'autres secteurs de l'économie qui se développent, comme le bâtiment, les infrastructures routières, les transports, les télécommunications, le commerce de détail, les services et la finance, rendant ainsi les pays africains moins dépendants des revenus que procurent les produits de base, telles les mines et les cultures d'exportation.

6B LES RÉGIONS DE L'AFRIQUE SUBSAHARIENNE

FIGURE 6B-1

SOMMAIRE

- L'AFRIQUE AUSTRALE
- L'AFRIQUE ORIENTALE
- MADAGASCAR : UN ÉTAT À PART
- L'AFRIQUE ÉQUATORIALE
- L'AFRIQUE OCCIDENTALE
- LA ZONE DE TRANSITION AFRICAINE

CONCEPTS ET TERMES

Grand Dyke
Apartheid
Townships
Charia
Marché périodique
Front islamique
Point de passage obligé

À première vue, le continent africain forme un bloc si compact qu'il semble illusoire de vouloir le découper en régions selon des critères contemporains. L'Afrique ne compte pas de baie ni de mer qui s'avance profondément dans ses terres, comme en Europe. Hormis Madagascar, elle n'englobe pas non plus d'îles importantes qui offriraient de grands contrastes régionaux comme ceux qui distinguent l'ensemble centraméricain. Dans le sud, le continent africain ne s'amincit pas comme le fait l'Amérique du Sud. Enfin, on n'y trouve pas de chaîne montagneuse comme la cordillère des Andes ou l'Himalaya pour diviser le continent en deux. L'Afrique se distingue cependant par sa fragmentation coloniale et sa mosaïque culturelle.

À l'aide de différentes cartes montrant les groupes ethnolinguistiques, la distribution des zones climatiques, les paysages culturels, les foyers de civilisation et les structures coloniales, nous pouvons définir six régions (voir la figure 6B-1). Les voici :

1. **L'Afrique australe**, qui va de la pointe sud du continent jusqu'aux frontières septentrionales de l'Angola, de la Zambie, du Malawi et du Mozambique. Cette région compte 10 pays qui s'étendent au-delà des tropiques et dont le géant est l'Afrique du Sud.

2. **L'Afrique orientale** se caractérise par son environnement équatorial, tempéré par l'altitude. Les plateaux, les lacs, les montagnes – dont certaines sont coiffées de neiges éternelles – dominent le paysage. Cette région comprend cinq pays, ainsi que les hauts plateaux de l'Éthiopie.

3. **L'île de Madagascar**, située dans l'océan Indien à 400 kilomètres au large des côtes de l'Afrique est un morceau de la masse continentale qui s'est détaché il y a 160 millions d'année. Toutefois, son histoire, sa culture, ses habitants, sa flore et sa faune diffèrent tellement de ceux du reste de l'Afrique qu'on la considère comme un État à part.

LES PRINCIPALES VILLES DE L'AFRIQUE SUBSAHARIENNE

VILLE	POPULATION* (en millions)
Lagos (Nigeria)	11,3
Kinshasa (RDC)	9,6
Abidjan (Côte d'Ivoire)	4,4
Nairobi (Kenya)	3,9
Johannesburg (Afrique du Sud)	3,8
Dar es Salaam (Tanzanie)	3,8
Le Cap (Afrique du Sud)	3,5
Addis Abeba (Éthiopie)	3,1
Dakar (Sénégal)	3,0
Ibadan (Nigeria)	3,0
Durban (Afrique du Sud)	2,9
Accra (Ghana)	2,5
Harare (Zimbabwe)	1,8
Lusaka (Zambie)	1,6
Mombasa (Kenya)	1,1

* Nombre approximatif d'habitants des agglomérations urbaines d'après les données projetées de 2012

4. **L'Afrique équatoriale**, définie en grande partie par le bassin du Congo, est située à plus faible altitude que l'Afrique orientale et jouit de températures et de taux d'humidité plus élevés. C'est là que se trouvent la plupart des forêts tropicales humides encore debout en Afrique. La République démocratique du Congo (RDC[2]) est le plus grand et le plus populeux des pays qui forment cette région ; celle-ci englobe huit États, y compris le nouveau Soudan du Sud, ainsi qu'une portion du Tchad.
5. **L'Afrique occidentale** comprend les pays de la côte ouest et ceux qui sont situés aux limites du Sahara, à l'intérieur du continent. Cette région très peuplée, bien ancrée dans le sud-est par le géant démographique qu'est le Nigeria, compte 15 pays et revêt une importance cruciale pour l'Afrique.
6. **La zone de transition africaine** constitue une zone de transition bioclimatique et culturelle entre le désert et la savane, entre le monde musulman et non musulman. La figure 6B-1 permet de voir l'aire d'influence du monde musulman dans la région. Cette aire culturelle inclut complètement certains pays comme la Somalie, à l'est, et le Sénégal, à l'ouest. D'autres pays, comme le Tchad, le Nigeria et la Côte d'Ivoire, sont divisés en zones musulmane et non musulmane. De plus, cette aire touche par une mince bande à une portion de l'Éthiopie, du Kenya et de la Tanzanie.

L'AFRIQUE AUSTRALE

L'Afrique australe se compose de tous les pays et territoires situés au sud de la République démocratique du Congo (RDC) et de la Tanzanie (voir la figure 6B-2). C'est donc dire que la région s'étend de l'Angola au Mozambique – pays baignés respectivement par l'océan Atlantique et l'océan Indien – et jusqu'en Afrique du Sud. Elle comprend une demi-douzaine d'États enclavés (le Lesotho, le Swaziland, le Botswana, le Zimbabwe, la Zambie et le Malawi).

L'Angola, la Zambie, le Malawi et le Mozambique définissent la limite septentrionale de la région. La Zambie est presque divisée en deux par un long bras de la RDC, et le Malawi s'avance profondément dans le Mozambique. La structure frontalière imposée par les puissances coloniales a créé, ici comme ailleurs, de nombreux handicaps.

La région la plus riche de l'Afrique

L'Afrique australe constitue une région dont la limite septentrionale s'appuie sur le bassin du Congo, situé sur un vaste plateau qui traverse l'Angola et s'étend jusqu'en Zambie (voir le couloir bronze qui se dessine vers l'est depuis le plateau de Bihe sur la figure 6A-2). Plus à l'est, le lac Malawi est le plus au sud des lacs de la vallée du Rift, en Afrique orientale ; celle-ci subit une activité volcanique et sismique qui n'atteint pas l'Afrique australe. Cette dernière est presque entièrement composée de plateaux, et le Grand Escarpement, dont font partie les chaînes du Cap et les monts Drakensberg, y est bien visible. De plus, la région compte deux systèmes fluviaux importants, soit celui du Zambèze (qui sépare la Zambie du Zimbabwe à la hauteur du lac Kariba) et celui que forment l'Orange (à la frontière de la Namibie) et le Vaal (voir la figure 6B-2), deux cours d'eau d'Afrique du Sud.

L'Afrique australe est la région la plus riche du continent en ce qui a trait aux matières premières. Une vaste zone de gisements s'étend au cœur de la région, de la ceinture cuprifère de la Zambie, en passant par le **Grand Dyke** au Zimbabwe, le complexe du Bushveld et le Witwatersrand en Afrique du Sud, jusqu'aux districts aurifères et aux mines de diamants de l'État libre et du Cap-Nord, deux provinces situées au cœur de l'Afrique du Sud. Depuis les débuts de l'exploitation minière, à l'époque coloniale, de nombreux travailleurs ont migré vers ces régions pour gagner leur vie dans les mines.

La richesse minérale de l'Afrique australe n'a d'égale que la diversité de son agriculture. La variété des climats en Afrique du Sud rend le pays propice à la culture de la

2. Deux pays africains ont pour nom « Congo », soit la République démocratique du Congo (RDC) et la République du Congo ; celle-ci, plus petite, est située au nord-ouest de la RDC. De plus, il faut retenir qu'un fleuve qui traverse la RDC porte aussi ce nom.

FIGURE 6B-2

pomme, de l'ananas, des agrumes, de la banane et de bien d'autres produits. Les vignobles couvrent les flancs des chaînes du Cap; les plantations de thé s'étendent à l'est, sur les versants du Grand Escarpement, au Zimbabwe. Avant qu'une guerre civile ne détruise son économie, l'Angola était l'un des plus grands producteurs de café du monde.

Malgré les richesses et le potentiel considérables de l'Afrique australe, les 10 pays qui en font partie ne sont pas tous prospères. Comme l'illustre la figure I-18, quatre d'entre eux – le Malawi, le Mozambique, la Zambie et le Zimbabwe – restent enlisés dans la catégorie des économies à faible revenu. Et même si l'Afrique du Sud, l'Angola, le Lesotho, le Swaziland, la Namibie et le Botswana se classent parmi les économies à revenu intermédiaire, ces deux derniers (dont le territoire est largement désertique) comptent parmi les trois pays les moins populeux de l'ensemble. Après une période de croissance démographique rapide, la région a subi les ravages du sida et des guerres civiles. Elle a également dû composer avec l'instabilité politique, des gouvernements incompétents, une corruption endémique, la concurrence déloyale sur les marchés étrangers et des problèmes environnementaux. La combinaison de tous ces facteurs a limité le développement régional.

Néanmoins, exception faite du Zimbabwe, l'Afrique australe est la région de l'ensemble qui s'en tire le mieux: on peut voir sur la figure I-18 que six des pays qui en font partie ne sont plus répertoriés parmi les États les plus pauvres du monde. La région déploie des efforts pour une coopération internationale et, dans cette perspective, elle a créé une association régionale ainsi qu'une communauté économique. Par ailleurs, l'Afrique du Sud – le pays le plus important de l'ensemble à plusieurs égards – laisse entrevoir des jours meilleurs.

L'Afrique du Sud

L'Afrique du Sud occupe une chaude zone subtropicale à la pointe méridionale du continent africain. La population multiculturelle de ce pays s'établit à 50,8 millions d'habitants. Le territoire couvre plus de 1,2 million de km^2 abritant les principaux gisements miniers de la région, la plupart de ses bonnes terres agricoles, les plus grandes villes, les meilleurs ports, les usines les plus productives et les réseaux de transport les mieux développés. Les exportations minières de la Zambie et du Zimbabwe transitent d'ailleurs par les ports sud-africains. La main-d'œuvre des mines, des usines et des champs d'Afrique du Sud provient du Lesotho voisin, mais également d'aussi loin que le Malawi.

La République d'Afrique du Sud est le géant économique de l'Afrique subsaharienne. Ce pays retient l'attention du monde et représente une lueur d'espoir non seulement pour le continent africain, mais aussi pour l'humanité.

Pendant 40 ans, de 1950 à 1990 environ, les habitants de ce pays multiculturel ont été soumis à la politique raciste la plus décriée de la fin du XXe siècle, l'**apartheid**. Ce mot afrikaans qui signifie «séparé» se traduit dans la réalité par une ségrégation raciale stricte et une importante discrimination. Ainsi, la minorité blanche européenne, alors aux commandes de l'État, a élaboré une politique de développement séparé. Les autorités ont imposé l'apartheid à l'ensemble du pays en le découpant en entités raciales dont les habitants étaient des citoyens de ces domaines ethniques, mais pas de l'Afrique du Sud. Sans surprise, cette réorganisation sociale raciste a suscité une vive opposition en Afrique du Sud et dans le monde. Condamnée partout, elle a été la cause des sanctions internationales dont le pays a fait l'objet.

Un mouvement multiracial nommé le Congrès national africain ou ANC (African National Congress) existait déjà depuis 1912 en Afrique du Sud pour défendre les droits des Noirs. Pendant des années, il a combattu la politique d'apartheid. Des soulèvements armés et des grèves générales ont finalement obligé le gouvernement à accorder le statut de parti d'opposition à l'ANC. En février 1990, le dernier président afrikaner, Frederik W. De Klerk, a entamé un processus de négociation visant à assurer la passation du pouvoir que détenaient les Blancs à un gouvernement élu au suffrage universel.

Jugé pour trahison en 1964, car son parti résistait à la politique raciste du gouvernement alors en place, Nelson Mandela a finalement été libéré en février 1990, après 27 ans d'emprisonnement. Quatre ans plus tard, en avril 1994, aux premières élections démocratiques d'Afrique du Sud, Mandela, petit-fils d'un chef xhosa, remportait la présidence sous la bannière de l'ANC. Les vieux ennemis du Congrès national africain, ceux-là mêmes qui avaient instauré l'apartheid, faisaient maintenant partie de l'opposition au sein d'un parlement dont l'assemblée ne pouvait être plus colorée.

Le multiculturalisme de l'Afrique du Sud

La géographie historique de l'Afrique du Sud se distingue quelque peu du reste de l'Afrique subsaharienne. De nombreux peuples africains s'en sont disputé les terres bien avant l'arrivée des Européens et l'époque coloniale sur le continent africain. Des peuples ont migré vers le sud – d'abord les San et les Khoïkhoïs, puis les peuples bantous vivant au sud de l'équateur – jusqu'à l'Afrique du Sud. Les Zoulous et les Xhosa se disputaient le territoire vers l'époque où ont débarqué les premiers Européens. Ces derniers sont arrivés par bateau et ont revendiqué le cap de Bonne-Espérance; ce point de passage de l'Atlantique à l'océan

Le Cap, en Afrique du Sud, à l'ombre de la montagne de la Table. Les Hollandais ont fondé cette ville en 1652 pour en faire un relais dans l'Empire des Indes orientales qu'ils allaient édifier.

6B

Indien, et vers les richesses de l'Asie, constituait l'un des endroits les plus stratégiques de la planète. Le Cap a été fondée dès 1652 pour faciliter le développement de la Compagnie néerlandaise des Indes orientales et, depuis, les Hollandais ainsi que leurs descendants, les Boers, font partie de la mosaïque culturelle sud-africaine. Les Britanniques ont délogé les Hollandais quelque 150 ans plus tard, et leurs luttes de pouvoir ont marqué les débuts de l'État d'Afrique du Sud. Les Britanniques ont fini par prendre le contrôle du Cap et les Boers se sont repliés vers l'intérieur de l'Afrique australe où ils ont fondé des républiques sur le haut plateau qui porte maintenant le nom de Haut Veld. En 1910, les Boers et les Britanniques ont négocié un partage des pouvoirs, mais les Boers sont parvenus à imposer leur hégémonie de 1948 à 1994. Les Boers avaient rompu depuis longtemps avec leur héritage européen et s'étaient donné le nom d'Afrikaners, qui signifie « Africains » dans leur langue, l'afrikaans.

En plus des divers peuples autochtones d'Afrique et des Européens qui s'y sont établis, l'Afrique du Sud compte aussi des habitants d'origine asiatique. Les Hollandais ont fait venir leurs domestiques et leurs ouvriers d'Asie du Sud. Les Britanniques les ont imités en puisant dans leurs colonies sud-asiatiques la main-d'œuvre destinée à leurs plantations de canne à sucre, ce qui, par le fait même, a accru la diversité culturelle de cet État multiethnique. En outre, une importante population de Métis, qualifiés de *Coloured*, vit principalement au Cap et constitue un groupe ethnique à part entière. Au fil des siècles, l'Afrique du Sud est devenue la société la plus multiculturelle du continent. Malgré tout, les nations africaines demeurent nettement plus nombreuses que les autres groupes, à raison de 4 pour 1 (voir le tableau ci-dessous à gauche).

COMPOSITION DE LA POPULATION DE L'AFRIQUE DU SUD

GROUPEMENTS DE POPULATION	ESTIMATION DE LA POPULATION EN 2012 (en millions)
Nations africaines	**39,9**
Zoulous	12,1
Xhosa	8,9
Tswanas	4,1
Sothos (du nord et du sud)	4,0
Autres (6)	10,8
Blancs	**4,8**
Afrikaners	3,1
Anglophones	1,6
Autres	0,1
Métis (*Coloureds*)	**6,1**
Afro-Européens	4,3
Malaisiens	0,4
Sud-Asiatiques	1,4
TOTAL	**50,8**

Bien que le multiculturalisme caractérise l'Afrique du Sud, la répartition de la population est marquée par le régionalisme des différents groupes ethnoculturels. Les Zoulous se trouvent encore en majorité dans le Kwazulu-Natal, l'une des provinces du pays (voir la figure 6B-3), alors que les Xhosa se concentrent toujours dans le Cap-Est, de la ville d'East London jusqu'à la frontière du Kwazulu-Natal et au sud du Drakensberg. Pour leur part, les Tswanas occupent toujours leur territoire ancestral qui longe la frontière du Botswana. Le Cap demeure la zone principale des Métis (*Coloureds*), tandis que l'empreinte sud-asiatique est plus profonde à Durban que partout ailleurs au pays.

Cette territorialité bien ancrée compte parmi les facteurs qui ont poussé le gouvernement afrikaner du milieu du XXe siècle à instituer son plan de développement séparé, fondé sur l'apartheid. Cependant, la vague d'urbanisation a favorisé le mélange des populations. Des millions d'ouvriers, de chômeurs en quête de travail et de migrants illégaux ont convergé vers les grandes villes et créé d'immenses bidonvilles en périphérie. C'est d'ailleurs dans les banlieues (***townships***) désignées noires, telles que Soweto (abréviation de *South Western Township* ; voir la photo de droite à la page 243) en périphérie de Johannesburg, et dans les colonies de squatteurs, qu'a pris forme le mouvement anti-apartheid. Celui-ci a donné une force grandissante au Congrès national africain qui allait éventuellement en finir avec le régime de l'apartheid.

La réorganisation politique du territoire

Jusqu'en 1994, l'Afrique du Sud était divisée en quatre provinces : la plus grande, le Cap, avait pour point central la capitale législative du même nom ; le Natal était ancré dans la ville portuaire de Durban ; le Transvaal (« qui traverse le Vaal ») abritait la capitale administrative de Pretoria et l'imposante zone urbaine de Johannesburg ; l'État libre d'Orange, ancien château fort des Boers, avait pour quartier général Bloemfontein (voir le carton intérieur dans la figure 6B-3). Cette division ne convenait plus. Pour que le résultat des élections de 1994 puisse satisfaire à la fois les exigences de la majorité et des minorités, on a redécoupé l'Afrique du Sud en neuf provinces (voir la figure 6B-3) selon une structure fédérale qui permet à chaque province d'avoir sa propre administration tout en étant représentée au sein du gouvernement central. Les frontières du Natal et de l'État libre d'Orange sont restées essentiellement les mêmes, mais le Natal a été renommé le Kwazulu-Natal afin que la forte présence zouloue y soit reconnue. Quant à l'État libre d'Orange, il a simplement pris le nom d'État libre. Quatre nouvelles provinces ont été créées à partir de l'ancienne province du Cap, l'une d'elles empiétant sur l'ancienne province du Transvaal, dont la portion restante a été subdivisée en trois. L'une de

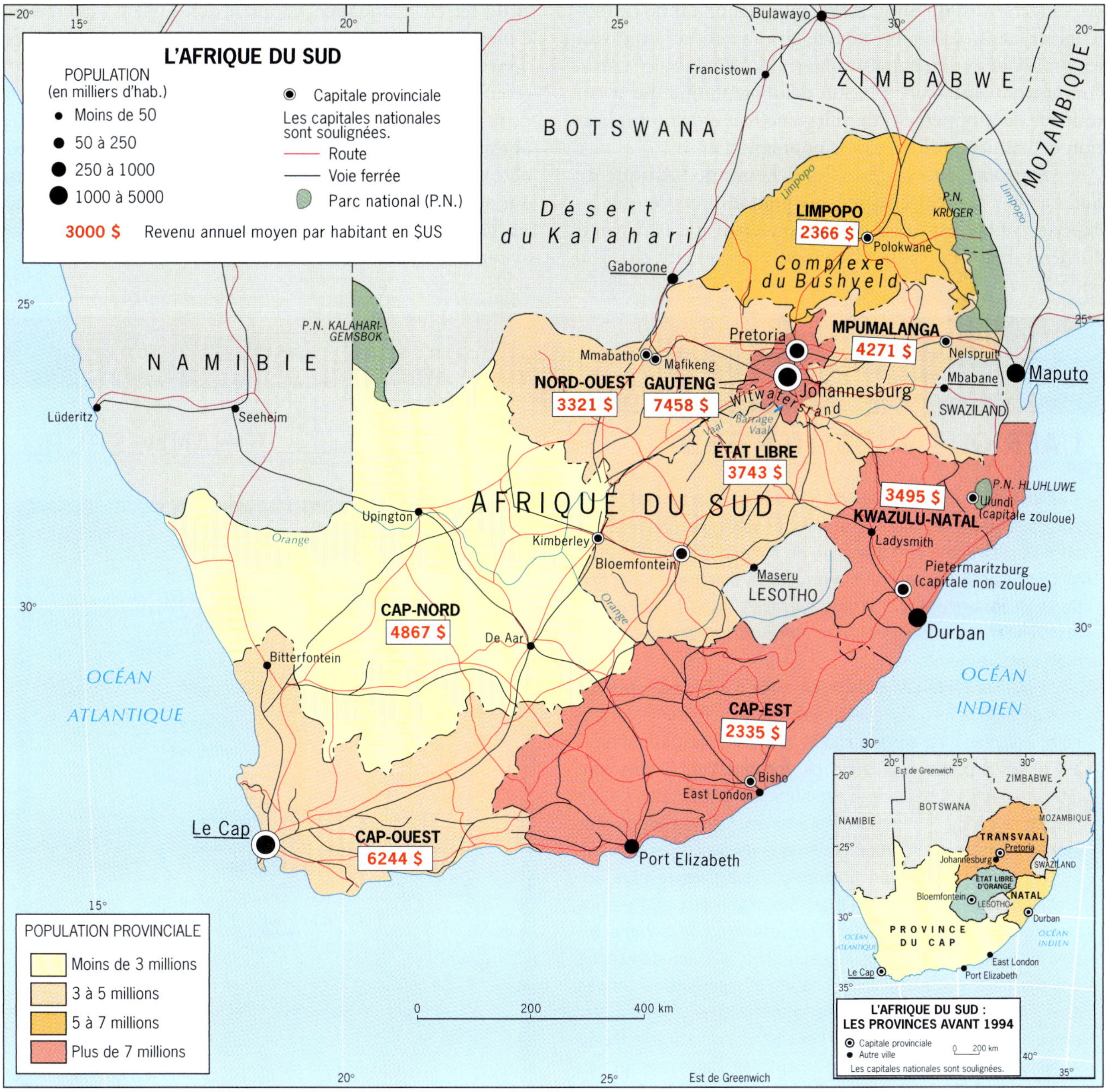

FIGURE 6B-3

ces trois provinces, Gauteng, abrite la mégalopole de Johannesburg-Witwatersrand-Pretoria.

La géographie économique : les diamants et l'or

Depuis la découverte de diamants à Kimberley, dans les années 1860, l'Afrique du Sud est synonyme d'exploitation minière. Cette découverte dans une région éloignée de l'État libre d'Orange a mis en branle une nouvelle géographie économique. Des lignes ferroviaires ont permis de relier la côte au complexe diamantaire pendant que des chasseurs de fortune, des investisseurs sans scrupules et des dizaines de milliers d'ouvriers venus même du Mozambique convergeaient vers le site. L'un de ces capitalistes était le riche homme d'affaires et politicien Cecil Rhodes dont la fortune a permis à la Grande-Bretagne de dominer l'Afrique du Sud. Fondateur de la British South Africa Company, qui avait le mandat de coloniser et d'exploiter économiquement le territoire, Cecil Rhodes a consolidé sa fortune et son prestige en exploitant les mines de diamant de la région.

Vingt-cinq ans seulement après la découverte de diamants, des prospecteurs sont tombés sur ce qui allait devenir le plus vaste champ aurifère du monde, situé sur une crête montagneuse nommée Witwatersrand, communément appelée « Rand » (voir la figure 6B-3), non loin de Johannesburg. Cette ville allait bientôt devenir la capitale mondiale de l'or et attirer un afflux encore plus important d'étrangers ainsi qu'un nombre impressionnant de travailleurs africains. La main-d'œuvre bon marché a fait grossir les profits des compagnies minières. Johannesburg a ainsi connu une véritable explosion démographique qui a entraîné le développement de villes-satellites et la multiplication de banlieues où logeait la population noire.

Au cours du XXe siècle, les richesses de l'Afrique du Sud se sont avérées encore plus grandes que ce que les experts avaient estimé. On a découvert d'autres districts aurifères dans l'État libre d'Orange, ainsi que du charbon et du fer en abondance, ce qui a donné lieu à la création d'une importante industrie sidérurgique. D'autres métaux, dont le chrome et le platine, allaient générer d'importants revenus sur les marchés mondiaux. Des mines d'amiante, de manganèse, de cuivre, de nickel, d'antimoine et d'étain ont aussi été exploitées. L'industrie métallurgique a prospéré et s'est étendue à toute l'Afrique du Sud. Les capitaux ont afflué au pays, l'immigration européenne s'est accrue, les fermes et les ranchs se sont multipliés, de même que les débouchés sur les marchés étrangers.

L'une des MÉTROPOLES de . . .

L'AFRIQUE SUBSAHARIENNE

JOHANNESBURG

L'AFRIQUE SUBSAHARIENNE s'urbanise rapidement, mais elle ne compte encore qu'une seule véritable conurbation dont la métropole sud-africaine de Johannesburg constitue le cœur. Il y a un peu plus d'un siècle, Johannesburg, née de la découverte des districts aurifères du Witwatersrand, était encore une petite ville minière qui progressait néanmoins rapidement.

Aujourd'hui, elle constitue le cœur d'une mégalopole de plus de 7 millions d'habitants, qui s'étend de Pretoria, dans le nord, à Vereeniging dans le sud et, d'est en ouest, de Springs à Krugersdorp. La population de Johannesburg proprement dite atteignait 3 millions d'habitants en 2003 (elle s'élève maintenant à 3,8 millions), et ravissait au Cap le titre de plus grande agglomération urbaine d'Afrique du Sud.

Le paysage urbain de Johannesburg est le plus impressionnant de toute l'Afrique. Ses nombreux gratte-ciels témoignent des richesses qui ont été exploitées dans les environs au cours du dernier siècle (voir la photo de gauche à la page 243). Du haut de ses tours, on aperçoit au sud les énormes monticules de scories jaunâtres (résidus miniers) provenant des mines du Rand ; ces terrils, que la végétation a commencé à recouvrir, voisinent les banlieues et les quartiers pauvres. De façon générale, les quartiers blancs de la ville se trouvent dans le nord, et les quartiers noirs, dans le sud. Soweto, la banlieue noire, se trouve dans le sud-ouest ; Houghton et les autres banlieues chics, qui ont longtemps été des zones résidentielles réservées aux Blancs, se trouvent dans le nord.

Johannesburg ne jouit ni des panoramas du Cap ni du climat et des plages de Durban. La métropole se trouve à 1750 mètres au-dessus du niveau de la mer, et son air raréfié est souvent chargé du smog causé par les véhicules à moteur, les usines, la poussière des terrils et les innombrables feux de cuisson des banlieues et des bidonvilles qui encerclent la ville.

Au cours du siècle dernier, la région de Johannesburg a produit la valeur de près de la moitié de l'or mondial.

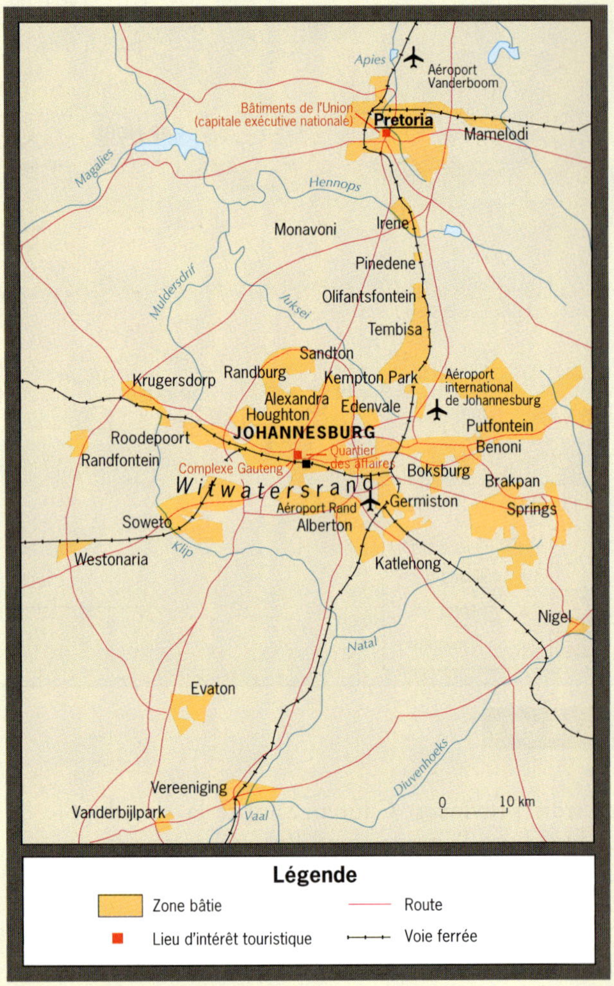

Aujourd'hui, la ville se trouve au cœur d'un complexe industriel, commercial et financier ayant pour nom Gauteng, selon la nouvelle carte de l'Afrique du Sud.

Les banlieues verdoyantes et les gratte-ciels du centre-ville de Johannesburg d'un côté et, de l'autre, les abris de fortune d'un bidonville dans un secteur surpeuplé de Soweto montrent les contrastes choquants qui caractérisent la société sud-africaine, où les inégalités demeurent très prononcées. La capacité du gouvernement à améliorer les conditions de vie dans les régions urbaines et rurales les plus pauvres sera garante de la stabilité politique future du pays. Malgré d'importantes avancées en matière de logement, d'aqueduc et de branchement électrique, l'énormité du problème et les contraintes – qu'elles soient d'ordre politique ou pratique – ralentissent le rythme du développement social et économique.

L'économie actuelle

L'Afrique du Sud est, à plusieurs égards, le pays le plus important de l'Afrique subsaharienne, car toute la fortune de l'ensemble y est associée. Aucun autre pays africain n'attire autant de main-d'œuvre et d'investissements étrangers. Aucun ne jouit des universités, des hôpitaux et des établissements de recherche qui s'y trouvent. Aucun ne peut compter sur des forces armées capables d'intervenir dans les points chauds du continent. Rares sont ceux où la liberté de presse, les syndicats, les tribunaux indépendants et les institutions financières peuvent se comparer à ceux de l'Afrique du Sud. Avec une population qui dépasse maintenant 50 millions d'habitants (dont 79 % de Noirs, un peu moins de 10 % de Blancs, 9 % de Métis et 2,8 % d'Asiatiques), l'Afrique du Sud compte une importante classe moyenne multiraciale et en constante croissance.

En dépit de ces succès, l'économie de l'Afrique du Sud dépend beaucoup trop de l'exportation de minéraux et de métaux (diamants, platine, or, fer et acier), à une époque où ce secteur d'activité comporte des risques, tant au pays qu'à l'étranger. Au pays, les lois du travail favorables aux travailleurs ont notamment entraîné une hausse des salaires et rendent l'exploitation minière moins lucrative. À l'étranger, le cours des matières premières est instable. En 1970, près de 70 % de l'or mondial provenait d'Afrique du Sud ; aujourd'hui, le pays en produit moins de 15 %. En ce qui concerne le secteur manufacturier, il demeure trop faible dans l'économie nationale.

Même si de plus en plus de Noirs intègrent la classe moyenne, le chômage au sein de cette population frôle 50 %, et l'écart se creuse entre les riches et les pauvres. Voici quelques chiffres éloquents : en 2008, 83 % des travailleurs qui avaient un revenu annuel inférieur à 7250 dollars américains étaient noirs contre 7 % de Blancs. Parmi ceux qui avaient un revenu annuel supérieur à 108 000 dollars américains, on comptait 16 % de Noirs contre 77 % de Blancs. À cette profonde et tenace inégalité raciale s'ajoutent des conflits croissants entre les Africains d'origine et les descendants des colons européens. La question de la réforme agraire, entreprise en 1994, est un dossier chaud dans un pays où les fermiers blancs possèdent la majorité des meilleures terres agricoles. La réforme veut faire en sorte que 30 % de ces terres soient redistribuées aux fermiers noirs d'ici 2014. Selon certains observateurs, cet objectif ne sera toutefois pas atteint avant 2025. La majorité noire réclame donc l'accélération de la distribution des terres, car elle estime que le processus se fait trop lentement.

L'AFRIQUE ORIENTALE

L'expression « Grands Lacs » ne sert de repère géographique que dans deux régions du monde : en Amérique du Nord et en Afrique orientale. Une suite de lacs de forme oblongue définit la frontière occidentale de ce qu'on appelle l'Afrique orientale (voir la figure 6B-4). À l'école, les enfants apprennent très tôt le nom de ces lacs, dont certains rappellent l'époque coloniale : Albert, Édouard, Kivu, Tanganyika et Malawi. Or le plus important de tous, le lac Victoria, se trouve sur un haut plateau au centre de cette région plutôt qu'à ses frontières. Comme l'illustre la carte, le lac Victoria est tout sauf allongé. Ce vaste plan d'eau se situe dans un immense bassin, une dépression qui s'est créée à la suite des mouvements tectoniques survenus de part et d'autre du lac.

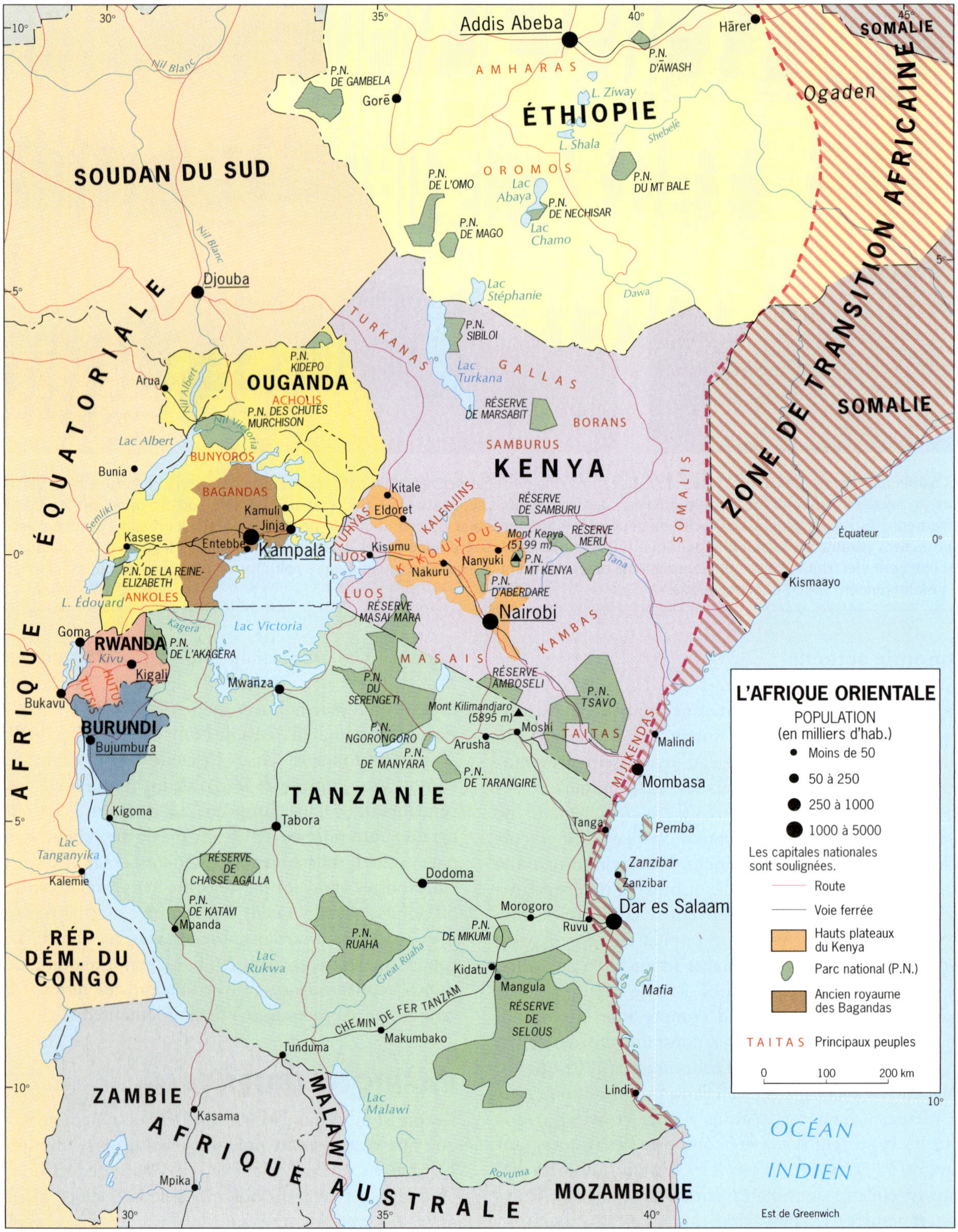

FIGURE 6B-4

Dans cette région, l'équateur traverse l'Afrique orientale à la hauteur du lac Victoria. On aurait donc tendance à associer cette région aux environnements qui caractérisent les paysages équatoriaux comme les forêts tropicales, la chaleur et l'humidité, mais en Afrique orientale, l'altitude fait toute la différence. (Le climat se compare d'ailleurs aux régions de basses latitudes dans les Andes, en Amérique du Sud, comme nous l'avons signalé dans le chapitre 5B.) C'est la sècheresse plutôt que la pluie incessante qui pose fréquemment problème dans cette région. Sur les hauts plateaux, les températures peuvent descendre à 10 °C la nuit. Le sommet de certains volcans, dont le Kilimandjaro, reste d'ailleurs enneigé. Les hauts plateaux d'Afrique orientale sont aussi différents des basses terres de l'Afrique équatoriale, à l'ouest des Grands Lacs, que l'Amazonie peut l'être de la cordillère des Andes.

L'Afrique orientale s'étend des hauts plateaux d'Éthiopie, dans le nord, jusqu'à la Tanzanie dans le sud et, d'est en ouest, des limites orientales du bassin du Congo jusqu'à l'océan Indien. Le paysage y est spectaculaire. Des volcans, dont certains toujours actifs, s'élèvent au-dessus des hautes plaines. Les canyons creusés par les cours d'eau n'ont rien à envier au Grand Canyon des États-Unis. L'Éthiopie, autrefois nommée Abyssinie, devait ce nom aux escarpements abrupts qui découpaient les fossés d'effondrement partiellement remplis d'eau ; du haut de ces escarpements, le paysage est encore plus impressionnant ; c'est d'ailleurs celui-là même que nos tout premiers ancêtres avaient sous les yeux. Dans les savanes du Serengeti et de Masai Mara, les migrations de multitudes de bêtes sauvages attirent chaque année des millions de touristes venus des quatre coins du monde.

En plus des hauts plateaux de l'Éthiopie, l'Afrique orientale comprend cinq pays : le Kenya, la Tanzanie, l'Ouganda, le Rwanda et le Burundi. C'est ici que les peuples de langues bantoues, qui forment la majorité de la population en Afrique subsaharienne, ont rencontré les peuples nilotiques venus du nord, dont les Masais. La côte de l'océan Indien a été le théâtre de nombreux évènements historiques : l'arrivée de l'islam, celle des flottes de la dynastie Ming au XVe siècle, la quête de pouvoir des Turcs, la traite d'esclaves vers les marchés arabes et la rivalité des puissances européennes. C'est ici, aussi, qu'est née la langue véhiculaire de l'Afrique orientale, le swahili.

Le Kenya

Le Kenya, avec une population de 42,2 millions d'habitants, n'est pas le plus grand pays d'Afrique orientale ni le plus peuplé, mais il demeure l'État dominant de la région depuis 50 ans. Nairobi, sa capitale aux nombreux gratte-ciels, se trouve au cœur de sa zone centrale ; sa population de 3,9 millions d'habitants en fait la plus grande ville de la région et la plaque tournante de nombreuses activités. Les principales activités portuaires de l'Afrique orientale sont concentrées dans la ville côtière de Mombasa.

Après avoir acquis son indépendance en 1963, le Kenya s'est tourné vers une économie de marché en alignant ses intérêts sur ceux de l'Occident. Le pays ne possédait pas de grands gisements miniers et exportait surtout du café, du thé et d'autres produits alimentaires. L'industrie touristique, axée sur les splendeurs du paysage, y constituait un volet important de l'économie. En fait, le tourisme est devenu la principale source de devises étrangères, et la prospérité du pays a semblé donner raison aux économistes locaux.

Or de graves problèmes n'ont pas tardé à surgir. Durant les années 1980, le Kenya a enregistré la plus importante croissance démographique du monde, ce qui a exercé une pression accrue sur les terres arables et en périphérie des réserves fauniques. Le braconnage s'est répandu et le tourisme a connu un déclin. De plus, vers la fin des années 1990, les pluies abondantes ont causé des glissements de terrain dans certaines parties du pays et emporté de grands tronçons de l'autoroute reliant Nairobi à Mombasa. La sècheresse qui a suivi cette catastrophe a duré plusieurs années et provoqué la famine à l'intérieur du pays. Pendant ce temps, la corruption s'est installée au sein du gouvernement : des fonds publics qui auraient dû être investis pour le bien de la population ont été détournés, des principes démocratiques ont été violés et les relations avec les alliés occidentaux sont devenues tendues. L'épidémie de sida s'est répandue dans le pays. Puis des attentats terroristes survenus en 2002 dans un hôtel de Mombasa, et en 2011 dans une discothèque à Nairobi ont porté un dur coup à l'industrie touristique. Les islamistes shebabs, qui se revendiquent d'al-Qaïda, ont à plusieurs reprises menacé le Kenya de représailles depuis que le pays a lancé une offensive militaire contre eux dans le sud de la Somalie.

À première vue, le Kenya semble aujourd'hui relativement prospère et présente un bilan de santé économique relativement bon. Le centre-ville de Nairobi dégage un parfum de modernité et un goût pour les plaisirs terrestres. Malgré les apparences, le pays a échoué à unifier les nombreux peuples qui composent sa population. La géographie, l'histoire et la politique ont donné aux Kikouyous, qui ne représentent que le sixième de la population, la meilleure place au sein de la société. Or plusieurs autres groupes contestent cette place (voir la figure 6B-4). Ensemble, les Luhyas, les Luos, les Kalenjins et les Kambas forment un peu moins de 50 % de la population. D'autres peuples, tels que les Masais, les Turkanas, les Borans et les Gallas, vivent pour leur part en bordure du territoire.

Le Rwanda et le Burundi : les tensions interethniques et le génocide

Le Rwanda qui abrite 11 millions d'habitants et le Burundi, 8,9 millions, sont les pays les plus densément peuplés de toute l'Afrique. Du point de vue de la situation géographique, ils font partie de l'Afrique orientale. La production de café et de thé représente l'essentiel des exportations. Les autres activités économiques se résument à l'agriculture de subsistance et à l'élevage. Le manque d'infrastructures (ponts, routes) rend difficile l'exploitation des ressources naturelles (or, étain et gaz). Les problèmes environnementaux se manifestent particulièrement par la déforestation et l'érosion des sols dues à la pression exercée par l'agriculture. De plus, dans les montagnes du Rwanda, le braconnage et la déforestation mettent en péril différentes espèces, en particulier le gorille.

L'une des MÉTROPOLES de . . .

L'AFRIQUE SUBSAHARIENNE

NAIROBI

NAIROBI EST UN PUR PRODUIT de l'héritage colonial: aucun village africain ne s'y trouvait en 1899, année où y est parvenu le chemin de fer que construisaient les Britanniques pour relier le port de Mombasa aux rives du lac Victoria. Nairobi bénéficie néanmoins d'un élément des plus importants: de l'eau. Le cours d'eau qui traverse la ligne de chemin de fer était bien connu des éleveurs de bœufs, de chèvres et de moutons massaïs, qui l'appelaient *Enkare Nairobi* qui signifie « eau froide ». Lorsque la construction du chemin de fer s'est poursuivie vers l'intérieur, Nairobi a commencé à se développer. Les commerçants indiens sont venus y tenir boutique. Les Britanniques en ont fait leur siège administratif. Lorsque le Kenya est devenu indépendant, en 1963, Nairobi a naturellement été désignée capitale du pays.

Nairobi doit sa prééminence à ses fonctions gouvernementales – qui ont garanti sa primauté durant la période coloniale et après son indépendance – et à sa position géographique enviable. Au nord et au nord-ouest se trouvent les hauts plateaux du Kenya, la plus importante zone agricole du pays et le berceau des Kikouyous, la plus grande nation du pays. De l'autre côté de la vallée du Rift, à l'ouest, se trouvent les terres fertiles des Luos, dans le bassin du lac Victoria. À l'est, l'élévation chute brusquement, et les hauts plateaux cèdent le pas à la savane tropicale qui, à son tour, se transforme en steppe semi-aride.

Le climat tempéré, la modernité du centre-ville, de nombreuses attractions touristiques (dont le parc national de Nairobi, aux portes de la ville) et un aéroport à la fine pointe de la technologie ont fait de la capitale une destination touristique importante. Depuis quelques années, cependant, les dommages infligés à la faune et à la flore, les problèmes liés à la sécurité de même que l'instabilité politique minent le succès de l'industrie.

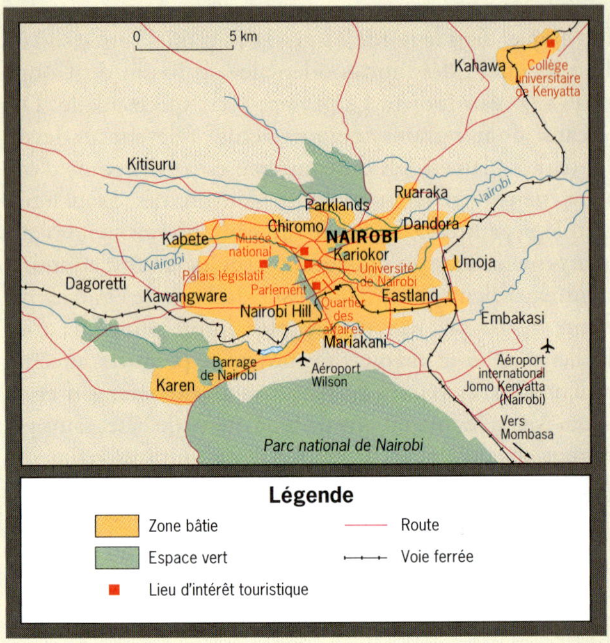

Nairobi qui compte 3,9 millions d'habitants est le centre commercial et industriel du Kenya, en plus d'abriter ses principaux établissements d'enseignement. Or sa croissance a un prix: le centre-ville moderne contraste violemment avec la misère des bidonvilles où habitent d'innombrables migrants en quête d'une vie meilleure.

La géographie de ces deux pays les relie aux cultures du nord et de l'ouest. Les Tutsis du nord sont possiblement originaires du Soudan et la majorité d'entre eux se consacre à l'élevage du bétail. À leur arrivée, vers le XVe siècle, ils se sont développés en une aristocratie féodale, qui a rapidement dominé les paysans hutus déjà sur place. Ceux-ci avaient auparavant asservi les Twas, une population pygmée. Cette hiérarchie, qui s'est installée entre ces peuples de la région et que des politiques coloniales ont envenimée, a dévasté les deux pays et mené, en 1994, à un horrible génocide au Rwanda. Entre avril et juillet de cette année-là, 800 000 Rwandais, principalement des Tutsis, ont été tués, selon les estimations. Aujourd'hui, la réconciliation demeure difficile: près de 100 000 personnes sont soupçonnées d'avoir participé au massacre et les blessures sont encore profondes. Ce conflit a même débordé en République démocratique du Congo (RDC). Entre 1998 et 2004, on estime que pas moins de 4 millions de personnes sont mortes dans un conflit opposant des Hutus, des Tutsis, des Ougandais et les forces rebelles congolaises pour le contrôle de la portion orientale (province du Kivu) de la RDC. Seule une intervention internationale massive arriverait à stabiliser la situation, mais le monde détourne les yeux – encore une fois – des malheurs de cette région.

L'Éthiopie

Le territoire de l'Éthiopie n'est pas considéré comme faisant entièrement partie de l'Afrique orientale. Sa portion septentrionale se trouve dans la zone de transition africaine et doit, par conséquent, composer avec des défis d'ordre naturel, tels que les sècheresses et les inondations, mais aussi d'ordre politique, comme les conflits armés qui forcent bien souvent les gens à quitter leur terre. Nous y reviendrons à la fin du présent chapitre.

Les milieux naturels de l'Éthiopie sont diversifiés ; le pays profite de six zones climatiques. Ses panoramas spectaculaires et ses sites archéologiques nourrissent une économie reposant principalement sur les produits agricoles (café, thé, épices) et le tourisme. Addis Abeba, la capitale située au centre du pays, compte 3,1 millions d'habitants. L'Éthiopie est considérée comme l'un des berceaux de l'humanité. En effet, plusieurs spécimens fossiles d'hominidés, dont Lucy, y ont été découverts.

La très grande majorité des 90 millions d'habitants, soit 85 % d'entre eux, vivent en milieu rural et pratiquent une agriculture de subsistance. Malgré l'importance de ce secteur, le pays a toujours grand besoin de la nourriture que lui acheminent les organismes de secours. Il a connu des périodes de grande famine (1985, 2008, 2011). En 2011, les investissements de la Chine dans des projets d'infrastructures éthiopiens (routes, ponts, centrales hydroélectriques) s'élevaient à 2,5 milliards de dollars américains. Du même souffle, la Chine est montrée du doigt parce qu'elle achète massivement les terres des petits paysans locaux dans le but d'y pratiquer une agriculture d'exportation.

MADAGASCAR : UN ÉTAT À PART

À 400 kilomètres seulement au large de la côte orientale de l'Afrique se trouve Madagascar, la quatrième île du monde par sa taille (voir la figure 6B-5). Les premiers hommes qui s'y sont installés, il y a environ 2000 ans, ne venaient pas d'Afrique, mais bien de la lointaine Asie du Sud-Est. Ces Malaisiens ont édifié le puissant Empire des Merinas sur les hauts plateaux et leur langue, le malgache, est devenue celle en usage dans l'île (voir la figure 6A-6).

Les immigrants malaisiens ont ensuite fait venir des Africains. Néanmoins, les Merinas (5,5 millions) et les Betsimisarakas (3,2 millions) demeurent aujourd'hui les plus nombreux des quelque 20 groupes ethniques que compte la population totale de l'île qui s'élève à 21,2 millions d'habitants. Tout comme le continent africain, Madagascar a été au cœur de l'invasion et des rivalités coloniales. Les Portugais, les Britanniques et les Français n'y ont débarqué qu'après le XIVe siècle, mais comme les Merinas étaient bien installés et bien organisés, ils ont été en mesure de résister à la conquête coloniale pendant un certain temps. L'île a fini par être intégrée à l'Empire français et le français est devenu la langue véhiculaire de l'élite éduquée.

En raison de ses racines sud-asiatiques, Madagascar a pour aliment de base le riz plutôt que le maïs. L'île recèle des ressources naturelles, dont le minerai de chrome, le minerai de fer et la bauxite, mais des années d'agitation politique ont affaibli son économie. La croissance démographique rapide ajoute au fardeau. De plus, les infrastructures sont délabrées : la route principale qui relie la capitale Antananarivo au port le plus près (voir la figure 6B-5) est à ce point endommagée qu'un camion met 10 heures à en parcourir les 250 kilomètres.

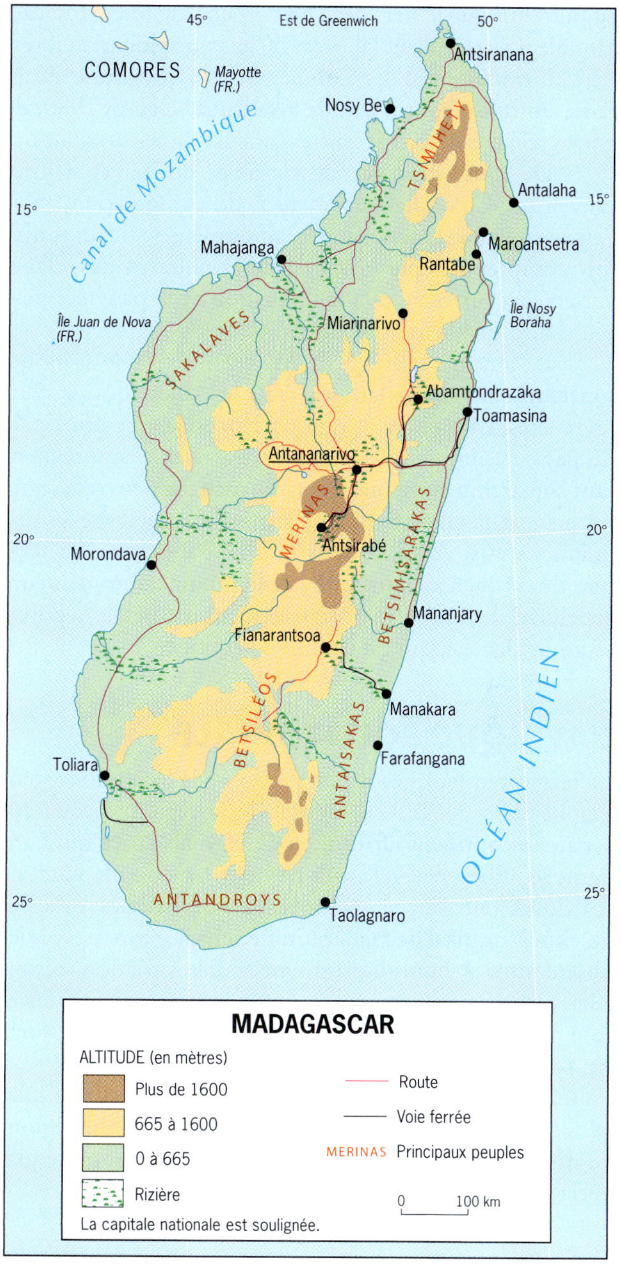

FIGURE 6B-5

Par ailleurs, la faune et la flore uniques de Madagascar souffrent de la présence envahissante de la population humaine. L'isolement prolongé de Madagascar a donné lieu à une évolution singulière, si bien qu'elle constitue une région zoogéographique distincte. L'île abrite 33 espèces de lémuriens et de nombreuses espèces d'oiseaux, d'amphibiens et de reptiles qu'on ne trouve nulle part ailleurs. Leur habitat est cependant abondamment exploité et il ne reste aujourd'hui que le tiers des 168 000 km² de forêt tropicale humide qui couvraient l'île il y a 50 ans. L'exploitation forestière, introduite par les Européens, et l'agriculture itinérante sur brûlis continuent de la détruire. Depuis 1980, de graves sècheresses ont accentué l'impact de ces pratiques.

De toute évidence, Madagascar devrait constituer une priorité mondiale en matière de conservation, mais l'argent manque et les besoins sont immenses. Il faut toutefois comprendre que la survie de familles et de villages entiers aux prises avec la malnutrition et la pauvreté pèse plus lourd que l'environnement.

Le paysage culturel de Madagascar révèle toujours son empreinte sud-asiatique, dans les villes comme dans les rizières. La capitale, Antananarivo, est la ville principale du pays. Les influences asiatiques et africaines imprègnent tant son architecture que son ambiance. La pauvreté règne ici aussi, et la ville offre peu d'attraits pour séduire les migrants ruraux. Ainsi, le taux d'urbanisation de l'île n'est que de 31 %. La statistique la plus inquiétante demeure cependant le taux élevé d'accroissement naturel de la population malgache, qui est de 2,7 % par année.

L'AFRIQUE ÉQUATORIALE

Le terme « équatorial » a trait à la fois à la localisation géographique et au milieu naturel de la région. L'équateur sépare le continent africain en deux, mais en ce qui concerne le milieu naturel, seuls les deux tiers occidentaux de l'Afrique centrale présentent les caractéristiques associées au climat tropical de faible altitude : chaleur intense, pluies abondantes et humidité extrême, faible variation saisonnière, végétation propre aux forêts tropicales humides et une biodiversité très riche. À l'est, c'est-à-dire au-delà du fossé d'effondrement occidental – la vallée du Rift –, l'altitude augmente et favorise des régimes climatiques plus frais et plus saisonniers. Par conséquent, deux régions se distinguent sous ces basses latitudes : l'Afrique équatoriale à l'ouest et l'Afrique orientale à l'est.

Sur le plan physiographique, le bassin du Congo en forme de creuset est l'élément dominant de l'Afrique équatoriale. C'est le plateau de l'Adamaoua qui sépare cette région de l'Afrique occidentale. Au sud, l'augmentation de l'altitude et le changement du climat en indiquent les limites (voir la zone CWa sur la figure I-14). L'Afrique équatoriale regroupe huit États, y compris la RDC (République démocratique du Congo, anciennement appelée Zaïre). Ce pays est de loin le plus important de la région, tant par sa superficie que par sa population (voir la figure 6B-6). Parmi les sept autres États, cinq – le Gabon, le Cameroun, le Congo, la Guinée équatoriale et Sao Tomé-et-Principe – ont un littoral sur l'océan Atlantique. Quant à la République centrafricaine, à la portion sud du Tchad qui fait aussi partie de cette région et au Soudan du Sud nouvellement créé, ils sont enclavés. À plusieurs égards, la vaste et complexe Afrique équatoriale est la région où les troubles sont les plus fréquents.

La République démocratique du Congo (RDC)

On peut voir sur la figure 6B-6 que la RDC ne jouit que d'une très petite fenêtre (37 kilomètres) sur l'océan Atlantique, tout juste suffisante pour accommoder la grande embouchure du Congo. Les navires océaniques peuvent rejoindre le port de Matadi, à l'intérieur des terres, mais à partir de ce point, les chutes et les rapides font en sorte que la marchandise doit être transportée par la route ou en train jusqu'à Kinshasa, la capitale. Certains tronçons impropres à la navigation, plus loin sur le fleuve Congo, exigent aussi le transbordement de la marchandise entre Kisangani et Ubundu, de même qu'à Kindu. La voie ferrée qui va vers le sud depuis Kindu mène à un autre corridor étroit du territoire dans le coin sud-est du pays, où se trouve Lubumbashi. Cette partie vitale de la province du Katanga abrite les principales ressources minérales de la RDC, dont du cuivre et du cobalt.

Depuis des décennies, les zones les plus orientales de la RDC, particulièrement les provinces du Nord-Kivu et du Sud-Kivu (voir la figure 6B-6), sont les cibles récurrentes de violence parce que l'agitation civile des pays voisins déborde les frontières et envenime les conflits internes. L'armée, les groupes rebelles, les milices et leurs partisans, les chefs de guerre et les brigands s'affrontent, souvent sur les ordres de parties extérieures. Ce faisant, les belligérants chassent de leur foyer des millions de personnes, semant la mort et la destruction sur leur passage. Cette photo prise vers la fin de 2008 montre des milliers de réfugiés marchant sur une route au nord de Goma dans l'espoir de réintégrer leurs maisons saccagées, près de Kibumba où des milices se sont battues avant d'être repoussées par l'armée congolaise.

FIGURE 6B-6

Compte tenu de la superficie de son territoire (2,3 millions de km^2), qui est légèrement inférieure à celles du Québec et de l'Ontario réunies (2,6 millions de km^2), de sa population d'un peu moins de 72 millions d'habitants, de ses abondantes ressources minières et de ses terres arables disponibles, la RDC semble réunir tous les ingrédients nécessaires pour propulser non seulement la région, mais aussi toute l'Afrique subsaharienne. Hélas, de puissantes forces centrifuges provenant du milieu naturel et d'origine politique perturbent le pays. L'intérieur est constitué de vastes forêts qui couvrent le centre du pays et qui empêchent l'établissement de réseaux de communication et de transport efficaces entre l'est et l'ouest, et entre le nord et le sud. Les zones productives de la RDC se trouvent principalement en périphérie du territoire et des distances considérables les séparent, si bien que ces zones ont tendance à chercher des débouchés au-delà des frontières, c'est-à-dire dans quelques-uns des neuf pays limitrophes.

Politiquement, les régions en marge du pays ont connu des heurts particulièrement violents, notamment dans les provinces du Nord-Kivu et du Sud-Kivu (voir la figure 6B-6). En 2002, une guerre s'est déclarée et, une grande partie du territoire de la RDC s'est retrouvée partagée entre différentes factions armées tutsies, hutues, ougandaises et congolaises. Le contrôle des ressources naturelles, telles que les mines de diamant, ainsi que le commerce du bois rare et les hydrocarbures emprisonnés dans les eaux du lac Kivu (gaz, méthane et pétrole), était au centre du conflit.

Bien que le bilan des morts demeure inconnu, les estimations oscillent entre 5 et 6 millions de victimes, ce qui ne semble toujours pas suffisant pour inciter la communauté internationale à entreprendre des actions visant à rétablir la paix. En 2004, une combinaison d'évènements – le transfert des pouvoirs à Kinshasa (la capitale de la RDC), les négociations entre les divers groupes rebelles et les pays africains impliqués dans le conflit, l'aide des Nations Unies et un épuisement généralisé – a produit un semblant de stabilité dans certaines régions orientales de la RDC (voir la figure 6B-6). En 2007, cependant, l'agitation civile a repris et se poursuit de façon intermittente en alourdissant le bilan des pertes humaines (voir la photo à la page 254). D'ailleurs, des bandes armées de différentes factions sillonnent toujours les frontières de la RDC et font la loi dans de nombreux villages.

Le Soudan du Sud : un nouveau pays de l'Afrique équatoriale

Le Soudan du Sud, dans le nord-est de la région, est la toute dernière addition à la carte politique du monde. Devenu officiellement indépendant au milieu de 2011, cet État est né au terme de six décennies catastrophiques ponctuées de conflits postcoloniaux qui ont perturbé le Soudan. Ces durs affrontements ont été exacerbés par la division religieuse du pays – dans la zone de transition africaine – entre l'islam, dans le nord, et le christianisme et l'animisme dans le sud. Nous traiterons de l'importance de la zone de transition africaine à la fin du présent chapitre.

Les Britanniques ont régné sur le Soudan des années 1890 jusqu'à son indépendance en 1956. L'une des racines du long conflit interne qui a culminé durant les trois dernières décennies tient à la décision de l'administration coloniale britannique d'annexer la partie nord du Soudan – arabe et musulmane – à une vaste zone du sud, où régnait l'animisme africain et où de nombreux villageois avaient été convertis au christianisme. Dès le départ des Britanniques, le gouvernement installé à Khartoum, dans le nord du pays, a tenté d'imposer l'islam dans le sud du territoire, ce qui a aussitôt déclenché une violente guerre civile qui s'est étirée sur 15 ans. Les tensions se sont calmées au début des années 1970, mais la guerre a repris avec une vigueur renouvelée en 1985 et s'est poursuivie jusqu'à ce que les parties conviennent enfin d'un accord de paix en 2005. On estime à 1,5 million le nombre de victimes qui auraient péri durant ce long conflit, et à 500 000 celles qui auraient succombé à la famine ou à la maladie, des problèmes que les hostilités n'ont fait qu'aggraver. Cette guerre interminable a appauvri le pays, et le revenu par habitant se classe parmi les plus faibles du monde. Or la découverte de gisements de pétrole, au cours des années 1990, dans la province du Kordofan et ailleurs, y compris dans le sud assiégé, a changé la donne (voir la figure 6B-6). Les dirigeants du sud ont vu dans le pétrole la clé de leur autonomie ; les autorités du nord croyaient elles aussi qu'elles contrôleraient plusieurs gisements.

L'accord de paix de 2005 prévoyait un partage des revenus du pétrole entre le nord et le sud, et déterminait les grandes lignes d'un référendum sur la sécession du sud et sa constitution en un pays indépendant. Lors du référendum, tenu dans les provinces du sud en janvier 2011, 99 % de la population a voté en faveur de la sécession. L'indépendance officielle de la nouvelle République du Soudan du Sud a été proclamée le 9 juillet 2011.

Le Soudan du Sud abrite des gisements de pétrole et des minéraux, de même que de nombreuses terres arables. Le Haut Nil blanc procure de l'eau en abondance, dont la majeure partie s'évapore dans les basses terres du Sudd, un mot arabe qui signifie « barrière ». L'abondante végétation flottante de ce gigantesque marais couvre le delta intérieur du Nil blanc, là où ce fleuve s'écoule dans le bassin du Soudan (voir les figures 6B-6 et 6A-2). En dépit de ces avantages, le nouvel État a de nombreux défis à relever, en particulier ceux de la pauvreté extrême et de la gouvernance déficiente. Par ailleurs, il ne recueille même pas de données démographiques : sa population se situe entre 8 et 14 millions d'habitants. Le pastoralisme est le principal mode de vie et les Soudanais du Sud jugent encore le statut d'un homme ou d'une famille à la taille de son troupeau. L'analphabétisme est généralisé et le taux de mortalité infantile est l'un des plus élevés d'Afrique. Moins d'un tiers de la population a accès à des soins de santé et l'eau potable est rare. Le pays dispose d'une centaine de kilomètres de routes asphaltées, dont près de la moitié se trouvent dans la capitale, Djouba, et presque tout le reste dessert les champs pétrolifères que gèrent des intérêts chinois.

L'AFRIQUE OCCIDENTALE

L'Afrique occidentale occupe une bonne partie de la portion en saillie du continent. Depuis la frange méridionale du Sahara, elle s'étend vers le sud jusqu'à la côte du golfe de Guinée et, d'est en ouest, du Tchad jusqu'au Sénégal (voir la figure 6B-7). Sur le plan politique, cette région englobe généralement tous les États situés au sud du Sahara-Occidental, de l'Algérie et de la Libye et à l'ouest du Tchad (qui est parfois compris dans la définition) et du Cameroun. Au sein même de la région, on divise parfois sommairement le territoire entre les grands États désertiques au sud du Sahara (le Tchad est également du lot) et les États plus petits et plus arrosés de la côte.

À l'exception du Liberia – indépendant depuis longtemps –, l'Afrique occidentale comprend 14 anciennes colonies : 1 portugaise (la Guinée-Bissau), 4 britanniques et 9 françaises. Les pays des ex-colonies britanniques (le Nigeria, le Ghana, la Sierra Leone et la Gambie) sont séparés les uns des autres alors que les pays des ex-colonies françaises sont contigus. Comme l'illustre la figure 6B-7, les frontières politiques s'étendent perpendiculairement à la côte, donc vers l'intérieur, si bien que de la Mauritanie au Nigeria, tous les États sont répartis parallèlement le long de la côte. Les échanges entre les pays de cette région sont limités, et particulièrement entre les ex-colonies françaises ou britanniques. Par exemple, la valeur des échanges commerciaux entre le Nigeria et la Grande-Bretagne est environ 100 fois supérieure à celle des transactions entre le Nigeria et le Ghana, deux pays situés à proximité l'un de l'autre. Les pays d'Afrique occidentale n'entretiennent aucune interdépendance économique et leurs revenus proviennent en grande partie de leurs exportations vers les marchés internationaux.

Comment peut-on alors parler d'une région pour désigner ces pays ? D'abord, cette partie de l'ensemble démontre un dynamisme culturel et historique remarquable. La période coloniale n'est pas venue à bout de la vitalité ouest-africaine, qui s'exprime non seulement par les anciens empires, les anciens États et les cités commerçantes des savanes et des forêts, mais aussi par la vigueur et l'esprit d'entreprise, la sculpture, la musique et la danse des peuples, du Sénégal jusqu'au pays des Ibos, dans le sud-est du Nigeria.

Ensuite, l'Afrique occidentale présente une succession de zones climatiques parallèles (Am, Aw, BSh) très visibles sur la figure I-14. Cette zonation qui délimite les milieux naturels a joué un rôle important dans les échanges traditionnels entre les zones de la région. Avant la période coloniale, l'interaction était plus grande entre celles-ci

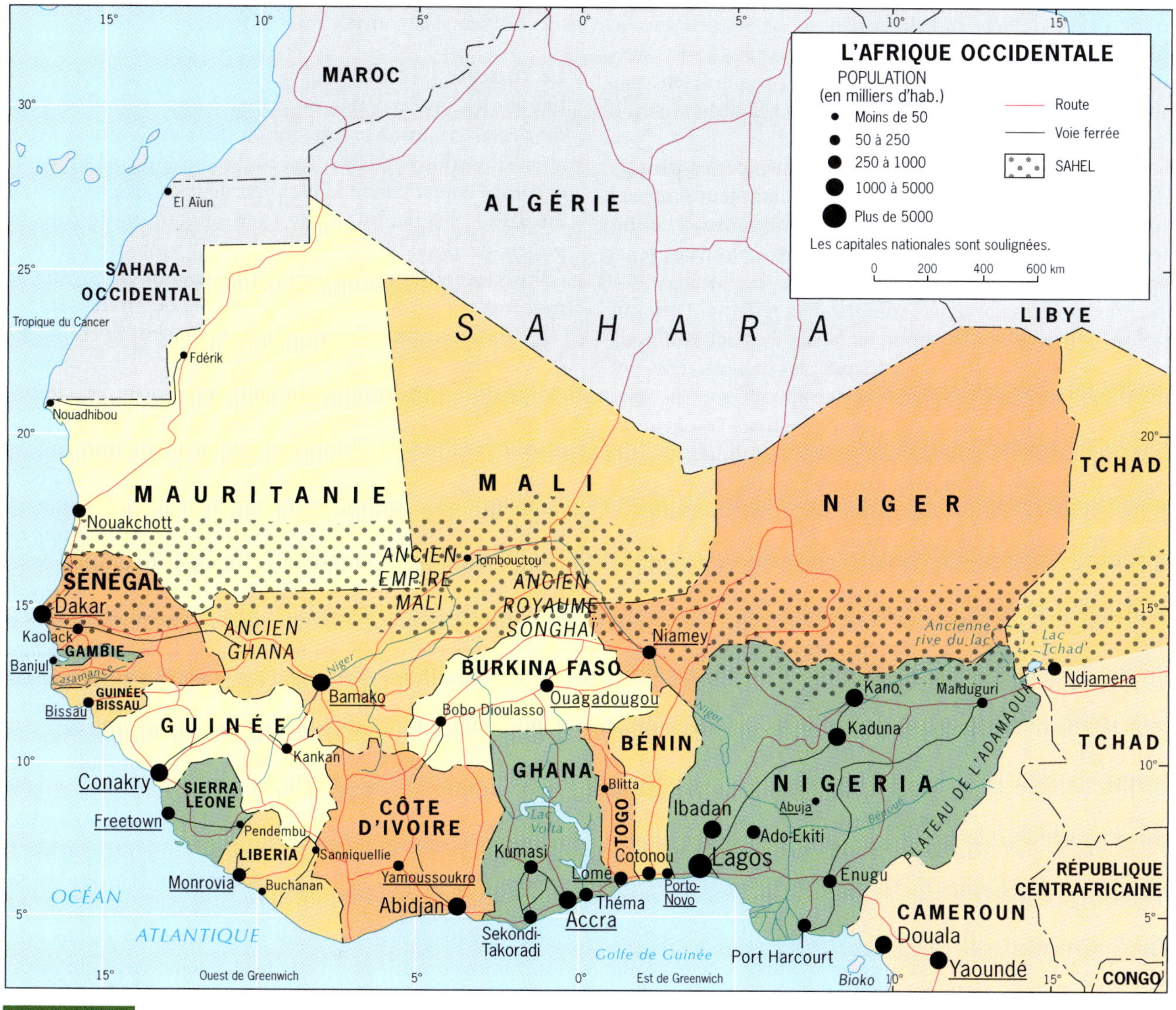

FIGURE 6B-7

et permettait certains échanges économiques nord-sud, notamment la vente sur la côte de viande provenant du bétail élevé dans les savanes du nord. Cependant, avec le commerce maritime et la traite des esclaves, le colonialisme européen a laissé très tôt une empreinte géographique profonde sur l'Afrique occidentale, car il a transformé la région en réorientant les activités économiques vers la côte, ce qui a entraîné, par le fait même, le déclin économique des villes commerçantes de l'intérieur des terres et l'apparition des États actuels. La figure 6B-7 montre que les liens terrestres entre eux sont limités : aucune route ou voie ferrée ne les a jamais reliés, outre le corridor Abidjan-Lagos.

Aujourd'hui, l'Afrique occidentale est la région la plus populeuse de l'Afrique subsaharienne (voir la figure 6A-3). Le Nigeria est l'État le plus peuplé d'Afrique ; bien que les résultats du recensement soient contestables, la population est estimée à 166 millions d'habitants. Le Ghana et la Côte d'Ivoire, avec respectivement 25 et 23 millions d'habitants, se classent aussi en tête de liste. La majorité de la population vit dans la portion plus arrosée située dans le sud de la région. La Mauritanie, le Mali et le Niger se trouvent en grande partie dans la ceinture aride du Sahel et du Sahara et ne peuvent donc pas soutenir des populations comparables à celles du Nigeria, du Ghana et de la Côte d'Ivoire.

Les puissances coloniales ont influencé les peuples de la côte : ceux-ci ont prospéré en assumant leur nouveau rôle d'intermédiaires commerciaux. Ils ont ensuite connu les transformations associées à la période coloniale ; leurs nouvelles façons de faire, modelées sur la culture européenne, s'expriment dans l'éducation, la religion, l'urbanisation, l'agriculture, la politique, la santé et de nombreux autres domaines. À l'opposé, les peuples de l'intérieur ont conservé leurs liens avec une autre époque de l'histoire africaine. Loin de la scène animée de l'activité coloniale, et historiquement compris dans la sphère islamique, ces peuples ont vécu des changements d'un tout autre ordre. La carte politique de la région montre cependant que les frontières de l'Afrique n'ont pas été redessinées pour accommoder ces contrastes. Ainsi, le Nigeria et le Ghana abritent des groupes de population typiques tant de l'intérieur que de la côte. De plus, dans les deux pays, l'énorme fossé culturel et religieux qui sépare le nord du sud est une source de problèmes politiques.

Le Nigeria

Le Nigeria est le géant démographique de la région en raison de son poids inégalé dans l'ensemble, avec ses 166 millions d'habitants. Formé de nations aux revendications et aux intérêts divergents, ce pays pourrait sombrer dans une guerre civile.

Lorsque le Nigeria s'est affranchi de la Grande-Bretagne en 1960, le nouveau gouvernement a hérité d'une tâche redoutable, celle d'administrer une entité politique créée par des Européens et abritant trois grandes nations, en plus de près de 250 peuples divers, dont certains comptent quelques milliers d'individus, et d'autres, plusieurs millions.

Un coup d'œil sur la carte du pays (voir la figure 6B-8) permet de voir que l'empreinte coloniale britannique a toujours été plus profonde dans les deux sous-régions du sud que dans le nord, et ce, en raison de la présence de gisements de pétrole. De plus, le christianisme est devenu la foi dominante dans le sud et ses habitants, particulièrement les Yorubas, ont joué un rôle clé dans la transition de la colonie vers un État indépendant. Le choix de Lagos, port yoruba situé dans le sud-ouest, comme capitale fédérale du Nigeria – plutôt que l'une des villes du nord plus peuplé – témoigne des intentions britanniques quant à l'avenir du pays. Une fédération composée de trois régions – dont deux dans le sud – garantirait la primauté des régions non musulmanes du pays. Or cette structure n'a pas duré. En 1967, la région orientale, pays des Igbos, déclarait son indépendance sous le nom de République du Biafra, ce qui a engendré trois années de guerre civile et un million de morts. Depuis, le système fédéral du Nigeria a connu de nombreuses modifications ; il compte aujourd'hui 36 États fédérés et, en 1991, Abuja – une ville plus centrale et située à l'intérieur du pays (voir la figure 6B-8) – est officiellement devenue la nouvelle capitale fédérale.

Le funeste pétrole

Durant les années 1950, de vastes champs pétrolifères ont été découverts dans le sous-sol du delta du Niger. À l'époque, les produits agricoles (arachides, huile de palme, cacao et coton) constituaient la plus grande part des exportations du pays et l'agriculture y avait encore la priorité dans les projets de développement. Bientôt, la vente de pétrole a éclipsé toutes les autres sources de revenus et procuré au pays une courte période de prospérité et de promesses.

Or les richesses du pétrole ont davantage été source de malheur que de prospérité. Des plans d'aménagement peu judicieux ont permis la mise sur pied de projets industriels bancals et d'entreprises ruineuses comme l'inauguration d'une compagnie aérienne nationale. Pendant ce temps, l'agriculture – le gagne-pain de la grande majorité des Nigérians – a été négligée. Pis encore, la mauvaise gestion, la corruption et le vol pur et simple des revenus du pétrole par un régime militaire, de même que des emprunts hasardeux contractés sur la foi de futurs revenus du pétrole ont mené le pays au bord de la faillite. Les infrastructures se sont effondrées. Dans les grandes villes, les services de base ont été suspendus. Dans les régions rurales, les dispensaires, les écoles, l'approvisionnement en eau et les routes menant aux marchés ont été laissés à l'abandon. Aujourd'hui, 80 % des habitants du pays gagnent toujours moins de deux dollars américains par jour.

Le delta du Niger est au cœur de nombreux conflits ; chaque sursaut de violence entraîne l'interruption de la production de pétrole et, par conséquent, l'arrêt des entrées d'argent. Les peuples qui vivent dans la région ont réclamé leur part des revenus et une indemnisation pour les dommages causés à l'environnement ; en guise de réponse, le régime militaire du général Abacha a fait arrêter et exécuter neuf de leurs chefs. En 2010, des milliers d'insurgés ont accepté de déposer les armes contre la promesse qu'ils seraient amnistiés et payés. La paix demeure

FIGURE 6B-8

cependant précaire, et plus de 50 ans de production pétrolière ont fait disparaître un grand nombre d'emplois en agriculture et dans le domaine des pêches.

Au cours de la dernière décennie, le Nigeria a enregistré l'une des plus importantes croissances du PIB sur le continent africain. Or selon les indicateurs mondiaux de qualité de vie, le Nigeria a sombré tout au bas de l'échelle, même si son activité principale le place au dixième rang des producteurs de pétrole, avec les États-Unis pour client principal.

L'influence de l'islam

En 1999, tous les espoirs étaient permis lorsque pour la première fois depuis 1983, un président élu démocratiquement a été assermenté. Cependant, les difficultés du Nigeria se sont aggravées quand les États du nord du pays, à commencer par celui de Zamfara, ont proclamé la **charia**, la loi musulmane sacrée. L'État de Kaduna a fait de même et des émeutes opposant chrétiens et musulmans ont dévasté la capitale du même nom. Dans cet État et dans 11 autres situés dans le nord du pays (voir la figure 6B-8), l'imposition de la charia a provoqué le départ de milliers de chrétiens, ce qui a élargi la ligne de faille qui menace la cohésion du pays. Bien que l'État de Kaduna ait annulé temporairement sa décision, le réveil religieux que connaît le nord du pays laisse entrevoir la possibilité que le Nigeria cède aux forces décentralisatrices qui s'exercent depuis son territoire situé dans la zone de transition africaine. Ce serait une catastrophe pour l'Afrique, car le Nigeria est l'un des pays les plus importants de cet ensemble géographique.

La côte et l'arrière-pays

Pour les habitants des États du nord du Nigeria, le Front islamique est une réalité géographique synonyme de conflits. La pénétration de l'État du Plateau plutôt chrétien dans les États islamiques de Kaduna et de Bauchi est bien visible sur la figure 6B-8. Les tensions entre musulmans et chrétiens affleurent constamment dans la ville de Jos. À la fin de novembre 2008, des émeutes y ont éclaté lorsqu'à la faveur d'élections locales, la rumeur voulant que le parti d'allégeance chrétienne l'ait emporté sur celui d'obédience musulmane s'est mise à courir. En quelques jours, des mosquées et des églises, de même que plus de 3000 boutiques dans un seul marché ont été détruites avant que le gouvernement ne parvienne à rétablir l'ordre par une intervention militaire et l'application stricte de la loi durant plusieurs jours. Cette photo, prise au début de décembre 2008, montre des véhicules blindés de l'armée nigériane bloquant la voie à un groupe de manifestants au cœur de Jos. D'autres conflits de cet ordre sont à prévoir au Nigeria. Le 25 décembre 2011, des attentats terroristes antichrétiens, revendiqués par le groupe islamiste Boka Haram, ont fait 40 morts dans des églises près d'Abuja et à Jos. Ce groupe exige que les chrétiens quittent les régions où ils sont minoritaires. On craint que la situation ne dégénère en guerre civile.

En comptant le Tchad et le Cap-Vert (cet État insulaire n'apparaît pas sur la figure 6B-7, mais plutôt sur la 6A-1), 17 pays composent l'Afrique occidentale. Quatre d'entre eux – le Mali, le Burkina Faso, le Niger et le Tchad – sont enclavés et comprennent un immense territoire désertique, et, par conséquent, de petites populations. La figure I-14 illustre à quel point les conditions semi-arides (BSh) steppiques et arides (BWh) désertiques dominent le milieu naturel de ces quatre pays de l'intérieur. La figure 6A-3 montre la concentration de population dans la steppe et le long du fleuve Niger, seul cours d'eau de la région. Quelques oasis éparpillées forment les autres établissements et soutiennent le commerce régional. Cependant, même les pays côtiers n'échappent pas à l'emprise du désert sur l'Afrique occidentale. L'environnement de la Mauritanie est presque entièrement désertique. Le Sénégal, comme en témoigne la figure 6B-7, est essentiellement un pays semi-aride du Sahel. Le nord du Nigeria, du Bénin, du Togo et du Ghana compte aussi des zones steppiques. La perte de pâturages en raison de la désertification (l'expansion du désert causée par les activités humaines) est une préoccupation constante pour les éleveurs.

Le Sénégal

Le Sénégal se trouve entre la savane de la Guinée, au sud, et le désert de la Mauritanie, au nord. En dépit de ses problèmes environnementaux, le Sénégal devance ses voisins à presque tous les égards. Sa carte maîtresse, héritée de l'époque coloniale, est Dakar, qui abritait alors le siège de l'Afrique-Occidentale française, et qui est aujourd'hui la capitale du pays. Le Sénégal compte 13,2 millions d'habitants, dont plus de la moitié vivent de l'agriculture. Dakar est le point d'ancrage d'une zone centrale pour une fois bien définie, mais ses liens terrestres avec les autres pays de l'intérieur de l'Afrique occidentale ne sont pas assez efficaces pour qu'ils puissent tirer parti de son vaste port de pêche et de commerce. L'économie sénégalaise repose encore largement sur le secteur des services, de l'agriculture, et celui de l'exportation dépend en grande partie de la pêche, des engrais, des produits de raffinage du pétrole et de certains minerais de fer. Le chantier naval Dakarnave, spécialisé dans l'entretien et la réparation, est l'un des plus importants de la côte ouest-africaine. Les arachides ont déjà constitué une importante source de revenu, mais plus maintenant.

À maints égards, l'atout le plus précieux du Sénégal est sa tradition de gouvernement représentatif. Contrairement à bien des États africains, le Sénégal est un État légitime, c'est-à-dire qu'il représente démocratiquement sa population. De plus, l'État assume ses responsabilités en assurant adéquatement la paix publique, les services essentiels dans les villes (eau potable, électricité et collecte des ordures) ainsi que l'éducation et la santé. En 2010, le pays célébrait non seulement le 50e anniversaire de son indépendance de la France, mais aussi plus de quatre décennies de démocratie.

Au Sénégal, 96 % de la population est de religion musulmane, mais la mosaïque culturelle y est diversifiée : on y dénombre pas moins de 35 langues, dont le wolof avec 37 % de locuteurs, le peul, le serère, le diola, le malinké et le soninké. Les Wolofs comptent pour presque la moitié de la population et sont concentrés dans la capitale et ses environs. Les fermiers peuls de l'arrière-pays représentent environ le quart de la population, tandis que les Sérères en représentent le septième.

Les dirigeants du Sénégal ont généralement entretenu des liens étroits avec la France qui demeure le principal

Même si elle est trop petite pour figurer sur la carte régionale, la ville côtière d'Elmina, au Ghana, est le site du premier établissement européen en Afrique occidentale. Elle constituait un port important du commerce maritime portugais et est ensuite devenue tristement célèbre durant la traite des esclaves. Aujourd'hui, Elmina est un port de pêche comptant quelque 20 000 habitants, mais l'industrie se porte mal. Les pêcheurs locaux doivent rivaliser avec les gros chalutiers étrangers qui ratissent les fonds marins au large de la côte de l'Afrique occidentale; de plus, les installations de réfrigération demeurent limitées, si bien que presque tous les produits pêchés sont fumés et vendus localement. Ces pratiques maintiennent les prix bas. L'économie d'Elmina n'a pas beaucoup changé, même après l'introduction de politiques de stimulation en 1983. Il suffit de parler aux gens du coin – plus de la moitié de la population vit de la pêche ou d'un métier connexe – pour constater que les nouvelles règles économiques ont profité bien davantage à la capitale, Accra, qu'à des villes comme Elmina.

soutien financier du pays en cas de besoin. Le Sénégal ne possède pas de réserves de pétrole, ni de mines de diamant ni d'autres richesses importantes. Puisque la majorité de sa population pratique une agriculture de subsistance, il se classe toujours parmi les économies à faible revenu; son revenu national brut (RNB) dépasse néanmoins le RNB moyen de la région (voir l'annexe A). Voilà une indication qu'un gouvernement représentatif et la stabilité constituent de meilleurs atouts que l'or.

Un examen attentif de la figure 6B-7 révèle que le territoire du Sénégal encercle la Gambie, une enclave anglophone. Les démarches d'unification pour former une « Sénégambie » ont échoué, et le Sénégal a même dû composer avec un mouvement séparatiste en Casamance, un territoire situé au sud de la Gambie. Ces soubresauts n'ont cependant pas menacé la pérennité de l'État sénégalais, dont les traditions culturelles et la démocratie solidement ancrée constituent un modèle pour l'Afrique occidentale.

L'emprise du Sahara

L'imposante saillie que dessine l'ouest du continent africain est dominée, sur le plan de son milieu naturel, par le Sahara, vaste désert que balaie l'harmattan, un vent chaud d'hiver qui souffle vers le sud sur toute la région et loin sur l'océan. En fonction du régime climatique, le Sahara s'étend et se contracte, faisant se déplacer vers le nord ou vers le sud sa portion australe semi-aride qu'on appelle le Sahel (mot arabe qui signifie « rivage »). La figure 6B-7 montre la position moyenne du Sahel. Cependant, les populations humaines et leurs troupeaux en altèrent la configuration et contribuent au phénomène de désertification par leurs actions qui dépassent considérablement la capacité limite du territoire. Les troupeaux de bétail prennent d'assaut les steppes voisines du désert lorsqu'elles verdissent temporairement. Les animaux déciment de vastes zones herbeuses en déracinant les végétaux et en piétinant la fragile couche de terre; la surface rendue poussiéreuse devient alors très vulnérable à l'érosion éolienne. La sècheresse revient inévitablement; le grand désert gagne du terrain et les peuples se replient vers le sud, dans les savanes plus humides où ils empiètent sur les terres des populations vivant de l'agriculture. Cette situation s'intensifie avec la croissance démographique et engendre des tensions entre les éleveurs et les agriculteurs dans presque tous les États de cette zone du continent.

La grande majorité des habitants d'Afrique occidentale ne produisent pas de biens d'exportation; ils tirent plutôt leur subsistance de l'agriculture et de l'élevage et, le cas échéant, de la vente de leurs produits sur les petits marchés locaux, situés dans les villages. Cette réalité est à l'origine des **marchés périodiques**, organisés en un réseau de marchés locaux ouverts tous les trois ou quatre jours, ou selon un autre type de rotation ajustée en fonction des produits disponibles, de la distance et de la répartition de la population. Grâce à ce système, tous les villages de taille moyenne participent au réseau commercial. Cette tradition culturelle perdure en Afrique occidentale, malgré l'attrait des marchés des grandes villes. Les marchés de villages desservent essentiellement des populations qui ont généralement tout juste de quoi vivre. Au nord du Sahel, même le vaste Sahara est compartimenté en États, de la Mauritanie à l'ouest jusqu'au Tchad. Comme nous le verrons dans la section suivante, l'islam domine dans ces pays désertiques qui, bien qu'ils soient peu peuplés, doivent aussi composer avec la pression démographique et des problèmes environnementaux.

Pour les pays de l'Afrique occidentale et leurs voisins, la survie économique demeure un enjeu crucial.

LA ZONE DE TRANSITION AFRICAINE

De la Mauritanie et du Sénégal, à l'ouest, jusqu'à la Corne de l'Afrique, à l'est, une ceinture semi-aride d'environ 500 kilomètres de large s'étire entre la zone la plus aride du Sahara, au nord, et la savane plus humide au sud. Cette ceinture correspond au Sahel, où le climat de la steppe (BSh) sépare celui du désert (BWh) et celui de la savane tropicale (Aw) (voir la figure I-14). La vie dans cette zone difficile est imprévisible. Durant les neuf mois que dure la saison sèche, soit d'octobre à juin, la région ne reçoit aucune pluie et la température atteint les 50 °C. Les pluies, lorsqu'elles arrivent enfin, sont irrégulières : certaines régions en reçoivent un peu alors que d'autres sont inondées. Les années de bonnes récoltes sont parfois suivies de saisons stériles. Selon un rapport récent de l'UNICEF, la malnutrition emporte 225 000 enfants par année dans les cinq pays sahéliens de l'ouest. Les problèmes du Sahel ne se limitent cependant pas au climat.

Telle qu'elle est présentée sur les figures 6B-9 et 6B-1, la zone de transition africaine se distingue des quatre autres régions de l'Afrique subsaharienne. Elle constitue le point de rencontre entre les cultures subsahariennes et le monde musulman. Comme ailleurs sur la planète où certains ensembles géographiques se chevauchent, la zone de transition africaine est complexe : des cultures et des modes de vie traditionnels se côtoient. Dans certaines zones, le passage de la société musulmane à la société non musulmane se fait graduellement, comme c'est encore le cas dans les portions nord de la Côte d'Ivoire et du Nigeria, malgré l'éruption récente de problèmes religieux. Ailleurs, la rupture est plus marquée, comme en Éthiopie orientale et sur le territoire récemment divisé du Soudan, où la frontière traditionnelle entre les cultures chrétiennes et animistes, d'une part, et les communautés africaines musulmanes, d'autre part, est pour le moins tranchée. La limite australe de la zone de transition africaine correspond à une frontière religieuse qu'on appelle parfois le **front islamique** de l'Afrique, mais qui n'est ni statique ni pareille partout.

La majeure partie de ce front est marquée par différents conflits (illustrés sur la figure 6B-9). Au Soudan, 10 ans de guerre entre les musulmans arabisés du nord et les Africains non musulmans du sud ont permis à ceux-ci de déclarer leur indépendance, mais au coût de millions de vies humaines. Toujours au Soudan, les tensions ethniques et religieuses continuent d'envenimer la crise au Darfour. Au Nigeria, le conflit est intermittent et le réveil religieux musulman menace les perspectives d'avenir du pays. En Côte d'Ivoire, les rivalités politiques ont récemment déclenché des conflits religieux dans un pays jusque-là stable. La Corne de l'Afrique compte, elle aussi, plusieurs foyers de conflit inquiétants.

La Corne de l'Afrique

La Corne de l'Afrique (voir la figure 6B-10) est une sous-région particulièrement instable de la zone de transition africaine. L'Éthiopie, l'Érythrée, Djibouti et la Somalie en font partie. Nous nous concentrons ici sur les deux plus grands pays, soit l'Éthiopie et la Somalie. Il convient, cependant, de souligner que le petit État de Djibouti, musulman à 97 %, a récemment acquis une importance nouvelle puisqu'il se trouve juste en face du Yémen, dont il n'est séparé que par un mince couloir menant à la mer Rouge : le détroit Bab-el-Mandeb, **point de passage obligé** en commerce international. En ce qui concerne l'Érythrée, elle est officiellement devenue un pays en 1993, lorsqu'elle s'est séparée de l'Éthiopie. Des conflits frontaliers qui opposent les deux pays depuis longtemps se répercutent négativement sur leurs économies respectives.

L'Éthiopie

Nous avons souligné précédemment que les hauts plateaux d'Éthiopie, où se trouvent la zone centrale, la capitale (Addis Abeba) et la communauté chrétienne du pays, sont encerclés de communautés musulmanes et aussi au cœur de conflits armés issus de mouvements islamistes. Comme le rappelle la figure 6B-9, la province éthiopienne d'Ogaden, à l'est, est un territoire traditionnellement somalien et presque entièrement musulman, vestige d'une époque où les dirigeants d'Addis Abeba régnaient depuis leur forteresse des hautes terres sur les plaines en contrebas. Aujourd'hui, 34 % des 89,7 millions d'Éthiopiens sont musulmans, et le front islamique est donc très clairement présent dans le pays (voir la figure 6B-9).

La taille de la population de l'Éthiopie, la deuxième en importance de l'ensemble subsaharien, en fait un État incontournable de l'Afrique. Cependant, l'économie du

La communauté internationale a été lente à réagir à la crise du Darfour, occupée à débattre la question de savoir si les agressions que font subir les milices musulmanes arabisées aux agriculteurs africains sédentaires dans les provinces de l'ouest du Soudan constituaient techniquement un génocide, et s'appuyant pour faire cesser la violence sur la Mission de l'Union africaine au Soudan, une organisation à court de personnel, mal équipée et dont le mandat est mal défini. Le résultat peut être observé sur la photo du village de Bandago, situé au nord du Darfour, où les milices janjawids, habilitées par le régime islamique de Khartoum, ont incendié presque toutes les habitations. Vers le milieu de l'année 2011, environ 3 millions de personnes avaient été chassées de leur foyer, laissant derrière elles des ruines noircies par le feu, alors que près de 400 000 personnes avaient perdu la vie. Cette région de la zone de transition africaine sera confrontée à la famine et connaîtra encore longtemps des perturbations sociales, quelle que soit l'issue des luttes de pouvoir qui l'affligent.

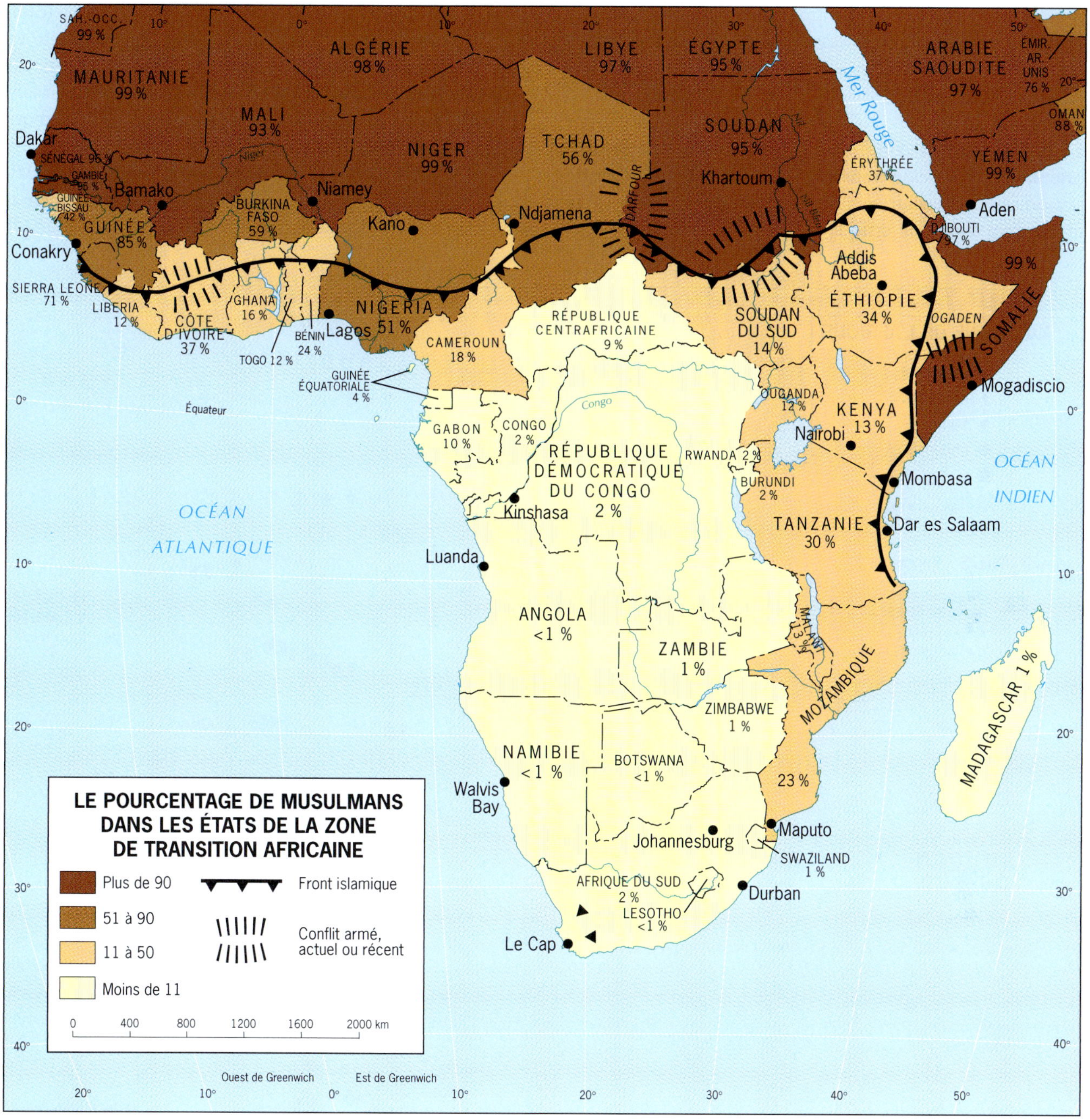

FIGURE 6B-9

pays demeure faible, sa politique est peu représentative de la majorité et ses relations avec ses voisins reposent sur la confrontation. Enclavée et fragmentée par la zone de transition africaine, l'Éthiopie a perdu le soutien de la communauté internationale lorsque la contestation des élections parlementaires en 2005 a entraîné l'emprisonnement de journalistes et de chefs de l'opposition. La sécession de l'Érythrée, en 1993, a eu pour effet d'enclaver l'Éthiopie, qui avait fait d'Aseb son port principal sur la mer Rouge tout en contrôlant l'Érythrée. La population musulmane de l'Érythrée (5 millions de personnes) s'est développée plus vite que sa portion chrétienne, et les relations entre l'Éthiopie et l'Érythrée se sont envenimées. En 1998, la frontière entre les deux pays a fait l'objet d'une guerre aux soubresauts multiples qui a coûté des milliards de dollars et nécessité l'intervention de médiateurs étrangers. Malheureusement, l'accord négocié en 2000 n'a pas réussi à mettre un terme aux hostilités. En 2009, plus de 100 000 soldats s'étaient déjà entretués dans des combats traditionnels pour une bande de terres rocheuses et quelques villages abandonnés. Entretemps, l'Érythrée est devenue un aimant pour les militants islamiques impatients de participer à la campagne contre l'Éthiopie chrétienne. La famine endémique qui s'est répandue et l'effondrement de l'économie prometteuse de l'Érythrée rappelèrent que les guerres de frontière font encore dans cette région d'Afrique de nombreuses victimes civiles.

La Somalie

La Somalie est la composante déterminante du secteur oriental de la zone de transition africaine. Dix millions de personnes, majoritairement musulmanes, y vivent à la merci d'un climat désertique qui les oblige à migrer vers la province d'Ogaden, en Éthiopie, pour trouver des pâturages saisonniers. De 3 à 5 millions de Somaliens habitent en permanence de ce côté de la frontière, mais là n'est pas la seule division que connaît la « nation » somalienne. En fait, le peuple somalien comprend six fédérations claniques qui luttent constamment pour le pouvoir et leur survie.

Depuis le début des années 2000, la Somalie est clairement un État en déroute, ce qui a entraîné sa fragmentation en trois subdivisions (voir la figure 6B-10). Dans le

FIGURE 6B-10

nord du pays, Somaliland, qui proclamait son indépendance en 1991 et qui demeure de loin le plus stable des trois secteurs, fonctionne essentiellement comme un État africain, bien que la communauté internationale ne le reconnaisse pas à ce titre. À l'est, un groupe de chefs locaux de différentes affiliations politiques ont déclaré la sécession de leur territoire du reste de la Somalie en 1998. Ils ont appelé ce territoire le Pount et revendiqué un certain degré d'autonomie. Dans le sud du pays, où Mogadiscio, la capitale officielle, s'élève sur la côte de l'océan Indien, des chefs de guerre laïcs et des milices islamiques poursuivent leur sinistre lutte de pouvoir. Des centaines de milliers de réfugiés ont fui Mogadiscio, siège des plus vifs combats, et de nombreux autres ont quitté les villages situés dans la zone de feu. Selon de récentes estimations des Nations Unies, plus d'un million de Somaliens affamés errent entre la frontière du Kenya et la mer, car ce pays voisin a refusé de les accueillir.

Cette embarcation photographiée près de Hobyo, en Somalie, fait partie de la flotte d'une centaine de vedettes de la présumée Central Regional Coast Guard, un groupe de pirates formé en 2005 et dont les rangs comptent aujourd'hui quelque 400 hommes. En 2008, ce gang a attaqué 29 bateaux au large de l'Afrique orientale, et extorqué 10 millions de dollars américains à leurs occupants. Depuis 2010, le resserrement de la protection des navires commerciaux dans la région a réduit le taux de réussite des pirates. Certains ont d'ailleurs été tués lors d'escarmouches, mais la menace pèse toujours.

Pendant ce temps, au large de la Somalie, l'océan Indien est devenu le terrain de jeu d'un nombre grandissant de pirates en provenance de la côte. La piraterie n'est pas un phénomène nouveau dans la région, mais les pirates s'en prenaient habituellement à des bateaux de petite taille, ce qui leur valait rarement la manchette des journaux. Or les pirates somaliens de mieux en mieux équipés s'attaquent maintenant à des navires bien plus gros. Ainsi, ils se sont lancés à l'attaque d'un cargo ukrainien chargé de chars d'assaut et d'armes, d'un pétrolier de 300 000 tonnes et ont même tenté l'abordage de navires de croisière. Les pirates sévissent dans le golfe d'Aden et dans l'océan Indien, jusqu'à la hauteur du port de Mombasa, au Kenya, et leurs actions ont des répercussions mondiales. Des navires de guerre en provenance de la Russie, de l'Inde et des États-Unis, entre autres, ont essayé de reprendre le contrôle de la vaste région maritime au large des côtes somaliennes, mais l'industrie de la piraterie n'est pas si facile à neutraliser. En plus de constituer un État en déroute de la Corne de l'Afrique, la Somalie présente d'autres facteurs – le fondamentalisme islamique local, la présence d'al-Qaïda, l'impudence grandissante des pirates au large des côtes – qui contribuent à faire de cette portion de la zone de transition africaine un sujet de préoccupation internationale.

7A L'AFRIQUE DU NORD ET L'ASIE DU SUD-OUEST

LE THÉÂTRE D'UNE RÉVOLUTION HISTORIQUE

SOMMAIRE

- LES GÉNÉRALITÉS SUR L'ENSEMBLE
- L'ENTRÉE EN SCÈNE DE L'ISLAM
- LE PÉTROLE, SOURCE DE PUISSANCE ET DE CONFLITS
- LES RÉGIMES AUTOCRATIQUES
- LES SOULÈVEMENTS POPULAIRES DE 2011 : LE PRINTEMPS ARABE

CONCEPTS ET TERMES

Protectorat
OPEP
Goulot d'étranglement
Société des Nations
République laïque
République islamique
Monarchie islamique
Monarchie constitutionnelle
Effet domino

Du Maroc, sur le littoral de l'Atlantique, aux montagnes de l'Afghanistan et de la Corne de l'Afrique aux steppes de l'Asie centrale s'étend un vaste ensemble géographique d'une grande diversité culturelle. Situé au carrefour de l'Europe, de l'Asie et de l'Afrique, cet ensemble fait partie de chacune de ces entités (voir la figure 7A-1) et son influence, qui s'est exercée tout au long de l'histoire, s'est répandue à la quasi-totalité du globe. L'Afrique du Nord et l'Asie du Sud-Ouest constituent l'un des foyers de l'humanité. Les toutes premières civilisations ont vraisemblablement évolué dans la plaine de la Mésopotamie, entre le Tigre et l'Euphrate (dans l'Irak actuel) et sur les rives du Nil, en Égypte. Les plantes domestiquées sur ces sols poussent maintenant un peu partout, de l'Amérique à l'Australie. Les religions monothéiques dominantes ont également pris naissance dans cette région : d'abord le judaïsme, ensuite le christianisme, puis l'islam. Cette dernière, née au VIIe siècle des enseignements du prophète Mahomet, a mobilisé les habitants de la péninsule arabique. L'islam s'est répandu dans toute l'Afrique ainsi que jusqu'en Inde et en Indonésie. Dans cet ensemble géographique, des centaines de millions de personnes sont de foi musulmane.

Du point de vue géopolitique, la question du contrôle des ressources naturelles – l'eau et le pétrole – constitue l'enjeu principal de cet ensemble. En ce début de deuxième décennie du XXIe siècle, le cœur de l'Afrique du Nord et de l'Asie du Sud-Ouest est bouleversé par des révolutions et des conflits qui entraînent certaines régions de l'ensemble dans une spirale de violence.

FIGURE 7A-1

Les principales CARACTÉRISTIQUES GÉOGRAPHIQUES de . . .

L'AFRIQUE DU NORD ET L'ASIE DU SUD-OUEST

1. L'Afrique du Nord et l'Asie du Sud-Ouest ont été le berceau de plusieurs grandes civilisations du monde antique, qui se sont établies dans les vallées et les bassins fluviaux de cet ensemble géographique.
2. Les foyers culturels de cet ensemble ont diffusé sur la planète des idées, des innovations et des technologies qui ont transformé le monde.
3. Les grandes religions que sont le judaïsme, le christianisme et l'islam y ont pris naissance. Les musulmans (les adeptes de l'islam) sont majoritaires en Afrique du Nord et en Asie du Sud-Ouest. Cette religion imprègne la culture de millions de gens depuis le Maroc dans l'ouest de l'ensemble jusqu'en Afghanistan dans l'est.
4. Étant donné la sècheresse et l'irrégularité des précipitations en Afrique du Nord et en Asie du Sud-Ouest, la population est surtout concentrée dans les zones où l'approvisionnement en eau est suffisant ou passable. Les luttes pour obtenir le contrôle des sources d'eau constituent une menace constante pour les habitants de cet ensemble géographique.
5. Certains pays de cet ensemble renferment des réserves pétrolières et gazières considérables, apportant la prospérité à certains individus, sans toutefois améliorer le niveau de vie de la majorité des citoyens.
6. Les frontières de l'ensemble composé de l'Afrique du Nord et de l'Asie du Sud-Ouest forment des zones de transition instables en plusieurs endroits.
7. Le Moyen-Orient, en tant que région, est au cœur de cet ensemble. Quant à Israël, il est au centre d'un conflit qui perdure depuis sa création en 1948.
8. La récente série de soulèvements politiques contre les régimes autocratiques a révélé l'interdépendance des pays de cet ensemble de même que leurs nombreux points communs.

Tunis, le 22 janvier 2011. Une manifestante qui tient le drapeau tunisien lève symboliquement le poing pour réclamer des réformes démocratiques. Les femmes ont joué un rôle clé dans les efforts déployés pour forcer un changement de régime en Tunisie au début de 2011. Les nombreuses protestations populaires ont rapidement déclenché une vague de bouleversements politiques majeurs qui ont balayé une bonne partie de l'ensemble.

LES GÉNÉRALITÉS SUR L'ENSEMBLE

Comme nous pouvons le déduire de sa longue appellation – Afrique du Nord et Asie du Sud-Ouest –, cet ensemble rend compte de réalités géographiques, historiques et politiques complexes et fort différentes. Avec 19,3 millions de km^2 et 615 millions d'habitants, il englobe près de 30 États et territoires. Trois pays rassemblent à eux seuls 236 millions d'habitants, soit près de 40 % de la population de l'ensemble : l'Égypte avec ses 83,8 millions d'habitants, l'Iran avec 77,1 millions et la Turquie avec 75,4 millions. Nous vivons à une ère de communication rapide et de chaînes de nouvelles en continu. Il est parfois tentant de se livrer à des conclusions hâtives à propos de cet ensemble, en recourant notamment à des raccourcis fondés sur quelques-uns de ses traits dominants. Toutefois, selon les échelles d'analyse, les généralités peuvent être trompeuses et masquer certaines réalités. Nous en nuançons ici quatre des plus courantes.

7A

Ce n’est pas un monde complètement aride

L’ensemble de l’Afrique du Nord et de l’Asie du Sud-Ouest est parfois qualifié de « monde aride », car il comprend le vaste Sahara et le désert d’Arabie. Ce n’est pas tout à fait faux, étant donné que la majorité des habitants vivent effectivement à proximité de sources d’eau. La figure 7A-2 révèle l’existence d’une relation étroite entre la répartition de la population et celle de l’eau disponible dans cet ensemble. En effet, les peuplements qu’on voit sur la carte se concentrent surtout autour des vallées et des bassins fluviaux, des deltas, des côtes humides et des bassins montagneux adéquatement arrosés. Ainsi, les gens se sont surtout installés dans le delta du Nil, le long de la côte méditerranéenne jalonnée de collines ou de *tell* en arabe, dans le nord-ouest de l’Afrique, dans le bassin du Tigre et de l’Euphrate, dans les vastes oasis des déserts et sur les versants des monts de l’Iran ainsi qu’au Turkestan, respectivement situés au sud et au nord-est de la mer Caspienne.

En survolant le Nil en Égypte, on prend conscience de l’étroitesse et de la fragilité de ce ruban d’eau, accentuées par l’immensité du désert. Ce fleuve procure vie et fertilité à ce pays qui reçoit très peu de précipitations. Environ 95 % de la population égyptienne habite à moins de 20 kilomètres de ses berges. Au nord, dans le delta du Nil, le sol compte parmi les plus fertiles du monde. Toutefois, ces terres précieuses sont menacées par l’explosion démographique.

Il est donc vrai que, dans cet ensemble géographique, l’eau est généralement rare et très recherchée. Ce n’est pas un hasard si des États comme Israël, la Jordanie et la Syrie se font concurrence pour en obtenir les réserves restreintes, que les paysans luttent souvent pour extraire une maigre récolte du sol à peine humidifié, que les nomades accompagnés de leurs bêtes sillonnent les basses terres au milieu de tourbillons de poussière et que les oasis constituent des îlots d’agriculture sédentaire et de commerce dans un océan d’aridité.

Il ne faut pas oublier, cependant, que cet ensemble comprend aussi le Nil, ce long fleuve dont dépend la vie

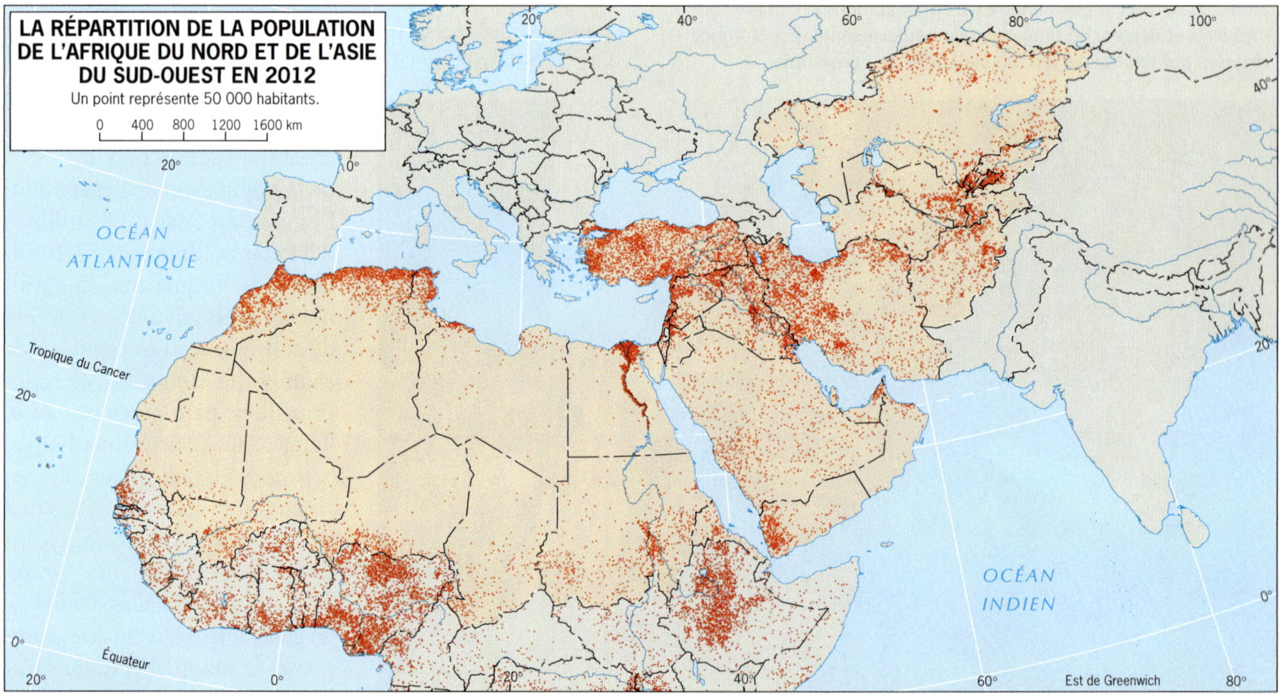

FIGURE 7A-2

des Égyptiens, de même que les terres fertiles de la façade méditerranéenne de l'Algérie, les rives verdoyantes de l'ouest de la Turquie et les vallées alimentées par la fonte des glaciers de l'Asie centrale.

Le rapprochement entre la figure 7A-1 et la figure I-14 permet de constater qu'aussi bien les frontières de l'Afrique du Nord que celles de l'Asie du Sud-Ouest coïncident en bonne partie avec les limites des zones climatiques de type B (caractéristiques des déserts et des steppes), ce qui souligne, une fois de plus, à quel point les populations de cet ensemble sont regroupées en raison de leur dépendance à l'eau.

Cet ensemble n'est pas synonyme de « Moyen-Orient »

L'appellation « Moyen-Orient » remonte à l'époque où l'Europe était la première puissance mondiale et, à ce titre, elle avait coutume de situer les autres entités du globe en fonction de sa propre position géographique. (L'appellation doit, par conséquent, sembler étrange à une personne en Inde, par exemple, pour qui le « Moyen-Orient » devrait plutôt être le « Moyen-Occident » !) C'est cette même vision qui a donné naissance aux expressions « Proche-Orient », pour désigner la Turquie, « Moyen-Orient », pour faire référence à un ensemble de pays comprenant l'Égypte, l'Arabie saoudite et l'Irak, et « Extrême-Orient », pour parler de la Chine et du Japon. Un coup d'œil rapide à la littérature suffit toutefois pour se rendre compte que ces appellations ont servi au fil du temps à désigner des régions différentes. Par exemple, certains auteurs ont parfois inclus la Syrie, le Liban, la Palestine et même la Jordanie dans le Proche-Orient, alors que d'autres ont assimilé la Perse et l'Afghanistan au Moyen-Orient. Bien que l'appellation « Moyen-Orient » soit passée dans l'usage et que les spécialistes, les journalistes et même les membres de l'Organisation des Nations Unies y aient recours, elle ne s'applique, en fait, qu'à une seule des différentes régions qui forment l'ensemble appelé Afrique du Nord et Asie du Sud-Ouest, et non à tout ce vaste territoire.

Ce n'est pas la même chose que le monde arabe

L'expression « monde arabe » est fréquemment employée pour évoquer l'Afrique du Nord et l'Asie du Sud-Ouest, mais elle sous-entend une uniformité qui n'existe pas dans

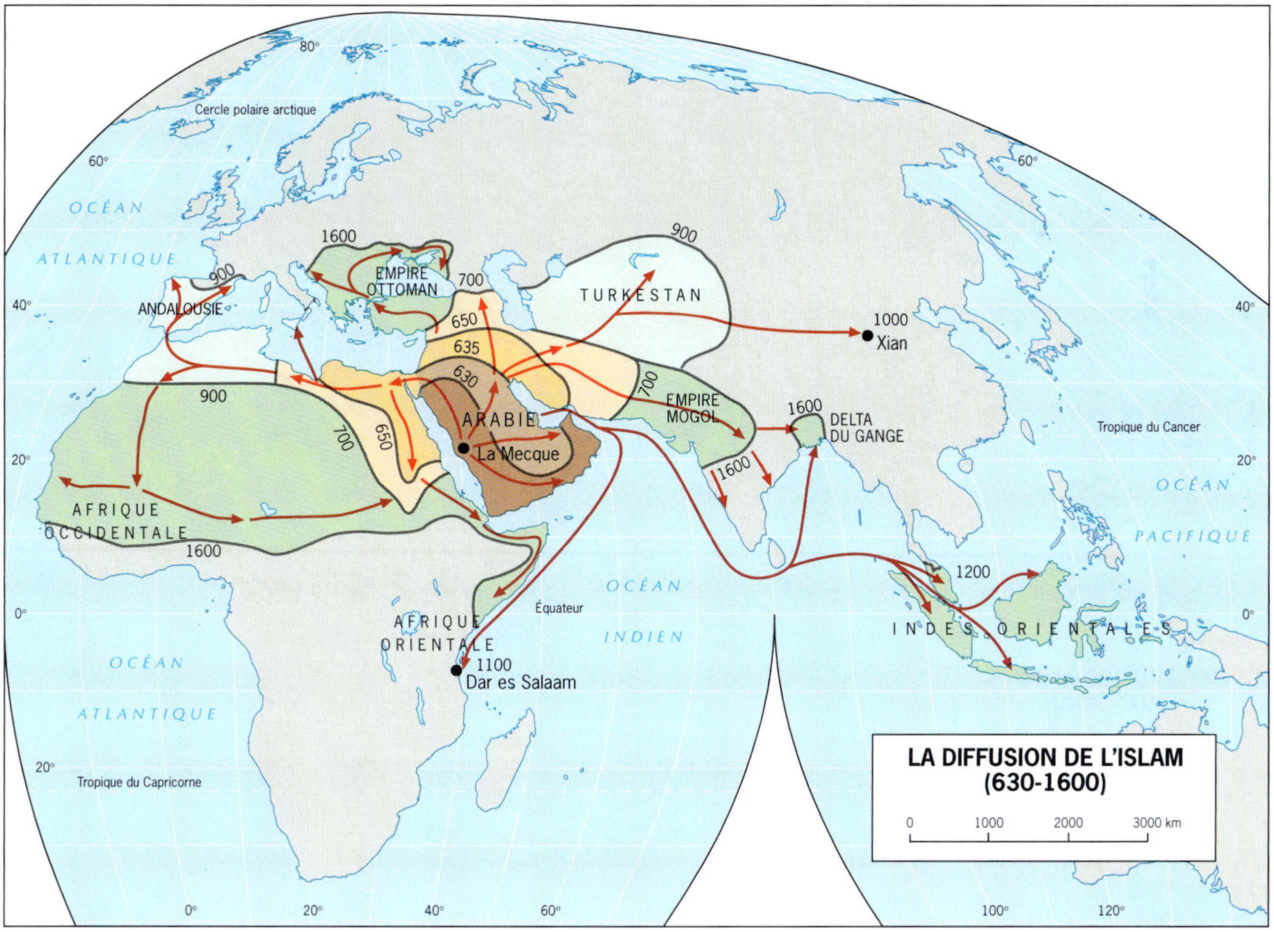

FIGURE 7A-3

la réalité. Le qualificatif « arabe » s'applique, dans son sens le plus général, aux habitants de l'ensemble géographique qui parlent l'arabe ou une forme dialectale de cette langue, et les ethnologues l'utilisent uniquement pour désigner certains groupes d'occupants de la péninsule arabique, soit le noyau arabe initial. Il est certain que ni les Turcs ni la majorité des Iraniens et des Israéliens ne sont des Arabes. De plus, même si l'usage de l'arabe est répandu dans une vaste région couvrant l'Afrique du Nord, de la Mauritanie dans l'ouest jusqu'à la péninsule arabique, et s'étendant vers l'est jusqu'en Syrie et en Irak, cette langue n'est pas celle de la majorité dans de nombreux secteurs de l'Afrique du Nord et de l'Asie du Sud-Ouest. En Turquie, par exemple, le turc, qui est la principale langue du pays, appartient à la famille des langues altaïques, alors que l'arabe est une langue de la famille chamito-sémitique ; le persan parlé en Iran, quant à lui, est membre de la famille indo-européenne (voir la figure I-16). Divers groupes distincts, par exemple, les Juifs d'Israël, les Touaregs du Sahara, les Berbères du nord-ouest de l'Afrique et les peuples de la vaste zone de transition entre l'Afrique du Nord et l'Afrique subsaharienne parlent plusieurs autres langues que l'arabe.

Il ne se résume pas non plus au monde musulman

Cet ensemble est souvent assimilé au monde musulman. Il est vrai que le prophète Mahomet, né dans la péninsule arabique en l'an 571 de notre ère, a fondé l'islam, religion qui s'est rapidement propagée dans cet ensemble géographique et même au-delà, après sa mort en 632 (voir la figure 7A-3). Les armées de l'Islam ont envahi le sud de l'Europe, les caravanes des adeptes ont sillonné les déserts et de fervents navigateurs ont visité les côtes de l'Asie et de l'Afrique. Au cours de leurs déplacements, les musulmans ont fait connaître leur religion : en Afrique de l'Ouest, plusieurs dirigeants des États de la savane se sont convertis à l'islam ; ils ont diffusé leur foi autour du bastion chrétien des hauts plateaux d'Éthiopie ; ils ont pénétré dans les déserts d'Asie centrale, conquis une partie de l'Inde actuelle et même atteint les îles de l'extrémité sud-est de l'Asie. Aujourd'hui, le plus grand État musulman du monde est l'Indonésie, et l'islam s'est répandu bien au-delà de l'ensemble géographique à l'étude dans le présent chapitre (voir la figure I-17). Réduire cet ensemble au monde musulman est par conséquent trompeur, puisque

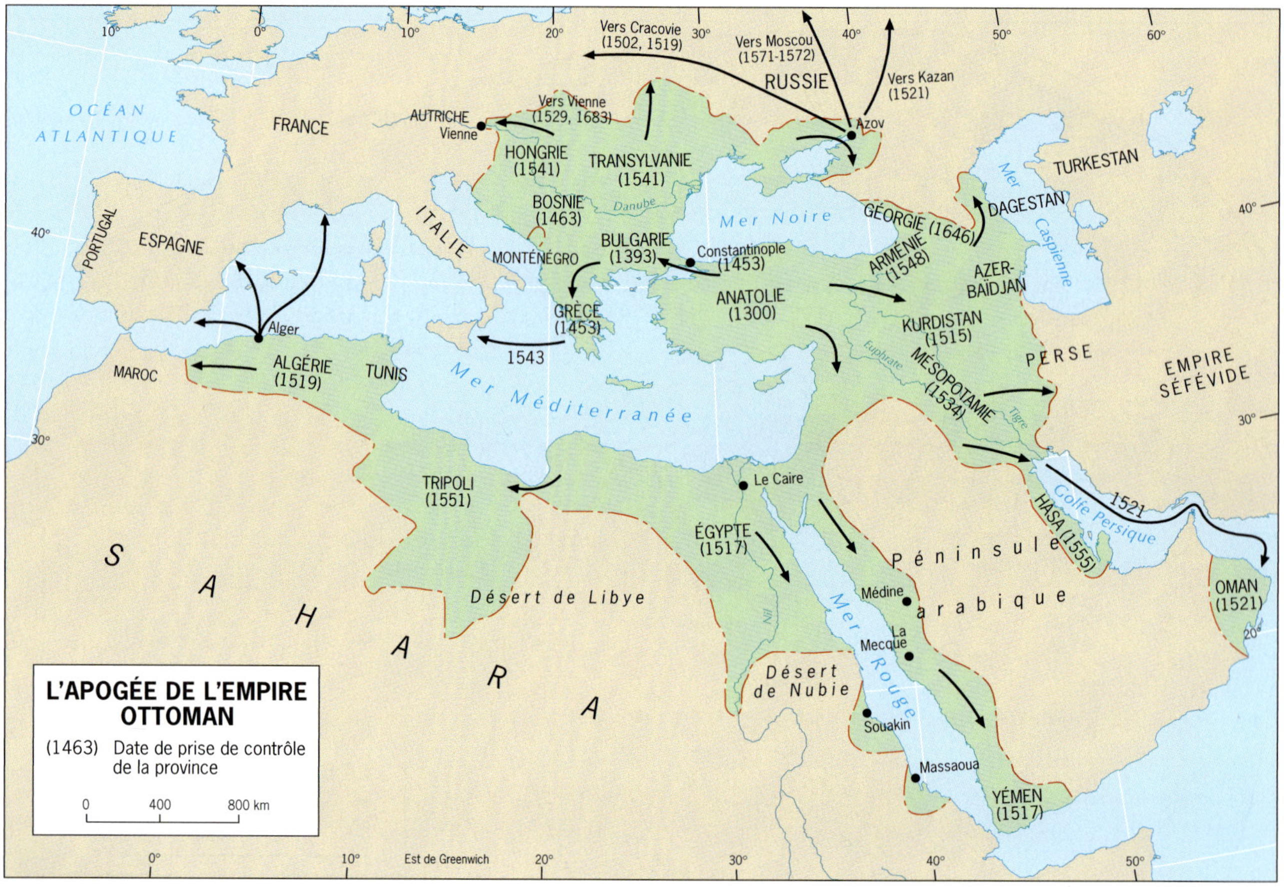

FIGURE 7A-4

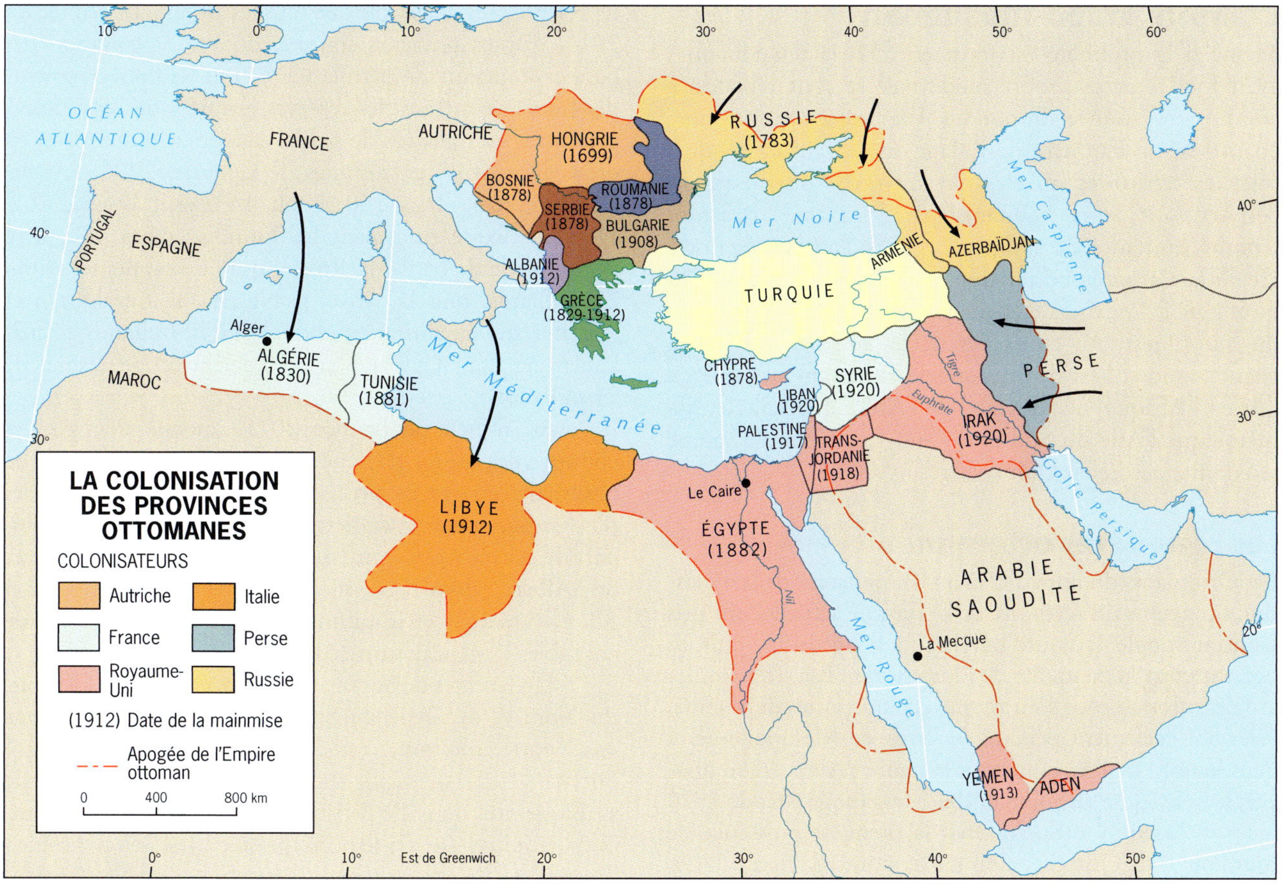

FIGURE 7A-5

cela suggère que l'islam n'est pas pratiqué au-delà des frontières de l'Afrique du Nord et de l'Asie du Sud-Ouest.

Par ailleurs, l'Afrique du Nord et l'Asie du Sud-Ouest comprennent des enclaves non musulmanes. Des minorités chrétiennes se trouvent notamment en Égypte où sont concentrés les Coptes. Le judaïsme se pratique dans des communautés en Afrique du Nord, dans la région du Moyen-Orient, et plus particulièrement dans l'État d'Israël. De petites communautés religieuses, comme les Druzes au Liban ou les baha'is en Iran, contribuent aussi à la diversité religieuse de l'ensemble.

Néanmoins, l'influence qu'exerce l'islam sur la géographie culturelle de cet ensemble géographique est présente presque partout. Dans des États comme l'Iran, l'Arabie saoudite et le Soudan, elle est dominante, mais plutôt modérée dans certains pays du Turkestan.

L'ENTRÉE EN SCÈNE DE L'ISLAM

Vers le début du VIIe siècle, dans une région de la péninsule arabique, une troisième religion monothéiste prend son essor. Dans la ville de La Mecque, située entre les montagnes du Hedjaz, à environ 70 kilomètres du littoral de la mer Rouge, Mahomet (571-632), un homme profondément religieux, a commencé à recevoir des révélations divines en l'an 611. Convaincu, après avoir éprouvé des doutes, qu'il avait été choisi comme prophète, il a décidé de consacrer sa vie à l'application des enseignements divins qui lui avaient été transmis. À cette époque, les tribus arabes étaient en proie au désordre et à la dissension, mais Mahomet a mis toute son énergie à répandre la parole d'Allah. Son influence croissante lui ayant rapidement attiré des ennemis, Mahomet a dû s'enfuir en l'an 622 et se réfugier à Médine, où il a poursuivi son travail jusqu'à sa mort. L'émigration du prophète à Médine, appelée l'hégire (signifiant « fuite »), marque le début de l'ère musulmane, soit l'an 1 du calendrier islamique. La Mecque est devenue plus tard la ville la plus sacrée de l'islam. Cette nouvelle religion a constitué le facteur d'unification qui avait manqué jusque-là aux tribus arabes de la péninsule. L'islam leur a donné un nouvel ensemble de valeurs, un nouveau mode de vie et un nouveau sentiment de dignité. La force de persuasion de Mahomet était telle que les populations arabes se sont mobilisées presque du jour au lendemain pour le suivre.

L'Empire arabo-musulman

Même si le prophète est mort en 632, la religion qu'il avait fondée et sa propre renommée se sont répandues comme une traînée de poudre. Les armées arabes marchant sous la bannière de l'islam ont envahi et conquis tous les territoires qu'elles ont traversés, instruisant et convertissant leurs habitants par la même occasion. Comme en témoigne la figure 7A-3, en l'an 700 de notre ère, l'islam avait étendu sa domination loin en Afrique du Nord, en Transcaucasie et sur une grande partie de l'Asie du Sud-Ouest. Au cours des siècles qui ont suivi, il a gagné le sud et l'est de l'Europe, le Turkestan au cœur de l'Asie, l'Afrique occidentale et l'Afrique orientale, de même que l'Asie du Sud et du Sud-Est. L'islam a même réussi une percée en Chine vers l'an 1000.

Les conquêtes ottomanes

Les Ottomans (du nom d'Osman Ier, fondateur de la dynastie), occupants du territoire de la Turquie actuelle, ont pris Constantinople (aujourd'hui Istanbul) en 1453, puis ils ont entrepris la conquête de l'Europe de l'Est. Très tôt, les armées ottomanes se sont retrouvées aux portes de Vienne. Elles ont également pénétré en Perse, en Mésopotamie et dans le nord de l'Afrique (voir la figure 7A-4). À son apogée, sous le règne de Soliman II le Magnifique, soit de 1520 à 1566, l'Empire ottoman était la première puissance de tout l'ouest de l'Eurasie. Comme le montre la figure 7A-4, ses armées se sont même avancées vers Moscou, Kazan et Cracovie, à partir d'une base située à Azov (près de l'actuel oblast de Rostov, dans le sud-ouest de la Russie). Les Turcs ont également lancé des attaques maritimes sur la Sicile, l'Espagne et la France.

Au fil du temps, l'Empire ottoman, qui s'est néanmoins maintenu pendant six siècles, a perdu des territoires, d'abord aux mains des Hongrois, puis des Russes et enfin des Serbes. Après la Première Guerre mondiale, les puissances européennes se sont emparées des provinces ottomanes restantes et en ont fait des colonies et des **protectorats** qui allaient devenir les États de la Syrie, de l'Irak, du Liban et du Yémen (voir la figure 7A-5). Les Français et les Britanniques ont exercé leur autorité sur de vastes territoires auparavant ottomans, et même les Italiens en ont annexé. L'Empire ottoman est finalement dissout lorsque la République de Turquie est proclamée en 1923.

LE PÉTROLE, SOURCE DE PUISSANCE ET DE CONFLITS

L'emplacement des réserves connues

Le sous-sol d'environ 30 pays dans le monde recèle d'importantes réserves pétrolières, et 5 d'entre eux sont situés dans l'ensemble géographique formé de l'Afrique du Nord et de l'Asie du Sud-Ouest. Ces 5 États possèdent à eux seuls 57 % des réserves mondiales actuellement connues, ce qui représente plus de pétrole que tous les autres pays réunis. En 2011, d'après plusieurs sources, dont l'Organisation des pays exportateurs de pétrole (**OPEP**) et les gouvernements des pays eux-mêmes, les réserves estimées de ces 5 États, exprimées en milliards de barils, étaient en moyenne et en ordre décroissant les suivantes : le Venezuela, 296 ; l'Arabie saoudite, 264 ; l'Iran, 150 ; l'Irak, 143 ; et le Koweït, 102. Derrière eux se trouvaient les Émirats arabes unis, avec 98 milliards de barils, la Russie, qui en comptait environ 79 milliards, puis la Libye, le Nigeria, le Kazakhstan et le Qatar, qui en abritaient entre 25 et 50 milliards et finalement les États-Unis qui en possédaient un peu moins de 21 milliards.

Au milieu de l'année 2011, aucune des réserves connues des autres pays ne dépassait les 16 milliards de barils. Il convient de préciser que le Canada dispose des plus grandes réserves de pétrole du globe, mais que la plupart de celles-ci sont contenues dans les sables bitumineux de l'Alberta, dont il est question dans les chapitres 3A et 3B. L'extraction et le raffinage du pétrole provenant de ces sables exigent des procédés complexes et coûteux.

Les réserves de pétrole (et de gaz naturel) de l'Afrique du Nord et de l'Asie du Sud-Ouest sont réparties *grosso modo* entre trois zones (voir la figure 7A-6). La plus productive s'étend depuis le sud et le sud-est de la péninsule arabique près du golfe Persique jusqu'en Iran vers le nord-ouest et, plus loin vers le nord, jusqu'en Irak, en Syrie et en Turquie. La deuxième se trouve en Afrique du Nord et couvre le centre-nord de l'Algérie, le nord de la Libye et l'est jusqu'à la péninsule du Sinaï en Égypte. La troisième zone, qui débute dans l'est de l'Azerbaïdjan, s'étire vers l'est sous la mer Caspienne jusque dans le Turkménistan et le Kazakhstan, d'une part, et l'Ouzbékistan, le Tadjikistan et le Kirghizstan, d'autre part. Ces régions représentent un centre stratégique pour les États européens, à l'ouest, et pour les pays en pleine croissance économique comme la Chine, l'Inde et le Pakistan, à l'est.

Comme c'est le cas pour toutes les ressources naturelles découvertes sur le globe, le pétrole a entraîné une transformation des paysages culturels. Certaines parties de l'Afrique du Nord et de l'Asie du Sud-Ouest ont cependant été marquées plus que d'autres qui sont restées pratiquement inchangées. Il faut souligner que la vie quotidienne de centaines de millions d'habitants de cet ensemble géographique repose d'abord et avant tout sur une parcelle de terre cultivable et une source d'eau, et non sur le pétrole de l'OPEP. Les paysages ruraux des régions de cette partie du monde restent, encore aujourd'hui, beaucoup plus influencés par des siècles de traditions culturelles que par des décennies de modernisation liées au pétrole. Cela dit, en raison de la localisation géographique, de la production, du transport et de la vente du pétrole et du gaz naturel, d'énormes changements sont survenus dans les modes de vie des sociétés humaines installées dans les régions qui abritent ces ressources.

LES GOULOTS D'ÉTRANGLEMENT : UN DANGER SUR LES ROUTES MARITIMES

SITUÉ À L'EMBOUCHURE du golfe Persique, entre la péninsule arabique et l'Iran, le détroit d'Ormuz (voir la figure 7A-1), qui ne constitue qu'un **goulot d'étranglement** maritime parmi les dizaines existantes, est un lieu géostratégique important pour l'économie mondiale.

Environ 35 % du trafic pétrolier maritime mondial transite par le détroit d'Ormuz. Au début de janvier 2012, le gouvernement de l'Iran a menacé de fermer ce détroit si les États-Unis et des pays européens lui imposaient des sanctions économiques. Plusieurs États occidentaux soupçonnent que le programme de recherche nucléaire civil de l'Iran est, en fait, une couverture pour le développement d'armes nucléaires.

Le détroit de Gibraltar, situé entre l'Espagne et le Maroc, est l'un des goulots d'étranglement les plus fréquentés du monde. Il en a été question dans les médias il y a quelques années lorsqu'on a découvert un document d'al-Qaïda qui évoquait des plans visant l'attaque de navires occidentaux l'empruntant. Les navires sont forcés de ralentir leur course dans ce détroit en forme d'entonnoir, long de 60 kilomètres, et dont la partie la plus étroite se limite à 13 kilomètres de large. De plus, ce passage est soumis à des vents violents, et de forts courants le traversent.

Un autre goulot d'étranglement particulièrement risqué de nos jours est le détroit de Bab-el-Mandeb qui relie la mer Rouge au golfe d'Aden, entre l'Afrique et la péninsule arabique ou, plus précisément, entre Djibouti et le Yémen. L'île de Perim bloque partiellement ce détroit de 30 kilomètres de large. Des bandits somaliens, basés sur les plages de la Corne de l'Afrique, ont commis des centaines d'actes de piraterie dans cette route maritime, y mettant en péril la navigation (voir la photo à la page 259). En 2008, des pirates somaliens ont attaqué un cargo chargé d'armes lourdes et un pétrolier transportant 300 000 tonnes de pétrole. Toutefois, leur tentative de s'emparer du navire porte-conteneurs *Maersk Alabama* et de son équipage étasunien en 2009 a déclenché une contrattaque réussie de l'US Navy (marine des États-Unis), ce qui a renforcé la volonté, à l'échelle internationale, de mettre fin à ce fléau.

Il existe d'autres détroits géostratégiques ailleurs dans le monde qui sont de véritables goulots d'étranglement. Citons le détroit de Malacca, situé en Asie du Sud-Est, entre la péninsule malaise et l'île indonésienne de Sumatra ; la Manche, entre la Grande-Bretagne et la France ; le très resserré détroit du Bosphore en Turquie ; le détroit des Dardanelles, entre la mer Noire et la mer Méditerranée ; le détroit de la Sonde en Indonésie, entre la mer de Java et l'océan Indien ; le détroit de Magellan, emprunté par les marins qui veulent éviter de franchir le cap Horn, à l'extrémité sud de l'Amérique du Sud ; et le détroit de Hainan en Chine, entre la péninsule de Leizhou et l'île de Hainan.

Certains goulots d'étranglement sont des voies d'eau artificielles. Parmi les plus fréquentées et les plus célèbres figurent le canal de Suez en Égypte, entre la mer Rouge et la mer Méditerranée, ainsi que le canal de Panama, qui relie l'Atlantique au Pacifique. Beaucoup d'autres canaux qui servent de raccourcis constituent des goulots d'étranglement et des points névralgiques, surtout à une époque où le risque d'un acte d'hostilité est bien plus grand que celui d'une collision.

L'économie et le choc des cultures

Les pays qui ont découvert dans leur sol de riches gisements pétrolifères disposaient d'une source d'énergie convoitée, certes, mais pas de l'équipement, de la main-d'œuvre spécialisée et du capital initial nécessaires à l'exploitation de ces ressources. Ils devaient donc importer des pays occidentaux ce qui leur faisait défaut. Ainsi, des façons de faire occidentales ont été introduites dans les affaires politiques et économiques de leur pays et, du même coup, les sociétés musulmanes ont été exposées aux mœurs occidentales. Cette influence était mal vue par de nombreux musulmans traditionalistes et jugée contraire à leurs valeurs. C'est dans ce contexte qu'est fondée en Égypte, en 1928, l'Association des Frères musulmans afin de combattre cette influence dans la vie des musulmans.

Même lorsque l'interférence étrangère se faisait moins perceptible, elle a néanmoins accentué les écarts entre les éléments traditionnels et modernes des sociétés musulmanes. La prospérité associée à l'exploitation du pétrole a entraîné la création de paysages culturels dans lesquels les gratte-ciels aux parois de verre étincelantes dominent les mosquées et les quartiers historiques. Il en va de même avec l'essor qu'a pris l'industrie du tourisme de masse. Nombreux sont les pays de l'ensemble dont une part de l'économie repose sur le tourisme. Chaque année, des millions de vacanciers venus d'Europe ou d'Amérique s'installent dans de grandes stations balnéaires et profitent des plages de la Méditerranée ; certains visitent des sites archéologiques tandis que d'autres font des pèlerinages. Les disparités sociales observées entre les touristes et les gens du pays moins fortunés ont fait naître du ressentiment chez nombre de résidents de l'ensemble.

Enfin, l'invasion de l'Afghanistan en 2001 et de l'Irak en 2003 par des armées occidentales a représenté aux yeux de plusieurs, un prétexte pour obtenir le contrôle des réserves de pétrole. Pour beaucoup de musulmans, toutes

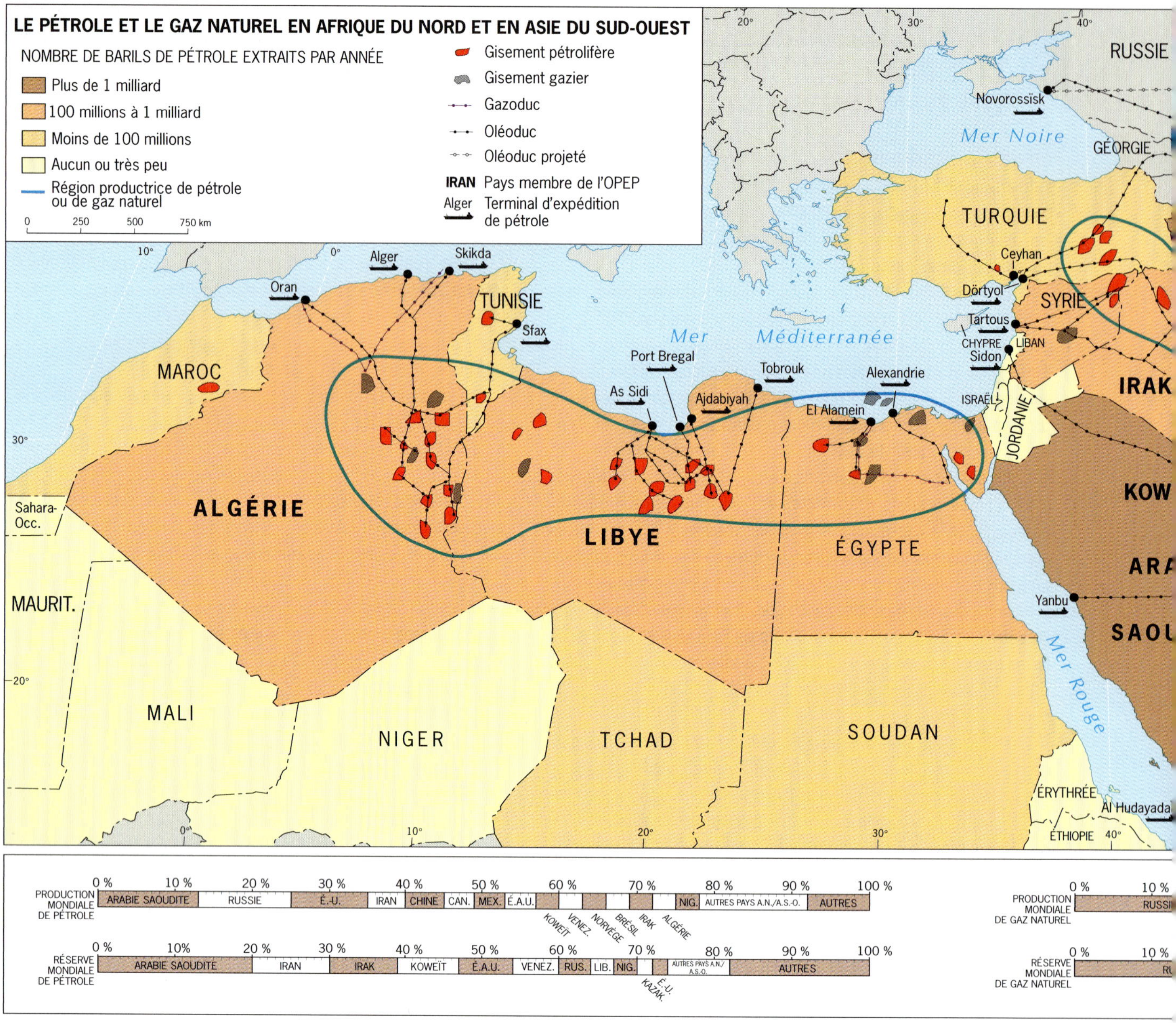

FIGURE 7A-6

ces interférences extérieures ont violé les principes les plus fondamentaux de leur foi, et les plus radicaux d'entre eux ont riposté par la violence.

LES RÉGIMES AUTOCRATIQUES

Pour diverses raisons historiques, la plupart des pays compris dans l'ensemble dont traite le présent chapitre ont installé, au moment de leur indépendance, des régimes politiques autocratiques et conservateurs, le plus souvent fortement soutenus par leurs forces militaires. Avant la Première Guerre mondiale, la majorité de ces pays faisaient partie de l'Empire ottoman (voir la figure 7A-5). Ils ont accédé à l'indépendance seulement après une période plus ou moins longue passée sous la tutelle européenne. Cette étape transitoire était largement sanctionnée par la **Société des Nations** (organisme qui a précédé la naissance de l'Organisation des Nations Unies). Ainsi, l'Égypte, l'Irak, la Palestine, la Transjordanie et des parties du Yémen étaient administrés par le Royaume-Uni, tandis que le Liban, la Syrie, la Tunisie, le Maroc et l'Algérie étaient gouvernés par la France. Quant à la Libye, elle était sous la tutelle de l'Italie.

Aujourd'hui, les formes de gouvernement des pays de cet ensemble géographique varient. Certains États sont des républiques tandis que d'autres sont des monarchies, et si la plupart sont laïques (non religieux), quelques-uns sont des États islamiques. Par exemple, l'Égypte, la Tunisie

et la Syrie sont des **républiques laïques**, alors que l'Iran et l'Afghanistan sont des **républiques islamiques**. L'Arabie saoudite est une **monarchie islamique**, tandis que la Jordanie et le Maroc sont des **monarchies constitutionnelles**. Bien que les formes d'organisation politique de ces pays diffèrent, plusieurs partagent des traditions autocratiques : les décisions y sont souvent prises de façon arbitraire et les libertés démocratiques s'y font rares. Souvent, les dirigeants politiques de ces pays s'accrochent au pouvoir pendant de nombreuses années et leur principale préoccupation est de préserver leur autorité tout en maintenant le *statu quo*. Leur règne est généralement conservateur, leur autorité s'exerçant du sommet. Ces dirigeants démontrent peu d'intérêt pour les gens de condition modeste et ils recourent parfois à la répression et à la violence dès que s'élèvent des voix critiques. Dans la majeure partie de cet ensemble géographique, un large segment des populations a été privé de tout progrès économique ainsi que de libertés politiques et religieuses. Combien de temps les populations peuvent-elles endurer une telle situation ?

LES SOULÈVEMENTS POPULAIRES DE 2011 : LE PRINTEMPS ARABE

Mohamed Bouazizi, un jeune Tunisien de 26 ans, vendait sans permis des fruits et des légumes pour survivre. Depuis des mois, la police tunisienne le harcelait quotidiennement et, le 17 décembre 2010, elle lui a confisqué son étal. Désespéré, le jeune homme s'est alors immolé par le feu. D'innombrables Tunisiens, dont la frustration à l'égard du gouvernement avait atteint un point culminant, se sont sentis interpelés par la situation qu'il vivait et bouleversés par son acte de désespoir. Le jeune homme est décédé environ deux semaines plus tard, mais son immolation est rapidement devenue le symbole de la révolution tunisienne. À la mi-janvier de l'année 2011, l'opposition populaire au gouvernement de Zine el-Abidine Ben Ali était si féroce que le président a été contraint de démissionner après 23 années au pouvoir et d'aller se réfugier en Arabie saoudite.

Le départ de Ben Ali a marqué un tournant dans les évènements sans précédent qui se sont ensuite déroulés dans cet ensemble géographique, où des régimes autocratiques s'étaient accrochés au pouvoir pendant des décennies. Selon des idées préconçues, il n'y a pas de gouvernement démocratique dans le monde arabe, et le désir de démocratie y est inexistant. Les Tunisiens de tous les milieux, y compris un grand nombre de femmes et de jeunes (voir la photo à la page 263), ont prouvé le contraire : ils ont exigé que cessent le favoritisme, la mauvaise gestion économique, la corruption et la répression. Les manifestants tunisiens se sont fait entendre haut et fort, et leur voix a résonné à l'oreille de nombreux autres peuples de l'ensemble. En octobre 2011, la population tunisienne participait à ses premières élections démocratiques.

La révolution tunisienne et l'effet domino

Le mouvement qui a pris naissance en Tunisie à la fin de 2010 s'est rapidement propagé à travers l'Afrique du Nord et les régions adjacentes de l'Asie du Sud-Ouest. En quelques mois, l'agitation a gagné l'Égypte, la Libye, la Syrie, le Yémen et le Bahreïn. Dans tous ces pays, les conditions étaient semblables : des régimes autocratiques établis de longue date qui avaient échoué à apporter le progrès économique à la population, sans compter qu'ils réprimaient leur propre peuple avec lequel ils n'entretenaient aucune relation (en particulier avec les jeunes générations). Partout

Les inégalités sont visibles partout dans cet ensemble géographique, même à courte distance de Sheikh Zayed Road, l'artère principale de Dubaï qui est bordée d'immeubles parmi les plus luxueux du globe. Offrant un contraste étonnant avec la silhouette étincelante et ultramoderne de la ville, les structures délabrées, entassées dans le désert, accueillent des migrants pauvres dont les masures constituent l'unique protection contre la chaleur estivale torride et le froid hivernal nocturne.

dans cet ensemble géographique, grâce à Internet, aux médias sociaux et à la télévision, les gens ont pu suivre les évènements qui se produisaient en Tunisie, et la ferveur révolutionnaire s'est répandue comme une traînée de poudre. Il s'agit peut-être de l'**effet domino** le plus spectaculaire de l'histoire mondiale récente.

Sans l'ombre d'un doute, la plus importante chute a été celle du gouvernement égyptien. L'Égypte a souffert pendant des décennies d'une croissance économique anémique, et son gouvernement, détaché de la réalité que vivait la population, était répressif. Au Caire et ailleurs, les masses ont envahi les rues et réclamé la démission du président Hosni Moubarak (voir la photo ci-dessous). Les confrontations qui ont eu lieu entre les forces policières et militaires, d'un côté, et les manifestants, de l'autre, ont été violentes et sanglantes. En Égypte seulement, on estime qu'environ 850 personnes ont perdu la vie durant ces affrontements et que des milliers d'autres ont été blessées. Néanmoins, après 18 jours de manifestations, Moubarak a, lui aussi, été contraint de démissionner.

Toutefois, les régimes de la Libye et de la Syrie, les plus despotiques, ont opposé une résistance farouche aux protestataires. En Libye, où les affrontements ont rapidement dégénéré en guerre civile, Mouammar Kadhafi n'a pas hésité à envoyer ses troupes sur le terrain afin de réprimer les soulèvements de la population qui n'était pas armée. Devant la brutalité déployée par l'armée libyenne, une alliance transitoire (qui a ultérieurement été remplacée par l'OTAN) formée de la France, du Royaume-Uni, du Canada et des États-Unis est intervenue en lançant des attaques aériennes contre les forces de Kadhafi. Le président libyen déchu, qui était au pouvoir depuis 1969, a été tué le 20 octobre 2011.

Comme dans d'autres pays arabes voisins, la population de la Syrie a manifesté son désir de justice sociale et de démocratie, et elle a exigé que cesse la corruption endémique du gouvernement. La rébellion syrienne a débuté à la fin de mars 2011, et après plusieurs mois de répression brutale exercée par les forces gouvernementales du président Bachar al-Assad, on estimait que plus de 9000 personnes avaient perdu la vie. Au début de décembre 2011, le gouvernement syrien avait accepté la présence d'observateurs à la

Place Tahrir, Le Caire, 5 février 2011. Des manifestants, qui exigent le départ du président Hosni Moubarak, prient sur un drapeau égyptien. Tout en exprimant leur amour pour la patrie et leurs croyances islamiques, les opposants réclament la fin du régime ainsi que des réformes démocratiques. Les bouleversements en Égypte et ailleurs dans l'ensemble reflètent clairement le ressentiment populaire à l'égard des régimes établis de longue date et, à ce titre, constituent une importante percée démocratique. Les conséquences politiques demeurent toutefois encore incertaines.

demande de la Ligue arabe. Cette dernière avait imposé des sanctions contre la Syrie à la fin de novembre 2011 pour obliger cet État à mettre fin à la répression meurtrière.

La religion et la révolution

C'est un ensemble de revendications démocratiques, allant de la justice sociale et économique à la cessation de la répression religieuse, qui a donné naissance aux manifestations qu'on appelle désormais le printemps arabe. Les partisans d'un renouveau religieux musulman ont saisi l'occasion pour prendre part à cette révolte qui visait principalement à abolir les régimes répressifs. Les régimes autocratiques vieillissants avaient implacablement persécuté les intégristes soupçonnés de faire partie de groupes terroristes. Dans plusieurs pays, dont l'Égypte et la Syrie, les Frères musulmans (un parti politique islamiste) entretenaient des relations précaires et conflictuelles avec les régimes au pouvoir. Toutefois, à tout le moins durant les premières phases du printemps arabe marquées par les soulèvements populaires, les partisans du renouveau religieux n'ont pas joué un rôle prépondérant. En fait, la vision qu'ont les jeunes rebelles de la démocratie va à l'encontre des idées fondamentalistes des islamistes radicaux ; ce fossé ajoute une dimension supplémentaire à la complexité sociale de cette région agitée du monde. Paradoxalement, les élections en Tunisie (octobre 2011) et en Égypte (décembre 2011) montrent la place toujours importante du fait religieux dans la vie politique de ces deux sociétés. En Tunisie, les islamistes du parti Ennahda (Mouvement de la Renaissance) ont obtenu la majorité des sièges de l'Assemblée constituante et, en Égypte, les Frères musulmans (une organisation islamiste) ont remporté la victoire.

Quelles que soient la suite de ces élections et l'issue des révoltes qui se poursuivent dans certains pays du monde arabe, il ne fait aucun doute que les soulèvements entraîneront une transformation sociale dont les contours restent mal définis, même un an après leurs débuts. La question est de savoir si les opposants aux régimes autocratiques de ces États seront en mesure de réformer la société pendant qu'ils luttent pour combler le vide politique qu'ils ont créé.

7B LES RÉGIONS DE L'AFRIQUE DU NORD ET DE L'ASIE DU SUD-OUEST

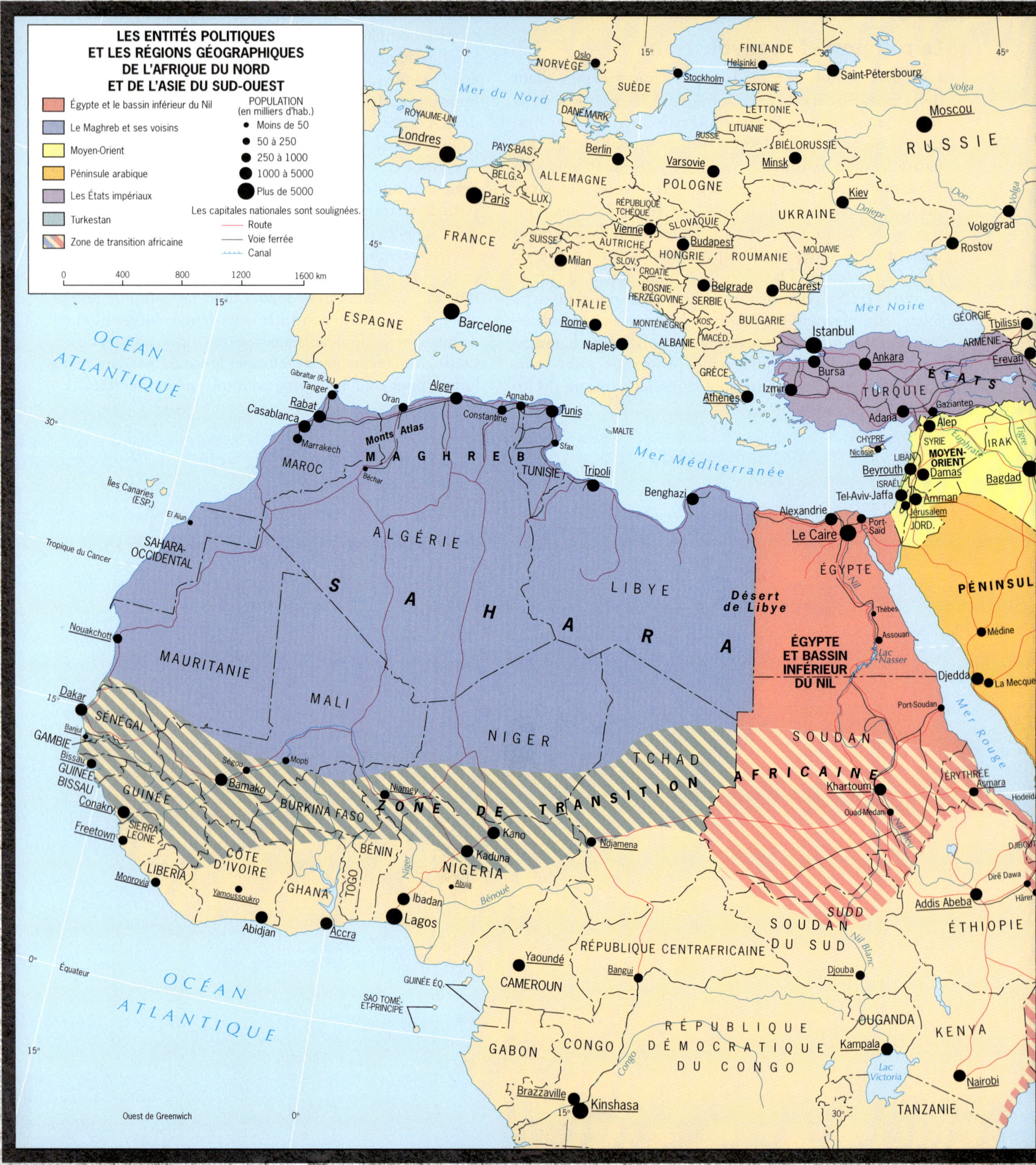

FIGURE 7B-1

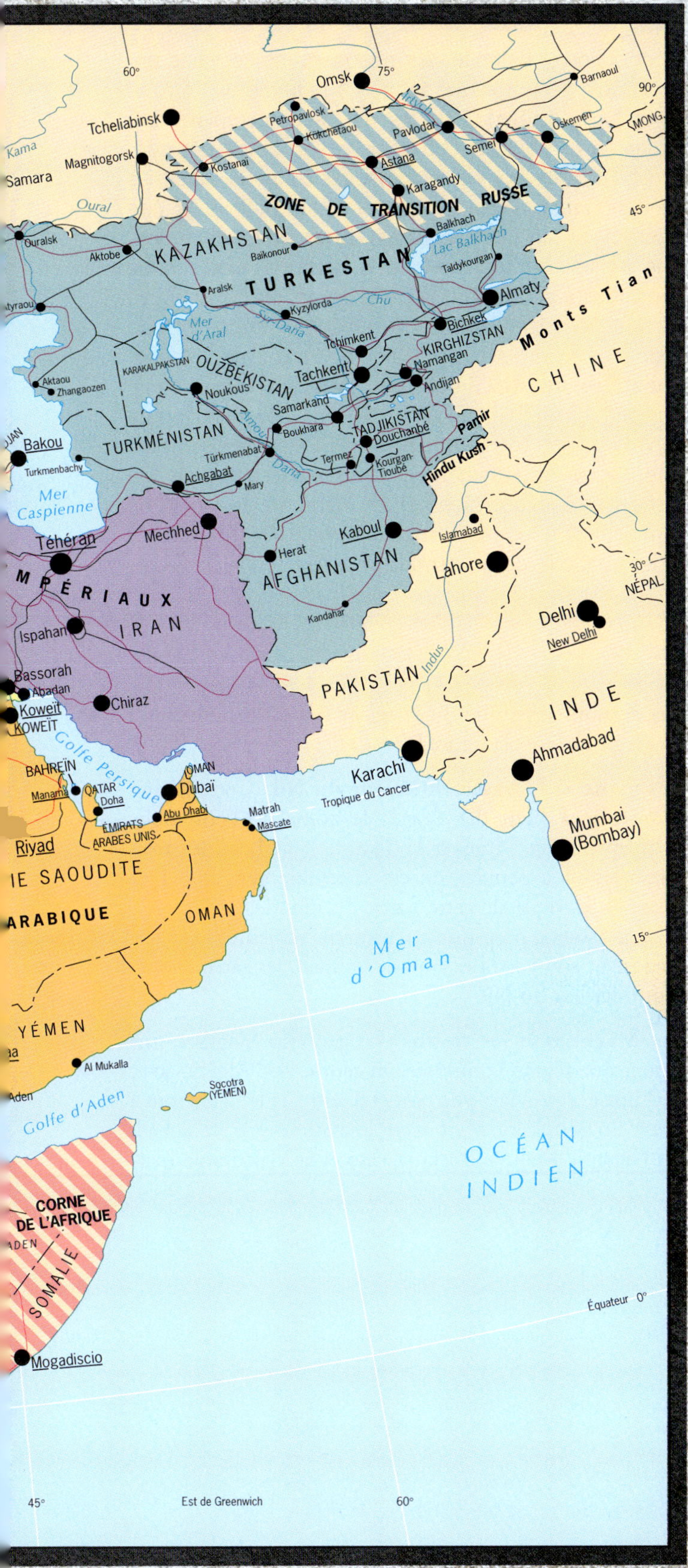

SOMMAIRE

- L'ÉGYPTE ET LE BASSIN INFÉRIEUR DU NIL
- LE MAGHREB ET SES VOISINS
- LE MOYEN-ORIENT : UNE POUDRIÈRE
- LA PÉNINSULE ARABIQUE
- LES ÉTATS IMPÉRIAUX
- LE TURKESTAN : SIX ÉTATS AU CŒUR DE L'ASIE

CONCEPTS ET TERMES

Renaissance culturelle
Limon
Modèle turc
Territoire non autonome
État policier
Tribu
Nation sans État
Sionisme
Ayatollah
Mollah
État tampon
Taliban
Al-Qaïda

Identifier et délimiter les régions dans ce vaste ensemble géographique formé de l'Afrique du Nord et de l'Asie du Sud-Ouest est une tâche complexe. Les peuplements y sont tantôt très dispersés, tantôt très concentrés. Les transitions et les paysages culturels – internes et périphériques – rendent encore plus difficile la perception d'une structure régionale. Nous avons déjà mentionné à plusieurs reprises que le découpage du monde en ensembles géographiques est susceptible de changer, comme en témoigne le passé. À la fin du XVe siècle, lorsque Christophe Colomb s'embarquait pour le Nouveau Monde, une grande partie de l'Europe de l'Est aurait pu faire partie du présent ensemble, car elle était sous la domination de l'Empire ottoman (de foi musulmane). Des guerres ont fini par repousser les Ottomans et cette région a ensuite été investie par les Autrichiens et les Hongrois. Aujourd'hui, l'islam connaît une **renaissance culturelle**. Ce mouvement étire les frontières de l'ensemble jusqu'au centre de l'Asie.

Nous divisons l'Afrique du Nord et l'Asie du Sud-Ouest en six régions (voir la figure 7B-1) :

1. **L'Égypte et le bassin inférieur du Nil :** Cette région constitue à bien des égards le cœur de l'ensemble. L'Égypte (avec l'Iran et la Turquie) est l'un des trois pays les plus peuplés de cet ensemble géographique. Foyer historique de cette partie du monde, l'Égypte est une puissance politique et culturelle majeure. Elle partage avec son voisin du sud, le Soudan, les eaux du bassin inférieur du Nil.

2. **Le Maghreb et ses voisins :** Les pays du Maghreb forment une région composée, au centre, de l'Algérie, avec la Tunisie et le Maroc de part et d'autre, et la Lybie tout à l'est. En périphérie se trouvent les pays voisins : le Tchad, le Niger, le Mali, le Burkina Faso et la Mauritanie (par-

fois comprise dans le Maghreb). Les cinq derniers pays sont adjacents à la vaste zone de transition africaine, où le monde arabo-musulman de l'Afrique du Nord rejoint l'Afrique subsaharienne (voir la figure 6B-9).

3. **Le Moyen-Orient:** Cette région charnière s'étend de la côte orientale de la Méditerranée jusqu'aux rives septentrionales du golfe Persique. Elle comprend Israël, la Jordanie, le Liban, la Syrie et l'Irak.

4. **La péninsule arabique:** Le vaste territoire de l'Arabie saoudite partage la péninsule arabique avec le Koweït, le Bahreïn, le Qatar, les Émirats arabes unis, le Sultanat d'Oman et le Yémen. La péninsule arabique, qui est l'un des foyers de l'islam, abrite la ville sainte de La Mecque. Cette région renferme également de nombreux gisements pétrolifères qui se classent parmi les plus importants du globe.

5. **Les États impériaux:** Cette région est désignée ainsi parce que deux de ses États, soit la Turquie et l'Iran, ont dominé sa géographie, car ils ont été, à des époques différentes, les centres historiques de vastes empires. Autrefois, la Turquie était au cœur de l'Empire ottoman et l'Iran, de l'Empire perse.

6. **Le Turkestan:** Il est constitué de l'Afghanistan, du Kazakhstan, de l'Ouzbékistan, du Turkménistan, du Tadjikistan et du Kirghizstan. Les cinq derniers pays ont tous accédé à l'indépendance en 1991 et, dans ces ex-républiques soviétiques d'Asie centrale, on assiste à une renaissance culturelle majeure qui met en valeur les langues nationales et les traditions. Majoritairement musulmans, les habitants y pratiquent l'islam de diverses façons. L'influence de la culture russe se maintient toutefois dans certaines régions de ces républiques. Les institutions démocratiques demeurent faibles. Le pétrole de la mer Caspienne est une importante source de revenus pour les pays riverains. Quant à la mer d'Aral, elle est devenue synonyme de désastre écologique. En effet, l'eau des fleuves qui alimentaient cette mer intérieure a été détournée pour irriguer des terres destinées à la culture du coton. Entre 1960 et 1998, le volume de ce plan d'eau a diminué de 78 % et sa surface est passée de 66 458 km^2 à 17 158 km^2.

LES PRINCIPALES VILLES DE L'AFRIQUE DU NORD ET DE L'ASIE DU SUD-OUEST

VILLE	POPULATION* (en millions)
Le Caire (Égypte)	11,3
Istanbul (Turquie)	10,8
Téhéran (Iran)	7,4
Bagdad (Irak)	6,2
Khartoum (Soudan)	5,5
Riyad (Arabie saoudite)	5,1
Kaboul (Afghanistan)	4,1
Tel-Aviv-Jaffa (Israël)	3,4
Casablanca (Maroc)	3,4
Alger (Algérie)	2,9
Damas (Syrie)	2,8
Tachkent (Ouzbékistan)	2,3
Beyrouth (Liban)	2,0
Almaty (Kazakhstan)	1,4
Tripoli (Libye)	1,2
Jérusalem (Israël)	0,8

* Nombre approximatif d'habitants des agglomérations urbaines d'après les données projetées de 2012

L'ÉGYPTE ET LE BASSIN INFÉRIEUR DU NIL

L'Égypte se trouve au cœur d'un ensemble géographique qui s'étend sur plus de 9600 kilomètres d'est en ouest et sur quelque 6400 kilomètres du nord au sud. Ce pays est situé à l'extrémité nord du Nil et de la mer Rouge, il occupe le nord-est de l'Afrique, fait face à la Turquie (au nord), à l'Arabie saoudite (à l'est), et est contigu à Israël, au Soudan et à la Libye. Englobant la péninsule du Sinaï, l'Égypte est donc le seul État africain à posséder une assise stratégique en Asie, soit dans la zone côtière du golfe d'Aqaba (le bassin nord-est que forme la mer Rouge à l'intérieur des terres). L'Égypte contrôle aussi le canal de Suez, lien vital entre les océans Indien et Atlantique, et également un lien avec l'Europe. La capitale, Le Caire (Al-Qāhira), est la plus grande ville de l'ensemble géographique et l'un des foyers de la civilisation égyptienne.

L'Égypte se divise en six sous-régions cartographiées sur la figure 7B-2. La majorité des habitants vivent et travaillent en Basse-Égypte, située dans le nord du pays, et en Moyenne-Égypte (voir 1 et 2, respectivement, sur la figure 7B-2). Ces sous-régions forment le cœur du pays, où se trouvent la capitale, Le Caire, et le plus important port du pays, Alexandrie, qui est en outre la deuxième ville industrielle en importance. Les quatre autres régions sont éloignées et peu peuplées, en particulier la Haute-Égypte (3), le désert occidental (4) et le Sinaï (6). L'étalement urbain que connaît Le Caire commence à empiéter sur les parties nord du désert oriental (5). La découverte de gisements pétrolifères dans la péninsule du Sinaï et dans le désert occidental a stimulé l'économie et diminué les importations au point d'atteindre l'autosuffisance, ce qui permet même à l'Égypte d'exporter de l'or noir.

FIGURE 7B-2

La générosité du Nil

Le Nil qui coule en Égypte résulte de la jonction du Nil Blanc et du Nil Bleu ; le premier prend sa source dans des cours d'eau qui alimentent le lac Victoria, en Afrique orientale ; et le second, dans le lac Tana, situé sur les hauts plateaux d'Éthiopie. Le Nil Blanc et le Nil Bleu confluent à Khartoum, capitale du Soudan. Quelque 95 % des 83,8 millions d'Égyptiens habitent à moins de 20 kilomètres des rives de ce grand fleuve ou dans son delta (voir les figures 7B-2 et 7A-2).

Avant que des barrages soient érigés sur le Nil, les anciens Égyptiens recouraient à l'irrigation par bassins pour cultiver leurs terres. Ils construisaient des digues de terre servant à retenir les eaux chargées de **limon** fertile, issu de la crue annuelle du fleuve. Cette méthode millénaire a été utilisée jusqu'au XIXe siècle, époque où la construction de barrages permanents a rendu possible l'irrigation des terres égyptiennes pendant toute l'année. Ces barrages, munis d'écluses facilitant la navigation, ont permis de maîtriser la crue annuelle, d'augmenter la superficie des terres arables et de produire plus d'une récolte par an dans un même champ. Il n'a fallu qu'un siècle pour que ce système d'irrigation soit étendu à toutes les zones agricoles de l'Égypte.

Le plus grand projet réalisé sur le Nil est le haut barrage d'Assouan ; en exploitation depuis 1968, il retient les eaux du lac Nasser. Celui-ci, long de 500 kilomètres, est l'un des plus grands lacs artificiels du monde. Sa création a nécessité le déplacement de 50 000 habitants du Soudan, où il pénètre sur 150 kilomètres. Le haut barrage d'Assouan, qui a permis d'accroître de 50 % la superficie des terres irrigables, fournit aujourd'hui plus de 10 % de l'électricité consommée en Égypte.

Plus en amont, sur les hauts plateaux d'Éthiopie où le Nil Bleu prend sa source, le gouvernement éthiopien planifie de construire le Grand Millennium Dam. Ce projet multiplierait par cinq la puissance électrique du pays et lui offrirait la possibilité de jouir d'une certaine influence sur le Soudan et l'Égypte, situés en aval. Le manque de capitaux de l'Éthiopie risque de faire dérailler le projet, bien qu'il ait été question d'investissements chinois pour le mener à bien.

La vallée et le delta du Nil

L'étroite oasis égyptienne, dont la largeur varie de 5 à 25 kilomètres (voir la photo à la page 264), s'élargit au nord du Caire en un delta délimité à l'ouest par la grande ville d'Alexandrie et à l'est par Port-Saïd, sur le canal de Suez. Le delta comprend un vaste secteur agricole, mais les problèmes s'y multiplient. L'utilisation de plus en plus grande de l'eau et du limon en amont du Nil prive aujourd'hui le delta d'un approvisionnement indispensable. De plus, des phénomènes géologiques provoquent l'affaiblissement de cette zone de basse altitude; on craint donc que les eaux salées de la Méditerranée n'y pénètrent, ce qui détériorerait les sols arables.

Les millions de fellahs (paysans) qui pratiquent encore aujourd'hui une agriculture de subsistance luttent au quotidien pour tirer un maigre revenu de la terre, tout comme le faisaient leurs ancêtres il y a 5000 ans. Certains paysages ruraux semblent avoir peu changé; les fellahs utilisent encore des techniques agricoles séculaires, et leurs habitations sont rudimentaires. La pauvreté, la maladie, un taux élevé de mortalité infantile et de faibles revenus sont autant de caractéristiques de la région. Le gouvernement a annoncé des projets ambitieux en vue d'accroître la superficie des terres irriguées, mais presque rien n'a été fait en ce sens jusqu'à présent.

Le mécontentement politique et économique des Égyptiens

L'Égypte a connu une croissance économique soutenue au cours de la dernière décennie avec un taux annuel de 5 %, et son économie s'est bien diversifiée. Parallèlement, le taux annuel de croissance de la population a ralenti, passant de 1,9 % en 2001 à 1,6 % en 2011. Quant au taux de fécondité, il a diminué de 3,3 à 2,8 enfants par femme. En ce qui a trait aux taux d'alphabétisation et de consommation par habitant, ils ont nettement augmenté. Outre le coton, l'Égypte exporte maintenant des fruits, des légumes, du riz et du textile. Elle a aussi profité d'une importante industrie touristique qui souffre toutefois des actes que commettent sporadiquement les extrémistes islamistes ainsi que des troubles sociaux majeurs qui ont récemment perturbé le pays. Depuis que l'Égypte a commencé à exploiter ses propres ressources pétrolières, ses dépenses consacrées aux importations de pétrole ont considérablement diminué.

Même si l'économie égyptienne s'est améliorée ces dernières années, la croissance a principalement bénéficié aux personnes nanties et à la classe moyenne supérieure. Les pauvres sont plus que jamais défavorisés et enracinés dans la misère. Étant donné que la population continue de s'accroître, l'écart entre l'offre et la demande alimentaire se creuse, ce qui force l'Égypte à importer pour environ 6 milliards de dollars américains de produits alimentaires chaque année. Plus de la moitié de la population (51,8 % en 2010) est âgée de moins de 25 ans; la plupart de ces jeunes, faute de débouchés professionnels, sont agités. Le président Hosni Moubarak, arrivé au pouvoir à la suite de l'assassinat du président Anouar al-Sadate en 1981, n'a pas réussi à engager de dialogue avec la nouvelle génération égyptienne. En définitive, Moubarak, qui s'est accroché au pouvoir pendant trois décennies, a exercé une politique qui est devenue injustifiable. Tout au long de sa présidence, il a eu recours à l'intimidation pour contrer l'influence des groupes islamiques, tels que les Frères musulmans, provoquant la grogne de leurs adeptes. Le mécontentement a toutefois fini par gagner une tranche plus grande de la population, en particulier les classes moyennes laïques et les jeunes.

Les bouleversements politiques

Comme nous l'avons mentionné dans le chapitre 7A, la démission forcée du président tunisien en janvier 2011 à la suite des manifestations ininterrompues qui ont eu lieu dans son pays, a été l'étincelle qui a déclenché le printemps arabe, un bouleversement politique qui s'est étendu partout dans l'ensemble, y compris en Égypte. Le 1er février 2011, des centaines de milliers de protestataires se sont rassemblés à la place Tahrir, au Caire, où ils ont réclamé la destitution du président Hosni Moubarak. Après les premiers efforts des autorités égyptiennes pour contrôler les manifestants, et après plus d'une semaine de violents affrontements dans lesquels environ 850 personnes ont péri, le régime s'est effondré et Moubarak a été contraint de démissionner le 11 février. Ce dénouement aurait été impensable quelques semaines plus tôt et de nombreux Égyptiens, même beaucoup de ceux qui ont risqué leur vie à la place Tahrir, avaient peine à croire que leurs actions les avaient menés à la victoire.

À la suite de la démission de Moubarak, les chefs du Conseil militaire suprême ont pris le contrôle et ont rapidement organisé un référendum constitutionnel qui s'est tenu le 19 mars 2011, répondant ainsi aux principales revendications des manifestants. Les amendements constitutionnels proposés (et largement approuvés) comprenaient une première limitation du nombre de mandats présidentiels et l'organisation régulière d'élections libres sous supervision judiciaire. En janvier 2012, au troisième tour des élections législatives, les Frères musulmans et les fondamentalistes salafistes ont remporté une nette victoire avec 65 % des suffrages. Les électeurs ont néanmoins exprimé le souhait de voir le prochain gouvernement se constituer selon le **modèle turc**, soit une démocratie multipartite qui accorde une certaine place aux partis islamistes.

LE MAGHREB ET SES VOISINS

L'ensemble des pays du nord-ouest de l'Afrique forme le Maghreb, dont le nom arabe, *Djazirat al-Maghrib*, signifie « île du Couchant ». Cette appellation évoque le fait que l'Atlas, un massif montagneux dans l'ouest du continent, émerge à la façon d'une vaste île, entre la mer Méditerranée au nord et les plaines sablonneuses de l'immense Sahara au sud.

Le Maghreb comprend quatre pays (voir la figure 7B-3) : le Maroc, dernier royaume d'Afrique du Nord, l'Algérie, république séculaire qui compose avec des problèmes de

L'une des MÉTROPOLES de . . .

L'AFRIQUE DU NORD ET L'ASIE DU SUD-OUEST — LE CAIRE

DEPUIS LE TOIT de l'un des grands hôtels qui se dressent au centre du Caire, on aperçoit au loin les pyramides, ces monuments qui témoignent que la région était déjà peuplée dans l'Antiquité. Ce sont les Arabes qui ont choisi, en l'an 969, le site de la ville actuelle comme centre de leur jeune empire. Le Caire est alors devenu la ville dominante de l'Égypte et l'est demeuré depuis. Située à l'endroit où le Nil s'ouvre en un vaste delta, l'agglomération abrite aujourd'hui près du septième de la population totale du pays.

Avec ses 11,3 millions d'habitants, Le Caire figure parmi les 20 agglomérations urbaines les plus grandes du monde et connaît, comme les autres villes des pays en développement, des problèmes considérables liés au surpeuplement, à l'insuffisance des installations sanitaires, au délabrement des infrastructures et à l'insalubrité des habitations. Le Caire présente des inégalités sociales particulièrement criantes. Sur les berges du Nil, des tours luxueuses s'élèvent dans des quartiers de style parisien, remarquablement tenus, alors qu'à l'est, des paysages urbains gris, poussiéreux et indifférenciés s'étendent à perte de vue. Non loin du centre, plus d'un million de squatteurs vivent dans la cité des morts, un cimetière en expansion continuelle. En périphérie de la capitale, des millions d'autres personnes survivent dans des bidonvilles surpeuplés, composés de huttes de terre et d'abris de fortune, pendant que de nouveaux développements résidentiels de luxe, destinés aux classes moyenne et supérieure, gagnent du terrain sur le désert.

Le Caire est la principale ville d'Égypte et de la région, et la capitale culturelle du monde arabe. On y trouve des institutions d'enseignement supérieur, de splendides musées, des théâtres et des salles de concert d'envergure internationale, de magnifiques mosquées et des centres d'enseignement de l'islam. Bien que, depuis sa fondation, Le Caire soit d'abord le siège du gouvernement ainsi qu'un centre administratif et religieux, la ville est également un port fluvial, un centre industriel et commercial, et elle prend parfois l'allure d'un gigantesque bazar. Le Caire est vraiment le cœur et l'âme du monde arabe, tant du point de vue historique que géographique.

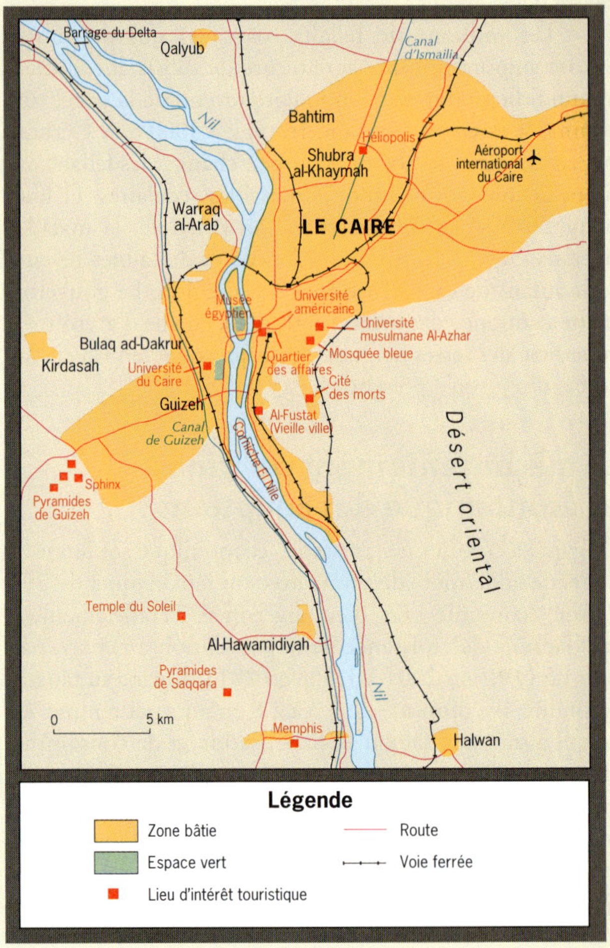

nature politico-religieuse, la Tunisie, le plus petit des quatre qui vit d'importants changements sociaux et la Libye, en bordure de la Méditerranée, entre la Tunisie et l'Égypte, qui a été plongée dans une violente guerre civile en 2011.

Le système montagneux de l'Atlas

Alors que l'Égypte se développe grâce au Nil, le système montagneux de l'Atlas, quant à lui, a facilité la colonisation du Maghreb. Les pluies orographiques, c'est-à-dire les précipitations que ces hautes montagnes tirent des masses d'air montantes, suffisent à entretenir la vie dans les vallées et surtout sur le littoral méditerranéen où les sols de bonne qualité ont permis le développement d'une agriculture productive.

Situés dans le nord de l'Afrique, les monts Atlas suivent un axe sud-ouest/nord-est. Ils débutent au Maroc où ils portent le nom de Haut Atlas et s'élèvent à plus de 4000 mètres. Vers l'est, deux chaînes principales dominent les paysages de l'Algérie : l'Atlas tellien dans le nord, face à la Méditerranée, et l'Atlas saharien dans le sud, donnant sur le vaste désert. Entre ces deux chaînes de montagnes, formées de massifs et de collines, se trouvent des bassins intramontagneux beaucoup plus secs que le versant nord de l'Atlas. Dans ces vallées, l'effet d'ombre pluviométrique de l'Atlas tellien se reflète non seulement sur la végétation steppique, mais aussi dans l'utilisation des terres : le sol est couvert de basses herbes et de broussailles, et l'agriculture est supplantée par le pastoralisme.

Les pays du Maghreb

Sis entre le désert et la mer, les pays du Maghreb affichent une grande diversité géographique (voir la figure 7B-3). Le Maroc est un royaume traditionaliste dans une région en pleine révolution. Sur le plan économique, il exerce une influence conservatrice, et la richesse par habitant est peu élevée. Son noyau principal se situe dans le nord, où se trouvent quatre grandes villes : Casablanca, Tanger, Rabat et Marrakech. L'économie du tourisme est une importante source de revenus ; plus de 8 millions de vacanciers ont visité le Maroc en 2010. L'attention politique de ce pays est tournée vers le sud, vers le Sahara-Occidental. Il s'agit d'un territoire qui a été sous la dépendance de l'Espagne jusqu'en 1976 et qui compte près de 500 000 habitants, parmi lesquels beaucoup sont des immigrants marocains. Ce territoire est revendiqué à la fois par le Maroc et par le mouvement indépendantiste de la République arabe sahraouie démocratique. Sur le plan juridique, le Sahara-Occidental n'a pas de statut définitif. Selon l'ONU, il fait partie des **territoires non autonomes**. Dans les faits, le Maroc contrôle administrativement le Sahara-Occidental à 80 %. Même si le Maroc obtenait son annexion, cet élargissement des frontières nationales ne contribuerait guère à améliorer les conditions de vie de la plupart des 33 millions de Marocains. Des centaines de milliers d'entre eux (particulièrement les jeunes hommes) ont migré ou essaient encore de migrer vers l'Europe. Beaucoup tentent leur chance en s'introduisant clandestinement dans l'une des deux minuscules enclaves espagnoles situées sur la côte marocaine, Ceuta et Melilla (voir l'encadré à la page 72) ; d'autres risquent leur vie dans des embarcations de fortune pour gagner les îles Canaries, dans l'Atlantique.

L'Algérie est une ancienne colonie de la France dont le potentiel agricole avait attiré, à l'époque coloniale, plus d'un million d'Européens. Aujourd'hui, son économie repose principalement sur ses importantes réserves pétrolières et gazières. La guerre d'Algérie (1954-1962) a été suivie de conflits récurrents entre les islamistes et les autorités séculières soutenues par les forces militaires. Au début des années 1990, ces conflits ont entraîné la mort de plus de 100 000 personnes et ont abouti à un compromis tardif encore ponctué d'accrochages occasionnels. La ville dominante du pays, Alger, bénéficie d'une position stratégique sur la côte méditerranéenne et abrite près de 10 % des 37 millions d'habitants que compte le pays. Beaucoup d'Algériens, dont le nombre estimé se situerait entre 1,5 et 2 millions, ont émigré en France, où ils forment l'une des plus importantes populations musulmanes d'Europe.

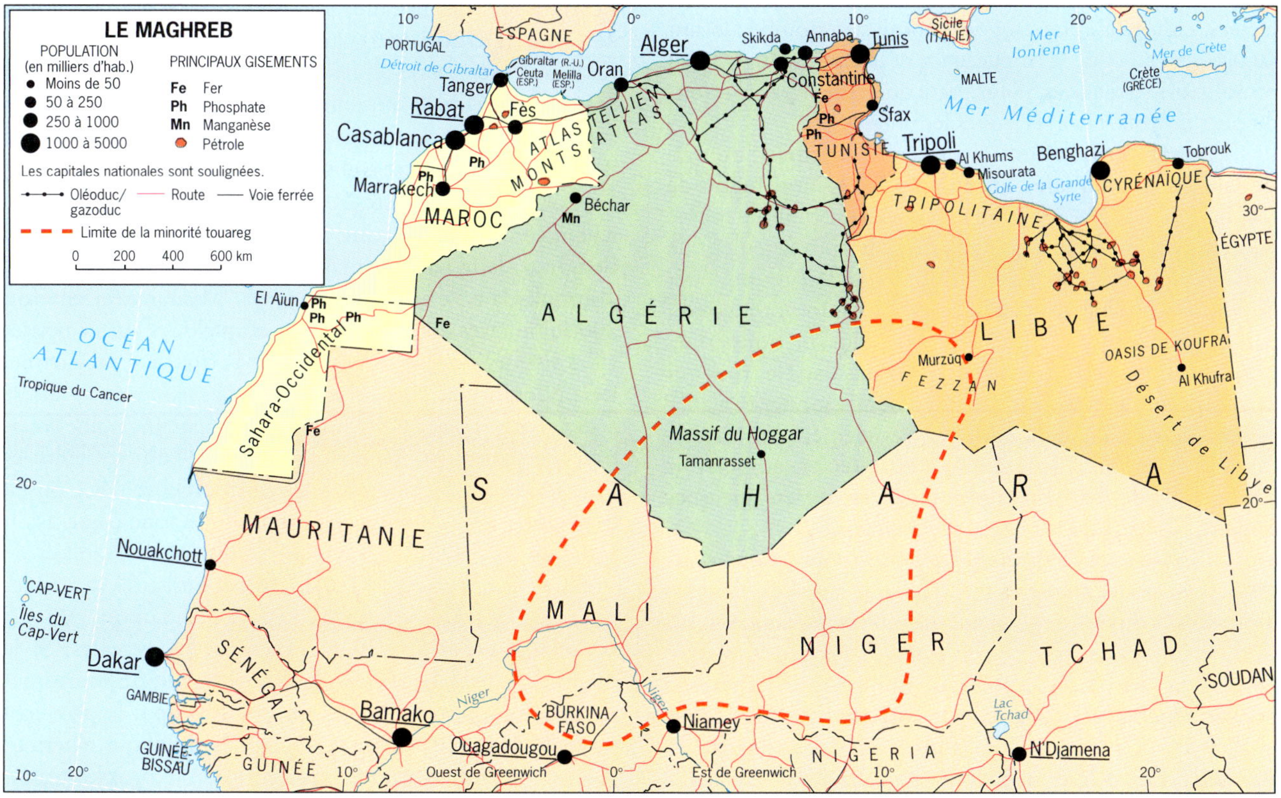

FIGURE 7B-3

7B

Le plus petit des pays du Maghreb, la Tunisie avec ses 11 millions d'habitants, occupe l'extrémité orientale de la région. Les indicateurs de l'annexe A montrent que la Tunisie devance de plusieurs façons les pays avoisinants : elle a un taux d'urbanisation supérieur, ses indicateurs sociaux sont plus élevés et son taux de croissance démographique est beaucoup plus faible que partout ailleurs dans le Maghreb. La majeure partie de la capacité productive du pays se trouve dans l'arrière-pays de la capitale historique, Tunis. L'agriculture est toujours un secteur économique important. On produit du blé, de l'orge, des olives, des agrumes, du raisin et on exporte, notamment, de l'huile d'olive et des agrumes. L'économie nationale s'est diversifiée surtout depuis le début des années 2000. Les liens que la Tunisie a noués avec des pays de l'Union européenne (la France particulièrement) ont mené à l'implantation, dans le nord du pays, de plusieurs entreprises dans les secteurs du textile et de la téléphonie. Depuis plus de 40 ans, ce pays connaît un essor touristique important. Ses nombreuses plages, son climat ensoleillé et ses vestiges romains attirent des millions de visiteurs, près de 5 millions en 2010.

La Tunisie a été un protectorat français de 1881 à 1956, année où elle est devenue une république sous son premier président, Habib Bourguiba. Depuis son indépendance, le pays est gouverné par un parti unique. Les réformes des premières années de la république concernant le droit des femmes ont fait de la Tunisie un modèle pour les pays de culture arabo-musulmane. Fortement tournés vers les cultures européennes – notamment française – depuis 1956, les Tunisiens semblent exprimer aujourd'hui le besoin d'affirmer leurs racines culturelles. La langue française s'estompe devant l'usage généralisé de la langue arabe et le renouveau de la foi musulmane se manifeste plus particulièrement par le retour du port du voile chez les jeunes femmes.

Néanmoins, la Tunisie a retenu l'attention internationale en provoquant, en janvier 2011, une vague de révoltes qui a balayé le monde arabe et s'est étendue même au-delà. Malgré ses airs de modernité, le gouvernement de Ben Ali, dénoncé pour sa répression et sa corruption, était devenu intolérable aux yeux des Tunisiens. Ils ont répondu par ce qu'on appelle désormais la révolution tunisienne, une explosion soudaine de manifestations dans les rues qui ont contraint le président Ben Ali à démissionner et à aller se réfugier en Arabie saoudite. Cet évènement est historique : un dictateur à la tête d'un **état policier**, au pouvoir depuis plus de deux décennies, a été évincé en quelques semaines grâce à un soulèvement populaire.

Partout dans le monde arabe, les populations exaltées et les gouvernements nerveux ont suivi de près les évènements qui se déroulaient en Tunisie. Cependant, en Tunisie comme en Égypte peu après, l'éviction du régime en place a créé un vide politique qui a rendu le système gouvernemental dysfonctionnel. Des élections libres ont eu lieu en octobre 2011 en Tunisie et le parti religieux Ennahda a constitué un premier gouvernement de coalition dont la tâche principale consiste à rédiger une nouvelle Constitution.

La révolution tunisienne a néanmoins été incroyablement rapide et relativement pacifique. Les choses ont toutefois pris une tournure bien différente et sont devenues beaucoup plus violentes lorsque la poussée révolutionnaire a atteint la Libye voisine.

La Libye

Pays de 6,7 millions d'habitants situé sur le rivage de la mer Méditerranée entre la Tunisie et l'Égypte, la Libye est un territoire de près de 1,8 million de km^2 (voir la figure 7B-3). Son potentiel agricole se limite à deux régions : la Tripolitaine dans le nord-ouest, dont le centre est Tripoli, la capitale, et la Cyrénaïque dans le nord-est, dont le principal foyer urbain est Benghazi. Or c'est le pétrole, et non l'agriculture, qui stimule l'économie de ce pays très urbanisé. Les gisements sont situés à l'intérieur du territoire, loin du golfe de la Grande Syrte, et sont reliés aux terminaux côtiers par des oléoducs. Des routes à deux voies soumises à de fréquentes tempêtes de sable relient les deux coins intérieurs de la Libye : le district du désert du Fezzan dans le sud-ouest et l'oasis de Koufra dans le sud-est.

Accroché au pouvoir pendant plus de quatre décennies, le colonel Mouammar Kadhafi, tué le 20 octobre 2011, a été l'un des despotes les plus violents du monde arabe. Sa réponse brutale aux manifestations antigouvernementales qui ont eu lieu dans plusieurs villes libyennes n'était pas une véritable surprise. Cette rébellion qui a débuté à la fin de janvier 2011 était différente de la révolution tunisienne à certains égards, notamment en raison du grand nombre de **tribus** (environ 140) que compte la Libye. Le régime Kadhafi a exercé une répression systématique sur les tribus qui ont refusé de le soutenir ou qui s'étaient déjà révoltées contre lui, en particulier la tribu des Warfala. Celle-ci a été la première à apporter son soutien à la contestation.

Au début de l'été 2011, les forces rebelles maintenaient le contrôle sur un certain nombre de villes, dont Benghazi, leur base principale (voir la photo ci-contre), Tobrouk dans le nord-est du pays, Misourata à environ 200 kilomètres à l'est de Tripoli et quelques autres petites villes sises à l'extrême nord, près de la frontière tunisienne. Les opposants au régime ne seraient pas parvenus à vaincre la dictature en place sans l'intervention aérienne d'une coalition internationale menée par l'OTAN. Pour soutenir les insurgés du Conseil national de transition libyen, le Conseil de sécurité de l'ONU avait instauré une zone d'exclusion aérienne interdisant à l'aviation militaire de Kadhafi de survoler le territoire. La coalition a bombardé des cibles militaires clés et des troupes au sol de Khadafi qui s'apprêtaient à assiéger les villes tenues par les rebelles. Si le grand défi de la Tunisie et de l'Égypte était de surmonter un système politique inefficace et corrompu, le principal obstacle de la Libye était un dictateur brutal qui n'hésitait pas à retourner les armes contre son propre peuple et dont l'idée de démissionner de ses fonctions ne semblait même pas lui effleurer l'esprit.

Des volontaires rebelles dans la ville de Benghazi, située dans le nord-est de la Libye, reçoivent une formation militaire en mars 2011 tandis que la guerre civile s'intensifie dans le pays. Benghazi, la deuxième ville après Tripoli, était le principal bastion des forces anti-Kadhafi. On estime qu'environ 2000 personnes, essentiellement des civils, ont perdu la vie au cours des quatre premiers mois du conflit.

LE MOYEN-ORIENT : UNE POUDRIÈRE

Comme nous l'avons mentionné dans le chapitre 7A, le terme « Moyen-Orient » n'est pas idéal, mais il est si couramment utilisé que tenter de l'éviter suscite plus de problèmes que cela n'en résout. L'appellation est apparue à une époque où l'Europe était la puissance mondiale dominante. Les dirigeants d'alors avaient pris l'habitude de situer les autres régions du globe en fonction de leur propre position.

Pour les besoins de notre étude des ensembles géographiques, la dénomination « Moyen-Orient » désigne la région qui se trouve au milieu du vaste ensemble arabo-musulman (voir la figure 7B-1). Le Moyen-Orient est bordé au nord et à l'est par la Turquie et l'Iran respectivement, et au-delà de ce dernier par le Turkestan. Au sud s'étend la péninsule arabique ; à l'ouest, la Méditerranée, l'Égypte et le reste de l'Afrique du Nord. Le Moyen-Orient est une région clé qui se trouve au cœur même du vaste territoire que constituent l'Afrique du Nord et l'Asie du Sud-Ouest.

Cinq pays forment le Moyen-Orient (voir la figure 7B-4). L'Irak est le plus important en ce qui a trait à la population et à la superficie, et il possède une fenêtre sur le golfe Persique. La Syrie, deuxième pays en importance dans les deux catégories, est située au bord de la Méditerranée. La Jordanie est liée à la mer Rouge par le golfe d'Aqaba. Le Liban voit sa survie en tant qu'État unifié remise en question. Quant à Israël, c'est un pays de religion juive dans un monde majoritairement musulman. En raison de l'importance particulière de cette région dans les affaires mondiales, nous allons examiner certains aspects de la géographie culturelle, économique et politique des cinq États qui la composent.

L'Irak

La figure 7B-4 permet de comprendre pourquoi l'Irak, entre tous les États du Moyen-Orient, est si important. Ce pays occupe 60 % du territoire que couvre le Moyen-Orient, et les Irakiens, majoritairement arabes, représentent 40 % de la population de cette région. L'Irak est, en outre, le pays du Moyen-Orient le mieux pourvu en ressources naturelles : il renferme de riches gisements pétroliers et de grandes étendues de terres agricoles. Par ailleurs, l'Irak est l'héritier des anciens pays et empires mésopotamiens qui ont prospéré dans la vallée du Tigre et de l'Euphrate, ce qui explique la présence de sites archéologiques inégalés sur son territoire. Le centre du pays est constitué du bassin du Tigre et de l'Euphrate, une région agricole verdoyante. Ces deux fleuves coulent vers le golfe Persique et forment à leur embouchure une vaste zone lacustre et marécageuse.

Depuis le début des années 1980, l'économie du pays a été affaiblie par trois guerres : celle entre l'Irak et l'Iran de 1980 à 1988, la guerre du Golfe de 1990 et l'occupation par les États-Unis de 2003 à 2011.

Sur la figure 7B-4, nous pouvons également distinguer une zone hachurée qui couvre le nord-est de l'Irak, de vastes parties de la Turquie et de l'Iran, de même que de petites sections d'autres pays. Cette zone est occupée principalement par la nation kurde, un peuple fragmenté depuis le démantèlement de l'Empire ottoman, à la fin de la Première Guerre mondiale. Plus de 6 millions de Kurdes habitent les régions montagneuses du nord de l'Irak, 15 millions vivent dans le sud-est de la Turquie, alors que 5 millions résident dans l'ouest de l'Iran. Ensemble, ils forment l'une des plus grandes **nations sans État** du globe. L'invasion de l'Irak par les États-Unis a eu pour effet de permettre aux Kurdes d'accéder à une autonomie régionale et d'obtenir plus de libertés culturelles.

La géographie culturelle et politique de l'Irak est inhérente à la religion, à la tradition et aux coutumes. Les trois principales régions culturelles (kurde, sunnite et chiite) sont illustrées sur la figure 7B-4. Sur les 33,2 millions d'Irakiens, près de 20 millions sont chiites ; cette majorité, qui a des affinités religieuses avec l'Iran, est concentrée dans le sud du pays. La plupart des habitants du nord et de l'ouest sont des musulmans sunnites, et c'est ce groupe d'environ 10 millions de personnes qui détenait le pouvoir politique avant l'invasion étasunienne de 2003. Enfin, la troisième région, située dans le nord-est du pays, abrite quelque 6,5 millions d'individus dont 6 millions sont des Kurdes. Ceux-ci sont majoritairement sunnites et non arabes. Bien évidemment, la carte n'est que la représentation simplifiée d'une mosaïque beaucoup plus complexe. Les frontières entre ces trois régions culturelles sont en réalité des zones de transition dont les contours ne sont pas clairement définis. D'autres minorités, telles que les Turkmènes et les Assyriens, ne peuvent pas être représentées à cette échelle. Et plus important encore, la capitale, Bagdad avec ses 6,2 millions d'habitants, est elle aussi devenue un microcosme de l'État, puisque ses quartiers se sont divisés suivant les appartenances religieuses et ethniques.

Parce que le gouvernement des États-Unis soupçonnait Saddam Hussein, le dirigeant de l'Irak, de cacher des armes de destruction massive et de préparer des attaques terroristes, les États-Unis ont procédé à une invasion militaire du pays en 2003. La figure 7B-4 révèle encore une fois la complexité géopolitique de la région et les raisons pour lesquelles cette invasion a eu et continue d'y avoir d'importantes conséquences : l'Irak a des frontières communes avec six autres États, comme nous l'avons souligné précédemment. Au nord se trouve la Turquie, fidèle alliée des États-Unis, et à l'est s'étend l'Iran que l'Irak a attaqué en 1980. Au sud-est de l'Irak se situe le Koweït qui a été envahi par les armées irakiennes en 1990. Au sud, il y a

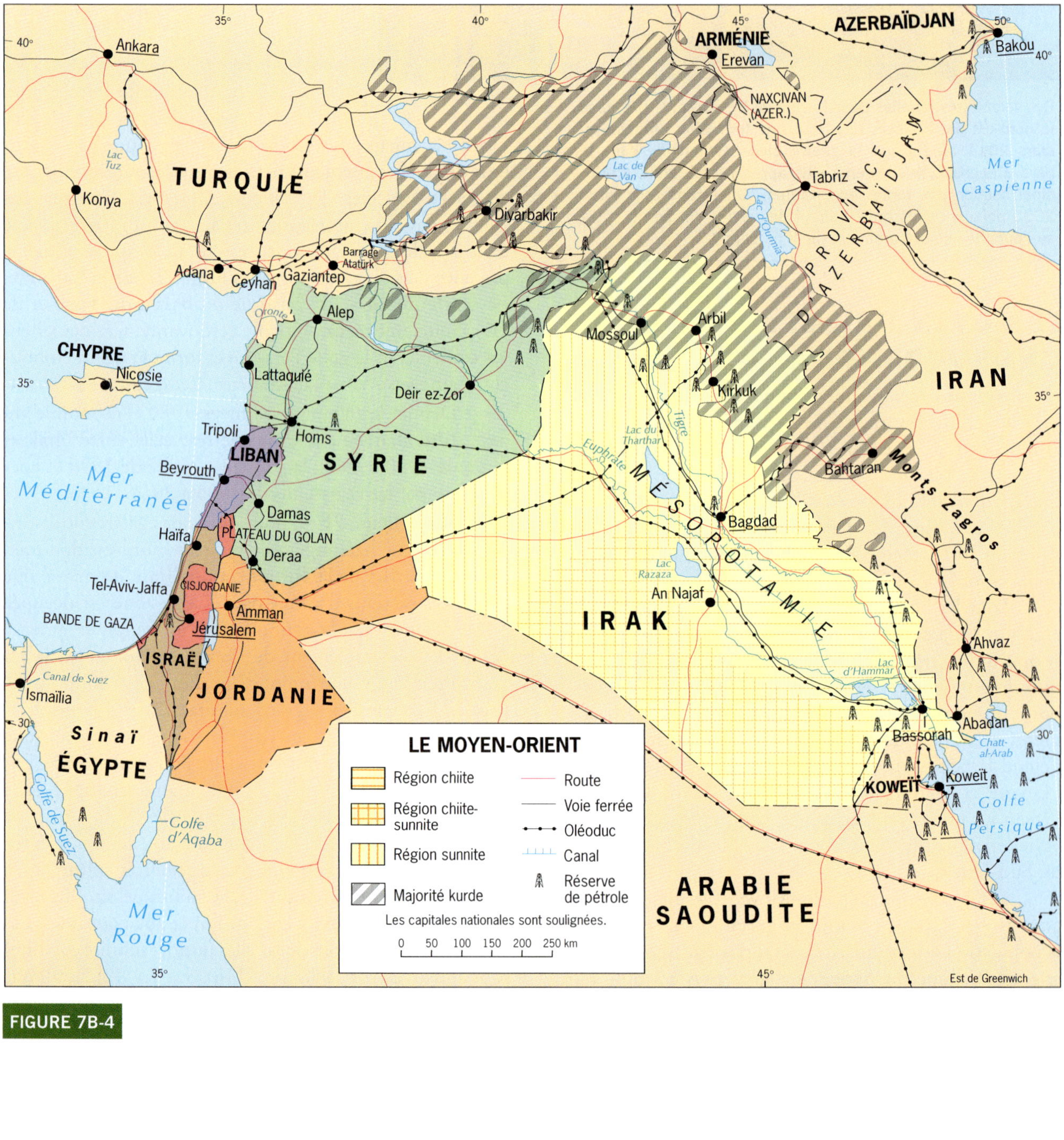

FIGURE 7B-4

l'Arabie saoudite, alliée des États-Unis et adversaire de l'Irak. Enfin, à l'ouest, l'Irak est borné par la Jordanie et par la Syrie, alliée de l'Irak durant le règne despotique du dictateur Saddam Hussein. À la lecture de cette réalité géopolitique, nous comprenons que cette région est une véritable poudrière. En décembre 2011, les États-Unis se retiraient de l'Irak; environ 1,5 million d'Étasuniens (militaires et civils) ont participé à cette guerre dont les coûts sont estimés à 1000 milliards de dollars américains. Les pertes de vies humaines sont élevées. Le conflit se solde par 60 000 morts du côté irakien et 5000 parmi les soldats des troupes étasuniennes. Mais après neuf ans de guerre, la paix est-elle revenue en Irak? L'intervention militaire des États-Unis aura-t-elle réduit les tensions entre les deux principaux groupes religieux? Comment la réalité géopolitique du Moyen-Orient va-t-elle se reconstruire à présent? La suite potentielle des évènements laisse les observateurs songeurs.

La Syrie

Tout comme l'Irak avant 2003, la Syrie est gouvernée par une minorité. Bien que 75 % des 23,6 millions de Syriens soient musulmans sunnites, l'élite dirigeante adhère à la secte alaouite, issue de l'islam chiite. Les alaouites, qui se concentrent dans le nord du pays, représentent environ 10 % de la population. Les dirigeants de cette puissante minorité contrôlent le pays depuis des décennies, parfois en réprimant impitoyablement la dissidence. En 2000, à la suite du décès de Hafez al-Assad, qui a été président à vie, Bachar al-Assad, son fils, lui a succédé et a poursuivi l'œuvre de son prédécesseur, faisant preuve d'un conservatisme politique. C'est néanmoins sous le règne du fils que la Syrie s'est finalement retirée du Liban en 2005, après 25 ans d'occupation et de contrôle du territoire libanais.

La Syrie jouit, comme le Liban et Israël, d'un littoral sur la Méditerranée, donc d'une zone où l'agriculture est praticable sans irrigation. L'arrière-pays, qui succède à cette zone côtière densément peuplée, est beaucoup plus vaste en Syrie que dans les États voisins, mais les aires productives sont très dispersées. Damas, construite dans une oasis de la pointe sud-ouest du pays, est considérée comme l'une des plus anciennes villes du monde à avoir été habitées sans interruption. Capitale actuelle de la Syrie, elle compte près de 3 millions d'habitants.

La ville principale de l'extrémité nord-ouest est Alep, centre de la culture du coton et des céréales, à proximité de la Turquie. L'Oronte est le plus important fleuve pour l'irrigation de cette région de la Syrie. Dans l'est, la vallée de l'Euphrate constitue la zone vitale. Il est de l'intérêt de la Syrie de stimuler économiquement ses provinces du nord-est, surtout depuis les récentes découvertes de pétrole. Malheureusement, la guerre en Irak a entraîné des problèmes le long de la frontière orientale du pays, ce qui a eu pour effet de retarder les projets de développement.

La dictature impitoyable des Al-Assad semblait à l'abri de la vague d'agitation qui s'est étendue sur une grande partie du monde arabe au début de 2011. Néanmoins, des manifestations ont éclaté dans plusieurs villes syriennes. En réponse à la répression particulièrement violente qu'a exercée le régime au pouvoir, le mouvement de protestations s'est rapidement intensifié. Les villes d'Alep, de Lattaquié, d'Homs et de Deraa en particulier, toutes situées dans l'ouest du pays, ont été la cible d'une grande brutalité. Au printemps 2012, on estimait que quelque 9000 personnes avaient perdu la vie durant les affrontements, alors que des milliers d'autres avaient disparu ou étaient en prison.

Le ressentiment populaire qui s'observe en Syrie, comme ailleurs dans le monde arabe, révèle les faiblesses d'un gouvernement qui a privé son peuple de liberté et qui s'est montré incapable d'assurer le développement économique du pays. Les manifestations syriennes sont l'expression d'un mécontentement qui couvait depuis fort longtemps, particulièrement parmi les jeunes. La résolution du conflit en Syrie est cruciale, voire plus importante que les évènements survenus en Tunisie, en Libye et au Yémen quant à l'avenir du Moyen-Orient et de l'ensemble géographique en général. La Syrie exerce une grande influence dans la région, en particulier sur ses voisins immédiats que sont Israël, le Liban, la Jordanie, l'Irak et la Turquie. Un virage démocratique pacifique en Syrie serait profitable à tous, mais le régime syrien ne semble pas prêt à faire des concessions.

La Jordanie

La Jordanie, un royaume situé en plein désert, est née du démantèlement de l'Empire ottoman à la fin de la Première Guerre mondiale. Plus que tout autre pays arabe, elle a souffert de la création de l'État d'Israël, puisqu'elle a perdu son littoral sur la Méditerranée et son port, Haïfa, autrefois administré par les Britanniques (conformément au mandat qu'ils exerçaient sur la Palestine) et aujourd'hui en territoire israélien. Au moment de son indépendance en 1946, la Jordanie ne comptait que 400 000 habitants. En 1948, année de la proclamation de l'État d'Israël, elle a accueilli près de 500 000 Palestiniens en provenance de la Cisjordanie et, plus tard, un afflux massif de réfugiés. Aujourd'hui, dans ce pays de près de 7 millions d'habitants, la population d'origine palestinienne est deux fois supérieure à la population initiale d'origine jordanienne. Le règne du roi Hussein de Jordanie, qui a duré 47 ans et qui a pris fin en 1999 avec la mort du souverain, a toutefois constitué une force centripète majeure pour le maintien de l'unité de cet État.

Amman, la capitale, est frappée de pauvreté. La Jordanie est dépourvue de ressources pétrolières et ne possède pour voie maritime que le golfe d'Aqaba, éloigné et peu pratique. Le pays a réussi à survivre avec l'aide des États-Unis, du Royaume-Uni et d'autres pays. Il a perdu son territoire de la Cisjordanie durant la guerre de 1967 contre Israël, y compris son secteur de Jérusalem, la deuxième ville de l'ensemble à cette époque. Aucun autre État que la Jordanie n'a autant d'intérêt à ce que Israël et les Palestiniens en arrivent à une entente.

La Jordanie n'a pas connu les bouleversements qui ont secoué de nombreux autres pays arabes en 2011. Les politiques du gouvernement n'étaient pas aussi répressives qu'en Syrie ou en Libye. Il y a eu, néanmoins, de sérieuses manifestations et, en février 2011, le roi Abdallah II de Jordanie a dissout son cabinet pour apaiser la foule agitée. Les défis à long terme de la Jordanie sont davantage d'ordre économique, mais la privation continuelle des gens pourrait aisément se transformer en mécontentement populaire. D'autant plus que la Jordanie fait face à un important problème d'approvisionnement en eau. Elle est l'un des pays de la région les plus pauvres en ce qui a trait à cette indispensable ressource. Pour le moment, elle se satisfait de ses faibles réserves d'eau souterraine et partage avec Israël le faible débit du Yarmouk et du Jourdain, mais pour combien de temps encore?

Le Liban

Comme en témoignent les figures 7B-4 et 7A-6, le Liban jouit d'importants avantages géographiques: une longue côte le long de la mer Méditerranée, une capitale (Beyrouth) bien située sur le littoral et des terminaux pétroliers en bord de mer. Ces cartes ne révèlent toutefois pas l'un des principaux atouts du pays: la haute plaine intérieure de la Bekaa, qui s'étend dans la partie orientale, et qui constitue un plateau fertile propice à l'agriculture.

À la suite du démantèlement de l'Empire ottoman et de l'établissement de nouveaux pays et de nouvelles frontières, le Liban est placé sous mandat français au lendemain de la Première Guerre mondiale. Durant les années 1930, la population comptait sensiblement le même nombre de musulmans que de chrétiens. À cette époque, Beyrouth était souvent surnommée «le Paris du Moyen-Orient». Après l'accession à l'indépendance en 1943, le Liban fonctionnait comme une démocratie et s'en tirait bien sur le plan économique à titre de centre bancaire et commercial de la région. Après la guerre des Six Jours de 1967 (entre Israël et des pays de la région) est venue une première vague de réfugiés palestiniens qui a été suivie par plusieurs autres. En 1975, la situation au Liban a dégénéré en une guerre civile qui a détruit presque entièrement Beyrouth et ruiné l'économie du pays. Durant ce conflit, les milices chrétiennes, sunnites, chiites, druzes et palestiniennes, de même que les armées libanaises et syriennes, luttaient pour s'emparer du pouvoir. Le pays s'est effondré et s'est retrouvé à la merci des forces syriennes qui ont pris le contrôle de la partie nord du territoire. Entre 1982 et 2000, Israël a occupé la partie sud du Liban.

Le peuple libanais était mécontent de l'occupation syrienne et israélienne; pourtant, cette situation a perduré durant plusieurs décennies. Dans l'intervalle, un mouvement islamiste, le Hezbollah, a vu le jour et est même devenu une force politique qui a combattu l'occupation israélienne. Israël s'est retiré du Liban du Sud en 2000 et les Syriens ont été évincés du nord en 2005 sous les auspices des Nations Unies. Ensuite, un nouveau gouvernement libanais stable s'est entendu autour d'un accord de partage du pouvoir. Toutefois, la paix a été de courte durée. En 2006, l'enlèvement de soldats israéliens par le Hezbollah a provoqué une attaque israélienne, ruinant les infrastructures physiques et politiques à peine reconstruites. Le Liban, qui compte aujourd'hui 4,4 millions d'habitants, est parfois décrit à juste titre comme un «jardin sans clôture» en raison de sa vulnérabilité aux interventions extérieures; c'est pourquoi le pays demeure dans une situation géopolitique précaire.

Israël et les territoires palestiniens

Israël se situe au cœur du monde arabe (voir la figure 7B-1). Depuis 1948, année de la création d'un foyer national juif à la suite d'une décision de l'Assemblée générale des Nations Unies, le conflit israélo-arabe domine la scène politique de la région.

La figure 7B-5 aide à mieux comprendre les enjeux complexes de ce conflit. Après la Seconde Guerre mondiale (1939-1945), les communautés juives d'Europe ont été soutenues dans leurs efforts pour créer un foyer national juif dans le Croissant fertile sous l'influence du **sionisme**. En 1946, les Britanniques, qui avaient administré cette région après la fin de l'Empire ottoman, ont proclamé l'indépendance du territoire situé à l'est du fleuve Jourdain, qui a alors été renommé «Transjordanie» et qui correspond à la Jordanie actuelle. Peu après, en 1948, l'ONU a divisé le territoire situé à l'ouest du Jourdain. Ainsi, un peu plus de la moitié a été attribuée aux communautés d'origine juive, y compris des terres habitées de longue date par des populations arabes qui faisaient autrefois partie de la Palestine. Le territoire orange sur la carte est devenu l'État d'Israël.

La déclaration d'indépendance d'Israël, le 14 mai 1948, a été immédiatement suivie d'attaques menées par les États arabes voisins. Pendant ce conflit, Israël est parvenu non seulement à conserver ses positions, mais également à conquérir des territoires hors de ses frontières. À la fin du conflit en 1949, Israël englobait désormais les territoires en vert sur la figure 7B-5. Au cours de ce même conflit, des troupes en provenance de Transjordanie ont envahi la Cisjordanie située sur la rive ouest du Jourdain et qui apparaît en jaune sur la carte. Ces troupes ont annexé la Cisjordanie et même une partie de la ville de Jérusalem, élargissant ainsi les frontières d'un pays qui a alors pris le nom de Jordanie.

Ce premier conflit a marqué le début d'une série de guerres opposant Israël à ses voisins arabes. En 1967, à la suite d'une guerre éclair dite «des Six Jours», Israël a remporté une victoire magistrale: il a arraché le plateau du Golan à la Syrie, la Cisjordanie à la Jordanie et toute la péninsule du Sinaï, jusqu'au canal de Suez, à l'Égypte. Il a même pris la bande de Gaza que l'Égypte occupait depuis 1948.

Ces conflits ont entraîné un exode considérable, principalement de réfugiés arabes palestiniens. Les Palestiniens constituent pour ainsi dire une nation sans État. Environ

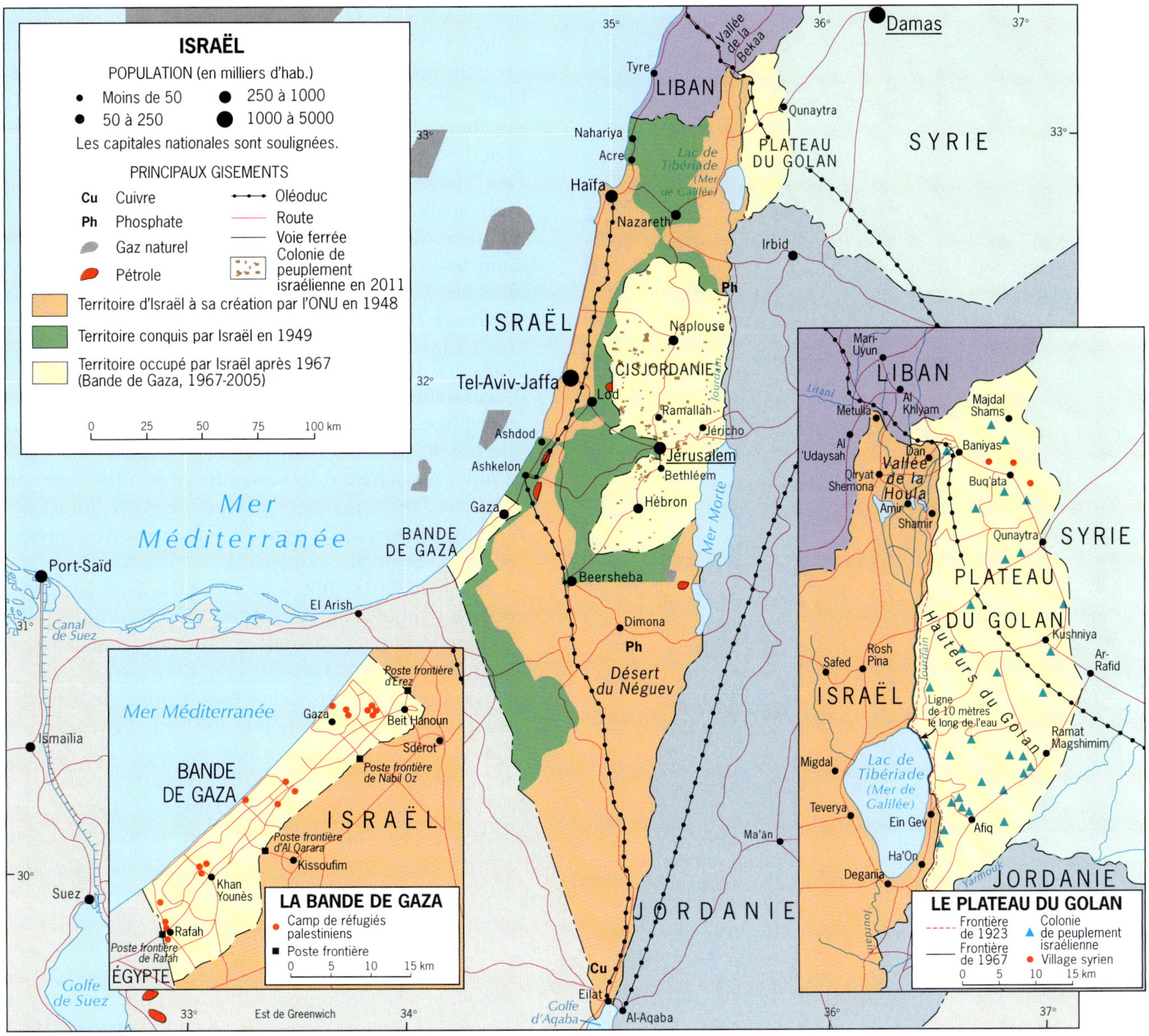

FIGURE 7B-5

1,6 million d'entre eux vivent avec la citoyenneté israélienne à l'intérieur des frontières d'Israël, plus de 2,3 millions sont installés en Cisjordanie et 1,5 million dans la bande de Gaza. La Cisjordanie et la bande de Gaza forment ensemble ce qu'on appelle les Territoires palestiniens. Compte tenu de la situation explosive, beaucoup de Palestiniens habitent dans des pays voisins. Ils sont 2,8 millions en Jordanie, 630 000 en Syrie, 405 000 au Liban et 280 000 en Arabie saoudite; 400 000 autres résident en Irak, en Égypte et au Koweït, et certains vivent dans d'autres pays à travers le monde, notamment aux États-Unis où leur communauté regroupe environ 250 000 personnes. Beaucoup de membres de cette diaspora palestinienne se sont intégrés à leur société d'accueil, mais des dizaines de milliers d'entre eux vivent encore dans des camps de réfugiés. En 2012, on estimait que le nombre de Palestiniens apatrides s'élevait à près de 12 millions.

La superficie d'Israël équivaut approximativement à la moitié de celle de la Nouvelle-Écosse. La population se chiffre à un peu moins de 8 millions d'habitants, y compris les 1,6 million de Palestiniens. Toutefois, en raison de son emplacement au milieu d'adversaires et de ses solides liens internationaux, Israël revêt une importance que ne reflètent pas ces données. Ce pays a développé une puissante force militaire. À titre de partenaire politique entretenant de forts liens avec les pays occidentaux, Israël reçoit une aide financière considérable des États-Unis. Washington a d'ailleurs cherché à trouver un compromis entre les Juifs et les Palestiniens, ainsi qu'entre Israël et ses voisins arabes. Dans le cadre de leur politique étrangère, les États-Unis encouragent une solution fondée sur la création de deux États distincts, soit un État palestinien et un État israélien. Pour y parvenir, cependant, d'épineux problèmes doivent

La barrière de sécurité israélienne prend plusieurs formes – tantôt mur de béton, tantôt clôture de métal – et entraîne des conséquences aux multiples dimensions. La section photographiée ici sépare le village d'Abu Dis situé en banlieue de Jérusalem (à gauche) de la Cisjordanie (à droite). Alors que les autorités israéliennes prétendent que le mur a dû être érigé pour des raisons de sécurité, les Palestiniens, dénonçant son emplacement à l'intérieur des aires palestiniennes, soutiennent que la politique en est plutôt le principal motif.

être résolus et les deux parties concernées doivent surtout démontrer une volonté politique et un désir d'en arriver à un compromis, notamment sur les cinq questions exposées ci-dessous.

1. **La Cisjordanie** Même si Israël s'est emparé de la Cisjordanie en 1967, ce territoire aurait pu devenir une patrie palestinienne (et peut-être un État), mais l'implantation de colonies juives a rendu cette éventualité problématique. En 1977, seulement 5000 Juifs résidaient en Cisjordanie, y compris dans Jérusalem-Est. En 2012, ils sont plus de 350 000, représentant 12 % de la population totale. Il en résulte un enchevêtrement apparemment inextricable de communautés juives et palestiniennes (voir la figure 7B-6), ce qui rend moins probable la solution fondée sur la coexistence de deux États.

2. **Le plateau du Golan** Le carton extérieur sur la figure 7B-5 permet de mieux comprendre à quel point la restitution du plateau du Golan à la Syrie serait difficile. En effet, ce plateau donne sur une large zone du nord d'Israël et abrite le Jourdain de même que l'indispensable lac Kinneret – lac de Tibériade pour les Palestiniens ou mer de Galilée dans les Évangiles –, principale réserve hydrique d'Israël. Les relations entre les deux pays ne sont pas susceptibles de s'améliorer tant et aussi longtemps que le plateau du Golan ne sera pas rendu à la Syrie. En raison du climat politique en Israël, la restitution de ce territoire semble difficile, voire impossible.

3. **Jérusalem** L'ONU avait projeté de faire de Tel-Aviv la capitale d'Israël et de Jérusalem, une ville internationale. Cependant, l'attaque des pays voisins arabes de 1948 et la guerre qui en a découlé ont permis à Israël de pénétrer dans Jérusalem (voir la pointe en vert qui avance en Cisjordanie sur la figure 7B-5). Lorsqu'un cessez-le-feu a enfin été négocié, Israël détenait la partie occidentale de la ville ; et les forces arabes, le secteur oriental. Toutefois, d'importants sites historiques juifs, comme le mur occidental ou mur des Lamentations, se trouvent à Jérusalem-Est. En 1950, Israël a néanmoins proclamé Jérusalem-Ouest comme sa capitale. La figure 7B-7 montre la position de la ligne d'armistice (en noir), laissant la majeure partie de la vieille ville aux mains des Jordaniens. Durant la guerre des Six Jours en 1967, Israël a conquis l'ensemble de la Cisjordanie, dont Jérusalem-Est. En 1980, l'État hébreu a proclamé Jérusalem « une et indivisible » et a réaffirmé son statut de capitale, appelant toutes les nations à y déplacer leur ambassade installée à Tel-Aviv. Entretemps, le gouvernement israélien s'est appliqué à transformer la physionomie de la ville antique en procédant à l'établissement de colonies juives tout autour de Jérusalem-Est dans le but de faire disparaître, avec le temps, la vieille distinction entre l'ouest juif et l'est arabe. Ces mesures ont soulevé l'ire des dirigeants palestiniens qui continuent de considérer Jérusalem comme le siège éventuel de l'État palestinien tant espéré. Les efforts renouvelés des États-Unis en 2011 pour convaincre Israël de mettre un terme à la construction de nouvelles colonies à Jérusalem-Est ont été vains, même en dépit des promesses de Washington d'accroître son aide financière à l'État hébreu.

4. **La barrière de sécurité** En réponse aux attentats suicide commis en Israël par des Palestiniens, l'État hébreu a entrepris d'ériger un mur autour de la Cisjordanie qu'il appelle « barrière de sécurité » ; elle est dessinée en rouge sur la figure 7B-6. Nous pouvons aussi en voir une photo ci-dessus. Le tracé de cette barrière n'est pas conforme aux frontières de la Cisjordanie établies *de facto* en 1967, puisqu'il ampute 10 % du territoire, ce qui a pour effet de faire

LIBAN
PLATEAU DU GOLAN (Occupées par Israël)
SYRIE
Lac de Tibériade (Mer de Galilée)
Jourdain
Haïfa
Nazareth
Afula
Irbid
Mer Méditerranée
Jenin
Hadera
Netanya
Tulkarm
JORDANIE
Naplouse
Qalqiya
Tel-Aviv-Jaffa
CISJORDANIE
Amman
Ramla
Ramallah
Ashdod
Jéricho
Jérusalem
ISRAËL
Bethléem
Mer Morte
Hébron
Beersheba
35°
35°30'
33°
32°30'
32°
31°30'
Est de Greenwich
LA CISJORDANIE
Colonie de peuplement juive à l'intérieur de la barrière de sécurité
Colonie de peuplement juive à l'extérieur de la barrière de sécurité
Colonie de peuplement israélienne à la fin de 2011
Région palestinienne
Transporteur d'eau national
Route
Voie ferrée
Barrière de sécurité terminée et planifiée
Source : Ministère de la Défense d'Israël.
Les capitales nationales sont soulignées.
0 5 10 15 km

FIGURE 7B-6

passer une partie du territoire cisjordanien et de ses habitants du côté israélien de la séparation. Ce renforcement de la frontière entre Israël et la Cisjordanie place les Palestiniens dans une situation affligeante ; la barrière se retrouve parfois entre leurs maisons et leurs champs agricoles. Les Palestiniens exigent que ce mur soit abattu, ce à quoi les Israéliens répondent que l'Autorité palestinienne doit d'abord maîtriser les auteurs d'attentats suicide.

5. **La bande de Gaza** En 2005, Israël a décidé de se retirer de la bande de Gaza ; il a rapatrié toutes les colonies juives, puis a cédé le contrôle de la zone à l'Autorité palestinienne (voir le carton intérieur sur la figure 7B-5). Une lutte de pouvoir s'est alors engagée entre les deux principales factions politiques palestiniennes, le Fatah et le Hamas. Ce dernier, plus militant, a été porté au pouvoir en 2006 dans le cadre d'élections contestées. Israël a menacé le Hamas de représailles après que des tirs de roquettes eurent tué et blessé des Israéliens et causé des dommages sur son territoire. À la toute fin de 2008, puisque les autorités du Hamas ne voulaient ou ne pouvaient pas mettre un terme aux tirs de roquettes lancées depuis la bande de Gaza, Israël a décidé de mener une attaque qui a pris fin en janvier 2009. Selon un bilan, environ 1300 habitants de la bande Gaza ont perdu la vie, parmi lesquels se trouvaient de nombreux civils innocents. La riposte israélienne a aussi lourdement endommagé les infrastructures, y compris des installations de l'ONU. Cette opération militaire israélienne, approuvée par la majorité des Israéliens, a cependant été condamnée à l'échelle internationale en raison du caractère jugé disproportionné des représailles.

Le paysage urbain de Jérusalem présente de nombreux contrastes culturels, car la ville est un lieu saint de grande importance à la fois pour les juifs, les chrétiens et les musulmans.

Ainsi, Israël se trouve en plein cœur d'une tempête géopolitique mouvante. Les cinq questions soulevées précédemment ne représentent qu'une facette du problème global ; parmi les autres écueils figurent les droits sur l'eau, les compensations pour ceux qui ont été expropriés de leurs terres, le droit au retour des réfugiés palestiniens dans leur demeure et la forme précise d'un éventuel État palestinien.

La découverte récente de gigantesques réserves gazières au large d'Israël, dans la Méditerranée, pourrait encore enflammer la région (voir la figure 7B-5). L'exploration a déjà commencé dans certains champs gaziers et des forages de recherche sont en cours dans les fonds marins. Ces réserves gazières, qui viendraient considérablement accroître les revenus d'Israël, aggravent les tensions politiques avec certains pays voisins. La plus importante de ces réserves est située plus au nord et elle a déjà entraîné un conflit avec le Liban, car la frontière maritime fait l'objet de contestation. Une autre réserve gazière se trouve dans le sud, au large de la bande de Gaza. Bien que l'Autorité palestinienne se soit montrée désireuse d'en commencer l'exploitation qui assurerait à son économie appauvrie les revenus qui lui font tant défaut, Israël a opposé son véto au projet pour des raisons de sécurité.

Comme nous l'avons évoqué plus haut, la question de l'eau est aussi une source de tension dans la région. Plus de 30 % de l'approvisionnement d'Israël dépend des aquifères situés dans le sous-sol de la Cisjordanie ; environ 20 % de la quantité d'eau provenant de cette réserve est allouée aux 2,3 millions de Palestiniens et le reste est distribué aux colons juifs de cette zone ainsi qu'aux villes de Tel-Aviv et de Jérusalem. Les Palestiniens reprochent à Israël de rationner l'eau pour les agriculteurs palestiniens, tandis que la consommation moyenne des Israéliens est quatre fois supérieure. La question de l'eau pose aussi problème avec les pays voisins d'Israël, notamment avec la Jordanie en ce qui a trait au partage équitable des eaux du Jourdain.

En définitive, l'avenir d'Israël dépend de la négociation d'une entente satisfaisante avec les Palestiniens, de même que de la normalisation de ses relations avec les pays voisins.

LA PÉNINSULE ARABIQUE

La définition de la région dite de la péninsule arabique ne prête pas à discussion : située au sud de la Jordanie et de l'Irak et entourée d'eau, elle forme une véritable presqu'île. Elle regroupe sept

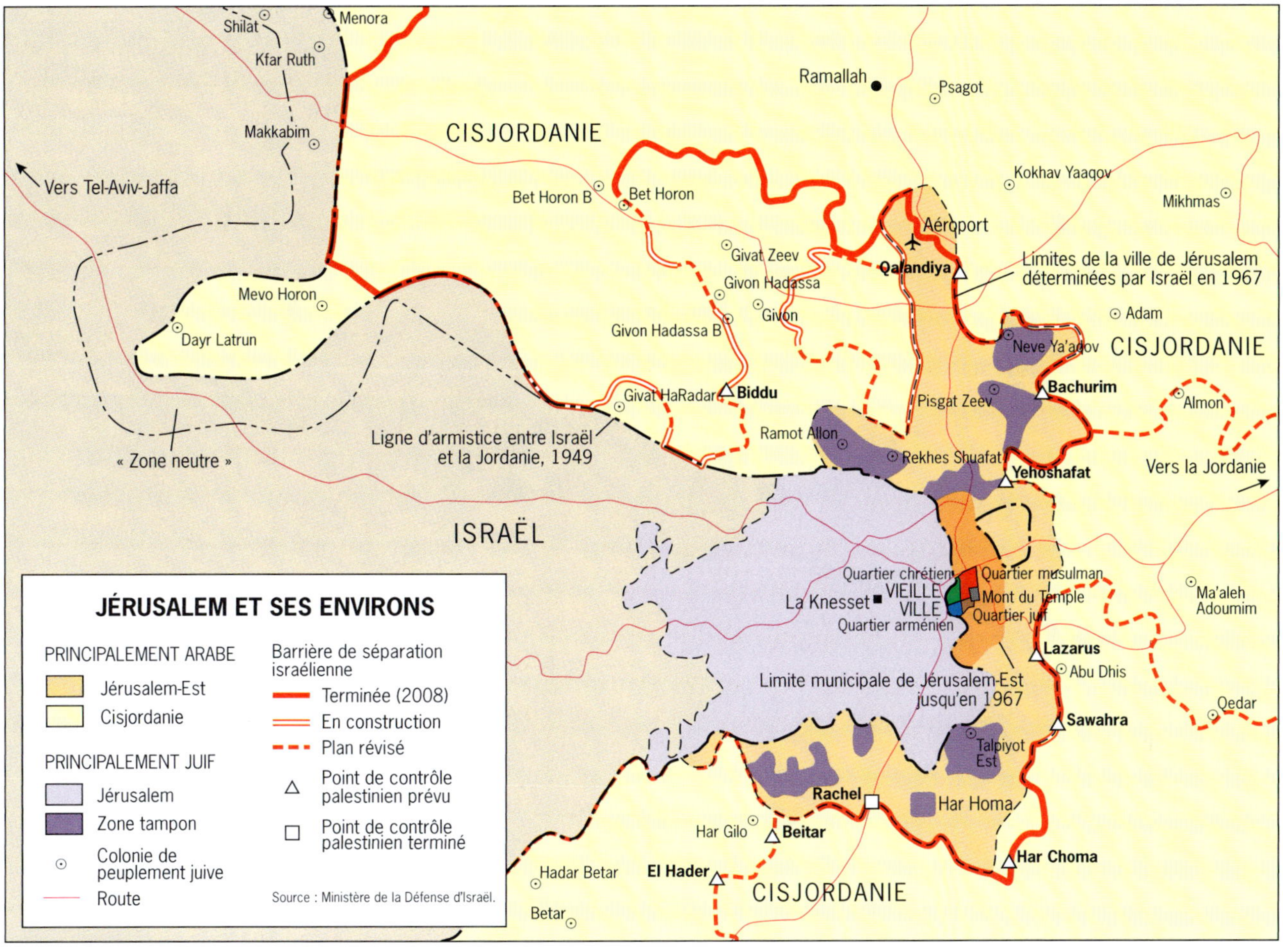

FIGURE 7B-7

États (voir la figure 7B-8) qui sont des émirats et des territoires sous l'autorité de cheiks où, malgré la prospérité liée à l'exploitation pétrolière, le mode de vie est demeuré traditionnel. La péninsule arabique est en outre le foyer historique de l'islam. En tant que région, la péninsule est dominée du point de vue naturel par un habitat désertique et du point de vue politique par le Royaume d'Arabie saoudite sur lequel nous allons nous attarder.

L'Arabie saoudite ne compte peut-être que 30,7 millions d'habitants, auxquels s'ajoutent environ 8 millions de travailleurs expatriés, mais elle revêt une importance stratégique mondiale. Un coup d'œil rapide à la figure 7A-6 suffit pour en comprendre la raison : la péninsule arabique renferme les gisements de pétrole connus les plus considérables du globe. Or l'Arabie saoudite occupe la majeure partie de la péninsule et, selon les données disponibles, elle possède le cinquième de toutes les réserves pétrolifères mondiales. Comme le montre la figure 7B-8, ces réserves se situent dans la partie orientale du pays, en particulier le long du golfe Persique, et s'étendent vers le sud dans le désert du Rub al-Khali (ou Quart vide).

D'une superficie de 2 150 000 km^2, l'Arabie saoudite est le troisième État de l'ensemble géographique ; seuls le Kazakhstan et l'Algérie sont plus vastes qu'elle. Elle partage la péninsule arabique avec – en sens horaire depuis l'extrémité septentrionale du golfe Persique – le Koweït, le Bahreïn, le Qatar, les Émirats arabes unis, le Sultanat d'Oman et la République du Yémen. Ces six États des marges orientale et méridionale de la péninsule regroupent 40 millions de personnes ; le Yémen, le plus peuplé, en compte à lui seul 25 millions. La figure 7B-8 révèle que la majorité des activités économiques de l'Arabie saoudite sont concentrées dans un large corridor traversant le centre du pays d'est en ouest, depuis la ville prospère de Dhahran sur le golfe Persique jusqu'aux cités de La Mecque et de Médine non loin de la mer Rouge, en passant par Riyad, la capitale du royaume. Un réseau de transport et de communication moderne a récemment été construit ; toutefois, dans les zones de l'intérieur où le progrès ne s'est pas encore rendu, les Bédouins continuent d'emprunter les anciennes routes caravanières qui sillonnent le vaste désert. Pendant des décennies, seules les familles royales d'Arabie saoudite ont tiré profit de la richesse du pays, et la vie des villageois et des nomades est restée pratiquement inchangée. Durant l'essor pétrolier des années 1950, l'Arabie saoudite a accueilli de nombreux étrangers pour travailler

FIGURE 7B-8

dans les champs pétrolifères, les ports et les usines ou comme domestiques. La partie orientale du royaume a prospéré, mais le reste accuse un retard.

Cinq des six États qui partagent la péninsule arabique avec l'Arabie saoudite sont situés soit sur le golfe Persique, soit sur le golfe d'Oman (voir la figure 7B-8). Ces cinq pays sont des monarchies de tradition islamique et tirent des revenus considérables de l'exportation du pétrole. Leur population varie de 1,3 à 5,5 millions d'habitants ; ils ont peu de pouvoir et exercent peu

La tour Burj Khalifa, pièce maîtresse de la ville ultramoderne de Dubaï située au bord du golfe Persique, dans le nord-est des Émirats arabes unis. Achevée en 2010, cette tour est le plus haut gratte-ciel du monde. Comptant 160 étages, elle a une hauteur de 828 mètres, soit plus de deux fois la taille de l'Empire State Building à New York.

d'influence. Outre ces caractéristiques communes, les cinq États présentent une grande diversité géographique.

LES ÉTATS IMPÉRIAUX

Deux grands États, la Turquie et l'Iran, forment ensemble la région qui se trouve au nord du Moyen-Orient et du golfe Persique (voir la figure 7B-1). Dans ces pays, qui partagent un passé impérial grandiose, l'appartenance ethnique n'est pas majoritairement arabe, mais la culture de l'islam prédomine toutefois. Bien que ces deux pays aient une courte frontière commune et qu'ils soient tous les deux musulmans, ils affichent d'importantes différences.

La Turquie

Comme l'illustre la figure 7B-9, la Turquie est un pays montagneux, dont le relief est en général moyennement élevé et dont le milieu naturel présente une grande diversité, depuis les steppes jusqu'aux hautes montagnes (voir la figure I-14).

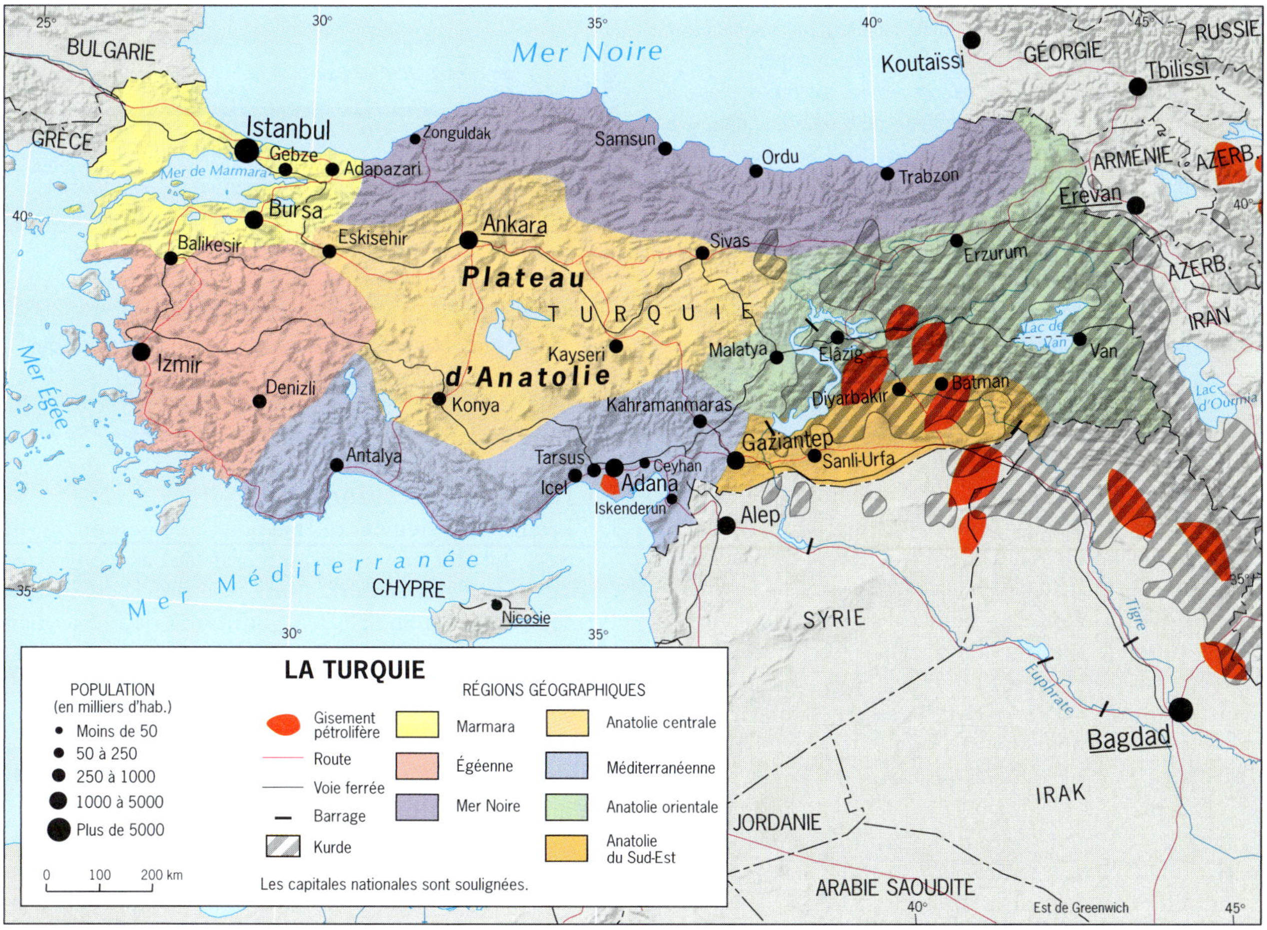

FIGURE 7B-9

L'une des MÉTROPOLES de . . .

L'AFRIQUE DU NORD ET L'ASIE DU SUD-OUEST — ISTANBUL

ISTANBUL, VILLE FABULEUSE qui s'étend de part et d'autre du détroit du Bosphore, est bordée au sud par la mer de Marmara et, au nord, par la mer Noire. D'abord appelée Byzance, puis renommée Constantinople – nom qu'elle a gardé pendant des siècles –, elle a été le cœur de l'Empire byzantin, la capitale de l'Empire ottoman, puis celle de la République de Turquie jusqu'en 1923, année où Mustafa Kemal, dit Atatürk (fondateur de la Turquie moderne) a transféré le siège du gouvernement à Ankara.

Le site et la situation géographique d'Istanbul sont incomparables. Chevauchant l'Europe et l'Asie, là où la mer Noire rejoint la Méditerranée, la ville a été construite sur les sept collines qui se dressent au-dessus d'une voie fluviale étroite et profonde, la fameuse Corne d'Or, qui se jette depuis l'ouest dans le détroit du Bosphore. La succession des empires et de différentes religions a doté la ville d'une multitude de merveilles architecturales, qui lui donnent une apparence presque surréaliste lorsqu'on l'aperçoit de la mer. Pourtant, ce qu'offre aujourd'hui Istanbul à la vue n'est que le vestige des trésors accumulés au cours de l'histoire et qui ont survécu aux tremblements de terre, aux incendies et aux guerres.

Bien que le siège du gouvernement ait été déplacé à Ankara, Istanbul demeure la capitale culturelle et financière de la Turquie. Ville principale du pays, elle attire aussi des millions d'habitants venus des campagnes où sévit la pauvreté. Dans la vieille ville, qui portait anciennement le nom de Stamboul, et dans le district européen appelé Beyoglu au nord de la Corne d'Or, les immeubles modernes se disputent l'espace et les vues sur la baie; ils forment un écran devant les panoramas qui faisaient autrefois partie du paysage culturel unique d'Istanbul. En périphérie, les bidonvilles se multiplient à un point tel que, au rythme actuel, la population de la ville double tous les 15 ans; en 2012, elle avait atteint 10,8 millions d'habitants. En raison de cet afflux sans précédent, l'infrastructure de la ville s'effrite. De plus, étant donné que le développement d'Istanbul n'est régi par aucune véritable planification urbaine, l'héritage deux fois millénaire que constituent les paysages culturels risque de disparaître.

Sur le plateau d'Anatolie, au climat sec, se trouvent de petits villages où les paysans pratiquent une agriculture de subsistance (principalement des céréales) et élèvent du bétail. Les plaines côtières, peu étendues mais fertiles, sont densément peuplées. Les principaux produits d'exportation sont les textiles, fabriqués avec du coton cultivé localement, et les denrées agricoles. La Turquie possède également de riches gisements de minéraux et quelques réserves pétrolifères dans le sud-est, ainsi qu'un petit secteur sidérurgique qui emploie les matières premières extraites du sous-sol national.

Des barrages gigantesques sur le Tigre et l'Euphrate servent à la production d'électricité et à l'irrigation des terres dans le sud du pays. D'autres barrages projetés permettront de contrôler entièrement le débit de ces deux fleuves qui s'écoulent vers le sud, arrosant la Syrie et l'Irak qui en dépendent.

La Turquie et ses minorités

La Turquie est tristement célèbre pour la répression qu'elle a exercée sur des minorités, avant l'arrivée au pouvoir de Mustafa Kemal, dit Atatürk. Ainsi, peu après le début de la Première Guerre mondiale, le régime turc a décidé de chasser de son territoire tous les Arméniens, un groupe qui vivait principalement dans le nord-est du pays. Les autorités ont déporté quelque 2 millions d'Arméniens et massacré près de 600 000 d'entre eux. Le souvenir de cet évènement soulève encore aujourd'hui de vifs sentiments antiturcs au sein de la communauté arménienne.

Dans l'histoire récente, la Turquie a fait l'objet de nombreuses critiques en raison des mauvais traitements qu'elle a infligés à son importante minorité kurde, concentrée dans une région de hautes montagnes dans l'est du pays. Environ le cinquième de la population de la Turquie, qui compte 75,4 millions d'habitants, est kurde. Les gouvernements turcs successifs ont entretenu des relations fondées sur la répression avec cette nation minoritaire, allant même jusqu'à interdire l'usage de leur langue et la diffusion de leur musique dans les lieux publics. La patrie historique des Kurdes, dont le centre est la ville de Diyarbakir, se situe dans le sud-est de la Turquie (voir la figure 7B-9). Toutefois, des millions de Kurdes se sont installés dans les bidonvilles entourant Istanbul ou ont émigré dans les pays de l'Union européenne à la recherche d'emplois. Devant la montée du nationalisme kurde à la frontière de l'Irak ravagé par la guerre, la Turquie a réagi de deux manières très différentes : en réprimant les mouvements d'insurrection kurdes basés en Turquie même et en Irak, d'une part, et en accordant des droits et des libertés accrus aux Kurdes non engagés dans la résistance armée, d'autre part. Ce faisant, la Turquie a amélioré son bilan au chapitre des droits de la personne, une pierre d'achoppement à son adhésion éventuelle à l'Union européenne. Parallèlement, Ankara a tenté de rétablir des relations avec l'Arménie, abordant ainsi un problème encore délicat, même près d'un siècle après les évènements condamnables.

La Turquie et l'Union européenne

Avec son économie diversifiée et en croissance, son gouvernement laïc et membre de l'OTAN, la Turquie est le principal État susceptible d'adhérer à l'Union européenne (UE) dont la majorité de la population est musulmane. La Turquie, qui a déjà signé un accord d'union douanière avec l'UE en 1995, a été déclarée candidate à l'adhésion en 1999. Des négociations officielles en vue de son adhésion ont débuté en 2005. Ses politiques en matière de droits de la personne restent cependant insuffisantes. Les nombreux crimes d'honneur, c'est-à-dire les meurtres de jeunes filles et de femmes généralement perpétrés par des hommes pour sauver leur honneur, suscitent l'indignation des Européens, non seulement parce qu'ils représentent près de la moitié de tous les homicides à survenir en Turquie, mais surtout du fait qu'ils continuent d'être tolérés par l'application de lois sexistes et l'absence d'une véritable condamnation publique.

Néanmoins, la Turquie a fait des progrès considérables au cours de la dernière décennie. L'État est aujourd'hui une démocratie pleinement opérationnelle, et ses valeurs laïques sont protégées par la Constitution si bien que, même avec une majorité islamiste au pouvoir – le Parti pour la justice et le développement, un parti conservateur musulman qui encourage les symboles de piété –, la radicalisation religieuse du pays ne semble pas à craindre.

L'Iran

L'Iran a un passé impérial et une longue histoire de conquêtes, de déclin et de renaissance. Riche en pétrole et pourtant vulnérable, le pays représente ce qu'il reste d'un vaste empire qui s'étendait du Danube à l'Indus, il y a plus de deux millénaires. Connu autrefois comme la Perse, bien que les habitants se soient donné eux-mêmes le nom d'Iraniens pendant des siècles, l'État a officiellement été renommé Iran en 1935. En choisissant cette appellation, l'intention du chah (le roi) était de souligner l'héritage indo-européen de son pays en évitant de mettre l'accent sur ses influences arabes et mongoles.

Une position stratégique dans une région instable

Comme le montre la figure 7B-1, l'Iran occupe une position stratégique au sein de cet ensemble géographique tumultueux. Il contrôle la totalité du corridor menant de la mer Caspienne au golfe Persique. Il est borné à l'ouest par la Turquie et l'Irak, deux de ses ennemis historiques. Au nord de l'Iran et à l'ouest de la mer Caspienne se trouvent l'Azerbaïdjan et l'Arménie, où s'affrontent, là aussi, des communautés chrétiennes et musulmanes. L'Iran partage sa frontière orientale avec le Pakistan et l'Afghanistan. Au nord-est, il est contigu au Turkménistan, un pays instable qui borde la mer Caspienne.

L'Iran est un pays de montagnes et de déserts (voir la figure 7B-10), dont le cœur est formé par le plateau iranien, entouré de chaînes de hautes montagnes, parmi lesquelles figurent les monts Zagros à l'ouest, le massif de l'Elbourz au nord, le long de la mer Caspienne, et les montagnes du Khorasan au nord-est. Cette topographie montagneuse est l'indice de dangereux mouvements géologiques. En effet, l'Iran est situé dans une zone où convergent deux plaques tectoniques, l'arabique et l'eurasienne, ce qui entraîne des séismes majeurs et souvent dévastateurs.

En ce qui a trait au climat, le plateau iranien est en fait une vaste plaine d'altitude, caractérisée par d'immenses étendues de terres salées, sablonneuses ou pierreuses. Les hautes terres retiennent une partie de l'humidité de l'air, mais, partout ailleurs, seules les oasis brisent la monotonie du climat aride. C'est d'ailleurs dans les oasis que faisaient halte les caravanes qui ont sillonné la région pendant des siècles.

Les sources d'énergie et les conflits

Comme le révèle la figure 7A-6, l'Iran possède la deuxième réserve pétrolifère en importance de l'Afrique du Nord et de l'Asie du Sud-Ouest. Cette réserve représente à peine plus de la moitié de celle de l'Arabie saoudite. L'Iran tire environ 90 % de ses revenus de l'exploitation pétrolière et gazière. Les gisements sont situés dans la périphérie sud-ouest du pays, et la ville d'Abadan, non loin de l'extrémité septentrionale du golfe Persique, est devenue une capitale du pétrole. L'Iran étant vaste et peuplé de 77 millions d'habitants, les revenus que procure l'or noir n'ont pas suffi à le moderniser en profondeur comme l'aurait souhaité le dernier chah. Dans les villages, loin de la capitale et métropole Téhéran, ce sont encore les chefs religieux qui dirigent. Comme dans bien des sociétés traditionnelles, les populations rurales de l'Iran font partie d'un réseau social dans lequel toutes les relations et les activités sont strictement encadrées.

La révolution islamique de 1979 n'a pas réussi à améliorer le sort de l'ensemble de la population : l'échec économique du chah a été suivi par celui des **ayatollahs**. Une guerre dévastatrice avec l'Irak (1980-1988), dans laquelle l'Iran a sacrifié en vain des centaines de milliers de jeunes hommes, a ruiné l'État et sapé sa force. Au terme du conflit, le pays était appauvri, affaibli et désorienté. Au début du XXIe siècle, le peuple iranien était divisé en deux groupes : l'un conservateur et déterminé à protéger le pouvoir des **mollahs** ; et l'autre, réformiste, cherchant à moderniser et à libéraliser la société iranienne.

Durant les élections présidentielles de 2005, les conservateurs religieux, qui détiennent l'autorité suprême, ont disqualifié de nombreux candidats réformistes, et le président sortant, qui s'était révélé être légèrement réformiste, a été remplacé par Mahmoud Ahmadinejad, un président au discours provocateur. Peu après son accession au pouvoir, celui-ci a déclaré que l'État d'Israël devait être « rayé de la carte ». En 2009, sa réélection a entraîné des accusations de manipulation du scrutin et provoqué des émeutes généralisées et meurtrières.

FIGURE 7B-10

Entretemps, l'Iran a poursuivi sa course au développement de sa capacité nucléaire, ce qui soulève de sérieuses préoccupations dans beaucoup de pays d'Occident. De plus, les Iraniens veulent construire un gazoduc qui traverserait le Pakistan jusqu'en Inde, rendant ce pays dépendant de l'offre iranienne. Les négociations sont actuellement suspendues, car l'Inde considère le prix trop élevé, et les États-Unis, voulant limiter la portée des liens de l'Iran avec l'extérieur, tentent de mettre un terme au projet.

Cette photo aurait pu être prise en Russie ou peut-être en Biélorussie, bien qu'on ne s'attende pas à y voir le mot « bar » en alphabet latin. L'immeuble d'habitations en arrière-plan semble sortir tout droit de l'ère soviétique. Pourtant, il s'agit de l'entrée d'un casino installé dans la principale artère commerçante d'Almaty, ancienne capitale du Kazakhstan et la ville la plus importante du pays. Si Almaty porte toujours l'empreinte russe, c'est que pendant 70 ans environ, les Soviétiques et leurs alliés kazakhs ont administré le Kazakhstan depuis cette ville, alors connue sous le nom d'Alma-Ata. En observant le nord du pays sur la figure 7B-11, nous pouvons déduire de toponymes comme Kökchetaou que l'influence russe y est encore plus profonde. En 1998, le président du pays et son parti, malgré les objections de l'opposition essentiellement kazakhe, ont transféré la capitale nationale, Almaty, sise aux pieds des montagnes dans le sud-est du pays, à Astana. Almaty conserve néanmoins sa popularité avec ses casinos, ses bars et ses boîtes de nuit qui coexistent avec l'islam sunnite, la principale religion du Kazakhstan.

LE TURKESTAN : SIX ÉTATS AU CŒUR DE L'ASIE

Pendant de nombreux siècles, des peuples turcs se sont dispersés à travers une vaste région du centre de l'Asie, qui s'étend de la Mongolie et la Sibérie à la mer Noire. Stimulés par un accroissement de leur population et motivés par l'islam, ces peuples ont pénétré en Iran, conquis l'Empire byzantin (soit la Turquie actuelle), puis colonisé une grande partie de l'Europe orientale. Leur pouvoir s'est affaibli au fil de différentes conquêtes mongoles, chinoises et russes. Toutefois, ces envahisseurs ne sont pas parvenus à les faire disparaître, comme l'attestent les noms de lieux qui apparaissent sur la carte moderne (voir la figure 7B-11). Ainsi, les derniers conquérants, soit les tsars russes et leurs successeurs soviétiques, ont créé en Asie centrale cinq Républiques socialistes soviétiques, nommées d'après les peuples majoritaires à l'intérieur de leurs frontières. C'est ainsi que les Kazakhs, les Turkmènes, les Kirghizes et d'autres peuples turcs ont pu conserver une certaine identité territoriale dans ce qui était alors l'Asie centrale soviétique.

Le Turkestan est une région en constante évolution. Dans certaines zones, les paysages culturels des ensembles géographiques voisins se prolongent dans les frontières du Turkestan, par exemple, dans le nord du Kazakhstan, qui a une frontière avec la Russie et où s'étend une zone de transition culturelle. Dans d'autres zones, la population du Turkestan est répartie dans les ensembles géographiques avoisinants, comme c'est le cas en Chine, dans la Région autonome du Xinjiang où vit le peuple ouïgour à majorité musulmane et parlant une langue de la même famille. Certaines régions où les peuples turcophones ont pénétré autrefois, en Afghanistan par exemple, ne sont plus dominées par ceux-ci. Par ailleurs, certains peuples qui habitent aujourd'hui dans le Turkestan ne sont pas d'ascendance turque, notamment les Tadjiks, dont la langue est plutôt d'origine persane. Il s'agit, en fait, d'une région en pleine transition.

Le Turkestan englobe six États. Le Kazakhstan d'une superficie supérieure à celle des cinq autres pays réunis chevauche une zone de transition ethnique comprise entre la Russie et le Turkestan. Le Turkménistan, pays relativement fermé et dictatorial, donne sur la mer Caspienne et est limitrophe de l'Iran et de l'Afghanistan. L'Ouzbékistan, le plus peuplé des six États, est situé au cœur de la région. Le Kirghizstan, entouré de voisins puissants et profondément instables, est confiné aux monts Tian Shan. Le Tadjikistan est divisé sur le plan culturel et déchiré par les conflits. L'Afghanistan est plongé dans une guerre presque ininterrompue depuis qu'il a été envahi par les forces soviétiques en 1979.

Le Turkestan présente les grands traits caractéristiques des autres régions de l'ensemble géographique composé de l'Afrique du Nord et de l'Asie du Sud-Ouest : des climats arides et des populations regroupées ; des rivières alimentées par l'eau des montagnes irriguant les cultures ; des conflits sectaires et des économies fondées sur le pétrole. C'est aussi une région où l'établissement d'institutions démocratiques demeure un objectif difficile à atteindre. La question des problèmes environnementaux est, quant à elle, reléguée au second plan. La disparition progressive de la mer d'Aral, dont le volume d'eau a diminué de 78 % entre 1960 et 1998, symbolise à elle seule l'ensemble des problèmes écologiques auxquels la région fait face.

L'Afghanistan

Les frontières actuelles de l'Afghanistan, pays situé à l'extrémité sud du Turkestan, sont le fruit d'un commun accord entre les Britanniques et les Russes qui luttaient pour l'hégémonie de la zone au cours du XIXe siècle. Ils ont fait en sorte que l'Afghanistan serve d'**État tampon** entre leur sphère respective d'influence. C'est ce qui explique la présence, dans le nord-est, d'un étroit corridor (corridor de Vakhan) qui sépare le Pakistan du Tadjikistan et qui relie l'Afghanistan à la Chine (voir la figure 7B-12). L'Afghanistan, comme il a été délimité par les Britanniques et les Russes, jouxtait

FIGURE 7B-11

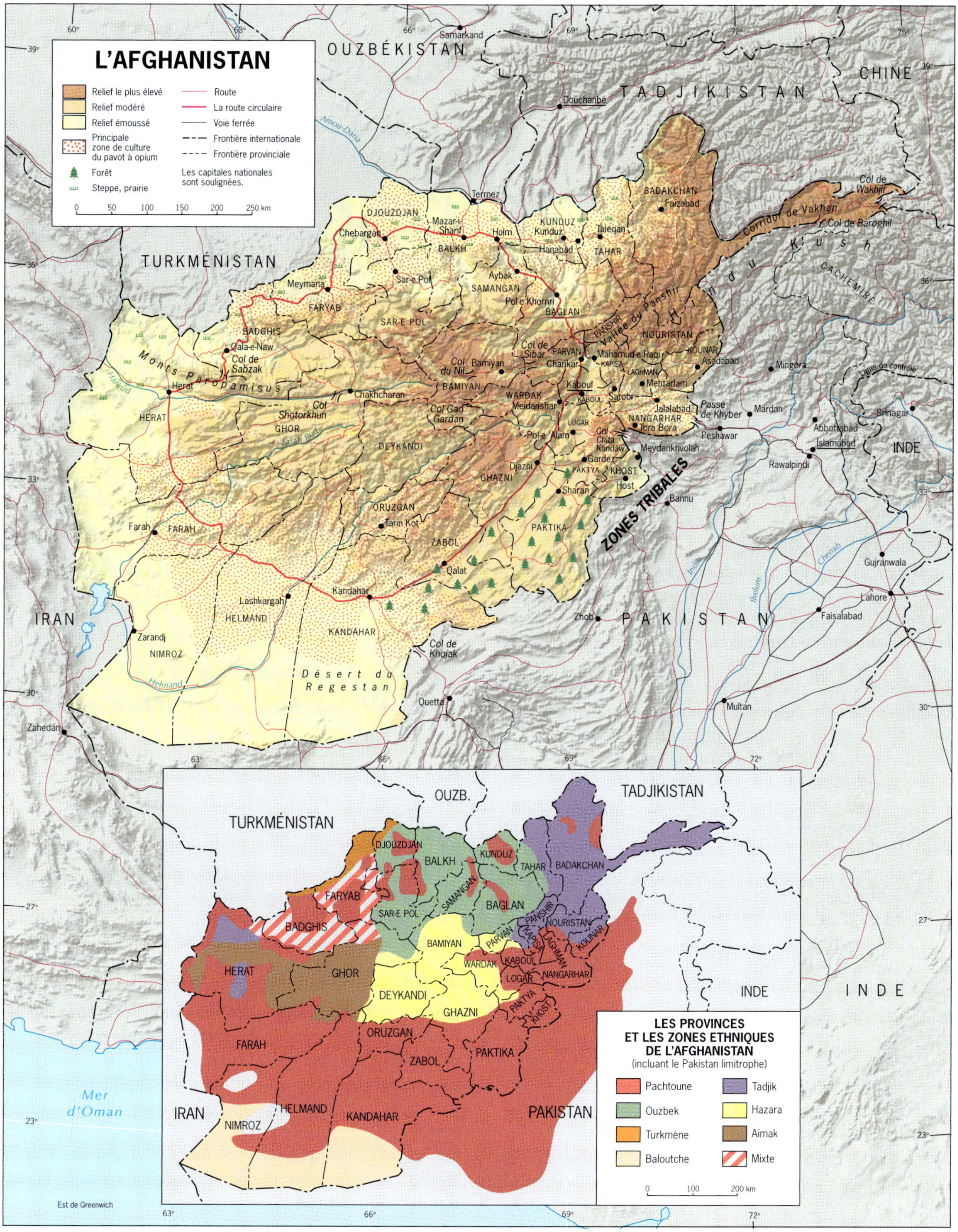
L'AFGHANISTAN
Relief le plus élevé
Relief modéré
Relief émoussé
Principale zone de culture du pavot à opium
Forêt
Steppe, prairie
Route
La route circulaire
Voie ferrée
Frontière internationale
Frontière provinciale
Les capitales nationales sont soulignées.
0 50 100 150 200 250 km
OUZBÉKISTAN
TADJIKISTAN
CHINE
TURKMÉNISTAN
IRAN
PAKISTAN
INDE
CACHEMIRE
ZONES TRIBALES
Samarkand
Douchanbé
Termez
Amou-Daria
Corridor de Vakhan
Col de Wakhjir
Col de Baroghil
Hindu Kush
Vallée du Panshir
Monts Paropamisus
Désert du Regestan
Helmand
Hariroud
Farah Rud
Col de Sabzak
Col Shotorkhun
Col Gao Gardan
Col du Nil
Col de Sibar
Col Chita Kandaw
Passe de Khyber
Col de Khojak
Ligne de contrôle
Chenab
Jhelum
Indus
Mer d'Oman
DJOUZDJAN
Chebargan
Mazar-i-Sharif
BALKH
Holm
KUNDUZ
Kunduz
Hanabad
Taleqan
TAHAR
BADAKCHAN
Faizabad
Aybak
SAMANGAN
Pol-e Khomri
BAGLAN
Meymana
FARYAB
Sar-e Pol
SAR-E POL
BADGHIS
Qala-e-Naw
Herat
HERAT
Chakhcharan
GHOR
DEYKANDI
Bamiyan
BAMIYAN
PANSHIR
PARVAN
Charikar
NOURISTAN
KOUNAR
Asadabad
KAPISA
Mahamud-e Raqi
LAGHMAN
Mehtarlam
Kaboul
KABOUL
Sarobi
Jalalabad
NANGARHAR
Tora Bora
WARDAK
Meidanshar
LOGAR
Pol-e Alam
Gardez
PAKTYA
KHOST
Host
Djazni
GHAZNI
Sharan
PAKTIKA
ORUZGAN
Tarin Kot
ZABOL
Qalat
Kandahar
KANDAHAR
Lashkargah
HELMAND
Farah
FARAH
Zarandj
NIMROZ
Zahedan
Quetta
Zhob
Bannu
Meydankhvolah
Peshawar
Mardan
Mingora
Abbottabad
Islamabad
Rawalpindi
Srinagar
Gujranwala
Lahore
Faisalabad
Multan
60° 63° 66° 69° 72° 75°
39° 36° 33° 30° 27° 23°
Est de Greenwich
LES PROVINCES ET LES ZONES ETHNIQUES DE L'AFGHANISTAN
(incluant le Pakistan limitrophe)
Pachtoune
Tadjik
Ouzbek
Hazara
Turkmène
Aimak
Baloutche
Mixte
0 100 200 km
OUZB.
TADJIKISTAN
TURKMÉNISTAN
IRAN
PAKISTAN
INDE
DJOUZDJAN
BALKH
KUNDUZ
TAHAR
BADAKCHAN
FARYAB
SAR-E POL
SAMANGAN
BAGLAN
BADGHIS
PANSHIR
NOURISTAN
KAPISA
LAGHMAN
KOUNAR
BAMIYAN
PARVAN
HERAT
GHOR
WARDAK
KABOUL
LOGAR
NANGARHAR
DEYKANDI
GHAZNI
PAKTYA
KHOST
FARAH
ORUZGAN
ZABOL
PAKTIKA
HELMAND
KANDAHAR
NIMROZ

FIGURE 7B-12

les territoires des Turkmènes, des Ouzbeks et des Tadjiks au nord; il était bordé par la Perse (l'actuel Iran) à l'ouest et par la limite ouest des Indes britanniques (qui incluait l'actuel Pakistan) à l'est.

Un pays enclavé et fragmenté

La géographie et l'histoire semblent avoir conspiré pour diviser l'Afghanistan. Comme le montre la figure 7B-12, l'imposante chaîne de montagnes Hindu Kush domine le centre et le nord-est du pays et donne naissance à trois principales zones géographiques: les plaines et les bassins fertiles relativement bien arrosés du nord; les hautes terres centrales accidentées et sujettes aux séismes; et les plateaux désertiques du sud. Kaboul, la capitale, est située sur le versant sud de l'Hindu Kush et est reliée aux plaines du nord par d'étroits passages et au Pakistan par la célèbre passe de Khyber.

De nombreux peuples ont traversé ce paysage accidenté dont les Grecs, les Turcs, les Arabes et les Mongols. Certains s'y sont installés et leurs descendants parlent aujourd'hui des langues d'origine perse et turque. La population actuelle de l'Afghanistan, qui compte un peu plus de 30 millions d'habitants, ne comporte aucune majorité ethnique. Il s'agit d'un pays qui regroupe plusieurs minorités, parmi lesquelles les Pachtounes de l'est, qui représentent 42 % de la population totale et sont les plus nombreux. Au deuxième rang arrivent les Tadjiks (27 % de la population), concentrés dans une zone contiguë au Tadjikistan. Viennent ensuite les Hazaras (9 % de la population) des hautes terres centrales et du sud, et les Ouzbeks (9 % de la population). Les Turkmènes (3 % de la population) occupent des zones frontalières du nord. Pour leur part, les Baloutches (1,8 % de la population) vivent dans les déserts du sud. Quelques autres petits groupes sont dispersés un peu partout dans le pays. L'ensemble de ces minorités forme l'une des mosaïques culturelles les plus complexes du globe (voir la figure 7B-12). Les deux langues principales de l'Afghanistan sont le pachtou et le dari (farsi) – variante locale du persan –, mais des dizaines d'autres langues et dialectes s'y parlent.

La guerre froide, puis l'émergence des talibans et d'al-Qaïda

L'histoire de l'Afghanistan est ponctuée de conflits, mais aucun n'a été aussi coûteux pour le pays que celui qui s'est inscrit dans le contexte de la guerre froide (1945-1990). À la suite de l'invasion soviétique de l'Afghanistan en 1979, les États-Unis ont soutenu l'opposition musulmane, les moudjahidines (ou «combattants de la guerre sainte»), en leur fournissant des armes de pointe et de l'aide financière. En 1989, après une décennie de lutte acharnée, les Soviétiques ont dû concéder leur défaite et se retirer. Les factions afghanes qui s'étaient montrées si unies durant la campagne contre les Soviétiques sont bientôt entrées en conflit, ce qui a eu pour effet de retarder le retour de quelque 4 millions de réfugiés afghans qui avaient été forcés de fuir au Pakistan et en Iran durant la guerre. La situation est alors

Des combattants talibans, aux aguets dans un lieu tenu secret en Afghanistan, surveillent leur territoire de guerre, les armes à la main. Les talibans contrôlent toujours une partie importante du nord-est de l'Afghanistan et exercent également une influence dans le nord du Pakistan.

revenue à celle qui avait cours avant l'invasion soviétique, c'est-à-dire une société féodale dirigée à Kaboul par un gouvernement faible et inefficace.

En 1994, un nouveau groupe est apparu sur la scène. Au départ, on croyait qu'il s'agissait seulement d'une autre faction belligérante, mais c'est en fait un mouvement fondamentaliste formé d'étudiants, soit les **talibans**, qui s'est imposé. Leur but avoué était de mettre fin aux dissensions chroniques qui sévissaient en Afghanistan et à la corruption endémique, en instituant la stricte loi islamique. Le soutien populaire, surtout parmi les Pachtounes, dans ce pays las de la guerre a permis aux talibans de prendre le contrôle de Kaboul en 1996.

Les talibans ont appliqué la loi islamique (la charia) de façon si intransigeante et impitoyable que même les pays où l'islam est pratiqué de façon plus conservatrice s'y sont opposés. Ainsi, en raison des restrictions imposées aux femmes, ces dernières se sont vu refuser l'accès aux établissements d'enseignement, ont été exclues du marché du travail et ont perdu toute liberté de mouvement. De plus, les amputations et les lapidations publiques comptaient parmi les supplices appliqués par les talibans. Entretemps, l'Afghanistan est devenu le refuge de groupes révolutionnaires dont les objectifs allaient bien au-delà de ceux des talibans: ils ont comploté et lancé des attaques contre des intérêts occidentaux situés dans certaines régions de l'ensemble géographique et menacé les régimes arabes jugés complaisants envers les Occidentaux. L'Afghanistan, contrôlé par les talibans, un pays montagneux, éloigné et isolé, représentait l'emplacement idéal pour ces groupes violents. Et ces derniers ne manquaient pas de ressources pour parvenir à leurs fins. Déjà en possession d'armes et de munitions (soviétiques et étasuniennes), vestiges de la guerre froide, ils ont bénéficié, en outre, de l'important commerce illicite de l'opium, en plein essor en Afghanistan. Une grande partie des revenus tirés de la production d'opium a servi à remplir les coffres des comploteurs. Selon des estimations, depuis l'an 2000, l'Afghanistan produirait chaque année plus de 90 % de l'opium mondial.

Les évènements ont toutefois pris une tournure décisive en 1996. Une organisation terroriste connue sous le nom d'**al-Qaïda** s'est installée en Afghanistan. Ce réseau mondial alors en pleine expansion a poussé plus loin encore les objectifs des révolutionnaires avec lesquels il entretenait autrefois de vagues liens. L'Afghanistan est devenu le siège d'al-Qaïda et Oussama Ben Laden, son dirigeant. Les attentats qu'al-Qaïda a perpétrés ont été financés par de nombreuses sources islamistes. Parmi les actions criminelles qui lui sont attribuées, citons l'attaque d'un contre-torpilleur de la marine des États-Unis dans le port d'Aden au Yémen et les attaques de deux ambassades étasuniennes en Afrique orientale.

La pacification et la stabilisation de l'Afghanistan par la coalition sous l'égide de l'OTAN constituent un véritable défi. Les difficultés sont encore plus grandes à surmonter dans les provinces de l'est et du sud de l'Afghanistan, où le relief montagneux, la distance et les réseaux de télécommunications en piètre état avantagent les talibans. Cette photo montre des soldats étasuniens en patrouille près d'un pont situé dans la province de Kounar (voir la figure 7B-12), non loin de la frontière avec le Pakistan, pays où se trouve un fief notoire des talibans, connu sous le nom de « Régions tribales fédéralement administrées ».

La plus funeste des opérations mises au point par al-Qaïda est la série d'attentats suicide commise le 11 septembre 2001, qui a détruit, entre autres, les tours jumelles du World Trade Center à New York, provoquant la mort de milliers de personnes. Plusieurs semaines plus tard, avec l'assentiment du Pakistan, les États-Unis, de concert avec les forces britanniques, ont riposté contre le régime des talibans et al-Qaïda en bombardant ses infrastructures situées en Afghanistan.

Les dirigeants des talibans et d'al-Qaïda, qui n'avaient peut-être pas envisagé que le Pakistan allait se plier aux demandes des Occidentaux, ont vite découvert les conséquences des attentats du 11 septembre sur l'Afghanistan et ses populations. Une fois de plus, des puissances étrangères (les États-Unis, le Canada, le Royaume-Uni, la France et d'autres États alliés) ont envahi le pays et dicté son orientation politique. Ces évènements ont poussé les seigneurs de guerre à quitter Kaboul et à prendre le contrôle des provinces frontalières éloignées de la capitale.

7B

8A L'ASIE DU SUD

LE DÉFI DU NOMBRE

SOMMAIRE

- LE PANORAMA GÉOGRAPHIQUE
- LA GÉOGRAPHIE PHYSIQUE DE L'ASIE DU SUD
- LA CIVILISATION DE LA VALLÉE DE L'INDUS
- LES INFLUENCES ÉTRANGÈRES
- LA GÉOPOLITIQUE DE L'ASIE DU SUD MODERNE
- DES MARCHÉS ÉMERGENTS
- LA GÉOGRAPHIE DE LA POPULATION SUD-ASIATIQUE
- LES PERSPECTIVES D'AVENIR

CONCEPTS ET TERMES

Col
Mousson
Stratification sociale
Caste
Langue dravidienne
Partition
Réfugié
Néolibéralisme
Capacité limite
Transition démographique
Pyramide des âges

URE 8A-1

L'Asie du Sud est un ensemble aux noms géographiques presque mythiques : le mont Everest, le Cachemire, la passe de Khyber, le Gange. À une époque, cet ensemble était légendaire et jouissait d'une grande réputation.

Aujourd'hui, l'Asie du Sud attire à nouveau l'attention internationale pour diverses raisons. En 2011, elle devenait l'ensemble géographique le plus peuplé de la planète avec ses 1,6 milliard d'habitants. Ce chiffre représente près de 26 % de la population mondiale ! L'Inde est l'État le plus peuplé du monde après la Chine, et il forme le cœur de l'Asie du Sud. Sa population d'un peu plus de 1,2 milliard lui assure une place prépondérante dans un ensemble pourtant composé de géants démographiques : le Pakistan à l'ouest compte 193 millions d'habitants et le Bangladesh à l'est, près de 170 millions. Le Népal et le Bhoutan situés dans des régions montagneuses du nord, et les États insulaires au sud, le Sri Lanka et les Maldives, ont cependant des populations modestes comparativement au reste de l'ensemble. Ce grand groupe humain constitue une force démographique inimaginable dans un ensemble géographique en émergence. Ainsi, dans les ports de l'Inde, la présence de plus en plus importante des porte-conteneurs témoigne de l'importance du bassin de l'océan Indien en tant que nouveau pôle économique mondial. L'implantation d'entreprises nord-américaines, européennes et asiatiques en Inde est devenue un enjeu de premier ordre pour les économies d'où proviennent ces entreprises étrangères. L'ascension spectaculaire de l'Inde dans des secteurs comme les technologies de l'information, l'informatique, les biotechnologies, l'industrie pharmaceutique, les télécommunications a propulsé l'économie du pays au quatrième rang en ce qui a trait à la parité de pouvoir d'achat (PPA). Ce vaste pays, marqué par la diversité sociale et culturelle, constitue un véritable sous-continent, et il fait partie des cinq plus grands marchés émergents du globe, qu'on désigne sous l'acronyme BRICS (Brésil, Russie, Inde, Chine et Afrique du Sud). Mais la croissance démographique demeure un défi quotidien pour les pays de cet ensemble ; en Inde seulement, on a enregistré 27 millions de naissances en 2011.

LE PANORAMA GÉOGRAPHIQUE

L'Asie du Sud est un ensemble géographique aux limites naturelles clairement définies. Au nord, cet ensemble est séparé du reste de la masse continentale par la plus haute chaîne de montagnes du globe, l'Himalaya, dont les prolongements s'étirent à la fois vers l'est et l'ouest. À l'est, des montagnes et des forêts denses délimitent les frontières entre l'Asie du Sud et l'Asie du Sud-Est. L'ouest comporte quelques **cols** (voir la figure 8A-1), mais aucun cependant n'est facilement praticable. C'est de ce côté, au-delà des déserts, que sont venues les influences qui ont à maintes reprises contribué à la complexité de la population sud-asiatique. Le kaléidoscope culturel de l'Asie du Sud est sans doute l'un des plus diversifiés du monde, ce qui prouve que même les montagnes infranchissables et les déserts hostiles ne peuvent empêcher les influences extérieures de se frayer un chemin.

LA GÉOGRAPHIE PHYSIQUE DE L'ASIE DU SUD

La mousson

Le milieu naturel de cet ensemble géographique se caractérise par une grande diversité : pics enneigés, versants recouverts de forêts, vastes déserts, larges bassins fluviaux, hauts plateaux et côtes spectaculaires. L'Himalaya, né de la collision entre deux imposantes plaques tectoniques, est couvert de glaciers qui, en fondant, alimentent les fleuves à ses pieds. Les conditions atmosphériques générales font de l'Asie du Sud une zone de cyclones tropicaux et de moussons.

Si l'on considère le relief, trois régions physiographiques se distinguent clairement en Asie du Sud (voir la figure 8A-2) : la zone montagneuse dans le nord, les plateaux dans le sud de la péninsule et, entre les deux, une zone de plaines alluviales. À cette structure se superpose un gradient de précipitations orienté est-ouest depuis le

Le temple de Chamunda Devi, construit au XVe siècle, est l'un des lieux de culte hindou les plus célèbres de l'Inde. Il se trouve à Jodhpur, une ville du désert.

Les principales CARACTÉRISTIQUES GÉOGRAPHIQUES de . . .

L'ASIE DU SUD

1. L'Asie du Sud est clairement définie par sa géographie physique, et la plupart de ses frontières sont tracées par des montagnes et des déserts ainsi que par l'océan Indien.
2. Depuis des dizaines de milliers d'années, les bassins du Brahmapoutre, du Gange et de l'Indus sont d'une importance vitale pour les énormes populations sud-asiatiques. La mousson d'été, porteuse d'importantes précipitations, est cruciale pour des millions de personnes vivant de l'agriculture.
3. L'Asie du Sud est caractérisée par le régionalisme religieux. L'hindouisme domine l'Inde, le Pakistan est une république islamique, tandis que le bouddhisme est la religion de la majorité des Sri Lankais.
4. L'Asie du Sud correspond seulement à un peu plus de 3 % des zones continentales de la planète, mais elle abrite près de 26 % de la population humaine mondiale. Cet ensemble fait face à de sérieux défis démographiques.
5. Le contrôle de certaines zones situées dans le nord montagneux de l'ensemble constitue une source de frictions entre l'Inde et ses voisins que sont le Pakistan et la Chine.
6. La grande majorité des Sud-Asiatiques habite en milieu rural, dans des centaines de milliers de villages, et se consacre à l'agriculture.
7. L'Inde, une puissance économique en croissance, compte parmi les cinq plus grands marchés émergents du globe.

Bangladesh humide jusqu'à l'ouest aride du Pakistan occidental ; seule la côte de Malabar en Inde est très pluvieuse (voir la figure I-14).

Le nom « Asie du Sud » est presque synonyme de **mousson**. Ce phénomène ne se produit qu'aux endroits où un ensemble donné de conditions topographiques et atmosphériques sont réunies. La figure 8A-2 illustre le chemin qu'emprunte la mousson. Le réchauffement de la masse continentale sud-asiatique, au printemps, entraîne la formation d'un vaste système dépressionnaire. Ce système aspire vers le sous-continent d'importantes quantités d'air de l'océan. Lorsque l'afflux d'air humide de l'océan atteint un seuil de saturation, au début de juin, la mousson d'été commence. Il peut pleuvoir pendant 60 jours, voire plus. Les campagnes reverdissent, les rizières se remplissent d'eau et la pluie nettoie la poussière de la saison sèche : le sol renaît (voir les deux photos ci-dessous). L'air humide provenant de la mer d'Oman est poussé et monte le long des Ghâts occidentaux (voir ① sur la figure 8A-2). Le refroidissement progressif de cette masse d'air provoque la condensation de l'eau et donc d'importantes précipitations. Un autre courant de la mousson d'été en provenance du golfe du Bengale est entraîné par la convection (l'air chaud ascendant) qui se produit au-dessus du nord-est de l'Inde et au Bangladesh ②. Des pluies qu'on croirait intarissables inondent alors une zone encore plus vaste comprenant tout le nord de la plaine indo-gangétique. La chaîne de l'Himalaya empêchant les masses d'air océanique de poursuivre leur course vers l'intérieur du continent, la pluie ne discontinue pas ③. La masse d'air est donc poussée vers l'ouest et perd son humidité à mesure qu'elle progresse vers le Pakistan ④. Après plusieurs semaines, cette dépression finit par s'affaiblir et les pluies deviennent plus sporadiques avant de laisser leur place à une autre saison sèche. L'attente commence alors jusqu'à la prochaine mousson d'été, sans laquelle l'Inde subirait une véritable catastrophe. Dans les zones rurales où la population vit principalement de l'agriculture, la survie de millions de personnes dépend largement de ces pluies.

L'arrivée de la mousson d'été métamorphose la campagne indienne. Fin mai, le sol des rizières est craquelé et brûlé par le soleil, l'air est chargé de poussière et rien ne semble pouvoir donner vie aux sols. Puis il se met à pleuvoir, et les couches de poussière se transforment en couches de boue. Bientôt, les premières touches de vert constellent le sol jusqu'à le recouvrir complètement avant la fin de la mousson. La photo de gauche montre des rizières, dans l'État de Goa, telles qu'elles sont juste avant le début des pluies ; la photo de droite a été prise au même endroit trois mois plus tard.

FIGURE 8A-2

Les régions physiographiques

La figure 8A-2 montre clairement la division générale de l'Asie du Sud en trois zones physiographiques :

La zone montagneuse

Les montagnes du nord comprennent les chaînes de l'Hindu Kush et du Karakoram dans le nord-ouest jusqu'à l'Himalaya au centre, puis les montagnes du Bhoutan et de l'État indien de l'Arunachal Pradesh, à l'est. Le plus haut sommet du monde, l'Everest, est situé dans l'Himalaya sur la ligne de crête qui forme la frontière entre le Népal et la Chine. Arides et stériles à l'ouest, sur la frontière afghane, les montagnes se couvrent toutefois de verdure et d'arbres au Cachemire, de forêts dans les portions de faible altitude du Népal et d'une végétation encore plus dense dans l'Arunachal Pradesh. Entre les montagnes et les plaines alluviales en contrebas se trouve une zone de transition formée de contreforts et de nombreuses vallées profondément érodées par les torrents d'eau – provenant de la fonte des glaciers – qui les traversent.

Les plaines alluviales

La région de plaines alluviales s'étend vers l'est, depuis la basse vallée de l'Indus (dans la province pakistanaise du Sind), à la vaste plaine du Gange, en Inde, et jusqu'à l'immense delta du Gange, qu'alimente aussi le Brahmapoutre au Bangladesh (voir la figure 8A-2). À l'est, on appelle souvent cette région physiographique la plaine indo-gangétique. À l'ouest, se trouve la vallée de l'Indus, fleuve qui tire sa source du Tibet et qui traverse le Cachemire avant de s'incurver vers le sud pour recevoir ses principaux affluents du Pendjab (qui signifie « pays des cinq rivières »).

Puisque la population dépend en grande partie de l'eau transportée par ces importants cours d'eau alimentés par les hautes montagnes enneigées de l'Himalaya, la fonte des glaciers causée par les changements climatiques est une grande source d'inquiétude. Ainsi, 21 % de l'eau du Brahmapoutre provient de la fonte des glaces et le reste, des précipitations. En fait, l'impact du réchauffement planétaire est difficile à déterminer même si on sait que le rythme de fonte s'accélère. À court terme, la fonte accrue aura pour effet d'augmenter le volume des fleuves, mais il faut s'attendre à un point de bascule au-delà duquel le débit de l'eau de fonte diminuera brusquement et rapidement, jusqu'à ce que les glaciers aient terminé de fondre. Selon certains modèles, ce point crucial pourrait survenir dans 40 ans, et les conséquences seraient dévastatrices pour les populations des plaines qui dépendent de cette eau depuis des millénaires.

Les plateaux du sud

La péninsule indienne est une contrée de plateaux, que domine celui du Deccan constitué du basalte qui a jailli au moment où l'Inde s'est séparée de l'Afrique lors de la fragmentation de la Pangée. Le Deccan (qui signifie « sud ») est incliné vers l'est, si bien que la plupart des fleuves s'écoulent vers le golfe du Bengale. Deux autres plateaux s'étendent au nord du Deccan, le plateau central de l'Inde à l'ouest et celui de Chota Nagpur à l'est (voir la figure 8A-2). La carte montre aussi les Ghâts orientaux et occidentaux : « ghât » se traduit par « marche », ce qui illustre bien la dépression du relief depuis les hauteurs du Deccan jusqu'aux étroites plaines côtières en contrebas. Les masses d'air venues du large durant la mousson d'été apportent d'importantes précipitations sur les Ghâts occidentaux ; c'est là que se trouvent les zones agricoles les plus productives de l'Inde et l'une des plus grandes concentrations de population du sud du pays.

LA CIVILISATION DE LA VALLÉE DE L'INDUS

Nous savons qu'une civilisation complexe et avancée sur le plan technologique était présente dans la vallée de l'Indus environ 2500 ans avant notre ère, en même temps que d'autres cités de l'âge du bronze qui ont prospéré en Égypte et en Mésopotamie. La civilisation de la vallée de l'Indus comptait deux pôles urbains, Harappa et Mohenjo-Daro, qui ont peut-être été des capitales à des moments différents de l'histoire (voir la figure 8A-3) ; il y avait en outre plus de 100 établissements plus modestes. Tout indique que les populations de l'époque avaient donné le nom de Sindhu à leur État, et *Indus* (qui signifie « fleuve ») de même que *Inde* (nom attribué par la suite) pourraient provenir de cette appellation. Bien que cette civilisation ait étendu son influence vers l'est jusqu'à l'actuelle Delhi, elle n'a pas duré en raison de changements environnementaux, et peut-être aussi parce que le centre politique s'est déplacé vers le sud, dans la plaine du Gange.

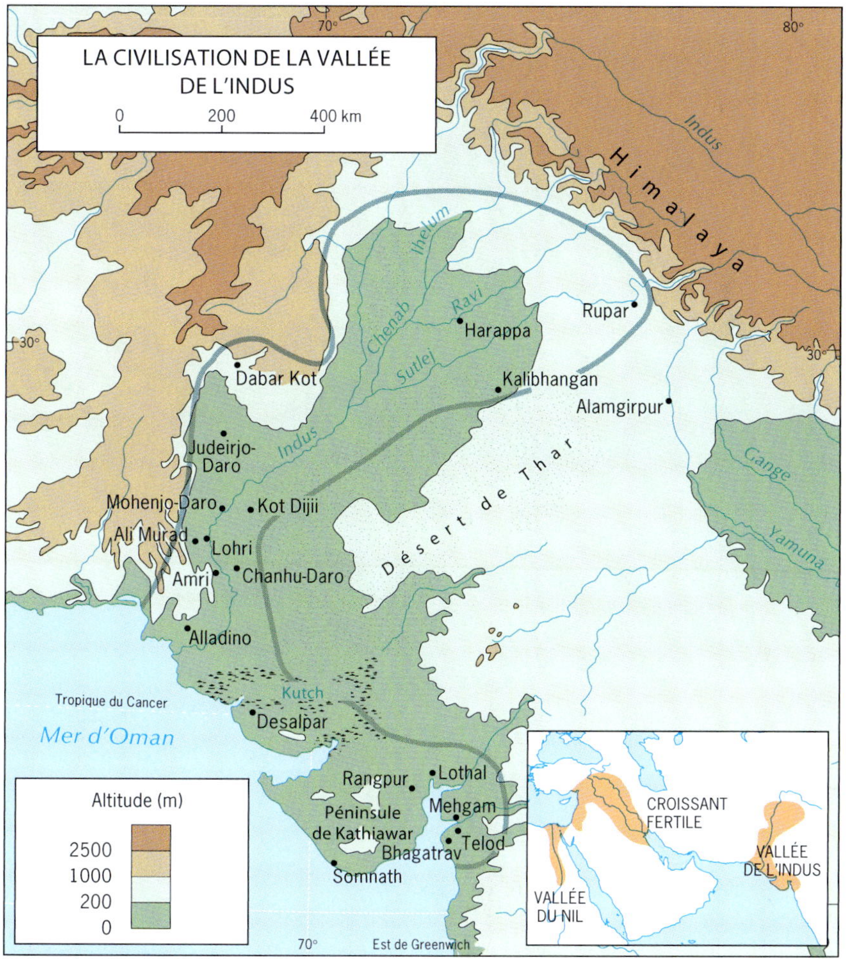

FIGURE 8A-3

8A

La civilisation de l'Indus (de 2500 à 1900 avant notre ère) a joué un rôle analogue à celui qu'a rempli en Afrique le foyer antique du bassin inférieur du Nil: les idées et les innovations issues de la vallée de l'Indus se sont répandues vers l'est et le sud dans les diverses communautés et sociétés parsemées dans la péninsule. Toutefois, comparativement à la civilisation égyptienne en Afrique, la culture indusienne a connu une période de diffusion beaucoup plus longue et a contribué, dans une bien plus large mesure, à la cohésion du monde indien.

LES INFLUENCES ÉTRANGÈRES

Les Aryens et les origines de l'hindouisme

Au cours du IIe millénaire avant notre ère, les Aryens (des peuples parlant des langues indo-européennes et provenant de la région correspondant à l'Iran actuel) ont envahi le nord de l'Inde. Alors que commençait l'âge du fer en Inde, ils ont entrepris d'amalgamer les tribus et les villages isolés de la plaine du Gange en une nouvelle structure organisée. Une certaine forme d'urbanisation est alors réapparue. Les Aryens ont imposé leur langue (le sanscrit, langue apparentée au perse) ainsi qu'un nouvel ordre social dans les vastes plaines du nord de l'Inde. Leur établissement dans cette région s'est accompagné de l'émergence d'un nouveau système de croyances, le védisme. Des textes védiques et d'autres religions locales est née une nouvelle religion: le brahmanisme (hindouisme ancien). Issu des croyances et des pratiques apportées en Inde par les Aryens, ce culte a donné naissance à un nouveau style de vie. Ainsi, les prêtres, très influents, ont établi une **stratification sociale** qu'ils contrôlaient et administraient. Il en est résulté une hiérarchie complexe de castes dans laquelle chaque membre de la société, du plus puissant au plus faible, avait sa place déterminée à la naissance. Les brahmanes formaient la première **caste**. Il y a quelque 3500 ans, l'intégration régionale jumelée à l'organisation des villages en réseaux contrôlés et à l'émergence de nombreuses cités-États a produit dans la société une hiérarchie de pouvoir justifiée par la religion. Si l'hindouisme s'est étendu dans toute l'Asie du Sud et même

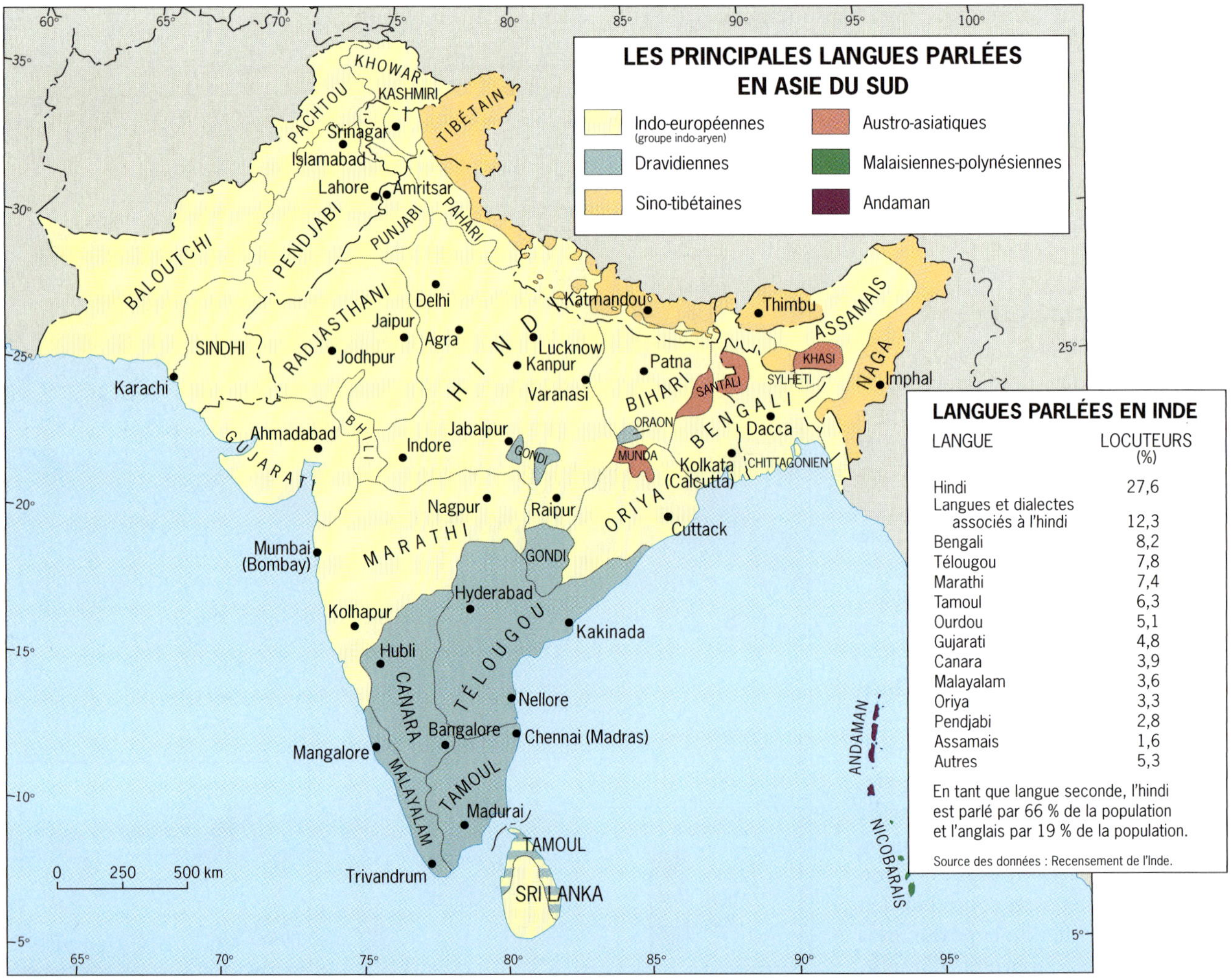

LANGUE	LOCUTEURS (%)
Hindi	27,6
Langues et dialectes associés à l'hindi	12,3
Bengali	8,2
Télougou	7,8
Marathi	7,4
Tamoul	6,3
Ourdou	5,1
Gujarati	4,8
Canara	3,9
Malayalam	3,6
Oriya	3,3
Pendjabi	2,8
Assamais	1,6
Autres	5,3

En tant que langue seconde, l'hindi est parlé par 66 % de la population et l'anglais par 19 % de la population.

Source des données : Recensement de l'Inde.

FIGURE 8A-4

jusqu'en Asie du Sud-Est (notamment au Cambodge et en Indonésie), les langues indo-européennes, en revanche, ne sont jamais parvenues à s'enraciner dans la portion sud du sous-continent. Comme le montre la figure 8A-4, les langues indo-européennes (dont plusieurs viennent du sanscrit) dominent dans les portions occidentale et septentrionale de l'ensemble tandis que les langues parlées dans le sud proviennent de la famille des **langues dravidiennes** déjà en usage avant l'arrivée des Aryens. Il ne s'agit pas là de langues mortes : elles demeurent bien vivantes aujourd'hui et ont même une longue histoire littéraire. Quelque 265 millions de personnes parlent le télougou, le tamoul, le canara et le malayalam.

Les langues sino-tibétaines sont les plus répandues dans les franges nord et nord-est de l'Inde. Les langues austro-asiatiques, enfin, sont parlées dans de petites poches de l'Inde orientale et du Bangladesh voisin.

La portée de l'islam

À la fin du Xe siècle, l'islam a rapidement progressé en Asie du Sud : il a atteint la Perse et l'Afghanistan, traversé les cols de montagnes, la vallée de l'Indus, le Pendjab, puis la plaine du Gange en convertissant la population sur son passage. Au début du XIIIe siècle, le puissant sultanat de Delhi avait déjà été créé et s'étendait sur presque toute la portion supérieure de la péninsule. L'islam est aussi arrivé par la mer et s'est propagé d'est en ouest à travers le delta du Gange-Brahmapoutre. Au milieu du XVIe siècle, Babur, un descendant de Gengis Khan, a installé son armée à Kaboul, en Afghanistan et, de là, a envahi le Pendjab et menacé le sultanat de Delhi. Dans les années 1520, ses armées mongoles islamisées ont évincé les dirigeants de Delhi et fondé l'Empire mogol.

Selon plusieurs sources, la dynastie mogol a connu de grandes heures de gloire, particulièrement sous le règne d'Akbar, petit-fils de Babur, qui a étendu son empire par la force, mais adopté des politiques conciliantes à l'égard des hindous. À son tour, le petit-fils d'Akbar, Shah Jahan, a laissé sa marque dans le paysage culturel indien en faisant ériger de spectaculaires monuments architecturaux, comme le Taj Mahal, dans la ville d'Agra (voir la photo à la page 320).

Même si la foi musulmane offrait à bon nombre d'hindous des basses castes la possibilité d'échapper à une hiérarchie socioreligieuse rigide dans laquelle ils n'avaient aucune chance de s'élever, l'islam n'a pas réussi à maintenir sa domination sur cette vaste portion du territoire sud-asiatique. Aujourd'hui, un peu moins de 15 % de la population actuelle de l'Inde est musulmane.

L'intrusion européenne

À partir du milieu du XVIIIe siècle, une autre influence s'est fait sentir en Asie du Sud : les puissances européennes à la recherche de matières premières et de nouveaux marchés. Quelques comptoirs français s'étaient installés sur la côte est, en particulier Pondichéry au XVIIe siècle, mais ce sont les Britanniques qui ont pris le contrôle du commerce en Asie du Sud. Ils ont affirmé leur puissance par l'intermédiaire des marchands de la Compagnie des Indes orientales ; celle-ci s'occupait de l'administration coloniale et agissait au nom de l'Empire britannique. Profitant de l'affaiblissement du pouvoir des Mogols, les Britanniques ont adopté une stratégie communément appelée le « pouvoir indirect » selon laquelle les dirigeants locaux conservaient le pouvoir tant et aussi longtemps qu'ils accordaient des avantages commerciaux aux Britanniques. La couronne britannique a découpé le sous-continent en plus de 600 territoires « souverains », placés sous le contrôle d'administrateurs britanniques. En fait, grâce à leurs ententes avec les Britanniques, de nombreux maharadjas locaux, du nord au sud, se sont considérablement enrichis. Ces dirigeants ont d'ailleurs fait construire de somptueux palais – certains ne datent que de la fin du XIXe et même du début du XXe siècle –, qui ont été convertis depuis en musées ou en hôtels.

La Compagnie des Indes orientales contrôlait non seulement le commerce des épices, du coton et de la soie en Europe, mais aussi les relations commerciales que l'Inde entretenait depuis longtemps avec l'Asie du Sud-Est et qui relevaient jusque-là de marchands indiens, arabes et chinois. Ce système a bien fonctionné pour les Britanniques et leurs partenaires commerciaux indiens pendant près d'un siècle, jusqu'à ce que des changements politiques et des tensions accrues contraignent le gouvernement britannique à prendre la relève de la Compagnie des Indes orientales. C'est ainsi que les « Indes orientales » ont été intégrées à l'Empire colonial britannique en 1857 et sont restées une colonie jusqu'en 1947.

La transformation par le colonialisme

Le colonialisme britannique en Asie du Sud a coïncidé avec la révolution industrielle en Europe, et c'est dans ce contexte qu'il faut comprendre l'impact de la présence britannique sur l'ensemble sud-asiatique. L'Asie du Sud est devenue un important fournisseur de matières premières nécessaires au bon fonctionnement des usines de Manchester, Birmingham et d'autres centres industriels du Royaume-Uni. Par exemple, lorsque la guerre de Sécession, au début des années 1860, a interrompu l'approvisionnement de coton en provenance du sud des États-Unis, les Britanniques n'ont pas tardé à encourager (et à imposer) la production de coton dans ce qui correspond aujourd'hui à l'Inde.

Lorsque les Britanniques se sont emparés du pouvoir en Asie du Sud, le développement industriel y avait déjà pris une importance considérable, notamment dans le textile et les produits métalliques, et les marchands indiens jouaient un rôle prépondérant dans les activités commerciales avec l'Asie du Sud-Est et du Sud-Ouest. En monopolisant les échanges commerciaux, les Britanniques ont transformé l'économie de l'Inde. Ainsi, ce pays a cessé

La partition, en 1947, de ce qu'avaient été les Indes britanniques, a provoqué l'un des plus grands déplacements de population de l'histoire humaine. Ci-dessus, deux trains bondés de réfugiés hindous fuyant ce qui était alors le Pakistan occidental arrivent à la gare d'Amritsar, la première ville indienne à l'est de la frontière.

de fabriquer des biens ; il s'est mis à exporter ses matières premières et à importer des produits fabriqués en Europe, évidemment. Les industries locales ont périclité et les marchands indiens ont perdu leurs marchés, ce qui a entraîné une détérioration des conditions de vie des habitants du sous-continent.

Le colonialisme a quand même laissé des actifs à l'Inde. Le pays a hérité de l'un des réseaux de transport (en particulier ferroviaire) les plus étendus de la période coloniale, même s'il visait surtout initialement à relier l'arrière-pays aux ports plutôt qu'à desservir les diverses parties du pays. Les ingénieurs britanniques ont tracé les plans de canaux d'irrigation et de drainage, dont la réalisation a permis l'amélioration des conditions de culture et l'accroissement de la surface des terres cultivées. Les établissements côtiers qu'avaient fondés les Britanniques sont devenus des villes importantes et des ports bourdonnant d'activités ; pensons à Mumbai (ou Bombay), Kolkata (ou Calcutta) et Chennai (ou Madras). Ces trois villes comptent toujours parmi les plus grands centres urbains de l'Inde, et leur paysage porte encore l'empreinte bien visible de la période coloniale.

Le règne britannique a aussi créé une nouvelle élite au sein de la population locale. Les Indiens se sont mis à fréquenter des écoles où se côtoyaient les traditions anglaises et indiennes, et leur occidentalisation a été renforcée par la poursuite d'études universitaires au Royaume-Uni. Cette élite provenait des communautés hindoues et musulmanes, et elle a joué un rôle clé dans les revendications d'autonomie et d'indépendance des Indiens. Ces réclamations, qui ont commencé à se faire entendre au début du XXe siècle, n'ont pu être ignorées par les Britanniques après la Seconde Guerre mondiale.

LA GÉOPOLITIQUE DE L'ASIE DU SUD MODERNE

La partition et l'indépendance

Avant même que le gouvernement britannique ne décide de céder aux revendications d'indépendance, il était évident que les Indes britanniques en tant qu'entité politique unique ne survivraient pas à l'avènement d'un gouvernement autonome. Dès les années 1930, les militants islamistes promouvaient l'idée d'un État distinct. Durant les négociations ayant finalement mené à l'indépendance, le sous-continent a connu une crise politique majeure qui s'est soldée par la séparation de l'Inde et du Pakistan. Or la **partition** n'était pas une mince affaire. Les musulmans formaient la majorité dans les zones occidentales et orientales des Indes britanniques, mais celles-ci comptaient aussi de nombreux foyers musulmans. De plus, les nouvelles frontières entre les communautés hindoues et musulmanes ont été tracées au beau milieu de zones où cohabitaient les deux camps, ce qui a provoqué le déplacement de millions de personnes dans l'est et le nord-est du pays. Les conséquences de cette migration sur la géographie sociale de l'Inde ont été considérables.

L'histoire a connu de nombreuses migrations de **réfugiés**, mais aucune n'a été aussi colossale et aussi concentrée dans le temps que celle qui a été occasionnée par la partition des Indes britanniques à partir du 15 août 1947, jour où l'Inde a proclamé son indépendance. Les chercheurs qui s'intéressent au phénomène des réfugiés établissent une distinction entre les migrations forcées et volontaires, mais cet évènement illustre bien que les choses ne sont pas toujours si clairement définies. En 1947, de nombreux musulmans ont compris qu'ils n'avaient pas le choix et, craignant pour leur avenir au sein de l'Inde nouvelle, se sont joints au sauve-qui-peut généralisé. D'autres avaient les moyens et la possibilité de rester ou de partir, mais même les nantis se sentaient indéniablement menacés.

La grande majorité des hindous qui vivaient du « mauvais » côté de la frontière est partie, elle aussi. La composante hindoue du Pakistan avoisinait 16 % en 1947, mais ne représente plus que 2 % de la population actuelle. Au Bangladesh, qui s'appelait à l'époque le Pakistan oriental, leur nombre a chuté de 30 % à environ 10 % aujourd'hui. La partition a donc créé une nouvelle répartition culturelle et géopolitique en Asie du Sud.

L'Inde et le Pakistan

Les relations entre l'Inde et le Pakistan ont été tendues dès la création des deux États. Au moment de la partition, les territoires formant aujourd'hui le Pakistan et le Bangladesh ont été réunis en un seul État, appelé Pakistan, qui était constitué de deux provinces: le Pakistan occidental et le Pakistan oriental. Le fondement de cette association, nous l'avons mentionné, était l'islam, la religion de cette nouvelle entité politique. L'Inde hindoue se trouvait entre ces deux provinces séparées, mais unies par l'islam. Or, entre celles-ci, la religion était bien le seul point commun et leur union a duré moins de 25 ans. En 1971, une coûteuse guerre, durant laquelle l'Inde a soutenu le Pakistan oriental, a abouti à la rupture de ce curieux assemblage. En s'affranchissant pour la deuxième fois, le Pakistan oriental a pris, en 1971, le nom de Bangladesh, et le Pakistan occidental, celui de Pakistan. L'appui de l'Inde à l'indépendance du Bangladesh a ravivé la tension avec le Pakistan. Celle-ci avait déjà provoqué une guerre en 1965, puis un autre conflit dans les années 1970 au sujet des régions montagneuses du Jammu et du Cachemire (voir la figure 8A-5). La communauté internationale avait toujours considéré les conflits armés entre ces deux pays d'Asie du Sud comme des questions régionales. La situation a toutefois changé du tout au tout au début des années 1990 lorsque leur course aux armements a mené à l'acquisition d'armes nucléaires. Depuis, le spectre d'une guerre nucléaire plane sur les conflits qui continuent d'embraser le Pakistan et l'Inde. Désormais, la situation ne préoccupe plus seulement l'ensemble sud-asiatique, mais également la planète entière. Autrefois considéré comme un pays décolonisé, divisé et désavantagé, le Pakistan a pris une importance cruciale dans la géographie politique d'un ensemble dont la transition est ponctuée de soubresauts.

La relation entre l'Inde et le Pakistan est particulièrement délicate en raison de la présence de nombreux musulmans en Inde. Aussi importante qu'ait été la vague de réfugiés en 1947, le nombre des musulmans restés en Inde est nettement supérieur à celui des émigrants.

Malgré un déclin marqué, la population indienne musulmane constitue toujours une énorme minorité en expansion. En 2012, elle dépassait 180 millions, ce qui représente plus de 14 % de la population totale de l'Inde et presque autant que la population du Pakistan (193 millions). Il n'est donc pas étonnant qu'une portion importante de la population de l'Inde éprouve des sympathies naturelles à l'égard du Pakistan. En revanche, lorsqu'un conflit éclate avec le Pakistan, les conséquences sont néfastes sur les relations entre hindous et musulmans en Inde et, au fil des ans, ces deux communautés religieuses se sont engagées dans la violence et les affrontements meurtriers.

Le Cachemire, un territoire convoité

Au moment de l'indépendance, en 1947, le Pakistan avait pour capitale Karachi, située sur la côte de la mer d'Oman, près de l'embouchure occidentale du delta de l'Indus. Cependant, en 1960, le siège du gouvernement a été transféré à Islamabad (voir les figures 8A-1 et 8A-5). En déplaçant sa capitale de la côte plutôt paisible vers l'intérieur tumultueux, et surtout en la plaçant aux portes du territoire contesté du Cachemire, le Pakistan annonçait son intention de repousser sa frontière septentrionale. De plus, en nommant sa capitale Islamabad, le Pakistan proclamait ses racines musulmanes malgré la proximité de la communauté hindoue. Ce choix géopolitique de l'emplacement de la capitale nationale peut être vu comme un instrument d'affirmation et, à cet égard, Islamabad illustre bien le principe de la capitale avancée.

Le Cachemire est un territoire montagneux coincé entre le Pakistan, l'Inde, la Chine et même l'Afghanistan sur plus de 50 kilomètres à l'extrémité nord (voir la figure 8A-5). Bien qu'on l'appelle simplement Cachemire, la région compte en fait plusieurs divisions politiques, y compris l'État indien de Jammu-et-Cachemire, une pomme de discorde importante entre l'Inde et le Pakistan.

Au moment de la partition, en 1947, les États faisant partie des Indes britanniques ont dû s'incorporer soit à l'Inde, soit au Pakistan. La décision incombait au dirigeant local dans la plupart des États, mais le Cachemire était un cas particulier. À l'époque, bien que sa population de 5 millions d'habitants ait été aux trois quarts musulmane, son maharadja, lui, était hindou. Lorsque celui-ci a choisi de donner au Cachemire le statut d'État autonome plutôt que de s'intégrer au Pakistan, la population musulmane s'est soulevée, avec le soutien de ce dernier. Le maharadja s'est alors tourné vers l'Inde pour obtenir de l'aide. Après plus d'un an de combats et avec l'intervention des Nations Unies, un accord de cessez-le-feu a concédé à l'Inde la majeure partie du Jammu-et-Cachemire avec les quatre cinquièmes de la population du Cachemire. La nouvelle frontière – appelée « ligne de contrôle » – a commencé à apparaître sur les cartes et le gouvernement indien a proposé qu'elle soit reconnue comme un accord frontalier définitif.

Des raisons multiples, dont des divergences religieuses, expliquent pourquoi l'Inde et le Pakistan se querellent à propos d'une région montagneuse difficile d'accès. Il y a aussi le fait que le Pakistan craint de voir une importante portion du haut bassin de l'Indus situé au Cachemire tomber sous la domination de l'Inde, qui contrôlerait alors les sources d'eau indispensables à l'irrigation du Pakistan.

Puisque environ les deux tiers des habitants du Jammu-et-Cachemire sont musulmans, le Pakistan exige depuis longtemps qu'un référendum y soit tenu afin que la population puisse choisir entre le maintien au sein de l'Inde ou l'annexion au Pakistan. L'Inde a toujours refusé, alléguant que les musulmans ont leur place dans la société indienne laïque, ce qui ne serait pas le cas des hindous dans la République islamique du Pakistan. Cette impasse dure depuis plus de 60 ans, et les dernières années semblent démontrer que les parties concernées s'y enfoncent davantage. Entre 1990 et 1995, près de 10 000 personnes ont trouvé la mort dans des combats et des soulèvements de

Un panache de fumée s'échappe du célèbre hôtel Taj Mahal de Mumbai, le 29 novembre 2008. Le Taj a été l'une des nombreuses cibles à Mumbai à être attaquées simultanément par des militants islamistes. Le siège du Taj a duré 4 jours et près de 200 personnes y ont perdu la vie. Les commandos indiens ont abattu tous les terroristes, sauf un qui a été capturé. Mumbai n'en était pas à sa première agression terroriste de cette envergure et celle-ci ne sera sans doute pas la dernière.

groupes islamistes prônant l'indépendance. En 2010, le Cachemire était le théâtre d'autres émeutes, alors que la population musulmane se rebellait contre l'« occupation » indienne. Pour cette seule année, 50 musulmans ont perdu la vie aux mains des troupes indiennes.

Tout indique que, malgré des décennies d'efforts entre les parties, le conflit à propos du Cachemire risque de durer encore longtemps.

Les revendications territoriales de la Chine

Ce survol du paysage géopolitique de l'Asie du Sud serait incomplet si nous omettions de signaler les aspirations territoriales de la Chine, imposante voisine située au nord-est de l'ensemble. Comme l'illustre la figure 8A-5, la Chine revendique la portion nord-est de l'État du Jammu-et-Cachemire. Le conflit n'a pas fait grand bruit durant les dernières années, mais, dans les faits, la Chine, comme l'Inde, ne manifeste pas le moindre signe de concession. La Chine fait aussi partie de l'équation en raison de son soutien stratégique au Pakistan, qui s'exprime notamment par la construction de centrales nucléaires. La Chine essuie bien entendu de vives critiques de la part de l'Inde.

L'État indien de l'Arunachal Pradesh (qui signifie poétiquement « pays des montagnes que l'aube éclaire »), situé dans l'extrémité nord-est de l'Inde, fait également l'objet d'un conflit historique avec la Chine qui en revendique le territoire entier. Dans cette région, l'Inde longe le Tibet qui, en 1914 – soit bien avant que la Chine n'en prenne le contrôle –, avait accepté cette frontière. Le Tibet, que les Chinois appellent maintenant le Xizang, joue un rôle clé dans ce litige, particulièrement depuis les années 1960, lorsque le dalaï-lama a dû s'exiler et qu'il a alors désigné l'Inde comme son second foyer. Cette frontière a été l'enjeu d'une courte guerre entre la Chine et l'Inde en 1962, mais la question du Tibet n'était jamais bien loin. Aujourd'hui, le problème n'est toujours pas réglé et le barrage que souhaite construire la Chine sur le Brahmapoutre supérieur, dont dépendent largement le nord-est de l'Inde et le Bangladesh, ne fait que l'exacerber.

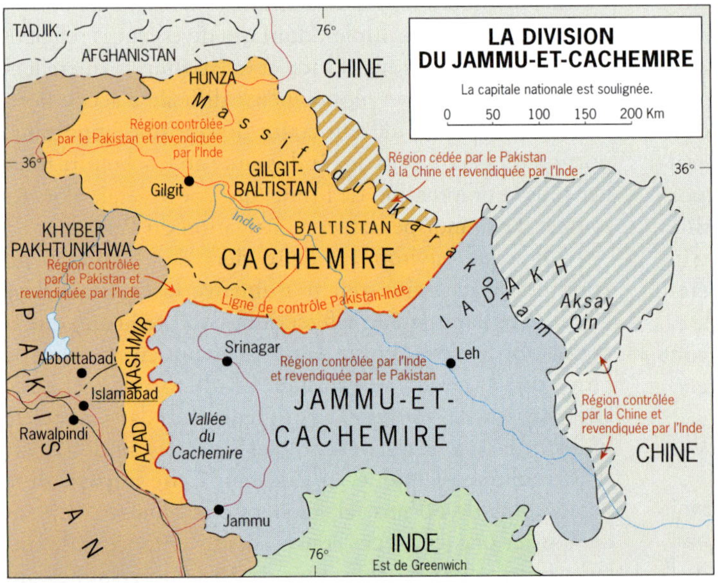

FIGURE 8A-5

DES MARCHÉS ÉMERGENTS

La plupart des pays de cet ensemble ont libéralisé leur économie depuis la fin des années 1980, prenant part au virage vers le **néolibéralisme** qui semblait s'opérer alors dans le monde entier. Cette orientation s'est traduite par la privatisation des sociétés publiques, par la réduction des barrières tarifaires, des subventions gouvernementales et de l'impôt sur les bénéfices, ainsi que par la dérèglementation généralisée pour stimuler l'activité commerciale.

Les conséquences de ces réformes ont été particulièrement remarquables en Inde, au Bangladesh et au Pakistan, qui ont enregistré une croissance sans précédent de leur économie. Cet essor s'est surtout exprimé dans les secteurs de la fabrication, des services, de la finance et, en Inde, dans celui des technologies de l'information (TI). Une nouvelle économie plus ouverte a attiré des investissements étrangers et favorisé l'émergence d'une nouvelle classe moyenne urbaine qui représente aujourd'hui 25 % de la population. Comparativement aux économies développées, une telle proportion peut sembler faible, mais elle correspond en Asie du Sud à 300 millions de personnes, c'est-à-dire à un marché colossal pour toute une gamme de produits, allant des voitures aux téléphones intelligents. Il n'en demeure pas moins qu'un

L'une des MÉTROPOLES de . . .

L'ASIE DU SUD

KARACHI

SITUÉE DANS LA PARTIE LA PLUS AU SUD du Pakistan, près du delta de l'Indus et sur la mer d'Oman, Karachi est la plus grosse ville du pays ainsi que son centre économique et financier. À une autre époque, Karachi était aussi la capitale du pays, mais celle-ci a été transférée à Islamabad en 1960, comme nous l'avons mentionné précédemment. Jusqu'à l'indépendance du Pakistan, en 1947, Karachi était une ville portuaire coloniale typique, conçue pour servir les intérêts britanniques. Le paysage urbain témoigne encore aujourd'hui de cette fonction : la ville était organisée autour du port et les principales gares et terminus s'y trouvent toujours. Les matières premières et les produits agricoles y étaient acheminés depuis l'arrière-pays et chargés sur des bateaux à destination des complexes industriels du Royaume-Uni. Le centre-ville historique se situe juste au nord du port, et l'actuel quartier des affaires, juste à l'est.

Karachi s'est considérablement développée au fil des ans, et sa population de 100 000 personnes au début du XXe siècle est passée à un demi-million dans les années 1950, pour s'établir à 13,7 millions aujourd'hui. Elle est sans conteste la ville du Pakistan la plus ouverte sur le monde et elle entretient les liens du pays avec l'économie mondiale (encore plus que le fait Mumbai pour l'Inde). Ainsi, Karachi accueille la plupart des sociétés étrangères, génère environ 75 % du commerce international du pays et produit quelque 20 % du PIB du Pakistan. Elle dispose de l'aéroport le plus fréquenté du pays et de deux ports de mer qui, ensemble, assurent plus de 90 % du commerce outre-mer. Le port de Qasim, plus récent, a été construit à l'est de la métropole dans les années 1970. L'imposant quartier des affaires (Saddar) illustre parfaitement l'importance économique de la ville.

La métropole doit aussi composer avec d'importants problèmes. Sa croissance débridée est source de congestion et de pollution. De nombreux habitants vivent dans la pauvreté la plus abjecte, en contraste frappant avec la petite élite très fortunée de la ville. Le taux de criminalité de rue y est élevé, si on le compare à celui de la plupart des autres villes de l'ensemble géographique. En matière de qualité de vie urbaine, Karachi n'est pas loin du dernier rang mondial. Une vaste majorité de ses résidents sont des immigrants de première ou de seconde génération issus de toute une variété d'origines ethniques, dont un grand nombre vivaient dans le nord de l'Inde avant la partition de 1947. Au cours des dernières années, les tensions intercommunautaires ont mené à des conflits violents de plus en plus nombreux. En 2010 uniquement, la presse rapportait plus de 1000 personnes tuées. De plus, la métropole est réputée comme un terreau fertile pour les fondamentalistes islamiques et un refuge pour les chefs talibans et leurs disciples. L'image de Karachi en tant que ville la plus cosmopolite du Pakistan s'en trouve sérieusement entachée.

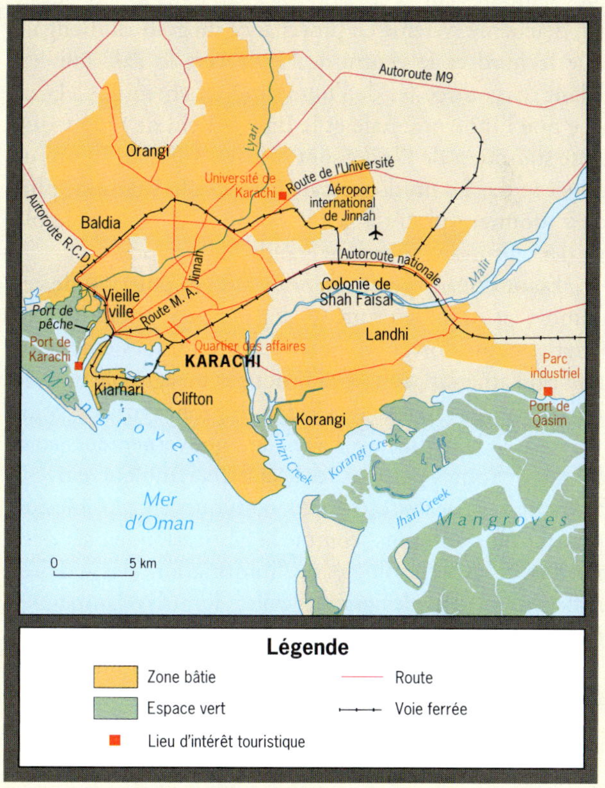

8A

milliard de Sud-Asiatiques sont encore plongés dans la pauvreté. Pour cette affolante majorité qui vit largement de l'agriculture et qui n'est pas près d'intégrer la nouvelle économie de l'information, rien n'a vraiment changé.

En fait, partout en Asie du Sud, l'agriculture emploie une portion importante de la population. Cependant, comparativement aux autres secteurs d'activité, la productivité générale de l'agriculture est faible, et sa contribution à l'ensemble de l'économie n'est que de 20 % environ. Dans les zones rurales, les revenus sont très inférieurs à ceux des grandes villes, tout comme le niveau de vie d'ailleurs. Près de 70 % de la population de l'ensemble habite en milieu rural, et même les gens qui ne vivent pas de l'agriculture en sont indirectement tributaires. Ainsi, des millions de vies dépendent chaque année de la qualité des récoltes. Comme le montre la figure 8A-2, la mousson d'été apporte des pluies salutaires sur la côte de Malabar, dans le sud-ouest, et un deuxième système en provenance du golfe du Bengale balaie le nord et le centre de l'Inde vers le Pakistan, en perdant de sa force (et de l'humidité) en chemin. Cela signifie que l'Inde orientale et le Bangladesh, de même que la côte sud-ouest de l'Inde, sont suffisamment arrosés pour cultiver le riz. Le nord-ouest de l'Inde et le Pakistan, plus secs, s'adonnent plutôt à la culture du blé. Le riz et le blé sont des cultures vivrières de grande importance.

Étant donné que la majorité de la population de cet ensemble vit en milieu rural ou dépend de l'agriculture, les gouvernements doivent orienter leurs politiques économiques vers l'amélioration de la productivité agricole dans le but d'accroître le niveau de vie dans les zones rurales. Mais il y a loin de la coupe aux lèvres. Les gouvernements sont sollicités de toutes parts, et les décideurs semblent souvent plus intéressés par les secteurs économiques susceptibles de rapporter plus d'impôts, comme la fabrication, les services financiers et les technologies de l'information, des activités qui fleurissent dans les grandes villes, loin des campagnes sans le sou.

L'ensemble comprend d'ailleurs suffisamment de métropoles (voir le tableau à la page 321) qui vibrent au rythme des changements économiques et sociaux. C'est d'ailleurs un trait distinctif de l'Asie du Sud. Les régions métropolitaines de Mumbai, Delhi-New Delhi, Kolkata, Dacca et Karachi ont toutes vu leur population franchir rapidement le cap des 13 millions au cours des deux dernières décennies. Les densités de population y sont élevées, les conditions de vie y sont difficiles, et la disparité entre les riches et les pauvres, très grande. Or beaucoup de migrants des zones rurales ont souvent l'impression que leurs conditions de vie seront meilleures en ville. Ils y seront sans doute pauvres, mais ils préfèrent subir la pauvreté en ville plutôt qu'à la campagne, pour la simple raison que les agglomérations urbaines offrent des services qui n'existent pas dans les villages. C'est ce qui explique le flux ininterrompu, vers les grands centres, de migrants qui ont contribué à la croissance des villes et des métropoles dans bien des régions du monde.

LA GÉOGRAPHIE DE LA POPULATION SUD-ASIATIQUE

La superficie de l'Asie du Sud est relativement petite (4,8 millions de km^2) par rapport à son énorme population. Elle équivaut à près des deux cinquièmes de l'Asie de l'Est (11,7 millions de km^2) qui est tout aussi populeuse. La comparaison entre ces deux géants démographiques démontre que la superficie de la Chine (9,5 millions de km^2) est presque trois fois plus grande que celle de l'Inde (3,2 millions de km^2). La population totale de l'Afrique subsaharienne (863 millions d'habitants) est plus de deux fois plus petite que celle de l'Asie du Sud (1,6 milliard d'habitants) pour un territoire presque cinq fois plus grand. Les adjectifs « fourmillant », « encombré » et « congestionné » servent souvent à décrire avec raison l'espace de vie habitable de l'Asie du Sud. Sa population est très dense ; seuls les déserts à l'ouest et les chaînes de montagnes dans le nord comptent encore de vastes zones inhabitées (voir la figure 8A-6). Nous pouvons d'ailleurs distinguer les contours des bassins fluviaux densément peuplés là où les points rouges se concentrent sur la carte de répartition de la population.

La densité de la population et l'enjeu de la surpopulation

La densité de population donne le nombre d'habitants par unité de surface (un kilomètre carré, par exemple) dans un pays, une province ou un autre territoire. On distingue deux types de mesure. La densité arithmétique désigne simplement le nombre d'habitants sur une superficie, habituellement un pays. En Inde, cette densité est de 373 hab./km^2. La densité physiologique est une donnée plus significative, car elle ne tient compte que des terres arables susceptibles de contribuer à la production alimentaire. Dans ce cas, la densité en Inde passe à 655 hab./km^2. En examinant attentivement les données que donne l'annexe A sur l'Asie du Sud, nous pouvons voir qu'au Pakistan, par exemple, ces deux mesures sont très différentes en raison des vastes déserts et des chaînes de montagnes inhospitalières que ce pays renferme. Une comparaison entre la carte de la répartition de la population (voir la figure 8A-6) et la carte des régions physiographiques (voir la figure 8A-2) permet de mettre en perspective les relations entre le milieu physique et les grandes zones de concentration des populations.

Jusqu'à récemment, on associait souvent la pauvreté persistante de l'Asie du Sud à la croissance rapide de sa vaste population et à sa densité élevée. Il y avait, disait-on, tout simplement trop de bouches à nourrir : cet ensemble était surpeuplé. La notion de surpopulation semble plausible sur le plan intuitif parce que tout territoire (ville, région, pays ou même la Terre) peut être considéré comme ayant une **capacité limite** d'accueil. En consultant de nouveau les données de l'annexe A, on constate que certains pays

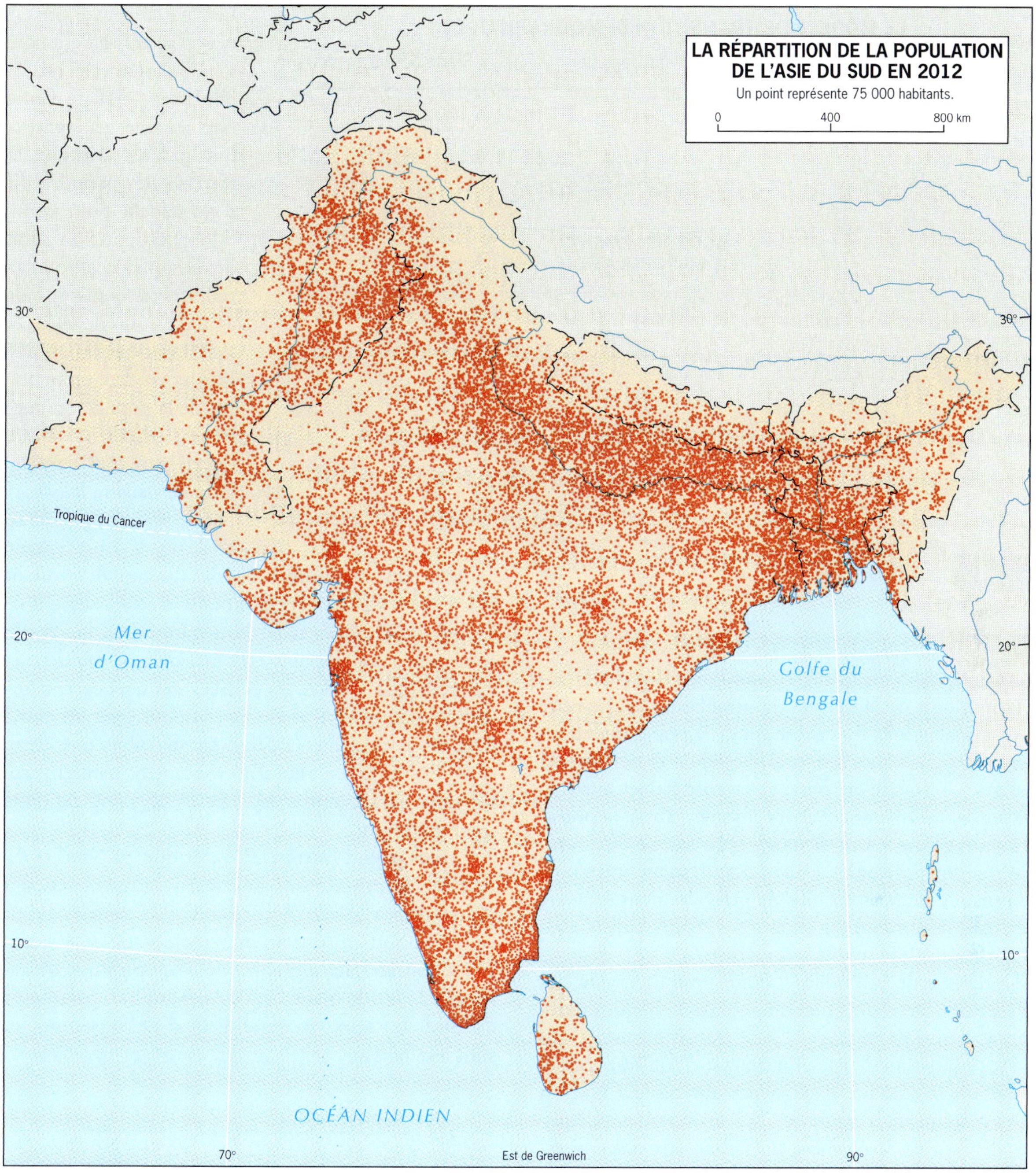

FIGURE 8A-6

densément peuplés, comme les Pays-Bas ou le Japon, s'en tirent fort bien, et ce n'est certainement pas grâce à l'abondance de leurs ressources naturelles. En fait, le nombre et la densité élevée d'habitants sur un territoire ne sont pas toujours un problème ; au contraire, une population nombreuse offre plus de possibilités de mettre en valeur les richesses d'un territoire. Les pays dont la population est très scolarisée, où les institutions sont optimisées et qui jouissent d'un savoir-faire technologique parviennent à des capacités d'innovation qui entraînent des hausses du niveau de production. Cela dit, une énorme population exerce des pressions sur la société et ses ressources naturelles, car il faut la nourrir, l'éduquer, la soigner, la loger et lui assurer du travail. En ce sens, la croissance économique doit aller de pair avec la croissance de la population. Les notions de surpopulation et de sous-peuplement doivent donc être appliquées en fonction de l'état des ressources d'un territoire à un moment donné. Ainsi, il y a surpeuplement lorsque les ressources d'un territoire croissent moins vite que la population. Au contraire, il y a sous-peuplement quand la population est insuffisante pour mettre en valeur les richesses du territoire.

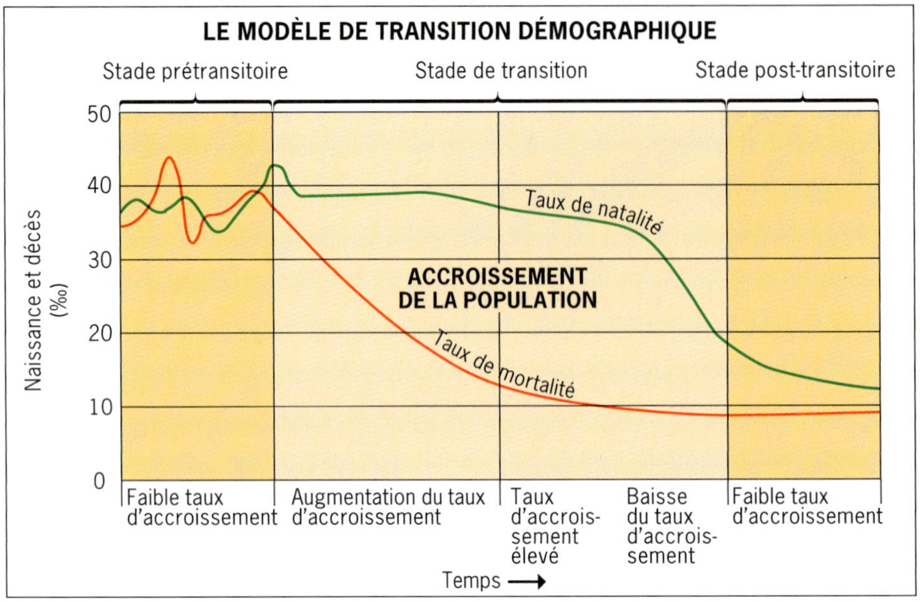

FIGURE 8A-7

La transition démographique

La pertinence des enjeux démographiques dépasse largement la question de la densité de population, qui n'offre qu'un instantané de la concentration de la population à un moment précis. Les choses se compliquent – et deviennent intéressantes – lorsqu'on observe la corrélation entre la population et les tendances économiques. Ainsi, la population de l'Asie du Sud s'est longtemps accrue plus rapidement que son économie. C'était manifestement un problème puisque de plus en plus de gens devaient survivre avec moins. Aujourd'hui, la situation s'est inversée : l'économie croît plus vite que la population.

La théorie de la **transition démographique** aide à la compréhension des changements dans la dynamique démographique d'une population. Cette transition est le fait pour une population de passer d'un état d'équilibre caractérisé par un faible taux d'accroissement naturel (voir la première colonne de la figure 8A-7) à un autre état d'équilibre également caractérisé par un faible taux d'accroissement naturel (voir la quatrième colonne de la figure). Ce passage est séparé par une période de transition marquée par un fort taux d'accroissement naturel.

Le modèle théorique de transition est constitué de trois stades. Au premier stade (prétransitoire) qui correspond à un régime démographique dit « traditionnel », c'est-à-dire, par exemple, plus de cinq enfants par femme, on remarque que les taux de natalité et de mortalité sont élevés. L'écart entre les deux courbes est faible et indique un faible taux d'accroissement de la population (moins de 1 % par an). Ensuite, la transition démographique proprement dite se fait en deux temps. Dans un premier temps, le taux de mortalité connaît une rapide diminution tandis que le taux de natalité se maintient à un niveau élevé. Le pays enregistre alors un fort taux d'accroissement naturel de sa population (de l'ordre de 2 à 3 %) ; celle-ci peut même doubler en une génération. C'est une période critique : le pays traverse des périodes difficiles d'ajustement pour combler la différence entre la croissance des besoins de la population et celle des ressources (production agricole, soins de santé, écoles). Il s'en suit une inflation démographique : la courbe des effectifs de la population augmente très rapidement. Dans un deuxième temps, la courbe du taux de natalité baisse, passant progressivement, par exemple, de cinq à trois enfants par femme, pour rejoindre la courbe du taux de mortalité ; on assiste alors à la réduction du taux d'accroissement naturel. Enfin, au troisième stade (post-transitoire), qui correspond au régime démographique dit « moderne », soit deux enfants ou moins par femme, les courbes des taux de natalité et de mortalité se rejoignent à nouveau pour créer un nouvel état d'équilibre, cette fois-ci défini par de faibles taux de natalité et de mortalité. Le taux d'accroissement naturel passe alors sous les 1 %. La courbe des effectifs de la population ralentit très rapidement.

Les pays d'Europe, d'Amérique du Nord et d'autres régions du monde ont déjà vécu cette transition dès le milieu du XIXe siècle. Actuellement, la plupart des pays de l'Asie du Sud en sont au deuxième stade de la transition. Leur poussée démographique s'est produite durant les années 1950, 1960 et 1970. Aujourd'hui, partout en Asie du Sud, les taux de natalité et d'accroissement naturel sont à la baisse.

La pyramide des âges : un outil pour étudier les populations

La **pyramide des âges** est un outil intéressant pour comprendre l'évolution d'une population dans le temps. Ce graphique nous informe sur la composition (âge et sexe) de la population à un moment précis. Le profil général du graphique traduit les tendances d'une population par rapport à son vieillissement.

Examinons la figure 8A-8 et comparons la pyramide des âges de l'Inde à celle de la Chine. Le graphique en haut à droite indique que la Chine a grandement réduit son taux de natalité depuis une décennie. La base étroite de la pyramide montre en effet une chute de la natalité ; les moins de 20 ans sont moins nombreux. La pyramide d'en dessous laisse voir le vieillissement de la population en Chine en

2037, comme en témoigne le profil élargi au sommet. La pyramide de l'Inde, en haut à gauche, présente un profil à base large, typique d'une population jeune. En présumant que l'Inde réussira à réduire davantage son taux de natalité au cours des prochaines années, le profil de sa pyramide en 2037 devrait refléter un mélange de deux situations démographiques : le groupe des moins de 20 ans est encore nombreux et l'élargissement vers le haut de la pyramide indique une chute de la mortalité et un vieillissement de la population. En examinant ces pyramides en fonction de la théorie de la transition démographique, nous pouvons déduire que la dynamique des populations en Asie du Sud a déjà commencé à se modifier, comme en témoignent la chute de croissance démographique et le vieillissement à court et à moyen terme de pays entrés dans le stade post-transitoire caractérisé par un faible taux de natalité.

LES PERSPECTIVES D'AVENIR

L'Asie du Sud est un ensemble géographique en transition sur les plans politique, économique et démographique. Si son essor semble lié à sa situation socioéconomique, il est aussi tributaire de l'économie des ensembles géographiques adjacents et du contexte économique mondial. C'est un ensemble géographique parfois difficile à décrypter. Les tensions indo-pakistanaises demeurent un sujet de préoccupation pour de nombreux États du globe. Sur le plan économique, nul ne peut douter que l'Inde attirera de plus en plus l'attention internationale. Les sociétés transnationales indiennes continueront de se tailler une place dans l'économie mondiale, et l'appétit grandissant des consommateurs de la classe moyenne indienne intéressera de plus en plus les producteurs des quatre coins de la planète. Que l'anglais y soit la langue d'usage des affaires et que les TI y constituent un secteur économique de pointe lui procure un énorme avantage pour l'avenir. De plus, le fait que l'Inde, géant de l'ensemble, puisse brandir le titre de plus grande démocratie du monde lui donne aussi énormément de crédibilité.

Au cours des dernières décennies, l'Asie du Sud a amorcé une transition démographique. Elle a développé des secteurs d'intérêt mondial dans le domaine des hautes technologies et sa croissance économique jusqu'à présent a permis d'éduquer une classe moyenne toujours plus nombreuse. Cet ensemble est devenu un nouvel acteur majeur à l'échelle de la planète. Il lui reste à relever le défi de simuler la production agricole dans les zones rurales pauvres et d'assurer une paix durable entre les peuples et les nations qu'il abrite.

LA PYRAMIDE DES ÂGES DE L'INDE ET DE LA CHINE, 2012 ET 2037

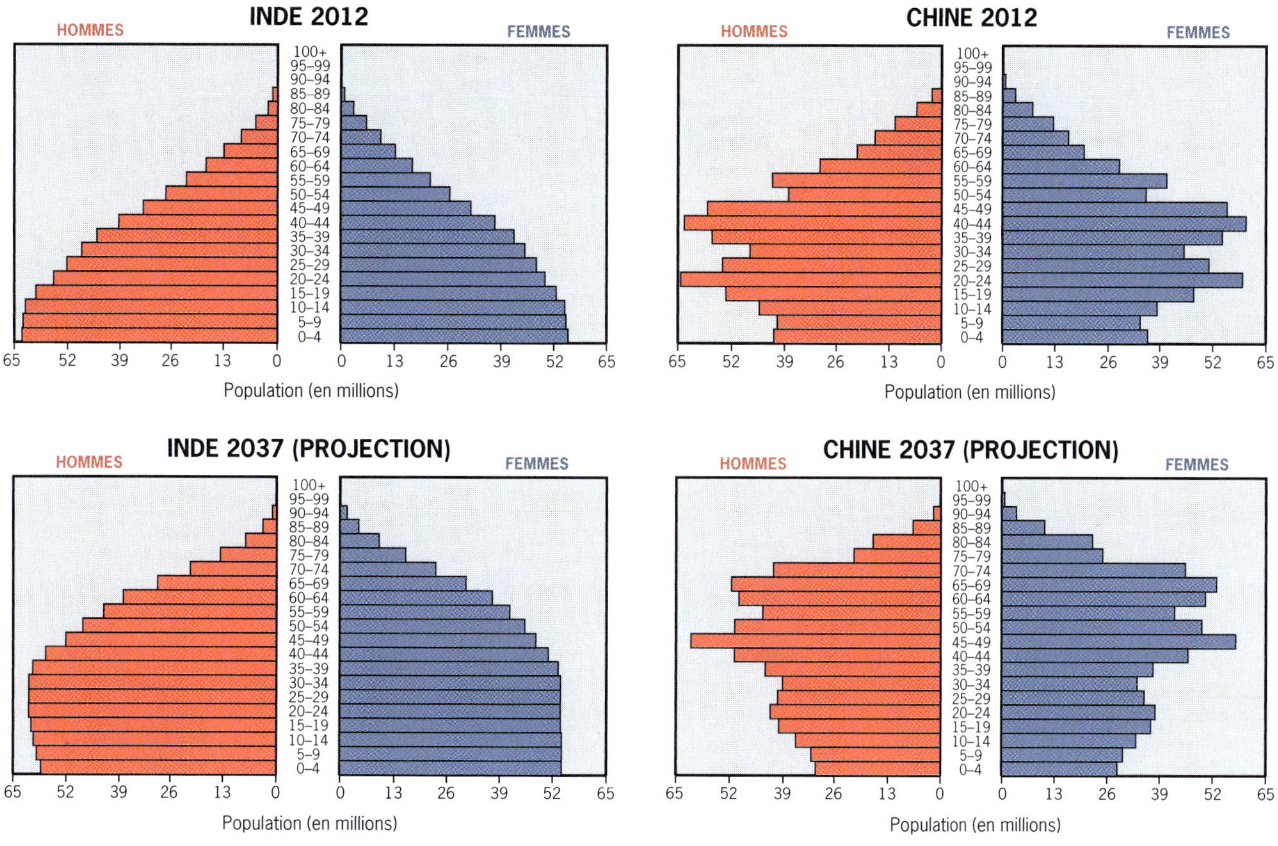

Source : Census Bureau des États-Unis.

FIGURE 8A-8

8B LES RÉGIONS DE L'ASIE DU SUD

FIGURE 8B

SOMMAIRE

- LE PAKISTAN
- L'INDE
- LE BANGLADESH
- LE NORD MONTAGNEUX
- LES ÎLES DU SUD

CONCEPTS ET TERMES

Tension intercommunautaire

Hindutva

Les progrès que connaît l'Asie du Sud sont très inégaux à travers l'ensemble et doivent être nuancés à l'échelle de ses régions (voir la figure 8B-1). Des frontières du Cachemire jusqu'à l'océan Indien, les enjeux démographiques, géopolitiques, économiques et environnementaux ne sont pas les mêmes. Le poids économique et démographique de l'Inde se compare peu aux petits États du Népal et du Bhoutan et encore moins aux Maldives. Quant au Pakistan, la complexité géopolitique qui le caractérise est étroitement suivie à l'échelle internationale. Ce pays marqué par la diversité et l'agitation fera-t-il basculer la région dans des affrontements sanglants? Ailleurs, comme au Népal et au Sri Lanka, pourra-t-on freiner la déforestation? Les pluies de la mousson sont-elles un don du ciel ou une malédiction pour les habitants du Bangladesh? Chacune de ces situations requiert une analyse géographique singulière.

LE PAKISTAN

Si l'Égypte a prospéré grâce au Nil, le Pakistan doit beaucoup à l'Indus. Ce grand fleuve et son principal affluent, la Sutlej, sont essentiels à la vie dans les vallées qui forment le cœur de ce pays très peuplé, situé sur le flan occidental de l'Asie du Sud.

Le Pakistan n'est pas très vaste comparativement aux autres États d'Asie: sa superficie de 796 064 km^2 équivaut en effet à la moitié de celle du Québec. Toutefois, en raison de ses 193 millions d'habitants, il se classe parmi les 10 pays les plus peuplés du globe; de plus, il est le deuxième pays musulman du monde, après l'Indonésie.

Un pays difficile à gouverner

Le Pakistan est une fédération formée de quatre provinces et quatre territoires autonomes fort disparates. Bien que 97 % de la population soit musulmane, le pays est partagé en plusieurs groupes ethniques qui parlent des langues différentes: pendjabi, sindhi, ourdou, pachtou, baloutchi. L'ourdou est la langue officielle, mais l'anglais, langue coloniale de la région, demeure la langue véhiculaire de l'élite des villes (voir la figure 8A-4).

LES PRINCIPALES VILLES DE L'ASIE DU SUD

VILLE	POPULATION* (en millions)
Delhi-New Delhi (Inde)	22,9
Mumbai ou Bombay (Inde)	20,7
Kolkata ou Calcutta (Inde)	16,1
Dacca (Bangladesh)	15,4
Karachi (Pakistan)	13,7
Lahore (Pakistan)	7,5
Chennai ou Madras (Inde)	7,2
Hyderabad (Inde)	6,9
Bangalore (Inde)	6,8
Ahmadabad (Inde)	5,9
Varanasi ou Bénarès (Inde)	1,5
Katmandou (Népal)	1,1
Colombo (Sri Lanka)	0,7

*Nombre approximatif d'habitants des agglomérations urbaines d'après les données projetées de 2012

Les gouvernements pakistanais successifs, qu'ils aient été civils ou militaires, se sont tournés vers l'islam afin d'assurer une certaine cohésion de ce pays. Ce faisant, les dirigeants ont opté pour une république fédérative islamique avec un régime civil. Le nom officiel du Pakistan est la République islamique du Pakistan. Cependant, même la religion parvient mal à rassembler les citoyens. La division entre les musulmans sunnites qui représentent environ 70 % de la population et la minorité chiite (20 %) y est grande. De part et d'autre, des extrémistes s'en prennent de façon intermittente aux membres de chacune des communautés.

La gouvernance d'un pays aussi diversifié et déchiré s'avèrerait un défi pour n'importe quel système politique et, jusqu'à maintenant, le Pakistan n'a pas réussi à imposer la paix civile. Des gouvernements élus démocratiquement ont, les uns après les autres, gaspillé leur capital de sympathie et fini par être renversés à la suite de coups d'État militaires. Le constat est navrant : l'essor économique récemment enregistré n'a pas profité aux pauvres ; le taux d'alphabétisation a certes progressé, mais il demeure faible ; les conditions sanitaires n'ont pas connu d'améliorations importantes ; et les institutions nationales sont faibles.

Pendant ce temps, les problèmes surgissent de toutes parts. Une crise de plus en plus aiguë d'approvisionnement en eau n'obtient pas l'attention qu'elle mérite. L'insurrection gronde dans le Baloutchistan. L'armée est incapable de contrôler la région montagneuse du Waziristan, un territoire des zones tribales fédéralement administrées, près de l'Afghanistan, où se terrent les membres d'al-Qaïda et les talibans. Enfin, comme nous l'avons mentionné dans le chapitre 8A, la question du Cachemire a déjà coûté très cher au Pakistan et ses relations avec l'Inde demeurent tendues.

Pour ajouter aux difficultés de gouverner ce pays, le Pakistan a connu en 2010 les pires inondations de son histoire, résultat de la mousson la plus abondante depuis des décennies. L'Indus, qui traverse le pays du nord au sud, est sorti de son lit, plusieurs de ses affluents ont débordé et au moins le quart du territoire national a été inondé. Le nord-ouest, particulièrement la province de Khyber Pakhtunkhwa, a été gravement sinistré, mais d'autres zones en aval ont également subi les débordements de l'Indus.

Les inondations survenues au Pakistan à la fin de l'été et durant l'automne 2010 se sont produites presque partout le long de l'Indus, de la province de Khyber Pakhtunkhwa, dans le nord, jusqu'au Sind dans le sud. Cette photo prise le 30 octobre 2010 montre l'étendue de la zone inondée autour de Jacobabad, située à quelque 50 kilomètres du lit principal du fleuve et près de la frontière séparant le Sind du Baloutchistan, juste au nord de Shikarpur (voir la figure 8B-2). À elle seule, cette ville de taille moyenne a vu fuir quelque 20 000 personnes craignant pour leur vie. La destruction de la majeure partie des récoltes de l'année s'ajoute aux difficultés que vivent les Pakistanais.

Selon les estimations, les inondations auraient fait 1800 morts et détruit 700 000 foyers, en plus d'en endommager un grand nombre, si bien que plusieurs millions de personnes ont été directement touchées par la catastrophe. Les récoltes de 2010 ont par le fait même été anéanties, et les dommages infligés aux installations de régulation du débit des eaux et à l'équipement d'irrigation risquent de compromettre la rentabilité des récoltes à venir.

Les provinces du Pakistan

Le territoire de la fédération s'organise autour de quatre provinces : le Pendjab au cœur du pays, le Sind donnant sur la mer d'Oman, la province montagneuse de Khyber Pakhtunkhwa, dans le nord-ouest et le Baloutchistan désertique.

Le Pendjab

Le Pendjab constitue la zone centrale du Pakistan (voir la figure 8B-2) ; c'est le foyer musulman sur lequel la frontière postcoloniale entre le Pakistan et l'Inde a été imposée. Par conséquent, l'Inde compte aussi un État appelé Pendjab. Le Pendjab pakistanais abrite environ 55 % de la population du pays ; plus de 100 millions de personnes vivent dans le triangle que forment l'Indus et son affluent, la Sutlej. Elles parlent le pendjabi et l'économie de la société qu'elles forment repose sur l'agriculture de subsistance et sur la culture commerciale du blé.

Cette zone centrale compte trois grandes villes : Lahore, Faisalabad et Multan. Lahore, dont la population atteint maintenant 7,5 millions d'habitants, est le haut lieu de la culture islamique en Asie du Sud. Elle est située tout près de la frontière indo-pakistanaise.

Le Sind

Immédiatement au sud du Pendjab se trouve le Sind. L'Indus inférieur est essentiel à la vie dans le Sind (voir la figure 8B-2), mais le Pendjab contrôle les eaux en amont, ce qui entraîne l'un des conflits qui divisent le Pakistan. Les Sindhis, qui représentent près du quart de la population du pays, prennent conscience de leur sous-représentation au gouvernement et de la nécessité d'être plus autonomes chaque fois que le régime, à majorité pendjabie, propose de construire des barrages sur l'Indus et ses principaux affluents. La fureur nationaliste a balayé le Sind lorsque sa candidate à la présidence du pays, Benazir Bhutto, a été assassinée en 2007.

Dans le sud du Sind domine Karachi (présentée dans le chapitre 8A). Sous le soleil brûlant, sa Bourse, ses rues dangereuses, ses plages encombrées et ses bidonvilles font d'elle une ville portuaire aux vibrants contrastes. Karachi a connu une explosion démographique à la suite de la partition en 1947, lorsque les réfugiés en provenance de l'Inde y ont déferlé, causant des émeutes et des batailles entre gangs dont les conséquences se font encore sentir aujourd'hui. Faute de mesures coercitives musclées, Karachi est devenue un foyer d'activités terroristes, ce qui ne l'empêche pas de continuer à jouer son rôle en tant que port principal du Pakistan (et de l'Afghanistan) et siège du gouvernement provincial du Sind.

Le Khyber Pakhtunkhwa

Comme le montre la figure 8B-2, cette province est coincée entre le puissant Pendjab, à l'est, ainsi que l'Afghanistan et le territoire des zones tribales – aussi connu sous le nom de « Régions tribales fédéralement administrées » de l'anglais *Federally Administrated Tribal Areas* (FATA) –, à l'ouest. Dans sa partie nord et nord-est, cette province est bordée par deux autres territoires autonomes du Pakistan : le Gilgit-Baltistan et l'Azad Cachemire.

Le nom *Pakhtunkhwa* signifie « qui appartient aux Pachtounes, » c'est-à-dire les tribus afghanes qui peuplent la région.

Les régions tribales jouissent d'un certain degré d'autonomie depuis l'époque coloniale, et la portée du gouvernement pakistanais dans ces zones demeure assez limitée. La géographie physique de cette province montagneuse témoigne de son éloignement et de l'isolement dans lequel vit sa population. Des cols de hautes montagnes conduisent en Afghanistan. De ce pays, la légendaire passe de

La passe de Khyber relie l'Afghanistan au Pakistan par l'Hindu Kush. Considérée comme l'un des passages les plus stratégiques du monde, elle a toujours représenté une épreuve pour les armées des envahisseurs. De nos jours, des routes et des tunnels facilitent le transport de réfugiés, de drogues et d'armes. Des militants séparatistes des deux côtés de la frontière l'empruntent aussi fréquemment ; la province de Khyber Pakhtunkhwa, en particulier la ville de Peshawar, est le foyer de leurs activités.

FIGURE 8B-2

Khyber – déjà présentée comme la voie historique qu'ont empruntée les envahisseurs (voir la photo ci-contre à gauche) – mène directement à Peshawar, capitale provinciale située dans une vallée alluviale fertile où les champs de blé alternent avec ceux de maïs.

Le Baloutchistan

Comme l'illustre la figure 8B-2, le Baloutchistan est de loin la plus grande des quatre provinces du Pakistan. Il représente près de la moitié du territoire pakistanais (sans compter le Cachemire), mais n'abrite que 8,8 millions d'habitants selon les estimations, soit à peine 5 % de la population du pays. Un coup d'œil à la figure 8A-1 donne une idée du paysage naturel : la majeure partie de ce vaste territoire est désertique, et les montagnes arides tirent un peu d'humidité ambiante seulement dans le nord-est. L'élevage de moutons est la principale activité de la région, et la laine, le principal produit d'exportation. Dans le nord, le Baloutchistan est contigu aux zones tribales et à l'Afghanistan. C'est là que se trouve Quetta, la capitale provinciale. Le Baloutchistan revêt une importance économique pour le pays. Son territoire recèle probablement des réserves substantielles de pétrole et de charbon, et la province produit déjà la majeure partie du gaz naturel du pays. La construction d'un port et d'un terminal est en cours à Gwādar, sur la côte sud-ouest. En plus de desservir le Baloutchistan, le port deviendra un point de chargement de pétrole et de gaz en provenance d'Iran ou du bassin caspien et destinés aux marchés de l'Asie de l'Est. La Chine, un investisseur majeur dans ce projet, a dépêché des ingénieurs affectés à la planification et à la construction du port, en plus d'accorder un prêt au Pakistan. Pendant des décennies, de brèves rébellions locales ont témoigné de l'insatisfaction de la population à l'égard du gouvernement. Or plus récemment, l'Armée de libération du Baloutchistan a lancé une insurrection plus importante et plus durable. Lors d'un attentat terroriste à Gwādar, trois ingénieurs chinois ont été tués et une douzaine d'autres, blessés.

L'avenir du Pakistan

Le Pakistan est un pays de vibrants contrastes culturels, où la modernité côtoie les traditions, l'esprit de communauté et le régionalisme. C'est également un pays où la loyauté à la famille, au clan et au village l'emporte souvent sur l'identité nationale.

Malgré les nombreux cycles de progrès et d'échecs, le Pakistan, contre toute attente, continue d'afficher des progrès: le développement de l'irrigation et la mise en place de techniques agricoles issues de la révolution verte permettent au pays d'exporter du riz depuis une décennie (bien qu'il importe toujours du blé), et les secteurs de la fabrication et des services ont connu une croissance substantielle. Le Pakistan exporte non seulement des textiles à base de coton, mais aussi des tapis, des tapisseries et des produits en cuir. La fabrication pour le marché intérieur demeure limitée, mais l'État a construit sa propre aciérie près de Karachi.

Hélas, ces progrès n'enrayent pas les difficultés. Malgré son étendue et son influence régionale, le Pakistan se classe toujours parmi les économies à faible revenu; la grande majorité des Pakistanais pratique encore une agriculture de subsistance. Le taux d'urbanisation est de 35 %; les femmes ont en moyenne 3,7 enfants et l'accroissement démographique atteint par ailleurs 2,3 % par année; à ce rythme, la population doublera tous les 31 ans. De plus, si les autorités ont réussi à endiguer la culture du pavot, elles peinent à freiner la production de cannabis de même que le trafic et la transformation de ces drogues illicites. L'Afghanistan, juste à côté, continue d'être la principale source de ce commerce illégal, lequel a d'importantes répercussions économiques, sociales et géopolitiques au Pakistan.

Ce flanc occidental de l'Asie du Sud est plus que jamais la région la plus critique de l'ensemble. La cohésion et la stabilité du Pakistan islamique sont devenues cruciales à une époque où la lutte mondiale contre le terrorisme et les priorités des puissances occidentales s'enchevêtrent. Le rôle du gouvernement pakistanais dans cette lutte suscite des critiques et du ressentiment au sein de la population qui exprime son mécontentement en votant pour des partis militants islamiques, en soutenant le mouvement taliban et en recueillant les membres en fuite d'al-Qaïda.

Le Pakistan doit composer avec de nombreuses difficultés, et on imagine sans peine les multiples facteurs qui pourraient le faire sombrer dans le chaos. L'avenir du pays et la stabilité de l'Asie du Sud (et du Sud-Ouest) sont en jeu.

L'INDE

Il suffit de lire les journaux et de regarder la télévision pour constater l'attention grandissante que suscite l'Inde, pas seulement en Amérique du Nord, mais partout dans le monde. Les exemples de couverture médiatique comprennent le présumé « partenariat stratégique » entre les États-Unis et l'Inde, la délocalisation d'emplois vers l'Inde, l'essor rapide de la nouvelle classe moyenne indienne et l'émergence de grandes entreprises indiennes dont la présence se manifeste ailleurs dans le monde. L'Inde est indéniablement sur une lancée, mais deviendra-t-elle la prochaine superpuissance économique?

Cet État n'est certainement pas de taille à être ignoré. Non seulement il occupe les trois quarts du vaste triangle que forme l'Asie du Sud, mais il devancera la Chine au milieu du présent siècle en devenant le pays le plus populeux de la planète. Selon certaines estimations, l'Inde sera la troisième économie du monde d'ici 2020, après les États-Unis et la Chine. République fédérative, elle compte 28 États et 7 territoires (voir la figure 8B-3). Sa superficie est de 3,28 millions de km^2, soit un peu plus de deux fois celle du Québec (1,7 million de km^2 et le Canada, 9,9 millions de km^2). L'Inde détient déjà le titre de plus grande démocratie, avec une population dépassant 1,2 milliard d'habitants.

Que l'Inde soit demeurée un État unifié est en soi un miracle géopolitique. Le pays est une mosaïque culturelle d'une immense diversité ethnique, religieuse, linguistique et économique: elle constitue vraiment un État de plusieurs nations. Lorsqu'elle a acquis son indépendance en 1947, l'Inde a adopté un système de gouvernement fédéral démocratique et laïc. Ses régions et les peuples qui y vivent ont obtenu une certaine autonomie et ont pu conserver leur identité; elle a aussi permis à d'autres entités d'aspirer à un tel statut.

La géopolitique

Une fédération d'États et de peuples

La carte géopolitique de l'Inde montre une fédération de 28 États, de 7 territoires de l'Union (celui des îles Andaman et Nicobar n'apparaît pas sur la carte) et du district fédéral de Delhi (voir la figure 8B-3). Le gouvernement fédéral conserve une autorité directe sur les territoires de l'Union qui présentent tous une population et une superficie modestes. Le district fédéral de Delhi comprend cependant l'ensemble de la région métropolitaine de Delhi-New Delhi et abrite plus de 22 millions d'habitants.

Cette organisation politique du territoire indien est en grande partie le produit de la restructuration du pays au moment de son indépendance. Les frontières de ses États reflètent les grandes lignes de la mosaïque culturelle du pays. Dans la mesure du possible, le système a reconnu les langues, les religions et les traditions culturelles. En 1947, l'hindi était la langue la plus répandue, mais elle n'était la langue maternelle que du tiers environ de la population. Le fait que le premier ministre Jawaharlal Nehru ait prononcé son célèbre discours de minuit en anglais, le jour de l'indépendance, est révélateur. L'utilisation de l'hindi ou de toute autre langue nationale aurait divisé la population et se serait avérée politiquement impossible. L'anglais n'a pas tardé à devenir l'une des langues officielles du pays sans toutefois freiner l'usage des autres langues. Ainsi, une loi adoptée en 1963 a permis aux membres du Congrès de s'exprimer en hindi ou en anglais. De plus, chaque État et territoire pouvait décider de sa langue officielle. La Constitution de l'Inde prévoit pour chaque État une ou des langues officielles dites « constitutionnelles ». Depuis le dernier amendement en 2007, on en compte 22.

Les tensions intercommunautaires

Dans le contexte indien, l'expression « **tension intercommunautaire** » renvoie aux divers types de conflits récurrents entre les différentes classes sociales et religieuses de la société

FIGURE 8B-3

indienne. Le plus souvent, ces conflits découlent de la religion (politisée), mais ils ont aussi trait à la hiérarchie des castes.

Les sikhs

Les sikhs (mot qui signifie «disciples») adhèrent à une religion créée il y a environ cinq siècles pour unir les hindous et les musulmans dans une même foi. Les adeptes rejettent ce qu'ils considèrent comme les aspects négatifs de l'hindouisme et de l'islam. Au Pendjab et dans les zones adjacentes, le sikhisme a accueilli des millions de fidèles. Durant la période coloniale, de nombreux sikhs ont soutenu l'administration britannique et gagné ainsi le respect et la confiance des colonialistes, qui ont embauché des dizaines de milliers de sikhs dans l'armée et dans les forces policières. En 1947, le Pendjab comprenait une importante classe moyenne issue de ce culte. Aujourd'hui, les sikhs qui représentent moins de 2 % de la population indienne (environ 21 millions de personnes) exercent sur les affaires indiennes une influence qui dépasse largement leur poids démographique.

Après avoir proclamé son indépendance, l'Inde a affronté l'un de ses plus graves problèmes de séparatisme, car les sikhs ont réclamé la création d'un État autonome qu'ils souhaitaient nommer le Khalistan. Pour désamorcer la situation, le gouvernement a divisé le Pendjab en deux en 1966: le nord-ouest à majorité sikhe, qui a conservé le nom de Pendjab, et le sud-est à majorité hindoue, appelé Haryana (voir la figure 8B-3). Cependant, le conflit s'est attisé dans les années 1970 lorsque la première ministre Indira Gandhi a décrété l'état d'urgence et imposé à toute la fédération une forte gestion centralisée. Les tensions ont culminé en juin 1984 alors que les forces militaires fédérales ont attaqué des rebelles sikhs réfugiés dans le Temple d'or à Amritsar, lieu sacré par excellence pour les sikhs. Pour venger les centaines de victimes du temple, les gardes du corps sikhs d'Indira Gandhi ont assassiné cette dernière quelques mois plus tard, ce qui a provoqué d'autres actes de violence. Heureusement, depuis la fin des années 1980, les deux camps s'emploient à améliorer leurs relations.

Le Temple d'or situé dans la ville d'Amritsar, au Pendjab, a été le théâtre d'un brutal affrontement, en 1984, entre des sikhs séparatistes et l'armée indienne.

Les musulmans

Après la déclaration d'indépendance de l'Inde et les grands mouvements de population qui en ont découlé de part et d'autre de ses nouvelles frontières, le pays s'est retrouvé avec une minorité musulmane de quelque 35 millions de personnes disséminées sur son territoire. En 1991, cette minorité était passée à près de 100 millions de personnes et représentait 11,7 % de la population totale. Aujourd'hui, la population musulmane est estimée à 180 millions, soit 14,7 % de la population, et elle connaît un taux de croissance plus rapide que celui de la population indienne en général. La majorité des musulmans réside dans les États du nord-ouest et du nord-est du pays: dans le Jammu-et-Cachemire, l'Assam et le Bengale occidental.

La situation de la population musulmane est souvent associée aux relations indo-pakistanaises; pensons à la question du Cachemire ou aux actes terroristes qui secouent l'Inde depuis les attentats contre le Parlement en 2001 et contre les hôtels de Mumbai en 2008. Par conséquent, les relations entre musulmans et hindous sont tendues. Les soupçons quant à l'existence de liens entre des terroristes (pakistanais) et des activistes musulmans indiens ont galvanisé une partie de la population hindoue autour d'un mouvement nationaliste connu sous le nom d'hindutva.

Les communautés musulmanes en Inde vivent une marginalisation socioéconomique préoccupante. Selon les données officielles, moins de 4 % des musulmans indiens ont terminé des études secondaires. Un récent rapport gouvernemental révèle, par ailleurs, que les communautés musulmanes sont maintenant aussi pauvres que les membres des castes inférieures hindoues. Même si des diplômés universitaires d'origine musulmane ont réussi à faire carrière dans différents domaines, que ce soit culturel ou sportif, la grande majorité des musulmans semble coincée au bas de l'échelle sociale.

LE GANGE, FLEUVE SACRÉ

À VARANASI (OU BÉNARÈS), ville sacrée par excellence de l'hindouisme, on peut voir des gens se baigner dans l'eau du Gange, la boire et y prier. Le Gange (les Indiens disent *Ganga*) est le fleuve sacré des hindous. À Varanasi, à Allahabad (ou Prayag) et dans d'autres villes construites le long du Gange, les rives du fleuve sont bordées de temples hindous, de palais ornementés décrépis et de dizaines de larges escaliers en pierre appelés ghâts. Ces escaliers permettent aux milliers d'hindous d'entrer dans le fleuve. Résidents de la ville ou voyageurs venus de loin, ces pèlerins pour la plupart espèrent trouver dans l'eau la guérison ou la grâce spirituelle. Selon les estimations, le Gange reçoit chaque jour plus d'un million de baigneurs qui y accèdent à un point ou un autre de ses 2600 kilomètres. Lors de festivals religieux, ce nombre est multiplié par 10.

Les hindous vénèrent le courant incessant du fleuve et son pouvoir curatif, car les eaux du Gange sont censées purifier l'âme. Par conséquent, la tradition veut que l'eau soit immaculée, que rien ne puisse la polluer. Concrètement, cependant, le Gange est l'un des grands fleuves les plus toxiques du monde. À la hauteur de Varanasi, l'eau pure des glaciers qui alimente le fleuve a été maintes fois utilisée dans les villes industrielles comme Delhi et Kanpur, en amont. Déjà en 1986, Rajiv Gandhi, alors premier ministre, avait lancé un vaste projet de réduction de la pollution du fleuve comprenant un programme de construction d'usines de traitement des eaux usées étalé sur 10 ans. Or durant la même période, les déchets provenant des usines et des égouts ont également augmenté.

Ces considérations terrestres ont peu d'importance aux yeux des croyants hindous pour qui le caractère divin du Gange prime. Leurs rassemblements matinaux sur les ghâts sont une source de joie et un spectacle quotidien.

Chaque année, dans la ville sacrée de Varanasi, des millions de pèlerins empruntent ces marches de pierre menant aux eaux du Gange.

L'hindutva

L'hindouisme fondamentaliste est un mouvement qui a pris de l'ampleur au cours des dernières décennies. Son but est de rétablir au sein de la société indienne la primauté des principes hindous. On décrit l'**hindutva** de diverses façons : nationalisme hindou, patrimoine hindou ou patriotisme hindou. Il a inspiré le Bharatiya Janata Party (BJP ou Parti du peuple indien), un mouvement puissant sur la scène politique nationale et dans les grands États comme le Maharashtra, le Gujarat et le Madhya Pradesh. Les militants fanatiques souhaitent imposer un programme d'éducation hindou dans les écoles, apporter au droit de la famille des modifications que les musulmans jugent inacceptables, interdire le prosélytisme religieux autre qu'hindou et créer une Inde qui ferait des non-hindous des étrangers. Il n'est donc pas étonnant que les tenants de la ligne dure hindoue et les fondamentalistes islamiques nourrissent leur hargne respective et entretiennent un cercle vicieux de conflits.

De telles idées inquiètent naturellement les musulmans et les autres minorités, mais elles préoccupent également ceux qui considèrent que la laïcité de l'Inde – c'est-à-dire la séparation de la religion et de l'État – est indispensable au maintien de la démocratie. Les hindous modérés et les non-hindous s'opposent aussi à ces idées qui divisent la population autant que toute autre forme de fondamentalisme.

Le BJP a d'ailleurs essuyé des revers lors de récentes élections nationales et étatiques. De plus, des luttes intestines entre les modérés et les purs et durs de l'hindutva ont permis aux modérés de marquer des points. De façon générale, les électeurs indiens n'ont pas adhéré à ce radicalisme hindou, ce qui semble confirmer la robustesse et la vitalité de la démocratie indienne.

La persistance du système de castes

L'hindouisme s'accompagne d'un système de stratification sociale que dénoncent toutefois un grand nombre d'Indiens. Selon cette religion, chaque individu naît et meurt dans une caste. Les castes sont des strates sociales immuables dont l'appartenance est établie selon l'ascendance, les liens familiaux et le métier ou la profession. L'origine du système de castes remonte aux divisions anciennes qui distinguaient les prêtres des guerriers et les marchands des paysans. Il aurait aussi un fondement racial (le terme sanscrit pour caste est *varna*, qui signifie « couleur »). Les castes ont été par la suite associées à des professions précises et, au fil des siècles, le système s'est complexifié jusqu'à ce que l'Inde compte des milliers de castes, certaines ne regroupant que quelques centaines de membres et d'autres, des millions.

Selon les croyances hindoues, les actions d'une personne au cours de son existence déterminent la caste à laquelle elle appartiendra dans sa prochaine vie. Il n'est donc pas indiqué d'ignorer cette ordonnance en permettant le passage d'une caste inférieure à une caste supérieure, ni même les contacts entre des personnes de castes différentes. La caste à laquelle appartient une personne circonscrit les emplois qu'elle peut occuper, les vêtements qu'elle peut porter de même que ses pratiques de culte. Elle ne peut, pas plus que ses enfants, manger, jouer ou même marcher avec des personnes d'une caste supérieure.

Les intouchables, qui occupaient le dernier rang de la société, étaient les plus dévalorisés de cette stricte structure sociale. En fait, le terme « intouchable » a acquis une connotation si négative qu'il a été remplacé plusieurs fois. Le Mahatma Gandhi, influent détracteur du système de castes, a proposé le terme *harijan*, qui se traduit par « enfant de dieu ». Plus récemment, en raison d'une connotation condescendante du terme, on l'a remplacé par « dalit » qui signifie « opprimé ». Cette nouvelle appellation révèle une prise de conscience et un désir d'affirmation parmi les représentants de ce groupe.

Dans les villages des campagnes indiennes, les dalits sont toujours victimes d'une importante discrimination et des mauvais traitements que leur infligent les membres des castes supérieures. Les enfants sont souvent tenus de s'asseoir par terre dans la classe, pour autant qu'on les laisse fréquenter l'école. Les dalits ne sont pas autorisés à utiliser le puits du village, car ils pourraient en contaminer l'eau ; ils doivent retirer leurs chaussures, s'ils en ont, lorsqu'ils passent devant des maisons qu'habitent des membres de castes supérieures ; enfin, ils ne peuvent espérer gagner leur vie à autre chose qu'à tenir un balai, un torchon ou autre accessoire du genre.

Aujourd'hui, les dalits constitueraient plus de 15 % de la population hindoue, soit à peu près autant que les brahmanes, la caste la plus élevée. Le reste de la population fait partie de l'une ou l'autre des nombreuses castes intermédiaires. Au moment de l'indépendance, le gouvernement indien a officiellement aboli le système de castes, mais celui-ci s'est avéré difficile à démanteler. De nombreux dalits ont choisi de se convertir à une autre religion, le bouddhisme le plus souvent. On estime que près de 90 % des bouddhistes indiens sont des dalits, mais il semble que leur conversion ne suffise pas à faire disparaître les stigmates.

Des gouvernements successifs ont mis en place un système complexe de discrimination positive à l'égard des « castes répertoriées » (terme gouvernemental pour désigner les dalits). Ces démarches ont eu plus d'effets dans les zones urbaines que rurales. Quoi qu'il en soit, les dalits ont maintenant des sièges réservés dans les écoles et la loi prévoit pour eux un pourcentage fixe d'emplois gouvernementaux ainsi qu'un quota de sièges dans les assemblées législatives étatiques et nationales. Ces postes sont très convoités, car ce sont généralement des emplois de bureau au statut social reconnu et beaucoup mieux rémunérés que les gagne-pains habituellement offerts aux dalits.

Les élections législatives provinciales dans l'Uttar Pradesh en 2007 ont montré jusqu'où peut se rendre le balancier politique indien lorsque la population accorde la majorité absolue à un parti de dalits et qu'une femme, Mayawati Kumari, devient la première dalit première ministre de l'un des grands États indiens. Cette victoire stupéfiante – un tournant pour le gouvernement représentatif indien – a fait les manchettes dans tout le pays et ébranlé l'establishment politique en révélant le pouvoir grandissant des castes inférieures. Néanmoins, les perspectives limitées d'emploi, la discrimination endémique et la plus grande pauvreté constituent toujours le lot de la plupart des Indiens de castes inférieures. Dans l'Inde traditionnelle, la caste est synonyme de stabilité et de continuité ; dans l'Inde contemporaine, elle n'est souvent qu'un pénible héritage.

La géographie économique

L'est et l'ouest

La division régionale la plus couramment citée et la plus reconnaissable de l'Inde est celle qui partage le pays entre le nord et le sud. Le nord forme le noyau du pays, le sud constitue sa pointe dravidienne ; l'hindi est la langue véhiculaire dans le nord, alors que les habitants du sud préfèrent l'anglais. Le nord est agité et trépidant ; le sud semble plutôt paisible.

Or il existe une autre ligne de partage moins claire, mais plus importante. La figure 8B-1 trace une frontière de Lucknow, sur le Gange, à Chennai, beaucoup plus au sud, près de la pointe septentrionale de l'État de Tamil Nadu (voir la figure 8B-3). À l'ouest de cette frontière, l'Inde montre des signes de progrès : les activités économiques qui s'y sont développées rappellent celles qui ont permis aux pays ateliers du littoral du Pacifique, notamment la Thaïlande et l'Indonésie, de connaître une croissance économique rapide.

Par contre, à l'est de cette ligne, l'Inde ressemble davantage aux pays moins fortunés du golfe du Bengale que sont le Bangladesh et le Myanmar (Birmanie). Les caractéristiques générales de l'ouest et de l'est comportent bien sûr des exceptions, comme dans toute division régionale. En fait, la carte de l'industrialisation (voir la figure 8B-4) semble suggérer que l'est participe dans une large mesure à la force industrielle de l'Inde sans toutefois révéler la vétusté des industries qui s'y trouvent. Il est vrai que l'Inde orientale renferme de riches réserves de minerai de fer et de charbon, mais les industries lourdes que l'État y a construites dans les années 1950 ne sont plus compétitives et connaissent un déclin constant, car elles sont aujourd'hui désuètes. L'État du Bihar incarne la stagnation et le déclin des « ceintures de rouille » (*Rust belts*) qui affligent les zones situées à l'est de notre ligne de partage : plusieurs indicateurs le placent parmi les plus pauvres des 28 États.

Par contre, l'Inde occidentale avec l'État du Maharashtra, dont Mumbai constitue le moteur économique du pays, occupe la tête à plusieurs égards. De nombreuses industries privées plus petites y ont vu le jour et fabriquent toutes sortes de produits, allant des parapluies aux antennes paraboliques en passant par les jouets et les textiles. De l'autre côté de la mer d'Oman, les économies prospères du golfe Persique embauchent des centaines de milliers de travailleurs indiens qui envoient une partie de leur salaire à leurs familles du Pendjab ou du Kerala. Surtout, beaucoup d'Indiens ont pu, grâce à leurs revenus gagnés à l'étranger, lancer des entreprises de services chez eux. Contrairement à l'Inde orientale, repliée sur elle-même, l'Inde occidentale, ouverte sur le monde, a entrepris de créer des liens avec d'autres pays. Des liaisons de télécommunications par satellite ont fait de Bangalore, plus au sud, le cœur d'un complexe informatique en croissance qui s'est taillé une place sur les marchés mondiaux. Les plages de Goa, minuscule État au sud du Maharashtra, jouissent d'une position stratégique pour accueillir les touristes européens. Ces derniers qui fréquentaient les îles Maldives ou les Seychelles vont maintenant sur la côte de Goa aménagée de nombreuses stations touristiques. La réussite économique de l'État du Maharashtra a, par ailleurs, rejailli sur le Gujarat, l'État voisin au nord. Même l'État enclavé du Rajasthan, situé au nord du Gujarat, vit actuellement les balbutiements de ce qui, selon les normes indiennes, a tout l'air d'un boum économique.

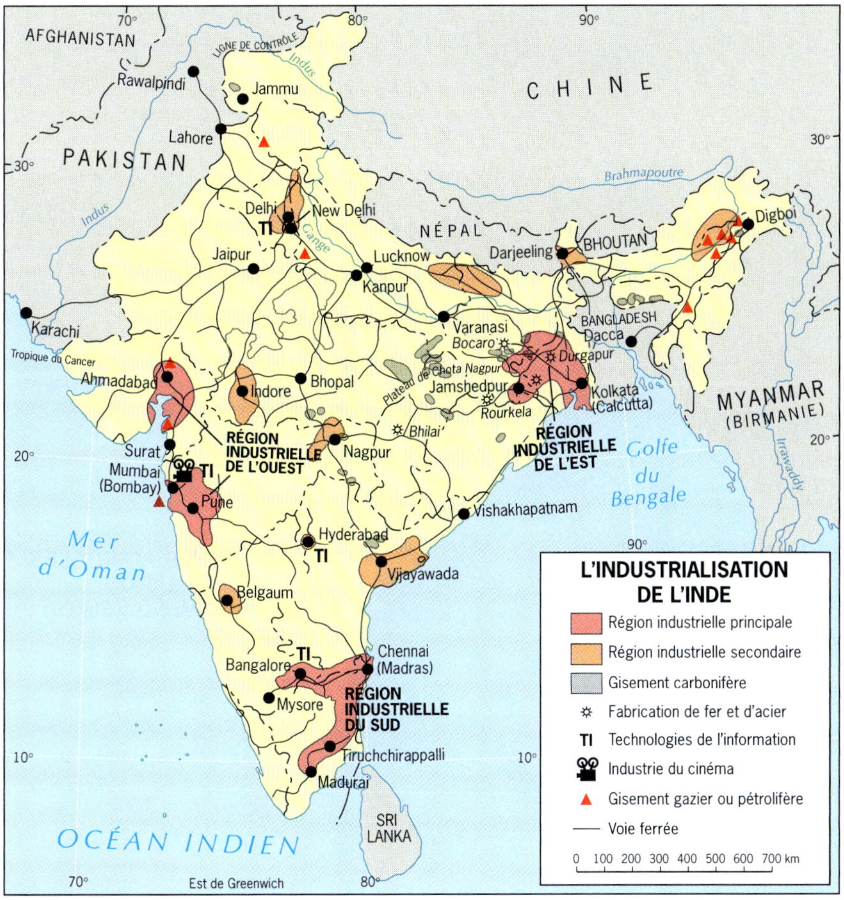

FIGURE 8B-4

Le secteur de la fabrication et les technologies de l'information

Les secteurs industriels indiens se sont considérablement améliorés au cours des deux dernières décennies, mais le rythme du changement ne permet pas de répondre aux besoins du pays. La carte de l'industrialisation (voir la figure 8B-4) témoigne du passé colonial : les villes côtières – Mumbai, Kolkata et Chennai – abritent les grandes zones industrielles, et les textiles – l'industrie de base de nombreux pays ateliers – dominent le secteur de la fabrication. D'autres industries, comme l'acier, la machinerie et les matériaux de construction, se sont si bien développées que certaines entreprises sont même devenues des acteurs clés sur les marchés internationaux. Par exemple, Tata Steel et ArcelorMittal (auparavant Mittal Steel) comptent parmi les six premiers producteurs d'acier dans le monde.

Cet essor aurait été impossible sans d'importantes modifications apportées aux politiques économiques, au début des années 1990, lorsque l'Inde a mis un terme à quatre décennies de règlementation exagérée et d'inefficience pour libéraliser son économie.

La croissance économique de l'Inde est aussi attribuable au secteur des technologies de l'information (TI). L'industrie indienne des TI, qui se concentre autour de Bengalore, Hyderabad, Mumbai et New Delhi, attire l'attention internationale. Les services d'aide à la programmation et les TI ont connu une croissance spectaculaire et représentent maintenant environ 8 % du PIB et au moins le quart des exportations de marchandises. Or ce secteur emploie à peine 2 % de la population active, ce qui est peu par rapport aux secteurs économiques traditionnels.

Ce dont l'Inde a nettement besoin, en matière d'emplois, c'est d'industries de fabrication compétitives sur les marchés mondiaux, où des dizaines de millions de travailleurs contribueraient à transformer l'économie. Manifestement, l'Inde est très différente de la Chine. Si leurs

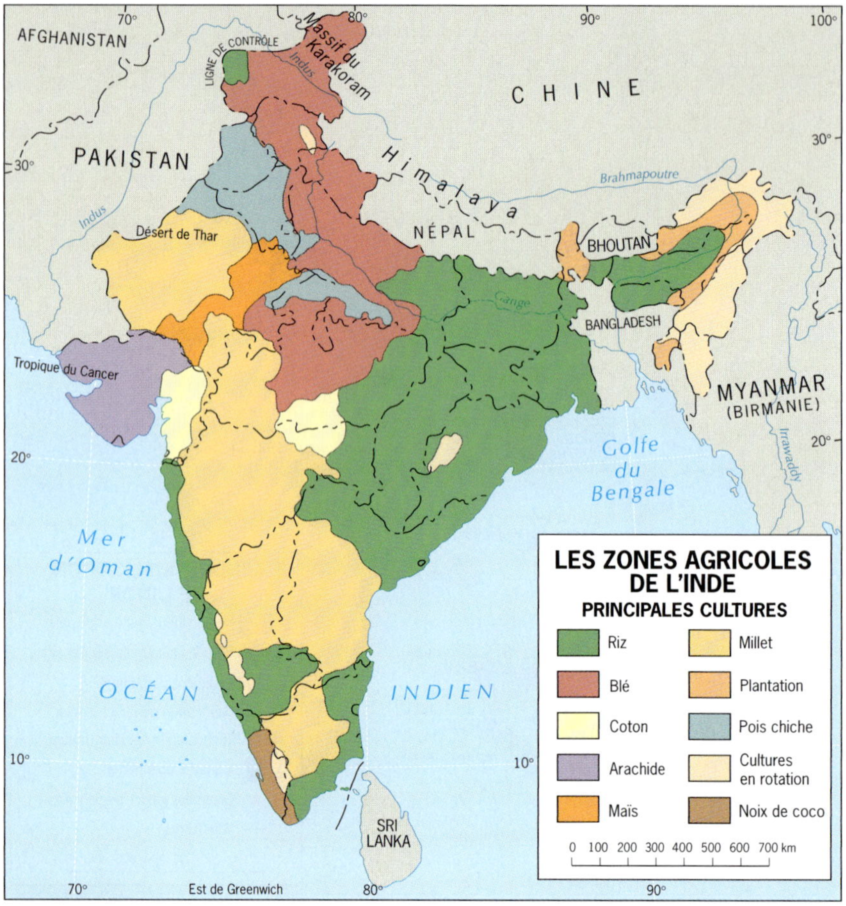

FIGURE 8B-5

populations sont de taille comparable, l'économie chinoise embauche 12 fois plus de travailleurs dans la fabrication et la Chine compte une classe moyenne urbaine beaucoup plus importante. La croissance de l'Inde, en revanche, est restée confinée en grande partie au secteur des TI et ne profite qu'à une petite élite urbaine très scolarisée.

L'urbanisation

On associe souvent l'Inde à ses métropoles grouillantes d'activités, mais la population urbaine ne représente qu'une proportion de 29 % des habitants, contre une moyenne de 80 % dans les pays industrialisés.

Pourtant, dans ce pays, les habitants migrent par centaines de milliers vers les métropoles surpeuplées et le nombre d'urbains croît de 3 % par année, ce qui est deux fois plus que la croissance démographique du pays tout entier. Il faut y voir, bien sûr, le pouvoir d'attraction normal des grandes villes, mais aussi l'effet repoussoir des conditions de vie difficiles dans les zones rurales. Les migrants qui s'établissent à Mumbai, Kolkata ou Chennai aident leurs parents et amis à venir les rejoindre dans des bidonvilles insalubres souvent peuplés de nouveaux arrivants de la même localité. Par conséquent, les grandes villes indiennes présentent de stupéfiants contrastes sociaux. Des abris de fortune s'entassent les uns contre les autres à l'ombre de tours d'habitation modernes et de condominiums. Des centaines de milliers de sans-abris errent dans les rues et dorment dans les parcs, sous les ponts et même sur les trottoirs. Le stress social augmente au même rythme que la population.

La figure 8B-3 montre la répartition de la population dans les principaux centres urbains du pays. À l'exception de Delhi-New Delhi, les plus grandes villes donnent sur la mer : Kolkata est la ville dominante de l'est, Mumbai domine dans l'ouest et Chennai dans le sud. Ces grandes agglomérations côtières doivent leur influence disproportionnée à leur passé colonial. Cependant, l'urbanisation s'est poursuivie à l'intérieur, principalement dans la zone centrale du pays. En 2010, même si moins de 30 % de ses citoyens étaient des citadins, l'Inde comptait 46 zones métropolitaines dont les populations respectives dépassaient le million d'individus.

L'importance de l'agriculture

L'agriculture génère plus d'emplois en Inde que tout autre secteur économique. Elle constitue à la foi la planche de salut et le talon d'Achille du pays. Plus des deux tiers de la population vivent toujours de la terre, dans et autour des quelque 600 000 villages du pays. En matière de politique rurale, le gouvernement indien intervient de deux façons pour augmenter la productivité agricole. D'une part, il encourage les petits agriculteurs à développer un mode coopératif de production et de distribution des produits de la terre et, d'autre part, il insiste pour moderniser l'agriculture commerciale.

Bien que les méthodes traditionnelles y soient toujours la norme et que le rendement par hectare reste modeste, le mode coopératif et l'agriculture traditionnelle offrent beaucoup d'avantages en ce qui a trait à la conservation des sols et de l'eau, en plus d'exiger peu d'intrants chimiques. De plus, le mode coopératif permet aux populations locales de s'unir pour des revendications d'ordre social et économique. Cependant, dans un pays aussi peuplé, les méthodes de culture traditionnelles ne suffisent pas. Avec la pression démographique, le gouvernement indien encourage aussi l'agriculture moderne à haut rendement, entre autres, dans la culture du blé et du riz. Des régions qui ont profité de la révolution verte, notamment

L'une des MÉTROPOLES de . . .

L'ASIE DU SUD

MUMBAI (BOMBAY)

À CERTAINS ÉGARDS, Mumbai est un microcosme de l'Inde: une agglomération en plein essor, bondée, chaotique et effervescente. Les mausolées, les mosquées, les temples et autres églises témoignent de l'influence omniprésente de la religion sur cette société multiculturelle. Les plaques qui indiquent le nom des rues présentent une étourdissante variété d'alphabets et de caractères. De la période coloniale britannique, le centre-ville a reçu son architecture de style gothico-victorien. Dans les rues encombrées, des autobus à impériale côtoient les chars à bœuf et les charrettes à bras. La foule qui se presse sur les trottoirs – gens d'affaires, religieux, femmes enveloppées dans leur sari, mendiants, fonctionnaires, itinérants – déborde dans les rues.

Avant la venue des Britanniques, les populations de pêcheurs qui habitaient les sept petites îles situées à l'entrée de la baie lui avaient donné le nom d'une déesse hindoue locale: Mumbai Devi. Les Portugais, qui ont été les premiers colonisateurs des lieux, l'ont appelée Bom Bahia, qui signifie « bonne baie ». Les Britanniques, en prenant leur place, ont amalgamé les deux noms et renommé la ville Bombay, nom qu'elle a conservé pendant plus de trois siècles. En 1996, le gouvernement de l'État du Maharashtra, avec l'aval des autorités fédérales, a rendu à la métropole son appellation d'origine: Mumbai.

Ses quelque 21 millions d'habitants font de Mumbai la deuxième région urbaine du pays. C'est New York et Los Angeles combinées, à la sauce indienne. Véritable centre commercial et financier du pays, Mumbai accueille la majorité des sièges sociaux des banques, la principale Bourse du pays et la plupart des multinationales étrangères. C'est aussi la ville la plus prestigieuse de l'Inde, en grande partie grâce à la présence de Bollywood, l'industrie cinématographique indienne, la plus prolifique du monde et destinée au plus vaste public. En 2009, *Slumdog Millionaire* (*Le pouilleux millionnaire*), succès commercial planétaire, montrait le côté sombre de cette mégalopole dont les bidonvilles abritent quelque 8 millions de miséreux qui tentent de gagner leur vie dans l'ombre des étoiles du cinéma et des classes moyennes grandissantes. En partie à cause des limites qu'impose la géographie péninsulaire, Mumbai est une ville surpeuplée dont la densité est sept fois supérieure à celle des métropoles étasuniennes, ce qui n'est rien comparativement à celle de ses bidonvilles. Quiconque visite Mumbai ne peut qu'être bouleversé par l'étendue de la misère qui s'y trouve et que rendent encore plus criante les propriétés hors de prix des plus riches.

Mumbai est un pur produit de l'époque coloniale. Durant la révolution industrielle, le Royaume-Uni avait besoin de matières premières à bas prix, et l'Inde est devenue son principal fournisseur, particulièrement de coton. Le coton brut était traité en grande partie dans les filatures de Bombay avant d'être expédié à Londres, Manchester ou Liverpool pour y être transformé en produits finis. À partir des années 1860, Bombay s'est classée parmi les villes coloniales les plus importantes de l'Empire britannique et l'un de ses nœuds essentiels. L'empreinte de cette période est encore visible dans l'architecture du quartier sud du Fort, dans le port, les voies ferrées et les filatures qui longent les corridors ferroviaires vers le nord. Aujourd'hui, l'économie urbaine n'a pas conservé grand-chose de l'industrie textile. Mumbai est plutôt devenue la ville mondiale la plus importante du pays grâce à l'essor des secteurs financiers et des services comme la comptabilité, la publicité et les services-conseils.

L'une des MÉTROPOLES de . . .

L'ASIE DU SUD

KOLKATA (CALCUTTA)

LE SEUL NOM DE CALCUTTA semble évoquer toutes les plaies associées aux grandes villes : la pauvreté, la maladie, la pollution, la congestion et le manque de planification. La ville a été renommée Kolkata en 2001 dans le cadre d'une décolonisation des noms de grandes villes indiennes afin de leur rendre leur prononciation vernaculaire. L'exercice n'a pas suffi, cependant, à restaurer la réputation de la ville, qui a pourtant connu des jours meilleurs.

Les beaux jours de Calcutta ont débuté en 1772 lorsque les Britanniques en ont fait leur capitale coloniale. Ils ont choisi un site stratégique sur la rivière Hooghly, à 130 kilomètres du golfe du Bengale et à 9 mètres au-dessus du niveau de la mer, non loin des marais insalubres, mais un site avantageux sur les plans commercial et défensif. De Calcutta, on accédait en outre facilement aux célèbres plantations de thé du nord-est du pays. Lorsque la Compagnie britannique des Indes orientales a obtenu le monopole du commerce dans cette populaire zone d'activité, le secteur britannique de la ville a été asséché et remblayé ; les Britanniques y ont accumulé de telles richesses que Calcutta avait la réputation d'être la « ville des palais ». À l'extérieur de la cité britannique, de riches commerçants indiens ont aussi fait construire de somptueux manoirs.

Même à cette époque, cependant, la misère la plus abjecte caractérisait certains quartiers de la ville. Derrière les palais s'étendaient des quartiers souvent aménagés selon des castes fondées sur l'emploi ; leurs noms figurent encore sur les cartes, comme Kumartuli, le quartier des potiers. Presque partout sur les deux rives de la Hooghly s'entassaient les cases et les taudis des plus pauvres d'entre les pauvres. Les contrastes sociaux les plus criants affligeaient Calcutta, qui était reconnue pour ses conditions d'hygiène déficientes et les nombreuses épidémies qui s'y déclaraient.

Le XXe siècle n'a pas été tendre pour Calcutta. En 1912, les Britanniques ont transféré leur capitale coloniale à New Delhi. La partition de 1947, qui a entraîné la création du Pakistan et du Pakistan oriental (aujourd'hui le Bangladesh), a privé Calcutta de vastes pans de son arrière-pays, mais pas d'un afflux important de réfugiés. La portion indienne de la ville s'était développée sans la moindre planification urbaine, et la vague des nouveaux arrivants a rendu les conditions de vie inimaginables.

Kolkata compte aujourd'hui 16,1 millions d'habitants. Elle n'a pas vraiment bénéficié de la modernisation de l'Inde.

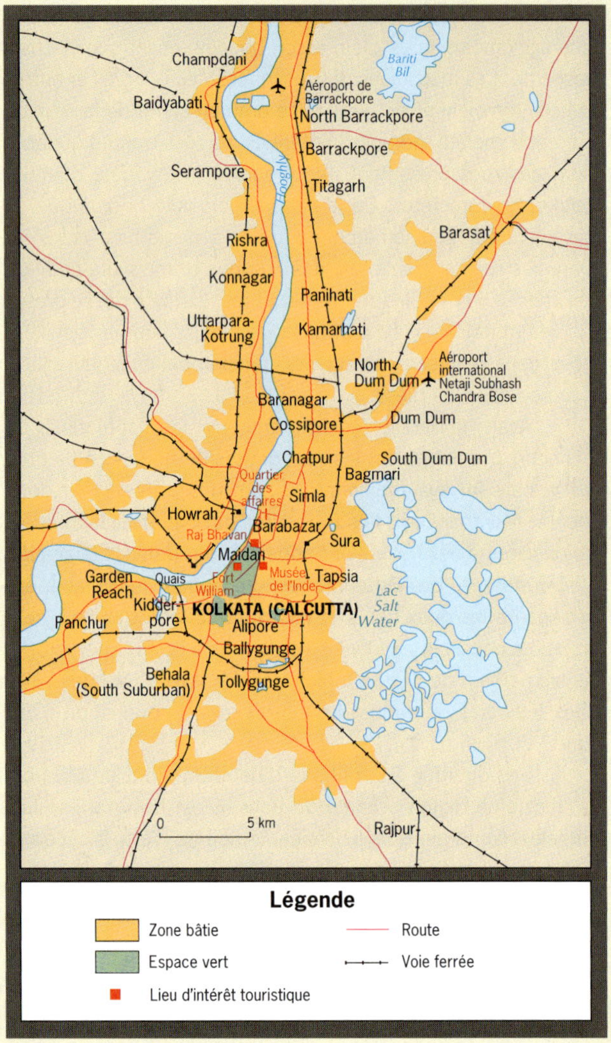

Mumbai l'a dépassée dans le secteur industriel, et l'ère de l'information rayonne autour de Bengalore et d'Hyderabad. Malgré sa pauvreté et ses problèmes urbains, Kolkata n'a pas perdu sa réputation de véritable capitale culturelle de l'Inde, berceau du poète Rabindranath Tagore (premier Nobel de littérature non européen en 1913), du réalisateur renommé Satyajit Ray, figure de proue du cinéma indien des années 1950, et du célèbre musicien Ravi Shankar, maestro légendaire du sitar, un instrument à cordes pincées.

dans les terres à blé du Pendjab, ont contribué à l'atteinte de l'autosuffisance alimentaire en Inde.

La situation des familles rurales en Inde reste toutefois précaire. La moitié d'entre elles détient moins d'un hectare de terre et souvent rien du tout. On estime que 175 millions de personnes vivent et travaillent comme locataires, sans savoir de quoi demain sera fait.

Comme partout ailleurs, l'agriculture est tributaire de plusieurs facteurs, et les conditions agricoles varient considérablement d'une région à l'autre. À l'extérieur des périmètres irrigués, la mousson répond de tout, et la qualité des récoltes dépend de l'abondance des pluies et du moment où elles surviennent. La figure 8B-5 présente les zones agricoles de l'Inde et illustre bien la configuration des pluies et le cycle des moussons décrits dans la figure 8A-2. La culture du riz domine sur la côte sud-ouest donnant sur la mer d'Oman (le flanc pluvieux des Ghâts occidentaux) et dans la péninsule nord-est copieusement arrosée par la mousson; le blé et d'autres céréales prédominent dans les régions plus arides. L'Inde est en fait le premier producteur mondial de millet.

Le pays a beau compter une grande variété de cultures, leurs rendements sont souvent trop faibles, résultat d'une exploitation inefficace des terres et de l'accès limité des petits agriculteurs à des engrais, à de l'équipement et à de la machinerie qui leur permettraient d'optimiser la production. Et encore faudrait-il que les millions de villageois soient en mesure d'apporter leur production au marché. En 2010, près de la moitié des 600 000 villages indiens étaient inaccessibles par camion et encore moins par voiture. Partout au pays, les charrettes demeurent bien plus nombreuses que les véhicules motorisés.

L'avenir de l'Inde

Que réserve donc l'avenir à l'Inde? Certains géographes économiques avancent que l'Inde pourrait devancer la Chine à plusieurs égards et troquer rapidement son statut d'économie typique des pays en développement contre celui d'économie postindustrielle de l'information. L'Inde jouit indéniablement du capital intellectuel nécessaire pour y parvenir. Or pour rejoindre les centaines de millions de travailleurs potentiels qu'elle abrite, l'Inde doit s'atteler vigoureusement à développer ses industries secondaires, celles qui fabriquent des produits (autres que les textiles) et qui les vendent sur son marché et sur les marchés étrangers. Lorsqu'une économie roule comme le fait celle de la Chine depuis trois décennies, les coûts de production et de main-d'œuvre ont tendance à grimper. Dès lors, les multinationales et les fabricants de biens de consommation cherchent à délocaliser leurs activités et à s'installer dans des pays disposant d'une main-d'œuvre meilleur marché. L'Inde a un long passé en ce qui a trait à la fabrication locale, à son immense marché intérieur et à son abondante main-d'œuvre compétente, autant de cartes maîtresses pour se faire une place sur la scène mondiale.

Les perspectives d'avenir de l'Inde s'améliorent donc, mais pas au rythme où le laisse entendre la rumeur médiatique. Une classe moyenne comptant plus de 300 millions de personnes réclame des produits de consommation, que ce soient des téléphones cellulaires ou des motocyclettes. Ainsi, au cours des dernières années, 2,5 millions de consommateurs supplémentaires s'abonnent chaque mois auprès d'un fournisseur de services de téléphonie et, en 2009, 10 000 motos ont été vendues chaque jour. Chennai est déjà devenue un centre de construction automobile: les voitures allemandes et coréennes qu'assemblent ses usines sont non seulement destinées au marché indien, mais aussi à des consommateurs étrangers. On estime que le marché indien de l'automobile devrait tripler d'ici 10 ans, passant de 2 millions par an actuellement à 6 millions, selon les prévisions du secteur.

L'économie indienne se hisse aujourd'hui au sixième rang des économies mondiales et, selon de nombreux économistes, elle occupera la troisième place d'ici 2020, quoi qu'il advienne. Au cours des dernières années, elle a affiché une croissance moyenne de 7 %, ce qui est inférieur à celle de la Chine, mais nettement supérieur aux taux de croissance enregistrés à peu près partout ailleurs dans le monde.

LE BANGLADESH

Sur la carte de l'Asie du Sud, le Bangladesh pourrait passer pour un autre État indien, car il occupe le delta commun du Gange et du Brahmapoutre et est entouré par l'Inde du côté est, à la frontière avec le Myanmar (Birmanie) (voir la figure 8B-1). Le Bangladesh est toutefois un État indépendant depuis 1971. Il s'agit d'une démocratie parlementaire dont la religion d'État est l'islam. La majorité des Bangladais est musulmane. Le pays, dont la superficie est à peu près le double de celle du Nouveau-Brunswick, est parmi les plus pauvres du monde. Avec une population de 170 millions d'habitants, le Bangladesh connaît depuis une dizaine d'années un ralentissement de son taux de croissance démographique; en 2011, il était de 1,5 %. La promotion de la planification des naissances a permis de ralentir le taux de croissance. Par conséquent, le taux de fécondité, qui était de 6,6 enfants par femme dans les années 1970, s'établissait à 2,2 en 2010. Néanmoins, la population du pays est encore très jeune; 70 % des citoyens ont moins de 35 ans, ce qui pose des défis relatifs à la scolarisation, aux soins de santé, à l'alimentation, au travail, à l'habitation et à l'environnement. Le Bangladesh bénéficie considérablement de l'aide internationale.

La capitale Dacca située au centre du pays et le port de Chittagong sont les seuls centres urbains importants. L'agriculture de subsistance, en particulier la culture du riz et du blé, est l'activité économique dominante de ce pays largement rural. Le jute et le thé font l'objet de cultures commerciales.

Le territoire bangladais se trouve tout juste au niveau de la mer, et la plaine du delta commun du Gange et du Brahmapoutre forme un véritable labyrinthe de chenaux. C'est seulement dans l'est et le sud-est que les basses terres cèdent leur place à des collines et à des montagnes. Les sols alluviaux du delta sont très fertiles de sorte que la moindre parcelle de terre est cultivée. Les débordements annuels des fleuves fertilisent naturellement les terres en y déposant du limon. En bordure des cours d'eau, cette matière s'accumule pour former de nouvelles îles. Les paysans s'y installent et cultivent la terre alors que les îles sont encore en voie de formation. En fait, la pression démographique et le manque de terres rendent ces migrations nécessaires.

D'ailleurs, la densité physiologique de 1867 hab./km^2 est l'une des plus élevées du monde.

Les risques associés aux fortes pluies de la mousson et aux cyclones sont grands au Bangladesh. Le golfe du Bengale a la forme d'un entonnoir inversé. Des cyclones se développent fréquemment dans ce milieu où les masses d'air humide se retrouvent au-dessus d'une vaste étendue d'eau chaude. Une fois formés dans le golfe du Bengale, les cyclones se déplacent souvent vers le nord en suivant une trajectoire qui touche de plein fouet le pays. La pluie et les houles soulevées par les cyclones inondent les basses terres, emportant avec elles habitants, animaux et récoltes. Les chenaux du delta habituellement calmes se transforment alors en torrent tumultueux.

Le Bangladesh n'affronte pas que les éléments. Son économie ne croît pas comme elle le devrait pour plusieurs raisons: l'inefficacité des institutions publiques, la mauvaise gestion des ressources, en particulier du gaz naturel, et le piètre état des infrastructures, quand il y en a, comme c'est le cas du réseau électrique. Le chômage afflige également le pays, car il compte plus de travailleurs que d'emplois disponibles. Des réformes économiques ont été planifiées, mais la corruption et les conflits politiques freinent leur mise en œuvre.

Malgré ces difficultés, les perspectives sont encourageantes. Le Bangladesh affiche un taux de croissance annuelle de 5 % en moyenne depuis deux décennies. En 2010, le taux de croissance du PIB se chiffrait à 6,5 % et se comparait donc à celui des pays émergents. Certains économistes sont même d'avis que le Bangladesh pourrait faire partie des 11 prochains pays émergents, au même titre que l'Égypte, l'Indonésie, le Pakistan, entre autres.

Le secteur des services commence à se développer, tout comme la classe moyenne. Le pays a su attirer de grands groupes industriels, notamment Tata Group et Unocal, ainsi que des entreprises dans le secteur du textile qui profitent de la main-d'œuvre bon marché. Il semble que le Bangladesh soit sur la bonne voie.

LE NORD MONTAGNEUX

Comme le montre la figure 8B-1, la zone montagneuse qui isole l'Inde de la Chine comprend des pays et des territoires enclavés. L'un d'eux, le Cachemire, est presque toujours en crise. Un autre, le Sikkim, a été annexé à l'Inde en 1975. Pour leur part, le Népal et le Bhoutan sont restés indépendants. C'est sur ceux-ci que nous nous attarderons.

Le Népal

Situé immédiatement au nord-est de l'Inde, le Népal a une superficie de 147 179 km^2, soit le double de celle de la province du Nouveau-Brunswick ou l'équivalent de la Grèce. Il forme une étroite bande de terre de 145 à 241 kilomètres de large sur 800 kilomètres de long ; sa population s'établit à 29 millions d'habitants. Le pays est encadré au nord par la spectaculaire chaîne de l'Himalaya, qui comprend le point le plus élevé du globe, le mont Everest (*Sagarmatha* en népalais), culminant à 8848 mètres. En contrebas, de nombreuses vallées profondes sont arrosées par des cours d'eau au débit rapide. Katmandou, la capitale située à 1355 mètres d'altitude, compte environ 1,1 million d'habitants.

Un peu plus de 80 % des Népalais sont hindous, 10 % sont bouddhistes. La religion de l'islam est pratiquée par quelque 4 % de la population. Des milliers de temples et de pagodes agrémentent les paysages culturels, et plus particulièrement la vallée de Katmandou, au cœur du pays. Bien qu'une dizaine de langues soient en usage au Népal, 90 % des citoyens parlent le népali, une langue apparentée à l'hindi.

Depuis les années 1960, le Népal a vu la qualité et l'étendue de ses forêts chuter considérablement, en raison notamment de l'expansion agricole, de l'exploitation forestière et de la récolte de combustibles ligneux. Dans la plaine du Teraï (dans le sud, près de la frontière indienne), la pression démographique joue un rôle très perceptible dans le phénomène de déforestation et de dégradation de l'environnement. Dans l'ensemble du pays, le recul forestier est souvent associé, parfois avec une certaine exagération, à des impacts négatifs, tels que la dégradation des sols de montagnes ainsi que les inondations plus importantes et plus fréquentes dans les basses terres. Les débats perdurent quant à l'ampleur ainsi qu'aux causes et aux conséquences exactes de la déforestation au Népal. Des analyses récentes montrent que la déforestation est bel et bien présente, mais moins importante qu'on ne le croyait. Quant aux phénomènes d'inondation, d'érosion des berges et de glissements de terrain, ils sont aussi largement attribuables à des causes autres que la seule déforestation ; la poursuite du soulèvement de l'Himalaya et la piètre qualité de la construction des routes y contribuent également. De plus, le Népal est devenu l'un des chefs de file dans l'établissement d'une gestion communautaire des forêts. Cette façon de faire a d'ailleurs mené à d'importants succès, y compris l'accroissement des superficies et l'amélioration de la qualité des forêts dans certaines zones de moyenne élévation.

Cet État tampon entre les deux puissances que sont l'Inde et la Chine a connu des difficultés politiques sérieuses au début des années 2000. À l'aube du siècle actuel, cette république était encore un royaume. En juin 2002, le roi et huit membres de sa famille ont été assassinés, vraisemblablement par le prince héritier, qui s'est ensuite suicidé. À la suite de nombreuses manifestations populaires, le dernier roi a tenté des réformes, et des élections en vue de la création d'une Assemblée constituante se sont déroulées le 10 avril 2008. Dominée par le Parti communiste du Népal maoïste (PCN-M), cette assemblée a aboli la monarchie et proclamé la République fédérative du Népal le 29 mai 2008.

Le Bhoutan

Le montagneux royaume du Bhoutan, également situé entre l'Inde et la Chine, ne compte que 740 000 habitants, dont près de 80 000 vivent dans la capitale, Thimbu. La superficie du pays est de 47 001 km^2 et ce dernier mesure au plus 300 kilomètres dans sa longueur est-ouest et 170 kilomètres dans le sens nord-sud. Plus de 50 % des Bhoutanais sont d'origine bhote (Tibétains), et les populations d'origine népalaise représentent environ 35 % du poids démographique du pays. La langue officielle est le dzongkha (dialecte tibétain). Le lamaïsme (bouddhisme tibétain), qui est la religion officielle, est pratiqué par 75 % de la population, 25 % de la population étant hindoue.

Le Bhoutan est demeuré une entité politique autonome à l'époque de l'Empire des Indes. En 1907, avec le concours des Britanniques, une monarchie a vu le jour pour mettre fin aux guerres entre les chefs rivaux. Actuellement, le pays vit sous un régime de monarchie constitutionnelle. En 2008, les premières élections législatives multipartites ont eu lieu et Thimbu est devenue le siège de l'Assemblée nationale. C'est cette année-là aussi que Jigme Khesar Namgyel Wangchuck a officiellement été couronné à 28 ans le cinquième roi du pays. Indépendant en matière de politique intérieure, le Bhoutan avait toutefois signé des ententes bilatérales avec l'Inde qui l'ont obligé, jusqu'en 2007, à consulter cette dernière en ce qui a trait aux affaires étrangères.

Sur le plan économique, le Bhoutan tire ses revenus surtout de la vente d'hydroélectricité et du tourisme. Les industries y sont peu développées et la production de biens provient en grande partie d'ateliers familiaux. Partout dans le pays, on s'adonne à l'élevage et aux cultures vivrières. En raison du relief accidenté, il est très difficile et aussi particulièrement onéreux de construire des infrastructures, notamment des routes. L'Inde est le principal partenaire économique du Bhoutan qui bénéficie d'ailleurs du soutien financier de son voisin du sud.

LES ÎLES DU SUD

Comme en témoigne la figure 8B-1, la pointe de la péninsule indienne est entourée d'îles : les Maldives, au sud-ouest, le Sri Lanka, juste à l'est, et les îles Andaman – qui font partie de l'Inde – se situent à la limite orientale du golfe du Bengale.

Les Maldives

Plus de 1000 îles minuscules totalisant une superficie de 300 km^2 forment l'archipel des Maldives. L'élévation y est de moins de 2 mètres au-dessus du niveau de la mer. En fait, 80 % de l'archipel se trouve à moins de 1 mètre au-dessus du niveau de la mer. Selon des estimations, la population du pays s'établit à 330 000 personnes, presque toutes musulmanes. Le quart d'entre elles habite la capitale, Malé. C'est aux Maldives que le PIB par habitant est le plus élevé de l'Asie du Sud (voir l'annexe A). Les insulaires ont fait de leurs îles bordées de sable blanc un paradis touristique qui attire chaque année des dizaines de milliers d'Européens.

La faible élévation des Maldives a maintes fois servi d'exemple pour illustrer les conséquences des changements climatiques. Les experts prévoient que ceux-ci entraîneront une augmentation du niveau des océans. Les risques que pose la faible élévation se sont d'ailleurs matérialisés lors du tsunami survenu en décembre 2004 dans l'océan Indien. Parmi les pays touchés, les Maldives s'en sont miraculeusement mieux tirées que les autres, avec seulement 82 morts sur les 228 000 qu'on a enregistrés autour de l'océan Indien. En Indonésie, au Sri Lanka et en Inde, le bilan a été beaucoup plus lourd.

Le Sri Lanka

Le Sri Lanka, qui s'est appelé le Ceylan jusqu'en 1972, est une île située à 35 kilomètres de la pointe sud de l'Inde, de l'autre côté du détroit de Palk. Il s'est affranchi du Royaume-Uni en 1948 (voir la figure 8B-6). De bonnes raisons expliquent la souveraineté du Sri Lanka. Ni hindou ni musulman, le pays compte, sur un territoire de 65 610 km^2, une population de 21,2 millions d'individus parmi lesquels 70 % sont bouddhistes. La grande majorité des Sri Lankais n'est pas d'origine dravidienne, comme les citoyens du sud de l'Inde, mais plutôt aryenne. À partir du Ve siècle avant notre ère, des habitants de la vallée du Gange et de celle de l'Indus ont migré vers le sud jusqu'à l'île de Ceylan, où ils ont introduit le bouddhisme. Leurs descendants, qui ont perpétué cette religion, s'expriment en cinghalais, une langue indo-européenne. Par contre, la minorité d'origine dravidienne qui représente 18 % de la population parle le tamoul, qui a été déclaré langue officielle en 1978. Le gouvernement sri lankais a cependant maintenu le peuple tamoul à l'écart des affaires publiques. Cette situation a provoqué un soulèvement armé dans le nord du pays et donné naissance au mouvement séparatiste des Tigres de libération de l'Eelam tamoul. Entre 1983 et 2009, le pays a été plongé dans une guerre civile qui s'est terminée par une victoire du gouvernement au pouvoir. L'armée sri lankaise a repris, en 2009, toutes les villes que les Tigres de libération de l'Eelam tamoul contrôlaient. Ceux-ci, dans la bataille, ont également perdu leur accès à la mer qui assurait leur approvisionnement. Peu après, ils ont été contraints de se rendre.

L'île du Sri Lanka est en partie montagneuse. Les hautes terres du sud culminent à plus de 2500 mètres, et leurs versants abrupts et couverts de forêts sont encerclés au nord par des plaines de faible altitude. Les cours d'eau des montagnes irriguent les rizières. Les plantations dominent dans ce pays, et l'agriculture commerciale demeure

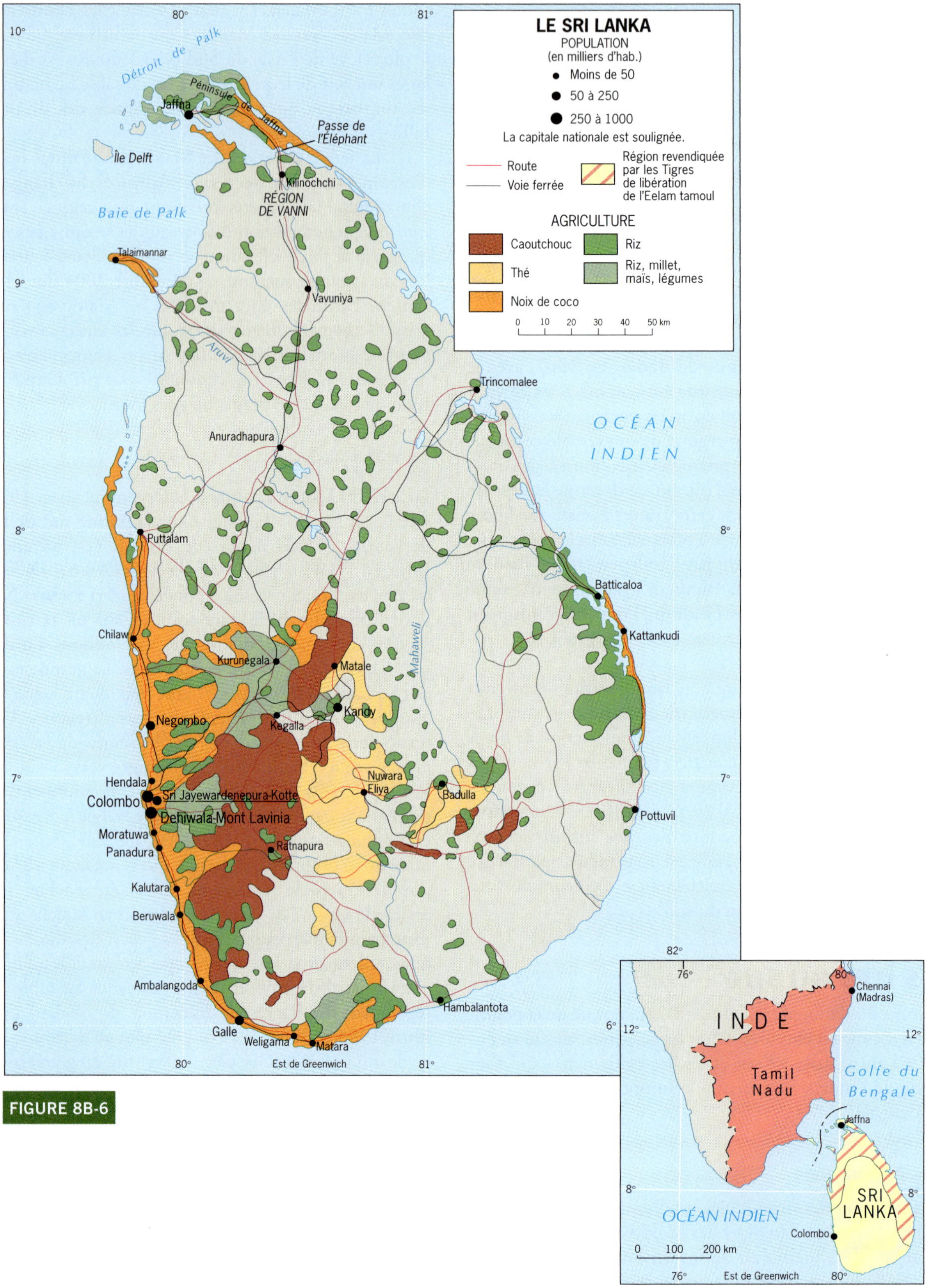
LE SRI LANKA
POPULATION
(en milliers d'hab.)
Moins de 50
50 à 250
250 à 1000
La capitale nationale est soulignée.
Route
Voie ferrée
Région revendiquée par les Tigres de libération de l'Eelam tamoul
AGRICULTURE
Caoutchouc
Riz
Thé
Riz, millet, maïs, légumes
Noix de coco
0 10 20 30 40 50 km
Détroit de Palk
Péninsule de Jaffna
Jaffna
Passe de l'Éléphant
Île Delft
Kilinochchi
RÉGION DE VANNI
Baie de Palk
Talaimannar
Vavuniya
Aruvi
Trincomalee
OCÉAN INDIEN
Anuradhapura
Puttalam
Batticaloa
Kattankudi
Chilaw
Kurunegala
Matale
Mahaweli
Kandy
Negombo
Kegalla
Nuwara Eliya
Badulla
Hendala
Colombo
Sri Jayewardenepura-Kotte
Dehiwala-Mont Lavinia
Pottuvil
Moratuwa
Panadura
Ratnapura
Kalutara
Beruwala
Ambalangoda
Hambalantota
Galle
Weligama
Matara
Est de Greenwich
10°
9°
8°
7°
6°
80°
81°
82°
INDE
Chennai (Madras)
Tamil Nadu
Golfe du Bengale
Jaffna
SRI LANKA
OCÉAN INDIEN
Colombo
0 100 200 km
76°
12°

FIGURE 8B-6

Voici la fin tragique d'un État insurgé vaincu par la controffensive nationale. Ici, dans le nord-est du Sri Lanka, les Tigres tamouls ont risqué le tout pour le tout avant que l'armée sri lankaise ne parvienne à maîtriser des rebelles en mai 2009. La photo a été prise un an plus tard exactement. Lors des derniers combats, des milliers de civils ont été tués ou blessés, et les affrontements ont provoqué le déplacement d'au moins 200 000 personnes. Cette guerre civile est désormais terminée. Le gouvernement à majorité cinghalaise doit s'appliquer à trouver des façons de réintégrer à la société les populations tamoules et les autres groupes touchés par l'insurrection afin d'éviter un retour aux conditions sociales qui ont mené aux soulèvements.

le pivot de l'économie agricole. Les plantations établies par les Britanniques existent encore aujourd'hui et produisent de la noix de coco dans la plaine, du caoutchouc en altitude moyenne ainsi que le célèbre thé sri lankais dans les hautes terres. La riziculture n'est pas très productive, et le Sri Lanka doit importer du riz pour répondre aux besoins croissants de sa population.

Environ 15 % de la population est urbanisée. Avec ses 2,3 millions d'habitants, le district de Colombo constitue la première région urbaine et industrielle du pays. Le district comprend la capitale législative, Sri Jayewardenepura-Kotte, qui compte quelque 121 000 habitants, de même que Colombo, la capitale économique du pays, laquelle abrite 700 000 habitants.

9A L'ASIE DE L'EST

120°
130°
140°
150°
50°
40°
30°
20°
NOVY
Tchita
I E
GOBI
Amour
Komsomolsk
Détroit de Tartarie
Sakhaline (RUSSIE)
Golfe de Terpenia
Mer d'Okhotsk
îles Kouriles (RUSSIE)
Ouroup
Itourou
Kounachir
Shikotan
Habomai
Vanino
Blagovechtchensk
Heihe
Amour
Oussouri
Khabarovsk
MONTS SIKHOTE-ALIN
Loujno-Sakhalinsk
Novikovo
Détroit de La Pérouse
Wakkanai
Hailar
Yakeshi
Choybalsan
GRAND KHINGAN
Bei'an
Zalantun
Yichun
Hegang
Qiqihar
Jiamusi
Suihua
Songhua
Qitaihe
Jixi
Lac Khanka
Dalnegorsk
Ulanhot
HARBIN
Shuangcheng
Baicheng
Taonan
Fuyu
Mudanjiang
PLAINE DU NORD-EST
CHANGCHUN
JILIN
Vladivostok
Nakhodka
Xilinhot
Xar Moron
Tongliao
Siping
Liaoyuan
Yanji
Tumen
Chifeng
Liao He
FUSHUN
Tonghua
Hunjiang
Yalu
Chongjin
Fuxin
Chaoyang
Liaoyang
SHENYANG
Jinzhou
ANSHAN
BENXI
Kanggye
Kimchaek
Jining
Chengde
Zhangjiakou
Xuanhua
Yingkou
Dandong
Sinuiju
CORÉE DU NORD
Hamhung
Hungnam
Wonsan
BEIJING
Qinhuangdao
DATONG
Langfang
TANGSHAN
Tanggu
Baie de Corée
PYONGYANG
Nampo
Chuncheon
Mer du Japon
GRANDE PLAINE DU NORD
TIANJIN
BAODING
Mer de Bohai
DALIAN
Haeju
Kaesong
SEOUL
INCHEON
Suwon
CORÉE DU SUD
SHIJIAZHUANG
Cangzhou
Hengshui
Dezhou
Yantai
Weihai
Xingtai
Zibo
Weifang
Chongju
DAEJEON
TAEGU
Ulsan
HANDAN
JINAN
QINGDAO
Jeonju
Gwangju
PUSAN
Anyang
Tai'an
Mer Jaune
Puyang
Heze
Rizhaoshi
Xinxiang
Kaifeng
Tsushima (JAPON)
Détroit de Corée
ZHENGZHOU
XUZHOU
Lianyungang
Jeju (CORÉE DU SUD)
Xuchang
Huaibei
Huaiyin
Zhoukou
Yancheng
Bengbu
Nanyang
HUAINAN
Yangzhou
Taizhou
NANJING
Zhenjiang
Nantong
MONTS DABIE
Hefei
Changzhou
Maanshan
WUXI
SHANGHAI
Suizhou
Wuhu
SUZHOU
Baie de Hangzhou
Xiaogan
Anqing
Jiaxing
WUHAN
HANGZHOU
Huangshi
Shaoxing
Ningbo
Shashi
Mer de Chine orientale
Yueyang
NANCHANG
Jinhua
Shangrao
CHANGSHA
Zhuzhou
Wenzhou
Pingxiang
Hengyang
MONT WUYI
Nanping
Sanming
Ganzhou
FUZHOU
Putian
Détroit de Taiwan
TAIPEI
Shishi
Xiamen
Zhangzhou
Taichung
Shaoguan
Chaozhou
Jieyang
SHANTOU
Tainan
Taiwan
Guangzhou
SHENZHEN
Foshan
Kowloon
KAOHSIUNG
HONG KONG (XIANGGANG)
Macao
Yangjiang
Détroit de Luçon
Îles de Babuyan (PHILIPPINES)
Mer de Chine méridionale
PHILIPPINES
Luçon
SIERRA MADRE
Mer des Philippines
Tropique du Cancer
îles Ryukyu (JAPON)
Naha
Kagoshima
Kyushu
Kumamoto
Nagasaki
FUKUOKA
KITAKYUSHU
Shimonoseki
Oita
Matsuyama
Kochi
Shikoku
HIROSHIMA
Okayama
Himeji
KOBE
OSAKA
KYOTO
Yonago
Gifu
NAGOYA
Hamamatsu
(3776 m) Mont Fuji
SAYAMA
Kanazawa
Nagano
TOKYO
KAWASAKI
YOKOHAMA
Honshu
Niigata
Sado
Iwaki
SENDAI
Akita
Morioka
Hirosaki
Aomori
Détroit de Tsugaru
Hakodate
SAPPORO
Tomakomai
Obihiro
Kushiro
Asahikawa
Hokkaido
JAPON
îles d'Izu
Nampo Shoto (JAPON)
île Bonin
îles Volcano
Kita Iwo Jima
Iwo Jima
Minami Iwo Jima
OCÉAN PACIFIQUE
0
200
400
600
800
1000
1200 km
Projection équivalente d'Albers
Échelle 1:20 000 000
Altitude (m)
3000
1500
600
300
150
0
Niveau de la mer
0
-150
-1500
-3000
Route
Voie ferrée

SOMMAIRE

- LE PANORAMA GÉOGRAPHIQUE
- L'IMPORTANCE DE LA CHINE AU SEIN DE L'ENSEMBLE
- LA GÉOGRAPHIE PHYSIQUE ET LA GÉOGRAPHIE DE LA POPULATION
- LES RESSOURCES NATURELLES
- LA CARTE CULTURELLE
- LA GÉOGRAPHIE HISTORIQUE DE L'ASIE DE L'EST
- LE RÔLE HISTORIQUE DU JAPON EN ASIE DE L'EST
- L'APRÈS-GUERRE
- LA TRANSFORMATION ÉCONOMIQUE
- LE FACTEUR CORÉEN

CONCEPTS ET TERMES

Zone économique exclusive (ZEE)
Tsunami
Isolationnisme
Grand Bond en avant
Révolution culturelle
Réforme agraire
Dragon asiatique
Bien à forte valeur ajoutée

L'Asie de l'Est est le deuxième ensemble du globe par sa population. Il comprend la Chine, qui en constitue le cœur démographique, le Japon, Taiwan, la Corée du Sud, la Corée du Nord et la Mongolie. Le long des côtes continentales tout autant que dans les îles, un miracle économique a transformé villes et campagnes. Aujourd'hui, la plupart des habitants de la planète ont été touchés, directement ou indirectement, par les transformations économiques qui ont eu lieu en Asie de l'Est au cours des deux dernières générations. Cet ensemble est le véritable atelier du monde. Il suffit de regarder autour de soi. Les citoyens du monde entier sont entourés de voitures de conception japonaise, de téléviseurs et autres appareils fabriqués en Chine, de motos sud-coréennes, d'ordinateurs taiwanais. Des jouets aux textiles et du matériel informatique aux logiciels, les produits de l'Asie de l'Est ont inondé tous les marchés de la planète.

Cet ensemble géographique englobe aussi les montagnes les plus élevées de la Terre et de vastes déserts. Le milieu naturel constitue un véritable entrepôt de matières premières et les bassins fluviaux produisent suffisamment de denrées alimentaires pour nourrir plus d'un milliard de personnes.

LE PANORAMA GÉOGRAPHIQUE

Comme le montre la figure 9A-1, l'ensemble géographique de l'Asie de l'Est est situé entre l'immense territoire de la Fédération de Russie, au nord, et les pays densément peuplés de l'Asie du Sud et de l'Asie du Sud-Est. Sa périphérie est caractérisée par des chaînes de hautes montagnes et de vastes déserts. Le brun plus foncé sur la carte indique les zones où se trouvent les montagnes et les plateaux les plus élevés, lesquelles créent un grand arc de cercle au nord de l'Himalaya qui se replie vers le sud, puis décroît (teintes de beige) vers le Myanmar (Birmanie), le Laos et le Vietnam en Asie du Sud-Est. Dans le sud-ouest, où se trouve le Xizang (Tibet), les hautes montagnes et les plateaux sont couverts de glace et de neiges éternelles.

La Chine est le premier exportateur mondial et abrite trois des cinq terminaux portuaires à conteneurs les plus occupés du monde : Shanghai, Shenzhen et Hong Kong (voir la photo ci-contre). Les deux autres se trouvent également en Asie : Singapour et Pusan (Corée du Sud).

FIGURE 9A-1

Les principales CARACTÉRISTIQUES GÉOGRAPHIQUES de . . .

L'ASIE DE L'EST

1. L'Asie de l'Est est entourée de montagnes aux sommets enneigés, de vastes déserts et des eaux du Pacifique.
2. L'Asie de l'Est a été l'un des premiers foyers culturels du monde et la Chine est l'une des plus anciennes civilisations sur la planète ; elle prospère de façon ininterrompue depuis des millénaires. Aujourd'hui, ce pays correspond à la principale zone de croissance économique de l'aire pacifique.
3. L'Asie de l'Est est le deuxième ensemble géographique par sa population ; celle-ci reste fortement concentrée dans les régions orientales.
4. La Chine est actuellement le plus grand État du monde sur le plan démographique.
5. Les régions peu peuplées de l'ouest de la Chine sont importantes pour l'État sur le plan stratégique.
6. La transformation économique qui a débuté il y a trois décennies le long de la côte orientale de la Chine est aujourd'hui en rapide expansion vers l'ouest.
7. L'augmentation des disparités régionales et l'évolution rapide des paysages culturels mettent à rude épreuve les sociétés de l'Asie de l'Est.
8. L'Asie de l'Est abrite la plus récente superpuissance mondiale, soit la Chine, dont l'influence économique et politique s'étend de plus en plus sur la planète.
9. La géographie politique de l'Asie de l'Est est caractérisée par un certain nombre de points chauds pouvant entraîner des conflits, parmi lesquels on compte Taiwan, la Corée du Nord et plusieurs groupes d'îles dans les mers de l'ensemble géographique.

Trois longs fleuves – le Chang Jiang, le Huang He et le Xi Jiang (*Jiang* veut dire « fleuve ») – sont bordés de vallées sur des centaines de kilomètres. Dans le nord, les montagnes cèdent rapidement la place à trois vastes déserts plats : le Taklamakan, à l'ouest ; le désert de Gobi, où la Chine et la Mongolie se rencontrent ; et l'Ordos, presque complètement encerclé par le Huang He.

Le bassin du Sichuan (autrefois appelé le bassin Rouge), entouré de montagnes plus hautes à l'ouest qu'à l'est, est d'un intérêt particulier. Il semble modeste sur la carte, mais il abrite plus de 100 millions de personnes et constitue l'une des plus importantes régions agricoles de la Chine. Dans ce pays de montagnes et de déserts, les espaces où l'agriculture est praticable sont limités et précieux. Les zones où l'élévation est la plus faible et le relief le moins accidenté (désignées par une trame verte sur la carte) possèdent généralement les sols les plus fertiles et elles regroupent la vaste majorité de la population de l'ensemble géographique (voir la figure 9A-3). Les grandes rivières issues de la fonte des glaces et de la neige dans les hautes terres intérieures y ont déposé leurs sédiments pendant des milliers d'années. Quand les humains ont domestiqué les plantes et ont commencé à cultiver les sols, ces zones se sont avérées idéales. Cette sédentarisation s'est produite il y a des milliers d'années, peut-être 10 000 ans, et depuis, le bassin du Sichuan abrite le plus important regroupement humain de la planète.

L'ensemble de l'Asie de l'Est ne se limite pas aux montagnes et aux bassins fluviaux du continent. Il est facile d'imaginer comment les îles au large de ses côtes ont été peuplées : la péninsule coréenne a l'air de former un pont pointant vers l'île méridionale de l'actuel Japon ; de là, il semble probable que les premiers migrants se soient déplacés vers le nord pour atteindre Hokkaido. Durant les périodes plus chaudes, il se peut qu'ils se soient même aventurés au-delà, jusqu'aux îles Kouriles. Au sud, Taiwan se trouve encore plus proche de la Chine continentale que le Japon par rapport à la Corée, tandis que l'île tropicale de Hainan, située à l'extrémité sud de l'ensemble géographique, est presque attachée à la petite péninsule qui s'étend vers elle.

En ce qui a trait à la superficie totale de l'ensemble (11,7 millions de km^2 par rapport au Canada et ses 9,9 millions de km^2), la majeure partie de l'Asie de l'Est est continentale, mais les îles et leurs peuples ont joué un rôle prépondérant dans la formation de sa géographie régionale. Les eaux qui séparent le continent et les îles, notamment le détroit de Taiwan, la mer de Chine méridionale, la mer de Chine orientale, la mer Jaune, le détroit de Corée, ont aussi exercé une grande influence sur l'histoire géographique de l'ensemble. Aujourd'hui, plusieurs États et entités politiques des ensembles est et sud-asiatiques, tels la Chine, le Japon, Taiwan, le Vietnam, les Philippines, la Malaisie et Brunei, se disputent la possession de petites îles et archipels inhabités en mer de Chine méridionale et orientale, tels les îles Paracels et Spratly. Ces îles sont convoitées non seulement pour les ressources halieutiques et pétrolières présentes dans leur **zone économique exclusive (ZEE)**, mais aussi pour leur position stratégique à proximité des voies maritimes d'acheminement du pétrole en provenance du Moyen-Orient.

L'IMPORTANCE DE LA CHINE AU SEIN DE L'ENSEMBLE

Il est facile de confondre la Chine avec l'Asie de l'Est, car la Chine, qui s'affirme de plus en plus sur la scène mondiale, est le pays dominant de cet ensemble et compte pour 85 % de sa population. Outre la Chine, l'Asie de l'Est comprend quatre autres États et une entité politique: la Mongolie, la Corée du Nord, la Corée du Sud, le Japon et Taiwan. Pour décrire cette dernière, nous employons l'expression «entité politique» et non «État»; la distinction est importante dans le contexte de l'Asie de l'Est. Taiwan, à laquelle le gouvernement de l'île a donné le nom officiel de République de Chine, fonctionne comme un État, mais est considérée par la Chine continentale (dont la désignation officielle est la République populaire de Chine) comme une province temporairement rebelle. En ce qui concerne la Corée du Nord, le régime communiste présente l'un des bilans les plus déplorables de la planète en matière des droits de la personne et elle est communément perçue comme un État délinquant. D'ailleurs, elle n'est pas membre à part entière de l'Organisation des Nations Unies.

Néanmoins, sur le plan démographique, économique et politique, la Chine domine l'ensemble. À la lecture des chapitres 9A et 9B, il importe de garder à l'esprit que des portions de ce que constituent aujourd'hui des composantes régionales de la Chine n'ont pas toujours fait partie intégrante du pays, et que d'autres zones se trouvant à l'extérieur de la Chine sont revendiquées par le gouvernement chinois (par exemple, un secteur important de l'Arunachal Pradesh, en Inde, et des zones de l'Extrême-Orient russe). Comme nous le verrons, la Chine a un passé impérial et, à ce titre, elle a forcément connu des périodes d'expansion et de contraction, suivies de périodes d'anarchie durant lesquelles le pouvoir central n'arrivait plus à maintenir son autorité sur l'ensemble du territoire. Les puissances coloniales européennes ont d'ailleurs su profiter de ces phases de déclin pour se partager le territoire chinois.

Lorsque les Japonais ont imité les Européens et entrepris d'étendre leur propre empire, en grande partie aux dépens de la Chine, l'humiliation a été complète, mais elle n'a jamais été oubliée. Encore à ce jour, le fait que les frontières actuelles de la Chine aient été imposées par des étrangers reste pour ce pays une injustice à l'égard de ses droits territoriaux.

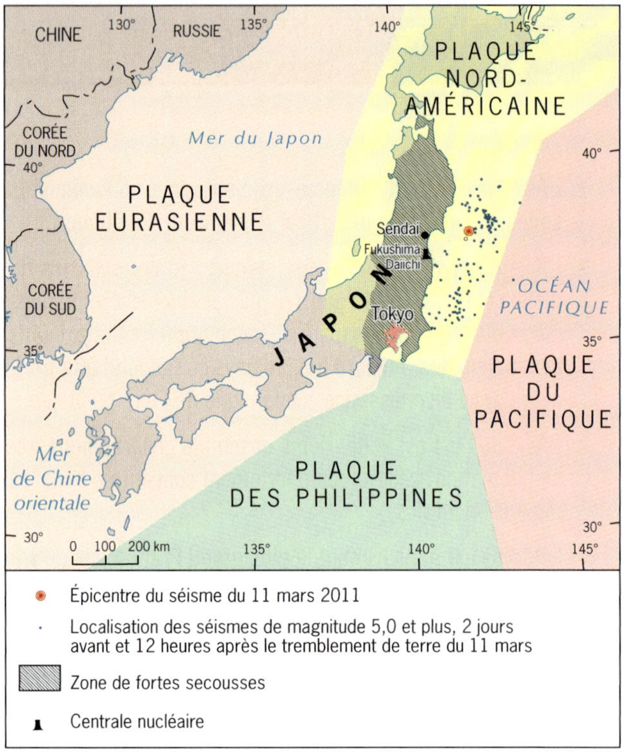

FIGURE 9A-2

LA GÉOGRAPHIE PHYSIQUE ET LA GÉOGRAPHIE DE LA POPULATION

Les dangers sismiques

Pour comprendre la géographie physique de l'Asie de l'Est, comme l'illustre la figure 9A-1, il est utile de revenir aux figures I-11 et I-12 présentées dans l'introduction. Les hautes chaînes de montagnes aux sommets enneigés situées dans le sud-ouest de l'ensemble géographique résultent de la gigantesque collision des plaques tectoniques indienne et eurasienne. Lorsque ces plaques sont entrées en contact, il s'est produit un soulèvement de la croûte terrestre qui a entraîné la formation non seulement des chaînes de montagnes, dont l'Himalaya est la plus célèbre, mais aussi du plateau tibétain en forme de dôme. Sur la figure I-12, on peut noter l'incidence élevée des tremblements de terre associés à la poursuite du déplacement relativement rapide de la plaque indienne vers le nord et qui l'entraîne à s'enfoncer sous la plaque eurasienne. Les séismes se concentrent dans une zone d'instabilité qui traverse le sud-ouest de la Chine et qui s'étend jusqu'en Asie du Sud-Est. Le tremblement de terre dévastateur du 12 mai 2008 (de magnitude 7,9 sur l'échelle de Richter) survenu dans la province du Sichuan, où plus de 70 000 habitants ont perdu la vie, est un exemple des dangers inhérents à la géographie physique de cette zone. Cet évènement n'est que la manifestation d'une interminable série de séismes qui continueront de se produire.

En observant la ceinture de feu du Pacifique sur la figure I-12, il devient évident que les risques de secousses sismiques sont beaucoup plus élevés au Japon qu'en Chine. Cette menace s'est matérialisée le 11 mars 2011, quand un tremblement de terre très puissant, d'une magnitude de 9,0, a été ressenti au large des côtes nord-est de l'île japonaise de Honshu, près de la ville de Sendai. Il s'agit du plus violent séisme jamais enregistré dans ce pays, et de l'un des cinq plus forts survenus dans le monde depuis 1900. Pis encore, le tremblement de terre et la série d'importantes répliques ont déclenché un **tsunami** dévastateur qui a balayé

Des maisons et des bâtiments ont été emportés par les immenses vagues du tsunami, quelques minutes après l'énorme tremblement de terre survenu le 11 mars 2011. Pratiquement toute la zone autour de la ville de Sendai a été détruite, y compris cette ville satellite de Natori. L'évènement a vite pris des allures d'apocalypse : d'abord le séisme de magnitude 9,0 sur l'échelle de Richter qui compte d'ailleurs neuf intensités, ensuite le tsunami, puis la pollution radioactive émise par les réacteurs endommagés de la centrale nucléaire de Fukushima Daiichi, située à 95 km au sud de Sendai.

les plaines côtières densément peuplées de l'île de Honshu – la plus grande du Japon –, situées au nord de la région de Tokyo. Comme si la destruction et la mort qu'ils ont causées ne suffisaient pas, des fuites radioactives échappées de la centrale nucléaire endommagée, construite près de Fukushima au sud de Sendai (voir la figure 9A-2), ont peut-être entraîné de graves conséquences sur la santé de la population locale. Selon un bilan établi trois mois après la tragédie, environ 23 000 personnes auraient perdu la vie à la suite de ce séisme, qui a reçu le nom de « tremblement de terre du Tohoku ». Les dommages économiques ont été estimés à 300 milliards de dollars américains.

La population japonaise est particulièrement exposée aux aléas d'origine sismique. Ceci tient d'une part à la fréquence et à l'intensité particulièrement élevées des tremblements de terre dans cette région, ce qui s'explique en partie par le fait que le Japon se situe à la rencontre de quatre plaques tectoniques, dont certaines sont très actives. L'exposition de la population japonaise à ces aléas tient d'autre part au fait que celle-ci est concentrée dans les plaines côtières, en particulier celle située sur la côte est de l'île de Honshu. Ces zones sont propices aux inondations causées par les tsunamis provenant du Pacifique. Il n'est pas étonnant que l'emplacement des centrales nucléaires japonaises le long de ces littoraux vulnérables fasse l'objet d'âpres débats.

Les grands fleuves

La Chine est, à certains égards, le fruit de grands systèmes fluviaux qui englobent des bassins, des vallées, des deltas et des estuaires. Ces fleuves et leurs affluents sont illustrés sur les figures 9A-1 et, surtout, 9A-4. Compte tenu de leur importance dans la géographie régionale de l'Asie de l'Est, il convient de s'y attarder. Parmi les quatre fleuves principaux – Liao He, Huang He, Chang Jiang et Xi Jiang –, les deux qui se trouvent au centre du pays sont à bien des égards les plus importants : le Huang He (fleuve Jaune), qui dessine une énorme boucle autour du désert de l'Ordos et se jette ensuite dans la mer de Bohai, et le fleuve Chang Jiang (Yangtsé), probablement le plus célèbre cours d'eau de la géographie historique de la Chine. À une époque lointaine où le bassin du Chang Jiang commençait à se développer et où la culture du riz et du blé a fait son apparition, un canal a été construit pour relier cette zone agricole fertile au foyer de la Chine ancienne. La carte de la répartition de la population (voir la figure 9A-3) illustre bien le lien qui existe entre les grands bassins fluviaux et les concentrations humaines.

Comme le montre la figure 9A-4, le Huang He et ses affluents constituent les sources d'eau vitales de la zone historique centrale de la Chine, c'est-à-dire la Grande Plaine du Nord, où est située Beijing, la capitale. Quant au Chang Jiang, il est la principale voie navigable du bassin inférieur du même nom. À son embouchure se trouve la plus grande ville de Chine, Shanghai. La partie centrale du fleuve est le site du plus imposant barrage du monde (voir la photo à la page 345). Les fleuves Huang He et Chang Jiang prennent tous les deux leur source dans les montagnes enneigées du plateau tibétain ; bien que ces environnements montagneux soient situés à des milliers de kilomètres des populations humaines, ils sont essentiels à la vie de centaines de millions de personnes.

Les deux autres fleuves sont beaucoup plus courts, mais le Xi Jiang fusionne, à l'est, avec d'autres cours d'eau pour former la rivière des Perles ; son delta est devenu le plus grand carrefour de la mondialisation de la Chine (et de l'Asie de l'Est), une transformation toujours en cours dont nous traitons dans le chapitre 9B. C'est là que se trouvent Hong Kong et, juste à côté, Shenzhen, la ville qui, selon certains, connaît la plus forte croissance économique enregistrée dans l'histoire contemporaine.

Enfin, le plus septentrional des quatre grands fleuves de la Chine, le Liao He, prend sa source en marge du désert de Gobi. Il forme un coude dans la plaine du Nord-Est, puis redescend vers le sud, jusqu'à la mer de Bohai où il se jette. Dans le voisinage du Liao He, le climat est plus froid, et la population y est moins dense qu'autour des bassins des fleuves se trouvant plus au sud. Dans cette zone, les exploitations minières et les industries compensent l'agriculture. Comme nous pouvons le constater, chaque groupe humain établi le long d'un fleuve de l'Asie de l'Est doit composer avec les avantages et les inconvénients qu'offre son environnement.

Le long de la côte

La frange côtière de l'Asie de l'Est est formée d'îles et de presqu'îles. La péninsule coréenne ressemble à un pont entre l'Asie et le Japon, et elle a d'ailleurs servi de lien autrefois entre ces deux points. Les péninsules de Liaodong

FIGURE 9A-3

et de Shandong avancent dans la mer Jaune qui reçoit les sédiments des fleuves Huang He et Liao He. À l'extérieur de la masse continentale, certaines îles ont joué un rôle crucial dans la géographie humaine moderne de l'Asie et même du monde: le Japon, Taiwan et Hainan. Le Japon possède une gamme climatique très étendue, caractérisée par des températures hivernales froides dans le nord, sur l'île de Hokkaido, et un climat tempéré dans le sud, sur l'île de Kyushu. Le noyau principal du Japon se trouve en majeure partie sur sa plus grande île, Honshu. Comme le montre la figure 9A-1, une myriade d'îles et d'îlots entourent le continent et sont éparpillés dans les mers de Chine méridionale et orientale.

LES RESSOURCES NATURELLES

Le Japon, bien que de taille modeste (377 799 km^2, soit quatre fois plus petit que le Québec), a une population de plus de 127 millions d'habitants essentiellement concentrée le long de la côte du Pacifique (voir la figure 9A-3). Sa densité physiologique atteint 2594 hab./km^2 comparativement à 1014 hab./km^2 en Chine. Même si le pays possède peu de ressources naturelles pour soutenir son importante industrie de fabrication, il a su établir des réseaux mondiaux dans lesquels circulent des produits allant du pétrole et du gaz naturel au minerai de fer et aux produits chimiques. Partout, les populations qui s'urbanisent et se modernisent acquièrent sans cesse davantage de biens de consommation, et les produits japonais ont trouvé des débouchés lucratifs sur les marchés tant nationaux qu'étrangers. Les cargos japonais sillonnent les océans du monde entier, transportant toutes sortes de matières premières.

Lorsque la Chine a pris son envol dans les années 1980, les spécialistes en géographie économique ont porté un regard prudent sur la carte géologique du pays. Jusque-là, la plus grande ressource de la Chine avait été ses alluvions fertiles (le limon) déposées par les rivières. En effet, malgré tous les efforts du régime communiste, les industries gérées par l'État n'avaient été structurées que pour satisfaire les besoins nationaux et n'étaient donc pas de taille à faire concurrence au Japon. La plupart des Chinois étaient des agriculteurs, et tenter d'enrayer les famines était une préoccupation de tous les instants. Toutefois, lorsque la Chine a ouvert ses portes au monde et que ses villes et ses industries

Le barrage des Trois-Gorges est emblématique de la Chine moderne et de son ère des mégaprojets. Le barrage mesure 2 km de large et son mur s'élève à 180 m au-dessus de la vallée inondée du Chang Jiang. Ces installations hydroélectriques ont mené à la formation du réservoir le plus vaste du monde (1084 km²); il s'étend sur plus de 600 km en amont.

ont proliféré, les besoins en pétrole, en gaz, en métaux, en nourriture, en eau et en électricité se sont multipliés. Très vite, la Chine a supplanté le Japon à titre de principal partenaire commercial de l'Australie. Les fabricants et les fournisseurs chinois ont recherché des produits de base de l'Indonésie à l'Irak et de la Tanzanie au Brésil.

Si la Chine détient un avantage sur le plan des matières premières, c'est dans les éléments dits de terres rares, tels que le thulium (utilisé dans les lasers), le praséodyme (dans les pièces d'aéronefs), le lanthane (dans les voitures électriques) et le prométhium (dans les appareils à rayons X). Selon certaines données, l'Asie de l'Est renfermerait près de 95 % des gisements connus de ces métaux, qui sont de plus en plus employés dans la technologie balistique et dans certaines applications liées aux énergies renouvelables.

Pour combler ses besoins énergétiques, la Chine doit se tourner vers l'extérieur, car les ressources en Asie de l'Est

FIGURE 9A-4

FIGURE 9A-5

En raison de sa course effrénée pour devenir une puissance économique mondiale, la Chine a souvent relégué la protection de l'environnement au second rang. Cette photo prise à Chongqing, la plus grande ville industrielle du bassin du Sichuan, en montre les conséquences.

ne sont pas si considérables (voir la figure 9A-5). On y trouve beaucoup de charbon et les réserves peuvent satisfaire les centrales au charbon, mais les gisements pétrolifères, bien que répandus, notamment dans le nord-est et dans l'extrême ouest de la Chine, tendent à être plutôt modestes et vont en diminuant; de plus, ces gisements sont les plus grands du pays. Par ailleurs, l'exploration se poursuit au large, dans les mers de Chine orientale et méridionale. Cela dit, rien en Chine ne peut égaler les réserves pétrolifères qui existent dans la région du golfe Persique, en Asie du Sud-Ouest. La Chine rivalise avec le Japon pour obtenir des accès aux oléoducs et aux gazoducs russes et à d'autres sources de matières premières industrielles. Ainsi, en seulement quelques années, la Chine est devenue l'un des plus grands consommateurs de matières premières du monde.

L'ascension de l'Asie de l'Est dans l'économie mondiale a placé cet ensemble au premier rang du développement régional, mais à un coût environnemental élevé ; la pollution atmosphérique et la contamination de l'eau (voir la photo ci-contre en bas à gauche) sont aujourd'hui de véritables fléaux. Cet ensemble géographique est au milieu d'une révolution industrielle, sociale et politique dont l'issue est encore incertaine.

LA CARTE CULTURELLE

L'Asie de l'Est demeure aujourd'hui une véritable mosaïque ethnolinguistique. La carte des aires ethnolinguistiques (voir la figure 9A-6) fait ressortir la diversité culturelle de cet ensemble géographique dans lequel les Han de la Chine dominent numériquement. Cette carte ne donne toutefois pas le poids démographique des groupes ethnolinguistiques ; elle en indique seulement la localisation géographique. Par exemple, elle permet de constater que le peuple mongol (2,9 millions de personnes en Mongolie et 4 millions en Chine) est concentré dans le nord de l'ensemble de l'Asie de l'Est. Les Tibétains, dont le nombre est inférieur à 3 millions, sont plus nombreux à l'extérieur de la région autonome du Tibet qu'à l'intérieur ; tout comme l'Empire tibétain était beaucoup plus vaste que le Tibet actuel. Ils occupent un espace qui s'appuie sur le Népal et le Bhoutan. Entre ces deux aires ethnolinguistiques se trouve celle des populations ouïgoures appartenant aux langues turcophones.

Les groupes minoritaires les plus variés et les plus nombreux sont répartis dans l'aire sud-est de l'ensemble, allant de l'île de Hainan à l'embouchure du fleuve Chang Jiang. Par exemple, la langue yue, qu'on appelle aussi le cantonais (en vert sur la carte), est la langue commune de l'estuaire de la rivière des Perles. Beaucoup d'autres langues minoritaires présentées ici ont des liens avec les langues de l'Asie du Sud-Est.

FIGURE 9A-6

LA GÉOGRAPHIE HISTORIQUE DE L'ASIE DE L'EST

Les Empires chinois et les dynasties

La géographie historique de l'Asie de l'Est est dominée par l'évolution de la Chine. Cette entité a commencé à se développer il y a des millénaires dans l'est de l'immense territoire qu'elle occupe aujourd'hui. L'histoire de la Chine se tisse au fil des changements de dynasties qui ont marqué de leur empreinte particulière la culture et le territoire du grand Empire (voir la figure 9A-7).

Comme c'est le cas de tout empire qui s'est développé sur une longue période, certains des dirigeants à la tête des nombreuses dynasties qui se sont succédé en Chine se sont révélés plus féconds que d'autres. Certaines dynasties ont légué un héritage géographique durable à l'État, alors que d'autres ont façonné la nation chinoise. La dynastie des Han a fait les deux, c'est pourquoi aujourd'hui encore les Chinois se désignent eux-mêmes aussi sous le nom de « hommes de Han ».

La plus ancienne dynastie relativement connue est celle des Shang, dont le règne a débuté il y a près de 4000 ans. Le nord de la Chine est alors devenu le principal centre de développement de l'Asie de l'Est, et il l'est demeuré pendant plus d'un millénaire. Les Shang ont été renversés par les Zhou, qui ont régné d'environ 1120 à 221 avant notre ère. Ce sont eux qui ont construit les premiers tronçons de la Grande Muraille (voir la photo à la page 350) pour se défendre contre d'éventuels envahisseurs venus du nord. Les Qin (de 221 à 206 avant notre ère) feront l'unification des Royaumes des combattants (sept États en guerre incessante), créant ainsi une entité centralisée et organisée.

La fondation de la dynastie des Han (de 206 avant notre ère à 220) a marqué le début d'une période cruciale dans l'histoire de la Chine. Les souverains Han ont en outre assuré la stabilité de l'Empire tout en élargissant sa sphère d'influence à la Corée, à la Mandchourie, à la Mongolie, au Xinjiang et jusqu'à Annam (au centre du Vietnam actuel) en Asie du Sud-Est. Ce faisant, ils ont établi leur autorité sur les nomades qui sillonnaient les montagnes, les steppes et les déserts environnants et ils ont ainsi pris le contrôle de la route de la soie qui traversait le Xinjiang, reliant Xi'an à Rome.

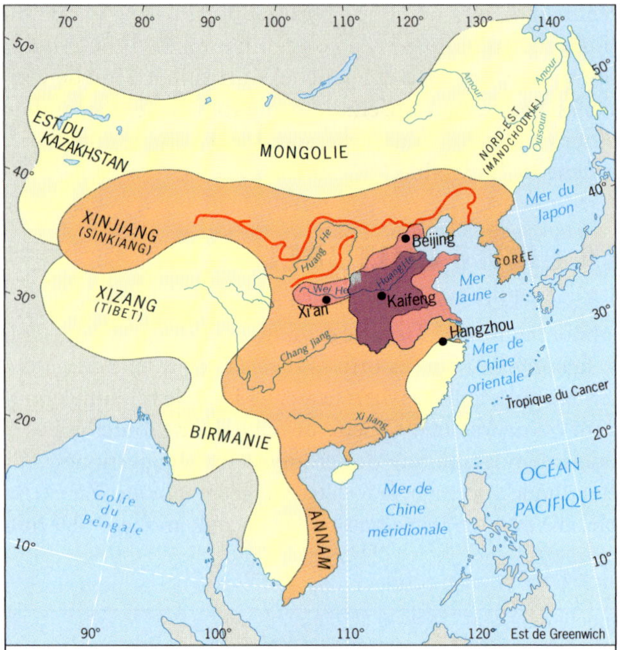

L'ÉVOLUTION DE L'EMPIRE CHINOIS

- Grande Muraille de Chine
- Premier noyau central (1900 av. J.-C.)
- Dynastie Shang (1766-1080 av. J.-C.)
- Dynastie Han (206 av. J.-C.-220 apr. J.-C.)
- Dynastie Qing (mandchoue) (1644-1911 apr. J.-C.)

0 500 1000 km

FIGURE 9A-7

La ville connue aujourd'hui sous le nom de Xi'an, dans la province du Shaanxi, est le site de l'un des plus anciens centres urbains du monde. Elle semble avoir été une colonie pendant la dynastie des Shang-Yin, il y a plus de 3000 ans. C'était une cité durant la dynastie des Zhou, et l'empereur Qin y a été enterré avec 6000 soldats et chevaux en terre cuite grandeur nature, ce qui témoigne de l'importance de la ville. Pendant la dynastie des Han, la ville, alors appelée Chang'an, était l'un des plus grands centres de l'Ancien Monde, la Rome de la Chine antique, pour ainsi dire. Chang'an se trouvait à l'extrémité orientale de la route de la soie, un lieu servant d'entrepôt à une énorme richesse. De son rempart orné et percé de portes richement sculptées à ses magnifiques bâtiments et à ses jardins publics en son centre, son architecture était incomparable.

La dynastie des Han a été marquée par l'expansion territoriale de la Chine (voir la figure 9A-7) ; elle a fait du pays une puissance militaire. De plus, la route de la soie était une source de prospérité et des progrès notables ont été réalisés à cette époque dans le domaine des arts, de l'architecture et des sciences. La Chine des Han a été en quelque sorte l'Empire romain de l'Asie de l'Est et, tout comme sa contrepartie romaine, après une période de grandeur, elle a connu le déclin et la chute. La dynastie des Tang qui lui a succédé a régné de 618 à 907. Elle a instauré une ère de stabilité en mettant fin aux troubles qu'avait provoqués l'effondrement de la dynastie Han.

Entre 907 et le début de la dynastie des Qing (1644-1911), le territoire chinois a connu d'importants bouleversements. C'est entre autres au cours de cette période que les Mongols ont conquis l'entièreté de l'empire du Milieu et que s'installait la dynastie des Yuan (1280-1368). Toutefois, les Han ont repris le contrôle de l'État avec l'arrivée de la dynastie des Ming (1368-1644). Il s'en est suivi une période d'expansion territoriale avant l'inévitable déclin.

FIGURE 9A-8

À la suite de la dynastie des Ming, des Mandchous ont pris le pouvoir et ont fondé la dynastie des Qing. Sous celle-ci, le territoire et la sphère d'influence de l'Empire chinois se sont étendus considérablement, et ce, non seulement par des conquêtes militaires, mais aussi – et plus simplement – par l'intégration des royaumes en périphérie à son système de tribut. Conformément à ce système, un État vassal (par exemple, le Siam à une certaine époque) payait à l'empereur un tribut, dont l'importance et la fréquence variaient considérablement selon le niveau d'influence de l'empereur sur ledit État ainsi que selon la distance entre les deux entités. Par ce tribut, l'État vassal reconnaissait la supériorité de l'empire du Milieu, mais obtenait en retour deux avantages : l'autorisation de commercer avec ce dernier et une reconnaissance politique de la part de l'empereur, qui légitimait le pouvoir du vassal sur sa population. Cependant, à la suite de son expansion rapide, l'empire Qing a vu décliner son contrôle et son influence sur ses marges et au sein des États vassaux. La figure 9A-8 montre l'étendue des territoires faisant partie, à un moment ou à un autre de l'histoire, de l'empire Qing. Elle illustre du même coup les territoires qui ont été par la suite intégrés aux domaines coloniaux de la France, du Royaume-Uni, de la Russie et de l'Allemagne.

Durant la période de la dernière dynastie (1644-1911), l'Empire passa d'environ 150 millions à 450 millions d'individus en raison de la croissance naturelle, mais aussi, dans une certaine mesure, de l'intégration des peuples de Mongolie, du Turkestan, du Tibet et de l'Indochine. Les Mandchous étaient au pouvoir lorsque les puissances européennes et les armées japonaises ont pénétré en Chine. L'anarchie a été semée, un mouvement nationaliste est né et le dernier empereur, un garçon de 12 ans enfermé dans le Palais impérial de la Cité interdite, a été forcé d'abdiquer en 1911. Une tradition vieille de 4000 ans prenait ainsi fin et l'ancien empire allait connaître un siècle tumultueux.

Entre 220 avant notre ère et 1644, la Grande Muraille de Chine a été construite, détruite, puis reconstruite dans le but de repousser les envahisseurs. Elle s'étend sur plus de 6000 km à travers le nord de la Chine. Certaines parties ont complètement disparu, tandis que d'autres ont été rénovées récemment, comme celle-ci, située au nord de Beijing.

La Chine en déroute

La figure 9A-8 n'offre qu'un pâle reflet de la déroute de la Chine. Les empereurs chinois et leurs sujets croyaient que leur entité était invincible, mais les puissances coloniales leur ont démontré le contraire. Lors de la première guerre de l'opium (1839-1842), dont le prétexte fut l'intensification des mesures chinoises visant à contrer l'importation illégale d'opium britannique en Chine, la Chine a été incapable de résister aux forces du Royaume-Uni. Les vainqueurs britanniques qui avaient des motivations principalement commerciales ont contraint les dirigeants chinois à leur céder Hong Kong, à ouvrir certains ports au commerce et à réduire les obstacles à l'importation de produits britanniques, en particulier de tissus. Une dizaine d'années plus tard, la seconde guerre de l'opium (1856-1860) a été déclenchée, encore une fois à la suite d'un incident lié au trafic de cette drogue populaire en Chine. Cette guerre, qui opposa Britanniques et Français aux Chinois, avait néanmoins pour véritable enjeu l'établissement de relations commerciales et diplomatiques plus favorables aux Occidentaux. À la suite de sa défaite, la Chine a ainsi poursuivi l'ouverture du pays au commerce avec l'Occident et autorisé le commerce de l'opium et la culture du pavot sur son sol. Le souverain chinois affaibli a perdu son autorité sur son propre territoire. En l'espace d'un demi-siècle, la Chine a été forcée d'accorder des baux et des territoires (concessions) aux marchands étrangers. Elle a dû céder Hong Kong aux Britanniques, tandis que les navires britanniques remontaient le fleuve Chang Jiang pour consolider une immense sphère d'influence au centre du pays. Le Portugal s'est emparé de Macao, l'Allemagne s'est établie sur la péninsule de Shandong, les Français ont empiété sur la Chine depuis les territoires de leurs colonies asiatiques, plus au sud, et les Russes sont entrés dans le nord-est du territoire chinois, encore appelé la Mandchourie. Les Japonais ont envahi ensuite la Corée, ils ont annexé les îles Ryukyu (toujours sous possession japonaise, notamment Okinawa) et colonisé Formose (l'actuelle Taiwan) en 1895.

La Chine révolutionnaire

Graduellement, l'opposition à la présence occidentale en Chine s'est manifestée. Un mouvement révolutionnaire organisé est apparu : le Parti nationaliste chinois (ou Kuomintang) sous la direction de Sun Yat-sen. Attribuant au régime dynastique sclérosé les difficultés que vivait la Chine, ces nationalistes ont lancé, en 1911, une attaque sur les garnisons de l'empereur, partout au pays. En quelques mois, la dynastie des Qing a été renversée après 267 ans de domination, et le système impérial de la Chine, vieux de milliers d'années, a alors disparu.

La fin de l'ère mandchoue et la proclamation d'une république n'ont pas réellement amélioré la situation au pays. Au lendemain de la Première Guerre mondiale, la Chine était encore divisée. L'anarchie régnait en Mandchourie, et de petits royaumes proclamaient leur indépendance un peu partout dans le centre du territoire.

Tandis que Sun Yat-sen tentait de former un gouvernement nationaliste viable à Canton, un groupe d'intellectuels fondaient à Shanghai le Parti communiste chinois; l'un de ses membres influents était un jeune homme nommé Mao Zedong. Les nationalistes et les communistes se sont d'abord unis, car la présence étrangère était leur cible commune. Après la mort de Sun Yat-sen en 1925, Tchang Kaï-chek est devenu le chef du parti nationaliste et en 1927, les Occidentaux ont dû quitter le territoire, fuyant par bateau et par train les forces nationalistes en marche. Celles-ci ont entrepris ensuite la purge des communistes, ce qui a mené à un évènement majeur dans l'histoire de la Chine : la Longue Marche (nom donné à un parcours de 10 000 kilomètres). En 1934, pour se soustraire aux nationalistes, environ 100 000 personnes – des soldats, des paysans et des dirigeants du Parti communiste, parmi lesquels se trouvaient Mao Zedong et Zhou Enlai – sont parties de Ruijin et ont marché vers l'ouest. Les forces nationalistes ont attaqué sans cesse les marcheurs, dont près des trois quarts ont succombé. Au fil du trajet, des sympathisants sont venus grossir les rangs des marcheurs (voir le tracé sur la figure 9A-8). Au bout de la Longue Marche, les quelque 20 000 communistes survivants ont trouvé refuge dans la province du Shaanxi, une région montagneuse de l'intérieur. De là, ils ont préparé une nouvelle campagne qui allait les mener au pouvoir.

LE RÔLE HISTORIQUE DU JAPON EN ASIE DE L'EST

De l'isolationnisme à l'impérialisme

À partir du XVIIe siècle, le Japon a cultivé une stricte politique d'**isolationnisme**. Tout a été mis en œuvre pour éviter les influences étrangères : les ecclésiastiques européens ont été expulsés, les échanges avec l'extérieur sévèrement contrôlés et les Japonais n'étaient plus autorisés à voyager à l'extérieur du pays. Cette longue période d'isolationnisme du Japon a duré près de 300 ans, soit jusqu'aux années 1850.

À cette époque, la politique d'isolement est devenue impraticable, car les Japonais ne pouvaient plus résister aux pressions qu'exerçaient sur eux les puissances impérialistes occidentales qui souhaitaient établir avec eux des relations commerciales. À la suite d'une démonstration de puissance navale des États-Unis sur les côtes japonaises dans les années 1850, le Japon a été contraint d'accepter de s'ouvrir à l'Occident qui disposait d'une technologie militaire plus avancée (par exemple, les bateaux à vapeur). En 1868, le pays a entrepris la restauration de Meiji (c'est-à-dire le rétablissement du « gouvernement éclairé » centré sur l'empereur Meiji). Le Japon avait alors décidé d'émuler l'Occident et il a mis en œuvre d'énormes changements dans sa politique étrangère pour mettre un terme à l'isolationnisme et favoriser une modernisation accélérée du pays.

Une fois que ces réformistes ont pris le pouvoir au Japon, ils se sont tournés, entre autres, vers la Grande-Bretagne pour étudier les institutions politiques et les techniques industrielles en vue de réformer leur nation et leur économie.

Les réformistes japonais qui ont supervisé le processus de modernisation sont parvenus à transformer le pays en s'appuyant quand même sur les traditions culturelles japonaises. Plusieurs, en Occident, tendent à concevoir la modernisation selon une vision téléologique et eurocentriste : elle se reproduirait partout ailleurs d'une façon identique et mènerait nécessairement au même résultat. En fait, les processus qui la caractérisent peuvent se dérouler – et ils se sont manifestés – de diverses façons selon les sociétés. Ces processus comprennent le passage d'une économie reposant sur le secteur primaire (en particulier l'agriculture) à une économie dominée par les secteurs secondaire et tertiaire, la diffusion de moyens de transport et de moyens de production basés sur des technologies modernes, l'adoption de la méthode scientifique et l'effritement de certaines valeurs dites traditionnelles. Pour sa part, le Japon (et plus tard, d'autres pays de l'Asie de l'Est et du Sud-Est) envisageait plutôt la modernisation comme un progrès essentiellement orienté sur l'introduction de nouvelles technologies et de nouveaux moyens de production. La modernisation visait à augmenter l'efficacité dans la production de marchandises, l'exploitation des chemins de fer ou l'art de la guerre, par exemple. Cependant, elle ne devait pas se répercuter sur la culture, ni sur les normes ni sur les valeurs culturelles. Dans l'optique des Japonais, il était possible de moderniser la société sans l'occidentaliser.

Dans ce contexte, la modernisation du Japon, qui a longtemps résisté à l'intrusion étrangère, a été une nouveauté. Les planificateurs japonais ont métamorphosé leur nation en s'appuyant sur l'infrastructure existante. Certes, ils ont importé des technologies étrangères et adopté des innovations provenant du Royaume-Uni et d'ailleurs, mais le pays qu'ils ont construit était essentiellement une réalisation indigène formée d'une combinaison unique d'éléments modernes et traditionnels.

L'Empire colonial japonais

Le Japon a acquis de la puissance et celle-ci s'est confirmée durant la guerre russo-japonaise de 1904-1905 qui s'est soldée par la capitulation de la Russie. Les deux puissances avaient des visées impérialistes sur le nord de la Chine.

Par la suite, la politique étrangère nipponne a eu des visées encore plus expansionnistes : en 1910, le Japon a annexé la Corée ; en 1931, il a pris le contrôle de la Mandchourie (dans le nord-est de la Chine), puis assis sa suprématie dans le sud en s'emparant notamment de Beijing, de Shanghai et de Taiwan. En 1940, le Japon a envahi plusieurs territoires : l'Indochine française, les Philippines sous contrôle étasunien, les Indes néerlandaises (l'actuelle Indonésie) et les colonies britanniques de la Birmanie et de la Malaisie moderne. Enfin, le 7 décembre 1941, l'armée japonaise a bombardé la base navale étasunienne de Pearl Harbor, dans l'archipel d'Hawaï.

À la suite de cette attaque, les États-Unis sont entrés dans la Seconde Guerre mondiale et ont prêté mainforte aux Alliés; de ce fait, le conflit s'étendait au Pacifique.

L'APRÈS-GUERRE

La Chine communiste

Après sa défaite aux mains des Alliés en 1945, le Japon a abandonné ses possessions coloniales en Asie de l'Est, notamment en Chine, ainsi qu'en Asie du Sud-Est. En Chine, la guerre civile entre nationalistes et communistes a repris de plus belle. Les États-Unis, qui souhaitaient que le gouvernement chinois soit stable et amical, ont tenté d'arbitrer le conflit, mais ils n'ont pas amélioré la situation en reconnaissant la faction nationaliste comme gouvernement légitime. De plus, les États-Unis ont aidé les nationalistes sur le plan militaire, ce qui a fait échouer toute tentative de médiation impartiale. En 1948, il était évident que les troupes bien organisées de Mao Zedong allaient l'emporter sur celles de Tchang Kaï-chek. Ce dernier a dû déplacer sa capitale à Guangzhou, le siège du premier gouvernement nationaliste sous Sun Yat-sen, puis de nouveau à Chongqing. Vers la fin de l'été 1949, après une série de défaites désastreuses dans lesquelles des centaines de milliers de soldats nationalistes ont été tués, les dirigeants de la faction ont rassemblé les trésors et les richesses de la Chine, puis se sont enfuis à Taiwan. Ils ont pris le contrôle de l'île et proclamé leur propre République de Chine. Pendant ce temps, à Beijing, Mao Zedong annonçait, le 1er octobre 1949, la création de la République populaire de Chine devant la foule massée sur la place Tian'anmen.

Mao Zedong a dirigé la Chine de 1949 à 1976, assez longtemps pour laisser une Chine bien différente de l'ancienne. Sur le plan de la défense militaire, la Chine était, en 1964, la cinquième puissance nucléaire, après les États-Unis, l'URSS, le Royaume-Uni et la France. Cependant, l'adhésion stricte de Mao Zedong à la doctrine communiste a été néfaste à bien des égards. Ainsi, en 1958, Mao lance le «**Grand Bond en avant**», un programme de collectivisation des terres et d'industrialisation du pays qui a légué quantité de fermes et d'entreprises étatiques inefficaces, coûteuses et non concurrentielles. En 1966, la **Révolution culturelle** a paralysé pratiquement tout le pays. Enfin, le refus de Mao Zedong de mettre sur pied une politique de planification des naissances a contribué à l'explosion démographique. Aux yeux de ce dirigeant, la naissance d'un enfant était considérée comme une bouche de plus à nourrir, certes, mais aussi comme deux bras supplémentaires pour construire la Chine communiste.

La défaite du Japon

Durant la Seconde Guerre mondiale, le Japon a étendu son empire bien au-delà de ce qu'avaient prévu les architectes de la réforme de 1868. L'expansionnisme japonais a cessé en 1945, lorsque les États-Unis ont mis fin à la guerre en larguant des bombes atomiques sur Hiroshima et Nagasaki. Après sa reddition, le Japon en ruines a surmonté une fois de plus la catastrophe, en partie grâce à l'aide étasunienne d'après-guerre. Il a été forcé d'adopter une nouvelle Constitution et d'accepter de rectifier ses frontières. La nouvelle Constitution stipulait que le pays ne devait pas consacrer plus de 1% de son PIB à ses forces militaires. Le Japon a également été contraint d'accepter la présence de troupes militaires étasuniennes en permanence sur son territoire. Ces mesures avaient pour objectif d'empêcher le Japon d'entretenir de nouvelles visées expansionnistes. Le pays s'est alors concentré sur son économie plutôt que sur sa puissance militaire et est parvenu à se relever avec succès. En 1946, le Japon a adopté une importante **réforme agraire** qui a permis à des centaines de milliers de Japonais d'accéder à la propriété terrienne. Cette réforme a eu des conséquences sociales et économiques majeures dans cette période de modernisation de la société japonaise.

LA TRANSFORMATION ÉCONOMIQUE

Le miracle économique japonais

Le Japon a connu une reprise accélérée et est devenu une superpuissance économique dès la seconde moitié du XXe siècle. Le pays avait perdu une guerre et un empire, mais peu de temps après, il remportait de nombreuses victoires économiques dans la nouvelle arène mondiale. C'est aujourd'hui un géant économique, qui se distingue dans le domaine technologique. Son poids politique est considérable, faisant de lui l'une des nations les plus influentes du globe.

Dans le monde de l'après-guerre, le Japon s'est montré une fois de plus habile à imiter l'Occident: en 1980, des constructeurs automobiles comme Toyota, Nissan et Honda ont fait une percée sur les marchés internationaux et ont réussi à faire concurrence à l'industrie automobile étasunienne. Le même phénomène s'est produit dans le domaine de l'électronique et des appareils de haute technologie. Mieux que tout autre pays, le Japon est parvenu à fabriquer de meilleurs produits à moindre coût. Bref, le Japon est devenu une nation prospère. Aujourd'hui, des voitures japonaises sillonnent les rues du monde entier; les appareils photo numériques de fabrication nippone sont vendus dans toutes les boutiques spécialisées; des instruments d'optique fabriqués au Japon sont utilisés dans tous les laboratoires du globe. Des micro-ondes aux dernières générations de téléphones intelligents, des navires océaniques aux téléviseurs à écran plat, les produits nippons inondent les marchés mondiaux.

Depuis les 20 dernières années, cependant, l'économie du Japon a connu une période de stagnation. Bien que le pays soit toujours la troisième puissance économique mondiale, il a perdu beaucoup de son dynamisme et de son élan.

Les dragons asiatiques

Le miracle économique japonais a été reproduit par les quatre **dragons asiatiques** que sont Hong Kong, la Corée

L'île de Hong Kong, un territoire chinois qui a été sous le contrôle des Britanniques de 1842 à 1997, est toujours restée étroitement liée à la Chine continentale adjacente. Avec sa forêt de gratte-ciels (photo de gauche), Hong Kong est l'une des régions les plus densément peuplées du globe. Elle possède un important quartier des affaires à vocation mondiale et offre des résidences haut de gamme. L'anglais y est toujours la principale langue, et de nombreuses sociétés transnationales y sont implantées. De l'autre côté de la baie, au nord de l'île, se trouvent le port de Hong Kong et Kowloon (photo de droite), un quartier résolument plus traditionnel, dynamique aussi, mais beaucoup plus abordable, qui accueille des Chinois de souche plutôt que des résidents étrangers.

du Sud, Taiwan et Singapour. Dans les années 1960 et 1970, ils ont adopté des stratégies semblables à celle du Japon, à savoir des interventions de l'État en matière de planification en vue d'une industrialisation rapide et soutenue par des investissements étrangers. Des zones franches ont été créées pour permettre la fabrication de **biens à forte valeur ajoutée**, notamment des ordinateurs, des téléphones cellulaires et d'autres appareils électroniques.

Le miracle économique chinois

Après la mort de Mao Zedong, une lutte politique s'est engagée pour la succession du pouvoir entre les défenseurs d'une doctrine communiste pure, fidèles aux idées de Mao, et les adeptes d'un communisme modéré ouverts aux réformes économiques. En 1979, Deng Xiaoping, à la tête de modérés et de partisans pragmatiques, a pris les rênes du pouvoir et entrepris des réformes économiques. Tout d'abord, le gouvernement a libéralisé l'économie agricole. À la suite de la décollectivisation, il était désormais possible aux paysans de produire (et donc d'être rémunéré) sur une base familiale, ce qui mena à un accroissement rapide de la productivité agricole. Ensuite, la Chine a peu à peu permis les investissements étrangers dans certaines villes du pays, principalement le long de la côte. C'est ainsi que le pays a commencé sa transformation historique qui allait se répercuter sur le monde entier.

En moins d'un quart de siècle, la Chine est devenue un immense atelier, exportant sa production aux quatre coins du monde. C'est également l'État le plus dynamique de la planète et celui qui a enregistré la plus forte croissance économique. En 2010, son économie a même dépassé celle du Japon, devenant ainsi la deuxième en importance dans le monde. L'ascension de la Chine se poursuit actuellement de façon constante.

LE FACTEUR CORÉEN

Après la défaite du Japon en 1945, les puissances alliées ont divisé la Corée pour des motifs administratifs. Le territoire au nord du 38e parallèle a été placé sous le contrôle des forces soviétiques ; celui au sud, sous le contrôle des États-Unis. En 1950, les forces communistes de la Corée du Nord ont envahi le Sud dans une volonté d'unification forcée, déclenchant un conflit dévastateur connu sous le nom de guerre de Corée. En 1953, une impasse militaire a stoppé les hostilités, et la ligne de cessez-le-feu est devenue une frontière *de facto*. Depuis ce temps, une zone démilitarisée (DMZ), qui est en fait surveillée par des forces lourdement armées, sépare de manière plus ou moins hermétique le Nord du Sud. Le danger d'une reprise du conflit entre les deux Corée, qui ont évolué dans des directions opposées, est toujours présent.

Le conflit coréen n'est pas qu'une question bilatérale. Depuis longtemps, il a pris des dimensions à l'échelle de l'Asie de l'Est et même du monde. L'une des raisons réside dans la capacité nucléaire nord-coréenne qui se trouve entre les mains de l'un des régimes les plus répressifs du globe. Les missiles nucléaires de la Corée du Nord sont sans doute pointés vers la Corée du Sud, mais ils peuvent également atteindre la Chine, la Russie, le Japon et l'Alaska – à tout le moins, en théorie. Vers la fin de 2009, la Corée du Nord a annoncé qu'elle avait effectué un deuxième essai nucléaire réussi, engageant ainsi l'Asie de l'Est dans une course à l'armement.

La question nord-coréenne crée aussi une ligne de faille au sein de l'ensemble géographique. La Corée du Sud et le Japon sont opposés au régime de Pyongyang, alors que la Chine adopte une position plus neutre, donnant parfois même l'impression de prêter son appui au régime nord-coréen.

En mars 2010, un sous-marin nord-coréen a torpillé un navire sud-coréen qui patrouillait au large des côtes ouest de la Corée du Sud, près de la frontière maritime avec la Corée du Nord. L'attaque a provoqué la mort de 46 marins. La Corée du Sud, les États-Unis, le Japon et la majorité des pays du monde ont condamné cet acte de violence, mais pas la Chine ; elle s'est contentée d'inviter les parties à faire preuve de retenue.

9B LES RÉGIONS DE L'ASIE DE L'EST

FIGURE 9B-1

SOMMAIRE

- UN SURVOL DE LA CHINE
- LE NOYAU CÔTIER DE LA CHINE
- L'INTÉRIEUR DE LA CHINE
- LA PÉRIPHÉRIE OCCIDENTALE DE LA CHINE
- LA MONGOLIE
- LA PÉNINSULE CORÉENNE
- LE JAPON
- TAIWAN

CONCEPTS ET TERMES

Population flottante
État théocratique
Hanisation
Capitalisme d'État
Population à charge

Dans le chapitre 9A, nous avons défini les frontières de l'Asie de l'Est en nous fondant sur sa situation géopolitique. Toutefois, lorsqu'il s'agit de cerner les régions qui constituent cet ensemble culturellement diversifié, les choses se compliquent. L'une des raisons réside dans la rapidité avec laquelle ces régions changent. Dans l'introduction du manuel, nous avons souligné le fait que les régions tendent à se réorganiser. À ce sujet, l'Asie de l'Est apparaît comme un cas particulier tant les changements y ont été rapides et importants au cours du dernier demi-siècle : le décollage spectaculaire de l'économie du Japon suivi de sa stagnation ; l'ascension fulgurante de la Chine orientale ; la transformation de la Corée du Sud, passant d'une dictature moribonde à une démocratie en plein essor, jouissant d'une forte croissance. Le découpage présenté ici reflète donc la situation au début de la deuxième décennie du XXIe siècle.

Après un survol de la Chine, le géant de l'ensemble, nous allons aborder les régions de l'Asie de l'Est dans l'ordre suivant (voir la figure 9B-1) :

1. Le noyau côtier de la Chine
2. L'intérieur de la Chine
3. La périphérie occidentale de la Chine
4. La Mongolie
5. La péninsule coréenne
6. Le Japon
7. Taiwan

UN SURVOL DE LA CHINE

La République populaire de Chine (RPC) est le pays qui rassemble la plus importante population du monde, bien que l'Inde ne soit pas loin derrière. Elle représente aussi

LES PRINCIPALES VILLES DE L'ASIE DE L'EST

VILLE	POPULATION* (en millions)
Tokyo (Japon)	26,8
Shanghai (Chine)	17,1
Beijing (Chine)	12,8
Osaka (Japon)	11,3
Séoul (Corée du Sud)	9,8
Chongqing (Chine)	9,6
Guangzhou (Chine)	9,3
Shenzhen (Chine)	9,3
Tianjing (Chine)	8,2
Wuhan (Chine)	8,0
Hong Kong ou Xianggang (Chine)	7,3
Shenyang (Chine)	5,5
Chengdu (Chine)	5,2
Xi'an (Chine)	4,9
Nanjing (Chine)	4,7
Harbin (Chine)	4,4
Pusan (Corée du Sud)	3,4
Taipei (Taiwan)	2,7
Macao (Chine)	0,6

* Nombre approximatif d'habitants des agglomérations urbaines d'après les données projetées de 2012

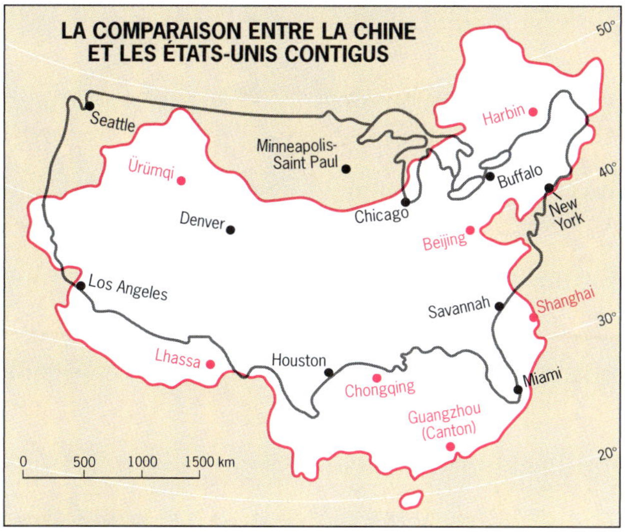

FIGURE 9B-2

la plus ancienne civilisation du globe à se développer de façon ininterrompue depuis des millénaires. La superficie totale de la Chine (9,57 millions de km^2), qui accueille 1,36 milliard d'habitants, est comparable à celle du Canada (9,97 millions de km^2) dont la population se chiffre à seulement 34 millions de personnes. La figure 9B-2 permet de comparer la forme respective de la Chine et des États-Unis (excluant l'Alaska et Hawaï). Les distances est-ouest sont clairement similaires. Sur le plan latitudinal, cependant, la Chine s'étend plus loin au nord-est (53° Nord) ainsi qu'au sud (20° Sud) que les États-Unis. La Chine profite ainsi d'un plus large éventail de milieux naturels associés aux climats. Dans l'extrême nord du pays, le climat et la végétation se rapprochent de ceux de la Sibérie, alors qu'au sud, où les typhons (nom donné aux cyclones tropicaux dans cette région) sont assez fréquents, le climat subtropical s'apparente à celui des Caraïbes et permet la présence d'une forêt dense et humide. Dans les déserts du nord, le climat est aride ; sur le plateau tibétain, froid et aride. La végétation y est rare et parfois absente.

Les divisions politiques et administratives

La Chine et les États-Unis ont donc sensiblement la même taille, mais leurs structures gouvernementales sont très différentes. Les États-Unis sont une fédération tandis que la Chine est un État unitaire. Sur le plan administratif, le territoire chinois est divisé de la façon suivante (voir la figure 9B-3) :

- **4** municipalités (contrôlées par le gouvernement central ; appelées *shi*)
- **22** provinces
- **2** régions administratives spéciales (RAS)
- **5** régions autonomes (RA)

Chacune de ces unités administratives gère le territoire dans ses domaines respectifs de compétences. Les quatre municipalités contrôlées par le gouvernement central (ou *shi* en rose sur la carte) sont les suivantes : Beijing, la capitale ; Tianjing, la ville portuaire voisine ; Shanghai, la plus grande métropole de Chine ; et Chongqing, un port sur le fleuve Chang Jiang dans le bassin du Sichuan. Ces *shi*, qui forment le noyau des sous-régions les plus importantes et les plus peuplées de la Chine, ne relèvent pas des provinces où elles se trouvent, mais bien de l'autorité centrale.

Les 22 provinces chinoises comptent deux représentants, soit le secrétaire du Parti communiste et un gouverneur. Conformément à l'histoire de l'occupation du territoire, les provinces chinoises ont tendance à être plus petites dans l'est et plus grandes dans l'ouest. Les trois provinces dont la superficie est la plus petite s'alignent sur la côte est de la Chine : le Zhejiang, le Jiangsu et le Fujian. Les trois sont aussi très peuplées. Quant aux deux provinces les plus vastes, il s'agit du Qinghai et du Sichuan, situés dans le centre-ouest de la Chine.

Plusieurs provinces chinoises abritent un nombre plus grand d'habitants que beaucoup de pays dans le monde. Selon des données de 2010, le Guangdong, la province la plus peuplée, réunirait environ 104 millions d'habitants, alors que le Shandong et le Sichuan en comptent respectivement plus de 80 millions. En revanche, la région autonome du Tibet est peuplée d'à peine 3 millions de personnes.

Comme dans tous les vastes pays, certaines régions ont un rôle national plus important. C'est le cas de la province de Hebei qui encercle pratiquement Beijing, de même que celui de la province du Shaanxi, dont la capitale est la grande cité antique de Xi'an. Il en va de même pour la province du Guangdong, qui connaît un développement économique remarquable. Située dans le sud-est du pays, sa capitale est Guangzhou (Canton). Lorsqu'il est question d'une province ou d'une autre unité administrative, la figure 9B-3 constitue un guide utile.

La Chine compte deux régions administratives spéciales (RAS). En 1997, Hong Kong, une colonie britannique, a été rétrocédée à la Chine, puis est devenue la première RAS chinoise. En 1999, suivant l'exemple des Britanniques, le Portugal a rendu Macao à la Chine. Cette ancienne colonie à l'ouest de Hong Kong, située dans l'estuaire de la rivière des Perles dont le Xi Jiang constitue un important affluent, est devenue la deuxième RAS sous l'administration de Beijing.

Cinq régions autonomes ont été créées pour tenir compte des minorités non han qu'elles abritent. Il s'agit de la Mongolie-Intérieure; de la région autonome hui de Ningxia (adjacente à la Mongolie-Intérieure); de la région autonome ouïgoure du Xinjiang (située dans le nord-ouest de la Chine); de la région autonome zhuang du Guangxi (située dans le sud, en bordure du Vietnam); et du Tibet (Xizang).

En raison de politiques de migration interne mises de l'avant par Beijing, les Han sont aujourd'hui plus nombreux dans quelques régions autonomes que les groupes minoritaires. Par ailleurs, le terme « autonome » ne devrait pas être interprété littéralement; il s'agit d'abord et avant tout d'une ruse politique, car Beijing exerce un contrôle rigoureux sur toutes les parties de la Chine.

FIGURE 9B-3

L'une des MÉTROPOLES de . . .

L'ASIE DE L'EST — BEIJING (PÉKIN)

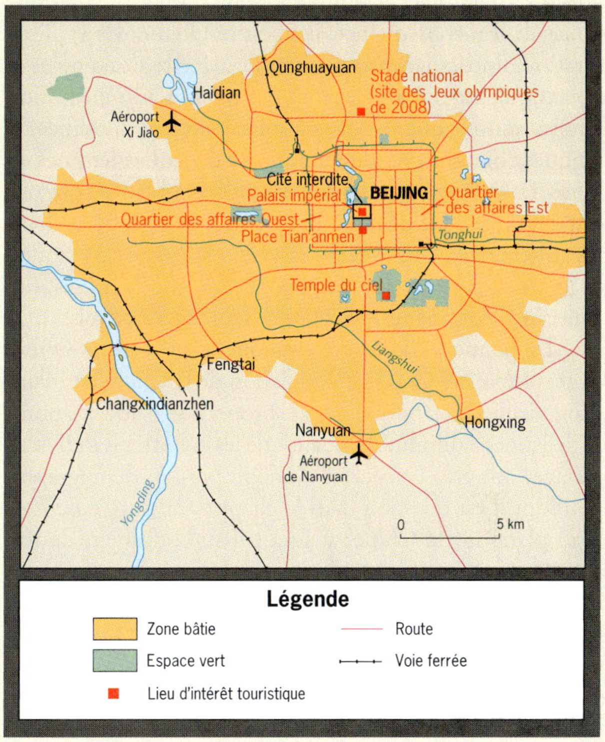

LA CAPITALE DE LA CHINE, Beijing, occupe la pointe septentrionale de la Grande Plaine du Nord. Située à un peu plus de 160 kilomètres du port de Tianjing qui donne sur la mer de Bohai, l'agglomération urbaine de Beijing avec ses 12,8 millions d'habitants s'étend jusque dans les collines et les montagnes qui bordent la Grande Plaine du Nord. Ce relief forme une barrière défensive, autrefois consolidée par la construction de la Grande Muraille.

Bien que des peuplements se soient installés il y a des milliers d'années sur le site de Beijing, celle-ci n'a accédé au statut de capitale que sous la dynastie mongole des Yuan, il y a un peu plus de sept siècles. Les Mongols, préférant une capitale proche de leur centre historique, ont doté Beijing de murs et de palais. Après la période mongole, la capitale nationale a parfois été déplacée vers le sud, mais le gouvernement est toujours revenu à Beijing. Sous le troisième empereur Ming, qui a régné de 1403 à 1424, Beijing est devenue le foyer central de la Chine et a repris le statut de capitale. Lorsque les Mandchous (dynastie des Qing) ont pris le pouvoir en 1644, Beijing a conservé son titre. Durant le XXe siècle, les nationalistes de la Chine ont établi leur capitale au sud, à Nanjing (Nankin); toutefois, quand les communistes leur ont succédé en 1949, ils ont choisi Beijing pour capitale.

La destruction impitoyable des monuments historiques, menée à partir de l'époque des Mongols jusqu'aux communistes et même aujourd'hui par la modernisation de la Chine, a diminué. Heureusement, le patrimoine de Beijing n'a pas été totalement effacé. Avec des bâtiments datant du XVe siècle, tels que la Cité interdite des empereurs mandchous et le temple du Ciel, la capitale demeure un musée en plein air et le foyer culturel de la Chine. En outre, les empereurs successifs et les aristocrates ont légué à la ville de nombreux parcs et des espaces récréatifs qui font défaut à d'autres villes. Plus récemment, les nouvelles politiques économiques de la Chine ont transformé Beijing. Une forêt de gratte-ciels domine de nos jours le paysage urbain traditionnel, les avenues ont été élargies et des autoroutes ont été construites. Une nouvelle ère a débuté dans cette capitale historique.

Le problème démographique

La Chine est le pays le plus peuplé du monde depuis de nombreux siècles. Durant le XXe siècle, ce pays a été l'un de ceux qui ont connu la croissance démographique la plus rapide. Sous Mao Zedong, alors que la Chine était encore une société essentiellement agricole, on encourageait les familles à avoir beaucoup d'enfants. En 1966, le nombre moyen d'enfants par femme était de 5,9. La population chinoise augmentait alors à un rythme annuel frôlant les 3 %. Lorsque Deng Xiaoping et ses réformateurs ont pris le pouvoir à la mort de Mao, ils ont compris qu'il était impératif de ralentir l'explosion démographique de la Chine pour en assurer l'avenir économique. Le nouveau régime a donc lancé un programme intensif de régulation des naissances et imposé la politique de l'enfant unique aux familles han, mais pas aux minorités. Cette politique, appliquée au moyen de mesures parfois draconiennes (perte d'avantages fiscaux et sociaux, difficultés liées au logement et à l'éducation), a eu l'effet démographique recherché. Au milieu des années 1980, le taux de croissance annuel était descendu à 1,2 % et en 2010, il avait chuté à 0,5 %, soit moins de la moitié du taux de croissance annuel à l'échelle mondiale (1,2 %). Ainsi, entre 1980 et 2005, le nombre de naissances évitées est estimé à plus de 400 millions.

Certaines conséquences de cette politique ont été moins salutaires. La Chine, une société fortement patriarcale, a une préférence marquée pour les garçons, car ils sont considérés comme une assurance vieillesse pour les parents. Au cours des premières années de l'application de cette politique, on a signalé des infanticides et de nombreux cas d'abandon lorsque le bébé était une fille. Grâce notamment à des campagnes d'éducation et à un assouplissement de la politique de l'enfant unique, ces pratiques sont de moins en moins signalées. Une autre cause de cette diminution est cependant le recours croissant à l'avortement sélectif du fœtus s'il est de sexe féminin, même si une telle pratique est illégale. En conséquence, il en est résulté un déséquilibre du ratio hommes/femmes. Aujourd'hui, cette situation soulève l'inquiétude pour l'avenir du pays. L'administration chinoise estime que, si la politique n'est pas modifiée, il manquera bientôt près de 30 millions de jeunes femmes en Chine. En 2010, les naissances se chiffraient à 120 garçons pour 100 filles. Ce déséquilibre a entraîné le trafic de femmes au sein de la Chine et en provenance de pays asiatiques, où le ressentiment des citoyens envers les Chinois qui recherchent (et parfois ravissent) des femmes est croissant.

La politique de l'enfant unique a eu d'autres conséquences négatives. Ainsi, la population de la Chine est maintenant vieillissante, puisque, toute proportion gardée, le nombre de jeunes a diminué pendant que les cohortes d'individus plus âgés ont crû. Le spectre d'une implosion démographique (dont il est question dans le chapitre 2B sur l'ensemble russe) plane sur la Chine : y aura-t-il suffisamment de travailleurs pour soutenir la population plus âgée en croissance ? Si l'inversement de la pyramide des âges (voir la figure 8A-8) en Chine survient avant que le pays n'atteigne un haut niveau de développement, il se produira alors une situation inverse à celle qu'ont connue l'Europe de l'Ouest et le Japon.

En 2009, un évènement inattendu a marqué la Chine : le Parti communiste chinois a officiellement toléré un débat public concernant sa politique des naissances. En effet, dans le quotidien de langue anglaise *China Daily* et dans d'autres médias, de courts articles soulignaient qu'un débat national sur la politique de l'enfant unique était « tolérable », ce qui démontrait que les hauts dirigeants du Parti communiste avaient entamé une franche discussion à ce sujet. Si la Chine abandonne sa politique, les démographes devront revoir leurs prévisions quant à la taille de la population mondiale au XXIe siècle.

La transformation urbaine de la Chine

Au début des années 1980, le taux d'urbanisation de la Chine était de 30 % ; il est maintenant de 47 %. Entre 1982 et 1987, le nombre de personnes vivant dans les villes serait passé de 211 millions à 503 millions, c'est-à-dire près de la moitié de la population chinoise contemporaine. La transformation urbaine de la Chine est sans précédent. Le gouvernement a dû planifier et contrôler en grande partie cette urbanisation, ce qui constitue un exploit remarquable. Il a créé 246 villes nouvelles de 1990 à 2008, et 400 autres sont prévues avant 2020 pour héberger de nouveaux ruraux arrivés en ville. Ce processus a toutefois entraîné de profonds changements dans la société chinoise : il a fallu déraciner des millions d'habitants des anciens quartiers urbains pour construire des tours d'habitation. De plus, des inégalités dans les villes, de même qu'entre les villes et les villages, ont favorisé l'émergence d'une **population flottante** considérable. Certains quartiers sont composés de citadins temporaires ayant des droits de résidence restreints. Le système *hukou* a été instauré pour gérer les migrations dans les zones urbaines chinoises, où un certain nombre de travailleurs était nécessaire pour satisfaire à la demande des usines. Le système, qui octroie des permis de résidence, prévoyait le retour des migrants dans leur région rurale d'origine, dans le cas où les besoins en main-d'œuvre diminueraient. Ce système prescrit les endroits où les citoyens peuvent légalement résider et travailler, les services publics dans les domaines tels que l'éducation, la santé et le logement social auxquels ils ont accès ainsi que l'exercice de certains droits. Si l'enregistrement des populations était une pratique ancienne dans la Chine impériale, le système actuel a vu le jour dans les années 1950 comme moyen de mieux contrôler les populations et ainsi mieux évaluer l'exode rural. Le système *hukou* est également utilisé dans d'autres parties de l'Asie, notamment au Japon et au Vietnam.

Aujourd'hui, en Chine, on dénombre près de 100 villes d'au moins 1 million d'habitants. En 2025, il pourrait y en avoir deux fois plus. Or l'avenir est incertain. Y aura-t-il suffisamment d'emplois pour tous les migrants venant des milieux ruraux ? Pourra-t-on gérer de manière durable et efficace l'environnement des villes qui s'agrandissent à un tel rythme ? Le Parti communiste sera-t-il en mesure de contrôler les masses de citadins dont les statuts sociaux, les exigences et les modes de vie changent ? Combien de temps encore le gouvernement pourra-t-il justifier les inégalités de revenus toujours plus grandes dans les métropoles ? Et pourra-t-on répondre aux besoins croissants de travailleurs industriels dans ces villes ? Les changements économiques et sociaux considérables contraindront-ils un jour le gouvernement à opérer un virage politique ? Si oui, sera-t-il pour le mieux ? De toute évidence, la Chine ne possède pas de plan détaillé pour affronter la prochaine étape de sa remarquable odyssée.

LE NOYAU CÔTIER DE LA CHINE

Vers la fin des années 1970, bon nombre d'observateurs croyaient que les nouveaux dirigeants chinois allaient entreprendre des changements avec prudence et lenteur. C'est pourquoi personne n'avait vraiment prévu le virage qui allait se produire en Chine. Pour amorcer la réforme économique du pays, les dirigeants ont commencé par choisir avec soin des zones de développement. Ils ont appliqué leurs nouvelles politiques d'abord dans des régions urbaines sélectionnées sur la côte du Pacifique, sans effectuer de changements profonds dans le reste du pays. C'est ainsi qu'est né le système des zones économiques spéciales (ZES) (voir la figure 9B-4).

Les zones économiques spéciales

Lorsque le gouvernement de Deng Xiaoping a décidé de transformer la géographie économique de la Chine, l'établissement de zones économiques expérimentales est devenu

FIGURE 9B-4

une priorité. Beijing voulait que la Chine participe à l'économie de marché mondiale, mais désirait s'assurer que l'intérieur du pays en subisse le moins d'effets possible, du moins dans les phases initiales. L'établissement de ZES le long de la Chine côtière était la solution qui s'imposait. Les ZES avaient pour but d'attirer les entreprises de haute technologie et les investisseurs étrangers. Ces zones économiques proposent aux investisseurs des conditions préférentielles, notamment des impôts moins élevés, un assouplissement des lois régissant les importations et les exportations, des baux fonciers simplifiés, de même que l'autorisation d'embaucher une main-d'œuvre sous contrat. Il est également permis de vendre les produits fabriqués dans les ZES sur les marchés étrangers et, à certaines conditions, en Chine même. Enfin, les sociétés étrangères peuvent aussi rapatrier les bénéfices qu'elles réalisent dans les ZES.

En 1980, en raison de leurs caractéristiques géographiques particulières, les quatre ZES suivantes ont été créées (voir la figure 9B-4).

1. ***Shenzhen***, ville de la province du Guangdong, située dans le delta de la rivière des Perles, voisine de Hong Kong;
2. ***Zhuhai***, ville de la côte sud de la province du Guangdong, située dans le delta de la rivière des Perles, en aval de Guangzhou et juste en amont de Macao;
3. ***Shantou***, ville côtière de la province du Guangdong, située face à la pointe méridionale de l'île de Taiwan. Elle était autrefois une ville portuaire ouverte au commerce international par un traité (port de traité);
4. ***Xiamen***, ville côtière de la province du Fujian, située sur le détroit de Taiwan. Xiamen aussi était autrefois un port de traité.

Devant le succès de ces ZES, deux autres ont été établies en 1988 et 1990, respectivement:

5. ***Hainan***, province chinoise la plus méridionale, cette île baigne dans le golfe du Tonkin au large du Vietnam. L'île entière est une ZES; son succès repose sur sa proximité avec l'Asie du Sud-Est;
6. ***Pudong***, un district de Shanghai. Le fleuve Huangpu, un affluent du Chang Jiang, sépare le Pudong du centre historique de la plus grande ville de Chine et aussi du monde. Différente des autres ZES, car il s'agissait

d'un projet considérable financé par l'État, celle-ci a été conçue pour attirer d'importantes sociétés multinationales.

Plus récemment, en 2006 et en 2010, la création de deux autres ZES a été autorisée:

7. ***Nouvelle zone de Binhai***, zone côtière de la ville portuaire de Tianjing, établie depuis longtemps et où les investissements étrangers sont nombreux. Elle est désormais élevée au rang de ZES. On prévoit que ses performances surpasseront même celles de Shanghai-Pudong et de Shenzhen.
8. ***Kachgar***, ville d'oasis et de commerce occupant une position privilégiée le long de voies de communication dans l'ouest de la Chine et de la région autonome ouïghoure du Xinjiang. Devenue une ZES en 2010, elle bénéficiera, d'une part, de l'amélioration prévue des voies de communication avec l'Asie du Sud (le Pakistan) et, d'autre part, des investissements industriels amenés notamment par son jumelage avec Shenzhen ainsi que des subventions du gouvernement central.

Depuis 2000, Chengdu, la capitale de la province du Sichuan, s'est développée et modernisée à un rythme vertigineux. Il n'y a pas si longtemps, la ville faisait partie de l'intérieur de la Chine; maintenant, elle se trouve incorporée au noyau côtier (voir la figure 9B-1). Traditionnellement reconnue comme l'une des villes chinoises les plus agréables, elle a rapidement acquis une nouvelle réputation à titre de centre économique de premier plan, spécialisé dans les technologies de l'information, la finance et l'industrie biopharmaceutique.

Shenzhen, une ville autrefois rurale, parsemée de rizières et d'étangs d'élevage qui attiraient les pêcheurs, est aujourd'hui une mégapole de près de 10 millions d'habitants. Cette métamorphose, qui s'est produite en à peine 30 ans, est spectaculaire. Malgré la rapidité de son développement, la ville est beaucoup plus ordonnée qu'on pourrait l'imaginer. Certes, Shenzhen abrite des quartiers riches et pauvres, et tout le monde n'a évidemment pas les moyens de vivre dans le quartier des affaires photographié ici. Lorsque la récession économique mondiale a secoué la Chine en 2008, Shenzhen figurait parmi les ZES où des usines ont dû fermer, entraînant la mise à pied de nombreux travailleurs. Malgré tout, cette mégapole, véritable symbole de la Chine moderne, n'est pas près de disparaître.

En résumé, le grand dessein des ZES, selon les planificateurs de la Chine, était de stimuler la croissance économique des provinces côtières et de tirer avantage des occasions d'échange créées par différents facteurs: l'emplacement des zones; la disponibilité du financement; la proximité des investisseurs étrangers de l'Asie du Sud-Est, de Taiwan, du Japon et de Hong Kong; la présence d'une main-d'œuvre bon marché; et des marchés mondiaux avides de produits chinois abordables.

Le développement du noyau

Le miracle économique chinois a été favorisé par les zones économiques spéciales, et le gouvernement recourt toujours à cette stratégie pour lancer de nouveaux moteurs de croissance régionale au moyen de plans d'investissements considérables, mais concentrés. Les industries d'exportation continuent d'être regroupées le long de la Chine côtière, bien qu'on observe une tendance à la diffusion des investissements vers certains pôles plus à l'intérieur. Ainsi, les effets du développement économique commencent à se propager à d'autres provinces, de sorte qu'un nombre croissant de centres industriels portent désormais la désignation «spéciale» à divers endroits. Ces centres sont aujourd'hui implantés dans des villes telles que Zhengzhou dans la province du Henan, Xi'an dans le Shaanxi, Wuhan dans le Hubei, et aussi Chongqing et Chengdu, toutes les deux dans le Sichuan (voir la figure 9B-3).

Le noyau s'élargit ainsi. Le cas de Shenyang, capitale du Liaoning, l'illustre bien. Cette province, qui faisait anciennement partie de l'intérieur du pays, a été intégrée au noyau en raison de sa transformation économique. La proximité de Beijing ainsi qu'un accès direct au littoral y ont indubitablement contribué. Shenyang avec ses 5,5 millions d'habitants jouit aujourd'hui d'une économie diversifiée qui, outre l'industrie lourde, comprend également l'aérospatiale, l'électronique et les services bancaires. La principale ville portuaire de la province, Dalian, située à la rencontre de la mer de Bohai et de la mer Jaune, est devenue une zone majeure d'exportation vers la Corée et le Japon.

L'INTÉRIEUR DE LA CHINE

La région située à l'intérieur de la Chine offre un contraste frappant avec les villes côtières en plein essor comme Shenzhen, Shanghai et Beijing. Coincée entre le noyau côtier et la périphérie occidentale, elle décrit un grand arc de cercle qui va de la frontière russe dans le nord-est, passe par la ville de Yumen (qui mène vers l'ouest du pays) et s'étend jusqu'à la frontière vietnamienne dans le sud (voir la figure 9B-1). L'intérieur se divise en trois sous-régions: le Nord-Est, la Chine centrale et le Sud.

Le Nord-Est

La majeure partie de cette sous-région, autrefois connue sous le nom de Mandchourie, englobe la province du Heilongjiang aux confins nord-est du pays et la partie nord-est de la région autonome de Mongolie-Intérieure. Elle est relativement bien dotée en réserves de charbon et de minerais métalliques. C'est d'ailleurs là que les Japonais ont implanté une importante infrastructure industrielle au cours de leur occupation coloniale. En 1949, le Nord-Est disposait de la moitié des chemins de fer de la Chine.

À son tour, le régime communiste chinois a donné la priorité au développement industriel du Nord-Est, et les villes qui s'y trouvaient se sont agrandies de façon exponentielle. Toutefois, même si plus du quart de la production industrielle de la Chine était attribuable à cette sous-région dans les années 1950, les usines dirigées par l'État étaient inefficaces, les avantages accordés aux travailleurs étaient inabordables à long terme et le prix des produits n'était pas concurrentiel, pour employer un euphémisme. Dans ces conditions, le Nord-Est de la Chine ne pouvait pas constituer un atout dans une économie ouverte.

Néanmoins, cette partie de la Chine a poursuivi son évolution. La province du Liaoning, autrefois au cœur de l'ancienne économie régionale, a connu un développement rapide et est désormais pleinement intégrée au noyau côtier, comme nous l'avons expliqué plus haut. Dans la province du Heilongjiang, la transformation est plus lente. Le climat y est continental et cette province est aussi la plus froide de Chine. En janvier, la température moyenne oscille entre -5 °C et -10 °C. Les trois quarts des pluies annuelles (de 500 à 800 millimètres) tombent en juillet et en août. Cette province, riche en ressources naturelles, possède des champs pétrolifères, en particulier entre Qiqihar et Harbin. Ses grandes forêts constituent une ressource importante de laquelle dépendent plusieurs communautés. L'agriculture joue un rôle important et sur les quelque 10 millions de terres riches du Heilongjiang, on cultive le soya, le maïs, le blé, la betterave, le lin et le tournesol, typiques des climats tempérés.

La province partage avec la Russie une longue frontière que représente le fleuve Heilongjiang, soit le « fleuve du Dragon noir », nom que les Chinois ont donné au cours d'eau que les Russes appellent l'Amour – du russe *amur* qui signifie « boueux » (voir la figure 9B-1).

La Chine centrale

La Chine centrale est délimitée au nord par la Mongolie, à l'ouest par le Xinjiang et le Tibet, et au sud par la ville sichuanaise de Chengdu, dans le prolongement occidental du noyau côtier (voir la figure 9B-1). Dans les marges occidentales peu peuplées de cette sous-région vivent principalement des éleveurs pastoraux tibétains. Lanzhou, située dans le bassin supérieur du Huang He, est la principale ville de la Chine centrale. Avec une population de 2,4 millions d'habitants, cet important carrefour est surtout connu pour ses raffineries de pétrole et ses industries pétrochimiques. La majeure partie de l'intérieur de la Chine centrale est formée d'étendues steppiques et désertiques, qui comprennent une partie des déserts de Gobi et de l'Ordos et, plus à l'ouest, des lacs salés du bassin du Tsaidam. La sous-région englobe également la portion centrale du Huang He qui traverse le plateau de Loess, une vaste étendue propice à l'agriculture. Le loess se compose de dépôts rocheux fertiles issus des glaciers, pulvérisés et transportés par le vent. L'eau du fleuve et le loess, combinés à une saison de croissance suffisante, ont favorisé l'implantation d'une importante population. Dans le sud, la sous-région englobe la partie septentrionale du bassin du Sichuan, une autre zone très fertile, traversée par le Chang Jiang. En dépit de sa vulnérabilité aux séismes majeurs – le plus récent étant survenu en 2008 –, cet immense amphithéâtre naturel, en raison des montagnes qui l'entourent, assure la survie de communautés humaines depuis fort longtemps; la répartition des groupes humains dans cette zone se distingue bien sur la figure 9A-3. Le bassin du Sichuan est aussi l'une des régions physiographiques les mieux définies du monde, et la concentration de ses quelque 125 millions d'habitants reflète cette démarcation, comme en témoigne la concentration de points rouges qui dessinent un cercle au milieu du territoire.

Bien qu'il existe des minorités dans cette zone de l'intérieur, la grande majorité de la population est constituée de Han. Ils se sentent évidemment en droit de participer aux prodigieuses réalisations de la Chine, mais des centaines de millions d'entre eux continuent de subsister dans une grande pauvreté. Ils se trouvent à l'écart des possibilités offertes par le développement du pays et ils sont souvent exploités par les maires des localités, les chefs du Parti et d'autres individus lorsqu'ils veulent avoir accès à la terre, à la propriété ou aux produits des marchés.

La transformation du littoral pacifique de la Chine a attiré plusieurs millions d'habitants de cette sous-région dans les usines ainsi que dans les chantiers de construction urbains et régionaux des ZES, ce qui a entraîné une importante migration interne. Beaucoup d'individus finissent par rejoindre la population flottante dont les membres affrontent divers problèmes : possibilité de se faire exploiter en ville parce qu'ils n'ont pas obtenu le permis de résidence par le système *hukou*, difficultés consécutives de jouir des avantages de la ville, de faire respecter leurs droits, de trouver du travail, d'avoir accès au système de santé et à l'éducation.

Même si ces inégalités ne sont pas exposées dans la presse internationale, elles entraînent des manifestations publiques dans les rues et les villages de la Chine centrale. Il s'agit d'une situation dangereuse, et le régime communiste chinois se montre de plus en plus conscient de la nécessité de mettre en œuvre des moyens pour atténuer ces disparités. Pour y parvenir, l'une des solutions que préconisent les planificateurs de Beijing consiste à étendre les privilèges dont jouissent les ZES côtières aux centres urbains de l'intérieur de la Chine. La rémunération horaire des travailleurs étant à la hausse dans les provinces du littoral, certaines entreprises jugent qu'il est rentable de déplacer leurs installations de production vers l'intérieur. Pour inciter ces entreprises à franchir le pas, les planificateurs ont établi de nouvelles zones économiques dans des villes telles que Kunming dans la province du Yunnan et Lanzhou dans le Gansu (voir la figure 9B-3). Une autre mesure incitative facilite la réalisation de gigantesques travaux publics vers l'intérieur de la Chine, comme le détournement d'une section de la partie supérieure du fleuve Chang Jiang à travers le nord afin d'alimenter en eau des zones plus arides. En outre, pour améliorer les liens entre le noyau côtier et l'intérieur du pays, on a construit des dizaines de milliers de kilomètres de routes à quatre voies, de même qu'un vaste réseau ferroviaire rapide pour les passagers (voir le carton dans la figure 9B-5), en plus de nouveaux aéroports, sans négliger de rénover les anciens.

Le Sud

Le Sud, à l'instar des deux autres sous-régions, est dominé numériquement par les Chinois han. Il y a toutefois d'importants regroupements de minorités ethniques, surtout près des frontières avec le Myanmar (Birmanie), le Laos et le Cambodge (voir la figure 9A-6) ainsi que dans les zones

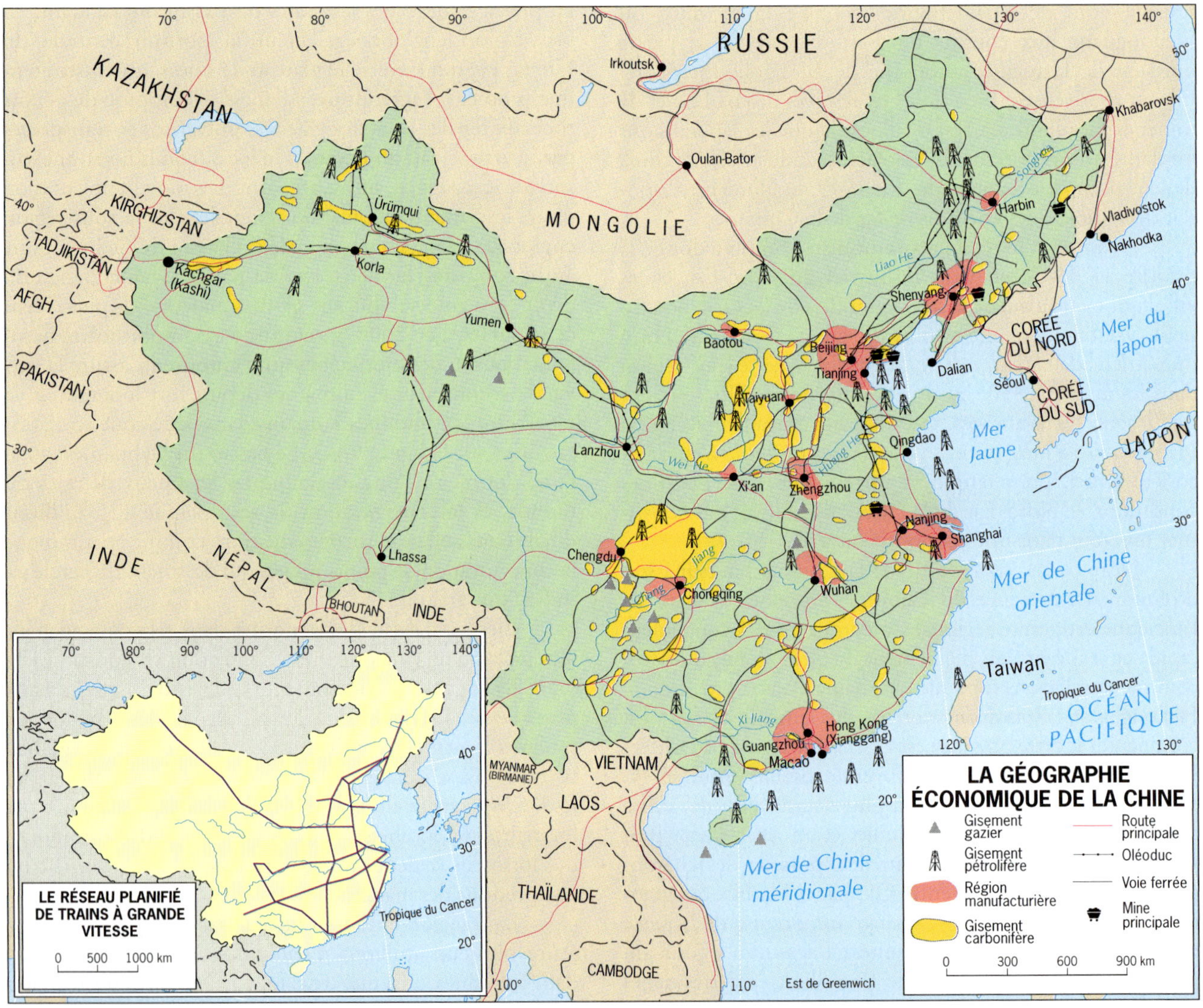

FIGURE 9B-5

montagneuses. En bordure du Vietnam, dans le sud-est, on trouve aussi la région autonome zhuang du Guangxi, créée spécialement pour tenir compte des ethnies nationales (voir la figure 9B-3).

Le plateau du Yunnan est la source des cours d'eau qui alimentent le fleuve Xi Jiang et la rivière des Perles. La majeure partie du sud-est de la Chine présente un relief plutôt accidenté; le territoire est vallonné et par endroits très montagneux, en particulier dans le Yunnan. Ce terrain accidenté a entravé les liens terrestres entre la Chine et l'Asie du Sud-Est. La province du Yunnan, outre son importance géopolitique évidente en raison de ses frontières avec cinq pays, possède de nombreux gisements minéraux. Il s'agit aussi d'une région d'une grande beauté naturelle; le processus d'érosion a donné des formes particulières à ce paysage karstique (grottes, gouffres et falaises). C'est dans ce haut lieu touristique qu'on peut admirer des forêts de pierres. De plus, les montagnes du Yunnan présentent sur 5000 mètres de dénivellation un étagement bioclimatique et morphoclimatique complet, qui renferme plus de la moitié des espèces végétales de la Chine.

LA PÉRIPHÉRIE OCCIDENTALE DE LA CHINE

Au cours de l'histoire, tous les empires ont connu des périodes de grandeur et de déclin, acquérant et perdant des territoires, mais laissant toujours derrière eux leurs empreintes. La Chine ne fait pas exception à la règle.

La figure 9A-8 rappelle l'étendue du vaste territoire que couvrait l'empire de la dynastie mandchoue des Qing et montre les portions que l'entité chinoise a dû céder au cours des deux derniers siècles. La figure 9B-1, quant à elle, révèle que la Chine contemporaine est encore un immense territoire. En fait, les Han étaient au départ concentrés dans une petite portion du territoire (dans l'est, près du Huang He), puis ils ont intégré d'autres royaumes limitrophes, dont ils ont progressivement assimilé la population. Au-delà des zones fortement intégrées au tissu Han, on trouve maintenant notamment des régions dites autonomes (voir la figure 9B-3), mais qui ne disposent en réalité que de très peu de latitude. Nous nous attardons ici sur deux des cinq régions autonomes de la Chine: le Tibet et le Xinjiang.

La région autonome du Tibet (Xizang)

La région autonome du Tibet est le foyer culturel des bouddhistes tibétains. Cette région autonome couvre 1,2 million de km^2 allant de la province du Qinghai dans le nord-est à la frontière avec l'État de l'Arunachal Pradesh en Inde. La population non militaire et officiellement enregistrée, qui regroupe environ 2,8 millions d'habitants, se compose de 90 % de Tibétains et de 10 % de Han. La région autonome du Tibet est constituée d'un haut plateau dont l'altitude varie entre 4000 et 6000 mètres. Il s'appuie sur la chaîne de montagnes de l'Himalaya.

Des pèlerins bouddhistes tibétains devant le temple du Jokhang à Lhassa

Environ 60 % de la population tibétaine de la région autonome est constituée d'agriculteurs-éleveurs. Ils utilisent les prairies du nord-est et de l'est de la région pour élever des yaks, des moutons et des chèvres. La culture de l'orge est la base de l'agriculture et le sel est l'une des premières activités d'exploitation minérale de la région. La capitale Lhassa, qui regroupe 200 000 habitants vivant à 3683 mètres d'altitude, est le noyau de l'économie de services du Tibet (commerce, artisans, fonctionnaires). Le tourisme international et le tourisme de masse chinois jouent un rôle encore plus grand dans la croissance économique de cette région autonome. En 2010, elle a accueilli plus de 6 millions de touristes, parmi lesquels 90 % étaient des Chinois de l'intérieur. Cet afflux inquiète les Tibétains et a fait ressurgir leurs frustrations par rapport à la modernisation et à l'influence chinoise.

En 1720, le Tibet a dû reconnaître la souveraineté de la dynastie des Qing sur son territoire, mais il a recouvré son indépendance vers la fin du XIXe siècle. En 1950, presque immédiatement après la prise du pouvoir par les communistes à Beijing, l'armée populaire de libération est entrée au Tibet pour le reconquérir. La société tibétaine était alors organisée en un **État théocratique** autour des monastères fortifiés des moines bouddhistes qui prêtaient allégeance au chef suprême de leur État, le dalaï-lama.

Les dirigeants chinois ont imposé leur conception de l'organisation politique et sociale, mais les Tibétains tenaient à leurs traditions. En 1959, l'armée chinoise écrase un soulèvement; le dalaï-lama est forcé de s'exiler en Inde, et les monastères sont fermés. De nombreux Tibétains fuient vers l'Inde, le Népal et le Bhoutan. L'armée chinoise détruit une grande partie du patrimoine culturel du Tibet et s'empare de ses trésors religieux et artistiques. Une partie de ce patrimoine a été retournée à la région. Simultanément, le gouvernement chinois y a encouragé la colonisation par les populations d'origine han et y a envoyé son armée. De plus, pour désenclaver la région autonome, l'État a entrepris la construction d'une ligne ferroviaire. En 2006, il a inauguré «la voie ferrée

Un évènement symbolique a eu lieu en Chine, en juillet 2006 : le voyage inaugural du train reliant Beijing, la capitale chinoise, à Lhassa, la capitale du Tibet (Xizang). Près de 100 000 travailleurs ont posé les rails à travers les montagnes glacées. Les derniers 1150 kilomètres de la voie ferrée constituent une merveille d'ingénierie, puisqu'ils s'élèvent jusqu'à 5072 mètres d'altitude sur un terrain perpétuellement gelé. Aucune autre voie ferrée dans le monde n'atteint de telles hauteurs. Pour cette raison, les voitures du train sont étanches et pressurisées comme la carlingue d'un avion. Cette ligne ferroviaire suscite toutefois de l'opposition. Le projet de 4,2 milliards de dollars américains facilitera la pénétration des Chinois han dans le Tibet et accroîtra le contrôle économique et militaire qu'exerce le gouvernement chinois sur ce territoire éloigné. Tout cela pendant que Beijing ignore les besoins du Tibet en matière d'infrastructures, comme la construction de routes et l'électrification. Toujours selon les détracteurs, il s'agit de la preuve que la Chine est prête à tout pour continuer le processus d'hanisation des régions autonomes.

du ciel » qui relie Beijing à Lhassa. Certaines portions du trajet sont les plus élevées de la planète (voir la photo ci-dessus). Ce lien témoigne de l'importance qu'accorde l'État à cette région.

Pendant que le dalaï-lama parcourt le monde pour dénoncer le sort des Tibétains et pour demander, non pas l'indépendance, mais une véritable autonomie de la région, la colonisation par les Chinois d'origine han se poursuit. Cette situation a entraîné un autre soulèvement en 2008, au moment où les yeux de la planète étaient rivés sur la Chine, à l'occasion des Jeux olympiques de Beijing. La plupart des Tibétains vivant aujourd'hui sont nés après que les dirigeants chinois ont pris le contrôle du territoire tibétain. Ils ont donc fréquenté des établissements d'enseignement qui se conforment au système chinois. Pour les jeunes en particulier, la présence chinoise fait partie de la réalité quotidienne. La culture tibétaine disparaît progressivement.

Le Tibet est fermement contrôlé par l'État chinois, non seulement pour des raisons géopolitiques (sa proximité avec l'Inde, par exemple), mais aussi parce que de nombreuses parties de la Chine dépendent de l'eau que fournissent les fleuves et les rivières qui prennent leurs sources dans ses hauts plateaux. Beijing, qui surnomme le plateau tibétain le « château d'eau de la Chine », a d'ailleurs lancé plusieurs projets visant à détourner une partie des eaux (dont celles du Brahmapoutre) qui coulent du Tibet vers les zones arides et peuplées du nord de la périphérie occidentale.

Le Xinjiang

La région autonome ouïgoure du Xinjiang, qui constitue la marge occidentale de la Chine, est aussi vaste que le Québec (1,6 million de km^2). Elle abrite 22 millions d'habitants répartis en une douzaine de minorités. Tout comme le Tibet, cette région revêt une grande importance stratégique. Jadis la route de la soie la traversait. Aujourd'hui, elle accueille la route de l'énergie. La figure 9B-5 montre les importantes réserves énergétiques que recèle le Xinjiang. Il est la deuxième région productrice de pétrole du pays, avec 27,4 millions de tonnes de brut par an. Il assure près de 14 % de la production nationale et fournit également le tiers de la production nationale en gaz naturel. PetroChina, principale entreprise chinoise de l'énergie, entend doubler ce chiffre d'ici à 2020 et l'acheminer jusqu'à Shanghai. De plus, le Xinjiang est le premier producteur de charbon de la Chine ; il concentre 40 % des réserves nationales. Récemment, des géologues y ont même trouvé le plus grand gisement d'uranium du pays. Jusqu'aux années 1990, ces ressources étaient encore peu exploitées, à cause de l'éloignement de la région et du manque d'infrastructures. Le Xinjiang a des frontières communes avec l'Afghanistan et les républiques musulmanes de l'ex-URSS que sont le Kazakhstan, le Tadjikistan et le Kirghizstan. La région autonome ouïgoure se trouve donc dans une position stratégique, au carrefour des routes des hydrocarbures. Avec la construction, en 2007, de l'oléoduc sino-kazakh qui relie le centre du Kazakhstan à l'ouest de la Chine, Beijing a réussi à renforcer son indépendance énergétique vis-à-vis du pétrole en provenance du Moyen-Orient. Et une fois la construction du dernier tronçon de l'oléoduc achevée, les Chinois seront assurés d'un accès stratégique à la mer Caspienne. Un seul pays se trouve entre le Xinjiang et les grandes réserves gazières et pétrolifères du bassin de la mer Caspienne : le Kazakhstan. Et comme nous l'avons vu dans le chapitre 7B (voir la figure 7B-11), les oléoducs de raccordement sont déjà en place et d'autres sont en construction.

Le gouvernement chinois a aussi favorisé le développement des énergies renouvelables dans le Xinjiang. Le cinquième de l'énergie éolienne est produit dans les parcs du district de Dabancheng, tout près de la capitale Ürümqi.

La région autonome du Xinjiang n'est pas plus autonome que la région autonome du Tibet. Lorsque le règne de la dynastie des Qing a pris fin, les peuples musulmans du Xinjiang, parmi lesquels se trouvaient des Ouïgours, des Kazakhs, des Kirghiz et des Tadjiks, entre autres, sont tombés sous le contrôle des communistes chinois. À cette époque, moins de 5 % de la population de la région appartenait à l'ethnie han, et elle portait le nom de République du Turkestan oriental. Aujourd'hui, à peine six décennies plus tard, près de 50 % de la population est d'origine han, et le Xinjiang est devenu une société aux modes de vie contrastés, l'un rural et traditionnel, l'autre urbain et moderne.

La capitale d'Ürümqi et la ville voisine modèle de Shihezi, située dans le nord du bassin de Dzoungarie, sont les composantes modernes, organisées et urbanisées du Xinjiang ; quant aux composantes traditionnelles, elles sont représentées par la ville historique de Kachgar, située dans l'extrême ouest du bassin méridional du Tarim (voir la figure 9B-6).

Les Ouïgours qui sont aujourd'hui au nombre de 8,5 millions sont installés dans cette région depuis le Xe siècle. Traditionnellement, ils forment avec les Kazakhs (1,3 million), les Kirghiz (140 000), les Tatars (50 000) et les Tadjiks (34 000) des communautés de cultivateurs dans les oasis et d'éleveurs dans les steppes. Les migrations massives de Han dans la région, associées notamment au développement économique du secteur de l'énergie, et le désenclavement de la région par une voie de chemin de fer ont modifié l'équilibre des forces politiques, les paysages urbains et économiques ainsi que le quotidien des populations traditionnelles. Les sentiments de dépossession et de discrimination qui accompagnent ces transformations rapides sont à l'origine de bien des récriminations, incompréhensions et heurts entre Ouïgours et Han. Pendant plusieurs années, des militants ouïgours ont mené une campagne infructueuse contre la domination chinoise des Han. Entretemps,

FIGURE 9B-6

9B

Beijing a resserré son emprise sur la périphérie occidentale pour des raisons économiques et géopolitiques. En 2010, le gouvernement chinois a désigné la ville de Kachgar «zone économique spéciale», la première dans cette région. Il a jumelé Kachgar avec Shenzhen, ce qui signifie que la province du Guangdong est censée assumer environ la moitié des coûts initiaux du développement de Kachgar, qui doit être rebâtie sur le modèle de Shenzhen. Cette promesse d'un progrès accéléré, Beijing la tient sans cesse à la population locale, car cette région est très importante pour toute la Chine. C'est également dans l'extrême ouest du Xinjiang que la Chine mène son programme spatial national.

LA MONGOLIE

La transformation qui s'opère en Asie de l'Est n'a pas encore atteint la Mongolie. Sa superficie de 1,6 million de km^2 équivaut à celle du Québec. Enclavé et isolé, le pays a pour voisines la Chine au sud et la Russie au nord, deux des États les plus puissants du globe (voir la figure 9B-1). Cet État tampon se trouve au centre de l'Asie intérieure. Avec ses 3 millions d'habitants disséminés sur son vaste territoire, la Mongolie est un pays pratiquement vide, à dominante steppique et désertique.

La Mongolie a fait partie du grand Empire mongol, d'où sont parties les hordes de cavaliers qui ont envahi le cœur du domaine slave il y a 700 ans. Les Mongols ont également conquis la Chine, où ils ont fondé la dynastie des Yuan (1280-1368). Par la suite, les Han se sont affranchis de la domination mongole et l'Empire chinois a même conquis certains territoires aujourd'hui compris dans la Mongolie moderne. En 1911, celle-ci, alors appelée Mongolie-Extérieure, est devenue un protectorat chinois, avant de voir son indépendance reconnue par l'Union soviétique et de se retrouver dans la sphère d'influence de celle-ci de 1924 à 1990. Pendant l'ère soviétique, l'emplacement de la capitale Oulan-Bator symbolisait la sécurité de la Mongolie contre l'empiètement chinois; aujourd'hui, cependant, les usines et les investissements chinois y sont en croissance, ce à quoi la Mongolie ne peut guère s'opposer.

La situation de ce pays pourrait peut-être changer maintenant que d'importants gisements d'or, de cuivre et de charbon y ont été découverts et que de grandes sociétés étrangères ont commencé à les explorer. Le Canada s'intéresse de près à la Mongolie, où il est le deuxième investisseur en importance. Quelque 20 entreprises canadiennes financent l'extraction et l'exploration minières. Le Fonds monétaire international prévoit pour la Mongolie un taux de croissance annuel à deux chiffres dans les années à venir. Sans grande surprise, le principal acheteur de ces matières premières sera la Chine. Les investisseurs chinois ont afflué, intéressés par les projets d'infrastructure. On ne sait pas si les citoyens mongols, qui figurent parmi les peuples les plus pauvres de l'Asie, bénéficieront de cette manne.

LA PÉNINSULE CORÉENNE

La Corée du Nord et la Corée du Sud occupent une péninsule qui fait partie de la masse continentale asiatique et qui s'avance dans la mer du Japon. La péninsule coréenne, en grande partie montagneuse, donne l'impression d'être un pont reliant la partie continentale de l'Asie de l'Est aux îles du Japon (voir la figure 9B-7). À une époque lointaine, lorsque le niveau de la mer était plus bas, cette péninsule était d'ailleurs encore plus rapprochée de l'archipel nippon. En raison de sa localisation géographique, la Corée a longtemps été soumise aux influences culturelles chinoises et japonaises. Plus récemment, elle est devenue le théâtre de conflits dévastateurs entre les armées communistes et anticommunistes. La ligne de cessez-le-feu dessinée sur la figure est le résultat de l'armistice qui a mis fin à la guerre de Corée survenue de 1950 à 1953. Contrairement au mur de Berlin et au rideau de fer qui ont disparu il y a déjà plus de 20 ans, cette ligne est toujours bien présente. Depuis 1953, les 72,3 millions de Coréens sont répartis entre la Corée du Nord et la Corée du Sud.

Après bientôt sept décennies de régime communiste de type totalitaire, la Corée du Nord, qui regroupe 23 millions d'habitants, est devenue l'un des États les plus pauvres de la planète où d'importantes violations des droits de la personne sont monnaie courante. Le régime nord-coréen isole sa population du reste du monde. Seules quelques visites de Sud-Coréens à leur famille et quelques touristes ont été autorisés en Corée du Nord. Les histoires que rapportent les réfugiés nord-coréens témoignent de l'extrême pauvreté et de la misère dans le pays.

Envisagée dans un contexte géographique, la tragédie de la péninsule coréenne est particulièrement désolante. Alors que le Nord dispose de matières premières qui seraient fort utiles aux industries du Sud, la vigueur du secteur agricole sud-coréen permettrait de pallier les déficits alimentaires du Nord. La situation politique empêche malheureusement les deux parties de tirer profit de cette apparente complémentarité régionale.

Pourtant, le régime nord-coréen trouve les ressources nécessaires pour développer une technologie balistique et une capacité nucléaire, de même que des armements avec lesquels il fait chanter ses voisins non communistes. Plutôt que de faire pression sur les dirigeants de la capitale de Pyongyang et de les encourager à reconsidérer leurs politiques, la Chine – l'alliée idéologique de la Corée du Nord – a choisi de fermer sa frontière sur toute son étendue avec la Corée dans l'intérêt de la «stabilité».

La Corée du Sud qui abrite 49,3 millions d'habitants a réussi à se relever, malgré les ravages de la guerre de Corée. Alors soumise à un régime dictatorial, elle était une nation instable, profondément corrompue sur les plans économique et politique. Le développement de la Corée du Sud est attribuable à un **capitalisme d'État** plutôt qu'à un capitalisme fondé sur la libre entreprise, mais les résultats sont étonnants. Le pays est devenu un dragon asiatique, c'est-à-dire l'une des principales économies du bassin du Pacifique. La Corée du Sud est le premier fabricant de navires du monde, un important constructeur de véhicules automobiles et un producteur de marchandises, qui vont du fer et de l'acier aux appareils électroniques et aux produits chimiques. Avec une population de 9,8 millions d'habitants, Séoul, la capitale, se

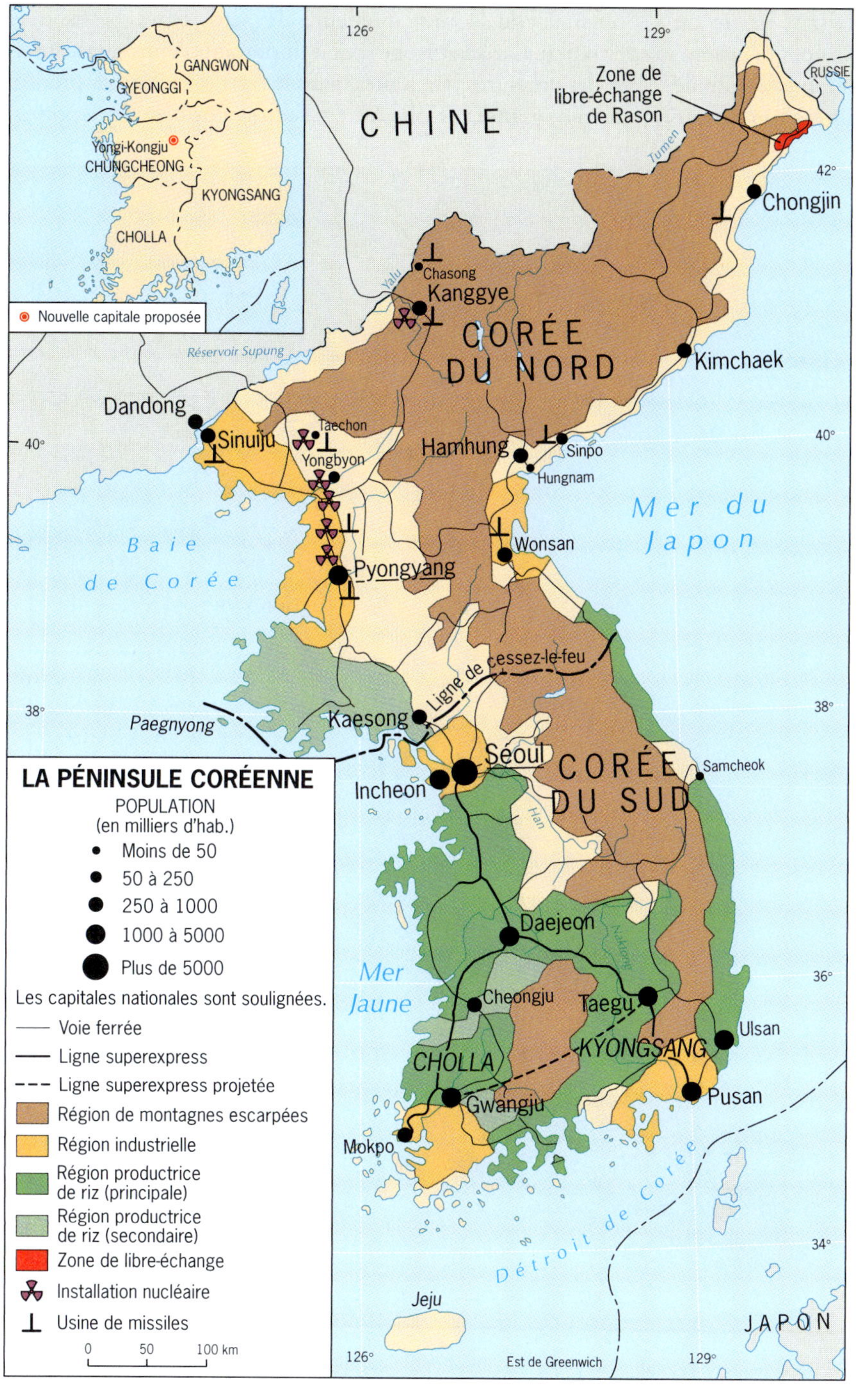

FIGURE 9B-7

trouve au cœur d'un complexe industriel urbain situé sur la mer Jaune.

LE JAPON

Quatre îles principales forment le Japon : Honshu, la plus grande ; Hokkaido, au nord ; Shikoku et Kyushu, au sud. Le pays englobe aussi de nombreuses îles de moindre importance et des îlots (voir la figure 9B-8). Pratiquement tout le territoire est occupé par des montagnes, aux pentes abruptes, où les risques de séisme sont élevés et les volcans nombreux. Avec environ 15 % du territoire en plaines côtières, la géographie physique du Japon a grandement influencé l'organisation du territoire. Toutes les grandes villes, sauf Kyoto, sont sur le littoral et la plupart d'entre elles se sont développées en partie sur des terrains gagnés sur la mer. Ainsi, le port de Kobe, près d'Osaka, est parsemé d'îles artificielles qui ont été conçues pour faciliter l'accostage des navires de fort tonnage. Ces îles sont reliées aux îles principales par des trains ultramodernes. Des deux côtés de la baie de Tokyo, des raffineries et des usines ont été construites sur de grands sites artificiels qui ont repoussé le littoral vers le large.

Avec un peu plus de 127 millions d'habitants, dont les quatre cinquièmes vivent dans des centres urbains, le Japon utilise de façon intensive tout son espace propice à l'occupation humaine et l'étend autant que possible. Les zones agricoles du Japon sont exiguës et éloignées les unes des autres (voir la figure 9B-8) et l'étalement urbain a débordé sur une bonne part des terres cultivables. La plaine de Kanto englobant Tokyo, la plaine de Nobi entourant Nagoya, et le district de Kansai comprenant Osaka sont trois grandes régions agricoles sur lesquelles le développement urbain exerce une pression constante. Les trois plaines font partie du cœur du pays, cloisonné, bien défini (délimité par un trait rouge sur la carte) et siège d'un immense centre industriel.

Le développement côtier

La figure 9B-8 révèle aussi deux traits particuliers du Japon : son orientation vers l'extérieur et sa dépendance à l'égard des marchés internationaux. En effet, toutes ses régions principales et secondaires sont situées le long des côtes. La plaine de Kanto est la principale région urbaine et industrielle du Japon. Elle comprend une région agricole très productive et abrite environ le tiers de la population du pays. Elle a pour centre la conurbation de 35 millions d'habitants constituée des villes de Tokyo-Yokohama-Kawasaki et bénéficie d'importants avantages : un accès facile au port de Yokohama, un climat relativement doux et humide, et une position centrale dans le pays. La mégalopole a toutefois pour principal inconvénient sa vulnérabilité aux séismes majeurs.

La deuxième région économique faisant partie du cœur du Japon est le triangle Osaka-Kobe-Kyoto, qui rassemble 22 millions d'habitants. Également connu sous le nom de district de Kansai (ou de Kinki), il est situé à l'extrémité orientale de la mer intérieure de Seto, entre Honshu et Shikoku. Osaka et Kobe sont d'importants centres industriels et des ports très fréquentés, mais le district de Kansai produit aussi de grandes récoltes de riz, l'aliment de base des Japonais.

FIGURE 9B-8

Entre la plaine de Kanto et le district de Kansai se trouve la plaine de Nobi et ses 14 millions d'habitants (voir la figure 9B-8). Le centre est la métropole industrielle de Nagoya. Comme le montre la figure, le noyau principal est centré à l'ouest de Kitakyushu, une ville dans le nord-ouest de l'île de Kyushu, la plus méridionale des quatre îles principales du Japon. La position relative de cette zone encore en expansion du noyau principal présente des avantages évidents : aucune autre agglomération japonaise n'est mieux située pour faire du commerce maritime avec la Corée du Sud et la Chine.

Une nation commerçante

Bien qu'il ne renferme que peu de ressources naturelles, le Japon s'est hissé au rang des puissances économiques mondiales. Comme nous l'avons indiqué dans le chapitre 9A, il était avant la Seconde Guerre mondiale la puissance dominante de l'Asie de l'Est et du Sud-Est en raison de sa puissance militaire. Son miracle économique d'après-guerre a étonné le monde entier.

En effet, après la Seconde Guerre mondiale, le Japon a surmonté ses difficultés en faisant appel aux anciennes vertus japonaises : l'efficacité organisationnelle, la productivité à grande échelle, le souci de la qualité et la poursuite d'objectifs communs. Dans les années 1970 et 1980, on surnommait l'Asie de l'Est la « zone yen », car l'économie japonaise dominait cet ensemble. Après l'accord du Plaza en 1985, le Japon a délocalisé une partie de ses usines de fabrication vers l'Asie du Sud-Est et a, par le fait même, joué un rôle important dans le boum économique qu'a connu cet ensemble géographique entre 1985 et 1997. Il convient également de souligner que ce pays est de longue date une nation d'une homogénéité ethnique exceptionnelle, orientée

L'une des MÉTROPOLES de . . .

L'ASIE DE L'EST

TOKYO

IL EST FRÉQUENT QU'UNE AGGLOMÉRATION urbaine porte le nom de la ville qui en forme le cœur. C'est le cas de Tokyo (anciennement Edo) qui compte actuellement 26,8 millions d'habitants. Même l'appellation de la conurbation Tokyo-Yokohama-Kawasaki ne donne pas une idée juste de l'agglomérat de villes dont est constituée la plus grande mégalopole du monde qui, du fond de la baie de Tokyo, continue de s'étendre tant à l'horizontale qu'à la verticale.

Le long de la baie de Tokyo, certains quartiers ont été aménagés selon un modèle quadrillé. Toutefois, la région urbaine s'est étalée dans les collines et les vallées environnantes, si bien que la capitale a fini par englober un vaste réseau de rues étroites et sinueuses où la circulation est cauchemardesque. Par contre, le réseau de voies ferrées et de lignes de métro est particulièrement efficace, bien que les voyageurs doivent s'habituer aux employés chargés de les pousser pour permettre la fermeture des portes des voitures.

Le Palais impérial, entouré de douves et de jardins privés, occupe le centre de Tokyo. Les immeubles construits directement en face sont peu élevés par respect pour la hiérarchie, mais dans les quartiers plus éloignés, la hauteur des gratte-ciels donne l'impression de se moquer des risques de séismes. À proximité des jardins du Palais, de grands magasins et des boutiques de luxe bordent l'avenue de Ginza, l'une des artères les plus célèbres du monde. Au loin se dresse la tour de Tokyo qui rappelle la tour Eiffel (voir la photo à la page suivante). Conçue pour tester un acier léger de fabrication japonaise, cette structure plus haute que son modèle parisien sert aussi à transmettre les signaux de télévision et de radio, à détecter les secousses sismiques, à mesurer la pollution atmosphérique et à attirer les touristes.

Tokyo est un modèle de modernité, où les temples, les ponts historiques et les jardins paisibles ajoutent cependant une note de beauté toute traditionnelle.

sur la collectivité et le consensus, ayant une solide éthique du travail et la conviction profonde que les intérêts collectifs l'emportent sur les considérations individuelles. Ces traits culturels comptent pour beaucoup dans les importantes réalisations du Japon, bien qu'ils puissent aussi être considérés comme un frein à un certain type de progrès social, tel que l'équité entre les sexes sur le marché du travail.

Pour compenser ses ressources naturelles limitées, le Japon a dû trouver des solutions de rechange. En observant les figures 9A-5 et 9B-8, on peut noter la forte dépendance du Japon à l'égard de l'énergie nucléaire, un choix qui comporte des risques majeurs dans cette région sismique. L'énorme tremblement de terre suivi d'un tsunami survenu en 2011 l'a d'ailleurs parfaitement démontré. Dans son développement, le Japon a dû opter pour la mise en valeur des terres à l'intérieur et en périphérie de ses grandes villes. Mais par-dessus tout, il a dû faire appel à d'autres pays, proches et éloignés, afin de se procurer ce qu'il ne possède pas. Ainsi, il s'est enrichi grâce aux échanges commerciaux, à l'importation de matières premières, à la production efficace de biens à forte valeur ajoutée, puis à la capacité de transformer ces derniers en produits d'exportation lucratifs. Ce grand succès économique n'est pas sans conséquence sur l'environnement. On impute souvent à l'économie japonaise la dégradation et la destruction que subissent les forêts de l'Asie du Sud-Est.

Les défis du Japon

À la fin des années 1980, l'ascension fulgurante du Japon était si phénoménale qu'il semblait que l'économie nippone allait bientôt rattraper celle des États-Unis. Pourtant, cet essor s'est brusquement interrompu au début des années 1990 et, contre toute attente, le Japon a été incapable de renouer avec une croissance économique soutenue. Les gouvernements japonais qui ont été appelés à gérer les problèmes économiques successifs (y compris l'éclatement de bulles financière et immobilière) n'ont pas réussi à mettre en avant des réformes et des mesures économiques et financières à la fois cohérentes et fermes. De plus, la crise économique au Japon est survenue au moment où de nouveaux concurrents arrivaient sur les marchés internationaux. Ainsi, l'entrée en scène de la Corée du Sud, de Taiwan et de la Chine a mené à une réduction des exportations japonaises.

Le Japon est une société qui vieillit rapidement et le pays fait face à une importante **population à charge**. L'augmentation du nombre de personnes âgées entraîne des coûts dans les services dispensés par l'État, notamment dans les domaines de la santé et des régimes de rentes. Si la tendance se maintient, sa population est appelée à décroître. En l'absence de mesures compensatoires, on estime qu'elle devrait passer de 127,4 millions de citoyens aujourd'hui à tout juste 95 millions en 2050 et à seulement 65 millions à la fin du siècle. En 2025, on prévoit qu'il n'y aura plus que deux travailleurs pour chaque retraité. La diminution du nombre de travailleurs qualifiés menace donc la capacité du gouvernement à soutenir des programmes sociaux pour tous. De plus, la crise économique touche les jeunes générations. Celles-ci sont habituées à la prospérité et acceptent moins facilement que leurs parents et leurs grands-parents vivent dans des conditions difficiles.

Les tremblements de terre et les tsunamis sont d'autres défis avec lesquels le Japon doit composer. Le séisme catastrophique du 11 mars 2011 a secoué le pays, littéralement, comme nous l'avons décrit dans le chapitre 9A.

Malgré ses difficultés, le Japon demeure pour les pays de la zone Asie-Pacifique un modèle économique et social ainsi qu'un rival à surpasser. Le Japon se trouve aujourd'hui à un tournant, maintenant que s'accentue la concurrence avec ses voisins asiatiques.

TAIWAN

L'île de Taiwan baigne à seulement 200 kilomètres du continent (voir la figure 9B-9). Elle est considérée par les dirigeants chinois comme une « province rebelle » qui doit un jour réintégrer la République populaire de Chine. En 1971, Taiwan a perdu son siège aux Nations Unies au profit de la République populaire de Chine. À l'époque, les États-Unis ont également cessé de reconnaître officiellement le gouvernement de Taipei pour favoriser des relations plus harmonieuses avec la Chine continentale.

La géographie de l'île

La superficie de Taiwan (36 180 km^2) est un peu plus petite que celle de la Suisse (41 290 km^2), mais l'île taiwanaise est beaucoup plus peuplée avec ses 23,3 millions d'habitants contre 7,8 millions dans la Confédération helvétique. À titre comparatif, la densité physiologique de Taiwan est de 2575 hab./km^2 et celle de la Suisse, de 1581 hab./km^2. Les résidents de Taiwan sont en majorité concentrés le long des côtes occidentale et septentrionale de l'île. La moitié orien-

Tokyo, la plus grande métropole du monde, continue de changer. Dans cette région, le remblayage des terres et la construction de ponts se poursuivent. Les gratte-ciels s'élèvent au milieu des quartiers où les résidences sont basses. La tour de Tokyo peinte en rouge, une attraction dans cette partie de la ville, a été construite sur le modèle de la tour Eiffel à Paris. Toutefois, elle constitue une amélioration par rapport à l'original : son acier est plus léger et sa construction, plus solide.

tale du territoire est occupée par les monts Chungyang, qui culminent à plus de 3000 mètres et dont les versants abrupts sont couverts de forêts denses. Dans la partie occidentale, le relief élevé se transforme en collines qui viennent mourir dans la plaine côtière face au détroit de Taiwan. Les cours d'eau qui descendent des montagnes irriguent les rizières, et la production agricole a plus que doublé depuis 1950, malgré une certaine réduction des superficies cultivées et l'exode vers les villes de centaines de milliers de paysans en quête de travail.

La plaine occidentale forme un corridor urbain et industriel. Les deux pôles principaux sont Taipei, la capitale située dans l'extrémité septentrionale, et Kaohsiung, une ville en forte croissance dans le sud de l'île. Chilung (ou Keelung), le port de Taipei, que les Japonais avaient d'abord destiné à l'exportation du charbon extrait dans ce secteur, sert maintenant à l'importation de matières premières. Taiwan importe de la fibre de coton pour ses usines textiles, de la bauxite d'Indonésie pour la fabrication d'aluminium, du pétrole du Brunei et du minerai de fer d'Afrique. L'entité dispose d'une industrie sidérurgique en croissance, de centrales nucléaires, de chantiers navals, d'une importante industrie chimique et d'un réseau de transport moderne. Toutefois, les exportations de Taiwan se concentrent de plus en plus sur les produits relevant des technologies de pointe: micro-ordinateurs, matériel de télécommunications et instruments électroniques de précision. L'entité abrite une grande communauté de chercheurs, et des sociétés étrangères participent à divers projets de recherche et développement menés, entre autres, au centre de recherche de Hsinchu dans le nord de l'île. Le gouvernement a contribué à y établir un parc industriel axé sur la microélectronique et l'informatique. Dans le sud, Tainan, surnommée la «cité de la science», se spécialise dans les microsystèmes et les technologies de l'information.

L'avenir de Taiwan

Le statut non résolu de Taiwan comporte des risques, mais certains indices laissent entrevoir que de nombreux Taiwanais ainsi que leurs alliés et adversaires cherchent une solution négociée à long terme. Deux raisons principales motivent les parties concernées. D'une part, il est devenu évident que la République populaire de Chine ne permettra jamais à Taiwan de proclamer son indépendance. D'autre part, il est probable que les États-Unis, le principal garant de la sécurité de Taiwan, ne soient pas en mesure de protéger l'île contre une intervention armée de la Chine. Parmi les solutions, la plus plausible réside dans le principe reposant sur un État, deux systèmes. Celui-ci, appliqué à Hong Kong au moment de sa rétrocession à la Chine, a beaucoup mieux fonctionné que ce qu'avaient prédit de nombreux observateurs. Devenue une région administrative spéciale (RAS), Hong Kong a continué de prospérer. Malgré certains problèmes, les libertés fondamentales n'ont pas cessé d'y être respectées. À titre de RAS, Hong Kong se distingue nettement des *shi*, des provinces ou des régions autonomes de la Chine continentale. Le moment venu, les Taiwanais pourraient négocier un statut comparable qui serait sans doute à l'avantage de toutes les parties en cause.

FIGURE 9B-9

9B

10A L'ASIE DU SUD-EST

DANS LE SILLAGE DES GÉANTS ASIATIQUES

SOMMAIRE

- UN APERÇU GÉOGRAPHIQUE
- LA GÉOGRAPHIE PHYSIQUE DE L'ASIE DU SUD-EST
- LA GÉOGRAPHIE DE LA POPULATION
- LES RELIGIONS EN ASIE DU SUD-EST
- L'HÉRITAGE DU COLONIALISME : POUR COMPRENDRE L'ÉVOLUTION DE LA CARTE POLITIQUE
- LES MARCHÉS ÉMERGENTS DE L'ASIE DU SUD-EST ET LE CAS DE SINGAPOUR

CONCEPTS ET TERMES

Marché émergent
Mangrove
Diaspora chinoise
Zone tampon
Nœud

FIGURE 10A-1

Composé de la vaste péninsule indochinoise ainsi que d'innombrables îles, l'ensemble géographique Sud-Est asiatique est situé, selon l'expression consacrée, à « l'angle de l'Asie », soit à l'extrémité sud-est du continent eurasiatique. Cet ensemble, qui couvre 4,5 millions de km^2, est bordé à l'ouest par l'océan Indien tandis qu'à l'est s'étend le vaste océan Pacifique.

Depuis fort longtemps, l'Asie du Sud-Est a connu d'importantes influences extérieures. Elle se trouve dans la zone d'influence à la fois du monde indien, à l'ouest, et du monde chinois, au nord (voir la figure 10A-1). Ainsi, bien que la majorité de sa population soit issue de migrations anciennes en provenance du nord, soit de l'Asie de l'Est, les influences culturelles en provenance de l'Asie du Sud ont été des plus importantes, et ce, particulièrement dans le domaine religieux. Plus récemment, en particulier à partir du XIXe siècle, l'influence des forces extérieures s'est accentuée par l'entremise de bouleversements géopolitiques et économiques tels que la colonisation, la guerre froide, les migrations de nombreux travailleurs agricoles chinois et indiens et l'intégration progressive de la région dans les réseaux d'échanges mondiaux.

Du point de vue géographique, l'Asie du Sud-Est est aujourd'hui une mosaïque de pays présentant chacun une riche diversité ethnolinguistique et culturelle. En ce qui a trait au développement économique, le revenu moyen des habitants de l'Asie du Sud-Est varie énormément entre les pays à faible revenu comme le Cambodge et les pays à revenu élevé comme la cité-État de Singapour ou le Sultanat de Brunei.

UN APERÇU GÉOGRAPHIQUE

La figure 10A-1 présente la localisation et les dimensions relatives des 11 États qui forment l'Asie du Sud-Est. Ceux-ci sont répartis sur le continent asiatique et entre les milliers d'îles de cette région du monde, de Sumatra à l'ouest à la Nouvelle-Guinée à l'est, et de Luçon au nord à Timor au sud. Nous n'examinerons que les îles les plus grandes et les plus peuplées. Cependant, si on avait la possibilité de voyager en bateau sur les mers de l'Asie du Sud-Est, on apercevrait tous les jours des dizaines de petites îles ; si on pouvait faire escale sur chacune d'elles, on constaterait que même les plus petites îles habitées présentent des caractéristiques traduisant diverses influences culturelles chez leurs résidents, que ce soit dans leur style vestimentaire, dans la structure de leurs habitations et jusque dans le choix des couleurs dont ils peignent leurs embarcations.

Sur les plans territorial et démographique, le géant de cet ensemble géographique est le vaste archipel de l'Indonésie. Constitué de quelque 13 000 îles, ce pays s'étend sur 5000 kilomètres d'est en ouest, soit l'équivalent de la distance entre les extrémités est et ouest du Canada.

Sur la portion continentale, l'Asie du Sud-Est a deux importants voisins que sont les sociétés indienne et chinoise. L'histoire et les paysages culturels de l'Asie du Sud-Est continentale, parfois appelée « péninsule indochinoise », ont été largement façonnés par ses relations avec ses importants voisins, qui ont mené, notamment, à de grands flux migratoires et, par conséquent, à diverses influences culturelles, religieuses, économiques, politiques et militaires. Qui plus est, à l'exception du Chao Phraya, les principaux cours d'eau de l'Asie du Sud-Est continentale, tels que le Mékong, l'Irrawaddy ou le fleuve Rouge, prennent leur source dans le massif himalayen ou dans ses extensions au Yunnan, en Chine. Comme nous le verrons, les zones d'activités agricoles essentielles à l'économie de plusieurs des pays de l'Asie du Sud-Est se situent dans les bassins fluviaux de ces fleuves.

Avant d'aller plus loin, nous allons faire un survol de la carte politique de l'ensemble. Sur sa portion continentale (voir la figure 10A-1), l'État le plus à l'ouest est le Myanmar (Birmanie) ; il s'agit du seul pays de l'Asie du Sud-Est partageant une frontière à la fois avec l'Inde et la Chine. Le Myanmar occupe une partie de l'isthme de la péninsule malaise, tout comme la Thaïlande, laquelle s'étend du cœur de l'Asie du Sud-Est continentale jusqu'à la péninsule malaise. Le sud de cette péninsule est intégré à la Malaisie, à l'exception de Singapour, cité-État tout au bout de la pointe. Au bord du golfe de Thaïlande se trouve le Cambodge. Vient ensuite le Vietnam, à l'est, qui forme une longue bande de terre s'étirant jusqu'à la frontière de la Chine en longeant le Laos, enclavé. Quant à la zone insulaire de l'ensemble, aussi appelée « Insulinde », elle est formée des Philippines dans le nord et de l'Indonésie et du Timor oriental dans le sud ; entre ceux-ci, se trouve la portion insulaire de la Malaisie sur l'île de Bornéo, dont la portion méridionale fait toutefois partie de l'Indonésie. Enfin, Bornéo abrite également le Brunei, État le moins peuplé de l'ensemble géographique, mais néanmoins très riche en raison du pétrole qui y est exploité.

LA GÉOGRAPHIE PHYSIQUE DE L'ASIE DU SUD-EST

L'Asie du Sud-Est rappelle à certains égards l'ensemble centraméricain, fracturé en îles et en péninsules autour de sa portion continentale. Les montagnes, les vallées, les deltas et les terres marécageuses dominent les paysages.

Les principales CARACTÉRISTIQUES GÉOGRAPHIQUES de . . .

L'ASIE DU SUD-EST

1. L'Asie du Sud-Est s'étend de la marge du continent asiatique, en passant par la péninsule indochinoise, jusqu'aux archipels du Pacifique.
2. Un peu comme l'Europe de l'Est, l'Asie du Sud-Est présente une géographie politique et culturelle fragmentée qu'ont façonnée diverses influences étrangères.
3. Le relief important, l'instabilité de la croûte terrestre, marquée par l'activité volcanique et les séismes, de même que le climat tropical dominent la géographie physique de l'Asie du Sud-Est.
4. La population s'élève à plus de 600 millions d'habitants dont la majorité vit dans les îles qui forment les deux principaux pays de l'ensemble : l'Indonésie, qui abrite la quatrième population en importance dans le monde, et les Philippines. La croissance démographique de la zone insulaire dépasse celle de la portion continentale de l'Asie du Sud-Est.
5. Bien que la grande majorité des habitants du Sud-Est asiatique partagent des origines mongoloïdes communes, les divisions culturelles et les traditions locales abondent. Par exemple, le mode de vie des peuples majoritaires riziculteurs caractérise les plaines et les vallées tandis que celui des peuples minoritaires est présent dans les milieux plus difficiles d'accès ; ils y pratiquent souvent une agriculture sur brûlis.
6. L'héritage de puissantes influences étrangères, tant asiatiques que non asiatiques, continue de se faire sentir sur les paysages culturels de l'Asie du Sud-Est.
7. Le grand fleuve de l'Asie du Sud-Est, le Mékong, prend sa source en Chine et longe ou traverse cinq pays de l'ensemble. Des centaines de millions de cultivateurs et de pêcheurs en dépendent.
8. Singapour, ville mondiale, se trouve en Asie du Sud-Est et constitue le centre d'échanges commerciaux et de relations d'affaires de l'ensemble.
9. L'Asie du Sud-Est abrite plusieurs économies et **marchés émergents** dont la croissance rapide accentue la disparité des revenus et le développement inégal.
10. Au cours des dernières années, les relations économiques au sein de l'ensemble se sont intensifiées pendant que l'influence de la Chine se faisait sentir de façon évidente.

L'Asie du Sud-Est comprend d'importants reliefs montagneux allant de la chaîne de l'Arakan, située dans l'ouest du Myanmar (Birmanie) en passant par la cordillère annamitique jusqu'aux sommets enneigés des monts Maoke de la Nouvelle-Guinée. En observant attentivement la figure 10A-1, il est intéressant de constater qu'en de nombreux endroits, l'élévation frôle ou dépasse les 3000 mètres et que la topographie de l'ensemble est très montagneuse et accidentée. De longues chaînes forment l'épine dorsale non seulement d'îles comme les Célèbes (Sulawesi) et Sumatra, mais aussi de pays tels que le Vietnam et même de la péninsule malaise. Certaines de ces chaînes de montagnes tiennent parfois lieu de frontière, comme c'est le cas entre la Thaïlande et le Myanmar (Birmanie) ainsi qu'entre le Vietnam et le Laos. Les paysages accidentés de cet ensemble sont le résultat du mouvement de plaques tectoniques qui, à leurs points de rencontre, soulèvent la croûte terrestre (voir les figures I-11 et I-12). C'est un endroit où l'activité tectonique contribue à la formation de reliefs montagneux. La collision des plaques a fait naître des volcans et des îles, créant des archipels. Ce processus se poursuit aujourd'hui. C'est d'ailleurs pourquoi les menaces de séismes ou d'éruptions volcaniques planent toujours sur cet ensemble.

L'Asie du Sud-Est fait partie de la ceinture de feu du Pacifique (voir la figure I-12), ce qui l'expose à tous les dangers associés à cette zone sismique. En 2004, un séisme sous-marin (semblable à celui qui a frappé la côte du Japon en 2011) à l'ouest de l'Indonésie a déclenché un tsunami qui a tué plus de 300 000 personnes le long des côtes, de Sumatra jusqu'à la Somalie.

L'éruption volcanique la plus récente est survenue à la fin de 2010. Le Merapi, l'un des volcans les plus actifs de Java (et situé près de la ville culturelle de Yogyakarta, peuplée de quelque 400 000 habitants) est entré en éruption

Le stoupa du temple de Borobudur, sur l'île de Java, l'un des plus célèbres monuments bouddhistes.

Le 3 novembre 2010, plus de 10 jours après l'éruption du Merapi, situé sur l'île de Java, l'environnement immédiat du volcan était décimé par les flammes ou enseveli sous les cendres. Dans les zones de précipitations abondantes où les sols n'ont pas été recouverts de lave, la végétation réapparaît dans la première année suivant l'éruption. La reconquête des coulées de lave par la végétation est toutefois plus lente et implique l'arrivée d'une succession d'espèces résistantes (lichens, mousses, arbustes), jusqu'au retour à son état naturel. Au fil des décennies et des siècles, la fragmentation des roches volcaniques combinée au processus d'érosion conduira à la formation de sols très fertiles sur un territoire important à proximité du volcan. C'est la qualité de ces sols qui pousse de nombreuses personnes à s'installer – non sans risques – au milieu de paysages volcaniques.

de façon intermittente pendant près de deux semaines. L'Agence de géophysique indonésienne estime qu'au cours de cette période, le Merapi a rejeté quelque 50 millions de m^3 de matières volcaniques dans les airs, sans compter les explosions qui ont libéré d'immenses nuages de gaz toxiques et des panaches de cendres. Ceux-ci ont entraîné la fermeture de l'aéroport de Jakarta, le plus important de l'île de Java. L'aéroport est situé à environ 400 kilomètres du volcan. Cette éruption du Merapi, la pire depuis 1930, a causé 200 morts et délogé des centaines de milliers de personnes.

L'importance de l'eau

L'eau est essentielle à la vie et, de tous les ensembles géographiques, l'Asie du Sud-Est est particulièrement choyée à cet égard, notamment en raison des climats humides de type Af, Am et Aw (voir la figure I-14) dont elle jouit. La situation géographique de l'ensemble, entre deux masses océaniques et essentiellement sous des latitudes tropicales, lui permet de profiter des avantages d'un climat typiquement tropical : précipitations abondantes (plus de 3000 millimètres de pluie par année à bien des endroits) et températures élevées dont les moyennes annuelles au niveau de la mer tournent autour de 27 °C. Ici, les pluies de mousson varient selon l'alternance des saisons liées au déplacement de la zone de convergence intertropicale. La mousson du nord-est se manifeste de novembre à mars et touche principalement les archipels ; la mousson du sud-ouest, quant à elle, se produit de la mi-mai à septembre et apporte des précipitations moins abondantes. Néanmoins, à l'échelle de l'Asie du Sud-Est, les précipitations et la chaleur créent une unité climatique qui favorise l'homogénéité du paysage végétal naturel. Celui-ci alterne entre les forêts tropicales, les forêts subtropicales et les **mangroves**. Les principaux paysages agricoles de l'Asie du Sud-Est sont constitués de rizières, de bananiers, de plantations de canne à sucre, de palmiers à huile et d'hévéas. Sur la portion continentale, où les moyennes de précipitations annuelles sont quelque peu inférieures et plus saisonnières, les grands fleuves et leurs affluents remplissent les canaux d'irrigation et rendent les deltas très fertiles. Les deltas et les plaines alluviales du continent à l'agriculture intensive ont toutefois une pluviométrie insuffisante et dépendent donc des apports du haut bassin versant, où la pluviométrie est plus abondante, pour la culture du riz.

Comme nous l'avons vu dans les chapitres précédents, les plaines alluviales des fleuves ont joué un rôle historique prépondérant dans la concentration des populations. C'est en effet le long des cours d'eau que se sont développés plusieurs États et civilisations. La carte de la répartition de la population (voir la figure 10A-2) en Asie du Sud-Est ne fait pas exception : elle reflète la relation qui existe entre les populations et les plaines alluviales des cours d'eau. Des géographes ont étudié les liens entre les différents milieux (deltas, bassins fluviaux et montagnes) et les modes de vie. Ils soulignent l'opposition traditionnelle entre les peuples majoritaires des basses terres pratiquant une riziculture inondée dite permanente et les populations des hautes terres pratiquant plutôt une agriculture sur brûlis, pluviale, et intégrant souvent de longues périodes de jachère.

Comme le rappelle la figure 10A-1, d'importants fleuves prennent leur source dans des États voisins ; il s'agit là d'un enjeu géographique qui peut parfois entraîner des disputes entre des pays. De quel droit un État en amont d'un cours d'eau peut-il l'aménager ou l'exploiter d'une quelconque façon si des États situés en aval en dépendent ?

En Asie du Sud-Est, trois des quatre grands fleuves prennent leur source en Chine : le Mékong, qui serpente le long de la péninsule indochinoise du nord au sud ; le fleuve Rouge, qui se jette dans la mer de Chine méridionale après avoir traversé le nord du Vietnam, et l'Irrawaddy, principal cours d'eau du Myanmar (Birmanie). Quant au quatrième fleuve, le Chao Phraya, il est entièrement compris dans l'ensemble de l'Asie du Sud-Est et constitue le principal cours d'eau de la Thaïlande.

Le majestueux Mékong

Depuis sa source dans les hauteurs enneigées du Qinghai, sur le plateau tibétain, le Mékong coule sur quelque 4300 kilomètres jusqu'à son delta dans la pointe sud du Vietnam. Ce fleuve est à bien des égards considéré comme le plus important de l'ensemble, car il traverse ou longe cinq pays de l'Asie

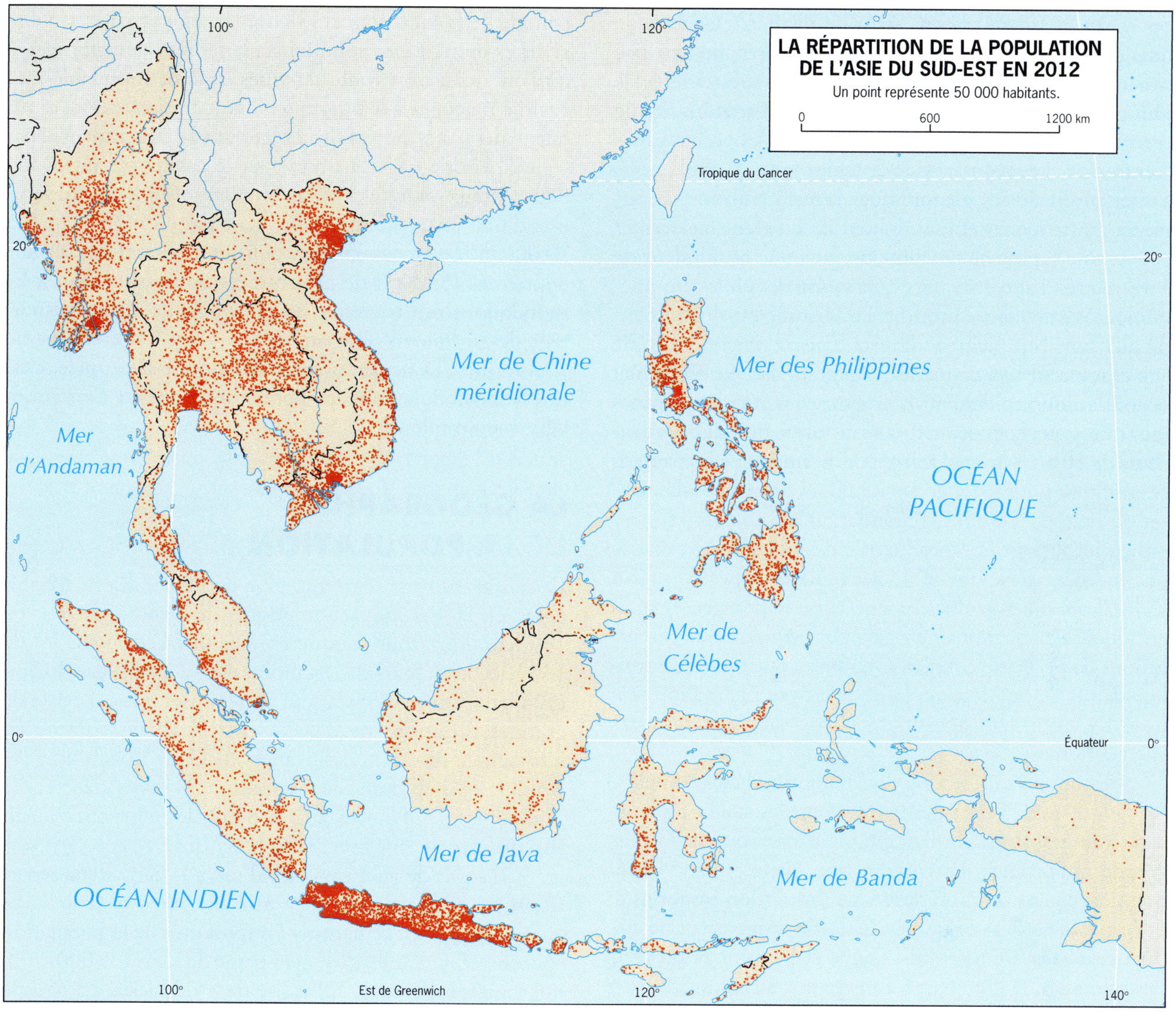

FIGURE 10A-2

du Sud-Est. Ainsi, il garantit la subsistance des riziculteurs et des pêcheurs, offre une voie de transport dans des régions peu accessibles par la route et procure de l'électricité grâce aux barrages construits en amont. La vie de 326 millions de personnes (grande sous-région du Mékong, y compris le sud de la Chine) dépend des eaux de ce fleuve: les cultivateurs du Cambodge qui pratiquent une agriculture de subsistance, les pêcheurs de la Thaïlande qui pêchent des espèces migratrices et même les occupants des immeubles d'habitation de la Chine. Le delta du Mékong, dans le sud du Vietnam, est l'une des régions les plus densément peuplées de l'ensemble et l'une des grandes productrices de riz.

Des problèmes de partage des eaux se profilent cependant à l'horizon. La Chine construit une série de barrages sur le Lancang (nom chinois du Mékong) pour fournir de l'électricité à la province du Yunnan. Le potentiel hydroélectrique du Mékong n'intéresse pas que la Chine. Le Laos cherche également à poursuivre la construction de barrages sur des affluents du Mékong ainsi que sur un important chenal dans la région des quatre mille îles et des chutes de Khone, aux frontières du Cambodge. Même si les promoteurs des divers projets assurent que les personnes déplacées seront indemnisées et que le débit annuel moyen du fleuve sera maintenu, les gouvernements des pays en aval de même que plusieurs organisations, communautés et chercheurs redoutent des impacts substantiels sur des populations et des milieux distants de plusieurs centaines de kilomètres des sites des barrages.

Étant donné l'ampleur des altérations entraînées par les barrages et l'importance du Mékong pour la sécurité alimentaire et les moyens d'existence des populations de la région, les craintes sont nombreuses. Au Vietnam, on s'inquiète pour l'avenir du grenier à riz du pays, le delta du Mékong. La disparition ou l'atténuation des cycles saisonniers de crue et d'étiage est appelée à accentuer l'intrusion d'eaux salées dans le delta et à faire disparaître le principal moyen naturel de désalinisation des rizières.

De la même façon, on s'inquiète au Cambodge quant à l'avenir du Tonle Sap qui fait partie du système hydrographique du Mékong (voir la figure 10B-2). C'est le plus grand lac d'eau douce d'Asie du Sud-Est et un site de première importance pour l'agriculture et les pêcheries du Cambodge. Les habitants de la région ont en effet appris à tirer profit de ses gigantesques transformations saisonnières. Entre février et mai, soit en saison sèche, ce dernier couvre une superficie de 2000 km^2 et a une profondeur de 1 à 3 mètres. Par contre, lors de la saison des pluies, un phénomène particulier se produit. Le Mékong est alors si gonflé que son trop-plein se déverse dans la rivière du Tonle Sap et remonte son cours jusqu'au grand lac. Le Tonle Sap se gonfle alors rapidement et atteint, en septembre et octobre, une superficie de 12 000 km^2 ainsi que des profondeurs de 10 à 15 mètres. C'est à ce moment que les paysans en profitent pour irriguer des centaines de milliers d'hectares de rizières. De plus, l'inondation saisonnière crée un milieu idéal pour la reproduction des poissons et favorise une industrie d'élevage et de pêche de la carpe. En saison sèche, le Tonle Sap devient une zone marécageuse, mais quelques chenaux sont aménagés pour permettre aux embarcations de pêche de circuler. On estime que plus d'un million de personnes dépendent de ce lac pour leur alimentation. Ils vivent soit autour du plan d'eau, soit dans des villages flottants.

Enfin, partout le long du Mékong et de ses affluents, on s'inquiète de l'effet des barrages sur les stocks de poissons, une ressource alimentaire et économique de la plus grande importance dans une région où le poisson est la première source de protéines. Une proportion importante des espèces pêchées ont un cycle de vie intimement lié aux fluctuations saisonnières du fleuve et peuvent migrer sur des centaines de kilomètres. On craint que le caractère infranchissable des barrages couplé à la disparition d'habitats clés tels les milieux inondés en saison de reproduction ne menace les stocks de nombreuses populations de poissons.

Dans le but de faciliter la coordination des activités de développement et de gestion du bassin entre les États riverains du Mékong, le Comité du Mékong a été fondé par l'ONU en 1957, lequel est devenu la Commission du Mékong (MRC, Mekong River Commission), en 1995. Cette commission a pour but d'aider à la gestion et à l'exploitation des eaux du bassin du Mékong dans l'intérêt des pays et des populations. Elle a mené à la signature d'un accord entre les gouvernements du Cambodge, du Laos, de la Thaïlande et du Vietnam. Cependant, des voix critiques soulignent les limites de cet accord puisque, d'une part, l'État où le Mékong prend sa source, la Chine, ne veut pas en faire partie, et que d'autre part, l'accord ne concède qu'un droit de consultation, et non un droit de véto, aux États situés en aval des projets, un droit de véto qui existait pourtant auparavant.

Il est vrai que les quatre grands fleuves de l'Asie du Sud-Est sont une source de vie et d'activités économiques pour 90 % de la population de la région continentale, mais qu'ils sont également une source de problèmes. Durant la période de la mousson, ces fleuves inondent villes et villages. Les inondations sont particulièrement dévastatrices là où l'on a construit routes et villes en zone inondable sans égard à la géographie physique. Il faut ainsi garder à l'esprit que le débit des fleuves de la région peut être multiplié par 10 en période de mousson ; c'est le cas, entre autres, du fleuve Rouge dans le nord du Vietnam. On a déjà observé lors d'une crue que son débit était passé de 3000 m^3/s à 30 000 m^3/s et que son niveau pouvait monter d'une dizaine de mètres. En dépit de ces données impressionnantes, les inondations ont toutefois un effet positif : elles transportent des sédiments alluviaux qui rendent les terres encore plus fertiles. Dans cette région du monde si peuplée, c'est une bénédiction dont les populations ont su tirer profit depuis des millénaires.

LA GÉOGRAPHIE DE LA POPULATION

L'Asie du Sud-Est regroupe plus de 600 millions d'habitants et la densité arithmétique de l'ensemble est de 136 hab./km^2, tout comme en Asie de l'Est où elle est de 135 hab./km^2, mais elle est moins élevée qu'en Asie du Sud (304 hab./km^2). À l'instar des autres ensembles, il existe de grandes variations de densité entre les pays comme en témoignent les données suivantes : le Laos, 28 hab./km^2 ; le Brunei, 71 hab./km^2 ; le Vietnam, 274 hab./km^2 ; et les Philippines, 327 hab./km^2. La cité-État de Singapour connaît la plus forte densité avec 8338 hab./km^2.

Il suffit de jeter un coup d'œil à la carte de la répartition de la population de l'Asie du Sud-Est (voir la figure 10A-2) pour remarquer l'importance de la population concentrée sur l'île relativement petite de Java (138 000 km^2), qui représente 7 % du territoire de l'Indonésie. La densité arithmétique y est d'environ 1000 hab./km^2 ; elle est plus élevée encore que celle des deltas des quatre grands fleuves de l'ensemble. La population de Java se chiffre à près de 150 millions d'habitants et elle est non seulement supérieure à celle de n'importe quelle autre île, mais aussi à celle de tous les pays de l'ensemble. Java rassemble en fait plus de la moitié de la population de l'Indonésie.

Ce pays qui regroupe 242 millions d'habitants est le géant démographique de l'ensemble ; cet État occupe aujourd'hui le quatrième rang des pays les plus peuplés de la planète. Aucun autre de l'Asie du Sud-Est n'abrite même la moitié de ce nombre. Quatre autres États de l'ensemble ont des populations variant de 50 à 100 millions d'habitants : les Philippines, 98 millions ; le Vietnam, 91 millions ; la Thaïlande, 68,9 millions ; et le Myanmar (Birmanie), 54,4 millions. En revanche, le Laos dont la superficie est comparable à celle du Royaume-Uni (62 millions d'habitants) ne compte que 6,7 millions de citoyens ; de même, le Cambodge dont la superficie correspond à la moitié de l'Allemagne (80 millions d'habitants) n'abrite que 15,6 millions de personnes.

La croissance démographique rapide qu'ont connue les pays de cet ensemble de 1950 à 1980 semble s'essouffler.

LES PALMERAIES ET LA DÉFORESTATION

À L'INSTAR DE LA RIZICULTURE, l'expansion de la culture du palmier à huile est considérée comme l'une des activités qui ont contribué au recul des forêts. Au milieu du XIXe siècle, on a découvert que le fruit rouge d'une espèce de palmier de l'Afrique occidentale contenait des huiles qui se prêtaient à une foule d'utilisations, allant de la fabrication de savon à la lubrification des moteurs à vapeur. Les puissances coloniales européennes, toujours en quête de nouvelles cultures susceptibles de produire les meilleurs rendements, ont compris que ces palmiers à huile poussaient particulièrement bien en Asie du Sud-Est. À partir des années 1930, des plantations ont été aménagées, surtout dans ce que sont aujourd'hui la Malaisie et l'Indonésie. De nos jours, l'huile de palme entre dans la fabrication d'une vaste gamme de produits ; d'ailleurs, son utilisation est à ce point répandue dans l'alimentation que la moitié des produits préparés vendus en épicerie en contiennent.

Voici une partie d'une immense plantation de palmiers à huile, dans l'État malais du Sarawak, dans l'île de Bornéo.

Ce type d'agriculture est très lucratif, entre autres parce que le rendement à l'hectare que génère la culture de palmiers à huile est nettement supérieur à celui des autres oléagineux, comme le soja et le tournesol. De plus, le prix de cette denrée sur les marchés mondiaux augmente de façon constante depuis quelques années, entraînant des pointes successives de hausse de la production. La Malaisie et l'Indonésie en ont grandement profité. En 2010, 90 % de la production mondiale d'huile de palme provenait de ces deux pays.

Or ce succès a un prix élevé. Selon des organismes des Nations Unies, l'expansion des plantations de palmiers à huile constitue aujourd'hui la principale menace à la préservation des forêts tropicales de la Malaisie et de l'Indonésie. Certaines espèces animales – l'orang-outang, l'éléphant pygmée de Bornéo, le rhinocéros de Sumatra et le tigre – sont particulièrement menacées de disparition. En 2010, des observateurs prudents estimaient que le territoire couvert par les plantations de plus en plus étendues de palmiers à huile correspondait déjà à une superficie équivalant à la portion du Québec au sud du Saint-Laurent ; la moitié des plantations se trouvaient sur l'île de Sumatra et le reste était également partagé entre Bornéo et la péninsule malaise.

Divers groupes de pression exhortent maintenant l'industrie à adopter des pratiques plus respectueuses de l'environnement, en évitant d'aménager de nouvelles plantations dans les zones importantes pour la conservation et en délivrant une certification environnementale aux exploitants dont les huiles sont produites selon les principes de développement durable. Les progrès sont lents, cependant, et tant que la demande mondiale demeurera élevée, les producteurs auront du mal à résister à la tentation d'étendre la production aux dépens de la forêt.

L'indicateur de taux de croissance naturelle (voir l'annexe A) confirme en effet que, dans plusieurs pays de l'Asie du Sud-Est, la croissance est maintenant égale ou inférieure à la moyenne mondiale annuelle de 1,2 %, alors qu'elle était de 1,9 % en 1997.

La mosaïque ethnolinguistique

L'Asie du Sud-Est est une grande mosaïque ethnolinguistique difficile à cartographier. De façon générale, on reconnaît dans cet ensemble deux groupes : l'un minoritaire et d'origine australoïde (regroupant en particulier les Papous) et l'autre, largement majoritaire, comprenant différents groupes d'origine mongoloïde. Ceux-ci ont migré à différentes périodes des ensembles voisins (principalement du sud de la Chine) vers l'Asie du Sud-Est, où ils ont déplacé des peuples autochtones et établi des royaumes et des empires féodaux desquels sont issus les États actuels, comme ceux de la Thaïlande et de la Birmanie. Ces migrations vers le sud ont été accélérées par les bouleversements politiques et militaires, en particulier ceux générés par les avancées des Mongols dans le sud de la Chine au XIIIe siècle.

La figure 10A-3 présente une répartition généralisée des groupes ethnolinguistiques en Asie du Sud-Est et c'est pourquoi, à l'échelle de cette carte, de nombreux petits groupes ne peuvent être représentés. On y voit la correspondance approximative entre les principaux groupes ethniques et la carte politique actuelle. Ainsi, les Birmans dominent au Myanmar (Birmanie) ; les Thaïs occupent la Thaïlande, les Khmers vivent au Cambodge et débordent vers le nord dans le Laos ; et les Vietnamiens ont investi la longue bande de terre donnant sur la mer de Chine méridionale. D'autres groupes linguistiques minoritaires côtoient évidemment ces populations sur leur territoire respectif.

Les langues du groupe indonésien (austronésiennes) sont de loin les plus répandues. Le malais, l'indonésien, le

FIGURE 10A-3

javanais, qui font partie de ce groupe, se concentrent en Malaisie et en Indonésie, tandis qu'aux Philippines, le filipino ou tagalog est l'une des langues officielles du pays au même titre que l'anglais.

La figure 10A-3 rappelle également que l'Asie du Sud-Est est peuplée de nombreuses minorités ethniques. Une enclave d'Hindoustanis occupe le sud-ouest de la péninsule malaise où ils forment la majorité. On trouve aussi des communautés hindoues de descendance indienne dans beaucoup d'autres régions de la péninsule, mais elles sont trop petites pour apparaître sur la figure. Le long de la côte ouest de la péninsule malaise, des communautés chinoises sont installées dans cette région du pays. Ailleurs, plus au nord, de nombreuses minorités, telles les Shans, les Karens et les Lisus, partagent le territoire que les Birmans, les Thaïs et les Vietnamiens dominent en nombre.

Angkor Vat, célèbre temple situé au Cambodge, se distingue par un mélange de cultures hindoue et bouddhiste : on peut voir à gauche une statue de Vishnu et, à droite, un bouddha qui se dresse à proximité.

La présence chinoise en Asie du Sud-Est

Les Chinois forment probablement la plus importante minorité culturelle en Asie du Sud-Est. Ils émigrent en Asie du Sud-Est depuis 2000 ans, mais les plus grands mouvements se sont produits durant la dernière période coloniale (de 1870 à 1940), alors que 20 millions de Chinois ont quitté les provinces méridionales et littorales de leur pays, en particulier le Fujian, le Guangdong, et l'Hainan pour l'Asie du Sud-Est. Les bouleversements sociaux et politiques en Chine combinés à la forte demande en main-d'œuvre non qualifiée dans les colonies et au Siam (le nom de la Thaïlande à l'époque) ont poussé des populations chinoises vers le sud. Marchands, pèlerins, marins, pêcheurs et beaucoup d'autres ont pris la mer depuis le sud-est de la Chine en direction des côtes de l'Asie du Sud-Est pour s'y établir.

Les puissances européennes ont d'abord encouragé cet afflux de Chinois et utilisé leurs talents dans l'administration et le commerce. Cependant, les immigrants chinois ont commencé à se regrouper dans les grandes villes où ils se sont progressivement orientés vers l'industrie de la fabrication. Cette communauté est devenue très riche, dominant de larges parts des secteurs commerciaux, manufacturiers et bancaires de certains pays. L'aisance de la communauté chinoise a souvent provoqué ressentiment et flambées d'animosité dans diverses parties de l'Asie du Sud-Est. Aujourd'hui, cet ensemble abrite quelque 32 millions de personnes d'origine chinoise, soit plus de 75 % de toute la **diaspora chinoise** à l'échelle mondiale (voir la figure 10A-4). À Singapour, la communauté chinoise constitue 75 % de la population de 5,3 millions d'habitants. En Thaïlande, elle représenterait entre 10 et 14 % de la population. En Indonésie, elle est estimée à environ 7 millions de personnes, soit un peu plus de 2 % de la population.

La figure 10A-4 présente les routes migratoires et les concentrations de populations d'origine chinoise en Asie du Sud-Est. La plupart des immigrants proviennent des provinces du sud de la Chine, et un grand nombre d'entre eux n'ont pas hésité à investir une grande partie de leur fortune en Chine, lorsque celle-ci s'est ouverte au commerce international, il y a trois décennies. La diaspora chinoise de l'Asie du Sud-Est a ainsi joué un rôle important dans le développement économique que connaissent aujourd'hui les provinces méridionales de la Chine.

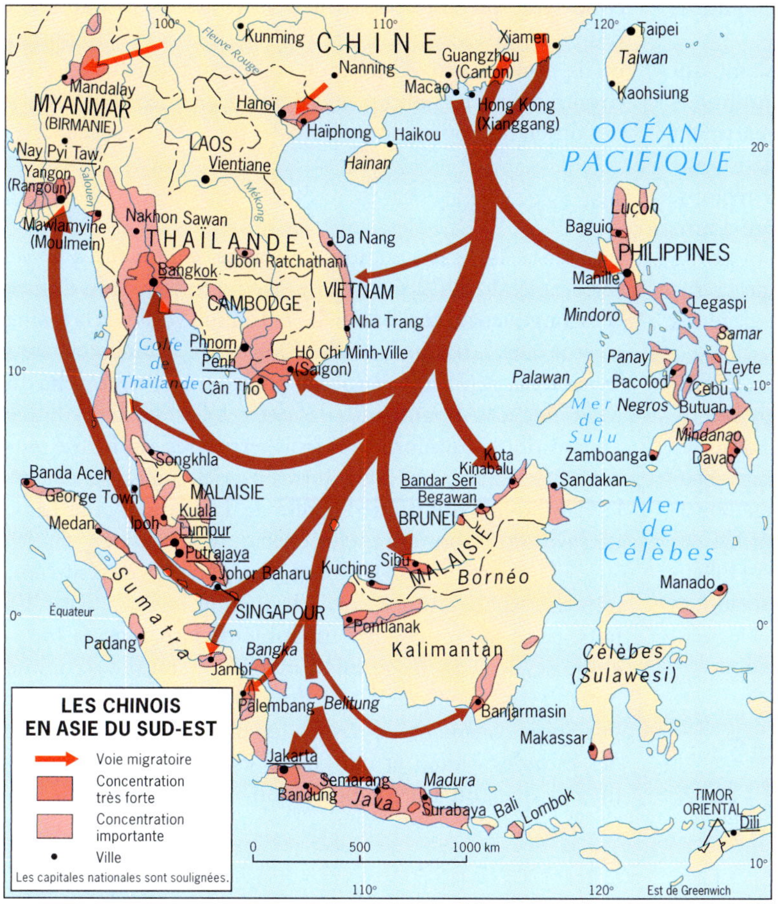

FIGURE 10A-4

LES RELIGIONS EN ASIE DU SUD-EST

L'Asie du Sud-Est, plus que tout autre ensemble, est un carrefour de religions. Les migrants et commerçants du sous-continent indien y ont apporté leurs confessions religieuses, d'abord l'hindouisme et le bouddhisme, et plus tard l'islam. Quant au christianisme, il a été introduit avec l'arrivée des Européens.

10A

Les adeptes de l'hindouisme sont principalement concentrés dans l'île de Bali en Indonésie, mais on en trouve une minorité d'environ 10 % en Malaisie occidentale, puis une autre communauté à Singapour. Bien que l'Asie du Sud-Est ait produit ses propres manifestations culturelles locales, la majeure partie de ce qui reste sous forme tangible de l'hindouisme est le produit de l'amalgame d'éléments étrangers. Angkor Vat en constitue un bon exemple. Cet immense complexe religieux a été construit au Cambodge au cours du XIIe siècle et figure parmi les monuments les plus célèbres du monde (voir la photo à la page 390). À l'origine, il a été érigé en guise de temple hindou en l'honneur du dieu Vishnu. Les sculptures qui décorent les murs d'Angkor Vat relatent les hauts faits de l'épopée hindoue, et les motifs qui ornent le temple sont étroitement associés à la cosmologie hindoue.

Au cours du XIVe siècle, cependant, le bouddhisme se répandit dans cette région et le complexe est devenu un lieu de culte bouddhiste. Cette religion domine au Myanmar (Birmanie), en Thaïlande, au Laos et au Cambodge. De plus, l'importante diaspora chinoise dans cet ensemble est essentiellement bouddhiste.

Le Vietnam constitue sans doute le carrefour spirituel par excellence de l'ensemble puisqu'il a été pendant plusieurs siècles un creuset informel de religions. L'hindouisme d'abord, puis le bouddhisme, le taoïsme et le confucianisme cohabitent tous sans difficulté avec les traditions immémoriales du culte des ancêtres. Une communauté chrétienne influente y est aussi présente.

Dans l'archipel indonésien prédomine l'islam, qui s'est implanté par l'entremise de commerçants musulmans qui se sont établis dans les ports de la région à partir du XIIIe siècle. Aujourd'hui, près de 90 % de la population indonésienne adhère à l'islam. Il s'agit, dans certaines régions, d'un islam considéré comme modéré, parfois teinté d'hindouisme, de bouddhisme et d'animisme chez une minorité de croyants. En Malaisie, très diversifiée sur le plan culturel, les citoyens sont aussi musulmans, comme c'est le cas de la majorité au Sultanat de Brunei.

Dernier arrivé et introduit par les colonisateurs et missionnaires européens, le christianisme s'est en premier lieu répandu le long des côtes. Les Européens (Espagnols, Portugais, Hollandais) y ont évangélisé les populations. L'héritage espagnol catholique domine aux Philippines ; et l'héritage portugais catholique, au Timor oriental. Dans plusieurs petites îles indonésiennes, le protestantisme a été implanté par les Hollandais. Le prosélytisme de chrétiens occidentaux et asiatiques s'est poursuivi en second lieu dans les montagnes, chez les peuples minoritaires souvent en position de faiblesse politique.

L'HÉRITAGE DU COLONIALISME : POUR COMPRENDRE L'ÉVOLUTION DE LA CARTE POLITIQUE

Au milieu du XVIe, quelque 250 ans après le passage de Marco Polo à Sumatra, les colonisateurs européens ont trouvé, en Asie du Sud-Est, une mosaïque de royaumes, de principautés, de sultanats et d'autres entités politiques organisées.

Dans les bassins fluviaux et dans les plaines du continent de même que dans les îles au large, un mélange de cultures avait produit des sociétés diversifiées dont les langues, les religions, les arts, la musique, la cuisine et les réalisations culturelles formaient des combinaisons quasi illimitées. Or aucune de ces cultures ne s'était véritablement imposée aux autres lorsque les Européens sont arrivés pour y établir des comptoirs commerciaux. La colonisation de l'Asie du Sud-Est ne se fait que très progressivement. Entre 1511 et 1641, les Portugais prennent le contrôle de l'île et du détroit de Malacca sur la route stratégique des épices ; rapidement, la région devient un lieu de rivalités et de conflits. Le plan d'évangélisation des Portugais pour convertir d'éventuels partenaires est stoppé par la progression de l'islam. Puis, en 1641, les flottes de commerce hollandaises délogent les Portugais. Progressivement, d'autres puissances européennes – britanniques, espagnoles et françaises – s'affrontent en Asie du Sud-Est. Pour les belligérants, le contrôle de cette région sera long et difficile. Le partage en divers domaines coloniaux les occupera (voir la figure 10A-5) pendant tout le XIXe siècle, période durant laquelle les puissances européennes se répartissent aussi le continent africain. Seule la Thaïlande (anciennement le Siam) n'a pas été officiellement colonisée. Selon certaines interprétations, elle aurait habilement manœuvré de façon que les Français (à l'est) et les Britanniques (à l'ouest) restent en concurrence. Une seconde interprétation soutient plutôt que les Britanniques désiraient conserver le Siam comme une **zone tampon** et qu'ils avaient peu d'intérêt à coloniser formellement un royaume dont les politiques avaient été adaptées aux besoins des différentes puissances coloniales qui s'y sont succédé.

L'Indochine

La France, l'une des grandes puissances coloniales, a divisé son empire du Sud-Est asiatique en cinq parties. Trois d'entre elles longeaient la côte orientale : le Tonkin, voisin de la Chine et situé dans le bassin du fleuve Rouge ; la Cochinchine, dans le sud de la péninsule et dont le point central est le delta du Mékong, et l'Annam, entre les deux, à l'est de la cordillère annamitique. Ensemble, ces trois territoires ont formé plus tard le Vietnam. Les deux autres parties françaises étaient le Cambodge, qui borde le golfe de Thaïlande, et le Laos, enclavé. Ils se sont affranchis chacun de leur côté.

L'empire du Sud-Est asiatique de la France est souvent nommé, tout simplement, « Indochine », mais dans les faits, ce terme renvoie à l'ensemble de la péninsule indochinoise, et non à la simple Indochine française. Comme nous l'avons souligné, l'Asie du Sud-Est, et en particulier sa région continentale, a subi les importantes influences des mondes indien et chinois. C'est de cette double influence que l'on a tiré l'appellation « Indo »-« Chine ».

L'impérialisme britannique

Les Britanniques ont régné sur deux grandes entités de l'Asie du Sud-Est, soit le Myanmar (Birmanie) et la péninsule malaise, en plus d'une importante portion du nord de

Bornéo et de nombreuses petites îles de la mer de Chine méridionale. En 1948, le Myanmar (Birmanie) a acquis le statut de république autonome. Dans la péninsule malaise, les Britanniques ont mis au point un système complexe de colonies et de protectorats qui allaient devenir la non moins complexe Fédération de Malaisie. Celle-ci a été créée en 1963 par l'union politique de la Malaisie, de Singapour et des anciennes colonies britanniques de Sarawak et de Sabah, sur l'île de Bornéo. Toutefois, Singapour a proclamé son indépendance en 1965, et les parties restantes de la fédération ont ensuite été restructurées pour devenir la Malaisie.

Les Hollandais

Lorsque les Hollandais sont devenus les maîtres des îles aux épices par l'entremise de leur Compagnie des Indes orientales en 1619, ils ont fait de Java, l'île la plus peuplée et la plus productive de la région, leur centre administratif.

FIGURE 10A-5

À partir de la capitale Batavia (aujourd'hui Jakarta), les Pays-Bas parviendront, entre le XVIIe et le début du XXe siècle, à élargir non sans peine en raison de la résistance des différentes populations locales leur sphère d'influence. Celle-ci s'étendra à Sumatra, à une partie de l'île de Bornéo (Kalimantan), aux Célèbes (Sulawesi) et aux petites îles des Indes orientales. Le colonialisme hollandais ouvrait ainsi la voie à la création de l'État le plus grand et le plus peuplé de l'Asie du Sud-Est.

De l'Espagne aux États-Unis

Dans le cadre de la tutelle coloniale à laquelle l'Asie du Sud-Est a été soumise, les Philippines, longtemps sous domination espagnole, ont connu une expérience unique. Dès 1571, les îles situées au nord de l'Indonésie étaient sous la juridiction de l'Espagne; elles doivent d'ailleurs leur nom au roi Philippe II. Le début du règne espagnol a coïncidé avec le moment où l'islam commençait à se diffuser aux Philippines par le nord de Bornéo. Pour faire contrepoids, les Espagnols ont répandu avec ferveur le culte catholique, et les soldats et les prêtres ont consolidé la domination hispanique sur la population majoritairement malaise. Manille, fondée en 1571, est devenue un poste intermédiaire stratégique entre la Chine méridionale et la côte occidentale du Mexique. Acapulco était la principale destination transpacifique des galions qui quittaient le port de Manille. L'aventure était des plus lucratives, mais les populations autochtones en profitaient peu. Les grandes propriétés étaient octroyées aux loyaux fonctionnaires espagnols et aux membres du clergé. L'oppression a toutefois fini par entraîner une révolution, et l'Espagne a dû composer avec une importante insurrection autonomiste aux Philippines à la fin du XIXe siècle, alors même que se déroulait la guerre hispano-américaine (1898) pour le contrôle des colonies espagnoles. Cette guerre s'est soldée par la signature du traité de Paris, le 10 décembre 1898. En vertu de ce traité, les États-Unis ont pris possession des colonies espagnoles de Cuba, de Porto Rico, de Guam et des Philippines. L'expérience coloniale étasunienne dans ce dernier pays ne s'est cependant pas déroulée sans heurts. Le mouvement nationaliste d'Emilio Aguinaldo prenait de l'ampleur, et les États-Unis ont réussi à s'imposer aux Philippines au prix d'une pacification musclée qui a duré plusieurs années. Les Philippines seront précipitées dans la guerre du Pacifique de 1942 à 1945, années d'occupation japonaise. Les États-Unis reprennent les îles en 1945, mais, en 1946, l'indépendance de la République des Philippines est proclamée. En 1992, les États-Unis retirent toutes leurs troupes militaires et ferment la base navale de Subic Bay.

Aujourd'hui, tous les États de l'Asie du Sud-Est sont indépendants, mais des siècles de règne colonial ont laissé de profondes empreintes culturelles. Pensons aux grandes plantations d'hévéas et d'ananas, aux structures foncières des haciendas aux Philippines, ainsi qu'aux systèmes éducatifs et administratifs. Comme en Afrique, la décolonisation s'est faite bien souvent dans la douleur pour les populations; les guerres de libération, les massacres, les guerres civiles, les conflits entre communistes et anticommunistes ont été le lot de nombreux pays de cet ensemble.

LES MARCHÉS ÉMERGENTS DE L'ASIE DU SUD-EST ET LE CAS DE SINGAPOUR

Si le Japon et les dragons asiatiques ont donné l'exemple dans les années 1960 et 1970, suivis de la Chine depuis le milieu des années 1980, il semble également que plusieurs pays de l'Asie du Sud-Est aient grossi les rangs des marchés émergents. La Malaisie, la Thaïlande, le Vietnam et l'Indonésie attirent depuis quelques années ou quelques décennies des investissements étrangers substantiels et affichent des taux de croissance économique pour le moins impressionnants. Bien que les pays de l'ensemble aient des régimes politiques différents, leurs associations économiques et politiques vont grandissant. Déjà en 1967, l'ASEAN voit le jour (Association of Southeast Asian Nations ou Association des nations de l'Asie du Sud-Est). Cette association, au départ constituée de pays anticommunistes appuyés par les États-Unis, regroupait cinq pays: la Thaïlande, la Malaisie, Singapour, l'Indonésie et les Philippines. Aujourd'hui, elle en compte 10 avec le Brunei, le Vietnam, le Laos, le Myanmar (Birmanie) et le Cambodge. Maintenant, la coopération vise un cadre plus large en créant une zone de libre-échange panasiatique, désignée sous le sigle AFTA (ASEAN Free Trade Area ou zone de libre-échange de l'ANASE).

Le cas de Singapour est particulièrement intéressant. Cette cité-État est indubitablement le cœur économique de l'Asie du Sud-Est. Avec une population d'un peu plus de 5 millions d'habitants et un territoire de 619 km^2 seulement (la superficie de l'île de Montréal est de presque 500 km^2), son importance économique n'a décidément rien à voir avec sa taille. Ce sont ses liens et sa position centrale qui font de Singapour le **nœud** d'un réseau économique qui couvre toute l'Asie du Sud-Est. Les géographes classent généralement Singapour parmi les villes mondiales parce qu'elle compte des liens internationaux importants et qu'elle exerce une influence économique mondiale. Son terminal portuaire à conteneurs (voir la photo ci-contre à droite) est le plus grand port de transbordement de l'ensemble et se dispute avec celui de Shanghai le titre de plus grand port à conteneurs du monde, ce qui témoigne de son rôle clé en Asie du Sud-Est et bien au-delà de ses frontières. De plus, l'aéroport Changi de Singapour a remporté le titre de meilleur aéroport international en 2010.

Le succès de Singapour repose en grande partie sur sa position relative. Au XVIIe siècle, c'était plutôt Malacca, dans la péninsule malaise, qui détenait les clés du commerce et du transport en Asie du Sud-Est. Le détroit de Malacca (voir la figure 10A-5), du nom de la ville, était déjà la voie maritime la plus importante et celle qu'empruntaient les bateaux occidentaux qui arrivaient de l'ouest pour gagner les eaux de l'Asie du Sud-Est. Lorsqu'au XIXe siècle, les Britanniques ont voulu supplanter les Hollandais

LES ÉTATS ET LES FRONTIÈRES

LES FRONTIÈRES SONT DES LIGNES de partage et des contrats entre deux territoires. Elles indiquent « les limites d'un État et de sa compétence territoriale ». Mises en place historiquement selon des rapports de forces entre des États, elles peuvent découler de conflits armés ou encore d'ententes entre États pour le partage d'un territoire, comme en témoigne le cas des anciennes colonies d'Amérique, d'Asie et d'Afrique. Ces lignes frontalières sont jalonnées de bornes, de barbelés, de murs et de postes frontaliers. Le moindre segment qui sépare les États est défini par des traités. Les tracés de frontières peuvent suivre la ligne de partage des eaux ou le relief (fleuve, collines, crêtes de montagnes). Les frontières sont parfois poreuses, comme c'est le cas dans les régions montagneuses entre la Thaïlande, le Laos et le Myanmar (Birmanie). Il est facile de les franchir, et des dizaines de milliers de personnes les traversent épisodiquement ou définitivement. Certaines frontières se veulent étanches, voire infranchissables, comme la barrière de sécurité entre l'État d'Israël et la Cisjordanie et le mur frontalier entre les États-Unis et le Mexique.

Elles apparaissent parfois sous forme rectiligne formant des figures géométriques, comme nous l'avons vu dans les chapitres précédents en Afrique, au Moyen-Orient, ou en Papouasie-Nouvelle-Guinée (voir la figure 10A-1). Les arpenteurs-géomètres traduisent les définitions des frontières qui font l'objet de traités en lignes sur des cartes. Cette démarche de délimitation crée les frontières officielles que reconnaissent les parties et que révèlent, dans une forme générale, les cartes politiques du présent manuel. Il arrive que des États veuillent revoir les tracés des frontières qui ont été négociés (ou pas) par le passé, parce que les termes utilisés dans le traité concernant la délimitation n'étaient pas suffisamment précis ou qu'il n'y a pas encore eu vraiment de délimitation ou d'entente. Quoi qu'il en soit, les régions frontalières sont souvent source de conflits entre les États.

Ces situations entraînent fréquemment des tensions politiques et de sérieux conflits armés, comme c'est le cas entre l'Inde et le Pakistan (voir le chapitre 8A) et aussi entre le Cambodge et la Thaïlande à propos d'un site historique, le temple de Preah Vihear, situé à la frontière entre les deux pays et inscrit depuis 2008 comme site du patrimoine mondial de l'UNESCO. En vertu d'un accord frontalier intervenu en 1907 entre la France et le royaume du Siam (aujourd'hui nommé Thaïlande), le temple se trouve en territoire cambodgien. Bien qu'à l'époque et pendant quelques décennies, le gouvernement thaïlandais ait (tacitement) accepté le tracé, ce dernier a été depuis périodiquement remis en question sur la base, notamment, d'erreurs ou d'imprécisions quant à la localisation de la ligne de partage des eaux et de la frontière. En 1962, la Cour internationale de justice de La Haye a tranché en faveur du Cambodge, mais une certaine frange nationaliste thaïlandaise a récemment remis à l'avant-scène ce dossier dans le contexte de la demande cambodgienne d'inscription du site au patrimoine mondial de l'UNESCO et du conflit politique majeur en cours en Thaïlande depuis le milieu des années 2000. Depuis 2008, les relations entre les deux pays se sont envenimées et des escarmouches et échanges de tirs ont eu lieu.

dans la région, ils ont trouvé une base locale très avantageuse : Singapour présentait un port naturel plus grand et plus profond que celui de Malacca et pouvait donc accueillir les plus grands bateaux à vapeur de l'époque. En 1819, les Britanniques se sont établis à Singapour grâce à des droits versés au sultan de Johore. À mesure que s'est accru le pouvoir britannique, Singapour a relégué Malacca au second rang. Entre 1819 et 1823, la ville marchande est devenue très cosmopolite, attirant Malais, Chinois, Indiens, Arabes et Européens ; elle est alors passée de 1000 à 10 000 habitants. Aujourd'hui, Singapour est toujours une ville cosmopolite qui symbolise la modernité et qui représente aussi un modèle d'avenir pour l'Asie du Sud-Est. De toutes les régions de l'ensemble de l'Asie du Sud-Est, ceux qui en ont les moyens s'y rendent pour magasiner, prendre des correspondances internationales, faire des affaires ou investir dans l'immobilier. De plus, beaucoup de gens nantis envoient leurs enfants dans l'une des universités très cotées de la cité-État.

Singapour abrite l'un des plus importants ports du monde. En plus de se trouver au cœur de l'espace économique de l'ensemble, cette cité-État constitue un point d'accès incontournable à l'économie mondiale.

10B LES RÉGIONS DE L'ASIE DU SUD-EST

FIGURE 10B-1

SOMMAIRE

- L'ASIE DU SUD-EST CONTINENTALE
- L'ASIE DU SUD-EST INSULAIRE

CONCEPTS ET TERMES

Guerre d'Indochine

Zone Asie-Pacifique

Décollectivisation

Altermondialisme

La géographie régionale de l'Asie du Sud-Est découle des anciens empires des puissances coloniales rivales. Les gouvernements post-coloniaux ont dû affronter de redoutables forces centrifuges, mais ils ont réussi à maintenir la stabilité de cette structure régionale. Ni les étrangers (l'intervention des États-Unis, dans les années 1960, qui visait à séparer le sud du Vietnam de sa portion nord, communiste) ni les forces locales (comme les insurgés en Malaisie et les autonomistes d'Indonésie) ne sont parvenus à fracturer les États multiculturels. La Malaisie a déjà donné tous les signes de rupture, mais seule Singapour a quitté cette fédération, et le retrait a été négocié sans recours à la violence. L'Indonésie, dont le territoire est très étendu, a géré ses séparatistes par la force, la persuasion et les accommodements. La naissance difficile en 2002 du Timor oriental, le plus jeune État de l'ensemble, constitue l'exception plutôt que la règle. Entretemps, les économies des pays d'Asie du Sud-Est ont mûri et, pour la plupart, prospéré, sauf le Myanmar (Birmanie) en raison de la présence de la junte militaire au pouvoir. Les statistiques démographiques de l'ensemble (voir l'annexe A) reflètent d'ailleurs ce progrès général.

L'Asie du Sud-Est est constituée de deux parties, l'une continentale et l'autre insulaire. Cependant, pour des raisons physiographiques, historiques et culturelles, il faut inclure dans la région insulaire la partie sud de la péninsule malaise, soit la zone appartenant à la Malaisie.

En utilisant la carte politique comme guide (voir la figure 10B-1), on constate donc que les régions de l'Asie du Sud-Est se délimitent comme suit :

- La région continentale : Vietnam, Cambodge, Laos, Thaïlande, Myanmar (Birmanie) ;
- La région insulaire : Malaisie, Singapour, Indonésie, Brunei, Philippines et Timor oriental.

LES PRINCIPALES VILLES DE L'ASIE DU SUD-EST

VILLE	POPULATION* (en millions)
Manille (Philippines)	12,0
Jakarta (Indonésie)	9,4
Bangkok (Thaïlande)	7,2
Hô Chi Minh-Ville, anc. Saigon (Vietnam)	6,5
Singapour (Singapour)	5,2
Yangon ou Rangoun (Myanmar [Birmanie])	4,6
Hanoï (Vietnam)	3,1
Surabaya (Indonésie)	2,9
Phnom Penh (Cambodge)	1,7
Kuala Lumpur (Malaisie)	1,6
Vientiane (Laos)	0,9

* Nombre approximatif d'habitants des agglomérations urbaines d'après les données projetées de 2012

Il faut souligner deux détails à propos de ces régions. La péninsule composée du Vietnam, du Cambodge, du Laos, de la Thaïlande, du Myanmar (Birmanie) et de la Malaisie occidentale s'appelle la péninsule indochinoise ou Indochine. Pour les raisons précitées, nous avons choisi de tenir compte d'une division régionale différente dans le présent manuel.

En ce qui a trait à la région insulaire, sa réalité culturelle ne coïncide pas à 100 % avec la carte politique. Comme nous pouvons le constater, l'État de l'Indonésie s'étend jusqu'à la moitié occidentale de l'île de Nouvelle-Guinée ; cependant, celle-ci fait entièrement partie de l'ensemble voisin, celui des archipels du Pacifique.

L'ASIE DU SUD-EST CONTINENTALE

Deux puissances coloniales – la France et la Grande-Bretagne –, postées de part et d'autre de la Thaïlande, ont contribué à modeler la géographie politique moderne de cette région. Si le bouddhisme y est la religion dominante, la région n'en demeure pas moins multiculturelle et multiethnique (voir la figure 10A-3). Bien que l'Asie du Sud-Est continentale abrite plusieurs grandes villes, la population y est majoritairement rurale ; toutefois, elle s'urbanise à un rythme croissant.

Le Vietnam

Le Vietnam, dont la population est de 91 millions d'habitants, se remet des profondes cicatrices laissées par la **guerre d'Indochine** (1946-1954) et la guerre du Vietnam (1954-1975) qui avaient séparé le pays entre le nord et le sud. Avec le départ de l'armée des États-Unis en 1973 et la réunification des deux territoires en 1976, le pays est officiellement devenu une démocratie populaire à parti unique (en d'autres mots, un pays communiste). Aujourd'hui, même si le régime politique subsiste, le Vietnam change. La population y est jeune ; 56 % des habitants ont moins de 30 ans. Ainsi, pour la majorité des Vietnamiens, la terrible guerre qui s'est déroulée de 1964 à 1975 fait maintenant partie de l'histoire et non de leur expérience personnelle. En fait, les Vietnamiens ont des préoccupations plus immédiates, en l'occurrence améliorer leurs conditions de vie. Quant à l'État, il cherche à renforcer son intégration économique dans la **zone Asie-Pacifique**, et ce, par un socialisme d'ouverture à l'exemple de la Chine. L'économie émergente du Vietnam accomplit des progrès considérables. La pauvreté au pays a connu un brusque déclin au cours de la dernière décennie. Le pourcentage de personnes vivant sous le seuil de pauvreté est passé de 51 % durant les années 1976 à 1980 à moins de 20 % en 2006. Une partie de la croissance économique s'explique par le Doi Moi (qui signifie « renouveau » en vietnamien), nom de la réforme économique mise en œuvre à partir de 1986 par le Parti communiste vietnamien. Le Doi Moi a favorisé l'ouverture progressive à l'économie de marché et aux investissements. Entre 1986 et 2006, une série de réformes ont transformé les différents secteurs économiques, en particulier l'agriculture qui occupait 53 % de la population active en 2009. On a assisté à la **décollectivisation** de l'agriculture et à la restauration de l'exploitation paysanne familiale, ce qui a permis d'augmenter la productivité agricole.

Au début de 2010, le pays était une destination en hausse pour les usines d'assemblage en raison des salaires plus bas qu'en Chine et de la présence de plus d'une douzaine de zones de développement économique. L'ouverture économique du Vietnam s'est aussi traduite par un nombre croissant de touristes en provenance de l'étranger. Ils sont passés de 250 000 en 1990, à 2 400 000 en 2003. En 2011, le Vietnam a accueilli un peu plus de 6 millions de visiteurs.

La configuration géographique du Vietnam est singulière (voir la figure 10B-2) ; le pays forme une bande de terre d'une largeur moyenne inférieure à 240 kilomètres (60 kilomètres dans sa partie la plus étroite) qui s'étend sur 2000 kilomètres, de la frontière chinoise au nord jusqu'à la pointe du delta du Mékong au sud. En observant les figures 10A-2 et 10B-2, on remarque la bipolarisation du territoire représentée par deux importantes poches de population : l'une dans le nord et l'autre dans le sud du pays.

Le nord et le sud

Même après que ses armées ont chassé la France en 1954, le Vietnam n'est pas devenu un État unifié. Deux régimes – un communiste à Hanoï et un non communiste à Saigon – contrôlaient le pays de part et d'autre du 17e parallèle nord. Au tout début des années 1960, le nord et le sud du Vietnam étaient deux mondes distincts. La guerre a éclaté entre les communistes du nord et les dirigeants non communistes au

FIGURE 10B-2

sud, appuyés par les États-Unis. Pendant plus d'une décennie, les États-Unis se sont engagés militairement pour soutenir le régime de Saigon, mais les communistes du Front national pour la libération du Sud-Vietnam l'ont emporté. En 1973, au terme des hostilités, on estime à plus de 1,7 million le nombre de victimes chez les Vietnamiens, tant civils que militaires, et à 56 000 celui des morts parmi les troupes étasuniennes. Les infrastructures du pays ont presque toutes été détruites par l'aviation des États-Unis. Enfin, quelque 2 millions de réfugiés vietnamiens du sud auraient fui le régime communiste par la mer de Chine méridionale, le plus souvent à bord de bateaux de fortune (on les a même surnommés les *boat people*). En 1979, la majorité de ceux qui avaient survécu à cette fuite périlleuse s'étaient établis aux États-Unis et dans de nombreux autres pays dont le Canada, la France, le Royaume-Uni, l'Allemagne et l'Australie.

Les contrastes économiques entre le nord et le sud perdurent encore aujourd'hui, mais ils s'atténuent. Hanoï, la capitale, a longtemps traîné derrière Saigon, l'affairée, mais son paysage urbain se modernise et ses voies d'accès terrestres vers son port à Haïphong se sont considérablement améliorées. Avec plus de 3 millions de résidents, Hanoï est le point d'ancrage de la zone d'activité principale du nord (plaine du Tonkin), située dans le bassin inférieur du fleuve Rouge (ou Sông Hông en vietnamien), un fleuve si impétueux que la ville doit se protéger de ses crues par des réseaux de digues. Cependant, sans véritable politique d'aménagement et de transport en commun, Hanoï continue de connaître un développement anarchique. Les motos, les vélos et les camions s'entremêlent et sont omniprésents dans les rues de la capitale. Dans les campagnes, les routes proprement dites s'améliorent progressivement. Pour sa part, le sud vit des transformations encore plus profondes et la croissance économique y est importante.

En fait, le gouvernement fait entrer lentement – et à ses conditions – son pays dans l'économie mondiale, en extirpant du même coup de nombreux Vietnamiens de la pauvreté.

Le Vietnam en transition

Durant les premières décennies du régime communiste, l'entreprise privée a été abolie et les agriculteurs ont été contraints d'intégrer des coopératives selon le modèle communiste chinois, ce qui a créé des conditions de quasi-famine au début des années 1980. Cette période a coïncidé

L'une des MÉTROPOLES de . . .

L'ASIE DU SUD-EST

HÔ CHI MINH-VILLE (SAIGON)

SON APPELLATION OFFICIELLE a beau être Hô Chi Minh-Ville depuis le départ de la plupart des troupes militaires des États-Unis en 1973 et de l'évacuation de l'ambassade de ce pays en 1975, pour la population locale, la ville s'appelle toujours Saigon. L'agglomération est sise au bord de la rivière du même nom et servie par un millier, semble-t-il, d'entreprises qui s'en réclament. Des Taxis Saigon à l'Hôtel Saigon en passant par les pharmacies Saigon, l'ancien nom de la ville est partout.

Le phénomène n'est pas anodin. Hanoï, dans le nord, a décrété le changement de nom, mais le sud reste le sud, et nombre de ses habitants perçoivent le nord du pays comme étant peuplé de communistes dogmatiques qui sabotent les espoirs et les projets de leur ville dynamique où vivent 6,5 millions de personnes. Selon les estimations démographiques des Nations Unies, Saigon est deux fois plus grande que Hanoï, mais à l'instar de la capitale, des décennies de détérioration ont laissé ses infrastructures dans un état lamentable et rendu ses services publics peu fiables. Lorsque au début des années 1990, la communauté des affaires n'arrivait plus à trouver d'installations modernes ni de téléphones en bon état, une entreprise australienne a fait construire un hôtel flottant de huit étages, alimenté par sa propre centrale électrique, et l'a fait remorquer sur le fleuve avant de l'amarrer devant le centre-ville et de le mettre à la disposition des gens d'affaires.

C'est bien le principal avantage de Saigon : les navires de haute mer peuvent y accéder en trois heures en remontant le fleuve Nha Be, puis la rivière Saigon. Les Chinois ont exploité son potentiel : dans les années 1960, les marchands chinois contrôlaient plus de la moitié des exportations du sud et presque toutes ses usines textiles et ses devises. Cholon (qui signifie «grand marché») était une réussite, mais après la guerre, le régime de Hanoï a nationalisé toutes les entreprises chinoises. Des dizaines de milliers de Chinois de la classe moyenne ont alors quitté la ville, laissant son économie exsangue.

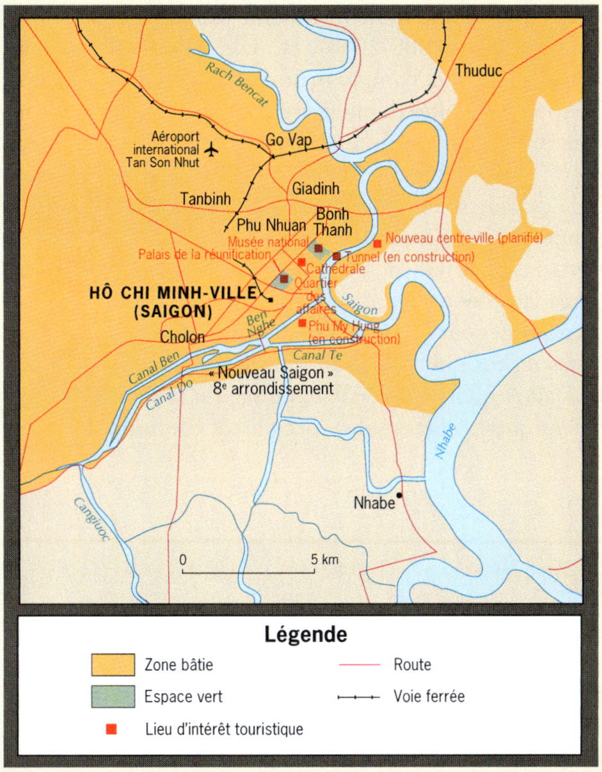

10B

avec l'ouverture de la Chine sur le plan économique et, en 1986, Hanoï a commencé à instaurer les réformes du Doi Moi.

Au milieu des années 1990, le gouvernement encourageait la libre entreprise, les agriculteurs avaient retrouvé le droit d'exploiter la terre au profit de leur famille et le pays accueillait les investissements étrangers, quoique à des conditions beaucoup plus contraignantes que la Chine. Le gouvernement a continué d'assurer des services sociaux adéquats, au point d'afficher de meilleurs indicateurs de santé que la Chine et d'accroître rapidement le nombre d'élèves inscrits au secondaire.

L'augmentation de la production agricole a mobilisé le Vietnam au cours des dernières années. Depuis 2000, le pays fait partie des cinq plus grands producteurs de café du monde. Cependant, puisque la production à grande échelle nécessite des plantations, le développement dans l'arrière-pays a donné lieu à une déforestation considérable dans les hautes terres du nord et les plateaux centraux de la région de l'Annam. Les sols ainsi devenus plus instables subissent encore plus gravement les effets des fortes pluies causées par la mousson annuelle. Le riz, l'hévéa, le café, le maïs, les patates douces, le manioc, le thé et les épices sont d'autres cultures importantes du pays.

Le Vietnam a été en mesure d'enregistrer une croissance économique soutenue, même durant la crise économique récente (2008-2010). Hô Chi Minh-Ville connaît un nouvel essor et compte maintenant une zone économique spéciale inspirée du modèle chinois, qui s'ajoute au nouveau quartier résidentiel et des affaires de Saigon (Nouveau Saigon). La production industrielle du Vietnam provient à 25 % de Saigon et de ses environs, qui versent au gouvernement le tiers des recettes fiscales du pays. L'accession du Vietnam, en 2007, à l'Organisation mondiale du commerce laisse entrevoir d'autres changements de cet ordre. Les réformes ont toutefois ralenti depuis 2009, et les économistes jugent que le pays dépend trop des sociétés publiques alors qu'il profiterait davantage d'initiatives privées dynamiques. À Hanoï, les spécialistes communistes de la planification gardent solidement en main les rênes de l'économie du pays – beaucoup plus que leurs homologues chinois – et semblent déterminés à stopper le capitalisme galopant qui s'est emparé de la Chine, de même que les écarts de revenus qui l'accompagnent. Le Vietnam dépend encore grandement des investissements et des exportations vers l'étranger. Par sa stratégie de développement économique, le gouvernement cherche à industrialiser le pays d'ici à 2020. Pour y parvenir, il devra orienter ses efforts de façon à développer ses infrastructures de base (transport, énergie), à éduquer les jeunes et à moderniser ses institutions publiques.

Le Laos

Le Laos se trouve au nord du Cambodge et à l'ouest d'une vaste portion du Vietnam. C'est le seul pays enclavé de l'Asie du Sud-Est. Enfermé à l'intérieur des terres et isolé, le Laos a peu changé au cours des 60 ans qu'a durés l'administration coloniale française (1893-1953). Il est devenu indépendant par la suite, en même temps que d'autres régions gouvernées par les Français. Toutefois, sa monarchie, pourtant bien implantée, est tombée peu après sous le poids des rivalités entre traditionalistes et communistes, et l'ordre établi s'est écroulé en 1975.

Avec ses 236 800 km^2 et ses 6,7 millions d'habitants, cet État est de loin le moins peuplé de la région continentale de l'Asie du Sud-Est. Cette situation s'explique historiquement : une forte proportion de sa population a été déplacée de force au XIXe siècle vers la rive droite du Mékong par le Siam (Thaïlande), à l'époque où ce pays se remettait des invasions birmanes et tentait de reprendre du pouvoir en capturant des individus issus des principautés avoisinantes pour en faire des esclaves.

Le Laos n'a pas moins de cinq voisins, y compris le colosse qu'est la Chine. Une grande partie de sa limite ouest est déterminée par le fleuve Mékong, et sa frontière avec le Vietnam à l'est se trouve en terrain montagneux. Le Laos est très peu industrialisé et moins de 5 % de ses terres sont en plaines alluviales. Un peu plus de 70 % de

À Hô Chi Minh-Ville (Saigon), trois pâtés de maisons séparent ces deux visages du Vietnam : une statue du défunt dirigeant communiste Hô Chi Minh devant l'hôtel de ville et la première boutique Louis Vuitton, que fréquente la classe moyenne supérieure émergente.

la population est rurale, et l'agriculture est la principale activité économique. La forêt couvre plus de la moitié de la superficie du pays. Tout comme au Vietnam, la colonisation agricole et le développement hydroélectrique font reculer la forêt. Jusqu'à récemment, le pays était pauvre en infrastructures qui auraient facilité le transport des marchandises et permis de désenclaver le territoire. Avec l'aide internationale de la Thaïlande, de la Chine, du Japon et du Vietnam, les routes modernes et les ponts se sont multipliés. Le pays compte désormais au moins 2500 kilomètres de routes asphaltées et ce nombre est appelé à croître rapidement. L'unique voie ferrée aujourd'hui en fonction est le court tronçon inauguré en 2009 traversant le Mékong à proximité de Vientiane et reliant ainsi sa banlieue au réseau ferroviaire thaïlandais. Des projets plus ambitieux font l'objet de discussions.

Le pays a entrepris un virage important en 1983 avec l'adoption de politiques économiques qui favorisent l'ouverture à l'économie de marché. Toutefois, il n'a pas atteint le niveau de développement économique des entités qui l'entourent, notamment la Thaïlande, le Vietnam et le sud de la Chine. Les choses changent néanmoins. En 1997, le pays a adhéré à l'ASEAN (Association of Southeast Asian Nations) et entrepris de commercer avec ses voisins. Pour encourager les investissements étrangers, le régime communiste du pays a inauguré, en janvier 2011, une Bourse à Vientiane, la capitale. Différents projets d'infrastructures sont en cours. La Chine et la Thaïlande financent la construction d'un train à grande vitesse pour relier Vientiane à Kunming, dans le sud de la Chine. Une autre ligne ferroviaire contribuera à dynamiser la région et à développer l'économie des pays environnants, soit la Thaïlande, le Myanmar (Birmanie), le Cambodge, la Malaisie et le Vietnam. Par ailleurs, le barrage hydroélectrique d'une puissance de 1070 mégawatts terminé en 2010 sur la rivière Nam Theum, un tributaire du Mékong, approvisionne désormais le pays en électricité et lui permet de vendre des surplus à la Thaïlande. Ces installations de 1,3 milliard de dollars américains réalisées en partenariat avec des entreprises françaises et thaïlandaises ont détourné 93 % du débit de la rivière Nam Theum vers le bassin adjacent de la rivière Xe Bang Fai, générant de l'électricité destinée à la Thaïlande. Pour que le réservoir puisse être créé, il aura fallu déloger plus de 16 000 paysans. Or cet incident n'est pas isolé : dans le cadre de sa politique forestière, le Laos accorde des concessions foncières aux compagnies vietnamiennes, thaïlandaises et chinoises qui déplacent des populations locales pour la production de caoutchouc (avec hévéa), d'agrocarburants, d'alimentation animale et de lignine. Cette tendance dangereuse à l'accaparement de terres et à l'exploitation des ressources est dénoncée par les groupes environnementaux et par les tenants de l'**altermondialisme** qui militent à l'échelle internationale.

Le Cambodge

Le Cambodge abrite l'un des plus grands trésors de l'hindouisme : la cité d'Angkor, capitale de l'ancien Empire khmer. Lorsque les Français ont pris le contrôle de la région durant les années 1860, Angkor était en ruine. Ce sont eux qui ont commencé la restauration des temples et établi les frontières permanentes du Cambodge qui a finalement acquis son indépendance en 1953.

Ce pays a ensuite connu les affres d'une dictature sanglante menée par les Khmers rouges. La guerre au Vietnam et les bombardements de l'armée étasunienne à la frontière du Vietnam et du Cambodge ont bouleversé la vie rurale et les Khmers rouges en ont profité pour s'imposer dans les campagnes et ensuite prendre le pouvoir. En 1975, ils ont renversé le gouvernement en place et se sont engagés dans la voie de la terreur et de la destruction. Leur but idéologique était de faire du Kampuchea (c'est ainsi qu'ils appelaient le Cambodge) une société communiste rurale et paysanne. Pour réaliser ce projet, les villes, petites et grandes, et même la capitale Phnom Penh, ont été vidées. Les Khmers rouges ont massacré 2 millions de Cambodgiens (sur une population totale de 8 millions), dont de nombreux universitaires, des gens de lettres, des médecins, des avocats et des gens d'affaires. Des milliers de persécutés se sont réfugiés dans des camps en Thaïlande, mais cet afflux de personnes a été jugé trop important pour la capacité du pays et les Thaïlandais ont refoulé massivement les Cambodgiens fuyant les Khmers rouges.

Pour libérer les Cambodgiens du régime de terreur, le Vietnam a envahi le Cambodge en 1979 et instauré une paix relative jusqu'à son retrait en 1989. Jusqu'en 1991, une guerre civile a sévi dans le pays et les Khmers rouges étaient toujours présents dans les zones forestières des montagnes de l'ouest. Pour des motifs géopolitiques, la Thaïlande, la Chine et les pays membres de l'ASEAN ont appuyé militairement et diplomatiquement les Khmers rouges afin, notamment, de se garder une zone tampon entre le Vietnam et le régime pro-étasunien en Thaïlande. En 1993, les conditions au Cambodge étaient favorables à la reconstruction, mais ce n'est qu'en 1999 que le mouvement des Khmers rouges a été dissout de façon définitive ; certains de ses dirigeants ont plus tard été amenés devant les tribunaux pour être jugés pour crime contre l'humanité.

L'aide internationale, tant économique que politique, a permis au pays de se réorganiser. À la chute des Khmers rouges, la priorité était de déminer les régions rurales pour que les paysans puissent enfin reprendre en toute sécurité les cultures potagères et la riziculture afin d'assurer leur subsistance.

Aujourd'hui, le Cambodge est stable politiquement. Il regroupe 15,6 millions d'habitants, alors qu'il n'en comptait que 7 millions en 1990. Quelque 80 % de la population vit en milieu rural et, par conséquent, l'agriculture est l'activité principale du pays. Le cœur de l'économie s'organise autour de la capitale Phnom Penh peuplée de 1,7 million d'habitants et des bassins irrigués du Mékong et du lac Tonle Sap (voir la figure 10B-2). Le tourisme et l'exploitation forestière constituent d'autres secteurs d'activité d'une économie qui a encore du mal à s'intégrer dans la mouvance asiatique. Ici, comme ailleurs en Asie du Sud-Est, les questions environnementales sont d'actualité; la déforestation, l'exploitation des mines à ciel ouvert et la destruction des mangroves menacent les écosystèmes fragiles. De plus, la découverte d'hydrocarbures aux frontières maritimes du Cambodge et de la Thaïlande reste une source de tension entre les deux pays.

La Thaïlande

La Thaïlande est l'État dominant de la région continentale. Avec une superficie de 513 118 km^2, ce pays est aussi vaste que la France. La population de 69 millions d'habitants en 2012 est celle qui augmente le plus lentement au sein de cet ensemble géographique, avec un taux d'accroissement naturel annuel de 0,6 %. Depuis 1970, la Thaïlande a amorcé sa transition démographique: le taux de fécondité de 1,57 enfant par femme est inférieur au taux de renouvellement de la population qui est de 2 enfants par femme.

Bangkok, la capitale dont la population atteint 7,2 millions d'habitants, est le plus grand centre urbain de la région continentale et l'une des villes dominantes de la planète. La Thaïlande n'a jamais été directement colonisée par les Européens. Depuis la révolution de 1932 qui a mené à l'abolition de la monarchie absolue, le pays est dirigé par une monarchie constitutionnelle dotée d'un parlement élu.

Contrairement à ses voisins, la Thaïlande a joué un rôle important dans l'essor économique de l'Asie du Sud-Est. Elle a profité d'un développement économique très rapide après la Seconde Guerre mondiale (1939-1945). Cette croissance est tributaire de l'aide des États-Unis et des Alliés. Durant les années 1950, ces derniers ont financé la construction de grands barrages et d'ouvrages d'irrigation ainsi que de routes pour desservir les zones forestières.

Par la suite, depuis les années 1960, le pays a connu une croissance économique importante. Cette croissance a été alimentée notamment par une expansion très rapide des terres agricoles et une augmentation des exportations agricoles. Dans le secteur industriel, on a d'abord cherché à encourager une industrie nationale dont les productions se substitueraient aux importations. Depuis les années 1980, la stratégie repose plutôt sur le développement d'une industrie d'exportation, où on encourage les investissements directs étrangers et où on tend à libéraliser le commerce (produits électroniques et appareils électriques). Cette révolution a été grandement stimulée par l'accord du Plaza, signé en 1985 entre les pays membres du G5. L'un des objectifs de l'accord était d'apprécier la valeur du yen par rapport à celle du dollar américain, ce qui réduisait d'autant la profitabilité des exportations japonaises vers les États-Unis. Afin de contrer cet effet, plusieurs entreprises japonaises ont déménagé leur production de produits électroniques et automobiles vers l'Asie du Sud-Est et la Thaïlande en particulier. Des entreprises taiwanaises et sud-coréennes leur ont emboîté le pas. Dans un tel contexte, la Thaïlande a développé une zone industrielle de première importance: le Eastern Seaboard et son port commercial moderne en eau profonde de Laem Chabang, situé sur la côte est du golfe de Thaïlande, à 120 kilomètres au sud-est de Bangkok. Ses vastes terrains et ses quais débordent de conteneurs et de voitures japonaises fabriquées en Thaïlande et destinées à l'exportation à travers le monde.

Au cours du printemps et de l'été 2010, la Thaïlande a traversé une crise politique qui a tourné à la catastrophe sociale quand les rebelles, fidèles au premier ministre déchu, se sont opposés aux partisans d'un gouvernement discrédité dans les rues de Bangkok. Les affrontements ont fait des dizaines de morts, des centaines de blessés et d'importants dommages matériels, en plus de saper l'économie. Lorsque l'armée et la police sont parvenues à maîtriser les « chemises rouges », des quartiers entiers de cette ville mondialisée avaient toutes les apparences d'une zone de guerre. Pressentant la défaite, les rebelles ont incendié l'un des plus vastes centres commerciaux du monde, le Central World (voir ci-dessous).

La figure 10B-3 montre le noyau économique principal de la Thaïlande qui se trouve dans la région centrale, à proximité du Chao Phraya et de la capitale. Toutefois, depuis quelques décennies, le gouvernement cherche, au moyen d'incitatifs financiers, à encourager la déconcentration des activités industrielles. Ces initiatives ont eu un certain succès et il existe maintenant des corridors et des pôles de développement industriel et urbain au nord (Lampang, Lamphun et Chiang Mai), au nord-est (corridor Nakhon Ratchasima-Nong Khai) et au sud (Hat Yai, corridor s'étendant de Bangkok à la Malaisie).

Les régions montagneuses du nord moins peuplées ont longtemps été connues pour la culture du pavot qui s'y pratiquait. Jusque dans les années 1980, une zone de production à la rencontre de la Thaïlande, du Laos et du Myanmar (Birmanie) était surnommée le « Triangle d'or ». En raison de pressions des États-Unis et d'autres pays occidentaux, les gouvernements locaux ont lancé des campagnes d'éradication et de substitution agricole pour mettre un terme à cette culture.

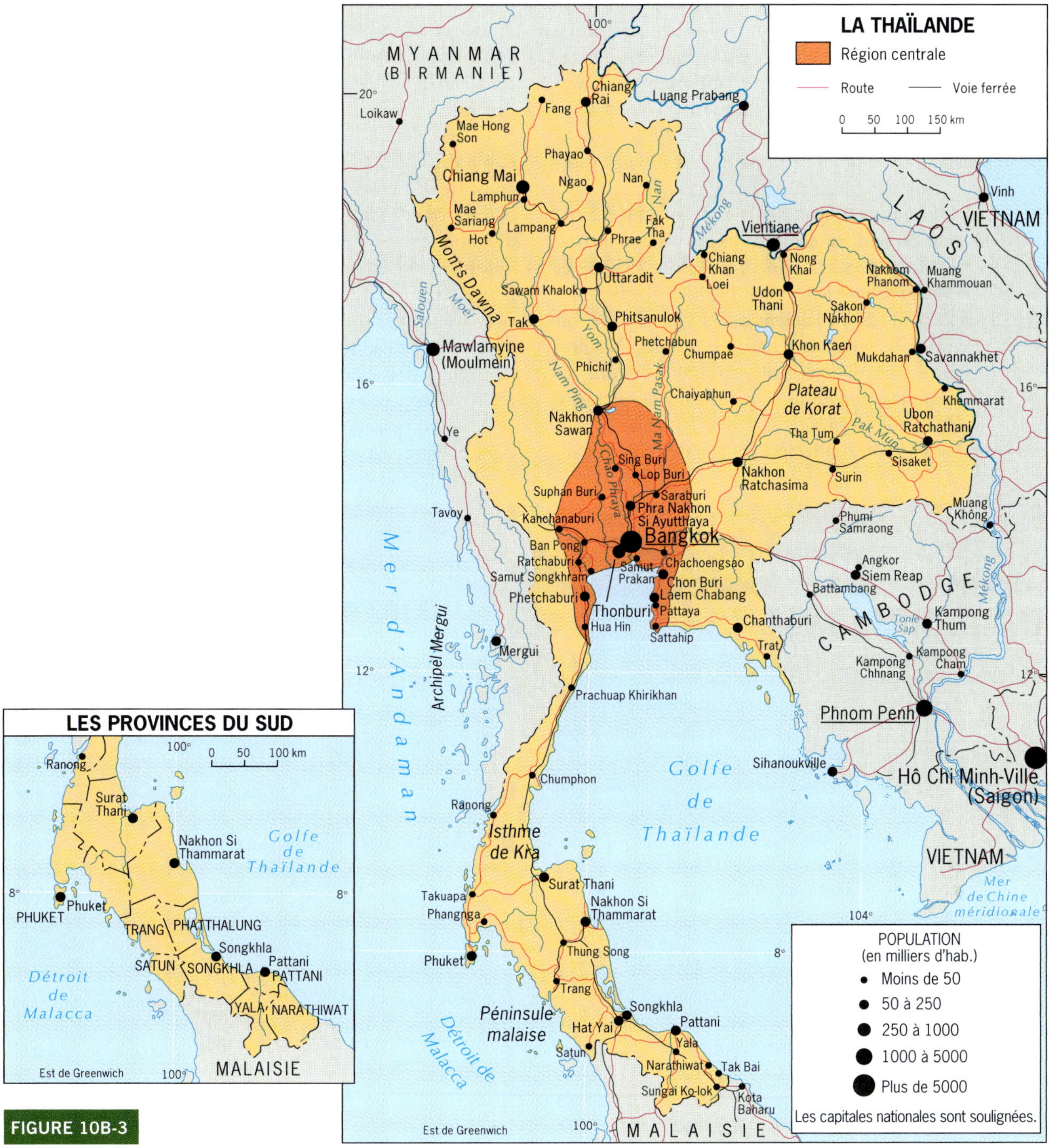

FIGURE 10B-3

L'industrie du tourisme est un important secteur de l'économie thaïlandaise. Près de 15 millions de visiteurs étrangers, en 2011, ont injecté dans le pays des devises étrangères essentielles aux échanges internationaux.

Au cours des dernières décennies, l'essor économique n'a été freiné que par la crise financière de 1997 ainsi que par l'incertitude et l'instabilité politiques. En 2006, les forces armées ont chassé du pays un premier ministre honni dans certains milieux, en particulier chez les classes gouvernantes traditionnelles, mais particulièrement apprécié dans les zones rurales historiquement défavorisées du nord et du nord-est. Depuis 2006, l'instabilité politique a été marquée, les partisans, puis les opposants au coup d'État (respectivement les « chemises jaunes » et les « chemises rouges ») se succédant au pouvoir et dans la rue. Des manifestations monstres ont paralysé les grandes villes, entraîné la fermeture du principal aéroport du pays et immobilisé le transport ; le coût a été énorme pour l'industrie et le commerce. Cette lutte de pouvoir a également eu de lourdes conséquences sur l'industrie du tourisme, d'une importance vitale, qui ne s'est pas encore tout à fait rétablie. Les troubles ont ressurgi à l'été 2010. De nouvelles émeutes ont eu lieu dans les rues de Bangkok (voir la photo à la page 396), lorsque l'armée a sévi contre les « chemises rouges », les membres d'une coalition qui réclamaient des réformes démocratiques. Le conflit a d'importantes racines idéologiques, économiques et politiques, en particulier quant à la conception de la démocratie et à la limitation du pouvoir royal d'intervenir en politique. À ce titre, une solution rapide et durable est difficile à envisager.

Comme le montre la figure 10B-1, la Thaïlande occupe le cœur de l'Asie du Sud-Est continentale. Deux grands bassins hydrographiques irriguent le pays : celui du Mékong et celui du Chao Phraya (voir la figure 10B-3). Ce dernier est à la Thaïlande ce que le Saint-Laurent est au Québec. De son embouchure dans le golfe de Thaïlande jusqu'à Nakhon Sawan, ce fleuve était une véritable autoroute, historiquement, avant la construction du chemin de fer dans la première moitié du XXe siècle et des routes à partir des années 1950. Cette voie fluviale était le principal moyen de transport du pays ; c'est par là que les armées voyageaient et que le bois précieux du nord était acheminé vers le sud pour être exporté vers l'étranger. Aujourd'hui, le transport fluvial ne représente plus que 4,5 % du volume total du transport de marchandises contre 93,6 % par la route et 1,9 % par le chemin de fer.

Bangkok s'étale de part et d'autre de la plaine inondable du Chao Phraya inférieur qui, à cette hauteur, est couverte de gratte-ciels, de pagodes, d'usines, de hangars à bateaux, de débarcadères, d'hôtels de luxe et d'une myriade d'habitations modestes, tous construits dans le plus grand désordre sur des terrains marécageux. Sur la rive droite du fleuve, la partie ouest de Bangkok abrite les derniers quartiers de *klongs*, ou canaux, qui constituent le réseau de transport traditionnel. En ce sens, Bangkok est vue comme la « Venise de l'Asie », bien que de nombreux *klongs* aient été remblayés et asphaltés.

Comme à Venise, la ville aménagée sur des alluvions est aux prises avec des problèmes d'affaissement du sol, ce

L'une des MÉTROPOLES de . . .

L'ASIE DU SUD-EST

BANGKOK

SA POPULATION de 7,2 millions d'habitants fait de Bangkok la plus grande ville de l'Asie du Sud-Est continentale. Métropole tentaculaire étalée sur les rives du Chao Phraya, cette agglomération urbaine est polycentrique. On retrouve un centre politique et historique dans le quartier de Rattanakosin et différents centres économiques disséminés sur l'ensemble du territoire de la ville.

La ville imprégnée de la chaleur tropicale est formée d'une agrégation de quartiers, allant des plus immaculés aux plus miséreux. Les déplacements y sont souvent difficiles en raison des embouteillages quasi permanents. Le transport en commun bénéficie d'un train monorail surélevé (de type Sky Train) et d'un métro de 18 stations, inauguré en 2004. Le réseau de canaux (de plus en plus réduit, mais très fréquenté) constitue une façon agréable de se déplacer et complète le système de transport en commun sur le Chao Phraya. Les traversiers et les bateaux-taxis transportent des dizaines de milliers de banlieusards et de consommateurs le long des rives de cette artère animée que bordent un nombre grandissant de tours de bureaux, d'hôtels de luxe et d'immeubles en copropriété ultramodernes. Beaucoup de ces constructions témoignent du penchant des Thaïlandais pour les dômes, les colonnes et les fenêtres à carreaux multiples, et donnent à la métropole une silhouette unique en Asie.

Symbole du bouddhisme en Thaïlande, l'or rehausse l'architecture des bâtiments, qu'ils soient à vocation religieuse ou non. Le panorama urbain est constellé de flèches, de pagodes et de façades dorées. Derrière les deux kilomètres de murs blancs crènelés ceinturant le Palais royal s'entassent des

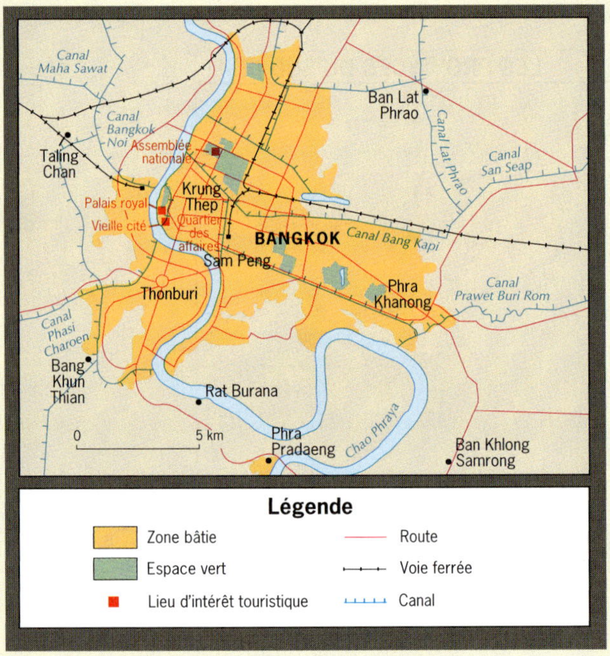

édifices publics, religieux et royaux : une cité plaquée or au sein d'une ville ornée de portails, de dragons et de statues. Devant le Palais royal, les immeubles gouvernementaux de l'autre côté de l'allée sont parfois la cible de casseurs, indissociables de l'instabilité politique qui règne à Bangkok. Non loin, le quartier chinois et la multitude de marchés contribuent à la vie commerciale trépidante de Bangkok.

qui entraîne parfois des inondations, comme cela a été le cas encore en 2011. Protéger Bangkok de ce fléau exigerait de détourner l'eau du fleuve vers les canaux et les zones agricoles et périurbaines en amont de la ville. Cette idée suscite la grogne populaire parce qu'on hésite rarement à sacrifier les agriculteurs et les travailleurs modestes des environs pour que l'élite puisse rester au sec au centre-ville. Ainsi, en 2011, les autorités n'ont pas laissé passer beaucoup d'eau à travers Bangkok et, par conséquent, l'inondation en amont en a été prolongée.

Le Myanmar (Birmanie)

La physiographie du Myanmar est semblable à celle de la Thaïlande : les deux pays ont un bassin central encadré par des chaînes de montagnes et, comme la Thaïlande, le Myanmar plonge vers le sud le long de la péninsule malaise. Avec une superficie de 676 577 km^2, il est le pays le plus vaste de la région continentale de l'Asie du Sud-Est. Il s'étire sur quelque 1800 kilomètres, des régions montagneuses du nord jusqu'aux plaines de la côte méridionale.

Le Myanmar abrite 54,4 millions d'habitants et la densité arithmétique est de 80 hab./km^2, ce qui est sensiblement inférieur à la moyenne de la région continentale où elle est de 120 hab./km^2. À titre comparatif, la densité en Thaïlande est de 134 hab./km^2.

Le territoire fédéré est divisé sur le plan ethnique. Les Birmans concentrés au centre constituent 68 % de la population du pays. Le nord-est et l'extrême nord sont occupés par le peuple shan qui regroupe 4,9 millions de personnes, soit 8 % de la population. Le long de la péninsule, les quatre millions de Karens (peuple kayin) représentent 7 % de la population. Ceux-ci ont d'ailleurs manifesté le désir de créer un territoire autonome. Dans le nord-est et dans la péninsule, les Môns au nombre de 1,2 million correspondent à 2,2 % de la population. Enfin, la communauté chinoise compte pour 3 % de la population.

Avant l'époque coloniale de 1824 à 1948, le pouvoir se trouvait à Mandalay dans la zone dite sèche (voir la figure 10B-1). Cette ville avait l'avantage d'être centrale tout en étant relativement proche des hautes terres non birmanes qui l'entourent. Toutefois, sous le régime colonial britannique, le territoire birman a connu des transformations. Le potentiel agricole du delta de l'Irrawaddy, fleuve qui draine un étroit bassin au centre du pays, a été développé, ce qui a fait de la ville de Rangoun (Yangon) le pivot de la colonie. L'ancienne et la nouvelle région (voir la figure 10B-1) sont liées par la voie navigable de l'Irrawaddy, mais le centre névralgique s'est déplacé vers le sud. Il se trouve maintenant à Yangon qui regroupe 4,5 millions d'habitants.

Après son accession à l'indépendance en 1948, le pays passe sous contrôle militaire. Pendant des décennies, les politiques de répression d'un régime brutal ont eu pour résultat d'entretenir l'agitation dans le pays. Cette situation explique aussi pourquoi le Myanmar fait partie des États les plus pauvres de la planète. Le budget de l'armée y serait huit fois supérieur à celui de l'éducation et de la santé. En 1989, une junte militaire renomme le pays « République de l'Union du Myanmar ». En 2005, elle déplace le siège administratif de l'État vers la nouvelle capitale, Nay Pyi Taw, jugée géographiquement plus stratégique, parce qu'elle est située au centre du territoire et qu'elle assure une meilleure protection contre les invasions (voir la figure 10B-1). Ce gouvernement, comme les autres juntes militaires précédentes, s'est acharné à réprimer toute opposition et toute contestation du pouvoir. Les mouvements autonomistes des minorités nationales, particulièrement celui du peuple karen, ont été durement réprimés. Il en est de même avec la chef de l'opposition et dirigeante de la Ligue nationale pour la démocratie (LND), Aung San Suu Kyi, Nobel de la Paix 1991. Elle est le symbole de la démocratie et de la lutte contre l'oppression du régime militaire birman. En 1989, elle sera placée en résidence surveillée par les militaires au pouvoir jusqu'en 1995, puis de nouveau de 2000 à 2003. Son combat en faveur de la liberté politique au Myanmar reprend en 2007, en association avec le mouvement de révolte mené par les moines bouddhistes du pays. La junte militaire entame une rude répression du mouvement. En 2009, Aung San Suu Kyi est alors condamnée à trois ans d'emprisonnement, mais elle est officiellement libérée en novembre 2010. La junte militaire s'est dissoute en mars 2011. Le premier avril 2012, Aung San Suu Kyi et son parti remportent 43 sièges à la Chambre du parlement.

Le Myanmar possède plusieurs atouts pour assurer son essor économique. Le pays est autosuffisant et pourrait exporter des quantités importantes de riz ainsi qu'une variété d'autres produits que la diversité des sols et des milieux lui permet de récolter. L'agriculture emploie 60 % de la population active. Dans le secteur minier, les hautes terres recèlent de l'étain et d'autres minéraux. En ce qui a trait au secteur forestier, plus de la moitié des réserves de bois de tek du monde se trouve au Myanmar, mais l'exploitation massive de ces forêts se fait à un rythme alarmant et s'accompagne d'importantes exportations illicites.

Ces dernières années, avec l'amélioration des infrastructures (routes, voies ferrées et aéroports), le Myanmar (Birmanie) a réussi à désenclaver partiellement des régions isolées, ce qui lui a permis d'établir des liens plus étroits avec ses voisins, comme la Chine et la Thaïlande, ainsi que de favoriser le développement de l'industrie touristique en vue de dépasser le nombre actuel de 300 000 touristes par année. Depuis 2010, des projets économiques et politiques sont mis sur pied. La mise en valeur des ressources naturelles (mines, forêts, gaz naturel et pétrole) attire des investisseurs asiatiques et européens et devrait contribuer aux bonnes relations du Myanmar avec ses deux puissants voisins, la Chine et la Thaïlande, dont dépend l'avenir du pays.

Le projet de développement Tavoy (Dawei Development Project), une initiative conjointe du Myanmar avec la Thaïlande, compte faire de la petite ville birmane de Tavoy sur les côtes de la mer d'Andaman un port important.

Une première étape consiste à construire une autoroute de 160 kilomètres entre Tavoy et la ville thaïlandaise de Kanchanaburi, à mi-chemin entre le port et Bangkok (voir la figure 10B-3). Cette route donnera à la Thaïlande un accès direct et rapide au golfe du Bengale et à l'Inde par voie maritime. Ce projet pourrait assurer un développement industriel considérable au Myanmar, semblable aux zones économiques spéciales de la Chine et du Vietnam.

L'ASIE DU SUD-EST INSULAIRE

Six des onze États de l'Asie du Sud-Est se trouvent dans les îles au large du continent asiatique (voir la figure 10B-1). Peu de régions dans le monde réunissent des pays aussi différents. La Malaisie, ancienne colonie britannique, comprend deux grandes zones situées à des centaines de kilomètres l'une de l'autre et séparées par la mer de Chine méridionale. L'État le plus au sud, l'Indonésie, est formé d'un archipel de milliers d'îles, allant de Sumatra, à l'ouest, à la Nouvelle-Guinée, à l'est. Au nord de l'archipel indonésien se trouvent les Philippines, un pays qui a déjà été une colonie espagnole, puis étasunienne. Ces États qui sont les plus fragmentés de la planète ont dû affronter des difficultés inhérentes à ce type de division politico-territoriale. La région insulaire de l'Asie du Sud-Est comprend aussi deux entités économiques prospères, malgré leur petite taille: Singapour, cité-État qui a autrefois fait partie de la Malaisie, et le Sultanat de Brunei, un État pétrolier, sur l'île de Bornéo. Enfin, un troisième petit pays, le Timor oriental, n'a accédé à l'indépendance qu'en 2002. Nous allons étudier plus en détail quatre États de la région insulaire de l'Asie du Sud-Est: la Malaisie, Singapour, l'Indonésie et les Philippines.

La Malaisie : à la fois continentale et insulaire

La Malaisie est le résultat, au moment de la création de la Fédération, de l'union de deux zones plutôt différentes et distantes de plus de 600 kilomètres. Il s'agit de l'extrémité sud de la péninsule malaise, d'une part, et de la partie nord de l'île de Bornéo, d'autre part. Ces deux zones sont connues respectivement sous le nom de Malaisie occidentale et de Malaisie orientale. L'appellation « Malaisie » désigne l'ensemble constitué de ces deux parties.

Les Malais de la péninsule, traditionnellement ruraux, ont déplacé les communautés aborigènes plus anciennes qui s'y trouvaient, si bien qu'ils forment aujourd'hui 67 % des 26 millions de citoyens malais que regroupe le pays. Ils possèdent une forte identité culturelle exprimée par l'adhésion à l'islam, l'usage d'une langue commune ainsi qu'un sens territorial profond.

Durant la période coloniale, les membres de la communauté chinoise se sont installés dans la péninsule malaise et dans le nord de l'île de Bornéo. Ils représentent aujourd'hui 24,6 % des citoyens du pays et sont proportionnellement plus nombreux dans les villes. Cette communauté contrôle en grande partie l'économie du pays. Quant aux Indiens d'Asie du Sud (certains hindous et d'autres musulmans), ils constituent toujours une minorité importante et comptent pour 7,3 % des citoyens. Tout comme la communauté chinoise, ils sont regroupés sur le flanc ouest de la péninsule.

La Malaisie occupe une position centrale dans la région. Cet État donne à la fois sur la mer de Chine méridionale (voir la figure 10B-1) et sur le détroit de Malacca, un goulot d'étranglement de la circulation maritime mondiale. Au début des années 1960, l'économie du pays reposait principalement sur le secteur primaire avec l'exportation de l'étain et du caoutchouc, issu de la culture de l'hévéa. Entre 1965 et 1995, les surfaces agricoles consacrées à la riziculture, ainsi que la production de palmiers à huile et d'autres cultures commerciales ont presque doublé, passant de 2,7 à 5,3 millions d'hectares. Le pays a misé sur une diversification de ses activités d'exportation et, dès 1989, les exportations de produits manufacturés dépassaient celles des matières premières. Les industries du textile, de l'électronique, du matériel de transport et des véhicules automobiles font de la Malaisie un pays atelier modèle. Son dynamisme économique est également stimulé par l'exploitation d'hydrocarbures. La crise économique de 1997 a toutefois entraîné une récession économique, mais le gouvernement a tenté de redresser la situation en dévaluant la monnaie du pays, dans l'espoir de se hisser au rang des pays industriels d'ici à 2020.

La Malaisie occidentale, concentrée dans la péninsule

Pendant la période coloniale, les Britanniques se sont surtout intéressés à la péninsule malaise où ils ont su bâtir une économie florissante. Le centre économique s'est développé du côté ouest de la péninsule, où se trouvent la capitale, Kuala Lumpur (voir la figure10B-1), des réseaux de transport très efficaces, les plantations et la plupart des mines. Le détroit de Malacca est aujourd'hui l'une des voies navigables les plus fréquentées et les plus stratégiques du monde. Cette partie de la péninsule, qui représente 40 % du territoire national, accueille 80 % de la population du pays. Pendant les années 1980 et 1990, le gouvernement de la Malaisie a su tirer profit de ses ressources naturelles et humaines par des politiques sociales et économiques dirigistes, ce qui a permis au pays de devenir une puissance économique de la zone Asie-Pacifique. Le pays a affiché fièrement sa modernité: en 1997, c'était à Kuala Lumpur que se dressaient les plus hauts édifices du monde de l'époque (les tours jumelles Petronas, 452 mètres; 88 étages). En 1998, on a construit un aéroport ultramoderne et on a déplacé la capitale administrative à Putrajaya, à 20 kilomètres au sud de Kuala Lumpur et à proximité de la nouvelle ville de Cyberjaya, spécialisée dans les nouvelles technologies de l'information et des communications (NTIC). Ensemble, ces villes forment le supercorridor des multimédias et le noyau principal du pays.

FIGURE 10B-4

La Malaisie orientale : l'île de Bornéo

La Malaisie orientale est constituée de deux États fédérés, le Sarawak et le Sabah, qui occupent 60 % du territoire national, mais qui ne représentent que 20 % de la population. C'est ici, sur la vaste île de Bornéo, que la Malaisie encercle l'enclave de Brunei, un sultanat indépendant et un ancien protectorat britannique, riche en pétrole.

La population de cette partie insulaire du pays est principalement regroupée sur les littoraux et à l'intérieur, le long de certains fleuves du Sarawak, tels que le Lupar, le Saribas et le Rajang. Cette répartition est toutefois particulièrement marquée par la ségrégation ethnique. Les Chinois, le plus important groupe au Sarawak, et les Malais dominent sur la côte tandis que les groupes aborigènes (les Dayaks) se concentrent dans les forêts de l'intérieur. Les ressources naturelles telles que le bois, le pétrole ainsi que l'hydroélectricité constituent d'importantes richesses de cette région. L'expansion vers l'intérieur de l'agriculture commerciale, en particulier de la culture de palmiers à huile, représente un enjeu environnemental et social dans la mesure où les populations aborigènes peu sédentarisées vivent encore largement des ressources du milieu naturel forestier.

Singapour

Singapour a été intégrée à la Fédération de Malaisie formée en 1963, mais s'en est retirée en 1965 pour devenir un État souverain (voir la figure 10B-4). La sécession s'est réalisée d'un commun accord avec les dirigeants de la fédération, après des discordes politiques et de nombreuses violences raciales opposant la majorité d'origine chinoise à la minorité malaise.

Son emplacement privilégié, sa population multiethnique et scolarisée ainsi que son gouvernement pragmatique et rigoureux ont permis à Singapour de surmonter le manque d'espace et l'absence de matières premières, deux facteurs qui ne l'ont cependant pas empêchée de se convertir en l'un des quatre dragons asiatiques. Sur un territoire d'à peine 619 km^2, l'espace si rare est une préoccupation constante pour le gouvernement singapourien.

Avec une population d'un peu plus de 5 millions d'habitants et une économie en croissance, Singapour doit donc miser sur les services et les technologies de pointe, qui exigent peu d'espace.

Profitant de sa localisation géographique stratégique, le vieux port de Singapour était déjà l'un des plus fréquentés du monde (en nombre de navires servis) avant l'indépendance de la cité-État. Ses activités sont encore multiples. Le port fait office d'entrepôt entre la péninsule malaise, le Japon et les autres puissances économiques émergentes de la zone Asie-Pacifique. Le pétrole brut de l'Asie du Sud-Est est déchargé et raffiné à Singapour avant d'être expédié vers l'Asie de l'Est. Le caoutchouc brut en provenance de la péninsule adjacente et de l'île voisine de Sumatra, en Indonésie, est réacheminé vers la Chine, le Japon, les États-Unis et d'autres pays. Le bois d'œuvre de la Malaisie, le riz, les épices et d'autres denrées alimentaires sont traités et réexpédiés depuis Singapour. Par ailleurs, Singapour assure la distribution des voitures, de la machinerie et de l'équipement importés en Asie du Sud-Est.

Toutefois, ces activités relèvent d'un modèle économique passé. La cité-État réoriente maintenant son économie et se concentre sur trois axes de développement : les technologies de l'information, l'automatisation et la biotechnologie. Singapour adhère également à la notion de triangle de croissance qui la lie à ses voisines en développement, la Malaisie et l'Indonésie ; ces deux pays fournissent les matières premières et la main-d'œuvre à bon marché, et Singapour s'occupe des capitaux et de l'expertise technique. Enfin, la cité-État a ouvert ses portes aux capitalistes d'origine chinoise qui souhaitaient y déménager leurs entreprises après avoir quitté Hong Kong, au moment de sa rétrocession à la Chine, en 1997. Il faut souligner que 75 % des Singapouriens sont d'origine chinoise, tandis que 14 % sont d'origine malaisienne et 9 % d'origine sud-asiatique. Ainsi, le gouvernement est principalement d'origine chinoise, et il n'est pas étonnant que ses politiques aient contribué à préserver la domination chinoise. La Chine elle-même évoque souvent l'autoritarisme et la réussite économique de Singapour pour démontrer le fait que le communisme et les économies de marché peuvent coexister.

L'Indonésie

Le quatrième pays du monde sur le plan démographique est aussi l'archipel le plus étendu de la planète. Dispersés dans un chapelet de plus de 13 000 îles, les 242 millions d'Indonésiens vivent à la fois séparés et regroupés : séparés par l'eau et regroupés sur des îles de toutes tailles. Certains auteurs soutiennent que 6000 d'entre elles seraient habitées.

La carte complexe de l'Indonésie exige un examen attentif (voir la figure 10B-5). Cinq grandes îles dominent

On trouve des cultures en terrasses – comme celle-ci sur l'île de Java – un peu partout dans le monde : en Extrême-Orient, depuis la Chine du Nord jusqu'en Indonésie, dans les pays méditerranéens, en Afrique subsaharienne et dans la cordillère des Andes. Utilisée pour divers types de culture comme la céréaliculture, l'arboriculture et la viticulture, cette technique reste limitée, en général, aux régions de peuplement dense et aux espaces agricoles limités. Elle exige beaucoup de travail et se prête mal à la mécanisation agricole, mais elle constitue un moyen efficace de lutte contre l'érosion.

l'archipel, mais rappelons que la Nouvelle-Guinée, la plus à l'est, ne fait pas partie de la sphère culturelle indonésienne, bien que sa portion occidentale relève du gouvernement indonésien. Les quatre autres grandes îles, qu'on appelle les grandes îles de la Sonde, sont les suivantes : Java, la plus petite, mais de loin la plus importante et la plus peuplée ; Sumatra, à l'ouest, parallèle à la Malaisie et au détroit de Malacca ; Kalimantan, la portion indonésienne de la grande île de Bornéo ; et enfin, les Célèbes (Sulawesi), dont la longue péninsule semble dessiner un fer à cheval. Quant aux petites îles de la Sonde, elles s'égrènent vers l'est depuis Java. Bali en fait partie, de même que l'île de Timor, pratiquement à la limite de la région insulaire. Les Moluques, prises entre les Célèbes et la Nouvelle-Guinée, forment un autre chapelet d'îles important. La mer de Java est le plan d'eau central de l'Indonésie.

Ce pays chevauche l'équateur, mais son territoire et sa population sont essentiellement situés dans l'hémisphère sud. La température constante y est très élevée toute l'année et les précipitations sont abondantes et régulières. Cet archipel, au cœur de la ceinture de feu du Pacifique (voir la figure I-12), est régulièrement soumis aux activités sismiques et volcaniques ; on y a recensé 130 volcans, dont plusieurs sont toujours actifs. Le relief très montagneux ne laisse place qu'à d'étroites plaines côtières.

Les grandes îles de la Sonde

Java, le noyau principal de l'Indonésie, est l'un des lieux les plus densément peuplés du monde (voir les figures I-15 et 10A-2). Avec près de 150 millions d'habitants, l'île rassemble plus de la moitié de la population indonésienne sur seulement 7 % du territoire. Cependant, ses rizières en terrasses qui verdoient les flancs très fertiles des volcans actifs en font l'un des endroits les plus productifs sur le plan agricole. D'ouest en est, Java s'étire sur 1000 kilomètres et sa largeur maximum atteint 180 kilomètres (voir la figure 10B-5).

Cette densité démographique extrême sur une zone de grande activité tectonique est une combinaison à haut risque. En novembre 2010, près de 200 personnes ont péri à la suite de l'éruption du Merapi, situé à proximité de Yogyakarta; le volcan n'a pas cessé de cracher pendant deux semaines (voir le chapitre 10A).

Java est aussi la partie la plus urbanisée d'un pays dont 57 % de la population vit toujours de l'agriculture. La ville dominante, Jakarta, est maintenant le cœur d'une conurbation plus grande appelée Jabodetabek, formée des villes de Jakarta, Bogor, Depok, Tangerang et Bekasi. Depuis 1990, la population de cette mégalopole est passée de 15 à 29 millions de personnes, soit près du double. Déjà, Jabodetabek accueille 12 % de la population indonésienne et 28 % de sa population urbaine. Attirées par la faiblesse des salaires en vigueur, des entreprises multinationales ont fait construire dans la région des milliers d'usines qui exercent une pression sur les infrastructures et le port de la mégalopole. Au cours d'une journée normale, des centaines de bateaux ancrés attendent d'accoster pour décharger des matières premières et charger des produits finis.

Depuis plusieurs siècles, le pouvoir dans l'archipel indonésien réside à Java. Le groupe culturel (quoique très

L'une des MÉTROPOLES de . . .

L'ASIE DU SUD-EST

JAKARTA

CAPITALE DE L'INDONÉSIE et deuxième ville de l'Asie du Sud-Est par sa population, Jakarta est parfois désignée comme la Kolkata (Calcutta) de cet ensemble géographique. Du haut des autoroutes surélevées qui relient le port au centre-ville, la vue des villages construits sur les dépotoirs à partir des rebuts semble confirmer la comparaison. La pauvreté extrême qui règne ici ne se compare en rien à celle qu'on observe dans toute autre métropole d'Asie du Sud-Est.

Jakarta qui compte 9,4 millions d'habitants présente cependant d'autres facettes. L'essor économique de l'Indonésie s'est fait sentir ici aussi, comme on le voit partout. Les antennes paraboliques de télévision s'élèvent telle une forêt sur les toits de tôle ondulée et rouillée. Les voitures (surtout des modèles récents), les vélomoteurs et les bicyclettes encombrent les rues jour et nuit. Un quartier chic de la ville abrite des hôtels vertigineux, des tours de bureaux et de luxueux ensembles d'habitations collectives. Des panneaux publicitaires font la promotion de villes nouvelles sur des terres récemment défrichées et bien situées.

La population de Jakarta représente fidèlement celle de l'Indonésie, et les dômes argentés des mosquées à côté des églises chrétiennes et des temples hindous constellent le paysage urbain. Cosmopolite depuis ses débuts, la ville a d'abord été un bastion portugais, puis le siège de la Compagnie hollandaise des Indes orientales. Avantageusement située sur la côte nord-ouest de Java, Jakarta croît plus vite que ce que lui permet son territoire. Dans le port, des centaines de bateaux battant pavillon russe, argentin ou autre attendent pour accoster. En périphérie, les immenses bidonvilles ne cessent de s'étendre à mesure qu'arrivent de nouveaux migrants.

Parmi les grandes villes du monde, Jakarta est la seule qui ne dispose pas encore d'un réseau de transport souterrain, mais plus pour très longtemps, puisqu'on annonce l'achèvement des travaux d'un métro mi-aérien, mi-souterrain pour 2016. D'ici là, le transport collectif se résume aux autobus, et la ville est célèbre pour ses embouteillages. Le problème a récemment donné lieu à des discussions sur le déplacement de la capitale à environ 50 kilomètres plus au sud. Tout laisse croire, cependant, que le gouvernement cherche ainsi à gagner du temps pour apaiser la frustration des citadins en attendant l'inauguration du métro.

FIGURE 10B-5

hétérogène) que forment les Javanais représente 42 % de la population du pays. Un sultanat très puissant sur le plan politique jouit d'un territoire spécial au milieu de l'île, à Yogyakarta. Java est aussi le siège de deux mouvements islamiques nationaux, l'un relativement modéré comparativement au second, de plus en plus intégriste.

Sumatra, l'île indonésienne la plus à l'ouest de l'archipel, forme la rive occidentale du détroit très fréquenté de Malacca; de l'autre côté se trouve Singapour. Bien qu'elle soit beaucoup plus grande que Java, Sumatra compte une population trois fois moins nombreuse, soit 50 millions d'habitants. À l'époque coloniale, c'est dans cette île que se concentraient les plantations d'hévéas et de palmiers à huile. Le relief prononcé permet la culture d'une grande variété d'espèces. Sumatra ainsi que les îles voisines de Bangka et de Belitung produisent également du pétrole et du gaz naturel.

L'épicentre sous-marin du séisme à l'origine du tsunami de 2004, dans l'océan Indien, se trouvait près de la pointe septentrionale de Sumatra, dans la province d'Aceh. Le tsunami a emporté des villages entiers et des routes, et tué des dizaines de milliers de personnes; Banda Aceh, la capitale provinciale, a été ravagée.

Kalimantan, la portion indonésienne de l'île de Bornéo, fait partie d'un bloc intact de la croûte terrestre dont les hautes montagnes ne sont pas d'origine volcanique. L'île, d'une superficie de 743 330 km^2, correspond à environ 50 % du territoire québécois. L'intérieur est couvert de forêts tropicales qui constituent l'ultime refuge de quelque 35 000 orangs-outangs ainsi que de populations déclinantes d'éléphants d'Asie, de rhinocéros et de tigres. Ces espèces sauvages sont toujours présentes malgré les assauts constants qu'infligent à leur habitat les industries forestières, les cultures commerciales et l'agriculture tradi-

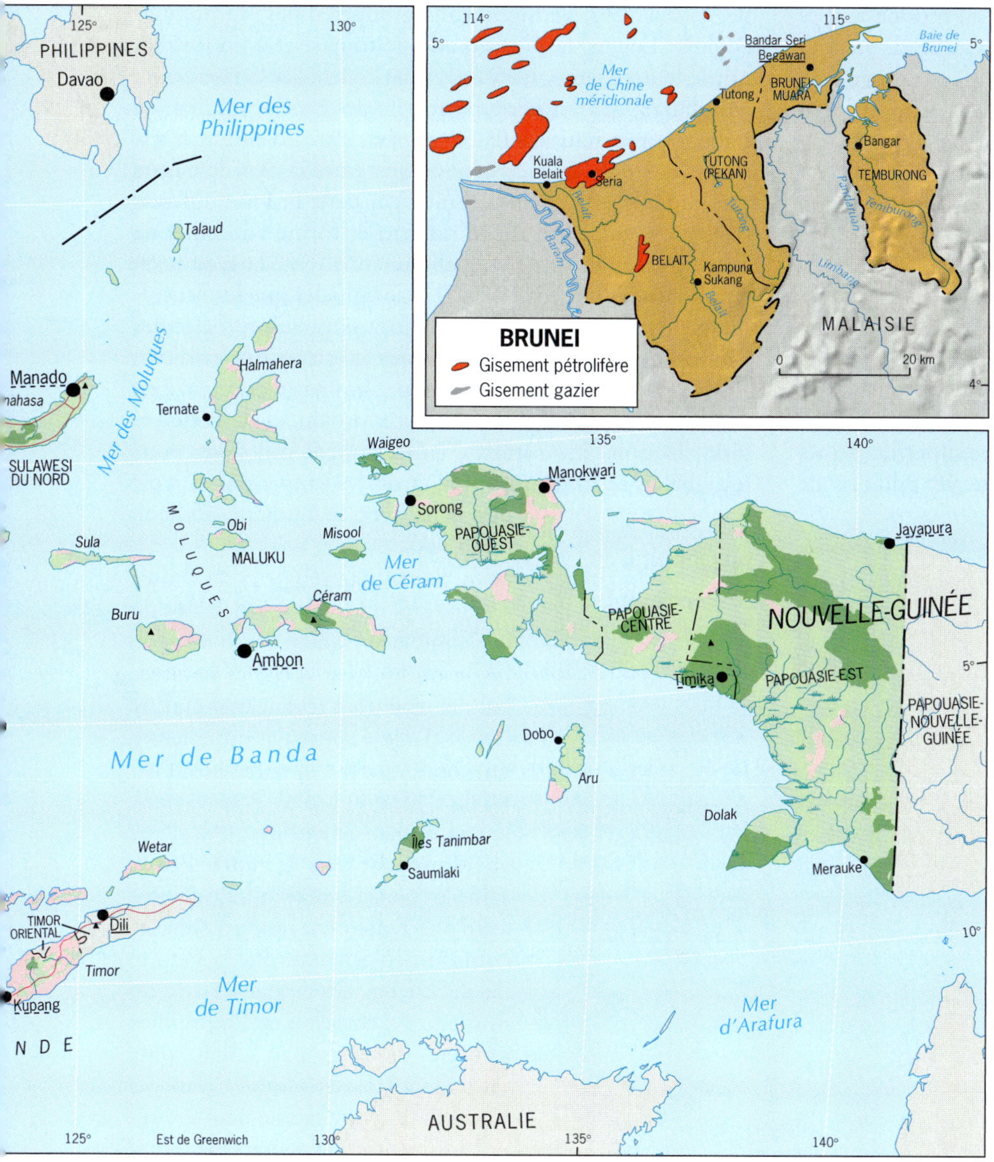

tionnelle sur brûlis. Environ 14 millions d'Indonésiens y vivent, soit un peu moins de 6 % de la population du pays. Comme le montre la figure 10B-5, les communautés malaises et chinoises qui ont colonisé l'île se sont installées à proximité des côtes et c'est là qu'on trouve les seules villes de Kalimantan. Les routes qui mènent à l'intérieur du territoire demeurent rares et éloignées les unes des autres.

L'unité dans la diversité

La survie de l'Indonésie en tant qu'État unifié est aussi remarquable que celle de l'Inde ou du Nigeria. Avec plus de 300 groupes ethniques distincts, plus de 250 langues et plusieurs religions, le pays affronte de puissantes forces centrifuges, réelles et potentielles. Les mers qui l'entourent et les hautes montagnes ont contribué à maintenir les différences culturelles. La devise de l'Indonésie est *bhinneka tunggal ika*, qui signifie « l'unité dans la diversité ». Afin de favoriser l'unité nationale, le *bahasa indonesia* (ou indonésien) a été adopté comme langue officielle au lendemain de l'indépendance. Ce dérivé du malais utilisé à Riau et dans le commerce avait également été choisi par les colonisateurs, mais n'était parlé que par 5 % de la population au moment de l'indépendance, en 1945. Comme le *bahasa indonesia* n'était associé à aucun groupe ethnique particulier, il s'est répandu rapidement et il est aujourd'hui la seule langue de communication dans tout l'archipel.

Cet exploit de l'Indonésie s'inscrit dans le contexte de l'hétérogénéité culturelle durable du pays. On y trouve des dizaines de cultures autochtones distinctes ; chacune des communautés côtières a ses propres racines et traditions. Quant aux Indonésiens riziculteurs qui forment la majorité, ils comptent non seulement de nombreux Javanais – qui ont leur identité culturelle propre – mais aussi des Sundanais (qui représentent 15,4 % de la population), des Madurais (3,3 %) et bien d'autres. Le plus fidèle reflet de cette diversité culturelle tient probablement dans les petites îles de la Sonde qui s'égrènent vers l'est, de Java jusqu'à Timor (voir la figure 10B-5). Ainsi, les riziculteurs de Bali pratiquent une variante de l'hindouisme qui crée dans l'île une atmosphère culturelle unique ; la population de Lombok est musulmane en grande partie, mais compte des Balinais hindous ; Sumba est une communauté musulmane ; Flores est surtout catholique. Les groupes protestants dominent dans l'ouest de Timor, alors que le catholicisme prévaut au Timor oriental. Autrefois une colonie portugaise, annexée de force par l'Indonésie au départ du Portugal en 1976, le Timor oriental, à la suite d'une sévère répression, a obtenu son indépendance en 2002 avec l'aide des Nations Unies.

Quoi qu'il en soit, l'Indonésie est le plus grand pays musulman du monde : 88 % de sa population adhère à l'islam et, dans les grandes villes, les dômes des mosquées de quartiers s'élèvent, nombreux, à l'horizon. Si l'islam indonésien a été jusqu'à récemment relativement modéré, on observe depuis peu une montée de l'intégrisme avec la promulgation de nouvelles lois qui interdisent les manifestations d'affection en public et dictent le type de vêtements que les femmes sont autorisées à porter.

De plus, le terrorisme n'épargne pas l'Indonésie. Les quartiers touristiques de Bali et le centre-ville de Jakarta ont été la cible de graves attentats perpétrés par un groupe radical appelé Jemaah Islamiyah, dont le quartier général se trouverait dans l'est de Java. De nombreux Indonésiens, bien sûr, mais aussi des Australiens pour qui l'Indonésie – surtout Bali – est une destination touristique populaire, ont péri dans ces attentats.

Les Philippines

Au nord des Célèbes (Sulawesi) et de la mer des Célèbes, de l'autre côté de la mer de Chine méridionale, les Philippines forment un long archipel composé de plus de 7000 îles, dont 460 seulement ont une superficie supérieure à 1 km^2. L'archipel est peuplé de 98 millions de personnes. On distingue trois groupes d'îles : le premier englobe Luçon, la plus grande de toutes, et Mindoro au nord ; le deuxième, les Visayas, au centre ; et le troisième, Mindanao, qui est la deuxième île des Philippines par sa taille (voir la figure 10B-6), au sud. Au sud-ouest, il y a aussi l'île de Palawan, très allongée, entre la mer de Chine méridionale et la mer de Sulu. Un petit groupe d'îles se trouve au sud-ouest de Mindanao et forme l'archipel de Sulu, où des insurgés musulmans ont tenu la région en émoi dans les années 1970. Il faut rappeler que les musulmans ne représentent que 5 % de la population totale des Philippines, mais qu'à la suite des insurrections et d'une forte résistance, le gouvernement a fini par reconnaître en 1990 une forme d'autonomie aux provinces de cette région. Depuis, des camps d'entraînement militaires pour les rebelles se sont multipliés et on les soupçonne d'avoir des liens avec la branche afghane d'al-Qaïda.

FIGURE 10B-6

Sur le plan religieux, les cultes se sont répandus aux Philippines de la même façon que dans le reste de l'Asie du Sud-Est. Les îles habitées par des gens dont les ancêtres étaient des Malais de souche indonésienne ont connu une première période d'influence hindoue, plus grande dans le sud et dans le sud-ouest et allant en diminuant vers le nord. Par la suite, le contact avec le monde chinois a été plus fortement ressenti dans les comptoirs d'échanges sur la grande île de Luçon, située dans la partie nord de l'archipel. Les Philippines ont été touchées par l'islam plus tard, mais les quelques avancées musulmanes ont rapidement été repoussées par les invasions espagnoles chrétiennes du XVIe siècle.

La population et la culture

L'amalgame des éléments malais, chinois, japonais, espagnols et étasuniens que renferme le creuset philippin a produit une culture à nulle autre pareille. Elle n'a rien d'homogène, comme en témoignent les quelque 90 langues malaises en usage dans les îles, mais elle est unique à plusieurs égards. Au moment de l'indépendance en 1946, le tagalog (qu'on appelle aussi filipino), est devenu la langue officielle du pays, car c'était la plus répandue. Or comme l'anglais était la langue seconde enseignée, on entend de plus en plus une forme hybride – que certains surnomment *taglish* – combinant le tagalog et l'anglais.

La population des Philippines est concentrée à proximité des bonnes terres agricoles ; les trois zones les plus densément peuplées sont les portions nord-ouest et centre-sud de Luçon ; le prolongement sud-est de Luçon ; et les îles de la mer de Visayas, entre Luçon et Mindanao (voir la figure 10A-2). C'est sur l'île de Luçon que se trouve la capitale, Manille, qui abrite 12 millions d'habitants, soit le huitième de la population du pays. Cette mégalopole est au bord de la mer de Chine méridionale. Les sols alluviaux et volcaniques combinés à l'humidité de l'environnement tropical permettent au pays d'assurer sa propre production de riz ainsi que d'autres produits de base et d'être un exportateur net de produits agricoles, malgré un taux de croissance démographique annuelle de 2,1 %. La pêche et l'aquaculture sont aussi des secteurs très développés qui garantissent la sécurité alimentaire du pays. Le milieu des affaires local est dominé par la communauté chinoise, bien qu'elle compte seulement pour 1,3 % de la population.

Plus que tout autre peuple peut-être, les Philippins s'expatrient en grand nombre pour se trouver du travail et montrent ainsi qu'ils peuvent réussir dans des emplois qu'ils ne trouvent pas chez eux. L'argent qu'envoient ces émigrants à leurs proches restés aux Philippines fait du pays l'un de ceux dont les habitants profitent le plus directement de cet afflux de capitaux étrangers.

Les perspectives d'avenir

On parle peu des Philippines dans les discussions entourant les stratégies de développement de la zone Asie-Pacifique, même si le pays pourrait profiter de la croissance économique de l'ensemble. Ses nombreuses zones franches industrielles (semblables aux maquiladoras du Mexique, dont il est question dans le chapitre 4B) accueillent des usines de fabrication étrangères, mais les liens commerciaux nécessaires à un essor n'ont pas été créés et entretenus. De plus, la mauvaise gestion gouvernementale et l'instabilité politique n'ont pas permis au pays de profiter pleinement de la croissance économique de l'ensemble, bien que les choses se soient améliorées depuis 2000.

Les Philippines ont quand même prospéré économiquement au cours de la dernière décennie. L'industrie de l'électronique et celle des textiles ne cessent de croître, surtout dans le noyau principal, autour de Manille. De plus, le pays a bénéficié d'investissements étrangers supplémentaires. Néanmoins, l'agriculture occupait toujours 33 % de la population active en 2010, mais n'a représenté que 12,3 % du produit intérieur brut de cette même année. Le pays est dans la tranche inférieure des économies à revenu intermédiaire (voir la figure I-18) ; il a toutefois le potentiel d'accéder au niveau supérieur s'il arrive à maintenir la stabilité politique et à limiter les problèmes mentionnés plus haut. Il trouvera alors enfin sa place parmi les pôles de croissance de l'Asie du Sud-Est.

11 L'ENSEMBLE AUSTRALIEN

LES MOUVEMENTS ABORIGÈNES ET LA RECONNAISSANCE TERRITORIALE

SOMMAIRE

UN PORTRAIT DE L'ENSEMBLE AUSTRALIEN

- LE TERRITOIRE ET L'ENVIRONNEMENT

LES RÉGIONS DE L'ENSEMBLE AUSTRALIEN

- L'AUSTRALIE
- LA NOUVELLE-ZÉLANDE

CONCEPTS ET TERMES

Outback
Océan Austral
Convergence subtropicale
Grande dérive d'ouest
Biogéographie
Industrie de substitution aux importations
Secteur primaire
Développement périphérique

GURE 11-1

Entièrement compris dans l'hémisphère sud, dénué de tout lien terrestre avec les autres ensembles, unique en son genre (voir la figure 11-1), l'ensemble australien est aussi la partie du monde la moins peuplée (voir la figure 11-2). Le terme austral, qui signifie « au sud », renvoie à juste titre à l'emplacement de cet ensemble géographique. Celui-ci, loin des sources de son héritage culturel dominant, est cependant près de ses nouveaux partenaires économiques de la zone Asie-Pacifique.

UN PORTRAIT DE L'ENSEMBLE AUSTRALIEN

Deux pays forment l'ensemble australien : l'Australie et sa voisine, la Nouvelle-Zélande, dont la superficie est beaucoup plus modeste (voir la figure 11-1). Entre les deux se trouve la mer de Tasman qui les sépare de plus de 2500 kilomètres. À l'ouest de l'ensemble s'étend l'océan Indien, à l'est, le Pacifique et, au sud, les eaux froides de l'océan Austral. Situé aux portes de l'Asie densément peuplée, l'ensemble australien est aujourd'hui encore imprégné de son héritage anglo-européen et caractérisé par la présence importante d'autres cultures. Les aborigènes et les Maoris ont occupé les premiers cet ensemble géographique, les Européens sont arrivés ensuite et maintenant les communautés asiatiques influencent de plus en plus la vie sociale, économique et culturelle.

Les rues de Sydney et de Melbourne affichent un paysage multiculturel inimaginable il y a seulement deux générations. Tous ces changements ont suscité des débats politiques et ont soulevé des questions allant des quotas d'immigration aux droits fonciers des autochtones, exposant les failles sociales entre les villes côtières et l'intérieur (appelé **Outback**) de l'Australie.

Les principales CARACTÉRISTIQUES GÉOGRAPHIQUES de ...

L'ENSEMBLE AUSTRALIEN

1. L'Australie et la Nouvelle-Zélande forment un ensemble géographique en raison de leurs dimensions territoriales, de leur emplacement et de leur paysage culturel et économique dominant.
2. Bien que l'Australie et la Nouvelle-Zélande forment un seul ensemble géographique, ce sont deux pays différents sur le plan de la géographie physique. En effet, le relief de la Nouvelle-Zélande est montagneux, tandis que celui de l'Australie, dont l'intérieur est vaste et sec, est plutôt plat.
3. L'Australie et la Nouvelle-Zélande ont toutes deux connu un développement littoral – l'Australie à cause de son aridité, la Nouvelle-Zélande, de son relief, mais aussi en raison de leur rôle de colonies dont l'économie était axée sur l'exportation vers le Royaume-Uni.
4. En plus d'être établies surtout le long des côtes, les populations de l'Australie et de la Nouvelle-Zélande sont fortement concentrées dans les zones urbaines.
5. L'économie de l'Australie et de la Nouvelle-Zélande repose principalement sur l'exportation de produits d'élevage et de biens spécialisés, comme le vin. L'Australie tire également profit de la production de blé et de ses ressources minérales riches et diversifiées.
6. L'Australie et la Nouvelle-Zélande sont désormais intégrées dans la structure économique de la zone Asie-Pacifique, principalement en tant que fournisseurs de matières premières.
7. L'ensemble traverse une période de grands changements en raison de l'influence générée par l'immigration asiatique et de l'activisme grandissant des peuples aborigènes.

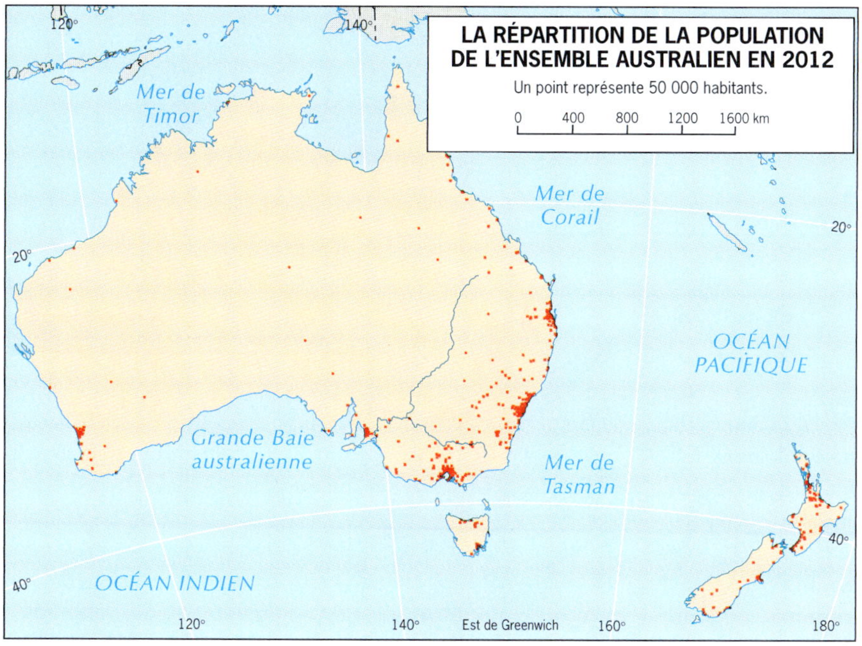

FIGURE 11-2

LE TERRITOIRE ET L'ENVIRONNEMENT

Les différences physiographiques entre l'Australie, grande et compacte, et la Nouvelle-Zélande, petite et fragmentée, sont liées à leur emplacement par rapport aux plaques tectoniques du monde (voir la figure I-11). L'Australie, qui renferme quelques-unes des roches les plus anciennes de la planète sur le plan géologique se trouve au centre de sa propre plaque tectonique, la plaque australienne. La Nouvelle-Zélande, plus jeune et moins stable, se situe dans la zone de convergence des plaques australienne et du Pacifique. Les séismes sont rares en Australie et les éruptions volcaniques y sont inconnues ; la Nouvelle-Zélande, en revanche, subit les deux ; les tremblements de terre qui ont secoué Christchurch en 2010 et en 2011 en sont les plus récents rappels. Cette réalité géologique se traduit également par des différences de relief entre les deux pays (voir la figure 11-1). En Australie, les plus hauts sommets se trouvent dans la cordillère australienne, la chaîne de montagnes qui borde la côte orientale du pays, de la péninsule du Cap York jusqu'au sud de l'État de Victoria, et dont l'extrémité australe se termine en Tasmanie. Le point culminant de ces vieilles montagnes aujourd'hui très érodées est le mont Kosciuszko qui atteint 2228 mètres. En Nouvelle-Zélande, l'ensemble de la chaîne de montagnes est plus haut que la cordillère australienne – le mont Cook dans les Alpes du Sud, par exemple, s'élève à 3754 mètres. À l'ouest de la cordillère australienne, le paysage physique est plutôt plat, essentiellement composé de plateaux et de plaines, avec quelques exceptions localisées, comme les monts

LE RELIEF DE L'AUSTRALIE
0 200 400 600 800 km
INDONÉSIE
Timor
TIMOR ORIENTAL
Sumba
Nouvelle-Guinée
PAPOUASIE–NOUVELLE-GUINÉE
Mer d'Arafura
Détroit de Torres
Mer de Timor
Terre d'Arnhem
Golfe de Carpentarie
Pén. du Cap York
OCÉAN INDIEN
Plateau d'Atherton
Grande Barrière de Corail
Mer de Corail
Plateau de Kimberley
Monts du Roi-Léopold
TERRITOIRE DU NORD
Plateau de Barkly
Monts Gregory
Terre de Dampier
Monts Selwyn
Cordillère australienne
Bassin de Canning
Monts MacDonnell
QUEENSLAND
Grand désert de Sable
Monts James
Désert de Gibson
Désert de Simpson
Grand Bassin artésien
Monts Hammersley
Monts Musgrave
Monts Grey
AUSTRALIE-OCCIDENTALE
Lac Eyre
OCÉAN PACIFIQUE
Bassin du Nord-Ouest
Grand désert Victoria
Monts Stuart
Darling
Plateau Yilgarn
AUSTRALIE-MÉRIDIONALE
Monts Flinders
NOUVELLE-GALLES DU SUD
Plaine de Nullarbor
Bassin Murray-Darling
Bassin de l'Eucla
Péninsule d'Eyre
Lachlan
Montagnes Bleues
Monts Darling
Grande Baie australienne
Murray
TERRITOIRE DE LA CAPITALE AUSTRALIENNE
Mont Kosciuszko (2228 m)
Île Kangourou
VICTORIA
Monts Snowy
Détroit de Bass
Mer de Tasman
OCÉAN INDIEN
TASMANIE
105° 120° 135° 150° 15° 30° 45°
Est de Greenwich

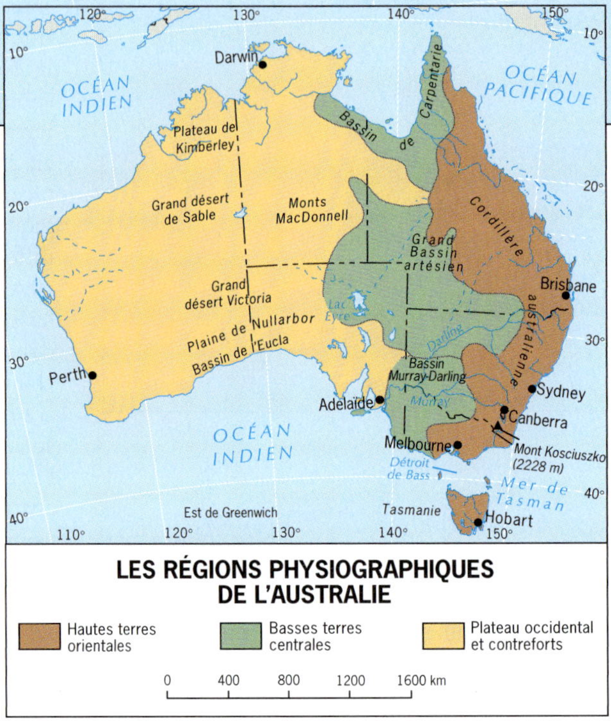
Darwin
OCÉAN INDIEN
OCÉAN PACIFIQUE
Bassin de Carpentarie
Plateau de Kimberley
Grand désert de Sable
Monts MacDonnell
Cordillère australienne
Grand Bassin artésien
Brisbane
Grand désert Victoria
Lac Eyre
Darling
Plaine de Nullarbor
Bassin de l'Eucla
Perth
Bassin Murray-Darling
Sydney
Adélaïde
Murray
Canberra
Melbourne
Mont Kosciuszko (2228 m)
Détroit de Bass
Mer de Tasman
Tasmanie
Hobart
Est de Greenwich
110° 120° 130° 140° 150° 10° 20° 30° 40°
LES RÉGIONS PHYSIOGRAPHIQUES DE L'AUSTRALIE
Hautes terres orientales
Basses terres centrales
Plateau occidental et contreforts
0 400 800 1200 1600 km

FIGURE 11-3

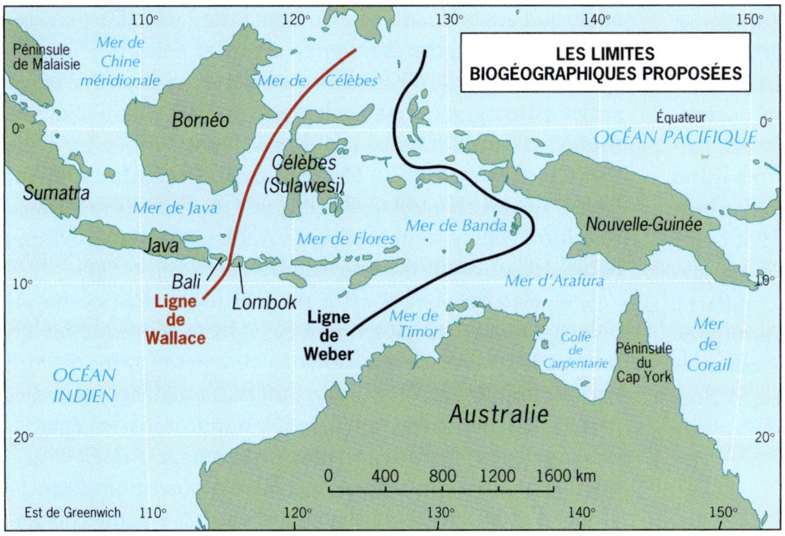

FIGURE 11-4

MacDonnell, situés au centre du pays (voir les figures 11-1 et 11-2). Le Grand Bassin artésien est une région physiographique clé, qui fournit des sources d'eaux souterraines à ce pays autrement désertique. Dans le sud se trouve le système fluvial prédominant de l'Australie, le bassin Murray-Darling. Le plateau occidental et ses contreforts (voir la figure 11-3) renferment la majeure partie des richesses minières de l'Australie.

Les climats

La carte de la répartition mondiale des climats (voir la figure I-14) met en évidence les effets sur le territoire de la position géographique de l'Australie, située entre 10° et 40° de latitude sud. Sur le plan climatique, l'Australie connaît de plus grandes variations que la Nouvelle-Zélande, ses climats allant de tropical (Aw) dans l'extrême nord, où s'épanouissent les forêts tropicales, à méditerranéen (Csa) dans certaines régions du sud. L'intérieur du pays, que les Australiens appellent « Outback », est dominé par des conditions désertiques (BWh) et steppiques, la steppe semi-aride (BSh/BSk) formant les prairies qui alimentent des dizaines de millions de têtes de bétail. Ce n'est que dans sa partie orientale que l'Australie possède une zone de climat tempéré et humide (Cfa/Cfb), et c'est en ce lieu que se situe la majeure partie du noyau principal du pays. Quant à la Nouvelle-Zélande très montagneuse, elle se trouve totalement sous l'influence des océans Austral et Pacifique qui entraînent des conditions climatiques modérées, humides et tempérées dans le nord (Cfb), et plus froides dans le sud.

L'océan Austral

Nous avons parlé de l'**océan Austral** à quelques reprises déjà et, pourtant, si on tente de repérer cet océan sur les cartes et les planisphères publiés par de célèbres éditeurs spécialisés en cartographie, tels que la National Geographic Society ou Rand McNally, on éprouve des difficultés à le trouver. D'après leurs cartes, on conclut que les océans Atlantique, Pacifique et Indien s'étendent jusqu'aux rivages du continent antarctique. Pour les Australiens et les Néo-Zélandais toutefois, l'océan Austral est une réalité : ils sont quotidiennement soumis à l'influence des eaux froides et des vents incessants qu'engendre cette étendue d'eau salée.

Retourner à un globe terrestre de temps à autre est un bon exercice pour les géographes. Une vue inversée de la planète nous montre combien vaste est l'océan qui entoure le continent antarctique. Alors, où trace-t-on la limite septentrionale de cet océan ? Contrairement aux autres océans dont les limites sont définies par les continents, l'océan Austral est délimité par une zone de transition marine qui porte le nom de **convergence subtropicale**. Dans cette zone, les eaux froides et extrêmement denses de l'océan Austral rencontrent les eaux plus chaudes de l'Atlantique, du Pacifique et de l'océan Indien. Les changements de température, la chimie et la salinité de l'eau, de même que la faune marine, y contrastent assez nettement. Si on survolait ces eaux, on observerait leurs couleurs changeantes : le côté antarctique est d'un gris foncé, alors que le côté nord est d'un bleu verdâtre.

Bien que la zone de convergence subtropicale se déplace de façon saisonnière, sa position ne s'éloigne jamais trop de 40° de latitude sud, qui est aussi la limite septentrionale approximative des icebergs qui se détachent de l'Antarctique pendant la saison chaude. Ainsi défini, le grand océan Austral est une énorme masse d'eau qui circule dans le sens horaire (c'est-à-dire d'ouest en est) autour de l'Antarctique, d'où le nom de son courant marin appelé **grande dérive d'ouest**.

La biogéographie

L'une des caractéristiques définissant l'Australie est sa faune et sa flore singulières. Il s'agit du pays des kangourous et des koalas, des wallabys et des wombats, des opossums et des ornithorynques. Ceux-ci et de nombreux autres marsupiaux doivent leur survie à l'isolement qui s'est produit très tôt en Australie à la suite de la débâcle du supercontinent (Notogée), il y a 100 millions d'années. À cette époque, soit au crétacé, cette étendue de terre s'est détachée de l'Antarctique et de l'Inde. Du fait que des portions de continents ont été séparées pendant très longtemps, la flore et la faune ont évolué différemment de part et d'autre de lignes biogéographiques dites ligne de Wallace et ligne de Weber. Ces frontières théoriques délimitent le domaine biogéographique malais du domaine biogéographique australien (voir la figure 11-4). Tout comme la faune, la flore de l'Australie présente aussi des caractéristiques distinctives. Dans ce pays, on trouve notamment des centaines d'espèces d'eucalyptus endémiques. Beaucoup d'autres plantes font partie de la flore australienne unique; certaines d'entre elles, comme les acacias, ont développé des particularités leur permettant de s'adapter aux températures élevées et au faible taux d'humidité qui caractérise une grande partie de l'île. L'étude de la distribution de la faune et de la flore du point de vue de la biologie et de la géographie s'appelle la **biogéographie**. En raison de sa singularité floristique et faunique, l'Australie constitue un immense laboratoire pour les biogéographes. C'est aussi le cas de la Nouvelle-Zélande en ce qui a trait à la diversité de sa flore et de sa faune marine.

LES RÉGIONS DE L'ENSEMBLE AUSTRALIEN

L'Australie, le pays prédominant de l'ensemble australien, est un grand bloc continental qui, par sa taille, fait partie des plus vastes États du monde, au même titre que la Chine, le Canada, les États-Unis et le Brésil. Cependant, l'Australie possède moins de divisions régionales que ces derniers pour deux raisons: sa géographie physique relativement simple et son nombre peu élevé d'habitants.

L'AUSTRALIE

Avec une superficie de 7,7 millions de km^2, le pays se classe au sixième rang par sa taille. Tout comme le Canada, l'Australie est relativement peu peuplée et ses 22,8 millions d'habitants sont essentiellement concentrés sur la côte sud-est. La densité arithmétique d'occupation du territoire n'est que de 3 hab./km^2 et, en ce sens, c'est un pays de grand vide démographique, de grands espaces peu occupés. Les zones les plus hospitalières sont d'étroites bandes de terres donnant sur l'océan Pacifique et l'océan Austral (voir la figure 11-5). À vrai dire, l'Australie est un pays au littoral parsemé de villes, petites et grandes, de fermes et de versants boisés, adossés à un ensemble de vastes déserts (Grand désert Victoria, Grand désert de Sable), l'Outback. L'aridité domine dans le pays. Selon Köppen-Geiger (voir la figure I-14), un climat aride (désertique ou steppique) se caractérise par moins de 300 millimètres de chutes de pluie annuelles et 40 % du territoire australien est arrosé par moins de 250 millimètres de pluie par année. Seule une proportion de 25 % du pays en reçoit entre 250 et 500 millimètres annuellement.

Dans ce contexte d'aridité et d'isolement, il est évident que la présence de l'eau détermine les lieux propices aux activités économiques et au peuplement. Ainsi, l'eau irrigue les terres, désaltère les citoyens des villes, remplit diverses fonctions industrielles et donne accès aux marchés mondiaux par l'intermédiaire des multiples ports maritimes. Sur le flanc ouest de la cordillère australienne se trouvent le Grand Bassin artésien et le bassin Murray-Darling ainsi que ses affluents. La présence de l'eau dans ces régions est à l'origine d'activités agropastorales très importantes. Le pays est bien doté en terres cultivables et en vastes pâturages; il est également pourvu de rivières, de sources d'eaux souterraines, de gisements minéraux et de ressources énergétiques. De plus, des ports naturels relient l'Australie à la zone Asie-Pacifique. Cet État a une économie forte, un système politique stable et la plupart de ses habitants jouissent d'un niveau de vie élevé.

Cela dit, malgré cette prospérité, la richesse nationale n'est pas équitablement partagée entre tous les citoyens. La population aborigène, une petite minorité qui compte aujourd'hui moins de 600 000 membres, demeure particulièrement désavantagée à presque tous les égards: espérance de vie inférieure, taux de chômage plus élevé que la moyenne nationale, taux inférieur d'obtention d'un diplôme d'études secondaires, taux d'emprisonnement beaucoup plus élevé. Les autorités ont entrepris une campagne visant à corriger ces inégalités, et le gouvernement a présenté des excuses officielles aux aborigènes en 2008 pour les erreurs passées commises envers eux. Les mesures conciliatoires touchent plusieurs aspects de la vie de cette minorité, allant des services sociaux améliorés aux décisions favorables des tribunaux concernant certaines de leurs revendications territoriales.

La géographie historique

Les aborigènes australiens sont arrivés sur l'île il y a environ 50 000 ans. Ils ont ensuite traversé le détroit de Bass vers la Tasmanie. Les cultures indigènes étaient donc bien établies avant que le capitaine Arthur Phillip n'entre, en 1788, dans ce qu'on appelle aujourd'hui le port de Sydney pour y jeter les bases de l'Australie moderne. Le navigateur anglais James Cook avait fait connaître aux Européens l'existence de l'île 18 ans plus tôt. Au moment de la colonisation, on comptait près de 1 million d'aborigènes répartis entre plus de 500 tribus. L'européanisation de l'Australie a sonné le glas de leurs sociétés. Les premiers groupes à pâtir de la situation ont été ceux qui se trouvaient sur les côtes, où des colonies pénitentiaires ont été implantées. En 1788, Phillip débarquait avec 1500 hommes, 188 femmes, 36 enfants et 736 forçats, surtout des repris de justice et des opposants politiques irlandais. Cette colonie pénitentiaire s'est développée jusqu'en 1840, période pendant laquelle des villes autonomes ont été fondées. La distance a toutefois protégé plus longtemps qu'ailleurs les communautés aborigènes de la partie nord de l'intérieur; par contre, les indigènes de la Tasmanie ont été exterminés en quelques décennies, après avoir vraisemblablement occupé cette île pendant près de 45 000 années.

Les principaux établissements côtiers sont devenus le centre de sept colonies très différentes, chacune avec son arrière-pays. En 1861, le territoire a été délimité par les frontières rectilignes toujours reconnues aujourd'hui (voir la figure 11-5). Sydney s'est retrouvée le centre de la Nouvelle-Galles du Sud. Melbourne, sa rivale, a été rattachée à l'État de Victoria. Adélaïde a formé le noyau de

FIGURE 11-5

l'Australie-Méridionale et Perth, celui de l'Australie-Occidentale. Brisbane a constitué le point névralgique du Queensland et, en Tasmanie, la ville de Hobart a été choisie comme siège du gouvernement. Darwin a été élevée au rang de ville principale du Territoire du Nord qui abritait les plus importants groupes de survivants aborigènes. En dépit de leur héritage culturel commun, les colonies australiennes ne s'entendaient pas plus entre elles qu'avec Londres sur les politiques coloniales ou sur les questions économiques et politiques. Par conséquent, le processus de formation de la nation australienne durant la dernière partie du XIXe siècle a été long et ardu.

La fédération australienne (ou Commonwealth d'Australie) telle que nous la connaissons aujourd'hui a vu le jour le 1er janvier 1901, après des années de difficiles négociations. Elle regroupe six États, deux territoires fédéraux et un territoire autonome (voir la figure 11-5 et le tableau à la page suivante). Les deux territoires fédéraux

LES PRINCIPALES VILLES DE L'ENSEMBLE AUSTRALIEN

VILLE	POPULATION* (en millions)
Sydney (Australie)	4,7
Melbourne (Australie)	3,9
Brisbane (Australie)	2,0
Perth (Australie)	1,6
Auckland (Nouvelle-Zélande)	1,5
Adélaïde (Australie)	1,2
Canberra (Australie)	0,4
Wellington (Nouvelle-Zélande)	0,4

* Nombre approximatif d'habitants des agglomérations urbaines d'après les données projetées de 2012

sont le Territoire du Nord et le Territoire de la capitale australienne. Le premier est chargé de protéger les intérêts de la population aborigène qui y est concentrée et qui réclame le statut d'État; le second est un terrain découpé dans la partie australe de la Nouvelle-Galles du Sud et cédé au gouvernement pour accueillir la capitale fédérale de Canberra, inaugurée en 1927. Le Territoire autonome de la baie de Jarvis a été acheté en 1915 par la fédération australienne à l'État de la Nouvelle-Galles du Sud afin de fournir à la capitale nationale un accès à la mer. La baie de Jarvis est devenue un territoire autonome en 1989.

L'immigration

La question démographique préoccupe les Australiens depuis longtemps. Il y a environ 60 ans, alors que le pays comptait moins de la moitié de sa population actuelle, 95 % des habitants étaient de souche européenne, et plus des trois quarts d'entre eux étaient issus des îles britanniques. Cette proportion s'est maintenue jusqu'en 1973 par la mise en œuvre de la politique de l'Australie blanche, reflétée par la Loi sur la restriction de l'immigration de 1901 (Immigration Restriction Act of 1901). Aujourd'hui, l'Australie est en rapide mutation. Elle a besoin d'un apport extérieur pour maintenir son taux d'accroissement naturel et pour continuer de faire partie des nations prospères du globe. La politique d'immigration se concentre désormais sur les compétences, la situation financière, l'âge et la connaissance de la langue anglaise des candidats. Les spécialistes de la haute technologie, le personnel médical et les experts financiers sont particulièrement les bienvenus. La parenté des immigrants déjà reçus ainsi qu'un quota de véritables demandeurs d'asile sont également admissibles. Ces dernières années, l'Australie a accueilli entre 120 000 et 180 000 immigrants par an, ce qui a permis à la population de croître. Selon de récentes statistiques, la croissance annuelle de la population de l'Australie se situe actuellement à 1,63 % alors qu'elle était de 0,99 % en 1993. Avec l'arrivée d'immigrants, le pays est en voie de stabiliser la croissance de sa population. À Sydney, par exemple, un résident sur cinq est aujourd'hui d'origine asiatique. En 2010, pas moins d'un quart de la population de l'Australie était née à l'étranger et un autre quart se composait d'Australiens de première génération.

LES ÉTATS ET LES TERRITOIRES AUSTRALIENS (2012)

ÉTAT	SUPERFICIE (en milliers de km²)	POPULATION (en millions)	CAPITALE	POPULATION (en millions)
Nouvelle-Galles du Sud	801,60	7,5	Sydney	4,7
Queensland	1727,30	4,6	Brisbane	2,0
Australie-Méridionale	983,90	1,7	Adélaïde	1,2
Tasmanie	67,90	0,5	Hobart	0,2
Victoria	227,70	5,6	Melbourne	3,9
Australie-Occidentale	2525,50	2,3	Perth	1,6
TERRITOIRE				
Territoire autonome de la baie de Jarvis	0,07	Env. 700 hab.	Aucune	—
Territoire de la capitale australienne	2,30	0,4	Canberra	0,4
Territoire du Nord	1346,30	0,2	Darwin	0,1

La Grande Barrière de Corail, d'une beauté prodigieuse, est située au large des côtes du Queensland, un État du nord de l'Australie (voir la figure 11-3). Il s'agit du plus grand récif corallien du globe ; l'UNESCO l'a désigné site du patrimoine mondial en 1981. La majeure partie du récif est aujourd'hui comprise dans les limites du parc marin appelé Great Barrier Reef Marine Park. Il n'est donc pas surprenant que celui-ci soit l'une des destinations écotouristiques les plus célèbres du monde, mais la pollution et l'activité humaine menacent de disparition les écosystèmes uniques qu'il abrite.

Une culture urbaine

Bien que les Australiens idéalisent les vastes espaces intérieurs de leur pays et qu'ils en célèbrent l'immensité, pas moins de 82 % de la population vit dans les villes, essentiellement dans le sud-est de l'île (voir la figure 11-5).

La carte montre que l'organisation économique et spatiale de l'Australie s'apparente, en quelque sorte, à celle du Japon : les grandes villes, les complexes industriels et la majorité des zones agricoles se trouvent le long de la côte. Au Japon, cette situation s'explique par une topographie montagneuse ; en Australie, par le climat aride de l'Outback. Mais là s'arrête la ressemblance. Le territoire de l'Australie est 20 fois plus grand que celui du Japon, et la population du Japon est presque 6 fois supérieure à celle de l'Australie. Les villes portuaires japonaises sont conçues pour recevoir des matières premières et exporter des produits finis, alors que les villes australiennes acheminent les produits agricoles et miniers de l'intérieur vers les marchés étrangers et importent de la marchandise fabriquée outre-mer. Les distances en Australie étant beaucoup plus importantes qu'au Japon, l'interaction entre les régions y est grandement limitée. Au Japon, pays plus petit et aux infrastructures de communication très développées, des autoroutes, des tunnels et des ponts permettent de traverser le pays très rapidement et efficacement. En Australie, le transport terrestre de Sydney à Perth, ou de Darwin à Adélaïde (en utilisant la nouvelle liaison ferroviaire par Alice Springs), prend énormément de temps. Rien en Australie ne se compare au rythme ultrarapide des déplacements au Japon.

Malgré son immensité, l'Australie a développé une identité culturelle remarquable, une uniformité qui se retrouve dans les paysages urbains et ruraux d'un bout à l'autre du pays. La ville de Sydney, que certains aiment comparer à New York, est située dans un splendide site estuarien ; son quartier des affaires compact composé de gratte-ciels domine un port grouillant qu'anime l'activité des cargos et des traversiers. Vaste métropole tentaculaire de 4,7 millions d'habitants, dont la banlieue étendue est dotée de nombreux centres périphériques, Sydney est un mélange de modernité exubérante et de réserve toute britannique. Melbourne et ses 3,9 millions d'habitants, surnommée le Boston australien, s'enorgueillit de son intéressante architecture et de la vitalité de sa culture. Brisbane, la capitale du Queensland, se trouve sur la Côte d'Or, tout près de la Grande Barrière de Corail. Comme Miami, c'est une ville de plages et de grands complexes touristiques. À la différence de Miami, cependant, ses habitants peuvent échapper à la chaleur estivale dans les montagnes de son arrière-pays immédiat. Perth, séparée de sa plus proche voisine australienne par les deux tiers du territoire, coupée de l'Asie du Sud-Est et de l'Afrique par des milliers de kilomètres d'océan, est l'une des villes les plus isolées du monde.

Pourtant, chacune de ces villes – tout comme les capitales de l'Australie-Méridionale (Adélaïde), de la Tasmanie (Hobart) et, à un moindre degré, du Territoire du Nord (Darwin) – est typiquement australienne. La vie y est bien ordonnée, et les gens ne sont pas pressés. Les rues sont propres, les quartiers pauvres sont peu nombreux et les graffitis se font rares. Selon des critères nord-américains et même européens, les crimes violents, bien qu'en hausse, sont peu fréquents. Les normes relatives au transport en commun, aux établissements scolaires et aux services de santé sont élevées. De grands parcs, des berges bien aménagées et un ensoleillement remarquable rendent la vie urbaine plus agréable en Australie que presque partout ailleurs dans le monde.

Le paysage culturel du pays a évolué comme celui d'une colonie européenne, prospère et tranquille dans son isolement. Aujourd'hui, cependant, la géographie économique s'est transformée, et l'Australie s'est redéfinie comme une composante de la zone Asie-Pacifique ; ainsi, ses partenaires sont désormais des pays du Pacifique.

La géographie économique

Dès l'aube de son histoire, l'Australie a été une mine de matières premières et, jusqu'à ce jour, elle est considérée mondialement comme un pays dont l'économie dépend

L'une des MÉTROPOLES de . . .

L'ENSEMBLE AUSTRALIEN — SYDNEY

SYDNEY A ÉTÉ FONDÉE il y a plus de deux siècles par le capitaine Arthur Phillip sur le site de l'un des plus magnifiques ports naturels du monde. D'abord une colonie pénitentiaire, Sydney est devenue la plus grande ville d'Australie. Aujourd'hui, la région métropolitaine compte 4,7 millions d'habitants et abrite plus du cinquième de la population du pays. L'essor économique de la ville a été assuré par son port protégé, ses terres agricoles fertiles à proximité et ses pâturages productifs situés dans son arrière-pays. Plus tard, lorsqu'elle a été dotée d'un réseau routier et ferroviaire, Sydney s'est rapidement trouvée au cœur du noyau principal en pleine croissance de l'Australie. Le développement industriel et le pouvoir politique aidant, son influence n'a cessé de s'accroître.

Grâce à son cadre incomparable (voir les photos à la page 410) et à son climat doux et ensoleillé, à ses diverses plages urbaines et à l'accès facile aux fraîches montagnes Bleues de la cordillère australienne, Sydney est l'une des grandes villes du monde où il fait bon vivre. Son réseau de transport en commun efficace (comprenant un vaste système de traversiers portuaires qui se rendent aux quais du quartier des affaires), ses remarquables infrastructures culturelles (dont le célèbre Opéra de Sydney), ses nombreux parcs publics et ses installations récréatives en font aussi une métropole attrayante pour les touristes qui y affluent. Le tourisme international, principalement en provenance des pays de l'Asie de l'Est, joue d'ailleurs un rôle important dans l'économie de la ville. Depuis qu'elle a été l'hôte des Jeux olympiques de l'an 2000, Sydney a vu s'accroître sa renommée mondiale.

Sydney est de plus en plus une ville multiculturelle. Son petit quartier aborigène a été pris d'assaut par des immigrants asiatiques venus s'y établir en grand nombre. La banlieue de Sydney, Cabramatta, symbolise cette situation : plus de la moitié de ses 100 000 habitants sont d'origine étrangère, vietnamienne surtout. En cet endroit, le chômage est élevé, la consommation de drogues suscite des problèmes, la criminalité et la violence exercée par les gangs de rue persistent. Malgré le comportement déviant d'une petite minorité, des dizaines de milliers d'immigrants asiatiques s'y sont installés et y exercent une profession. Comme le suggère la photo de la page ci-contre en haut, aujourd'hui les choses se sont nettement améliorées dans cette communauté dynamique.

En fait, si l'Australie n'est plus isolée de l'Asie, c'est en grande partie grâce à Sydney, aujourd'hui une ville multiculturelle.

essentiellement de ses ressources naturelles exportables. Dans les faits, cependant, l'économie australienne repose surtout sur les services et non sur les exportations de produits. À lui seul, le tourisme contribue à environ 5 % de l'économie du pays, soit presque le même pourcentage que les exportations de minéraux. L'activité économique s'exerce davantage dans les villes côtières animées que dans l'Outback.

Lorsque l'Australie est devenue un État, elle a eu besoin de produits de l'étranger, et c'est à cette époque que la tyrannie de la distance a joué un rôle clé. Les produits importés du Royaume-Uni (et, plus tard, des États-Unis) étaient très chers, principalement en raison des coûts de transport. Pour remédier à ce problème, les entrepreneurs locaux ont créé leurs propres industries en vue de produire les mêmes biens à moindre coût. C'est ainsi que sont nées les **industries de substitution aux importations** et que l'industrialisation locale a fait ses débuts.

L'abondance des ressources agricoles

L'Australie possède des milieux naturels qu'envient certains autres pays du bassin du Pacifique. La première entreprise commerciale a été agricole, avec la production ovine, puis, grâce à la technologie de la réfrigération, les producteurs de bovins de l'Australie ont été en mesure de pénétrer les marchés internationaux. La laine, la viande et le blé ont longtemps été les trois premières sources de revenus de l'Australie ; la figure 11-6 illustre les vastes prairies de l'est, du nord et de l'ouest où se trouvent d'immenses troupeaux. La zone principale de culture commerciale du blé dessine un croissant allant du nord-est de la Nouvelle-Galles du Sud à travers l'État de Victoria et jusqu'en Australie-Méridionale. Cette culture se pratique également dans l'arrière-pays de Perth où elle couvre une grande région. Gardons à l'esprit l'échelle de cette carte : le territoire de l'Australie est presque aussi grand que celui qu'occupent les 48 États contigus des États-Unis ! Le blé en Australie représente donc une importante activité commerciale. Comme il est facile de le déduire en observant la carte des climats, la canne à sucre, une culture tropicale, pousse le long de la côte chaude et humide du Queensland. Quant aux cultures méditerranéennes (y compris le raisin destiné à la production des vins australiens), elles sont regroupées dans l'arrière-pays d'Adélaïde et de Perth. La polyculture est concentrée dans le bassin Murray-Darling où l'irrigation permet de cultiver le riz, le raisin et les agrumes. De plus, comme partout ailleurs dans le monde, l'industrie laitière s'est développée à proximité des agglomérations urbaines. L'Australie bénéficie donc d'environnements très diversifiés qui favorisent une grande variété de cultures.

Le nom « Cabramatta » fait naître diverses réactions chez les Australiens. Durant les années 1950 et 1960, de nombreux immigrants d'Europe méridionale se sont installés dans cette banlieue ouest de Sydney, attirés par les logements à prix abordables. Dans les années 1970 et 1980, les Asiatiques du Sud-Est sont arrivés ici en grand nombre et, pendant cette période, aux yeux de beaucoup d'Australiens, Cabramatta est devenue synonyme de violence, de gangs de rue et de drogues. Plus récemment, cependant, la diversité ethnique de Cabramatta a fini par être perçue sous un jour plus favorable, et la banlieue est maintenant considérée comme la capitale multiculturelle de l'Australie, une attraction touristique et une preuve de la capacité du pays à accueillir des non-Européens. Entretemps, la communauté asiatique, surtout vietnamienne, a paré Cabramatta d'ornements orientaux de toutes sortes. Ainsi, cette « Porte de la liberté », flanquée d'un cheval Ming et de la réplique d'un lion de la Cité interdite, symbolise des temps meilleurs en cette terre d'accueil pour les immigrants et les réfugiés qui la franchissent.

Les ressources minières

Comme le montre la figure 11-6, les ressources minières de l'Australie sont également diversifiées. La découverte d'importants gisements aurifères dans l'État de Victoria et en Nouvelle-Galles du Sud a créé en 1851 une ruée vers l'or qui a duré 10 ans et marqué le début d'une ère économique nouvelle. À cette époque, 40 % de la production aurifère mondiale provenait de l'Australie. De prospection en prospection, on a par la suite – et encore aujourd'hui – découvert d'autres minéraux. On a même trouvé du pétrole et du gaz naturel, tant à l'intérieur qu'au large, dans le détroit de Bass, entre la Tasmanie et l'île australienne, et au large de la côte nord-ouest de l'Australie-Occidentale. Il y a des mines de charbon à de nombreux endroits, notamment dans l'est, près de Sydney et de Brisbane, mais aussi en Australie-Occidentale et même en Tasmanie. Avant la chute des prix de ce minerai, l'exportation du charbon était très rentable. Les grands gisements de minerais, métalliques et non métalliques, abondent : les

À environ 320 kilomètres au sud-ouest de Port Hedland dans la région de Pilbara en Australie-Occidentale, le mont Whaleback, près de la ville de Newman, est l'une des plus importantes sources mondiales de minerai de fer à haute teneur. En raison de la demande soutenue de la Chine pour ce minerai, la mine de fer à ciel ouvert est devenue la plus grande du monde. Cette large entaille, qui ne cesse de s'agrandir dans le paysage naturel, représente l'une des conséquences du rôle de l'Australie en tant que fournisseur de matières premières.

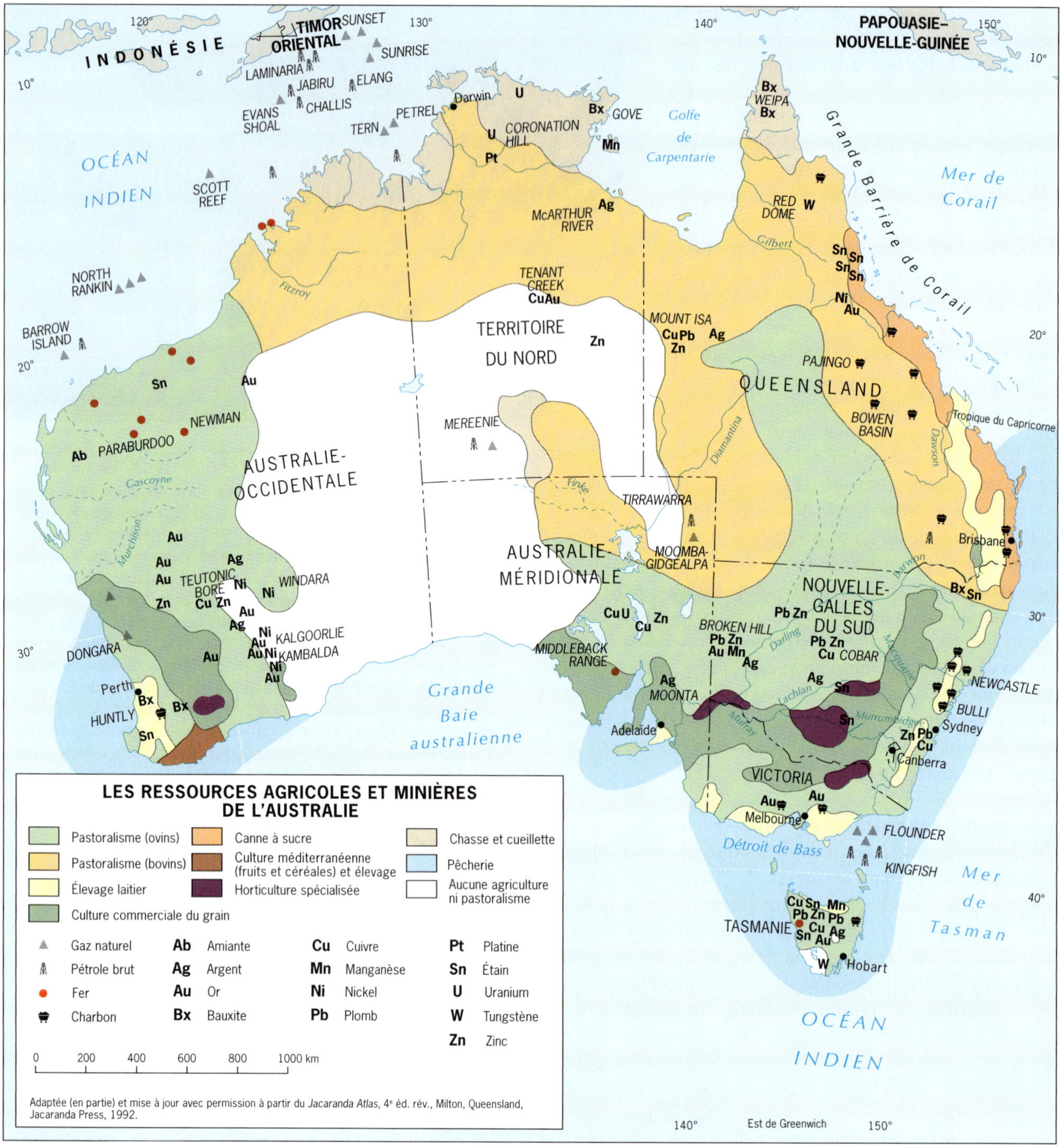

FIGURE 11-6

complexes de Broken Hill et de Mount Isa; le nickel à Kalgoorlie et à Kambalda; le cuivre en Tasmanie; le tungstène et la bauxite dans la région nord du Queensland; l'amiante en Australie-Occidentale. Un examen plus attentif de la carte révèle la vaste répartition du minerai de fer, l'une des matières premières dont le Japon a été le principal acheteur pendant plusieurs années, jusqu'à ce que la Chine le dépasse récemment (voir la photo à la page 419). En fait, l'énorme quantité de matières premières qu'ont achetée l'Inde et la Chine en 2011 a marqué la plus longue envolée des prix de ces matières dans l'histoire récente de l'Australie.

Les limites de la production australienne

La production industrielle en Australie est avant tout orientée vers les marchés intérieurs, comme nous l'avons mentionné précédemment. Il ne faut donc pas s'attendre à voir des automobiles, de l'équipement électronique ou des appareils photo de fabrication australienne concurrencer les produits des dragons asiatiques sur les marchés internationaux. Du moins, pas pour l'instant. La production australienne est assez diversifiée : on fabrique de la machinerie et de l'équipement à partir des productions locales d'acier, ainsi que des textiles, des produits chimiques, du papier et bien d'autres articles. Ces industries sont regroupées près de leurs marchés, c'est-à-dire dans les grandes zones urbaines et aux alentours. Le marché national de l'Australie n'est pas grand, mais il demeure relativement riche, ce qui le rend attrayant pour les producteurs étrangers. Les boutiques australiennes regorgent donc de produits du Japon, de la Corée du Sud, de Taiwan, des États-Unis et de l'Europe. En dépit de mesures protectionnistes instaurées il y a longtemps, l'Australie produit toujours peu de biens de consommation fabriqués au pays. De façon générale, la prédominance du **secteur primaire** indique que le pays doit poursuivre son développement économique.

Les défis de l'Australie

Le pays se transforme, mais ses voisins de l'Asie du Sud et du Sud-Est changent encore plus vite. L'Australie, dont les liens avec l'Europe s'affaiblissent tandis que se fortifient ceux qu'elle entretient avec l'Asie, joue un rôle plus important dans la zone Asie-Pacifique. Elle doit aussi relever certains défis à l'intérieur de ses frontières. Nous allons nous pencher sur les quatre principaux : les droits des aborigènes, la question de l'immigration, les enjeux environnementaux et le rôle régional et mondial du pays.

Les droits des aborigènes

Pendant plusieurs décennies, les revendications des aborigènes ont porté sur deux sujets en particulier : d'une part, la reconnaissance publique des mauvais traitements qu'ils ont subis, accompagnée d'excuses officielles et de réparations et, d'autre part, la propriété foncière. Le premier point a été résolu en 2008 lorsque le premier ministre de l'époque, Kevin Rudd, a présenté des excuses formelles au nom du gouvernement pour les mauvais traitements infligés aux aborigènes par le passé. En ce qui a trait au second point, ses conséquences géographiques pourraient se révéler majeures. Bien que représentant seulement 2 % de la population totale, les aborigènes, qui sont moins de 600 000 (et dont beaucoup ont des origines mixtes), ont gagné en influence dans les affaires nationales. Dans les années 1980, par exemple, les dirigeants aborigènes ont lancé une campagne pour empêcher l'exploration sur ce qu'ils considèrent être des terres ancestrales et sacrées.

Il convient ici de mettre la réalité des aborigènes en perspective. Lorsque les colonisateurs européens sont arrivés en Australie, ils ont invoqué le principe de la *terra nullius* (territoire sans maître), puis ils ont occupé les terres que les peuples indigènes utilisaient collectivement. La situation est similaire à celle qui s'est produite dans les Amériques, où le concept de propriété des terres amérindiennes est entré en conflit avec les idées de propriété privée des Européens. Il n'est pas étonnant d'ailleurs que, pendant très longtemps, les Australiens aient tenu pour acquis que les aborigènes n'avaient pas droit à la propriété foncière. À partir des années 1970, la situation des aborigènes a commencé à changer. En 1976, une loi leur a accordé un droit foncier sur les réserves du Territoire du Nord. Puis, en 1985, le site d'Ayers Rock, considéré comme sacré par les aborigènes, leur a été officiellement rendu. En 1993, une nouvelle loi leur permettait désormais de posséder des terres, de revendiquer celles qui sont restées vacantes et aussi de bénéficier des rentes que pouvaient générer ces terres notamment par l'industrie touristique. Cette décision judiciaire sous-entend que de vastes zones (peut-être jusqu'à 78 % de l'ensemble du territoire australien) pourraient potentiellement faire l'objet de revendications aborigènes (voir la figure 11-7). Celles-ci touchent principalement (mais pas exclusivement) les terres situées dans l'Outback.

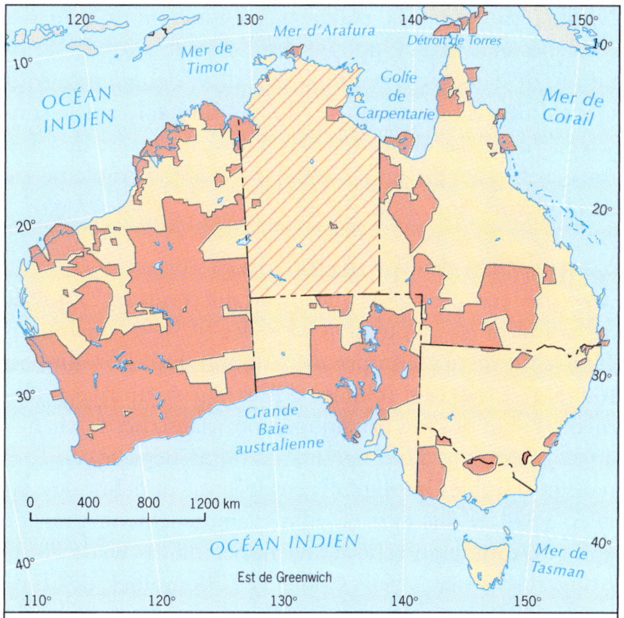

LES ZONES TERRESTRES ET MARITIMES REVENDIQUÉES PAR LES ABORIGÈNES

Zone revendiquée par les peuples aborigènes
Autre territoire
Territoire du Nord reconnu comme territoire aborigène

FIGURE 11-7

En 2007, un rapport sur les conditions de vie des aborigènes dans les camps situés dans le désert du Territoire du Nord a secoué l'Australie. Le document faisait état de l'alcoolisme chronique, de la violence familiale, du chômage, de l'absentéisme scolaire et de la dégradation générale de la culture aborigène. C'est alors que le premier ministre de l'époque a déclaré que la situation était une urgence nationale. Il a ordonné au gouvernement fédéral de prendre en charge 60 communautés aborigènes dans le Territoire du

Nord, recourant à la police et à l'armée ainsi qu'à des contrôles sanitaires. Quoique certains aient lancé des accusations de démagogie politique et soulevé des questions sur la sincérité du gouvernement, il est indubitable que la conscience des Australiens a été ébranlée par le sort des premiers habitants du pays, laissés pour compte en pleine ère de modernisation.

La question de l'immigration

Il y a six décennies, alors que l'Australie comptait moins de la moitié de sa population actuelle, 95 % des habitants étaient de souche européenne. Aujourd'hui, la réalité est tout autre : des 22,8 millions d'Australiens, un tiers seulement sont d'origine britannique ou irlandaise, et chaque année le nombre d'immigrants asiatiques dépasse celui des naissances et des immigrants européens. Au début des années 1990, l'Australie a admis annuellement près de 150 000 immigrants, dont la majorité était issue de Hong Kong, du Vietnam, de la Chine, des Philippines, de l'Inde et du Sri Lanka. Les quotas d'immigration annuels ont depuis été réduits, mais à la fin des années 2000, ils s'élevaient à environ 185 000 nouveaux arrivants, les immigrants asiatiques continuant à excéder ceux qui provenaient d'autres régions du monde. Cette situation irrite certains membres de la société anglo-australienne longtemps dominante, et les restrictions sur la propriété étrangère de biens immobiliers australiens reflètent la crainte d'une asianisation du pays que dénoncent les groupes extrémistes. Toutefois, la réussite manifeste de beaucoup d'immigrants asiatiques en Australie montre bien qu'il existe encore des possibilités intéressantes de s'intégrer à cette société libre et ouverte. Sydney, qui accueille le plus grand afflux d'Asiatiques, est devenue une mosaïque de quartiers ethnoculturels. Certains de ceux-ci ont connu des périodes de violence exercée par les gangs de rue et de trafic de stupéfiants, mais la situation a fini par s'améliorer et ils ont même prospéré au fil du temps. Cela dit, le multiculturalisme restera un défi pour l'Australie au XXIe siècle.

Les enjeux environnementaux

La dégradation environnementale est un problème pressant en Australie. Les Européens et leur bétail ont infligé de lourds dommages aux milieux naturels de l'Australie. De vastes étendues de magnifiques forêts ont été détruites. En Australie-Occidentale, on n'a pas hésité à créer de nouveaux pâturages en dénudant la cime des arbres plusieurs fois centenaires afin que le soleil puisse passer et faire pousser des herbages au sol. En Tasmanie, où l'eucalyptus indigène d'Australie atteint des dimensions fantastiques (on le compare au séquoia des forêts nord-américaines), des milliers d'hectares de ce trésor irremplaçable ont été rasés pour alimenter les usines de pâte à papier. De nombreuses variétés de marsupiaux ont disparu et beaucoup d'autres sont en voie d'extinction. Aujourd'hui, les Australiens sont de plus en plus conscients de la dégradation de leur environnement et c'est tant mieux, car jamais un si petit groupe de personnes n'a fait autant de ravages sur une si grande étendue en si peu de temps. En Tasmanie, le parti environnementaliste a réussi à freiner la déforestation, la construction de barrages et d'autres projets de développement. Pourtant, beaucoup d'Australiens voient encore le mouvement écologiste comme un obstacle à la croissance économique, à une époque où, justement, l'économie a besoin d'être stimulée, d'autant plus que l'avenir du pays en dépend.

La fluctuation à long terme du climat de l'Australie constitue un autre problème environnemental. Sur un territoire particulièrement aride, les sècheresses dans les franges humides sont les pires ennemies, et l'histoire de l'Australie regorge de telles périodes aux conséquences dévastatrices.

Durant la première décennie du XXIe siècle, l'Australie s'est trouvée en proie à la pire sècheresse jamais enregistrée ; les conséquences ont été désastreuses, allant des incendies de forêt meurtriers au dessèchement des terres agricoles. L'une des industries agricoles les plus rentables de l'Australie, la viticulture, a énormément souffert tandis que de nombreux producteurs ont dû abandonner leurs terres. La photo de gauche montre un vignoble autrefois mature, près de Yarrawonga (à la frontière entre l'État de Victoria et la Nouvelle-Galles du Sud, le long du fleuve Murray), desséché et abandonné à l'été 2009. Lorsque les pluies sont enfin venues, elles ont provoqué des inondations catastrophiques, emportant la terre arable et érodant le sol. La photo de droite, prise en janvier 2010, permet d'en constater les résultats au Coonamble, en Nouvelle-Galles du Sud, le long d'un affluent de la rivière Darling.

Le réchauffement planétaire pourrait rendre l'Australie encore plus vulnérable à ce fléau. L'une de ces périodes de grave sècheresse, considérée comme la pire de mémoire d'homme, a duré pendant toute la décennie des années 2000 et a mis en péril l'ensemble de la région arrosée par le système hydrographique Murray-Darling, la région céréalière de l'Australie (voir la figure 11-6). Selon certaines estimations, cette région qui représente 40 % de la zone agricole de l'Australie et contient 85 % de ses terres irriguées est au bord de la ruine (voir les photos de la page ci-contre en bas). Les phénomènes naturels sont en partie responsables, mais d'autres facteurs sont en cause, notamment la demande croissante en eau dans les zones urbaines en expansion, la construction excessive de barrages, le forage de puits et le détournement de l'eau des affluents en amont du bassin Murray-Darling. Le gouvernement australien souhaite mettre en place un programme coordonné de contrôle du drainage de ce bassin. Pour la mise en œuvre, cependant, il est crucial que coopèrent les gouvernements des États concernés et les agriculteurs locaux qui survivent en détournant l'eau pour arroser leurs cultures. Jusqu'ici, le plan n'a pas été adopté, mais si la sècheresse continue de s'aggraver en Australie, la crise environnementale n'offrira pas d'autres solutions. Il est peut-être même déjà trop tard.

Le rôle régional et mondial de l'Australie

De façon générale, l'importance croissante de l'Australie dans le monde et les liens étroits qu'elle entretient avec les ensembles géographiques voisins l'ont amenée à reconsidérer son identité et ses alliances. Ses dimensions territoriales, sa position relative et sa richesse en matières premières ont contribué à déterminer la place qu'elle occupe dans le monde. Sa relation exclusive avec le Royaume-Uni appartient désormais au passé. En renforçant sa présence à l'échelle mondiale, l'Australie s'est tournée vers l'Asie et le bassin du Pacifique. Ainsi, ses échanges commerciaux et ses investissements avec les pays voisins sont à la hausse et sa sensibilité politique aux problèmes que vivent les ensembles géographiques voisins s'est accrue, comme en témoigne son ouverture à l'immigration asiatique.

En ce début de deuxième décennie du XXIe siècle, même si l'Australie compte moins de 25 millions d'habitants, son importance sur la scène internationale dépasse largement le nombre de ses citoyens.

LA NOUVELLE-ZÉLANDE

De l'autre côté de la mer de Tasman, à 2500 kilomètres au sud-est de l'Australie, se trouve la Nouvelle-Zélande, aussi appelée *Aotearoa* en maori (qui signifie « terre du long nuage blanc »). À une autre époque, ce pays aurait fait partie de l'ensemble géographique des archipels du Pacifique, car sa population se composait majoritairement de Maoris, un peuple aux racines polynésiennes. Toutefois, la Nouvelle-Zélande, comme l'Australie, a été envahie et occupée par

Situé le long de la ceinture de feu du Pacifique, à la jonction des plaques tectoniques du Pacifique, indienne et australienne, le mont Egmont dans le parc national d'Egmont, sur l'île du Nord en Nouvelle-Zélande culmine à 2518 mètres d'altitude. La dernière éruption connue remonte à 1854, mais le volcan est toujours considéré comme actif et potentiellement dangereux.

les Européens. Aujourd'hui, 70 % de ses 4,5 millions d'habitants sont des Européens, et beaucoup de ses 660 000 Maoris ou *Tangata Whenua* sont des Métis dont les ancêtres sont d'origine europolynésienne. La langue maorie est apparentée au tahitien et à l'hawaïen.

La Nouvelle-Zélande est constituée de deux grandes îles montagneuses qui s'étirent sur 1600 kilomètres : l'île du Nord (*Te Ika a Maui* « poisson de Maui ») et l'île du Sud (*Te Wai Pounamu* « le pays de l'eau des pierres »), ainsi que de nombreuses petites îles dispersées (voir la figure 11-8). Les deux îles principales, celle du sud étant passablement plus grande que celle du nord, semblent minuscules dans l'immensité de l'océan Pacifique, mais leur superficie terrestre totale (270 534 km^2) est supérieure à celle de la Grande-Bretagne (230 000 km^2).

Ces deux îles principalement montagneuses et vallonnées contrastent nettement avec l'Australie. On trouve sur l'île du Sud une chaîne de montagnes couronnées de neige, qu'on appelle les Alpes du Sud, avec des pics de plus de 3300 mètres. L'île du Nord est volcanique ; le mont Egmont culmine à 2518 mètres au cœur du parc national d'Egmont. Toutes proportions gardées, cette île dispose d'un plus grand territoire à basse altitude que sa contrepartie australe, mais on y trouve aussi une région de hautes terres centrales au pied desquelles s'étendent les pâturages de la principale zone laitière de la Nouvelle-Zélande. Comparativement à l'Australie qui a une élévation et un relief relativement bas, la Nouvelle-Zélande est dans l'ensemble plutôt élevée et présente un relief très accidenté.

Comme nous l'avons souligné au début de ce chapitre, la Nouvelle-Zélande se trouve en majeure partie à la convergence des plaques tectoniques australienne et du Pacifique, et le long de la ceinture de feu du Pacifique (voir les figures I-11 et I-12), ce qui, d'une part, explique son relief et, d'autre part, l'expose aux séismes. Le 22 février 2011, un tremblement de terre d'une magnitude de 6,3 sur l'échelle de Richter a touché Christchurch, la plus grande ville de l'île du Sud. (Il s'agit essentiellement de la réplique d'un autre séisme encore plus puissant, survenu cinq mois plus tôt, dont l'épicentre était situé à l'extrémité ouest de la région urbaine.) Les dégâts structurels qu'ont subis le quartier des affaires et ses environs immédiats ont été très importants. Le bilan de 182 victimes fait de ce séisme le plus meurtrier qu'a connu la Nouvelle-Zélande en 80 ans.

L'occupation du territoire

Sur les deux îles, les espaces les plus habitables sont donc les plaines côtières et le flanc des montagnes à basse altitude. Sur l'île du Nord, Auckland, la plus grande zone urbaine, occupe une péninsule d'altitude relativement basse. Sur l'île du Sud, la plus vaste région à basse altitude est la plaine de Canterbury, autour de Christchurch. L'intérêt de ces basses terres tient à leurs impressionnants pâturages. En effet, la variété de sols et de plantes fourragères y est telle que les animaux peuvent y paître l'été comme l'hiver. Par ailleurs, la plaine de Canterbury, la principale région agricole du pays, produit une large variété de légumes, de céréales et de fruits. Environ la moitié de tout le territoire de la Nouvelle-Zélande est constituée de prairies, et la majeure partie de l'activité agricole consiste à cultiver les plantes fourragères pour soutenir l'industrie pastorale. On y fait surtout l'élevage d'ovins (40 millions de moutons) et de bovins (4 millions de bœufs) ; la laine, la viande et les produits laitiers rapportent plus du tiers des revenus d'exportation.

Malgré les contrastes (superficie, forme, relief, climat et histoire) qui opposent la Nouvelle-Zélande et l'Australie, les deux pays ont beaucoup en commun. Outre leur héritage britannique, ils ont tous les deux une importante industrie pastorale et un petit marché local, ils sont familiarisés avec le problème des grandes distances qui les séparent des marchés internationaux et ils ont le même désir de stimuler leurs industries nationales par des mesures protectionnistes. Le taux élevé d'urbanisation en Nouvelle-Zélande (86 % de la population totale) rappelle celui de l'Australie. Les deux principaux secteurs d'emploi néo-zélandais sont la fonction publique et les entreprises d'emballage et de préparation des produits agricoles établies dans les villes.

Sur le plan territorial, la Nouvelle-Zélande partage aussi avec l'Australie son modèle de **développement périphérique** (voir la figure 11-2), non pas à cause des déserts, mais en raison des hautes montagnes escarpées et de la nature fragmentée du pays. Ses principales villes – Wellington, la capitale (qui englobe Lower Hutt, sa ville satellite), et Auckland sur l'île du Nord, Christchurch et Dunedin sur l'île du Sud – étant toutes situées sur la côte, le système routier et ferroviaire est concentré dans la périphérie des

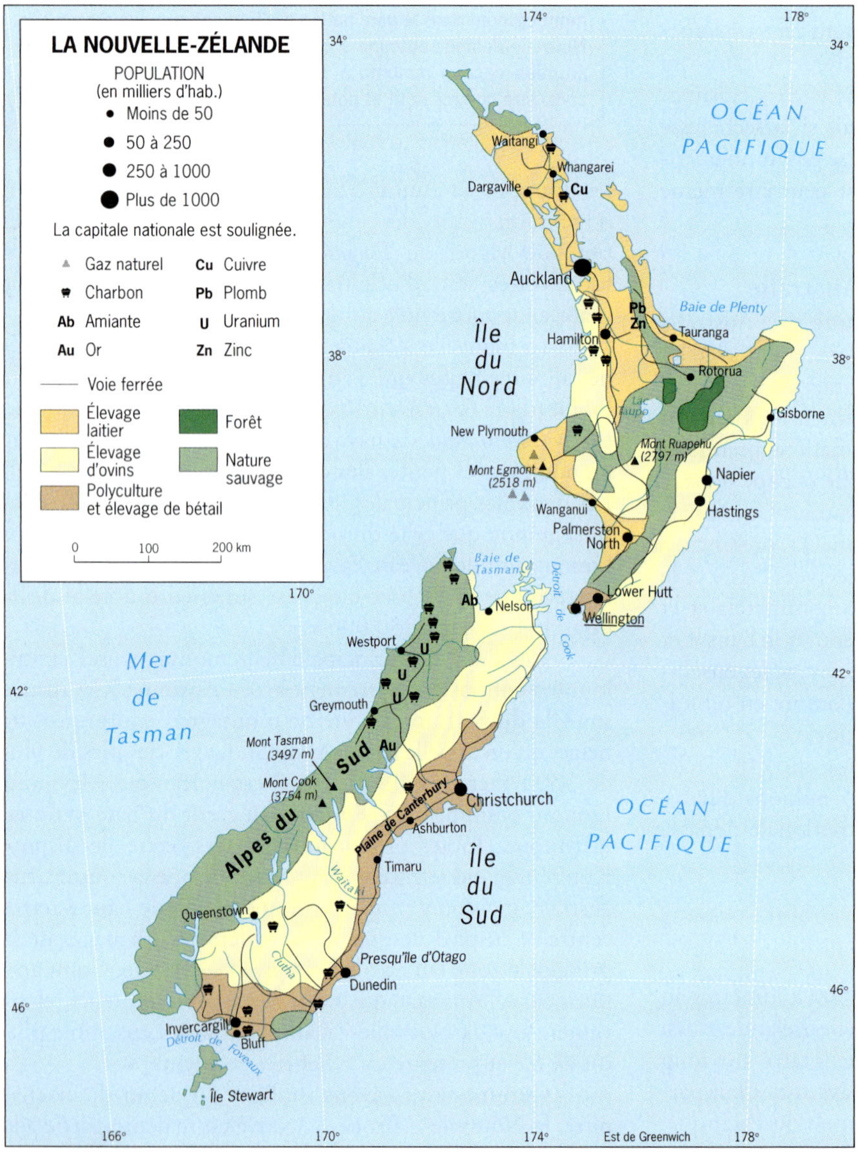

FIGURE 11-8

îles. Par ailleurs, les deux îles principales sont séparées par le détroit de Cook, un bras de mer balayé par les vents, qui ne peut être franchi que par traversier ou par voie aérienne (voir la figure 11-8). Sur l'île du Sud, les Alpes du Sud constituent un obstacle de taille aux communications terrestres.

La protection de l'environnement

La Nouvelle-Zélande est bien connue pour ses politiques progressistes et son niveau de vie élevé. Plusieurs facteurs contribuent à son environnement de qualité supérieure : son statut à titre de l'une des sociétés les plus « vertes » du monde, son parti écologiste (Green Party of Aotearoa) actif depuis longtemps sur la scène politique et un programme bien établi de conservation de la nature. Les Néo-Zélandais se sont montrés exemplaires en se conformant à des politiques écologiques et de développement durable. En outre, on ne trouve aucune centrale nucléaire en Nouvelle-Zélande et les autorités interdisent même aux navires militaires nucléaires de jeter l'ancre dans ses ports. Le pays a créé des tribunaux de l'environnement pour entendre les causes concernant des décisions relatives à la gestion environnementale. Avec ses initiatives vertes novatrices, la Nouvelle-Zélande a démontré qu'un pays même faiblement peuplé a la capacité d'améliorer son environnement naturel, si ses dirigeants ont la volonté politique d'agir en ce sens.

La question des Maoris et l'avenir de la Nouvelle-Zélande

À l'instar de l'Australie, la Nouvelle-Zélande a eu des relations difficiles avec sa population indigène. Les Maoris, qui représentent aujourd'hui 15 % de la population du pays, auraient atteint les îles au cours du Xe siècle. Au moment où les colons européens sont arrivés, les Maoris avaient eu un impact énorme sur les écosystèmes des îles, en particulier sur l'île du Nord où vivaient la plupart d'entre eux. En 1840, les Maoris et les Britanniques ont signé un traité à Waitangi, qui a reconnu la souveraineté des colons britanniques sur la Nouvelle-Zélande, tout en garantissant les droits des Maoris sur les terres tribales établies. Bien que les Britanniques aient abrogé des sections du traité en 1862 dans leur propre intérêt, les Maoris avaient raison de croire que de vastes étendues de la Nouvelle-Zélande, ainsi que les eaux du large, leur appartenaient.

Tout comme en Australie, les décisions judiciaires dans les années 1990 ont appuyé la position des Maoris et ont conduit à des revendications élargies ainsi qu'à des demandes croissantes. Sur le plan culturel, la déclaration du maori comme langue officielle en Nouvelle-Zélande et son enseignement dans le système scolaire sont considérés comme des progrès significatifs vers une acceptation du patrimoine culturel maori. Malgré tout, l'une des récriminations de ce peuple est la lenteur de son intégration à la société néo-zélandaise moderne. Bien que leurs revendications territoriales portent sur de nombreuses zones rurales de la Nouvelle-Zélande, elles concernent aussi des sites d'importance dans les grandes villes. Aujourd'hui, la question des revendications territoriales des Maoris est devenue le principal enjeu national.

Le patrimoine culturel dominant et le paysage culturel actuel forment deux critères qui aident à définir l'ensemble australien. Or la mosaïque des peuples y est en pleine évolution, et l'influence des ensembles géographiques voisins continuera de se faire sentir.

12 LES ARCHIPELS DU PACIFIQUE

FIGURE 12-1

L'ENJEU DES ESPACES MARITIMES

SOMMAIRE

UN APERÇU DE L'ENSEMBLE

- LE PEUPLEMENT, LA COLONISATION ET L'INDÉPENDANCE
- LES ARCHIPELS DU PACIFIQUE ET L'ESPACE MARITIME

LES RÉGIONS DU PACIFIQUE

- LA MÉLANÉSIE
- LA MICRONÉSIE
- LA POLYNÉSIE

L'ANTARCTIQUE

CONCEPTS ET TERMES

Atoll

Eaux territoriales

Haute mer

Plateau continental

Île haute

Île basse

Nous consacrons ce dernier chapitre à quatre vastes régions du globe très différentes de celles dont nous avons traité jusqu'ici. Ainsi, c'est l'eau, plutôt que les terres et le sol, qui dominent la géographie physique des trois régions qui forment l'ensemble des archipels du Pacifique ; en Antarctique, la glace est omniprésente. Les changements environnementaux qui s'y produisent ont des conséquences qui rejaillissent sur toute la planète.

De la côte ouest de l'Amérique à l'extrémité est de l'Asie et de l'Australie, de la mer de Béring au nord à l'océan Austral au sud, s'étend le plus vaste océan du globe : le Pacifique (voir la figure 12-1). De cette immense étendue d'eau, dont la superficie de 175 millions de km^2 est supérieure à celle de toutes les terres réunies de la planète, émergent des dizaines de milliers d'îles ; ce sont les archipels du Pacifique. Certaines, comme la Nouvelle-Guinée (de loin la plus imposante de l'ensemble), sont assez grandes, mais la plupart sont petites, et bon nombre sont désertes. La superficie de l'ensemble des archipels du Pacifique est d'à peine 975 000 km^2, soit près des deux tiers du territoire québécois, et l'île de la Nouvelle-Guinée occupe à elle seule 90 % de la portion terrestre.

Enfin, les changements climatiques et l'élévation moyenne du niveau de la mer menacent déjà les populations de milliers d'îles de faible altitude dans le Pacifique. Le déplacement d'un village entier a eu lieu au Vanuatu au début du XXIe siècle. Ce sont les premiers cas de réfugiés environnementaux. Les habitants des îles Kiribati (voir la photo à la page 438) seront probablement les prochains, puisqu'un certain nombre des 32 atolls qui composent ce pays sont déjà en train de disparaître sous les eaux du Pacifique. Le président des Kiribati a entrepris des pourparlers avec le gouvernement fidjien en vue de déménager sa population sur l'île Vanua Levu.

Les principales CARACTÉRISTIQUES GÉOGRAPHIQUES des … ARCHIPELS DU PACIFIQUE

1. L'ensemble des archipels du Pacifique est le plus vaste de tous, mais il se classe parmi les plus petits quant à la superficie totale des terres émergées.
2. La Papouasie–Nouvelle-Guinée abrite 7,1 millions d'habitants, soit 70 % de la population de l'ensemble qui compte 10,7 millions de personnes.
3. Les dispositions de la Convention des Nations Unies sur le droit de la mer concernant les droits de contrôle des États sur l'espace maritime qui les entoure ont des incidences géoéconomiques et géopolitiques importantes sur les îles et les archipels du Pacifique.
4. Cet ensemble, très fragmenté, comprend trois régions : la Mélanésie (qui englobe l'île de la Nouvelle-Guinée), la Micronésie et la Polynésie.
5. Sur le plan physiographique, les archipels du Pacifique se divisent en deux groupes : les îles hautes d'origine volcanique et les îles basses de structure corallienne.
6. L'influence des États-Unis a été particulièrement importante dans les îles du nord de la Micronésie et continue de se faire sentir sur le mode de vie de toutes les sociétés locales.
7. La culture polynésienne autochtone s'est longtemps distinguée par une cohérence et une uniformité remarquable partout en Polynésie, malgré les vastes dimensions de la région et son aspect fragmenté. Toutefois, les influences extérieures exercent de lourdes contraintes sur les cultures locales. À Hawaï et en Polynésie française, notamment, l'occidentalisation a considérablement noyé les cultures autochtones.

Au sud de l'ensemble se trouve l'Antarctique, recouvert de glaces permanentes ; c'est un continent inhabité et, par conséquent, il n'est pas soumis aux activités humaines qui se répercutent sur le milieu. Il ne constitue pas non plus, selon les critères retenus dans ce manuel, un ensemble géographique, mais il demeure un continent singulier, qui a suscité des rivalités au début du XXe siècle, car plusieurs pays ont voulu atteindre le pôle Sud et planter leur drapeau sur les rives de l'Antarctique. Aujourd'hui, la communauté internationale y finance de nombreuses expéditions scientifiques afin de mieux connaître l'ampleur des changements climatiques et leurs effets sur les différents milieux marins des mers australes. Comme nous l'avons vu dans le chapitre 3B, la fonte des glaces dans l'Arctique libère de nouvelles routes maritimes et les technologies de pointe en matière d'exploration et d'exploitation minérales (particulièrement pétrolière et gazière) permettent de tirer parti plus facilement du plancher océanique au large des côtes. Il en va de même pour les côtes de l'Antarctique.

Ainsi, lorsque des espaces maritimes renferment des ressources naturelles convoitées, le potentiel de rivalités, voire de conflits est très grand. Il n'est donc pas étonnant que les règles internationales visant à délimiter et à déterminer à qui appartiennent ces espaces fassent parfois l'objet de litiges.

UN APERÇU DE L'ENSEMBLE

Hawaï, Tahiti, les Tonga et les Samoa ne sont que quelques-uns des noms légendaires qui évoquent encore des îles paradisiaques au mode de vie idyllique et loin de tout.

Les archipels du Pacifique couvrent un vaste domaine océanique. Sur la carte (voir la figure 12-1), on remarque que cet ensemble géographique se situe entièrement dans l'océan Pacifique. L'ensemble exclut la Nouvelle-Zélande et l'Australie. Selon la définition du présent manuel, il comprend les îles du Pacifique qui partagent un mode de vie relativement semblable. Bien que la Nouvelle-Zélande et l'Australie comptent un nombre important d'aborigènes aux caractéristiques apparentées, ces deux pays ont complètement changé leur appartenance avec l'arrivée massive d'Européens. La situation de la Nouvelle-Guinée est particulière : politiquement, elle est partiellement tournée vers l'Indonésie, mais elle fait partie de l'ensemble des archipels du Pacifique en raison de ses affinités culturelles. Comme le montrent les figures 10B-1 et 12-3, les frontières politiques de l'ensemble des archipels du Pacifique ne coïncident pas avec ses frontières physiques.

La population très dispersée totalise à peine plus de 13 millions d'habitants. Les données fournies à l'annexe A donnent 10 millions pour l'ensemble ; ce chiffre exclut les provinces indonésiennes de Papouasie qui occupent la portion occidentale de l'île de la Nouvelle-Guinée. Malgré l'omniprésence de l'eau et son aspect fragmenté, l'ensemble renferme néanmoins des particularités régionales.

LE PEUPLEMENT, LA COLONISATION ET L'INDÉPENDANCE

Le peuplement

Il y a 60 000 ans, des peuples venus d'Asie se sont installés dans les îles de la Sonde dans l'actuelle Indonésie, alors que le niveau moyen des mers et des océans était plus bas. À la suite des grandes régressions marines consécutives aux glaciations du quaternaire, le continent asiatique était constitué d'un bloc et le passage à pied sec était possible. Ces populations ont également pu gagner par bateau l'Australie et la Nouvelle-Guinée, elles-mêmes reliées entre elles à l'époque et formant une masse continentale unique appelée Sahul. Pendant 50 000 ans, les Sahuliens ont développé leur culture et se sont dispersés dans les archipels voisins. Une deuxième vague migratoire de peuples issus d'Asie du Sud-Est (austronésiens) est entrée en contact avec les populations sahuliennes. Vers le deuxième millénaire avant notre ère s'est épanouie une riche culture caractérisée par la fusion de deux modes de vie : d'une part, celui des chasseurs, cueilleurs, pêcheurs et navigateurs et, d'autre part, celui des horticulteurs et des éleveurs.

À partir de ce moment, grâce aux pirogues à voile et à balancier, les populations ont progressivement conquis des îles et des archipels polynésiens : l'île de Pâques au Ve siècle de notre ère, la Nouvelle-Zélande au VIe siècle et Hawaï au XIIIe siècle. Les populations asiatiques ont également colonisé la Micronésie, alors qu'elles ont transité par les Philippines il y aurait 3000 ans. Ainsi, les populations micronésiennes, polynésiennes et mélanésiennes se sont accrues et diversifiées à partir de ces deux grandes souches en provenance du continent et des îles asiatiques. Il existe aujourd'hui dans cet ensemble une grande diversité ethnoculturelle que les nombreuses langues reflètent : 738 langues papoues, 360 langues mélanésiennes, une quarantaine de langues polynésiennes et une vingtaine de langues micronésiennes. En Papouasie–Nouvelle-Guinée, on parle 817 langues ; au Vanuatu, 109.

La colonisation

Fernand de Magellan (1480-1521), navigateur portugais au service de l'Espagne, a traversé le premier le Pacifique (1520-1521). Puis tout au long du XVIe siècle, les Espagnols ont établi la route reliant les Philippines à Acapulco. C'est à la fin du XVIIIe siècle que les explorateurs européens ont intensifié leurs grandes découvertes dans le Pacifique. Pensons notamment aux Britanniques Samuel Wallis (1728-1795) et James Cook (1728-1779), aux Français Louis-Antoine de Bougainville (1729-1811), Jean-François de La Pérouse (1741-1788) et Antoine Raymond Joseph de Bruni dit chevalier d'Entrecasteaux (1737-1793). Du XIXe jusqu'au milieu du XXe siècle, la France, le Royaume-Uni et les États-Unis, et même le Japon pendant un certain temps, ont rivalisé pour obtenir le contrôle des îles du Pacifique. Le royaume polynésien des îles d'Hawaï a été annexé aux États-Unis en 1898 et en est devenu le cinquantième État en 1959. La Nouvelle-Calédonie (une colonie pénitentiaire française de 1863 à 1931) et la Polynésie française (colonisée en 1843) étaient considérées comme des territoires français d'outre-mer, mais depuis 2003, leur statut a changé. Ce sont maintenant des « Pays d'outre-mer » au sein de la République française ; en vertu de ce statut, la Nouvelle-Calédonie et la Polynésie française pourraient accéder à l'indépendance à la suite d'éventuels référendums.

La carte politique actuelle demeure une mosaïque d'États indépendants, de pays dits associés et de territoires coloniaux (voir la figure 12-1). L'île Pitcairn relève de la responsabilité des Britanniques, par l'entremise de la Nouvelle-Zélande, et celle-ci gère et soutient les îles Cook, Tokelau et Niue. L'île de Pâques, minuscule terre étagée dans le sud-est du Pacifique, fait partie du Chili. L'Indonésie gouverne la Papouasie située dans la moitié occidentale de la Nouvelle-Guinée. Les États-Unis administrent l'île de Guam et les Samoa américaines, les îles de la Ligne, l'île Wake, les îles Midway et plusieurs autres îlots, tous considérés comme des territoires non incorporés des États-Unis ; ce pays entretient aussi des liens politiques particuliers avec d'autres territoires, anciennes dépendances aujourd'hui théoriquement indépendantes.

Durant la Seconde Guerre mondiale, le Pacifique a été le théâtre de batailles féroces qui ont permis aux États-Unis d'acquérir un vaste domaine océanique. En 1941, l'expansionnisme nippon a atteint son sommet lorsque le Japon a mené plusieurs offensives : il a détruit la flotte étasunienne du Pacifique stationnée à Pearl Harbor dans l'archipel d'Hawaï, conquis les Philippines (alors sous protectorat étasunien) et pris les îles de Guam et de Wake, avant-postes des États-Unis. Les États-Unis feront reculer le Japon après la victoire de Guadalcanal (une île de l'archipel des Salomon au sud-est de la Papouasie–Nouvelle-Guinée) en 1943. Pour contraindre le Japon à déposer les armes, les États-Unis larguent une bombe atomique sur la ville d'Hiroshima, au Japon, le 6 août 1945 ; l'explosion détruit 90 % de la ville et fait 150 000 victimes, dont 80 000 morts. Trois jours plus tard, le 9 août, les États-Unis larguent une seconde bombe, mais sur Nagasaki cette fois. Le Japon capitule le 14 août 1945.

Les États-Unis ont alors pris le contrôle d'îles et d'archipels dans le nord de la Micronésie ; ces territoires sont devenus ainsi une tête de pont pour d'éventuelles interventions en Asie. Du coup, le Pacifique s'est converti en terrain d'essais des puissances nucléaires de l'époque : les États-Unis, le Royaume-Uni et la France. Entre 1946 et 1996, ces trois pays y feront des centaines d'expérimentations nucléaires. De 1946 à 1958, les États-Unis ont fait des tests sur les atolls Bikini et Eniwetok (les îles Marshall). Le Royaume-Uni a expérimenté ses armes nucléaires dans le centre du Pacifique entre 1957 et 1958. De 1966 à 1996, la France a procédé à 193 essais atmosphériques et souterrains en Polynésie française. Depuis, des efforts ont été entrepris pour bannir tout essai nucléaire dans la région. Cependant, le Traité d'interdiction complète des essais nucléaires (TICE), bien que ratifié par 153 États, n'est toujours pas entré en vigueur.

L'indépendance

À partir des années 1970, certains archipels ont accédé à l'indépendance. Les principaux sont les Fidji en 1970, autrefois une dépendance britannique, les îles Salomon en 1978 (également affranchies des Britanniques) et Vanuatu, administré conjointement par la France et le Royaume-Uni jusqu'en 1980. La carte actuelle montre aussi des micro-États comme Nauru (1968), Tuvalu (1978), les îles Kiribati (1979) et Palaos (1994).

La plupart de ces îles-États dépendent de l'aide étrangère et certaines d'entre elles particulièrement basses connaissent des problèmes liés à la rareté de l'eau potable et à l'élévation du niveau de l'océan. Ainsi, l'archipel de Tuvalu, qui compte une population de quelque 10 600 habitants concentrés sur 25 km², est constitué de quatre îles et de cinq **atolls** coralliens, dont aucune partie ne s'élève à plus de 4,6 mètres du niveau moyen de la mer. Aucun cours d'eau ne traverse les îles et l'eau des nappes phréatiques n'est pas potable. Seules la captation d'eau de pluie et sa mise en réservoir assurent les besoins en eau potable des résidents. Tuvalu est donc particulièrement sensible au réchauffement climatique et à l'élévation du niveau de la mer. Les tempêtes qui frappent les îles et l'utilisation du sable comme matériel de construction accélèrent le processus d'érosion du littoral qui protège les populations des débordements de l'océan. Selon les experts, certaines de ces îles pourraient disparaître d'ici 2050.

En 2000, le gouvernement du Tuvalu a lancé un appel à l'Australie et à la Nouvelle-Zélande pour y évacuer la population au cas où le niveau de la mer monterait dangereusement. La Nouvelle-Zélande s'est particulièrement engagée à aider les populations insulaires du Pacifique. Elle a instauré en 2001 une politique d'immigration (appelée Pacific Access Category) et accueille depuis cette date 75 réfugiés environnementaux chaque année.

Le revenu national brut par habitant à Tuvalu est d'environ 2700 dollars américains par année, et le pays tire ses revenus de la pêche, de la vente de copra (la chair de la noix de coco servant à fabriquer de l'huile) et d'un peu de tourisme. Or l'archipel subsiste surtout grâce à un fonds international créé par l'Australie, la Nouvelle-Zélande, le Royaume-Uni, le Japon et la Corée du Sud. L'argent qu'envoient les travailleurs expatriés en Nouvelle-Zélande ou ailleurs à leurs proches contribue également à la survie des insulaires.

L'atoll Pakin au large de l'île de Pohnpei, est un des États fédérés de la Fédération de Micronésie. Cette dernière se situe dans l'ouest de l'océan Pacifique et elle est composée de plus de 600 îles, îlots et atolls appartenant à l'archipel des Carolines. Contrairement aux îles hautes, ce type d'île ne peut capter suffisamment d'humidité des masses d'air océanique tropical en raison de sa faible altitude et souffre par conséquent de sécheresse chronique. La production agricole y est donc impossible. Les îles basses connaissent des problèmes liés à la rareté de l'eau potable, mais aussi des problèmes liés à l'élévation du niveau des océans.

LES ARCHIPELS DU PACIFIQUE ET L'ESPACE MARITIME

La géographie réunit une variété d'approches relatives à l'étude des océans ; certains géographes s'intéressent particulièrement à la biogéographie des récifs coralliens ; d'autres, à la géomorphologie des littoraux ; et d'autres encore, aux mouvements des courants marins et à leurs effets sur les climats. Il y a aussi des spécialistes qui se consacrent à la géopolitique des espaces maritimes en participant aux études de droit international axées sur la définition et la délimitation des frontières politiques des mers et océans. Étant donné l'importance de l'espace maritime dans l'ensemble des archipels du Pacifique, il convient d'aborder ce sujet.

Les États côtiers

Les États côtiers ne finissent pas là où le suggèrent les cartes des atlas. Au cours des siècles, les États ont revendiqué diverses formes de souveraineté sur les eaux qui les bordent, en fermant leurs baies et leurs estuaires, et en interdisant aux flottes étrangères l'accès aux lieux de pêche environnants. C'est ainsi qu'a émergé la notion d'**eaux territoriales** dans lesquelles primeraient les droits de l'État côtier. Au-delà des eaux territoriales s'étend la zone économique exclusive (ZEE), puis la **haute mer**, vaste zone libre à l'abri des intérêts nationaux. L'objectif pour chacune des nations est de s'assurer le contrôle des ressources naturelles existantes et potentielles et la sécurité des eaux le plus loin possible des côtes.

Dans les années 1950, les Nations Unies ont lancé une série de conférences afin d'établir la Convention des Nations Unies sur le droit de la mer (CNUDM). Au terme de trois décennies de négociations, en 1982, les participants ont signé cette convention qui définit les droits souverains des États sur leur espace maritime. Les dispositions juridiques de la Convention reconnaissent 12 milles marins (22,2 kilomètres) d'eaux territoriales pour tous les pays auxquels s'ajoute une zone économique exclusive (ZEE) d'une distance de 188 milles marins (348 kilomètres) à partir des côtes. À l'intérieur de sa ZEE, un État côtier détient tous les droits d'exploitation des ressources, qu'elles soient halieutiques, pétrolières ou minérales, tant qu'elles sont contenues dans ou sous cette zone. Un État côtier peut aussi louer ces ressources, les vendre ou les partager à sa guise. Il exerce également sa juridiction sur la recherche scientifique en milieu marin, ainsi que sur la protection et la préservation de ce milieu.

UN EXEMPLE DE CONFLIT AUTOUR DE FRONTIÈRES MARITIMES

LE PROLONGEMENT DES EAUX territoriales à 12 milles marins et celui de la ZEE à 188 milles marins supplémentaires en vertu de la Convention des Nations Unies sur le droit de la mer (CNUDM) ont engendré de nouveaux problèmes de frontières maritimes. En plusieurs points du monde, moins de 24 milles marins séparent de nombreux pays, si bien qu'il a fallu établir des lignes médianes, c'est-à-dire des lignes équidistantes des rives opposées, pour délimiter les eaux territoriales de ces États. On compte encore plus de pays qui se trouvent à moins de 400 milles marins de distance, ce qui a nécessité la délimitation d'autres frontières maritimes pour définir la ZEE de ces pays. Dans la mer du Nord, la mer des Antilles, la mer de Chine orientale et aussi la mer de Chine méridionale (et, plus récemment, dans l'océan Arctique), on a assisté à l'émergence d'un dédale de frontières maritimes, dont certaines font l'objet de litiges. De plus, des changements politiques sur la terre ferme entraînent parfois des modifications importantes en mer. Le cas du Timor oriental, un État indépendant depuis 2002, et de l'Australie, sa voisine de l'autre côté de la mer de Timor, en est un bon exemple. L'Australie a partagé les eaux et le fond marin de la mer de Timor avec l'Indonésie en reconnaissant l'annexion du Timor oriental à celle-ci en 1976. Lorsque le Timor oriental a acquis son indépendance en 2002, l'espace communément appelé *Timor Gapzone* (un terme utilisé pour désigner la zone maritime restée sans souveraineté clairement définie) est devenu un enjeu important : à quel endroit la ligne médiane censée trancher les revendications timoraises et australiennes quant aux réserves gazières et pétrolières devait-elle passer ? L'Australie a fait valoir que la ligne tracée avec l'Indonésie devait rester en vigueur puisqu'elle datait d'avant l'indépendance du Timor oriental. Selon ce scénario, l'Australie obtient la majeure partie des réserves énergétiques. Cependant, les règles de la CNUDM, auxquelles adhère l'Australie, exigent une nouvelle délimitation qui accorderait au Timor oriental une part beaucoup plus substantielle des réserves énergétiques. Face à cette éventualité, l'Australie s'est retirée de la CNUDM en 2002 de façon à ne plus être tenue d'en suivre les règles. En 2005, au terme de négociations ardues, l'Australie a offert au Timor oriental la moitié des revenus provenant de l'exploitation des réserves gazières au cœur du conflit, en plus des revenus issus d'un autre champ gazier important de la zone conjointe de développement pétrolier. En retour, le gouvernement du Timor oriental a accepté de reporter de 50 ans le règlement de la frontière maritime, en laissant à une autre génération le soin de résoudre la question. D'après des estimations, le Timor oriental pourrait recevoir de ces ressources 13 milliards de dollars américains au cours des 30 prochaines années, voire plus, selon la capacité et la vitesse d'épuisement des réserves. Voilà qui devrait couvrir les besoins les plus urgents de ce jeune État.

Il a été question de ces zones dans notre exposé sur la nouvelle rivalité que suscite l'océan Arctique (voir le chapitre 3B). Or comme nous le verrons ici, les ZEE revêtent une importance encore plus grande dans le Pacifique.

La portée des ZEE

La portée des dispositions de la CNUDM a été considérable dans le Pacifique. La figure 12-2 indique l'importance territoriale des ZEE. Contrairement à l'Atlantique, le Pacifique borde une multitude d'archipels, d'îles de toutes tailles, des atolls, des micro-États. De petits États archipélagiques à faible revenu ont pu défendre leurs intérêts en négociant des droits de pêche aux grandes flottes étrangères qui souhaitent exploiter les ressources halieutiques dans leur ZEE. Par ailleurs, des pays comme la France et les États-Unis, qui y administrent des archipels entiers, ont vu leur espace maritime s'élargir pour la peine. Ainsi, la ZEE donne près de 7 millions de km² d'espace maritime à la France ; à elle seule, l'île de Clipperton, un atoll inhabité de 8,9 km² au large du Mexique, enrichit la France de 435 612 km² d'espace maritime, une superficie égale à 80 % du territoire français en Europe. Ces domaines maritimes créent toutefois des obligations aux pays qui doivent surveiller leurs ZEE et lutter contre la pêche illicite.

Les dispositions de la CNUDM ont donc permis à certains États d'étendre leur sphère d'influence et de mettre certains enjeux en lumière : la revendication d'une île sous-entend la possibilité de contrôler une immense zone maritime. Or la propriété d'un grand nombre d'îles demeure incertaine, et de minuscules territoires insulaires suscitent la convoitise. Le Japon en dispute certains avec la Russie, la Corée du Sud et la Chine, et celle-ci en réclame d'autres auprès du Vietnam et des Philippines. Par exemple, six pays, dont les Philippines et la Chine, revendiquent les îles Spratly (voir les figures 10A-1 et 10B-1). Dans ce litige, la Chine soutient que l'étendue d'eau qui correspond à la mer de Chine méridionale fait partie intégrante de son territoire, une position qui inquiète les autres États dont les côtes sont baignées par cette mer.

La figure 12-2 montre ce que signifie la règlementation des ZEE sur des États du Pacifique comme le Tuvalu, les Kiribati et les Fidji, dont la ZEE presque circulaire entoure les grappes d'îles. Le Japon, Taiwan et d'autres États y ont acheté des droits de pêche auprès des gouvernements concernés. Cela n'empêche pas la violation de droits dans les ZEE ; Vanuatu et les Philippines se sont récemment affrontés lorsque des pêcheurs philippins ont pêché sans autorisation dans la ZEE de Vanuatu. Le processus de délimitation des frontières se poursuit encore aujourd'hui.

De toute évidence, la carte du Pacifique (et celle du monde) n'a pas fini de changer. À preuve, des modifications ont été apportées à la fin de 1990 au moment du réexamen des dispositions de l'article 76 de la CNUDM de 1982. Lorsque le **plateau continental** d'un État dépasse la limite des 200 milles marins de la ZEE, la Convention lui donne désormais la possibilité, dans certaines circonstances et selon certains critères géologiques, de considérer ce dépassement comme un prolongement naturel de sa masse continentale jusqu'à 350 milles marins.

Bien qu'il n'existe pour l'instant aucune interprétation unique de l'article 76 permettant à un État d'étendre sa ZEE jusqu'à l'extrémité de son plateau continental, on peut s'attendre à ce qu'un amendement voie le jour. Les États s'activent donc à délimiter leur proposition de prolongement naturel ; les États les plus pauvres sont désavantagés puisque la démarche nécessite de coûteuses études scientifiques (études géologiques et relevés cartographiques). Cet enjeu est maintenant brûlant d'actualité, particulièrement dans l'océan Arctique où les pays, en particulier le Canada et la Russie, multiplient les revendications de prolongement (voir le chapitre 3B).

Selon un article récent publié dans la revue *Science*, les États-Unis, le Canada, l'Australie, la Nouvelle-Zélande, la Russie et l'Inde seront sans doute les grands gagnants de cette nouvelle disposition, même si, au total, 60 pays côtiers pourraient éventuellement en tirer profit. Le partage des océans se poursuit donc, et avec lui, le rétrécissement des zones de haute mer et d'eaux libres.

LES RÉGIONS DU PACIFIQUE

Le voyageur qui sillonne le Pacifique a la chance d'admirer des panoramas spectaculaires. Au-dessus des eaux azurées se dressent des volcans éteints ou actifs que l'érosion a transformés en flèches de basalte drapées dans une végétation tropicale luxuriante et cernées de récifs et de lagons. Des atolls aux plages de sable blanc et leur couronne de palmiers donnent l'impression de flotter sur les flots. Les influences étrangères semblent ne pas avoir dénaturé le mode de vie des habitants des îles du Pacifique. En examinant celles-ci de plus près, on s'aperçoit que cet ensemble apparemment homogène dans sa longue tradition maritime, ses populations disséminées et ses migrations historiques comprend néanmoins des régions qui se distinguent.

1. La **Mélanésie** se compose de la Papouasie (Indonésie), de la Papouasie–Nouvelle-Guinée, des îles Salomon, de Vanuatu, de la Nouvelle-Calédonie (France) et des Fidji.
2. La **Micronésie** englobe Palaos, les États fédérés de Micronésie, les Mariannes du Nord, les îles Marshall, Nauru, les Kiribati occidentales et Guam (É.-U.).
3. La **Polynésie** comprend, entre autres, Hawaï (É.-U.), les Samoa, les Samoa américaines (É.-U.), Tuvalu, les Tonga, les Kiribati orientales, les îles Cook et d'autres îles administrées par la Nouvelle-Zélande, la Polynésie française (France), Pitcairn (R.-U.) et l'île de Pâques (Chili).

LES PRINCIPALES VILLES DES ARCHIPELS DU PACIFIQUE

VILLE	POPULATION* (en millions)
Honolulu (Hawaï [É.-U.])	1,0
Port Moresby (Papouasie–Nouvelle-Guinée)	0,3
Nouméa (Nouvelle-Calédonie [FR.])	0,2
Suva (Fidji)	0,2

* Nombre approximatif d'habitants des agglomérations urbaines d'après les données projetées de 2012

Cette régionalisation de l'ensemble du Pacifique repose sur des critères ethnoculturels et physiographiques. La population totale de l'ensemble (y compris celle de la Papouasie, qui relève de l'Indonésie) dépasse à peine les 13 millions – 10 millions sans la Papouasie – ce qui correspond à la population d'une mégapole. En fait, l'ensemble compte encore moins d'habitants que les oasis du Sahara, en Afrique du Nord.

LA MÉLANÉSIE

La Nouvelle-Guinée marque la limite occidentale de cette région des archipels du Pacifique ; la Mélanésie s'étend vers l'est jusqu'aux Fidji et comprend les îles Salomon, le Vanuatu et la Nouvelle-Calédonie (voir la figure 12-3). Elle couvre environ 540 000 km^2 de terres émergées, dont 80 % se trouvent en Nouvelle-Guinée. Sur les plans ethnique et culturel, la Mélanésie présente une mosaïque humaine complexe. La plupart des habitants de la Nouvelle-Guinée sont des Papous, et les Mélanésiens forment une minorité importante. L'île compte quelque 700 communautés parlant différentes langues. Les Papous sont plus nombreux dans les hautes terres densément boisées de l'arrière-pays et dans les basses terres du sud tandis que les Mélanésiens habitent le nord et l'est de l'île. Certains anthropologues et des spécialistes en géographie culturelle considèrent que les Papous de la Nouvelle-Guinée sont d'origine mélanésienne, alors que d'autres estiment qu'ils sont davantage apparentés aux aborigènes d'Australie. Ce qui est certain, c'est que la Mélanésie avec ses quelque 8 millions d'habitants est de loin la région la plus peuplée de l'ensemble.

La Papouasie–Nouvelle-Guinée, qui abrite 7,1 millions d'habitants, est devenue un État indépendant en 1975, au terme de près d'un siècle de domination britannique et australienne. Le développement limité du pays est presque entièrement concentré sur ses côtes ; le progrès n'a pas touché l'arrière-pays, contrairement à l'Australie voisine. En fait, 80 % de la population vit d'une économie de

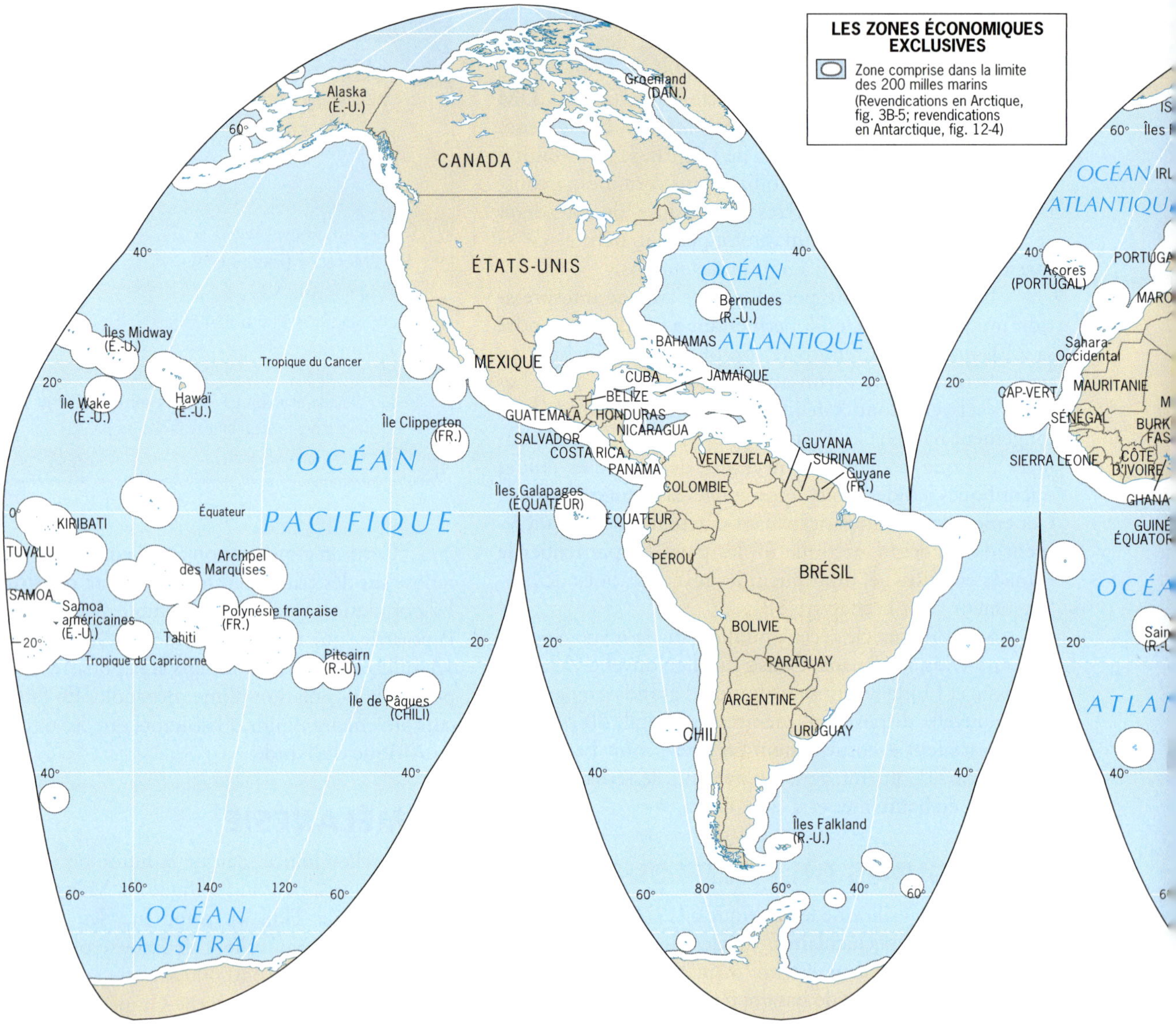

FIGURE 12-2

subsistance : culture de tubercules, élevage de porcs, chasse et cueillette des produits de la forêt. Les traditions disparues en Australie demeurent ici bien vivantes, protégées par l'isolement et la géographie accidentée. Le pays n'a pas encore réussi à rassembler cette population disparate en une nation, et de nombreux autres obstacles s'ajoutent à la complexité culturelle du pays. En Papouasie–Nouvelle-Guinée, il y a non seulement des locuteurs de centaines de langues différentes, mais l'analphabétisme touche 40 % de la population. La minorité scolarisée utilise l'anglais, langue officielle, mais celle-ci s'avère inutile hors des villes le long de la côte. La population réduite (300 000 habitants) de la capitale, Port Moresby, témoigne du faible taux d'urbanisation (13 %) de cette économie en développement.

La Papouasie–Nouvelle-Guinée n'est pas dépourvue pour autant de possibilités économiques prometteuses. Depuis la découverte de gisements pétroliers, dans les années 1980, le pétrole brut est devenu, en 2000, la plus importante exportation en valeur. L'or vient au deuxième rang, suivi du cuivre, de l'argent, du bois d'œuvre et de plusieurs produits agricoles, dont le café et le cacao. Le pays jouit d'une variété d'environnements et de ressources. Le développement économique de la zone Asie-Pacifique a favorisé un certain essor de la Papouasie–Nouvelle-Guinée, dont les exportations sont principalement destinées à son plus proche voisin, l'Australie, et au Japon.

La Nouvelle-Calédonie, un archipel situé à 1500 kilomètres de l'Australie, est très différente. C'est le plus vaste des pays d'outre-mer (POM) de la France. Le peuple kanak (des Mélanésiens) représente environ 43 % des quelque 300 000 habitants. Les Caldoches, d'origine européenne et installés depuis plusieurs générations, suivent de près et forment 37 % de la population, mais possèdent 90 % des terres en raison du passé colonial. Les tensions sont fortes entre ces

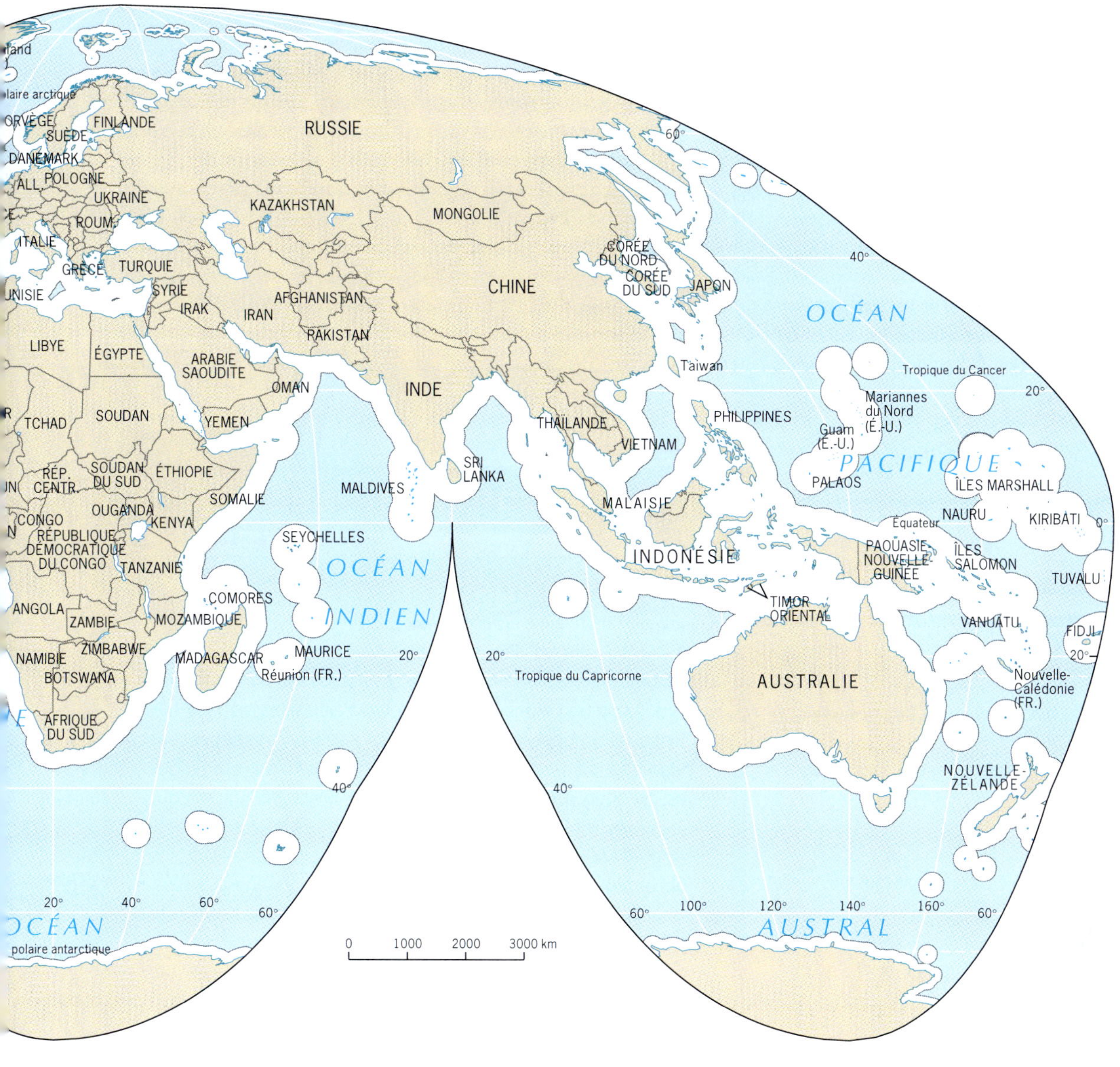

deux communautés. À partir des années 1970, les Kanaks ont commencé à revendiquer l'indépendance. À la suite d'un affrontement sanglant en 1998, ils ont renoncé à la violence et entrepris de négocier. C'est ainsi qu'en 2003, l'archipel a obtenu un nouveau statut, celui de pays d'outre-mer au sein de la République française. Un référendum sur l'indépendance est prévu en 2014 et si les partisans du oui l'emportent, la Nouvelle-Calédonie deviendra un État souverain.

La population française de l'archipel vit principalement à Nouméa ou à proximité de cette ville, la capitale située dans le sud-est de l'île principale. Les membres de cette communauté sont en grande partie les descendants de colons français envoyés dans l'ancienne colonie pénitentiaire, fondée au XIXe siècle, ou arrivés durant le boum minier du début du XXe siècle.

Les mines de nickel, parmi les plus importantes du monde – elles représentent en fait 40 % des ressources mondiales –, dominent l'économie d'exportation de l'archipel. Le tourisme, constitué surtout de Français, de Japonais et d'Australiens, demeure un secteur de premier plan avec 100 000 visiteurs annuels, contre 400 000 dans les îles Cook et 200 000 à Vanuatu.

LA MICRONÉSIE

Les îles formant la Micronésie se trouvent au nord de la Mélanésie et à l'est des Philippines (voir la figure 12-3). Le nom fait référence à la taille des îles (*micro* signifie « petit ») : la Micronésie compte plus de 2000 îles qui, en plus d'être minuscules – plusieurs ont une superficie n'excédant pas 1 km^2 –, sont nettement moins élevées en moyenne que les îles mélanésiennes. Aucune île de Micronésie n'a une élévation supérieure à 1000 mètres. Certaines sont volcaniques (des îles hautes, comme on les appelle), mais la grande

12

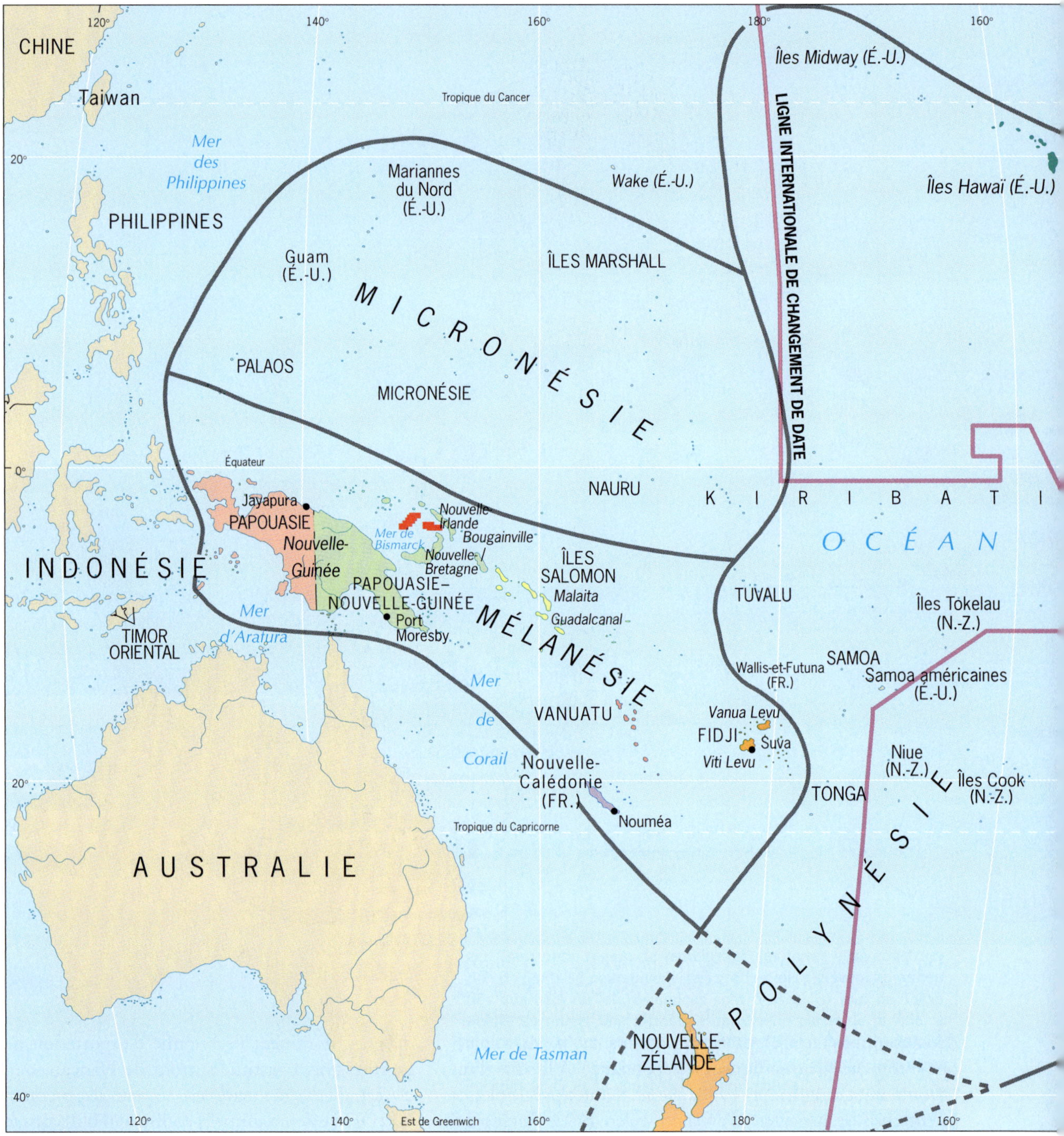

FIGURE 12-3

majorité est corallienne ; ces îles basses émergent à peine au-dessus du niveau de la mer (voir la photo à la page 438). La plus grande île, Guam, mesure 550 km².

Les Kiribati sont un pays formé de trois archipels qui s'étendent en Micronésie et en Polynésie (voir la figure 12-3). L'altitude moyenne des 33 îles de Kiribati est de 2 mètres, et comme toutes les îles basses de l'ensemble géographique, elles sont extrêmement vulnérables à la hausse du niveau de la mer, que favorise le réchauffement planétaire. Le pays exporte du copra, des algues marines et du poisson. L'agriculture de subsistance est constituée de modestes cultures de taros (tubercules) et de patates douces.

L'opposition île haute-île basse est utile en Micronésie, comme ailleurs dans l'ensemble. La physiographie et l'économie de ces deux types d'îles diffèrent à bien des égards. Les **îles hautes** reçoivent beaucoup de pluies orographiques provenant de l'air humide du large et disposent de bonnes terres volcaniques bien arrosées. Par conséquent, leur pro-

duction agricole est plus diversifiée et la vie y est relativement sûre. En général, les populations de ces îles sont plus importantes que sur les îles basses, où la sècheresse est la règle plutôt que l'exception et où la pêche et les cocotiers constituent les principaux moyens de subsistance. Les **îles basses** abritent de petites communautés dont plusieurs se sont éteintes avec le temps.

Après la Seconde Guerre mondiale, plusieurs archipels de Micronésie ont été placés sous la tutelle des États-Unis, et ce, jusqu'au milieu des années 1980. Comme le montre la figure 12-3, la Micronésie se compose maintenant de pays portant le nom d'États indépendants. Aujourd'hui, les îles Marshall – que les États-Unis ont utilisées comme site d'essais nucléaires (plus particulièrement dans l'atoll de Bikini) – constituent une république dite en association libre avec les États-Unis, au même titre que Palaos et les États fédérés de Micronésie. Les Mariannes du Nord forment un Commonwealth politique avec les États-Unis. Dans les

Voici l'exemple classique d'une île basse de l'archipel des Kiribati, situé près du point d'intersection de l'équateur et de la ligne internationale de changement de date.

faits, Washington soutient ces États en leur versant des milliards de dollars contre leur engagement à ne pas adopter de politiques qui iraient à l'encontre de ses intérêts.

La Micronésie comprend aussi Guam, un territoire étasunien qui ne semble pas près de recouvrer son indépendance. Les revenus de l'île proviennent principalement des installations militaires étasuniennes et du tourisme. La République de Nauru, enfin, compte une population de moins de 20 000 habitants et un territoire de 20 km². Nauru s'est enrichie en vendant ses gisements de phosphate à l'Australie et à la Nouvelle-Zélande, qui en font des engrais.

La plupart des habitants de la région pratiquent une agriculture et une pêche de subsistance, et à peu près aucun pays ne survivrait sans l'aide internationale. La distance nuit considérablement à la complémentarité économique que présentent les cultures agricoles des îles hautes et les communautés des îles basses vivant de la pêche. Si la vie dans ces îles peut sembler idyllique aux yeux des visiteurs, elle pose le plus souvent un défi quotidien aux Micronésiens.

LA POLYNÉSIE

Le cœur de l'ensemble des archipels du Pacifique se déploie à l'est de la Micronésie et de la Mélanésie, dans un vaste triangle reliant Hawaï, l'île de Pâques et la Nouvelle-Zélande. C'est la Polynésie qui, comme son nom l'indique (*poly* signifie « nombreux »), est constituée d'une multitude d'îles : des monts volcaniques surplombant l'océan (Mauna Kea, à Hawaï, s'élève à plus de 4200 mètres), sur les flancs desquels poussent des forêts luxuriantes, abondamment arrosées de précipitations (plus de 2500 millimètres par année) et des atolls coralliens de faible altitude, parsemés de quelques palmiers, et où la sècheresse est la norme.

Deux grandes puissances sont présentes dans cette région : les États-Unis et la France. Les États-Unis possèdent les Samoa américaines – d'une superficie de 200 km² et dont la population comptait 57 500 habitants en 2009 – et l'archipel d'Hawaï. En 1959, ce dernier est devenu le cinquantième État américain. Sa population atteint aujourd'hui 1,5 million d'habitants, dont plus de 80 % vivent dans l'île d'Oahu où se trouve la capitale, Honolulu. Rien n'y symbolise mieux la surimpression des cultures que le panorama des gratte-ciels avec, en arrière-plan, le volcan éteint de Diamond Head, ainsi que le contraste entre les plages envahies de milliers de touristes, comme celle de Waikiki, et les gens d'affaires. La culture polynésienne a pratiquement disparu et tous ont adopté le mode de vie nord-américain. Outre les individus d'origine étasunienne ou européenne qui correspondent à 33 % de la population, on dénombre plusieurs communautés culturelles à Hawaï, notamment 22 % de personnes d'origine japonaise, 15 % d'origine philippine, 10 % d'origine chinoise et 15,2 % d'origine polynésienne. Les autochtones (Hawaïens polynésiens de souche) sont environ 8000, soit moins de 1 % de la population.

La France n'est pas en reste en Polynésie. Elle a juridiction sur les îles de Wallis-et-Futuna, deux territoires français d'outre-mer dont la superficie totale en terre ferme est de 274 km². D'origine volcanique, ces îles abritent 16 000 habitants qui dépendent essentiellement de la France et de l'agriculture de subsistance. Bien que les terres émergées de la Polynésie française ne comptent que pour 4200 km², ce sont elles qui donnent à la France un immense domaine océanique (ZEE) de 4 767 242 km² – presque aussi grand que l'Europe – dans le Pacifique Sud.

Cinq grands archipels constituent la Polynésie française : l'archipel de la Société, centré sur Tahiti, île haute d'origine volcanique sur laquelle le mont Orohena culmine à 2241 mètres ; l'archipel des Marquises ; les îles Tubuai (ou îles Australes) ; les îles Gambier ; et l'archipel des Tuamotu. La Polynésie française administre aussi l'atoll corallien de Clipperton situé à 1280 kilomètres des côtes du Mexique. La population de la Polynésie française se chiffre à quelque 274 512 personnes, essentiellement concentrées sur l'île de Tahiti avec environ 178 000 habitants, soit 65 % de la population. Les Polynésiens sont en majorité (78 %) et coexistent avec deux minorités : l'une chinoise (12 %) et l'autre française (10 %). Au même titre que la Nouvelle-Calédonie, la Polynésie française a acquis, en 2003, le statut de pays d'outre-mer au sein de la République française. Comme en Nouvelle-Calédonie, il existe une organisation politique qui milite en faveur de l'indépendance de la Polynésie française, mais cette idée est bien loin de faire l'unanimité à en juger par les résultats d'un sondage mené en 2011 : 17 % de la population seulement souhaiterait que la Polynésie française figure de nouveau sur la liste de l'ONU des pays à décoloniser.

L'île de Pâques, à l'extrémité est de la Polynésie, appartient au Chili depuis 1888. La population d'un peu plus de 4500 habitants est constituée d'autochtones rapanuis dans une proportion de 60 %, les autres résidents temporaires étant des Chiliens, des Occidentaux, des militaires, des fonctionnaires et des scientifiques. L'île est célèbre pour ses singulières sculptures mégalithiques, des statues géantes appelées *moaïs,* de 4 à 8 mètres de haut et pesant entre 10 et 90 tonnes. Elles auraient été taillées entre le IXe et le XVIIe siècle (voir les photos à la page 428). Les moaïs, au nombre de 980, étaient érigées à la mémoire des ancêtres et avaient pour fonction de protéger les villages contre les mauvais esprits.

La fragmentation géopolitique des archipels du Pacifique a eu un effet de désintégration sur les cultures polynésiennes. Les promoteurs immobiliers, les chaînes hôtelières et les devises apportées par les touristes ont transformé Tahiti de la même façon que l'a été Hawaï. La force d'attraction de la culture étasunienne dans les archipels des Samoa a créé une nouvelle société n'ayant rien à voir avec l'ancienne. Ainsi, la culture polynésienne traditionnelle est en voie de disparition.

L'ANTARCTIQUE

La superficie de 14,2 millions de km^2 du continent antarctique fait pratiquement le double de celle de l'Australie. Toutefois, il est entièrement recouvert d'un inlandsis dont l'épaisseur au centre est de près de 3,2 kilomètres. Le froid y est extrême et les vents si forts que des scientifiques le surnomment le pays du blizzard. Aussi vaste soit-il, cependant, aucune région fonctionnelle ne s'y est développée, ni aucune ville ou quelque réseau de transport que ce soit, à part des liens qui alimentent les stations de recherche.

Grâce à un traité, l'Antarctique reste une frontière scientifique où les spécialistes s'efforcent d'en dévoiler peu à peu les secrets au prix d'efforts considérables. Par exemple, après 20 ans de travaux, des scientifiques russes sont parvenus, le 5 février 2012, à atteindre les eaux du lac Vostok. Situées sous 3768 mètres de glace, les eaux de ce lac étaient isolées de la surface du globe depuis 400 000 ans. Cette étendue d'eau, dont la superficie de 15 000 km^2 se compare à celle du lac Ontario, aurait une profondeur de 600 ou 700 mètres. Les carottes de glace prélevées entre la surface et le lac seront soumises à une analyse physicochimique (étude des bulles de gaz emprisonnées, des poussières et des pollens ainsi que de la stratification des couches de glace). Elles sont susceptibles de témoigner de l'évolution de la Terre et de fournir des données sur les changements climatiques survenus au cours des 15 à 20 derniers millions d'années.

Comme toute frontière, l'Antarctique a toujours attiré des pionniers et des explorateurs. Au cours des XVIIIe et XIXe siècles, les chasseurs de baleines et de phoques ont décimé d'immenses populations d'animaux marins dans l'océan Austral et des explorateurs ont planté sur les rives de l'Antarctique le drapeau de leurs pays respectifs. Dès le début du XXe siècle, la conquête du pôle Sud est devenue une obsession internationale ; le Norvégien Roald Amundsen a été le premier à l'atteindre en 1911. Cette obsession a suscité des revendications sur l'Antarctique durant l'entre-deux-guerres (1918-1939), ce qui a entraîné la partition géographique du continent de glace en pointes de tarte partant du pôle Sud (voir la figure 12-4).

Qu'est-ce qui peut bien pousser des États à revendiquer des territoires dans un lieu aussi hostile ? Comme nous l'avons décrit dans le chapitre 2A, dans la section sur « Les changements climatiques et l'avenir de l'Arctique » ainsi que dans le chapitre 3B, sous « Les enjeux de l'Arctique », les zones situées près des pôles abritent des ressources substantielles, aussi difficile qu'en soit l'accès pour l'instant. Comme l'Arctique, l'Antarctique recèle des matières premières qui pourraient un jour se révéler cruciales, notamment des carburants et des minéraux emprisonnés sous la glace. L'Antarctique est très grand, comme nous l'avons déjà mentionné, et l'océan Austral est presque aussi vaste que l'Atlantique (Nord et Sud), ce qui représente un potentiel considérable pour l'avenir. Bien que toute exploitation soit impossible à court ou à moyen terme, les pays ne veillent pas moins sur leurs intérêts en Antarctique. Les États qui ont émis des revendications territoriales reconnaissent toutefois la nécessité de coopérer. À la fin des années 1950, ils ont participé à l'Année géophysique internationale (AGI), qui a chapeauté d'importants programmes de recherche scientifique et permis la construction de plusieurs centres de recherche permanents sur le continent de glace. Cet esprit de coopération a mené au traité sur l'Antarctique, signé à Washington le 1er décembre 1959 et entré en vigueur en1961. Cet accord international garantit le maintien de la collaboration scientifique, interdit toute activité militaire, protège l'environnement et suspend toute revendication nationale. En 1988, d'autres rondes de négociation se sont déroulées à Wellington, en Nouvelle-Zélande, pour mettre au point la Convention sur la réglementation des activités relatives aux ressources minérales de l'Antarctique (accord de Wellington), qui devait permettre la prospection des ressources minérales de l'Antarctique. Cette convention n'est jamais entrée en vigueur en raison du refus de certains États de la ratifier. En 1991, le protocole de Madrid a mis un frein aux prétentions de certains pays sur le continent antarctique et circonscrit les revendications existantes. Jusqu'en 2048, toute activité relative aux ressources minérales est désormais interdite, sauf celles menées à des fins scientifiques.

Il est intéressant de constater que la figure 12-4 ne représente aucune zone maritime convoitée. En fait, certains des États ont bel et bien publié des cartes montrant leurs revendications dans l'océan Austral, car rien n'exclut que celles-ci ne puissent aboutir, advenant l'abandon du protocole de Madrid et du traité sur l'Antarctique. Ce ne serait pas la première fois, d'ailleurs, que des intérêts nationaux entraîneraient l'abrogation d'un traité. Il n'en demeure pas moins que la délimitation de revendications maritimes autour de l'Antarctique est particulièrement difficile pour des raisons pratiques.

Comme l'illustre la figure 12-4, le continent est cerné de plateformes de glace, soudées au littoral en permanence, comme celles de Ronne ou de Ross. Celles-ci se renouvèlent constamment du côté du continent et se brisent du côté de l'océan, où d'énormes icebergs flottent vers le nord et forment une vaste banquise qui encercle l'Antarctique. La surface de cette banquise peut atteindre 20 millions de km^2, soit deux fois la superficie du territoire canadien. Dans ces conditions, de quel point mesurerait-on les eaux territoriales ou une éventuelle ZEE? De la bordure intérieure de la plateforme de glace? Celle-ci constituerait alors les « eaux » territoriales. De l'instable bordure extérieure de la plateforme? On ne peut déterminer les eaux territoriales ni une ZEE à partir d'un périmètre aussi changeant. Aucune règle de la CNUDM ne pourrait s'appliquer à ce type de scénario, si bien que quelle que soit la configuration des cartes, de telles revendications sont juridiquement indéfendables. Ce n'est pas plus mal. Une ruée sur le partage de l'Antarctique est le dernier souci dont la communauté internationale a besoin. À une époque où prime l'intérêt national et où s'accroît constamment la consommation de matières premières, nul ne peut exclure la possibilité que l'Antarctique et les eaux qui l'entourent fassent l'objet de rivalités internationales. Jusqu'à maintenant, l'éloignement et l'environnement hostile du continent ont préservé cet espace de glace, ce qui serait une bonne chose à l'échelle globale. En effet, des preuves de plus en plus nombreuses suggèrent que l'Antarctique joue un rôle crucial dans le système environnemental mondial et que des modifications d'origine humaine pourraient avoir d'imprévisibles conséquences sur la planète tout entière.

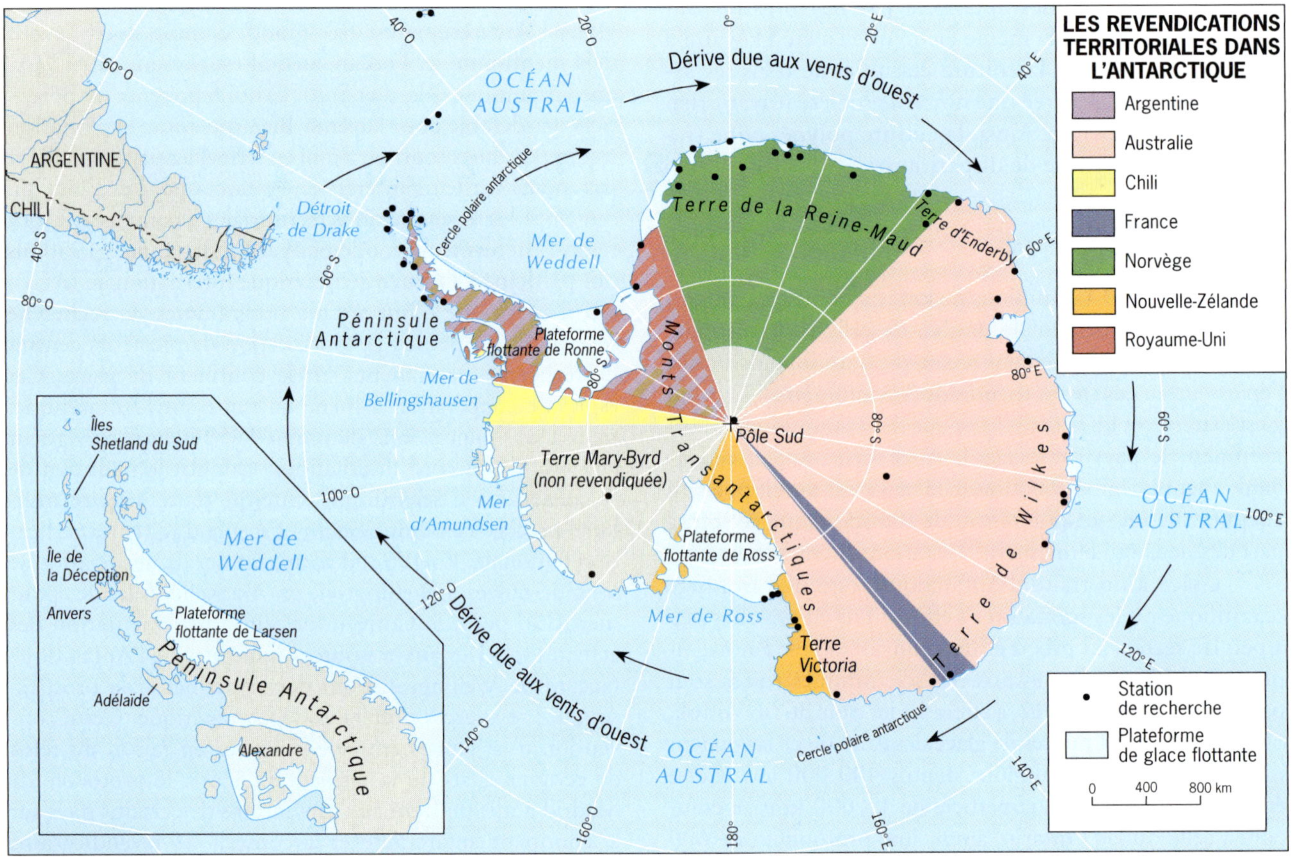

FIGURE 12-4

GLOSSAIRE

Agriculture commerciale Agriculture à but lucratif dont la production est essentiellement destinée à la vente.

Agriculture de subsistance Agriculture paysanne réalisée pour l'autoconsommation. Par opposition à l'agriculture commerciale qui est destinée à la vente de la production. *Voir* Culture vivrière.

Al-Qaïda Organisation terroriste qui s'est transformée en un réseau mondial sous la direction d'Oussama Ben Laden, du milieu des années 1990 jusqu'en 2011, année où cet homme a été capturé et tué. Cette organisation est née de l'insurrection des peuples arabes contre la présence soviétique en Afghanistan à la fin des années 1980 et s'est intensifiée dans les années 1990 avec la formation de liens avec les talibans. Ce réseau de diverses cellules autonomes opère à partir de pays du Moyen Orient, de l'Europe et de l'Amérique du Nord. Leur objectif est de libérer le monde musulman de l'influence occidentale (particulièrement étasunienne) par l'intermédiaire des leaders actuels du monde arabe et islamique et du réseau de la diplomatie occidentale.

Altermondialisme Le terme fait référence à un mouvement social hétérogène s'opposant à une vision néolibérale de la mondialisation axée sur la dérégulation et la libéralisation des échanges. On y fait la promotion d'une mondialisation en accord avec des valeurs progressistes de justice sociale, politique et économique ainsi que du respect de l'environnement.

Altiplano En Amérique du Sud, dans la cordillère des Andes, plateau situé en haute altitude ou bassin entre deux chaînes de montagnes plus élevées encore. Un de ces plateaux très notoire à cause de sa superficie est situé à la frontière de la Bolivie et du Pérou. Cette région se nomme l'Altiplano.

Ankylostomiase Maladie parasitaire des régions tropicales et subtropicales, qui s'attaque aux intestins et qui est causée par de petits vers. Cette verminose touche en particulier les femmes enceintes et les enfants en bas âge et peut être mortelle.

Apartheid Régime de ségrégation raciale d'Afrique du Sud, créé en 1948 et aboli en 1996.

Archipel Groupe d'îles rapprochées les unes des autres, formant habituellement une chaîne ou un chapelet.

Arc insulaire Archipels qui se créent lorsqu'une plaque tectonique plonge sous une autre. Les îles des arcs insulaires sont les sommets de futures grandes chaînes de montagnes. Ce sont aussi des lieux associés aux séismes et au volcanisme. Les îles japonaises et indonésiennes sont des exemples d'arcs insulaires.

Atoll Île des mers chaudes, généralement en forme d'anneau au centre de laquelle se trouve une lagune peu profonde, un lagon. L'atoll est souvent issu de l'affaissement ou de l'éruption d'un volcan en bordure duquel se sont accumulés des récifs de coraux et de madrépores (animal primitif invertébré, à squelette calcaire). Les atolls n'émergent que de quelques mètres au-dessus du niveau de la mer et sont classés parmi les îles basses.

Ayatollah Chef de la branche chiite de l'islam.

Balkanisation Processus de morcellement d'une région en plusieurs unités souvent politiquement rivales. Terme issu du toponyme Balkans, une région du sud-est de l'Europe où se sont déroulés des combats historiques.

Bassin du Pacifique Groupe dispersé de pays ou de régions qui s'étendent, en sens horaire, de la Nouvelle-Zélande au Chili et qui partagent les critères suivants : ils ont un littoral sur l'océan Pacifique ; ils présentent des degrés relativement élevés de développement économique, d'industrialisation et d'urbanisation ; leurs importations et exportations empruntent principalement les routes maritimes du Pacifique.

Bassin hydrographique Désigne l'étendue d'un territoire drainé par un cours d'eau principal et l'ensemble de ses affluents.

Bien à forte valeur ajoutée Marchandise dont la transformation a considérablement augmenté la valeur marchande. La production et la vente de biens à forte valeur ajoutée permettent de générer de grandes marges de profit. Cette marge équivaut à la valeur ajoutée.

Biogéographie Étude de la flore et de la faune sur le globe ; leur répartition, leur regroupement et leurs relations avec les autres éléments du milieu physique et humain.

Bouclier Vaste portion de socles anciens formés de roches cristallines précambriennes (plus de 650 millions d'années). Les boucliers sont des ensembles structuraux stables, relativement peu élevés. L'altitude du Bouclier canadien, par exemple, varie entre 300 et 600 mètres, tandis que le Bouclier africain peut aller au-delà de 1000 mètres.

BRICS Acronyme des cinq plus grands marchés émergents d'aujourd'hui, soit le Brésil, la Russie, l'Inde, la Chine et l'Afrique du Sud.

Capacité limite En écologie, la capacité limite désigne le nombre maximal d'individus d'une espèce qu'un milieu peut compter sans connaître de dégradation ou de transformations fondamentales. L'utilisation de ce concept en référence aux sociétés humaines pose problème lorsque l'on présuppose un impact environnemental identique pour chaque individu et groupe, peu importe ses caractéristiques culturelles, économiques, technologiques ou politiques.

Capitale avancée Capitale située sur un territoire réellement ou potentiellement contesté par un État voisin. Habituellement, une capitale avancée se situe près d'une frontière internationale ; elle confirme la détermination de l'État à maintenir sa position dans la région.

Capitale pionnière Ville nouvelle planifiée de toutes pièces afin de décentraliser certaines fonctions économiques et politiques vers un nouveau territoire à développer.

Capitalisme d'État Concept utilisé pour désigner une société capitaliste où l'État et la bureaucratie cherchent et réussissent à modeler les actions des entreprises afin de guider le développement économique. Ces interventions se font notamment par la planification économique, les incitatifs fiscaux ou l'établissement d'entreprises étatiques. Le concept s'oppose à un capitalisme de libre entreprise, où l'intervention de l'État est moins importante, et à un système communiste pur. On utilise également le concept d'État développementaliste afin de désigner un système de capitalisme d'État. Le Japon, la Corée du Sud et Taiwan constituent les exemples marquants de ce type de système.

Caste Chez les hindous, groupe social rigide déterminé par l'hérédité et par la fonction religieuse ou sociale. Viennent d'abord les brahmanes, soit les prêtres et les personnes de lettres, ensuite les chefs politiques et les guerriers, puis les entrepreneurs (marchands, artisans et agriculteurs) et enfin, les employés peu spécialisés au service des castes supérieures. Chacune des castes se subdivise en multiples sous-castes. Les dalits se trouvent au dernier rang de cette hiérarchie. Les membres des autres religions (musulmans, sikhs, bouddhistes) ne font pas partie de ce système.

Ceinture de feu du Pacifique Zone d'instabilité de l'écorce terrestre le long des plaques tectoniques, marquée par de l'activité volcanique et sismique et encerclant le bassin du Pacifique.

Ceinture du soleil (appelée, en anglais, *Sun Belt*) Nom donné à la partie sud des États-Unis, qui a pour ancrage la Californie, le Texas et la Floride. Son climat plus chaud, ses nombreuses installations récréatives et d'autres commodités ont attiré un grand nombre de personnes et entraîné le transfert de beaucoup d'activités depuis les années 1960 ; une définition plus large de la ceinture du soleil englobe presque tout l'ouest des États-Unis, y compris le Colorado et la côte nord-ouest du Pacifique.

Centralité Qualité d'un centre urbain en sa capacité d'attirer des producteurs et des consommateurs vers ses installations ; la portée d'une ville sur la région environnante.

Cerrado Mot portugais qui fait référence à un type de savane fertile caractéristique du centre-ouest du Brésil ; il s'agit de l'une des étendues agricoles les plus prometteuses du monde. La principale culture qui y est pratiquée est celle du soja, mais la culture d'autres céréales et du coton est en pleine expansion. Le réseau routier inadéquat demeure toutefois un problème pour le transport des produits vers l'extérieur.

Changement climatique mondial Ensemble de phénomènes climatiques considérés comme inhabituels et extrêmes dont les conséquences se répercutent sur la planète entière.

Charia Loi canonique islamique qui énonce les règles de conduite touchant les principaux aspects de la vie privée et publique des musulmans. Elle est associée aujourd'hui au renouveau religieux dans les sociétés musulmanes.

Cité-État Entité politique indépendante qui se compose d'une seule ville accolée (parfois) à un arrière-pays. Singapour en Asie du Sud-Est est un équivalent moderne des cités-États de la Grèce antique.

Climat Conditions atmosphériques qui prévalent pendant au moins 30 ans dans une région et qui se résument par des moyennes et des mesures de variabilité ; synthèse des évènements atmosphériques qu'on a appris à anticiper dans un lieu donné.

Codex Ouvrage des civilisations mésoaméricaines illustrant leurs histoires et leurs légendes sur un support à base d'écorces et de fibres végétales.

Col En milieu montagneux, dépression au sein d'une ligne de crête formant un passage facilitant la traversée d'un versant à l'autre de cette ligne de crête. Certains cols élevés portent aussi le nom de « passe ».

Combustible fossile Ressource énergétique issue du charbon, du gaz naturel ou du pétrole, formée par la compression géologique et la transformation de matière végétale et d'organismes animaux.

Communalisation Consiste à mettre sous la dépendance d'une commune ou d'une unité territoriale de base.

Complémentarité État de deux régions qui arrivent à satisfaire leurs besoins mutuels par l'échange de matières premières et de produits finis.

Complémentarité régionale Existe lorsque deux régions peuvent satisfaire leurs besoins au moyen d'un échange réciproque de matériaux bruts ou de produits finis.

Connectivité Degré de relation directe entre un emplacement particulier et d'autres endroits situés au sein d'un réseau de transport régional, national ou mondial.

Continentalité Se dit de l'effet continental sur le climat de l'intérieur des continents. Loin de l'influence maritime, ces régions ne profitent pas des effets modérateurs des masses océaniques. Le climat continental connaît de fortes amplitudes thermiques et peu de précipitation. Les températures estivales et hivernales atteignent des extrêmes, comme en Sibérie ou dans les Prairies canadiennes.

Conurbation Terme générique désignant l'ensemble formé par la fusion de deux grandes zones urbaines ou plus à la suite de leur expansion. La mégalopole (Boston-New York-Washington) qui s'étend le long de la côte atlantique des États-Unis du sud du Maine jusqu'à la Virginie en est un bon exemple.

Convergence subtropicale Étroite zone de transition marine qui ceinture la planète à environ 40° de latitude sud, et marque la limite entre les eaux froides de l'océan Austral et celles, plus chaudes, des océans Atlantique, Pacifique et Indien.

Couloir d'ouragans Parcours qu'empruntent le plus souvent les tempêtes tropicales et les ouragans depuis 150 ans lors de leur course vers l'ouest à travers le bassin des Antilles.

Culte animiste Croyance religieuse en des âmes, des esprits et des puissances spirituelles qui peuvent protéger ou punir.

Culture vivrière Denrées destinées à l'alimentation de ceux qui les cultivent afin d'assurer leur propre subsistance. Par opposition à la culture non vivrière, dont les produits, comme le tabac et le café, sont généralement exportés. *Voir* Agriculture de subsistance.

Déchargement des navires vraquiers Emplacement le long d'une voie de transport où les marchandises sont transférées d'un transporteur à un autre. Dans le port, les cargaisons des navires océaniques sont déchargées, puis mises dans des trains, des camions ou des navires fluviaux, plus petits, pour la distribution intérieure. *Voir* Entrepôt.

Décollectivisation Dans plusieurs pays communistes, l'État a encouragé ou forcé la consolidation des exploitations agricoles familiales, souvent jugées insuffisamment grandes pour tirer profit des techniques agricoles modernes et mécanisées, afin de former des coopératives agricoles. Ce processus s'appelle la collectivisation. Depuis les années 1980, on assiste au processus inverse, la décollectivisation, qui implique le démantèlement des coopératives et le retour à une agriculture familiale.

Déforestation Déboisement volontaire de la forêt qui a pour résultat sa destruction sur de vastes étendues.

Déforestation tropicale *Voir* Déforestation.

Dérive des continents Lent mouvement des continents causé par les processus associés à la tectonique des plaques.

Désindustrialisation Processus par lequel les entreprises d'une région délocalisent des emplois manufacturiers vers des régions ou des pays où les coûts de production sont moindres. Ce phénomène force la région à se convertir à une économie de services en même temps qu'elle doit lutter contre les effets de la réduction ou de la disparition des activités industrielles, soit l'augmentation du chômage et la nécessité du recyclage professionnel de sa main-d'œuvre.

Développement inégal Notion selon laquelle le développement économique varie dans l'espace, un principe fondamental des relations centre-périphérie dans les ensembles géographiques, les régions et les villes.

Développement périphérique Situation où le développement d'un pays est plus fortement concentré en marge du territoire (souvent le long du littoral) plutôt qu'à l'intérieur. L'Australie, dont la population est distribuée en périphérie, en est un bon exemple; la Nouvelle-Zélande présente une configuration similaire.

Dévolution (poussée de) Processus par lequel les régions d'un État réclament et acquièrent plus de pouvoir et d'autonomie politique au détriment du gouvernement central.

Diaspora chinoise Ensemble des Chinois vivant à l'extérieur de la Chine. La moitié d'entre eux, c'est-à-dire plus de 50 millions, vit en Asie du Sud-Est et plusieurs y ont fort bien réussi. Un grand nombre d'entre eux conservent des liens avec la Chine où ils ont grandement contribué, à titre d'investisseurs, à stimuler la croissance des ZES et des villes ouvertes le long de la Chine côtière.

Dragon asiatique Pays du bassin Pacifique occidental qui se caractérise par son essor soutenu depuis 1960. Les dragons sont la Corée du Sud, Taiwan, Hong Kong et Singapour. Suivant le modèle développé par le Japon, ces pays connaissent un développement économique considérable. À ne pas confondre avec les tigres asiatiques.

Eaux territoriales Zone d'eau de mer qui s'étend jusqu'à 12 milles marins (22,2 km) des côtes d'un pays; cet espace maritime est considéré comme faisant partie du territoire d'un État souverain et est traité comme tel.

Économie planifiée Économie dont les mécanismes de production, de consommation et d'échanges sont organisés (gérés) par l'État. Contrairement à l'économie de marché, le jeu de l'offre et de la demande n'intervient pas dans la production. Ce type d'économie était le modèle privilégié sous les anciens régimes communistes.

Économie postindustrielle Se dit d'une économie où le système de production hautement technologique, dominé par les services, les technologies de l'information et la gestion, relègue dans l'ombre l'industrie traditionnelle, et ce, dans le cadre d'un réseau international de relations commerciales.

Écotourisme Aussi appelé « tourisme vert » ou « tourisme responsable ». Forme de tourisme axé sur la découverte de la nature et le respect des écosystèmes. Par ses activités, l'écotourisme vise aussi à favoriser le développement économique des communautés locales.

Effet domino Conception selon laquelle la déstabilisation politique dans un État peut entraîner l'effondrement de l'ordre dans un État voisin, déclenchant une série d'évènements qui, à leur tour, peuvent se répercuter sur les États contigus.

Ejidos Au Mexique, terres cultivables redistribuées aux communautés paysannes après la révolution de 1910-1917. L'État détient les titres de propriété, mais les droits d'exploitation sont répartis entre les communautés villageoises, puis entre leurs membres.

Enclave Partie du territoire d'un pays, entièrement cernée par un autre pays.

Enclavement Se dit d'un État entouré de terres et donc dépourvu de côte, ce qui crée des circonstances défavorables quant à l'accessibilité aux routes commerciales internationales.

Endémique Se dit d'une maladie qui, au sein d'une population hôte, affecte un grand nombre de personnes de façon équilibrée, sans accélération ni augmentation du taux de mortalité.

Ensemble géographique Grandes unités territoriales (de l'ordre continental et sous-continental). Chaque ensemble est défini à partir de critères physiques et humains, c'est-à-dire composé de caractéristiques culturelles, économiques, historiques, politiques et environnementales.

Entrepôt Lieu, généralement une ville portuaire, où les marchandises sont importées, entreposées et transbordées. *Voir* Déchargement des navires vraquiers.

Ère glaciaire Période de temps géologique durant laquelle s'abaisse la température atmosphérique moyenne sur la Terre; sous les latitudes les plus hautes, elle entraîne l'expansion vers l'équateur des inlandsis et, sous les latitudes plus basses, la formation de glaciers sur et autour des hautes terres.

Estuaire Partie d'un cours d'eau où la marée se fait sentir et où l'eau douce et l'eau salée se mêlent. De l'est de la ville de Québec jusqu'à Pointe-des-Monts sur la Côte Nord, l'estuaire du fleuve Saint-Laurent s'étire sur 370 kilomètres.

État Territoire organisé politiquement, administré par un gouvernement souverain et reconnu par une portion importante de la communauté internationale. Un État doit aussi présenter une population de résidents permanents, une économie organisée et un appareil de circulation interne fonctionnel.

État en déroute Pays où l'effondrement des institutions politiques, juridiques et économiques a mené à une désorganisation de la société. L'État n'est plus en mesure d'assurer son rôle régulateur (en tout ou en partie) sur son territoire.

État insulaire en développement État situé sur une île et défavorisé en raison de la taille réduite de son territoire, de sa population et de l'inaccessibilité du continent par voie terrestre. Le manque de ressources se traduit par l'obligation d'importer à prix fort de nombreux produits et services. Le coût des exploitations gouvernementales par habitant est élevé et les producteurs locaux ne peuvent réaliser d'économies d'échelle. Les îles des Petites Antilles en sont autant d'exemples.

État-nation Pays dont la population possède un degré élevé d'homogénéité culturelle et d'uniformité. La forme idéale à laquelle la plupart des nations et des États aspirent est une entité politique dans laquelle le territoire de l'État (aspect politico-juridique) coïncide avec la zone qu'habite un certain groupe national ou un peuple (aspect identitaire).

État policier État dans lequel le gouvernement (souvent caractérisé par un pouvoir dictatorial) exerce un contrôle totalitaire sur la vie politique, sociale et économique de ses citoyens. La répression que subit la population, généralement au moyen d'une police secrète, prend plusieurs formes, dont la restriction des déplacements, la suppression de la liberté de communiquer et d'exprimer des opinions, ainsi qu'une surveillance étroite. En 2011, parmi les exemples les plus flagrants figuraient la Syrie, le Myanmar (Birmanie) et la Corée du Nord.

État tampon Pays ou ensemble de pays séparant des adversaires idéologiques ou politiques. L'Afghanistan, le Népal et le Bhoutan faisaient partie d'une zone tampon entre les Britanniques, d'une part, et les Russes et les Chinois, d'autre part. La Thaïlande a longtemps été un État tampon entre les colonies françaises et l'Empire britannique.

État théocratique Se dit d'un État dont le régime politique est fondé sur des principes religieux ou qui est gouverné par des religieux.

État unitaire État constitué par un seul appareil d'État dont les compétences administratives et juridiques s'appliquent sur l'ensemble du territoire. Cette conception de l'État est le contraire de l'idée de la fédération. La France, l'Italie, la Chine, le Royaume-Uni sont des exemples d'États unitaires.

Évolution humaine Transformation biologique du genre humain (*Homo*) à l'échelle des temps géologiques jusqu'à l'homme moderne. L'étude du genre *Homo* comprend différentes espèces, telles que *Homo habilis, H. Ergaster, H. Erectus, H. Floresiensis, H. Neandertalensis et H. Sapiens*, entre autres.

Famille des langues indo-européennes Principale famille de langues qui domine l'ensemble géographique européen (voir la figure 1A-6). Cette famille de langues est également la plus répandue dans le monde (voir la figure I-16) ; environ la moitié de l'humanité parle l'une de ces langues.

Favéla Mot d'origine portugaise qui désigne les bidonvilles, au Brésil.

Fédération Structure politique d'un pays où un gouvernement central représente diverses entités qui partagent des intérêts communs (défense, affaires étrangères, monnaie, etc.) tout en permettant à celles-ci d'exercer leur propre juridiction dans certains domaines (éducation, environnement, etc.). Dans le monde, il existe de nombreux pays qui possèdent cette structure politique : la Russie, le Canada, les États-Unis, le Mexique en sont quelques exemples.

Forces centrifuges Terme utilisé pour désigner les forces qui tendent à diviser un État, telles que les différences idéologiques, ethniques, linguistiques ou religieuses.

Forces centripètes Terme utilisé pour désigner les forces qui tendent à unifier un État et à maintenir son intégrité, comme une culture nationale forte, des objectifs idéologiques partagés et une valeur commune.

Forêt boréale La forêt boréale est la zone forestière la plus septentrionale de l'hémisphère Nord. Elle forme une ceinture quasi continue d'environ 1000 km de largeur qui s'étend au Canada, en Alaska, en Russie et en Scandinavie. Il s'agit de la plus vaste zone de végétation du Canada où elle est généralement peuplée de conifères et de bouleaux.

Foyer culturel Cœur, zone source, centre d'innovation ; lieu d'origine d'une grande culture.

Friche industrielle Espace sur lequel subsistent des installations industrielles à l'abandon. La mutation postindustrielle en a laissé de nombreuses dans les villes. À Montréal, par exemple, une partie des friches industrielles le long du canal Lachine et dans le quartier Hochelaga-Maisonneuve ont été reconverties en complexes résidentiels (condos) et en industries de haute technologie.

Front islamique Frontière entre les peuples majoritairement islamistes et ceux d'autres confessions où se manifestent des conflits.

Géomorphologie Étude des formes de la surface terrestre et de leur évolution. Renvoie à la description des formes du relief terrestre.

Glaciation *Voir* Pléistocène.

Goulot d'étranglement Rétrécissement d'une voie navigable internationale qui provoque la congestion du trafic maritime, qui force les navires à ralentir ou à effectuer des virages serrés, ce qui augmente le risque de collision ainsi que la vulnérabilité aux attaques. Le détroit d'Ormuz entre Oman et l'Iran, à l'entrée du golfe Persique, et le détroit de Malacca entre la Malaisie et l'Indonésie en sont des exemples.

Grand Bond en avant Programme de développement de la Chine de 1958 à 1960. Mis de l'avant par Mao Zedong, ce programme visait des objectifs de croissance industrielle et agricole. Les résultats ont été catastrophiques. La qualité des produits industriels était mauvaise et la productivité a chuté radicalement. Les bouleversements dans l'organisation de la production agricole et la distribution de celle-ci sont des facteurs clés à l'origine d'une terrible famine qui entraîna la mort d'environ 30 millions de Chinois.

Grand Dyke Filon de roches magmatiques qui s'est infiltré à l'intérieur d'un massif géologique déjà en place. Le Grand Dyke correspond à un filon de 500 kilomètres de long et de 5 à 9 kilomètres de large. On y trouve notamment de l'or, du cuivre, du chrome, du nickel.

Grande dérive d'ouest Courant marin de l'océan Austral, lequel se déplace en sens horaire autour de l'Antarctique. Aussi appelé courant circumpolaire antarctique.

Guerre d'Indochine Désigne un conflit armé qui a débuté en 1946, au sortir de la Seconde Guerre mondiale, alors que la France a tenté de reprendre le contrôle de l'Indochine française face à des forces nationalistes et communistes vietnamiennes qui avaient déclaré leur indépendance. La guerre s'est soldé en 1954 par l'abandon par la France de ses possessions dans la région et la division formelle du Vietnam entre un Nord communiste et un Sud capitaliste. L'opposition entre ces deux États s'est poursuivie et a finalement mené à la guerre du Vietnam, où les États-Unis ont joué un rôle de premier plan.

Hacienda Dans les pays hispanophones, vaste domaine constitué d'une habitation seigneuriale et de ses grandes plantations. Aujourd'hui, à la suite de réformes agraires, nombre de ces exploitations agricoles ont été démantelées, subdivisées et réorganisées en coopératives agricoles.

Hanisation Processus par lequel les Chinois de l'ethnie han laissent une empreinte culturelle. En Chine, phénomène faisant référence à la migration sans cesse croissante de Chinois han dans la périphérie du pays, en particulier au Xinjiang et au Xizang (Tibet). À l'étranger, l'influence chinoise, plus généralement appelée *sinisation*, se fait également sentir, surtout en Asie du Sud-Est.

Haute mer Zone océanique éloignée des terres, au-delà des eaux territoriales et de la zone économique exclusive. Elle ne relève d'aucune juridiction nationale et est donc ouverte à tous. Considérée par la Convention des Nations Unies sur le droit de la mer comme « territoire maritime international », elle fait partie du patrimoine de l'humanité.

Hégémonie Domination politique d'un pays (parfois d'une région) sur un autre pays. Le contrôle qu'a exercé l'ex-Union soviétique sur l'Europe de l'Est après la Seconde Guerre mondiale, soit de 1945 à 1990, en est un exemple.

Hémisphère continental Moitié du globe qui comprend le plus de terres émergées, et au centre de laquelle se trouve l'Europe occidentale (voir la figure 1A-4).

Hindutva Terme qui signifie « indianité » selon la perception des nationalistes hindous. Patrimoine ou patriotisme hindou. Pierre angulaire d'un mouvement fondamentaliste qui gagne en popularité depuis la fin du XXe siècle et qui aspire à refaire de l'Inde une société dominée par les principes de l'hindouisme. Cette doctrine guide le Bharatiya Janata Party (BJP, le Parti du peuple indien) qui exerce une forte influence sur la politique nationale et dans les grands États du pays, comme le Maharashtra, le Gujarat et le Madhya Pradesh.

Hominidé Famille d'espèces de primates qui sont caractérisés par une marche bipède et un cerveau développé.

Ibérique Relatif à l'espace géographique formé par l'Espagne et le Portugal.

Île basse Île généralement de type corallien. Contrairement aux îles hautes, ce type d'île ne peut capter suffisamment d'humidité des masses d'air océanique tropical, en raison de sa faible altitude, et souffre par conséquent de sècheresse chronique. La production agricole y est donc impossible et les populations modestes qui y vivent doivent se rabattre sur la pêche et les cocotiers pour survivre.

Île haute Île volcanique dont l'altitude est suffisamment élevée pour capter l'humidité des masses d'air océanique tropical. Les îles de ce type sont généralement bien arrosées et leurs sols volcaniques favorisent une bonne production agricole. Elles peuvent ainsi pourvoir aux besoins de plus grandes populations que les îles basses, qui sont dépourvues de ces avantages.

Implosion démographique L'inverse de l'explosion démographique. Elle se manifeste par une chute soudaine des effectifs de population sur un territoire. L'implosion démographique est le résultat combiné d'une baisse de la natalité, d'une diminution de l'espérance de vie et d'une forte émigration.

Industrie de substitution aux importations Activité économique locale qui fournit sur le marché national des produits remplaçant ceux qui proviennent de l'étranger lorsqu'ils deviennent trop chers à importer en raison des coûts de transport.

Inlandsis Grand glacier de dimension continentale. L'Antarctique et le Groenland font partie des derniers grands glaciers.

Interglaciaire *Voir* Pléistocène.

Isolationnisme Politique qu'un pays instaure pour éviter les influences étrangères.

Isthme Étroite bande de terre reliant deux importantes masses continentales.

Langue dravidienne Famille linguistique, originaire de l'Asie du Sud, dominante dans le sud de l'Inde; le tamoul et le tégoulou, notamment, sont des langues de cette famille.

Langue véhiculaire Langue servant aux communications entre des personnes de langue maternelle différente.

Limon Dépôt meuble très fertile déposé sur des terres par un fleuve ou par le vent.

Mangrove Formation végétale dite amphibie parce que inondée lors de la marée haute. Elle se situe en zone intertropicale, dans les estuaires et le long des littoraux où l'on retrouve des eaux saumâtres (mélange d'eau douce et salée). Cette formation est composée d'arbres et d'arbustes aux racines aériennes leur permettant de respirer même lorsque le sol est submergé. La complexité physique du milieu nuit à la prédation, et c'est pourquoi les mangroves servent de lieu de reproduction privilégié à de nombreuses espèces marines.

Maquiladoras Terme espagnol désignant les usines modernes d'assemblage de la zone frontalière mexicaine, à proximité des États-Unis. Ces usines de propriété étrangère assemblent des composantes ou des matières premières importées avant d'exporter les produits finis, principalement vers les États-Unis. La disparition des droits de douane en vertu de l'ALENA permet au Mexique de créer des emplois et aux entrepreneurs étrangers de profiter de salaires peu élevés.

Marché périodique Dans un village, marché ouvert un jour sur trois ou selon un autre intervalle; intégré à un réseau régional de marchés similaires en milieu rural préindustriel où les marchands apportent leurs produits à pied et où le troc demeure le principal mode d'échange.

Marché émergent Marché d'un pays connaissant une croissance économique rapide, en particulier dans des secteurs modernes et technologiques, et où les investissements directs étrangers et d'autres indicateurs clés sont à la hausse. Le BRICS (Brésil, Russie, Inde, Chine et Afrique du Sud) forme le peloton de tête, mais de nombreux autres pays intègrent maintenant ce groupe.

Mégalopole Vaste ensemble d'agglomérations urbaines très importantes qui s'agglutinent dans diverses parties du monde. En voici trois exemples: la façade atlantique du nord-est des États-Unis qui s'étend du nord de Boston jusqu'au sud de Washington; au Japon, l'ensemble Tokyo-Yokohama-Osaka sur la côte du Pacifique; et, en Europe, le corridor Londres-Paris-Francfort-Milan.

Mégapole Se dit des villes les plus densément peuplées du monde; dans le présent ouvrage, le terme renvoie à une métropole dont la population compte plus de 10 millions d'habitants. À ne pas confondre avec mégalopole. *Voir* Mégalopole.

Métis Terme dérivé d'un mot latin qui signifie « mélangé »; désigne une personne d'origine européenne et amérindienne.

Micro-État État souverain dont le territoire couvre une petite superficie et qui regroupe une faible population. Les micro-États ne possèdent pas tous les attributs des États complets, mais ils paraissent néanmoins sur la carte à titre d'entités indépendantes. L'Europe abrite bon nombre de micro-États, parmi lesquels on compte Monaco, Saint-Marin, Andorre et le Liechtenstein.

Migration Déplacement de populations d'un endroit à un autre et destiné à être permanent.

Migration intramétropolitaine Déplacement de populations d'une ville-centre vers une municipalité périphérique.

Migration urbaine Processus d'urbanisation reposant sur un important flux migratoire des populations des campagnes vers les villes, lequel continue de concentrer la population mondiale dans de très grandes villes, en particulier dans les ensembles géographiques moins favorisés.

Modèle de l'État européen État composé d'un territoire juridiquement défini et habité par une population dont le gouvernement représentatif a son siège dans la capitale.

Modèle turc Renvoie à une démocratie multipartite qui fait une place aux partis islamiques, mais qui n'est ni dominée ni contrôlée par ces derniers. Dans la foulée des changements de régime survenus dans l'ensemble de l'Afrique du Nord et de l'Asie du Sud-Ouest et provoqués par le printemps arabe de 2011, des groupes modérés ont estimé que la Turquie constituait le modèle de gouvernance démocratique le mieux adapté à cette partie du monde.

Mollah Dans la religion musulmane, religieux spécialiste de l'interprétation du Coran.

Monarchie constitutionnelle Régime politique où le chef d'État est personnifié par un monarque dont les pouvoirs sont limités par une Constitution.

Monarchie islamique Régime politique où un chef suprême incarne le pouvoir gouvernemental et représente les valeurs musulmanes. Dans les pays musulmans, les monarchies islamiques prennent le nom de Sultanat ou d'Émirat.

Mousson Vent tropical saisonnier et régulier créant une alternance de saisons sèches et humides. Les régions touchées par la mousson se trouvent entre les latitudes tempérées et la zone équatoriale, où règne un climat sans réelle période sèche. La *mousson d'hiver* se produit lorsque souffle du continent vers la mer un vent régulier, souvent sec et froid. La *mousson d'été* survient durant les mois chauds alors que les vents chauds et humides soufflent de la mer vers l'intérieur du continent. Une importante différence entre la pression de l'air au-dessus du continent et de l'océan sert de déclencheur. L'écoulement des vents se produit toujours d'une zone de haute pression vers une zone de basse pression. Les effets les plus importants de la mousson s'observent dans les zones côtières et avoisinantes de l'Asie du Sud (voir la figure 8A-2), de l'Asie du Sud-Est et de l'Asie de l'Est.

Nation En termes juridiques, ensemble des individus composant un État. Concept qui renvoie également à une communauté d'individus installée sur un même territoire, ayant une certaine unité historique, linguistique, religieuse ou même économique, et régie par une même Constitution. En pratique, la présence de tous ces critères au sein d'un État est très rare.

Nation sans État Groupe national qui souhaite devenir un État-nation, mais qui ne possède pas de territoire lui permettant de concrétiser son aspiration; les Palestiniens et les Kurdes de l'Asie du Sud-Ouest en sont des exemples.

Néolibéralisme Idéologie et stratégie de développement national ou régional reposant sur la privatisation des sociétés publiques, la réduction des tarifs commerciaux internationaux et des subventions gouvernementales, la réduction de l'impôt des entreprises et la déréglementation généralisée des affaires. Le néolibéralisme se fonde sur la croyance en la supériorité d'une organisation de la vie économique, politique et sociale basée sur le libre marché et de la minimisation des interventions de l'État dans la sphère économique.

Nœud Centre agissant comme point de connectivité au sein d'un réseau ou d'un système. Tous les établissements urbains remplissent cette fonction, et c'est leur position dans le système urbain ou la hiérarchie qui détermine leur importance.

Océan Austral Océan qui entoure l'Antarctique (sujet abordé en détail à la page 413 du chapitre 11).

Ombre pluviométrique Phénomène climatique régional, associé à l'effet de foehn et aux vents chauds et secs qui descendent d'un versant de montagnes. Le *chinook* est ce vent qui adoucit le climat de Calgary certaines journées d'hiver; le *foehn* est celui qui provient des Alpes et le *zonda*, celui qui souffle des Andes sur l'Argentine.

OPEP Sigle de l'Organisation des pays exportateurs de pétrole. Ce cartel international fondé en 1960 comprend aujourd'hui 12 pays membres: l'Algérie, l'Angola, la Libye, le Nigéria, l'Arabie saoudite, les Émirats arabes unis, l'Irak, l'Iran, le Koweït, le Qatar, l'Équateur et le Venezuela.

Opération Condor Nom donné à la campagne d'assassinats conduite conjointement par les services secrets de plusieurs dictatures militaires d'Amérique du Sud, dans les années 1970 et 1980.

Outback Nom donné par les Australiens à la vaste périphérie peu peuplée située à l'intérieur du pays. C'est un environnement inhospitalier où le climat est aride, voire désertique par endroits, mais dont les ressources naturelles, notamment aurifères, suscitent beaucoup d'intérêt.

Pandémique Se dit d'une maladie qui se propage dans le monde entier.

Partition Subdivision de l'Empire britannique des Indes à la fin du régime colonial. L'Inde et le Pakistan ont alors été créés et l'indépendance de ces deux États a été proclamée le 15 août 1947.

Paysage culturel Attributs distinctifs qu'une société imprime sur le paysage physique qu'elle habite. Cette empreinte progressive de la présence et des activités humaines transforme le paysage physique (naturel) en paysage culturel jusqu'à former une unité interactive entre les deux.

Pays atelier Pays dont une partie de l'économie repose sur les usines d'assemblage détenues par des entreprises étrangères. L'industrie du vêtement, des jouets, des appareils ménagers et de l'électronique est particulièrement développée dans des pays ateliers comme la Chine, le Vietnam et le Honduras.

Pergélisol Eau gelée en permanence dans les couches supérieures du sol et du sous-sol rocheux des environnements froids. La surface peut néanmoins fondre durant la courte saison chaude.

Périphérie Région qui entoure une zone centrale et dont elle tire ce dont elle a besoin. Cette zone est le point de production de biens et de services destinés à la périphérie en même temps que la principale influence urbaine de cette dernière. Dans le cas d'une ville portuaire, la périphérie comprend aussi l'arrière-pays dont les activités commerciales transitent par le port.

Périurbanisation Désigne l'urbanisation progressive des terres agricoles ou du milieu naturel autour d'agglomérations urbaines.

Peuples autochtones Nom donné aux nations amérindiennes, aux Métis et aux Inuits du Canada.

Plan Marshall Plan d'aide économique des États-Unis proposé par le secrétaire d'État George Marshall à la suite de la Seconde Guerre mondiale en vue de rebâtir les pays d'Europe. En 1947, 16 représentants des pays d'Europe se réunissent à Paris pour discuter des demandes d'aide financière qui seront adressées aux États-Unis dans le cadre de ce plan. C'est à ce moment que l'Organisation européenne de coopération économique (OECE) est mise sur pied afin de coordonner la coopération entre les pays bénéficiaires de ce programme. Le plan Marshall entre officiellement en vigueur en avril 1948.

Plantation Vaste propriété détenue par une personne, une famille ou une société qui cultive la terre à des fins commerciales. Presque toutes les plantations se trouvent sous les tropiques; au cours des dernières décennies, plusieurs ont été divisées en terrains plus petits et réorganisées sous forme de coopératives.

Plaques tectoniques (ou plaques lithosphériques) Ces plaques sont des portions rigides du manteau et de la croûte terrestre (lithosphère) d'une épaisseur moyenne de 100 kilomètres. On en compte plus d'une douzaine (voir la figure I-11). La plupart sont de la taille d'un continent et sont toujours en mouvement. Lorsqu'elles entrent en contact, les plaques glissent l'une sous l'autre (par subduction) en perturbant la surface de la croûte terrestre et en déclenchant une intense activité volcanique et sismique; la force de ces mouvements est à l'origine de la formation des montagnes.

Plateau continental Au-delà des côtes de plusieurs masses continentales, le plancher océanique présente une déclinaison douce et progressive jusqu'à une profondeur approximative de 200 mètres après quoi il chute de manière plus prononcée le long d'une pente appelée la pente continentale, et ce, jusqu'à de plus grandes profondeurs. Le plateau continental s'étend donc de la côte de la masse continentale jusqu'à la pente continentale.

Pléistocène Première partie de l'ère quaternaire qui s'étend du début du quaternaire jusqu'à 10 000 ans avant notre ère.

Pluralisme culturel Caractéristique des sociétés où deux communautés ou plus vivent ensemble tout en adhérant chacune à leur propre culture.

Point chaud de la biodiversité Concentration géographique de faune et de flore naturelles beaucoup plus élevée qu'ailleurs dans le monde. Les forêts tropicales sont des points chauds dominants, mais les ravages de la déforestation ont eu sur elles des conséquences catastrophiques. L'exemple donné dans cet ouvrage est le segment méridional (Costa Rica et Panama) du pont continental qui constitue l'Amérique centrale. À l'échelle des temps géologiques, ce pont était une autoroute biogéographique pour la dissémination des espèces.

Point de passage obligé *Voir* Goulot d'étranglement.

Pôle de croissance Centre urbain qui, grâce à un certain nombre d'attributs et à des investissements, stimule le développement économique d'une région.

Pont continental Lien isthmique étroit entre deux grandes masses terrestres. De nature temporaire – du moins à l'échelle des temps géologiques –, les ponts continentaux peuvent disparaître et réapparaître au gré des mouvements des continents et des fluctuations du niveau de la mer.

Population à charge Partie de la population nationale qui est soit trop vieille, soit trop jeune pour être productive et qui doit être prise en charge par la population active. Celle-ci paie des impôts servant à financer le système social qui soutient la population à charge.

Population flottante Importante main-d'œuvre mobile utilisée pour satisfaire aux besoins fluctuants des entreprises. En Chine, ce phénomène est particulièrement répandu et touche plus de 150 millions de personnes. Il s'agit généralement de jeunes membres de ménages agricoles qui migrent pour quelques mois ou quelques années vers une zone urbaine afin d'y occuper un emploi non spécialisé. Leur lieu de résidence officiel (tel qu'il est inscrit dans le système *hukou*) étant toujours en zone rurale, ils sont officiellement considérés comme des migrants temporaires et ne sont pas inclus dans la population urbaine. Leurs droits économiques, sociaux et politiques sont limités par leur incapacité à modifier leur lieu d'enregistrement. Certains d'entre eux possèdent un droit de séjour temporaire en zone urbaine, d'autres sont simplement illégaux. Dans ce dernier cas, l'assouplissement de la mise en application des règles leur permet de résider en ville. L'argent qu'ils envoient à leur famille restée à la campagne constitue un apport souvent considérable aux revenus de cette dernière.

Position absolue Position ou emplacement d'un élément sur la surface terrestre exprimé en degrés, en minutes et en secondes de latitude, de 0 à 90° nord ou sud de l'équateur, et de longitude, de 0 à 180° est ou ouest du *méridien origine,* qui traverse Greenwich (une banlieue de Londres). La position absolue de Montréal est de 45° 30' N 73° 35' O.

Position relative Position ou situation d'un lieu par rapport à celle d'un autre lieu. La distance, l'accessibilité et la connectivité influent sur la position relative. Par exemple, en Amérique du Nord, la situation, de Montréal par rapport à la ville de New York.

Processus de mondialisation Réduction graduelle des différences régionales à l'échelle mondiale découlant du nombre grandissant d'échanges culturels, économiques et politiques internationaux.

Produit intérieur brut (PIB) Ensemble des valeurs ajoutées à l'intérieur d'un pays. Valeur exprimée en monnaie par laquelle on mesure les activités économiques effectuées dans une année.

Profilage racial Fait, pour un policier ou toute autre personne chargée de la sécurité, d'exercer ses fonctions en se fondant sur l'appartenance ethnique d'un individu plutôt que sur des motifs réels ou des soupçons raisonnables.

Protectorat Régime juridique établi en vertu d'un traité international selon lequel un État exerce un contrôle sur un autre.

Pyramide des âges Représentation graphique, ou profil d'une population nationale, tracée selon une structure par âge et par sexe. Elle donne généralement le pourcentage de chaque groupe d'âge (par intervalle de cinq ans) au moyen d'une barre horizontale, dont la longueur correspond à son rapport à la population totale. Les garçons et les hommes de chaque groupe d'âge sont représentés à gauche de la ligne centrale ; les filles et les femmes, à droite. Voir la figure 8A-8.

Quatre Moteurs pour l'Europe Terme choisi par l'Union européenne pour décrire la région Rhône-Alpes (France), le Bade-Wurtemberg (Allemagne), la Catalogne (Espagne) et la Lombardie (Italie). Chacune de ces régions est un lieu de haute technologie caractérisé par une vitalité industrielle exceptionnelle et une grande réussite économique, non seulement sur la scène européenne, mais aussi mondiale.

Réforme agraire Réorganisation des territoires agricoles consistant généralement en la redistribution de terres publiques ou privées au profit de petites exploitations familiales ou coopératives agricoles.

Réfugié Personne délogée contre son gré de la région où elle habite.

Région Dans ce manuel, la région est un territoire compris dans un ensemble géographique et qui présente certaines caractéristiques particulières.

Région fonctionnelle Région marquée davantage par sa structure dynamique interne que par son homogénéité ; puisqu'elle est habituellement concentrée autour d'un noyau principal, certains l'appellent *région nodale.*

Région motrice Se dit d'une région dont les activités économiques, politiques et culturelles sont particulièrement concentrées. Pensons, au Canada, à l'axe Québec-Windsor et, aux États-Unis, à la Megalopolis et anciennement à la *Manufacturing Belt*, dans la région des Grands Lacs, par exemple.

Région physiographique Territoire où les reliefs présentent un certain degré d'homogénéité de forme et sont apparentés par leur origine géologique. Chaque ensemble géographique présente une combinaison de régions physiographiques qui lui est propre. Les régions physiographiques des Rocheuses, des Grandes Plaines nord-américaine, du Bouclier canadien, des basses terres du Saint-Laurent en sont quelques exemples.

Relation transfrontalière Lien étroit entre deux localités ou régions adjacentes qui sont situées de part et d'autre d'une frontière internationale. Ces relations existent souvent depuis longtemps et se renforcent au fur et à mesure que le supranationalisme s'intensifie, comme on le voit, par exemple, parmi les pays membres de l'UE. En Amérique du Nord, le sud-ouest de l'Ontario et le sud-est du Michigan, dont les territoires sont circonvoisins, constituent un autre exemple de ces liens qui favorisent la circulation des personnes et des marchandises entre les deux côtés de la frontière canado-américaine.

Renaissance culturelle Réveil d'une culture depuis longtemps endormie grâce à un renouveau interne. Ce renouveau est généralement associé à la valorisation de la langue, de la religion et des traditions.

Répartition de la population Distribution de la population dans un espace géographique ; une expression essentielle de la géographie humaine puisqu'elle représente la somme des ajustements que la population a apportés à son environnement naturel, culturel et économique. Chacun des chapitres de ce manuel présente une carte de répartition de la population.

République islamique Régime politique (démocratique ou non) qui prône les valeurs de l'islam et veille à leur application, à divers degrés d'intensité. Certaines Républiques islamiques appliquent, la charia (loi islamique) de façon très rigide, la considérant au-dessus de toute autre loi, d'autres encadrent cette loi par une Constitution.

République laïque Régime politique (démocratique ou non) où la religion n'est pas instituée dans le pouvoir gouvernemental.

Réseau Ensemble de composantes et d'interactions propres à une région fonctionnelle, défini par l'étendue de ces interactions.

Révolution culturelle Période, de 1966 à 1969, durant laquelle Mao Zedong a lancé un mouvement politique pour combattre la bourgeoisie et les éléments anticommunistes. Il s'appuyait sur la jeunesse chinoise pour critiquer l'ensemble de l'appareil d'État (administration, gouvernement, syndicats et universités). Les hauts fonctionnaires, les écrivains et les professeurs ont été pris à partie pour leur vision bourgeoise ou intellectuelle. Les conséquences économiques de cette révolution ont été dramatiques, car le pays, paralysé, a traversé une crise de production. Sur le plan humain, la révolution a fait plusieurs centaines de milliers de victimes.

Révolution industrielle Terme qui s'applique aux changements sociaux et économiques survenus en Europe à la fin du XVIIIe siècle dans les secteurs agricole, commercial et particulièrement industriel ; ces changements, qui se caractérisent par une urbanisation rapide de la population, ont été entraînés par des innovations technologiques et une spécialisation accrue.

Révolution verte Transformation des pratiques agricoles dans le but d'augmenter la productivité. Par exemple, de nouvelles variétés de riz – notamment le riz doré – et d'autres céréales à rendement supérieur et à croissance rapide ont été mises au point pour les pays en développement afin de les aider à résoudre le problème de la faim. Des voix critiques estiment cependant que ce problème n'est pas réglé et qu'il a contribué à faire disparaître plusieurs variétés locales.

Rideau de fer Frontière fortifiée séparant les pays d'Europe de l'Est des pays d'Europe de l'Ouest.

Rift Dépression ou tranchée qui résulte des forces tectoniques s'agitant à l'intérieur du manteau terrestre, et formée par l'amincissement, puis l'effondrement d'une portion de l'écorce terrestre située entre deux failles parallèles. En Afrique, on parle de la vallée du Rift pour désigner cette singularité géologique.

Russification Politique de colonisation organisée par les dirigeants de l'Union soviétique (1924-1991) pour inciter la population russe à émigrer vers des républiques soviétiques non russophones.

Sables bitumineux Source de pétrole non conventionnel, mélangé à du sable, dont les procédés d'extraction sont coûteux et complexes et nécessitent une exploitation à ciel ouvert. Les plus grands gisements connus sont situés dans le nord-est de l'Alberta. Selon les estimations, les sables bitumineux de l'Athabasca constituent l'une des plus grandes réserves pétrolifères du monde. L'augmentation importante du prix du pétrole, au cours des dernières années, a entraîné une hausse considérable de la production. Toutefois, la dégradation environnementale que causent les mines à ciel ouvert et l'élimination des résidus ont déclenché un mouvement de protestation qui prend de l'ampleur et qui pourra peut-être freiner l'exploitation de cette ressource.

Savane Type de végétation des régions chaudes et semi-arides dans laquelle dominent des herbacées.

Sécession Acte consistant à se séparer d'une entité politique, le plus souvent d'un État, comme a voulu le faire le Sud des États-Unis en 1861. Cette tentative a déclenché la guerre de Sécession, une guerre civile qui a sévi de 1861 à 1865. Parmi les sécessions réussies plus récemment, soulignons celle de Singapour (séparée de la Malaisie) en 1965 et celle de la Slovaquie (séparée de l'ancienne Tchécoslovaquie) en 1993. Comme la dévolution est devenue une force dont il faut tenir compte depuis la fin du XXe siècle, la menace de sécession peut parfois servir d'outil de négociation pour obtenir une plus grande autonomie locale ; on en trouve des exemples au Canada avec le Québec, en Espagne avec la Catalogne et au Royaume-Uni avec l'Écosse.

Secteur formel Ensemble des activités relevant de l'économie légale d'un État, qui sont assujetties aux taxes et aux déclarations de revenus, et qui déterminent le produit intérieur brut (PIB) et le produit national brut (PNB).

Secteur informel Forme primitive du capitalisme répandue dans de nombreux pays en développement et échappant au contrôle de l'État ; elle est dominée par des vendeurs non autorisés de services et de produits, et se déroule en marge du secteur formel d'un pays.

Secteur primaire Activités économiques axées sur l'exploitation des matières premières, telles que les mines, la pêche, la foresterie et l'agriculture.

Secteur quaternaire Tranche de la production économique incluant les services fondés sur la connaissance (éducation supérieure, recherche et développement, création artistique, etc.).

Sionisme Mouvement politique prônant l'existence en terre d'Israël d'un centre spirituel, territorial ou étatique peuplé par les Juifs.

Site Caractéristiques du cadre physique d'un endroit, d'une ville. Par exemple, le site de Montréal en bordure du fleuve Saint-Laurent.

Situation Caractéristiques externes d'un endroit ; sa position relative, c'est-à-dire son emplacement par rapport à des zones riches en ressources ou à d'autres agglomérations.

Société des Nations Organisation internationale créée au lendemain de la Première Guerre mondiale (1914-1918), dont l'objectif était de maintenir la paix et d'encourager la coopération internationale dans les domaines économique, social et humanitaire. Composée d'une cinquantaine d'États membres au milieu des années 1930, elle a échoué à prévenir la Seconde Guerre mondiale (1939-1945). La Société des Nations (SDN) est parfois identifiée comme l'organe précurseur de l'Organisation des Nations Unies (ONU). Cette dernière, fondée en 1945 en remplacement de la SDN, comptait 51 États membres à sa création; aujourd'hui, ils sont au nombre de 193. L'ONU poursuit sa mission, qui est de prévenir les guerres internationales, d'agir comme forum de dialogue et de faciliter la résolution des conflits.

Spécialisation fonctionnelle régionale Spécialisation qu'une région a développée dans la production d'un produit ou d'un service particulier. Il s'agit d'un trait distinctif de la géographie économique d'Europe qui s'est ultérieurement étendu à beaucoup d'autres parties du monde.

Steppe Prairie semi-aride couverte d'herbes courtes. Nom donné au climat de type semi-aride (BS).

Stratification sociale Division de la population selon une hiérarchie de classes sociales. Dans une société industrialisée, la classe ouvrière se trouve au bas de l'échelle et l'élite, qui détient les capitaux et contrôle les moyens de production, occupe le haut de l'échelle. Dans le système de castes traditionnel en Inde, les dalits (anciennement appelés les intouchables) forment la classe ou caste inférieure alors que les princes et les brahmanes occupent le sommet de la hiérarchie.

Supranationalité Entente de coopération politique, économique ou culturelle entre trois pays ou plus visant à promouvoir des objectifs communs. L'Union européenne est une organisation supranationale.

Système urbain Réseau hiérarchique ou regroupement de zones urbaines dans un espace géographique défini, tel un pays.

Taïga Forêt subarctique de conifères recouvrant le nord de la Russie et du Canada, au sud de la toundra qui longe la côte arctique. Également appelée «forêt boréale» en Amérique du Nord.

Taliban Terme qui signifie «étudiant» ou «chercheur»; renvoie au mouvement fondamentaliste musulman formé d'étudiants qui provenaient des universités théologiques musulmanes (les madrasas) du Pakistan et qui a gouverné l'Afghanistan de 1996 à 2001.

Technopole Complexe regroupant un ensemble d'entreprises spécialisées dans les hautes technologies (comme la Silicon Valley californienne) qui se concentrent sur le développement, la promotion et la production des produits issus de l'économie informationnelle.

Tension intercommunautaire Stress durable entre les groupes socioculturels d'un pays et dégénérant fréquemment en actes de violence. L'Inde est particulièrement touchée par ce phénomène; de fréquents conflits opposent ses communautés culturelles très diversifiées, souvent sur la base de la religion ou des castes.

Terres rares Groupe de métaux dont le plus répandu est le cérium. Contrairement à ce que leur nom indique, ces métaux sont assez abondants, mais dispersés. Ils suscitent un intérêt grandissant en raison de leurs propriétés uniques qui rendent possible leur utilisation dans une vaste gamme d'applications dans les hautes technologies, allant du raffinage du pétrole aux piles rechargeables, en passant par les superconducteurs.

Territoire non autonome Selon l'article 73 du chapitre XI de la Charte des Nations Unies, désigne un territoire «dont les populations ne s'administrent pas encore complètement elles-mêmes».

Tierras calientes La moins élevée des zones altitudinales qui classifient les zones de peuplement centraméricain et sud-américain selon leur élévation. Elle désigne la plaine côtière chaude et humide et les versants ne dépassant pas 750 mètres au-dessus du niveau de la mer. Les forêts tropicales denses et luxuriantes constituent la végétation naturelle. Les zones les moins élevées accueillent les cultures de bananes et de canne à sucre, tandis que les versants plus élevés sont consacrés à la culture du café, du tabac et du maïs.

Tierras frías Zone altitudinale élevée correspondant au climat froid des Andes, située entre 1800 mètres et 3600 mètres d'altitude. Les conifères dominent, mais perdent du terrain, en altitude, au profit de la végétation basse. Cette zone comporte aussi de vastes pâturages et des cultures de blé.

Tierras heladas Dans les Andes, zone altitudinale habitable la plus élevée et la plus froide, située entre 3600 mètres et 4500 mètres, entre la limite forestière (la limite supérieure des *tierras frías*) et le début des neiges éternelles (la limite inférieure des *tierras nevadas*).

Tierras nevadas Zone altitudinale la plus froide des Andes, située à plus de 4500 mètres, dont l'environnement inhabitable est couvert de glace et de neige jusqu'aux plus hauts sommets, à plus de 6000 mètres.

Tierras templadas Zone altitudinale intermédiaire de peuplement centraméricain et sud-américain, située entre 750 mètres et 1800 mètres d'altitude. C'est la zone tempérée où les températures sont plus fraîches comparativement à celles des *tierras calientes,* plus bas. On y cultive le café, le tabac, le maïs et le blé.

Toundra Plaine dénudée longeant la côte arctique dans les régions septentrionales de la Russie et du Canada et dont la végétation se limite à de la mousse, des lichens et certaines herbes résistantes.

Townships En Afrique du Sud, quartier périphérique urbain généralement très pauvre et réservé à la population non blanche.

Transition démographique Modèle à stades multiples, formulé à partir de l'expérience en Occident, des changements démographiques que connaissent les pays en voie d'industrialisation. Des taux de natalité et de mortalité élevés sont suivis d'un déclin du taux de mortalité, entraînant un important gain démographique; les taux de natalité et de mortalité convergent ensuite à un niveau plus faible. Voir la figure 8A-7.

Transportabilité Capacité de déplacer des biens d'un endroit à un autre à un coût acceptable; facilité avec laquelle une marchandise peut être transportée.

Tribu Société organisée sur la base des liens de parenté, en particulier de familles ayant une même descendance.

Tsunami Vagues sismiques océaniques, générées par des tremblements de terre, qui peuvent atteindre des proportions gigantesques et causer de terribles ravages sur les côtes. Deux des plus importantes catastrophes naturelles survenues jusqu'à maintenant au XXIe siècle sont des tsunamis. Le premier est arrivé le 26 décembre 2004; l'épicentre se situait au nord-ouest de l'île indonésienne de Sumatra dans l'océan Indien. Le deuxième s'est produit le 11 mars 2011 le long de la côte nord-est du Japon, sur l'île de Honshu.

Urbanisation La proportion (pourcentage) de la population d'un pays vivant dans les zones urbaines désigne son degré d'urbanisation. Le processus d'urbanisation est le mouvement et le regroupement de populations vers les villes, et constitue aujourd'hui une force importante dans tous les ensembles géographiques. L'urbanisation désigne aussi l'absorption par une grande ville de la campagne environnante en la transformant en banlieues; dans les pays en développement, ce phénomène entraîne la création de bidonvilles en bordure des grandes villes.

Ville mondiale Centre urbain de premier plan participant à la mondialisation et possédant des entreprises financières, de haute technologie, de communication, d'ingénierie et des industries connexes, qui reflètent le dynamisme de sa croissance à long terme et contribuent à son rayonnement. Londres, New York et Tokyo en sont des exemples.

Ville périphérique Partie non centrale d'une métropole ; cette ceinture externe, qui n'est plus une banlieue, a été transformée en ville à part entière à la fin du XXe siècle.

Zone altitudinale Région verticale définie par des zones environnementales et physiques selon diverses altitudes, particulièrement dans les régions montagneuses centraméricaines et sud-américaines. *Voir Tierras calientes*, *Tierras templadas*, *Tierras frías*, *Tierras heladas* et *Tierras nevadas*.

Zone Asie-Pacifique Groupe étendu de pays et de portions de pays (allant, dans le sens horaire, de la Nouvelle-Zélande au Chili) ayant en commun le fait d'être au bord du Pacifique, de présenter un développement économique relativement important, d'être industrialisés et urbanisés, et de faire transiter leurs importations et leurs exportations principalement par l'océan Pacifique.

Zone centrale Plusieurs sens géographiques possibles. La zone centrale d'un État-nation en constitue le cœur ; elle est la plus populeuse et la plus productive et jouit de la plus grande centralité et de la plus grande accessibilité ; elle abrite souvent la capitale ; s'oppose à la périphérie.

Zone de transition Aire de changement spatial et de jonction de deux ensembles ou de deux régions, marquée par une transformation graduelle (plutôt que par un brusque changement) des caractéristiques qui distinguent chaque entité géographique.

Zone économique exclusive (ZEE) Zone océanique s'étendant jusqu'à 200 milles marins (370 kilomètres) – incluant 12 milles marins d'eaux territoriales – des côtes d'un État qui en détient les droits souverains en ce qui concerne les ressources naturelles (pêche, pétrole, minéraux) ; l'État exerce aussi sa juridiction sur les activités scientifiques, la protection et la préservation du milieu marin.

Zone industrielle américaine (appelée, en anglais, *American Manufacturing Belt*) Région d'Amérique du Nord de forme quasi rectangulaire, dont les angles correspondent à quatre villes : Boston, Milwaukee, Saint Louis et Baltimore. Durant l'ère industrielle, cette région a dominé la géographie industrielle des États-Unis et du Canada ; malgré son déclin, elle est encore une puissance économique de l'ensemble nord-américain.

Zone tampon *Voir* État tampon.

ANNEXE A : LES AIRES ET LES DONNÉES DÉMOGRAPHIQUES DES ÉTATS DU MONDE

Le tableau de données ci-dessous constitue une ressource très utile que vous gagnerez à consulter tout au long de votre lecture. Comme tous les autres renseignements fournis dans le présent manuel, les données de cette annexe font l'objet de fréquentes mises à jour.

Voici les indices qui y figurent : la **superficie** ; la **population** en 2012 et la population projetée en 2025 ; la **densité arithmétique** de population, soit le nombre de personnes par kilomètre carré dans un pays donné ; la **densité physiologique** de population, soit le nombre de personnes par kilomètre carré de terres arables ; les **taux de natalité** et de **mortalité** par 1000 habitants grâce auxquels on peut calculer le taux d'**accroissement naturel** de la population ; le **taux de mortalité infantile**, soit le nombre de décès de nourrissons de moins de 1 an dans une année donnée pour 1000 naissances vivantes dans la même année ; la **mortalité juvénile**, soit le nombre de morts par 1000 enfants au cours des 5 premières années de la vie ; les moyennes générales d'**espérance de vie** et d'**alphabétisme** classées selon le sexe ; le pourcentage de **population urbaine** ; l'**indice de perception de la corruption** basé sur les données de l'organisation Transparency International et selon lequel 10,0 est une note parfaite et 0,1, très mauvaise. Bien que nous n'ayons pas les données de cet indice pour tous les pays, il traduit néanmoins un problème mondial. Dans la dernière colonne, nous indiquons le **revenu national brut** (RNB) par habitant (en dollars américains) : il permet d'évaluer les revenus d'un pays. Les géographes spécialisés en économie parlent du RNB/PPA, le revenu national brut par habitant par rapport à la parité des pouvoirs d'achat. Le RNB/PPA montre aussi que le revenu disponible varie d'un pays à l'autre.

Pour de plus amples renseignements sur les sources et les données, reportez-vous à l'Avant-propos et à sa section intitulée « Les sources des données ».

ANNEXE A : Les aires et les données démographiques des États du monde (catégories expliquées à la page 451)

	Superficie (km²)	Population 2012 (millions)	Population 2025 (millions)	Densité de population Arithmé-tique	Densité de population Physio-logique	Taux de natalité (%)	Taux de mortalité (%)	Accroisse-ment naturel (%)	Mortalité infantile (pour 1000)	Mortalité juvénile (pour 1000)	Espérance de vie (années) Hommes	Espérance de vie (années) Femmes	Population urbaine (%)	Taux d'alphabétisme (%) Hommes	Taux d'alphabétisme (%) Femmes	Indice de perception de la corruption	RNB par habitant ($ US)
MONDE	134 134 451	7060,6	8104,4	53	455	20	8	1,2	33	45	67	71	51	84,0	70,8		10 030
								L'EUROPE									
ENSEMBLE	**5 930 511**	**597,6**	**607,1**	**26**	**205**	**11**	**11**	**0,0**	**5**	**6**	**72**	**80**	**71**	**99,4**	**98,4**		**25 580**
Albanie	28 749	3,2	3,3	112	450	10	5	0,5	14	15	72	79	49	95,5	88,0	3,3	7 950
Allemagne	356 978	81,3	79,7	228	650	8	10	−0,2	4	4	77	82	73	100,0	100,0	7,9	35 940
Autriche	83 859	8,4	8,9	100	556	9	9	0,0	3	4	78	83	67	100,0	100,0	7,9	37 680
Belgique	30 528	10,8	11,8	355	1421	11	9	0,2	4	5	77	82	99	100,0	100,0	7,1	34 760
Biélorussie	207 598	9,5	9,1	46	147	12	14	−0,3	11	12	65	76	74	99,7	99,2	2,5	12 150
Bosnie-Herzégovine	51 129	3,8	3,7	74	572	9	9	0,0	13	14	72	77	46	96,5	76,6	3,2	8 620
Bulgarie	110 908	7,5	6,9	67	164	11	14	−0,4	8	10	70	77	71	99,1	98,0	3,6	11 950
Chypre	9 249	1,1	1,1	120	752	13	7	0,6	3	4	77	80	62	98,,7	95,0	6,3	24 040
Croatie	56 539	4,4	4,3	78	298	10	12	−0,2	5	5	72	79	56	99,4	97,3	4,1	18 420
Danemark	43 090	5,5	5,8	128	228	11	10	0,1	3	4	76	81	72	100,0	100,0	9,3	37 280
Espagne	505 988	47,4	48,4	94	240	11	8	0,3	4	4	78	84	77	100,0	100,0	6,1	31 130
Estonie	45 099	1,3	1,3	29	107	12	12	0,0	4	6	69	79	69	99,9	99,6	6,5	19 280
Finlande	338 149	5,4	5,8	16	229	11	9	0,2	3	3	77	83	65	100,0	100,0	9,2	35 660
France	551 497	63,5	66,1	115	329	13	9	0,4	3	4	78	85	77	98,9	98,7	6,8	34 400
Grèce	131 960	11,3	11,7	86	286	11	10	0,1	3	3	77	82	73	98,6	96,0	3,5	28 470
Hongrie	93 030	9,9	9,8	107	194	10	13	−0,3	5	6	70	78	67	99,5	99,3	4,7	17 790
Irlande	70 279	4,6	5,7	65	327	17	6	1,0	4	4	77	82	60	100,0	100,0	8,0	37 350
Islande	102 999	0,3	0,4	3	297	15	6	0,9	2	3	80	83	93	100,0	100,0	8,5	25 220
Italie	301 267	60,5	61,9	201	543	10	10	0,0	3	4	79	84	68	98,9	98,1	3,9	30 250
Kosovo	10 887	1,8	2,7	165	435	21	7	1,4	5		67	71	—	96,6	87,5	2,8	—
Lettonie	64 599	2,2	2,1	34	117	10	13	−0,4	7	8	67	78	68	99,8	99,6	4,3	16 740
Liechtenstein	161	0,1	0,1	311	1245	10	6	0,4	2	2	79	82	15	100,0	100,0		—
Lituanie	65 200	3,3	3,1	51	110	11	12	−0,1	5	6	66	78	67	99,7	99,4	5,0	18 210
Luxembourg	2 587	0,5	0,6	195	779	11	7	0,4	2	3	78	83	83	100,0	100,0	8,5	64 320
Macédoine	25 711	2,1	2,0	82	316	12	9	0,2	10	11	71	76	65	94,2	83,8	4,1	9 950
Malte	321	0,4	0,4	1250	3678	10	8	0,2	6	7	77	82	94	91,4	92,8	5,6	22 460
Moldavie	33 701	4,1	4,0	121	184	11	12	0,0	15	17	66	73	41	99,6	98,3	2,9	3 210
Monténégro	13 812	0,6	0,6	44	156	13	9	0,4	8	9	71	76	64	100,0	100,0	3,7	13 920
Norvège	323 878	4,9	5,6	15	508	13	9	0,4	3	3	79	83	80	100,0	100,0	8,6	58 500
Pays-Bas	40 839	16,7	17,2	409	1515	11	8	0,3	4	4	78	82	90	100,0	100,0	8,8	41 670
Pologne	323 249	38,3	37,4	118	252	11	10	0,1	6	7	71	80	61	99,8	99,8	5,3	17 310
Portugal	91 981	10,7	10,9	116	400	9	10	−0,1	3	4	75	82	55	94,8	90,0	6,0	22 080
République tchèque	78 860	10,5	10,9	133	310	11	10	0,1	3	4	74	80	74	100,0	100,0	4,6	22 790
Roumanie	238 388	21,4	20,6	90	204	10	12	−0,2	10	12	69	76	55	99,1	97,3	3,7	13 500
Royaume-Uni	244 878	62,7	68,6	256	985	13	9	0,4	5	6	77	82	80	97,6	89,2	7,6	36 130

(SUITE)

	Superficie (km²)	Population 2012 (millions)	Population 2025 (millions)	Densité de population Arithmé-tique	Densité de population Physio-logique	Taux de natalité (%)	Taux de mortalité (%)	Accroisse-ment naturel (%)	Mortalité infantile (pour 1000)	Mortalité juvénile (pour 1000)	Espérance de vie (années) Hommes	Espérance de vie (années) Femmes	Population urbaine (%)	Taux d'alphabétisme (%) Hommes	Taux d'alphabétisme (%) Femmes	Indice de perception de la corruption	RNB par habitant ($ US)
Serbie	88 357	7,2	6,8	82	215	9	14	−0,5	6	7	71	76	58	100,0	100,0	3,5	11 150
Slovaquie	49 010	5,4	5,4	110	325	11	10	0,2	6	7	71	79	55	100,0	100,0	4,3	21 300
Slovénie	20 251	2,1	2,0	104	744	11	9	0,2	2	3	76	82	50	98,6	96,8	6,4	26 910
Suède	449 959	9,4	10,2	21	300	12	10	0,2	2	3	79	83	84	100,0	100,0	9,2	38 180
Suisse	41 290	7,8	8,3	190	1581	10	8	0,2	4	4	80	84	73	99,5	97,4	8,7	46 460
Ukraine	603 698	45,5	41,9	75	128	11	15	−0,4	13	15	63	74	69	100,0	100,0	2,4	7 210
L'ENSEMBLE RUSSE																	
ENSEMBLE	**17 261 421**	**158,3**	**158,7**	**9**	**149**	**12**	**14**	**−0,2**	**13**	**14**	**62**	**74**	**73**	**99,7**	**99,1**		**15 531**
Arménie	29 800	3,1	3,3	105	525	15	10	0,6	20	22	68	75	64	99,4	98,1	2,6	6 310
Azerbaïdjan	86 599	9,2	10,3	106	483	17	6	1,1	30	34	70	75	54	98,9	95,9	2,4	7 770
Géorgie	69 699	4,6	4,6	66	443	13	10	0,3	26	29	69	79	53	99,7	99,4	3,5	4 850
Russie	17 075 323	141,3	140,8	8	138	12	14	−0,2	11	12	62	74	73	99,8	99,2	2,1	15 630
L'AMÉRIQUE DU NORD																	
ENSEMBLE	**19 941 634**	**347,7**	**391,1**	**17**	**141**	**13**	**8**	**0,6**	**7**	**8**	**76**	**81**	**79**	**97,6**	**97,4**		**45 890**
Canada	9 970 600	34,4	39,7	3	69	11	7	0,4	5	6	78	83	80	95,7	95,3	8,9	36 220
États-Unis	9 629 047	313,3	351,4	33	163	14	8	0,6	7	8	75	80	79	99,0	99,0	7,1	46 970
L'ENSEMBLE CENTRAMÉRICAIN																	
ENSEMBLE	**2 714 578**	**200,2**	**223,3**	**74**	**456**	**21**	**5**	**1,6**	**19**	**23**	**72**	**78**	**71**	**90,3**	**87,1**		**11 910**
Antigua-et-Barbuda	440	0,1	0,1	231	1282	14	6	0,9	11	12	73	77	31				20 570
Antilles néerlandaises (P.-B.)	800	0,2	0,2	253	2534	14	7	0,7	11		73	80	92	96,6	96,6		—
Bahamas	13 880	0,3	0,4	22	2201	15	6	0,9	9	12	71	77	83	95,4	96,8		—
Barbade	430	0,3	0,3	705	1807	13	8	0,5	10	11	71	76	38	98,0	96,8	7,8	—
Belize	22 960	0,3	0,4	14	342	27	4	2,3	16	18	71	74	51				6 040
Costa Rica	51 100	4,7	5,3	92	1026	17	4	1,3	10	11	77	82	59	95,5	95,7	5,3	10 950
Cuba	110 859	11,3	11,1	102	248	11	8	0,3	4	6	76	80	75	99,8	99,8	3,7	—
Dominique	751	0,1	0,1	135	675	15	8	0,7	8	10	72	78	73			5,2	8 300
Grenade	339	0,1	0,1	299	936	17	9	0,8	13	15	68	72	31				8 060
Guadeloupe (FR.)	1 709	0,4	0,5	237	1582	14	7	0,7	7		76	83	100	89,7	90,5		—
Guatemala	108 888	15,2	20,0	140	776	34	6	2,8	33	40	66	73	47	76,2	61,1	3,2	4 690
Haïti	27 749	10,2	12,2	367	1111	28	9	1,8	64	87	59	62	48	51,0	46,5	2,2	1 180
Honduras	112 090	8,0	9,8	71	394	28	5	2,3	25	30	70	75	50	72,5	72,0	2,4	3 870
Jamaïque	10 989	2,8	2,9	252	1008	20	7	1,2	26	31	68	75	52	82,5	90,7	3,3	7 360
Martinique (FR.)	1 101	0,4	0,4	368	1839	13	7	0,6	8		77	83	89	96,0	97,1		—
Mexique	1 958 192	113,7	123,4	58	415	19	5	1,4	15	17	74	79	77	93,1	89,1	3,1	14 270
Nicaragua	129 999	6,2	7,5	48	218	23	4	1,8	22	26	69	73	56	64,2	64,4	2,5	2 620
Panama	75 519	3,6	4,3	48	531	20	5	1,6	16	23	73	78	64	92,6	91,3	3,6	11 650
Porto Rico (É.-U.)	8 951	4,0	4,1	451	5015	12	7	0,4	9		75	82	94	93,7	94,0	5,8	—

A

(SUITE)

	Superficie (km²)	Population 2012 (millions)	Population 2025 (millions)	Densité de population Arithmé-tique	Densité de population Physio-logique	Taux de natalité (%)	Taux de mortalité (%)	Accroisse-ment naturel (%)	Mortalité infantile (pour 1000)	Mortalité juvénile (pour 1000)	Espérance de vie (années) Hommes	Espérance de vie (années) Femmes	Population urbaine (%)	Taux d'alphabétisme (%) Hommes	Taux d'alphabétisme (%) Femmes	Indice de perception de la corruption	RNB par habitant ($ US)
Rép. dominicaine	48 731	10,2	11,6	210	678	23	6	1,7	27	32	69	75	67	84,0	83,7	3,0	7 890
Saint-Vincent-et-les-Grenadines	391	0,1	0,1	260	930	17	8	0,9	18	12	70	74	40	96,0	96,0		8 770
Sainte-Lucie	619	0,2	0,2	328	1170	14	7	0,7	19	20	71	76	28				9 190
Trinité-et-Tobago	5 131	1,3	1,4	256	1068	14	8	0,6	31	35	66	73	12	99,0	97,5	3,6	23 950
L'AMÉRIQUE DU SUD																	
ENSEMBLE	**17 867 238**	**400,4**	**440,0**	**22**	**358**	**18**	**6**	**1,2**	**17**	**20**	**70**	**77**	**82**	**90,1**	**89,0**		**10 150**
Argentine	2 780 388	41,3	46,2	15	149	18	8	1,0	13	14	72	79	91	96,9	96,9	2,9	14 020
Bolivie	1 098 575	10,8	13,3	10	492	27	7	2,0	40	51	64	68	65	92,1	79,4	2,8	4 140
Brésil	8 547 360	197,6	212,4	23	330	17	6	1,0	17	21	69	77	84	85,5	85,4	3,7	10 070
Chili	756 626	17,4	19,1	23	767	15	6	0,9	7	9	76	82	87	95,9	95,5	7,2	13 270
Colombie	1 138 906	46,8	53,5	41	1027	20	6	1,4	16	19	71	78	75	91,8	91,8	3,5	8 510
Équateur	283 560	14,7	16,6	52	470	21	5	1,6	20	24	72	78	65	93,6	90,2	2,5	7 760
Guyana	214 969	0,8	0,8	4	192	23	7	1,6	29	35	62	70	28	99,0	98,1	2,7	2 510
Guyane (FR.)	89 999	0,2	0,3	2	233	28	3	2,4	14		75	81	81	83,6	82,3		—
Paraguay	406 747	6,7	8,1	17	277	25	6	1,9	19	23	70	74	58	94,4	92,2	2,2	4 820
Pérou	1 285 214	30,4	34,5	24	788	21	6	1,6	19	21	71	76	76	94,7	85,4	3,5	7 980
Suriname	163 270	0,5	0,6	3	314	19	7	1,3	24	26	65	73	67	95,9	92,6		7 130
Uruguay	177 409	3,4	3,5	19	277	14	9	0,5	11	13	72	80	94	97,4	98,2	6,9	12 540
Venezuela	912 046	29,7	35,1	33	815	21	5	1,6	15	18	71	77	88	93,3	92,7	2,0	12 830
L'AFRIQUE SUBSAHARIENNE																	
ENSEMBLE	**24 292 983**	**863,9**	**1150,7**	**36**	**472**	**40**	**14**	**2,6**	**79**	**127**	**51**	**53**	**34**	**73,1**	**59,9**		**1 974**
Afrique du Sud	1 221 034	50,8	54,4	42	320	21	12	0,9	43	62	54	57	52	68,3	46,0	4,5	9 780
Angola	1 246 693	20,0	27,4	16	534	42	17	2,5	98	161	45	49	57	55,6	28,5	1,9	5 020
Bénin	112 620	10,4	13,6	92	577	40	10	3,0	75	118	57	60	41	47,8	23,6	2,8	1 460
Botswana	581 727	1,9	2,2	3	321	30	11	1,9	43	57	55	55	60	74,4	79,8	5,8	13 100
Burkina Faso	274 000	17,3	25,4	63	527	46	12	3,4	91	166	51	54	23	31,2	13,1	3,1	1 160
Burundi	27 829	8,9	11,6	318	740	36	15	2,1	101	166	49	52	10	56,3	40,5	1,8	380
Cameroun	475 439	20,9	26,5	44	275	37	14	2,3	95	154	50	52	53	81,8	69,2	2,2	2 180
Cap-Vert	4 030	0,5	0,7	129	1171	25	6	2,0	23	28	69	76	61	84,3	65,3	5,1	3 450
Comores	2 230	0,7	0,9	330	623	33	7	2,6	75	104	62	66	28	63,5	49,1	2,1	1 170
Congo	341 998	4,1	5,5	12	1198	38	13	2,5	81	128	52	54	60	87,5	74,4	2,1	3 090
Côte d'Ivoire	322 459	23,0	30,8	71	310	37	14	2,4	83	119	51	54	50	54,6	38,5	2,2	1 580
Djibouti	23 201	0,9	1,1	40	4020	29	11	1,8	75	94	54	57	76	65,0	38,4	3,2	2 330
Érythrée	117 598	5,5	7,4	47	1168	37	9	2,9	39	55	57	62	21	43,9	33,4	2,6	630
Éthiopie	1 104 296	89,7	119,8	81	738	39	12	2,7	67	104	54	57	16	83,7	70,0	2,7	870
Gabon	267 668	1,6	2,0	6	291	29	10	1,9	52	69	58	61	84	79,8	62,2	2,8	12 270
Gambie	11 300	1,9	2,5	168	798	38	12	2,7	78	103	54	57	54	43,8	29,6	3,2	1 280

(SUITE)

	Superficie (km²)	Population 2012 (millions)	Population 2025 (millions)	Densité de population Arithmétique	Densité de population Physiologique	Taux de natalité (%)	Taux de mortalité (%)	Accroissement naturel (%)	Mortalité infantile (pour 1000)	Mortalité juvénile (pour 1000)	Espérance de vie (années) Hommes	Espérance de vie (années) Femmes	Population urbaine (%)	Taux d'alphabétisme (%) Hommes	Taux d'alphabétisme (%) Femmes	Indice de perception de la corruption	RNB par habitant ($ US)
Ghana	238 538	25,1	31,8	105	457	31	9	2,2	47	69	58	61	48	79,5	61,2	4,1	1 430
Guinée	245 860	11,5	15,9	47	777	41	11	3,0	88	142	55	58	28	55,1	27,0	2,0	1 190
Guinée équatoriale	28 050	0,7	1,0	26	290	39	16	2,3	88	145	48	51	39	92,5	74,5	1,9	21 700
Guinée-Bissau	36 120	1,7	2,3	47	358	43	18	2,4	115	193	45	48	30	53,0	21,4	2,1	530
Île de la Réunion (FR.)	2 510	0,8	1,0	327	2181	18	5	1,3			75	82	92	84,8	89,2		—
Kenya	580 367	42,2	51,3	73	909	37	10	2,7	55	84	56	57	18	89,0	76,0	2,1	1 580
Lesotho	30 349	1,9	2,0	64	579	28	19	0,9	61	84	40	43	23	73,6	93,6	3,5	2 000
Liberia	111 369	4,4	6,1	39	980	43	11	3,3	80	112	54	57	58	69,9	36,8	3,3	300
Madagascar	587 036	21,2	28,6	36	724	37	9	2,7	41	58	59	62	31	87,7	72,9	2,6	1 040
Malawi	118 479	16,3	22,9	138	655	44	15	2,9	69	110	48	50	14	74,5	46,7	3,4	830
Mali	1 240 185	16,2	22,3	13	326	46	15	3,1	101	191	50	53	33	47,9	33,2	2,7	1 090
Maurice	2 041	1,3	1,4	643	1237	12	7	0,5	15	17	69	76	42	87,7	81,0	5,4	12 480
Mauritanie	1 025 516	3,6	4,4	3	347	34	11	2,3	74	117	55	59	40	50,6	29,5	2,3	2 000
Mozambique	801 586	24,5	31,2	31	765	40	16	2,3	96	142	47	49	31	59,9	28,4	2,7	770
Namibie	824 287	2,3	2,8	3	277	28	9	1,9	34	48	60	62	35	82,9	81,2	4,4	6 270
Niger	1 266 994	17,0	27,4	13	336	52	17	3,5	76	160	48	49	20	23,5	8,3	2,6	680
Nigeria	923 766	166,3	217,4	180	530	42	17	2,4	86	138	47	48	47	72,3	56,2	2,4	1 940
Ouganda	241 040	36,1	53,4	150	441	47	13	3,4	79	128	52	53	17	77,7	57,1	2,5	1 140
Rép. centrafricaine	622 978	5,0	6,6	8	268	38	16	2,2	112	171	47	50	38	59,6	34,5	2,1	730
Rép. démocratique du Congo	2 344 848	71,9	101,4	31	767	47	17	2,9	126	199	46	49	33	86,6	67,7	2,0	290
Rwanda	26 340	11,0	15,8	417	993	42	14	2,9	70	111	50	53	17	73,7	60,6	4,0	1 010
Sao Tomé-et-Principe	961	0,2	0,2	221	514	37	7	2,9	52	78	64	69	58	70,2	39,1	3,0	1 780
Sénégal	196 720	13,2	17,4	67	560	39	11	2,8	51	93	54	57	41	47,2	27,6	2,9	1 760
Seychelles	451	0,1	0,1	227	1512	18	7	1,0	11	12	68	78	53	82,9	85,7	4,8	19 770
Sierra Leone	71 740	6,1	8,1	85	1060	40	16	2,4	123	192	46	49	36	50,7	22,6	2,4	750
Somalie	637 658	10,0	13,9	16	782	46	16	3,0	109	180	48	51	34	85,5	84,5	1,1	—
Soudan du Sud	628 755	8,5		13,5		45	20	2,5			43	46	12	21,0	11,0		490
Swaziland	17 361	1,2	1,5	71	647	31	16	1,5	52	73	46	45	22	80,9	78,7	3,2	5 010
Tanzanie	945 087	47,7	67,4	51	1010	42	12	3,0	68	108	55	56	25	84,1	66,6	2,7	1 230
Tchad	1 283 994	12,2	16,9	9	316	46	17	2,9	124	209	47	50	27	66,9	40,8	1,7	1 160
Togo	56 791	7,1	9,3	126	293	33	8	2,5	64	98	60	63	40	72,2	42,6	2,4	820
Zambie	752 607	14,0	20,3	19	265	45	20	2,5	86	141	41	42	37	85,2	71,2	3,0	1 230
Zimbabwe	390 759	12,9	16,8	33	368	30	17	1,3	56	90	41	44	37	95,5	89,9	2,4	—
L'AFRIQUE DU NORD ET L'ASIE DU SUD-OUEST																	
ENSEMBLE	**19 318 887**	**615,6**	**739,2**	**65**	**714**	**25**	**7**	**1,9**	**33**	**43**	**67**	**71**	**57**	**83,1**	**64,5**		**8 387**
Afghanistan	652 086	30,3	39,4	47	388	39	18	2,1	134	199	44	44	22	51,0	20,8	1,4	—
Algérie	2 381 730	37,3	43,6	16	522	23	5	1,8	29	32	71	74	63	75,1	51,3	2,9	7 940
Arabie saoudite	2 149 680	30,7	35,7	14	715	28	2	2,6	18	21	74	78	81	84,1	67,2	4,7	22 950

A

(SUITE)

	Superficie	Population		Densité de population		Taux de natalité	Taux de mortalité	Accroissement naturel	Mortalité infantile	Mortalité juvénile	Espérance de vie (années)		Population urbaine	Taux d'alphabétisme (%)		Indice de perception de la corruption	RNB par habitant
	(km²)	2012 (millions)	2025 (millions)	Arithmétique	Physiologique	(%)	(%)	(%)	(pour 1000)	(pour 1000)	Hommes	Femmes	(%)	Hommes	Femmes		($ US)
Bahreïn	689	1,3	1,6	1936	21 515	15	2	1,3	10	12	73	77	100	91,0	82,7	4,9	—
Égypte	1 001 445	83,8	103,6	84	2790	27	6	2,1	18	21	69	75	43	66,6	43,7	3,1	5 460
Émirats arabes unis	83 600	5,5	7,0	66	6628	15	2	1,4	7	7	77	79	83	75,5	79,5	6,3	—
Irak	438 319	33,2	44,7	76	582	32	6	2,6	35	44	64	72	67	70,7	45,0	1,5	—
Iran	1 633 182	77,1	87,1	47	429	19	6	1,3	26	31	70	73	69			2,2	10 840
Israël	21 059	7,9	9,4	373	1777	22	5	1,6	3	4	79	83	92	97,9	94,3	6,1	27 450
Jordanie	89 210	6,9	8,5	77	1537	31	4	2,6	22	25	72	74	83	94,9	84,4	4,7	5 530
Kazakhstan	2 717 289	16,8	18,4	6	51	23	9	1,4	26	29	63	74	54	99,1	96,1	2,9	9 690
Kirghizstan	198 499	5,5	6,5	28	395	24	7	1,6	32	37	64	72	35	98,6	95,5	2,0	2 130
Koweït	17 819	3,2	4,1	181	18 100	22	2	2,0	8	10	76	80	98	84,3	79,9	4,5	52 610
Liban	10 399	4,4	4,7	426	1374	20	5	1,5	11	12	70	74	87	92,3	80,4	2,5	10 880
Libye	1 759 532	6,7	8,1	4	384	23	4	1,9	17	19	72	77	77	90,9	67,6	2,2	15 630
Maroc	446 548	32,9	36,6	74	335	21	6	1,5	33	38	69	73	57	61,9	36,0	3,4	4 330
Oman	212 459	3,2	4,2	15	1509	20	3	1,8	9	12	70	74	72	80,4	61,7	5,3	20 650
Ouzbékistan	447 397	29,1	34,4	65	542	23	5	1,8	32	36	65	71	36	98,5	96,0	1,6	2 660
Qatar	11 000	1,7	2,1	157	15 703	9	1	0,8	10	11	75	77	100	80,5	83,2	7,7	—
Sahara-Occidental	252 120	0,5	0,7	2	5	34	9	2,5			58	62	81				—
Soudan	1 877 063	33,1		17,6		31	10	2,1	69	115	57	60	46	44,0	18,0		2 145
Syrie	185 179	23,6	28,6	128	426	28	3	2,5	14	16	72	76	54	88,3	60,4	2,5	4 350
Tadjikistan	143 099	8,0	9,8	56	796	28	4	2,4	52	61	64	69	26	99,6	98,9	2,1	1 860
Territoires palestiniens	6 260	4,2	6,0	677	33 829	33	4	2,8	25	30	70	73	83	96,3	87,4		—
Tunisie	163 610	10,8	12,1	66	205	18	6	1,2	18	21	72	76	66	81,4	60,1	4,3	7 070
Turkménistan	488 099	5,3	6,1	11	274	22	8	1,4	42	45	61	69	47	98,8	96,6	1,6	6 210
Turquie	774 816	75,4	85,0	97	256	18	6	1,2	19	20	69	74	76	93,6	76,7	4,4	13 770
Yémen	527 966	25,0	34,5	47	1581	38	8	3,0	51	66	62	64	29	67,4	25,0	2,2	2 210
L'ASIE DU SUD																	
ENSEMBLE	**4 487 762**	**1641,3**	**1946,0**	**152**	**304**	**24**	**7**	**1,7**	**51**	**66**	**64**	**66**	**29**	**66,1**	**39,9**		**2 882**
Bangladesh	143 998	169,4	195,0	1867	1867	22	7	1,5	41	52	65	67	25	51,7	29,5	2,4	1 440
Bhoutan	47 001	0,7	0,9	15	513	25	8	1,7	52	79	67	68	32	61,1	33,6	5,7	4 880
Inde	3 287 576	1227,1	1444,5	373	655	23	7	1,5	50	66	63	65	29	68,6	42,1	3,3	2 960
Maldives	300	0,3	0,4	1037	10 368	22	3	1,9	11	13	72	74	35	96,3	96,4	2,3	5 280
Népal	147 179	29,1	35,7	198	943	28	8	1,9	39	48	64	65	17	59,1	21,8	2,2	1 120
Pakistan	796 098	193,4	246,3	243	838	30	7	2,3	71	87	66	67	35	57,6	27,8	2,3	2 700
Sri Lanka	65 610	21,2	23,2	323	1114	19	7	1,2	13	15	72	76	15	94,5	88,9	3,2	4 480
L'ASIE DE L'EST																	
ENSEMBLE	**11 774 215**	**1585,0**	**1703,9**	**135**	**1091**	**12**	**7**	**0,5**	**16**	**17**	**73**	**77**	**52**	**94,9**	**84,7**		**9 447**
Chine	9 572 855	1359,1	1484,7	142	1014	12	7	0,5	17	19	72	76	47	92,3	77,4	3,5	6 020
Corée du Nord	120 541	23,0	23,6	191	1194	15	10	0,5	26	33	61	66	60	99,0	99,0		—

(SUITE)

	Superficie (km²)	Population		Densité de population		Taux de natalité (%)	Taux de mortalité (%)	Accroisse-ment naturel (%)	Mortalité infantile (pour 1000)	Mortalité juvénile (pour 1000)	Espérance de vie (années)		Population urbaine (%)	Taux d'alphabétisme (%)		Indice de perception de la corruption	RNB par habitant ($ US)
		2012 (millions)	2025 (millions)	Arithmé-tique	Physio-logique						Hommes	Femmes		Hommes	Femmes		
Corée du Sud	99 259	49,3	49,1	497	2614	9	5	0,4	5	5	77	83	82	99,2	96,4	5,4	28 120
Japon	377 799	127,4	119,3	337	2594	9	9	0,0	2	3	79	86	86	100,0	100,0	7,8	35 220
Mongolie	1 566 492	2,9	3,3	2	186	25	6	1,9	24	29	63	70	61	99,2	99,3	2,7	3 480
Taiwan (Chine)	36 180	23,3	23,9	644	2575	8	6	0,2			75	82	78	97,6	90,2	5,8	—
L'ASIE DU SUD-EST																	
ENSEMBLE	**4 494 790**	**613,4**	**698,6**	**136**	**655**	**20**	**7**	**1,3**	**28**	**35**	**68**	**72**	**42**	**93,0**	**86,1**		**4 510**
Brunei	5 770	0,4	0,5	71	3557	16	3	1,3	5	7	75	80	72	94,7	88,2	5,5	50 200
Cambodge	181 040	15,6	19,0	86	392	25	8	1,6	68	88	59	63	20	79,7	53,4	2,1	1 820
Indonésie	1 904 561	242,1	273,2	127	748	20	6	1,4	30	39	69	73	43	91,9	82,1	2,8	3 830
Laos	236 800	6,7	8,3	28	939	28	7	2,1	46	59	63	66	27	73,6	50,5	2,1	2 060
Malaisie	329 750	29,8	34,9	90	377	21	5	1,6	6	6	72	77	63	91,5	83,6	4,4	13 740
Myanmar (Birmanie)	676 577	54,4	61,7	80	502	20	11	0,9	54	71	56	60	31	89,0	80,6	1,4	1 290
Philippines	299 998	98,0	117,6	327	990	26	5	2,1	26	33	70	74	63	95,5	95,2	2,4	3 900
Singapour	619	5,2	5,7	8338	416 908	10	4	0,6	2	3	79	84	100	96,4	88,5	9,3	47 940
Thaïlande	513 118	68,9	72,6	134	336	15	9	0,6	12	14	66	72	31	97,2	94,0	3,5	5 990
Timor-Oriental	14 869	1,3	1,9	86	715	41	10	3,1	48	56	60	62	22			2,5	4 690
Vietnam	331 689	91,0	103,2	274	1248	17	5	1,2	20	24	72	76	28	95,7	91,0	2,7	2 700
L'ENSEMBLE AUSTRALIEN																	
ENSEMBLE	**975 341**	**10,0**	**13,1**	**18**	**841**	**29**	**9**	**2,0**	**42**	**55**	**60**	**65**	**22**	**65,9**	**52,1**		**32 850**
Australie	7 741 184	22,8	26,9	3	42	14	6	0,7	4	5	79	84	82	100,0	100,0	8,7	34 040
Nouvelle-Zélande	270 529	4,5	5,0	16	137	14	7	0,8	5	6	78	82	86	100,0	100,0	9,3	25 090
LES ARCHIPELS DU PACIFIQUE																	
ENSEMBLE	**975 341**	**10,0**	**13,1**	**18**	**841**	**29**	**9**	**2,0**	**42**	**55**	**60**	**65**	**22**	**65,9**	**52,1**		**2 114**
Fidji	18 270	0,9	0,9	51	318	24	7	1,7	15	18	66	71	51	95,0	90,9		4 270
Guam (É.-U.)	549	0,2	0,2	375	1706	19	4	1,5			76	82	93	99,0	99,0		—
Marshall	179	0,1	0,1	591	3478	34	6	2,8	29	35	64	67	68	92,4	90,0		—
Micronésie	699	0,1	0,1	148	286	25	6	1,9	32	39	67	68	22	67,0	87,2		3 000
Nouvelle-Calédonie (FR.)	18 581	0,3	0,3	17	1650	16	5	1,2			72	80	58	57,4	58,3		—
Papouasie–Nouvelle-Guinée	462 839	7,1	9,1	15	1532	31	10	2,2	52	68	57	62	13	63,4	50,9	2,1	2 000
Polynésie française (FR.)	3 999	0,3	0,3	77	962	18	5	1,3			72	77	53	94,9	95,0		—
Salomon	28 899	0,5	0,8	18	606	33	8	2,5	30	36	62	63	17	62,4	44,9	2,8	2 580
Samoa	2 841	0,2	0,2	73	171	26	5	2,0	21	25	72	74	22	100,0	100,0	4,1	4 340
Vanuatu	12 191	0,2	0,3	17	172	31	6	2,5	14	16	66	69	24	57,3	47,8	3,6	3 940

A

ANNEXE B : LES ÉTATS DU MONDE

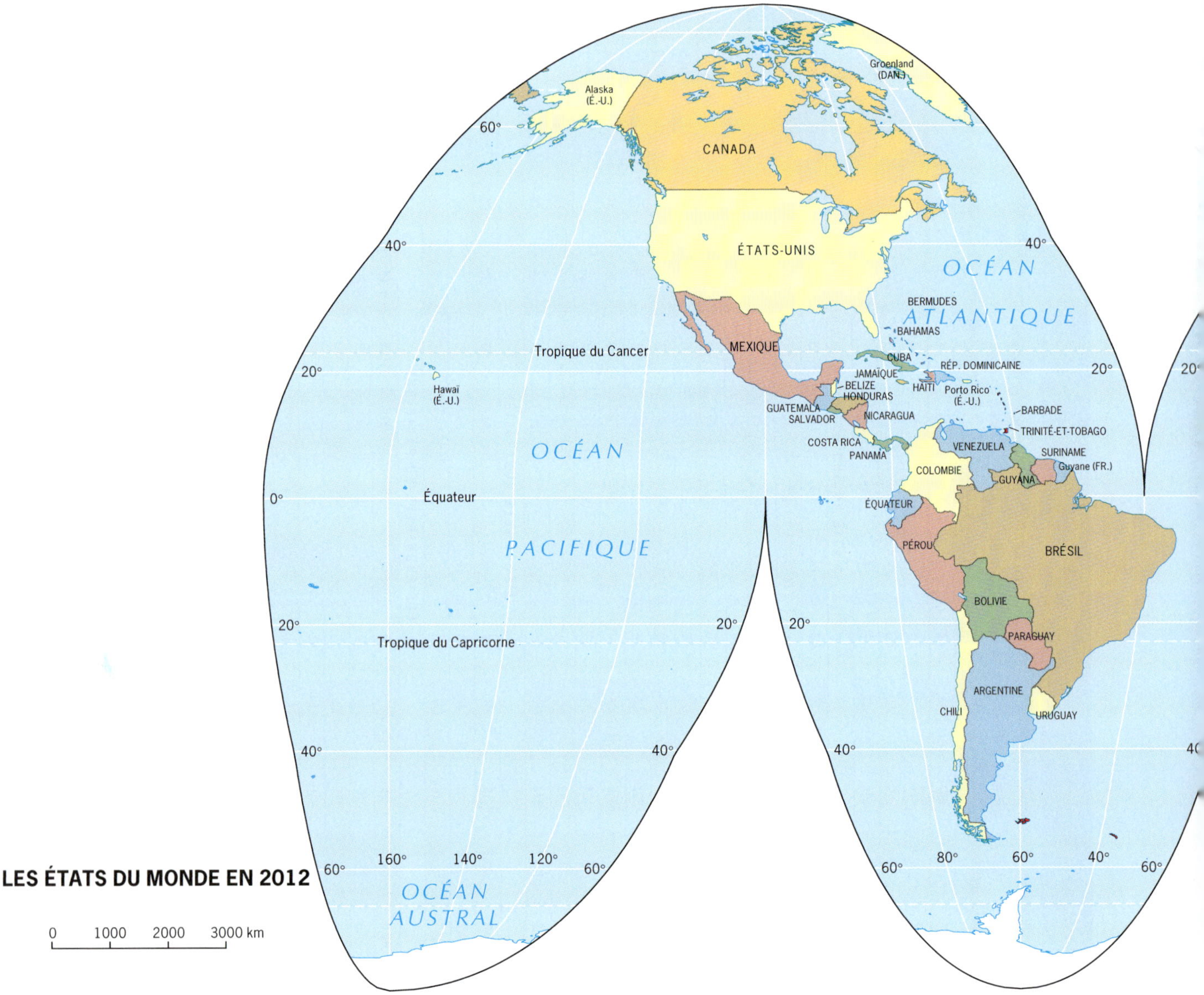

LES ÉTATS DU MONDE EN 2012

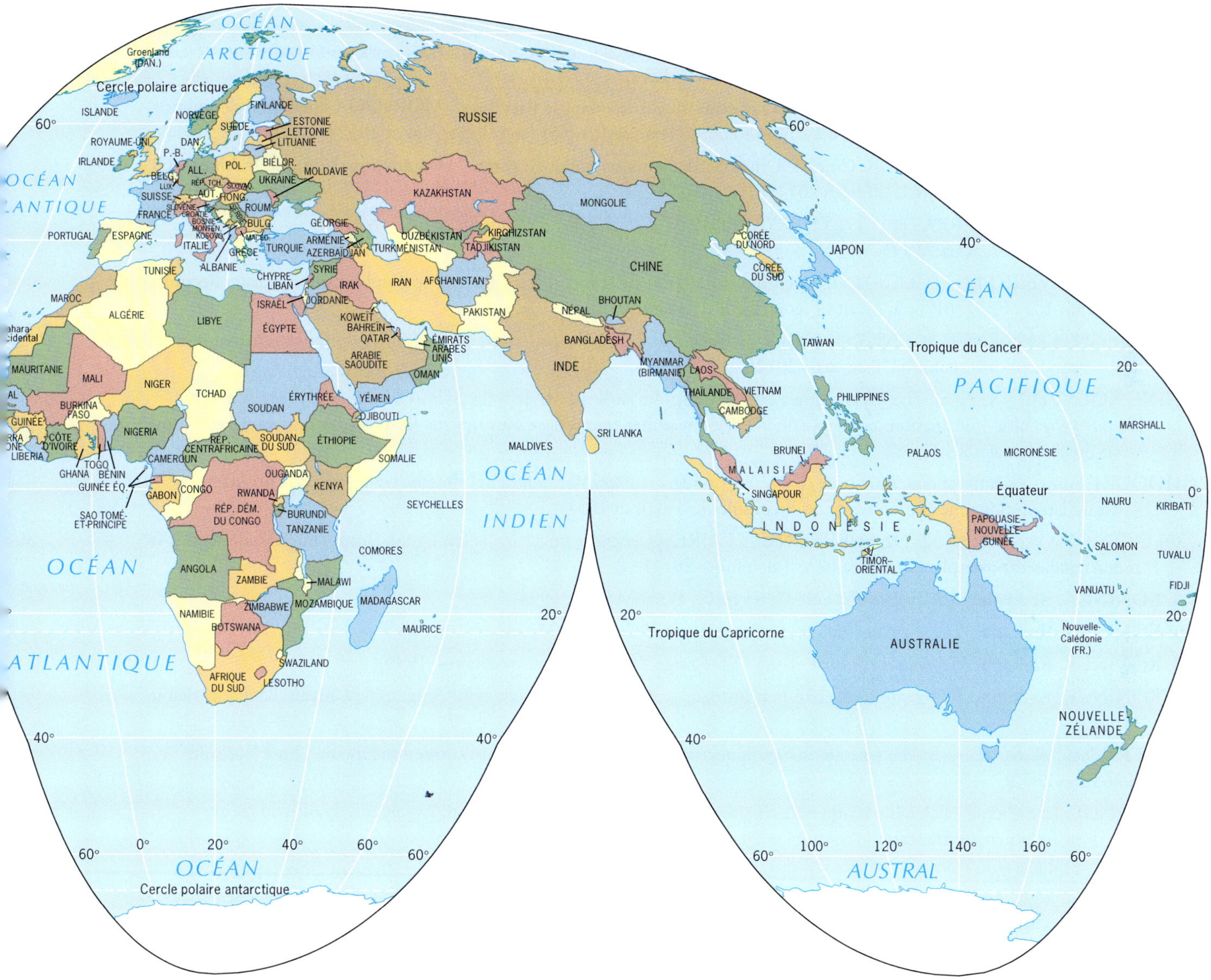
OCÉAN
ARCTIQUE
Groenland
(DAN.)
Cercle polaire arctique
ISLANDE
NORVÈGE
SUÈDE
FINLANDE
ESTONIE
LETTONIE
LITUANIE
RUSSIE
ROYAUME-UNI
DAN.
IRLANDE
P.-B.
ALL.
POL.
BIÉLOR.
MOLDAVIE
BELG.
LUX.
RÉP. TCH.
SLOVAQ.
UKRAINE
SUISSE
AUT.
HONG.
FRANCE
SLOVÉNIE
CROATIE
BOSNIE
MONTÉN.
KOSOVO
ROUM.
BULG.
MACÉD.
ITALIE
GRÈCE
ALBANIE
PORTUGAL
ESPAGNE
GÉORGIE
ARMÉNIE
AZERBAÏDJAN
TURQUIE
KAZAKHSTAN
OUZBÉKISTAN
TURKMÉNISTAN
KIRGHIZSTAN
TADJIKISTAN
MONGOLIE
CORÉE
DU NORD
CORÉE
DU SUD
JAPON
CHINE
TUNISIE
CHYPRE
LIBAN
SYRIE
IRAK
IRAN
AFGHANISTAN
PAKISTAN
MAROC
ALGÉRIE
LIBYE
ISRAËL
JORDANIE
ÉGYPTE
KOWEÏT
BAHREÏN
QATAR
ÉMIRATS
ARABES
UNIS
ARABIE
SAOUDITE
OMAN
NÉPAL
BHOUTAN
BANGLADESH
INDE
MYANMAR
(BIRMANIE)
LAOS
TAÏWAN
Tropique du Cancer
MAURITANIE
MALI
NIGER
TCHAD
SOUDAN
ÉRYTHRÉE
YÉMEN
DJIBOUTI
THAÏLANDE
VIETNAM
CAMBODGE
PHILIPPINES
OCÉAN
PACIFIQUE
BURKINA
FASO
GUINÉE
CÔTE
D'IVOIRE
LIBERIA
GHANA
TOGO
BÉNIN
NIGERIA
CAMEROUN
RÉP.
CENTRAFRICAINE
SOUDAN
DU SUD
ÉTHIOPIE
SOMALIE
MALDIVES
SRI LANKA
BRUNEI
MALAISIE
PALAOS
MICRONÉSIE
MARSHALL
GUINÉE ÉQ.
GABON
CONGO
OUGANDA
KENYA
RWANDA
BURUNDI
RÉP. DÉM.
DU CONGO
TANZANIE
SAO TOMÉ-
ET-PRINCIPE
SEYCHELLES
OCÉAN
INDIEN
SINGAPOUR
INDONÉSIE
Équateur
PAPOUASIE-
NOUVELLE-
GUINÉE
NAURU
KIRIBATI
SALOMON
TUVALU
COMORES
TIMOR-
ORIENTAL
OCÉAN
ATLANTIQUE
ANGOLA
ZAMBIE
MALAWI
MADAGASCAR
MOZAMBIQUE
ZIMBABWE
NAMIBIE
BOTSWANA
MAURICE
VANUATU
FIDJI
Tropique du Capricorne
AUSTRALIE
Nouvelle-
Calédonie
(FR.)
SWAZILAND
AFRIQUE
DU SUD
LESOTHO
NOUVELLE-
ZÉLANDE
60°
40°
20°
0°
20°
40°
60°
100°
120°
140°
160°
OCÉAN
Cercle polaire antarctique
AUSTRAL

B

BIBLIOGRAPHIE

AGENCE FRANCE PRESSE. « Le retrait de l'armée américaine d'Irak – C'est une réussite extraordinaire », *Le Devoir*, [en ligne]. [www.ledevoir.com/economie/actualites-economiques /338405/le-retrait-de-l-armee-americaine-d-irak-c-est-une-reussite-extraordinaire] (consulté le 30 janvier 2012)

ANONYME. « 250 millions de réfugiés écologiques », *GoodPlanet info*, [en ligne]. [http://www. goodplanet.info/Societe/Refugies/Refugies-environnementaux] (consulté le 15 mars 2012)

ANONYME. « Kevin Rudd's sorry speech », *The Sydney Morning Herald*, [en ligne]. [http://www.smh.com.au/articles/2008/02/13/1202760379056.html] (consulté le 15 mars 2012)

ANTHEAUME, Benoît et collab. « Australie », *Encyclopédie Universalis*, [en ligne]. [www.universalis-edu.com/recherche/ft/ligne%20wallace/?mode=MIXTE] (consulté le 28 mars 2012)

ASSEMBLÉE DE LA POLYNÉSIE FRANÇAISE. « Les essais nucléaires dans le Pacifique », MORUROA, mémorial des essais nucléaires français, [en ligne]. [http://www.moruroa.org /Texte.aspx?t=55] (consulté le 5 avril 2012)

BRINKHOFF, Thomas. « INDONÉSIA: Cities & Urban Settlements », [en ligne]. [http://www.citypopulation.de/Indonesia-CU.html#Stadt_alpha] (consulté le 26 mars 2012)

BRUNET, Roger, Robert FERRAS et Hervé THÉRY. *Les mots de la géographie, dictionnaire critique*, Montpellier, Reclus-La Documentation Française, 1993.

CANADA, GOUVERNEMENT DU. « La Convention sur le droit de la mer », [en ligne]. [http://publications.gc.ca/collections/Collection-R/LoPBdP/BP/bp322-f.htm] (consulté le 29 mars 2012)

CENTRAL INTELLIGENCE AGENCY. *The World Factbook*, [en ligne]. [https://www.cia.gov/ library/publications/the-world-factbook/index.html] (consulté le 26 mars 2012)

CHINE NOUVELLE (Xinhua). « Le Myanmar resserre les contrôles sur les visas de tourisme », *Chine informations*, [en ligne]. [http://www.chine-informations.com/actualite/asie/le-myanmar-reserre-les-controles-sur-les-visas-de-tourisme_3947.html] (consulté le 26 mars 2012)

CHOQUET, Anne. « L'Antarctique, un espace convoité à protéger », *FrancVert*, [en ligne]. [http://www.francvert.org/pages/51dossierlantarctiqueunespaceconvoite.asp] (consulté le 5 avril 2012)

COMMISSION CANADIENNE DE SÛRETÉ NUCLÉAIRE. « Centrales nucléaires », [en ligne]. [http://nuclearsafety.gc.ca/fr/about/regulated/powerplants/] (consulté le 2 décembre 2011)

DE KONINCK, Rodolphe. *Asie du Sud-Est*, coll. Géographie, Paris, Masson, 1994.

DE KONINCK, Rodolphe. *L'Asie du Sud-Est*, 2e éd., Paris, Armand Colin, 2005.

DE KONINCK, Rodolphe. *Le monde à la carte*, 4e éd. Cap-Rouge, Presses interuniversitaires, 1999.

DE KONINCK, Rodolphe. « Singapour, une cité-État insulaire », *Asie du Sud-Est, Océanie*, Géographie Universelle, Paris, Belin, 1995.

DELVERT, Jean. « Java », *Encyclopédie Universalis*, [en ligne]. [http://www.universalis-edu.com/encyclopedie/java/] (consulté le 26 mars 2012)

DOUMENGE, Jean-Pierre. « Polynésie française », *Encyclopédie Universalis*, [en ligne]. [http://www.universalis-edu.com/encyclopedie/polynesie-francaise/] (consulté le 20 mars 2012)

DUHAMEL, Guillaume. « Les îles Kiribati pourraient être entièrement évacuées à cause du réchauffement climatique », *zegreenweb.com*, [en ligne]. [http://www.zegreenweb.com/ sinformer/les-iles-kiribati-pourraient-etre-entierement-evacuees-a-cause-du-rechauffement-climatique,50727] (consulté le 5 avril 2012)

Encyclopédie de l'état du monde, [en ligne]. [http://etatdumonde.com] (consulté le 26 mars 2012)

FAU, Nathalie. « Le détroit de Malacca : des flux maritimes à la structuration d'une mer intérieure », *Géoconfluences, mobilités, flux et transports*, [en ligne]. [http://geoconfluences.ens-lyon.fr/doc/transv/Mobil/MobilScient4.htm] (consulté le 26 mars 2012)

FLETCHER, Brian H. « Phillip, Arthur (1738-1814) », *Australian Dictionary of Biography*, [en ligne]. [http://adb.anu.edu.au/biography/phillip-arthur-2549] (consulté le 30 mars 2012)

FRANCE. MINISTÈRE DES AFFAIRES ÉTRANGÈRES ET EUROPÉENNES. « Présentation du Vietnam », *France Diplomatie*, [en ligne]. [http://www.diplomatie.gouv.fr/fr/pays-zones-geo/vietnam/presentation-du-vietnam/] (consulté le 26 mars 2012)

GARANGER, José. « La préhistoire du continent sahulien », *Encyclopédie Universalis*, [en ligne]. [http://www.universalis-edu.com/encyclopedie/sahul/#titre2] (consulté le 10 mars 2012)

HERMIONE. « Grande barrière de corail : récif coralien en voie de disparition ? », Web-Libre.org, [en ligne]. [http://www.web-libre.org/dossiers/grande-barriere-corail,6728.html] (consulté le 15 mars 2012)

HUDSON, Ray (dir.). *Géographica, Atlas mondial illustré*, Paris, Ullmann, 2009.

INSTITUT NATIONAL D'ÉTUDES DÉMOGRAPHIQUES. « La Chine un géant démographique aux pieds d'argile », [en ligne]. [http://www.ined.fr/fr/tout_savoir_population/fiches_actualite/chine/] (consulté le 26 février 2012)

INSTITUT POLAIRE FRANÇAIS PAUL-EMILE VICTOR. « Calotte glaciaire et banquise », [en ligne]. [http://www.institut-polaire.fr/ipev/les_regions_polaires/antarctique/ calotte_glaciaire_et_banquise] (consulté le 5 avril 2012)

KLEIN, Juan-Luis et Frédéric LASSERRE (dir.). *Le monde dans tous ses États*, coll. Géographie contemporaine, Québec, Presses de l'Université du Québec, 2006.

KNAFOU, Rémy. *Géographie, L'espace monde*, Paris, Belin, 2004.

LACOSTE, Yves. *De la géographie aux paysages, dictionnaire de la géographie*, Paris, Armand Colin, 2003.

LAMBALLE, Alain. « L'Inde, puissance mondiale ? », diploweb.com [en ligne]. [http://www.diploweb.com/forum/inde08032.htm] (consulté le 7 février 2012)

LASSERTE, Frédéric. « Une mer disparaît, le désastre de la mer d'Aral » dans KLEIN, Juan-Luis et Frédéric LASSERRE (dir.). *Le monde dans tous ses États*, coll. Géographie contemporaine, Québec, Presses de l'Université du Québec, 2006.

LECLERC, Jacques. *L'aménagement linguistique dans le monde*, [en ligne], [http://www.tlfq.ulaval.ca/axl/index.html] (consulté le 26 février 2012)

LECLERC, Jacques. « La mort des langues » dans *L'aménagement linguistique dans le monde*, [en ligne]. [http://www.tlfq.ulaval.ca/axl/Langues/2vital_mortdeslangues.htm] (consulté le 23 octobre 2011)

MAIRE, Richard et Zhang SHOUYUE. « Voyages en terre chinoise », *Karstologia*, Mémoire nº 9, [en ligne]. [http://com.revues.org/index5422.html] (consulté le 26 février 2012)

MEKONG RIVER COMMISSION. « The Story of Mekong Cooperation », [en ligne]. [http://www.mrcmekong.org/about-the-mrc/history/] (consulté le 26 mars 2012)

MERLE, Isabelle. « Le Mabo case, L'Australie face à son passé colonial », *Persée*, [en ligne]. [http://www.persee.fr/web/revues/home/prescript/article/ahess_0395-2649_1998_num_53_2_279661] (consulté le 28 mars 2012)

MOTTET, Éric et Yan ROCHE. « L'urbanisation de la ville de Ninh Binh dans le delta du fleuve Rouge (Vietnam) : Mise en perspective des forces et faiblesses de la gestion du risque d'inondation », *érudit*, [en ligne]. [http://www.erudit.org/revue/vertigo/2008/v8/n3/039587ar.html?vue=resume] (consulté le 26 février 2012)

ORGANISATION DES NATIONS UNIES. Portail de l'action du système des organismes des Nations Unies sur les changements climatiques, [en ligne]. [http://www.un.org/french/climatechange/ipcc.shtml] (consulté le 23 octobre 2011)

PAULET, Jean-Pierre. *L'Asie : nouveau centre du monde ?*, Paris, Ellipses, 2005.

PELLETIER, Philippe. « JAPON (le territoire et les hommes) Géographie », *Encyclopédie Universalis*, [en ligne]. [http://www.universalis-edu.com/encyclopedie/japon-le-territoire-et-les-hommes-geographie/] (consulté le 12 mars 2012)

Perspective Monde, Université de Sherbrooke, [en ligne]. [http://perspective.usherbrooke.ca/ bilan/BMEncyclopedie/BMEncycloListePays.jsp] (consulté le 26 mars 2012)

RÉDACTION. « Un TGV Chine-Laos - Thaïlande en 2015 », *Thaïlande info* [en ligne]. [http://www.thailand-world.info/Un-TGV-Chine-Laos-Thailande-en.html] (consulté le 26 mars 2012)

RIETH, Timothy M., Terry L. HUNT, Carl LIPO et Janet M. WILMSHURST. « The 13th century polynesian colonization of Hawai'i Island », *Journal of Archaeological Science*, 2011.

ROCHE, Yann et Rodolphe DE KONINCK. « Les enjeux de la déforestation au Vietnam », *Vertigo*, la revue électronique en sciences de l'environnement, [en ligne]. [http://vertigo.revues.org/4113] (consulté le 26 mars 2012)

SANJUAN, Thierry et Pierre TROLLIET. *La Chine et le monde chinois : une géopolitique des territoires*, Paris, Armand Colin, 2010.

SECRÉTARIAT DU TRAITÉ SUR L'ANTARCTIQUE. « Le Traité sur l'Antarctique », [en ligne]. [http://www.ats.aq/f/ats.htm] (consulté le 5 avril 2012)

SHVIDENKO, Anatoly. *Les forêts russes au début du troisième millénaire : situation et tendances*, mémoire soumis au XIIe Congrès forestier mondial, Québec, Canada, 2003.

TRANSPORTS QUÉBEC. « Île-de-Montréal, Territoire et population », *Régions*, [en ligne]. [http://www.mtq.gouv.qc.ca/portal/page/portal/regions/montreal_ile] (consulté le 26 mars 2012)

TROLLIET, Pierre. « Peut-on parler d'une diaspora chinoise ? », *Persée*, [en ligne]. [http://www.persee.fr/web/revues/home/prescript/article/spgeo_0046-2497_1994_num_23_2_3279] (consulté le 26 mars 2012)

VIGNEAU, Marilou. « Un retour politique pour Aung San Suu Kyi ? », *Perspective Monde*, Université de Sherbrooke, [en ligne]. [http://perspective.usherbrooke.ca/bilan/servlet/ BMAnalyse?codeAnalyse=1044] (consulté le 26 mars 2012)

INDEX

A
Acadiens, 146
Accord de libre-échange nord-américain (ALENA), 149
Afghanistan, 298
Afrikaners, 240
Afrique du Nord et Asie du Sud-Ouest, 32, 260, 265
Afrique subsaharienne, 32, 216
  Afrique australe, 237
  Afrique du Sud, 239
  Afrique équatoriale, 248
  Afrique occidentale, 250
  Afrique orientale, 243
Afro-Américains, 142, 167
Agriculture
  commerciale, 189
  de subsistance, 174
Alaska, 95, 152
Alaskan Independence Party, 141
Albanie, 76
Alberta, 130, 152
ALENA, 149, 173
Algérie, 279
Allemagne, 60
Alpes, 40
Al-Qaïda, 245, 301
ALSAMA, 139
Altermondialisme, 395
Altiplano(s), 187, 203
Amérique
  centrale, 176
  du Nord, 31, 120
  du Sud, 21, 184, 188
Anchorage, 152
Ankylostomiase, 223
Antarctique, 9, 439
Antilles néerlandaises, 167
Apartheid, 239
Apennins, 40
Après-guerre, 352
Arabie saoudite, 291
Archipels, 158
Archipels du Pacifique, 34, 426
  colonisation, 430
  indépendance, 430
  peuplement, 429
Arc insulaire, 180
Arctique, 139, 153-154
Argentine, 204, 205, 440
Arizona, 149
Aruba, Curaçao et Bonaire, 167
Aryens, 308
ASEAN (Association of Southeast Asian Nations), 386, 395
Asie
  centrale, 96
  de l'Est, 33, 338
  du Sud, 33, 302
  du Sud-Est, 33, 374
  du Sud-Est continentale, 391
  du Sud-Est insulaire, 400
Atatürk (Mustafa Kemal), 84
Atoll Pakin, 431
Atolls, 431
Aung San Suu Kyi, 399
Australie, 414
Autriche, 64
Ayatollahs, 296
Aymaras, 204
Aztèques des hautes terres, 164

B
Baïkal, lac, 91
Balkanisation, 74
Balkans (ex-Yougoslavie), 40, 73
Bangkok, 398
Bangladesh, 333
Barbade, Sainte-Lucie, Trinité-et-Tobago, 167
Barrage d'Assouan, 278
Bassin(s)
  des Antilles, 161, 180
  du Murray-Darling, 414
  du Pacifique, 149
  hydrographiques, 124
  Missouri-Mississippi, 124
Beijing (Pékin), 359
Belgique, 63
Belize, 164
Beltway, 144
Ben Ali, Zine el-Abidine, 271
Benelux, 63
Berbères, 266
Bhoutan, 335
Biélorussie, 84
Biens à forte valeur ajoutée, 353
Biogéographie de l'ensemble australien, 413-414
Boers, 240
Bolívar, Simón, 188
Bolivie, 201, 203
Bombay (Mumbai), 331
Bosnie-Herzégovine, 75
Boston-Pittsburgh-Washington, 123
Bouclier, 219
Brésil, 208
BRICS, 108, 192
Britanniques, 166
Burundi, 245

C
Cachemire, 311
Calcutta (Kolkata), 332
Calgary, 151
Californie, 128, 149
Cambodge, 395
Canada, 93, 120
Canal de Panama, 181
Capacité limite, 314
Capitale
  avancée, 95
  pionnière, 212
Capitalisme d'État, 368
Carpates, 40
Carte culturelle de l'Asie de l'Est, 347
Caste, 308
Catalogne, 70
Catastrophe(s)
  écologique, 148
  naturelles, 13
Catherine II, 95
Caucase, 116
Ceinture(s)
  cuprifère, 237
  de feu du Pacifique, 15
  de maïs (*Corn Belt*), 151
  de rouille (*Rust belts*), 328
  du soleil (*Sun Belt*), 135, 147
Centralité, 112
Centre de l'Europe orientale, 80
Cerrado, 212
Ceuta, 72
Chaîne scandinave, 40
Changement(s) climatique(s), 15, 93, 428-429
Charia, 253
Chili, 204, 207, 440
Chine, 89, 96, 356
  centrale, 363
  communiste, 352
  en déroute, 350
  révolutionnaire, 350
Chypre, 72
Cité(s)-État(s), 42, 43, 387
Civilisation de la vallée de l'Indus, 307
Climat(s), 16, 186
  de l'Afrique subsaharienne, 220
  de l'Amérique du Sud, 186
  de l'Asie du Sud-Est, 378
  de l'ensemble australien, 413
  et changements climatiques, 15
  tropical et santé, 223
Codex, 166
Colombie, 199
Colonialisme, 309
  britannique en Asie du Sud, 309
  dans les Antilles, 166
  en Afrique subsaharienne, 230
  en Asie du Sud-Est, 384
  européen, 38
Colonisation, 125, 227
Cols, 304
Combustibles fossiles, 129
Communalisation, 202

Communauté(s)
andine des nations (CAN), 192
autonomes, 70
économique européenne, 51
Complémentarité, 112
régionale, 48
Cône Sud, 204
Conférence de Berlin, 227
Connectivité, 169
Conquête(s), 165
ottomanes, 268
Conquistadors, 165, 188
Continentalité, 92
Conurbation, 64
Convention des Nations Unies sur le droit de la mer (CNUDM), 153, 431-433, 440
Convergence subtropicale, 413
Corne de l'Afrique, 256
Corridor
Québec-Montréal-Toronto-Détroit et Chicago, 123
Québec-Windsor, 139, 144
Costa Rica, 178
Couloir d'ouragans, 162
Créoles, 167
Croatie, 74
Croissance
démographique, 49
des économies africaines, 233
Cuba, 162, 168, 181
Cubains, 148
Cultes animistes, 230
Culture(s)
urbaine de l'Australie, 417
vivrières, 168

D

Danemark, 77
Dangers sismiques, 342
Darfour, 256
Déchargement des navires vraquiers, 77
Déclin démographique, 105
Décollectivisation, 391
Défaite du Japon, 352
Défi(s)
de l'Australie, 421-422
du Japon, 372
multiculturel, 49
planétaires, 29
Déforestation, 163-164, 177, 189, 381
Dérive des continents, 13
Descendants africains, 188
Désindustrialisation, 131
et banlieusardisation, 130
Développement
cartographié, 28
côtier du Japon, 369
inégal, 28, 190
périphérique, 424
Dévolution (poussée de), 141
Diaspora chinoise, 383
Diversité ethnoculturelle, 142
Divisions
administratives de l'Amérique du Nord, 126
politiques et administratives de la Chine, 357
Doctrine de Monroe, 167
Doi Moi, 391
Dorsale de Lomonosov, 153
Dragons asiatiques, 352
Droits des aborigènes, 421
Dynastie
des Han, 348
des Ming, 349
des Qing, 349-350, 359
des Shang-Yin, 348
des Yuan, 349
des Zhou, 348

E

Eaux territoriales, 431
Échelles et leur portée, 7
Économie
de l'information, 131
planifiée, 100
postindustrielle, 131
russe, 105
Écotourisme, 179
Effet domino, 272
Égypte, 272
et bassin inférieur du Nil, 277
Ejidos, 174
Élargissement de l'UE, 53
Empereur Qin, 348
Empire
arabo-musulman, 268
austro-hongrois, 38
aztèque, 165
chinois, 348
colonial japonais, 351
inca, 187
ottoman, 38, 73
romain 43
Enclave, 79
Enclavement, 64
Endémique, 223
Enjeu(x)
environnementaux, 422
de l'Arctique, 153
des Antilles, 166
Ensembles géographiques, 8, 30
catégories de critères, 9
définition, 9
deux types d', 11
entités dynamiques, 10
et paysages culturels, 17
régions au sein des, 12
Entrepôt, 77
Environnement et société, 8
Équateur, 201
Ère glaciaire, 15
Érythrée, 257
Esclavage, 142
Espace maritime, 153, 431
Espagne, 70
Estonie, 76, 79, 95
Estuaire, 63
État-nation, 43, 45
État(s), 23
absolutistes, 44
alpins, 64
côtiers, 431
du monde, 22
en déroute, 177
et frontières, 26, 387
et puissance territoriale, 26
et territoires australiens, 416
impériaux, 293
insulaires en développement, 169
moderne, 23
policier, 282
subdivisions de l', 26
tampon, 298, 368
théocratique, 365
unitaire, 105
États-Unis, 95, 120, 166
Éthiopie, 246, 256
Europe, 30
climats, 41
contemporaine, 46
de l'Est, 80
de l'Ouest, 38
limite orientale de l', 38
portrait de l', 38
orientale, 81
ressources, 41
septentrionale, 76
Évolution humaine, 218

F

Façades maritimes, 42
Facteur coréen, 353
Famille des langues indo-européennes, 46
Favélas, 195
Fédéralisme, 128
Fédération, 101
Finlande, 76, 78
Fleuve(s)
de la Chine, 343
européens, 41
Mékong, 378
Murray, 422
Nil, 264, 277
Floride, 128
Forces
centrifuges, 51
centripètes, 51
Forêt boréale, 154
Fort McMurray, 152
Fossé d'effondrement, 220
Foyer culturel mondial, 164
Fragmentation politique et économique, 167
France, 61
Frères musulmans (organisation islamiste), 273
Friches industrielles, 145

Frontière(s)
Canada et États-Unis, 121
et zones de transition, 9
maritimes de l'Arctique, 154
Mexique-États-Unis, 160
Front islamique, 256

G

Galice, 70
Gange, 327
Gaz de schiste, 145
Génocide au Rwanda, 246
Géographie
de la cocaïne, 191
de la population de la Chine, 342
de la population de l'Asie du Sud-Est, 380
du développement, 27
économique de l'Afrique du Sud, 241
économique de l'Amérique du Sud, 189
économique de l'Australie, 417
économique de l'Inde, 328
économique du Mexique, 174
historique de l'Afrique, 224
historique de l'Asie de l'Est, 348
historique de l'Australie, 414
physique de la Chine, 342
physique de l'Amérique du Nord, 123
physique de l'Asie du Sud, 304
physique de l'Asie du Sud-Est, 376
physique de l'ensemble centraméricain, 161
politique, 27
Géomorphologie, 39
Géopolitique
de l'Asie du Sud moderne, 310
de l'Inde, 324
Gibraltar, 72
Glaciations, 15
Gorbatchev, Mikhaïl, 100
Goulot d'étranglement, 269
Grand
Bond en avant, 352
Dérangement, 146
Dyke, 237
Grande-Bretagne, 65
Grande(s)
Antilles, 180
Muraille de Chine, 350
Grands Lacs, 124
Grèce, 42, 72
Groenland, 77, 153
Groupes ethnolinguistiques de l'Asie de l'Est
Han, 347
Mongols, 347
Ouïgours, 347
Tibétains, 347
Groupes ethnolinguistiques de l'Asie du Sud-Est, 381
Groupes linguistiques de l'Europe, 46
Grozny, 116
Guadeloupe, 167, 168
Guatemala, 164, 177
Guerre
d'Algérie, 281
des Malouines, 207
des Six Jours de 1967, 286
d'Indochine, 391
du Golfe, 283
froide, 100
hispano-américaine, 167
russo-japonaise, 351
sale, 206
Guerre mondiale
Première, 38
Seconde, 38, 371
Gulf Stream, 41
Guyanes, 199

H

Haciendas, 168
Haïti, 162, 182
Hanisation, 366
Hanoï, 393
Haute(s)
mer, 431
Terres d'Écosse, 40
Hégémonie, 65
Hémisphère continental, 41
Héritage méso-américain, 164
Hindouisme, 308
Hindutva, 327
Hispanique, 142
Hispanophones, 143
Hô Chi Minh-Ville (Saigon), 393
Hollandais en Asie du Sud-Est, 385
Hominidés, 218
Honduras, 169
Hongrie, 81
Hongrois (Magyars), 81
Hussein, Saddam, 284

I

Ibériques, 187
Ienisseï, 91
Île(s)
basse(s), 437, 438
britanniques, 65
Féroé, 78
hautes, 436
Vierges, 167
Immigration, 49, 422
en Australie, 416
Impérialisme, 351
britannique, 384
Implosion démographique, 105
Inde, 324
États de l', 325
et le Pakistan, 310
tensions intercommunautaires, 325
zones agricoles de l', 330
Indépendance, 167, 188
Indochine, 384
Indonésie, 402
Industries de substitution aux importations, 418
Inégalité(s)
et pauvreté du Brésil, 209
et violence en Amérique du Sud, 193
Inlandsis, 15
Intégration régionale, 169
Interglaciaires, 15
Intérieur de la Chine, 363
Internet Alley, 144
Intrusion européenne, 309
Inuits, 140
Invasion mongole, 94
Iqaluit, 139
Irak, 283
Iran, 295
Irlande du Nord, 65
Islam, 253, 267, 309
Islande, 76
volcan Eyjafjallajökull, 80
Isolationnisme, 351
Israël et les territoires palestiniens, 286
Istanbul, 294
Isthme, 159, 161
Italie, 69
Ivan le Terrible, 95

J

Jabodetabek, 403
Jakarta, 403
Japon, 89, 369
géographie de l'île, 372
nation commerçante, 371
Johannesburg, 242, 243
Jordanie, 285
Junte militaire, 206

K

Kadhafi, Mouammar, 272
Kaliningrad, 79
Kano, 225
Karachi, 313
Kemal, Mustafa, 294
Kenya, 245
Khan, Gengis, 94
Khmers rouges, 395
Kiev, 94
Kirchner, Cristina Fernandez de, 207
Kolkata (Calcutta), 332
Kosovo, 75, 76
Kouriles, 89
Kurdes, 283

L

Lagos, 232
La Mecque, 19
Langue(s)
africaines, 229
dravidiennes, 309
et religions, 19
indo-européennes, 309
parlées en Asie du Sud, 308
véhiculaire, 46, 140

Laos, 394
Lapons, 77
Las Casas, Bartholomé de, 165
Las Vegas, 151
Le Caire, 280
Léna, 91
Lettonie, 76, 95
Liban, 286
Libye, 272, 280, 282
Liechtenstein, 64
Ligne Attila, 73
Ligue hanséatique, 43
Limon, 278
Lituanie, 76, 79
Londres, 68
Los Angeles, 149, 150
Luxembourg, 63

M

Macédoine, 75
Madagascar, 247
Maghreb et ses voisins, 279
Mahomet, 266
Malaisie, 400
Maldives, 335
Malte, 70, 72
Manaus, 215
Mandchourie, 96
Mangroves, 378
Manufacturing Belt (zone industrielle américaine), 144
Maoris, 425
Maquiladoras, 160, 174
Marché(s)
  commun, 61
  émergents, 312, 377, 386
  périodiques, 255
Marge de l'Europe orientale, 82
Maroc, 279
Martinique, 167, 168
Massif(s)
  anciens, 39
  central, 39
Mayas des basses terres, 164
Mégalopole, 123
Megalopolis, 144
Mégapoles, 193
Meiji, 351
Mélanésie, 433
Melilla, 72
Mercantilisme, 43
Mercosur, 192
Méso-Amérique, 164
Métis, 140, 166
Mexico, 175
Mexique, 142, 162, 172
Miami, 148
Micro-État, 59
Micronésie, 435
Midwest, 151
Migration, 130
  intramétropolitaine, 131
  urbaine, 193
Milieu(x) naturel(s)
  de l'Afrique subsaharienne, 220
  de l'Amérique du Sud, 186
Miracle économique
  chinois, 353
  japonais, 352
Modèle
  de l'État européen, 24
  turc, 279
Moldavie
  mouvements autonomistes, 84
Mollahs, 296
Monarchie(s)
  constitutionnelles, 271
  islamique, 271
Monde
  arabe, 265
  musulman, 266
Mondialisation, 28, 38
Mongolie, 368
Monténégro, 75, 76
Montréal, 139, 146
Morales, Evo, 194
Mosaïque culturelle, 188
Moscou, 95, 100, 109
Moubarak, Hosni, 272
Mourmansk, 93
Mousson, 305
Mouvements autonomistes, 53
Moyen-Orient, 265, 283
Mulâtres, 167
Multiculturalisme de l'Afrique du Sud, 239
Mumbai (Bombay), 331
Musulmans en Inde, 326
Myanmar (Birmanie), 399

N

Nairobi, 246
Narcotrafiquants au Mexique, 177
Nation(s), 45
  apatride d'Europe, 82
  distincte, 140
  sans État, 283
Néolibéralisme, 312
Népal, 334
New York, 128, 132
Nicaragua, 169
Nigeria, 252
Nœud (d'un réseau économique), 386
Nord antillais, 199
Nord-Est de la Chine, 363
Norvège, 76, 77, 153
Nouveau-Brunswick, 145
Nouveau-Mexique, 149
Nouvelle-Angleterre, 145
Nouvelle-Zélande, 423
  occupation du territoire, 424
  protection de l'environnement, 425
Novgorod, 94
Noyau côtier de la Chine, 360
Nunavut, 139, 152

O

Obama, Barack, 142
Océan Austral, 413
Ombre pluviométrique, 150
Ontario, 128, 140, 146
OPEP, 268
Opération Condor, 206
Oregon, 149
Organisation islamiste, 273
OTAN (Organisation du traité de l'Atlantique Nord), 76, 89, 272
Ottawa, 139
Ottawa-Gatineau, 140
Ouest andin, 201, 203
Ouragan Katrina, 148
Outback, 410

P

Pacifique et espace maritime, 431
Pakistan, 320
  provinces du, 322
Panama, 166
Pandémique, 224
Paraguay, 201
Paris, 62
Parti Ennahda, 273
Partition, 310
Passage du Nord-Ouest, 154
Passe de Khyber, 322
Pays ateliers, 176, 328
Pays basque, 70
Paysage culturel, 18
Pays-Bas, 63
Pékin (Beijing), 359
Péninsule
  arabique, 290
  coréenne, 368
Pergélisol, 91
Périphérie, 13
  occidentale de la Chine, 365
  orientale de l'Europe, 80
Périurbanisation, 68
Pérou, 201
Perspective(s)
  de développement du Brésil, 209
  territoriale, 8
Petites Antilles, 167, 183
Pétrole
  au Nigeria, 252
  source de puissance et de conflits, 268
Peuplement de l'Europe, 42
Peuples autochtones, 125, 141
Philippines, 406
Physiographie, 186
  du Mexique, 172
Pierre le Grand, 95, 111
Pizarro, Francisco, 187
Plaine(s)
  alluviales, 307
  de Russie, 91
  nord-européenne, 39
Plan Marshall, 60

Plan Nord, 141
Plantations, 168
Plaques tectoniques, 14
Plateau continental, 153, 433
Pléistocène, 15
Pluralisme culturel, 123
Point(s)
  chauds de la biodiversité, 177
  de passage obligé, 256
Pôle
  de croissance, 214
  Nord, 153
Pologne, 81
Polynésie, 438
Pont continental, 158, 161, 176
Population
  à charge, 372
  d'Amérique du Sud, 195
  de l'Afrique subsaharienne, 222
  du Mexique, 173
  flottante, 360
  sud-asiatique, 314
Porto Rico, 168
Portugal, 70, 72
Position
  absolue, 12
  relative, 12
Poussées de dévolution, 141
Poutine, Vladimir, 105
Premières Nations, 140
Présence chinoise en Asie du Sud-Est, 383
Primauté britannique, 44
Principales caractéristiques géographiques
  de l'Afrique du Nord et de l'Asie du Sud-Ouest, 263
  de l'Afrique subsaharienne, 219
  de l'Amérique du Nord, 121
  de l'Amérique du Sud, 187
  de la Russie, 89
  de l'Asie de l'Est, 341
  de l'Asie du Sud, 305
  de l'Asie du Sud-Est, 377
  de l'ensemble australien, 411
  de l'ensemble centraméricain, 159
  de l'Europe, 39
  des archipels du Pacifique, 429
Principales villes
  de l'Afrique du Nord et de l'Asie du Sud-Ouest, 277
  de l'Afrique subsaharienne, 237
  de l'Amérique du Nord, 139
  de l'Amérique du Sud, 199
  de l'Asie de l'Est, 357
  de l'Asie du Sud, 321
  de l'Asie du Sud-Est, 391
  de l'ensemble australien, 416
  de l'ensemble centraméricain, 174
  de l'ensemble russe, 108
  de l'Europe, 59
  des archipels du Pacifique, 433
Printemps arabe, 271
Problèmes démographiques de la Chine, 359
Processus de mondialisation, 28
Produit intérieur brut (PIB), 61
Profilage racial, 149
Projections cartographiques, 4-6
Protectorats, 268
Provinces atlantiques du Canada, 145
Puy de Sancy, 39
Pyramide des âges, 316, 360
Pyrénées, 40

Q
Quatre Moteurs pour l'Europe, 53, 70
Québec, 128
Quéchua, 202, 204
Question nationale, 128

R
Racisme, 142
Rébellion syrienne, 272
Référendum suisse, 49
Réforme agraire, 352
Réfugiés, 310
  environnementaux, 428
Régimes autocratiques, 270
Région(s), 12, 30
  autonome du Tibet (Xizang), 365
  autonome ouïgoure du Xinjiang, 366
  critères qui définissent les, 12
  de l'Afrique du Nord et de l'Asie du Sud-Ouest, 274
  de l'Afrique subsaharienne, 234
  de l'Amérique du Nord, 144
  de l'Amérique du Sud, 196
  de l'Asie de l'Est, 354
  de l'Asie du Sud-Est, 388
  de l'ensemble australien, 414
  de l'ensemble centraméricain, 161, 170
  de l'ensemble russe, 108
  de l'Europe, 90
  du Mexique, 173
  du Pacifique, 433
  fonctionnelle, 13
  motrice, 147
Région(s) physiographique(s), 13, 123, 306
  de la Russie, 90
  de l'Asie de l'Est, 345
  de l'Australie, 412
  de l'Europe, 39
Relations transfrontalières, 141
Religion(s)
  en Afrique, 230
  en Asie du Sud-Est, 383
Renaissance culturelle, 276
Répartition de la population, 17, 121, 128
  de l'Afrique subsaharienne, 222
  de l'Amérique centrale, 160
  de l'Amérique du Nord, 121
  de l'Asie de l'Est, 344
  de l'Asie du Sud-Est, 379
  de l'ensemble australien, 411
  mondiale, 16
République(s)
  démocratique du Congo (RDC), 248
  dominicaine, 183
  d'Irlande, 67, 69
  islamiques, 271
  laïques, 271
  tchèque, 65
  turque de Chypre du Nord, 73
Research Triangle Park, 133, 147
Réseaux, 13
Resolute Bay, 154
Ressources
  agricoles de l'Australie, 418
  minières de l'Australie, 419
  naturelles de l'Amérique du Nord, 128
  naturelles de l'Asie de l'Est, 344
Réveil des peuples autochtones, 188
Revendications territoriales
  dans l'Antarctique, 440
  de la Chine, 312
Révolution(s)
  agraire, 43
  cartographiques, 4
  culturelle, 352
  de l'Europe, 43
  française, 45
  industrielle, 44
  politiques, 44
  tunisienne, 271
  verte, 223
Richesses naturelles de la Russie, 94
Rideau de fer, 80
Rifts, 220
Rio de Janeiro, 193, 194
Rôle historique du Japon en Asie de l'Est, 351
Rome, 71
  impériale, 42
Rom (tsigane), 81
Roumanie, 81, 82
Royaume(s)
  du Ghana, 225
  féodaux, 43
Royaume-Uni, 65
Russie, 30
Russification, 100
Rwanda, 245

S
Sables bitumineux, 128, 152
Sahara, 255
Sahara-Occidental, 281
Saint-Martin, 167
Saint-Pétersbourg, 92, 100, 111
Salvador, 169
Samarkand, 96
San Diego, 149
São Paulo, 193, 213

Savanes, 219
Scottish National Party, 67
Sécession, 141
Secteur
formel, 231
informel, 231
primaire, 421
quaternaire, 132
Sécularisation, 46
Séismes, 162
Sénégal, 254
Serbie, 74
Sertão, 210
Sibérie, 91
Sikhs, 326
Silicon Valley, 133, 144
Silva, 193
Singapour, 386, 401
Sionisme, 286
Site, 62
Situation, 62
Slovaquie, 81
Slovénie, 74
Société des Nations, 270
Software Valley, 151
Somalie, 258
Soudan du Sud, 250
Sous-régions du Brésil, 209
Souveraineté du Québec, 140
Soviétique, 100
Spécialisation fonctionnelle régionale, 42, 44
Sri Lanka, 335
Steppes, 94
Stratification sociale, 308
Structure fédérale de la Russie, 105
Sud
de la Chine, 364
discontinu, 69
Sud-Est de l'Europe, 81
Suède, 76
Suisse, 64
Sun Yat-sen, 350
Supranationalisme en Europe, 50
Supranationalité, 51
Surpopulation, 314
Sydney, 418
Syrie, 272, 285
Système
alpin, 39
de castes, 327
hukou, 360, 364
urbain, 130

T

Tachkent, 96
Taïga, 94
Taiwan, 372-373
Talibans, 300
Tchang Kaï-chek, 351
Tchétchènes, 116
Tchétchénie, 90, 116
Technopole, 133
Tectonique des plaques, 13
Temple, 383
Angkor Vat, 383
de Borobudur, 377
de Chamunda Devi, 304
d'or, 326
du Jokhang, 365
Tenochtitlán, 165
Tension intercommunautaire, 325
Terminaux portuaires, 340
Terre-Neuve-et-Labrador, 145
Terres rares, 220
Territoire(s)
canadien, 138
du Nord-Ouest, 152
et environnement de l'ensemble australien, 411
non autonomes, 281
Texas, 143, 149
Thaïlande, 396
Tierras
calientes, 163
frías, 163
heladas, 163
nevadas, 163
templadas, 163
Tigres de libération de l'Eelam tamoul, 335
Tokyo, 371
Tombouctou, 225
Toronto, 128, 133
Touaregs du Sahara, 266
Toundra, 91
Tourisme dans l'ensemble centraméricain, 169
Townships, 240
Traite des esclaves, 226
Traité(s)
de Guadelupe Hidalgo, 143
de Westphalie, 44
Transcaucasie, 116
Transformation
coloniale en Afrique subsaharienne, 225
économique du Japon, 352
urbaine de la Chine, 360
Transition démographique, 316
Transnistrie, 84
Transportabilité, 48
Tribus, 282
Tripoli, 282
Tsunami, 342
Tunisie, 271, 273, 280
Turkestan, 297
Turquie, 73, 293
et Union européenne, 295

U

Ukraine, 82, 94
Unification européenne, 51
Union
des nations sud-américaines (UNASUR), 192
des républiques socialistes soviétiques (URSS), 100
européenne, 51
Urbanisation, 17, 193
de l'Inde, 330
et changement social en Afrique subsaharienne, 230
Uruguay, 204

V

Vancouver, 150
Végétation, 220
Venezuela, 199
Vietnam, 391
Ville mondiale, 66
Villes périphériques, 131
Voie maritime du Saint-Laurent, 125
Voïvodine, 75

W

Winnipeg, 139

X

Xiaoping, Deng, 353
Xinjiang, 366
Xizang (région autonome du Tibet), 365

Y

Yucatán, 164
Yukon, 152

Z

Zedong, Mao, 351
Zonation en altitude, 164
Zone(s)
altitudinale, 163
Asie-Pacifique, 391
centrales, 28
de libre-échange des Amériques (ZLEA), 192
de transition, 9
de transition africaine, 255
de transition russe, 116
économique exclusive (ZEE), 153, 341, 431
économiques spéciales, 360
industrielle américaine (*Manufacturing Belt*), 130
tampon, 384

CRÉDITS PHOTOGRAPHIQUES

COUVERTURE NASA/GSFC

INTRODUCTION p. 3, H. J. de Blij, Jan Nijman ; p. 19, Mustafa Ozer/AFP/Getty Images ; p. 29, The Canadian Press Images/Graham Hughes.

CHAPITRE 1A p. 43, Visions of Our Land/The Image Bank/Getty Images ; p. 48, Pascal Crapet/Stone/Getty Images ; p. 49, AP Photo/Keystone/Steffen Schmidt.

CHAPITRE 1B p. 58 (2 photos), Jan Nijman ; p. 67, Vehbi Koca/Alamy ; p. 82, Tomasz Tomaszewski/ngs/Getty Images.

CHAPITRE 2A p. 89, TassPhoto/WireImage/Getty Images ; p. 90, Jon Arnold Images Ltd/Alamy ; p. 100, Mauro Galligani/Contrasto/Redux.

CHAPITRE 2B p. 104, Connie Coleman/Getty Images, Jochem D. Wijnands/The Image Bank/GettyImages ; p. 110, Travelwide/Alamy ; p. 113, Dean Conger/Corbis, Konrad Wothe/Minden Pictures.

CHAPITRE 3A p. 120, H. J. de Blij ; p. 123, Vito Palmisano/Photographer's Choice/Getty Images ; p. 125 (2 photos), Digital Globe/Eurimage/Photo Researchers ; p. 128, Jim Harvey/Alamy.

CHAPITRE 3B p. 138, Chris Cheadle/Alamy, Walter Bibikow/Firstlight ; p. 143, Diane Cook et Len Jenshel/NG Image Collection ; p. 144, H. J. de Blij ; p. 145, Emmanuel Amador ; p. 148, Julie Dermansky/Corbis ; p. 151, Ethan Miller/Getty Images ; p. 153, Jim Wark/AirPhoto ; p. 154, AP Photo/RTR Russian Channel.

CHAPITRE 4A p. 159, David R. Frazier Photolibrary, Inc./Alamy ; p. 160, Jim Wark/AirPhoto ; p. 161, Liane Cary/ Age Fotostock America, Inc. ; p. 162, Craig Ruttle/Alamy ; p. 164, Humberto Olarte Cupas/Alamy ; p. 168, John Coletti/ The Image Bank/Getty Images, Jean-Gerard Sidaner/Photo Researchers.

CHAPITRE 4B p. 172 (2 photos), Jan Nijman ; p. 181, © NG Image Collection.

CHAPITRE 5A p. 186, H. J. de Blij ; p. 188, Jan Nijman ; p. 193, NASA image créée par Jesse Allen, à l'aide de EO-1 ALI, données fournies avec la gracieuseté de l'équipe NASA EO-1, visibleearth.nasa.gov.

CHAPITRE 5B p. 198 (2 photos), Jan Nijman ; p. 204, Aizar Raldes/AFP/Getty Images, Rodrigo Buendia/AFP/ Getty Images ; p. 206, H. J. de Blij ; p. 208, Peter McBride/ Aurora Photos, Inc. ; p. 209, Paulo Fridman/SambaPhoto/Getty Images ; p. 212, AP Photo/Alexandre Meneghini ; p. 214, NRSC LTD/Photo Researchers.

CHAPITRE 6A p. 218, H. J. de Blij ; p. 223, AP Photo/ Khalil Senosi ; p. 230, Pascal Maitre/Cosmos/Aurora Photos, Inc. ; p. 231, Jan Nijman, Derrick Ceyrac/AFP/Getty Images.

CHAPITRE 6B p. 236 (2 photos), Jan Nijman ; p. 239, H. J. de Blij ; p. 243, Martin Harvey/Gallo Images/Getty Images, Sergio Pitamitz/Robert Harding World Imagery/Corbis ; p. 248, AP Photo/Jerome Delay ; p. 254, Pius Utomi Ekpei/AFP/ Getty Images ; p. 255, Richard Grant ; p. 256, AP Photo/Marcus Prior/ WFP ; p. 259, Veronique de Viguerie/Getty Images.

CHAPITRE 7A p. 263, Martin Bureau/AFP/Getty Images ; p. 264, Jan Nijman ; p. 272, Picture Contact BV/ Alamy, Samuel Aranda/Corbis.

CHAPITRE 7B p. 276 (2 photos), Jan Nijman ; p. 283, © al-mak/Demotix/Corbis ; p. 288, AP Photo/Shai Cohen ; p. 290, H.J. de Blij ; p. 293, Jose Fuste Raga/Corbis ; p. 297, Abbie Trayler-Smith/Panos Pictures ; p. 300, Stringer/Reuters/ Corbis ; p. 301, Liu Jin/AFP/Getty Images.

CHAPITRE 8A p. 304, Jan Nijman ; p. 305, (2 photos) Steve McCurry/Magnum Photos ; p. 310, © Bettmann/Corbis ; p. 312, AP Photo/Lefteris Pitarakis.

CHAPITRE 8B p. 320 (2 photos), Jan Nijman ; p. 321, Asif Hassan/AFP/Getty Images ; p. 322, Barbara A. Weightman ; p. 326, Luciano Mortula/Shutterstock ; p. 327, Jan Nijman ; p. 337, © STR/Reuters/Corbis.

CHAPITRE 9A p. 340, Jan Nijman ; p. 343, Kyodo/ Xinhua Press/Corbis ; p. 345, Wen Zhenxiao/Xinhua Press/ Corbis ; p. 346, Yann Layma/The Image Bank/Getty Images ; p. 348, Giancarlo Liguori/Shutterstock ; p. 350 et p. 353 (2 photos), Jan Nijman.

CHAPITRE 9B p. 356 (2 photos), Jan Nijman ; p. 362, Jan Nijman, FotoSearch/Glow Images ; p. 365, Jan Nijman ; p. 366, AP Photo/Color China Photo; p. 372, Scirocco340/ Shutterstock.

CHAPITRE 10A p. 377, H.J. de Blij ; p. 378, Hadi Susanto/epa/ Corbis ; p. 381, G. Bowater/Corbis ; p. 383 (2 photos), Jan Nijman ; p. 387, Justin Guariglia/Corbis.

CHAPITRE 10B p. 390 (2 photos), Jan Nijman ; p. 394 (2 photos), Jan Nijman ; p. 396, Pornchai Kittiwongsakul/AFP/ Getty Images ; p. 402, Atid Kiattisaksiri/Istockphoto.

CHAPITRE 11 p. 410, Jon Hicks/Corbis, H.J. de Blij ; p. 417, Theo Allofs/Corbis ; p. 419, Robert Harding Picture Library Ltd/Alamy, Photoshot Holdings Ltd/Alamy ; p. 422, Global Warming Images/Alamy, James Croucher/Newspix/ Getty Images ; p. 423, Johnathan Esper/Dreamstime.com.

CHAPITRE 12 p. 428 (2 photos), H. J. de Blij ; p. 431, WaterFrame/Alamy ; p. 438, H.J. de Blij.